Der Gerichtsstand der Niederlassung im deutsch-amerikanischen
Rechtsverkehr

Studien zum vergleichenden und internationalen Recht -
Comparative and International Law Studies

Herausgeber: Bernd von Hoffmann, Erik Jayme
und Heinz-Peter Mansel

Band 149

PETER LANG

Frankfurt am Main · Berlin · Bern · Bruxelles · New York · Oxford · Wien

Thomas Müller-Froelich

Der Gerichtsstand der Niederlassung im deutsch-amerikanischen Rechtsverkehr

Eine Untersuchung zu Fragen
der Entscheidungs- und
Anerkennungszuständigkeit

PETER LANG
Internationaler Verlag der Wissenschaften

Bibliografische Information der Deutschen Nationalbibliothek
Die Deutsche Nationalbibliothek verzeichnet diese Publikation in
der Deutschen Nationalbibliografie; detaillierte bibliografische
Daten sind im Internet über <http://www.d-nb.de> abrufbar.

Zugl.: Köln, Univ., Diss., 2007

Gedruckt auf alterungsbeständigem,
säurefreiem Papier.

D 38
ISSN 0930-4746
ISBN 978-3-631-57661-8

© Peter Lang GmbH
Internationaler Verlag der Wissenschaften
Frankfurt am Main 2008
Alle Rechte vorbehalten.

Printed in Germany 1 2 3 4 5   7

www.peterlang.de

Meinen Eltern

Vorwort

Die vorliegende Arbeit wurde im Sommersemester 2007 von der Rechtswissenschaftlichen Fakultät der Universität zu Köln als Dissertation angenommen. Bis Oktober 2007 ergangene Rechtsprechung und erschienene Literatur fanden noch Eingang in das Manuskript.

Mein besonderer Dank gilt meinem Doktorvater, Herrn Prof. Dr. Heinz-Peter Mansel, der auch die Anregung zu diesem Thema gegeben hat, für die hervorragende Betreuung während der Anfertigung dieser Arbeit und für die Aufnahme in die Schriftenreihe. Danken möchte ich auch Herrn Prof. Dr. Hilmar Krüger für die zügige Erstellung des Zweitgutachtens.

Mein ganz persönlicher Dank gilt meinen Eltern, die mir meine gesamte juristische Ausbildung ermöglicht haben und ohne deren großzügige Unterstützung die Erstellung dieser Arbeit ebenfalls nicht möglich gewesen wäre. Ihnen ist diese Arbeit gewidmet.

München, im Dezember 2007

Thomas Müller-Froelich

Inhaltsverzeichnis

13

Einleitung

§ 1: Ausgangslage

In Zeiten der voranschreitenden Globalisierung, in der die Welt – nicht zuletzt mit Hilfe des Internet – immer „enger zusammenzurücken" scheint, ist eine zunehmende international ausgerichtete Wirtschaftstätigkeit von Unternehmen auf fremden Märkten zu beobachten. Insbesondere zwischen Europa und den Vereinigten Staaten von Amerika verzeichnet der Wirtschaftsverkehr einen stetig steigenden Waren- und Dienstleistungsaustausch,[1] der zu vermehrten wirtschaftlichen Verflechtungen zwischen Unternehmen auf beiden Seiten des Atlantiks geführt hat.[2]

Allerdings steigt mit der grenzüberschreitenden wirtschaftlichen Expandierung geradezu zwangsläufig das Risiko für Unternehmen, in ausländische Rechtsstreitigkeiten verwickelt zu werden. Die Rechtslage hinkt indes der Globalisierung hinter her. Nach wie vor existiert keine weltweite, zur Schlichtung internationaler Wirtschaftsstreitigkeiten berufene Rechtsordnung. Erst kürzlich sind die Verhandlungen auf der Haager Konferenz für Internationales Privatrecht über ein weltweites Zuständigkeits- und Anerkennungsübereinkommen wohl endgültig gescheitert. Dessen Ziel war es, das internationale Zuständigkeits- und Anerkennungsrecht in Zivil- und Handelssachen zu vereinheitlichen.[3] Daher gelangt insbesondere im transatlantischen Rechtsverkehr – neben einigen multilateralen Staatsverträgen – das nationale Zuständigkeits- und materielle Recht für die Entscheidung internationaler Rechtsstreitigkeiten weiterhin zur Anwendung.

---

[1] Die Vereinigten Staaten sind für deutsche Unternehmen der weltweit wichtigste Handelspartner. 2002 betrug der Wert deutscher Exporte in die USA 66,6 Mrd. €, der der Importe aus den USA 40 Mrd. €. 57 % der deutschen Direktinvestitionen ins Ausland gingen 2000 in die USA. Der deutsche Investitionsbestand in den USA beträgt 129 Mrd. €, der der Vereinigten Staaten in Deutschland beläuft sich auf 50 Mrd. €. Damit sind die USA der größte Auslandsinvestor in der Bundesrepublik. Quelle: www.auswaertiges-amt.de/www/de/laenderinfos.

[2] Im Jahr 2003 waren mehr als 3000 deutsche Unternehmen über ihre Tochtergesellschaften in den USA tätig, die ca. 675 000 Menschen beschäftigten. Davon entfallen ca. 260 000 auf das produzierende Gewerbe. Der Kapitalstock ist ca. $ 200 Mrd. wert. Im Jahr 2004 führten US-amerikanische Unternehmen ca. $ 30 Mrd. nach Deutschland aus. Ca. 15 % davon stammten von Unternehmen, deren Muttergesellschaften mehrheitlich in deutscher Hand sind. Quelle: Deutscher Industrie- und Handelskammertag, FAZ v. 20.12.2005.

[3] Stattdessen hat man sich mit der weltweiten Anerkennung von Gerichtsstandsvereinbarungen in Zivil- und Handelssachen auf den wohl kleinsten gemeinsamen Nenner geeinigt. Vgl. die Convention on Choice of Court Agreements vom 30.06.2005. Vgl. dazu auch Stürner, RabelsZ 69, 201 (216).

Dies dürfte indes selten im Einklang mit den Bedürfnissen der Wirtschaftsunternehmen stehen, die für ihre unternehmensstrategischen Entscheidungen in nicht unerheblichem Maße auf Rechtssicherheit und vor allem Rechtsklarheit über ihre mögliche Gerichtspflichtigkeit auf den fremden Märkten angewiesen sind. Unternehmen haben darüber hinaus gewöhnlich ein Interesse daran, mögliche Streitigkeiten vor den heimischen Gerichten austragen zu können. Die Vorteile dafür liegen auf der Hand: Neben der Kostenersparnis für anderenfalls zu mandatierende auswärtige Rechtsanwälte und dem Sprachvorteil besteht der große Vorteil der Anwendbarkeit des „heimischen" Rechts, da die eigenen Gerichte nicht selten auch das für sie maßgebliche „einheimische" materielle Recht anwenden. Daher ist für Unternehmen von nicht unerheblicher Bedeutung, ob und unter welchen Umständen sie möglicherweise in einen „auswärtigen" Rechtsstreit hineingezogen werden können und sich in einem fremden Land vor dessen Gerichten verantworten müssen. Dies gilt insbesondere, wenn sich Unternehmen in verstärktem Maße über Intermediäre, wie z. B. Zweigniederlassungen, Tochtergesellschaften, Handelsvertreter oder -agenten, wirtschaftlich betätigen und auf diese Weise mit dem „fremden" Wirtschaftsmarkt personell wie organisatorisch verwoben sind. Eng verbunden mit dem Aspekt der Gerichtspflichtigkeit ist darüber hinaus die Frage, ob das einmal im Ausland ergangene Urteil im Inland auch anerkannt und damit in Vermögen vollstreckt werden kann, das im „Heimatland" der Unternehmen belegen ist.

§ 2: Gang der Untersuchung

Gegenstand der folgenden Untersuchung ist der Gerichtsstand der Niederlassung. Obwohl er maßgeblich an die wirtschaftliche Betätigung eines (beklagten) Unternehmers auf einem fremden Markt anknüpft und demnach für den internationalen Rechts- und Wirtschaftsverkehr von einiger Bedeutung sein müsste, hat er bislang – soweit ersichtlich – in der rechtswissenschaftlichen Literatur lediglich eine untergeordnete Rolle gespielt.[4] Es wird zu klären sein, ob diese ihm von der Wissenschaft bisher zuerkannte zuständigkeitsrechtliche Bedeutung hinter seiner praktischen Relevanz – insbesondere im transatlantischen Rechtsverkehr – zurücksteht. Ein Grund für die mangelnde Beachtung in der zuständigkeitsrechtlichen Diskussion könnte in seiner (begrifflichen) Begrenzung auf Niederlassungen i. S. unselbstständiger Betriebsstellen und der damit verbundenen beschränkten Anwendungsmöglichkeit auf andere Formen wirtschaftlicher Betätigung liegen.

---

[4]   Geimer, WM 76, 146 (146); Mankowski, FS Heldrich, S. 887, wonach es der Niederlassungsgerichtsstand hinter die Gerichtsstandsvereinbarung und den Gerichtsstand des Erfüllungsortes nur in die zweite Reihe der maßgeblichen Entscheidungszuständigkeiten geschafft habe.

Demnach soll der Gerichtsstand zunächst aus entscheidungszuständigkeits-
rechtlicher Perspektive untersucht und dabei insbesondere seine Stellung im
Recht der internationalen Zuständigkeit unter Berücksichtigung der Anforderungen des Völkerrechts, des Verfassungsrechts und der Zuständigkeitsgerechtigkeit
beleuchtet werden. Der Schwerpunkt dieser Untersuchung liegt auf den Niederlassungsgerichtsständen im autonomen deutschen und im europäischen Recht
(ZPO und EuGVVO), da diese – trotz der Vielzahl von Zuständigkeitsanknüpfungen an Niederlassungen in anderen international einschlägigen Rechtsquellen
– die wohl größte praktische Bedeutung im transatlantischen Rechtsverkehr
aufweisen dürften. Dabei soll das Augenmerk auch auf die Anwendung der
Normen auf verschiedene Formen wirtschaftlicher Betätigung, wie z. B. über
Tochtergesellschaften, Handelsvertreter oder andere unabhängige Zwischenpersonen gelenkt und eine mögliche inhaltliche bzw. begriffliche Neubestimmung
des Begriffs der „Niederlassung" erörtert werden.

Für die rechtsvergleichende Untersuchung wurden die US-amerikanischen Zuständigkeitsanknüpfungen „doing business" und „transacting business" gewählt,
da – nicht zuletzt in der deutschen Literatur – zuweilen auf die (angebliche)
Nicht-Vergleichbarkeit der Norm mit diesen beiden Zuständigkeiten hingewiesen wird,[5] obwohl die Haager Konferenz einen – mittlerweile gescheiterten –
Entwurf eines Niederlassungsgerichtsstandes zur Diskussion stellte, der auf eine
– generalklauselartige – „sonstige wirtschaftliche Betätigung" bzw. „regelmäßige Handelstätigkeit mit anderen Mitteln" erweitert werden sollte und dabei gerade auf Vergleichbarkeiten mit „doing business" und „transacting business" ab-
zielte.[6] Dieser – umstrittene – Entwurf verdeutlicht letztlich, dass – offenbar –
gewisse Gemeinsamkeiten bezüglich der Zuständigkeitsanknüpfung an eine
„wirtschaftliche Betätigung im Forumstaat" bestehen, die eine eingehende
rechtsvergleichende Analyse rechtfertigen dürften. Schließlich bieten sich

---

[5]   Vgl. Geimer, IZPR, Rdnr. 1154; Geimer, RIW 88, 221 (223); Stein/Jonas-Roth, § 21, Rdnr. 16;
Rauscher-Leible, Art. 5 Nr. 5 EuGVVO, Rdnr. 99.

[6]   Work. Doc. No. 230. Art. 9: „Der Kläger kann vor den Gerichten des Vertragsstaats, in dem eine
Zweigniederlassung, Vertretung oder jede andere Niederlassung des Beklagten belegen ist oder
in dem der Beklagte mit anderen Mitteln eine regelmäßige Handelstätigkeit ausgeübt hat, eine
Klage erheben, wenn der Rechtsstreit unmittelbar mit der Tätigkeit der Zweigniederlassung, Vertretung oder Niederlassung oder mit dieser regelmäßigen Handelstätigkeit verbunden ist." Die
englische Fassung lautet: „A plaintiff may bring an action in the courts of a state in which a
branch, agency or any other establishment of the defendant is situated or where the defendant has
carried on regular commercial activity by other means, provided that the dispute relates directly
to the activity of that branch, agency or establishment or to that regular commercial activity."
Vgl. Gottwald, FS Geimer, S. 244 f.; Grabau/Hennecka, RIW 01, 569 (571); Wagner, IPrax 01,
533 (540).

rechtsvergleichende Untersuchungen zu dem US-amerikanischen Recht nicht zuletzt aufgrund der fundamentalen Unterschiede zwischen dem kontinentaleuropäischen und dem US-amerikanischen Rechtssystem sowohl in verfahrensmäßiger als auch in materieller Hinsicht[7] an. Insbesondere das weite Zuständigkeitsverständnis der US-amerikanischen Gerichte trifft bei den europäischen Beobachtern nicht selten auf Unverständnis.[8] Seit nahezu zwei Jahrzehnten rük-

---

[7] Materiell-rechtlich bereiten insbesondere den international tätigen deutschen Konzernen die exorbitanten Schadensersatzforderungen erhebliche Sorgen, die nicht selten nur gestellt werden, um das beklagte Unternehmen in einen außergerichtlichen Vergleich zu nötigen. Ferner bereiten die Art ihrer beweismäßigen Feststellung und die mitunter von Juries zugesprochenen großen Summen an „punitive damages" einiges Kopfzerbrechen. Auf Unverständnis in verfahrensmäßiger Hinsicht stoßen auf kontinental-europäischer Seite nach wie vor die weitreichenden Möglichkeiten der Sammelklagen (class actions) oder die Möglichkeit der Ausforschung der Gegenseite durch die sog. „pre-trial discovery".

[8] Z. B. wenn Bahnunfälle in Deutschland (ICE-Unglück von Eschede) oder in Österreich (Kaprun-Gletscherbahn) zu Klagen in den USA führen oder wenn Manager wegen einer Tätigkeit in einer deutschen Konzernzentrale von den Unternehmensaktionären in den USA verklagt werden. Auch Hinterbliebene des Djerba-Attentats, der Ramstein-Flugzeugkatastrophe oder des Flugzeugabsturzes am Bodensee klagten in den USA. Bemerkenswert, weil mit politischen Motiven verknüpft, gestalteten sich die Klagen von Südafrikanern gegen deutsche Banken wegen deren angeblicher Unterstützung der früheren Apartheidpolitik, die Klagen von Nachkommen der durch deutsche Kolonialtruppen im Rahmen des Aufstandes der Herero 1904 geschädigten Personen oder von osteuropäischen Zwangsarbeitern wegen deren Ausbeutung in der NS-Zeit. Letzter spektakulärer Fall war die letztinstanzliche Verweigerung des Bundesverfassungsgerichts durch erstmaligen Beschluss vom 25.07.2003, eine in den USA gegen die Bertelsmann AG eingereichte Schadensersatzklage in Milliardenhöhe in Deutschland wirksam zustellen zu können, vgl. BVerfG, JZ 03, 956 (956). Die Klage sei in offensichtlich rechtsmissbräuchlicher Absicht erhoben worden, um die beklagte Partei in einen Vergleich zu zwingen. Vgl dazu Hess, JZ 03, 923 (923 ff.); Rasmussen-Bonne, FS Hay, S. 323 ff.; Stürner, JZ 06, 60 (60 ff.); Zekoll, NJW 03, 2885 (2885 ff.). Siehe dazu auch unten § 9 III. 2. b. Vgl. allerdings den Beschluss des BVerfG vom 11.06.2004, NJW 04, 3552 (3553), mit dem ein Antrag, das Zustellungszeugnis für eine vor einem (für Puerto Rico zuständigen) Bundesgericht in den USA erhobene Klage auf Schadensersatz und Strafschadensersatz wegen Verletzung des Alterdiskriminierungsgesetzes nicht herauszugeben, nach der gem. § 32 Abs. 1 BVerfGG erforderlichen Folgenabwägung zurückgewiesen und mit der ansonsten drohenden Verzögerung der Zustellung der Klage im Rechtshilfeverfahren, deren Gründe von erheblichem Gewicht sein müssten, begründet wurde. Vgl. auch BVerfG WM 07, 375 (376). Vgl. ferner OLG Koblenz, Beschluss vom 27.06.2005, IPRax 06, 25 (25), wonach eine auf einen Kartellrechtsverstoß gestützte Sammelklage nach US-amerikanischem Recht, die auch auf die Verpflichtung eines deutschen Unternehmens zur Zahlung von „treble damages" an alle Arzneimittelkonsumenten in den USA gerichtet sei, keine Zivil- und Handelssache i. S. v. Art. 1 Abs. 1 HZÜ sei. Ferner sei der Souveränitätsvorbehalt aus Art. 13 HZÜ verletzt. Vgl. dagegen OLG Naumburg, Beschluss vom 09.02.2006, 4 VA 1/04 – bisher unveröffentlicht – wonach ein Antrag auf Nichterteilung des Zustellungszeugnisses zurückgewiesen

ken immer wieder spektakuläre Gerichtsfälle zwischen Parteien aus den Vereinigten Staaten von Amerika und der Bundesrepublik Deutschland in das Blickfeld der (rechtswissenschaftlichen) Öffentlichkeit und werden auf beiden Seiten zum Teil dergestalt kontrovers diskutiert, dass sogar von „Justizkriegen im transatlantischen Verhältnis" die Rede ist.[9]

Schließlich wird der Gerichtsstand aus anerkennungszuständigkeitsrechtlicher Perspektive beleuchtet. Insbesondere wird dabei seine Eignung zur Spiegelung untersucht und der Frage nach der Beibehaltung des Spiegelbildprinzips in § 328 Abs. 1 Nr. 1 ZPO bei § 21 ZPO nachgegangen.

Im Mittelpunkt der folgenden rechtsvergleichenden Untersuchung steht demnach die (mögliche) Gerichtspflichtigkeit aufgrund wirtschaftlicher Betätigung im Forumstaat. Erörtert wird die Zuständigkeitsunterworfenheit US-amerikanischer Unternehmen vor deutschen Gerichten am Gerichtsstand der Niederlassung aufgrund von autonomem deutschem und europäischem Recht (Teil I) sowie die Gerichtspflichtigkeit deutscher Unternehmen aufgrund von „doing business" bzw. „transacting business" in den Vereinigten Staaten (Teil II). Daran schließt sich – im Rahmen der Anerkennung US-amerikanischer Urteile in der Bundesrepublik – die Erörtertung der Spiegelung des Niederlassungsgerichtsstandes auf die Anerkennungszuständigkeit US-amerikanischer Gerichte an (Teil III).

Einleitend soll ein Sachverhalt Gegenstand der Untersuchung sein, der dem BGH bereits im Jahr 1987 zur Entscheidung vorlag,[10] aber bezüglich der dort erörterten Probleme aus dem deutsch-amerikanischen Rechtsverkehr bis heute nicht an Relevanz und Aktualität verloren hat, wie auch aktuellere Entscidun-

---

wurde, da im Fall einer auf einen Kartellrechtsverstoß gestützten Sammelklage das HZÜ anwendbar sei und keine Verletzung des Souveränitätsvorbehalts vorliege. Vgl. schließlich OLG Frankfurt/Main, Beschluss vom 15.03.2006, 20 VA 7/05 – bisher unveröffentlicht – wonach auch „class actions" sowie Sammelklagen auf „treble damages" als Zivil- und Handelssachen i. S. v. Art. 1 Abs. 1 HZÜ zu beurteilen seien.

[9] Vgl dazu aus der umfangreichen Literatur: Alio, DAJV-NL 3/07, 128 (128 ff.); Böhmer, NJW 90, 3049 (3049); Budzikiewicz/Stürmer, IPRax 07, 69 (69 ff.); Fritze, FS Vieregge, S. 241 ff.; Golsong, Justizkonflikt, S. 103 ff.; Habscheid, FS Zweigert, S. 109 ff.; Hess, AG 05, 897 (897 ff.); Hess, AG 06, 809 (809 ff.); Hirte, NJW 02, 345 (345 ff.); Krätzschmar, FS Hay, S. 241 ff.; Prütting, FS Jayme, S. 709 ff.; Schack, AG 06, 823 (823 ff.); Schack, FS Schlosser, S. 839 ff.; Schlosser, Justizkonflikt; Schütze, JR 86, 177 (177); Schütze, Prozessführung, S. 223 ff.; Schütze, RIW 04, 162 (162 ff.); Schütze, RIW 05, 579 (579 ff.); Schwung, AG 06, 818 (818 ff.); Solomon, AG 06, 832 (832 ff.); Stürmer, FS Stiefel, S. 763 ff.; Stürmer, Justizkonflikt, S. 3 ff.

[10] Urteil vom 13.07.1987; NJW 87, 3081 (3081).

gen der Land- und Oberlandesgerichte zu dieser Thematik zeigen.[11] Der BGH musste sich mit einem Rechtsstreit befassen, der aus Börsentermingeschäften eines deutschen Anlegers über ein US-amerikanisches Brokerbüro resultierte.

Die deutsche Klägerin machte gegen die Beklagte, eine US-amerikanische Broker-Gesellschaft mit Sitz in New York, an sie abgetretene Ansprüche wegen Verlusten aus Warentermingeschäften geltend. Die Beklagte arbeitete in der Bundesrepublik mit einer bis auf die gesellschaftsrechtlichen Zusätze namensgleichen deutschen DWR-GmbH mit Sitz in Frankfurt/Main zusammen, an der die DWR International Incorporated beteiligt war. Deren alleinige Gesellschafterin wiederum war die Beklagte.[12] Der Zedent unterzeichnete einen von der Beklagten verwendeten und an sie gerichteten formularmäßigen Kontoeröffnungsantrag in englischer Sprache für ein Warenterminkonto und ein sog. Customer's Agreement, das u. a. die Vereinbarung eines US-amerikanischen Schiedsgerichts und eine Rechtswahlklausel über die Geltung des Rechts des Staates New York enthielt. Nachdem der Zedent einen ersten Betrag auf sein Warenterminkonto eingezahlt hatte, wickelte ein sog. Account Executive, der für die DWR-GmbH tätig war, zu Lasten dieses Kontos in einem Zeitraum von über einem halben Jahr eine große Zahl von Warenterminkontrakten ab, die überwiegend zu Verlusten führten. Die Ausführungsbestätigungen und die monatlichen Kontoauszüge erhielt der Zedent von der Beklagten unmittelbar zugesandt. Im Verkaufsprospekt der Beklagten, den die DWR-GmbH in deutscher Sprache vertrieb, war stets von den „DWR-Büros" in Deutschland die Rede, ohne dass zwischen eigenen und fremden Geschäftsstellen unterschieden wurde. So hieß es z. B.: „Alle DWR-Büros sind an unser privates Fernschreibernetz angeschlossen, um unseren Kunden kontinuierlich die letzten Preisbewegungen und Marktnachrichten mitteilen zu können. (…) Die Berichte unserer Warenspezialisten in New York und Chicago sowie Meldungen unserer Büros in aller Welt gehen ebenfalls jedem Büro über das private Netz zu. (…) Unsere Produkte sind: Kundendienst, ein Team von erfahrenen und geschulten Leuten sowie modernste technische Einrichtungen. All dieses bietet ihnen jedes DWR-Büro." Weiter war zu lesen: „Warenterminformationen und Handelsempfehlungen werden ununterbrochen über unser privates Fernschreibnetz an alle Büros weitergeleitet. Unsere Büros sind mit den modernsten elektronischen Anlagen für Kursübermittlungen ausgerüstet

---

[11] Vgl. dazu OLG Hamburg RIW 04, 709 (709); OLG Köln WM 04, 1324 (1324); OLG Schleswig RIW 97, 955 (955); OLG Düsseldorf IPRax 97, 118 (118); OLG Düsseldorf IPRax 97, 115 (115); BGH NJW 95, 1225 (1225); OLG Frankfurt/Main WM 94, 1025 (1025); OLG München NJW-RR 93, 701 (701); LG Darmstadt ZIP 04, 1924 (1925). Auf diese Entscheidungen soll im Folgenden noch genauer eingegangen werden.

[12] Im Zeitpunkt der Entscheidung des BGH waren die Tatsachen der Beteiligung durch die Vorinstanzen noch nicht abschließend festgestellt worden. Vgl. dazu BGH NJW 87, 3081 (3081).

(...) Ein privates Fernschreibnetz verbindet alle Büros mit den Warenbörsen." Ferner wurde in dem Prospekt die DWR-GmbH ausdrücklich als Tochtergesellschaft der Beklagten bezeichnet. Der Beklagten oblagen die Kontoführung und die Erteilung von Kontoauszügen und –abrechnungen. Die DWR-GmbH leitete dagegen die Kauf- und Verkaufsaufträge der Kunden direkt an die Börsenabteilung der Beklagten an der entsprechenden Börse weiter, die den für das jeweilige Geschäft vor Ort tätigen spezialisierten Maklern den Kundenauftrag erteilten. Dabei kam dem Account Executive eine entscheidende Funktion zu, der für die DWR-GmbH die ihm erteilten Kundenaufträge direkt über die Börsenangestellten der Beklagten bei den ausführenden Maklern plazierte.[13] Das angerufene LG befand sich u. a. für zuständig und wurde vom OLG in seiner Rechtsauffassung bestätigt.

Inländische Repräsentanzen US-amerikanischer Brokerfirmen versuchen i. d. R. zu vermeiden, mit inländischen Kunden in eigene vertragliche Beziehungen zu treten, um eine kompetenzrechtliche Anknüpfung zu Deutschland zu vermeiden und die deutschen Kunden zu zwingen, in den USA zu klagen. Dennoch bedürfen die Brokerhäuser zur Entfaltung ihrer Geschäftstätigkeit i. d. R. eines Ansprechpartners in der Bundesrepublik, der die Kundenbeziehung herstellt und Börsenaufträge übermittelt.[14] Die Beklagte rügte demgemäß die internationale Zuständigkeit der deutschen Gerichte und vertrat u. a. die Ansicht, keine Niederlassung in der Bundesrepublik zu unterhalten. Bei der DWR-GmbH handele es sich nur um eine Repräsentanz, die selbst keine bankgeschäftliche Tätigkeit ausübe, sondern sich auf die Werbung und Kontaktpflege mit der inländischen Kundschaft beschränke. Die Klägerin dagegen war der Meinung, bei der DWR-GmbH handele es sich um eine rechtlich selbstständige Niederlassung der Beklagten, deren Mitarbeiter berechtigt seien, aus eigener Entscheidungsfreiheit Geschäfte für die Beklagte abzuschließen.[15]

Der BGH befasste sich u. a. mit verschiedenen Aspekten der internationalen Zuständigkeit der angerufenen deutschen Gerichte und erörterte neben der mög-

---

[13] BGH NJW 87, 3081 (3081).

[14] Vgl. zu dieser Thematik auch Benicke, WM 97, 945 (949); Ebbing, WM 99, 1264 (1264); Geimer, IZPR, Rdnr. 1447; Geimer, RIW 94, 59 (59); Geimer, RIW 88, 221 (223); Mankowski, RIW 05, 561 (570); Mankowski, RIW 97, 990 (990); Mankowski, RIW 96, 1001 (1001); Nassall, WM 93, 1950 (1950); Thorn, IPRax 97, 98 (98); Wach/Weberpals, AG 89, 193 (194 ff.).

[15] BGH NJW 87, 3081 (3082). Die in Deutschland für das Börsentermingeschäft anfallenden Aufgaben werden für die Brokerhäuser i. d. R. durch unselbstständige Niederlassungen, konzernangehörige Gesellschaften oder konzernfremde Agenturen durchgeführt, die als „Repräsentanzen" oder „Korrespondenten" auftreten, vgl. Wach/Weberpals, AG 89, 193 (194).

lichen Anwendbarkeit der EuGVVO v. a. die Voraussetzungen für das Vorliegen einer Niederlassung i. S. v. § 21 ZPO.[16]

---

[16] Auf die Entscheidungsgründe soll im weiteren Verlauf an geeigneter Stelle vertieft eingegangen werden. Siehe dazu unten v. a. § 4 I. 3. b. bb. und e. bb. (1).

Teil I: Die internationale Entscheidungszuständigkeit deutscher Gerichte am Gerichtsstand der Niederlassung

In diesem Teil der Arbeit steht die internationale Entscheidungszuständigkeit deutscher Gerichte am Gerichtsstand der Niederlassung im Mittelpunkt der Untersuchung. Nach einem einführenden Teil, der sich mit der Niederlassung im Recht der „deutschen" internationalen Zuständigkeit befasst (§ 3), wird das Augenmerk auf die wichtigsten Niederlassungsgerichtsstände im geltenden deutschen und europäischen Recht gelenkt (§ 4), ehe eine mögliche begriffliche wie inhaltliche Neubestimmung der „Niederlassung" erörtert wird (§ 5).

§ 3: Die Niederlassung im System der „deutschen" internationalen Zuständigkeit

I. Der Begriff der „Niederlassung"

Der Begriff der „Niederlassung" begegnet dem deutschen Rechtsanwender heute in zahlreichen Gesetzen.[17] Eine Legaldefinition existiert in keiner der Bestimmungen. Daher war es früh die Aufgabe von Rechtsprechung und Literatur, den Niederlassungsbegriff in dem jeweils geltenden Normkontext zu definieren.[18]

---

[17] Auszugsweise seien erwähnt: § 7 Abs. 3 BGB regelt die Aufgabe des Wohnsitzes durch die Aufhebung der Niederlasung; die Vorschriften der §§ 13 ff. HGB beschäftigen sich mit der handelsrechtlichen Zweigniederlassung; § 29 HGB statuiert die Anmeldpflicht der Firma der Handelsniederlassung; Art. 10 CISG bestimmt die für die Anwendung des UN-Kaufrechts maßgebliche Niederlassung; weiteren Erwähnungen findet die „Niederlassung" im CISG in Artt. 20 Abs. 2, 24, 31, 42, 57, 69; § 59 GmbHG verweist die Abgabe von Versicherungen an den Sitz der Gesellschaft; Art. 28 Abs. 2 Satz 2 EGBGB normiert im deutschen IPR, Art. 4 Abs. 2 Satz 2 EVÜ im europäischen Recht die Vermutung der engsten Verbindung zu dem Staat, in dem sich Hauptniederlassung der Partei befindet. § 21 ZPO und Art. 5 Nr. 5 EuGVVO normieren jeweils Gerichtsstände am Ort der Niederlassung; ebenso die prozessualen Spezialvorschriften § 48 VVG bei Versicherungen und § 53 KWG bei Banken; die §§ 408, 508 HGB, § 14 UWG und § 6 UKlaG stellen potentiellen Klägern ebenfalls Gerichtsstände zur Verfügung.

[18] Für die handelsrechtliche Niederlassung dürfte z. B. als gesichert gelten, dass es sich bei ihr um einen Betriebsteil handelt, über den Kaufleute oder Handelsgesellschaften entsprechende Handelsgeschäfte tätigen können und der dabei deren Leitung untersteht. Ferner stellt sie eine organisatorische Einheit dar, die personell und sachlich in der Lage ist, auch selbstständig als Zentrale (d. h. als Hauptniederlassung) oder alleinige Niederlassung auftreten zu können, RGZ 107, 44 (45); BayObLG BB 80, 335 (335), und befugt ist, die dem Handelsgeschäft der Zentrale entsprechenden Geschäfte abzuschließen, ohne dabei aber berechtigt oder verpflichtet zu werden, RGZ 108, 265 (267), da sie selbst nicht Rechtssubjekt sein kann, BGHZ 4, 62 (65). Ausreichend ist, dass die Geschäfte zum Betrieb des Gesamtunternehmens gehören und insofern ihrer Art und Ausführung nach den in der Zentrale getätigten gleichartig sind. Sie dürfen sich also nicht auf Hilfsgeschäfte beschränken oder in einfacher Geschäftsvermittlung erschöpfen. Der Leiter der Niederlassung ist i. d. R. im Außenverhältnis selbstständig zu Geschäftsabschlüssen befugt und kann sie „vertreten", RGZ 50, 428 (429). Im Innenverhältnis unterliegt er dagegen der Leitung

Die folgende Untersuchung befasst sich mit dem Gerichtsstand der Niederlassung im autonomen deutschen und europäischen Recht und legt dabei einen besonderen Schwerpunkt auf die Vorschriften von § 21 ZPO und Art. 5 Nr. 5 EuGVVO. Es ist anerkannt, dass z. B. die dem handelsrechtlichen Niederlassungsbegriff i. S. v. § 13 HGB zugrunde liegenden Merkmale nicht ohne weiteres auf den der Gerichtsstände im geltenden autonomen deutschen und europäischen Recht übertragen werden können.[19]

II. Rechtsquellen

Das geltende deutsche Recht weist eine Vielzahl von Gerichtsständen auf, die die Entscheidungszuständigkeit deutscher Gerichte am Ort einer Niederlassung begründen. Dazu zählt im autonomen deutschen Recht in erster Linie § 21 ZPO. Von bedeutender praktischer Relevanz im europäischen Rechtsverkehr ist die EuGVVO, in deren Art. 5 Nr. 5 der Gerichtsstand der Niederlassung geregelt ist.[20] Schließlich enthalten auch andere Staatsverträge, die in der Bundesrepublik ebenfalls geltendes Recht darstellen, Vorschriften zum Niederlassungsgerichtsstand.

1. Staatsverträge

Grundsätzlich gehen Staatsverträge dem autonomen deutschen Recht vor,[21] so dass deren mögliches Eingreifen von deutschen Gerichten auch zuerst zu prüfen wäre. Allerdings gilt dieser Grundsatz im internationalen Zivilverfahrensrecht nicht uneingeschränkt. Es herrscht vielmehr das Günstigkeitsprinzip, wonach das autonome nationale Recht ausnahmsweise dann vorrangig Anwendung findet,

---

und dem Direktionsrecht des Unternehmensträgers. Die Betätigung als Niederlassung ist von gewisser Dauer und erfolgt von der Zentrale bzw. der Hauptniederlassung räumlich getrennt. Es kann dabei nicht übersehen werden, dass die Niederlassung eine Ambivalenz bzw. „Zwitterstellung" bezüglich ihrer Eigenständigkeit aufweist. Daher wird auch von dem „Janus-Kopf" der Niederlassung gesprochen, vgl. Rinne, S. 44; Saame, S. 34. Denn einerseits stellt die Niederlassung eine organisatorische Einheit dar, die als selbstständiges Unternehmen fortgeführt oder veräußert werden kann, andererseits ist sie nur ein nachgeordneter Unternehmensteil. Die Niederlassung hat die Befugnis, selbstständig eigene Geschäfte zu tätigen, allerdings verfügt sie über keine eigene Rechtspersönlichkeit, so dass durch diese Geschäfte nur der Unternehmensträger berechtigt und verpflichtet wird. Der Leiter der Niederlassung ist auf der einen Seite mit einem eigenen Entscheidungsspielraum für wesentliche Angelegenheiten nach außen ausgestattet, auf der anderen Seite ist er intern an die Weisungen des Unternehmensträgers gebunden.

[19] MüKo ZPO-Patzina, § 21, Rdnr. 2; Wieczorek/Schütze-Hausmann, § 21, Rdnr. 4.

[20] In diesem Zusammenhang ist für die folgende Untersuchung von Interesse, ob und unter welchen Voraussetzungen europäisches Recht bei der Entscheidung von deutsch-amerikanischen Streitigkeiten überhaupt herangezogen werden kann. Siehe dazu ausführlich § 4 II. 1.

[21] KG IPRax 99, 37 (38).

wenn es schneller und leichter zum Ziel führt. Denn in erster Linie sollen die Staatsverträge, wie z. B. bilaterale Rechtshilfe- und Anerkennungsverträge, den internationalen Rechtsverkehr erleichtern und nicht erschweren,[22] so dass sie unter Umständen hinter dem autonomen nationalen Recht zurücktreten müssen.

Deutschland hat mit elf Staaten Anerkennungs- und Vollstreckungsübereinkommen abgeschlossen,[23] die u. a. die Zuständigkeit der Gerichte des Mitgliedstaates am Gerichtsstand der Niederlassung regeln.[24] Dies dürfte es rechtfertigen, den Niederlassungsgerichtsstand als einen international durchaus weit verbreiteten Gerichtsstand zu bezeichnen.[25] Zwischen den Vereinigten Staaten und der

---

[22] Schack, IZVR, Rdnr. 62. Siehe dazu auch unten § 9 I. 2.

[23] Deutsch-schweizerisches Abkommen vom 2.11.1929 (RGBl. 1930 II, S. 1066); Deutsch-italienisches Abkommen vom 9.3.1936 (RGBl. 1936 II, S. 145); Deutsch-belgisches Abkommen vom 30.6.1958 (BGBl. 1959 II, S. 766); Deutsch-österreichischer Vollstreckungsvertrag vom 6.6.1959 (BGBl. 1960 II, S. 1245); Deutsch-britisches Vollstreckungsabkommen vom 14.7.1961 (BGBl. 1961 II, S. 301); Deutsch-griechischer Vollstreckungsvertrag vom 4.11.1961 (BGBl. 1963 II, S. 110); Deutsch-niederländischer Vollstreckungsvertrag vom 30.8.1962 (BGBl. 1965 II, S. 27); Deutsch-tunesischer Vertrag über Rechtsschutz und Rechtshilfe vom 19.7.1966 (BGBl. 1969 II, S. 890); Deutsch-israelischer Vertrag vom 20.7.1977 (BGBl. 1980 II, S. 925); Deutsch-norwegischer Vertrag vom 17.6.1977 (BGBl. 1981 II, S. 341); Deutsch-spanischer Vertrag vom 14.11.1983 (BGBl. 1987 II, S. 35).

[24] Die meisten von Deutschland abgeschlossenen bilateralen Anerkennungs- und Vollstreckungsverträge enthalten eine Zuständigkeitsanknüpfung an den Gerichtsstand der Niederlassung. Es handelt sich dabei allerdings um eine Regelung der Anerkennungszuständigkeit. Vgl. dazu Art. 2 Nr. 4 des deutsch-schweizerischen Abkommens; Art. 2 Nr. 3 des deutsch-italienischen Abkommens; Art. 3 Abs. 1 Nr. 4 des deutsch-belgischen Abkommens; Art. IV Abs. 1 lit. a Nr. 5 des deutsch-britischen Abkommens; Art. 4 Abs. 1 lit. d des deutsch-niederländischen Vertrages; Art. 7 Abs. 1 Nr. 2 des deutsch-israelischen Vertrages; Art. 8 Abs. 1 Nr. 6 des deutsch-norwegischen Vertrages; Art. 7 Abs. 1 Nr. 2 des deutsch-spanischen Vertrages; Art. 31 Abs. 1 Nr. 2 des deutsch-tunesischen Vertrages. Die Vorschriften betreffen die Zuständigkeit „am Ort der geschäftlichen Niederlassung oder Zweigniederlassung". Lediglich der deutsch-belgische Vertrag spricht von „geschäftlicher Niederlassung, Zweigniederlassung oder Agentur". Auf die Einzelheiten der Anerkennung gerichtlicher Entscheidungen wird noch ausführlich eingegangen. Siehe dazu unten § 9.

[25] Vgl. z. B. zum deutsch-schweizerischen Abkommen die Deutsche Denkschrift, RT-Drs. IV Nr. 2236: „(...) Dabei ist zu den unter [Art. 2] Nr. 2 bis 5 aufgeführten Zuständigkeitsgründen zu bemerken, dass die sich aus Art. 59 ergebende Einrede der Unzuständigkeit verzichtbar ist. (...) Als Verzicht werden aber auch (...) der unter Nr. 4 (...) näher bezeichnete Anspruch die Errichtung einer gewerblichen Niederlassung (...) angesehen."; zum deutsch-britischen Abkommen die Deutsche Denkschrift, BT-Drs. III Nr. 2360: „(...) Zu Artikel IV (...) Der Gerichtsstand des gewöhnlichen Aufenthaltsortes oder der Hauptniederlassung einer Gesellschaft oder Körperschaft ist international allgemein anerkannt (Abs. 1 lit. a Nr. 4). Der Gerichtsstand der Zweigniederlassung für Rechtsstreitigkeiten aus Geschäften, die im Zusammenhang mit der Tätigkeit der Nie-

Bundesrepublik existiert dagegen kein bilateraler Staatsvertrag über die Zuständigkeit und Anerkennung ausländischer Urteile. Im Freundschafts-, Handels- und Schifffahrtsvertrag von 1954[26] finden sich u. a. Regelungen über Sicherheitsleistungen, Prozesskostenhilfe und die Anerkennung von im jeweils anderen Vertragsstaat gegründete Gesellschaften, aber keine Bestimmungen über die internationale Zuständigkeit der Gerichte. Das New Yorker Übereinkommen von 1958 (UNÜ),[27] dem beide Staaten ebenfalls beigetreten sind, regelt die Anerkennung und Vollstreckung von ausländischen Schiedssprüchen.

Als multilateraler Staatsvertrag ist das Warschauer Abkommen vom 12.10.1929 (WA)[28] zur Vereinheitlichung von Regeln über die Beförderung im internationalen Luftverkehr zu nennen. Nach dessen Art. 28 Abs. 1 kann eine Klage auf Schadensersatz u. a. auch bei dem Gericht des Ortes erhoben werden,

---

derlassung stehen (Abs. 1 lit. a Nr. 5) knüpft an Nummer 4 an."; zum deutsch-niederländischen Vertrag den Gemeinsamen Bericht der Unterhändler, BT-Drs. IV Nr. 2351 S. 27: „Der in Buchstabe d geregelte Gerichtsstand der geschäftlichen Niederlassung (vgl. § 21 ZPO) ist dem niederländischen innerstaatlichen Recht nicht bekannt. Die niederländische Delegation hat sich mit seiner Aufnahme in den Vertrag einverstanden erklärt, wie das auch bei dem niederländisch-belgischen Vertrag (Art. 5 Nr. 3), dem niederländisch-italienischen Vertrag (Art. 2 Abs. 1 Nr. 3) und dem Benelux-Vertrag (Art. 5 Nr. 4) geschehen ist."; zum deutsch-norwegischen Vertrag den Gemeinsamen Bericht der Unterhändler, BT-Drs. 9/66, S. 26: „Der in Nr. 6 geregelte Gerichtsstand der geschäftlichen Niederlassung ist beiden Rechtsordnungen bekannt (vgl. § 21 ZPO, §§ 27, 28 Rl.) und international üblich. Er ist deshalb in den Vertrag aufgenommen worden (...)."; zum deutsch-spanischen Vertrag die Deutsche Denkschrift, BT-Drs. 10/5415: „(...) Zu Artikel 7 (...) In Nr. 2 ist der Gerichtsstand der geschäftlichen Niederlassung geregelt. Die mit der Klage geltend gemachten Ansprüche müssen sich gerade aus dem Betrieb der geschäftlichen Niederlassung ergeben, z. B. wegen unlauterer Werbung der Niederlassung."; zum deutsch-tunesischen Vertrag die Deutsche Denkschrift, BT-Drs. V Nr. 3167: „(...) Zu Artikel 31 (...) Der in Nr. 2 geregelte Gerichtsstand der geschäftlichen Niederlassung ist beiden Rechtsordnungen bekannt (vgl. § 21 ZPO; Artikel 33 C. p. c.). In der internationalen Vertragspraxis ist es auch üblich, dass die geschäftliche Niederlassung als Anknüpfung für eine besondere internationale Zuständigkeit gewählt wird. Der Gerichtsstand ist deshalb in den Vertrag aufgenommen worden. Zu beachten ist, dass die mit der Klage geltend gemachten Ansprüche sich gerade aus dem Betrieb der geschäftlichen Niederlassung oder Zweigniederlassung ergeben müssen. Die Delegationen waren sich ferner darüber einig, dass selbständige Agenten (Handelsvertreter) nicht als Niederlassung oder Zweigniederlassung i. S. d. Vorschrift anzusehen sind." Vgl. ferner Hdb. Int. ZVerfR I-Kropholler, Kap. III, Rdnr. 290.

[26] BGBl. 1956 II, S. 488. Vgl. dazu Ebke, FS Hay, S. 119 f.; Schurig, FS Hay, S. 372.

[27] BGBl. 1961 II, S. 121.

[28] RGBl. 1933 II, S. 1040.

wo sich diejenige Geschäftsstelle des Luftfrachtführers befindet, durch die der Vertrag abgeschlossen worden ist.[29]

Ferner ist das Übereinkommen vom 19.05.1956 über den Beförderungsvertrag im internationalen Straßengüterverkehr (CMR)[30] zu erwähnen. Nach Art. 31 Abs. 1 CMR kann der Kläger – außer bei Vereinbarungen der Parteien über bestimmte Gerichte von Vertragsstaaten – die Gerichte eines Staates anrufen, auf dessen Gebiet der Beklagte seinen gewöhnlichen Aufenthalt, seine Hauptniederlassung oder die Zweigniederlassung oder Geschäftsstelle hat, durch deren Vermittlung der Beförderungsvertrag geschlossen ist.

Nach Art. 44 Abs. 1 des internationalen Übereinkommens vom 25.02.1961 über den Eisenbahnfrachtverkehr (CIM)[31] und Art. 44 Abs. 1 des Übereinkommens über den Eisenbahn-Personen- und Gepäckverkehr (CIV)[32] können auf die Übereinkommen gegründete Ansprüche nur vor den Gerichten des Staates geltend gemacht werden, dem die in Anspruch genommene Eisenbahn angehört. Betreibt ein Unternehmen mehrere selbstständige Eisenbahnnetze in verschiedenen Staaten, wird gem. Art. 44 Abs. 2 CIM bzw. CIV jedes dieser Netze als besondere Eisenbahn angesehen, so dass diese Bestimmung als Sonderform des Gerichtsstandes der Niederlassung qualifiziert werden kann.[33]

2. EuGVVO

Nach Art. 5 Nr. 5 EuGVVO kann „eine Person, die ihren Wohnsitz im Hoheitsgebiet eines Mitgliedstaates hat, in einem anderen Mitgliedstaat verklagt werden, wenn es sich um eine Streitigkeit aus dem Betrieb einer Zweigniederlassung,

---

[29] Der Gerichtsstand der Geschäftsstelle kann am Sitz einer selbstständigen Agentur begründet werden, wenn sich die ausländische Fluggesellschaft, die im Inland keine eigenen Niederlassungen hat, für den Abschluss von Luftfrachtverträgen regelmäßig einer solchen Agentur bedient, BGH IPRax 84, 27 (29). Sinn und Zweck sprächen für eine weite Auslegung. Dem Berechtigten sollte die Rechtsverfolgung erleichtert werden. Anderenfalls werde dem Kunden unter Umständen der meist im Inland belegene und für ihn praktisch bedeutsame Gerichtsstand des Vertragsschlusses entzogen. Zustimmend Nagel, IPRax 84, 13 (14). Geregelt sind in dem Abkommen nur Schadensersatzansprüche, die sich aus den dem Luftverkehr eigentümlichen Gefahren ergeben können. Nicht darunter fallen solche Schäden, die durch die Nichterfüllung eines Beförderungsvertrags entstehen, OLG München RIW 83, 127 (127).

[30] BGBl. 1961 II, S. 1119.

[31] BGBl. 1964 II, S. 1517.

[32] BGBl. 1964 II, S. 1898.

[33] In der folgenden Untersuchung soll auf die Niederlassungsvorschriften dieser Staatsverträge nur vereinzelt und zwecks besseren Verständnisses eingegangen werden. Schwerpunkt der Arbeit sind die Vorschriften des autonomen deutschen und europäischen Rechts.

einer Agentur oder einer sonstigen Niederlassung handelt, vor dem Gericht des Ortes, an dem sich diese befindet."

Besondere Fiktionen bei Klagen von Versicherungsnehmern, Verbrauchern und Arbeitnehmern finden sich in den Artt. 9 Abs. 2, 15 Abs. 2 und 18 Abs. 2 EuGVVO, die ebenfalls an mögliche Niederlassungen der Beklagten anknüpfen.[34] Schließlich kann ein Arbeitnehmer seinen Arbeitgeber gem. Art. 19 Nr. 2 lit. b EuGVVO auch an dessen Niederlassung verklagen.

Die Brüssel-I-Verordnung, EG Nr. 44/2001 (EuGVVO)[35] ersetzte mit Wirkung ab 01.03.2003 das EuGVÜ[36] weitgehend.[37] Als Grundlage dafür sind die Artt. 61 lit. c, 65 lit. a 3. Spiegelstrich EG heranzuziehen, die sich im neuen Titel IV (Visa, Asyl, Einwanderung und andere Politiken betreffend den freien Personen-

---

[34] Siehe dazu unten § 4 II. 1. b.

[35] ABl. EG Nr. L 12 v. 16.1.2001.

[36] Das Brüsseler EWG-Übereinkommen über die gerichtliche Zuständigkeit und Vollstreckung in Handelssachen von 1968 (EuGVÜ; ABl. EG Nr. C 27 v. 26.1.1998; BGBl. 1972 II, S. 773) war ein völkerrechtlicher Vertrag, den die Mitgliedstaaten der Europäischen Gemeinschaften auf Grundlage des Art. 293 4. Spiegelstrich EG abgeschlossen hatten. Durch das EuGVÜ sollten die vier Grundfreiheiten des EG-Vertrages, insbesondere die Warenverkehrsfreiheit, besser verwirklicht werden. Es war jedoch kein Europarecht im engeren Sinne. Das Übereinkommen in der ursprünglichen Fassung trat für die Bundesrepublik am 01.02.1973 in Kraft. Mitgliedstaaten der ersten Stunde waren ferner Belgien, Frankreich, Italien, Luxemburg und die Niederlande. Jedes Mal wenn ein neuer Mitgliedstaat beitreten wollte, musste das EuGVÜ aber neu abgeschlossen werden. Auf diese Art und Weise kam es insgesamt zu vier Beitrittsübereinkommen, in deren Verlauf das EuGVÜ auch immer wieder Abänderungen unterzogen wurde (1. Beitrittsübereinkommen vom 09.10.1978: Großbritannien, Irland, Dänemark; 2. Beitrittsübereinkommen vom 25.10.1982: Griechenland; 3. Beitrittsübereinkommen vom 26.05.1989: Portugal, Spanien; 4. Beitrittsübereinkommen vom 29.11.1996: Finnland, Österreich, Schweden; vgl. dazu BGBl. 1996 II, S. 1411). Vgl. allgemein dazu Ganssauge, S. 8; Geimer, NJW 76, 441 (441 ff.); Geimer, WM 80, 1106 (1106 ff.); Geimer, NJW 86, 2991 (2991 ff.); Geimer/Schütze-Pörnbacher, Rechtsverkehr, Bd. 1, Einleitung EuGVVO, Rdnr. 4; Jayme/Kohler, IPRax 87, 201 (201)/IPRax 00, 454 (459); Linke, RIW 77, 42 (42); MüKo ZPO-Gottwald, Vor Art. 1 EuGVÜ, Rdnr. 1 ff.; Piltz, NJW 79, 1071 (1071 ff.); Samtleben, NJW 74, 1590 (1590 ff.). Auf das im Verhältnis der EU-Staaten gegenüber Island, Norwegen und der Schweiz geltende Luganer Übereinkommen über die gerichtliche Zuständigkeit und Vollstreckung gerichtlicher Entscheidungen in Zivil- und Handelssachen vom 16.9.1988 (LugÜ), BGBl. 1994 II, S. 2660, soll mangels praktischer Relevanz für den deutsch-amerikanischen Rechtsverkehr nicht eingegangen werden.

[37] Art. 68 EuGVVO. Vgl. dazu Ganssauge, S. 8; Geimer, IPRax 02, 69 (69); Geimer/Schütze-Pörnbacher, Rechtsverkehr, Bd. 1, Einleitung EuGVVO, Rdnr. 4; Jayme/Kohler, IPRax 05, 481 (486); Kohler, FS Geimer, S. 462 ff.; Mankowski, RIW 04, 481 (492); Wagner, WM 03, 116 (117).

verkehr) wieder finden.[38] Nach dem ersten Erwägungsgrund der EuGVVO soll schrittweise ein Raum der Freiheit, der Sicherheit und des Rechts aufgebaut werden, in dem der freie Personenverkehr gewährleistet ist.[39] Die EuGVVO regelt insbesondere die Zuständigkeit der Gerichte im Erkenntnisverfahren sowie die Anerkennung und Vollstreckung von Entscheidungen und Urkunden aus anderen Mitgliedstaaten. Sie wirkt als Akt des Gemeinschaftsrechts verbindlich und unmittelbar.[40] Die EuGVVO gilt in allen EU-Staaten mit Ausnahme von Dänemark;[41] seit dem 01.05.2004 auch in den zehn neuen Beitrittsländern.[42] Es gelten dabei keine besonderen Übergangsfristen. Die vorhandenen Überleitungsvorschriften lassen sich auch sinngemäß auf die neuen Mitgliedstaaten anwenden.[43] Mit der EuGVVO wurde für die internationale Zuständigkeit der Mitgliedstaaten eine einheitliche Ordnung geschaffen. Daher wird zum Teil auch von einem „europäischen Zivilprozessrecht" gesprochen.[44]

---

[38] Vgl. zur Entstehung der EuGVVO ferner Ganssauge, S. 10 ff.; Geimer, IPRax 02, 69 (70); Geimer/Schütze-Pörnbacher, Rechtsverkehr, Bd. 1, Einleitung EuGVVO, Rdnr. 7; Jayme/Kohler, IPRax 00, 454 (458); Junker, RIW 02, 569 (569/570); Micklitz/Rott, EuZW 01, 325 (325); Piltz, NJW 02, 789 (789/790); Schütze, Rechtsverfolgung, Rdnr. 82; Wagner, WM 03, 116 (116).

[39] Vgl. dazu Müller-Graff, FS Jayme, S. 1323 ff.

[40] v. Bar/Mankowski, S. 351; Geimer, IPRax 02, 69 (71); v. Hoffmann/Thorn, § 3, Rdnr. 183/184; Jayme/Kohler, IPRax 01, 501 (504); Junker, RIW 02, 569 (569); Kohler, FS Geimer, S. 462; Micklitz/Rott, EuZW 01, 325 (326); Piltz, NJW 02, 789 (790); Theiss/Bronnen, EWS 04, 350 (351).

[41] Art. 1 Abs. 3 EuGVVO. Vgl. dazu Kohler, FS Geimer, S. 461. Vgl. ferner zu dem Abkommen zwischen der EG und Dänemark über die Anwendung der EuGVVO auf die Beziehungen zwischen der Gemeinschaft und Dänemark: Geimer, IPRax 02, 69 (70); Jayme/Kohler, IPRax 01, 501 (505); Jayme/Kohler, IPRax 05, 481 (485 ff.); Wagner, IPRax 05, 494 (494). Am 20.09.2005 hat der Rat der Europäischen Gemeinschaft beschlossen (Beschluss 2005/790/EG, ABl. EG Nr. L 299/61 v. 16.11.2005), das Abkommen zwischen der Europäischen Gemeinschaft und dem Königreich Dänemark über die gerichtliche Zuständigkeit und die Anerkennung und Vollstreckung von Entscheidungen in Zivil- und Handelssachen (ABl. EG Nr. L 299/62 v. 16.11.2005) zu unterzeichnen.

[42] Vgl. dazu das Beitrittsübereinkommen ABl. EG Nr. L 236 v. 23.9.2003, S. 17.

[43] Hess, IPRax 04, 374 (375). Vgl. dazu auch Jayme/Kohler, IPRax 04, 481 (481/485).

[44] Gsell, IPRax 02, 484 (484); Jayme, Ein internationales Zivilverfahrensrecht, S. 4; MüKo ZPO-Gottwald, Vor Art. 1 EuGVÜ, Rdnr. 3; Nagel/Gottwald, § 3, Rdnr. 7. Stadler, BGH-Festgabe III, S. 645, spricht von einer „Europäisierung des Zivilprozessrechts"; Wagner, IPRax 05, 494 (494). Die Auslegung der EuGVVO obliegt grundsätzlich dem EuGH, dem von den nationalen Gerichten, soweit sie letztinstanzlich entscheiden, gem. Artt. 38, 234 Abs. 1 lit. b EG Auslegungsfragen vorzulegen sind.

Gem. Art. 69 EuGVVO ersetzt die EuGVVO sieben der elf von der Bundesrepublik abgeschlossenen bilateralen Anerkennungs- und Vollstreckungsverträge.[45] Nach Art. 70 EuGVVO behalten sie jedoch für die Rechtsgebiete, auf die die EuGVVO nicht anwendbar ist, sowie für Entscheidungen, die vor Inkrafttreten der EuGVVO ergangen sind, ihre Gültigkeit.[46]

3. Autonomes deutsches Recht

Gem. § 21 Abs. 1 ZPO können gegen jemanden, „der zum Betrieb einer Fabrik, einer Handlung oder eines anderen Gewerbes eine Niederlassung hat, von der aus unmittelbar Geschäfte geschlossen werden, alle Klagen, die auf den Geschäftsbetrieb der Niederlassung Bezug haben, bei dem Gericht des Ortes erhoben werden, wo die Niederlassung sich befindet."

§ 48 Abs. 1 VVG begründet einen Gerichtsstand bei Klagen aus dem Versicherungsverhältnis gegen den Versicherer an dem Ort, an dem der Versicherungsagent, der den Vertrag vermittelt oder abgeschlossen hat, seine gewerbliche Niederlassung, hilfsweise seinen Wohnsitz zur Zeit der Vermittlung oder des Abschlusses hatte.[47]

---

[45] Dabei handelt es sich um das deutsch-italienische Abkommen vom 9.3.1936; das deutsch-belgische Abkommen vom 30.6.1958; den deutsch-österreichischen Vollstreckungsvertrag vom 6.6.1959; das deutsch-britische Vollstreckungsabkommen vom 14.7.1961; den deutsch-griechischen Vollstreckungsvertrag vom 4.11.1961; den deutsch-niederländischen Vollstreckungsvertrag vom 30.8.1962 und den deutsch-spanischen Vertrag vom 14.11.1983. Inkraft bleiben dagegen das deutsch-schweizerische Abkommen vom 2.11.1929; der deutsch-tunesische Vertrag über Rechtsschutz und Rechtshilfe vom 19.7.1966; der deutsch-israelische Vertrag vom 20.7.1977 und der deutsch-norwegische Vertrag vom 17.6.1977.

[46] Gem. Art. 71 EuGVVO bleiben ferner Übereinkommen unberührt, denen die Mitgliedstaaten angehören und die für besondere Rechtsgebiete die gerichtliche Zuständigkeit, die Anerkennung oder die Vollstreckung von Entscheidungen regeln, wie z. B. das Genfer Übereinkommen über den Beförderungsvertrag im internationalen Straßengüterverkehr (CMR) vom 19.5.1965 (BGBl. 1961 II, S. 1119); das Warschauer Abkommen zur Vereinheitlichung von Regeln über die Beförderung im im internationalen Luftverkehr vom 12.10.1929 (RGBl. 1933 II, S. 1040) oder das Internationale Übereinkommen zur Vereinheitlichung von Regeln über den Arrest in Seeschiffe vom 10.5.1952 (BGBl. 1972 II, S. 653).

[47] § 48 VVG erweitert die Gerichtspflichtigkeit des Versicherers in den Fällen, in denen sich dieser eines Vermittlungs- oder Abschlussagenten bedient. Die Vorschrift dient damit dem Schutz des Versicherungsnehmers, der nicht gezwungen werden soll, Klagen gegen die Versicherung an deren – oft weit entfernten – Sitz zu erheben, wenn der Versicherungsvertrag durch einen Versicherungsagenten abgeschlossen oder vermittelt wird, Geimer, IZPR, Rdnr. 1450. Der Normzweck erfordert es daher, den Anwendungsbereich weit zu ziehen. Der Gerichtsstand dient daher für alle Klagen, bei denen das Bestehen, Nichtbestehen oder Nichtmehrbestehen eines Versicherungsverhältnisses auch nur die Rolle einer klagebegründenden Behauptung spielt, Fricke, VersR 97,

Dem Niederlassungsgerichtsstand vergleichbar sehen die §§ 408, 508 HGB für Klagen gegen den Reeder als solchen die Zuständigkeit am Heimathafen des Schiffs vor.

Gem. § 53 Abs. 1 KWG gilt diejenige Zweigstelle als Kreditinstitut oder Finanzdienstleistungsinstitut, die ein Unternehmen mit Sitz im Ausland im Inland unterhält und die Bankgeschäfte oder Finanzdienstleistungen ausführt.[48]

§ 106 Abs. 2, 3 VAG bestimmt, dass jedes Versicherungsunternehmen mit Sitz außerhalb der Mitgliedstaaten der EG, das im Inland Versicherungsgeschäfte betreiben will, in Deutschland eine Niederlassung unterhalten muss.

Für Klagen aufgrund des UWG ist gem. § 14 Abs. 1 das Gericht zuständig, in dessen Bezirk der Beklagte seine gewerbliche oder selbstständige berufliche Niederlassung hat.[49]

---

399 (405); Wieczorek/Schütze-Hausmann, § 21, Rdnr. 26. Der Gerichtsstand gilt für alle versicherungs- und bürgerlichrechtlichen Nachfolger des Versicherungsnehmers, wie z. B. Zessionar, Pfandgläubiger, Vollstreckungsgläubiger oder Bezugsberechtigte. Die Vorschrift ist auch dann anwendbar, wenn der „Agent" Angestellter des Versicherers ist, Wieczorek/Schütze-Hausmann, § 21, Rdnr. 27. Allerdings reicht die bloße Entgegennahme eines an einen Direktversicherer gerichteten Antrags auf Abschluss eines Versicherungsvertrages nicht aus, LG Karlsruhe VersR 97, 384 (384). Bei Internetabschlüssen mit dem Versicherer kommt § 48 VVG ebenfalls nicht zur Anwendung, Stein/Jonas-Roth, § 21, Rdnr. 24. Gem. § 48 Abs. 2 VVG ist der Gerichtsstand zugunsten des Versicherungsnehmers zwingend. § 48 VVG begründet eine deutsche internationale Zuständigkeit unabhängig davon, welches Recht nach den Regeln des deutschen internationalen Privatrechts auf den Rechtsstreit Anwendung findet, Geimer, IZPR, Rdnr. 1451.

[48] Gem. § 53 Abs. 3 KWG kann dieser Gerichtsstand nicht vertraglich ausgeschlossen werden. Dem Schutzzweck der Vorschrift entsprechend soll der Kreis der Klagen, die auf den Geschäftsbetrieb der Zweigstelle bezogen sind, weit zu fassen sein. Er erstreckt sich nicht nur auf den Bereich der eigentlichen Bankgeschäfte, sondern umfasst z. B. auch Klagen aus Miet- oder Dienstverhältnissen der Zweigstelle, Wieczorek/Schütze-Hausmann, § 21, Rdnr. 30. Dagegen unterliegen Repräsentanzen nur der Anzeigepflicht gem. § 53a KWG. Dabei handelt es sich um eine in der Bundesrepublik belegene Vertretung einer Bank mit Sitz in einem anderen Land, die keine bankgeschäftliche Tätigkeit ausübt. Eine Tätigkeit als Repräsentanz liegt nur dann vor, wenn sich eine Stelle auf die Werbung für eine ausländische Bank und die Kontaktpflege mit ihr beschränkt, rechtsgeschäftliche Willenserklärungen jedoch nicht im Namen der Bank abgibt und nicht als Stellvertreter für sie entgegennimmt sowie Kundenanträge lediglich als Bote an die Bank weiterleitet, BGH NJW 87, 3081 (3082).

[49] Zwar ist der Gerichtsstand für „alle Klagen aufgrund dieses Gesetzes" eröffnet. Die Klage muss sich jedoch nicht ausschließlich auf das UWG stützen. Sie kann sich auch gleichzeitig auf Vorschriften des BGB gründen. Im Übrigen stimmt der Begriff der „Niederlassung" mit dem von § 21 ZPO überein, Wieczorek/Schütze-Hausmann, § 21, Rdnr. 21.

Für Klagen nach dem Unterlassungsklagengesetz ist gem. § 6 UKlaG das Landgericht ausschließlich zuständig, in dessen Bezirk der Beklagte seine gewerbliche Niederlassung hat.[50]

Nach diesem ersten Überblick über die wichtigsten Niederlassungsgerichtsstände im geltenden deutschen und europäischen Recht wird nunmehr das Augenmerk auf deren Stellung im „deutschen" internationalen Zivilverfahrensrecht gelenkt.

III. Internationale Zuständigkeit
1. Begriff
Die „internationale Zuständigkeit" des Gerichts – die „Kardinalfrage" eines jeden Auslandsrechtsstreits[51] – bestimmt sich nach den Regeln der sog. direkten Zuständigkeit (compétence directe) bzw. nach den Befolgungsregeln.[52] Sie betreffen die Frage der Entscheidungszuständigkeit des Gerichts, d. h. ob ein inländisches Gericht für die Entscheidung des internationalen Rechtsstreits zuständig ist und ggf. ein Urteil erlassen kann.[53] Abzugrenzen sind sie von den Vorschriften, nach denen die internationale Entscheidungszuständigkeit eines ausländischen Gerichts beurteilt wird (Beurteilungsregeln), dessen Entscheidung im Inland möglicherweise nach der Anerkennung bestimmte Wirkungen entfalten soll.[54]

---

[50] Der Begriff der „Niederlassung" ist ebenso auszulegen wie in § 21 ZPO, Wieczorek/Schütze-Hausmann, § 21, Rdnr. 24.

[51] Hdb. Int. ZVerfR I-Kropholler, Kap. III, Rdnr. 16.

[52] Ganssauge, S. 6; Geimer, IZPR, Rdnr. 850; Hdb. Int. ZVerfR I-Kropholler, Kap. III, Rdnr. 9; Heldrich, S. 71; v. Hoffmann/Thorn, § 3, Rdnr. 31; Kropholler, IPR, S. 514; Neuhaus, Grundbegriffe, S. 410; Schindler, S. 19; Schreiner, S. 35; Schröder, S. 83 Fn. 1; Schütze, Dt. IZPR, S. 32; Spellenberg, JA 78, 5 (5); Stein/Jonas-Roth, Vor § 12, Rdnr. 25; Wieczorek/Schütze-Hausmann, Vor § 12, Rdnr. 35.

[53] BAG NJW 85, 2910 (2911); Baumbach/Lauterbach-Hartmann, Übers. § 12, Rdnr. 6; Ganssauge, S. 5; Geimer, IZPR, Rdnr. 844; Geimer, JuS 65, 475 (477); Geimer, Prüfung, S. 103; Hdb. Int. ZVerfR I-Kropholler, Kap. III, Rdnr. 4; Hdb. Int. ZVerfR III/1-Martiny, Rdnr. 632; Heldrich, S. 69; v. Hoffmann, IPRax 82, 217 (217); Linke, Rdnr. 102; Mankowski, FS Heldrich, S. 869; Mansel, FS Jayme, S. 565; Matthies, S. 7; MüKo ZPO-Patzina, § 12, Rdnr. 57; Musielak-Heinrich, § 12, Rdnr. 15; Nagel/Gottwald, § 3, Rdnr. 9; Neuhaus, RabelsZ 20, 201 (206); Pagenstecher, RabelsZ 11, 337 (344); Schack, IZVR, Rdnr. 187; Schreiner, S. 27; Schütze, Dt. IZPR, S. 32; Schütze, Rechtsverfolgung, Rdnr. 50; Stein/Jonas-Roth, Vor § 12, Rdnr. 25; Wieczorek/Schütze-Hausmann, Vor § 12, Rdnr. 34; Walchshöfer, ZZP 80, 165 (170).

[54] Auf die sog. Anerkennungszuständigkeit der ausländischen Gerichte wird noch ausführlich eingegangen. Siehe dazu unten § 9 I. 3.

Jedem Staat steht es frei, ob und wie er die Voraussetzungen für die internationale Zuständigkeit seiner Gerichte regelt.[55] Der Begriff der internationalen Zuständigkeit selbst wurde 1929 in Deutschland von Neuner begründet und von der Rechtswissenschaft in der Folgezeit übernommen.[56] Die internationale Zuständigkeit betrifft nur die Frage, ob ein Sachverhalt zu einem Staat hinreichende Beziehungen dafür aufweist, dass dieser Staat durch seine Gerichte in ihrer Gesamtheit tätig werden kann und soll[57] und nicht, ob ein bestimmtes Gericht für die Entscheidung des Rechtsstreits (sachlich und örtlich) zuständig ist. Diese Bestimmung bleibt den jeweiligen innerstaatlichen Zuständigkeitsordnungen vorbehalten.[58]

Die internationale Zuständigkeit ist von der sog. Gerichtsbarkeit (facultas iurisdictionis) zu unterscheiden. Darunter versteht man die völkerrechtliche Befugnis eines Staates zum Tätigwerden seiner Gerichte.[59] Nach dem Prinzip territorialer Souveränität können alle Staaten auf ihrem Gebiet über alle sich dort

---

[55] v. Bar, Lehrbuch, S. 169; Ganssauge, S. 5; Geimer, FS Nagel, S. 38; Geimer, IZPR, Rdnr. 845/848; Geimer, Prüfung, S. 104; Heldrich, S. 131; v. Hoffmann/Thorn, § 3, Rdnr. 29; v. Hoffmann, IPRax 82, 217 (217); Kleinstück, S. 151; Lorenz, FamRZ 66, 465 (465); MüKo ZPO-Patzina, § 12, Rdnr. 57; Nagel/Gottwald, § 3, Rdnr. 202; Neuhaus, Grundbegriffe, S. 410; Neuner, S. 49; Pfeiffer, S. 24; Schack, FS Nakamura, S. 505; Schlosser, ZZP 79, 164 (173); Schreiner, S. 31; Schröder, S. 83; Spellenberg, JA 78, 1 (2); Stein/Jonas-Roth, Vor § 12, Rdnr. 36; Wieczorek/Schütze-Hausmann, Vor § 12, Rdnr. 39. Bezüglich etwaiger völkerrechtlicher Beschränkungen sogleich unten § 3 III. 3. a.

[56] Hdb. Int. ZVerfR I-Kropholler, Kap. III, Rdnr. 6; Heldrich, S. 70; Kropholler, IPR, S. 514; Lorenz, FamRZ 66, 465 (465); Matthies, S. 8; MüKo ZPO-Patzina, § 12, Rdnr. 58; Neuhaus, Grundbegriffe, S. 408; Neuner, S. 1; Schindler, S. 15; Schütze, Dt. IZPR, S. 32.

[57] Geimer, IZPR, Rdnr. 845; Geimer, Prüfung, S. 103; Hdb. Int. ZVerfR I-Kropholler, Kap. III, Rdnr. 4; Heldrich, S. 71; Heldrich, FS Ficker, S. 206; v. Hoffmann/Thorn, § 3, Rdnr. 28; Kegel/Schurig, S. 1049; Mankowski, FS Heldrich, S. 869; Matthies, S. 7/30; Neuhaus, RabelsZ 20, 201 (206); Neuner, S. 1; Riezler, S. 210; Schütze, Dt. IZPR, S. 32; Wieczorek/Schütze-Hausmann, Vor § 12, Rdnr. 37; Wollenschläger, IPRax 02, 96 (96 Fn. 2).

[58] Heldrich, S. 71; v. Hoffmann/Thorn, § 3, Rdnr. 32; MüKo ZPO-Patzina, § 12, Rdnr. 57; Musielak-Heinrich, § 12, Rdnr. 15. Auf die Bestimmung der internationalen (und örtlichen) Entscheidungszuständigkeit deutscher Gerichte nach der ZPO wird noch ausführlich eingegangen. Siehe dazu unten § 3 III. 4. a.

[59] Geimer, IZPR, Rdnr. 371; Geimer, Prüfung, S. 40/67/69; Hdb. Int. ZVerfR I-Kropholler, Kap. III, Rdnr. 12; Hdb. Int. ZVerfR I-Kropholler, Kap. III, Rdnr. 12; Heldrich, S. 79; v. Hoffmann/Thorn, § 3, Rdnr. 13; Kegel/Schurig, S. 1044; Kleinstück, S. 151; Kropholler, IPR, S. 505; Matthies, S. 27/30; MüKo ZPO-Patzina, § 12, Rdnr. 60; Nagel/Gottwald, § 3, Rdnr. 202; Neuhaus, Grundbegriffe, S. 399; Pagenstecher, RabelsZ 11, 337 (341/343); Schindler, S. 14; Schlosser, ZZP 79, 164 (173); Schütze, Dt. IZPR, S. 22; Schütze, Rechtsverfolgung, Rdnr. 50; Walchshöfer, ZZP 80, 165 (169); Wieczorek/Schütze-Hausmann, Vor § 12, Rdnr. 37.

befindenden Personen und Sachen ihre Gerichtsbarkeit ausüben,[60] sofern es sich nicht um Fälle sog. Exemtionen, Exterritorialität oder Staatenimmunität handelt, d. h. um Staatsoberhäupter, diplomatisches Personal oder um Angehörige internationaler Organisationen.[61] Die internationale Zuständigkeit setzt die Gerichtsbarkeit des Staates denknotwenig voraus.[62]

2. Historischer Überblick

Das römische Recht kannte den Begriff der „internationalen Zuständigkeit" nicht. Die in diesem Zusammenhang einzige nennenswerte Fundstelle aus den Digesten bezieht sich auf Gebiete, die zum damaligen staatsrechtlichen Verband des Römischen Reiches gehörten, und befasst sich mit der Erstreckung der Vollstreckung von stadtrömischen Urteilen auf die Provinzen.[63] Das römische Bürgerrecht galt zu dieser Zeit für alle freien Reichsbewohner, was auch die Provinzen mit einschloss. Auch gab es eine einheitliche Gerichtsorganisation. Man kann daher nicht von der „internationalen Zuständigkeit" der Gerichte im eigentlichen Sinne sprechen, da es kein „Ausland" im rechtlichen Sinne gab.[64]

Als erster Vertreter der deutschen Rechtswissenschaft fragte sich v. Bar, ob „die gesetzlichen Competenzbestimmungen ohne Unterschied anzuwenden sind, mögen die streitenden Theile Inländer oder Fremde, die betreffenden Sachen im Inlande oder Auslande belegen, die Verträge, um welche es sich handelt, im Inland oder im Ausland geschlossen oder zu erfüllen sein." Dabei vollzog er bereits eine erste klare Trennung zwischen den Fragen, „welche Rechtsstreitigkeiten gerade der einzelne Staat vor seinen Gerichten verhandeln lassen will" und „ob und unter welchen Voraussetzungen die Gerichte eines anderen Staates diese (…) Zuständigkeit anzuerkennen haben." Später sprach er von der „Zuständigkeit der Gerichte eines bestimmten Staates."[65]

---

[60] Buchner, S. 66; MüKo ZPO-Patzina, § 12, Rdnr. 62.

[61] Heldrich, S. 81; v. Hoffmann/Thorn, § 3, Rdnr. 18/21; Kegel/Schurig, S. 1045; Kropholler, IPR, S. 505; MüKo ZPO-Patzina, § 12, Rdnr. 63; Neuhaus, Grundbegriffe, S. 400; Schack, IZVR, Rdnr. 132; Schütze, Dt. IZPR, S. 22; Spellenberg, JA 78, 1 (3).

[62] Geimer, IZPR, Rdnr. 846; Geimer, Prüfung, S. 69/103; Heldrich, S. 80; v. Hoffmann/Thorn, § 3, Rdnr. 14; Matthies, S. 18/27; Neuhaus, RabelsZ 20, 201 (208); Pagenstecher, RabelsZ 11, 337 (352); Schlosser, ZZP 79, 164 (172); Schreiner, S. 31; Stein/Jonas-Roth, Vor § 12, Rdnr. 55; Walchshöfer, ZZP 80, 165 (177); Wieczorek/Schütze-Hausmann, Vor § 12, Rdnr. 37.

[63] D. 42, 1, 15, 1. Sie lautet auszugsweise: „(…) Sententiam Romae dictam etiam in provinciis posse praesides, si hoc iussi fuerint, ad finem persequi imperator noster (Caracalla) cum patre (Septimius Severus) rescripsit."

[64] Fricke, S. 64.

[65] v. Bar, IPR II, S. 398.

In der Folgezeit wurde die „Frage der Zuständigkeit in internationalen Bezügen" v. a. in der verfahrensrechtlichen Literatur diskutiert. Hellwig setzte die „Zulässigkeit des deutschen Rechtswegs im Verhältnis von In- und Ausland" mit der deutschen Gerichtsbarkeit gleich[66] und untersuchte deren „extensive Grenzen".[67] Neuner unterschied in seinem Werk ebenfalls noch nicht zwischen der internationalen Zuständigkeit und der auf dem Völkerrecht beruhenden hoheitlichen Entscheidungsgewalt eines Staates.[68] Dies wurde von Pagenstecher vorgenommen, der sich erstmals der prozessualen Behandlung der deutschen Gerichtsbarkeit und der deutschen internationalen Zuständigkeit widmete.[69]

3. Grundlagen
a. Völkerrechtliche Schranken
Es gilt heute als gesichert, dass im allgemeinen Völkerrecht keine internationale Zuständigkeitsordnung gefunden werden kann.[70]

In Rechtsprechung und Literatur wird allerdings die Frage diskutiert, ob die internationale Zuständigkeit eines Gerichts – aus völkergewohnheitsrechtlichen Erwägungen – dann ausgeschlossen sein muss, wenn dieses bei der Entscheidung des Rechtsstreits in die internationale Zuständigkeit von Gerichten anderer Staaten eingriffe.[71] Im Gegensatz zu einer verbreiteten Ansicht in der Literatur, die

---

[66] Hellwig, Lehrbuch, S. 97.

[67] Hellwig, Lehrbuch, S. 98 ff.

[68] Neuner, S. 13 f./23 ff.

[69] Pagenstecher, RabelsZ 11, 337 (463 ff.).

[70] Geimer, FS Nagel, S. 38; Geimer, IZPR, Rdnr. 848; Geimer, Prüfung, S. 104; Hdb. Int. ZVerfR I-Kropholler, Kap. III, Rdnr. 43; Heldrich, S. 137; v. Hoffmann, IPRax 82, 217 (217); Kralik, ZZP 74, 2 (12); Lüke, ZZP 105, 314 (323); differenzierend MüKo ZPO-Patzina, § 12, Rdnr. 82; Nagel, ZZP 75, 408 (421); Neuhaus, Grundbegriffe, S. 410; Riezler, S. 204; Schreiner, S. 31; Schröder, S. 83; Walchshöfer, ZZP 80, 165 (179); Wieczorek/Schütze-Hausmann, Vor § 12, Rdnr. 39.

[71] Gegenstand der Diskussion ist die mögliche Einschränkung nationaler Gerichtsstandsvorschriften auf der Grundlage des völkergewohnheitsrechtlichen Einmischungs- bzw. Rechtsmissbrauchsverbots. Jeder Gerichtsstand benötige zur Rechtfertigung internationaler Zuständigkeit einen sog. „genuine link." Dabei handelt es sich um eine „sinnvolle" bzw. sachgerechte Anknüpfung", vgl. BVerfGE 63, 343 (369), bzw. um einen „hinreichenden Inlandsbezug", vgl. BGH NJW 91, 3092 (3093), i. S. e. vom Völkerrecht geforderten Mindestbeziehung, die einen Staat berechtigt, innerhalb seines eigenen Staatsgebietes Hoheitsgewalt über Personen, Gegenstände und Sachverhalte mit Auslandsverknüpfung bzw. mit Wirkung im Ausland auszuüben. Das „genuine link"-Erfordernis betrifft lediglich die Anwendung staatlicher Hoheitsbefugnisse. Der Grundsatz der souveränen Staatengleichheit steht dem völkerrechtlichen Einmischungsverbot gegenüber. Staatensouveränität und Einmischungsverbot legitimieren und begrenzen zugleich die extraterritorialen Hoheitsbefugnisse. Die Funktion des „genuine link"-Erfordernisses besteht

zumindest ein Mindestmaß an Inlandsbezug zum Gerichtsstaat für die Begründung internationaler Zuständigkeit fordert,[72] betrachtet die wohl h. M. die staatliche Freiheit der Bestimmung der internationalen Zuständigkeit durch das Völkerrecht als nicht eingeschränkt. Das Völkerrecht enthalte grundsätzlich keine Regelungen über den Wirkungskreis der Gerichte einzelner Staaten, sondern überlasse es der inneren Rechtsordnung jedes einzelnen Staates, den Umfang dieses Wirkungskreises zu bestimmen.[73]

Dafür dürften beachtliche Gründe sprechen. Zum einen dürfte als gesichert gelten, dass das Völkerrecht es zulässt und anerkennt, dass die Möglichkeit besteht, durch Gerichtsstandsvereinbarungen ein neutrales Forum zu wählen oder durch rügelose Einlassung die Zuständigkeit eines derartigen Forums zu begründen.[74] Ein besonderer Bezug zu dem Staat dieses Forums besteht in diesen Fällen ebenfalls nicht. Zum anderen ist zu beachten, dass das Völkerrecht nicht auf den Ausgleich der im Zivilprozess existierenden Parteiinteressen, sondern auf den

---

in dem sinnvollen Ausgleich zwischen beiden Prinzipien. Allerdings können mit dem „genuine link"-Erfordernis nur Extremfälle staatlicher Jurisdiktionsanmaßung begrenzt werden. Vgl. dazu Geimer, IZPR, Rdnr. 127a; Nagel/Gottwald, § 3, Rdnr. 209; Pfeiffer, S. 26; Schlosser, ZZP 79, 164 (173). Vgl. ausführlich Kleinstück, S. 130 ff./145 ff./151 ff./153 ff./162 ff.

[72] Geimer, IZPR, Rdnr. 392; Gottwald, FS Habscheid, S. 130; Mark/Ziegenhain, NJW 92, 3062 (3063); Nagel, ZZP 75, 408 (421); Neuhaus, Grundbegriffe, S. 410; auch noch Schlosser, ZZP 79, 164 (176); Walchshöfer, ZZP 80, 165 (171): Das Völkerrecht hindere einen Staat zumindest daran, Rechtsstreitigkeiten zu entscheiden, die keinerlei nationale Berührungspunkte bzw. ein Minimum an beachtlicher Beziehung aufwiesen. Ausdrücklich offen lassend nun: Schlosser, IPRax 92, 140 (140).

[73] BGHZ 30, 1 (3); v. Bar, Lehrbuch, S. 169; Buchner, S. 67/68; Geimer, JuS 65, 475 (477); Grothe, RabelsZ 58, 686 (691); Hdb. Int. ZVerfR I-Kropholler, Kap. III, Rdnr. 46; Kleinstück, S. 130/166; Kralik, ZZP 74, 2 (12); Lorenz, FamRZ 66, 465 (465); MüKo ZPO-Patzina, § 12, Rdnr. 82; Otto, S. 127; Pfeiffer, S. 27; Pfeiffer, BGH-Festgabe III, S. 627; Schack, FS Nakamura, S. 506; Schack, IZVR, Rdnr. 186; Schreiner, S. 32; Spellenberg, JA 78, 1 (3); Stein/Jonas-Roth, Vor § 12, Rdnr. 36; Wieczorek/Schütze-Hausmann, Vor § 12, Rdnr. 39. Differenzierend Heldrich, S. 141/142; Schröder, S. 83/766/770, wonach das Völkerrecht eine irgendwie geartete Anknüpfung i. S. d. „genuine link" verlange und es lediglich an konkreten völkerrechtlichen Regeln zur Abgrenzung der Zuständigkeit zwischen den Staaten weitgehend fehle. Vgl. insb. Schröder, S. 766, wonach die völkerrechtlichen Grenzen „irgendwo im Nebel praktischer Unbrauchbarkeit" verliefen. Teilweise wird versucht, eine Isolierung von Extremfällen vorzunehmen, in denen eine völkerrechtliche Zuständigkeitsanmaßung vorliegen soll, vgl. Nagel, ZZP 75, 408 (418); Neuhaus, RabelsZ 20, 201 (214). Vereinzelt wird ein nur als minimal zu bezeichnendes Erfordernis einer Inlandsbeziehung aus dem Grundsatz der territorial gebundenen Gerichtsbarkeit abgeleitet, vgl. v. Hoffmann, IPRax 82, 217 (217).

[74] Stein/Jonas-Roth, Vor § 12, Rdnr. 36.

staatlicher Souveränitätsinteressen gerichtet ist.[75] Exorbitante, d. h. nur sehr geringe Bezüge zum Rechtsstreit aufweisende,[76] Gerichtsstände mögen völkerrechtswidrig sein. Verfügt die eigene Rechtsordnung des an einem exorbitanten Gerichtsstand gerichtspflichtigen Beklagten aber ebenso über einen solchen Gerichtsstand, könnte daraus das prinzipielle Einverständnis des (Beklagten-) Staates mit diesem exorbitanten Gerichtsstand hergeleitet werden.[77]

Auch wird diskutiert, ob es aus völkerrechtlichen Gründen unzulässig ist, wenn ein Staat die Entscheidung aller möglichen Streitigkeiten in Anspruch nimmt, ohne einen ausländischen Staat jemals für zuständig zu halten[78] und wenn er eine allgemeine völkerrechtliche Schranke überhaupt nicht als geltendes Recht anerkennt.[79] Diese Diskussion soll jedoch nach verbreiteter Ansicht keine praktische Bedeutung haben, da es keinen Staat gebe, dessen Gerichte ihre internationale Zuständigkeit ohne jede Einschränkung in allen zivilrechtlichen Streitigkeiten mit Auslandsberührung bejahten.[80]

b. Verfassungsrecht
Seit geraumer Zeit sind die verfassungsrechtlichen und dogmatischen Grundlagen des Rechts der internationalen Zuständigkeit Gegenstand umfassender Untersuchungen. Dabei wird u. a. der Frage nachgegangen, welche Vorgaben der Staat bei der Normierung der internationalen Zuständigkeit „seiner" Gerichte zu beachten hat.

---

[75] Pfeiffer, BGH-Festgabe III, S. 628.

[76] Grothe, RabelsZ 58, 686 (689).

[77] Pfeiffer, S. 28; ähnlich auch v. Hoffmann, IPRax 82, 217 (218 Fn. 8): Würden in Deutschland ausländische Urteile, die im Staat der Vermögensbelegenheit ergangen seien, anerkannt, so sage dies noch nichts über die Exorbitanz dieses Gerichtsstandes aus; ebenso Schack, FS Nakamura, S. 506, wonach die in nahezu allen Staaten vorkommenden exorbitanten Zuständigkeiten völkerrechtskonform seien. Sie seien gängige und berechtigte Praxis, gegen die bezeichnenderweise auch keine diplomatischen Proteste erhoben worden seien. Auch Grothe, RabelsZ 58, 686 (692): Exorbitanz könne nicht mit völkerrechtlicher Unzulässigkeit gleichgesetzt werden. Zutreffend daher Schröder, S. 766: Jene äußerste völkerrechtliche Grenze verlaufe ebendort, wo de facto noch kein Staat Zuständigkeitsansprüche geltend gemacht habe.

[78] Geimer, FS Schwind, S. 31; Geimer, Prüfung, S. 104; v. Hoffmann/Thorn, § 3, Rdnr. 33; MüKo ZPO-Patzina, § 12, Rdnr. 82; Nagel, ZZP 75, 408 (421); Neuhaus, Rabels Z 20, 201 (214); Neuner, S. 14; Spellenberg, JA 78, 1 (3).

[79] Kralik, ZZP 74, 2 (12).

[80] Geimer, Prüfung, S. 104 Fn. 44; Heldrich, S. 141; Kleinstück, S. 152; Schröder, S. 766; Spellenberg, JA 78, 1 (3). In Rechtsprechung und Literatur werden gegen den Gerichtsstand der Niederlassung im autonomen deutschen Recht keinerlei völkerrechtliche Bedenken erhoben. Er kann sogar durchaus als weltweit verbreitet und anerkannt bezeichnet werden, siehe oben § 3 II. 1. Daher soll der völkerrechtliche Ansatz im Folgenden nicht weiter vertieft werden.

Als anerkannt kann das Verbot der Justizverweigerung (denial of justice, déni de justice)[81] gelten, das ursprünglich aus dem sog. Fremdenrecht hergeleitet wurde. Dieses regelt die – völkerrechtlich – begründeten Ansprüche von Ausländern. Danach dürfen Gerichte den rechtssuchenden Ausländern nicht prinzipiell Gerichtsschutz verweigern.[82] Vielmehr sollen sie einen fremdenrechtlichen Mindeststandard garantieren, zu dem neben dem Schutz von Leben, Freiheit oder Eigentum auch die Möglichkeit gehört, überhaupt ein staatliches Gericht anzurufen. Allerdings wird den Staaten bei der Ausgestaltung dieses Gerichtszugangs ein weiter Spielraum zugestanden, der nur durch das Willkürverbot begrenzt ist.[83] Mittlerweile wird das Verbot der Justizverweigerung über den fremdenrechtlichen Ansatz hinaus auf eine menschenrechtliche Grundlage gestellt, die die Gewährung eines rechtsstaatlichen Mindestsstandards sicherstellen soll.[84] Die konkrete rechtliche Statuierung des Justizanspruchs[85] findet sich im geltenden deutschen Recht in den gerichtlich durchsetzbaren verfassungsrechtlichen und menschenrechtlichen Garantien der EMRK[86] und des Grundgesetzes.[87]

---

[81] Buchner, S. 61; Geimer, FS Nagel, S. 37; Geimer, FS Schwind, S. 33 Fn. 121; Geimer, IZPR, Rdnr. 849; Heldrich, S. 144; Kleinstück, S. 169; MüKo ZPO-Patzina, § 12, Rdnr. 83; Wieczorek/Schütze-Hausmann, Vor § 12, Rdnr. 40.

[82] BVerfGE 60, 253 (304); Buchner, S. 61; Geimer, IZPR, Rdnr. 129/384/1909; Hdb. Int. ZVerfR I-Kropholler, Kap. III, Rdnr. 43; Heldrich, S. 143; Milleker, S. 68; MüKo ZPO-Patzina, § 12, Rdnr. 83; Riezler, S. 413.

[83] BayObLGZ 1988, 16 (23); Hdb. Int. ZVerfR I-Kropholler, Kap. III, Rdnr. 44; Heldrich, S. 147; Kleinstück, S. 169; Milleker, S. 68; Wieczorek/Schütze-Hausmann, Vor § 12, Rdnr. 40.

[84] BVerfGE 60, 253 (304); Buchner, S. 61; Geimer, FS Nagel, S. 37; Geimer, FS Schwind, S. 18; Geimer, IZPR, Rdnr. 1910; Geimer, NJW 86, 658 (658); v. Hoffmann/Thorn, § 3, Rdnr. 101; Schlosser, IPRax 92, 140 (140).

[85] Geimer, FS Nagel, S. 36 Fn. 2/S. 38/39; Geimer, FS Schwind, S. 19/31; Geimer, IZPR, Rdnr. 250/1913/1923; Heldrich, S. 131/132/138; v. Hoffmann/Thorn, § 3, Rdnr. 101; Kleinstück, S. 168 ff./171 ff.; Schlosser, IPRax 92, 140 (141).

[86] Die EMRK gewährt vor den deutschen Gerichten einen unmittelbaren Individualschutz auch für Beklagte, die weder Staatsangehörigkeit noch Wohnsitz in einem Vertragsstaat besitzen. Art. 1 EMRK dehnt den persönlichen Anwendungsbereich auf alle der Jurisdiktion der Vertragsstaaten unterstehenden Personen aus. Nach Art. 6 Abs. 1 EMRK hat jedermann „Anspruch darauf, dass seine Sache in billiger Weise öffentlich und innerhalb einer angemessenen Frist gehört wird, und zwar von einem unabhängigen und unparteiischen, auf Gesetz beruhenden Gericht, das über zivilrechtliche Ansprüche und Verpflichtungen zu entscheiden hat.“ Der Europäische Gerichtshof für Menschenrechte hat aus Art. 6 EMRK ein Recht auf effektiven Zugang zu den Gerichten gefolgert, vgl. EuGRZ 75, 91 (92 ff.). Angesichts der Unbestimmtheit der Norm und des für die Ausfüllung durch die Vertragsstaaten bestehenden weiten Ermessensspielraums finden sich nur wenig „genuine link"-Erwägungen zu Art. 6 EMRK, vgl. Schlosser, IPRax 92, 140 (140). Teilweise wird auch eine Erstreckung der Art. 6 EMRK-Gewährungen auf den Schutz vor exorbitanter Zuständigkeit befürwortet, vgl. Kleinstück, S. 170; Schlosser, IPRax 92, 140 (140). Dies sei

Aus dieser Diskussion hervorzuheben sind zunächst die Arbeiten von Kropholler und Geimer.

Kropholler sieht die Aufgabe der staatlichen Rechtsordnung heute darin, einen gerechten Ausgleich der widerstreitenden Zuständigkeitsinteressen der Parteien zu finden.[88] Dazu bedürfe es objektiver Kriterien. Als Ausgangspunkt dieser Überlegung gelte, dass die Gerichte grundsätzlich zwischen den Parteien über einen Sachverhalt aufgrund der Gesetze eine Entscheidung träfen. Für die internationale Zuständigkeit seien daher v. a. die Nähe zur einzelnen Partei, die Nähe zum Sachverhalt und ggf. die Verfahrenskonzentration, die Nähe zum anwendbaren Recht und die Wirksamkeit der Entscheidung wesentlich.[89]

---

ein Gebot der Waffengleichheit. Werde nämlich dem Kläger aus der Konvention ein Justizgewährungsanspruch zugestanden, gebühre dem Beklagten umgekehrt ein Abwehranspruch, gewissermaßen ein „Justizverwehrungsanspruch". Letztlich habe nur die Partei den betreffenden Anspruch, deren Interessen bei einer Abwägung überwögen, vgl. Kleinstück, S. 171.

[87] Das Grundgesetz enthält keine dem Art. 6 Abs. 1 EMRK vergleichbare ausdrückliche Gewährleistung eines Anspruchs auf ein faires Verfahren. Allerdings treten neben die speziellen Verfahrensgrundrechte der Ansprüche auf rechtliches Gehör (Art. 103 Abs. 1 GG) und auf den gesetzlichen Richter (Art. 101 Abs. 1 GG) die vom BVerfG entwickelten Gewährleistungen des Rechts auf ein faires Verfahren, des Anspruchs auf ein vorhersehbares Verfahren und auf effektiven Rechtsschutz sowie der Justizgewährungsanspruch, vgl. BVerfGE 24, 367 (401); BVerfGE 35, 348 (362); BVerfGE 49, 252 (257); BVerfGE 54, 277 (291). Der – urspünglich dem Kläger zustehende – Anspruch auf effektiven Rechtsschutz dient auch dem Schutz des Beklagten, vgl. Kleinstück, S. 172; Schlosser, IPRax 91, 140 (141). Der Anspruch auf ein vorhersehbares Verfahren wurde aus dem im Rechtsstaatsprinzip verankerten Grundsatz der Rechtssicherheit hergeleitet, vgl. BVerfGE 49, 148 (164). Der Anspruch auf ein faires Verfahren wurde dem Schutz des Art. 6 Abs. 1 EMRK angeglichen, vgl. BVerfG NJW 92, 359 (359). Eine wesentliche Ausprägung des Rechtsstaatsprinzips sei ein faires Verfahren. Dies bedeute, dass den in ihrer Rechtsstellung Betroffenen prozessuale Rechte und Möglichkeiten eingeräumt werden müssten, Übergriffe der Gerichte oder anderer Verfahrensbeteiligter abzuwehren. Die Anforderungen an einen „fairen" Gerichtsstand bestehen im Wesentlichen in einer irgendwie gearteten, nicht nur unerheblich bestehenden Inlandsbeziehung des Beklagten zum Forum, eines Bezuges der geltend gemachten Forderung zum Gerichtsstaat sowie eines nicht sach-, rechts- und beweisnäher gelegenen Forums, vgl. Kleinstück, S. 176.

[88] Hdb. Int. ZVerfR I-Kropholler, Kap. III, Rdnr. 18.

[89] Hdb. Int. ZVerfR I-Kropholler, Kap. III, Rdnr. 19. Die räumliche Nähe einer oder beider Parteien zum Gericht – so Kropholler – erleichtere die Prozessführung. Bei der Wahl zwischen Kläger- und Beklagtengerichtsstand seien der Grundsatz des Beklagtenschutzes und die Ausnahmen zugunsten sozial schwächerer Kläger zu beachten. Die räumliche Nähe zum Sachverhalt sei der Beweisführung und der richterlichen Beweiswürdigung, die Verfahrenskonzentration der Prozessökonomie dienlich. Die Schwierigkeiten bei der Anwendung ausländischen materiellen Rechts und die bessere Qualität der Rechtsprechung bei der Anwendung des eigenen Rechts ließen es erwünscht erscheinen, jeden Rechtsfall einem Gericht des Staates zuzuweisen, dessen ma-

Eine Rangordnung der Kriterien – so resümiert Kropholler – lasse sich nicht aufstellen.[90] Vom deutschen Recht könne gesagt werden, dass es die Nähe zur einzelnen Partei und zum Sachverhalt i. d. R. höher einstufe als die Nähe zum anwendbaren Recht.[91] Insgesamt stehe hinter der Zuständigkeitsregelung eine eigene internationalverfahrensrechtliche Gerechtigkeit, die der materiellverfahrensrechtlichen vorgehe: dass inländische Gerichte entschieden, könne dann ungerecht sein, wenn die Entscheidung durch ein ausländisches Gericht eher den anerkennenswerten Interessen der Parteien und der Rechtspflege entspreche, auch wenn die inländischen Gerichte und ihr Verfahren die sachlich besten sein sollten.[92]

Nach der Ansicht Geimers muss in allen Fällen eine internationale Zuständigkeit gegeben sein, in denen ein ausreichender Inlandsbezug besteht und daher ein Rechtspflegebedürfnis zu bejahen ist.[93] Dies folge aus dem Rechtsstaatsprinzip. Der verfassungsrechtlich garantierte Justizgewährungsanspruch[94] des Klägers bestehe allgemein für alle Rechtsstreitigkeiten.[95] Dieser sei gegen die verfassungsrechtlich geschützten Positionen des Beklagten abzuwägen. Dessen verfassungsmäßiges Recht auf ein faires rechtsstaatliches Verfahren habe Auswirkungen auf die Ausgestaltung der Kompetenznormen durch den Gesetzgeber. Die internationale Gerichtspflichtigkeit des Beklagten sei auf zumutbare Gerichtsstände zu begrenzen.[96]

---

terielles Recht nach den Regeln des IPR anwendbar sei, vgl. Hdb. Int. ZVerfR I-Kropholler, Kap. III, Rdnr. 20.

[90] Zustimmend v. Hoffmann, IPRax 82, 217 (222).

[91] Hdb. Int. ZVerfR I-Kropholler, Kap. III, Rdnr. 22.

[92] Hdb. Int. ZVerfR I-Kropholler, Kap. III, Rdnr. 23.

[93] Geimer, FS Nagel, S. 38; Geimer, FS Schwind, S. 32. Vgl dazu auch Mansel, FS Jayme, S. 568.

[94] Geimer, FS Nagel, S. 36. Vgl. dazu auch Buchner, S. 60.

[95] Geimer, FS Schwind, S. 18/31; Geimer, IZPR, Rdnr. 250; Geimer, NJW 86, 658 (658). Vgl. dazu auch Kleinstück, S. 171; Mankowski, FS Heldrich, S. 871/876; Mankowski, RIW 05, 561 (564); Mansel, FS Jayme, S. 568.

[96] Geimer, EuZW 93, 564 (565); Geimer, FS Schwind, S. 18; Geimer, IZPR, Rdnr. 250a. Ähnlich auch Mansel, FS Jayme, S. 568: Kläger und Beklagter seien gleich zu behandeln. Ob man den Grundsatz der „Waffengleichheit" nun ganz oder teilweise verfassungsrechtlich verorte oder als Axiom zivilprozessualer Gerechtigkeit verstehe. Mit dem Justizgewährungsanspruch des Klägers, der den Zugang zu Gericht bei ausreichender Verbindung zum Gerichtsstaat verlangen könne, korrespondiere ein entsprechendes Interesse des Beklagten, bei Fehlen einer solchen ausreichenden Nähebeziehung nicht gerichtspflichtig zu sein. Vgl. auch Buchner, S. 61/63. Dem Beklagten stehe – so Geimer weiter – kein „right not to be sued abroad" zu, d. h. die Verfassung garantiere ihm nicht das Privileg, nicht außerhalb seines Wohnsitzes verklagt zu werden, sondern verbürge nur, dass er nicht „all over the world" sein Recht nehmen müsse, sondern bloß in solchen ausländischen Staaten, die einen (noch) sinnvollen Bezug zum Rechtsstreit hätten, vgl.

Die Verfassung gebiete – nach Ansicht Geimers – nicht, die Zuständigkeitsinteressen des Klägers und des Beklagten für jeden konkreten Einzelfall gegeneinander abzuwägen. Anderenfalls nähere man sich den US-amerikanischen „forum non conveniens"-Erwägungen und der dort herrschenden „due process"-Diskussion stark an.[97] Das System der generell-abstrakten Normen, mit denen nach der EuGVVO und nach dem autonomen deutschen Recht die internationale Zuständigkeit Deutschlands festgelegt werde, sei verfassungskonform.[98]

c. Zuständigkeitsgerechtigkeit

In jüngerer Zeit hat sich insbesondere Pfeiffer mit den Wertungsgrundlagen des Rechts der internationalen Zuständigkeit auseinander gesetzt. Nach seiner Ansicht sind Zuständigkeitsregeln stets Ausdruck allgemeiner prozessualer Wertungsprinzipien und damit Teil derjenigen Umstände, die die Rechtsstaatlichkeit eines Verfahrens erst begründen und so den Parteien die Ausübung ihrer subjektiven Rechte erst ermöglichen.[99] Bezeichne man die Anforderungen, die sich im materiellen Rechtsstaat an Ablauf und Gestaltung streitiger Verfahren stellten, als „Verfahrensgerechtigkeit",[100] so sei „Zuständigkeitsgerechtigkeit" die besondere Ausprägung dieses Prinzips für das Recht der internationalen Zuständigkeit. Solche Verfahrensgerechtigkeit sei damit unabdingbare Anforderung an eine

---

Geimer, IZPR, Rdnr. 250d. A. A. Schröder, FS Kegel 87, S. 530 ff.: Der Inhalt des Anspruchs „not to be sued abroad" richte sich jeweils nach der Art der Pflichtverletzung, die der Gegner begehe. Solange nur die Gefahr drohe, dass das „right" durch Klageerhebung, Beweisanträge, Rechtsmitteleinlegung, Pfändung oder Versteigerung beeinträchtigt werde, ziele der Anspruch auf Unterlassung. Sobald bereits geklagt, gepfändet usw. sei, bezwecke der Anspruch die Beseitigung des pflichtwidrigen und die Wiederherstellung des pflichtgemäßen Zustandes. Sofern Aufwendungen gemacht und Kosten entstanden seien, sei Schadensersatz in Geld zu leisten. Allerdings – so Geimer – könne nur bei Vorliegen von „minimum contacts" des Rechtsstreits zum Inland in Deutschland ein Forum gegen einen sich im Ausland aufhaltenden Beklagten ohne Verletzung von „traditional notions of fair play and substantial justice" eröffnet werden, vgl. Geimer, EuZW 93, 564 (565); Geimer, FS Schwind, S. 19. Solche seien aber nicht nur in der Sphäre des Beklagten oder des Streitgegenstandes zu suchen. Der verfassungsrechtliche Anspruch auf Justizgewährung in Deutschland könne sich auch aufgrund von Anknüpfungen in der Person des Klägers ergeben, vgl. Geimer, FS Nagel, S. 42; Geimer, FS Schwind, S. 30; Geimer, IZPR, Rdnr. 250f. Auf die US-amerikanischen Anforderungen an die Zuständigkeit der Gerichte soll noch ausführlicher eingegangen werden. Siehe dazu unten § 6 III. 2. b.

[97] Auf die Einzelheiten des US-amerikanischen Zuständigkeitsrechts wird noch ausführlicher eingegangen. Siehe dazu unten § 6 III. 2. b. / 6.

[98] Geimer, FS Nagel, S. 46; Geimer, FS Schwind, S. 22/23; Geimer, IZPR, Rdnr. 250f. Vgl. dazu auch v. Hoffmann, IPRax 82, 217 (222); Mankowski, RIW 05, 561 (564).

[99] Pfeiffer, S. 213.

[100] Pfeiffer, BGH-Festgabe III, S. 619: Im Prozessrecht sei eine Hinwendung zu den Prinzipien der Verfahrensgerechtigkeit zu beobachten.

materiell-rechtsstaatlich und grundrechtlich gebundene Verfahrensgestaltung. Sie sei die spezifisch prozessuale Ausprägung allgemeiner Gerechtigkeitsprinzipien im Prozessrecht.[101]

Grundlage des Zuständigkeitsrechts sei der Justizanspruch beider Parteien, d. h. das Recht der Parteien auf ein rechtsstaatlich-justizförmiges Gerichtsverfahren in allen (zivil-) rechtlichen Streitigkeiten, der nach einer Ausrichtung des Zuständigkeitsrechts an den Effektivitätsinteressen beider Parteien[102] und damit an den Prinzipien autonomer Zuständigkeitsgerechtigkeit verlange.[103] Dem Anspruch auf eine „angemessene Streuung" des erstinstanzlichen Gerichtszugangs werde das deutsche Recht durch die Einrichtung kleinerer Eingangsgerichte gerecht, an die die Rechtsstreitigkeiten nach den Vorschriften über die örtliche Zuständigkeit der §§ 12 ff. ZPO verteilt würden. Lückenlosigkeit des Rechtsschutzes müsse durch das Recht der internationalen Zuständigkeit auch im internationalen Kontext gesichert sein.[104] Auch folge aus dem Justizanspruch und der ihn flankierenden Garantie des Art. 101 Abs. 1 Satz 2 GG das Gebot, dass sich das zuständige Gericht so eindeutig wie möglich aus einer allgemeinen Gesetzesnorm ergeben müsse.[105]

Allerdings werde der Justizanspruch durch das Recht der internationalen Zuständigkeit begrenzt. Seine Funktion sei es, der Partei durch Erkenntnis und ggf. auch durch Vollstreckung zu ihrem Recht zu verhelfen. Er sei beeinträchtigt, wenn den Parteien rechtsstaatliche Ausübung grundrechtlich gesicherter Freiheitsrechte unmöglich werde. Rechtsausübung bleibe aber auch dann möglich,

---

[101] Pfeiffer, S. 214. Vgl. auch Mansel, FS Jayme, S. 568. Dem Recht der internationalen Zuständigkeit – so Pfeiffer weiter – komme eine primär subjektiv-rechtliche Funktion zu, die durch den Zweck des Zivilprozesses gestützt werde, vgl. Pfeiffer, S. 234. Dieser liege in der rechtsstaatlich geschützten Ausübung subjektiver Rechte, vgl. Pfeiffer, S. 261. Diese Ausrichtung sei als prozessrechtlich-normative Konsequenz der Anerkennung der den Parteien von Verfassungs wegen um ihrer selbst willen eingeräumten subjektiven Rechte zu betrachten, vgl. Pfeiffer, S. 239. Sei die Ausübung subjektiver Rechte Zweck des Prozesses, müsse gerade das für die Offenheit und Unmittelbarkeit des Gerichtszugangs entscheidende Zuständigkeitsrecht diesem Ziel dienen. Der Justizanspruch werde zum „Oberprinzip" des Zuständigkeitsrechts, vgl. Pfeiffer, S. 242. Vgl. auch Mankowski, FS Heldrich, S. 871/876.

[102] Pfeiffer, S. 357; Pfeiffer, BGH-Festgabe III, S. 621/622.

[103] Pfeiffer, S. 368.

[104] Pfeiffer, S. 360.

[105] Pfeiffer, S. 363; Pfeiffer, BGH-Festgabe III, S. 634.

wenn die Parteien auf ein rechtsstaatliches ausländisches Erkenntnisverfahren verwiesen würden und anschließend im Inland vollstrecken könnten.[106]

Pfeiffer ist der Ansicht, der Anspruch auf Justiz durch inländische Erkenntnis sei dann gegeben, wenn entweder der Gang vor ausländische Gerichte unzumutbar sei oder eine überwiegende Nähebeziehung zur inländischen Privatrechtsordnung bestehe.[107] Zum Mindestinhalt des Justizanspruchs gehöre ein Zuständigkeitssystem, das für jeden Rechtsstreit im Regelfall einen allgemeinen und einen streitgegenstandsbezogenen Gerichtsstand vorsehe.[108]

Für das Recht der internationalen Zuständigkeit sei es eine Frage der richtigen Ausgestaltung, inwieweit es bei der Verwirklichung seiner Zwecke dem Ziel Einzelfallgerechtigkeit durch individuelle Abwägung Vorrang vor dem Prinzip der Rechtsklarheit und Rechtssicherheit durch typisierte Anknüpfungsmomente einräume.[109]

4. Prinzip der Doppelfunktionalität
a. Begriff
Grundsätzlich muss zwischen internationaler und örtlicher Zuständigkeit differenziert werden. Die internationale Zuständigkeit bestimmt, ob die Gerichte eines Staates in ihrer Gesamtheit für die Entscheidung über den Rechtsstreit zuständig sind.[110] Die örtliche Zuständigkeit betrifft dagegen das konkret vom Kläger angerufene, lokal zuständige Gericht.[111]

---

[106] Pfeiffer, S. 446. Auf die Anerkennung ausländischer Urteile als Vollstreckungsvoraussetzung und deren dogmatischen Grundlagen wird noch ausführlich eingegangen. Siehe dazu unten § 9 I. 1. Es gehe – so Pfeiffer – also darum, inwieweit die deutschen Gerichte verpflichtet seien, in irgendeiner Form Justiz zu ermöglichen. Entsprechend der Funktion des Justizanspruchs in der Zivilrechtsordnung, den „bürgerlichen Zustand des Mein und Dein", also die durch die subjektiven Privatrechte der Parteien konstituierte Privatrechtsordnung im Inland zu garantieren, vgl. Pfeiffer, BGH-Festgabe III, S. 628, müsse ein Justizanspruch stets dann bestehen, wenn dieser inländische bürgerliche Zustand in irgendeiner Weise berührt sei. Dafür müsse jeder Bezug der Rechtsausübung der Parteien zur deutschen Rechtsordnung, gleichviel ob er die dem Rechtsstreit zugrunde liegenden tatsächlichen oder rechtlichen Verhältnisse oder auch die vollstreckungsweise Rechtsdurchsetzung betreffe, ausreichen, um den Justizanspruch zu begründen, vgl. Pfeiffer, S. 449.

[107] Pfeiffer, S. 479.

[108] Pfeiffer, S. 477/481.

[109] Pfeiffer, BGH-Festgabe III, S. 620.

[110] Siehe oben § 3 III. 1.

[111] Geimer, IZPR, Rdnr. 845; Hdb. Int. ZVerfR I-Kropholler, Kap. III, Rdnr. 14; Kralik, ZZP 74, 2 (33); MüKo ZPO-Patzina, § 12, Rdnr. 90; Stein/Jonas-Roth, Vor § 12, Rdnr. 32; Spellenberg, JA

Die internationale Zuständigkeit wurde vom deutschen Gesetzgeber nur selten ausdrücklich als solche kodifiziert.[112] Daher werden seither zur Bestimmung der internationalen Zuständigkeit die Vorschriften über die örtliche Zuständigkeit nach §§ 12 ff. ZPO herangezogen.[113] Die örtliche Zuständigkeit indiziert danach die internationale Zuständigkeit. Man spricht in diesem Zusammenhang von der sog. Doppelfunktionalität der örtlichen Zuständigkeitsnormen.[114]

b. Historischer Überblick

Die Rechtsprechung ging früher uneingeschränkt von dieser These aus,[115] war sich dabei aber nur teilweise der eigenständigen Bedeutung der internationalen

---

78, 1 (4); Thomas/Putzo-Hüßtege, Vorbem § 1, Rdnr. 4; Walchshöfer, ZZP 80, 165 (185); Wieczorek/Schütze-Hausmann, Vor § 12, Rdnr. 38.

[112] Zu nennen sind in diesem Zusammenhang z. B. die §§ 606a, 640a Abs. 2 ZPO; §§ 35b, 43b Abs. 1 FGG.

[113] Dogmatischer Streit herrscht über die Frage, ob die §§ 12 ff. ZPO „analog" auf die internationale Zuständigkeit anzuwenden sind. Nach einer z. T. in der Literatur vertretenen Ansicht, Walchshöfer, ZZP 80, 165 (183); v. Hoffmann/Thorn, § 3, Rdnr. 38, und offenbar einer Einzelentscheidung des BGH NJW 79, 1104 (1104) sowie Kleinstück, S. 141, soll das der Fall sein. Nach anderer Ansicht, Hdb. Int. ZVerfR I-Kropholler, Kap. III, Rdnr. 33; Kropholler, IPR, S. 517; Schack, IZVR, Rdnr. 236, soll im deutschen Recht hinsichtlich der internationalen Zuständigkeit keine Gesetzeslücke bestehen. Sie sei zwar nicht unmittelbar, sondern nur mittelbar (mit-) geregelt. Internationale und örtliche Zuständigkeit seien miteinander verwoben oder verknüpft.

[114] BGHZ 94, 156 (157); BGHZ 115, 90 (91); BGH NJW 95, 1225 (1226); OLG Düsseldorf MDR 78, 930 (930); LG Zwickau IPRax 96, 193 (194); v. Bar/Mankowski, S. 466; Baumbach/Lauterbach-Hartmann, Übers. § 12, Rdnr. 7; Buchner, S. 64; Geimer, Prüfung, S. 112; Geimer, WM 76, 146 (146); Geimer, WM 86, 117 (117); Gottwald, ZZP 95, 3 (4); Grothe, RabelsZ 58, 686 (707); Hdb. Int. ZVerfR I-Kropholler, Kap. III, Rdnr. 30; Heldrich, S. 76/113/168; v. Hoffmann/Thorn, § 3, Rdnr. 38; v. Hoffmann, IPRax 82, 217 (218); Kralik, ZZP 74, 2 (26); Kropholler, IPR, S. 517; Lorenz, FamRZ 66, 465 (467); Lüke, ZZP 105, 314 (321); Mansel, FS Jayme, S. 565; Mark/Ziegenhain, NJW 92, 3062 (3062); Matthies, S. 39/40; MüKo ZPO-Patzina, § 12, Rdnr. 90; Musielak-Heinrich, § 12, Rdnr. 15; Nagel, IPRax 84, 13 (14); Nagel/Gottwald, §3, Rdnr. 216; Neuhaus, Grundbegriffe, S. 409; Neuner, S. 30; Pagenstecher, RabelsZ 11, 337 (359); Pfeiffer, BGH-Festgabe III, S. 623; Pfeiffer, IPRax 96, 205 (205); Pfeiffer, ZZP 106, 159 (165); Riezler, S. 318; Schack, FS Nakamura, S. 494; Schack, IZVR, Rdnr. 190/236; Schindler, S. 20; Schreiner, S. 33; Schröder, S. 84; Schütze, Dt. IZPR, S. 34; Schütze, Rechtsverfolgung, Rdnr. 51; Spellenberg, JA 78, 1 (4); Stein/Jonas-Roth, Vor § 12, Rdnr. 32; Vollkommer, IPRax 97, 323 (323); Wieczorek/Schütze-Hausmann, Vor § 12, Rdnr. 48; Wollenschläger, IPRax 02, 96 (96 Fn. 2).

[115] RGZ 126, 196 (199); RGZ 150, 265 (268); RGZ 157, 389 (392); BGHZ 14, 287 (289); BGH JZ 58, § 241 (243). In BGH FamRZ 56, 186 (187) und BGH FamRZ 56, 223 (224) ordnete der BGH die Regeln des Zuständigkeitsrechts noch als „bloße rechtstechnisch-formelle Ordnungsvorschriften" ein.

Zuständigkeit bewusst.[116] Gestützt wurde diese uneingeschränkte Annahme von den Materialien zur Entstehungsgeschichte der §§12 ff. ZPO, wonach nach der Vorstellung des damaligen Gesetzgebers die Gerichtsstandsvorschriften zwar auch in Fällen mit internationalem Bezug zuständigkeitsbegründend sein sollten,[117] die internationale Zuständigkeit jedoch zunächst nur als bloßer Nebeneffekt der örtlichen Zuständigkeit und nicht als eigenständige prozessrechtliche Kategorie angelegt war.[118]

Bis in die 80er Jahre des 19. Jahrhunderts hinein wurde überhaupt nicht zwischen internationaler und örtlicher Zuständigkeit unterschieden,[119] dem Gesetzgeber waren die dogmatischen Unterschiede gar nicht bewusst.[120] Als erster Vertreter der deutschen Rechtswissenschaft erwähnt Wach die „territoriale Abgrenzung der Gerichtsbarkeit der Staaten".[121] Die Prozessordnungen dieser Zeit setzten grundsätzlich die internationale Zuständigkeit der örtlichen gleich,[122] sahen aber teilweise Ausnahmen für einzelne Gerichtsstände vor.[123] Aufgrund der bestehenden Rechtszersplitterung in Deutschland setzte bereits vor Gründung des Norddeutschen Bundes (1866) und des Deutschen Reiches (1871) eine Entwicklung zu einem einheitlichen Zivilprozessrecht ein. Der Hannoversche Entwurf von 1866 ging ebenfalls von einer Gleichsetzung beider Zuständigkeiten aus.[124] Allerdings war man sich schon bewusst, dass bei der Verteilung der

---

[116] BGHZ 18, 1 (9); BGHZ 21, 306 (312); BGHZ 32, 170 (172); BGHZ 32, 173 (177).

[117] Geimer, IZPR, Rdnr. 945; Geimer, Prüfung, S. 111 Fn. 70; Hahn, Materialien, Band 2/1, S. 149 f.; Hdb. Int. ZVerfR I-Kropholler, Kap. III, Rdnr. 31; Heldrich, S. 168; Kralik, ZZP 74, 2 (26); Matthies, S. 39/40; MüKo ZPO-Patzina, § 12, Rdnr. 90; Pagenstecher, RabelsZ 11, 337 (362); Schröder, S. 85 Fn. 7; Stein/Jonas-Roth, Vor § 12, Rdnr. 32. A. A. Walchshöfer, ZZP 80, 165 (192), wonach aus der Entstehungsgeschichte der ZPO kein Argument dafür gewonnen werden könne, dass der Gesetzgeber mit den Vorschriften über die örtliche Zuständigkeit zugleich eine Regelung der internationalen Zuständigkeit beabsichtigt habe.

[118] Kralik, ZZP 74, 2 (20/26); Spellenberg, JA 78, 1 (4).

[119] Matthies, S. 39.

[120] Kralik, ZZP 74, 2 (47/48).

[121] Wach, S. 232: „Denn auf die territoriale Abgrenzung der Staaten (...) zielt § 661 Nr. 3 ZPO ab."

[122] § 45 der badischen PO von 1832 lautete: „Die allgemeinen Vorschriften über den Gerichtsstand gelten auch bei Klagen gegen Ausländer (...)". Ähnlich auch der Entwurf der württembergischen PO von 1848 in §§ 56, 57. Nach § 29 der hannoverschen PO von 1850 sollten ausländischen Gerichte Rechtshilfe unter den gleichen Voraussetzungen wie inländische erhalten.

[123] § 46 der badischen PO nahm die Gerichtsstände der Widerklage, der Vertragssachen, der Prorogation vom Ausland ins Inland und § 48 den Gerichtsstand des Vermögens davon aus. Ähnlich auch der preussische Entwurf, wonach der Aufenthaltsgerichtsstand und der Vermögensgerichtsstand bei Prozessen unter Ausländern nicht anwendbar waren.

[124] § 45 lautete: „Den Gerichten anderer Staaten ist in Rechtsstreitigkeiten, welche vor einem der in diesem Gesetz aufgestellten (...) Gerichtsstände geführt werden, Rechtshilfe zu leisten."

Rechtsprechungsaufgaben allein unter inländischen Gerichten und zwischen In- und Ausland verschiedene Probleme auftreten könnten. Daher versuchte man sogar, internationale Zuständigkeiten zu formulieren, die auch innerstaatlich verwendbar waren. Man ging davon aus, Gerichtsstände geschaffen zu haben, die auf allgemeine internationale Anerkennung angelegt seien.[125] Bei den anschließenden Beratungen über den Norddeutschen Entwurf und die Entwürfe zur ZPO galt der Programmsatz: „Soweit nicht einzelne Ausnahmen bestimmt werden, gelten die Vorschriften über den Gerichtsstand nicht nur für Inländer (…), sondern ebenso für die Ausländer, und zwar ohne Rücksicht auf die Parteistellung der betreffenden Person im Prozess und (…) ohne Rücksicht darauf, ob es sich um einen allgemeinen oder besonderen Gerichtsstand handelt."[126]

Heute gilt seit der Entscheidung des Großen Senats des BGH vom 14.06.1965[127] als gesichert, dass beide Zuständigkeiten eigenständige Zulässigkeitsvoraussetzungen einer Klage sind und daher gesondert geprüft werden müssen.[128]

Auch heute noch greift aber der deutsche Gesetzgeber bei der Beantwortung international zuständigkeitsrechtlicher Fragen auf die örtliche Zuständigkeit als Ausgangspunkt zurück, wie die Reform des IPR von 1986 belegt.[129] Anerkannt

---

[125] Fricke, S. 78.

[126] Hahn, Materialien, Band 2/1, S. 149/150. Zur Entstehungsgeschichte von § 21 ZPO im Einzelnen siehe unten § 4 I. 1.

[127] BGHZ 44, 46 (47): „(…) Die ZPO regelt die internationale Zuständigkeit, d. h. die Grenzziehung zwischen der Zuständigkeit deutscher Gerichte und der Zuständigkeit ausländischer Gerichte (meist) nicht ausdrücklich und unmittelbar, sondern grundsätzlich nur mittelbar durch stillschweigende Verweisung auf die Vorschriften der §§ 12 ff. ZPO über den Gerichtsstand: Soweit nach diesen Vorschriften ein deutsches Gericht örtlich zuständig ist, ist es nach deutschem Recht auch international, d. h. im Verhältnis zu ausländischen Gerichten zuständig." In der Sache erklärte der BGH die Beschränkung der revisionsgerichtlichen Kognitionsbefugnis durch § 549 Abs. 2 ZPO a. F. (§ 545 Abs. 2 ZPO n. F.) auf die internationale Zuständigkeit für nicht anwendbar. Siehe dazu auch § 3 III. 7.

[128] Buchner, S. 2; Geimer, IZPR, Rdnr. 847; Geimer, Prüfung, S. 103; Geimer, WM 86, 117 (117); Hdb. Int. ZVerfR I-Kropholler, Kap. III, Rdnr. 14; Heldrich, S. 77; v. Hoffmann/Thorn, § 3, Rdnr. 32; Kropholler, IPR, S. 535; MüKo ZPO-Patzina, § 12, Rdnr. 68; Nagel/Gottwald, § 3, Rdnr. 206; Neuhaus, RabelsZ 20, 201 (206); Pfeiffer, BGH-Festgabe III, S. 625; Pfeiffer, IPRax 96, 205 (205); Rüßmann, IPRax 96, 402 (402); Schreiner, S. 28; Schütze, Dt. IZPR, Rdnr. 32/34; Spellenberg, JA 78, 1 (4); Stein/Jonas-Roth, Vor § 12, Rdnr. 54; Wieczorek/Schütze-Hausmann, Vor § 12, Rdnr. 38.

[129] BT-Drs. 10/504, S. 21: „Erhebliche Schwierigkeiten haben sich aus dem Fehlen einer umfassenden besonderen Regelung der internationalen Zuständigkeit neben den Gerichtsstandsvorschriften nicht ergeben."; Fricke, S. 80.

ist dennoch, dass sich örtliche und internationale Zuständigkeit nicht ohne weiteres gleich setzen lassen. Dafür spricht auch, dass der Gesetzgeber einige ausdrückliche Regelungen der internationalen Zuständigkeit geschaffen hat und bei der Anerkennung ausländischer Urteile in § 328 Abs. 1 Nr. 1 ZPO verlangt, dass „die Gerichte" des Erststaates unter Zugrundelegung deutschen Rechts international entscheidungszuständig, nicht dagegen auch örtlich zuständig waren.[130] Auf die einem internationalen Rechtsstreit anhaftenden Besonderheiten und die damit verbundenen Interessenslagen der beteiligten Parteien, die bei einem nationalen, auf die örtliche Zuständigkeit beschränkten Konflikt nicht existieren, wie z. B. Sprachbarrieren, Entfernung zum Forum, Sach- und Beweisnähe des Gerichts, Fremdheit des Justizsystems oder Anwendbarkeit des materiellen und des Verfahrensrechts, soll noch ausführlicher eingegangen werden.[131]

Im Gegensatz dazu normiert im europäischen Recht z. B. Art. 2 Abs. 1 EuGVVO[132] nur die internationale Zuständigkeit. Zur Bestimmung der örtlichen Zuständigkeit muss dann auf die nationalen Verfahrensvorschriften zurückgegriffen werden. Dagegen regeln die Artt. 5, 6 EuGVVO neben der internationalen auch die örtliche Zuständigkeit.[133] Das Prinzip der Doppelfunktionalität kann im Rahmen der EuGVVO keine Anwendung finden, da es sich um eine internationale Verfahrensordnung handelt, die die internationale Zuständigkeit der Gerichte der Mitgliedstaaten festlegt.[134] Einer Ableitung der internationalen aus der örtlichen Zuständigkeit bedarf es daher nicht. Im Einzelfall ist – quasi umgekehrt – das autonome nationale Recht zur Bestimmung der örtlichen Zuständigkeit heranzuziehen. Dieser Mechanismus dient den Bemühungen um eine Rechtsvereinheitlichung, denn durch die Regelung von Entscheidungs- und örtlicher Zuständigkeit wird eine Rechtsvereinheitlichung des Rechts der örtlichen Zuständigkeit in den Mitgliedstaaten bewirkt. In den Staaten, deren autonomes nationa-

---

[130] Gem. § 328 Abs. 1 Nr. 1 ZPO ist die Anerkennung des Urteils eines ausländischen Gerichts ausgeschlossen, „wenn die Gerichte des Staates, dem das ausländische Gericht angehört, nach den deutschen Gesetzen nicht zuständig sind." Auf die sog. Anerkennungszuständigkeit wird noch ausführlich eingegangen. Siehe dazu unten § 9 II. / III.

[131] Siehe dazu unten § 3 IV.

[132] Art. 2 Abs. 1 EuGVVO lautet: „Vorbehaltlich der Vorschriften dieser Verordnung sind Personen, die ihren Wohnsitz im Hoheitsgebiet eines Mitgliedstaates haben, ohne Rücksicht auf ihre Staatsangehörigkeit vor den Gerichten dieses Mitgliedstaates zu verklagen."

[133] Geimer, NJW 76, 441 (444); Geimer, NJW 86, 2991 (2992); Geimer/Schütze-Auer, Rechtsverkehr, Bd. 1, Vor Art. 2 EuGVVO, Rdnr. 16; Piltz, NJW 02, 789 (792); Samtleben, NJW 74, 1590 (1590); Wagner, WM 03, 116 (116).

[134] Siehe oben § 3 II. 2.

les Recht z. B. den Niederlassungsgerichtsstand nicht kennt, wird zugleich diese örtliche und internationale Zuständigkeit begründet.[135]

c. Durchbrechungen

Allerdings ist fraglich, ob das Prinzip der Doppelfunktionalität im autonomen deutschen Recht uneingeschränkt Geltung beanspruchen kann. Es kann als gesichert gelten, dass mittlerweile der dogmatische Wert des Prinzips für die Begründung internationaler Zuständigkeitsregeln angezweifelt wird.[136]

Als Vertreter der älteren Literatur wenden sich namentlich Lorenz und Walchshöfer gegen die uneingeschränkte Anwendung des Prinzips. Lorenz fordert, aus den Gerichtsstandsvorschriften sollten „selbstständige allseitige Regeln für die internationale Zuständigkeit" abgeleitet werden.[137] Nach der Ansicht Walchshöfers seien internationale und örtliche Zuständigkeit schon in ihren Voraussetzungen nicht miteinander verknüpft. Die Vorschriften wiesen nur teilweise eine Doppelfunktion auf. Im Übrigen hätten sie nur den Zweck einer Aufgabenverteilung unter den einzelnen Gerichten des Inlandes. Die örtliche Zuständigkeit eines deutschen Gerichts stelle nur einen Anhaltspunkt für die internationale Zuständigkeit dar, keineswegs sei aber mit den Gerichtsstandsvorschriften eine abschließende Regelung der internationalen Zuständigkeit gegeben.[138]

In der gegenwärtigen Literatur wird die Fortgeltung des Prinzips im Grundsatz befürwortet.[139] Vorteil sei es, dass damit auch dem ausländischen Beklagten der bei der örtlichen Zuständigkeit erreichte Ausgleich zwischen Kläger- und Be-

---

[135] Pfeiffer, S. 77. Nach der Ansicht von Pfeiffer, S. 202, liegt der EuGVVO das sog. Freiheitsmodell zu Grunde, wonach die rechtsstaatliche Funktion der Gerichte in der Sicherung der Freiheits- und Rechtssphäre der Bürger bestehe. Rechtsschutz müsse bestehen, um Rechtsverwirklichung der Parteien zu ermöglichen. Außerdem müssten die Parteien vor unangemessener Ausdehnung staatlicher Zuständigkeitspolitik durch Anerkennung eines status negativus bewahrt werden. Die EuGVVO stehe im Dienst subjektiver Privatrechte durch die Verbesserung des Rechtsschutzes bei grenzüberschreitenden privatrechtsrelevanten Aktivitäten. Die EuGVVO solle den Rechtsschutz der Parteien stärken, um die im internationalen Zivilrechtsverkehr bestehenden besonderen Rechtsschutzhindernisse aufzuheben. Insbesondere durch den in Art. 3 EuGVVO normierten Schutz vor exorbitanten Zuständigkeiten solle der Beklagte vor fremdstaatlicher gerichtlicher Hoheitsausübung geschützt werden, Pfeiffer, S. 203.

[136] Heldrich, S. 135/169; Kleinstück, S. 141; Stein/Jonas-Roth, Vor § 12, Rdnr. 33; Walchshöfer, ZZP 80, 165 (184/186). Vgl. zur EuGVVO Buchner, S. 81, der auf das Spannungsfeld zwischen Einzelfallgerechtigkeit und Rechtssicherheit bzw. Zuständigkeitsklarheit hinweist.

[137] Lorenz, FamRZ 66, 465 (467).

[138] Walchshöfer, ZZP 80, 165 (203).

[139] Fricke, S. 75; Stein/Jonas-Roth, Vor § 12, Rdnr. 33.

klagteninteressen zu Gute komme.[140] Die örtlichen Zuständigkeitsregeln enthielten differenzierte, den Besonderheiten der einzelnen Ansprüche entsprechende Sachregelungen.[141] In sie gingen die im Einzelnen verschiedenen und sich meist je nach Parteirolle als Kläger oder Beklagter widersprechenden Interessen der Beteiligten ein.[142] Diese habe der Gesetzgeber bewertet, gegeneinander abgewogen und die prozessualen Lasten danach, an der Gerechtigkeit und an der Natur der Sache orientiert, verteilt. Die örtlichen Zuständigkeitsregeln stellten sich somit als Ergebnis einer normativen Abwägung von Zuständigkeitsinteressen dar, die ihren Niederschlag in vertypten Regelungen gefunden hätten.[143]

Pfeiffer ist der zwar der Ansicht, das Prinzip der Doppelfunktionalität könne zumindest nicht mehr als allgemeine Theorie der internationalen Zuständigkeit dienen.[144] Denn es beruhe der Rückgriff auf die örtliche Zuständigkeit auf der allgemeinen Funktion der Gerichtsstandsvorschriften der ZPO sowie der teilweisen – indes sehr beschränkten – Interessenidentität bei örtlicher und internationaler Zuständigkeit. Ein eigener Wertungsgehalt liege dem lediglich insoweit zugrunde, als diese teilweise Interessenidentität bestehe. Denn – so Pfeiffer – schon die Frage, welche Interessen dies seien und ob die Vorschriften über die örtliche Zuständigkeit sie richtig bewerteten, könne der Gedanke vom Rückgriff auf die örtliche Zuständigkeit nicht beantworten. Seine rechtstechnische Funktionsweise lasse nicht erkennen, welche Voraussetzungen an eine gerechte Ausgestaltung der Regelung der internationalen Zuständigkeit zu stellen seien.[145] Dennoch übersieht er nicht die mit dem Prinzip verbundenen Vorteile und betont: In Ermangelung einer neutralen Stelle, die den angemessenen Interessenausgleich zwischen den nationalen Rechtssystemen im internationalen Kontext sichere, sichere zumindest die Geltung der im internen Kontext räumlich-territorial angemessenen Zuständigkeitsregeln das Recht der internationalen Zuständigkeit vor jedem einseitigen Regelungsansatz des nationalen Gesetzgebers. Damit entstehe eine Bindung an feste und vorhersehbare Zuständigkeitsregeln, die aller-

---

[140] Hdb. Int. ZVerfR I-Kropholler, Kap. III, Rdnr. 133; v. Hoffmann, IPRax 82, 217 (218).

[141] Schack, FS Nakamura, S. 507.

[142] Fricke, S. 82; Schröder, S. 239/240.

[143] Fricke, S. 83; ebenso Geimer, IZPR, Rdnr. 1132, der in den generell-abstrakten Zuständigkeitsnormen der §§ 12 ff. ZPO das Ergebnis der Abwägung der Zuständigkeitsinteressen sieht. Diese seien für den Richter verbindlich. Ein Abweichen würde den Justizgewährungsanspruch des Klägers verletzen. Ähnlich auch Schack, FS Nakamura, S. 507; Schröder, S. 475/476.

[144] Pfeiffer, S. 194.

[145] Pfeiffer, S. 90. Dennoch, so Pfeiffer, S. 203, folge auch das deutsche Recht der internationalen Zuständigkeit unter Zugrundelegung der Vorschriften über die örtliche Zuständigkeit, zumindest im Grundsatz dem Freiheitsmodell. Dies zeige v. a. die Anerkennung des Grundsatzes möglichst umfassender Rechtsschutzgewährung zugunsten der rechtsuchenden Partei.

dings wegen der Unterscheidung der internationalen von der örtlichen Zuständigkeit für Sonderregeln für Erstere offen sein müsse.[146] Dennoch müsse eine richterrechtliche Bestimmung der Zuständigkeit unabhängig von den Vorschriften des Prozessrechts unterbleiben.[147]

Daraus wird von dem wohl überwiegenden Teil der Literatur gefolgert, dass durch die Indizwirkung der örtlichen Zuständigkeit zumindest Raum für die Berücksichtigung der besonderen Umstände des internationalen Rechtsverkehrs verbleiben muss. Die internationale Zuständigkeit dürfe nicht „rein mechanisch" aus der örtlichen hergeleitet werden. Die Doppelfunktionalität sei keineswegs ein starres Prinzip.[148] Gesetzgeberische Interessenabwägungen könnten nie gerechtigkeitsneutral sein. Gerade der Ausgleich sich widersprechender potentieller Interessen sei Kernbereich des materiellen Rechts. Auch Prozessrecht werde heute als an Gerechtigkeits- und Wertvorstellungen orientiert begriffen. Der Prozess sei keine bloß „technische Veranstaltung".[149] Es sei vorteilhaft, für die Voraussetzungen der internationalen Zuständigkeit einen eindeutigen Grundsatz zu haben, von dem die Rechtsprechung ausgehen könne. Dieser Grundsatz hindere allerdings nicht die Entstehung spezieller Regeln, welche die inländische Zuständigkeit unabhängig vom Bestehen eines Gerichtsstandes ausnahmsweise begründeten oder ausschlössen.[150]

---

[146] Pfeiffer, BGH-Festgabe III, S. 624.

[147] Pfeiffer, BGH-Festgabe III, S. 625.

[148] Heldrich, S. 130: Dem Interesse der Rechtssicherheit vermöge nicht nur geschriebenes, sondern auch ungeschriebenes Recht zu dienen. Bei der internationalen Zuständigkeit möge man der gewohnheitsrechtlichen Normbildung und der richterlichen Rechtsschöpfung breiteren Spielraum als sonst gewähren. Worauf es ankomme, sei nicht, durch Kodifizierung eine gewisse Erstarrung der Rechtssituation herbeizuführen, sondern Klarheit über die Grundsätze zu gewinnen, auf denen die Regelung der internationalen Zuständigkeit aufbauen müsse. Ähnlich auch v. Hoffmann, IPRax 82, 217 (218); Schack, FS Nakamura, S. 494; Schack, IZVR, Rdnr. 236; Stein/Jonas-Roth, Vor § 12, Rdnr. 35; Walchshöfer, ZZP 80, 165 (189).

[149] Fricke, S. 83. Ähnlich auch Mansel, FS Jayme, S. 565: Die internationale Zuständigkeit lege in erster Linie fest, welche Umstände der von deutschen Gerichten ausgeübten Hoheitsgewalt unterworfen seien. Die Regelung der internationalen Zuständigkeit solle daher – anders als die der örtlichen Zuständigkeit – diese spezifischen Staatsinteressen der Selbstbegrenzung der Jurisdiktionsgewalt berücksichtigen. Dem sei bei der Anwendung der Vorschriften über die örtliche Zuständigkeit zur Bestimmung der internationalen Zuständigkeit durch Modifikation des Normtatbestands oder der Veränderung der Rechtsfolge Rechnung zu tragen.

[150] Hdb. Int. ZVerfR I-Kropholler, Kap. III, Rdnr. 32/136; Stein/Jonas-Roth, Vor § 12, Rdnr. 35. Ähnlich auch v. Hoffmann, IPRax 82, 217 (222): Die Entscheidung über die internationale Zuständigkeit habe existentielle Bedeutung für die Rechte der Parteien und präjudiziere auch die Entscheidung in der Hauptsache. Das IPR überwinde zunehmend die Alternative zwischen abstrakt-genereller und konkret-fallbezogener Schwerpunktbestimmung durch typenbezogene An-

Dagegen räumt ein anderer Teil der Literatur ein, dass zwar in Einzelfällen immer Diskrepanzen zwischen Einzelfallgerechtigkeit und der vertypten, generell-abstrakten Regelung auftreten könnten. Dies sei ein Problem jeden Gesetzesrechts. Der Grundsatz der Rechtssicherheit rechtfertige aber hier das „Abweichen von der Gerechtigkeit im Ausnahmefall". Das müsse auch im Bereich der örtlichen bzw. internationalen Zuständigkeitsregelungen gelten.[151]

Es dürfte somit als gesichert gelten, dass der ganz überwiegende Teil der Literatur grundsätzlich für eine Beibehaltung des Prinzips der Doppelfunktionalität eintritt, aber bei der internationalen Zuständigkeit aufgrund ihrer Besonderheiten und Unterschiede zur örtlichen Zuständigkeit und der damit verbundenen Gerechtigkeitserwägungen zumindest im Grundsatz Ausnahmen zulassen möchte.

In der Vergangenheit ist es in der Tat in der deutschen Rechtsprechung zu Durchbrechungen des Prinzips gekommen. Die besondere Interessenslage hat den BGH veranlasst, die Loslösung der internationalen von der örtlichen Zuständigkeit im autonomen deutschen Prozessrecht auszuweiten. Z. B. hat er durch Beschluss vom 10.12.2002 seine Rechtsprechung zur Prüfungsbefugnis im autonomen Deliktsgerichtsstand geändert. § 32 ZPO[152] bestimmt unmittelbar die örtliche Deliktszuständigkeit der deutschen Gerichte. Das örtlich zuständige Gericht kann aber – zumindest nach bisheriger Rechtsprechung – den Rechts-

---

knüpfungsregeln, die von einem generalklauselartigen Vorbehalt umfasst seien. Damit sei das Anknüpfungssystem einerseits erweiterungsfähig, eine bloß einzelfallbezogene Billigkeitsentscheidung andererseits aber ausgeschlossen.

[151] Fricke, S. 83; Geimer, IZPR, Rdnr. 1132; Schröder, S. 475/476; Wach, S. 464: „Es kann freilich die Existenz des Gerichtsstandes nicht abhängig gemacht werden davon, ob im einzelnen Fall sein Motiv zutrifft." Ähnlich auch Heldrich, S. 129; Heldrich, FS Ficker, S. 224. Das Interesse der Rechtssicherheit verbiete es, auf eine Normierung der internationalen Zuständigkeit zu verzichten und es dem Richter zu überlassen, ob er aufgrund einer Würdigung der besonderen Umstände des Falles und unter Abwägung der Interessen zur Bejahung oder Ablehnung seiner Kompetenz gelangen wolle. Vgl. auch Lüke, ZZP 105, 314 (325/326), der für das Zuständigkeitsrecht Klarheit und Bestimmtheit fordert. Die gesetzlichen Zuständigkeiten müssten grundsätzlich normativ festgelegt sein. Der gesetzliche Richter müsse sich im Einzelfall möglichst eindeutig aus einer allgemeinen Norm ergeben. Zwar habe die Zuständigkeitsnorm auch dem Einzelfall gerecht zu werden, sie dürfe die Entscheidung jedoch nicht in das Ermessen eines Gerichts stellen. Ähnlich ebenso Mankowski, FS Heldrich, S. 870: Spielregeln für das Verfahren müssten so klar und eindeutig wie möglich sein. Eine gewisse Rigidität in den Randbereichen sei für den Gewinn an Rechtssicherheit kein zu hoher Preis. Vgl. auch Schlosser, IPRax 82, 140 (142), der generalklauselartige Begriffe im deutschen Zuständigkeitsrecht aufgrund ihrer Unbestimmtheit für misslich befindet.

[152] § 32 ZPO lautet: „Für Klagen aus unerlaubten Handlungen ist das Gericht zuständig, in dessen Bezirk die Handlung begangen ist."

streit auch unter allen anderen in Betracht kommenden rechtlichen Gesichtspunkten, d. h. auch nicht-deliktischen Ansprüchen, prüfen und entscheiden. Dies
ergibt sich aus dem in § 17 Abs. 2 GVG[153] zum Ausdruck kommenden Rechts-
gedanken der umfassenden Streiterledigung. Diese umfassende Prüfungsbefugnis
soll indes nach dem Urteil des BGH nicht für die in entsprechender Anwendung
des § 32 ZPO abgeleitete internationale Deliktszuständigkeit gelten.[154]

Mit Urteil vom 02.07.1991 hat der BGH ferner bei der Begründung der internationalen Zuständigkeit deutscher Gerichte über den Gerichtsstand des Vermögens in § 23 ZPO mit dem Erfordernis des „hinreichenden Inlandsbezugs des
Rechtsstreits" ein ungeschriebenes Tatbestandsmerkmal aufgestellt.[155]

Die folgende Untersuchung kann keine Neubewertung dieser Diskussion oder
gar die Entwicklung einer eigenständigen dogmatischen Grundlage des Rechts
der internationalen Zuständigkeit leisten. Das wäre vermessen und würde den
Rahmen der vorliegenden Arbeit sprengen. Stattdessen soll der Frage nachgegangen werden, ob das Prinzip der Doppelfunktionalität bei dem Gerichtsstand
der Niederlassung im autonomen deutschen Recht uneingeschränkt Anwendung
findet. Dabei soll auch die Entscheidung des BGH zu § 23 ZPO berücksichtigt
werden.[156] Ferner soll – nach eingehender Untersuchung der Norm – erörtert
werden, inwieweit der Gerichtsstand den o. g. Anforderungen des Verfassungsrechts sowie der Zuständigkeitsgerechtigkeit entspricht.[157]

5. „Actor sequitur forum rei"-Grundsatz
a. Allgemeiner Gerichtsstand
Wie auch im nationalen Zivilprozessrecht, unterscheidet man im internationalen
Zivilverfahrensrecht allgemeine und besondere Gerichtsstände.[158]

Allgemeiner Gerichtsstand ist im autonomen deutschen Recht der Wohnsitz
einer natürlichen oder Sitz einer juristischen Person[159] (§§ 13, 17 ZPO). Im euro-

---

[153] § 17 Abs. 2 Satz 1 GVG lautet: „Das Gericht des zulässigen Rechtsweges entscheidet den
      Rechtsstreit unter allen in Betracht kommenden rechtlichen Gesichtspunkten."
[154] BGH NJW 03, 828 (830).
[155] BGH IPRax 92, 160 (161).
[156] Siehe unten § 4 I. 6. a.
[157] Siehe unten § 4 I. 6. b. Auf die völkerrechtlichen Anforderungen – siehe oben § 3 III. 3. a. – soll
      dagegen nicht weiter eingegangen werden.
[158] Spellenberg, JA 78, 57 (57).
[159] Vgl. allgemein zur Zuständigkeitsanknüpfung an den Sitz von Gesellschaften im internationalen
      Zivilverfahrensrecht Schnyder, FS Schütze, S. 767 ff.

päischen Recht normieren die Artt. 2 Abs. 1, 60 Abs. 1 EuGVVO[160] den allgemeinen Gerichtsstand. Er ist Ausdruck eines wohl allgemein anerkannten, aber keineswegs unumstrittenen „favor defensoris" in der deutschen[161] und europäischen[162] Zivilverfahrensordnung.

Als maßgeblicher Zweck wird ihm gemeinhin der Schutz des Beklagten zugrunde gelegt.[163] Der Kläger müsse sich zur Verfolgung seiner Ansprüche gegen den Beklagten nach der Regel „actor sequitur forum rei"[164] an ein für ihn fremdes Gericht wenden. Dies wird damit gerechtfertigt, dass der Beklagte, der sich möglicherweise eines ihm drohenden Rechtsstreites nicht versehe,[165] besonders schutzbedürftig sei und dem daher das Privileg eines nahen Gerichtsstandes zuteil werden solle, an dem er sich gegen die Klage verteidigen müsse.[166] Die bestmögliche Verteidigung billigt man ihm dann am Ort seines Lebensmittelpunktes zu, was bei natürlichen Personen der Wohnsitz und bei juristischen Personen der satzungsmäßige Sitz sein soll.[167] Das autonome deutsche Recht über

---

[160] Vgl. zur Tendenz in der EuGH-Rechtsprechung, die besonderen Gerichtsstände der Artt. 5 ff. EuGVVO zu Gunsten des allgemeinen Beklagtengerichtsstandes restriktiv auszulegen: EuGH, Slg. 1988, 5565 (5582); EuGH, Slg. 1989, 341 (364); EuGH, Slg. 1990, 49 (79); EuGH, Slg. 1995, 415 (460). Vgl. ferner allgemein zum „actor sequitur"-Grundsatz in der EuGVVO: Buchner, S. 4 ff./8 ff./16 ff.

[161] Mankowski, FS Heldrich, S. 872; Pfeiffer, BGH-Festgabe III, S. 621; Wieczorek/Schütze-Hausmann, Vor § 12, Rdnr. 52.

[162] Fawcett, 37 I. C. L. Q., 645 (657); Geimer, NJW 76, 441 (442); Geimer, EWiR 96, 939 (940); Geimer/Schütze-Auer, Rechtsverkehr, Bd. 1, Vor Art. 2 EuGVVO, Rdnr. 8; Lorenz, IPRax 02, 192 (193); Piltz, NJW 79, 1071 (1071/1073); Samtleben, NJW 74, 1590 (1590); Schütze, Rechtsverfolgung, Rdnr. 86. Vgl. allgemein zum EuGVÜ Jenard-Bericht, Viertes Kapitel A. Vgl. auch Buchner, S. 8, wonach eine allgemeingültige Entscheidung für eine restriktive oder extensive Anwendung der besonderen Zuständigkeiten gegenüber dem allgemeinen Beklagtengerichtsstand durch das EuGVÜ nicht vorgegeben sei.

[163] Vgl. zur EuGVVO Buchner, S. 15; Geimer/Schütze, Einl., Rdnr. 61/70.

[164] Vgl. zur EuGVVO allgemein Buchner, S. 50 ff./85 ff.; Geimer/Schütze-Auer, Rechtsverkehr, Bd. 1, Vor Art. 2 EuGVVO, Rdnr. 3; MüKo ZPO-Gottwald, Art. 2 EuGVÜ, Rdnr. 13; Wieczorek/Schütze-Hausmann, Vor Art. 2 EuGVÜ, Rdnr. 5.

[165] Pfeiffer, S. 599.

[166] BGHZ 44, 46 (50); Coester-Waltjen, FS Heldrich, S. 552; Geimer, FS Nagel, S. 40; Geimer, IZPR, Rdnr. 1127; Heldrich, S. 116; Heldrich, FS Ficker, S. 214; v. Hoffmann/Thorn, § 3, Rdnr. 40; v. Hoffmann, IPRax 82, 217 (218); Matthies, S. 36; MüKo ZPO-Patzina, § 12, Rdnr. 2; Neuner, S. 23; Pfeiffer, BGH-Festgabe III, S. 621; Pfeiffer, ZZP 106, 159 (161); Schack, IZVR, Rdnr. 192; Schröder, S. 235 ff.; Vischer, FS von Overbeck, S. 355. Vgl. zur EuGVVO Buchner, S. 5.

[167] v. Hoffmann, IPRax 82, 217 (218); Jayme, IPRax 95, 13 (14); Schack, IZVR, Rdnr. 242. Vgl. zur EuGVVO Schwenzer, IPRax 89, 274 (275): Der Grundsatz „actor sequitur forum rei" sei das

den allgemeinen Gerichtsstand hat bewusst auf abweichende – z. B. in anderen europäischen Verfahrensordnungen existierende – Anknüpfungskriterien wie Domizil, Aufenthalt oder Staatsangehörigkeit verzichtet.[168] Dem Kläger soll es zuzumuten sein, den Weg zum Gericht bzw. zum Ort des Beklagten zu suchen. Ihn treffe nach nahezu allen europäischen Verfahrensordnungen die Darlegungs- und Beweispflicht, d. h. er sei ohnehin verpflichtet, sein Begehren vor Gericht vorzutragen und seinen Anspruch zu begründen und notfalls zu beweisen.[169] Er sei daher als „Angreifer" weniger schutzbedürftig.[170]

Nicht selten ist der Kläger aber dadurch gezwungen, ein beweis- und sachferneres Gericht als Entscheidungsforum in Kauf zu nehmen, wenn sich der Rechtsstreit und seine zugrunde liegenden tatsächlichen Umstände weit entfernt vom Sitz des Beklagten zugetragen haben. Das mag in einem reinen Inlandsfall mit nur unterschiedlichen örtlichen Zuständigkeiten innerhalb desselben Staates, d. h. innerhalb eines einheitlichen Sprach- und Rechtsraumes, noch beherrschbar sein. In internationalen Rechtsstreitigkeiten dürfte der Gang des Klägers an ein ihm fremdes ausländisches Gericht dagegen unweit schwieriger sein. Es kommen alle „erdenklichen Probleme in Betracht."[171] Insgesamt dürfte daher als gesichert gelten, dass der Kläger durch den „actor sequitur forum rei"-Grundsatz

---

Leitprinzip der EuGVVO und entspreche grundlegenden Postulaten prozessualer Fairness, mit denen eine internationale Zuständigkeit am Wohnsitz des Klägers nicht in Einklang zu bringen sei. Vgl. ferner Schlosser, IPRax 84, 65 (66); Stoll, IPRax 83, 52 (54), die vor einer Wiedereinführung eines Gerichtsstandes am Klägerwohnsitz durch eine allzu extensive Auslegung der besonderen Gerichtsstände warnen. Schließlich Geimer/Schütze-Schlafen, Rechtsverkehr, Bd. 2, Vor Art. 2 EuGVVO, Rdnr. 1, wonach die Verteidigung des Beklagten im Ausland durch eine fremde Sprache, eine unbekannte Gerichtsorganisation und die weite Distanz zum Gerichtsort erschwert werde.

[168] Vgl. zur EuGVVO Geimer, NJW 76, 441 (442/443); Geimer/Schütze-Auer, Rechtsverkehr, Bd. 1, Vor Art. 2 EuGVVO, Rdnr. 8; Jenard-Bericht, Viertes Kapitel A. 3.; MüKo ZPO-Gottwald, Art. 2 EuGVÜ, Rdnr. 15; Thomas/Putzo-Hüßtege, Art. 2 EuGVVO, Rdnr. 7; Wieczorek/Schütze-Hausmann, Vor Art. 2 EuGVÜ, Rdnr. 5.

[169] v. Hoffmann, IPRax 82, 217 (218).

[170] v. Hoffmann, IPRax 82, 217 (218); Neuhaus, RabelsZ 20, 201 (232); Schack, IZVR, Rdnr. 192. Ähnlich Pfeiffer, BGH-Festgabe III, S. 621 Fn. 16: Gerechtfertigt sei der favor defensoris zum einen, weil der Kläger die letzte Entscheidung über den Zeitpunkt der Klage habe und weil er durch das Zusammenspiel zwischen klägerischem Zuständigkeitswahlrecht und Beklagtengerichtsstand noch am ehesten ein insgesamt befriedigender Interessenausgleich erreicht werde.

[171] Hdb. Int. ZVerfR I-Kropholler, Kap. III, Rdnr. 16; v. Hoffmann, IPRax 82, 217 (219); Kegel/Schurig, S. 1050: „Wer im Ausland sein Recht suchen muss, braucht mehr Zeit, Kraft und Geld als im Inland; er muss unbekannten Anwälten trauen, hat Sprachschwierigkeiten, findet sich im fremden Recht und Gerichtswesen nur mühsam zurecht."; Wieczorek/Schütze-Hausmann, Vor § 12, Rdnr. 42.

insbesondere im internationalen Rechtsverkehr mit erheblichen Schwierigkeiten belastet ist.

Aus diesem Grunde wird teilweise in der deutschen Literatur der uneingeschränkte Schutz des Beklagten durch den „actor sequitur forum rei"-Grundsatz bei internationalen Rechtsstreitigkeiten angezweifelt. Nun müsse der Kläger seinen Heimatstaat verlassen und „sein Recht" vor einem fremden Gericht suchen, dessen Sprache er womöglich nicht spreche und dessen anzuwendendes Recht er nicht kenne. Und wenn die wirtschaftlichen Ausgangspositionen zwischen Kläger und Beklagtem auch noch ungleich verteilt seien, d. h. müsse der Kläger z. B. als schutzbedürftiger Verbraucher gegen ein großes beklagtes Unternehmen antreten, erscheine der Schutz des Beklagten als nicht mehr gerechtfertigt.[172] Andere betonen die legitimen Zuständigkeitsinteressen des Klägers und die mögliche Streitgegenstandsferne des Wohnsitzgerichtsstandes und weisen darauf hin, dass der Grundsatz keineswegs logisch zwingend oder verfassungsrechtlich garantiert sei.[173]

b. Besondere Gerichtsstände

Die mit dem „actor sequitur"-Grundsatz für den Kläger verbundenen Nachteile können allerdings durch die besonderen Gerichtsstände abgemildert werden.[174] Zu ihnen zählt auch der Niederlassungsgerichtsstand in § 21 ZPO.[175] Besondere

---

[172] Schröder, S. 239.

[173] Geimer, FS Schwind, S. 21/37; Geimer, IZPR, Rdnr. 250c/1127/1280/1131/1138; Geimer/Schütze-Geimer, I/1, S. 350. Vgl. zur EuGVVO auch Buchner, S. 54 ff./73 ff./94 ff., der sich grundsätzlich gegen die Vorrangstellung des allgemeinen Beklagtengerichtsstandes im europäischen Recht wendet. Streitgegenstandsnähe eines Gerichtsstandes und der „actor sequitur"-Grundsatz könnten nicht gleichermaßen Leitprinzip einer Zuständigkeitsordnung sein. Stets müssten die Parteiinteressen im Mittelpunkt zuständigkeitsrechtlicher Erwägungen stehen. Das Gebot zuständigkeitsrechtlicher Gleichheit erfordere es, dass die Zuständigkeiten soweit wie möglich parteineutral und streitgegenstandsbezogen begründet würden. Es verbiete sich jeder Lösungsansatz, der eindeutig die Interessen der einen oder anderen Partei zum Maßstab nehme. Für jede Art von Rechtsverhältnis sei der Schwerpunkt der rechtlichen Beziehungen zwischen den Parteien typisierend zu ermitteln. Vgl. für das EuGVÜ ebenfalls zweifelnd Linke, IPRax 82, 46 (46/47).

[174] Vgl. zur EuGVVO Buchner, S. 5; Fawcett, I. C. L. Q., 645 (657); Geimer, IZPR, Rdnr. 1131/1940; Geimer, NJW 76, 441 (444); Jenard-Bericht, Viertes Kapitel B. Zweiter Abschnitt; Pfeiffer, ZZP 106, 159 (161).

[175] A. A. offenbar Musielak-Heinrich, § 21, Rdnr. 1, wonach die Anknüpfung an den Ort der Geschäftsbeziehung mit den aus ihr resultierenden Streitigkeiten zur Wahrung des Grundsatzes des „actor sequitur forum rei" führe. Denn der Kläger begebe sich zur prozessualen Durchsetzung seiner Ansprüche an den Ort des Beklagten, den dieser mit seiner gewerblichen Tätigkeit vorgebe. Ähnlich offenbar auch Geimer, FS Schwind, S. 40 Fn. 16, wonach der Gerichtsstand der

Gerichtsstände begründen die Zuständigkeit nur für bestimmte Rechtsstreitigkeiten und kommen faktisch damit – tendenziell – dem Kläger entgegen.[176] Sie knüpfen an unterschiedliche Merkmale, wie z. B. den Erfüllungsort, den Tatort, die Belegenheit des Vermögens oder den Ort der Niederlassung an und finden ihre Rechtfertigung in der engen Verbindung zum Forumstaat.[177] Im Gegensatz zum allgemeinen Gerichtsstand können bei ihnen aber nicht alle denkbaren Ansprüche gegen den Beklagten geltend gemacht werden. Vielmehr müssen die besonderen Merkmale des jeweiligen (Zuständigkeits-) Tatbestandes erfüllt sein.[178] Dies dürfte zu einer klaren Begrenzung der möglichen Ansprüche gegen den Beklagten führen, so dass teilweise auch von einem tendenziell beklagtenfreundlichen Zuständigkeitssystem sowohl in der Bundesrepublik[179] als auch in Europa[180] gesprochen wird.

Der Gerichtsstand der Niederlassung stellt bezüglich der Geltendmachung möglicher Ansprüche allerdings eine Ausnahme dar, da er ähnlich wie der Wohnsitzgerichtsstand konzipiert ist und die Geltendmachung von Ansprüchen nahezu aller Art gegen den Beklagten ermöglicht. Er stellt eine Art „Verkleinerung des Wohnsitzgerichtsstandes" dar und baut auf der gleichen Logik auf: Genauso wie der Beklagte für alle gegen ihn gerichteten Prozesse in seinem Wohnsitzstaat gerichtspflichtig ist, mag auch der Streitgegenstand zu anderen Staaten viel engere Bezüge aufweisen, ist derjenige, der außerhalb seines Wohnsitzes eine Niederlassung betreibt, dort grundsätzlich gerichtspflichtig für alle Streitigkeiten, die aus dem Betrieb der Niederlassung erwachsen.[181] Abweichend vom Sitz des Beklagten kann der Kläger seine auf einen besonderen Gerichtsstand gestützten Ansprüche an dem Ort geltend machen, dem der jeweilige Gerichtsstand ein Forum zukommen lässt. Das ist bei dem Niederlassungsgerichts-

---

Niederlassung dem Wohnsitzgerichtsstand am nächsten stehe. Am Ort der Niederlassung bestehe eine „Allzuständigkeit" für alle Prozesse, die mit dem Betrieb der Niederlassung in Zusammenhang stünden.

[176] Mankowski, FS Heldrich, S. 872. Vgl. zur EuGVVO Geimer, NJW 76, 441 (444); Piltz, NJW 02, 789 (792).

[177] Geimer, IZPR, Rdnr. 1131; Schack, IZVR, Rdnr. 194; Wieczorek/Schütze-Hausmann, Vor § 12, Rdnr. 55. Vgl. zur EuGVVO Buchner, S. 6/10; Fawcett, I. C. L. Q., 645 (658); Ganssauge, S. 17; Geimer, NJW 76, 441 (444); Geimer/Schütze-Auer, Rechtsverkehr, Bd. 1, Vor Art. 5 EuGVVO, Rdnr. 1.

[178] Vgl. zur EuGVVO Buchner, S. 6; Piltz, NJW 02, 789 (792).

[179] Geimer, IZPR, Rdnr. 1131; Pfeiffer, S. 596/601; Schlosser, IPRax 92, 140 (140).

[180] Buchner, S. 18.

[181] Geimer, FS Nagel, S. 40 Fn. 16; Geimer, IZPR, Rdnr. 1149; Geimer, RIW 88, 221 (222); Musielak-Heinrich, § 21, Rdnr. 1; Neuner, S. 24. Vgl. zur EuGVVO Geimer/Schütze-Geimer, I/1, S. 532/541.

stand das Gericht, in dessen Bezirk sich die Niederlassung des Beklagten befindet. Kommen sowohl der allgemeine als auch mehrere besondere Gerichtsstände in Betracht, hat der Kläger die freie Auswahl zwischen ihnen. Dieses Verständnis vom Verhältnis zwischen dem allgemeinen und den besonderen Gerichtsständen ist in nahezu allen europäischen Verfahrensordnungen vorhanden.[182]

Auch an dieser Stelle kann keine Neubewertung der Diskussion erfolgen. Untersucht werden soll stattdessen, ob der Gerichtsstand der Niederlassung im Geflecht des autonomen deutschen Zuständigkeitsrechts als Ausnahme zum geltenden „actor sequitur"-Grundsatz den o. g. Anforderungen gerecht wird.[183]

6. Zuständigkeitsinteressen

Für die Entwicklung sachgerechter Lösungen im Recht der internationalen Zuständigkeit ist die Analyse der beteiligten Interessen geboten. Denn eine abstrakte Zuständigkeitsnorm, wie z. B. § 21 ZPO, gibt für sich genommen wenig Aufschluss über ihre grundsätzliche Berechtigung. Daher müssen die Interessen, die hinter dem jeweiligen Gerichtsstand stehen, bewertet werden.[184] Um diese Interessen aber der Wertung zugänglich zu machen, müssen sie zunächst als solche ermittelt werden. Zu nennen sind in diesem Zusammenhang insbesondere die Arbeiten von Heldrich, Pfeiffer und Schröder.[185]

a. Parteien

Von besonderer Bedeutung ist die Interessenslage der Parteien. Beide haben ein gewichtiges Interesse an einem (räumlich) möglichst nahe gelegenen Gericht.[186] Die Vorteile dafür liegen auf der Hand: Es sind keine Sprachbarrieren vorhanden[187] oder sonstigen räumlichen Hindernisse zu überwinden;[188] das Vertrauen in

---

[182] Mankowski, FS Heldrich, S. 869. Vgl. zur EuGVVO Buchner, S. 5; Geimer, NJW 76, 441 (444); Geimer/Schütze, Einl., Rdnr. 66; Geimer/Schütze-Auer, Rechtsverkehr, Bd. 1, Vor Art. 5 EuGVVO, Rdnr. 1.

[183] Siehe unten § 4 I. 6. b.

[184] Schröder, S. 98.

[185] Heldrich, S. 102 ff.; Pfeiffer, S. 179; Schröder, S. 98 ff.

[186] Buchner, S. 73; Ganssauge, S. 6; Hdb. Int. ZVerfR I-Kropholler, Kap. III, Rdnr. 134; Heldrich, S. 106; Heldrich, FS Ficker, S. 207; Pfeiffer, S. 168; Schärtl, S. 20.

[187] BGHZ 60, 85 (91); Ganssauge, S. 6; Hdb. Int. ZVerfR I-Kropholler, Kap. III, Rdnr. 134; Heldrich, S. 115; Heldrich, FS Ficker, S. 213; v. Hoffmann, IPRax 82, 217 (219); Neuhaus, RabelsZ 20, 201 (233); Pfeiffer, S. 81; Schack, ZZP 97, 46 (48); Schröder, S. 115; Walchshöfer, ZZP 80, 165 (188).

[188] BGHZ 60, 85 (90); Buchner, S. 74; Ganssauge, S. 6; Hdb. Int. ZVerfR I-Kropholler, Kap. III, Rdnr. 134; Heldrich, S. 115; Heldrich, FS Ficker, S. 207; Neuhaus, RabelsZ 20, 201 (232); Schröder, S. 112.

60

die Arbeit der „eigenen" Gerichte ist erfahrungsgemäß größer als das in die ausländischer Foren;[189] die Kosten für einen Korrespondenzanwalt können eingespart werden.[190] Das Interesse ist jedoch auf beiden Seiten unterschiedlich motiviert: Während der Kläger i. d. R. an seinem Sitz klagen möchte, weil mit einer Klageerhebung im Ausland ein hoher – materieller und zeitlicher – Aufwand sowie das steigende Risiko einer Rechtsverweigerung durch die angerufenen Gerichte verbunden sein dürfte,[191] möchte der Beklagte dagegen häufig die Schwierigkeiten möglichst minimieren[192] und z. B. nicht riskieren, auf Grund einer möglicherweise großen Entfernung zum Gerichtsort ein Versäumnisurteil zu kassieren. Auch sind beide Parteien nicht selten an einem sach- und beweisnahen Gerichtsstand interessiert.[193] Dies wird v. a. dann relevant, wenn der Streitgegenstand im Gerichtsbezirk liegt oder Zeugen aufgrund der räumlichen Nähe zügig und kostengünstig befragt werden können.[194] Ferner ist auch die Rechtsnähe als Vorteil anzusehen, denn das angerufene Gericht entscheidet über das anzuwendende eigene Kollisionsrecht[195] nicht selten nach inländischem eigenem Sachrecht.[196] Dies kann sich für den Rechtsstreit auch zeit- und kostengünstiger auswirken, da z. B. keine Rechtsgutachten einzuholen sind.[197] Das anzuwendende Verfahrensrecht, und insbesondere das Recht der internationalen Zuständigkeit, richtet sich nach überwiegender, aber nicht unumstrittener Ansicht[198] wie das Kollisionsrecht nach den lex fori, d. h. nach dem Recht des mit der Sache befassten Gerichts.[199] Schließlich dürfte auch die Berechenbarkeit des

---

[189] Ganssauge, S. 6; Hdb. Int. ZVerfR I-Kropholler, Kap. III, Rdnr. 17; Heldrich, S. 106; Schärtl, S. 20.

[190] Ganssauge, S. 6; Hdb. Int. ZVerfR I-Kropholler, Kap. III, Rdnr. 134; Neuhaus, RabelsZ 20, 201 (232); Schröder, S. 113; Walchshöfer, ZZP 80, 165 (188).

[191] Hdb. Int. ZVerfR I-Kropholler, Kap. III, Rdnr. 17; Pfeiffer, S. 169.

[192] Hdb. Int. ZVerfR I-Kropholler, Kap. III, Rdnr. 17; Heldrich, S. 115; Pfeiffer, S. 169.

[193] Heldrich, S. 113; Pfeiffer, S. 169; Pfeiffer, ZZP 106, 159 (160); Schröder, S. 116.

[194] Hdb. Int. ZVerfR I-Kropholler, Kap. III, Rdnr. 134; Heldrich, FS Ficker, S. 212; Neuhaus, RabelsZ 20, 201 (232); Neuner, S. 24; Schröder, S. 115.

[195] BGHZ 44, 46 (50); BGHZ 60, 85 (91); Coester-Waltjen, FS Heldrich, S. 549; Geimer, FS Nagel, S. 40; Geimer, IZPR, Rdnr. 94/1924; Heldrich, S. 49; Heldrich, FS Ficker, S. 224; Spellenberg, JA 78, 1 (2); Vischer, FS von Overbeck, S. 350; Walchshöfer, ZZP 80, 165 (188).

[196] Heldrich, S. 109; Heldrich, FS Ficker, S. 210; Juenger, FS Schütze, S. 318; Pfeiffer, S. 170; Schärtl, S. 20; Schröder, S. 116; Vischer, FS von Overbeck, S. 350; Wieczorek/Schütze-Hausmann, Vor § 12, Rdnr. 42.

[197] Buchner, S. 76/79; Heldrich, S. 110; Pfeiffer, S. 84; Schütze, ZZP 104, 136 (145).

[198] Geimer, IZPR, Rdnr. 320/333; Grunsky, ZZP 89, 241 (242 ff.).

[199] BGHZ 44, 46 (50); BGHZ 46, 85 (91); BGHZ 48, 327 (331); BGHZ 59, 23 (29); BGHZ 73, 378 (384); BGH NJW 85, 552 (553); v. Bar/Mankowski, S. 399; Coester-Waltjen, FS Heldrich, S. 549; Geimer, FS Nagel, S. 40; Geimer, IZPR, Rdnr. 319/1925; Geimer, WM 86, 117 (117); Heldrich, S. 14/151/156; Heldrich, FS Ficker, S. 210/224; v. Hoffmann/Thorn, § 3, Rdnr. 5; Juenger,

Gerichtsstandes eine entscheidende Rolle für die Parteien spielen. Für sie müssen die Tatbestandsmerkmale der internationalen Zuständigkeit schnell und einfach zu erfassen sein, um möglicherweise jahrelangen Streit über die Prozessvoraussetzungen vermeiden zu können. Dieser würde nur unnötig richterliche Ressourcen und v. a. Zeit und Geld der Parteien verbrauchen.[200] Letztendlich stellt auch die Vollstreckungsnähe für den Kläger ein gewichtiges Interesse dar.[201] Denn wenn er in dem Land klagen kann, in dem sich vollstreckbares Vermögen des Beklagten befindet, erspart er sich ein unter Umständen aufwändiges Anerkennungsverfahren.

b. Gerichte

Desweiteren gilt als gesichert, dass auch den Gerichten eine gewisse Sach- und Beweisnähe die Ermittlung des Sachverhalts erleichtert und zu einer zügigen Entscheidungsfindung beitragen kann.[202] Außerdem kann die Unmittelbarkeit der Beweisaufnahme dadurch gewahrt bleiben, dass die Beweise selbst vom Gericht erhoben werden können, ohne dafür ausländische Rechtshilfe in Anspruch nehmen zu müssen.[203] Auch dürfte die Rechtsnähe die eigene Rechtsfindung des Gerichts erleichtern, da sich der zur Entscheidung berufene Richter auf das eigene, ihm bekannte anwendbare Recht stützen kann.[204] Nicht zu verkennen ist schließlich auch die Arbeitsbelastung der Gerichte, die durch die Annahme und Entscheidung von ausländischen Streitigkeiten nicht gerade reduziert wird.[205] Diese Begründung scheint zumindest von ausländischen Gerichten auch gerne herangezogen zu werden, um die Entscheidung über einen Rechtsstreit ablehnen zu können. Dazu bedienen sich Richter aus dem anglo-amerikanischen Rechtskreis der sog. Lehre vom „forum non conveniens".[206]

FS Schütze, S. 318; Kegel/Schurig, S. 1055; Kropholler, IPR, S. 504; Matthies, S. 14; Neuhaus, RabelsZ 20, 201 (256); Riezler, S. 91; Schärtl, S. 20; Schröder, S. 136; Schütze, ZZP 104, 136 (145); Stadler, BGH-Festgabe III, S. 649; Stein/Jonas-Roth, Vor § 12, Rdnr. 33; Walchshöfer, ZZP 80, 165 (188).

[200] Schack, IZVR, Rdnr. 203.

[201] Heldrich, S. 106; Heldrich, FS Ficker, S. 208; v. Hoffmann, IPRax 82, 217 (219); Pfeiffer, S. 170; Schröder, S. 117; Vischer, FS von Overbeck, S. 352.

[202] Hdb. Int. ZVerfR I-Kropholler, Kap. III, Rdnr. 135; Heldrich, S. 113; Heldrich, FS Ficker, S. 215; Schröder, S. 486.

[203] Heldrich, S. 118; Heldrich, FS Ficker, S. 212.

[204] Heldrich, S. 111; Heldrich, FS Ficker, S. 210; Schröder, S. 117/486.

[205] Heldrich, S. 120.

[206] v. Hoffmann, IPRax 82, 217 (218); Schröder, S. 488/497 ff. Auf diese Lehre soll noch ausführlicher eingegangen werden. Siehe dazu unten § 6 III. 6.

c. Staat

Im internationalen Zivilverfahrensrecht spielen bei der Kodifizierung von Kompetenznormen auch Staatsinteressen eine, wenn auch mittlerweile untergeordnete,[207] Rolle. Grundsätzlich ist der Zivilprozess zwar den Parteiinteressen verpflichtet, der Staat muss aber den Rechtsfrieden in seinem Hoheitsgebiet wahren, indem er den Beklagten ausreichend schützt, ohne im Gegenzug begründete Zuständigkeitsinteressen des Klägers zu negieren.[208] Der Staat darf dem Kläger den effektiven Rechtsschutz ferner nicht im Hinblick auf eine mögliche fremde Staatsangehörigkeit versagen. Zumindest vor kontinentaleuropäischen Gerichten existiert daher der Gedanke, dass zur Schlichtung im Inland aufgetretener Konflikte im Grundsatz auch ein inländisches Gericht berufen sein soll.[209]

d. Entscheidungseinklang

Schließlich sind Ordnungsinteressen zu beachten.[210] Eines der elementaren Ziele des IPR ist es, einen (weltweiten) äußeren Entscheidungseinklang herbeizuführen. D. h. ein Rechtsstreit soll – in welchem Staat auch immer er anhängig gemacht wird – idealerweise inhaltlich übereinstimmend in allen Staaten entschieden werden können.[211] Dieses Ziel dürfte jedoch angesichts der wohl niemals zu erzielenden vollständigen Vereinheitlichung der nationalen Kollisions- und Sachrechte nicht vollständig zu erreichen sein.[212] Allerdings kann der nationale Gesetzgeber durch die Festlegung international gebräuchlicher Anknüpfungen in seinen nationalen Vorschriften die Wahrscheinlichkeit einer Anerkennung „seiner" Urteile im Ausland erhöhen. Jeder Staat sollte also nur soviel an Zuständigkeit für sich in Anspruch nehmen, wie er selber umgekehrt anzuerkennen bereit ist.[213] Allerdings wird zum Teil in der Literatur das Interesse an einer international geordneten Rechtspflege kritisch beurteilt. Namentlich Schack bezeichnet es als Selbstaufgabe, die inländische Entscheidungszuständigkeit etwa davon abhängig machen zu wollen, dass nicht ein mitbetroffener ausländischer Staat für sich die ausschließliche Zuständigkeit beansprucht. Ebenso unrealistisch sei es,

---

[207] Buchner, S. 68; Geimer, FS Schwind, S. 18 Fn. 4; Geimer, IZPR, Rdnr. 855; v. Hoffmann, IPRax 82, 217 (218); Pfeiffer, BGH-Festgabe III, S. 620; Walchshöfer, ZZP 80, 165 (187/188).

[208] Buchner, S. 63 ff.; Hdb. Int. ZVerfR I-Kropholler, Kap. III, Rdnr. 17; Heldrich, S. 106; Heldrich, FS Ficker, S. 207; Pfeiffer, S. 85.

[209] Buchner, S. 65; Heldrich, S. 108; Heldrich, FS Ficker, S. 209.

[210] Mankowski, FS Heldrich, S. 871; Schröder, S. 615.

[211] Buchner, S. 40; Hdb. Int. ZVerfR I-Kropholler, Kap. III, Rdnr. 135; Heldrich, S. 123/124; Heldrich, FS Ficker, S. 219; Kronke, ZGR 89, 473 (497); Mankowski, FS Heldrich, S. 871; Pfeiffer, S. 170.

[212] Buchner, S. 41; Geimer, IZPR, Rdnr. 1134; Heldrich, FS Ficker, S. 219.

[213] Heldrich, S. 121; v. Hoffmann, IPRax 82, 217 (217). Auf diesen Gedanken wird noch ausführlicher einzugehen sein. Siehe dazu unten § 9 III. 2. e.

die Zuständigkeit nur zu eröffnen, falls das inländische Urteil im Ausland anerkannt werde.[214] Es dürfe die internationale Zuständigkeit nicht bereits deshalb verneint werden, weil das Urteil weder im Inland vollstreckt noch im Ausland anerkannt werden könne. Denn es lasse sich nie mit Sicherheit sagen, ob nicht später vollstreckungstaugliches Vermögen in das Inland oder in ein anerkennungsbereites Ausland gelangen werde. Abgesehen davon stehe es dem Kläger frei, auch einen vermögenslosen Schuldner zu verklagen.[215] Dennoch sei es natürlich sinnvoll, einen vollstreckungsnahen Gerichtsstand zu begründen, d. h. eine Entscheidungszuständigkeit dort zu eröffnen, wo das Urteil auch später vollstreckt werden könne. Damit ließe sich ein – unter Umständen – aufwändiges Anerkennungs- und Vollstreckungsverfahren erübrigen. Möglich sei es auch, durch eine Verfahrenskonzentration, wie z. B. eine Zuständigkeit kraft Sachzusammenhangs, konnexe Ansprüche miteinander zu verbinden und damit die Zahl sich widersprechender Urteile zu reduzieren. Denn diese Urteile widersprächen den Ordnungsinteressen.[216]

Der Gesetzgeber soll im Grundsatz bei der Normierung der internationalen Entscheidungszuständigkeiten das Interesse des Klägers an möglichst umfassender Justizgewährung durch eine möglichst großzügige Eröffnung der internationalen Entscheidungszuständigkeit abwägen und gegenüber dem Interesse des Beklagten abgrenzen, wonach dessen internationale Gerichtspflichtigkeit nicht allzu weit ausgedehnt und er vor für ihn unzumutbaren Foren geschützt wird.[217]

7. Prozessuale Behandlung
Die internationale Zuständigkeit wird von dem Gericht in jeder Lage des Verfahrens von Amts wegen geprüft.[218] Dies gilt nach h. M. entgegen des Wortlautes

---

[214] Schack, IZVR, Rdnr. 210; ebenso v. Bar, Lehrbuch, S. 169; Geimer, NJW 86, 658 (658); Mansel, FS Jayme, S. 567; Stein/Jonas-Roth, Vor § 12, Rdnr. 49. A. A. Heldrich, S. 121; Heldrich, FS Ficker, S. 217/220; Walchshöfer, ZZP 80, 165 (205): Nur wenn die gerichtliche Entscheidung allein im Ausland wirksam werden könne, gebiete das Interesse an der Wirksamkeit des Gerichtsschutzes zwingend, die internationale Zuständigkeit von der Anerkennung der Entscheidung im Ausland abhängig zu machen.

[215] Schack, IZVR, Rdnr. 212.

[216] Schack, IZVR, Rdnr. 213.

[217] Buchner, S. 63; Geimer FS Nagel, S.; Geimer, FS Schwind, S. 18/19; Geimer, IZPR, Rdnr. 856/1126; Mankowski, FS Heldrich, S. 871; Mansel, FS Jayme, S. 568; Schack, IZVR, Rdnr. 199. Auf die Berücksichtigung dieser Interessen durch den Gesetzgeber bei der Normierung des Niederlassungsgerichtsstands soll im Verlauf der Untersuchung immer wieder an geeigneter Stelle eingegangen werden.

[218] Baumbach/Lauterbach-Hartmann, Übers. § 12, Rdnr. 8; Kegel/Schurig, S. 1053; Kropholler, IPR, S. 535; Matthies, S. 72; MüKo ZPO-Patzina, § 12, Rdnr. 69; Nagel/Gottwald, § 3, Rdnr.

des Gesetzes auch für die Gerichte der höheren Instanzen, d. h. Berufungs- bzw. Revisionsgerichte,[219] die die örtliche und sachliche Zuständigkeit gem. §§ 513 Abs. 2, 545 Abs. 2 ZPO[220] nicht mehr prüfen. Denn für den Beklagten sei es von grundsätzlicher Bedeutung, ob er in seinem Heimatland oder in dem Land seiner z. B. wirtschaftlichen Betätigung gerichtspflichtig werde.[221] Diese Praxis gilt auch nach der Reform des Zivilprozessrechts vom 27.07.2001.[222] Bestätigt wurde dies jüngst vom BGH in seinen Urteilen vom 28.11.2002[223] und 27.05.2003[224] für die Prüfungskompetenz des Revisionsgerichts. Mit Urteil vom 16.12.2003 hat der BGH die Grundsätze auch auf die Prüfungsbefugnis des Berufungsgerichts übertragen.[225] Die Praxis der Überprüfung allein der internationalen Zuständigkeit durch die Berufungs- und Revisionsgerichte stellt ebenfalls eine Durchbrechung des Prinzips der Doppelfunktionalität dar und unterstreicht die Eigenständigkeit der internationalen von der örtlichen Zuständigkeit.[226]

Die Parteien können den Richter an die gemeinsam vorgetragenen Zuständigkeitstatsachen binden, sofern eine ausschließliche Zuständigkeit nicht gegeben ist. Es besteht für den Beklagten auch die Möglichkeit, sich rügelos nach § 39 ZPO einzulassen.[227]

Im autonomen deutschen Recht hat die nach § 335 Abs. 1 Nr. 1 ZPO angeordnete Prüfung von Amts wegen aufgrund der Geständnisfiktion des § 331 Abs. 1 S. 1 ZPO keine positiven Auswirkungen für den Beklagten, d. h. es muss das

---

207, Spellenberg, JA 78, 57 (60); Wieczorek/Schütze-Hausmann, Vor § 12, Rdnr. 99. A. A. Geimer, WM 86, 117 (118), der die Prüfung der internationalen Zuständigkeit nur dann für erforderlich hält, wenn der Beklagte diese im Verfahren rügt.

[219] Geimer, IZPR, Rdnr. 1009, 1855, Mankowski, RIW 04, 587 (591); MüKo ZPO-Patzina, § 12, Rdnr. 70/71; Schütze, Dt. IZPR, S. 34; Staudinger, IPRax 01, 298 (299); Wieczorek/Schütze-Hausmann, Vor § 12, Rdnr. 101.

[220] § 513 Abs. 2 ZPO lautet: „Die Berufung kann nicht darauf gestützt werden, dass das Gericht des ersten Rechtszuges seine Zuständigkeit zu Unrecht angenommen hat."; § 545 Abs. 2 ZPO lautet: „Die Revision kann nicht darauf gestützt werden, dass das Gericht des ersten Rechtszuges seine Zuständigkeit zu Unrecht angenommen oder verneint hat."

[221] Geimer, WM 86, 117 (117); Schack, IZVR, Rdnr. 385; Vollkommer, IPRax 97, 323 (326).

[222] So auch Staudinger, IPRax 01, 298 (299).

[223] BGH NJW 03, 426 (427).

[224] BGH NJW 03, 2916 (2916).

[225] BGH NJW 04, 1456 (1456).

[226] Siehe dazu oben § 3 III. 4. b.

[227] Coester-Waltjen, FS Heldrich, S. 553; Geimer, WM 86, 117 (117); v. Hoffmann/Thorn, § 3, Rdnr. 90/91; Mankowski, FS Heldrich, S. 875; Matthies, S. 73; MüKo ZPO-Patzina, § 12, Rdnr. 69; Schack, IZVR, Rdnr. 385; Spellenberg, JA 78, 57 (60); Wieczorek/Schütze-Hausmann, Vor § 12, Rdnr. 99.

tatsächliche mündliche Vorbringen des Klägers auch bezüglich der Zuständigkeitstatsachen als zugestanden angesehen werden.[228] Dagegen wird der Beklagte im Anwendungsbereich der EuGVVO durch die Artt. 25, 26 Abs. 1 EuGVVO[229] vor dem Erlass eines Versäumnisurteils bewahrt. Denn das Gericht ist verpflichtet von Amts wegen zu prüfen, ob seine Zuständigkeit nach der EuGVVO gegeben ist. Die vom Kläger zur Zuständigkeit vorgetragenen Tatsachen gelten nicht als zugestanden.[230]

Die sog. perpetuatio fori, die z. B. das autonome deutsche Recht in § 261 Abs. 3 Nr. 2 ZPO[231] regelt und wonach eine Veränderung der zuständigkeitsbegründenden Tatsachen die einmal gegebene Zuständigkeit nach Eintritt der Rechtshängigkeit nicht mehr entfallen lässt, gilt nach der wohl h. M. auch bei der internationalen Zuständigkeit.[232] Dafür dürften beachtliche Gründe sprechen. Der Gedanke der Prozessökonomie hat auch über die nationalen Grenzen hinaus Bedeutung und wird durch eine Anwendung der perpetuatio fori auf die internationale Zuständigkeit weiter gestützt. Ebenso sind die Interessen des Klägers an einer derartigen Praxis nicht zu unterschätzen. Anderenfalls könnte nämlich der Beklagte seiner Gerichtspflichtigkeit z. B. durch Wohnsitzwechsel entgehen. Der Kläger müsste ihm dann in das andere Land folgen und erneut Klage erheben.[233]

---

[228] MüKo ZPO-Patzina, § 12, Rdnr. 69; Wieczorek/Schütze-Hausmann, Vor § 12, Rdnr. 100. A. A. Geimer, WM 86, 117 (119), der die Geständnisfiktion des § 331 ZPO nicht anwenden will, weil nach dem Wortlaut der Vorschrift alle Beklagten dieser Welt die prozessuale Last hätten, sich vor einem deutschen Gericht einzulassen, nur um zu rügen, dass nach §§ 12 ff. die Bundesrepublik international unzuständig sei.

[229] Art. 25 EuGVVO lautet: „Das Gericht eines Mitgliedstaates hat sich von Amts wegen für unzuständig zu erklären, wenn es wegen einer Streitigkeit angerufen wird, die für das Gericht eines anderen Mitgliedstaates aufgrund des Artikels 22 ausschließlich zuständig ist.“

[230] Geimer, WM 86, 117 (118); Thomas/Putzo-Hüßtege, Art. 26 EuGVVO, Rdnr. 4.

[231] § 261 Abs. 3 Nr. 2 ZPO lautet: „Die Rechtshängigkeit hat folgende Wirkungen: (…) die Zuständigkeit des Prozessgerichts wird durch eine Veränderung der sie begründenden Umstände nicht berührt.“

[232] BAG JZ 79, 647 (648); Geimer, IZPR, Rdnr. 1835; Mankowsik, FS Heldrich, S. 875; MüKo ZPO-Patzina, § 12, Rdnr. 80; Pfeiffer, BGH-Festgabe III, S. 630; Schack, IZVR, Rdnr. 392; Schütze, Dt. IZPR, S. 35; Stein/Jonas-Roth, Vor § 12, Rdnr. 56; Walchshöfer, ZZP 80, 165 (178); Wieczorek/Schütze-Hausmann, Vor § 12, Rdnr. 105. A. A. Damrau, FS Bosch, S. 117: Dagegen sprächen in erster Linie staatliche Interessen. In vermögensrechtlichen Streitigkeiten werde die perpetuatio fori auch so gut wie nie praktisch relevant. Offen lassend Spellenberg, JA 78, 57 (60). Vgl. zur EuGVVO Geimer/Schütze-Auer, Rechtsverkehr, Bd. 1, Vor Art. 2 EuGVVO, Rdnr. 19; v. Hoffmann/Thorn, § 3, Rdnr. 70; Kropholler, IPR, S. 537.

[233] So auch Schack, IZVR, Rdnr. 392.

Schließlich muss das Gericht die Klage durch Prozessurteil dann abweisen, wenn ihm die internationale Zuständigkeit fehlt. Eine Verweisung des Rechtsstreits an ein anderes Gericht, wie z. B. nach § 281 ZPO, ist auf internationaler Ebene nicht möglich.[234] Ein unzuständiges Gericht kann ein ausländisches Gericht nicht binden.[235] Dieses prüft die Zuständigkeitsvoraussetzungen nach seinem anwendbaren Recht völlig neu. Dabei kann ein sog. negativer Kompetenzkonflikt entstehen, wenn sich die Gerichte mehrerer Staaten nach ihrem eigenen Prozessrecht für unzuständig halten. In diesem Fall will die wohl h. M. mit einer inländischen Notzuständigkeit helfen. Danach soll jedes grundsätzlich unzuständige Land dennoch ausnahmsweise zuständig sein können.[236] Voraussetzung sei jedoch ein unabweisbares Bedürfnis für die Gewährung gerade inländischen Rechtsschutzes.[237] Die örtliche Zuständigkeit des angerufenen Gerichts ergebe sich dann z. B. nach autonomem deutschem Recht in analoger Anwendung des § 36 Abs. 1 Nr. 5 ZPO.[238] Möglich sei auch die Anwendung der Regeln über die Ersatzzuständigkeit, z. B. das Gericht am Sitz der Bundesregierung nach §§ 15 Abs. 1 Satz 2, 27 Abs. 2 ZPO analog für zuständig zu befinden.[239] Dafür dürfte auch sprechen, dass die Staaten selbst bestimmen können, unter welchen Voraussetzungen ihre Gerichte zuständig sind. Kein Staat dürfte ein Interesse daran haben, die wertvollen Ressourcen seiner Justiz zu verschwenden und mit aus seiner Sicht unnötigen Rechtsstreitigkeiten zu belasten.[240]

---

[234] OLG Köln RIW 88, 555 (558); MüKo ZPO-Patzina, § 12, Rdnr. 74; Nagel/Gottwald, § 3, Rdnr. 207; Pfeiffer, S. 79; Rüßmann, IPRax 96, 402 (402); Schütze, Dt. IZPR, S. 34; Spellenberg, JA 78, 57 (60); Stein/Jonas-Roth, Vor § 12, Rdnr. 57; Wieczorek/Schütze-Hausmann, Vor § 12, Rdnr. 109.

[235] Schack, IZVR, Rdnr. 395.

[236] MüKo ZPO-Patzina, § 12, Rdnr. 74/98; Neuhaus, RabelsZ 20, 201 (265); Schack, FS Nakamura, S. 495; Schütze, Dt. IZPR, S. 41; Stein/Jonas-Roth, Vor § 12, Rdnr. 37; Walchshöfer, ZZP 80, 165 (203); Wieczorek/Schütze-Hausmann, Vor § 12, Rdnr. 84. A. A. Milleker, S. 73: Halte ein ausländisches Gericht nicht sich, sondern die deutschen Gerichte für zuständig, dann sollten sie diese fiktive Verweisung annehmen. Denn die Automatik der Notzuständigkeit biete nicht die geringste Gewähr dafür, dass die beteiligten Gerichte und Parteien Kenntnis davon erhielten, dass möglicherweise kein Gericht seine Zuständigkeit bejahe.

[237] Hdb. Int. ZVerfR I-Kropholler, Kap. III, Rdnr. 57; Schack, IZVR, Rdnr. 397; Wieczorek/Schütze-Hausmann, Vor § 12, Rdnr. 85. Vgl. zur EuGVVO MüKo ZPO-Gottwald, Art. 2 EuGVÜ, Rdnr. 10; Wieczorek/Schütze-Hausmann, Vor Art. 2 EuGVÜ, Rdnr. 26.

[238] Pagenstecher, RabelsZ 11, 337 (381 Fn. 2); Walchshöfer, ZZP 80, 165 (218).

[239] Geimer, IZPR, Rdnr. 965; Hdb. Int. ZVerfR I-Kropholler, Kap. III, Rdnr. 145; Heldrich, S. 195 ff.; Schack, IZVR, Rdnr. 398; Stein/Jonas-Roth, Vor § 12, Rdnr. 39; Wieczorek/Schütze-Hausmann, Vor § 12, Rdnr. 70/87.

[240] Siehe oben § 3 III. 6. c.

Hat der Kläger zwischen mehreren Gerichtsständen die Wahl, an denen er seine Klage erheben kann, spricht man vom sog. „forum shopping."[241] Es dürfte als gesichert gelten, dass „forum shopping" im autonomen deutschen Recht zulässig ist.[242] Zwar ist nicht zu übersehen, dass der Kläger über den Gerichtsstand auch mittelbar Einfluss auf das Kollisionsrecht und damit das anwendbare Sachrecht nehmen kann. Allerdings findet die freie Auswahl ihre Grenze bei einer Zuständigkeitserschleichung durch arglistige Herbeiführung oder Simulation der Zuständigkeitsvoraussetzungen. Auf die Frage nach der praktischen Relevanz einer solchen Erschleichung[243] kann hier nicht eingegangen werden. Für den Kläger stellt sich bei einem internationalen Rechtsstreit grundsätzlich immer die Frage nach dem (für ihn vorteilhaftesten) anzurufenden Forum.[244]

Das inländische deutsche Gericht darf aber dann nicht tätig werden, wenn ein Fall von „wesenseigener Unzuständigkeit" vorliegt.[245] Dieser ist gegeben, wenn das anwendbare ausländische Sachrecht vom Richter eine Tätigkeit verlangt, die dem deutschen Verständnis wesensfremd ist. Genauer gesagt, wenn die Anpassung des inländischen Verfahrens an das Auslandsrecht nicht mehr möglich ist[246] bzw. wenn das ausländische materielle Recht das deutsche Verfahren völlig überstrahlt.[247]

Nach dieser einleitenden Untersuchung des Gerichtsstandes der Niederlassung und dessen Stellung im „deutschen" internationalen Zivilverfahrensrecht werden die relevanten Niederlassungsgerichtsstände im geltenden autonomen deutschen und europäischen Recht im Detail behandelt.

---

[241] Coester-Waltjen, FS Heldrich, S. 552; Geimer, IZPR, Rdnr. 862; Juenger, FS Schütze, S. 317; Kropholler, IPR, S. 533; Schack, IZVR, Rdnr. 221; Schütze, Rechtsverfolgung, Rdnr. 53; Stein/Jonas-Roth, Vor § 12, Rdnr. 53; Wieczorek/Schütze-Hausmann, Vor § 12, Rdnr. 76.

[242] Geimer, IZPR, Rdnr. 862; Jasper, S. 93; MüKo ZPO-Patzina, § 12, Rdnr. 103; Nagel/Gottwald, § 3, Rdnr. 211; Schütze, Dt. IZPR, S. 36; Schütze, Rechtsverfolgung, Rdnr. 66; Stein/Jonas-Roth, Vor § 12, Rdnr. 53; Vischer, FS von Overbeck, S. 350; Wieczorek/Schütze-Hausmann, Vor § 12, Rdnr. 76. Vgl. zur EuGVVO Geimer/Schütze-Auer, Rechtsverkehr, Bd. 1, Vor Art. 5 EuGVVO, Rdnr. 5.

[243] MüKo ZPO-Patzina, § 12, Rdnr. 103; Pfeiffer, BGH-Festgabe III, S. 631; Schack, IZVR, Rdnr. 490; Vischer, FS von Overbeck, S. 355; Wieczorek/Schütze-Hausmann, Vor § 12, Rdnr. 79/88.

[244] Jasper, S. 93; Vischer, FS von Overbeck, S. 352.

[245] v. Hoffmann/Thorn, § 3, Rdnr. 12; Riezler, S. 233; Stein/Jonas-Roth, Vor § 12, Rdnr. 43; Wieczorek/Schütze-Hausmann, Vor § 12, Rdnr. 94.

[246] Heldrich, S. 269.

[247] Schack, IZVR, Rdnr. 506.

§ 4: Niederlassungsgerichtsstände im deutschen und europäischen Recht

I. § 21 ZPO

Gem. § 21 Abs. 1 ZPO können gegen „jemanden, der zum Betrieb einer Fabrik, einer Handlung oder eines anderen Gewerbes eine Niederlassung hat, von der aus unmittelbar Geschäfte geschlossen werden, alle Klagen, die auf den Geschäftsbetrieb der Niederlassung Bezug haben, bei dem Gericht des Ortes erhoben werden, wo die Niederlassung sich befindet."[248]

In Ermangelung eines bilateralen Anerkennungs- und Vollstreckungsvertrages zwischen den Vereinigten Staaten und der Bundesrepublik richtet sich die internationale Entscheidungszuständigkeit deutscher Gerichte primär nach § 21 ZPO.

1. Historie[249]

Die Wurzeln von § 21 ZPO gehen wie nahezu alle heute in den kontinentaleuropäischen Staaten geltenden Zuständigkeitsordnungen – zumindest bei Klagen aus Rechtsgeschäften – auf das römische Recht zurück.[250] Das in diesem Zusammenhang gemeinhin zitierte Ulpian-Fragment befasst sich mit der Ermittlung des sog. „forum contractus". Hatten sich die Parteien in einem besonderen, formgebundenen Versprechen über den Ort der künftigen Leistung geeinigt, konnte nur dort geklagt werden.[251] Darüber hinaus konnte der Erfüllungsort anhand der Umstände, der Art der Leistung und der gesetzlichen Regelungen bestimmt werden.[252] Schwierigkeiten bestanden dagegen bei der Abgrenzung von Abschluss- und Erfüllungsort. Gemeinhin sollten z. B. Realverträge am Ort der Übergabe und Konsensualverträge am Ort der Übereinstimmung als abgeschlossen gelten.[253] Diese Zuständigkeiten konnten allerdings aufgrund der besonderen Umstände ausgeschlossen werden. Man berief sich dabei auf eine Stelle des Fragments, das darüber Auskunft gebe, ob der Gerichtsstand sich am Ort des Ver-

---

[248] § 21 Abs. 2 ZPO lautet: „Der Gerichtsstand der Niederlassung ist auch für Klagen gegen Personen begründet, die ein mit Wohn- und Wirtschaftsgebäuden versehenes Gut als Eigentümer, Nutznießer oder Pächter bewirtschaften, soweit diese Klagen die auf die Bewirtschaftung des Gutes sich beziehenden Rechtsverhältnisse betreffen." Darauf soll jedoch mangels praktischer Relevanz im deutsch-amerikanischen Rechtsverkehr, vgl. Hdb. Int. ZVerfR I-Kropholler, Kap. III, Rdnr. 288 Fn. 619, nicht eingegangen werden.

[249] Schröder, S. 93: „Jegliche Zuständigkeit ist ein Kind ihrer Zeit. Wer sie durchschauen will, darf die rechtsgeschichtliche Konstellation ihrer Geburtsstunde nicht völlig außer Betracht lassen."

[250] Schröder, S. 284.

[251] D. 13, 4, 1: „Loco plus petitur, veluti cum quis id, quod certo loco sibi stipulatus est, alio loco petit sine commemoratione illius loci, in quo sibi dari stipulatus fuerit."; Schröder, S. 284.

[252] Schröder, S. 285.

[253] Schröder, S. 286.

tragsschlusses befinde.[254] Dort sei auch der Ursprung des Niederlassungsgerichtsstandes zu lokalisieren, denn es werde u. a. die Konstellation geschildert, in der ein Kaufmann an einem für ihn fremden Ort eine Niederlassung o. ä. errichte und von dort aus mit Waren und Produkten handele.[255] Die Rechtswissenschaft hat in den Motiven zur ZPO daraus geschlossen, dass dieser Kaufmann nicht nur die Vorteile des Marktes, z. B. durch Abschluss von Verträgen, nutzen möchte, sondern auch die an diesem Ort eingegangenen Verbindlichkeiten zu erfüllen beabsichtigt, d. h. die verkauften Waren direkt zu liefern oder bestellte Dienstleistungen von diesem Ort aus zu verrichten. Dieser Wille zur Erfüllung vor Ort dürfe von dem Geschäftspartner auch regelmäßig vermutet werden, wenn er auf einen derart niedergelassenen Kaufmann treffe. Denn aus welchem Grund sonst solle der Kaufmann sich auf dem fremden Markt eingerichtet haben. Daher sollten diese besonderen Umstände auch eine ausreichende Grundlage für die Annahme einer stillschweigenden Übereinkunft über den Erfüllungsort darstellen.[256] Daraus wird nun gefolgert, dass Ulpian drei mögliche Fallgestaltungen unterschieden habe. Werde der Klageort von den Parteien ausdrücklich festgelegt, bestünden keine Zweifel mehr über die Zuständigkeit; habe der Beklagte nur geringe Beziehungen zum Abschlussort, sei es unangemessen, ihn an diesem Ort gerichtspflichtig zu machen; habe er sich aber – wie beschrieben – am Abschlussort geschäftlich niedergelassen, erscheine es vernünftig, ihn auch dort der Zuständigkeit der Gerichte zu unterwerfen.[257] Ulpian habe damit die Gerichtsunterworfenheit von dem tatsächlichen Anknüpfungsbezug der wirtschaftlichen Betätigung abhängig gemacht.[258]

Der Gerichtsstand selbst wurde im 19. Jahrhundert in die einzelstaatlichen deutschen Prozessordnungen eingeführt, um die Rechtsverfolgung gegen Ge-

---

[254] D. 5, 1, 19, 2. Die Stelle lautet: „ Proinde et si merces vendidit certo loci vel disposuit vel comparavit, videtur, nisi alio loci ut defenderet convenit, ibidem se defendere. Numquid dicimus eum, qui a mercatore quid comparavit advena, vel ei vendidit, quem scit inde confestim profecturum, non oportet ibi bona possideri sed domicilium sequi eius ? at si quis ab eo, qui tabernam vel officinam certo loci conductam habuit, in ea causa est, ut illic conveniatur: quod mags habet rationem. Nam ubi sic venit, ut confestim discedat, quasi a viatore emptis vel eo, qui transvehebatur, vel eo qui praeternavigat, emit, durissimum est, quotquot locis quis navigans vel iter faciens delatus est, tot locis se defendi. At si quo constitit, non dico iure domicilii, sed tabernalum, pergulam, horreum, armarium, officinam conduxit, ibique distraxit, egit, defendere se eo loci debedit."; Schröder, S. 286.

[255] Schröder, S. 286.

[256] Schröder, S. 287.

[257] Schröder, S. 288.

[258] Pfeiffer, S. 166/205; Schröder, S. 288.

werbetreibende zu erleichtern.[259] Im Hannoverschen Entwurf von 1866[260] war der Niederlassungsgerichtsstand in § 16 geregelt. Ferner fand er sich in den Prozessordnungen von Baden vom 18.03.1864 (§ 32)[261] und Württemberg vom 03.04.1868 (Art. 40).[262] Derenzufolge war der Niederlassungsgerichtsstand u. a. nur für Klagen bestimmt, welche Ansprüche „gegen die Niederlassung" betrafen.[263]

Das deutsche Kaiserreich griff auf diese Vorarbeiten zurück und ließ einen ersten Entwurf einer reichseinheitlichen Zivilprozessordnung erstellen.[264] Eine weitere Kommission überarbeitete diesen Entwurf (2. Entwurf) im Jahre 1872.[265] Danach lautete der damalige § 22 Abs. 1 CPO: „Hat jemand zum Betriebe einer Fabrik, einer Handlung oder eines anderen Gewerbes eine Niederlassung, von welcher aus unmittelbar Geschäfte geschlossen werden, so können gegen ihn alle Klagen, welche auf den Geschäftsbetrieb der Niederlassung Bezug haben, bei dem Gerichte des Orts erhoben werden, wo die Niederlassung sich befindet."[266] In der Begründung des „Entwurfs einer Deutschen Civilprozessordnung und des Einführungsgesetzes von 1872" hieß es u. a.: „§ 22 ist dem forum domicilii nachgebildet: das Etablissement wird, was die auf den Geschäftsbetrieb desselben bezüglichen Klagen anlangt, dem Wohnsitze gleichgeachtet. (…) Dass in diesem Umfang der Gerichtsstand durch das Bedürfnis gerechtfertigt wird, beweist dessen allgemeine Anerkennung in den neueren deutschen Prozessgesetzen und Entwürfen."[267] Bezug genommen wurde dabei u. a. auf § 17 des preußischen Entwurfs von 1864, der – im Gegensatz zu den „Vorbildern" anderer Entwürfe – vorsah, dass die Klage „auf den Geschäftsbetrieb" der Niederlassung „Bezug" hatte. Der Entwurf des § 22 ZPO überstand die folgenden Lesungen. In der 6. Sitzung vom 27.04.1875 wurde ein Antrag auf Streichung aus dem Gesetzeswerk

[259] Geimer, RIW 88, 221 (222); MüKo ZPO-Patzina, § 21, Rdnr. 1; Stein/Jonas-Roth, § 21, Rdnr. 1; Wieczorek/Schütze-Hausmann, § 21, Rdnr. 1; Zöller-Vollkommer, § 21, Rdnr. 1.

[260] Vgl. dazu Stein/Jonas-Brehm, Vor § 1, Rdnr. 137.

[261] Vgl. dazu Stein/Jonas-Brehm, Vor § 1, Rdnr. 135.

[262] Hahn, Materialien, Band 2/1, S. 153.

[263] RGZ 44, 355 (356).

[264] Stein/Jonas-Brehm, Vor § 1, Rdnr. 140; Wieczorek/Schütze-Prütting, Einl., Rdnr. 2.

[265] Stein/Jonas-Brehm, Vor § 1, Rdnr. 141.

[266] Hahn, Materialien, Band 2/1, S. 6.

[267] RGZ 44, 355 (356); Hahn, Materialien, Band 2/1, S. 153. A. A. Wach, S. 424, wonach der Gerichtsstand kein Forum des Quasi-Domizils oder des Teilwohnsitzes darstelle. Es handele sich um einen Gerichtsstand der vermögensrechtlichen Klagen, die auf den Geschäftsbetrieb einer Niederlassung Bezug hätten, von der aus unmittelbar Geschäfte geschlossen würden.

abgelehnt.[268] Die CPO trat dann nach einer weiteren Überarbeitung (3. Entwurf)[269] mit den weiteren Reichsjustizgesetzen am 01.10.1879 in Kraft.[270]

Bis 1900 fand sich der Niederlasssungsgerichtsstand noch in § 22 CPO. Durch die Novelle vom 17.05.1898 erhielt die CPO eine neue Nummerierung.[271] Dadurch wurde er schließlich in § 21 CPO geregelt.[272] Ab 01.01.1903 wurde die CPO sprachlich in „Zivilprozessordnung (ZPO)" umbenannt.[273]

Im Laufe der Jahrzehnte änderte sich von den ersten Entwürfen vom Ende des 19. Jahrhunderts bis zur gegenwärtigen Fassung der Wortlaut der Vorschrift nur zweimal – bei der bereits erwähnten Abweichung der frühen Entwürfe zu dem letztlich in Kraft getretenen Wortlaut und bei der Novelle vom 12.09.1950,[274] die allerdings nur „kosmetische" sprachliche Veränderungen einbrachte.[275]

2. Sinn und Zweck

Hinter der Schaffung von § 21 ZPO steht der Gedanke, dem Kläger ein ihm örtlich günstigeres Gericht zur Verfügung zu stellen, das mit den tatsächlichen Verhältnissen am Ort der Niederlassung vertraut ist.[276] Denn derjenige, der von einer inländischen Niederlassung aus Geschäfte betreibt, soll für diese Geschäfte auch dort im Inland „gerade stehen" müssen.[277] Immerhin kann der Gewerbetreibende im Gegenzug seinen Geschäftskreis durch die Einrichtung der Niederlassung erweitern. Dabei war – wie bereits erwähnt – der Niederlassungsgerichtsstand zunächst nur auf die örtliche Zuständigkeit ausgerichtet.[278] Die Normgeber dachten (noch) nicht an die Begründung einer internationalen Zuständigkeit. Aber auch jeder im Ausland Ansässige soll mittlerweile im Inland hinsichtlich seiner inländischen wirtschaftlichen Aktivitäten nach § 21 ZPO gerichtspflichtig

---

[268] Hahn, Materialien, Band 2/1, S. 532/538.

[269] Stein/Jonas-Brehm, Vor § 1, Rdnr. 142.

[270] Stein/Jonas-Brehm, Vor § 1, Rdnr. 143.

[271] Stein/Jonas-Brehm, Vor § 1, Rdnr. 146.

[272] Wieczorek/Schütze-Prütting, Einl., Rdnr. 4.

[273] Wieczorek/Schütze-Prütting, Einl., Rdnr. 4.

[274] Stein/Jonas-Brehm, Vor § 1, Rdnr. 190.

[275] BGBl. 1950 I, S. 535.

[276] OLG Hamburg WuM 90, 394 (395); Geimer, RIW 88, 221 (222); MüKo ZPO-Patzina, § 21, Rdnr. 1; Musielak-Heinrich, § 21, Rdnr. 1; Stein/Jonas-Roth, § 21, Rdnr. 1; Wieczorek/Schütze-Hausmann, § 21, Rdnr. 1; Zöller-Vollkommer, § 21, Rdnr. 1.

[277] Geimer, IZPR, Rdnr. 1444; Geimer, RIW 88, 221 (222); Hdb. Int. ZVerfR I-Kropholler, Kap. III, Rdnr. 288; Kronke, IPRax 89, 81 (82); Stein/Jonas-Roth, § 21, Rdnr. 1; Wieczorek/Schütze-Hausmann, § 21, Rdnr. 1.

[278] Siehe oben § 3 III. 4. b.

sein, wenn er am inländischen Geschäftsverkehr von einem inländischen Stützpunkt aus teilnimmt.[279] Dieses Motiv kann nach einer Ansicht in der Literatur zudem auf den allgemeinen Grundsatz des „venire contra factum proprium" gestützt werden. Treuwidrig handele demnach, wer sich am Wirtschaftsverkehr von einem inländischen Stützpunkt aus beteilige, aber gegen Klagen, die sich auf diese inländische Niederlassung bezögen, einwende, er sei im Inland nicht gerichtspflichtig, weil sich sein Sitz im Ausland befinde.[280] Von Bedeutung in diesem Zusammenhang ist auch ein Ausspruch Meilis: „Der Gerichtsstand ruht auf der Tatsache, dass eine abgegrenzte oder abgezweigte Zentralstelle des Rechtsverkehrs geschaffen wird, die dem Wohnsitz gegenüber eine relative Selbstständigkeit repräsentiert."[281] Schröder hat den Sinn und Zweck mit einer Parallele zum US-amerikanischen Recht wie folgt zusammengefasst: „Wo man Gewinn macht, dort soll man auch Rede und Antwort stehen über die Rechtschaffenheit seines Unterfangens. (…) Wer Tausende und Millionen Dollar im Inland umsetzt, entsprechende Beträge aus ihm herausholt, der kann nicht immun sein von inländischer Jurisdiktion, und also muss auch der einzelne Rechtsgrund seines Erwerbs der inländischen Zuständigkeit zur Verhandlung und Entscheidung unterliegen."[282] Die Regelung entspricht dem allgemeinen Gerichtsstand des Wohnsitzes, ohne dass die Niederlassung aber ihrerseits einen Wohnsitz oder einen Nebenwohnsitz begründen würde.[283]

---

[279] Siehe dazu oben § 3 III. 4. b. Vgl. ferner Geimer, RIW 88, 221 (222); Hdb. Int. ZVerfR I-Kropholler, Kap. III, Rdnr. 288.

[280] Geimer, WM 76, 146 (147). Zustimmend Nagel, IPRax 84, 13 (14). Einschränkend OLG München RIW 83, 127 (128): Habe ein Gewerbebetrieb neben seinem Hauptsitz an einem anderen Ort eine unternehmerische Organisation mit eigenen Vermögenswerten aufgebaut und lasse er von dort aus gewichtige geschäftliche Interessen selbstständig betreiben, so sei es – wegen der bereits vorhandenen Organisation – zwar zumutbar, auch an diesem Ort mit der Führung eines Rechtsstreits belastet zu werden. Für das Vorliegen eines solchen „Stützpunktes" müsse aber mindestens irgendeine eigene Organisation des Hauptunternehmens an einem anderen Ort vorhanden sein.

[281] Meili, S. 243; ähnlich auch Wach, S. 424/425.

[282] Schröder, S. 339. Zustimmend Geimer, IZPR, Rdnr. 1444; Geimer, RIW 88, 221 (223); Geimer, WM 76, 146 (147); Kronke, IPRax 89, 81 (82); Nagel, IPRax 84, 13 (14).

[283] OLG Hamburg WuM 90, 394 (394); Baumbach/Lauterbach-Hartmann, § 21, Rdnr. 1; Geimer, IZPR, Rdnr. 1149/1443; MüKo ZPO-Patzina, § 21, Rdnr. 1; Musielak-Heinrich, § 21, Rdnr. 1; Stein/Jonas-Roth, § 21, Rdnr. 1; Wach, S. 425; Wieczorek/Schütze-Hausmann, § 21, Rdnr. 2.

3. Begriff der Niederlassung

a. Definition

Als „Niederlassung" i. S. d. § 21 ZPO versteht man jede vom Inhaber[284] an einem anderen Ort als dem seines (Wohn-) Sitzes[285] für eine gewisse Dauer eingerichtete, auf seinen Namen und auf seine Rechnung betriebene selbstständige, d. h. aus eigener Entscheidung zum Geschäftsabschluss und Handeln berechtigte, Geschäftsstelle, an der ein Gewerbe ausgeübt wird.[286]

Dabei erfasst die Norm – anders als der Begriff des Gewerbebetriebes in § 1 Abs. 2 HGB – jede auf Erwerb abzielende Unternehmung, die von einer natürlichen oder juristischen Person betrieben wird.[287] Darunter fallen also auch die freien Berufe.[288]

Sowohl Haupt- als auch Zweigniederlassungen unterfallen dem Niederlassungsbegriff i. S. d. § 21 ZPO.[289] Dies lässt sich aus § 17 ZPO herleiten, wonach

---

[284] A. A. Musielak-Heinrich, § 21, Rdnr. 2; Stein/Jonas-Roth, § 21, Rdnr. 11; Zöller-Vollkommer, § 21, Rdnr. 6, wonach sich aus dem Wortlaut („jemand") nicht zwingend der Schluss ergebe, die Niederlassung müsse vom Stammhaus errichtet worden sein.

[285] A. A. Stein/Jonas-Roth, § 21, Rdnr. 10: Nicht erforderlich sei, dass der Unternehmer seinen Wohnsitz/Sitz an einem anderen Ort als die Niederlassung habe. Beide Gerichtsstände - §§ 13, 17 und § 21 ZPO – dürften also zusammenfallen.

[286] BGH NJW 87, 3081 (3082); OLG Düsseldorf Rpfleger 97, 32 (32); OLG Hamburg WuM 90, 394 (394); OLG Düsseldorf WM 89, 50 (52); OLG Frankfurt/Main RIW 88, 399 (400); Hdb. Int. ZVerfR I-Kropholler, Kap. III, Rdnr. 292; MüKo ZPO-Patzina, § 21, Rdnr. 2; Musielak-Heinrich, § 21, Rdnr. 2; Saenger, § 21, Rdnr. 2; Scheuermann, S. 40; Staudinger-Hausmann, Anh. II zu Artt. 27 – 37 EGBGB, Rdnr. 137; Stein/Jonas-Roth, § 21, Rdnr. 11; Thomas/Putzo-Hüßtege, § 21, Rdnr. 2; Wach, S. 425; Wieczorek/Schütze-Hausmann, § 21, Rdnr. 4; Zöller-Vollkommer, § 21, Rdnr. 6.

[287] OLG München RIW 83, 127 (128); Baumbach/Lauterbach-Hartmann, § 21, Rdnr. 4; MüKo ZPO-Patzina, § 21, Rdnr. 5; Musielak-Heinrich, § 21, Rdnr. 3; Saenger, § 21, Rdnr. 2; Scheuermann, S. 39 Fn. 1; Stein/Jonas-Roth, § 21, Rdnr. 9; Wieczorek/Schütze-Hausmann, § 21, Rdnr. 15; Zöller-Vollkommer, § 21, Rdnr. 6.

[288] BGHZ 88, 331 (336); Baumbach/Lauterbach-Hartmann, § 21, Rdnr. 4; Geimer, RIW 88, 221 (222); Hdb. Int. ZVerfR I-Kropholler, Kap. III, Rdnr. 292; Musielak-Heinrich, § 21, Rdnr. 3; Saenger, § 21, Rdnr. 2; Scheuermann, S. 40; Stein/Jonas-Roth, § 21, Rdnr. 9; Thomas/Putzo-Hüßtege, § 21, Rdnr. 1; Wieczorek/Schütze-Hausmann, § 21, Rdnr. 15; Zöller-Vollkommer, § 21, Rdnr. 2.

[289] Baumbach/Lauterbach-Hartmann, § 21, Rdnr. 7; Hdb. Int. ZVerfR I-Kropholler, Kap. III, Rdnr. 292; Schack, GS Sonnenschein, S. 706; Stein/Jonas-Roth, § 21, Rdnr. 12; Sydow/Busch/Krantz, § 21, Anm. 1; Wieczorek/Schütze-Hausmann, § 21, Rdnr. 17; Zöller-Vollkommer, § 21, Rdnr. 7. Die von Deutschland abgeschlossenen bilateralen Anerkennungs- und Vollstreckungsverträge sprechen i. d. R. von „geschäftlicher Niederlassung oder Zweigniederlassung". Lediglich der

nur der satzungsmäßige Sitz einer Gesellschaft, nicht dagegen deren Hauptniederlassung und tatsächlicher Verwaltungsort den allgemeinen Gerichtsstand begründet. Letzterer kann dafür den Ort der (Haupt-) Niederlassung darstellen.[290] Eine Zweigniederlassung ist als Niederlassung i. S. d. § 21 ZPO anzusehen, wenn sie sich an einem anderen Ort als dem Sitz des Inhabers bzw. dem Ort der Hauptniederlassung befindet.[291]

Die Niederlassung muss auf längere Dauer angelegt sein, d. h. der Inhaber muss die Geschäfte ständig betreiben und die erforderlichen Einrichtungen für eine gewisse Dauer schaffen.[292] Dabei sollte auf die vom Unternehmer beabsichtigte Dauer der Errichtung und nicht auf die bestehende Existenz abgestellt werden. Denn Hintergrund der Schaffung des Niederlassungsgerichtsstandes war es, den entfernt von seinem Hauptsitz planmäßig handelnden Gewerbetreibenden auch am Ort seiner wirtschaftlichen Betätigung gerichtspflichtig machen zu können. Dieser Schutz sollte bereits mit der ersten Betätigung, wie z. B. dem ersten Vertragsschluss, eintreten. Daher sollte nicht entscheidend sein, ob die Niederlassung z. B. schon eine längere Zeit existiert. Erst recht nicht sollte sie erst nach einer gewissen Zeit der Existenz den Gerichtsstand begründen können. Maßgeblich dürfte vielmehr sein, ob der Gewerbetreibende von Beginn an beabsichtigte, die Niederlassung für einen längeren Zeitraum zu errichten und zu betreiben. Nur diese Auslegung kann dem Schutz des Klägers dienen, denn er ist im Prozess auf den Vortrag beschränkt, die Niederlassung, mit der er in Kontakt getreten sei, sei für eine längere Betätigungszeit errichtet worden. Dafür dürften – nach allgemeiner Lebenserfahrung – auch die Anmietung von Räumlichkeiten,

---

deutsch-belgische Vertrag spricht von „geschäftlicher Niederlassung, Zweigniederlassung oder Agentur". Siehe dazu oben § 3 II. 1. Grundsätzlich ist zwar jeder Vertrag für sich und nach dem ihm maßgebenden Sinn und Zweck sowie seiner besonderen Entstehungsgeschichte auszulegen, Stein/Jonas-Roth, § 328, Rdnr. 272. Diese genannten Verträge enthalten aber keine eigenständigen Definitionen der Begriffe. Ihre Ausfüllung richtet sich daher nach dem Recht des Urteilsstaates, Geimer/Schütze-Müller, Rechtsverkehr, Bd. 2, Schweiz, S. 660.19; Geimer/Schütze-Karl, Rechtsverkehr, Bd. 2, Spanien, S. 663.132, so dass das autonome deutsche Recht, wie § 21 ZPO, heranzuziehen ist.

[290] Hdb. Int. ZVerfR I-Kropholler, Kap. III, Rdnr. 292; Schack, IZVR, Rdnr. 318; Scheuermann, S. 40; Stein/Jonas-Roth, § 21, Rdnr. 10/12; Wieczorek/Schütze-Hausmann, § 21, Rdnr. 17; Zöller-Vollkommer, § 21, Rdnr. 7.

[291] RGZ 107, 44 (45); Wieczorek/Schütze-Hausmann, § 21, Rdnr. 17; Zöller-Vollkommer, § 21, Rdnr. 7. Vgl. auch Staudinger-Großfeld, Int. GesR, Rdnr. 975: Eine Zweigniederlassung ist eine von der Hauptniederlassung räumlich getrennte, unter deren Leitung stehende, nur wirtschaftlich und organisatorisch selbstständige Niederlassung.

[292] Hdb. Int. ZVerfR I-Kropholler, Kap. III, Rdnr. 292; MüKo ZPO-Patzina, § 21, Rdnr. 10; Stein/Jonas-Roth, § 21, Rdnr. 13; Wieczorek/Schütze-Hausmann, § 21, Rdnr. 5; Zöller-Vollkommer, § 21, Rdnr. 6.

die Freischaltung eines Telefon- oder Faxanschlusses oder die Errichtung einer Bankverbindung sprechen. Wenn der Kläger diese Tatsachen im Prozess vorträgt, könnte das Gericht im Wege des prima-facie-Beweises von der erforderlichen Dauerhaftigkeit ausgehen. Der Beklagte müsste diesen Satz der Lebenserfahrung erschüttern. Anderenfalls wäre der Kläger gezwungen, auf interne Informationen zuzugreifen, die Auskunft über die tatsächliche Dauer der Existenz der Niederlassung geben. Dies wird ihm i. d. R. kaum möglich sein, da diese Informationen für ihn regelmäßig nicht zu erlangen sein dürften.[293]

Auch muss sich das dauerhafte Betreiben der Niederlassung in äußerlichen Einrichtungen widerspiegeln.[294] Sie ist also an einen bestimmten Ort gebunden, an dem das Gewerbe in mindestens einem Raum oder Grundstücksteil ausgeübt wird.[295]

Das Geschäft muss schließlich im Namen des Unternehmens und für dessen Rechnung betrieben werden.[296] Dabei ist unerheblich, ob der Beklagte Inhaber oder nur Pächter oder Nutznießer der Niederlassung ist oder ob er sie selbst oder

---

[293] Ähnlich – allerdings zu den Niederlassungsgerichtsständen der EuGVVO – Mankowski, RIW 96, 1001 (1004); Mankowski, EWiR 04, 1221 (1222); Mankowski, RIW 05, 561 (570): Der Außenstehende habe keinen Einblick in die Interna und müsse sich an das halten dürfen, was er wahrnehmen könne. Die Voraussetzung der Dauerhaftigkeit ist z. B. bei einer ausländischen Handelsgesellschaft durch eine im Handelsregister eingetragene inländische Niederlassung, OLG Düsseldorf Rpfleger 97, 32 (32), durch die in Form einer deutschen GmbH betriebene Generalrepräsentanz einer ausländischen Firma, BayObLG WM 75, 872 (873), oder durch ein mit mehreren Angestellten besetztes Büro einer ausländischen Fluggesellschaft, OLG Düsseldorf MDR 78, 930 (930), erfüllt. Auch reicht ein Saisonbetrieb aus, MüKo ZPO-Patzina, § 21, Rdnr. 10; Stein/Jonas-Roth, § 21, Rdnr. 13; Wieczorek/Schütze-Hausmann, § 21, Rdnr. 5.

[294] OLG München RIW 83, 127 (128), das sich grundsätzlich gegen eine extensive Anwendung von § 21 ZPO auf jede Art der wirtschaftlichen Betätigung ausspricht; Musielak-Heinrich, § 21, Rdnr. 2; Stein/Jonas-Roth, § 21, Rdnr. 13; Sydow/Busch/Krantz, § 21, Anm. 1; Thomas/Putzo-Hüßtege, § 21, Rdnr. 2; Wieczorek/Schütze-Hausmann, § 21, Rdnr. 5.

[295] OLG Frankfurt/Main MDR 79, 1027 (1027); Baumbach/Lauterbach-Hartmann, § 21, Rdnr. 6; Stein/Jonas-Roth, § 21, Rdnr. 12. Eine Niederlassung in Form eines Servers oder nur einer Website genügt nach der derzeit geltenden Rechtslage nicht, Musielak-Heinrich, § 21, Rdnr. 2; Nagel/Gottwald, § 3, Rdnr. 223; Stein/Jonas-Roth, § 21, Rdnr. 12. Ebensowenig das Herumziehen auf Messen, Märkten, Jahr- und Wochenmärkten, Hdb. Int. ZVerfR I-Kropholler, Kap. III, Rdnr. 292; MüKo ZPO-Patzina, § 21, Rdnr. 10; Musielak-Heinrich, § 21, Rdnr. 2; Stein/Jonas-Roth, § 21, Rdnr. 13; Wach, S. 425; Wieczorek/Schütze-Hausmann, § 21, Rdnr. 5.

[296] BayObLG MDR 89, 459 (459); OLG Frankfurt/Main RIW 88, 399 (400); Musielak-Heinrich, § 21, Rdnr. 5; Wach, S. 428; Wieczorek/Schütze-Hausmann, § 21, Rdnr. 6.

durch Vertreter betreibt.[297] Weicht die Firma der Zweigniederlassung von der der Hauptniederlassung ab oder enthält sie Zusätze, so wird dadurch ein Betreiben im fremden Namen nicht ausgeschlossen.[298] Dafür spricht § 13a Abs. 2 HGB.[299] Daraus kann hergeleitet werden, dass ein ausländisches Unternehmen seine inländische Zweigniederlassung mit allen Firmenzusätzen ins Handelsregister eintragen muss. Nach § 22 HGB kann ein ausländisches Unternehmen, das ein bestehendes Handelsgeschäft erwirbt, dieses Geschäft als seine inländische Niederlassung ohne einen Nachfolgezusatz in der Firmenbezeichnung fortführen.

b. Selbstständigkeit
aa. Begriff
Gem. § 21 Abs. 1 ZPO müssen von der Niederlassung unmittelbar Geschäfte aus geschlossen werden.

Erforderlich ist also die Selbstständigkeit der Niederlassung. Sie kann dann angenommen werden, wenn sie – zumindest planmäßig – alle üblichen Geschäfte aus eigener Entscheidungsfreiheit unmittelbar und endgültig abschließen kann.[300] Dabei ist erforderlich, dass der Niederlassung ein Teil des Geschäftsbetriebes zur selbstständigen Erledigung übertragen worden ist.[301] Bei Hauptniederlassungen kann die Selbstständigkeit regelmäßig vermutet werden.[302] Bei Zweigniederlassungen dürfte von einer Selbstständigkeit auszugehen sein, wenn sie im Handels-

---

[297] BGH NJW 87, 3081 (3082); Stein/Jonas-Roth, § 21, Rdnr. 17; Wach, S. 425; Wieczorek/Schütze-Hausmann, § 21, Rdnr. 6.

[298] H. Müller, S. 136.

[299] § 13a Abs. 2 HGB gilt für die Errichtung von Zweigniederlassungen durch Aktiengesellschaften mit Sitz im Inland. Er lautet: „Die Errichtung einer Zweigniederlassung ist durch den Vorstand anzumelden. Der Anmeldung ist eine öffentlich beglaubigte Abschrift der Satzung beizufügen."

[300] RGZ 33, 324 (328); BGH NJW 87, 3081 (3082); OLG München RIW 83, 127 (128); BayObLG WM 75, 872 (873); Baumbach/Lauterbach-Hartmann, § 21, Rdnr. 7; Geimer, IZPR, Rdnr. 1446; Hdb. Int. ZVerfR I-Kropholler, Kap. III, Rdnr. 293; Hellwig, System, S. 117; MüKo ZPO-Patzina, § 21, Rdnr. 8; Musielak-Heinrich, § 21, Rdnr. 5; Nagel/Gottwald, § 3, Rdnr. 223; Saenger, § 21, Rdnr. 2; Scheuermann, S. 40; Staudinger-Großfeld, Int. GesR, Rdnr. 975; Stein/Jonas-Roth, § 21, Rdnr. 14; Stein/Juncker, S. 104; Sydow/Busch/Krantz, § 21, Anm. 2; Thomas/Putzo-Hüßtege, § 21, Rdnr. 3; Wieczorek/Schütze-Hausmann, § 21, Rdnr. 7; Zöller-Vollkommer, § 21, Rdnr. 8.

[301] BGH NJW 87, 3081 (3082); Hdb. Int. ZVerfR I-Kropholler, Kap. III, Rdnr. 293; MüKo ZPO-Patzina, § 21, Rdnr. 8; Staudinger-Hausmann, Anh. II zu Artt. 27 – 37 EGBGB, Rdnr. 137; Stein/Jonas-Roth, § 21, Rdnr. 15; Wieczorek/Schütze-Hausmann, § 21, Rdnr. 7.

[302] MüKo ZPO-Patzina, § 21, Rdnr. 7; Musielak-Heinrich, § 21, Rdnr. 5; Stein/Jonas-Roth, § 21, Rdnr. 14; Wieczorek/Schütze-Hausmann, § 21, Rdnr. 7.

register eingetragen ist.[303] Grundsätzlich muss die Niederlassung im Zeitpunkt der Klageerhebung bereits bestehen.[304] Eine Eintragung im Handelsregister oder die Anmeldung zum Gewerbebetrieb reichen allein nicht aus.[305] Existiert die Niederlassung zur Zeit der Klageerhebung dagegen noch nicht, ist sie aber schon im Handelsregister eingetragen, soll der Inhaber die eingetragene Niederlassung gegen sich gelten lassen müssen.[306] Dagegen ist die Eintragung im Handelsregister unbeachtlich, wenn sie bei Klageerhebung schon bestand.[307]

Damit dient das Merkmal der Selbstständigkeit – anders als bei den Niederlassungsgerichtsständen der EuGVVO[308] – vornehmlich der Abgrenzung der Niederlassung von anderen Betriebsstätten, wie z. B. Warenlagern oder Speicherräumen, die nicht die für den Vertragsabschluss erforderliche Eigenständigkeit aufweisen.

Allerdings ist eine Selbstständigkeit zu verneinen, wenn die Zweigniederlassung Geschäfte nur gelegentlich und ausnahmsweise abschließt oder nur untergeordnete, dem eigenen Geschäftsbetrieb dienende Geschäfte selbst vornimmt oder aber Geschäfte abwickelt, die selbst den Gegenstand des Betriebes bilden, hierbei jedoch nur im Rahmen der von der Hauptstelle erteilten Weisungen ohne eigene Entschließungsfreiheit handelt.[309] Es ist nicht erforderlich, dass die am Ort der Niederlassung praktizierten Tätigkeiten erlaubt sind oder nicht.[310]

---

[303] OLG Düsseldorf Rpfleger 97, 32 (32); MüKo ZPO-Patzina, § 21, Rdnr. 8; Musielak-Heinrich, § 21, Rdnr. 2; Stein/Jonas-Roth, § 21, Rdnr. 11; Zöller-Vollkommer, § 21, Rdnr. 8.

[304] Wieczorek/Schütze-Hausmann, § 21, Rdnr. 4.

[305] BayObLG Rpfleger 80, 486 (486); Geimer, RIW 88, 221 (223); MüKo ZPO-Patzina, § 21, Rdnr. 2; Musielak-Heinrich, § 21, Rdnr. 2; Staudinger-Großfeld, Int. GesR, Rdnr. 979; Stein/Jonas-Roth, § 21, Rdnr. 11; Zöller-Vollkommer, § 21, Rdnr. 6.

[306] RGZ 50, 428 (429); OLG Düsseldorf Rpfleger 97, 32 (32); Hdb. Int. ZVerfR I-Kropholler, Kap. III, Rdnr. 292; MüKo ZPO-Patzina, § 21, Rdnr. 11; Musielak-Heinrich, § 21, Rdnr. 2; Scheuermann, S. 40; Stein/Jonas-Roth, § 21, Rdnr. 11; Wieczorek/Schütze-Hausmann, § 21, Rdnr. 12.

[307] Baumbach/Lauterbach-Hartmann, § 21, Rdnr. 7; Hdb. Int. ZVerfR I-Kropholler, Kap. III, Rdnr. 292; MüKo ZPO-Patzina, § 21, Rdnr. 2; Musielak-Heinrich, § 21, Rdnr. 2; Scheuermann, S. 40; Stein/Jonas-Roth, § 21, Rdnr. 11; Wieczorek/Schütze-Hausmann, § 21, Rdnr. 12; Zöller-Vollkommer, § 21, Rdnr. 6.

[308] Vgl. in diesem Zusammenhang zur EuGVVO: Kronke, IPRax 89, 81 (82); Kropholler, Art. 5 EuGVVO, Rdnr. 95; Wieczorek/Schütze-Hausmann, Art. 5 EuGVÜ, Rdnr. 76. Siehe dazu unten § 4 II. 4. f.

[309] Musielak-Heinrich, § 21, Rdnr. 5; Saenger, § 21, Rdnr. 2; Stein/Jonas-Roth, § 21, Rdnr. 16; Sydow/Busch/Krantz, § 21, Anm. 1; Wieczorek/Schütze-Hausmann, § 21, Rdnr. 7. Daher genügen Warenlager, Annahmestellen oder Vertretungen i. d. R. nicht, MüKo ZPO-Patzina, § 21, Rdnr. 9; Thomas/Putzo-Hüßtege, § 21, Rdnr. 3; Wieczorek/Schütze-Hausmann, § 21, Rdnr. 8; Zöller-Vollkommer, § 21, Rdnr. 8. Ebenfalls nicht als Niederlassung können eingestuft werden:

bb. Berechtigung zum Vertragsschluss

In der Rechtsprechung und der Literatur wird zudem unterschiedlich beurteilt, ob die Geschäftsstelle ausdrücklich zum selbstständigen Vertragsschluss und Handeln berechtigt sein muss, um den Gerichtsstand der Niederlassung begründen zu können, oder ob es ausreicht, wenn sie ein Angebot des potentiellen Vertragspartners an das Stammhaus zur endgültigen Annahme weiterleitet. Allein die Vermittlung von Verträgen könnte nicht genügen.

Nach dem – bereits vorgestellten[311] – Urteil des BGH vom 13.07.1987 setzt die internationale Zuständigkeit deutscher Gerichte gem. § 21 ZPO eine Niederlassung voraus, deren Leitung das Recht haben müsse, aus eigener Entscheidung Geschäfte abzuschließen. Agenturen zur bloßen Vermittlung von Vertragsofferten genügten nicht.[312] Der BGH führte u. a. aus, es bestehe keine Möglichkeit, den Anwendungsbereich von § 21 ZPO mit Rücksicht darauf zu erweitern, dass wie bei Art. 5 Nr. 5 EuGVÜ auch am Sitz einer Agentur ein Gerichtsstand begründet werde. Diese Regelung gelte nur für Personen, die ihren Wohnsitz im Hoheitsgebiet eines Mitgliedstaates hätten und lasse sich nicht im Wege der Rechtsfortbildung in die ZPO übertragen. Dies müsse dem Gesetzgeber überlassen bleiben.[313]

---

ein Baubüro, Zöller-Vollkommer, § 21, Rdnr. 9; Musielak-Heinrich, § 21, Rdnr. 6; ein Messestand, RGZ 69, 307 (308); MüKo ZPO-Patzina, § 21, Rdnr. 9; bloße Verkaufsstellen, Anlauf- und Vermittlungsbüros, Zöller-Vollkommer, § 21, Rdnr. 9; bloße Repräsentanzen einer ausländischen Bank i. S. v. § 53a KWG, BGH NJW 87, 3081 (3082). Dagegen kann von ausreichender Selbstständigkeit ausgegangen werden bei der inländischen Repräsentanz einer ausländischen Stammfirma, BGH NJW 87, 3081 (3082); OLG Düsseldorf WM 89, 50 (53); OLG Frankfurt/Main WM 85, 477 (477); BayObLG WM 75, 872 (873); bei Generalrepräsentanzen, wenn dort selbstständig unmittelbar Geschäfte abgeschlossen werden, OLG München RIW 75, 346 (347); bei der örtlichen Buchungsstelle eines Reiseveranstalters, AG Freiburg NJW 77, 2319 (2319); bei einem örtlichen Büro eines Spezialunternehmens, OLG Saarbrücken RIW 80, 796 (798); beim vertraglich vereinbarten Sitz einer Arbeitsgemeinschaft von Bauunternehmern, BayObLGZ 85, 314 (318); bei einer selbstständigen Agentur, der sich eine ausländische Fluggesellschaft ohne eigene inländische Niederlassung zum Abschluss von Luftfrachtverträgen regelmäßig bedient, BGH WM 82, 1277 (1278); Nagel, IPRax 84, 13 (14); bei einer Zweigstelle von Kreditinstituten i. S. v. § 53 KWG, BGH WM 87, 1089 (1090) oder bei einer Zweigniederlassung einer Maschinenfabrik oder eines Kaufmanns, wenn sie selbstständiger Mittelpunkt wenigstens für einen bestimmten Kreis seiner geschäftlichen Beziehungen ist, BGH NJW 87, 3081 (3082).

[310] Geimer, RIW 88, 221 (223); Stein/Jonas-Roth, § 21, Rdnr. 11.

[311] Siehe dazu oben § 2.

[312] BGH NJW 87, 3081 (3082).

[313] BGH NJW 87, 3081 (3082). In der konkreten Entscheidung befand der BGH, dass das LG nicht eindeutig festgestellt habe, ob die DWR-GmbH der deutschen Kundschaft Warentermingeschäf-

Das Urteil des BGH ist in der Literatur teilweise auf Widerspruch gestoßen: § 21 ZPO soll auch dann anwendbar sein, wenn die inländische Niederlassung die Geschäfte bloß vermittelt. Denn Sinn des § 21 ZPO sei es, den Gewerbetreibenden am Ort seiner Gewerbetätigkeit gerichtspflichtig zu machen. Dazu zähle jede Beteiligung am Wirtschaftsleben, wie eben auch das bloße Einsammeln von Vertragsofferten durch ein inländisches Kontaktbüro, während die Offerten erst im Ausland durch das Stammhaus angenommen würden. Eine Ausdehnung des Anwendungsbereichs von § 21 ZPO auf den des Art. 5 Nr. 5 EuGVVO sei vertretbar, weil damit Abgrenzungsschwierigkeiten vermieden würden und der Rechtsschutz im Inland verbessert werde. Es sei lediglich eine Formalie, wo der Vertrag „perfekt" gemacht werde.[314] Die Berechtigung zum Vertragsschluss sei zudem eine Frage des Innenverhältnisses zwischen der Niederlassung und dem Stammhaus,[315] die keine Auswirkungen auf den Vertragspartner habe.

Für die Ansicht des BGH dürften allerdings die überzeugenderen Argumente sprechen. Dabei kann zunächst der Wortlaut des Gesetzes fruchtbar gemacht werden. Danach ist erforderlich, dass „von der Niederlassung aus unmittelbar Geschäfte abgeschlossen werden." Ist die Geschäftsstelle aber nur berechtigt, Anträge von Kunden an die ausländische Hauptstelle weiterzuleiten und wird erst dort über die Annahme bzw. Nichtannahme endgültig entschieden, fehlt es an der erforderlichen selbstständigen Berechtigung zum Vertragsschluss. Inso-

---

te der Beklagten aus eigener Entschließungs- und Abschlusszuständigkeit vermittelt habe. Da es darüber hinaus relevantes Vorbringen der Beklagten rechtsfehlerhaft außer Acht gelassen habe, hätte es den Sachverhalt weiter aufklären müssen. Vgl. auch die im Anschluss an die Rückverweisung ergangene Urteil des OLG Düsseldorf WM 89, 50 (52/53), das die erforderliche Selbstständigkeit der DWR-GmbH mit dem Hinweis darauf bejaht, diese habe die entgegengenommenen Aufträge der Kunden – neben der Weiterleitung an die zuständige Kundenverwaltung der Beklagten – auch direkt an die zuständige Börsenabteilung der Beklagten an der entsprechenden Börse weitergeleitet, ohne dass diese selbst noch in den Entscheidungsprozess eingebunden gewesen sei. Zwar habe der Beklagten nach dem mit dem Zedenten abgeschlossen Rahmenvertrag die Kontoführung und die Erteilung von Kontoauszügen und –abrechnungen oblegen. Der Rahmenvertrag sei aber von den einzelnen, dort nur allgemein geregelten Warentermingeschäften zu unterscheiden. Der für die DWR-GmbH tätige „Account Executive" sei für die US-Börsen lizensiert und damit als börsentermingeschäftsfähiger Anlageberater berechtigt gewesen, seinerseits dem ihm erteilten Kundenauftrag über die Angestellten der Beklagten in der jeweiligen Börse bei den ausführenden Maklern zu plazieren.

[314] Geimer, RIW 88, 221 (223); Geimer, IZPR, Rdnr. 1450; Geimer/Schütze-Geimer, I/1, S. 413; Musielak-Heinrich, § 21, Rdnr. 2; Schack, IZVR, Rdnr. 318. Differenzierend Hdb. Int. ZVerfR I-Kropholler, Kap. III, Rdnr. 293 Fn. 631: Einen allgemeinen Satz, dass Agenturen – anders als Art. 5 Nr. 5 EuGVÜ – keinen Gerichtsstand nach § 21 ZPO zu begründen vermögen, gebe es nicht. Vielmehr komme es auf die Ausgestaltung der Agentur im Einzelfall an.

[315] MüKo ZPO-Patzina, § 21, Rdnr. 2.

fern handelt die Geschäftsstelle nur wie eine Vermittlungsagentur, die aber den Gerichtsstand des § 21 ZPO ebensowenig eröffnet wie angestellte Vermittler. Eine Ausdehnung des Anwendungsbereichs – wie durch die Agentur in Art. 5 Nr. 5 EuGVVO[316] – kann darüber hinaus nicht ohne weiteres in Betracht kommen.[317] Dem Gesetzgeber war der Gerichtsstand der Agentur durchaus bekannt, wie die Regelung in § 48 VVG verdeutlicht. Der Verzicht auf die Aufnahme desselben in § 21 ZPO geschah also bewusst. Fehlt die intern erteilte Berechtigung zum Vertragsabschluss, kann die Niederlassung auch keine wirksamen Geschäfte für den Inhaber der Niederlassung abschließen, da es an der Vertretungsmacht mangelt. Die Niederlassung kann ohnehin nur Verträge im Namen des Unternehmens eingehen. Sie wird insofern nicht eigenständig verpflichtet, sondern tritt regelmäßig als Vertreterin des Unternehmens auf. Fehlt es nun an der Vertretungsmacht, kann das Unternehmen auch nicht wirksam vertreten werden.[318] In diesem Fall kommt nur eine Verpflichtung über die Grundsätze der Duldungs- oder Anscheinsvollmacht in Betracht.[319] Eine bloße Annahmestelle oder Repräsentanz zur Vermittlung von Vertragsofferten kann daher den Niederlassungsgerichtsstand (derzeit) nicht begründen.[320]

cc. Rechtsschein der Berechtigung
Nach wohl überwiegender Ansicht soll allerdings der erweckte Anschein einer selbstständigen Berechtigung zum Vertragsschluss zur Zuständigkeitsbegründung genügen.[321] Anderenfalls würde ein dem Geschäftspartner nicht erkennba-

---

[316] Siehe unten § 4 II. 4. f. bb.

[317] So auch MüKo ZPO-Patzina, § 21, Rdnr. 9; Staudinger-Hausmann, Anh. II zu Artt. 27 – 37 EGBGB, Rdnr. 137; Stein/Jonas-Roth, § 21, Rdnr. 16; Wieczorek/Schütze-Hausmann, § 21, Rdnr. 9; Zöller-Vollkommer, § 21, Rdnr. 9. Allerdings soll auf eine Ausdehnung des Niederlassungsbegriffs auf die bloße Vermittlung von Vertragsangeboten noch einmal im Verlauf der Arbeit eingegangen werden. Siehe unten § 5 I. 2. c.

[318] Vgl. auch H. Müller, S. 145.

[319] So auch BGH NJW 87, 3081 (3082); OLG Düsseldorf WM 89, 50 (53); OLG München RIW 83, 127 (128); Baumbach/Lauterbach-Hartmann, § 21, Rdnr. 7; MüKo ZPO-Patzina, § 21, Rdnr. 8; Wieczorek/Schütze-Hausmann, § 21, Rdnr. 4; Zöller-Vollkommer, § 21, Rdnr. 6.

[320] So auch BAG NJW 85, 2910 (2911); OLG München RIW 83, 127 (128); Baumbach/Lauterbach-Hartmann, § 21, Rdnr. 9; Geimer, IZPR, Rdnr. 1445; H. Müller, S. 143; Nagel/Gottwald, § 3, Rdnr. 223; Sydow/Busch/Krantz, § 21, Anm. 1; Wach, S. 426.

[321] BGH NJW 87, 3081 (3082); OLG München RIW 75, 346 (347); OLG Düsseldorf MDR 78, 930 (930); OLG Frankfurt/Main RIW 88, 399 (400); OLG Düsseldorf Rpfleger 97, 32 (32). Vgl. auch das im Anschluss an die Rückverweisung durch den BGH ergangene Urteil des OLG Düsseldorf WM 89, 50 (53): Eine Aufgabenbeschränkung der Niederlassung im Verhältnis zum Stammhaus sei für Dritte nicht erkennbar gewesen. Es könne weder aus den Prospekten des Stammhauses noch aus den tatsächlichen Umständen entnommen werden, dass es zur Ausführung der einzelnen Geschäfte intern grundsätzlich der Zustimmung der zuständigen Abteilung

res Internum unter Umständen zu seinem Nachteil herangezogen, da er in diesem Fall nicht den möglicherweise günstigeren Gerichtsstand der Niederlassung für sich nutzen könne.[322]

Dieser Ansicht war auch das AG Freiburg in seinem Urteil vom 23.06.1977. Danach soll es ausreichen, dass der Kunde eines Reisebüros den Eindruck vermittelt bekommt, der Vertrag über die gebuchte Reise werde durch eine sofort ausgehändigte Bestätigung über den Reisetermin durch das Reisebüro abgeschlossen. Unbeachtlich soll dagegen sein, dass der Reisevertrag nach den zugrunde liegenden AGB erst durch eine schriftliche Bestätigung der Zentrale des Reisebüros in einem anderen Ort zustande kommt. Denn für den Kunden stelle die später von der Zentrale zugesandte Reisebestätigung und Rechnung lediglich eine schriftliche Bestätigung des bereits seiner Meinung nach im Reisebüro geschlossenen Vertrags dar.[323] Diese gelte v. a. dann, wenn das Reisebüro mit Slogans, wie „Gesicherter Urlaub durch unseren Urlaubscomputer, der Ihre Reise sofort bestätigt" oder „Über 70 Reisebüros mit dem Urlaubscomputer in ganz Deutschland", werbe.[324] Der erzeugte Rechtsschein werde weder durch den Hinweis auf die AGB zerstört, wonach der Vertrag endgültig erst mit der Bestätigung der Zentrale zustande komme, da das Reisebüro sich damit insgesamt widersprüchlich verhalte und dieser Widerspruch zu dessen Lasten gehe,[325] noch durch die Entfernung des Computers zum Reisebüro, da der Kunde diesen nur als „verlängerten Arm" des Reisebüros für die Informationsbeschaffung ansehe.[326]

Die Selbstständigkeit darf allerdings nicht mit der Unabhängigkeit vom Stammhaus verwechselt werden. „Außenstelle eines Stammhauses" kann nur sein, wer durch das Stammhaus beaufsichtigt und geleitet wird.[327]

---

des Stammhauses bedurft hätte. Vgl. auch MüKo ZPO-Patzina, § 21, Rdnr. 8; Musielak-Heinrich, § 21, Rdnr. 2; Saenger, § 21, Rdnr. 2; Stein/Jonas-Roth, § 21, Rdnr. 11/14; Thomas/Putzo-Hüßtege, § 21, Rdnr. 3; Wieczorek/Schütze-Hausmann, § 21, Rdnr. 11; Zöller-Vollkommer, § 21, Rdnr. 8.

[322] OLG Düsseldorf MDR 78, 930 (930); H. Müller, S. 140. Insofern könnte eine als „Agentur" bezeichnete Betriebsstelle als Niederlassung einzustufen sein, wenn deren Leiter Angestellter und zum selbstständigen Vertragsschluss berechtigt ist.

[323] AG Freiburg NJW 77, 2319 (2319).

[324] AG Freiburg NJW 77, 2319 (2320).

[325] AG Freiburg NJW 77, 2319 (2320).

[326] AG Freiburg NJW 77, 2319 (2319).

[327] Stein/Jonas-Roth, § 21, Rdnr. 17; Wieczorek/Schütze-Hausmann, § 21, Rdnr. 10.

c. Rechtsschein

Es gilt demnach als gesichert, dass der Inhaber der Niederlassung zurechenbar nur den Rechtsschein zu setzen braucht, dass es sich um eine von ihm unterhaltene Geschäftseinrichtung handelt, die in seinem Namen und auf seine Rechnung betrieben wird, d. h. dass es sich um eine selbstständige Niederlassung handelt.[328] Handelt das ausländische Unternehmen selbst, soll es sich den von ihm gesetzten Rechtsschein zurechnen lassen müssen. Das kann aus der Ratio des § 21 ZPO hergeleitet werden.[329] Aber auch wenn die Mitarbeiter einer inländischen Geschäftsstelle den Anschein einer selbstständigen Niederlassung erwekken und das ausländische Unternehmen dies wissentlich duldet, soll dem Unternehmen dieser Rechtsscheinstatbestand zugerechnet werden können.[330] Schließlich sollen sogar die vom BGH aufgestellten Rechtsscheinsgrundsätze dann gel-

---

[328] OLG Frankfurt/Main DB 03, 41 (41); OLG Frankfurt/Main RIW 88, 399 (400); OLG München RIW 83, 127 (128); LG Karlsruhe VersR 97, 384 (384); Baumbach/Lauterbach-Hartmann, § 21, Rdnr. 7; Geimer, IZPR, Rdnr. 1446a; Geimer, RIW 88, 221 (222); MüKo ZPO-Patzina, § 21, Rdnr. 11; Nagel/Gottwald, § 3, Rdnr. 223; Schack, IZVR, Rdnr. 318; Scheuermann, S. 40; Staudinger-Großfeld, Int. GesR, Rdnr. 978; Stein/Jonas-Roth, § 21, Rdnr. 11; Sydow/Busch/Krantz, § 21, Anm. 2; Wieczorek/Schütze-Hausmann, § 21, Rdnr. 11.

[329] Vgl. – freilich zu § 178 Abs. 2 Nr. 2 ZPO – zum zurechenbar gesetzten Rechtsschein einer zustellungsfähigen Geschäftsanschrift im Inland durch ein ausländisches Unternehmen OLG Hamburg, Beschluss vom 06.09.2005, Juris-Nr. KORE400142006. Derjenige, der sich nach außen als Gewerbetreibender ausgebe und den – durch sein eigenes prozessuales und vorprozessuales Verhalten gesetzten – Rechtsschein hervorrufe, er unterhalte als solcher ein besonderes Geschäftslokal, müsse dorthin gerichtete Zustellungen selbst dann gegen sich gelten lassen, wenn er unter dieser Anschrift tatsächlich kein zustellungsfähiges Geschäftslokal betreibe, sondern lediglich eine „Repräsentanz" bestehe, Rz. 7. Dies gelte jedenfalls dann, wenn ein dort – möglicherweise bei einem anderen Unternehmen – Beschäftigter für den Zustellungsadressaten als Empfangsberechtigter aufgetreten sei und das Schriftstück für ihn entgegengenommen habe, Rz. 11. Zurechenbar sei der im Verhältnis zur Öffentlichkeit gesetzte Rechtsschein einer zustellungsfähigen Geschäftsanschrift insbesondere dann, wenn sich ein Unternehmen unter Angabe dieser Adresse ohne einschränkende Zusätze (wie „p. a." bzw. „c/o") bei DENIC als Domaininhaber registrieren ließe, Rz. 12.

[330] OLG Düsseldorf MDR 78, 930 (930); H. Müller, S. 141. Auch kann die Bezugnahme auf die Geschäftstätigkeit der Niederlassung in Werbeprospekten und anderen vergleichbaren Werbemitteln genauso ausreichen, OLG Düsseldorf WM 89, 50 (53). Einschränkend dagegen OLG München RIW 83, 127 (128), wonach allein Schilder am Haus- oder Büroeingang mit dem Namen des Stammhauses neben dem der Niederlassung nicht ausreichen sollen, um einen entsprechenden Anschein zu begründen. Zustimmend Wieczorek/Schütze-Hausmann, § 21, Rdnr. 11. Dazu zählt auch das Auftreten von (angestellten) Geschäftsstellenmitarbeitern bei Vertragsverhandlungen, die den Eindruck einer Berechtigung zum selbstständigen Vertragsabschluss erzeugen, OLG Düsseldorf WM 89, 50 (53); Sydow/Busch/Krantz, § 21, Anm. 2.

ten, wenn das Unternehmen den Eindruck erweckt, seine Mitarbeiter handelten von einer Niederlassung aus, diese aber tatsächlich gar nicht existiert.[331]

Dagegen kann es nicht auf die interne Beziehung zwischen dem Stammhaus und der Niederlassung ankommen, weil regelmäßig die zwischen beiden getroffenen Absprachen den Geschäftspartnern nicht offen gelegt werden.[332] Daher dürfte auch eine mögliche Beschränkung der Vertretungsmacht im Innenverhältnis unerheblich sein, wenn sie für Dritte nach außen gar nicht in Erscheinung tritt.[333]

d. Zwischenpersonen

aa. Handelsvertreter / Handelsmakler / Alleinvertriebshändler

Der Handelsvertreter i. S. v. § 84 HGB ist ein selbstständig[334] handelnder Gewerbetreibender, der nicht den Weisungen des Stammhauses unterliegt.[335] Daher kann er keine Niederlassung i. S. v. § 21 ZPO darstellen.[336] Fehlt dem Handelsvertreter dagegen (ausnahmsweise) die Selbstständigkeit (z. B. gem. § 84 Abs. 2 HGB) oder erweckt er den Anschein, er sei eine Niederlassung des repräsentierten Unternehmens, ist er wie ein angestellter Vertreter anzusehen. Die Geschäftsstelle des Handelsvertreters kann dann eine Niederlassung des sie betreibenden ausländischen Unternehmens darstellen.[337]

---

[331] H. Müller, S. 142.

[332] Stein/Jonas-Roth, § 21, Rdnr. 11; Wieczorek/Schütze-Hausmann, § 21, Rdnr. 11.

[333] OLG Düsseldorf NJW-RR 88, 1260 (1261); MüKo-Martiny, Vor Art. 27 EGBGB, Rdnr. 66; Wieczorek/Schütze-Hausmann, § 21, Rdnr. 11.

[334] Für seine Selbstständigkeit spricht z. B., wenn er die Kosten seines Geschäftsbetriebs selber trägt, eigene Geschäftsräume mit eigener Geschäftsausstattung unterhält und unter eigener Firma auftritt, vgl. H. Müller, S. 159.

[335] Auch ist die Betriebsstelle i. d. R. weder vom Inhaber der vermeintlichen Niederlassung errichtet worden, noch wird der Handelsvertreter bei seinem Geschäftsbetrieb im Namen und auf Rechnung eines (fremden) Inhabers tätig.

[336] H. Müller, S. 160; Stein/Jonas-Roth, § 21, Rdnr. 17; Wieczorek/Schütze-Hausmann, § 21, Rdnr. 10. Vgl. auch zum deutsch-tunesischen Vertrag die Deutsche Denkschrift, BT-Drs. V Nr. 3167: „(...) Zu Artikel 31 (...) Der in Nr. 2 geregelte Gerichtsstand der geschäftlichen Niederlassung ist beiden Rechtsordnungen bekannt (vgl. § 21 ZPO; Artikel 33 C. p. c.). In der internationalen Vertragspraxis ist es auch üblich, dass die geschäftliche Niederlassung als Anknüpfung für eine besondere internationale Zuständigkeit gewählt wird. (...) Die Delegationen waren sich ferner darüber einig, dass selbstständige Agenten (Handelsvertreter) nicht als Niederlassung oder Zweigniederlassung i. S. d. Vorschrift anzusehen sind."

[337] Vgl. ferner H. Müller, S. 160. Im Übrigen ist der Handelsvertreter nur dann zum selbstständigen Vertragsschluss berechtigt, wenn er auch Abschlussvertreter ist. In diesem Fall handelt er im Namen des (vertretenen) Unternehmers. Ist er bloß Vermittlungsvertreter, fehlt ihm die nach §

Ein selbstständiger Handelsmakler stellt ebenfalls keine Niederlassung dar.[338] Denn dieser schließt gem. § 93 Abs. 1 HGB ohne vertragliche ständige Betrauung und Verpflichtung zum Tätigwerden gewerbsmäßig in fremdem Namen Geschäfte ab.

Gleiches gilt für den nicht weisungsgebundenen Alleinvertriebshändler.[339] Dieser verkauft regelmäßig die Waren des Herstellers oder Lieferanten im eigenen Namen und für eigene Rechnung.[340] Merkmal eines entsprechenden Vertrages zwischen ihm und dem Unternehmer ist, dass der Unternehmer dem Händler für ein bestimmtes Gebiet den Alleinvertrieb seiner Erzeugnisse überträgt und sich i. d. R. verpflichtet, selbst keine Verkäufe vorzunehmen. Der Alleinvertriebshändler ist aufgrund dieses Rahmenvertrages nicht selten in die Verkaufsorganisation des Unternehmers eingegliedert und erfüllt wirtschaftlich in weitem Umfang Aufgaben, die sonst einem Handelsvertreter zukommen.[341] Der Alleinvertriebshändler ist dennoch selbstständiger Gewerbetreibender,[342] so dass er als Niederlassung nicht in Betracht kommt.[343]

bb. Agentur

Nach autonomem deutschem Recht ist der Agent regelmäßig Handelsvertreter und demnach selbstständiger Gewerbetreibender.[344] Somit fällt er nicht in den Anwendungsbereich des § 21 ZPO.[345] Entscheidend für eine Begründung des Niederlassungsgerichtsstands wäre daher nur, dass der Agent der Aufsicht und

---

21 ZPO erforderliche Selbstständigkeit zum unmittelbaren Vertragsschluss. Vgl. zum Niederlassungsgerichtsstand der EuGVVO: Mankowski, EWiR 04, 1221 (1222).

[338] H. Müller, S. 160; Stein/Jonas-Roth, § 21, Rdnr. 17.

[339] Stein/Jonas-Roth, § 21, Rdnr. 17; Wieczorek/Schütze-Hausmann, § 21, Rdnr. 10.

[340] BGHZ 29, 83 (84); BGHZ 34, 282 (284). Damit wird er nicht im Namen und für Rechnung des vermeintlichen Inhabers der Niederlassung tätig. Ferner ist die Geschäftsstelle vom Vertriebshändler i. d. R. selber errichtet worden. Schließlich fehlt ihm die nach § 21 ZPO erforderliche Selbstständigkeit zum Vertragsschluss, da er die Geschäfte i. d. R. nur für sich im eigenen Namen abschließt.

[341] BGHZ 29, 83 (87); BGHZ 34, 282 (285); BGH NJW 83, 2877 (2878); BGH NJW 82, 2819 (2820).

[342] BGHZ 29, 83 (88).

[343] Auf die Einordnung von selbstständigen Zwischenpersonen als mögliche Niederlassungen soll im Verlauf der Arbeit noch einmal eingegangen werden. Siehe dazu unten § 5 I. 2. b.

[344] Der Agent kann als Sonderform eines Handelsvertreters angesehen werden. Er ist nicht selten stärker in eine einheitliche Vertriebsorganisation eingebunden als der Handelsvertreter, vgl. H. Müller, S. 160; Sydow/Busch/Krantz, § 21, Anm. 1.

[345] BGH NJW 87, 3081 (3082); BayObLG BB 89, 583 (583); MüKo ZPO-Patzina, § 21, Rdnr. 9; Musielak-Heinrich, § 21, Rdnr. 6; Stein/Jonas-Roth, § 21, Rdnr. 16; Wieczorek/Schütze-Hausmann, § 21, Rdnr. 9; Zöller-Vollkommer, § 21, Rdnr. 9.

Weisung des von ihm repräsentierten Unternehmens unterliegt.[346] Das ist bei dem einfachen Agenten ebensowenig der Fall wie bei einer rechtlich selbstständigen Agentur, die lediglich Vertragsabschlüsse vermittelt.[347] Etwas anderes soll auch dann nicht gelten, wenn der Agent über eine Abschlussvollmacht verfügt und ein Warenlager hält.[348] Werden Agenturen aber in Einzelfällen in der von § 21 ZPO geforderten Selbstständigkeit betrieben, können sie Niederlassungen darstellen.[349]

§ 21 ZPO erfordert also einerseits die für einen Vertragsabschluss notwendige Selbstständigkeit und schließt die bloße Vermittlung von Angeboten aus. Andererseits erfasst die Norm keine Intermediäre, die im Verhältnis zum Stammhaus über Selbstständigkeit und ein gewisses Maß an Weisungsungebundenheit verfügen.

e. Zuständigkeitsdurchgriff
aa. Einführung
Schließlich kann ein Unternehmen auch durch Tochtergesellschaften geschäftlich aktiv werden.[350] Eine Unternehmensverbindung liegt dann vor, wenn zwei oder mehrere rechtlich selbstständige Gesellschaften kapitalmäßig, personell oder vertraglich miteinander verwoben sind.[351] In den Industriestaaten Europas und in den Vereinigten Staaten gehören Unternehmensverbindungen zu den wesentlichen Bestandteilen der Volkswirtschaft.[352]

Von der Tochtergesellschaft unterscheidet sich die Niederlassung grundsätzlich durch die ihr fehlende Rechtspersönlichkeit. Nicht selten wird schon allein an der Firma bzw. dem firmenrechtlichen Zusatz erkennbar, ob es sich bei dem Geschäftspartner um eine Tochtergesellschaft oder eine bloße Niederlassung als Teil eines kaufmännischen Betriebs oder einer Handelsgesellschaft handelt. Der Unternehmensträger hat die Wahl, ob er sich über eine Niederlassung oder eine Tochtergesellschaft wirtschaftlich betätigen möchte.[353] Für die Gründung von Niederlassungen dürften wegen deren geringerer Selbstständigkeit aus unter-

---

[346] Vgl. zum Niederlassungsgerichtsstand der EuGVVO: EuGH, Slg. 1981, 819 (828). Siehe unten § 4 II. 4. f. bb.

[347] Siehe oben § 4 I. 3. b. bb.

[348] MüKo ZPO-Patzina, § 21, Rdnr. 9; Wieczorek/Schütze-Hausmann, § 21, Rdnr. 9; Zöller-Vollkommer, § 21, Rdnr. 9.

[349] BGH NJW 87, 3081 (3082); H. Müller, S. 138; Stein/Jonas-Roth, § 21, Rdnr. 16.

[350] Staudinger-Großfeld, Int. GesR, Rdnr. 970.

[351] Jaspert, S. 5.

[352] Fawcett, 9 Eur. L. Rev., 326 (326); Maul, AG 98, 404 (404); Schiessl, RIW 88, 951 (951).

[353] Fawcett, 9 Eur. L. Rev., 326 (326).

nehmerischer Sicht die straffere Führung und die damit einhergehende einheitlichere Unternehmenspolitik sprechen. Es entsteht dabei eine Mixtur aus wirtschaftlicher Selbstständigkeit im operativen Bereich und rechtlicher wie personeller Bindung an das Stammhaus, da der Leiter einer Niederlassung der Aufsicht und Leitung des Stammhauses unterliegt.[354]

Dennoch spielt die Gründung von Tochtergesellschaften als Mittel der wirtschaftlichen Betätigung im grenzüberschreitenden Rechtsverkehr eine herausragende Rolle.[355] Dabei ist die Verbindung zwischen der Konzernspitze und der Tochtergesellschaft nicht selten von einer bestimmten einheitlichen Unternehmensphilosophie geprägt. Diese Art der wirtschaftlichen Betätigung ist auch im deutsch-amerikanischen Rechtsverkehr von großer praktischer Relevanz. Dieser verzeichnet seit langem eine stetige Zunahme an Gründungen von Tochtergesellschaften.[356] Immer mehr Unternehmen in den USA und der Bundesrepublik agieren mittlerweile über im jeweils anderen Land gegründete und mehrheitlich beteiligte Gesellschaften.[357] Dabei ist zu beobachten, dass insbesondere die US-amerikanischen Konzerne ihre Statthalter-Gesellschaften in der Bundesrepublik nicht selten in der Rechtsform der GmbH etablieren und Unternehmensverträge mit umfassenden Weisungsmöglichkeiten abschließen.[358] Die Motivation für den Abschluss derartiger Verträge ist vielfältig. Sie stellen u. a. ein Mittel der Spartenorganisation eines Konzerns dar. Der Konzernspitze wird dabei die für eine effektive Konzernführung erforderliche Leitungsmacht über die Tochtergesellschaft eingeräumt.[359]

Wird ein inländisches Unternehmen über eine im Ausland ansässige Gesellschaft tätig, spricht man von grenzüberschreitenden Unternehmensverbindungen.[360] Diese setzen sich über die nationalen Grenzen hinweg, so dass die jeweils

---

[354] Rinne, S. 41.

[355] Einsele, ZGR 96, 40 (40); Fawcett, 9 Eur. L. Rev. 326 (327); Kaiser, RIW 88, 589 (591); Maul, AG 98, 404 (404); Schack, GS Sonnenschein, S. 705.

[356] Im Jahr 2003 waren mehr als 3000 deutsche Unternehmen über ihre Tochtergesellschaften in den USA tätig, die ca. 675 000 Menschen beschäftigten. Davon entfallen ca. 260 000 auf das produzierende Gewerbe. Der Kapitalstock ist ca. $ 200 Mrd. wert. Im Jahr 2004 führten US-amerikanische Unternehmen ca. $ 30 Mrd. nach Deutschland aus. Ca. 15 % davon stammten von Unternehmen, deren Muttergesellschaften mehrheitlich in deutscher Hand sind. Quelle: Deutscher Industrie- und Handelskammertag, FAZ v. 20.12.2005. Vgl. ferner Junker, IPRax 86, 197 (197).

[357] Fawcett, J. B. L. 85, 16 (16).

[358] Rundshagen/Strunk, RIW 95, 664 (664).

[359] Feddersen, Beherrschungs- und Gewinnabführungsverträge, S. 130.

[360] Michalski-Leible, Syst. Darst. 2, Rdnr. 158.

selbstständigen Einzelgesellschaften zwar wirtschaftlich verbunden bleiben, jedoch unterschiedlichen Rechtsordnungen unterworfen sind.[361] Es handelt sich um einen internationalen Konzern, der dann vorliegt, wenn ein Unternehmen durch rechtlich selbstständige, aber von ihm geleitete Tochtergesellschaften am ausländischen Wirtschaftsverkehr teilnimmt.[362] Die Konzernbildung kann dabei auf bloßer Kapitalbeteiligung mit den sich daraus ergebenden Möglichkeiten der Einflussnahme (faktischer Konzern)[363] oder auf vertraglichen Beziehungen beruhen (Vertragskonzern).[364]

Dabei ist insbesondere die Haftungssystematik im Auge zu behalten. Wesentlich für die Haftungsverhältnisse ist die Gliederung des Unternehmens in rechtlich selbstständige, jedoch von unterschiedlichen Rechtsordnungen beherrschte Unternehmenseinheiten, die unter der einheitlichen Leitung des herrschenden Unternehmens stehen.[365] Die einzelnen Gesellschaften bilden dabei rechtlich selbstständige Korporationen, denen eigene Rechte und Pflichten zugeordnet sind. Sie bleiben selbstständige Träger ihres Vermögens und haften auch entsprechend für ihre Verbindlichkeiten nur mit diesem (sog. Trennungsprinzip).[366] Nur in Ausnahme- und Missbrauchsfällen ist eine Durchbrechung dieses Prinzips möglich (sog. Durchgriffshaftung).[367]

Dies vorausgeschickt, dürfte die Frage des Forums für die Geltendmachung und Durchsetzung von Ansprüchen gegen die im Hintergrund stehende Muttergesellschaft von Interesse sein.[368] Denn wird z. B. in Deutschland eine US-amerikanische Muttergesellschaft nicht selbst, sondern nur ihre inländische, deutsche Tochtergesellschaft geschäftlich tätig, könnte diese Geschäftstätigkeit die Gerichtspflichtigkeit der Muttergesellschaft am Sitz ihrer Tochtergesellschaft in Deutschland begründen. Auf die Mutter- würde dann über die Tochtergesellschaft durchgegriffen. Man spricht in diesem Zusammenhang vom sog. Zustän-

---

[361] Jaspert, S. 5; Kaiser, RIW 88, 589 (591); Schiessl, RIW 88, 951 (951).

[362] Jaspert, S. 5; Schiessl, RIW 88, 951 (951).

[363] Maul, AG 98, 404 (405); Maul, NZG 99, 741 (741).

[364] Maul, AG 98, 404 (407). Siehe dazu unten ausführlicher § 5 II. 1. b.

[365] Jaspert, S. 8; Schack, GS Sonnenschein, S. 705; Schiessl, RIW 88, 951 (951).

[366] Jaspert, S. 9; Schack, GS Sonnenschein, S. 705; Schiessl, RIW 88, 951 (951); Staudinger-Großfeld, Int. GesR, Rdnr. 974.

[367] Ebenroth/Offenloch, RIW 97, 1 (13); Jaspert, S. 9; Schack, GS Sonnenschein, S. 705; Schiessl, RIW 88, 951 (952); K. Schmidt, S. 241 ff. Siehe dazu unten § 5 II. 2. c.

[368] Ebenroth/Offenloch, RIW 97, 1 (12); Maul, AG 98, 404 (404); Schack, GS Sonnenschein, S. 705.

digkeitsdurchgriff.[369] Darunter versteht man, dass die Kontrolle oder gar die bloße Beteiligung an einer im Inland ansässigen Gesellschaft als Inlandsbeziehung der auswärtigen Mutter angesehen werden kann. Dies kann zur Folge haben, dass an deren Sitz – unter weiteren Voraussetzungen – die internationale Zuständigkeit für Prozesse gegen die ausländische Gesellschaft begründet wird.[370]

Gegenstand der Untersuchung ist demnach, ob und unter welchen Voraussetzungen die rechtlich selbstständige, inländische Tochtergesellschaft als Niederlassung der ausländischen Muttergesellschaft gelten kann, um an deren Sitz – dem Niederlassungsgerichtsstand – die Muttergesellschaft gerichtspflichtig machen zu können. Dabei wird erörtert, ob nach der geltenden Rechtslage die inländische Tochtergesellschaft als Niederlassung eingestuft werden kann. Darüber hinaus ist von Interesse, ob von einem Stammhaus unabhängige Gesellschaften, denen es sich gleichwohl für seine wirtschaftliche Betätigung bedient, als Niederlassung eingeordnet werden können. Ferner soll untersucht werden, ob nach derzeit geltendem Recht Konzern- und Durchgriffshaftungsansprüche gegen die Muttergesellschaft am Niederlassungsgerichtsstand geltend gemacht werden können.

bb. Zuständigkeitsdurchgriff kraft Rechtsschein der Niederlassung
Fraglich ist also zunächst, ob allein die im eigenen Namen und für eigene Rechnung erfolgende Geschäftstätigkeit der Tochtergesellschaft in der Bundesrepublik den Gerichtsstand der Niederlassung für die Mutter im Sitzstaat der Tochter begründen kann. Dies hängt davon, inwieweit eine rechtlich selbstständige Gesellschaft überhaupt als „aus eigener Entscheidung zum Geschäftsabschluss und Handeln berechtigte Geschäftsstelle"[371] auftreten kann und ob möglicherweise das Setzen eines äußeren Anscheins durch die Tochtergesellschaft ausreicht, wonach sich die Muttergesellschaft das Auftreten der Tochtergesellschaft als scheinbare Niederlassung zurechnen lassen muss. Möglicherweise gelten diese Grundsätze auch umgekehrt für das Auftreten der Muttergesellschaft für die Tochter.

Dabei kann als gesichert gelten: Nach der h. M. in der Literatur sollen Tochtergesellschaften nicht ohne weiteres als Zweigniederlassung anzusehen sein. Daher erlaube § 21 ZPO grundsätzlich nicht den zuständigkeitsrechtlichen Durchgriff

---

[369] Grothe, Herausforderungen, S. 217 ff.; Grothe, RabelsZ 58, 686 (701); Schütze, Allzuständigkeit, S. 15; Schütze, RIW 05, 579 (583); Schütze, RIW 04, 162 (164); Toepke, FS Stiefel, S. 785 ff.; Welp, S. 95 ff.

[370] Otto, S. 135; Schiessl, DB 89, 513 (514).

[371] Siehe oben § 4 I. 3. a.

auf die Muttergesellschaft. Die selbstständig handelnde Tochtergesellschaft stelle keine Niederlassung dar, weil sie selbst aus den Verträgen berechtigt und verpflichtet werde.[372] Dies wird u. a. damit begründet, dass es an dem Merkmal der „bloßen Außenstelle des Stammhauses" fehle, da die Tochtergesellschaft häufig als selbstständige Gesellschaft auftrete und Verträge für sich im eigenen Namen abschließe.[373]

(1) Rechtsprechung

Fraglich ist, ob diese These uneingeschränkt Geltung beanspruchen kann und unter welchen Umständen möglicherweise Ausnahmen davon zuzulassen sind. Die Rechtsprechung hat in der Vergangenheit eingegriffen und § 21 ZPO dahingehend ausgelegt, dass es letztlich auf den äußeren objektiven Anschein einer Niederlassung ankommt.[374]

Der BGH hat mit dem erwähnten Urteil vom 13.07.1987 auf die Erweckung eines Rechtsscheins als maßgebliches Kriterium abgestellt. Danach kann sich die US-Brokerfirma, die in ihrer Werbung den Anschein erweckt, bei ihren Büros handele es sich um von ihr unterhaltene Geschäftseinrichtungen, nicht darauf berufen, diese würden nicht in ihrem Namen und auf ihre Rechnung betrieben.[375]

Der BGH hat ausgeführt, mit der Werbung in den Verkaufsprospekten und der Inanspruchnahme der Dienste der DWR-GmbH habe sie den Anschein erweckt, als handele es sich bei der DWR-GmbH um ihre eigene Niederlassung. Abgesehen davon, dass die Firmen der Beklagten und der DWR-GmbH mit Ausnahme der gesellschaftsrechtlichen Zusätze wörtlich übereinstimmten, sei stets von den „DWR-Büros" die Rede gewesen, ohne dass zwischen eigenen und fremden Geschäftsstellen unterschieden worden sei. Unerheblich sei daher, ob die Beklagte tatsächlich die DWR-GmbH errichtet und in ihrem Namen und auf ihre Rechnung betrieben habe. Immerhin habe sie den Anschein erweckt, dass es sich bei allen „DWR-Büros" um von ihr unterhaltene Geschäftseinrichtungen handele.[376]

---

[372] Geimer, IZPR, Rdnr. 1445; Stein/Jonas-Roth, § 21, Rdnr. 18.
[373] Fawcett, 9 Eur. L. Rev. 326 (337); Jaspert, S. 68; Maul, AG 98, 404 (408).
[374] Siehe dazu oben § 4 I. 3. c.
[375] BGH NJW 87, 3081 (3081).
[376] BGH NJW 87, 3081 (3082). Vgl. auch das im Anschluss an die Rückverweisung ergangene Urteil des OLG Düsseldorf WM 89, 50 (52), das seiner Entscheidung den Anschein der Niederlassung zugrunde legte. Ähnlich auch auf den Anschein insgesamt abstellend OLG München RIW 75, 346 (347).

Dabei darf jedoch nicht übersehen werden, dass der BGH über die Anteilsinhaberschaft der Beklagten bei der vermeintlichen Niederlassung nicht befinden
konnte. Die Vorinstanzen hätten sich mit dieser Frage nicht hinreichend auseinander gesetzt.[377] Allerdings hielt der BGH diesen Aspekt für unbeachtlich. Die
Beklagte könne sich aufgrund des von ihr erzeugten Rechtsscheins ohnehin nicht
auf die mögliche fehlende Beteiligung berufen.[378] Die Entscheidung dürfte also
bezüglich des Anwendungsbereichs des § 21 ZPO auf gesellschaftsrechtlich
völlig unabhängige Gesellschaften von Bedeutung sein.[379]

Das OLG Frankfurt/Main hat in seinem Urteil vom 18.02.1988 dagegen einen
engeren Standpunkt vertreten. Der Gerichtsstand der gewerblichen Niederlassung i. S. v. § 21 ZPO setze eine vom Inhaber an einem anderen Ort als dem
seines Sitzes für eine gewisse Dauer errichtete, auf seinen Namen und für seine
Rechnung betriebene und in der Regel zum selbstständigen Geschäftsabschluss
und Handel berechtigte Geschäftsstelle voraus. Diese Voraussetzungen würden
von einer deutschen GmbH, an der die US-amerikanische Beklagte zu keinem
Zeitpunkt als Gesellschafterin – direkt – beteiligt gewesen sei, grundsätzlich
nicht erfüllt.[380]

Das Gericht führte u. a. aus, die „angebliche" Niederlassung der Beklagten –
eine deutsche GmbH – sei weder von dieser errichtet noch in deren Namen und
auf deren Rechnung betrieben worden. Auch sei sie weder Alleingesellschafterin
der GmbH noch sei sie jemals überhaupt deren Gesellschafterin gewesen.
Schließlich sei auch nicht der Anschein einer Niederlassung erweckt worden.
Denn alle Geschäfte seien über die Beklagte selbst abgewickelt worden. Im Übrigen erscheine es zweifelhaft, ob die Erweckung des Anscheins zur Begründung
einer Niederlassung dann genüge, wenn die Inhaber der Niederlassung nicht
identisch seien mit denjenigen der Hauptstelle. Es spreche mehr dafür, lediglich
das Merkmal der Selbstständigkeit durch den Eindruck des Anscheins für ersetz-
bar zu halten.[381]

(2) Literatur
In der Literatur zu § 21 ZPO ist die vom BGH vorgenommene Anknüpfung an
den zurechenbar gesetzten Rechtsschein – soweit ersichtlich einhellig – begrüßt

---

[377] BGH NJW 87, 3081 (3081).

[378] BGH NJW 87, 3081 (3081).

[379] Vgl. dazu auch Ebenroth/Wilken, JZ 91, 116 (1118).

[380] OLG Frankfurt/Main RIW 88, 399 (400).

[381] OLG Frankfurt/Main RIW 88, 399 (400).

worden.[382] Insbesondere – so wird betont – könne es auf die Hierarchie im Konzern oder jede andere Art der gesellschaftsrechtlichen Verknüpfung nicht ankommen.[383] Eine Gesellschaft müsse außerhalb ihres Sitzes auch in dem Staat belangt werden können, in dem sich das Zentrum ihrer wirtschaftlichen Betätigung befinde.[384] Bediene sich die ausländische Tochter ihrer Mutter als Stützpunkt im Inland, müsse diese daher auch als Niederlassung eingestuft werden können.[385] Eine Niederlassung kraft Rechtsscheins solle auch dann begründet werden können, wenn im Einzelfall die Geschäftsführung nicht identisch sei oder wenn beide Gesellschaften gesellschaftsrechtlich voneinander unabhängig seien bzw. die inländische Gesellschaft sich nicht mehrheitlich im Besitz der ausländischen befinde.[386]

cc. Zuständigkeitsdurchgriff kraft Konzernhaftung

Desweiteren wird diskutiert, ob und inwieweit allein die konzernmäßige Abhängigkeit der Tochter- von der Muttergesellschaft den Niederlassungsgerichtsstand der Muttergesellschaft am Sitz der Tochtergesellschaft begründen kann, wenn gegen die Mutter Konzernhaftungsansprüche geltend gemacht werden. Eine rechtlich selbstständige Gesellschaft wird als Unter- oder Tochtergesellschaft angesehen, wenn sie gem. § 17 AktG von einer anderen Ober- bzw. Muttergesellschaft abhängig ist. Diese Abhängigkeit ist nach § 17 Abs. 1 AktG gegeben, wenn die Muttergesellschaft einen beherrschenden Einfluss ausübt. Ein beherrschender Einfluss wird gem. § 17 Abs. 2 AktG vermutet, wenn der Muttergesellschaft die Mehrheit der Anteile der Tochtergesellschaft gehören (§§ 19 Abs. 2, 291 AktG). Darüber hinaus gibt es auch bei geringerer Beteiligung einer Muttergesellschaft die Möglichkeit, dass diese eine andere Gesellschaft faktisch be-

---

[382] Ebenroth/Wilken, JZ 91, 1116 (1118); Geimer, RIW 88, 221 (222); Maul, AG 98, 404 (409); MüKo-Kindler, Int. WirtR, Rdnr. 823; MüKo ZPO-Patzina, § 21, Rdnr. 16; Musielak-Heinrich, § 21, Rdnr. 2; Staudinger-Großfeld, Int. GesR, Rdnr. 974/975; Stein/Jonas-Roth, § 21, Rdnr. 18; Wieczorek/Schütze-Hausmann, § 21, Rdnr. 13; Zimmer, IPRax 98, 187 (190); Zöller-Vollkommer, § 21, Rdnr. 4.

[383] Geimer, IZPR, Rdnr. 1445; Geimer, RIW 88, 221 (222); Jaspert, S. 65; Stein/Jonas-Roth, § 21, Rdnr. 18; Wieczorek/Schütze-Hausmann, § 21, Rdnr. 13.

[384] Ebenroth/Wilken, JZ 91, 1116 (1118); Geimer, RIW 88, 221 (222); H. Müller, S. 173; Zimmer, RIW 98, 187 (191); Zöller-Vollkommer, § 21, Rdnr. 4.

[385] Ebenroth/Wilken, JZ 91, 1116 (1118); Geimer, IZPR, Rdnr. 1445; Stein/Jonas-Roth, § 21, Rdnr. 18; Wieczorek/Schütze-Hausmann, § 21, Rdnr. 13.

[386] Stein/Jonas-Roth, § 21, Rdnr. 18; Wach/Weberpals, AG 89, 193 (197); Wieczorek/Schütze-Hausmann, § 21, Rdnr. 13. Ähnlich auch MüKo-Kindler, Int. WirtR, Rdnr. 823, der auch ein gemeinsames Auftreten bei den Vertragsverhandlungen oder der Vertragsdurchführung ausreichen lassen möchte.

herrscht.[387] Der einzige Bezugspunkt der ausländischen Mutter zu der inländischen Geschäftstätigkeit der Tochter und der daraus resultierenden Klage könnte also allein in der beherrschenden Stellung der Mutter gegenüber der Tochter durch den Besitz von Geschäftsanteilen und einem deshalb abgeschlossenen Beherrschungs- und/oder Gewinnsabführungsvertrag liegen.[388]

Ob die Konzern- (Tochter-) gesellschaft die Gerichtspflichtigkeit der Muttergesellschaft als deren Niederlassung begründen kann, wenn sie weder im Rahmen einer Stellvertretung oder unselbstständigen Vertragsvermittlung für die Muttergesellschaft gehandelt hat, noch als Niederlassung kraft Rechtsscheins aufgetreten ist, ist von der Rechtsprechung zu § 21 ZPO dagegen bisher – soweit ersichtlich – nicht beantwortet worden.

In der Literatur wird die Begründung des Niederlassungsgerichtsstandes aufgrund von bloß konzernrechtlicher Abhängigkeit der Tochtergesellschaft zumindest diskutiert.[389]

Von dem wohl überwiegenden Teil der Literatur wird eine Ausdehnung des Niederlassungsbegriffs auf Tochtergesellschaften, die allein in konzernrechtlicher Abhängigkeit stehen, abgelehnt und nur in den engen Grenzen der Rechtsprechung des BGH ausnahmsweise die Tochtergesellschaft als Niederlassung angesehen. Die Tochtergesellschaft solle dann keine Niederlassung der Mutter darstellen, wenn diese nur alleinige Inhaberin der Anteile an der Tochtergesellschaft sei und insofern eine konzernmäßige Verflechtung zwischen beiden Gesellschaften bestehe.[390] Ein Zuständigkeitsdurchgriff in einem Konzern über die Tochter- auf die ausländische Muttergesellschaft, nur weil z. B. die Tochter aufgrund eines Beherrschungsvertrages den Weisungen der Mutter unterliege, solle nicht stattfinden.[391] Dabei wird betont, dass es auf die interne, gesellschaftsrechtliche Organisation ohnehin nicht ankomme.[392]

Der Sitz der Tochtergesellschaft begründe insbesondere dann keinen Niederlassungsgerichtsstand, wenn die Tochter Geschäfte im eigenen Namen abschlie-

---

[387] Maul, AG 98, 404 (405); Maul, NZG 99, 741 (741).

[388] Kaiser, RIW 88, 589 (597); H. Müller, S. 170. Siehe dazu auch unten § 5 II. 1. b. aa.

[389] Zimmer, IPRax 98, 187 (190/191).

[390] H. Müller, S. 171; Schack, GS Sonnenschein, S. 707; Wieczorek/Schütze-Hausmann, § 21, Rdnr. 13.

[391] Geimer, RIW 88, 221 (223); Nagel/Gottwald, § 3, Rdnr. 223; Stein/Jonas-Roth, § 21, Rdnr. 18. A. A. offenbar Zöller-Vollkommer, § 21, Rdnr. 2, der eine extensive Auslegung von § 21 ZPO bei konzernrechtlicher Abhängigkeit zumindest nicht auszuschließen scheint.

[392] Birk, RdA 83, 143 (148); Wieczorek/Schütze-Hausmann, § 21, Rdnr. 13.

ße und nicht der Aufsicht und Leitung durch die ausländische Mutter unterliege. Vereinzelt wird die Eröffnung des Gerichtsstandes dann befürwortet, wenn der Kläger vorbringe, kraft des von den Beteiligten erzeugten Rechtsscheins habe er auf die Konzernhaftung der ausländischen Muttergesellschaft i. S. d. Konzernvertrauenshaftung vertrauen dürfen.[393]

Ein anderer Teil der Literatur scheint dagegen einer Einordnung der Tochtergesellschaft als Niederlassung allein aufgrund von konzernrechtlicher – vertraglicher oder faktischer – Abhängigkeit grundsätzlich nicht negativ gegenüber zu stehen,[394] ohne allerdings diese Position genauer darzulegen und zu begründen. Dies treffe insbesondere für die qualifiziert faktische Konzernierung zu, könne aber auch für den Vertragskonzern im Zusammenhang mit Beherrschungs- und Gewinnabführungsverträgen gelten.[395] So könne bei einer 100 % igen Tochtergesellschaft davon ausgegangen werden, dass diese der Aufsicht und Leitung des ausländischen Unternehmens unterliege, so dass sie als Niederlassung der Mutter angesehen werden könne.[396]

dd. Durchgriffshaftung
Schließlich wird diskutiert, ob der Gerichtsstand der Niederlassung am Sitz der Tochter auch für materiell-rechtliche Durchgriffsansprüche gegen die Muttergesellschaft begründet werden kann. Zwar kann im autonomen deutschen Recht die Selbstständigkeit von Mutter- und Tochtergesellschaft als gesichert gelten. Das sog. Trennungsprinzip bei AG oder GmbH (§ 1 Abs. 1 S. 2 AktG bzw. § 13 Abs. 2 GmbHG) gilt aber nicht in allen Fällen uneingeschränkt. In Missbrauchsfällen hat die Rechtsprechung einen Durchgriff von der beherrschten Tochtergesellschaft auf ihre Gesellschafterin, die Muttergesellschaft, zugelassen.[397] Voraussetzung dafür ist ein materieller Durchgriffsanspruch. Dieser kann dann gegeben sein, wenn die Missachtung des Trennungsprinzips gem. § 242 BGB zur Vermeidung unverhältnismäßiger Verletzungen von fundamentalen Rechtsprinzipien erforderlich ist.[398] Dazu werden in Rechtsprechung und Literatur verschiedene

---

[393] Fleischer, ZHR 163, 461 (471). Kritisch Lutter, GS Knobbe-Keuk, S. 241; Schiessl, RIW 88, 951 (952).

[394] Jaspert, S. 69; Zimmer, IPRax 98, 187 (191).

[395] Ebenroth/Wilken, JZ 91, 1116 (1118); Geimer, IZPR, Rdnr. 1445; Jaspert, S. 68; Zimmer, IPRax 98, 187 (191).

[396] OLG München RIW 75, 346 (346); v. Hoffmann, JuS 86, 385 (385).

[397] RGZ 99, 232 (234); RGZ 103, 64 (66); RGZ 129, 50 (53); RGZ 156, 271 (277); RGZ 169, 240 (248); Staudinger-Großfeld, Int. GesR, Rdnr. 353; Wazlawik, S. 42.

[398] BGHZ 20, 4 (4); BGHZ 22, 226 (229); BGHZ 54, 222 (224); BGHZ 68, 312 (314); BGHZ 78, 318 (333); BGHZ 105, 95 (103); Lutter/Hommelhoff, § 13, Rdnr. 6.

Fallgruppen,[399] wie Vermögensvermischung, Institutsmissbrauch oder existenzvernichtender Eingriff, diskutiert.[400]

Bei grenzüberschreitenden Unternehmensverbindungen erhält die Durchgriffshaftung noch einen weiteren Aspekt: Neben den zwei oder mehreren juristischen
Personen stehen sich auch verschiedene Rechtsordnungen gegenüber, so dass
sich auch die Frage nach der internationalen Zuständigkeit der Gerichte für die
Durchgriffshaftung stellt.

In der Literatur wird dazu die Frage diskutiert, worauf sich die internationale
Zuständigkeit deutscher Gerichte für einen „Durchgriff über die Grenze" auf die
Muttergesellschaft stützen lässt, wenn der Gläubiger einer Tochtergesellschaft
über einen materiell-rechtlichen Durchgriffsanspruch gegen die ausländische
Muttergesellschaft als Gesellschafterin verfügt.[401]

Kern der Diskussion ist, ob Durchgriffshaftungsansprüche gegen die herrschende Muttergesellschaft durch die Gläubiger, die von der abhängigen Tochtergesellschaft keine Erfüllung mehr erwarten können, am Gericht des Sitzes der
Tochter geltend gemacht werden können, d. h. ob die abhängige Tochtergesellschaft eine Niederlassung der Mutter darstellen und daher das Gericht am Sitz
der Tochter zuständig sein kann.

Nach der Ansicht von Großfeld und R. Müller sollen die Vorschriften über die
internationale Zuständigkeit auch zur Regelung der internationalen Durchgriffszuständigkeit heranzuziehen sein. Danach beinhalteten die §§ 12 ff. ZPO analog
auch den Gerichtsstand für den jeweiligen Durchgriffsanspruch.[402] Begründet
wird dies u. a. damit, dass der Durchgriffshaftende, etwa bei einem vertraglichen
Anspruch des Gläubigers gegen die abhängige Gesellschaft, verpflichtet sei, die
Verbindlichkeit in dem Zustand zu übernehmen, wie sie zwischen den Parteien
vereinbart gewesen sei und sich nach Vertragsschluss entwickelt habe.[403] Eine
Zuständigkeit aufgrund weltumspannender Märkte gebe es im deutschen Recht
nicht.[404] So könne neben dem Vermögensgerichtsstand des § 23 ZPO beim

---

[399] BSGE 75, 82 (84); BSG NZS 98, 346 (347); BAG ZIP 99, 723 (724).

[400] Siehe dazu unten § 5 II. 2. c.

[401] Behrens, RabelsZ 46, 308 (350): Die Zuständigkeit der deutschen Gerichte für Klagen gegen
ausländische Muttergesellschaften, die von den Gläubigern inländischer Tochtergesellschaften
nach den Grundsätzen des deutschen Gesellschafts- und Konzernrechts bzw. des allgemeinen
Privatrechts angestrengt werden, sei keineswegs lückenlos gesichert.

[402] OLG Köln WM 98, 624 (625); Staudinger-Großfeld, Int. GesR, Rdnr. 359; H. Müller, S. 178.

[403] R. Müller, S. 149.

[404] OLG Düsseldorf RIW 95, 1025 (1025); Staudinger-Großfeld, Int. GesR, Rdnr. 361.

Durchgriff zum Schutz gesellschaftsrechtlicher Interessen auch der Gerichtsstand des Erfüllungsortes (§ 29 ZPO) bei vertraglichen Ansprüchen gegen die Tochtergesellschaft, der Gerichtsstand des Begehungsortes (§ 32 ZPO) bei deliktischen Ansprüchen gegen die Tochtergesellschaft in Betracht kommen.[405] Verbindlichkeiten der inländischen Tochtergesellschaft, deren Nichterfüllung die Grundlage für den Durchgriff bilde, seien regelmäßig im Inland, im Zweifel am Sitz der Gesellschaft, zu erfüllen. An dem Erfüllungsort ändere sich dadurch nichts, dass nunmehr per Durchgriff auch der ausländische Gesellschafter für die Verbindlichkeit einstehen müsse. Auch der Gesellschafter müsse die Verbindlichkeit an dem vertraglich vereinbarten Ort erfüllen. Insofern begründe § 29 ZPO eine internationale Durchgriffszuständigkeit. Gleiches gelte für Ansprüche aus unerlaubter Handlung, für deren Realisierung mangels Zahlungsfähigkeit der Gesellschaft auf den ausländischen Gesellschafter durchgegriffen werde. Der Durchgriff ändere nichts daran, dass der Gläubiger einen Anspruch aus Delikt geltend mache, für den der Gesellschafter im Wege der gesetzlichen Schuldübernahme einstehen müsse.[406]

Die Begründung des Gerichtsstandes gegen die Muttergesellschaft soll also von der Rechtsnatur des Anspruchs des Gläubigers gegen die Tochtergesellschaft abhängen. Ist dieser vertraglicher Art und liegt der Erfüllungsort am Sitz der Tochtergesellschaft, kommt als Durchgriffsgerichtsstand der des Erfüllungsortes gem. § 29 ZPO in Betracht, der ebenfalls am Ort der Tochtergesellschaft liegt. Ist er deliktischer Natur und liegt der Tatort am Sitz der Tochter, kommt § 32 ZPO ebenfalls am Sitz der Tochtergesellschaft gegen die Mutter in Frage. Demnach käme eine Anwendung des Niederlassungsgerichtsstandes nach § 21 ZPO gegen die Muttergesellschaft am Ort einer möglichen Niederlassung der Tochtergesellschaft nicht in Frage. Denn nur wenn die Gläubiger über eine Niederlassung mit der Tochtergesellschaft in Kontakt getreten sind, könnten sie ihre Verbindlichkeiten gegen diese am Niederlassungsgerichtsstand einklagen. Nach dieser Lösung kann an dem Niederlassungsgerichtsstand die Muttergesellschaft aber nicht verklagt werden, da diese Niederlassung keine der Mutter ist, sondern zu der Tochtergesellschaft gehört.

Nach der Ansicht von Möllers ist die internationale Zuständigkeit eines deutschen Gerichts für den Durchgriffsanspruch immer dann gegeben, wenn dieses Gericht bereits für den Haftungsgrundanspruch des Gläubigers gegen die abhängige juristische Person international zuständig ist.[407] Die internationale Durch-

---

[405] R. Müller. S. 148.

[406] R. Müller, S. 149.

[407] Möllers, S. 62.

griffszuständigkeit lasse sich allein mit Hilfe der §§ 12 ff. ZPO analog nicht angemessen und sicher begründen. Es müsse dem Wesen der Durchgriffshaftung Rechnung getragen und die Abhängigkeit des Durchgriffs vom Haftungsgrund berücksichtigt werden. Der primäre Anspruch des Gläubigers gegen die abhängige Gesellschaft als Grundlage und Voraussetzung des Durchgriffs sei in die Ermittlung der internationalen Durchgriffszuständigkeit einzubeziehen.[408] Im Hinblick auf die Abhängigkeit des Durchgriffsanspruchs vom primären Anspruch des Gläubigers gegen die abhängige Gesellschaft soll dasjenige Gericht die Entscheidung über den Durchgriff übertragen bekommen, das auch für den Anspruch des Gläubigers gegen die abhängige juristische Person international zuständig sei.[409] Dafür sprächen auch Praktikabilitätsgründe: Es bedeute eine erhebliche Vereinfachung der Verfahrensentwicklung, wenn der Gläubiger im Prozess gegen die Tochtergesellschaft nunmehr die Muttergesellschaft in Anspruch nehmen wolle. Mit der Identität von Haftungsgrundgericht und Durchgriffsgericht bleibe das Verfahren in einer Hand. Ein einziges Verfahren mindere die den Parteien entstehenden Kosten.[410] Die Identität von Haftungsgrund- und Durchgriffsgericht führe bei § 21 ZPO daher zu dem Ergebnis, dass das für eine Klage des Gläubigers am Niederlassungsort der Tochtergesellschaft zuständige Gericht für den Durchgriff international zuständig sei. Das Durchgriffsbegehren könne der Gläubiger aber nicht vor dem Gericht einer Niederlassung des herrschenden Dritten geltend machen. Ihm fehle es insofern schon an einer geschäftlichen Beziehung zu dieser Niederlassung. Es komme allein darauf an, dass die Voraussetzungen des § 21 ZPO für die Tochtergesellschaft gegeben seien. Ohne Belang sei deshalb, dass die abhängige juristische Person möglicherweise eine Niederlassung der Muttergesellschaft darstelle.[411]

Nach der Ansicht von Goette ist Grundlage der Durchgriffshaftung die umfassende, objektiv missbräuchliche Ausübung der beherrschenden Gesellschafterstellung, die keine angemessene Rücksicht auf die angemessenen Belange der abhängigen Gesellschaft nehme. Nur auf der Rechtsfolgenseite trete eine Verknüpfung mit der „Primärschuld" der abhängigen Gesellschaft insofern ein, als die Muttergesellschaft nach § 303 AktG analog für die Verbindlichkeiten der abhängigen Gesellschaft einzustehen habe. Der Anspruch sei seiner Natur nach eigenständiger Art. Die konzernrechtliche Haftung habe daher eine andere rechtliche Grundlage als der Anspruch des Gläubigers gegen die abhängige Gesellschaft. Eine Akzessorietät von primärer und Durchgriffszuständigkeit sei somit

---

[408] Möllers, S. 61.
[409] Möllers, S. 63.
[410] Möllers, S. 64.
[411] Möllers, S. 72.

abzulehnen.[412] Es komme für die Zuständigkeit also darauf an, wie die Konzernhaftung einzuordnen sei. In Betracht käme eine Haftung wegen schuldhaft fehlerhafter Konzerngeschäftsführung oder eine analoge Anwendung der GoA-Vorschriften.[413] Diese Lösung lässt eine Anwendung des Niederlassungsgerichtsstandes auf die Durchgriffshaftung zumindest offen.

Gegenüber der Ansicht Möllers dürften jedoch Zweifel angebracht sein. Denn die internationale Zuständigkeit der Gerichte bestimmt sich regelmäßig anhand parteibezogener oder sachbezogener Merkmale. Diese sind bei den am Prozess beteiligten Personen, d. h. Kläger und Beklagten, zu ermitteln. Möllers scheint diesen Aspekt zu missachten. Zwar stehen der klagende Gläubiger und die (durchgriffs-) beklagte Gesellschaft in keiner direkten (vorgerichtlichen) Beziehung, weil die Gesellschaft gegenüber dem Gläubiger nicht in Erscheinung getreten ist. Es stehen sich beide nunmehr aber prozessrechtlich gegenüber. Daher bestehen Bedenken, einseitig auf die Beziehung zwischen Gläubiger und abhängiger Gesellschaft abzustellen, sowohl materiell-rechtlich, als auch prozessual. Auch scheint Möllers von dem Bestreben bestimmt zu sein, einen einheitlichen Gerichtsstand schaffen zu wollen. Dabei dürfte aber ausgeblendet werden, dass die konzernrechtliche Haftung eine andere rechtliche Grundlage hat als der Anspruch des Gläubigers gegen die abhängige Gesellschaft.[414]

Gegenüber der Ansicht R. Müllers und Großfelds muss eingewandt werden, dass die Bestimmung der internationalen Zuständigkeit an dem zwischen Gläubiger und abhängiger Gesellschaft bestehenden Grundanspruch ausgerichtet werden soll. Liegt dieser Beziehung ein vertraglicher Anspruch zugrunde, hat der Durchgriffshaftende die Verbindlichkeit in dem zwischen den Parteien vereinbarten Zustand zu übernehmen, denn der Durchgriff soll eine gesetzliche Schuldübernahme sein. Dabei scheint allein auf die materiell-rechtliche Beziehung zwischen Gläubiger und abhängiger Gesellschaft abgestellt zu werden, ohne die Voraussetzungen eines Durchgriffstatbestandes hinreichend zu berücksichtigen.

Die Bestimmung internationaler Zuständigkeit stützt sich auf partei- und sachbezogene Merkmale. Dabei sollte auf die Beziehung zwischen den (prozessual) beteiligten Personen abgestellt werden. Für den Durchgriffsanspruch gilt dies auch dann, wenn die in Anspruch genommene Muttergesellschaft zuvor gegen-

---

[412] Vgl. auch OLG Frankfurt/Main IPRax 00, 525 (525).

[413] Goette, DStR 97, 503 (505).

[414] Vgl. zur EuGVVO auch Kropholler, Art. 5 EuGVVO, Rdnr. 11; Schack, GS Sonnenschein, S. 708.

über dem Gläubiger nicht in Erscheinung getreten ist. Die Aufhebung des Trennungsprinzips kann nicht bedeuten, dass die durchgriffshaftende Muttergesellschaft mit der Tochtergesellschaft nunmehr identisch ist und die Muttergesellschaft an die Stelle der Tochtergesellschaft tritt. Nur die Trennung der Haftungssubstrate wird aufgehoben.[415] Daher ist die beklagte Muttergesellschaft grundsätzlich an ihrem allgemeinen Gerichtsstand, d. h. ihrem Sitz, zu verklagen. Die Bestimmung eines besonderen Gerichtsstandes erfolgt anhand der §§ 14 ff. ZPO. Dabei müssen die jeweiligen Anknüpfungsmerkmale zwischen den streitenden Parteien gegeben sein. Entscheidend dürfte also letztlich die Rechtsgrundlage des Durchgriffs sein.[416] Demnach kommt also auch eine Geltendmachung der Durchgriffsansprüche über § 21 ZPO in Betracht, da die dort geltend gemachten Ansprüche vertraglicher oder außervertraglicher Natur sein können. Voraussetzung ist allerdings, dass die Kläger mit der Muttergesellschaft über deren Niederlassung in Kontakt getreten sind und dass die geltend gemachten Ansprüche einen Bezug der Geschäftstätigkeit dieser Niederlassung aufweisen.

Letztlich ist aber damit noch keine Aussage darüber getroffen, ob eine Tochtergesellschaft selbst als Niederlassung der Muttergesellschaft gelten kann, damit Ansprüche am Sitz der Tochtergesellschaft gerichtlich geltend gemacht werden können.

ee. Zwischenergebnis
Die bisherige Untersuchung des Zuständigkeitsdurchgriffs bei der Konzern- und Durchgriffshaftung hat ergeben, dass für einen zuständigkeitsrechtlichen Durchgriff gegen die Muttergesellschaft am Sitz der Tochtergesellschaft auf der Grundlage des Niederlassungsgerichtsstandes bislang keine von der Literatur oder Rechtsprechung entwickelte eigenständige Lösung existiert, sondern lediglich auf die vom BGH entwickelten Rechtsscheinsgrundsätze abgestellt wird.[417]

4. Betriebsbezogenheit
Voraussetzung ist ferner, dass die Streitigkeit einen Bezug zu dem Geschäftsbetrieb der Niederlassung hat.[418] Wesentliches Kriterium ist in diesem Zusammen-

---

[415] So auch Jaspert, S. 292.

[416] So auch Jaspert, S. 293.

[417] Auf den Aspekt des Zuständigkeitsdurchgriffs am Gerichtsstand der Niederlassung wird daher noch einmal vertieft i. R. e. inhaltlichen Neubestimmung der „Niederlassung" einzugehen sein. Siehe unten § 5 I. 1.

[418] Die von Deutschland abgeschlossenen bilateralen Anerkennungs- und Vollstreckungsverträge sprechen entweder von „Tätigkeiten" (Art. 7 Abs. 1 Nr. 2 des deutsch-spanischen Vertrages), von „Ansprüchen aus dem Betrieb" (Art. 2 Nr. 4 des deutsch-schweizerischen Vertrages; Art. 2 Nr. 3 des deutsch-italienischen Vertrages; Art. 3 Abs. 1 Nr. 4 des deutsch-belgischen Vertrages;

hang die wirtschaftliche Zweckbeziehung der Klage zum Geschäftsbetrieb der Niederlassung.[419] Den erforderlichen Bezug haben i. d. R. die am Geschäftsbetrieb der Niederlassung geschlossenen oder dort zu erfüllenden Verträge.[420] Wird

Art. 4 Abs. 1 lit. d des deutsch-niederländischen Vertrages; Art. 7 Abs. 1 Nr. 2 des deutsch-israelischen Vertrages, Art. 8 Abs. 1 Nr. 8 des deutsch-norwegischen Vertrages; Art. 31 Abs. 1 Nr. 2 des deutsch-tunesischen Vertrages) einer Niederlassung, wegen der der Beklagte „belangt worden ist" oder davon, dass „das Verfahren sich auf ein Geschäft bezieht, das durch die Niederlassung oder Zweigniederlassung oder in ihren Räumen abgeschlossen ist." (Art. IV Abs. 1 Nr. 5 des deutsch-britischen Vertrages). Vgl. zum deutsch-spanischen Vertrag die Deutsche Denkschrift, BT-Drs. 10/5415: „(...) Zu Artikel 7 (...) In Nr. 2 ist der Gerichtsstand der geschäftlichen Niederlassung geregelt. Die mit der Klage geltend gemachten Ansprüche müssen sich gerade aus dem Betrieb der geschäftlichen Niederlassung ergeben, z. B. wegen unlauterer Werbung der Niederlassung.". Vgl. ferner den Gemeinsamem Bericht der Unterhändler zum deutsch-norwegischen Vertrag, BT-Drs. 9/66, S. 26: „(...) Zu beachten ist, dass die mit der Klage geltend gemachten Ansprüche sich gerade aus dem Betriebe der verklagten Niederlassung oder Zweigniederlassung ergeben müssen."; zum deutsch-tunesischen Vertrag die Deutsche Denkschrift, BT-Drs. V Nr. 3167: „(...) Zu Artikel 31 (...) Der in Nr. 2 geregelte Gerichtsstand der geschäftlichen Niederlassung ist beiden Rechtsordnungen bekannt (vgl. § 21 ZPO; Artikel 33 C. p. c.). In der internationalen Vertragspraxis ist es auch üblich, dass die geschäftliche Niederlassung als Anknüpfung für eine besondere internationale Zuständigkeit gewählt wird. Der Gerichtsstand ist deshalb in den Vertrag aufgenommen worden. Zu beachten ist, dass die mit der Klage geltend gemachten Ansprüche sich gerade aus dem Betrieb der geschäftlichen Niederlassung oder Zweigniederlassung ergeben müssen." Vgl. dagegen zum deutsch-britischen Abkommen die Deutsche Denkschrift, BT-Drs. III Nr. 2360: „(...) Zu Artikel IV (...) Der Gerichtsstand des gewöhnlichen Aufenthaltsortes oder der Hauptniederlassung einer Gesellschaft oder Körperschaft ist international allgemein anerkannt (Abs. 1 lit. a Nr. 4). Der Gerichtsstand der Zweigniederlassung für Rechtsstreitigkeiten aus Geschäften, die im Zusammenhang mit der Tätigkeit der Niederlassung stehen (Abs. 1 lit. a Nr. 5) knüpft an Nummer 4 an.".

[419] BGH NJW 95, 1225 (1226); BGH NJW 75, 2142 (2142); BGHZ 4, 62 (65); RGZ 30, 326 (328); RGZ 23, 424 (428); OLG Düsseldorf Rpfleger 97, 32 (32); OLG Hamburg WuM 90, 394 (394); Stein/Jonas-Roth, § 21, Rdnr. 20; Sydow/Busch/Krantz, § 21, Anm. 3; Wach, S. 424/428; Wieczorek/Schütze-Hausmann, § 21, Rdnr. 18. Die bilateralen Anerkennungs- und Vollstreckungsverträge setzen voraus, dass sich die mit der Klage geltend gemachten Ansprüche aus dem Betrieb der Niederlassung ergeben. Vgl. dazu Geimer/Schütze-Müller, Rechtsverkehr, Bd. 2, Schweiz, S. 660.19; Geimer/Schütze-Karl, Rechtsverkehr, Bd. 2, Spanien, S. 663.132. Dagegen verlangt der deutsch-britische Vertrag, dass es sich um Klagen aus einem Vertrag handelt, der durch die Niederlassung oder am Ort der Niederlassung geschlossen worden ist. Vgl. dazu Geimer/Schütze, Rechtsverkehr, Bd. 2, Vereinigtes Königreich, S. 702.20.

[420] BGHZ 4, 62 (65); Baumbach/Lauterbach-Hartmann, § 21, Rdnr. 10; Hdb. Int. ZVerfR I-Kropholler, Kap. III, Rdnr. 294; MüKo ZPO-Patzina, § 21, Rdnr. 12; H. Müller, S. 145; Musielak-Heinrich, § 21, Rdnr. 8; Saenger, § 21, Rdnr. 4; Scheuermann, S. 41; Stein/Jonas-Roth, § 21, Rdnr. 20; Wieczorek/Schütze-Hausmann, § 21, Rdnr. 18; Zöller-Vollkommer, § 21, Rdnr. 11. Dazu zählt z. B. der Abschluss eines Arbeitsvertrages in der Niederlassung, BAG ZIP 96, 2031 (2032).

ein Vertrag aber an einem anderen Ort abgeschlossen, genügt zur Begründung des Gerichtsstandes der Abschluss des Rechtsgeschäfts mit Rücksicht auf den Geschäftsbetrieb der Niederlassung.[421] Nicht notwendig ist, dass der Klageanspruch aus dem Geschäftsbetrieb der Niederlassung hervorgegangen ist.[422] Dieses Erfordernis erfüllen z. B. die mit der entfalteten Geschäftstätigkeit zusammenhängenden deliktischen Ansprüche[423] oder die von der Niederlassung ausgehenden Vertragsverletzungen.[424]

§ 21 ZPO ist dagegen nicht anwendbar auf Geschäfte, die den Betrieb der Niederlassung erst ermöglichen sollen oder die die Aufhebung der Niederlassung betreffen.[425] Der Bezug ist ferner nicht gegeben, wenn es sich um Ansprüche gegen das Gesamtunternehmen handelt und deshalb nur eine mittelbare Verbindung zur Zweigniederlassung besteht.[426]

5. Beklagtengerichtsstand
Der Gerichtsstand findet nur Anwendung bei Klagen gegen den Inhaber der Zweigniederlassung.[427] Diese besitzt i. d. R. selber keine eigene Rechtsfähigkeit,

---

[421] Geimer, WM 76, 146 (146); MüKo ZPO-Patzina, § 21, Rdnr. 12; H. Müller, S. 146; Musielak-Heinrich, § 21, Rdnr. 8; Scheuermann, S. 41; Sydow/Busch/Krantz, § 21, Anm. 3.

[422] BGH NJW 75, 2142 (2142); Geimer, WM 76, 146 (146); Wieczorek/Schütze-Hausmann, § 21, Rdnr. 18; Zöller-Vollkommer, § 21, Rdnr. 11.

[423] Geimer, WM 76, 146 (147); Hellwig, System, S. 117; MüKo ZPO-Patzina, § 21, Rdnr. 12; Musielak-Heinrich, § 21, Rdnr. 8; Schack, IZVR, Rdnr. 319; Stein/Jonas-Roth, § 21, Rdnr. 20; Wieczorek/Schütze-Hausmann, § 21, Rdnr. 18.

[424] MüKo ZPO-Patzina, § 21, Rdnr. 12; Stein/Jonas-Roth, § 21, Rdnr. 20; Wieczorek/Schütze-Hausmann, § 21, Rdnr. 18.

[425] OLG Hamm OLGZ 91, 79 (80); OLG Hamburg WuM 90, 394 (394); LG Hamburg MDR 76, 760 (760); Thomas/Putzo-Hüßtege, § 21, Rdnr. 4; Wach, S. 424; Wieczorek/Schütze-Hausmann, § 21, Rdnr. 19. A. A. Musielak-Heinrich, § 21, Rdnr. 8; Stein/Jonas-Roth, § 21, Rdnr. 20; Zöller-Vollkommer, § 21, Rdnr. 11: Es sollen auch die Ansprüche erfasst werden, die sich auf die Begründung oder Aufhebung der ganzen Niederlassung beziehen. Die Zweckbeziehung soll nach h. M. dann aber gegeben sein, wenn es um die Einrichtung oder Ausstattung der Niederlassung geht, wenn Pachtstreitigkeiten über die Niederlassung vorliegen, z. B. eine Klage auf Bezahlung des Pachtgeldes oder auf Rückgewähr des Pachtgegenstandes, Stein/Jonas-Roth, § 21, Rdnr. 20 oder bei dem Direktanspruch des Geschädigten gegen den Haftpflichtversicherer aus § 3 Nr. 1 PflVG, Mansel, S. 55.

[426] RGZ 44, 361 (362); Musielak-Heinrich, § 21, Rdnr. 8; Stein/Jonas-Roth, § 21, Rdnr. 20; Sydow/Busch/Krantz, § 21, Anm. 3; Wieczorek/Schütze-Hausmann, § 21, Rdnr. 19. Ausdrücklich offen gelassen von BGH NJW 75, 2142 (2142).

[427] BGH VersR 79, 561 (561); Baumbach/Lauterbach-Hartmann, § 21, Rdnr. 1; Geimer, IZPR, Rdnr. 1448; Hdb. Int. ZVerfR I-Kropholler, Kap. III, Rdnr. 288; Hellwig, S. 117; Nagel, IPRax 84, 13 (14); MüKo ZPO-Patzina, § 21, Rdnr. 3; Musielak-Heinrich, § 21, Rdnr. 7; Saenger, § 21,

ist daher auch nicht parteifähig.[428] Der Inhaber eines ausländischen Unternehmens soll aber aus den von und mit einer Zweigniederlassung geschlossenen Verträgen unter der Firma seiner inländischen Niederlassung klagen und verklagt werden können.[429]

Nach einer in der Literatur vertretenen Ansicht besteht der Gerichtsstand nur solange, wie die Niederlassung faktisch besteht.[430]

Dagegen lassen sich jedoch Zweifel anbringen. Zunächst kann der Sinn und Zweck des Gerichtsstandes herangezogen werden. Man beabsichtigte mit dessen Schaffung die Erleichterung der Rechtsverfolgung gegen Gewerbetreibende, die sich auf fremden Märkten wirtschaftlich betätigen und dabei alle damit verbundenen Vorteile des Marktes nutzen. Im Gegenzug sollten sie für die von ihnen an diesem Ort ausgelösten und gegen sie gerichteten Ansprüche gerichtspflichtig werden.[431] An diesem Zweck sollte nun unabhängig davon festgehalten werden, ob die Niederlassung nach der Entstehung möglicher Ansprüche aufgelöst worden ist und im Zeitpunkt der Klageerhebung nicht mehr existiert. Denn zutreffender Anknüpfungszeitpunkt muss das anspruchsbegründende Verhalten sein. Bestand zu dieser Zeit eine Niederlassung und wurden durch ihre wirtschaftliche Betätigung Ansprüche gegen den Inhaber ausgelöst, die im Zusammenhang mit dem Betrieb der Niederlassung stehen, muss auch nach ihrer Auflösung die Möglichkeit für den Kläger bestehen, am Ort der (ehemaligen) wirtschaftlichen Betätigung diese Ansprüche gerichtlich geltend zu machen. Darüber hinaus hätte es das Stammhaus anderenfalls in der Hand, durch kurzfristige Auflösung seiner Niederlassungen, sich der Gerichtspflichtigkeit an diesen Orten für bereits entstandene Ansprüche zu entziehen. Dies kann mit dem Sinn und Zweck des Gerichtsstandes nicht zu vereinbaren sein.

Rdnr. 5; Staudinger-Großfeld, Int. GesR, Rdnr. 976; Stein/Jonas-Roth, § 21, Rdnr. 1/9; Wieczorek/Schütze-Hausmann, § 21, Rdnr. 1/14; Zöller-Vollkommer, § 21, Rdnr. 2.

[428] BGHZ 4, 62 (65); BGH VersR 79, 561 (561); OLG Düsseldorf Rpfleger 97, 32 (32); OLG Hamburg WuM 90, 394 (394); Nagel, IPRax 84, 13 (13); Staudinger-Großfeld, Int. GesR, Rdnr. 976; Stein/Jonas-Roth, § 21, Rdnr. 9; Wieczorek/Schütze-Hausmann, § 21, Rdnr. 14; Zöller-Vollkommer, § 21, Rdnr. 2.

[429] BGHZ 4, 62 (65); OLG Düsseldorf Rpfleger 97, 32 (32); MüKo ZPO-Patzina, § 21, Rdnr. 3; Nagel, IPRax 84, 13 (13); Nagel/Gottwald, § 3, Rdnr. 222; Staudinger-Großfeld, Int. GesR, Rdnr. 976; Stein/Jonas-Roth, § 21, Rdnr. 9; Wieczorek/Schütze-Hausmann, § 21, Rdnr. 14; Zöller-Vollkommer, § 21, Rdnr. 2.

[430] Hellwig, System, S. 117; Wach, S. 424. Ähnlich auch Zöller-Vollkommer, § 21, Rdnr. 6.

[431] Siehe dazu oben § 4 I. 2.

Die Anknüpfung an das anspruchsbegründende Verhalten bei der Eröffnung eines Gerichtsstandes ist dem Gesetzgeber zudem nicht unbekannt, wie die Regelung in § 48 Abs. 1 VVG zeigt. Danach ist für Klagen das Gericht des Ortes zuständig, „wo der Agent zur Zeit der Vermittlung oder Schließung (des Vertrages) seine gewerbliche Niederlassung oder in Ermangelung einer gewerblichen Niederlassung seinen Wohnsitz hatte."

Nach der Erörterung der für § 21 ZPO wesentlichen Merkmale soll abschließend bewertet werden, inwieweit der Gerichtsstand der Niederlassung den bereits vorgestellten Anforderungen des Rechts der internationalen Zuständigkeit[432] gerecht wird.

6. Zusammenfassende Würdigung
a. Hinreichender Inlandsbezug
Möglicherweise können aus dem bereits erwähnten BGH-Urteil vom 02.07.1991 auch für den Niederlassungsgerichtsstand Folgerungen abgeleitet werden. In dieser Entscheidung hat der BGH für die Begründung der internationalen Zuständigkeit nach § 23 ZPO neben der Vermögensbelegenheit einen „hinreichenden Inlandsbezug des Rechtsstreits" gefordert.[433] Die möglichen für § 21 ZPO relevanten Auswirkungen dieser Rechtsprechung können allerdings erst nach einer Betrachtung der Entscheidungsgründe erörtert werden.

Der Vermögensgerichtsstand in § 23 ZPO wird seither in Literatur und Rechtsprechung[434] als exorbitant und unerwünscht betrachtet, weil er dem Kläger gegen einen Beklagten ohne Wohnsitz im Inland einen Gerichtsstand an dem Ort zur Verfügung stellt, wo sich Vermögen des Beklagten befindet. Der BGH stellte nun in seiner Entscheidung zunächst klar, dass der Gerichtsstand zwar in einer wortlautgetreuen Auslegung weder verfassungs- noch völkerrechtswidrig sei, jedoch eine Einschränkung des Anwendungsbereiches über das Erfordernis des hinreichenden Inlandsbezuges erforderlich sei.[435] Eine derartige Auslegung sei mit dem aus der Entstehungsgeschichte abzuleitenden Sinn und Zweck vereinbar. Die Vorschrift sei nicht darauf gerichtet, Rechtsstreitigkeiten zwischen Ausländern ohne jeglichen Inlandsbezug vor deutschen Gerichten zu ermöglichen. Daher lege es die Historie zumindest nahe, einen stärkeren Inlandsbezug zu fordern. Schließlich sei diese Auslegung auch angesichts der völkerrechtlichen Vertragspraxis geboten, die davon geprägt sei, den Vermögensgerichtsstand

---

[432] Siehe oben § 3 III. 3.

[433] BGH IPRax 92, 160 (161).

[434] BGHZ 42, 194 (199). Vgl. aus der umfangreichen Literatur nur: Heldrich, S. 117/142/161; Hellwig, System, S. 118; Schumann, ZZP 93, 408 (431).

[435] BGH IPRax 92, 160 (161).

auszuschließen oder einzuschränken. Anderenfalls müsse die – durch sachliche Erfordernisse nicht zu rechtfertigende – Zuständigkeitsanmaßung der deutschen Gerichtsbarkeit zu außenwirtschaftlichen und außenpolitischen Belastungen führen.[436] Dagegen ließ er ausdrücklich offen, welche Umstände im Einzelnen einen hinreichenden Inlandsbezug ausmachen.[437]

Das Urteil hat insbesondere in der deutschen Literatur ein vielstimmiges Echo ausgelöst,[438] auf das an dieser Stelle nicht weiter eingegangen werden kann und soll. Von Interesse ist lediglich, ob aus der Entscheidung für den Niederlassungsgerichtsstand Honig gesaugt werden kann.

Der BGH hat den – sicherlich sehr umstrittenen – Versuch unternommen, den weiten (exorbitanten) Anwendungsbereich des Vermögensgerichtsstandes einzuschränken. Nach der bisherigen Untersuchung gilt dagegen als gesichert, dass § 21 ZPO nicht als exorbitant bezeichnet werden kann. Denn der Anwendungsbereich wird durch die Erfordernisse der dauerhaft angelegten, fest errichteten Niederlassung und der Betriebsbezogenheit der Rechtsstreitigkeit eingegrenzt.

Der Gerichtsstand enthält also bereits das Erfordernis eines „ausreichenden Inlandsbezugs." Seit der Entscheidung werden zur Konkretisierung des Inlandsbezugs bei § 23 ZPO v. a. der inländische Wohn- und Geschäftssitz des Klägers,[439] sein dauernder Aufenthalt im Inland,[440] die Teilnahme des Beklagten am Geschäftsverkehr im Inland[441] oder die Geschäftstätigkeit eines beherrschenden Unternehmens über eine abhängige Gesellschaft im Inland[442] diskutiert. Die beiden letztgenannten Konkretisierungen spiegeln sich auch beim Gerichtsstand

---

[436] BGH IPRax 92, 160 (162).
[437] BGH IPRax 1992, 160 (163).
[438] OLG Frankfurt/Main NJW-RR 93, 305 (306); OLG München IPRax 93, 237 (239); vgl. aus der umfangreichen Literatur nur: Baumbach/Lauterbach-Hartmann; § 23, Rdnr. 16; Buchner, S. 70 ff.; Fricke, NJW 92, 3066, (3066 ff.); Geimer, FS Schwind, S. 39 ff.; Grothe, RabelsZ 58, 686, (708 ff.); Kleinstück, S. 123 ff.; Lüke, ZZP 105, 314, (321 ff.); Mansel, FS Jayme, S. 566 ff.; Mark/Ziegenhain, NJW 92, 3062 (3064 ff.); MüKo ZPO-Patzina, § 23, Rdnr. 15; Musielak-Heinrich, § 23, Rdnr. 2; Pfeiffer, S. 545 ff./646 ff.; Pfeiffer, BGH-Festgabe III, S. 626 ff.; Schack, FS Nakamura, S. 512; Schack, GS Sonnenschein, S. 708; Schack, JZ 92, 51 (54 ff.); Schlosser, IPRax 92, 140 (140 ff.); Stein/Jonas-Roth, § 23, Rdnr. 10; Wieczorek/Schütze-Hausmann, § 23, Rdnr. 48; Wollenschläger, IPRax 02, 96 (97 ff.); Zöller-Vollkommer, § 23, Rdnr. 1.
[439] Stein/Jonas-Roth, § 23, Rdnr. 10.
[440] Zöller-Vollkommer, § 23, Rdnr. 13.
[441] BGH NJW 97, 324 (325); BGH NJW 97, 2885 (2886); BGH WM 91, 384 (386).
[442] MüKo ZPO-Kindler, Int. GesR, Rdnr. 640.

der Niederlassung wider und können die Gerichtspflichtigkeit des Beklagten nach § 21 ZPO begründen. Teilweise wird in der Literatur zu § 23 ZPO sogar eine Niederlassung im Inland als mögliches personales Kriterium für die Konkretiserung des Inlandsbezugs ausdrücklich vorgeschlagen. Als Klägerkontakt erweise die Niederlassung das inländische Rechtsschutzbedürfnis, als Beklagtenkontakt sei sie der fixierte Kern von „doing business".[443]

Von einer „Zuständigkeitsanmaßung der deutschen Gerichtsbarkeit" kann am Gerichtsstand der Niederlassung darüber hinaus keine Rede sein. Wie bereits erörtert, finden sich sowohl in den elf von der Bundesrepublik abgeschlossenen bilateralen Anerkennungs- und Vollstreckungsverträgen als auch in der EuGVVO u. a. Zuständigkeitsanknüpfungen an die gewerbliche Niederlassung des Beklagten.[444] Damit besteht auch kein Anlass, „außenpolitische oder außenwirtschaftliche Belastungen" zu befürchten. Denn die bisherige Untersuchung lässt den Schluss zu, dass es sich bei dem Niederlassungsgerichtsstand um eine weit verbreitete und gemeinhin anerkannte Zuständigkeitsanknüpfung handelt.[445] Schließlich dürften auch – wie noch aufzuzeigen sein wird[446] – keine Bedenken bezüglich der Anerkennungsfähigkeit von an diesem Forum ergangenen Entscheidungen im Ausland bestehen.

Nach alledem dürfte feststehen, dass sich aus der Entscheidung des BGH für den Gerichtsstand der Niederlassung keine Konsequenzen ergeben.

b. Zuständigkeitsgerechtigkeit und verfassungsrechtliche Grundlagen
Die vorstehende Untersuchung hat gezeigt, dass der Gesetzgeber bei der Normierung der internationalen Zuständigkeit seiner Gerichte regelmäßig vor der Aufgabe steht, zwischen Rechtswegklarheit und Rechtssicherheit, die am ehesten durch die Schaffung vertypter Regelungen erzielt werden kann, einerseits, und dem Verlangen nach Einzelfallgerechtigkeit, die i. d. R. durch weit gefasste Normen, Einzelabwägungen oder Generalklauseln erreicht wird, andererseits, einen „zuständigkeitsgerechten" Ausgleich zu schaffen.[447] Dabei muss sich der Gesetzgeber vom Justizanspruch beider Parteien, dem Oberprinzip des Zuständigkeitsrechts leiten lassen. Es stehen sich das Interesse des Klägers an der Zur-

---

[443] Schack, FS Nakamura, S. 510.

[444] Im Gegensatz dazu wurde der Vermögensgerichtsstand nach § 23 ZPO gem. Art. 3 Abs. 2 EuGVVO auf die Liste der exorbitanten Zuständigkeiten gesetzt.

[445] Hdb. Int. ZVerfR I-Kropholler, Kap. III, Rdnr. 290, wonach die Zuständigkeit am Ort der Niederlassung in ihrem Grundgehalt rechtspolitisch nicht umstritten sei.

[446] Siehe dazu unten § 10 VI. 1.

[447] Siehe dazu oben § 3 III. 3. b. Vgl. insb. Geimer, FS Schwind, S. 18/21; Pfeiffer, BGH-Festgabe III, S. 620; Schack, FS Nakamura, S. 507.

verfügungstellung möglichst weit gefasster Gerichtsstände, die eine umfassende Eröffnung internationaler Zuständigkeit ermöglichen, und das Interesse des Beklagten an einer Vermeidung weit ausgreifender Gerichtspflichtigkeit und am Schutz vor exorbitanten Gerichtsständen gegenüber.[448]

Geimer verweist nun auf die von Verfassungs wegen zulässige Gerichtspflichtigkeit des Beklagten außerhalb seines Sitzes im Falle von „doing business in Germany." Es sei undenkbar, den international tätigen Konzernen auf der einen Seite zu gestatten, im Inland ihre Geschäftstätigkeit zu entfalten, auf der anderen Seite aber bei der gerichtlichen Beurteilung der Rechtmäßigkeit ihres Tuns die (deutschen) Vertragspartner der Konzerne an deren Sitz im Ausland, z. B. in den USA, zu verweisen. Dafür hätte § 21 ZPO vorgesorgt: Für alle Aktivitäten vom inländischen Stützpunkt aus sei die ausländische Gesellschaft im Inland gerichtspflichtig.[449]

Pfeiffer hebt die doppelte Bedeutung der Gerichtsstandsvorschriften hervor. Sie fungierten zum einen als Konkretisierung der Voraussetzungen fremdstaatlicher Hoheitsausübung über ausländische Parteien und regelten zugleich, an welchem Ort das Recht des Falles am besten „erkannt" werden könne. Bei der Bewältigung dieses mehrpoligen Problems lasse sich wiederum an die Funktion rechtsstaatlicher Justiz für die durch subjektive Freiheits- und Gleichheitsrechte konstituierte Privatrechtsordnung anknüpfen. Anknüpfungsmomente könnten insoweit als gerecht gelten, wie sie sich als Ergebnis von Freiheitsausübung und Gleichbehandlung der Parteien darstellten. Unproblematisch seien daher Gerichtsstände, die dem erklärten Willen der Parteien entsprächen. Dabei gehe es darum, bestimmte Handlungen der Parteien gerichtsstandsbezogen zu bewerten, sei es das Nehmen eines Wohnsitzes, das Eröffnen eines Bankkontos[450] oder die Errichtung einer Niederlassung. Wolle man diese Parteiaktivitäten justizrelevant bewerten, müsse man vor dem Hintergrund der Funktion der Justiz nach der Intensität der durch die Handlung hergestellten Verknüpfung zwischen Partei einerseits und dem durch die subjektiven Privatrechte konstituierten „bürgerlichen Zustands" der Gesellschaft eines Staates andererseits fragen. Im Regelfall kämen für eine solche Verknüpfung v. a. Gesichtspunkte einer territorialen Lokalisierbarkeit oder Bezogenheit menschlicher Handlungen in Betracht. Eine

---

[448] Siehe dazu oben § 3 III. 3. b. Vgl. insb. Geimer, FS Schwind, S, 19/21; Pfeiffer, BGH-Festgabe III, S. 622; Schack, FS Nakamura, S. 507.

[449] Geimer, IZPR, Rdnr. 250e; Geimer, RIW 88, 220 (220). Ähnlich auch Walchshöfer, ZZP 80, 165 (187): Man müsse es dem Kläger zubilligen, Ansprüche gegen die Zweigniederlassung eines Unternehmens am Ort der Niederlassung und nicht am Ort des Unternehmenssitzes gerichtlich durchzusetzen.

[450] Pfeiffer, S. 475.

funktionelle Territorialität zuständigkeitsrechtlicher Anknüpfungen sei keineswegs obsolet, sondern vielmehr unverzichtbar. Menschliche Handlungen und Lebensverhältnisse, deren Schutz, Beeinflussung und Gestaltung den Gegenstand der subjektiven Privatrechte einschließlich ihrer Durchsetzung bilde und durch die sich die bürgerliche Gesellschaft, der „bürgerliche Zustand des Mein und Dein", konstituiere, seien prinzipiell lokalisierbar.[451] Eine Weltgesellschaft, für die Staatsgrenzen bedeutungslos seien, gebe es (noch) nicht. Daran änderten auch exportorientierte mittelständische Unternehmen nichts. Selbst für „große" Unternehmen bleibe Deutschland „der heimische Markt". Internationalisierungstendenzen könnten nichts daran ändern, dass ohne Staat kein „bürgerlicher Zustand des Mein und Dein" bestehe und somit subjektive Privatrechte nicht garantiert seien. Wer z. B. im Inland eine Niederlassung seines Unternehmens gründe, der habe mit dieser Niederlassung am inländischen „bürgerlichen Zustand" im Rahmen dieser wirtschaftlichen Betätigung teil.[452] Dieses Bekenntnis zur Unverzichtbarkeit territorialer Bezüge flösse in die durch Anknüpfungsmomente repräsentierte „Nähebeziehung" des Rechtsstreits zum Forum. Sei der Justizanspruch im Regelfall auf inländische Erkenntnis gerichtet, sei die Zulässigkeit eines ausnahmsweisen Verweises auf ausländische Gerichte an solchen Nähebeziehungen zu messen. Deshalb könne das Regelprinzip inländischer Justiz nur dann unterbrochen werden, wenn die Nähebeziehungen des Rechtsstreits zu einem ausländischen Forum und „seiner" Rechtsordnung überwögen.[453]

Es könne nun – so Pfeiffer – die den Justizanspruch auf inländische Erkenntnis auslösende „Nähebeziehung" des Rechtsstreits zum Forum durch streitgegenstandsbezogene Anknüpfungsmomente konkretisiert werden. Sie verfügten im Gegensatz zu der vagen Anknüpfung an ein „doing business" über die größere Klarheit. Im Streitgegenstand träten die behaupteten oder existierenden subjektiven Privatrechte der Partei zu Tage. Und auf diese Parteirechte müsse es ankommen, denn sie seien es, die den „bürgerlichen Zustand des Mein und Dein" konstituierten. Angesichts der Erkenntnis, dass einheitliche Außengrenzen des „bürgerlichen Zustands des Mein und Dein" einer Gesellschaft nicht existierten, sondern dass diese je nach Lebensbereich differierten, seien streitgegenstandsbezogene Anknüpfungen das Mittel der Wahl, um die überwiegende Nähebeziehung eines Rechtsstreits zum Forum zu typisieren.[454] Wohnten beide Parteien in unterschiedlichen Staaten, könne eine zuständigkeitsrechtliche Anknüpfung nur

---

[451] Pfeiffer, S. 476.
[452] Pfeiffer, S. 477.
[453] Pfeiffer, S. 479.
[454] Pfeiffer, S. 480.

eine der Parteien begünstigen. Das Zuständigkeitsrecht entscheide sich dann traditionell nach dem Prinzip „actor sequitur forum rei".[455]

Mit dem prinzipiellen Rückgriff auf die Vorschriften der örtlichen Zuständigkeit zur Bestimmung der internationalen Zuständigkeit nach dem Prinzip der Doppelfunktionalität werde dem Gebot der Gesetzlichkeit der Zuständigkeitsordnung und damit der Rechtswegklarheit entsprochen.[456] Zuständigkeitsklarheit sei eine Voraussetzung für materielle Gerechtigkeit[457] und ein sowohl verfassungsrechtlich vorgegebenes als auch zur Verwirklichung eines sachlich angemessenen Zuständigkeitsrechts unverzichtbares Prinzip, dem bei der Auslegung sämtlicher Zuständigkeitsvorschriften Leitbildfunktion zukomme.[458] Darüber hinaus ermöglichten die Vorschriften über die örtliche Zuständigkeit mit der Anerkennung eines allgemeinen Gerichtsstands und seiner Ergänzung durch ein breites System streitgegenstandsbezogener Gerichtsstände, wie z. B. des § 21 ZPO, in den Fällen überwiegenden Inlandsbezugs regelmäßig den Gang vor deutsche Gerichte, wenn ein überwiegender Bezug zur deutschen Rechtsordnung, d. h. ein verfassungsrechtlicher Anspruch auf inländische Erkenntnis, bestehe.[459]

Diesen Erwägungen kann mit Hinweis auf die Analyse von Sinn und Zweck des Niederlassungsgerichtsstandes beigepflichtet werden. Wer sich entfernt von seinem (Wohn-) Sitz auf einem fremden Markt wirtschaftlich betätigt und die damit verbundenen Vorteile in Anspruch nimmt, muss sich – aus Gründen der Zuständigkeitsgerechtigkeit – der dort geltenden Gerichtshoheit unterwerfen.[460]

Die bei der für die Begründung internationaler Zuständigkeit ebenfalls notwendige Abwägung zwischen dem Justizgewährungsanspruch des Klägers[461] und dem Recht des Beklagten auf ein faires, rechtsstaatliches Verfahren sowie auf Schutz vor unangemessenen, exorbitanten Gerichtsständen,[462] dürfte beim Gerichtsstand der Niederlassung zu einem angemessenen und gerechten Ausgleich führen. Dem Kläger wird ein Forum für alle Arten von (vermögensrechtli-

---

[455] Pfeiffer, S. 481.

[456] Pfeiffer, S. 483.

[457] Pfeiffer, BGH-Festgabe III, S. 629.

[458] Pfeiffer, BGH-Festgabe III, S. 630/636. Ähnlich auch Mankowski, FS Heldrich, S. 870, der das „fundamentale Postulat" nach Klarheit und Eindeutigkeit der Gerichtsstände betont.

[459] Pfeiffer, S. 483.

[460] Siehe dazu oben § 4 I. 2.

[461] Siehe dazu oben § 3 III. 3. b. Vgl. insb. Geimer, FS Nagel, S. 36; Geimer, FS Schwind, S. 30; Mankowski, FS Heldrich, S. 876.

[462] Siehe dazu oben § 3 III. 3. b. Vgl. insb. Mankowski, FS Heldrich, S. 871.

chen) Ansprüchen gegen den Beklagten an dem Ort zur Verfügung gestellt, an dem sich der Beklagte wirtschaftlich betätigt hat. Dieses Forum kann sich für den Kläger aufgrund der möglichen größeren Sach- und Beweisnähe des Gerichts sowie der unter Umständen geringeren Distanz zum eigenen (Wohn-) Sitz als vorteilhaft erweisen. Andererseits wird auch den Interessen des Beklagten in der Weise Rechnung getragen, dass er sich nur der am Ort seiner wirtschaftlichen Betätigung geltenden Gerichtshoheit unterwerfen muss. Darüber hinaus ist er nur gegenüber Ansprüchen gerichtspflichtig, die eine entsprechende Beziehung zum Betrieb seiner Niederlassung aufweisen. Es handelt sich also nur um Rechtsstreitigkeiten, die über den erforderlichen sinnvollen Bezug zum Forum verfügen.

Durch die willentliche Errichtung und Betreibung einer Niederlassung auf einem fremden Markt erfüllt der Beklagte zudem das aus dem – verfassungsrechtlichen – Rechtsstaatsprinzip herzuleitende Erfordernis für die Begründung internationaler Zuständigkeit – die hinreichende Nähebeziehung zum Forum, die ein Rechtspflegebedürfnis der Parteien auslöst.[463]

Die Tatbestandsmerkmale des – als streitgegenstandsbezogen einzuordnenden – Gerichtsstandes der Niederlassung, wie die örtlich fest errichtete Betriebsstätte und die Betriebsbezogenheit der Klage, verschaffen beiden Parteien die Rechtswegklarheit, die erforderlich ist, um den Gerichtsstand als verfassungsgemäß einstufen zu können. Zwar wird er angesichts der zur Verfügung stehenden einklagbaren Ansprüche auch als „verkleinerter Wohnsitzgerichtsstand" betrachtet,[464] durch das Erfordernis der Betriebsbezogenheit der Rechtsstreitigkeit wird er jedoch auf das „notwendige Maß" eines streitgegenstandsbezogenen besonderen Gerichtsstandes reduziert. Daher dürfte sich auch die bereits erwähnte Kritik an einem starren Festhalten am Grundsatz „actor sequitur forum rei" nicht auf den Gerichtsstand übertragen lassen. Diesem werden die vorbehaltlose Bevorzugung des Schutzes des Beklagten und die mangelnde Offenheit gegenüber dem eigentlichen Streitgegenstand des Rechtsstreits vorgeworfen, der zu anderen Staaten als dem (Wohn-) Sitzstaat des Beklagten unter Umständen viel engere Bezüge aufweisen könne.[465] Vereinzelt wird in der Literatur offenbar diese Kritik auf den Gerichtsstand der Niederlassung übertragen und ebenfalls bemängelt, dass der eine Niederlassung außerhalb seines Sitzstaates betreibende Beklagte für alle Streitigkeiten gerichtspflichtig sei, die aus dem Betrieb derselben entspringen würden. Dort bestehe eine „Allzuständigkeit" für alle Prozesse, die mit

---

[463] Siehe dazu oben § 3 III. 3. b. Vgl. insb. Geimer, FS Schwind, S. 32.

[464] Siehe dazu oben § 4 I. 2. Vgl. insb. Geimer, FS Nagel, S. 40 Fn. 16.

[465] Siehe dazu oben § 3 III. 5. a.

dem Betrieb der Niederlassung in Zusammenhang stünden, auch wenn der Streitgegenstand zu anderen Staaten viel engere Verbindungen habe. Hier liege eine Parallele zur Allzuständigkeit des Wohnsitzstaates.[466]

Diesem Ansatz ist jedoch entgegenzuhalten, dass gerade durch das Erfordernis der Betriebsbezogenheit keine streitgegenstandsunabhängige Allzuständigkeit der Gerichte begründet, sondern der für den verfassungsrechtlichen Justizgewährungsanspruch erforderliche streitgegenständliche Inlandsbezug hergestellt wird, da der Kläger am Ort der Niederlassung nur Ansprüche klageweise geltend machen kann, die der inländischen wirtschaftlichen Betätigung seitens des Beklagten entstammen.[467] Dies dürfte auch unter den Vertretern dieses kritischen Ansatzes im Ergebnis unstreitig sein, da sie selber ihre These von der Allzuständigkeit durch den Zusatz der Betriebsbezogenheit der möglichen Prozesse einschränken. Auch bezweifelt – soweit ersichtlich – niemand von ihnen die Verfassungsgemäßheit des Niederlassungsgerichtsstands. Darüber hinaus muss darauf hingewiesen werden, dass – wie von einem Teil von ihnen gefordert – eine völlige Streitgegenstandsnähe des „idealen" Forums wohl niemals zu erreichen sein wird, da ein Rechtsstreit regelmäßig mehrere streitige Aspekte enthält, die alle zu unterschiedlichen Zuständigkeitsanknüpfungen berechtigen könnten. Folge wäre, dass man eine (unüberschaubare) Vielzahl von Zuständigkeiten produziert, deren Unterscheidung und Bewältigung dem Rechtsanwender wohl kaum noch möglich wäre. Dies gilt insbesondere bei internationalen Wirtschaftsstreitigkeiten, die mitunter sehr komplexe vertragliche Vereinbarungen zum Gegenstand haben. Eine einfache und klare Zuständigkeitsanknüpfung wäre nicht mehr möglich. Wollte man dennoch für jeden dieser Aspekte das „richtige" Forum ermitteln, droht zudem die Gefahr gespaltener Zuständigkeiten. Im Übrigen dürfte die Ermittlung des „einen" Streitgegenstandes (wie auch der einzelnen Aspekte) ohne eine ausgedehnte Kodifizierung dem Richter den Entscheidungsspielraum i. S. e. Generalklausel an die Hand geben, die von dem ganz überwiegenden Teil des Schrifttums zu Recht abgelehnt wird. Denn dann würde man zu Lasten von Rechtssicherheit und Rechtsklarheit unter Umständen jahrelangen Streit über die „Streitgegenstandsnähe" des angerufenen Forums provozieren. Daher sollte eine klare und bestimmbare, aber nicht zu detaillierte und facettenreiche Zuständigkeitsanknüpfung favorisiert werden. Der Gerichtsstand der Nie-

---

[466] Geimer, FS Nagel, S. 41 Fn. 16; Geimer, IZPR, Rdnr. 1149; Geimer/Schütze, Art. 5 EuGVVO, Rdnr. 299; Geimer/Schütze-Geimer, I/1, S. 542; Musielak-Heinrich, § 21, Rdnr. 1. Mankowski, FS Heldrich, S. 887, erachtet den Gerichtsstand zumindest als klägerfreundlich, da er nur einen Bezug des Sachverhaltes zu der betreffenden Niederlassung verlange. Er gebe sich mit einer schwächeren Beziehung zufrieden und sei insoweit beziehungsärmer.

[467] Vgl. auch Pfeiffer, S. 566.

derlassung mit dem nicht allzu strengen Erfordernis der Betriebsbezogenheit sollte diesem Erfordernis genügen.

Damit wird der Niederlassungsgerichtsstand den gestellten Anforderungen, wie Vermittlung von Zuständigkeitsgerechtigkeit, Rechtswegklarheit und Rechtssicherheit,[468] gerecht.[469] Die Ableitung der internationalen Zuständigkeit von der Vorschrift i. S. d. Theorie der Doppelfunktionalität begegnet aufgrund der vorstehenden Erwägungen keinen Bedenken.

Dennoch darf die von dem überwiegenden Teil der Literatur angemahnte flexible Anwendung der (grundsätzlich örtlichen) Zuständigkeitsnorm auf internationale Rechtsstreitigkeiten nicht aus den Augen verloren werden.[470] Dies gilt insbesondere für die Modifizierung von Tatbestand oder Rechtsfolge, wenn die Interessen der Beteiligten, im Einzelfall bestehende Gerechtigkeitserwägungen oder andere damit verbundene Besonderheiten des internationalen Rechtsstreits dies erfordern.

II. Art. 5 Nr. 5 EuGVVO

Nach Art. 5 Nr. 5 EuGVVO[471] kann „eine Person, die ihren Wohnsitz im Hoheitsgebiet eines Mitgliedstaates hat, in einem anderen Mitgliedstaat verklagt werden, wenn es sich um eine Streitigkeit aus dem Betrieb einer Zweigniederlassung, einer Agentur oder einer sonstigen Niederlassung handelt, vor dem Gericht des Ortes, an dem sich diese befindet." Voraussetzung ist also, dass sich der Wohnsitz bzw. der Sitz[472] des Beklagten außerhalb Deutschlands in einem Mitgliedstaat der EuGVVO befindet, die Niederlassung dagegen in der Bundesrepublik liegt.[473]

---

468 Mankowski, FS Heldrich, S. 870; Pfeiffer, BGH-Festgabe III, S. 636.

469 Geimer, FS Schwind, S. 22; Gottwald, FS Geimer, S. 233; Grothe, RabelsZ 58, 686 (696); Hdb. Int. ZVerfR I-Kropholler, Kap. III, Rdnr. 246/290; ähnlich Pfeiffer, BGH-Festgabe III, S. 639; Stein/Jonas-Roth, Vor § 12, Rdnr. 36.

470 Siehe dazu oben § 3 III. 4. c. Vgl. insb. Mansel, FS Jayme, S. 565; Stein/Jonas-Roth, § 12, Rdnr. 33.

471 Im Folgenden soll bei der Zitierweise nur in notwenig erachteten Ausnahmefällen die Unterscheidung zwischen EuGVÜ und EuGVVO aufrecht erhalten und im Übrigen zwecks besserer Lesbarkeit auf sie verzichtet werden. Vgl. zum zeitlichen Anwendungsbereich der EuGVVO unten § 4 II. 1. c.

472 Art. 60 Abs. 1 EuGVVO stellt den Sitz der juristischen Person dem Wohnsitz nach Art. 2 Abs. 1 EuGVVO gleich. Vgl. dazu Micklitz/Rott, EuZW 01, 325 (327); Piltz, NJW 02, 789 (792). Siehe ferner unten § 4 II. 4. b.

473 OLG München RIW 83, 127 (127); Geimer/Schütze-Geimer, I/1, S. 541 Fn. 1; Jenard-Bericht, Viertes Kapitel B. Zweiter Abschnitt Art. 5 Nr. 5 EuGVÜ; Kropholler, Vor Art. 5, Rdnr. 4/Art. 5

1. Anwendungsbereich

a. Drittstaatenbezug

Von Interesse ist der Anwendungsbereich europäischen Verfahrensrechts auf deutsch-amerikanische Streitigkeiten vor deutschen Gerichten.

Nach Art. 2 Abs. 1 ist die EuGVVO dann anwendbar, wenn der Beklagte seinen Sitz in dem Hoheitsgebiet eines anderen Mitgliedstaates hat.[474]

EuGVVO, Rdnr. 89; Mankowski, FS Heldrich, S. 872/887; Rauscher-Leible, Art. 5 EuGVVO, Rdnr. 100; Schlosser, Vor Art. 5, Rdnr. 1/Art. 5 EuGVVO, Rdnr. 24; Schmidt, Rdnr. 119; Stein/Jonas-Roth, § 21, Rdnr. 7; Wieczorek/Schütze-Hausmann, Vor Art. 5 EuGVÜ, Rdnr. 3/Art. 5 EuGVÜ, Rdnr. 73. A. A. Geimer/Schütze-Auer, Rechtsverkehr, Bd. 1, Vor Art. 5 EuGVVO, Rdnr. 9/Art. 5 EuGVVO, Rdnr. 175: Dies sei mit Sinn und Zweck der Verordnung nicht vereinbar. Das Wortlautargument sei nicht zwingend. Durch die einleitenden Worte solle zunächst nur festgehalten werden, dass der Beklagte auch außerhalb seines Wohnsitzstaates in bestimmten, näher genannten Fällen gerichtspflichtig sei. Eine andere Auslegung widerspreche der Einordnung der besonderen Gerichtsstände als fakultativ neben dem allgemeinen Gerichtsstand.

[474] Nach dem Wortlaut wären damit auch reine Inlandsfälle erfasst. Daher wird namentlich von Geimer, NJW 76, 441 (446) – freilich noch zum EuGVÜ – die Ansicht vertreten, es sei auch auf reine Inlandsfälle anwendbar. Systematisch sei daran festzuhalten, dass auch in dem Fall, in dem beide Parteien Inländer seien und im Inland wohnten, Grundlage nicht das autonome Recht, sondern Art. 2 Abs. 1 sei. Im Text des Übereinkommens finde sich keinerlei Anhaltspunkt dafür, dass die Zuständigkeitsordnung reine Inlandsfälle ausklammere. Im Übrigen erleichtere diese Praxis auch dem Richter die Arbeit, da sie ihn in den meisten Fällen der Verpflichtung enthebe, sich eingehender mit dem Übereinkommen auseinanderzusetzen. Ebenso Kropholler, Vor Art. 2 EuGVVO, Rdnr. 6/7; Schlosser, Vor Art. 2 EuGVVO, Rdnr. 5. A. A. dagegen Schack, IZVR, Rdnr. 238/239: Dass dies von den europäischen Mitgliedstaaten aber nicht beabsichtigt gewesen sein kann, liege auf der Hand, denn sie wollten sicherlich nicht ihr nationales Zuständigkeitsrecht zugunsten eines europäischen „loi uniforme" aufgeben. Daher müsse eine teleologische Reduktion vorgenommen und das EuGVÜ nur auf Fälle mit einem Auslandsbezug angewendet werden. Diese sachgerechte Einschränkung könne dabei mit der Heranziehung von Abs. 4 der Präambel des EuGVÜ erzielt werden. Denn es bezwecke demnach, die „internationale Zuständigkeit" zu regeln. Ebenso Geimer/Schütze-Auer, Rechtsverkehr, Bd. 1, Vor Art. 2 EuGVVO, Rdnr. 12; MüKo ZPO-Gottwald, Vor Art. 1 EuGVÜ, Rdnr. 21; Piltz, NJW 79, 1071 (1071); Samtleben, NJW 74, 1590 (1590); Thiele, RIW 02, 696 (698); Wieczorek/Schütze-Hausmann, Vor Art. 2 EuGVÜ, Rdnr. 9. Diese Grundsätze müssen für die nunmehr geltende EuGVVO ebenfalls zur Anwendung gebracht werden. Die Feststellung einer Auslandsberührung als eigenständige Anwendungsvoraussetzung des EuGVÜ dürfte im Übrigen bisher zu keinen nennenswerten Problemen in der Praxis geführt haben. Insbesondere der von der Gegenansicht zum Ausdruck gebrachte Zweifel an dem richtigen Umgang der Richter mit dem EuGVÜ ist nicht berechtigt. Stillschweigende Voraussetzung für die Anwendbarkeit muss damit ein Fall mit Auslandsberührung sein. So auch Ganssauge, S. 13; Geimer/Schütze-Auer, Rechtsverkehr, Bd. 1, Art. 5

Für das EuGVÜ war nicht abschließend geklärt, ob zu seiner räumlichen Anwendung weitere Berührungspunkte des Sachverhalts zu einem anderen EuG-
VÜ-Mitgliedstaat vorausgesetzt werden oder ob eine Auslandsberührung mit
einem Dritt-, d. h. Nicht-Mitgliedstaat genügte.[475] Allgemein anerkannt und
davon zu unterscheiden war aber, dass das EuGVÜ die internationale Entscheidungszuständigkeit von Drittstaaten nicht regeln konnte und sollte.[476] Die Problematik stellte sich dann nicht, wenn sich z. B. ein Kläger mit Sitz in Frankreich
und ein Beklagter mit Sitz in der Bundesrepublik gegenüber standen, da in diesem Fall zwei Mitgliedstaaten betroffen waren. Der Streit wurde dann relevant,
wenn nur eine der Parteien in einem Mitgliedstaat, z. B. der Bundesrepublik,
ihren Sitz hatte und die andere in einem Nicht-Mitgliedstaat, z. B. den USA.
Einzelne Zuständigkeitsvorschriften, wie z. B. Art. 5, erfordern bereits vom
Wortlaut her einen Bezug zu mehreren Mitgliedstaaten, so dass es auf den Streit
in diesem Zusammenhang ebenfalls nicht ankam. Dagegen gab der Wortlaut bei
anderen Regelungen, wie z. B. Artt. 13 ff. EuGVÜ, keine klare Auskunft in dieser Angelegenheit, so dass auch in diesen Fällen der Streit Bedeutung erlangte.[477]

EuGVVO, Rdnr. 176; Piltz, NJW 02, 789 (790); Schack, IZVR, Rdnr. 238; Thomas/Putzo-
Hüßtege, Vorbem EuGVVO, Rdnr. 11.

[475] Geimer/Schütze-Auer, Rechtsverkehr, Bd. 1, Vor Art. 2 EuGVVO, Rdnr. 13; MüKo ZPO-
Gottwald, Vor Art. 1 EuGVÜ, Rdnr. 21; Piltz, NJW 02, 789 (790); Schack, IZVR, Rdnr. 240;
Thomas/Putzo-Hüßtege, Vorbem EuGVVO, Rdnr. 12; Wieczorek/Schütze-Hausmann, Vor Art.
2 EuGVÜ, Rdnr. 10.

[476] Geimer, Prüfung, S. 105; Geimer, WM 80, 1106 (1107).

[477] In der Literatur, namentlich von Geimer, RIW 94, 59 (61); Geimer, IPRax 91, 31 (31/32); Gei-
mer/Schütze-Geimer, I/1, S. 227; MüKo ZPO-Gottwald, Art. 2 EuGVÜ, Rdnr. 23, wurde zum
Teil die Ansicht vertreten, eine teleologische Reduktion auf einen Bezug zu einem weiteren Mitgliedstaat verbiete sich angesichts der bestehenden Unsicherheiten bei der Abgrenzung. Es lasse
sich nicht eindeutig klären, welcher Art die Berührungspunkte zu einem anderen Mitgliedstaat
sein müssten. Daher sei ein Auslandsbezug zu einem Nicht-Mitgliedstaat ausreichend. Im Übrigen fänden sich keine Anhaltspunkte, wie Wortlaut oder Sinn und Zweck, die den Schluss nahe
legten, das EuGVÜ wolle nur die innergemeinschaftlichen Beziehungen normieren, die Zuständigkeitsordnung beanspruche daher nur dann Geltung, wenn der Rechtsstreit Berührungspunkte
zu verschiedenen Mitgliedstaaten aufweise. Dem Richter würden umfangreiche Prüfungen vorgeschrieben. Erst wenn er jeden Kontakt des Rechtsstreits zu einem anderen Mitgliedstaat verneint habe, könne er darüber befinden, ob nun europäisches oder nationales Zuständigkeitsrecht
zur Anwendung komme. Eine solche umständliche Rechtsanwendungsprozedur sei für die Praxis
unerträglich. Nach a. A., d. h. den Vertretern der sog. Reduktionslehre wie Benicke, WM 97, 945
(947); MüKo ZPO-Gottwald, Art. 13 EuGVÜ, Rdnr. 11; Piltz, NJW 79, 1071 (1072); Samtleben,
NJW 74, 1590 (1593); Schack, IZVR, Rdnr. 240 ff.; Stein/Jonas-Roth, Vor § 12, Rdnr. 32/§ 21,
Rdnr. 6; Wieczorek/Schütze-Hausmann, Vor Art. 2 EuGVÜ, Rdnr. 10, muss eine teleologische
Reduktion hinsichtlich des Anwendungsbereichs des EuGVÜ vorgenommen werden. Diese könne z. B. mit einem Hinweis auf Abs. 3 der Präambel erfolgen. Danach seit das EuGVÜ bestrebt,

Mit Urteil vom 01.03.2005 (Owusu/Jackson) hat sich der EuGH bei der Auslegung der Norm ausdrücklich für die Anwendbarkeit von Art. 2 EuGVÜ auf Sachverhalte ausgesprochen, bei denen es um die Beziehungen zwischen den Gerichten eines einzigen Mitgliedstaates und denen eines Nicht-Mitgliedstaates geht.[478] Der Wortlaut enthalte keine Anhaltspunkte für die gegenteilige Ansicht. Der für die Anwendung des EuGVÜ erforderliche Auslandsbezug könne sich durchaus durch die Einbeziehung eines Mitgliedstaates und eines Drittstaates

---

„innerhalb der Gemeinschaft den Rechtsschutz der dort ansässigen Personen zu verstärken." Im Übrigen habe das EuGVÜ seiner Entstehungsgeschichte wie auch seiner Systematik nach keine europäische Zuständigkeitsordnung mit universeller Bedeutung schaffen wollen. Im Vordergrund habe vielmehr die Verbesserung des Rechtsschutzes der Bürger bei Zuständigkeitskonflikten zwischen den Mitgliedstaaten gestanden. Die Feststellung eines Binnenbezuges als auch eines internationalen Sachverhaltes dürfte in der Praxis keine Schwierigkeiten verursachen. Auch die deutsche Rechtsprechung, BGHZ 134, 127 (133); BGH WM 92, 87 (88); BGHZ 109, 29 (34); BGH NJW 90, 317 (318); BGH WM 89, 355 (358); BGH NJW 86, 1438 (1439); BGH NJW 81, 2642 (2643) nahm die Abgrenzung zumindest stillschweigend vor. Das OLG München, NJW-RR 93, 701 (702), forderte sogar ausdrücklich den Bezug zu einem weiteren Mitgliedstaat des EuGVÜ. Mit Urteil vom 13.07.2000 (Group Josi/Universal) befand der EuGH, NJW 00, 3121 (3122), dass die Zuständigkeitsregeln des EuGVÜ, sobald der Beklagte seinen Wohnsitz oder Sitz im Hoheitsgebiet eines Mitgliedstaates habe, grundsätzlich auch dann Anwendung fänden, wenn der Kläger in einem Drittland ansässig sei. Etwas anderes gelte ausnahmsweise dort, wo das Übereinkommen die Anwendung einer seiner Zuständigkeitsregeln ausdrücklich davon abhängig mache, dass der Wohnsitz des Klägers in einem Mitgliedstaat liege. Dabei stützte der EuGH diese Feststellung auf die Inhaltsangabe des Titels II, in der die Bedeutung des Beklagtenwohnsitzes besonders betont werde. Das Zuständigkeitssystem des Übereinkommens in diesem Teil beruhe auf der Grundregel des Art. 2 Abs. 1 EuGVÜ. In Anlehnung des Grundsatzes „actor sequitur forum rei" sei ein Beklagter mit Sitz bzw. Wohnsitz in einem Mitgliedstaat vor den Gerichten dieses Staates zu verklagen. Nur dann, wenn der Kläger von der ihm in Artt. 5 Nr. 2, 8 Abs. 1 Nr. 2 und 14 Abs. 1 EuGVÜ eröffneten Möglichkeit Gebrauch mache sowie bei einer Zuständigkeitsvereinbarung nach Art. 17 EuGVÜ, wenn der Beklagte seinen Wohnsitz nicht in einem Mitgliedstaat habe, werde darauf abgestellt, in welchem Mitgliedstaat der Wohnsitz des Klägers liege. Generell beruhe die Zuständigkeitsregelung des EuGVÜ aber nicht auf dem Kriterium des Wohnsitzes/Sitzes des Klägers. Daher stehe das EuGVÜ grundsätzlich einer Anwendung seiner Zuständigkeitsvorschriften auf einen Rechtsstreit zwischen einen in einem Mitgliedstaat ansässigen Beklagten und einem in einem Drittland ansässigen Kläger nicht entgegen. In dem zu entscheidenden Fall klagte eine kanadische Gesellschaft gegen eine belgische Gesellschaft vor französischen Gerichten. Da somit ein Bezug zu einem weiteren Mitgliedstaat vorlag, ließ die Entscheidung – entgegen einiger Stimmen in der Literatur, z. B. Geimer/Schütze-Auer, Rechtsverkehr, Bd. 1, Vor Art. 2 EuGVVO, Rdnr. 14; Kropholler, Vor Art. 2, Rdnr. 8; Schlosser, Vor Art. 2 EuGVVO, Rdnr. 5; Staudinger, IPRax 00, 483 (483); Zöller-Geimer, Art. 2 EuGVVO, Rdnr. 15, – noch Interpretationsspielräume offen. So auch Ganssauge, S. 15; Jayme/Kohler, IPRax 00, 454 (459); Schack, IZVR, Rdnr. 240 Fn. 4.

[478] EuGH RIW 05, 292 (295).

ergeben.[479] Der Zweck des EuGVÜ – die Vereinheitlichung der Zuständigkeits-regeln zur Schaffung von Freizügigkeit der Urteile zwecks eines funktionieren-den Gemeinsamen Marktes – werde durch diese Auslegung erfüllt.[480]

Diese Rechtsprechung dürfte nun auch auf die EuGVVO zu übertragen sein. Diese möchte ausweislich ihres ersten Erwägungsgrundes „einen Raum der Frei-heit, der Sicherheit und des Rechts" schaffen. Sie trifft eine (scheinbar) eindeuti-ge Aussage: Die Zuständigkeitsregeln der EuGVVO sind immer dann anwend-bar, wenn der Beklagte gem. Artt. 2, 3, 4, 5 EuGVVO seinen Sitz in „einem" Mitgliedstaat der EuGVVO hat. Es dürfte danach also ein Anknüpfungspunkt an das Hoheitsgebiet eines Mitgliedstaates ausreichen, um die Regelungskompetenz zu eröffnen.[481] Der zweite Erwägungsgrund enthält den Hinweis auf die notwen-dige Vereinheitlichung der Vorschriften über die internationale Zuständigkeit.[482] Gegen das Erfordernis von Berührungspunkten zu einem weiteren Mitgliedstaat spricht möglicherweise auch der achte Erwägungsgrund. Dort heißt es, dass Rechtsstreitigkeiten einen Anknüpfungspunkt an das Hoheitsgebiet „eines" der Mitgliedstaaten aufweisen müssen.[483]

b. Persönlicher Anwendungsbereich

Bei dem persönlichen Anwendungsbereich der EuGVVO ist zunächst das Ver-hältnis zwischen europäischem und deutschem Recht in den Mittelpunkt der Betrachtung zu rücken: Hat der Beklagte seinen Sitz im Hoheitsgebiet eines der Mitgliedstaaten, richtet sich die internationale Zuständigkeit der deutschen Ge-richte – bei Vorliegen der weiteren Voraussetzungen – grundsätzlich nach der EuGVVO, d. h. nach Art. 5 Nr. 5 EuGVVO. Die Anwendbarkeit des autonomen deutschen Rechts, d. h. § 21 ZPO, ist dann ausgeschlossen. Als Anfang eines europäischen Zivilprozessrechts geht die internationale Zuständigkeitsregelung

---

[479] EuGH RIW 05, 292 (294).

[480] EuGH RIW 05, 292 (295); zustimmend Heinze/Dutta, IPRax 05, 224 (225); Jayme/Kohler, IPRax 05, 481 (482); Mankowski, RIW 05, 561 (564); ebenfalls Thiele, RIW 02, 696 (699) zur vorangegangenen Entscheidung des vorlegenden Court of Appeal – Civil Division.

[481] So auch Ganssauge, S. 16; Geimer, EWiR 04, 971 (972); Kropholler, Vor Art. 2 EuGVVO, Rdnr. 8/Vor Art. 8 EuGVVO, Rdnr. 1/Art. 15 EuGVVO, Rdnr. 1; Micklitz/Rott, EuZW 01, 325 (327/328); Piltz, NJW 02, 789 (790); Rauscher-Staudinger, Art. 9 EuGVVO, Rdnr. 1/Art. 15 EuGVVO, Rdnr. 17; Schlosser, Art. 15 EuGVVO, Rdnr. 9; Thiele, RIW 02, 696 (698); Zöller-Geimer, Art. 2 EuGVVO, Rdnr. 15/Artt. 15 f. EuGVVO, Rdnr. 1.

[482] Heinze/Dutta, IPRax 05, 224 (225); Mankowski, RIW 05, 561 (564).

[483] Ganssauge, S. 16; Geimer/Schütze, Art. 15 EuGVVO, Rdnr. 15; Heinze/Dutta, IPRax 05, 224 (225); Mankowski, RIW 05, 561 (564); Micklitz/Rott, EuZW 01, 325 (327); Thiele, RIW 02, 696 (698); Thomas/Putzo-Hüßtege, Vorbem EuGVVO, Rdnr. 12.

der EuGVVO als Sonderregelung dem jeweiligen nationalen Recht vor.[484] Hat ein Unternehmen lediglich eine Zweigniederlassung, nicht aber seinen Hauptsitz in einem Mitgliedstaat, ist Art. 5 Nr. 5 EuGVVO nicht anzuwenden.[485] Es gilt dann gem. Art. 4 EuGVVO das autonome deutsche Recht.

Allerdings findet Art. 5 Nr. 5 EuGVVO dann Anwendung, wenn ein Unternehmen zwar seinen satzungsmäßigen Sitz in den USA hat, dessen Hauptverwaltung oder Hauptniederlassung aber in einem EuGVVO-Mitgliedstaat belegen ist. Denn nach der Neuregelung stellt Art. 60 Abs. 1 lit. b und lit. c EuGVVO diese dem Wohnsitz i. S. v. Art. 2 Abs. 1 EuGVVO gleich. Die Hauptverwaltung ist der Ort, an dem die Willensbildung und die eigentliche unternehmerische Leitung der Gesellschaft erfolgt,[486] und die Hauptniederlassung („tatsächlicher Sitz") ist der tatsächliche Geschäftsschwerpunkt, d. h. bei einer Fabrik die zentrale Produktionsstätte oder sonst ein Ort, an dem sich die wesentlichen Personal- und Sachmittel konzentrieren.[487]

Ausnahmen von der Anwendung des autonomen deutschen Rechts gelten ebenfalls in den Fällen, in denen Versicherungsunternehmen, Unternehmen in Verbraucherangelegenheiten und Arbeitgeber betroffen sind. Diese Ausnahmen können auch im deutsch-amerikanischen Rechtsverkehr relevant werden.[488]

aa. Versicherungsnehmer
Die Artt. 8-14 EuGVVO enthalten zwingende und abschließende Schutzvorschriften für den Versicherungsnehmer.[489] Der Begriff der Versicherungssache

---

[484] Benicke, WM 97, 945 (945); Geimer/Schütze-Auer, Rechtsverkehr, Bd. 1, Vor Art. 2 EuGVVO, Rdnr. 23; MüKo ZPO-Gottwald, Vor Art. 1 EuGVÜ, Rdnr. 23/Art. 2 EuGVÜ, Rdnr. 7; Nagel/Gottwald, § 3, Rdnr. 11; Piltz, NJW 02, 789 (791); Wieczorek/Schütze-Hausmann, Vor Art. 2 EuGVÜ, Rdnr. 20.

[485] Jenard-Bericht, Viertes Kapitel B. Zweiter Abschnitt Art. 5 Nr. 5 EuGVÜ; Stein/Jonas-Roth, § 21, Rdnr. 4.

[486] Geimer/Schütze, Art. 60 EuGVVO, Rdnr. 6; Kropholler, Art. 60 EuGVVO, Rdnr. 2.

[487] Geimer/Schütze, Art. 60 EuGVVO, Rdnr. 7; Kropholler, Art. 60 EuGVVO, Rdnr. 2.

[488] Diese Fiktionen werden zum Teil in der US-amerikanischen Literatur als Fälle des sog. „piercing the corporate veil" bezeichnet, vgl. dazu Rosenberg/Hay/Weintraub, S. 103. An dieser Stelle kann nur eine Auseinandersetzung mit den für den deutsch-amerikanischen Rechtsverkehr wichtigsten Fragen erfolgen. Im Übrigen muss ein kursorischer Überblick genügen.

[489] Fricke, VersR 97, 399 (401); Geimer/Schütze, Art. 8 EuGVVO, Rdnr. 6; Kropholler, Vor Art. 8 EuGVVO, Rdnr. 1; MüKo ZPO-Gottwald, Art. 7 EuGVÜ, Rdnr. 1; Micklitz/Rott, EuZW 01, 325 (329); Piltz, NJW 02, 789 (791); Rauscher-Staudinger, Art. 8 EuGVVO, Rdnr. 1; Schlosser, Art. 8 EuGVVO, Rdnr. 1; Thomas/Putzo-Hüßtege, Vorbem. zu Artt. 8 – 14 EuGVVO, Rdnr. 1; Wieczorek/Schütze-Hausmann, Vor Art. 7 EuGVÜ, Rdnr. 4.

ist autonom auszulegen.[490] Die Vorschriften gelten allerdings nur, wenn der Beklagte seinen Sitz in einem Mitgliedstaat hat.[491] Eine Ausnahme bildet dagegen Art. 9 Abs. 2 EuGVVO bei Klagen gegen den Versicherer.[492] Wird der Versicherer in diesem Fall so behandelt, als habe er seinen Sitz im Hoheitsgebiet des Staates der Niederlassung, kann er gem. Art. 9 Abs. 1 EuGVVO u. a. vor den Gerichten dieses Staates (lit. a) oder in einem anderen Mitgliedstaat bei Klagen des Versicherungsnehmers, des Versicherten oder des Begünstigten vor den Gerichten am Wohnsitz des Klägers (lit. b) verklagt werden. Art. 9 Abs. 1 lit. a EuGVVO regelt allerdings nur die internationale Zuständigkeit, die örtliche

---

[490] Fricke, VersR 97, 399 (401); Geimer/Schütze, Art. 8 EuGVVO, Rdnr. 14; Kropholler, Vor Art. 8 EuGVVO, Rdnr. 5; MüKo ZPO-Gottwald, Art. 7 EuGVÜ, Rdnr. 3; Rauscher-Staudinger, Art. 8 EuGVVO, Rdnr. 10; Schlosser, Art. 8 EuGVVO, Rdnr. 6; Thomas/Putzo-Hüßtege, Art. 8 EuGVVO, Rdnr. 1; Wieczorek/Schütze-Hausmann, Vor Art. 7 EuGVÜ, Rdnr. 5. Sie liegt nicht vor, wenn zwei Versicherer streiten, EuGH IPRax 05, 535 (536); LG Bremen VersR 01, 782 (782); Jayme/Kohler, IPRax 05, 481 (487); Kropholler, Vor Art. 8 EuGVVO, Rdnr. 7; Micklitz/Rott, EuZW 01, 325 (329); Rauscher-Staudinger, Art. 8 EuGVVO, Rdnr. 19; Thomas/Putzo-Hüßtege, Art. 8 EuGVVO, Rdnr. 1. Dies lässt sich für die EuGVVO aus dem dreizehnten Erwägungsgrund herleiten, wonach bei Versicherungssachen die schwächere Partei durch Zuständigkeitsvorschriften geschützt werden soll, die für sie günstiger sind als die allgemeine Regelung. Damit entfallen Streitigkeiten zwischen „ebenbürtigen" Gegnern. Auch werden nur private Versicherungen erfasst, Geimer/Schütze, Art. 8 EuGVVO, Rdnr. 17; Kropholler, Vor Art. 8 EuGVVO, Rdnr. 6; MüKo ZPO-Gottwald, Art. 7 EuGVÜ, Rdnr. 3; Rauscher-Staudinger, Art. 8 EuGVVO, Rdnr.10; Schlosser, Art. 8 EuGVVO, Rdnr. 6; Thomas/Putzo-Hüßtege, Art. 8 EuGVVO, Rdnr. 1; Wieczorek/Schütze-Hausmann, Vor Art. 7 EuGVÜ, Rdnr. 6; Sozialversicherungen, Rückversicherungen und Regresse des Versicherers gegen den Schädiger sind ausgeschlossen, EuGH NJW 00, 3121 (3123); Fricke, VersR 97, 399 (401); Geimer/Schütze, Art. 8 EuGVVO, Rdnr. 15/20/21; Kropholler, Vor Art. 8 EuGVVO, Rdnr. 6; MüKo ZPO-Gottwald, Art. 7 EuGVÜ, Rdnr. 3; Rauscher-Staudinger, Art. 8 EuGVVO, Rdnr. 12/14/17; Schlosser, Art. 8 EuGVVO, Rdnr. 7/8; Thomas/Putzo-Hüßtege, Art. 8 EuGVVO, Rdnr. 1; Wieczorek/Schütze-Hausmann, Vor Art. 7 EuGVÜ, Rdnr. 8/9.

[491] Nach Art. 8 EuGVVO („unbeschadet (…) des Art. 5 Nr. 5") finden diese Vorschriften neben der des Art. 5 Nr. 5 EuGVVO Anwendung, der allerdings nach wohl h. M. in der Literatur nur für Klagen gegen den Versicherer gilt, LG Stuttgart IPRax 98, 100 (102); Geimer/Schütze, Art. 8 EuGVVO, Rdnr. 2/24; Kropholler, Art. 8 EuGVVO, Rdnr. 3; Rauscher-Staudinger, Art. 8 EuGVVO, Rdnr. 8; Schlosser, Art. 8 EuGVVO, Rdnr. 2. A. A. MüKo ZPO-Gottwald, Art. 7 EuGVÜ, Rdnr. 5; Thomas/Putzo-Hüßtege, Art. 8 EuGVVO, Rdnr. 3; Wieczorek/Schütze-Hausmann, Art. 7 EuGVÜ, Rdnr. 2, wonach Art. 5 Nr. 5 auch für Klagen gegen den Versicherten Anwendung finden könne. Vgl. dazu auch Geimer/Schütze-Geimer, I/2, S. 397/429; Mankowski, RIW 96, 1001 (1005).

[492] Gem. Art. 9 Abs. 2 EuGVVO wird ein Versicherer, der im Hoheitsgebiet eines Mitgliedstaates keinen Sitz, aber eine Zweigniederlassung, Agentur oder sonstige Niederlassung besitzt, für Streitigkeiten aus ihrem Betrieb so behandelt, wie wenn er seinen Sitz im Hoheitsgebiet des Mitgliedstaates hätte.

muss über die Anwendung der jeweils nationalen Normen bestimmt werden.[493] Dagegen bestimmt Art. 9 Abs. 1 lit. b EuGVVO auch die örtliche Zuständigkeit, da dort auf das Gericht am Wohnsitz des Versicherungsnehmers verwiesen wird.[494] Eine Anwendung von Art. 5 Nr. 5 EuGVVO in Versicherungssachen unter Beteiligung eines Versicherers mit Sitz in den USA scheidet, trotz des Vorbehaltes in Art. 8 EuGVVO, in dieser besonderen Konstellation aus, da das beklagte Versicherungsunternehmen seinen Sitz im Falle des Art. 9 Abs. 2 EuGVVO eben nicht in einem Mitgliedstaat hat. Die Fiktion gilt nur für die Artt. 8-14 EuGVVO.

Vereinzelt wird in der Literatur dennoch Art. 5 Nr. 5 EuGVVO für anwendbar gehalten, wenn z. B. eine New Yorker Versicherung ihre Geschäfte in Luxemburg von einer deutschen Generalagentur aus betreibe und in Luxemburg nur eine Geschäftsstelle unterhalte, die der Generalagentur in Deutschland unterstellt sei. Bei Klageerhebung in Luxemburg könne man an Art. 5 Nr. 5 EuGVVO denken, da diese die Niederlassung der Generalagentur darstelle und die Generalagentur in einem Mitgliedstaat, nämlich der Bundesrepublik belegen sei.[495]

Dagegen dürfte aber sprechen, dass Art. 9 Abs. 2 EuGVVO nicht auf eine Unterstellung der einen Niederlassung unter die andere abstellt. Ferner ist zu beachten, dass es sich bei der Geschäftsstelle in Luxemburg um eine Niederlassung der Generalagentur handeln müsste. Diese stellt aber auch nur eine Niederlassung des Versicherungsunternehmens dar. Sie ist auch nicht die Beklagte, da Niederlassungen grundsätzlich nicht selbstständig verklagt werden können.[496] Richtiger Beklagter ist immer noch das Versicherungsunternehmen mit Sitz in den USA. Damit sind die Anwendungsvoraussetzungen von Art. 5 Nr. 5 EuGVVO aber nicht erfüllt, da dieser – wie erwähnt – den Sitz des Beklagten in einem Mitgliedstaat erfordert. Folglich spielt Art. 5 Nr. 5 EuGVVO im Anwendungsbereich von Art. 9 Abs. 2 EuGVVO keine Rolle.

Ein Versicherungsunternehmen mit Sitz in den USA könnte also – in Übereinstimmung mit der Auslegung des EuGH – auch vor deutschen Gerichten verklagt werden, wenn es in der Bundesrepublik eine Niederlassung betreibt, sofern es

---

[493] Geimer/Schütze, Art. 8 EuGVVO, Rdnr. 27/Art. 9 EuGVVO, Rdnr. 6/20; Rauscher-Staudinger, Art. 9 EuGVVO, Rdnr. 2; Richter, VersR 78, 801 (802); Thomas/Putzo-Hüßtege, Art. 9 EuGVVO, Rdnr. 1.

[494] Geimer/Schütze, Art. 8 EuGVVO, Rdnr. 28/Art. 9 EuGVVO, Rdnr. 7; Rauscher-Staudinger, Art. 9 EuGVVO, Rdnr. 3; Schlosser, Art. 8 EuGVVO, Rdnr. 1; Thomas/Putzo-Hüßtege, Art. 9 EuGVVO, Rdnr. 2.

[495] Geimer/Schütze, Art. 9 EuGVVO, Rdnr. 22.

[496] Siehe dazu unten § 4 II. 6. a.

sich um eine Streitigkeit aus dem Betrieb der Niederlassung handelt (Art. 9 Abs. 1 lit. a EuGVVO). Ein Bezug zu einem weiteren Mitgliedstaat ist nicht mehr erforderlich.[497] Ferner kann das Unternehmen von einem Versicherungsnehmer mit Wohnsitz in der Bundesrepublik vor deutschen Gerichten, nämlich am Wohnsitz des Versicherungsnehmers, verklagt werden (Art. 9 Abs. 1 lit. b EuGVVO). Voraussetzung ist jedoch, dass sich die Niederlassung in einem „anderen Mitgliedstaat" als dem Wohnsitzstaat des Klägers befindet.[498]

bb. Verbraucher

Die Artt. 15-17 EuGVVO enthalten zwingende und abschließende Bestimmungen[499] zum Schutz des Verbrauchers.[500]

Der Verbrauchervertrag ist autonom und nach der Rechtsprechung des EuGH eng auszulegen.[501] Die Verbrauchereigenschaft muss grundsätzlich bei Kläger

---

[497] Siehe dazu oben § 4 II. 1. a.

[498] Vgl. auch Rauscher-Staudinger, Art. 9 EuGVVO, Rdnr. 4.

[499] Geimer/Schütze, Art. 15 EuGVVO, Rdnr. 3; Mankowski, RIW 96, 1001 (1005); Rauscher-Staudinger, Vorbem. Artt. 15 – 17 EuGVVO, Rdnr. 1; Schlosser, Art. 15 EuGVVO, Rdnr. 1; Wagner, WM 03, 116 (116); Wieczorek/Schütze-Hausmann, Vor Art. 13 EuGVÜ, Rdnr. 3.

[500] Gem. Art. 15 Abs. 1 EuGVVO bestimmt sich die Zuständigkeit unbeschadet der Artt. 4, 5 Nr. 5 EuGVVO nach den Artt. 15 ff. EuGVVO, sofern ein Vertrag oder Ansprüche aus einem Vertrag, den eine Person, der Verbraucher, zu einem Zweck geschlossen hat, der nicht der beruflichen oder gewerblichen Tätigkeit dieser Person zugerechnet werden kann, den Gegenstand des Verfahrens bildet, wenn es sich um den Kauf beweglicher Sachen auf Teilzahlung handelt (lit. a), wenn es sich um ein in Raten zurückzuzahlendes Darlehen oder ein anderes Kreditgeschäft handelt, das zur Finanzierung eines Kaufs derartiger Sachen bestimmt ist (lit. b) oder in allen anderen Fällen, wenn der andere Vertragspartner (Unternehmer) in dem Mitgliedstaat, in dessen Hoheitsgebiet der Verbraucher seinen Wohnsitz hat, eine berufliche oder gewerbliche Tätigkeit ausübt oder eine solche auf irgend einem Wege auf diesen Mitgliedstaat oder auf mehrere Staaten, einschließlich dieses Mitgliedstaates, ausrichtet und der Vertrag in den Bereich dieser Tätigkeit fällt (lit. c). Daher finden diese Vorschriften („unbeschadet (…) des Art. 5 Nr. 5") neben der des Art. 5 Nr. 5 EuGVVO Anwendung, der allerdings nach wohl h. M. in der Literatur nur für Klagen gegen den Vertragspartner des Verbrauchers gilt, Geimer/Schütze, Art. 15 EuGVVO, Rdnr. 3; Kropholler, Art. 15 EuGVVO, Rdnr. 2; Schlosser, Art. 15 EuGVVO, Rdnr. 1; Wagner, WM 03, 116 (120). A. A. Thomas/Putzo-Hüßtege, Vorbem. zu Artt. 15 – 17 EuGVVO, Rdnr. 1; Wieczorek/Schütze-Hausmann, Art. 13 EuGVÜ, Rdnr. 26, wonach Art. 5 Nr. 5 auch für Klagen gegen den Verbraucher Anwendung finden könne. Vgl. dazu auch Geimer/Schütze-Geimer, I/2, S. 429; Mankowski, RIW 96, 1001 (1005).

[501] EuGH, Slg. 1978, 1431 (1445); EuGH, Slg. 1999, 2277 (2310); Benicke, WM 97, 945 (950); Geimer/Schütze, Art. 15 EuGVVO, Rdnr. 5/17; Heiderhoff, IPRax 05, 230 (230); Kröll, EWiR 04, 657 (658); Kropholler, Art. 15 EuGVVO, Rdnr. 4/6; Mankowski, RIW 97, 990 (990); MüKo ZPO-Gottwald, Art. 13 EuGVÜ, Rdnr. 2; Rauscher-Staudinger, Vorbem. Artt. 15 – 17 EuGVVO, Rdnr. 2/Art. 15 EuGVVO, Rdnr. 1; Schlosser, Art. 15 EuGVVO, Rdnr. 3; Wagner, WM 03,

und Beklagtem persönlich vorliegen,[502] so dass z. B. Klagen aus abgetretenem Recht nicht der Kompetenznorm des Art. 15 EuGVVO unterfallen.[503] Gewerbebezogen und damit ebenfalls nicht Art. 15 Abs. 1 EuGVVO unterfallend, ist ein Vertrag, der von einem Privaten zur Vorbereitung seiner künftigen beruflichen oder gewerblichen Tätigkeit geschlossen wurde.[504] Bei gemischten Verträgen, die teils der privaten, teils der beruflichen Sphäre zuzurechnen sind, ist nach der neueren Rechtsprechung des EuGH das Verbraucherrecht schon dann nicht anwendbar, wenn ein nicht ganz untergeordneter Teil der vertraglichen Leistung beruflich-gewerblich genutzt wird.[505] Erfasst werden dagegen Streitigkeiten zu der Frage, ob überhaupt ein Vertrag zustande gekommen ist, ferner Ansprüche aus c. i. c. und auf Rückabwicklung,[506] nicht dagegen deliktische Ansprüche.[507]

---

116 (116); Wieczorek/Schütze-Hausmann, Art. 13 EuGVÜ, Rdnr. 2; Zöller-Geimer, Artt. 15 ff. EuGVVO, Rdnr. 4.

[502] Heiderhoff, IPRax 05, 230 (321); Kropholler, Art. 15 EuGVVO, Rdnr. 11; MüKo ZPO-Gottwald, Art. 13 EuGVÜ, Rdnr. 2; Rauscher-Staudinger, Art. 15 EuGVVO, Rdnr. 2; Schlosser, Art. 15 EuGVVO, Rdnr. 3; Thomas/Putzo-Hüßtege, Art. 15 EuGVVO, Rdnr. 1; Wieczorek/Schütze-Hausmann, Art. 13 EuGVÜ, Rdnr. 6; Zöller-Geimer, Artt. 15 ff. EuGVVO, Rdnr. 7.

[503] EuGH, Slg. 2002, 8111 (8138); EuGH, Slg. 1993, 139 (188); Benicke, WM 97, 945 (950); Rauscher-Staudinger, Art. 15 EuGVVO, Rdnr. 2; Schlosser, Art. 15 EuGVVO, Rdnr. 3; Wieczorek/Schütze-Hausmann, Art. 13 EuGVÜ, Rdnr. 6; Zöller-Geimer, Artt. 15 ff. EuGVVO, Rdnr. 7.

[504] EuGH, Slg. 1997, 3767 (3795); Kropholler, Art. 15 EuGVVO, Rdnr. 9; MüKo ZPO-Gottwald, Art. 13 EuGVÜ, Rdnr. 2; Rauscher-Staudinger, Art. 15 EuGVVO, Rdnr. 2; Schlosser, Art. 15 EuGVVO, Rdnr. 3; Staudinger-Hausmann, Anh. II zu Artt. 27 – 37 EGBGB, Rdnr. 93.

[505] EuGH NJW 05, 653 (655); zustimmend Heiderhoff, IPRax 05, 230 (232); kritisch Mankowski, RIW 05, 561 (564); Mankowski, IPRax 05, 503 (505/506). A. A. OLG Nürnberg IPRax 05, 248 (250): Die vertragliche Leistung müsse für die Anwendbarkeit des Verbraucherschutzrechts einem rein privaten Nutzen dienen. A. A. ebenfalls Kropholler, Art. 15 EuGVVO, Rdnr. 8; Thomas/Putzo-Hüßtege, Art. 15 EuGVVO, Rdnr. 1: Es komme auf die Stellung innerhalb des Vertrags in Verbindung mit dessen Natur und Zielsetzung an, so dass die Person teils Verbraucher, teils Unternehmer sein könne. A. A. auch Geimer/Schütze, Art. 15 EuGVVO, Rdnr. 22; Mankowski, IPRax 05, 503 (505); MüKo-Martiny, Art. 29 EGBGB, Rdnr. 10; Rauscher-Staudinger, Art. 15 EuGVVO, Rdnr. 3: Es komme auf die dem Vertragspartner erkennbare Zwecksetzung an; Schlosser, Art. 15 EuGVVO, Rdnr. 3; Staudinger-Magnus, Art. 29 EGBGB, Rdnr. 39; Wieczorek/Schütze-Hausmann, Art. 13 EuGVÜ, Rdnr. 3: Es sei der Schwerpunkt der Nutzung zu bestimmen und die Einordnung des Vertrages danach vorzunehmen.

[506] Wieczorek/Schütze-Hausmann, Art. 13 EuGVÜ, Rdnr. 23. Differenzierend Rauscher-Staudinger, Vorbem. Artt. 15 – 17 EuGVVO, Rdnr. 3: Die vorvertragliche Haftung wegen Abbruchs von Vertragsverhandlungen sei deliktisch zu qualifizieren, so dass Artt. 15 ff. EuGVVO nicht zur Anwendung gelange. Etwas anderes möge für für vorvertragliche Informationspflichtverletzungen gelten. Für eine Einbeziehung sonstiger außervertraglicher Ansprüche, die in engem Zusammenhang mit einem Verbrauchervertrag stehen und dem Verbraucherschutz dienen: LG Darmstadt ZIP 04, 1924 (1925); Geimer, WM 86, 117 (121); Geimer/Schütze, Art. 15 EuGVVO, Rdnr. 26.

Ein Teilzahlungskauf i. S. v. Art. 15 Abs. 1 lit. a EuGVVO liegt vor, wenn der Verkäufer dem Käufer ein (Finanzierungs-) Darlehen gewährt und ihm den Besitz an der Sache überträgt,[508] bevor der Käufer den gesamten Kaufpreis gezahlt hat.[509] Abgegrenzt werden muss der Kauf von der Lieferung beweglicher Sachen, die dann vorliegt, wenn die Sache erst aufgrund der Bestellung angefertigt werden muss.[510] Aber auch der Mietkauf sowie andere Umsatzgeschäfte mit gleicher wirtschaftlicher Zielrichtung, wie z. B. Leasingverträge, wenn sie auf die Verschaffung des wirtschaftlichen Eigentums an den Leasingnehmer gerichtet sind, fallen darunter.[511]

Ein Finanzierungskauf i. S. v. Art. 15 Abs. 1 lit. b EuGVVO ist gegeben, wenn die Zweckgebundenheit des durch einen Dritten zur Verfügung gestellten Darlehens für die Finanzierung eines Kaufs beweglicher Sachen vorliegt.[512] Entscheidend ist also, dass der Kreditnehmer nicht frei über die Darlehensvaluta verfügen kann.[513]

---

[507] MüKo ZPO Akt.-Gottwald, Art. 15 EuGVVO, Rdnr. 5; Rauscher-Staudinger, Vorbem. Artt. 15 – 17 EuGVVO, Rdnr. 4; Thomas/Putzo-Hüßtege, Art. 15 EuGVVO, Rdnr. 1. A. A. Benicke, WM 97, 945 (952); Geimer/Schütze, Art. 15 EuGVVO, Rdnr. 26; Geimer/Schütze-Geimer, I/1, S. 407; Schlosser, Art. 15 EuGVVO, Rdnr. 2; Staudinger-Hausmann, Anh. II zu Artt. 27 – 37 EGBGB, Rdnr. 107; Wieczorek/Schütze-Hausmann, Art. 13 EuGVÜ, Rdnr. 24.

[508] BGH NJW 97, 2685 (2686); Geimer/Schütze, Art. 15 EuGVVO, Rdnr. 28; Kropholler, Art. 15 EuGVVO, Rdnr. 15; MüKo ZPO-Gottwald, Art. 13 EuGVÜ, Rdnr. 5; Rauscher-Staudinger, Art. 15 EuGVVO, Rdnr. 4; Wieczorek/Schütze-Hausmann, Art. 13 EuGVÜ, Rdnr. 9; Zöller-Geimer, Artt. 15 f. EuGVVO, Rdnr. 5.

[509] EuGH, Slg. 1999, 2277 (2312); Geimer/Schütze, Art. 15 EuGVVO, Rdnr. 29; Kropholler, Art. 15 EuGVVO, Rdnr. 15; MüKo ZPO-Gottwald, Art. 13 EuGVÜ, Rdnr. 5; Rauscher-Staudinger, Art. 15 EuGVVO, Rdnr. 5: Indiz für ein Teilzahlungsgeschäft ist ein Zahlungsplan mit drei Raten; Schlosser, Art. 15 EuGVVO, Rdnr. 5; Staudinger-Hausmann, Anh. II zu Artt. 27 – 37 EGBGB, Rdnr. 97; Thomas/Putzo-Hüßtege, Art. 15 EuGVVO, Rdnr. 2; Wieczorek/Schütze-Hausmann, Art. 13 EuGVÜ, Rdnr. 11; Zöller-Geimer, Artt. 15 ff. EuGVVO, Rdnr. 5.

[510] BGH NJW 97, 2685 (2686); Kropholler, Art. 15 EuGVVO, Rdnr. 16; MüKo ZPO-Gottwald, Art. 13 EuGVÜ, Rdnr. 5; Rauscher-Staudinger, Art. 15 EuGVVO, Rdnr. 4.

[511] Geimer/Schütze, Art. 15 EuGVVO, Rdnr. 27; Kropholler, Art. 15 EuGVVO, Rdnr. 18; MüKo ZPO-Gottwald, Art. 13 EuGVÜ, Rdnr. 6; Rauscher-Staudinger, Art. 15 EuGVVO, Rdnr. 4; Schlosser, Art. 15 EuGVVO, Rdnr. 5; Staudinger-Hausmann, Anh. II zu Artt. 27 – 37 EGBGB, Rdnr. 95; Wieczorek/Schütze-Hausmann, Art. 13 EuGVÜ, Rdnr. 9.

[512] Geimer/Schütze, Art. 15 EuGVVO, Rdnr. 31; Rauscher-Staudinger, Art. 15 EuGVVO, Rdnr. 6; Staudinger-Hausmann, Anh. II zu Artt. 27 – 37 EGBGB, Rdnr. 98; Thomas/Putzo-Hüßtege, Art. 15 EuGVVO, Rdnr. 3; Wieczorek/Schütze-Hausmann, Art. 13 EuGVÜ, Rdnr. 13.

[513] Geimer/Schütze, Art. 15 EuGVVO, Rdnr. 31; Rauscher-Staudinger, Art. 15 EuGVVO, Rdnr. 6; Schlosser, Art. 15 EuGVVO, Rdnr. 6; Wieczorek/Schütze-Hausmann, Art. 13 EuGVÜ, Rdnr. 13.

Art. 15 Abs. 1 lit. c EuGVVO unterfallen alle Verträge, sofern eine räumliche Verknüpfung der Geschäftsanbahnung mit dem Wohnsitzstaat des Verbrauchers besteht und der Unternehmer seine Tätigkeit auf den Abschluss von Verträgen der fraglichen Art ausgerichtet hat. Es werden grundsätzlich alle Verträge erfasst,[514] so dass Art. 15 Abs. 1 lit. c EuGVVO u. a. Anwendung findet auf reine Kreditverträge,[515] Treuhandverträge,[516] Werk- und Werklieferungsverträge,[517] aber auch auf einseitige Rechtsgeschäfte wie § 661a BGB, zumindest dann, wenn neben der Gewinnanforderung auch das Waren- und Dienstleistungsangebot, z. B. durch Warenbestellung, eingefordert wird.[518]

Noch nicht geäußert hat sich der EuGH, ob auch Kommissionsverträge, die auf die Durchführung von börslichen Devisen-, Wertpapier- und Warentermingeschäften gerichtet sind, in den Anwendungsbereich fallen. Dies wird von der wohl h. M. in der Literatur und der deutschen Rechtsprechung bejaht, wenn der Spekulant seinerseits Verbraucher ist.[519]

---

[514] Junker, RIW 02, 569 (573); MüKo ZPO Akt.-Gottwald, Art. 15 EuGVVO, Rdnr. 1; Piltz, NJW 02, 789 (792); Rauscher-Staudinger, Art. 15 EuGVVO, Rdnr. 7; Thomas/Putzo-Hüßtege, Art. 15 EuGVVO, Rdnr. 5.

[515] Geimer/Schütze, Art. 15 EuGVVO, Rdnr. 41; Kropholler, Art. 15 EuGVVO, Rdnr. 20; Lorenz, IPRax 02, 192 (194 Fn. 25); Micklitz/Rott, EuZW 01, 325 (330); MüKo ZPO Akt.-Gottwald, Art. 15 EuGVVO, Rdnr. 1; Piltz, NJW 02, 789 (791); Rauscher-Staudinger, Art. 15 EuGVVO, Rdnr. 8.

[516] Rauscher-Staudinger, Art. 15 EuGVVO, Rdnr. 8; Thomas/Putzo-Hüßtege, Art. 15 EuGVVO, Rdnr. 5.

[517] Rauscher-Staudinger, Art. 15 EuGVVO, Rdnr. 8.

[518] EuGH, Slg. 2002, 6367 (6404); BGH NJW 03, 426 (428); OLG Nürnberg NJW 02, 3637 (3638); OLG Dresden IPRax 02, 421 (422); LG Braunschweig IPRax 02, 213 (214); Geimer/Schütze, Art. 15 EuGVVO, Rdnr. 17/39; Lorenz, IPRax 02, 192 (194); Mankowski, RIW 05, 561 (563); Mankowski, RIW 04, 587 (592); Schlosser, Art. 15 EuGVVO, Rdnr. 8a; Zöller-Geimer, Artt. 15 f. EuGVVO, Rdnr. 4. Vgl. auch EuGH NJW 05, 811 (814), der den Anspruch aus isolierter Gewinnzusage als vertraglich einordnet. Daraus wird teilweise auch eine mögliche Zuständigkeit gem. Art. 16 Abs. 1 EuGVVO abgeleitet, Mankowski, RIW 05, 561 (563). Differenzierend Rauscher-Staudinger, Art. 15 EuGVVO, Rdnr. 9, wonach isolierte Gewinnzusagen deliktsrechtlich zu qualifizieren seien und daher Art. 5 Nr. 3 unterfielen. Knüpfe der Unternehmer sie an die Bestellung und nehme der Verbraucher tatsächlich Waren ab, bestehe ggf. ein Verbrauchergerichtsstand kraft Sachzusammenhang.

[519] BGH NJW 94, 262 (263); OLG Hamburg RIW 04, 709 (710); OLG Köln WM 04, 1324 (1326); OLG Düsseldorf IPRax 97, 118 (120); OLG Düsseldorf IPRax 97, 115 (116); OLG Köln ZIP 89, 838 (839); OLG Düsseldorf WM 89, 50 (54); LG Darmstadt ZIP 04, 1924 (1925); Benicke, WM 97, 945 (950); Geimer, EWiR 04, 971 (972); Geimer, RIW 88, 221 (224); Geimer/Schütze, Art. 15 EuGVVO, Rdnr. 24; Heiderhoff, IPRax 05, 230 (231); MüKo ZPO-Gottwald, Art. 13 EuGVÜ, Rdnr. 7; Rauscher-Staudinger, Art. 15 EuGVVO, Rdnr. 8; Schlosser, FS Steindorff, S.

Die Ausübung der beruflichen oder gewerblichen Tätigkeit i. S. v. Art. 15 Abs. 1 lit. c 1. Fall EuGVVO liegt vor, wenn der Unternehmer z. B. seine Haupt- oder Zweigniederlassung im Wohnsitzstaat des Verbrauchers hat oder wenn er grenzüberschreitende Dienstleistungen in diesem Staat verrichtet. Dabei erfordert die Ausübung der Tätigkeit nicht notwendig eine Niederlassung im Wohnsitzstaat des Verbrauchers. Ausreichend ist, dass sich der Vertragspartner aktiv am Wirtschaftsverkehr in diesem Mitgliedstaat beteiligt.[520] Ausrichtung der Tätigkeit auf den Wohnsitzstaat des Verbrauchers oder auf mehrere Staaten i. S. v. Art. 15 Abs. 1 lit. c 2. Fall EuGVVO bedeutet, dass er seine Tätigkeit vom Ausland aus auf unterschiedliche Weise bewirbt,[521] wobei aber erforderlich ist, dass die Tätigkeit auch auf den Abschluss von Verträgen der fraglichen Art ausgerichtet ist.[522] Der Abschluss selbst muss nicht im Verbraucherstaat erfolgen.[523] Entscheidend ist, dass der Verbraucher in seinem Wohnsitzstaat zum Vertragsabschluss animiert wurde.[524] Ausreichend dürfte dabei auch einmalige oder gelegentlich an individuelle Personen gerichtete Werbung sein, da alle absatzfördernden Handlungen erfasst sind.[525] Allerdings muss der zustande gekommene

---

1383; Thorn, IPRax 97, 98 (101); Wach/Weberpals, AG 89, 193 (196/198); Wieczorek/Schütze-Hausmann, Art. 13 EuGVÜ, Rdnr. 15; Zöller-Geimer, Artt. 15 ff. EuGVVO, Rdnr. 6. A. A. Schlosser, Art. 15 EuGVVO, Rdnr. 5, da der Spekulationscharakter der Geschäfte im Vordergrund stehe. Offen gelassen von OLG Frankfurt/Main RIW 88, 399 (400).

[520] Rauscher-Staudinger, Art. 15 EuGVVO, Rdnr. 12; Thomas/Putzo-Hüßtege, Art. 15 EuGVVO, Rdnr. 8.

[521] OLG Hamburg RIW 04, 709 (710); Rauscher-Staudinger, Art. 15 EuGVVO, Rdnr. 13; Schlosser, Art. 15 EuGVVO, Rdnr. 8a; Thomas/Putzo-Hüßtege, Art. 15 EuGVVO, Rdnr. 8.

[522] Geimer/Schütze, Art. 15 EuGVVO, Rdnr. 35; Junker, RIW 02, 569 (574); Kröll, EWiR 04, 657 (658); Kropholler, Art. 15 EuGVVO, Rdnr. 23; MüKo ZPO Akt.-Gottwald, Art. 15 EuGVVO, Rdnr. 2; Piltz, NJW 02, 789 (792); Rauscher-Staudinger, Art. 15 EuGVVO, Rdnr. 13.

[523] Geimer/Schütze, Art. 15 EuGVVO, Rdnr. 35/40; Kropholler, Art. 15 EuGVVO, Rdnr. 27; Mankowski, RIW 05, 561 (570); Micklitz/Rott, EuZW 01, 325 (331); Rauscher-Staudinger, Art. 15 EuGVVO, Rdnr. 13; Wernicke/Hoppe, MMR 02, 643 (645); Zöller-Geimer, Artt. 15 ff. EuGVVO, Rdnr. 12.

[524] Kröll, EWiR 04, 657 (658); Kropholler, Art. 15 EuGVVO, Rdnr. 23; Rauscher-Staudinger, Art. 15 EuGVVO, Rdnr. 11; Thomas/Putzo-Hüßtege, Art. 15 EuGVVO, Rdnr. 8.

[525] OLG Hamburg RIW 04, 709 (710); LG Tübingen RIW 04, 709 (710); Geimer/Schütze, Art. 13 EuGVÜ, Rdnr. 34; Mankowski, RIW 05, 561 (570). Differenzierend Rauscher-Staudinger, Art. 15 EuGVVO, Rdnr. 13, wonach das einmalige Versenden von Katalogen an Einzelpersonen nicht ausreiche. Mankowski, RIW 97, 990 (991): In den Anwendungsbereich fällt auch arbeitsteiliges Vorgehen bei der Akquise, z. B. wenn ein Vermögensverwalter mit Wissen und Wollen einer Depotbank Kunden für diese akquiriert; vgl. OLG Hamburg RIW 04, 709 (710); Heiderhoff, IPRax 05, 230 (231); Mankowski, RIW 05, 561 (570). A. A. Schlosser, Art. 15 EuGVVO, Rdnr. 8a. Mit dieser Regelung wollte man den elektronischen Handel im Internet erfassen, Basedow, FS Jayme, S. 21; Geimer/Schütze, Art. 15 EuGVVO, Rdnr. 35; Junker, RIW 02, 569

(574); Kropholler, Art. 15 EuGVVO, Rdnr. 23; Micklitz/Rott, EuZW 01, 325 (331); MüKo ZPO Akt.-Gottwald, Art. 15 EuGVVO, Rdnr. 3; Piltz, NJW 02, 789 (792); Rauscher-Staudinger, Art. 15 EuGVVO, Rdnr. 14. Da beim Anklicken auf der Website eines Vertragspartners häufig nicht abschließend zu ermitteln ist, wo die Bestellungshandlung erfolgte, soll es auf den Ort des Vertragsschlusses nicht mehr ankommen. Die Tätigkeit soll daher auch dann auf den Wohnsitzstaat des Verbrauchers ausgerichtet sein, wenn sie über Internet aus dem Ausland angeboten wird und es sich um eine aktive Website handelt, Basedow, FS Jayme, S. 21; Geimer/Schütze, Art. 15 EuGVVO, Rdnr. 35; Kropholler, Art. 15 EuGVVO, Rdnr. 23; Mankowski, RIW 05, 561 (571); Micklitz/Rott, EuZW 01, 325 (331); MüKo ZPO Akt.-Gottwald, Art. 15 EuGVVO, Rdnr. 4; Rauscher-Staudinger, Art. 15 EuGVVO, Rdnr. 14; Schlosser, Art. 15 EuGVVO, Rdnr. 8a; Spindler, MMR 00, 18 (20); Zöller-Geimer, Artt. 15 ff. EuGVVO, Rdnr. 13. Dagegen soll keine Ausrichtung vorliegen, wenn der Verbraucher sich der Möglichkeit des Erwerbs einer Ware oder Dienstleistung lediglich über eine in seinem Wohnsitzstaat zugängliche „passive Website" bewusst wurde, Geimer/Schütze, Art. 15 EuGVVO, Rdnr. 38; Kropholler, Art. 15 EuGVVO, Rdnr. 24; Micklitz/Rott, EuZW 01, 325 (331); MüKo ZPO Akt.-Gottwald, Art. 15 EuGVVO, Rdnr. 4; Rauscher-Staudinger, Art. 15 EuGVVO, Rdnr. 14; Schlosser, Art. 15 EuGVVO, Rdnr. 8a; Spindler, MMR 00, 18 (23). Umstritten ist aber, was nun unter einer passiven Website zu verstehen ist, Wernicke/Hoppe, MMR 02, 643 (646). Kritisch gegenüber der Differenzierung: Micklitz/Rott, EuZW 01, 325 (331); Rauscher-Staudinger, Art. 15 EuGVVO, Rdnr. 15. Nach einer Ansicht in der Literatur, namentlich Jayme/Kohler, IPRax 01, 501 (505), soll es darauf ankommen, ob der Verbraucher die erforderlichen Rechtshandlungen zum Abschluss des Vertrages über das Internet vornehmen kann, d. h. ob eine Interaktion möglich ist oder – im Fall der passiven Website – eben nicht. Darauf könne es aber nicht ankommen, so die a. A. wie Koch/Maurer, WM 02, 2443 (2453); Micklitz/Rott, EuZW 01, 325 (331); Wernicke/Hoppe, MMR 02, 643 (646). Vielmehr dürfe für das Vorliegen einer passiven Website diese weder ausdrücklich noch konkludent auf den Wohnsitzstaat des Verbrauchers ausgerichtet sein. Dafür dürften auch die frühere Regelung in Art. 13 EuGVÜ und der Sinn der Neuregelung sprechen, nämlich den Verbraucherschutz für Geschäfte im Internet zu erweitern. Die frühere Regelung sah bereits vor, dass eine gezielte Werbung den notwendigen Bezug zum Wohnsitzstaat des Verbrauchers herstellt (Art. 13 Abs. 1 Nr. 3 lit. a EuGVÜ). Nach der Gemeinsamen Erklärung des Rates und der Kommission, vgl. IPRax 01, 259 (261), ist erforderlich, dass im Rahmen der ausgerichteten Tätigkeiten auch ein Vertrag geschlossen worden ist. Die Zugänglichkeit einer Website allein reiche nicht aus. Vielmehr müsse die Website zum Vertragsschluss im Internet auffordern, der auch tatsächlich erfolgen müsse. Die auf der Website benutzte Sprache oder die Währung sei ohne Bedeutung. Zustimmend Rauscher-Staudinger, Art. 15 EuGVVO, Rdnr. 15. A. A. offenbar Kropholler, Art. 15 EuGVVO, Rdnr. 24, wonach eine Ausrichtung auf ein bestimmtes Land regelmäßig dann zu verneinen sein soll, wenn die Website in einer dort nicht verwendeten Sprache erfasst sei. Kritisch Rauscher-Staudinger, Art. 15 EuGVVO, Rdnr. 15 zum Vertragsschluss: Ein elektronischer Vertragsschluss (Online-Formular) als zwingende Voraussetzung dürfte zu weit gehen. Es entbehre jeder Rechtfertigung, Werbung per Internet abweichend von herkömmlichen Formen der Werbemittel TV, Radio oder Post zu behandeln, Rauscher-Staudinger, Art. 15 EuGVVO, Rdnr. 14. Vgl. auch Basedow, FS Jayme, S. 21, wonach die Regelung den Unternehmen des elektronischen Handels eine Chance gebe, durch geeignete Vorkehrungen ihre Gerichtspflichtigkeit zu verringern, indem sie z. B. auf ihrer Website eine Positivliste der von ihnen

Vertrag gem. Art. 15 Abs. 1 lit. c letzter HS. EuGVVO auch in den Bereich der Tätigkeit fallen, die der Vertragspartner im Wohnsitzstaat des Verbrauchers ausübt oder auf diesen ausrichtet.[526]

Nach Art. 16 Abs. 1 EuGVVO kann der Unternehmer, wenn er so behandelt wird als habe er seinen Sitz in einem Mitgliedstaat (Art. 15 Abs. 2 EuGVVO),[527] vor den Gerichten des Mitgliedstaates verklagt werden, in dem er – über die Niederlassung – seinen fingierten Sitz hat (1. Fall). Ferner kann er auch vor den Gerichten des Ortes verklagt werden, an dem der Verbraucher seinen Wohnsitz hat (2. Fall).[528] Diese Systematik stimmt mit der des Art. 9 Abs. 1 EuGVVO überein. Art. 16 Abs. 1 1. Fall EuGVVO regelt auch nur die internationale Zuständigkeit.[529] Die örtliche muss über die ZPO bestimmt werden.[530] Der 2. Fall bestimmt dagegen auch die örtliche Zuständigkeit, nämlich das Gericht am Wohnsitz des Verbrauchers. Diese Regelung sollte für den Verbraucher akzeptabel sein, da er in erster Linie ein Interesse daran haben dürfte, „zu Hause" klagen zu können.[531] Eine Anwendung von Art. 5 Nr. 5 EuGVVO im Falle des Art. 15 Abs. 2 EuGVVO bei Beteiligung eines US-amerikanischen beklagten Unterneh-

---

beworbenen Länder oder eine Negativliste der ausgeschlossenen Länder plazieren könnten. Nach einer neueren Erklärung der Kommission, vgl. KOM (2002) 654 endg, 1, 38, genügten passive Websites, wenn der Kunde aufgefordert werde, seine Bestellung per Fax aufzugeben. Auch in diesen Fällen sei die Website auf den Abschluss von Verträgen im Fernabsatz gerichtet.

[526] Geimer/Schütze, Art. 15 EuVVO, Rdnr. 39; Kropholler, Art. 15 EuGVVO, Rdnr. 26; MüKo ZPO Akt.-Gottwald, Art. 15 EuGVVO, Rdnr. 3; Rauscher-Staudinger, Art. 15 EuGVVO, Rdnr. 16.

[527] Gem. Art. 15 Abs. 2 EuGVVO wird der Vertragspartner eines Verbrauchers, der im Hoheitsgebiet eines Mitgliedstaates keinen Sitz, aber eine Zweigniederlassung, Agentur oder sonstige Niederlassung besitzt, für Streitigkeiten aus ihrem Betrieb so behandelt, wie wenn er seinen Sitz im Hoheitsgebiet des Mitgliedstaates hätte.

[528] Der BGH konnte in seinem Urteil vom 13.07.1987, BGH NJW 87, 3081 (3083), die mögliche Gerichtspflichtigkeit der Beklagten gem. Art. 14 EuGVÜ mangels entsprechenden Parteivortrags nicht abschließend prüfen. Dabei ließ er ausdrücklich offen, ob die streitgegenständlichen Börsentermingeschäfte der Kompetenznorm des Art. 13 EuGVÜ unterfielen. Vgl. aber die im Anschluss an die Rückverweisung ergangene Entscheidung des OLG Düsseldorf, ZIP 89, 228 (229), das das Vorliegen der Voraussetzungen gem. Art. 13 EuGVÜ bejahte.

[529] Geimer/Schütze, Art. 16 EuGVVO, Rdnr. 7; Rauscher-Staudinger, Art. 16 EuGVVO, Rdnr. 3; Wagner, WM 03, 116 (119).

[530] Geimer/Schütze, Art. 16 EuGVVO, Rdnr. 7; Rauscher-Staudinger, Art. 16 EuGVVO, Rdnr. 3; Wagner, WM 03, 116 (119).

[531] Geimer/Schütze, Art. 16 EuGVVO, Rdnr. 8; Kropholler, Einl. Rdnr. 61/Art. 16 EuGVVO, Rdnr. 1; Lorenz, IPRax 02, 192 (194 Fn. 24); Micklitz/Rott, EuZW 01, 325 (331/332); Piltz, NJW 02, 789 (792); Rauscher-Staudinger, Art. 16 EuGVVO, Rdnr. 4; Schlosser, Art. 16 EuGVVO, Rdnr. 2; Thomas/Putzo-Hüßtege, Art. 16 EuGVVO, Rdnr. 5; Wagner, WM 03, 116 (120).

mens scheidet aber auch hier aus, da der Beklagte gerade nicht seinen Sitz in einem Mitgliedstaat der EuGVVO hat. Die Fiktion gilt ebenfalls nur für die Artt. 15-17 EuGVVO.

US-amerikanische Unternehmen können damit in Verbraucherangelegenheiten vor deutschen Gerichten aufgrund der Zuständigkeitsvorschrift des Art. 16 Abs. 1 EuGVVO verklagt werden, wenn sie nicht ihren Sitz, aber eine Niederlassung in einem Mitgliedstaat haben. Über Art. 15 Abs. 1 lit. a, b EuGVVO kann dies bei Teilzahlungs- und Finanzierungskaufstreitigkeiten geschehen, wenn der US-amerikanische Unternehmer seine Niederlassung in der Bundesrepublik (Art. 16 Abs. 1 1. Fall EuGVVO) oder der Verbraucher seinen Wohnsitz in Deutschland hat (Art. 16 Abs. 1 2. Fall EuGVVO). Die Niederlassung des US-amerikanischen Unternehmens muss – in Übereinstimmung mit der Auslegung des EuGH – nicht mehr in einem anderen Mitgliedstaat als dem Wohnsitzstaat des Klägers belegen sein.[532] Bei allen anderen Verträgen i. S. v. lit. c ist die Zuständigkeit der deutschen Gerichte zum einen gegeben, wenn der US-amerikanische Unternehmer im Wohnsitzstaat des Verbrauchers, d. h. in der Bundesrepublik, eine berufliche oder gewerbliche Tätigkeit ausübt (1. Fall). Zwar soll dafür eine Zweigniederlassung nicht erforderlich sein, sondern eine grenzüberschreitende Dienstleistung in diesem Staat ausreichen.[533] Es ist jedoch zu beachten, dass die Artt. 15 Abs. 1 lit. c, 16 Abs. 1 EuGVVO nur gelten, wenn das US-amerikanische Unternehmen ohne Sitz in einem Mitgliedstaat mindestens eine Niederlassung im Geltungsbereich der EuGVVO besitzt (Art. 15 Abs. 2 EuGVVO). Daher muss der Unternehmer mindestens in einem anderen Mitgliedstaat die erforderliche Niederlassung haben. Die bloße grenzüberschreitende Dienstleistung genügt nur gegenüber Unternehmen, die ohnehin ihren Sitz in einem Mitgliedstaat der EuGVVO haben. Zum anderen ist die Zuständigkeit der deutschen Gerichte dann gegeben, wenn das US-amerikanische Unternehmen diese Tätigkeit auf anderem Wege auf den Wohnsitzstaat des Verbrauchers, d. h. auf die Bundesrepublik, ausrichtet (2. Fall). Zwar kann der Unternehmer diese Tätigkeit vom Ausland aus bewerben. Aber auch in diesem Fall muss der US-amerikanische Unternehmer in mindestens einem anderen Mitgliedstaat eine Niederlassung besitzen. Denn ohne dieses Erfordernis einer Niederlassung in zumindest einem Mitgliedstaat findet die EuGVVO gem. Art. 15 Abs. 2 keine Anwendung auf ein US-amerikanisches Unternehmen. Allein das Betreiben der Website in einem anderen Mitgliedstaat reicht allerdings nicht aus, da eine Website (noch) keine Niederlassung darstellt.[534] Daraus folgt, dass ein deutscher Verbraucher, der z. B. über das Internet

---

[532] Siehe dazu oben § 4 II. 1. a.

[533] Siehe oben § 4 II. 1. b. bb.

[534] Siehe dazu § 4 I 3. a. und § 4 II. 4. c.

ein Produkt bei einem US-amerikanischen Internet-Kaufhaus bestellt, vor US-amerikanischen Gerichten klagen müsste. Denn die Website stellt keine Niederlassung i. S. v. Art. 15 Abs. 2 EuGVVO dar, so dass gem. Art. 4 Abs. 1 EuGV-VO autonomes deutsches Recht anwendbar ist. Nach § 21 ZPO stellt eine Website ebenfalls keine Niederlassung dar, so dass die internationale Zuständigkeit der deutschen Gerichte nicht gegeben wäre. Allgemeiner Gerichtsstand für die Klage wäre daher nur der Sitz des Unternehmens in den Vereinigten Staaten.[535]

Die Anwendungsvoraussetzungen des Art. 15 Abs. 2 EuGVVO sollen auch dann erfüllt sein, wenn beim Verbraucher der Anschein einer Zusammenarbeit zwischen der handelnden Geschäftsstelle und dem in einem Drittstaat domizilierten Unternehmer erweckt wird. Diese müsse weder mit dem Unternehmer personell oder wirtschaftlich verbunden sein, noch brauche sie die Firma des Unternehmers zu benutzen. Unerheblich soll auch sein, ob der Unternehmer über eine konzernangehörige Gesellschaft tätig werde oder ob er sich eines nur vertraglich gebundenen Vermittlers bediene. Denn entscheidend sei der objektive Anschein für den Verbraucher.[536] Es handelt sich dabei um den Fall der Begründung einer Niederlassung kraft zurechenbar veranlassten Rechtsscheins.

cc. Arbeitnehmer

Abschließende Vorschriften zum Schutz von Arbeitnehmern finden sich in den Artt. 18-21 EuGVVO.[537] Gem. Art. 18 Abs. 1 EuGVVO bestimmt sich die Zuständigkeit der Gerichte unbeschadet der Artt. 4, 5 Nr. 5 EuGVVO nach den Artt. 18-21 EuGVVO, sofern ein individueller Arbeitsvertrag oder Ansprüche daraus den Gegenstand des Verfahrens bilden.[538]

Ein Individualarbeitsvertrag ist in Anlehnung an die Rechtsprechung des EuGH zu Art. 5 Nr. 1 1. HS EuGVÜ[539] sowie an den Arbeitsvertragsbegriff des

---

[535] Stein/Jonas-Roth, § 21, Rdnr. 5.

[536] Geimer, RIW 94, 59 (61); Geimer/Schütze, Art. 15 EuGVVO, Rdnr. 14. Vgl. dazu auch unten § 4 II. 4. e.

[537] Rauscher-Mankowski, Art. 18 EuGVVO, Rdnr. 2; Thomas/Putzo-Hüßtege, Vorbem. zu Artt. 18 – 21 EuGVVO, Rdnr. 1.

[538] Demnach („unbeschadet (...) des Art. 5 Nr. 5") finden diese Vorschriften neben der des Art. 5 Nr. 5 EuGVVO Anwendung, der allerdings nach wohl h. M. in der Literatur nur für Klagen gegen den Arbeitgeber gilt, Geimer/Schütze, Art. 18 EuGVVO, Rdnr. 27; Kropholler, Art. 18 EuGVVO, Rdnr. 4; Rauscher-Mankowski, Art. 18 EuGVVO, Rdnr. 15; Schlosser, Art. 18 EuGVVO, Rdnr. 1. A. A. Thomas/Putzo-Hüßtege, Art. 18 EuGVVO, Rdnr. 1, wonach Art. 5 Nr. 5 auch für Klagen gegen den Arbeitnehmer Anwendung finden könne. Vgl. dazu auch Geimer/Schütze-Geimer, I/2, S. 429; Mankowski, RIW 96, 1001 (1005).

[539] EuGH, Slg. 1987, 239 (255).

Art. 39 EG[540] ein Vertrag, in dem sich die eine Partei für eine gewisse Dauer verpflichtet, gegen Vergütung für die andere Partei Dienste zu erbringen, dabei deren Weisungen unterworfen ist und sich in deren betriebliche Organisation eingliedert, kein eigenes unternehmerisches Risiko trägt und keine eigene unternehmerische Entscheidungsfreiheit hat.[541]

Nach Art. 19 EuGVVO i. V. m. Art. 18 Abs. 2 EuGVVO[542] kann der Arbeitgeber, der seine Niederlassung im Hoheitsgebiet eines Mitgliedstaates hat, vor diesen Gerichten des Mitgliedstaates verklagt werden (Nr. 1) oder in einem anderen Mitgliedstaat vor dem Gericht des Ortes, an dem der Arbeitnehmer gewöhnlich seine Arbeit verrichtet (Nr. 2 lit. a) bzw. vor dem Gericht des Ortes der Niederlassung,[543] die den Arbeitnehmer eingestellt hat, wenn dieser seine Arbeit gewöhnlich nicht in ein und demselben Staat verrichtet (Nr. 2 lit. b). Nr. 1 regelt nur die internationale Zuständigkeit, die Bestimmung der örtlichen Zuständigkeit bleibt dem nationalen Recht vorbehalten.[544] Nr. 2 enthält dagegen auch die Regelung der örtlichen Zuständigkeit.[545]

Sollte es also zu arbeitsrechtlichen Streitigkeiten zwischen einem US-amerikanischen Arbeitgeber und einem deutschen Arbeitnehmer kommen, könn-

---

[540] EuGH, Slg. 1986, 2121 (2144); EuGH, Slg. 1982, 1035 (1048).

[541] Kropholler, Art. 18 EuGVVO, Rdnr. 2; Rauscher, FS Schütze, S. 698; Rauscher-Mankowski, Art. 18 EuGVVO, Rdnr. 4; Schlosser, Art. 5 EuGVVO, Rdnr. 8; Thomas/Putzo-Hüßtege, Art. 18 EuGVVO, Rdnr. 1.

[542] Gem. Art. 18 Abs. 2 EuGVVO wird ein Arbeitgeber (mit dem der Arbeitnehmer einen individuellen Arbeitsvertrag geschlossen hat), der im Hoheitsgebiet eines Mitgliedstaates keinen Sitz, aber eine Zweigniederlassung, Agentur oder sonstige Niederlassung besitzt, für Streitigkeiten aus ihrem Betrieb so behandelt, wie wenn er seinen Sitz im Hoheitsgebiet des Mitgliedstaates hätte. Vgl. dazu auch Junker, RIW 02, 569 (575).

[543] Dabei kann nach der wohl h. M. in der Literatur bezüglich des Begriffs der Niederlassung auf Art. 5 Nr. 5 verwiesen werden: Geimer/Schütze, Art. 19 EuGVVO, Rdnr. 3/11; Junker, RIW 02, 569 (575); Kropholler, Art. 19 EuGVVO, Rdnr. 12; Micklitz/Rott, EuZW 01, 325 (332); Piltz, NJW 02, 789 (792); Schlosser, Art. 19 EuGVVO, Rdnr. 1; Thomas/Putzo-Hüßtege, Art. 19 EuGVVO, Rdnr. 2. A. A. Mankowski, FS Heldrich, S. 887 Fn. 113; Rauscher-Mankowski, Art. 19 EuGVVO, Rdnr. 18, wonach die Niederlassung den Betrieb meine, in deren organisatorischem Zusammenhang der Arbeitnehmer eingegliedert sei. Der allgemeine Niederlassungsbegriff des Art. 5 Nr. 5 stelle auf den unternehmensexternen Rechtsverkehr und unternehmerisches Auftreten am Markt ab. Beide seien keine tauglichen Kriterien für das unternehmensinterne Innenverhältnis zwischen Arbeitgeber und Arbeitnehmer. Es müsse, soweit möglich, eine Beziehung nicht nur zum Arbeitgeber, sondern auch zum Arbeitnehmer bestehen.

[544] Kropholler, Art. 19 EuGVVO, Rdnr. 2; Rauscher-Mankowski, Art. 19 EuGVVO, Rdnr. 2.

[545] Kropholler, Art. 19 EuGVVO, Rdnr. 2; Piltz, NJW 02, 789 (792); Rauscher-Mankowski, Art. 19 EuGVVO, Rdnr. 2.

te das US-amerikanische Unternehmen – nach der Auslegung des EuGH – vor deutschen Gerichten verklagt werden, wenn es seine Niederlassung in der Bundesrepublik betreibt, wenn – sofern diese Niederlassung in einem anderen Mitgliedstaat als Deutschland belegen ist – der deutsche klagende Arbeitnehmer seine Arbeit gewöhnlich in der Bundesepublik verrichtet oder wenn sich die einstellende Niederlassung des Beklagten in der Bundesrepublik befindet. Voraussetzung dafür ist aber, dass der US-amerikanische beklagte Arbeitgeber eine weitere Niederlassung i. S. v. Art. 18 Abs.2 EuGVVO in einem „anderen Mitgliedstaat" hat.

dd. Stellungnahme

Im deutsch-amerikanischen Rechtsverkehr bedeutet dies demzufolge, dass ein beklagtes Unternehmen mit Sitz in den USA und einer geschäftlichen Betätigung in der Bundesrepublik grundsätzlich nicht unter Art. 5 Nr. 5 EuGVVO fällt. Vielmehr ist in diesem Fall § 21 ZPO anwendbar.[546] Art. 5 Nr. 5 EuGVVO greift aber dann ein, wenn z. B. ein Unternehmen mit Sitzen in den Vereinigten Staaten und in einem Mitgliedstaat der EuGVVO, z. B. in Frankreich, eine Niederlassung in der Bundesrepublik betreibt und von einem Vertragspartner in Deutschland, der nicht Verbraucher, Versicherungsnehmer oder Arbeitnehmer ist, vor deutschen Gerichten wegen einer Streitigkeit aus dem Handel mit der deutschen Niederlassung verklagt wird.

Ferner kommt Art. 5 Nr. 5 EuGVVO dann zur Anwendung, wenn das US-amerikanische Unternehmen zwar seinen satzungsmäßigen Sitz in den USA hat, dessen Hauptverwaltung oder Hauptniederlassung aber in einem EuGVVO-Mitgliedstaat belegen ist und sich die streitgegenständliche Niederlassung in der Bundesrepublik befindet.

Die EuGVVO soll darüber hinaus auch dann anwendbar sein, wenn zwar der formelle Inhaber der Niederlassung außerhalb der Mitgliedstaaten ansässig ist, das Stammhaus des formellen Inhabers seinerseits aber den Sitz innerhalb der Mitgliedstaaten hat. Die Zwischenschaltung einer typischerweise in den Off-Shore-Gebieten domizilierenden Gesellschaft könne die Gerichtspflichtigkeit des materiellen Stammhauses jedenfalls dann nicht beseitigen, wenn im Verhältnis zwischen Niederlassung und materiellem Stammhaus die Kriterien der Nieder-

---

[546] Geimer/Schütze-Auer, Rechtsverkehr, Bd. 1, Art. 5 EuGVVO, Rdnr. 171; Stein/Jonas-Roth, § 21, Rdnr. 4.

lassung Platz griffen oder wenn eine durchgehend organschaftliche Niederlassungsstruktur bestehe.[547]

Schließlich sind die Ausnahmen zu beachten, die die Zuständigkeit der deutschen Gerichte nach der EuGVVO in bestimmten deutsch-amerikanischen Streitigkeiten begründen können.

In diesem Zusammenhang ist der bereits behandelte Drittstaatenbezug relevant.[548] Wenn z. B. ein US-amerikanisches beklagtes Unternehmen mit Sitz in New York seine Geschäfte mit einem Verbraucher mit Wohnsitz in Deutschland von seiner Niederlassung in Berlin aus betreibt, handelt es sich um einen Fall des Art. 15 Abs. 2 EuGVVO mit der Besonderheit, dass der Rechtsstreit keinen besonderen Bezug zu einem anderen Mitgliedstaat außer der Bundesrepublik aufweist. Kläger- und Beklagtengerichtsstand fallen somit in einem einzigen Mitgliedstaat zusammen, da sowohl die Niederlassung des US-amerikanischen Unternehmens als auch der Wohnsitz des deutschen Verbrauchers sich in einem Mitgliedstaat befinden. Unter Zugrundelegung der neuesten Auslegung des EuGH würde sich in diesem Fall die Zuständigkeit des vom deutschen (Verbraucher-) Kläger angerufenen Gerichts aus Artt. 15 Abs. 2, 16 Abs. 1 EuGVVO ergeben, da für deren Anwendbarkeit der Bezug zu einem Mitgliedstaat (der Bundesrepublik) und einem Nicht-Mitgliedstaat (den USA) ausreicht.[549]

c. Sachlicher und zeitlicher Anwendungsbereich

Der sachliche Anwendungsbereich umfasst gem. Art. 1 Abs. 1 EuGVVO Zivil- und Handelssachen unter Einschluss des Arbeits- und Unterhaltsrechts. Da es sich bei der EuGVVO um sekundäres Gemeinschaftsrecht handelt, sind die für dieses Recht eigens entwickelten Auslegungsmethoden für die verwandten Begriffe heranzuziehen. Allerdings unterscheiden sich diese kaum von den herkömmlichen Rechtsfindungsmethoden, sondern sind nur an die besonderen Bedürfnisse und Erfordernisse des Gemeinschaftsrechts anzupassen.[550] Die Frage lautet also, ob die Auslegung der EuGVVO gemeinschaftsrechtlich autonom oder anhand des staatlichen Rechts erfolgt.[551] Der EuGH hat sich bereits in seiner Rechtsprechung zum EuGVÜ, die hier auf die EuGVVO übertragen werden

---

[547] Geimer/Schütze-Auer, Rechtsverkehr, Bd. 1, Art. 5 EuGVVO, Rdnr. 173; a. A. Schlosser, Art. 5 EuGVVO, Rdnr. 23.

[548] Stein/Jonas-Roth, § 21, Rdnr. 6.

[549] Vgl. auch Rauscher-Staudinger, Art. 15 EuGVVO, Rdnr. 17; Staudinger-Hausmann, Anh. II zu Artt. 27 – 37 EGBGB, Rdnr. 111.

[550] Kropholler, Einl., Rdnr. 40.

[551] Geimer, NJW 76, 441 (445).

kann,[552] für eine autonome Auslegung entschieden: Es müsse sichergestellt werden, dass sich aus dem Übereinkommen für die Mitgliedstaaten und die betroffenen Personen soweit wie möglich gleiche und einheitliche Rechte und Pflichten ergeben.[553] Gerade für die Zuständigkeitsregelungen habe die autonome Auslegung das Ziel, „den Rechtsschutz für die in der Gemeinschaft niedergelassenen Personen dadurch zu verstärken, dass dem Kläger die Feststellung erleichtert wird, welches Gericht er anrufen kann und dem Beklagten ermöglicht wird, bei vernünftiger Betrachtung vorherzusehen, vor welchem Gericht er verklagt werden kann."[554] Diese Rechtsprechung ist von der wohl h. M. in der Literatur begrüßt worden.[555] Gerade weil die Unterschiede zwischen den Mitgliedstaaten in der Abgrenzung von Zivil- und öffentlichem Recht so groß seien, dürfe man die Qualifikation nicht der lex fori überlassen. Sonst habe es jeder Forumstaat in der Hand, die mit dem EuGVÜ gegenüber den anderen Mitgliedstaaten eingegangenen Bindungen einseitig zu verkürzen.[556]

Nach der Rechtsprechung des EuGH ist der Begriff der „Zivilsache" also als autonomer Begriff zu verstehen, für dessen Auslegung – seit der LTU/Eurocontrol-Entscheidung des EuGH[557] – zum einen die Ziele und der Aufbau des Übereinkommens und zum anderen die sich aus der Gesamtheit der nationalen Rechtssysteme ergebenden allgemeinen Grundsätze heranzuziehen sind.[558]

Zeitlich gilt die EuGVVO gem. Art. 66 Abs. 1 EuGVVO für alle nach dem 01.03.2003 erhobenen Klagen oder aufgenommenen Urkunden.[559]

---

[552] Kropholler, Einl., Rdnr. 41; Wagner, WM 03, 116 (116).

[553] EuGH, Slg. 1988, 1539 (1554); EuGH, Slg. 1988, 5565 (5584).

[554] EuGH, Slg. 1993, 4075 (4103); EuGH, Slg. 1997, 57 (75); EuGH, Slg. 1997, 1683 (1704).

[555] Geimer, NJW 77, 490 (492); Geimer/Schütze, Einl., Rdnr. 125/130, die grundsätzlich auf den Einzelfall abstellen, aber im Zweifel für eine autonome Auslegung votieren; Hdb. Int. ZVerfR I-Kropholler, Kap. III, Rdnr. 85; Kropholler, Einl., Rdnr. 41, der die autonome Auslegung auch für die EuGVVO befürwortet; Linke, RIW 77, 42 (45); Linke, IPRax 82, 46 (47); MüKo ZPO-Gottwald, Vor Art. 1 EuGVÜ, Rdnr. 30; Nagel/Gottwald, § 3, Rdnr. 19; Piltz, NJW 79, 1071 (1071); Schack, IZVR, Rdnr. 97; Schütze, Rechtsverfolgung, Rdnr. 84; Wagner, WM 03, 116 (116). A. A. Schlosser, Einl., Rdnr. 29: Das Interesse des Rechtsbürgers an der Überschaubarkeit der Rechtslage müsse Vorrang vor dem antiquierten Gesichtspunkt haben, dass die Staaten eines völkerrechtlichen Vertrages nicht unterschiedliche Rechte und Pflichten haben sollten.

[556] Schack, IZVR, Rdnr. 97.

[557] EuGH, Slg. 1976, 1541 (1550).

[558] EuGH NJW 93, 2091 (2091); so auch Mankowski, RIW 04, 481 (494); Wieczorek/Schütze-Hausmann, Art. 1 EuGVÜ, Rdnr. 3.

[559] Vgl. auch Wagner, WM 03, 116 (117).

2. Historie

Das EuGVÜ als Vorgänger der EuGVVO trat mit den ersten sechs Mitgliedstaaten (Belgien, Deutschland, Frankreich, Italien, Luxemburg, Niederlande) für die Bundesrepublik am 01.02.1973 in Kraft. Bereits in einem ersten Vorentwurf war der Niederlassungsgerichtsstand in Art. 5 Nr. 4 enthalten. Danach konnte „eine Person, die in einem Vertragsstaat ihren Wohnsitz hat, in einem anderen Vertragsstaat verklagt werden, bei einem Rechtsstreit aus dem Betrieb einer Zweigniederlassung, einer Agentur oder einer sonstigen Niederlassung vor dem Gericht des Ortes, an dem sich diese befindet."[560] Der Gerichtsstand behielt während der folgenden Beratungen diese Fassung bei und ging letztlich mit folgendem Wortlaut in das Übereinkommen ein: „Eine Person, die ihren Wohnsitz im Hoheitsgebiet eines Vertragsstaats hat, kann in einem anderen Vertragsstaat verklagt werden, wenn es sich um Streitigkeiten aus dem Betrieb einer Niederlassung, einer Agentur oder einer sonstigen Niederlassung handelt, vor dem Gericht des Ortes, an dem sich diese befindet." Zwar wurde das Übereinkommen in der Folgezeit mehrere Male durch die Beitritte von weiteren europäischen Staaten abgeändert, Art. 5 Nr. 5 EuGVÜ indes behielt seine ursprüngliche Fassung bei, die auch heute noch in der EuGVVO Bestand hat. Lediglich das Wort „Vertragsstaat" aus dem EuGVÜ wurde in der EuGVVO durch „Mitgliedstaat" ersetzt.

Die Normgeber orientierten sich bei der Aufnahme dieses Gerichtsstandes zum einen an den europäischen Verfahrensordnungen.[561] Die Niederlassung findet sich als Vorbild für die europäische Regelung in den nationalen Zivilverfahrensordnungen von Österreich (§ 87 JN), der Bundesrepublik (§ 21 ZPO)[562] und – zu einem gewissen Teil – von Italien (Art. 19 Abs. 1 S. 2 it. C. p. c.). Im romanischen Rechtskreis (Frankreich, Belgien, Niederlande, Luxemburg) wird dagegen vorzugsweise mit dem „Wahldomizil" gearbeitet (z. B. Art. 111 Code Napoléon, Art. 47 Codice Civile).[563] In Frankreich entwickelte sich das Institut (domicile élu) aus den „gares principales", der Rechtsprechung.[564] Danach können beide Vertragspartner durch Vertrag oder nur einer von ihnen durch einseitige Erklärung einen vom wirklichen Wohnsitz abweichenden Ort als Sitz für die Abwick-

---

[560] Entwurf veröffentlicht in: RabelsZ 29, 594 (595/596).

[561] Geimer/Schütze-Geimer, I/1, S. 543; Hdb. Int. ZVerfR I-Kropholler, Kap. III, Rdnr. 697.

[562] Stein/Jonas-Roth, § 21, Rdnr. 1.

[563] Geimer, WM 76, 146 (147); Hdb. Int. ZVerfR I-Kropholler, Kap. III, Rdnr. 697; Jaspert, S. 60; Kropholler, Art. 5 EuGVVO, Rdnr. 88; Wieczorek/Schütze-Hausmann, Art. 5 EuGVÜ, Rdnr. 72.

[564] Geimer, WM 76, 146 (147 Fn. 14); Geimer/Schütze-Geimer, I/1, S. 543; Jaspert, S. 60; Linke, IPRax 82, 46 (47).

lung eines Rechtsgeschäfts wählen (domicile reél).[565] Dieses Wahldomizil ist dann auch maßgeblicher Gerichtsstand für die dieses Geschäft betreffenden Zustellungen und Klagen (z. B. Art. 59 § 1 C. p. c. français, Art. 59 § 9 c. p. c. lux., Art. 624 Nr. 3 C. J. bel.).[566] Bei dieser Art der Zuständigkeitsbegründung überwiegt der Wille der Parteien, so dass die Anknüpfung an das Wahldomizil eher mit der Zuständigkeitsvereinbarung, z. B. nach § 38 ZPO im autonomen deutschen Recht, vergleichbar sein dürfte.[567] Trotz des Mangels einer ausdrücklichen vertraglichen Vereinbarung oder einseitigen Erklärung kann dennoch ein Wahldomizil begründet bzw. fingiert werden. Dies geschieht dann vornehmlich durch konkludentes Verhalten. So soll nach einer Ansicht in der Literatur auch durch die Eröffnung einer Niederlassung eine Domizilwahl fingiert werden können. Damit trete der ursprüngliche Vertragsgedanke in den Hintergrund, und die Anknüpfung an einen objektiven Tatbestand wie bei dem „echten" Niederlassungsgerichtsstand werde sichtbar.[568] In der EuGVVO finden sich heute jedoch keine Anknüpfungen an die fingierte Domizilwahl mehr. Der europäische Normgeber entschied sich damals eindeutig für eine unmittelbare Zuständigkeitsanknüpfung an die Niederlassung.

Bei der Schaffung des Gerichtsstandes in Art. 5 Nr. 5 standen zum anderen aber auch mehrere bilaterale Abkommen zwischen europäischen Staaten Pate, die eine Zweigniederlassung des Beklagten als Anknüpfung für die direkte Zuständigkeit vorsahen.[569] Dazu gehörten z. B. die französisch-belgische Konvention vom 08.07.1899 (Art. 3 Abs. 2), der französisch-italienische Vertrag vom 03.06.1930 (Art. 13) und der u. a. zwischen Belgien und den Niederlanden geschlossene Benelux-Vertrag vom 24.11.1961 (Art. 5 Abs. 4). Diese Abkommen nahmen ebenfalls noch auf die fingierte Domizilwahl Bezug. In neueren Abkommen wurde dagegen der Gerichtsstand der Niederlassung als eigener Kompetenztatbestand ausgeformt, wie z. B. im französisch-britischen Abkommen (Art. 4 § 1 (1) e)), im französisch-österreichischen Vertrag vom 15.07.1966 (Art. 10 Nr. 2), im deutsch-belgischen Abkommen vom 30.06.1958 (Art. 2 Abs. 1 Nr.

---

[565] Geimer/Schütze-Auer, Rechtsverkehr, Bd. 1, Art. 5 EuGVVO, Rdnr. 169; Riezler, S. 191; Vervessos, S. 5.

[566] Riezler, S. 191.

[567] Geimer, WM 76, 146 (147); Hahn, Materialien, Band 2/1, S. 162; Meili, S. 310; Schröder, S. 420.

[568] Geimer, WM 76, 146 (147); anders dagegen Schröder, S. 331, der sich ausschließlich auf das bereits erwähnte Ulpian-Fragment stützt.

[569] Geimer, WM 76, 146 (148); Geimer/Schütze-Geimer, I/1, S. 543; Hdb. Int. ZVerfR I-Kropholler, Kap. III, Rdnr. 697; Jaspert, S. 60; Jenard-Bericht, Viertes Kapitel B. Zweiter Abschnitt Art. 5 Nr. 5 EuGVÜ; Kropholler, Art. 5 EuGVVO, Rdnr. 88; Linke, IPRax 82, 46 (47); Wieczorek/Schütze-Hausmann, Art. 5 EuGVÜ, Rdnr. 72.

4), im deutsch-italienischen Abkommen vom 09.03.1936 (Art. 2 Nr. 3) oder im deutsch-niederländischen Vertrag vom 30.06.1962 (Art. 4 Abs. 1 lit. d). Auf die weiteren, von Deutschland abgeschlossenen bilateralen Anerkennungs- und Vollstreckungsverträge wurde bereits hingewiesen.[570] Wie bereits erwähnt, sind gem. Art. 69 EuGVVO mittlerweile zahlreiche der bilateralen Staatsverträge mit der Geltung der Brüssel – I – Verordnung außer Kraft getreten.[571]

3. Sinn und Zweck

Hinter der Schaffung des zusätzlichen Gerichtsstandes der Niederlassung in Art. 5 Nr. 5 EuGVVO steht der Gedanke, die Gerichtspflichtigkeit desjenigen Beklagten zu erweitern, der sich über eine entfernt vom eigentlichen Sitz liegende Niederlassung wirtschaftlich betätigt.[572] Dem Kläger soll ein weiteres, möglicherweise sachnäheres Gericht – am Ort der Niederlassung – zur Verfügung gestellt werden, um die Rechtsstreitigkeiten, die aus der Betätigung des Beklagten über die Niederlassung mit dem Kläger resultieren, am Ort dieser Geschäftstätigkeit auch austragen zu können. Eine Verweisung des Klägers auf den allgemeinen Gerichtsstand des Beklagten i. S. v. Art. 2 Abs. 1 EuGVVO an dessen Sitz erscheint unbillig, da der Beklagte immerhin auch die Vorteile der Teilnahme am Rechts- und Wirtschaftsverkehr am Ort der Niederlassung nutzen kann.[573] Diese Leitidee dürfte durch die Formel „Marktzutritt begründet Gerichtspflichtigkeit" am ehesten umschrieben werden. Der Gerichtsstand wird vielfach auch als „verkleinerter Wohnsitzgerichtsstand" bezeichnet, weil bei ihm alle auf den Betrieb der Niederlassung bezogenen Ansprüche geltend gemacht werden können.[574] Dabei baut er auf der gleichen Logik wie der allgemeine Gerichtsstand auf: Genauso wie der Beklagte für alle gegen ihn gerichteten Prozesse in seinem

---

[570] Siehe dazu oben § 3 II. 1.

[571] Siehe dazu oben § 3 II. 2.

[572] Ganssauge, S. 35; Geimer/Schütze, Art. 5 EuGVVO, Rdnr. 296; Geimer/Schütze-Auer, Rechtsverkehr, Bd. 1, Art. 5 EuGVVO, Rdnr. 168; Kropholler, Art. 5 EuGVVO, Rdnr. 88; Rauscher-Leible, Art. 5 EuGVVO, Rdnr. 99; Schlosser, Art. 5 EuGVVO, Rdnr. 23; Staudinger-Hausmann, Anh. II zu Artt. 27 – 37 EGBGB; Rdnr. 131; Zöller-Geimer, Art. 5 EuGVVO, Rdnr. 40. Zu Sinn und Zweck von § 21 ZPO siehe oben § 4 I. 2.

[573] Fawcett, 9 Eur. L. Rev., 326 (329); Geimer/Schütze, Art. 5 EuGVVO, Rdnr. 296; Geimer/Schütze-Geimer, I/1, S. 543; Hdb. Int. ZVerfR I-Kropholler, Kap. III, Rdnr. 698; Jaspert, S. 60; Kropholler, Art. 5 EuGVVO, Rdnr. 88; Rauscher-Leible, Art. 5 EuGVVO, Rdnr. 99; Staudinger-Hausmann, Anh. II zu Artt. 27 – 37 EGBGB, Rdnr. 133; Wieczorek/Schütze-Hausmann, Art. 5 EuGVÜ, Rdnr. 72; Zöller-Geimer, Art. 5 EuGVVO, Rdnr. 40.

[574] Ganssauge, S. 36; Geimer/Schütze, Art. 5 EuGVVO, Rdnr. 299; Geimer/Schütze-Auer, Rechtsverkehr, Bd. 1, Art. 5 EuGVVO, Rdnr. 168; Geimer/Schütze-Geimer, I/1, S. 542; Mankowski, FS Heldrich, S. 887; MüKo ZPO-Gottwald, Art. 5 EuGVÜ, Rdnr. 49; Rauscher-Leible, Art. 5 EuGVVO, Rdnr. 99; Wieczorek/Schütze-Hausmann, Art. 5 EuGVÜ, Rdnr. 72.

Sitzstaat gerichtspflichtig ist – mag auch der Streitgegenstand zu anderen Mitgliedstaaten der EuGVVO viel engere Bezüge aufweisen – ist derjenige, der außerhalb seines Sitzstaates eine Niederlassung oder Agentur betreibt, dort gerichtspflichtig für alle Streitigkeiten, die aus dem Betrieb dieser Niederlassung herrühren.[575] Wie bereits angedeutet, war die Schaffung des Niederlassungsgerichtstandes in Art. 5 Nr. 5 von vorneherein darauf gerichtet, die internationale und örtliche Zuständigkeit im Verhältnis von Parteien verschiedener Mitgliedstaaten zu regeln.[576] Auslöser für die Regelung waren also der zunehmende grenzüberschreitende innereuropäische Wirtschaftsverkehr und dessen prozessrechtliche Begleiterscheinungen.

Von Interesse ist überdies, wie die Regelungen der Artt. 9 Abs. 2, 15 Abs. 2, 18 Abs. 2 EuGVVO zu beurteilen sind, die Beklagte aus Drittstaaten, die in einem Mitgliedstaat der EuGVVO eine Zweigniederlassung, Agentur oder sonstige Niederlassung unterhalten, der Jurisdiktion dieses oder eines anderen EuGVVO-Mitgliedstaates unterwerfen. Dies gilt insbesondere angesichts der Tatsache, dass in den Artt. 9 Abs. 1 lit. b oder 16 Abs. 1 2. Fall EuGVVO abweichend von Art. 5 Nr. 5 EuGVVO keine Gerichtsstände am Ort der Niederlassung des Beklagten, sondern Klägergerichtsstände in einem anderen als dem Niederlassungs-Mitgliedstaat geschaffen werden.

Die Niederlassung in den jeweiligen Abs. 2 der genannten Normen dient damit nur noch als „Vehikel" um den Anwendungsbereich der EuGVVO gegenüber Drittstaaten zu eröffnen. Eine Zuständigkeitsanknüpfung an den Ort der Niederlassung als Reaktion auf die wirtschaftliche Betätigung des Beklagten findet nur noch mittelbar statt. Denn über die Niederlassung hinaus stehen Gerichtsstände am Sitz der Kläger zur Verfügung, die noch nicht einmal im Mitgliedstaat der Niederlassung belegen sein müssen. Damit wird auch die Formel „Marktzutritt begründet Gerichtspflichtigkeit" modifiziert: Als Markt dient nicht mehr der nationale Markt, sondern das gesamte Territorium, in dem die EuGVVO Geltung beansprucht. Der Beklagte ist nicht mehr am Ort seiner wirtschaftlichen Betätigung gerichtspflichtig, sondern am Sitz des Klägers.

Diese besondere Konstellation der Anknüpfung an die Niederlassung dürfte die Frage nach Sinn und Zweck rechtfertigen.

Diese wird teilweise in der Literatur mit dem Hinweis darauf beantwortet, Art. 15 Abs. 2 EuGVVO gehe zwar „ruppig" mit Drittstaatenunternehmen ins Ge-

---

[575] Geimer/Schütze-Geimer, I/1, S. 542; MüKo ZPO-Gottwald, Art. 5 EuGVÜ, Rdnr. 49.

[576] Siehe dazu oben § 4 II. 1. a.

richt, da die Vorschrift die bloße Zweigniederlassung im EU-Gebiet ausreichen lasse. Dies verletze indes weder die Fairness noch das völkerrechtliche Minimal-erfordernis für „jurisdiction to adjudicate." Wer sich auf dem europäischen Markt mit einem festen Stützpunkt von Niederlassungsqualität betätige, könne sich nicht beschweren, dass man ihn hier gerichtspflichtig mache. Er sei den Schritt zu dauerhafter Präsenz in Europa selber gegangen und müsse nun die daran anknüpfenden Konsequenzen hinnehmen.[577] Vereinzelt wird auch betont, dass diese Regelung dem Grundgedanken Rechnung trage, dass die Letztver-braucher bei Geschäften mit Firmen, die ihren Sitz außerhalb des Anwendungs-bereichs der EuGVVO hätten, auch dann zu schützen seien, wenn solche Firmen dort über eine Zweigniederlassung operierten.[578] Teilweise wird schließlich vom Gesichtspunkt des „doing business" gesprochen, der sich in dieser Regelung wieder finde.[579]

Diesen Erwägungen dürfte zuzustimmen sein. Dem neuen Zuständigkeitskata-log in Art. 15 EuGVVO liegt beispielsweise nicht mehr das Leitbild des passiven Verbrauchers zugrunde, der zur Begründung der Gerichtspflichtigkeit des Be-klagten alle erforderlichen Rechtshandlungen in seinem Wohnsitzstaat vorneh-men musste. Nunmehr ist der Ort unbeachtlich, an dem der Vertrag geschlossen wurde, so dass auch die Fallgestaltungen erfasst werden, in denen der Verbrau-cher zur Vornahme dieser Handlungen seinen Sitzstaat verlässt. Auf diese Weise wird auch der aktive Verbraucher in den Schutzbereich von Art. 15 EuGVVO einbezogen. Entscheidend ist nun, ob der Beklagte eine hinreichend enge Ver-bindung zum Heimatstaat des klägerischen Verbrauchers geschaffen hat, die es rechtfertigt, ihn in diesem Staat gerichtspflichtig zu machen.[580]

---

[577] Mankowski, EWiR 04, 1221 (1222). Ähnlich auch Rauscher-Mankowski, Art. 18 EuGVVO, Rdnr. 11: Wer freiwillig einen lokalen Stützpunkt, einen Betrieb, im EU-Gebiet begründet habe, könne sich nicht unfair behandelt fühlen, wenn er in dem betreffenden Staat Streitigkeiten mit Bezug auf gerade diesen Betrieb ausfechten müsse. Die Beschränkung auf solche Streitigkeiten, die Bezug auf die Niederlassung in der EU hätten, böten die nötige Einschränkung. Der dritt-staatliche Arbeitgeber werde eben nicht für alle weltweit anfallenden Streitigkeiten im Staat sei-ner EU-Niederlassung gerichtspflichtig gemacht.

[578] Wach/Weberpals, AG 89, 193 (197).

[579] Geimer, EuZW 93, 564 (565/566): Den ausländischen Konzeren falle es angesichts des Verbotes des Zuständigkeitsdurchgriffs zu leicht, im Europäischen Binnenmarkt „mitzumischen", aber die damit zusammenhängende und daraus resultierende Gerichtspflichtigkeit vor den deutschen Ge-richten durch kautelarjuristische Konstruktionen auszuhebeln. Vgl. ferner Geimer, NJW 86, 2991 (2992); Geimer, RIW 88, 220 (222); Geimer/Schütze-Geimer, I/1, S. 392. Ähnlich auch Rauscher-Staudinger, Art. 15 EuGVVO, Rdnr. 13 Fn. 51, wonach sich Parallelen zum amerika-nischen Rechtsraum ziehen ließen.

[580] Siehe dazu oben § 4 II. 1. b. bb.

Bei Beklagten aus Drittstaaten wird zudem die enge Verbindung zum Territorium der EuGVVO durch die Schaffung von Niederlassungen in EuGVVO-Mitgliedstaaten zum Ausdruck gebracht, über die sie sich wirtschaftlich betätigen und dabei ihre Aktivität unter Umständen über die Grenzen „ihres" Niederlassungsstaates hinaus auf andere „EuGVVO-Märkte" ausdehnen. Die Anknüpfung an die Zweigniederlassung, Agentur oder sonstige Niederlassung dürfte dabei sachgerecht sein, da sie als „verkleinerter Wohnsitz" der Anknüpfung an den Sitz i. S. v. Art. 2 EuGVVO am ehesten entspricht.

Als notwendige, aber ausreichende Regulative für die Jurisdiktionsausdehnung sollten zwei Aspekte dienen. Zum einen ist auch für Streitigkeiten z. B. zwischen einem Verbraucher und einem beklagten Unternehmen aus einem Drittstaat erforderlich, dass zwischen dem Rechtsstreit und dem Betrieb der Niederlassung der entsprechende Bezug gegeben ist.[581] Zum anderen darf nicht übersehen werden, dass sich der beklagte Vertragspartner des Verbrauchers auch auf die Schutzvorschriften der EuGVVO berufen kann. So können z. B. gegen ihn nicht die exorbitanten Zuständigkeiten des autonomen nationalen Rechts mit der Begründung in Anspruch genommen werden, der Beklagte habe seinen Sitz außerhalb des Anwendungsbereichs der EuGVVO.[582]

Schließlich hält auch Pfeiffer das von ihm entwickelte Prinzip einer am Justizanspruch der Parteien orientierten Zuständigkeitsgerechtigkeit grundsätzlich für auf den europäischen Kontext übertragbar. Als praktische Konsequenz einer am Rechtsschutz der Parteien ausgerichteten Zuständigkeitspolitik habe sich v. a. mit der EuGVVO ein europäisches Zuständigkeitssystem etabliert, das von dem Grundsatz des „actor sequitur forum rei" ausgehe und zu dessen Ergänzung streitgegenstandsbezogene Gerichtsstände kenne.[583] Allerdings bedürften die Einschränkungen des inländischen Justizanspruchs durch das „actor sequitur"-Prinzip und damit die Prinzipien einer autonomen Zuständigkeitsgerechtigkeit einer zusätzlichen Begründung.[584]

---

[581] Vgl. dazu Rauscher-Mankowski, Art. 18 EuGVVO, Rdnr. 11.

[582] Geimer/Schütze, Art. 15 EuGVVO, Rdnr. 10; Geimer/Schütze-Geimer, I/2, S. 392 Fn. 85; Rauscher-Staudinger, Art. 15 EuGVVO, Rdnr. 18; Staudinger-Hausmann, Anh. II zu Artt. 27 – 37 EGBGB, Rdnr. 111; Wieczorek/Schütze-Hausmann, Art. 13 EuGVÜ, Rdnr. 28. Dies gilt ebenso für die Regelungen in Versicherungs- und Arbeitnehmerangelegenheiten. Vgl. dazu LG Stuttgart IPRax 98, 100 (102); Geimer/Schütze, Art. 8 EuGVVO, Rdnr. 11/Art. 18 EuGVVO, Rdnr. 3; Kropholler, Art. 9 EuGVVO, Rdnr. 5; Rauscher-Staudinger, Art. 9 EuGVVO, Rdnr. 8; Schlosser, Art. 9 EuGVVO, Rdnr. 2.

[583] Pfeiffer, S. 651.

[584] Pfeiffer, S. 656.

Die EuGVVO als prinzipiell unangefochtener Kernbereich eines europäischen Zivilprozessrechts gehe von einer Einschränkung des inländischen Justizanspruchs durch den „actor sequitur"-Grundsatz aus. Der Beklagtenwohnsitz bilde gleichsam das allgemeine Prinzip der zuständigkeitsrechtlichen Anknüpfungsgerechtigkeit nach der EuGVVO, welches lediglich ausnahmsweise durch streitgegenstandsbezogene Gerichtsstände, wie z. B. Art. 5 Nr. 5 EuGVVO, ergänzt werde.[585]

Auch zeige das Konzept der Zuständigkeitsgerechtigkeit gerade dann seine Leistungsfähigkeit, wenn es, wie bei der Auslegung der Zuständigkeitsvorschriften der EuGVVO, um die Frage nach Wertungen autonomer Zuständigkeitsgerechtigkeit gehe.[586] Zuständigkeitsvorschriften dienten spezifisch prozessualen Wertungen, weil sie einerseits den Umfang des inländischen Justizanspruchs des Klägers und zum anderen den status negativus des Beklagten gegenüber gerichtlicher Hoheitsgewalt sicherten. Deshalb erfordere der von der EuGVVO bezweckte effektive Schutz dieser prozessualen Freiheitssphären deren einheitliche Bestimmung, die lediglich durch autonome Auslegung, wie bei Art. 5 Nr. 5 EuGVVO,[587] gewährleistet werden könne.[588]

---

[585] Pfeiffer, S. 656. Kritisch Buchner, S. 95 ff., der sich für eine gerechte Zuständigkeitsverteilung durch eine parteineutrale, streitgegenstandsbezogene Anknüpfung der Gerichtsstände ausspricht und dem allgemeinen Beklagtengerichtsstand nur noch eine subsidiäre Funktion zukommen lassen will. Dieser käme nicht als materielles wertungsleitendes Rechtsprinzip in Frage. Ferner erfordere diese Maxime der streitgegenstandsbezogenen Anknüpfung die Formulierung einzelner besonderer Gerichtsstände. Die verschiedenen Arten von Rechtsverhältnissen, die zwischen den Parteien bestehen könnten, müssten jeweils hinsichtlich ihres Schwerpunktes durch einen bestimmten Anknüpfungspunkt zuständigkeitsrechtlich typisiert werden.

[586] Pfeiffer, S. 677.

[587] Siehe unten § 4 II. 4. a.

[588] Pfeiffer, S. 679.

4. Begriff der Niederlassung[589]

Es kann als gesichert gelten, dass die Art. 5 Nr. 5 EuGVVO zugrunde liegenden Merkmale „der Zweigniederlassung, Agentur oder sonstigen Niederlassung" bezüglich ihrer Definition und Auslegung auch für die bereits erörterten Ausnahmevorschriften maßgeblich sind.[590] Daraus folgt das Bedürfnis, den Begriff der Niederlassung in Art. 5 Nr. 5 EuGVVO näher zu untersuchen.

---

[589] Die Grenzen zwischen § 21 ZPO und Art. 5 Nr. 5 EuGVVO sind – soweit ersichtlich – in der vorhandenen Diskussion von Rechtsprechung und Literatur weitgehend fließend. Beiden Normen liegen in der Tat vergleichbare Ansätze und Voraussetzungen zu Grunde, vgl. Geimer, WM 76, 146 (147); Kropholler, Art. 5 EuGVÜ, Rdnr. 71; Mankowski, RIW 96, 1001 (1005), so dass die deutsche Rechtsprechung zu § 21 ZPO in der Vergangenheit nicht selten eine „Vorreiterrolle" für die Schaffung und Auslegung von Art. 5 Nr. 5 EuGVVO gespielt hat, vgl. Geimer, WM 76, 146 (147); Kropholler, Art. 5 EuGVÜ, Rdnr. 71; Mankowski, RIW 96, 1001 (1005); Wieczorek/Schütze-Hausmann, Art. 5 EuGVÜ, Rdnr. 81; ähnlich Pfeiffer, BGH-Festgabe III, S. 641. Angesichts der Bedeutung der Rechtsprechung des EuGH für den europäischen Rechtsraum schaut heute die deutsche Praxis bei der Anwendung und Auslegung des autonomen Rechts allerdings zunehmend auf Art. 5 Nr. 5 EuGVVO, vgl. Kronke, IPRax 89, 81 (81); Staudinger-Hausmann, Anh. II zu Artt. 27 – 37 EGBGB, Rdnr. 134. Dennoch soll eine differenzierte Untersuchung von Art. 5 Nr. 5 EuGVVO unter besonderer Berücksichtigung der Auslegung der Norm durch den EuGH erfolgen.

[590] OLG München NJW-RR 93, 701 (702); Mankowski, EWiR 04, 1221 (1222); Mankowski, RIW 96, 1001 (1005); Mankowski, RIW 05, 561 (570); Staudinger-Hausmann, Anh. II zu Artt. 27 – 37 EGBGB, Rdnr. 109. Vgl. ferner zu Art. 9 Abs. 2 EuGVVO: Geimer/Schütze, Art. 9 EuGVVO, Rdnr. 15/17; Kropholler, Art. 9 EuGVVO, Rdnr. 5; MüKo ZPO-Gottwald, Art. 8 EuGVÜ, Rdnr. 5; Rauscher-Staudinger, Art. 9 EuGVVO, Rdnr. 8; Schlosser, Art. 9 EuGVVO, Rdnr. 2; Thomas/Putzo-Hüßtege, Art. 9 EuGVVO, Rdnr. 4; Wieczorek/Schütze-Hausmann, Art. 8 EuGVÜ, Rdnr. 5; Zöller-Geimer, Art. 9 EuGVVO, Rdnr. 1. Vgl. zu Art. 15 Abs. 2 EuGVVO: Geimer/Schütze, Art. 15 EuGVVO, Rdnr. 8; Kropholler, Art. 15 EuGVVO, Rdnr. 28; MüKo ZPO-Gottwald, Art. 13 EuGVÜ, Rdnr. 12; Rauscher-Staudinger, Art. 15 EuGVVO, Rdnr. 17; Schlosser, Art. 15 EuGVVO, Rdnr. 9; Thomas/Putzo-Hüßtege, Art. 15 EuGVVO, Rdnr. 10; Wach/Weberpals, AG 89, 193 (197); Wieczorek/Schütze-Hausmann, Art. 13 EuGVÜ, Rdnr. 27; Zöller-Geimer, Art. 15 EuGVVO, Rdnr. 1; a. A. Benicke, WM 97, 945 (950): Notwendig sei eine völlig unterschiedliche Auslegung des Niederlassungsbegriffes in Art. 5 Nr. 5 und Art. 13 Abs. 2 EuGVÜ. Vgl. zu Art. 18 Abs. 2 EuGVVO: Geimer/Schütze, Art. 18 EuGVVO, Rdnr. 3; Kropholler, Art. 18 EuGVVO, Rdnr. 5; MüKo ZPO Akt.-Gottwald, Art. 18 EuGVVO, Rdnr. 3; Schlosser, Art. 18 EuGVVO, Rdnr. 2; Thomas/Putzo-Hüßtege, Art. 18 EuGVVO, Rdnr. 2; Zöller-Geimer, Art. 18 EuGVVO, Rdnr. 1; a. A. Mankowski, FS Heldrich, S. 887 Fn. 113; Rauscher-Mankowski, Art. 18 EuGVVO, Rdnr. 12/Art. 19 EuGVVO, Rdnr. 18, der bei Art. 18 Abs. 2 EuGVVO den Niederlassungsbegriff des Art. 19 Nr. 2 lit. b EuGVVO zugrunde legen möchte. Vgl. zu Art. 19 Nr. 2 lit b. EuGVVO: Geimer/Schütze, Art. 19 EuGVVO, Rdnr. 3/11; Kropholler, Art. 19 EuGVVO, Rdnr. 12; Rauscher-Mankowski, Art. 19 EuGVVO, Rdnr. 18; Schlosser, Art. 19 EuGVVO, Rdnr. 1; Thomas/Putzo-Hüßtege, Art. 19 EuGVVO, Rdnr. 2; Zöller-Geimer, Art. 19 EuGVVO, Rdnr. 1.

a. Autonome Auslegung

Dabei stellt sich wie bei Art. 1 EuGVVO die Frage, ob die Begriffe „Zweigniederlassung, Agentur oder sonstige Niederlassung" gemeinschaftsrechtlich autonom oder anhand des jeweils geltenden staatlichen Rechts auszulegen sind.

Nach der wohl h. M. in der deutschen Literatur sind die Begriffe autonom auszulegen,[591] wobei die „Zweigniederlassung" und die „Agentur" nach der Rechtsprechung des EuGH nur Unterbegriffe der „Niederlassung" darstellen.[592]

Auch der EuGH hat sich seinem Urteil vom 22.11.1978 (Somafer/Saar-
Ferngas) für eine autnome Auslegung entschieden und den Begriff der Niederlassung definiert. Die Beklagte, ein in Frankreich ansässiges Abbruchunterneh-
men (Etablissements Somafer), war in Deutschland gewerblich tätig und spreng-
te im Auftrag des saarländischen Innenministeriums einen Bunker. In dessen
Nähe führten Gasleitungen der Klägerin (Saar-Ferngas AG) vorbei, so dass diese
Sicherungsarbeiten vornahm und von der Beklagten Aufwendungsersatz dafür
verlangte. Streitig war, ob diese Arbeiten mit oder ohne Zustimmung der Beklagten erfolgten. Die Beklagte verwandte im Kundenverkehr in Deutschland Briefbögen, die eine „Vertretung in Deutschland" mit eigener Anschrift, Telefonnummer und Bankverbindung anzeigten. Mit dieser, so die Klägerin, habe sie die
zu treffenden Schutzmaßnahmen vereinbart. Das OLG Saarbrücken legte dem
EuGH den Fall zur Vorabentscheidung betreffend die Auslegung der Zuständigkeitsvoraussetzungen in Art. 5 Nr. 5 EuGVÜ vor. Der EuGH beantwortete den
Vorlagebeschluss u. a. wie folgt: Das EuGVÜ bezwecke, den Rechtsschutz innerhalb der Gemeinschaft für die dort ansässigen Personen zu verstärken. Bei

---

[591] Fawcett, 9 Eur. L. Rev. 326 (328); Gansauge, S. 35; Geimer/Schütze, Art. 5 EuGVVO, Rdnr.
302; Geimer/Schütze-Auer, Rechtsverkehr, Bd. 1, Vor Art. 5 EuGVVO, Rdnr. 10/Art. 5 EuGV-
VO, Rdnr. 183; Geimer/Schütze-Geimer, I/1, S. 544; Hdb. Int. ZVerfR I-Kropholler, Kap. III,
Rdnr. 84/700; Jaspert, S. 62; Kronke, IPRax 89, 81 (81); Kropholler, Art. 5 EuGVVO, Rdnr. 91;
Kulms, IPRax 00, 488 (489); Linke, IPRax 82, 46 (47); MüKo ZPO-Gottwald, Art. 5 EuGVÜ,
Rdnr. 50; Nagel/Gottwald, § 3, Rdnr. 74; Rauscher-Leible, Art. 5 EuGVVO, Rdnr. 102; Schlos-
ser, Art. 5 EuGVVO, Rdnr. 23; Scholz, S. 33; Staudinger-Hausmann, Anh. II zu Artt. 27 – 37
EGBGB, Rdnr. 134; Thorn, IPRax 97, 98 (100); Wieczorek/Schütze-Hausmann, Art. 5 EuGVÜ,
Rdnr. 75; Zöller-Geimer, Art. 5 EuGVVO, Rdnr. 43.

[592] EuGH, Slg. 1976, 1497 (1509); zustimmend OLG München RIW 99, 872 (872); Fawcett, 9 Eur.
L. Rev., 326 (329); Fawcett, 37 I. C. l. Q., 645 (658); Ganssauge, S. 34; Geimer/Schütze, Art. 5
EuGVVO, Rdnr. 304; Geimer/Schütze-Auer, Rechtsverkehr, Bd. 1, Art. 5 EuGVVO, Rdnr. 184;
Geimer/Schütze-Geimer, I/1, S. 546; Hdb. Int. ZVerfR I-Kropholler, Kap. III, Rdnr. 702;
Kropholler, Art. 5 EuGVVO, Rdnr. 92; Linke, IPRax 82, 46 (47); Rauscher-Leible, Art. 5
EuGVVO, Rdnr. 102; Schlosser, Art. 5 EuGVVO, Rdnr. 23; Thomas/Putzo-Hüßtege, Art. 5
EuGVVO, Rdnr. 22; Wieczorek/Schütze-Hausmann, Art. 5 EuGVÜ, Rdnr. 76; Zöller-Geimer,
Art. 5 EuGVVO, Rdnr. 43.

dessen Auslegung müsse sowohl seinem Regelungsgehalt und seinen Zielsetzungen als auch seinem Zusammenhang mit dem (EG-) Vertrag Rechnung getragen werden. Das Übereinkommen verwende häufig Ausdrücke und Rechtsbegriffe aus dem Bereich des Zivil-, Handels- und Verfahrensrechts, deren Bedeutung in den einzelnen Mitgliedstaaten verschieden sein könne, so dass bei der Frage der Auslegung zu beachten sei, dass die volle Wirksamkeit des Übereinkommens bei der Erreichung der mit ihm angestrebten Ziele sichergestellt werde.[593] Das Bestreben, die Rechtssicherheit und die Gleichheit der Rechte und Pflichten der Parteien im Hinblick auf die Möglichkeit der Abweichung von der allgemeinen Zuständigkeitsvorschrift des Art. 2 zu gewährleisten, gebiete eine autonome und daher allen Mitgliedstaaten gemeinsame Auslegung der in Art. 5 Nr. 5 aufgeführten Begriffe.[594]

Bei dem Begriff der Zweigniederlassung, der Agentur oder der sonstigen Niederlassung handele es ferner sich um einen „Mittelpunkt geschäftlicher Tätigkeit, der auf Dauer als Außenstelle eines Stammhauses hervortritt, eine Geschäftsführung hat und sachlich so ausgestattet ist, dass er in der Weise Geschäfte mit Dritten betreiben kann, dass diese, obgleich sie wissen, dass möglicherweise ein Rechtsverhältnis mit dem im Ausland ansässigen Stammhaus begründet wird, sich nicht unmittelbar an dieses zu wenden brauchen, sondern Geschäfte an dem Mittelpunkt geschäftlicher Tätigkeit abschließen können, der dessen Außenstelle ist."[595]

Für das Urteil des EuGH sprechen beachtliche Gründe. Selbst Stimmen, die einer uneingeschränkten autonomen Auslegung der EuGVVO kritisch gegenüber stehen, befürworten diese bei der Auslegung von Art. 5 Nr. 5. Wenn der Gesichtspunkt, dass das europäische Prozessrecht der Durchsetzung von Rechten diene, die durch das nationale Recht definiert seien, nicht greife, sei eine vertragsautonome Auslegung sinnvoll.[596] Auch die beteiligten Parteien sprachen sich während des Verfahrens für eine autonome Auslegung aus. Das Vereinigte Königreich sah bei einer den jeweils nationalen Gerichten vorbehaltenen Auslegung angesichts der unterschiedlichen zur Anwendung kommenden Rechte die

---

[593] EuGH, Slg. 1978, 2183 (2191).

[594] EuGH, Slg. 1978, 2183 (2192). Vgl. allgemein zur autonomen Auslegung des Gemeinschaftsrechts die aktuellen Entscheidungen des EuGH: IPRax 06, 149 (150); IPRax, 06 151(156).

[595] EuGH, Slg. 1978, 2183 (2193); übernehmend OLG Düsseldorf NJW-RR 04, 1720 (1721); OLG München RIW 99, 872 (872); OLG Düsseldorf IPRax 98, 210 (211); LG Berlin IPRax 96, 416 (416); zustimmend Geimer/Schütze-Geimer, I/1, S. 548; Geimer/Schütze, Art. 5 EuGVVO, Rdnr. 307; Linke, IPRax 82, 46 (47); Nagel/Gottwald, § 3, Rdnr. 74; Schack, IZVR, Rdnr. 318; Wach/Weberpals, AG 89, 193 (197); Zimmer, RIW 98, 187 (190).

[596] Schlosser, Einl., Rdnr. 29.

wirtschaftlichen Beziehungen gefährdet, die gerade vom EG-Vertrag gefördert würden und deren Streitigkeiten durch Art. 5 Nr. 5 erfasst sein sollten. Denn die nationalen Vorschriften begünstigten nicht selten in derlei Streitigkeiten mit ausländischen Wirtschaftsteilnehmern die Zuständigkeiten der eigenen Gerichte.[597] Die Kommission verwies auf die frühere Rechtsprechung des EuGH, insbesondere in der Rechtssache LTU/Eurocontrol, und befürwortete ebenfalls eine autonome Auslegung.[598] Für den Ansatz des EuGH spricht schließlich, dass in Abweichung vom „actor sequitur"-Grundsatz Art. 5 Nr. 5 dem Kläger innerhalb der Gemeinschaft einen sach- und beweisnahen Gerichtsstand verschaffen will. Dann muss es dem Beklagten im Gegenzug aber zumindest möglich sein, den Niederlassungsgerichtsstand, an dem er verklagt werden könnte, mit einiger Verlässlichkeit vorhersehen zu können. Dies kann nur anhand einer autonomen, d. h. in allen Mitgliedstaaten einheitlichen Auslegung erfolgen.

b. Hauptniederlassung

Die deutsche Literatur und Rechtsprechung hat entsprechend der Auslegung des EuGH die Merkmale weiter konkretisiert. Der Begriff der „sonstigen Niederlassungen" ist nicht auf kaufmännische Unternehmungen beschränkt, sondern soll auch die freien Berufe erfassen.[599]

Noch nicht geäußert hat sich der EuGH allerdings zu dem Verhältnis von Art. 5 Nr. 5 EuGVVO zu Art. 60 Abs. 1 lit. c EuGVVO. Nach Art. 60 Abs. 1 EuGVVO werden der satzungsmäßige Sitz (lit. a), die Hauptverwaltung (lit. b) oder die Hauptniederlassung (lit. c) von Gesellschaften oder juristischen Personen dem Wohnsitz gleich gestellt. Dabei stellt sich die Frage, ob Art. 5 Nr. 5 über die „sonstige Niederlassung" auch Anwendung findet, wenn der Beklagte nur eine einzige (Haupt-) Niederlassung unterhält. Dies wird von einem Teil der deutschen Literatur mit dem – freilich undifferenzierten – Hinweis auf § 21 ZPO und auf den Zweck des Niederlassungsgerichtsstandes befürwortet, wenn der Beklagte seine geschäftliche Tätigkeit ausschließlich oder hauptsächlich an einem Ort

---

[597] EuGH, Slg. 1978, 2183 (2187).

[598] EuGH, Slg. 1978, 2183 (2189); ebenso Generalanwalt Mayras: EuGH, Slg. 1978, 2183 (2199).

[599] Geimer, WM 76, 146 (148); Geimer/Schütze, Art. 5 EuGVVO, Rdnr. 303; Geimer/Schütze-Auer, Rechtsverkehr, Bd. 1, Art. 5 EuGVVO, Rdnr. 177; Geimer/Schütze-Geimer, I/1, S. 546; Hdb. Int. ZVerfR I-Kropholler, Kap. III, Rdnr. 704; Kropholler, Art. 5 EuGVVO, Rdnr. 98; Nagel/Gottwald, § 3, Rdnr. 74; Schlosser, Art. 5 EuGVVO, Rdnr. 23; Wieczorek/Schütze-Hausmann, Art. 5 EuGVÜ, Rdnr. 81; Zöller-Geimer, Art. 5 EuGVVO, Rdnr. 42.

betreibe, der von seinem – für die Begründung des allgemeinen Gerichtsstandes maßgeblichen – Wohn- oder Geschäftssitz verschieden sei.[600]

Diesem – autonomen deutschen – Ansatz dürften jedoch nach der Neuregelung des Art. 60 EuGVVO die wesentlichen Argumente entzogen worden sein.[601] Art. 60 Abs. 1 lit. b und lit. c EuGVVO begründet nunmehr für die Hauptverwaltung oder für die Hauptniederlassung des Beklagten weitere allgemeine Gerichtsstände für juristische Personen. Bei dem satzungsmäßigen Sitz ist zur Bestimmung der Gesellschaftsvertrag bzw. die Satzung heranzuziehen,[602] die Hauptverwaltung ist der Ort, an dem die Willensbildung und die eigentliche unternehmerische Leitung der Gesellschaft erfolgt,[603] und die Hauptniederlassung („tatsächlicher Sitz") ist der tatsächliche Geschäftsschwerpunkt, d. h. bei einer Fabrik die zentrale Produktionsstätte oder sonst ein Ort, an dem sich die wesentlichen Personal- und Sachmittel konzentrieren.[604] Die aufgrund der alternativen Anknüpfung möglicherweise entstehenden positiven Kompetenzkonflikte sollen – wie auch bei mehrfachem Wohnsitz – über die Vorschriften der Rechtshängigkeit und der Konnexität gelöst werden.[605] Hinter dieser Regelung steht der Gedanke, eine Gesellschaft in jedem betreffenden Staat verklagen zu können.[606] Nach der im europäischen Zuständigkeitsrecht geltenden Systematik verdrängt zwar der allgemeine Gerichtsstand die besonderen Gerichtsstände nicht, sondern existiert neben ihnen weiter.[607] Der Kläger hat also grundsätzlich die Wahl, ob er das Gericht am Sitz des Beklagten oder an dessen Niederlassung anruft. Verfügt jedoch der Beklagte nur über eine (Haupt-) Niederlassung, stellt diesen neben seinem satzungsmäßigen Sitz nach der Neuregelung einen weiteren allgemeinen Gerichtsstand dar, zwischen denen der Kläger wählen kann. Dabei kann sich

---

[600] Geimer/Schütze-Auer, Rechtsverkehr, Bd. 1, Art. 5 EuGVVO, Rdnr. 173; Hdb. Int. ZVerfR I-Kropholler, Kap. III, Rdnr. 704; Kropholler, Art. 5 EuGVVO, Rdnr. 98; Linke, IPRax 82, 46 (48); Weiß, S. 143; Wieczorek/Schütze-Hausmann, Art. 5 EuGVÜ, Rdnr. 81.

[601] Vgl. zur alten Rechtslage noch Hdb. Int. ZVerfR I-Kropholler, Kap. III, Rdnr. 292 Fn. 626, der sich dafür ausspricht, bei einer gesetzgeberischen Reform § 17 ZPO, die Artt. 2, 53 EuGVÜ anpasse, auch den § 21 ZPO an die Formulierung des Art. 5 Nr. 5 anzugleichen. Die Unterschiede im Detail seien auf längere Sicht kaum zu rechtfertigen.

[602] Geimer/Schütze, Art. 60 EuGVVO, Rdnr. 5; Kropholler, Art. 60 EuGVVO, Rdnr. 2.

[603] Geimer/Schütze, Art. 60 EuGVVO, Rdnr. 6; Kropholler, Art. 60 EuGVVO, Rdnr. 2.

[604] Geimer/Schütze, Art. 60 EuGVVO, Rdnr. 7; Kropholler, Art. 60 EuGVVO, Rdnr. 2.

[605] Kropholler, Art. 60 EuGVVO, Rdnr. 2; Thomas/Putzo-Hüßtege, Art. 60 EuGVVO, Rdnr. 1.

[606] Kohler, FS Geimer, S. 475; Mankowski, FS Heldrich, S. 883; Micklitz/Rott, EuZW 01, 325 (327); Piltz, NJW 02, 789 (792); Rauscher-Staudinger, Art. 60 EuGVVO, Rdnr. 1; Schack, GS Sonnenschein, S. 706; Schack, IZVR, Rdnr. 253; Thomas/Putzo-Hüßtege, Art. 60 EuGVVO, Rdnr. 1; Wagner, WM 03, 116 (116); Wernicke/Hoppe, MMR 02, 643 (644 Fn. 10).

[607] Siehe dazu oben § 3 III. 5. b. Vgl. dazu auch Ganssauge, S. 35.

unter Umständen der „allgemeine Gerichtsstand der Hauptniederlassung" des Beklagten für den Kläger aufgrund der größeren Sach- und Rechtsnähe durchaus als vorzugswürdig erweisen, wenn sich z. B. der anspruchsbegründende Sachverhalt am Ort der (Haupt-) Niederlassung abgespielt hat oder der Kläger in der Nähe der Niederlassung seinen eigenen Wohnsitz hat. Eine dort geltend gemachte Klage wäre darüber hinaus nicht der Beschränkung der Betriebsbezogenheit unterworfen, da es sich um den allgemeinen Gerichtsstand i. S. d. „actor sequitur forum rei" handelt, an dem grundsätzlich alle Arten von Klagen gegen den Beklagten geltend gemacht werden können. Im Fall einer einzigen (Haupt-) Niederlassung des Beklagten kann Art. 5 Nr. 5 EuGVVO daher keine Anwendung mehr finden, da es sich bei dieser Niederlassung um einen allgemeinen Gerichtsstand des Beklagten i. S. v. Artt. 2 Abs. 1, 60 Abs. 1 lit. c EuGVVO handelt.

Diese Auslegung führt bei der Anwendbarkeit von Art. 5 Nr. 5 EuGVVO auf sonstige Niederlassungen des Beklagten dazu, dass sich nicht nur der satzungsmäßige Sitz nicht – wie bisher angenommen –im Staat der Niederlassung befinden darf, sondern dass auch die Hauptverwaltung und –niederlassung in einem anderen Staat als dem der Niederlassung belegen sein müssen, da sich nach der zumindest bisher h. M. der Sitz des Beklagten (und seine Äquivalente i. S. d. Art. 60 Abs. 1 lit. b und lit. c EuGVVO) und die Niederlassung selbst nicht in einem einzigen Mitgliedstaat befinden dürfen.[608]

c. Weitere Merkmale

Erforderlich ist nach der Rechtsprechung ferner eine hinreichende materielle und personelle Ausstattung[609] sowie eine gewisse räumliche Selbstständigkeit vom Sitz des Beklagten.[610] Dieser muss sich vom Ort der Niederlassung aus am

---

[608] Siehe dazu oben § 4 II. 1.

[609] OLG Düsseldorf IPRax 98, 210 (211); Fawcett, 9 Eur. L. Rev., 326 (330); Fawcett, 37 I. C. L. Q., 645 (658); Thomas/Putzo-Hüßtege, Art. 5 EuGVVO, Rdnr. 22; Thorn, IPRax 97, 98 (100).

[610] Die Zweigniederlassung einer ausländischen Bank i. S. v. § 53 Abs. 1 KWG soll z. B. diese Voraussetzungen erfüllen. Dagegen wird das Betreiben eines Servers oder einer Website ebenso wenig anerkannt, MüKo ZPO Akt.-Gottwald, Art. 5 EuGVVO, Rdnr. 21; Nagel/Gottwald, § 3, Rdnr. 75, wie eine Kontakt- oder Anlaufadresse (z. B. c/o), wenn dort keine wirtschaftliche Betätigung von gewisser Selbstständigkeit stattfindet, LG Wuppertal NJW-RR 94, 191 (192); Geimer/Schütze, Art. 5 EuGVVO, Rdnr. 306; Geimer/Schütze-Geimer, I/1, S. 547; Goette, DStR 97, 503 (504); MüKo ZPO-Gottwald, Art. 5 EuGVÜ, Rdnr. 52; Nagel/Gottwald, § 3, Rdnr. 78; Rauscher-Leible, Art. 5 EuGVVO, Rdnr. 105; Schlosser, Art. 5 EuGVVO, Rdnr. 23; Staudinger-Hausmann, Anh. II zu Artt. 27 – 37 EGBGB, Rdnr. 135; Wieczorek/Schütze-Hausmann, Art. 5 EuGVÜ, Rdnr. 76.

144

Rechts- und Wirtschaftsverkehr beteiligen.[611] Dabei ist entscheidend, dass die Niederlassung im Namen und auf Rechnung des Beklagten geführt wird und nicht etwa durch Kommissionäre in deren eigenen Namen.[612] Es spielt dagegen keine Rolle, ob der Beklagte Eigentümer oder nur Pächter oder Nutznießer der Niederlassung ist und ob er sie selbst oder durch Vertreter betreibt.[613] Die Eintragung in das Handelsregister ist nicht entscheidend.[614] Besteht dagegen die Niederlassung de facto nicht mehr, ist sie aber im Handelsregister eingetragen, muss der Inhaber die Eintragung gegenüber dem Gutgläubigen gegen sich gelten lassen.[615]

In Übereinstimmung mit der Auslegung des EuGH ist maßgeblich zudem die Dauer der Betätigung an dem Ort der Niederlassung.[616]

---

[611] OLG Düsseldorf IPRax 98, 210 (211). Ein Indiz dafür ist es, dass er seine Adresse auf Briefbögen angibt oder ein Büro unterhält, das dem Besucherverkehr geöffnet ist, Rauscher-Leible, Art. 5 EuGVVO, Rdnr. 105. Insofern werden Lager- und Speicherräume nicht akzeptiert, Geimer/Schütze, Art. 5 EuGVVO, Rdnr. 306; Geimer/Schütze-Geimer, I/1, S. 547; Kulms, IPRax 00, 488 (489); Zöller-Geimer, Art. 5 EuGVVO, Rdnr. 44. Notwendig ist, dass die Außenstelle selbst rechtserhebliche Willenserklärungen abgibt und gestaltend tätig wird. Die Entgegennahme und Weiterleitung von Willenserklärungen als Bote reicht nicht aus, um eine Geschäftstätigkeit zu entfalten, Geimer/Schütze-Auer, Rechtsverkehr, Bd. 1, Art. 5 EuGVVO, Rdnr. 195.

[612] Fawcett, 9 Eur. L. Rev. 326 (331); Fawcett, 37 I. C. L. Q., 645 (658); Geimer/Schütze, Art. 5 EuGVVO, Rdnr. 308; Geimer/Schütze-Auer, Rechtsverkehr, Bd. 1, Art. 5 EuGVVO, Rdnr. 191; Geimer/Schütze-Geimer, I/1, S. 548. Ein Auslandsbüro ohne jeglich selbstständige Geschäftstätigkeit sowie eine Verkaufsstelle ohne Geschäftsführung sind nicht als Niederlassung anzusehen, OLG Düsseldorf IPRax 98, 210 (211).

[613] Geimer/Schütze, Art. 5 EuGVVO, Rdnr. 303; Geimer/Schütze-Geimer, I/1, S. 548.

[614] OLG Düsseldorf NJW-RR 04, 1720 (1721); Geimer/Schütze, Art. 5 EuGVVO, Rdnr. 311; Geimer/Schütze-Geimer, I/1, S. 549; Hdb. Int. ZVerfR I-Kropholler, Kap. III, Rdnr. 704; Kropholler, Art. 5 EuGVVO, Rdnr. 98; Staudinger-Hausmann, Anh. II zu Artt. 27 – 37 EGBGB, Rdnr. 136; Wieczorek/Schütze-Hausmann, Art. 5 EuGVÜ, Rdnr. 81.

[615] OLG Düsseldorf IPRax 98, 210 (211); Geimer/Schütze, Art. 5 EuGVVO, Rdnr. 311; Geimer/Schütze-Geimer, I/1, S. 549.

[616] Fawcett, 9 Eur. L. Rev. 326 (330). Kurzfristige Arbeiten, z. B. auf Messen, OLG Düsseldorf IPRax 98, 210 (211); Geimer/Schütze, Art. 5 EuGVVO, Rdnr. 305; Geimer/Schütze-Auer, Rechtsverkehr, Bd. 1, Art. 5 EuGVVO, Rdnr. 190; Geimer/Schütze-Geimer, I/1, S. 547; Rauscher-Leible, Art. 5 EuGVVO, Rdnr. 105, sollen ebenso wenig ausreichen wie Warenlager, Lager- oder Speicherräume, Geimer/Schütze, Art. 5 EuGVVO, Rdnr. 306; Geimer/Schütze-Auer, Rechtsverkehr, Bd. 1, Art. 5 EuGVVO, Rdnr. 190; Thomas/Putzo-Hüßtege, Art. 5 EuGVVO, Rdnr. 22 oder eine Ausstellung oder sonstige vorübergehende Veranstaltungen, Geimer/Schütze-Auer, Rechtsverkehr, Bd. 1, Art. 5 EuGVVO, Rdnr. 190; Geimer/Schütze-Geimer, I/1, S. 547; Rauscher-Leible, Art. 5 EuGVVO, Rdnr. 105; Wieczorek/Schütze-Hausmann, Art. 5 EuGVÜ, Rdnr. 77; Zöller-Geimer, Art. 5 EuGVVO, Rdnr. 44. Erforderlich dürfte z. B. die Anmietung

Wesentlich ist nach der Rechtsprechung des EuGH darüber hinaus, dass die Niederlassung durch das Stammhaus beaufsichtigt und geleitet wird.[617]

d. Berechtigung zum Vertragsschluss

Wenn ein Geschäftspartner mit der Geschäftsstelle eines Unternehmens einen Vertrag abschließt, diese Geschäftsstelle aber gar nicht von ihrem Stammhaus ausdrücklich berechtigt war, eigenständig zu handeln, stellt sich die Frage, ob die mangelnde Befugnis zum Vertragsschluss der Einordnung der Geschäftsstelle als mögliche Niederlassung des Stammhauses entgegensteht. Dies wird in Rechtsprechung und Literatur unterschiedlich beurteilt.[618] Der EuGH hat sich zu der Frage der Eigenständigkeit der Niederlassung beim Abschluss von Geschäften mit Dritten sowie deren Abwicklung noch nicht ausdrücklich geäußert.[619] In der

---

von Geschäftsräumen und die Anmeldung von Telefon- und Faxanschluss sein, Geimer/Schütze-Auer, Rechtsverkehr, Bd. 1, Art. 5 EuGVVO, Rdnr. 190.

[617] EuGH, Slg. 1976, 1497 (1509); EuGH, Slg. 1981, 819 (828); so auch OLG München RIW 99, 872 (872); Fawcett, 9 Eur. L. Rev., 326 (330); Fawcett, 37 I. C. L. Q., 645 (658); Geimer/Schütze, Art. 5 EuGVVO, Rdnr. 310; Geimer/Schütze-Auer, Rechtsverkehr, Bd. 1, Art. 5 EuGVVO, Rdnr. 192; Geimer/Schütze-Geimer, I/1, S. 548; Hdb. Int. ZVerfR I-Kropholler, Kap. III, Rdnr. 702; Kropholler, Art. 5 EuGVVO, Rdnr. 92; MüKo ZPO-Gottwald, Art. 5 EuGVÜ, Rdnr. 53; Rauscher-Leible, Art. 5 EuGVVO, Rdnr. 103; Staudinger-Hausmann, Anh. II zu Artt. 27 – 37 EGBGB, Rdnr. 135; Wieczorek/Schütze-Hausmann, Art. 5 EuGVÜ, Rdnr. 76.

[618] Benicke, WM 97, 945 (949); Linke, IPRax 82, 46 (48).

[619] In seinem Urteil vom 6.10.1976, EuGH, Slg. 1976, 1497 (1510), hat der EuGH auf die vom vorlegenden Cour d'Appel Mons gestellte Frage, ob der Alleinvertriebshändler einer „Zweigniederlassung, Agentur oder sonstigen Niederlassung" eines Lieferanten vorstehen könne, wenn er nicht befugt sei, in dessen Namen aufzutreten oder ihn zu verpflichten, mangels Entscheidungserheblichkeit nicht geantwortet. Eindeutiger dagegen Generalanwalt Reischl, EuGH, Slg. 1976, 1497 (1519), der der Zweigniederlassung eine gewisse Autonomie zusprechen möchte. Charakteristisch sei die Befugnis, im Namen des Mutterhauses zu handeln. Entsprechendes gelte für die Agentur, deren Autonomie allerdings weniger ausgeprägt sei. Auch in seiner Entscheidung vom 22.11.1978, EuGH, Slg. 1978, 2183 (2193), hat der EuGH die vom vorlegenden OLG Saarbrücken gestellte Frage, welche Auslegungskriterien für die Begriffe „Zweigniederlassung" und „Agentur" in Bezug auf die „Selbstständigkeit von Entscheidungen (u. a. Geschäftabschlüsse)" gelten würden, nicht ausdrücklich beantwortet. Das Vereinigte Königreich ließ die Frage mit einem Hinweis auf einen möglicherweise erzeugten Rechtsschein seitens der Niederlassung in seiner Stellungnahme ebenfalls offen, EuGH, Slg. 1978, 2183 (2188). Die Kommission vertrat dagegen die Auffassung, es sei erforderlich, dass der Leiter der Zweigniederlassung, Agentur oder sonstigen Niederlassung zum selbstständigen Abschluss von Geschäften berechtigt sei, dergestalt, dass er das Stammhaus nicht nur für untergeordnete Geschäfte verpflichte, ohne jeweils vorher rückfragen zu müssen, EuGH, Slg. 1978, 2183 (2189). Generalanwalt Mayras, EuGH, Slg. 1978, 2183 (2201), war ebenfalls der Ansicht, die in Art. 5 Nr. 5 bezeichnete Einheit müsse eine gewisse Entscheidungsautonomie besitzen und u. a. befugt sein, Geschäfte für Rechnung der Muttergesellschaft abzuschließen, bei denen sie diese verpflichte.

Rechtssache Lloyd's Register of Shipping/Société Campenon Bernard betonte der EuGH lediglich, dass eine Zweigniederlassung, Agentur oder sonstige Niederlassung eine Einheit sei, die als hauptsächlicher, wenn nicht ausschließlicher Gesprächspartner von Dritten in Vertragsverhandlungen auftreten könne.[620]

Zum Teil wird diese Frage in der Literatur bejaht und mit dem Hinweis darauf begründet, der EuGH habe in einer früheren Entscheidung gerade wegen der fehlenden Vertretungsmacht bei einem unabhängigen Handelsvertreter die Voraussetzungen für eine Niederlassung verneint. Auch habe er entscheidend auf die Möglichkeit der Außenstelle abgestellt, Geschäfte abschließen zu können.[621] Nach anderer Ansicht soll eine Vertretungsmacht für das Stammhaus entbehrlich und die Vermittlung von Vertragsabschlüssen ausreichend sein, da es sich in diesem Fall auch um eine eigene Geschäftstätigkeit der Niederlassung handele.[622] Ob eine Repräsentanz Abschlussvollmacht habe oder nur Bote sei, sei gleichgültig. Denn sie erfülle auch bei bloßer Botenposition die für die Niederlassung entscheidende Funktion: einen direkten Kontakt des Kunden mit dem Stammhaus unnötig zu machen. Abschlussvollmacht sei nicht verlangt, so lange die Repräsentanz nur einen eigenen Geschäftsbereich und ein Minimum an eigenen Kompetenzen habe.[623]

---

[620] EuGH, Slg. 1995, 961 (980). Gegenstand der zugrunde liegenden Entscheidung waren Schadensersatzansprüche aus einem Vertrag über die Kontrolle von Stahl, den die Klägerin mit der französischen Zweigniederlassung der Beklagten abgeschlossen hatte. Dabei erteilte die Klägerin der Zweigniederlassung schriftlich den Auftrag, den diese ebenfalls schriftlich annahm. Da sich die Vorlagefrage des vorlegenden Cour de cassation allerdings auf das Merkmal der Betriebsbezogenheit beschränkte, äußerte sich der EuGH nicht zu Frage der selbstständigen Berechtigung zum Vertragsschluss.

[621] Fawcett, 9 Eur. L. Rev., 326 (331); Fawcett, 37 I. C. L. Q., 645 (658); Generalanwalt Darmon, EuGH, Slg. 1993, 164 (170). Ähnlich wohl auch das LG Darmstadt ZIP 04, 1924 (1925), das das Vorliegen der Niederlassung i. S. d. EuGH-Rechtsprechung u. a. mit dem Hinweis darauf verneint, die angebliche Niederlassung habe keine Vertretungsmacht, sondern habe nur als Bote fungiert, so dass die streitigen Geschäfte nicht von ihr „unmittelbar abgeschlossen" worden seien. Ebenso Geimer, EWiR 04, 971 (972), dem eine bloße Botenschaft der Repräsentanz offenbar nicht ausreicht. Die Anwendungsvoraussetzungen für Ausnahmen vom „actor sequitur"-Grundsatz, wie Art. 15 Abs. 2 EuGVVO, müssten eng ausgelegt werden. So auch Kröll, EWiR 04, 657 (658).

[622] H. Müller, S. 150; Staudinger-Hausmann, Anh. II zu Artt. 27 – 37 EGBGB, Rdnr. 135; Wieczorek/Schütze-Hausmann, Art. 5 EuGVÜ, Rdnr. 76.

[623] Mankowski, EWiR 04, 1221 (1222); Mankowski, RIW 05, 561 (570). Sein Verweis auf das Urteil des LG Darmstadt ZIP 04, 1924 in Fn. 191 dürfte allerdings irreführend sein, denn das Gericht scheint das Vorliegen einer Abschlussvollmacht für erforderlich zu halten, verneint sie aber im Ergebnis und bejaht letztlich die Voraussetzungen der Niederlassung nur, weil der Rechtsschein einer Abschlussvollmacht erzeugt worden sei.

Für den letztgenannten Ansatz dürften die überzeugenderen Argumente sprechen. Eine selbstständige Berechtigung des Inhabers zum Vertragsschluss sollte nicht erforderlich sein, um den Gerichtsstand des Art. 5 Nr. 5 EuGVVO – bei Vorliegen der anderen Voraussetzungen – zu begründen, sondern lediglich ein Indiz darstellen. Zwar rechtfertigt sich die erweiterte Gerichtspflichtigkeit nach Art. 5 Nr. 5 EuGVVO nur, wenn i. S. d. Auslegung des EuGH von der Außenstelle aus auf Dauer auch Geschäfte betrieben werden, die über das bloße Weiterleiten von Aufträgen hinausgehen. Es sollte auf die formale Gestaltung des Abschlusstatbestandes aber schon deshalb nicht abgestellt werden, weil das Stammhaus sonst durch die Wahl entsprechender Vertragsgestaltung im Innenverhältnis seine Gerichtspflichtigkeit am Ort der Niederlassung ohne sachlichen Grund vermeiden kann.[624] Ferner zeigen sowohl der Wortlaut der Norm („Agentur", „sonstige Niederlassung") als auch die Auslegung des EuGH, dass der Begriff der „Niederlassung" weit zu verstehen ist und Tätigkeiten umfasst, die grundsätzlich zum Betrieb von Geschäften mit Dritten geeignet sein müssen.[625] Dazu zählt auch die Vermittlung von Aufträgen an das Stammhaus i. S. d. Tätigkeit eines Vermittlungsagenten oder eines angestellten Vermittlers.

e. Rechtsschein

Nach der Rechtsprechung und Literatur spielt bei der Frage der Einordnung einer Betriebsstätte als Niederlassung die Erzeugung eines äußeren Anscheins durch das Stammhaus und die vermeintliche Niederlassung im Rechtsverkehr eine gewichtige Rolle. Erweckt danach die Niederlassung zurechenbar den Anschein, dass sie als „Mittelpunkt geschäftlicher Tätigkeit" eines ausländischen Unternehmens aktiv wird, sollen sich (schutzbedürftige) Dritte, die Geschäfte mit dieser Niederlassung abschließen, auf den so erweckten Rechtsschein verlassen und die Niederlassung als Außenstelle des ausländischen Unternehmens ansehen dürfen.[626] Der Gerichtsstand wird dabei nach der – bereits erörterten – Rechtsprechung des EuGH nicht nur durch die unselbstständige Niederlassung oder Agentur eines ausländischen Unternehmens begründet, sondern auch über eine „gleichnamige selbstständige Gesellschaft mit identischer Geschäftsführung, die

---

[624] So auch Benicke, WM 97, 945 (949).

[625] So auch Geimer/Schütze-Geimer, I/1, S. 546.

[626] EuGH, Slg. 1987, 4905 (4920); OLG Frankfurt/Main DB 03, 41 (41); LG Darmstadt ZIP 04, 1924 (1926), das den Rechtsschein einer Abschlussvollmacht der angeblichen Niederlassung ausreichen lässt; LG Karlsruhe VersR 97, 384 (384); vgl. auch Geimer/Schütze, Art. 5 EuGV-VO, Rdnr. 314; Goette, DStR 97, 503 (504); Kropholler, Art. 5 EuGVVO, Rdnr. 97; Mankowski, RIW 96, 1001 (1005); Mankowski, RIW 05, 561 (570); Rauscher-Leible, Art. 5 EuGV-VO, Rdnr. 104; Schlosser, Art. 5 EuGVVO, Rdnr. 23; Staudinger-Hausmann, Anh. II zu Artt. 27 – 37 EGBGB, Rdnr. 136; Thorn, IPRax 97, 98 (100); Wieczorek/Schütze-Hausmann, Art. 5 EuGVÜ, Rdnr. 78; Zöller-Geimer, Art. 5 EuGVVO, Rdnr. 45.

in ihrem Namen verhandelt und Geschäfte abschließt und derer sie sich praktisch wie eine Außenstelle bedient".[627] Dies soll nach einem Teil der deutschen Rechtsprechung sogar auch dann gelten, wenn es zwar an einer identischen Geschäftsführung fehlt, die selbstständige Außenstelle aber sämtliche Geschäfte für die im anderen Mitgliedstaat ansässige juristische Person abwickelt.[628]

Die Rechtsscheinsgrundsätze sollen nach h. M. auch auf die Niederlassungsbegriffe der Artt. 9 Abs. 2,[629] 15 Abs. 2,[630] 18 Abs. 2[631] EuGVVO zu übertragen sein.

Die Darlegungslast der diesen Gerichtsstand begründenden Tatsachen obliegt zwar dem Kläger, also dem Geschäftspartner des durch die Niederlassung handelnden Stammhauses. Diesem soll aber – abgesehen von den ohnehin wohl zweifelhaften Erfolgsaussichten – nicht zugemutet werden, sich vor Klageerhebung über die faktischen oder vertraglichen Interna seines Vertragspartners und

---

[627] EuGH, Slg. 1987, 4905 (4920).

[628] OLG Düsseldorf RIW 95, 769 (769); so auch Nagel/Gottwald, § 3, Rdnr. 77, 79. Siehe unten § 4 II. 4. g. aa. (1).

[629] Geimer/Schütze, Art. 9 EuGVVO, Rdnr. 22; Kropholler, Art. 9 EuGVVO, Rdnr. 5; MüKo ZPO-Gottwald, Art. 8 EuGVÜ, Rdnr. 5; Rauscher-Staudinger, Art. 9 EuGVVO, Rdnr. 8; Schlosser, Art. 9 EuGVVO, Rdnr. 2; Thomas/Putzo-Hüßtege, Art. 9 EuGVVO, Rdnr. 4; Wieczorek/Schütze-Hausmann, Art. 8 EuGVÜ, Rdnr. 5.

[630] OLG Düsseldorf WM 89, 50 (54); LG Darmstadt ZIP 04, 1924 (1926); Benicke, WM 97, 945 (949); Geimer, RIW 94, 59 (61); Geimer/Schütze, Art. 15 EuGVVO, Rdnr. 13/14; Mankowski, RIW 97, 990 (993); MüKo ZPO-Gottwald, Art. 13 EuGVÜ, Rdnr. 12; Rauscher-Staudinger, Art. 15 EuGVVO, Rdnr. 17; Wach/Weberpals, AG 89, 193 (197). A. A. zu Art. 15 Abs. 2 EuGVVO: OLG Koblenz, RIW 06, 311 (312), das bezüglich des für die Begründung internationaler Zuständigkeit erforderlichen zurechenbar gesetzten Rechtsscheins auf das verklagte vermeintliche Stammhaus abstellt. Erforderlich sei, dass die in Anspruch genommene Partei in zurechenbarer Weise den Anschein erweckt habe, bei dem inländischen Verhandlungspartner des Prozessgegners handele es sich um eine Niederlassung. Sähe man das anders, könne eine inländische juristische Person durch den von ihr hervorgerufenen unzutreffenden Anschein, Niederlassung einer juristischen Person mit Geschäftssitz außerhalb des Geltungsbereichs der EuGVVO zu sein, bewirken, dass diese Gesellschaft sich vor deutschen Gerichten verteidigen müsse. Derart weit reichend sei die Zuständigkeitsbestimmung der EuGVVO für Verbrauchersachen nicht.

[631] Geimer/Schütze, Art. 18 EuGVVO, Rdnr. 3; Kropholler, Art. 18 EuGVVO, Rdnr. 5; Schlosser, Art. 18 EuGVVO, Rdnr. 2; Thomas/Putzo-Hüßtege, Art. 18 EuGVVO, Rdnr. 2. A. A. Mankowski, FS Heldrich, S. 887 Fn. 113; Rauscher-Mankowski, Art. 18 EuGVVO, Rdnr. 12/Art. 19 EuGVVO, Rdnr. 18, der den Niederlassungsbegriff des Art. 19 Nr. 2 lit. b EuGVVO zugrunde legen möchte.

dessen Außenstelle zu informieren.[632] Der Kläger kann und braucht nur vorzutragen, wie Stammhaus und Außenstelle ihm gegenüber aufgetreten sind.[633] Auf die Vereinbarung sollte es darüber hinaus schon deshalb nicht ankommen, weil es anderenfalls das Stammhaus in der Hand hätte, durch entsprechende Vertragsgestaltungen im Innenverhältnis den Gerichtsstand auszuschalten. Nach einem Teil der Literatur soll es allerdings nicht ausreichend sein, allein auf das Auftreten der Zweigstelle abzustellen. Denn Beklagter sei das Stammhaus, so dass es in erster Linie auf dessen Auftreten gegenüber dem Kunden ankomme. Knüpften die Darlegungen zur Begründung des Gerichtsstandes ausschließlich an das Verhalten der Zweigstelle an, könne daraus nur dann das Stammhaus verklagt werden, wenn aufgrund tatsächlicher Anhaltspunkte realistischerweise davon auszugehen sei, dass das Auftreten der Zweigstelle mit Einverständnis des Stammhauses geschehe.[634]

f. Zwischenpersonen
aa. Handelsvertreter / Handelsmakler / Alleinvertriebshändler
Ein Unternehmen kann auch durch Handelsvertreter, Handelsmakler oder Alleinvertriebshändler geschäftlich tätig werden. Es fragt sich, ob diese Personen eine Niederlassung des Stammhauses nach Art. 5 Nr. 5 EuGVVO darstellen können.

Ein selbstständiger Handelsvertreter, der frei seine Tätigkeit entfaltet und seine Arbeitszeit bestimmen kann, der mehrere konkurrierende Unternehmen vertreten kann bzw. darf und der nicht tatsächlich an der Abwicklung und Ausführung der Geschäfte beteiligt ist, sondern sich im Wesentlichen darauf beschränkt, Aufträ-

---

[632] Geimer/Schütze-Auer, Rechtsverkehr, Bd. 1, Art. 5 EuGVVO, Rdnr. 188; Mankowski, RIW 05, 561 (570); Rauscher-Leible, Art. 5 EuGVVO, Rdnr. 104.

[633] Geimer/Schütze-Auer, Rechtsverkehr, Bd. 1, Art. 5 EuGVVO, Rdnr. 188. Anders dagegen noch das Urteil des EuGH vom 22.11.1978, Slg. 1978, 2183 (2194), wonach das Gericht in jedem Einzelfall die Anhaltspunkte, anhand deren sich das Bestehen eines tatsächlichen Mittelpunktes geschäftlicher Tätigkeit feststellen lasse, zu bestimmen habe. Ebenso die Kommission, EuGH, Slg. 1978, 2183 (2189) und Generalanwalt Mayras, EuGH, Slg. 1978, 2183 (2201/2202). Zustimmend dazu ebenfalls Linke, IPRax 82, 46 (48), wonach damit das missliche Ergebnis vermieden werde, dass unter Umständen das angerufene Gericht nach Rechtsscheinsgesichtspunkten seine Zuständigkeit bejahe, aber in der Sache abweise, weil der Rechtsschein möglicherweise nicht so stark sei, auch die Passivlegitimation des beklagten Stammhauses zu begründen. Ähnlich auch noch Hdb. Int. ZVerfR I-Kropholler, Kap. III, Rdnr. 706, wonach die Frage, ob ein Dritten gegenüber begründeter Rechtsschein für das Bestehen einer Niederlassung als ausreichend zu erachten sei, in der Regel gar nicht auftauchen dürfte.

[634] Geimer/Schütze-Auer, Rechtsverkehr, Bd. 1, Art. 5 EuGVVO, Rdnr. 189.

ge an den von ihm vertretenen Unternehmer weiterzuleiten,[635] begründet nach dem Urteil des EuGH vom 18.03.1981 (Blanckaert & Willems/Trost) keine Niederlassung i. S. v. Art. 5 Nr. 5 EuGVÜ.[636] Denn der Handelsvertreter i. S. v. § 84 HGB sei gerade dadurch gekennzeichnet, dass er selbstständig sei, indem er im Wesentlichen „frei seine Tätigkeit gestalten und seine Arbeitszeit bestimmen könne, ohne dass das Stammhaus befugt sei, ihm insoweit Weisungen zu erteilen. Das schließe es aus, dass eine Firma bei Vorliegen dieser Merkmale als ein Mittelpunkt geschäftlicher Tätigkeit angesehen werden könne, der auf Dauer als Außenstelle eines Stammhauses hervortrete."[637]

Aus dem gleichen Grund soll auch ein selbstständiger Handelsmakler i. S. v. § 93 HGB keine Zweigniederlassung, Agentur oder sonstige Niederlassung bilden.[638]

Dabei kann nicht übersehen werden, dass nach der Auslegung des EuGH das Merkmal der Selbstständigkeit – im Gegensatz zu § 21 ZPO[639] – der Abgrenzung der Niederlassung von Betriebsstätten oder anderen zwischengeschalteten Hilfspersonen dient, die aufgrund ihrer Eigenständigkeit nicht der Aufsicht und Weisung des Stammhauses unterliegen und damit nicht mehr dem Niederlassungsbegriff des EuGH unterfallen.[640]

---

[635] Ist der Handelsvertreter zugleich Abschlussvertreter, verfügt er allerdings über die Befugnis zum eigenständigen Vertragsschluss, ansonsten ist er lediglich Vermittlungsvertreter.

[636] EuGH, Slg. 1981, 819 (829); so auch Fawcett, 9 Eur. L. Rev. 326 (335); Fawcett, 37 I. C. L. Q., 645 (658); Geimer/Schütze, Art. 5 EuGVVO, Rdnr. 310; Geimer/Schütze, Art. 5 EuGVVO, Rdnr. 310; Geimer/Schütze-Auer, Rechtsverkehr, Bd. 1, Art. 5 EuGVVO, Rdnr. 191; Geimer/Schütze-Geimer, I/1, S. 549; Hunnings, J. B. L. 82, 244 (246); Kropholler, Art. 5 EuGVVO, Rdnr. 94; MüKo ZPO-Gottwald, Art. 5 EuGVÜ, Rdnr. 53; Nagel/Gottwald, § 3, Rdnr. 79; Rauscher-Leible, Art. 5 EuGVVO, Rdnr. 106; Schack, IZVR, Rdnr. 318; Schlosser, Art. 5 EuGVVO, Rdnr. 23; Staudinger-Hausmann, Anh. II zu Artt. 27 – 37 EGBGB, Rdnr. 135; Wieczorek/Schütze-Hausmann, Art. 5 EuGVÜ, Rdnr. 76.

[637] Ein Agentur-Gerichtsstand soll daher nicht schon dann begründet werden, wenn ein Handelsvertreter in Deutschland für eine ausländische Firma tätig wird, vgl. LG Frankfurt/Main, IPRax 82, 250 (250).

[638] Geimer/Schütze-Auer, Rechtsverkehr, Bd. 1, Art. 5 EuGVVO, Rdnr. 191; Kropholler, Art. 5 EuGVVO, Rdnr. 95; MüKo ZPO-Gottwald, Art. 5 EuGVÜ, Rdnr. 53; Rauscher-Leible, Art. 5 EuGVVO, Rdnr. 106; Schlosser, Art. 5 EuGVVO, Rdnr. 23; Staudinger-Hausmann, Anh. II zu Artt. 27 – 37 EGBGB, Rdnr. 135; Wieczorek/Schütze-Hausmann, Art. 5 EuGVÜ, Rdnr. 76.

[639] Siehe oben § 4 I. 3. b. aa.

[640] Kronke, IPRax 89, 81 (82); Kropholler, Art. 5 EuGVVO, Rdnr. 95; Wieczorek/Schütze-Hausmann, Art. 5 EuGVÜ, Rdnr. 76.

Auch ein Alleinvertriebshändler, der wirtschaftlich auf eigene Rechnung handelt, ist nach einem Urteil des EuGH vom 06.10.1976 (De Bloos/Bouyer) nicht als Niederlassung anzusehen, auch wenn er faktisch von dem Hauptunternehmen abhängig ist, solange er eben nicht dessen Aufsicht und Leitung unterliegt.[641] Alle drei Begriffe der Niederlassung ließen sich nicht auf den Alleinvertriebshändler ausdehnen, wenn er nicht befugt sei, im Namen des Lieferanten aufzutreten oder ihn zu verpflichten und auch nicht dessen Aufsicht oder Weisung unterstehe. „Zweigniederlassung" und „Agentur" seien u. a. wesentlich dadurch charakterisiert, dass sie der Aufsicht und Leitung des Stammhauses unterlägen. Wortlaut und Zweck von Art. 5 Nr. 5 EuGVÜ ergäben, dass der ebenfalls verwendete Begriff der „Niederlassung" nach dem Geist des Übereinkommens die gleichen Wesensmerkmale aufweise wie die anderen Begriffe.

Hat aber die Außenstelle eines Vermittlers eine eigene Geschäftsführung und entfaltet sie eine eigene Geschäftstätigkeit, soll Art. 5 Nr. 5 EuGVVO anwendbar sein.[642] Allerdings müsse dann die Außenstelle der Aufsicht und Weisung der Hauptstelle unterliegen.[643]

Schließlich kann vermutet werden, dass die vom EuGH aufgestellten Grundsätze der Rechtsscheinshaftung durch die Gerichte in Zukunft auch auf Handelsvertreter, -makler und Vertriebshändler angewendet werden. Denn er hat ausdrücklich auf das Auftreten als scheinbar unselbstständige Außenstelle nach außen abgestellt. Führt also eine solche Handelsperson den gleichen Namen wie das Unternehmen, hat sie die gleiche Geschäftsführung und tritt sie durch Verhandlung und Vertragsabschluss für ihren Auftraggeber wie dessen Außenstelle auf, dann muss sich das beauftragende Unternehmen wohl gem. Art. 5 Nr. 5 EuGVVO am Ort des Geschäftssitzes dieser Handelsperson verklagen lassen. Auch Generalanwalt Slynn hat in seinem Schlussantrag in der Rechtssache Schotte/Parfums Rothschild darauf hingewiesen, dass der Grundsatz der Erzeu-

---

[641] EuGH, Slg. 1976, 1497 (1510); Fawcett, 9 Eur. L. Rev. 326 (337); Fawcett, 37 I. C. L. Q. 645 (659); Geimer/Schütze, Art. 5 EuGVVO, Rdnr. 310; Geimer/Schütze-Auer, Rechtsverkehr, Bd. 1, Art. 5 EuGVVO, Rdnr. 191; Geimer/Schütze-Geimer, I/1, S. 549; Hdb. Int. ZVerfR I-Kropholler, Kap. III, Rdnr. 702; Kropholler, Art. 5 EuGVVO, Rdnr. 93; MüKo ZPO-Gottwald, Art. 5 EuGVÜ, Rdnr. 53; Rauscher-Leible, Art. 5 EuGVVO, Rdnr. 106; Schlosser, Art. 5 EuGVVO, Rdnr. 23; Staudinger-Hausmann, Anh. II zu Artt. 27 – 37 EGBGB, Rdnr. 135; Wieczorek/Schütze-Hausmann, Art. 5 EuGVÜ, Rdnr. 76.

[642] H. Müller, S. 150.

[643] H. Müller, S. 150.

gung eines Rechtsscheins nicht auf Gesellschaften beschränkt sei. Er müsse auch auf Einzelpersonen anwendbar sein.[644]

bb. Agentur

Art. 5 Nr. 5 EuGVVO findet nach seinem ausdrücklichen Wortlaut auch für Agenturen Anwendung. Der Agent ist nach autonomem deutschem Recht allerdings regelmäßig selbstständiger Handelsvertreter des Stammhauses, wenn er als dessen Außenstelle auftritt, seine Tätigkeit also darauf beschränkt ist, Aufträge zu werben, entgegenzunehmen und weiterzuleiten.[645] Nach autonomem deutschem Recht unterfiele der Agent daher nicht dem Niederlassungsgerichtsstand des Art. 5 Nr. 5 EuGVVO. Durch die eindeutige Regelung in Art. 5 Nr. 5 EuGVVO ist der Agent jedoch in den Kreis der Niederlassungen aufgenommen worden.

Daher stellt sich die Frage, wann die Tätigkeit eines gewöhnlichen, nicht unter Art. 5 Nr. 5 EuGVVO fallenden Handelsvertreters gegeben ist und wann seine Betätigung als die eines Agenten eingestuft werden muss, die den Anwendungsbereich von Art. 5 Nr. 5 EuGVVO eröffnet. Maßgeblich dafür ist nach der Auslegung des EuGH, dass der Handelsvertreter der Aufsicht und Weisung seines Stammhauses unterliegt und daher im Rechtsverkehr als dessen Außenstelle in Erscheinung tritt. Schreibt das Unternehmen dem Repräsentanten also die maßgebliche Arbeitszeit oder die Art und Weise der Ausführung seiner Aufträge vor, spricht vieles dafür, ihn als Agenten i. S. v. Art. 5 Nr. 5 EuGVVO einzustufen, unabhängig davon, ob er als „selbstständiger Handelsvertreter" bezeichnet wird oder auftritt. Denn die namentliche Bezeichnung ist unbeachtlich. Weiteres Kriterium für eine Einstufung als Agenten ist eine mögliche Bindung an nur ein oder an mehrere, aber nicht miteinander konkurrierende Unternehmen. Schließlich dürften für eine Agententätigkeit auch die Vorgabe des Tätigkeitsortes und eines genauen Arbeitsplans, die Genehmigungspflicht für jede Nebentätigkeit oder die Einbeziehung in die betriebliche Organisation oder Tarifordnung spre-

---

[644] EuGH, Slg. 1987, 4905 (4913); MüKo ZPO-Gottwald, Art. 5 EuGVÜ, Rdnr. 55. Ähnlich auch Mankowski, EWiR 04, 1221 (1222); Mankowski, RIW 96, 1001 (1005): Entscheidend sei der nach außen erweckte Eindruck für einen objektiven externen Beobachter. Ein Abschlussvertreter, der zugleich Anlaufadresse des Kunden u. a. für Reklamationen sei, trete gegenüber dem Kunden als unmittelbar in das Unternehmen eingebunden auf. Denn er ersetze insoweit eine eigene Filiale des Unternehmens in allen ihren Funktionen und erhalte den Verkehr zwischen Kunden und dem Unternehmen aufrecht, ohne selbst einzutreten und so einen Rekurs auf das Unternehmen rechtlich unnötig zu machen. Vgl. auch Rauscher-Leible, Art. 5 EuGVVO, Rdnr. 106.

[645] Siehe oben § 4 I. 3. d. bb. Vgl. ferner MüKo ZPO-Gottwald, Art. 5 EuGVÜ, Rdnr. 53; H. Müller, S. 164.

chen. Ferner ist zu beachten, dass der Agent sich nicht wie der selbstständige Handelsvertreter auf die bloße Weiterleitung von Aufträgen beschränkt, sondern die Durchführung des Geschäfts auch weiter betreut und damit für den Vertragspartner wie eine Außenstelle auftritt, an die sich dieser jederzeit wenden kann.

g. Zuständigkeitsdurchgriff

aa. Zuständigkeitsdurchgriff kraft Rechtsschein der Niederlassung
Auch im Rahmen der EuGVVO sind Tochtergesellschaften nicht ohne weiteres als Zweigniederlassung anzusehen. Art. 5 Nr. 5 EuGVVO sehe nach der h. M. in der Literatur grundsätzlich nicht den zuständigkeitsrechtlichen Durchgriff auf die Muttergesellschaft vor.[646] Die selbstständig handelnde Tochtergesellschaft sei keine Niederlassung, da sie selbst aus den Verträgen berechtigt und verpflichtet werde.[647] Es fehle an dem Merkmal der „bloßen Außenstelle des Stammhauses", da die Tochtergesellschaft nicht selten als selbstständige Gesellschaft in Erscheinung trete und Verträge für sich im eigenen Namen abschließe.[648]

(1) Rechtsprechung

Eine Ausnahme besteht nach dem Urteil des EuGH vom 09.12.1987 in der Sache Schotte/Parfums Rothschild allerdings dann, wenn eine in einem Mitgliedstaat ansässige juristische Person in einem anderen Mitgliedstaat zwar keine unselbstständige Zweigniederlassung, Agentur oder sonstige Niederlassung unterhält, dort aber ihre Tätigkeiten mit Hilfe einer gleichnamigen selbstständigen Gesellschaft mit identischer Geschäftsführung entfaltet, die in ihrem Namen verhandelt und Geschäfte abschließt und deren sie sich wie eine Außenstelle bedient.[649]

Die Beklagte (Parfums Rothschild SARL), eine in Paris ansässige 100 %ige Tochtergesellschaft der deutschen Rothschild GmbH mit Sitz in Düsseldorf, entfaltete ihre Tätigkeiten in der Bundesrepublik mit Hilfe dieser Muttergesellschaft. Sie verhandelte und schloss im Namen der Pariser Tochter Geschäfte ab,

---

[646] Geimer, IZPR, Rdnr. 1445; Geimer/Schütze-Auer, Rechtsverkehr, Bd. 1, Art. 5 EuGVVO, Rdnr. 191; Kropholler, Art. 5 EuGVVO, Rdnr. 96; MüKo ZPO-Gottwald, Art. 5 EuGVÜ, Rdnr. 54; Nagel/Gottwald, § 3, Rdnr. 79; Rauscher-Leible, Art. 5 EuGVVO, Rdnr. 107; Schack, GS Sonnenschein, S. 706.

[647] Geimer/Schütze-Auer, Rechtsverkehr, Bd. 1, Rdnr. 191; Kronke, IPRax 89, 81 (83); Kropholler, Art. 5 EuGVVO, Rdnr. 96; MüKo ZPO-Gottwald, Art. 5 EuGVÜ, Rdnr. 54; Rauscher-Leible, Art. 5 EuGVVO, Rdnr. 107; Schlosser, Art. 5 EuGVVO, Rdnr. 23; Wieczorek/Schütze-Hausmann, Art. 5 EuGVÜ, Rdnr. 80.

[648] Fawcett, 9 Eur. L. Rev. 326 (337); Jaspert, S. 68; Kropholler, Art. 5 EuGVVO, Rdnr. 96; Maul, AG 98, 404 (408); MüKo ZPO-Gottwald, Art. 5 EuGVÜ, Rdnr. 54; Wieczorek/Schütze-Hausmann, Art. 5 EuGVÜ, Rdnr. 80.

[649] EuGH, Slg. 1987, 4905 (4921).

so u. a. mit der Klägerin, der deutschen SAR Schotte GmbH mit Sitz in Hemer, über die Lieferung von Zerstäuberpumpen von der Klägerin an die Beklagte. Diese wurden von der Beklagten als mangelhaft beanstandet und die Bezahlung der Rechnungen eingestellt. Während der Vorverhandlungen und der Beanstandungen kam es zu einem Schriftwechsel, in dem alle betreffenden Schreiben der Rothschild GmbH von zwei Personen unterzeichnet waren. Die eine war Geschäftsführer der Rothschild GmbH und der Beklagten und die andere Geschäftsführer nur der Beklagten. Die Klägerin machte vor dem LG die Begleichung von sechs unbezahlten Rechnungen geltend. Das LG wies die Klage wegen fehlender internationaler Zuständigkeit ab. Das OLG legte dem EuGH den Fall zur Vorabentscheidung betreffend der Anwendung des Art. 5 Nr. 5 EuGVÜ auf zwei gleichnamige selbstständige juristische Personen vor.[650]

Der EuGH befand, dass der Begriff der Niederlassung seit der Somafer/Saar-Ferngas-Entscheidung auch auf die vorliegende Konstellation Anwendung finden könne, in der die Gesellschaft, die als Außenstelle einer in einem anderen Mitgliedstaat ansässigen Gesellschaft handele, nicht deren Tochtergesellschaft, sondern eine unabhängige Gesellschaft oder sogar das Stammhaus sei. Vorliegend sei der Fall betroffen, in dem zwei Gesellschaften den selben Namen trügen und eine gemeinsame Geschäftsführung hätten und in dem eine von ihnen, ohne eine von der anderen abhängige Zweigniederlassung oder Agentur zu sein, Geschäfte für Rechnung der anderen abschließe und so in den Handelsbeziehungen als deren Außenstelle auftrete. Darüber hinaus habe sich die Muttergesellschaft auch im Stadium der Erfüllung des Vertrages um die ordnungsgemäße Abwicklung der vereinbarten Lieferungen und die Bezahlung der Rechnungen gekümmert. Ferner hätten die Schreiben an die Klägerin den Eindruck erweckt, sie sei als Mittelpunkt geschäftlicher Tätigkeit der Beklagten tätig geworden. In einem derartigen Fall müssten sich Dritte, die Geschäfte mit einer Niederlassung abschlössen, die als Außenstelle einer anderen Gesellschaft tätig werde, auf den so erweckten Anschein verlassen können und diese Niederlassung als eine Niederlassung der Gesellschaft ansehen dürfen.[651]

Damit hat der EuGH die idealtypische Trennung von Mutter- und Tochtergesellschaft dann für unbeachtlich erklärt, wenn es sich um eine 100 %ige Anteilsinhaberschaft handelt, Gleichnamigkeit besteht – wobei der Rechtsformzusatz als Firmenbestandteil offenbar außer Betracht bleiben soll – , die Geschäftsführung identisch ist und im Namen des ausländischen Unternehmens gehandelt wird.

---

[650] EuGH, Slg. 1987, 4905 (4917/4918).
[651] EuGH, Slg. 1987, 4905 (4920).

Dieser Standpunkt wurde zuletzt in einem Urteil des EuGH vom 06.04.1995 (Lloyd`s Register of Shipping/Société Campenon Bernard) zumindest mittelbar wiederholt.[652]

Die Auslegung des EuGH hat in der Folgezeit einige deutsche Gerichte bei der Anwendung der Norm zu unterschiedlichen Interpretationen der darin aufgestellten Kriterien bewogen.

Das OLG Düsseldorf hat in seinem Urteil vom 26.05.1995 eine extensivere Auslegung betrieben und Art. 5 Nr. 5 EuGVÜ im Interesse der Rechtssicherheit dann für anwendbar gehalten, wenn die rechtlich selbstständige Gesellschaft, die alle Merkmale einer Außenstelle aufweise, mit Dritten Geschäftsverhandlungen führe und über sie sämtliche Geschäfte für die in einem anderen Mitgliedstaat ansässige juristische Person abgeschlossen würden, aber weitere Merkmale, wie Namensgleichheit oder identische Geschäftsführung, nicht vorhanden seien.[653] Dabei ist bemerkenswert, dass dem zu entscheidenden Fall keine konzernrechtlichen Verknüpfungen zu Grunde lagen, sondern es sich um zwei voneinander unabhängige Gesellschaften handelte.

Der Kläger erhielt von der Beklagten, einer englischen Brokerfirma mit Sitz in London, die im Bereich Warentermin- und Optionshandel tätig war, eine Broschüre sowie eine beigefügte Kundenvereinbarung, bestehend u. a. aus einer Handelsvereinbarung, die eine Rechtswahlklausel zugunsten des englischen Rechts enthielt, und aus einer Vollmacht für den Kauf und Verkauf im Termin- und Optionshandel, die einer deutschen Vermittlungsgesellschaft, die regelmäßig die von der Beklagten angebotenen Geschäfte vermittelte, als Handlungsbevollmächtigte der Beklagten zu erteilen war. Der Kläger nahm das ihm unterbreitete Angebot an und übersandte es der Vermittlungsgesellschaft. In der Folgezeit überwies der Kläger an die Vermittlungsgesellschaft mehrere Beträge zur Weiterleitung auf sein, bei der Beklagten bestehendes Brokerkonto. Diese führte in der Folgezeit für den Kläger zahlreiche Aktienoptionsgeschäfte durch. Die Gewinnerwartungen des Klägers erfüllten sich jedoch nicht. Zur Begrenzung des wirtschaftlichen Schadens verklagte er daher u. a. die englische Brokerfirma vor deutschen Gerichten und stützte die Klage auf Ansprüche wegen ungerechtfertigter Bereicherung und c. i. c. wegen Verletzung von Aufklärungspflichten. Das LG gab der Klage statt. Die Berufung blieb erfolglos.[654]

---

[652] EuGH, Slg. 1995, 961 (980/981). Vgl. dazu Jayme/Kohler, IPRax 95, 345 (348).

[653] OLG Düsseldorf IPRax 97, 115 (117).

[654] OLG Düsseldorf IPRax 97, 115 (116).

Das OLG stützte die internationale Zuständigkeit der deutschen Gerichte ausschließlich auf Art. 5 Nr. 5 EuGVÜ. Dessen Anwendung sei im Interesse der Rechtssicherheit für alle Fälle erforderlich, in denen nicht nur unselbstständige Niederlassungen oder Agenturen, sondern auch rechtlich selbstständige Gesellschaften, die alle Merkmale einer Außenstelle aufwiesen, mit Dritten Geschäftsverhandlungen führen könnten. Eine Außenstelle liege bereits dann vor, wenn über diese sämtliche Geschäfte für die in einem anderen Mitgliedstaat ansässige juristische Person abgeschlossen würden. Weitere Erfordernisse, wie Namensgleichheit oder identische Geschäftsführung seien daneben entbehrlich.[655] Diesen Standpunkt hat das OLG Düsseldorf durch Urteil vom 08.03.1996 in einem gleich gelagerten Fall bekräftigt.[656]

Das LG Darmstadt betonte in einer neueren Entscheidung vom 18.05.2004, dass es bei der Beurteilung der Frage, ob eine „Zweigniederlassung, Agentur oder sonstige Niederlassung" i. S. v. Art. 15 Abs. 2 EuGVVO vorliege, auch auf den Rechtsschein ankomme.

In dem zu entscheidenden Fall begehrte der Kläger von der Beklagten, einer Gesellschaft nach US-amerikanischem Recht, die Rückzahlung von Geldbeträgen, die er bei der Durchführung von Optionsgeschäften auf US-amerikanische Aktien verloren hatte. Die Beklagte (Prudential-Bach Securities, Inc.) war auf dem US-amerikanischen und europäischen Markt als Maklerin und Händlerin von Wertpapieren und Waren tätig. Geschäftspartnerin der Beklagten für die Bundesrepublik war eine Gesellschaft mit einer ähnlichen Firma (Prudential-Bach Securities (Germany), Inc., Niederlassung Frankfurt/M., Zweigniederlassung der Prudential-Bach Securities (Germany) Inc. mit Sitz in Wilmington, Delaware), die gesellschaftsrechtlich von der Beklagten unabhängig war. Der Kläger trat mit der Frankfurter Niederlassung und deren Mitarbeitern in Kontakt, die ihm die Eröffnung eines Wertpapierkontos bei der Beklagten für die Vornahme von Optionsgeschäften anboten. Dieser füllte die Antragsformulare aus und sandte sie an die Niederlassung. Aufgrund eines „operating agreement" zwischen der Beklagten und der Niederlassung wurden die Geschäfte nicht un-

---

[655] OLG Düsseldorf IPRax 97, 115 (117).

[656] OLG Düsseldorf IPRax 97, 118 (119): Die Vermittlungsgesellschaft sei als Niederlassung der Beklagten anzusehen, da diese nicht selbst in der Bundesrepublik tätig werde, sondern ausschließlich die mit ihr zusammenarbeitenden deutschen Vermittlungsgesellschaften handeln lasse. Diese Tätigkeit gehe über die eines Handelsvertreters weit hinaus, so dass die juristische Selbstständigkeit beider Firmen unerheblich sei. Anders OLG München RIW 75, 346 (347), das eine Tochtergesellschaft der Beklagten als Niederlassung einstufte und dabei auch auf das Organschaftsverhältnis abstellte. Die Geschäftsführer der Tochtergesellschaft waren zugleich Verwaltungsräte der die Beklagte tragenden Holding.

mittelbar von letzterer abgeschlossen. Sie verfügte über keine Vertretungsmacht und agierte nur als Bote für die Beklagte. Von dieser internen Vereinbarung hatte der Kläger keine Kenntnis. Das Konto wurde bei der Beklagten geführt, über das – nach Einzahlungen durch den Kläger – Optionsgeschäfte auf US-amerikanische Aktien durchgeführt wurden. Alle Geschäfte wurden für den Kläger allerdings über das Frankfurter Büro abgewickelt. Zwischen ihm und der Beklagten bestand kein Kontakt.[657]

Das Gericht nahm Bezug auf die Auslegung des EuGH zur Niederlassung. Es verneinte zwar das Vorliegen der Voraussetzungen,[658] stellte aber auf den von der Beklagten erzeugten Rechtsschein ab. Dritte müssten sich auf den erweckten Anschein einer Niederlassung verlassen können. Dafür sprächen genügend Anhaltspunkte. Als maßgeblich erachtete das Gericht v. a., dass die Beklagte ihre Geschäfte über eine Gesellschaft mit identischem Namen führte, der sich nur durch den Zusatz „Germany" unterschied. Dies erwecke bei den Kunden den Eindruck, als sei das Frankfurter Büro als Mittelpunkt der geschäftlichen Tätigkeit der Beklagten tätig. Da jede geschäftliche Tätigkeit, wie Werbung oder Vertragsabschluss, ausschließlich über das Frankfurter Büro abgewickelt worden sei, habe nichts darauf hingedeutet, dass es sich in Wirklichkeit um zwei rechtlich voneinander unabhängige Gesellschaften gehandelt habe. Auch die Tatsache, dass für den Kläger erkennbar die Beklagte Vertragspartnerin wurde, stehe dieser Annahme nicht entgegen. Denn bei Geschäften mit einer Niederlassung schließe der Kunde gewöhnlich die Verträge mit einem ausländischen Stammhaus ab.[659]

Das OLG München hat dagegen in seinem Urteil vom 21.01.1992 für die Begründung einer Niederlassung ausdrücklich auf die Erfordernisse der gleichen Firma und identischen Geschäftsführung zwischen Außenstelle und Stammhaus abgestellt. Auch der weite Begriff der Niederlassung i. S. d. EuGVÜ erfasse nicht eigenständig firmierende und organisierte Inlandsunternehmen; dies selbst dann nicht, wenn sie ständig oder hauptsächlich für das ausländische beklagte Unternehmen werbend und/oder vermittelnd tätig seien.[660]

In dem zugrunde liegenden Fall wurde eine Kapitalverwaltungs-GmbH mit Sitz in München für die Beklagte, eine US-amerikanische Brokergesellschaft mit Sitz in New York, tätig. Die Beklagte führte für den Kläger eine große Anzahl

---

[657] LG Darmstadt ZIP 04, 1924 (1925).
[658] LG Darmstadt ZIP 04, 1924 (1925).
[659] LG Darmstadt ZIP 04, 1924 (1926).
[660] OLG München NJW-RR 93, 701 (701).

von Termingeschäften an der Terminbörse und im freien Verkehr aus. Zum Kontakt zwischen dem Kläger und der Beklagten kam es über die GmbH, die nach einem vom Kläger gelesenen Pressebericht in großem Stil im Computereinsatz spekulativen Terminhandel auf internationalen Terminmärkten organisierte. Der Kläger schloss daraufhin mit der GmbH einen Kapitalverwaltungsvertrag. Darin überließ der Kläger der GmbH zum Zwecke der spekulativen Kapitalanlage einen Geldbetrag, mit der Maßgabe, dass der Betrag für den Kläger bei einer kontoführenden Stelle eingezahlt werden sollte. Als solche wurde die Beklagte angegeben. Die Anlageentscheidungen und Anweisungen sollten von der GmbH im Einzelnen ohne Rücksprache direkt an die kontoführende Stelle übermittelt werden. Der Kläger erhielt zudem vom Geschäftsführer der GmbH mehrere vorgedruckte Formulare der Beklagten zur Regelung des angestrebten Vertragsverhältnisses zwischen ihr und ihm. Die GmbH gab in der Folgezeit mehrere hundert Termingeschäftsaufträge an die Beklagte weiter, welche diese für Rechnung des Klägers ausführte. Es entstand letztlich ein Verlust, den der Kläger u. a. aus ungerechtfertigter Bereicherung einklagte. Das LG wies die Klage als unzulässig ab. Die Berufung blieb erfolglos.[661]

Das Gericht lehnte u. a. die Einordnung der GmbH als Niederlassung der Beklagten mangels Erfüllung der Voraussetzungen ab. Es handele sich bei ihr weder tatsächlich noch dem nach außen begründeten Rechtsscheine nach um die Außenstelle des beklagten Brokerhauses, sondern um ein deutsches Unternehmen mit völlig anderer Firma und einer Geschäftsführung, die nicht der Aufsicht und Leitung der Beklagten unterstehe. Von diesen Kriterien könne nicht abgewichen werden, obwohl die Beklagte der GmbH laufend oder ständig Kunden vermittelt habe, die Vertragsformulare der Beklagten vorrätig und den Kunden zur Verfügung gestellt, bei der Ausfüllung der Formulare geholfen und deren anschließende Weiterleitung besorgt habe, außerdem auch Begegnungen mit Mitarbeitern der Beklagten in den Räumen der GmbH ermöglicht habe. Auch solche Tätigkeiten, mögen sie dem Kläger einerseits und der Beklagten andererseits die Notwendigkeit unmittelbarer Kontaktaufnahme erspart haben, reichten nicht aus, um die GmbH als Niederlassung der Beklagten zu behandeln. Außer Betracht müsse ebenfalls bleiben, dass die Beklagte der GmbH freie Hand bei der Platzierung der Termingeschäfte des Klägers gelassen habe. Sie sei nicht als Außenstelle der Beklagten in Erscheinung getreten, sondern habe sich als selbstständige Vermittlerin von Verträgen der vorliegenden Art – auch für andere Unternehmen – betätigt. Auch sei sie als Vertragspartnerin des Klägers im Rahmen des Kapitalverwaltungsvertrages tätig geworden und habe in dieser Funktion ausschließlich für sich selbst Rechte und Pflichten übernommen. Dabei sei sie als bevoll-

---

[661] OLG München NJW-RR 93, 701 (701).

mächtigte Vertreterin des Klägers gegenüber der Beklagten aufgetreten. Daher habe die Beklagte nicht außerhalb des Staates ihres Unternehmenssitzes von der GmbH wie von einer Niederlassung aus am deutschen und europäischen Geschäftsverkehr teilgenommen.[662]

(2) Literatur

In der Literatur ist der vom EuGH vorgenommenen Anknüpfung an den zurechenbar gesetzten Rechtsschein zugestimmt worden.[663] Insbesondere sei die Hierarchie im Konzern oder jede andere Art der gesellschaftsrechtlichen Verknüpfung nicht entscheidend.[664] Eine Gesellschaft müsse außerhalb ihres Sitzes auch in dem Staat gerichtspflichtig gemacht werden können, in dem das Zentrum ihrer wirtschaftlichen Betätigung liege.[665] Nutze die ausländische Tochter ihre

---

[662] OLG München NJW-RR 93, 701 (703).

[663] Fawcett, 9 Eur. L. Rev. 326 (338) – freilich noch vor der Entscheidung des EuGH; Geimer, RIW 88, 220 (220); Geimer/Schütze, Art. 5 EuGVVO, Rdnr. 314; Goette, DStR 97, 503 (504); Haubold, IPRax 00, 375 (382); Kronke, IPRax 89, 81 (83); Kropholler, Art. 5 EuGVVO, Rdnr. 97; Kulms, IPRax 00, 488 (490); Mankowski, EWiR 04, 1221 (1222): Niemand solle sich hinter selbst geschaffenen Interna verstecken können; Maul, AG 98, 404 (409); MüKo-Kindler, Int. WirtR, Rdnr. 823; MüKo ZPO-Gottwald, Art. 5 EuGVÜ, Rdnr. 55; Schlosser, Art. 5 EuGVVO, Rdnr. 23; Staudinger-Großfeld, Int. GesR, Rdnr. 974/975; Thomas/Putzo-Hüßtege, Art. 5 EuGVVO, Rdnr. 22; Wieczorek/Schütze-Hausmann, Art. 5 EuGVÜ, Rdnr. 79; Zimmer, IPRax 98, 187 (190); Zöller-Geimer, Art. 5 EuGVVO, Rdnr. 46. Vgl. auch Rauscher-Leible, Art. 5 EuGVVO, Rdnr. 107, der als Beispiel für die Begründung eines Rechtsscheins die Tochtergesellschaft anführt, die sich um die Abwicklung eines zwischen der Muttergesellschaft und dem Dritten geschlossenen Vertrags kümmere. Ähnlich auch Geimer/Schütze-Auer, Rechtsverkehr, Bd. 1, Art. 5 EuGVVO, Rdnr. 187, der diese Auslegung des EuGH zumindest als vom Sinn der Vorschrift gedeckt ansieht.

[664] Geimer, IZPR, Rdnr. 1445; Geimer, RIW 88, 220 (220); Jaspert, S. 65; Kronke, IPRax 89, 81 (83); Mankowski, EWiR 04, 1221 (1222); Zöller-Geimer, Art. 5 EuGVVO, Rdnr. 47.

[665] Ebenroth/Wilken, JZ 91, 1116 (1118); Geimer, RIW 88, 220 (220); Geimer, RIW 88, 221 (222); Geimer/Schütze-Auer, Rechtsverkehr, Bd. 1, Art. 5 EuGVVO, Rdnr. 187; Geimer/Schütze, Art. 5 EuGVVO, Rdnr. 314: Es werde kein Nachweis gesellschaftsrechtlicher Verflechtung verlangt; Kronke, IPRax 89, 81 (83); Kropholler, Art. 5 EuGVVO, Rdnr. 97: Wenn die Unternehmensspitze aufgrund von Art. 5 Nr. 5 am Sitz der Niederlassung (Tochtergesellschaft) verklagt werden könne, dann erst recht an ihrem eigenen, wenn sie für die Tochter tätig geworden sei und den Anschein einer Außenstelle erweckt habe; MüKo ZPO-Gottwald, Art. 5 EuGVÜ, Rdnr. 55; H. Müller, S. 173; Rauscher-Leible, Art. 5 EuGVVO, Rdnr. 107; Schlosser, Art. 5 EuGVVO, Rdnr. 23; Wieczorek/Schütze-Hausmann, Art. 5 EuGVÜ, Rdnr. 79; Zimmer, RIW 98, 187 (191); Zöller-Vollkommer, § 21, Rdnr. 4. Vgl. auch Mankowski, EWiR 04, 1221 (1222) – freilich zu Art. 15 Abs. 2 EuGVVO: Wer werbe und dabei einen bestimmten Kommunikationsweg über eine dauerhafte Einrichtung vorschlage, führe selber Arbeitsteilung ein, hinter der er sich nicht verstecken könne, die ihm vielmehr zugerechnet werde; ferner Mankowski, RIW 05, 561 (570): Maßgeblich sei der nach außen erweckte Eindruck. Was intern passiere, wer generell wen lenke

Mutter als Stützpunkt im Inland, müsse diese daher auch als Niederlassung angesehen werden können.[666] Zum Teil wird allein auf das Handeln im Namen eines
anderen Unternehmensmitgliedes als ausschlaggebendes Kriterium abgestellt.
Gleiche Namen oder Firmenbestandteile seien zwar Indizien für die Schaffung
des die Entscheidung tragenden Rechtsscheins, sie seien aber leicht manipulier-
bar und daher nur als Indizien heranzuziehen. Denkbar sei auch, dass bei einer
nicht personenidentischen Geschäftsführung oder bei einer unter 100 % liegenden Mehrheitsbeteiligung ein gleichwertiger Vertrauenstatbestand geschaffen
werden könne. Schließlich spiele auch die technische Ausgestaltung der Verbindung zwischen den Unternehmensteilen keine Rolle, soweit es um die internationale Zuständigkeit nach der EuGVVO gehe, denn die in den Mitgliedstaaten
herrschenden Konzernrechte wiesen zum Teil sehr grundsätzliche Unterschiede
auf.[667] Daher solle eine Niederlassung kraft Rechtsscheins auch dann begründet
werden können, wenn im Einzelfall die Geschäftsführung nicht identisch sei oder
wenn beide Gesellschaften gesellschaftsrechtlich voneinander unabhängig seien
bzw. die inländische Gesellschaft sich nicht mehrheitlich im Besitz der ausländischen befinde.[668]

Allerdings hat das Urteil des OLG Düsseldorf vom 26.05.1995 kontroverse
Diskussionen ausgelöst. Das Gericht habe nur Anhaltspunkte für einen Mittelpunkt geschäftlicher Betätigung der Beklagten in Deutschland gesucht. Dagegen
hätte es keine Indizien dafür gegeben, dass die deutsche Gesellschaft als Außenstelle der Beklagten aufgetreten sei. Dazu reiche es nicht aus, dass die inländische Gesellschaft scheinbar als einzige in der Bundesrepublik ansässige Gesellschaft Geschäfte für die Beklagte vermittelt habe. Ferner habe es sich um immerhin zwei voneinander unabhängige Gesellschaften gehandelt, was auch nach
außen hin deutlich geworden sei. Schließlich gäbe es keine Anhaltspunkte die
Ausübung von Aufsichts- und Leitungsfunktionen durch die Beklagte gegenüber

---

und wer mit wem wie gesellschaftsrechtlich verbunden sei, könne ein Außenstehender nicht erkennen. Dieser müsse sich an das halten dürfen, was er wahrnehmen könne. Kritisch Geimer,
EWiR 04, 971 (972): Die Anwendungsvoraussetzungen von Art. 15 Abs. 2 EuGVVO seien eng
auszulegen.

[666] Geimer, IZPR, Rdnr. 1445; Geimer, RIW 88, 220 (220); Kronke, IPRax 89, 81 (83); Kropholler,
Art. 5 EuGVVO, Rdnr. 97; MüKo ZPO-Gottwald, Art. 5 EuGVÜ, Rdnr. 55; Rauscher-Leible,
Art. 5 EuGVVO, Rdnr. 107; Schlosser, Art. 5 EuGVVO, Rdnr. 23; Wieczorek/Schütze-
Hausmann, Art. 5 EuGVÜ, Rdnr. 79; Zöller-Geimer, Art. 5 EuGVVO, Rdnr. 47.

[667] Kronke, IPRax 89, 81 (83); Zimmer, IPRax 98, 187 (190 Fn. 31).

[668] Geimer, RIW 94, 59 (60); Jaspert, S. 66; MüKo ZPO-Gottwald, Art. 5 EuGVÜ, Rdnr. 55;
Wach/Weberpals, AG 89, 193 (197); Wieczorek/Schütze-Hausmann, Art. 5 EuGVÜ, Rdnr. 79.
Ähnlich auch MüKo-Kindler, Int. WirtR, Rdnr. 823, der auch ein gemeinsames Auftreten bei
den Vertragsverhandlungen oder der Vertragsdurchführung ausreichen lassen möchte.

der inländischen Gesellschaft. Das Gericht habe offensichtlich dem Kläger ein inländisches Forum bieten wollen und sich dabei von dem US-amerikanischen Recht des „doing business" leiten lassen.[669]

Dagegen wird argumentiert, dass es dem Unternehmen grundsätzlich freistehe, mit Hilfe welcher Organisationsform es sich unternehmerisch in einem Staat betätige.[670] Auch sei es dem Geschäftspartner gleich, mit welcher Organisationsform er in Kontakt stehe. Für ihn sei ausschlaggebend, mit wem er kontrahiert habe und dass er das Unternehmen mit Hilfe der Außenstelle ansprechen könne. Schließlich könne sich das Unternehmen nicht auf interne Ausgestaltungen seiner Organisation berufen, sondern sei dort gerichtspflichtig, wo es in geschäftlichen Kontakt trete. Eine generelle Ausgrenzung formell eigenständiger Gesellschaften würde dem Mutterunternehmen eine zu große Manipulationsmöglichkeit zu Lasten seiner Geschäftspartner eröffnen.[671] Die erforderliche Kontrolle und Leitung durch das Stammunternehmen – so wird weiter gefolgert – schlüge sich in der wirtschaftlichen Zuordnung des finanziellen Ergebnisses nieder. Grundsätzlich handele die Außenstelle letztlich auf Rechnung des Stammhauses. Die Niederlassung sei selbst bei rechtlicher Selbstständigkeit nicht das letzte Zurechnungsobjekt für finanzielle Konsequenzen, insbesondere für Gewinne und Verluste aus laufenden Geschäften. Bei rechtlich selbstständigen Tochtergesellschaften erfolge die wirtschaftliche Zuschreibung zur Mutter letztlich über Ausschüttung und Ausweisung in in einer Konzernbilanz.[672] Gleichzeitig wird aber darauf hingewiesen, dass das zwischengeschaltete Rechtssubjekt keine zu große Selbstständigkeit aufweisen dürfe, um als Niederlassung eingestuft werden zu können. Die eigene unternehmerische Betätigung und die fehlende Bindung an unternehmenspolitische Vorgaben eines Stammhauses manifestierten sich, wenn dieses Rechtssubjekt erkennbar auf eigene Rechnung handele und sich selbst,

---

[669] Thorn, IPRax 97, 98 (100). Zumindest kritisch Geimer, EWiR 96, 939 (940), wonach man die „actor sequitur forum rei"-Regel nicht völlig ausblenden solle. Kritisch ebenfalls Aden, RIW 97, 723 (724); Ebbing, WM 99, 1264 (1268); Kulms, IPRax 00, 488 (490); Thomas/Putzo-Hüßtege, Art. 5 EuGVVO, Rdnr. 22; Zöller-Geimer, Art. 5 EuGVVO, Rdnr. 47.

[670] Fawcett, 9 Eur. L. Rev., 326 (326).

[671] Mankowski, RIW 96, 1001 (1004): Art. 5 Nr. 5 EuGVVO orientiere sich konsequent an der unternehmensexternen Perspektive eines objektiven Beobachters. Damit rekurriere sie letztlich auf die zugrunde liegenden ökonomischen Strukturen und die funktionelle Gleichwertigkeit alternativer Unternehmensorganisationen. Ebenso Mankowski, RIW 97, 990 (993); Schröder, S. 339.

[672] Mankowski, RIW 97, 990 (993).

und nicht das Mutterunternehmen, verpflichte, auch wenn es dabei zugleich in dessen wirtschaftlichem Interesse handele.[673]

Auch das Urteil des OLG München vom 21.01.1992 hat Kritik erfahren: Das Gericht habe sich nicht hinreichend mit der Frage befasst, ob die Anwendungsvoraussetzungen des Art. 13 Abs. 2 EuGVVO auch dann erfüllt seien, wenn der Vermittler mit dem Vertragspartner des Verbrauchers weder wirtschaftlich noch personell verbunden sei, noch die Firma des beklagten Unternehmers benutze. Ausschlaggebend sei nur der objektive Anschein für den Verbraucher.[674]

Leitbild des Art. 5 Nr. 5 EuGVVO ist demnach die ausländische Unternehmensspitze, die durch einen von ihr kontrollierten, aber organisatorisch selbstständigen Stützpunkt im Inland Geschäfte betreibt, für welche sie sich auch vor einem ausländischen Forum verantworten muss. Bei entsprechenden äußeren Anhaltspunkten kann aber auch die Muttergesellschaft und selbst ein gesellschaftsrechtlich in keiner Verbindung zum Stammhaus stehendes unabhängiges Unternehmen als Außenstelle anzusehen sein. Voraussetzung hierfür sind jedoch einen Rechtsschein begründende Tatsachen, wie sie sich etwa aus Namensgleichheit, gemeinsamer Geschäftsführung, dem Auftreten während der Vertragsverhandlungen bzw. der Vertragsdurchführung sowie der Korrespondenz ergeben.

bb. Zuständigkeitsdurchgriff kraft Konzernhaftung
Ebenfalls wird diskutiert, ob und inwieweit allein die konzernmäßige Abhängigkeit der Tochter- von der Muttergesellschaft den Niederlassungsgerichtsstand der Muttergesellschaft am Sitz der Tochtergesellschaft begründet, wenn gegen die Mutter Konzernhaftungsansprüche geltend gemacht werden.

(1) Sachlicher Anwendungsbereich
Fraglich ist zunächst, ob mögliche Ansprüche aus der Konzernhaftung gegen die Muttergesellschaft in den sachlichen Anwendungsbereich der EuGVVO fallen. Es muss sich dabei um Zivil- und Handelssachen handeln. Nach der h. M. fallen aber auch Konzernrechtsnormen als mögliche Anspruchsgrundlagen unter die Zivil- und Handelssachen i. S. d. EuGVVO. Denn das deutsche Konzernrecht ist Bestandteil des Systems des deutschen Gesellschaftsrechts.[675] An der Zuordnung

---

[673] Mankowski, RIW 96, 1001 (1005); MüKo ZPO-Gottwald, Art. 5 EuGVÜ, Rdnr. 41; Otto, S. 142.

[674] Geimer, RIW 94, 59 (61).

[675] Haubold, IPRax 00, 375 (375); Michalski-Leible, Syst. Darst. 2, Rdnr. 159; MüKo-Kindler, Int. WirtR, Rdnr. 731; Thomas/Putzo-Hüßtege, Art. 1 EuGVVO, Rdnr. 2; Zimmer, IPRax 98, 187 (188).

gesellschaftsrechtlicher Streitigkeiten zu den Zivil- und Handelssachen der EuGVVO dürfte aber keine Zweifel bestehen. Dies ergibt sich daraus, dass Art. 22 Nr. 2 EuGVVO für bestimmte Arten von gesellschaftsrechtlichen Streitigkeiten eine ausschließliche Zuständigkeit der Gerichte des Mitgliedstaates begründet, in dessen Hoheitsgebiet die Gesellschaft oder juristische Person ihren Sitz hat.[676]

(2) Rechtsprechung
Ob die Konzern- (Tochter-) gesellschaft die Gerichtspflichtigkeit der Muttergesellschaft als deren Niederlassung begründen kann, ist von der Rechtsprechung zur EuGVVO bisher – soweit ersichtlich – nicht eindeutig beantwortet worden.

Nach einem Urteil des OLG Düsseldorf vom 26.10.1995 sind die Grundsätze der SAR Schotte/Parfum Rothschild-Entscheidung des EuGH zu Art. 5 Nr. 5 EuGVÜ dann nicht anwendbar, wenn die Konzerngesellschaften nicht den gleichen Namen tragen und nicht den Eindruck erwecken, für die jeweils andere Gesellschaft zu handeln. Ferner seien Haftungsansprüche nach den Grundsätzen des qualifiziert faktischen Konzerns nicht zu den Rechtsstreitigkeiten zu zählen, die aus dem Betrieb der Niederlassung herrührten.[677]

Der Kläger war von 1974 bis 1989 als Verkaufsleiter der B GmbH & Co. KG (im Folgenden „B") tätig. Diese vertrieb als 100 %ige Tochtergesellschaft die Produkte der Beklagten, einer in der Rechtsform der AG geführten französischen Muttergesellschaft. Die Beklagte stellte den Geschäftsführer der B und war ihre einzige Kommanditistin. Dem Kläger wurde im Zuge von Umstrukturierungsmaßnahmen gekündigt. Er erstritt vor dem LAG gegen die B eine Abfindung i. H. v. 70.000,- DM. Die B zahlte nicht, und nach Stellung eines Konkursantrags des Klägers wurde sie noch vor Beginn des vorliegenden Prozesses liquidiert. Mit der Klage gegen die französische Muttergesellschaft machte der Kläger die Erfüllung des Abfindungsanspruchs unter Hinweis auf eine entsprechende Anwendung von § 303 AktG in Verbindung mit den Haftungsgrundsätzen im qualifiziert faktischen Konzern geltend. Das LG gab der Klage statt, das OLG wies in der Berufung die Klage wegen Fehlens der internationalen Zuständigkeit der deutschen Gerichte ab. In der zweiten Instanz trug der Kläger u. a. vor, die Beklagte habe seit Mitte der 80er Jahre die B nur noch wie eine unselbstständige Vertriebsstelle behandelt.[678]

---

[676] Haubold, IPRax 00, 375 (375); Thomas/Putzo-Hüßtege, Art. 1 EuGVVO, Rdnr. 2; Zimmer, IPRax 98, 187 (189).

[677] OLG Düsseldorf IPRax 98, 210 (211).

[678] OLG Düsseldorf IPRax 98, 210 (210).

Das OLG führte u. a. aus, dass eine Einordnung der B als Niederlassung über die Rechtsscheinsgrundsätze aus der Schotte/Parfums Rothschild-Entscheidung des EuGH nicht in Betracht käme, da der Kläger über die Struktur der Beziehung zwischen der B und der Beklagten genau unterrichtet gewesen sei und daher eines Schutzes nicht bedurft hätte, den der EuGH mit seiner den Anwendungsbereich des Art. 5 Nr. 5 EuGVÜ erweiternden Rechtsprechung zugunsten der Personen, die mit solch einer inländischen Organisation in rechtlicher Beziehung stünden, statuiert habe. Auch verneinte es eine Niederlassung i. S. d. Definition des EuGH seit der Somafer/Saar-Ferngas-Entscheidung, da bereits nach dem Vorbringen des Klägers die B nur noch als unselbstständige Vertriebsstelle fungiert habe und es daher an der erforderlichen selbstständigen, auf Dauer angelegten geschäftsführenden Tätigkeit gefehlt habe. Ergänzend wurde angemerkt, dass es wohl auch an der erforderlichen Betriebsbezogenheit der Klage gemangelt habe, da es sich bei der in Rede stehenden Konzernhaftung nicht um Rechtsstreitigkeiten aus dem Betrieb der Niederlassung gehandelt habe, d. h. um solche Verbindlichkeiten, die die Niederlassung im Namen des Stammhauses eingegangen sei. Denn eine eigene arbeitsrechtliche Verpflichtung der Beklagten gegenüber dem Kläger habe nie zur Debatte gestanden. Jedenfalls habe nach der Auflösung der – möglicherweise einmal existierenden – Niederlassung die Zuständigkeit für die danach erhobene Klage ohnehin nicht mehr auf Art. 5 Nr. 5 EuG-VÜ gestützt werden können.[679]

(3) Literatur
In der Literatur wird die Begründung des Niederlassungsgerichtsstandes aufgrund von bloß konzernrechtlicher Abhängigkeit der Tochtergesellschaft ebenfalls diskutiert.[680]

Der wohl überwiegende Teil der Literatur lehnt eine Ausdehnung des Niederlassungsbegriffs auf Tochtergesellschaften, die allein in konzernrechtlicher Abhängigkeit stehen, ab und sieht nur in den engen Grenzen der Schotte/Parfums Rothschild-Rechtsprechung des EuGH ausnahmsweise die Tochtergesellschaft als Niederlassung an. Die Tochtergesellschaft stelle dann keine Niederlassung der Mutter dar, wenn diese nur alleinige Inhaberin der Anteile an der Tochtergesellschaft sei und insofern eine konzernmäßige Verflechtung zwischen beiden

---

[679] OLG Düsseldorf IPRax 98, 210 (211). Vgl. auch OLG Köln WM 98, 624 (625), das Ansprüche aus Konzernhaftung gem. § 302 AktG analog grundsätzlich dem Gerichtsstand der unerlaubten Handlung zuordnen will, da die konzernrechtliche Haftung an die missbräuchliche Ausnutzung einer das Unternehmen beherrschenden Stellung anknüpfe.

[680] Haubold, IPRax 00, 375 (379); Zimmer, IPRax 98, 187 (190/191).

Gesellschaften bestehe.[681] Ein Zuständigkeitsdurchgriff in einem Konzern über die Tochter- auf die ausländische Muttergesellschaft, nur weil z. B. die Tochter aufgrund eines Beherrschungsvertrages den Weisungen der Mutter unterliege, finde nicht statt.[682] Es komme auf die interne, gesellschaftsrechtliche Organisation ohnehin nicht an.[683]

Der Sitz der Tochtergesellschaft begründe insbesondere dann keinen Niederlassungsgerichtsstand, wenn die Tochter Geschäfte im eigenen Namen abschließe und nicht der Aufsicht und Leitung durch die ausländische Mutter unterliege.[684] Vereinzelt wird die Eröffnung des Gerichtsstandes dann befürwortet, wenn der Kläger vorbringe, kraft des von den Beteiligten erzeugten Rechtsscheins habe er auf die Konzernhaftung der ausländischen Muttergesellschaft i. S. d. Konzernvertrauenshaftung vertrauen dürfen.[685]

Teilweise wird ausdrücklich die Anwendbarkeit des Art. 5 Nr. 5 EuGVVO auf die beherrschungsvertraglich gebundene Tochtergesellschaft mit dem Hinweis abgelehnt, diese verfüge über eine eigene Rechtspersönlichkeit und eigenes Vermögen und könne keinen entsprechenden Rechtsschein erzeugen, da sie immer noch im Rechtsverkehr im eigenen Namen auftrete bzw. von Aktionären und Gläubigern als selbstständiges Rechtssubjekt und nicht als Außenstelle angesehen werde.[686]

Vereinzelt wird die Zuständigkeit gem. Art. 5 Nr. 5 EuGVVO auf Konzerninnenhaftungsansprüche mit dem Hinweis verneint, dieser Gerichtsstand setze

---

[681] Geimer/Schütze-Auer, Rechtsverkehr, Bd. 1, Art. 5 EuGVVO, Rdnr. 191; H. Müller, S. 171; Schack, GS Sonnenschein, S. 707; Wieczorek/Schütze-Hausmann, Art. 5 EuGVÜ, Rdnr. 80.

[682] MüKo ZPO-Gottwald, Art. 5 EuGVÜ, Rdnr. 54; Nagel/Gottwald, § 3, Rdnr. 223.

[683] Birk, RdA 83, 143 (148); Kronke, IPRax 89, 81 (83); Rauscher-Leible, Art. 5 EuGVVO, Rdnr. 107.

[684] Gaudemet-Tallon, Rdnr. 208; Geimer/Schütze-Auer, Rechtsverkehr, Bd. 1, Art. 5 EuGVVO, Rdnr. 192; Haubold, IPRax 00, 375 (380); Kulms, IPRax 00, 488 (490); MüKo ZPO-Gottwald, Art. 5 EuGVÜ, Rdnr. 54; Wieczorek/Schütze-Hausmann, Art. 5 EuGVÜ, Rdnr. 80.

[685] Fleischer, ZHR 163, 461 (471); Kulms, IPRax 00, 488 (490). Kritisch Lutter, GS Knobbe-Keuk, S. 241; Schiessl, RIW 88, 951 (952).

[686] Maul, AG 98, 404 (409): Auch die Überlegung, dass die beherrschungsvertraglich gebundene Gesellschaft aufgrund ihrer Weisungsgebundenheit und der Hintansetzung ihrer Interessen wirtschaftlich und organisatorisch in die Muttergesellschaft eingegliedert sei, so dass ihr tatsächlich keine andere Bedeutung als einer Außenstelle der Muttergesellschaft zukomme, könne nicht durchgreifen. Im Ergebnis auch Kulms, IPRax 00, 488 (490).

166

mindestens drei Beteiligte voraus, bei der Konzerninnenhaftung dagegen stünden sich nur das abhängige und das herrschende Unternehmen gegenüber.[687]

Ein anderer Teil der Literatur scheint dagegen einer Einordnung der Tochtergesellschaft als Niederlassung allein aufgrund von konzernrechtlicher – vertraglicher oder faktischer – Abhängigkeit grundsätzlich nicht negativ gegenüber zu stehen.[688] Dies gelte insbesondere für die qualifiziert faktische Konzernierung, könne aber auch den Vertragskonzern im Zusammenhang mit Beherrschungs- und Gewinnabführungsverträgen betreffen.[689] So könne bei einer 100 % igen Tochtergesellschaft durchaus davon ausgegangen werden, dass diese der Aufsicht und Leitung des ausländischen Unternehmens unterliege, so dass sie als Niederlassung der Mutter anzusehen sein könne.[690]

cc. Durchgriffshaftung

Schließlich wird auch im Rahmen der EuGVVO diskutiert, ob der Gerichtsstand der Niederlassung am Sitz der Tochter auch für materiell-rechtliche Durchgriffsansprüche gegen die Muttergesellschaft begründet werden kann.

(1) Rechtsprechung

Nach einem Urteil des OLG München vom 25.06.1999 sind die organschaftliche Sonderbeziehung zwischen einer deutschen GmbH und deren Geschäftsführer und die damit verbundenen Innenhaftungsansprüche als vertraglich i. S. v. Art. 5 Nr. 1 LugÜ[691] einzuordnen.[692]

Der Beklagte, ein venezolanischer Staatsangehöriger mit Wohnsitz in der Schweiz, war alleiniger Geschäftsführer einer GmbH mit Sitz in Deutschland. Alleingesellschafterin dieser GmbH war eine Gesellschaft mit Sitz in Florida, deren mutmaßlicher Hauptgesellschafter, zumindest aber „president", ebenfalls der Beklagte war. Über das Vermögen der GmbH wurde Konkurs eröffnet. Der

---

[687] Haubold, IPRax 00, 375 (381).

[688] Jaspert, S. 69; Zimmer, IPRax 98, 187 (191).

[689] Ebenroth/Wilken, JZ 91, 1116 (1118); EuGH, Slg. 1976, 1497 (1519) (Generalanwalt Reischl); Fawcett, 9 Eur. L. Rev., 326 (337); Geimer, IZPR, Rdnr. 1445; Jaspert, S. 68; Zimmer, IPRax 98, 187 (191); Zöller-Geimer, Art. 5 EuGVVO, Rdnr. 47: Es finde ein „Zuständigkeitsdurchgriff" statt. Ähnlich auch Geimer/Schütze, Art. 15 EuGVVO, Rdnr. 7: Rechtssicherheit im Kompetenzrecht sei zwar grundsätzlich wünschenswert. Es könne aber nicht übersehen werden, dass die Rechtsprechung des BGH zum Haftungsdurchgriff im faktischen Konzern die formale Zuordnung zur jeweiligen (selbstständigen) juristischen Person längst hinter sich gelassen habe.

[690] OLG München RIW 75, 346 (346); v. Hoffmann, JuS 86, 385 (385).

[691] Vgl. Art. 5 Nr. 1 EuGVÜ.

[692] OLG München IPRax 00, 416 (417).

klagende Konkursverwalter warf dem Beklagten die systematische Ausplünderung der Gesellschaft vor und nahm ihn nach gesellschaftsrechtlichen Tatbeständen in Anspruch. Seine Ansprüche stützte er auf die Haftungsgrundsätze im qualifiziert faktischen Konzern, § 117 AktG analog, die Haftung des Geschäftsführers nach § 57a Abs. 4 i. V. m. § 9a Abs. 1 GmbHG sowie die eines Liquidators nach § 73 Abs. 3 GmbHG, unerlaubte Handlung nach § 823 Abs. 1 BGB, § 823 Abs. 2 BGB i. V. m. § 82 Abs. 1 Nr. 1 und 3 GmbHG, § 266, § 283 Abs. 1 Nr. 1 und 3 StGB und § 826 BGB. Das LG verneinte die internationale Zuständigkeit. Die Berufung hatte Erfolg.[693]

Das Gericht führte u. a. aus, die Bestellung des Geschäftsführers stelle zwar einen körperschaftlichen Akt dar. Doch sei sie nicht nur dem Geschäftsführer rechtsgeschäftlich zu erklären, sondern bedürfe auch der Annahme durch den Geschäftsführer. Es müssten also wie bei einem Vertrag zwei übereinstimmende autonome Willenserklärungen vorliegen. Daher sei es gerechtfertigt, die Bestellung zum Geschäftsführer und daraus folgenden gegenseitigen Ansprüche von Gesellschaft und Geschäftsführer dem Gerichtsstand des vertraglichen Erfüllungsortes zu unterwerfen. Dabei stellte das Gericht auf die §§ 43 Abs. 2, 57 Abs. 4 i. V. m. 9a Abs. 1, 31 Abs. 6, 64 Abs. 2 und 73 Abs. 3 GmbHG ab. Ferner stellte es fest, dass auch die Haftungsgrundsätze im qualifiziert faktischen Konzern, die auf einem objektiven Missbrauch der beherrschenden Gesellschafterstellung beruhen, auch als vertraglich einzustufen seien.[694]

Nach einem Urteil des OLG Frankfurt/Main vom 09.09.1999 sind Ansprüche gegen die beherrschende Konzernmuttergesellschaft wegen Verbindlichkeiten der abhängigen Tochtergesellschaft unter dem Aspekt des qualifizierten faktischen Konzerns (analog §§ 302, 303 AktG) keine vertraglichen Ansprüche i. S. d. Art. 5 Nr. 1 EuGVÜ.[695]

Der Kläger, ein Rechtsanwalt, beriet eine deutsche GmbH, deren Geschäftsanteile der Beklagten, einer in Italien ansässigen, nicht namensgleichen Muttergesellschaft, gehörten. Diese nutzte ihre Tochtergesellschaft als Vertriebsgesellschaft, über die sie ihre Produkte auf den deutschen Markt leitete. Die Beklagte wählte Geschäftsführung und Personal für die GmbH aus und machte Vorgaben für deren Geschäftspolitik. Seine Gebührenforderung konnte der Kläger gegen die Mandantin nicht durchsetzen. Die GmbH war zahlungsunfähig geworden und am deutschen Markt nicht mehr tätig. Daher erhob der Kläger gegen die Beklag-

---

[693] OLG München IPRax 00, 416 (416).

[694] OLG München IPRax 00, 416 (417).

[695] OLG Frankfurt/Main IPRax 00, 525 (525).

168

te unter dem Aspekt der Ausfallhaftung im qualifiziert faktischen Konzern gem. §§ 302, 303 AktG analog Klage vor dem LG. Dies wies die Klage mangels bestehender internationaler Zuständigkeit ab. Die Berufung hatte im Ergebnis keinen Erfolg.[696]

Das Gericht führte u. a. aus, dass die auf den Grundsätzen der Haftung im qualifiziert faktischen Konzern basierenden Ansprüche nicht vertraglicher Art seien. Es gelte auch bezüglich der Zuständigkeit keine Akzessorietät zu der des primären, vertraglichen Anspruchs aus der Rechtsberatung. Ferner ergebe sich die Zuständigkeit auch nicht aus Art. 5 Nr. 5 EuGVÜ, da die Streitigkeit eine Tochtergesellschaft der Beklagten betreffe, die dieser Regelung nur unter besonderen Voraussetzungen unterfalle und bei der das die Zuständigkeit begründende Verhältnis noch zur Zeit der Klageerhebung bestehen müsse, woran es vorliegend fehle. Denn die Tochtergesellschaft nahm nach ihrem Konkurs nicht mehr am Geschäftsleben teil.[697]

(2) Literatur

In der Literatur wird die internationale Zuständigkeit deutscher Gerichte für einen „Durchgriff über die Grenze" auf die Muttergesellschaft diskutiert, wenn der Gläubiger einer Tochtergesellschaft über einen materiell-rechtlichen Durchgriffsanspruch gegen die ausländische Muttergesellschaft als Gesellschafterin verfügt.[698]

Im Zentrum der Diskussion steht die Frage, ob Durchgriffshaftungsansprüche gegen die herrschende Muttergesellschaft durch die Gläubiger, die von der abhängigen Tochtergesellschaft keine Erfüllung mehr erwarten können, am Gericht des Sitzes der Tochter geltend gemacht werden können, d. h. ob die abhängige Tochtergesellschaft eine Niederlassung der Mutter darstellen und daher das Gericht am Sitz der Tochter zuständig sein kann.[699]

---

[696] OLG Frankfurt/Main IPRax 00, 525 (525).

[697] OLG Frankfurt/Main IPRax 00, 525 (525).

[698] Behrens, RabelsZ 46, 308 (350): Die Zuständigkeit der deutschen Gerichte für Klagen gegen ausländische Muttergesellschaften, die von den Gläubigern inländischer Tochtergesellschaften nach den Grundsätzen des deutschen Gesellschafts- und Konzernrechts bzw. des allgemeinen Privatrechts angestrengt werden, sei keineswegs lückenlos gesichert.

[699] Haubold, IPRax 00, 375 (379). Schlosser, Art. 5 EuGVVO, Rdnr. 23, verweist zwar darauf, dass Art. 5 Nr. 5 eine „prozessuale Durchgriffshaftung" allenfalls in den seltenen Fällen begründe, in denen auch materiell-rechtlich der Durchgriff durch die juristische Person zulässig sei. Dem Vertragspartner stehe aber i. d. R. materiell kaum ein Anspruch gegen die Muttergesellschaft zu.

Teilweise wird der Gerichtsstand der Niederlassung dann für eröffnet gehalten, wenn der Kläger vorbringe, kraft des von den Beteiligten erzeugten Rechtsscheins habe er auf die Konzernhaftung der ausländischen Muttergesellschaft vertrauen dürfen.[700] Allerdings verschaffe Art. 5 Nr. 5 EuGVVO keinen besonderen Gerichtsstand für Klagen, mit denen Ansprüche in Analogie zu § 303 AktG verfolgt würden.[701]

Vereinzelt wird eine Zuständigkeit nach Art. 5 Nr. 5 EuGVVO bei einer analogen Haftung gem. § 303 AktG mit dem Hinweis abgelehnt, die Geschäfte der Tochtergesellschaft würden i. d. R. nicht im Namen des Stammhauses betrieben. Vielmehr gehe sie Verbindlichkeiten im eigenen Namen ein, für die das herrschende Unternehmen sodann im Rahmen des § 303 AktG analog hafte.[702]

dd. Zwischenergebnis

Aus der vorangegangenen Untersuchung des Zuständigkeitsdurchgriffs ergibt sich keinerlei Erkenntnis, ob die vom EuGH aufgestellten Kriterien für die Einordnung einer inländischen, abhängigen Tochtergesellschaft als Niederlassung einer ausländischen, herrschenden Muttergesellschaft abschließend sind oder ob nicht auch unter anderen Gesichtspunkten ohne die Erzeugung eines Rechtsscheins eine derartige Einordnung der Tochtergesellschaft möglich ist.[703]

5. Betriebsbezogenheit

Die Klage muss sich auf eine Streitigkeit aus dem Betrieb der Niederlassung beziehen.

Diesem Erfordernis genügen nach der Rechtsprechung des EuGH vertragliche und außervertragliche Rechte und Pflichten in Bezug auf die Führung der Niederlassung, wie z. B. die Rechte und Pflichten im Zusammenhang mit der Vermietung des Grundstücks, auf dem die Niederlassung errichtet ist[704] oder mit der

---

[700] Fleischer, ZHR 163, 461 (471); Kulms, IPRax 00, 488 (490). Ähnlich wohl auch Haubold, IPRax 00, 375 (383/384), der auf den erzeugten Rechtsschein als maßgeblich für die Zuständigkeitsbegründung abstellt.

[701] Kulms, IPRax 00, 488 (490).

[702] Jaspert, S. 211.

[703] Darauf wird noch einmal einzugehen sein. Siehe dazu unten § 5 I. 1.

[704] EuGH, Slg. 1978, 2183 (2194); zustimmend OLG München RIW 99, 872 (873); OLG Düsseldorf IPRax 98, 210 (211); Geimer/Schütze-Auer, Rechtsverkehr, Bd. 1, Art. 5 EuGVVO, Rdnr. 196; Geimer/Schütze-Geimer, I/1, S. 549; Hdb. Int. ZVerfR I-Kropholler, Kap. III, Rdnr. 705; Nagel/Gottwald, § 3, Rdnr. 76.

am Ort vorgenommenen Einstellung des dort beschäftigten Personals.[705] Betriebsbezogen sind ferner außervertragliche Verpflichtungen, die aus Tätigkeiten entstehen, welche am Ort der Niederlassung für Rechnung des Stammhauses ausgeübt oder die über die Niederlassung abgewickelt werden[706] sowie Verbindlichkeiten, die die Niederlassung im Namen des Stammhauses eingegangen ist.[707] Voraussetzung ist, dass es sich um Streitigkeiten mit externen Kunden handelt.[708]

Eng mit der bereits erörterten Frage der Selbstständigkeit der Niederlassung verbunden ist auch, ob bei Streitigkeiten aus Verträgen, bei denen die Niederlassung nur als Vermittler ohne jede Eigenständigkeit aufgetreten ist, von einer Betriebsbezogenheit ausgegangen werden kann.[709] Auch zu dieser Frage hat sich der EuGH bisher noch nicht geäußert und z. B. eine Abgrenzung zu den Streitigkeiten gezogen, die nicht mehr dem Betrieb der Niederlassung, sondern allein dem des beklagten Stammhauses selbst zuzuordnen sind.

Wie das Erfordernis der Selbstständigkeit sollte auch das Merkmal der Betriebsbezogenheit i. S. e. einheitlichen Auslegung und Anwendung weit ausgelegt werden und Streitigkeiten umfassen, die nicht unmittelbar dem Betrieb der

---

[705] EuGH, Slg. 1978, 2183 (2194); zustimmend OLG München RIW 99, 872 (873); Geimer/Schütze-Geimer, I/1, S. 549; Hdb. Int. ZVerfR I-Kropholler, Kap. III, Rdnr. 705; Kropholler, Art. 5 EuGVVO, Rdnr. 99; Rauscher-Leible, Art. 5 EuGVVO, Rdnr. 108.

[706] EuGH, Slg. 1978, 2183 (2194); zustimmend OLG München RIW 99, 872 (873); OLG Düsseldorf IPRax 98, 210 (211); Geimer/Schütze-Auer, Rechtsverkehr, Bd. 1, Art. 5 EuGVVO, Rdnr. 196; Geimer/Schütze-Geimer, I/1, S. 550; Goette, DStR 97, 503 (504); Hdb. Int. ZVerfR I-Kropholler, Kap. III, Rdnr. 705; MüKo ZPO-Gottwald, Art. 5 EuGVÜ, Rdnr. 56; Rauscher-Leible, Art. 5 EuGVVO, Rdnr. 108.

[707] EuGH, Slg. 1978, 2183 (2194); ebenso Geimer/Schütze-Auer, Rechtsverkehr, Bd. 1, Art. 5 EuGVVO, Rdnr. 196; Geimer/Schütze-Geimer, I/1, S. 549; Hdb. Int. ZVerfR I-Kropholler, Kap. III, Rdnr. 705; Kropholler, Art. 5 EuGVVO, Rdnr. 99; Rauscher-Leible, Art. 5 EuGVVO, Rdnr. 108.

[708] Streitigkeiten über Zahlungen eines Gesellschafters an die Gesellschaft am Ort der Niederlassung sollen z. B. nicht erfasst sein, Nagel/Gottwald, § 3, Rdnr. 76. Erfasst wird dagegen die Klage eines selbstständigen Handelsvertreters gegen einen in einem anderen Staat domizilierten Unternehmer auf Zahlung von Provision, Ausgleich u. ä. am Ort des Vertriebsbüros, wenn die vom Handelsvertreter akquirierten Bestellungen über dieses abgewickelt wurden, OLG München RIW 99, 872 (873); Geimer/Schütze, Art. 5 EuGVVO, Rdnr. 298; Staudinger-Hausmann, Anh. II zu Artt. 27 – 37 EGBGB, Rdnr. 138; Zöller-Geimer, Art. 5 EuGVVO, Rdnr. 49.

[709] Vgl. dazu OLG München RIW 80, 728 (728), das für die Betriebsbezogenheit der Klage i. S. v. Art. 5 Nr. 5 EuGVÜ ausreichen ließ, dass der streitgegenständliche Kaufvertrag von der Beklagten über ihre Niederlassung abgeschlossen wurde, ohne dass weitere Berührungspunkte zu der Niederlassung bestanden.

Niederlassung zuzuordnen sind, sondern durch geringere Kontakte zwischen Kläger und Niederlassung, wie z. B. der bloßen Vermittlung von Vertragsabschlüssen, entstanden sind. Es handelt sich dabei um eine Tätigkeit, die i. S. d. EuGH-Rechtsprechung „über die Niederlassung für das Stammhaus abgewickelt wird."

Darüber hinaus ist seit dem Urteil des EuGH in der Rechtssache Lloyd's Register of Shipping/Société Campenon Bernard vom 06.04.1995 für Art. 5 Nr. 5 EuGVÜ nicht erforderlich, dass die Verpflichtungen aus diesen Verträgen in dem Mitgliedstaat zu erfüllen sind, in dem sich die Zweigniederlassung befindet.[710] Die Klägerin schloss mit der französischen Zweigniederlassung der Beklagten einen Vertrag über die Prüfung von Stahl, den ein Drittunternehmen zuvor erzeugt hatte. Diesem Vertrag zufolge sollte die Prüfung von der spanischen Zweigniederlassung der Beklagten vorgenommen werden. Da der Stahl von dem Vertragspartner der Klägerin mit dem Hinweis auf Nicht-Konformität mit den erforderlichen technischen Normen zurückgewiesen wurde, nahm die Klägerin die Beklagte am Sitz der französischen Zweigniederlassung auf Schadensersatz in Anspruch. Der Cour de cassation legte dem EuGH die Rechtsache bezüglich der Auslegung des Merkmals der Betriebsbezogenheit gem. Art. 5 Nr. 5 EuGVÜ vor.[711]

Der Gerichtshof führte aus, Art. 5 Nr. 5 EuGVÜ verlange schon nach seinem Wortlaut nicht, dass für die Betriebsbezogenheit die von einer Zweigniederlassung eingegangenen Verbindlichkeiten im Staat dieser Zweigniederlassung erfüllt werden müssten. Eine entsprechende Auslegung würde die Nr. 5 um ihre praktische Wirksamkeit bringen, da Art. 5 Nr. 1 EuGVÜ es dem Kläger ohnehin erlaube, seine Klage am Erfüllungsort zu erheben.[712] Es bestehe nicht notwendigerweise eine enge Verbindung zwischen der Einheit, mit der ein Kunde verhandele und der er einen Auftrag erteile, und dem Ort, an dem dieser ausgeführt werde. Verpflichtungen könnten daher auch dann zu dem Betrieb einer Niederlassung gehören, wenn sie außerhalb des Vertragsstaates dieser Niederlassung – ggf. von einer anderen Niederlassung – erfüllt würden.[713]

---

[710] EuGH, Slg. 1995, 961 (980); zustimmend OLG Düsseldorf IPRax 97, 118 (119); Geimer/Schütze, Art. 5 EuGVVO, Rdnr. 313; Geimer/Schütze-Auer, Rechtsverkehr, Bd. 1, Art. 5 EuGVVO, Rdnr. 179; Jayme/Kohler, IPRax 95, 345 (349); Kropholler, Art. 5 EuGVVO, Rdnr. 100; MüKo ZPO-Gottwald, Art. 5 EuGVÜ, Rdnr. 56; Nagel/Gottwald, § 3, Rdnr. 76; Rauscher-Leible, Art. 5 EuGVVO, Rdnr. 108; Schlosser, Art. 5 EuGVVO, Rdnr. 23; Thomas/Putzo-Hüßtege, Art. 5 EuGVVO, Rdnr. 23.

[711] EuGH, Slg. 1995, 961 (977).

[712] EuGH, Slg. 1995, 961 (980).

[713] EuGH, Slg. 1995, 961 (981).

Demnach muss für die Begründung der Zuständigkeit nach Art. 5 Nr. 5 EuGVVO nicht auch der Erfüllungsort i. S. v. Art. 5 Nr. 1 EuGVVO im Gerichtsstaat liegen. Vielmehr müssen die Verbindlichkeiten im Niederlassungsstaat nur zu erbringen sein.[714]

Die bereits erörterten Vorschriften der Artt. 9 Abs. 2, 15 Abs. 2, 18 Abs. 2 EuGVVO setzen ebenfalls den Bezug der Streitigkeit zum Betrieb der Niederlassung voraus. Dabei kann grundsätzlich auf die Merkmale von Art. 5 Nr. 5 EuGVVO verwiesen werden.[715] Bei der Ausnahmevorschrift des Art. 15 Abs. 2 EuGVVO wird ebenfalls diskutiert, wie das Merkmal der Betriebsbezogenheit auszulegen ist, wenn die vermeintliche Niederlassung nur als Bote ohne Abschlussvollmacht fungiert. Der EuGH hat sich zu dieser Frage noch nicht ausdrücklich geäußert.[716]

Nach der wohl h. M. in der Literatur muss die Niederlassung am Vertragschluss zwischen dem Verbraucher und seinem Vertragspartner beteiligt sein.[717]

---

[714] OLG Saarbrücken RIW 80, 796 (796); Geimer/Schütze-Geimer, I/1, S. 549; Schack, IZVR, Rdnr. 319; Staudinger-Hausmann, Anh. II zu Artt. 27 – 37 EGBGB, Rdnr. 138; Wieczorek/Schütze-Hausmann, Art. 5 EuGVÜ, Rdnr. 82, Fn. 282.

[715] BGH NJW 95, 1225 (1226); OLG Düsseldorf WM 89, 50 (54); Geimer/Schütze, Art. 9 EuGVVO, Rdnr. 17/Art. 15 EuGVVO, Rdnr. 9/Art. 18 EuGVVO, Rdnr. 3; Kropholler, Art. 9 EuGVVO, Rdnr. 5/Art. 15 EuGVVO/Art. 18 EuGVVO, Rdnr. 5, Rdnr. 28; Geimer, EWiR 04, 971 (971); MüKo ZPO-Gottwald, Art. 7 EuGVÜ, Rdnr. 5/Art. 13 EuGVÜ, Rdnr. 11; Rauscher-Staudinger, Art. 9 EuGVVO, Rdnr. 8/Art. 15 EuGVVO, Rdnr. 17/Art. 18 EuGVVO, Rdnr. 11; Schlosser, Art. 9 EuGVVO, Rdnr. 2/Art. 15 EuGVVO, Rdnr. 9/Art. 18 EuGVVO, Rdnr. 2; Thomas/Putzo-Hüßtege, Art. 9 EuGVVO, Rdnr. 4/Art. 15 EuGVVO, Rdnr. 10/Art. 18 EuGVVO, Rdnr. 2; Wach/Weberpals, AG 89, 193 (198); Wieczorek/Schütze-Hausmann, Art. 8 EuGVÜ, Rdnr. 5/Art. 13 EuGVÜ, Rdnr. 27. A. A. Nassall, WM 93, 1950 (1953), da es nach Art. 5 Nr. 5 nicht ausreiche, dass dem Vertragsschluss mit dem Stammhaus bloß eine Werbung der Niederlassung vorausgegangen sei, ohne dass sich irgendeine Auswirkung dieser Werbung auf den späteren Vertragsschluss nachweisen lasse.

[716] Geimer, EWiR 04, 971 (972); Nassall, WM 93, 1950 (1951). Eine vergleichbare Diskussion findet sich auch bei Art. 9 Abs. 2 EuGVVO. Der erforderliche Bezug zur Niederlassung wird von Teilen der Literatur u. a. dann bejaht, wenn diese den Versicherungsvertrag geschlossen oder sich mit der Schadensabwicklung beschäftigt hat. Vgl. Kropholler, Art. 8 EuGVVO, Rdnr. 3; MüKo ZPO-Gottwald, Art. 7 EuGVÜ, Rdnr. 5; Rauscher-Staudinger, Art. 8 EuGVVO, Rdnr. 8; Wieczorek/Schütze-Hausmann, Art. 7 EuGVÜ, Rdnr. 2. Zum Teil finden sich nur Hinweise auf die Betriebsbezogenheit i. S. v. Art. 5 Nr. 5 EuGVVO, Geimer/Schütze, Art. 9 EuGVVO, Rdnr. 17; Thomas/Putzo-Hüßtege, Art. 9 EuGVVO, Rdnr. 4.

[717] MüKo ZPO-Gottwald, Art. 13 EuGVÜ, Rdnr. 13: Es genüge nicht, wenn von der Niederlassung nur Werbung ausgehe; Rauscher-Staudinger, Art. 15 EuGVVO, Rdnr. 17; Schlosser, Art. 15 EuGVVO, Rdnr. 9: Die Betriebsbezogenheit sei noch nicht gegeben, wenn die Niederlassung vor

Vereinzelt wird die Betriebsbezogenheit der Streitigkeit dann angenommen, wenn die Niederlassung vor dem Abschluss des der Streitigkeit zugrunde liegenden Vertrages in dem Staat des Wohnsitzes des Verbrauchers ein ausdrückliches Angebot abgegeben oder Werbung veranstaltet habe und der Verbraucher in diesem Staat die zum Abschluss des Vertrages erforderlichen Rechtshandlungen vorgenommen habe, wobei es nicht darauf ankomme, ob der Verbraucher bei Vertragsschluss von der Werbung Kenntnis habe.[718] Andere Stimmen betonen, dass Art. 15 EuGVVO als Ausnahmevorschrift zum „actor sequitur"-Grundsatz zumindest eng ausgelegt werden müsse.[719] Teilweise wird auch lediglich auf das Merkmal der Betriebsbezogenheit von Art. 5 Nr.5 EuGVVO verwiesen.[720]

Für die h. M. dürften die überzeugendsten Argumente sprechen. Für den Begriff der Niederlassung sollte – in Übereinstimmung zu Art. 5 Nr. 5 EuGVVO[721] – nicht entscheidend sein, dass die Niederlassung über eine entsprechende Abschlussvollmacht verfügt. Ausreichend sollte es vielmehr sein, dass die Niederlassung nur als Bote ohne Vertretungsmacht tätig wird, da sie auch in diesem Fall für das „Stammhaus geschäftlich tätig wird." Allerdings ist für diese Geschäftstätigkeit zumindest erforderlich, dass die Niederlassung in den Vertragsschluss zwischen Stammhaus und Verbraucher eingebunden ist und den Abschluss zumindest durch Weiterleitung der Vertragsangebote vermittelt.

Abschluss des der Streitigkeit zugrunde liegenden Vertrags in dem Staat des Wohnsitzes des Verbrauchers ein ausdrückliches Angebot abgegeben oder geworben habe und der Verbraucher in diesem Staat die Handlung nach Art. 13 Abs. 1 Nr. 3 lit. b EuGVÜ vorgenommen habe; ähnlich Staudinger-Hausmann, Anh. II zu Artt. 27 – 37 EGBGB, Rdnr. 111.

[718] Nassall, WM 93, 1950 (1954).

[719] Geimer, EWiR 04, 971 (972); Kröll, EWiR 04, 657 (658).

[720] Kropholler, Art. 15 EuGVVO, Rdnr. 28; Mankowski, RIW 05, 561 (570) mit dem Hinweis, dass die Annahme einer Niederlassung nicht am Fehlen einer Abschlussvollmacht oder an einer Botenstellung scheitere, wenn sich diese aus einer internen Abrede zwischen Prinzpal und Repräsentanz ergäbe; auch Schlosser, Art. 15 EuGVVO, Rdnr. 9; Wach/Weberpals, AG 89, 193 (197): Für die Annahme einer Niederlassung sei weder die Befugnis zum eigenständigen Vertragsschluss erforderlich, noch sei auf die Vertretungsbefugnis für den ausländischen Vertragspartner abzustellen; Wieczorek/Schütze-Hausmann, Art. 13 EuGVÜ, Rdnr. 27/28 Fn. 65: Der Begriff der Niederlassung erfordere keine selbstständigen Entscheidungsbefugnisse. Es reiche aus, wenn der Vertragspartner sich zum Abschluss und zur Durchführung des Vertrages einer in einem Vertragsstaat ansässigen Gesellschaft bediene, auch wenn sie über keine Abschlussvollmacht verfüge, sondern nur als Bote auftrete und den Verbraucher berate.

[721] Siehe oben § 4 II. 4. d.

6. Beklagtengerichtsstand

a. Klagen gegen den Inhaber

Der Gerichtsstand der Niederlassung kommt nach der wohl h. M. nur in Frage, wenn Klagen gegen den Inhaber der Zweigniederlassung gerichtet sind, für Aktivprozesse des Inhabers der Zweigniederlassung selbst findet er keine Anwendung.[722] Anderenfalls würde man aus der Regelung einen Klägergerichtsstand machen. Dies würde zu einer Bevorzugung der Interessen des Klägers vor denen des Beklagten führen, was mit der Schaffung der EuGVVO nicht beabsichtigt worden sei. Vielmehr habe man den Beklagten durch das Zusammenspiel von allgemeinen und besonderen Gerichtsständen vor möglichen exorbitanten Gerichtsständen des Klägers schützen wollen.[723]

Auch dürfte eine Ausdehnung des Niederlassungsgerichtsstandes den Interessen des Klägers im internationalen Rechtsverkehr nicht nennenswert entgegen kommen. Dieser hat gewöhnlich ein Interesse, den Beklagten vor den eigenen Gerichten verklagen zu können, um die damit verbundenen Vorteile der geringeren Distanz zum Forum, der Verwendung der eigenen Sprache oder der möglichen Anwendung des heimischen Rechts nutzen zu können.[724] Ist dies nicht möglich, weil z. B. der deutsche beklagte Geschäftspartner in den USA keinerlei Geschäftätigkeit betreibt und mit Ausnahme des Vertragsschlusses in der Bundesrepublik über die Niederlassung des US-amerikanischen Unternehmens keine weiteren Kontakte zu den Vereinigten Staaten unterhält, dürfte der Kläger ohnehin gezwungen sein, den Beklagten an dessen Sitz in der Bundesrepublik zu verklagen. Eine Verlagerung des Gerichtsstandes von dessen Sitz an den Ort der klägerischen Niederlassung würde dem ausländischen Kläger angesichts der Einheitlichkeit bezüglich Sprache und Anwendbarkeit des Rechts innerhalb der Bundesrepublik keine vorteilhafte Position verschaffen.

---

[722] Ganssauge, S. 34; Geimer/Schütze, Art. 5 EuGVVO, Rdnr. 298; Geimer/Schütze-Auer, Rechtsverkehr, Bd. 1, Art. 5 EuGVVO, Rdnr. 168/180; Geimer/Schütze-Geimer, I/1, S. 543; Hdb. Int. ZVerfR I-Kropholler, Kap. III, Rdnr. 698; Jaspert, S. 61; Kropholler, Art. 5 EuGVVO, Rdnr. 90; MüKo ZPO-Gottwald, Art. 5 EuGVÜ, Rdnr. 57; Rauscher-Leible, Art. 5 EuGVVO, Rdnr. 100/101; Schlosser, Art. 5 EuGVVO, Rdnr. 24; Staudinger-Hausmann, Anh. II zu Artt. 27 – 37 EGBGB, Rdnr. 133; Thomas/Putzo-Hüßtege, Art. 5 EuGVVO, Rdnr. 24; Wieczorek/Schütze-Hausmann, Art. 5 EuGVÜ, Rdnr. 74; Zöller-Geimer, Art. 5 EuGVVO, Rdnr. 41.

[723] Geimer/Schütze, Art. 5 EuGVVO, Rdnr. 298; Geimer/Schütze-Auer, Rechtsverkehr, Bd. 1, Art. 5 EuGVVO, Rdnr. 181; Geimer/Schütze-Geimer, I/1, S. 543; Kropholler, Art. 5 EuGVVO, Rdnr. 90; Nagel/Gottwald, § 3, Rdnr. 80; Schlosser, Art. 5 EuGVVO, Rdnr. 24; Weiß, S. 123; Wieczorek/Schütze-Hausmann, Art. 5 EuGVÜ, Rdnr. 74.

[724] Siehe dazu oben § 3 III. 6. a.

Nach der wohl h. M. in der deutschen Literatur soll der Niederlassungsgerichtsstand zudem nicht für Klagen der Niederlassung selbst gegen das Stammhaus gelten. Diese könne – sofern sie überhaupt Rechtsfähigkeit besitze – das Stammhaus nur an dessen Sitz oder einem anderen eröffneten Gerichtsstand verklagen.[725] Der EuGH hat sich dazu noch nicht geäußert.[726] Eine andere Auslegung würde allerdings ebenfalls den Niederlassungsgerichtsstand zu einem Klägergerichtsstand denaturieren.[727] Allerdings lässt sich der Somafer/Saar-Ferngas-Entscheidung des EuGH der Ansatz entnehmen, den Gerichtsstand des Art. 5 Nr. 5 offenbar auf die bei einer Niederlassung beschäftigten Angestellten anwenden zu können. Denn unter den Begriff „aus dem Betrieb" sollen u. a. Rechtsstreitigkeiten fallen, die mit der am Ort vorgenommenen Einstellung des dort beschäftigten Personals zusammen hängen.[728] Dies müsste dann aber dazu führen, dass für die Klage z. B. eines Geschäftsführers einer Niederlassung oder eines als Niederlassung i. S. v. Art. 5 Nr. 5 EuGVVO fungierenden Kaufmanns gegen das Stammhaus die Vorschrift nicht eingreift, während sie für die Klage eines bei einer derartigen Niederlassung beschäftigten Angestellten gelten würde, obwohl zwischen beiden Klagen kein so gravierender (Interessens-) Unterschied bestehen dürfte, der eine derartige Ungleichbehandlung rechtfertigen würde. Deshalb sollte Art. 5 Nr. 5 grundsätzlich nicht für Klagen aus dem In-

---

[725] Geimer/Schütze-Auer, Rechtsverkehr, Bd. 1, Art. 5 EuGVVO, Rdnr. 168; Hdb. Int. ZVerfR I-Kropholler, Kap. III, Rdnr. 698; Jaspert, S. 61; Weiß, S. 124.

[726] In seinem Urteil vom 18.3.1981, EuGH, Slg. 1981, 819 (829), ließ der EuGH die vom vorlegenden BGH gestellte Frage, ob Art. 5 Nr. 5 auch Streitigkeiten zwischen dem Unternehmer und der „Agentur/sonstigen Niederlassung" über Provisions- und Ausgleichsansprüche unterfielen, mangels Entscheidungserheblichkeit ausdrücklich offen. Die Kommission, EuGH, Slg. 1981, 819 (825/826), wollte diese Frage verneinen und führte aus, der Gerichtsstand des Art. 5 Nr. 5 greife nur ein, wenn es sich um Verbindlichkeiten handele, die durch eine Niederlassung bzw. Agentur weitgehend eigenverantwortlich für das Stammhaus abgewickelt würden. Diese Voraussetzung sei bei Ansprüchen, die die Niederlassung bzw. Agentur ihrerseits gegenüber dem Stammhaus geltend mache, nicht gegeben, denn dann handele es sich gerade um Ansprüche, die nicht durch die Agentur bzw. Niederlassung, sondern durch das Stammhaus selbst abzuwickeln seien. Dem schloss sich auch Generalanwalt Reischl, EuGH, Slg. 1981, 819 (838), an. Sinn und Zweck von Art. 5 Nr. 5 sei es, Dritten in Bezug auf Rechtsbeziehungen zu Unternehmen mit Zweigniederlassungen Klagen bei einem Gericht zu ermöglichen, zu dem der streitige Sachverhalt die größere Nähe aufweise.

[727] Linke, IPRax 82, 46 (48). Ähnlich bereits Generalanwalt Reischl, EuGH, Slg. 1976, 1497 (1519), wonach Art. 5 Nr. 5 EuGVÜ ersichtlich den Zweck habe, dritten Personen, die mit einer Niederlassung zu tun hätten, die Rechtsverfolgung dadurch zu erleichtern, dass sie nicht darauf angewiesen seien, am Sitz des Mutterhauses zu klagen. Lediglich für sie sei es darum gegangen, einen Gerichtsstand vorzusehen, der eine größere Nähe zu dem zu beurteilenden Sachverhalt gewährleiste.

[728] EuGH, Slg. 1978, 2183 (2194).

nenverhältnis zwischen der Niederlassung (und deren Personal) und dem Stammhaus anwendbar sein.[729]

Die Niederlassung selbst ist nicht passivlegitimiert. Sie muss daher auch nicht parteifähig sein, sondern diejenige natürliche Person oder Gesellschaft, die die Niederlassung begründet hat.[730]

b. Maßgeblicher Zeitpunkt

Der Kläger muss schlüssig vortragen, dass der von ihm geltend gemachte Anspruch aus dem Betrieb der Niederlassung entstanden ist. Dabei wird in Rechtsprechung und Literatur unterschiedlich beurteilt, auf welchen Zeitpunkt bezüglich der erforderlichen Existenz der Niederlassung abzustellen ist. Zunächst gilt – wie bereits angedeutet – nach der wohl h. M. der Grundsatz der perpetuatio fori, d. h. bei Entfallen der Zuständigkeitsvoraussetzungen während des Prozesses ist von der Fortdauer der einmal wirksam begründeten internationalen Zuständigkeit auszugehen.[731] Für den Zeitpunkt des Bestehens der Zulässigkeitsvoraussetzungen soll nach einem Teil der Literatur der Moment der Klageerhebung[732] bzw. der der Klageeinreichung[733] maßgeblich sein. Nach einem anderen Teil sei entscheidend und letztlich ausreichend der Zeitpunkt der letzten mündlichen Verhandlung.[734] Schließlich wird vereinzelt auf den Zeitpunkt des Entstehens der Verpflichtung abgestellt.[735]

[729] So auch Linke, IPRax 82, 46 (49); Weiß, S. 124.

[730] Hdb. Int. ZVerfR I-Kropholler, Kap. III, Rdnr. 698; Kropholler, Art. 5 EuGVVO, Rdnr. 90; Rauscher-Leible, Art. 5 EuGVVO, Rdnr. 100; Staudinger-Hausmann, Anh. II zu Artt. 27 – 37 EGBGB, Rdnr. 133; Wieczorek/Schütze-Hausmann, Art. 5 EuGVÜ, Rdnr. 74.

[731] Geimer, NJW 76, 441 (445); Kropholler, Vor Art. 2 EuGVVO, Rdnr. 14; MüKo ZPO-Gottwald, Art. 2 EuGVÜ, Rdnr. 17; Thomas/Putzo-Hüßtege, Art. 2 EuGVVO, Rdnr. 8; Wieczorek/Schütze-Hausmann, Art. 2 EuGVÜ, Rdnr. 27.

[732] OLG Düsseldorf IPRax 98, 210 (211); Geimer, NJW 76, 441 (445); Geimer/Schütze, Art. 2 EuGVVO, Rdnr. 137/Art. 5 EuGVVO, Rdnr. 312; Geimer/Schütze-Geimer, I/1, S. 549; MüKo ZPO-Gottwald, Art. 2 EuGVÜ, Rdnr. 16/Art. 5 EuGVÜ, Rdnr. 57; Schlosser, Art. 2 EuGVVO, Rdnr. 7/Art. 5 EuGVVO, Rdnr. 24; Staudinger-Hausmann, Anh. II zu Artt. 27 – 37 EGBGB, Rdnr. 133; Wieczorek/Schütze-Hausmann, Art. 5 EuGVÜ, Rdnr. 74; Zöller-Geimer, Art. 5 EuGVVO, Rdnr. 48.

[733] Geimer/Schütze-Auer, Rechtsverkehr, Bd. 1, Vor Art. 2 EuGVVO, Rdnr. 19; Kropholler, Vor Art. 2 EuGVVO, Rdnr. 15.

[734] Geimer/Schütze-Auer, Rechtsverkehr, Bd. 1, Vor Art. 2 EuGVVO, Rdnr. 18; Kropholler, Vor Art. 2, Rdnr. 14; MüKo ZPO-Gottwald, Art. 2 EuGVÜ, Rdnr. 17/Art. 5 EuGVÜ, Rdnr. 57; Staudinger-Hausmann, Anh. II zu Artt. 27 – 37 EGBGB, Rdnr. 133; Wieczorek/Schütze-Hausmann, Art. 2 EuGVÜ, Rdnr. 26/Art. 5 EuGVÜ, Rdnr. 74.

[735] Rauscher-Leible, Art. 5 EuGVVO, Rdnr. 109 Fn. 381.

Bezüglich der erstgenannten Ansätze dürften erhebliche Zweifel angebracht sein. So ist – wenn man auf den Zeitpunkt der letzten mündlichen Verhandlung abstellt – schwer vorstellbar, wie ein Streit aus der Tätigkeit der Niederlassung hervorgegangen sein soll, wenn dieser zur Zeit der klagebegründenden Handlung noch gar nicht existierte.[736] Ähnliche Überlegungen müssen auch für den Zeitpunkt der Klageerhebung bzw. –einreichung gelten. Denn Ansprüche aus dem Betrieb einer Niederlassung können nur „eingeklagt" werden, wenn die Niederlassung bei Entstehung der Ansprüche bereits existierte. Für den letztgenannten Ansatzpunkt dürften daher die überzeugenderen Argumente sprechen. Dieser Ansatz ist mit Sinn und Zweck des Niederlassungsgerichtsstands am ehesten zu vereinbaren. Der Beklagte soll über den Gerichtsstand für die Folgen seiner wirtschaftlichen Betätigung auf dem „fremden Markt" einstehen und sich an diesem Ort gegen Ansprüche verteidigen, die aus der Tätigkeit an dieser Stelle resultieren. Voraussetzung dafür ist aber, dass im Zeitpunkt der wirtschaftlichen Betätigung und der Entstehung der klägerischen Ansprüche eine Niederlassung auf dem fremden Markt bereits bestand.

Ferner soll nach der wohl h. M. die Klage am Gerichtsstand der Niederlassung dann unzulässig sein, wenn sie im Zeitpunkt der Klageerhebung bzw. – einreichung bereits aufgelöst ist.[737]

Dagegen dürften jedoch Bedenken bestehen. Zutreffender Anknüpfungszeitpunkt sollte das anspruchsbegründende Verhalten sein. Bestand zu dieser Zeit eine Niederlassung und wurden durch deren Zwischenschaltung im Rahmen der wirtschaftlichen Betätigung des Beklagten Ansprüche gegen ihn ausgelöst, die im Zusammenhang mit dem Betrieb der Niederlassung stehen, muss auch nach deren Auflösung die Möglichkeit für den Kläger bestehen, am Ort der (ehemaligen) wirtschaftlichen Betätigung diese Ansprüche gegen den Beklagten gerichtlich geltend zu machen. Anderenfalls hätte es das Stammhaus in der Hand, durch kurzfristige Auflösung seiner Niederlassungen sich der Gerichtspflichtigkeit an diesen Orten für bereits entstandene Ansprüche zu entziehen.[738]

---

[736] So auch Schlosser, Art. 5 EuGVVO, Rdnr. 24.

[737] OLG Düsseldorf IPRax 98, 210 (211); OLG Frankfurt/Main IPRax 00, 525 (525); OLG Saarbrücken RIW 80, 796 (799); Geimer/Schütze-Auer, Rechtsverkehr, Bd. 1, Art. 5 EuGVVO, Rdnr. 182; Goette, DStR 97, 503 (504); Kulms, IPRax 00, 488 (489); MüKo ZPO-Gottwald, Art. 5 EuGVÜ, Rdnr. 57; Rauscher-Leible, Art. 5 EuGVVO, Rdnr. 109; Schlosser, Art. 5 EuGVVO, Rdnr. 24; Staudinger-Hausmann, Anh. II zu Artt. 27 – 37 EGBGB, Rdnr. 133; Wieczorek/Schütze-Hausmann, Art. 5 EuGVÜ, Rdnr. 74.

[738] Dabei dürfte der vereinzelt gegebene Hinweis, dass sich nach der Auflösung der Niederlassung der Inhaber des Stammhauses unter Umständen nach Rechtsscheinsgesichtspunkten so behandeln lassen müsse als ob die Niederlassung noch bestünde, nicht weit genug gehen. Vgl. Gei-

§ 5: Begriffliche und inhaltliche Neubestimmung

Die vorangegangenen Untersuchungen des Gerichtsstandes der Niederlassung im autonomen deutschen und europäischen Recht haben ergeben, dass die Normen aufgrund der Erfordernisse der dauerhaft errichteten Betriebsstätte und des Bezugs der Klage zum Betrieb der Niederlassung über einen begrenzten Anwendungsbereich verfügen und demnach auf diverse Formen wirtschaftlicher Betätigung unanwendbar sind.

I. Begriff der „Niederlassung"

Daher stellt sich die Frage, inwieweit Überlegungen zur Auslegung des Niederlassungsbegriffs in Bezug auf eine Ausdehnung auf andere Formen wirtschaftlicher Betätigung angestellt werden können. Grundsätzlich scheinen Teile der Literatur einer Erweiterung des Niederlassungsbegriffs auf andere Formen dauerhafter wirtschaftlicher Betätigung zumindest aufgeschlossen gegenüberzustehen.[739]

1. Tochtergesellschaft als Niederlassung beim Zuständigkeitsdurchgriff

Es konnte herausgearbeitet werden, dass im Rahmen des Zuständigkeitsdurchgriffs sowohl die deutschen Gerichte bei der Anwendung von § 21 ZPO bzw. Art. 5 Nr. 5 EuGVVO als auch der EuGH bei der Auslegung des Niederlassungsbegriffs in Art. 5 Nr. 5 EuGVVO die zurechenbare Erzeugung eines entsprechenden Rechtsscheins für maßgeblich erachten und (bislang) keinen Zuständigkeitsdurchgriff auf die Muttergesellschaft allein auf der Grundlage von Kriterien wie Kontrolle, Beherrschung, Aufsicht oder Missbrauch kennen.[740]

Die bisherigen Untersuchungen des Zuständigkeitsdurchgriffs haben ergeben, dass bislang weder von der Rechtsprechung noch von der Literatur ein Zuständigkeitsdurchgriff auf die Muttergesellschaft am Sitz der Tochtergesellschaft am Gerichtsstand der Niederlassung außerhalb von Rechtsscheinsgesichtspunkten entwickelt wurde.[741]

---

mer/Schütze, Art. 5 EuGVVO, Rdnr. 311;Geimer/Schütze-Auer, Rechtsverkehr, Bd. 1, Art. 5 EuGVVO, Rdnr. 182. Denn dem Kläger ist eine möglichst sichere Grundlage für die Entscheidung an die Hand zu geben, wo er klagen kann. Insbesondere ist er z. B. vor Wohnortwechseln zu schützen, Geimer/Schütze-Pörnbacher, Rechtsverkehr, Bd. 1, Vor Art. 2 EuGVVO, Rdnr. 17.

[739] Vgl. Gottwald, FS Geimer, S. 232/233; Grothe, RabelsZ 58, 686 (697); Mankowski, FS Heldrich, S. 887; Mankowski, RIW 96, 1001 (1004); Schack, FS Nakamura, S. 510.

[740] Zum Zuständigkeitsdurchgriff im US-amerikanischen Recht auf der Grundlage von „doing business" siehe unten § 7 I. 5. j. bb.

[741] Nach den zur Durchgriffshaftung vertretenen Ansichten, käme z. B. eine Geltendmachung über den Niederlassungsgerichtsstand nicht in Betracht. Danach könnten die Gläubiger – mit der Ansicht Großfelds und R. Müllers – ihre (ursprünglichen) Forderungen gegen die Tochtergesell-

Zunächst wird demnach zu erörtern sein, ob eine rechtlich selbstständige, aber abhängige Tochtergesellschaft auch ohne die Erzeugung eines entsprechenden Rechtsscheins als Niederlassung angesehen werden kann.[742] Dies hätte zur Folge, dass die herrschende ausländische Muttergesellschaft am Sitz der inländischen abhängigen Tochtergesellschaft gerichtspflichtig gemacht werden könnte, obwohl dem Vertragspartner bzw. Kläger zum Zeitpunkt der Aufnahme des geschäftlichen Kontakts erkennbar war, dass er mit einer, von einer ausländischen Muttergesellschaft abhängigen Tochtergesellschaft in geschäftlichem Kontakt steht. Möglicherweise weist diese Konstellation – im Vergleich zu der Erzeugung eines Rechtsscheins durch die beteiligten Gesellschaften – sogar die größere praktische Relevanz auf. Denn ausländische, z. B. US-amerikanische, Gesellschaften sind zu einem großen Teil mittlerweile über abhängige, in Deutschland ansässige Tochterunternehmen tätig. Deutschen Geschäftspartnern wird dies nicht selten allein schon aufgrund der Firma der Gesellschaft bewusst, die nicht selten über Zusätze wie „(…) Deutschland AG" oder „(…) Deutschland GmbH" verfügt. Die Bejahung dieser Frage würde zudem zu einer Erweiterung der bisherigen Rechtsprechung des BGH und der deutschen Untergerichte führen und darüberhinaus eine Änderung der bisherigen Auslegung der Norm des Art. 5 Nr. 5 EuGVVO durch den EuGH bedeuten, für die sich möglicherweise aber überzeugende Argumente finden lassen. In diesem Zusammenhang wird insbesondere die bisherige Rechtsprechung auf ihre Ausschließlichkeit zum Zuständigkeitsdurchgriff zu überprüfen sein.

Desweiteren wird zu klären sein, welche Ansprüche gegen die Muttergesellschaft den erforderlichen Bezug zum Betrieb der vermeintlichen Niederlassung –

---

schaft nur auf vertragliche oder deliktische Ansprüche stützen und diese an den Gerichtsständen der §§ 29, 32 ZPO gegen die Muttergesellschaft geltend machen. § 21 ZPO würde dagegen ausscheiden, da die Tochtergesellschaft selbst nicht über eine eigene Niederlassung tätig werden soll. Nach der Ansicht Möllers könnte sich die Zuständigkeit des Gerichts für den Primäranspruch der Gläubiger gegen die Tochtergesellschaft ebenfalls nur aus § 29 ZPO oder § 32 ZPO ergeben, und § 21 ZPO würde mangels eigener Niederlassung der Tochtergesellschaft ebenfalls ausscheiden. Dies würde nach der Akzessorietätsidee dann auch für den Durchgriffsanspruch gelten. Nur wenn man die Tochtergesellschaft selbst wie eine Niederlassung der Mutter behandelte, wäre der erforderliche geschäftliche Kontakt zu der Muttergesellschaft über die „Niederlassung" gegeben. Denn die ursprüngliche Verbindlichkeit entstünde zwischen den Gläubigern und der Tochtergesellschaft. Diese könnte dann im Wege der Durchgriffshaftung gegen die Mutter geltend gemacht werden. Die gegen die Mutter eingeklagten Durchgriffsansprüche müssten dann noch den erforderlichen Bezug zu der Tätigkeit der Tochtergesellschaft aufweisen.

[742] Vgl. auch Jaspert, S. 66.

der Tochtergesellschaft – aufweisen und damit am Niederlassungsgerichtsstand im Wege des Zuständigkeitsdurchgriffs geltend gemacht werden können.[743]

a. Vereinbarkeit mit § 21 ZPO

aa. Entscheidungsfindung des BGH

In seinem Urteil vom 13.07.1987[744] konnte der BGH – mangels entsprechend ausreichender Feststellungen der Untergerichte – nicht abschließend klären, ob die in Deutschland tätig gewordene Gesellschaft eine Tochtergesellschaft der Beklagten war. Dieses Kriterium befand er allerdings für die Frage des Zuständigkeitsdurchgriffs für nicht maßgeblich. Vielmehr stellte er allein auf den von beiden beteiligten Gesellschaften gesetzten Rechtsschein ab.[745] Aus dem Fehlen substanzieller rechtlicher Erwägungen zu gesellschaftsrechtlichen Verknüpfungen beim Zuständigkeitsdurchgriff – mangels entscheidungserheblicher Relevanz – sollte indes keine abschließende Entscheidung des BGH zugunsten der Rechtsscheinslehre unter Ablehnung anderer rechtlicher Durchgriffserwägungen hergeleitet werden. Vielmehr dürfte das Urteil genügend Raum lassen, § 21 ZPO auch auf eine abhängige, aber rechtlich selbstständige, Tochtergesellschaft gegen die ausländische herrschende Muttergesellschaft anzuwenden.[746]

bb. Definition

Die erörterte Anwendung dürfte darüber hinaus mit der bisherigen Definition des Niederlassungsbegriffs in § 21 ZPO[747] durchaus zu vereinbaren sein. Die Tochtergesellschaft stellt – im weitesten Sinne – einen Gewerbebetrieb dar, für dessen Ausübung sie die notwendige sachliche und personelle Ausstattung besitzt. Auch ist sie auf Dauer angelegt und verfügt über die für den unmittelbaren und endgül-

---

[743] Siehe dazu unten § 5 II.

[744] Siehe oben § 2.

[745] Siehe oben § 4 I. 3. e. bb. (1).

[746] Dieser Erwägung dürfte auch nicht notwendigerweise die Ansicht Geimers, RIW 88, 220 (222/223), entgegen stehen, der in Übereinstimmung mit der Rechtsprechung des BGH den erzeugten Rechtsschein einer selbstständigen Niederlassung genügen lassen möchte. Es komme auf den Eindruck an, den ein unvoreingenommener Außenstehender gewinne. Die Entscheidung stelle einen wichtigen Meilenstein auf dem Weg zu einer Verbesserung des (manchmal durch trickreiche Organisationsstrukturen gefährdeten) Justizgewährungsanspruch des Klägers dar. Es gelte der „allgemeine Rechtsgedanke", dass Gebilde ohne Rechtspersönlichkeit, die im Rechtsverkehr wie juristische Personen aufträten, unter bestimmten Voraussetzungen als solche wenigstens verklagt werden könnten, dann nämlich, wenn Erfordernisse des redlichen Geschäftsverkehrs dies verlangten. Der Zuständigkeitsdurchgriff kraft Rechtsscheins einer Niederlassung kann durchaus neben anderen Konstellationen, wie z. B. der des Durchgriffs aufgrund von Konzern- und Durchgriffshaftungsansprüchen, bestehen.

[747] Siehe oben § 4 I. 3. a./b.

tigen Geschäftsabschluss erforderliche Selbstständigkeit. Dabei untersteht sie der Aufsicht und Leitung des Stammhauses – der Muttergesellschaft.

cc. Historie

Zwar spricht § 21 ZPO von der „Niederlassung" und verwendet nicht den Ausdruck „Tochtergesellschaft", obwohl dem Gesetzgeber bei der Schaffung von § 21 ZPO das Institut der Tochtergesellschaft durchaus bekannt war. Daher könnte – bei historischer Auslegung – argumentiert werden, der Gesetzgeber der ZPO habe dem Kläger keinen Gerichtsstand gegen die Muttergesellschaft am Sitz der Tochtergesellschaft verschaffen wollen.

dd. Sinn und Zweck

Die Auslegung umfasst allerdings nicht ausschließlich Wortlaut und Historie, sondern darüber hinausgehend Erwägungen zu Sinn und Zweck der Norm.[748] Wie erörtert, sollte § 21 ZPO dem Kläger einen Gerichtsstand gegen den auswärtigen Gewerbetreibenden auf dem heimischen Markt verschaffen, wenn dieser sich dort wirtschaftlich betätigt und die damit verbundenen Vorteile nutzt.[749] Mit der Ausübung der Aufsicht und Kontrolle wird die Muttergesellschaft (zumindest mittelbar) am Sitz der Tochtergesellschaft geschäftlich tätig. Diese muss trotz ihrer rechtlichen Selbstständigkeit im Rahmen ihrer wirtschaftlichen Betätigung auf die übergeordneten gesellschaftsrechtlichen Interessen im Allgemeinen und die Interessen der Muttergesellschaft im Besonderen Rücksicht nehmen.[750] Dies betrifft insbesondere Investitionen, die Erweiterung von Betätigungsfeldern, die Kooperation mit anderen (konkurrierenden) Unternehmen, die lokale Expansion auf anderen (ausländischen) Märkten oder die eigene sachliche und personelle Entwicklung. Die wirtschaftliche Betätigung umfasst nicht selten auch die Aufnahme wirtschaftlicher Kontakte zu anderen potentiellen Geschäftspartnern und den Abschluss wirtschaftlicher Verträge. Muss die Gesellschaft dabei die Interessen der Muttergesellschaft in ihre Planung einbeziehen oder sogar Weisungen befolgen, dürfte darin eine mittelbare wirtschaftliche Betätigung der Muttergesellschaft auf dem Markt der Tochter liegen. Durch diese Betätigung werden mittelbar zudem außenstehende Gläubigerinteressen tangiert. Zu einseitig dürfte es sein, wollte man den besonderen Gerichtsstand der Niederlassung dem Kläger – als gerechten Interessensausgleich – nur zur Verfügung stellen, wenn der Beklagte durch seine (extensive) wirtschaftliche Betätigung entsprechende wirtschaftliche Vorteile erlangt. Denn die Gläubiger haben mit

---

[748] Die ebenfalls in die Auslegung einzubeziehende Systematik dürfte für die hier gefundene Erweiterung zu keinen weitergehenden Erkenntnissen führen.

[749] Siehe oben § 4 I. 2.

[750] Vgl. auch Jaspert, S. 167; Lutter, ZGR 11, 244 (244 ff.); Maul, AG 98, 404 (405); Maul, NZG 99, 741 (742).

der Tochtergesellschaft geschäftlichen Kontakt aufgenommen und werden durch mögliche Eingriffe der Muttergesellschaft in die Geschäftspolitik der Tochtergesellschaft in der Realisierung und Vollstreckung ihrer erlangten Ansprüche mittelbar gefährdet.[751]

ee. Zuständigkeitsinteressen

Die hier gefundene Erweiterung dürfte vornehmlich den Interessen des Klägers entgegenkommen, da sie im Ansatz eine Erweiterung des besonderen Gerichtsstandes der Niederlassung in Abkehr des „actor sequitur"-Grundsatzes unter Einschluss aller gemeinhin für den Kläger geltenden Vorteile[752] bedeutet. Dieser muss darüber hinaus in dem Rechtsstreit gegen die Muttergesellschaft (lediglich) die Vertragsbeziehung zu der abhängigen Tochtergesellschaft darlegen und beweisen, dass er daraus Ansprüche erworben hat, die sich gegen die herrschende Muttergesellschaft richten. Dagegen bedarf es keiner Darlegung von zurechenbar gesetzten Rechtsscheinsgesichtspunkten, über die das nationale Gericht befinden müsste. Dabei zu berücksichtigende Kriterien wären u. a. die „Identität des Namens und der Geschäftsführung, das Ausmaß der ausgeübten Kontrolle und die Frage, ob der eine zum Vorteil und im Namen des anderen handelt".[753] Darüber hinaus dürfte die Anwendung der Rechtsscheinslehre nicht selten mit Rechtsunsicherheit behaftet sein, da die rechtsscheinsbegründenden Umstände zwischen den Parteien i. d. R. streitig sind und unter Umständen erst nach einer aufwändigen Beweisaufnahme ermittelt werden können.

---

[751] Vgl. auch Zimmer, IPRax 98, 187 (191), der die Zulassung eines prozessualen Durchgriffs bei Vorliegen einer qualifizierten Konzernierung nicht für fernliegend hält. Auf der Ebene des materiellen (Konzern-) Rechts sei Voraussetzung für das Hinweggehen über die rechtlich selbstständige GmbH, dass deren Geschicke sachlich umfassend und zeitlich andauernd von dem herrschenden Unternehmen gesteuert würden. Unter Heranziehung des Gedankens „substance over form" könne im Zusammenhang des Prozessrechts argumentiert werden, dass die wie eine Betriebsabteilung geführte Tochtergesellschaft nur rechtlich selbstständig, in der Sache aber die bloße Außenstelle eines Stammhauses, also eine Zweigniederlassung der Muttergesellschaft gewesen sei. Ein Zurechnungskonzept, das auf die konzerninternen Realitäten abstelle, unterscheide sich deutlich von dem – auch im Rothschild-Fall entwickelten und bislang vom EuGH nicht in Frage gestellten – Anwendungsmodell, das auf den im Rechtsverkehr erweckten Rechtsschein abhebe. Beide Konzepte einer Erfassung von Konzernsachverhalten könnten nebeneinander zur Anwendung kommen, sie stünden nicht im logischen Widerspruch zueinander. Vgl. auch v. Hoffmann, JuS 86, 385 (385).

[752] Siehe oben § 3 III. 6. a.

[753] Im Zusammenhang mit dem Niederlassungsgerichtsstand der EuGVVO musste auch Generalanwalt Slynn einräumen, dass deren Feststellung für ein nationales Gericht durchaus schwierig sein könne. Vgl. EuGH, Slg. 1987, 4905 (4914). Zur Darlegungs- und Beweislast bei doppelrelevanten Tatsachen im Rahmen der Zuständigkeitsprüfung siehe unten § 5 III.

Allerdings dürften auch die Beklagteninteressen[754] nicht in unzulässigem Maße benachteiligt werden. Zunächst sollte die beklagte Muttergesellschaft aufgrund ihrer beherrschenden Stellung gegenüber der abhängigen Tochtergesellschaft weniger schutzbedürftig sein als der Kläger. Ferner dürfte die beklagte Muttergesellschaft über ihre Tochtergesellschaft aufgrund deren räumlicher und personeller Ausstattung den (erforderlichen) Bezug zum Urteilsstaat aufweisen, der i. d. R. auch den Justizgewährungsanspruch des Klägers[755] rechtfertigt. Auch dürften die engen sachlichen und v. a. personellen Verbindungen in den Leitungsgremien der Gesellschaften eher selten zu Sprach- oder Verständnisschwierigkeiten bei Vertretern der beklagten Muttergesellschaft führen. Schließlich sollte die räumliche Entfernung, z. B. im transatlantischen Rechtsverkehr, nicht zu übermäßigen Belastungen führen, da ohnehin im täglichen Geschäftsverkehr nicht selten ein enger Kontakt zwischen Mutter- und Tochtergesellschaft besteht und Vertreter der Muttergesellschaft regelmäßig an Sitzungen der Tochtergesellschaft teilnehmen.[756] Schließlich wird die beklagte Gesellschaft durch das Erfordernis der Betriebsbezogenheit der Klage geschützt, so dass – im Gegensatz zum US-amerikanischen Zuständigkeitsdurchgriff aufgrund von „doing business"[757] – das angerufene Gericht nicht über Ansprüche befinden kann, die keinen Bezug zu der wirtschaftlichen Tätigkeit der Mutter- über die Tochtergesellschaft aufweisen.

ff. Zwischenergebnis

Demnach dürfte das gefundene Ergebnis – die Ausdehnung des Niederlassungsbegriffs in § 21 ZPO auf Tochtergesellschaften ohne das Erfordernis der Erzeugung eines zurechenbaren Rechtsscheins – im Einklang mit den bisherigen vom BGH geprägten Definition der „Niederlassung" stehen und eine begriffliche Neubestimmung nicht erforderlich machen.

---

[754] Siehe oben § 3 III. 6. a.

[755] Siehe oben § 3 III. 3. b.

[756] Vgl. auch Schack, GS Sonnenschein, S. 707, wonach kein Anlass bestehe, ein herrschendes Unternehmen – z. B. durch eine teleologische Reduktion des § 23 ZPO – vor einem Zuständigkeitsdurchgriff zu schützen. Die Gerichtspflichtigkeit der Mutter am Sitz der Tochter sei für die Mutter keineswegs überraschend. Schließlich sei sie zielgerichtet, wenn auch mittelbar, auf dem inländischen Markt tätig geworden. Vgl. ferner Schiessl, DB 89, 513 (517), der auf die nicht selten enge personelle Verbindung zwischen Mutter- und Tochtergesellschaft hinweist. Bei 100 %igen (US-amerikanischen) Töchtern sei es nicht schwierig, Gesellschafterversammlungen auf ein Minimum zu beschränken und diese dann von Repräsentanten der Muttergesellschaft (in den USA) durchführen zu lassen, die die Gesellschafterversammlung mit anderen geschäftlichen Verpflichtungen verbinden könnten.

[757] Siehe unten § 7 I. 5. j. bb.

b. Vereinbarkeit mit Art. 5 Nr. 5 EuGVVO

Darüberhinaus soll erörtert werden, ob auch bei der Anwendung von Art. 5 Nr. 5 EuGVVO durch die deutschen Gerichte der Niederlassungsbegriff auf Tochtergesellschaften ausgedehnt werden kann. Diese Frage stellt sich in Fallkonstellationen, in denen eine in Deutschland belegene Tochtergesellschaft als mögliche Niederlassung einer in einem anderen EuGVVO-Mitgliedstaat befindlichen Muttergesellschaft i. S. v. Art. 5 Nr. 5 EuGVVO angesehen wird, gegen die in der Bundesrepublik Ansprüche geltend gemacht werden. Bei der Erörterung die Auslegung der EuGVVO im Allgemeinen und die (bisherige) Auslegung des Niederlassungsbegriffs durch den EuGH im Besonderen sowie weitere europarechtsspezifische Kriterien zu beachten, die die deutschen Gerichte bei der erweiterten Anwendung von Art. 5 Nr. 5 EuGVVO berücksichtigen müssten.

aa. Entscheidungsfindung des EuGH

Der EuGH hatte in seinem Urteil vom 09.12.1987 über eine andere als die dieser Anwendung zugrunde liegende Konstellation zu befinden. Nicht die Tochter-, sondern die Muttergesellschaft (Parfums Rothschild GmbH) mit Sitz in Düsseldorf war in der Bundesrepublik geschäftlich tätig und verhandelte und schloss Verträge im Namen ihrer in Frankreich ansässigen Tochtergesellschaft.[758]

In der De Bloos/Bouyer-Entscheidung stellte der EuGH bei der Auslegung der in Art. 5 Nr. 5 EuGVÜ genannten „Zweigniederlassung, Agentur oder sonstigen Niederlassung" u. a. noch heraus, dass diese zumindest der „Aufsicht und Leitung" des Stammhauses unterliegen müsse.[759] Er stellte darauf ab, dass „Zweigniederlassung und Agentur" im Wesentlichen dadurch charakterisiert seien, dass sie der Aufsicht und Leitung des Stammhauses unterlägen und dass der Begriff der „sonstigen Niederlassung" nach dem Geist des Übereinkommens die gleichen Wesensmerkmale enthalten müsse.[760] Nach dieser Auslegung wäre dem-

---

[758] Siehe oben § 4 II. 4. g. aa. (1). Für die Erörterung, ob die dargelegte Erweiterung mit der bisherigen Rechtsprechung des EuGH zum Begriff der Niederlassung vereinbar ist, soll deren Entwicklung im Folgenden noch einmal nachvollzogen werden.

[759] Generalanwalt Reischl vertrat, dass für eine Zweigniederlassung einerseits eine gewisse Autonomie und andererseits die Unterordnung unter das Mutterhaus und die Kontrolle durch dieses kennzeichnend seien. Charakteristisch seien namentlich das Fehlen eigener Rechtspersönlichkeit und die Befugnis, im Namen des Mutterhauses zu handeln. „Agenturen" und „Zweigniederlassungen" wiesen im Gegensatz zu Tochtergesellschaften keine eigene Rechtspersönlichkeit auf. Dies sei auch bei der „sonstigen Niederlassung" anzunehmen, auch wenn denkbar sei, dass unter diesen Begriff auch Gebilde mit Rechtspersönlichkeit, wie eine vollständig beherrschte Tochtergesellschaft, die wie eine Betriebsabteilung funktioniere, fallen könnten. Art. 5 Nr. 5 des Übereinkommens sei aber eng auszulegen, vgl. EuGH, Slg. 1976, 1497 (1519).

[760] EuGH, Slg. 1976, 1497 (1509). Siehe auch oben § 4 II. 4. f. aa.

nach eine Einordnung der in der Bundesrepublik geschäftlich aktiv gewordenen Gesellschaft (Parfums Rothschild GmbH) als Niederlassung nicht in Betracht gekommen, da es sich bei ihr um die Muttergesellschaft im Konzern handelte, die (schon begriffsnotwendig) nicht der Aufsicht und Leitung des vermeintlichen Stammhauses – der französischen Tochtergesellschaft – unterstehen konnte.

In der Somafer/Saar-Ferngas-Entscheidung entwickelte der EuGH die Auslegung der „Zweigniederlassung, Agentur oder sonstigen Niederlassung" weiter. Danach sei unter den Begriffen ein „Mittelpunkt geschäftlicher Tätigkeit zu verstehen, der auf Dauer als Außenstelle eines Stammhauses hervortrete, eine Geschäftsführung habe und sachlich so ausgestattet sei, dass er in der Weise Geschäfte mit Dritten betreiben könne, dass diese, obgleich sie wüssten, dass möglicherweise ein Rechtsverhältnis mit dem im Ausland ansässigen Stammhaus begründet werde, sich nicht unmittelbar an dieses zu wenden brauchten, sondern Geschäfte an dem Mittelpunkt geschäftlicher Tätigkeit abschließen könnten, der dessen Außenstelle sei."[761] Auch nach dieser Auslegung wäre die in Deutschland tätig gewordene Gesellschaft vom EuGH demnach nicht ohne weiteres als Niederlassung einzuordnen gewesen, da es sich um die Muttergesellschaft handelte, die – begriffsnotwendig – nicht als „Außenstelle eines Stammhauses" – der französischen Tochtergesellschaft – gelten konnte. Ferner kam es seit der Blanckaert & Willems/Trost-Entscheidung auf die rechtliche Unselbstständigkeit der Niederlassung an. Daher war ein selbstständiger Handelsvertreter, der im Wesentlichen frei seine Tätigkeit gestalten und seine Arbeitszeit bestimmen konnte, nicht als Niederlassung eingestuft worden.[762] Auch dieses Merkmal war in der Rechtssache Schotte/Parfums Rothschild nicht erfüllt, da die tätig gewordene Gesellschaft rechtlich selbstständig war. Die bis zu diesem Zeit-

---

[761] EuGH, Slg. 1978, 2183 (2193). Die Kommission forderte in der Rechtssache den EuGH auf, näher zu umschreiben, was unter „Aufsicht und Leitung" des Stammhauses zu verstehen sei. Dies erfordere in organisatorischer Hinsicht eine äußere Einrichtung von einiger Bedeutung, wie eigene Geschäftsräume, eine Bankverbindung und einen Telefonanschluss, und im Hinblick auf die Selbstständigkeit bei der geschäftlichen Betätigung, dass der Leiter der Zweigniederlassung, Agentur oder sonstigen Niederlassung unter der Aufsicht und Leitung des Stammhauses zum selbstständigen Abschluss von Geschäften berechtigt sei, dergestalt, dass er das Stammhaus nicht nur für untergeordnete Geschäfte verpflichtete, ohne jeweils vorher rückfragen zu müssen und schließlich hinsichtlich der Beständigkeit, dass die geschäftliche Betätigung nicht nur vorübergehend sei, vgl. EuGH, Slg. 1978, 2183 (2189). Nach der Ansicht von Generalanwalt Mayras müsse die in Art. 5 Nr. 5 EuGVÜ bezeichnete Einheit zwar eine gewisse Entscheidungsautonomie besitzen und u. a. befugt sein, Geschäfte für Rechnung der Muttergesellschaft abzuschließen, bei denen sie diese verpflichte. Sie müsse aber deren Aufsicht und deren Leitung unterstehen, vgl. EuGH, Slg. 1978, 2183 (2201).

[762] EuGH, Slg. 1981, 819 (828). Vgl. Linke, IPRax 82, 46 (46 f.). Siehe auch oben § 4 II. 4. f. aa.

punkt geltende Auslegung des Niederlassungsbegriffs konnte der EuGH in der zur Entscheidung stehenden Konstellation demnach nicht anwenden.

Daher stand der EuGH vor der Aufgabe, für die Entscheidung in der Rechtssache Schotte/Parfums Rothschild die vorhandene Auslegung der „Zweigniederlassung, Agentur oder sonstigen Niederlassung" zu modifizieren. Zunächst erschien die Überwindung des Merkmals der Unselbstständigkeit der tätig gewordenen Gesellschaft erforderlich. Denn an der Selbstständigkeit der deutschen (Mutter-) Gesellschaft konnte kein Zweifel bestehen. Ferner schien die Umgehung des Erfordernisses der „Aufsicht und Leitung" geboten, da die Muttergesellschaft als (vermeintliche) Niederlassung der Tochter im Mittelpunkt des Verfahrens stand. Schließlich stand auch das Merkmal der „dauerhaften Außenstelle eines Stammhauses" auf dem Prüfstand, da die Muttergesellschaft als (vermeintliche) Niederlassung (begriffsnotwendig) keine Außenstelle der Tochtergesellschaft darstellen konnte.[763]

Die (vermeintlich entgegenstehende) rechtliche Selbstständigkeit der (Mutter-) Gesellschaft wurde mit den folgenden Überlegungen beiseite geschoben: Grundsätzlich solle nach dem Sinn und Zweck des Art. 5 Nr. 5 EuGVÜ jede Stelle als Niederlassung einzustufen sein, die faktisch auf Dauer die Funktion einer Außenstelle habe, ohne Rücksicht darauf, ob die Stelle rechtlich selbstständig sei oder nicht. Der Gerichtsstand solle demjenigen offen stehen, der sein Rechtsverhältnis zu dem im Hintergrund stehenden Unternehmen auf die Außenstelle stütze. Anderenfalls sei eine Umgehung des Gerichtsstandes durch das beklagte ausländische Unternehmen möglich, wenn es nämlich seiner inländischen Tochter die Rechtsform einer selbstständigen Gesellschaft gebe.[764] Eine rechtlich selbstständige, aber abhängige Tochtergesellschaft besitze im Übrigen nicht notwendigerweise einen größeren Grad an Selbstständigkeit als eine unselbstständige Niederlassung gegenüber dem Stammhaus. Daher solle die rechtliche Unselbstständigkeit der Niederlassung kein maßgebliches Kriterium darstellen.[765]

Ferner – um die Erfordernisse der „Aufsicht und Leitung" und der „Außenstelle des Stammhauses" zu überwinden – war der EuGH gezwungen, einen Ansatz zu finden, wonach es auf die Hierarchie im Konzern nicht ankam, so dass auch

---

[763] Vgl. auch Geimer, RIW 88, 220 (220); Kronke, IPRax 89, 81 (83).

[764] EuGH, Slg. 1987, 4905 (4907).

[765] Vgl. die Stellungnahme der Kommission, EuGH, Slg. 1987, 4905 (4909). Vgl. auch die Erklärung der Bundesregierung, EuGH, Slg. 1987, 4905 (4908), wonach das Erfordernis der rechtlichen Selbstständigkeit weniger ausschlaggebend sei.

die Mutter- eine Niederlassung der Tochtergesellschaft darstellen konnte.[766] Zu diesem Zweck machte der EuGH den Rechtsscheinsgedanken fruchtbar, wonach es ausschließlich auf den nach außen gesetzten zurechenbaren Rechtsschein ankam und nicht auf interne gesellschaftsrechtliche Organisationsstrukturen. Entscheidend sollte sein, wie sich beide beteiligte Unternehmen – Mutter- und Tochtergesellschaft – im Geschäftsleben verhielten und wie sie sich Dritten gegenüber in ihren Handelsbeziehungen darstellten. Da im zu entscheidenden Fall der Klägerin eine genaue Feststellung der Unterordnungsverhältnisse nicht möglich war und sich die deutsche Muttergesellschaft im Übrigen durch die Vermittlung und Begleitung des Vertragsschlusses, durch die gemeinsame Geschäftsführung, den gleichen Namen und den irreführenden Schriftwechsel wie eine bloße Außenstelle der französischen Tochtergesellschaft gerierte, konnte sie als Niederlassung eingestuft werden, um der Klägerin an deren Sitz einen Gerichtsstand gegen die eigentliche Vertragspartnerin – die französische Tochtergesellschaft – zu ermöglichen.

Diese (besondere) Konstellation dürfte den EuGH letztlich veranlasst haben, das Erfordernis des Rechtsscheins für das Zusammenwirken von Mutter- und Tochtergesellschaft aufzustellen, weil mit den bisher geltenden Kriterien einer Auslegung im zur Entscheidung stehenden Sachverhalt nicht Rechnung getragen werden konnte.[767]

---

[766] Vgl. die Stellungnahme der Kommission, EuGH, Slg. 1987, 4905 (4909), wonach die Unterordnung der Außenstelle unter die Aufsicht und Leitung des ausländischen Unternehmens nicht unbedingt in organisatorischen Maßnahmen wie Mehrheitsbeteiligungen des Stammhauses, Beherrschungsverträgen oder ähnlichen Vorkehrungen ihren Niederschlag zu finden brauche.

[767] Bemerkenswert ist in diesem Zusammenhang, dass der EuGH die Rechtsscheinslehre in der vorangegangenen Somafer/Saar-Ferngas-Entscheidung als Kriterium für die Einordnung als Niederlassung noch abgelehnt hatte. Auf die Vorlagefrage des OLG Saarbrücken, welche Auslegungskriterien für die Begriffe der „Zweigniederlassung und Agentur" gelten würden und ob hierbei – etwa wie nach deutschem Recht – Prinzipien der Haftung für einen nach außen begründeten Rechtsschein für das Bestehen einer Zweigniederlassung oder Agentur mit der Rechtsfolge anzuwenden seien, dass derjenige, der einen solchen Anschein erwecke, so zu behandeln sei, als habe er eine Zweigniederlassung oder Agentur betrieben, antwortete er – wenn auch ausweichend – das Gericht habe in jedem Einzelfall die Anhaltspunkte, anhand derer sich das Bestehen eines tatsächlichen Mittelpunkts geschäftlicher Tätigkeit feststellen lasse, zu bestimmen, vgl. EuGH, Slg. 1978, 2183 (2194). Zustimmend die Kommission, vgl. EuGH, Slg. 1978, 2183 (2189), sowie Generalanwalt Mayras, vgl. EuGH, Slg. 1978, 2183 (2201/2202). Vgl. auch Kronke, IPRax 89, 81 (83), der in der Entscheidung des EuGH einen Kompromiss in dem Interessenwiderstreit zwischen dem (Schutz-) Interesse des Beklagten an einem geringstmöglichen Eingriff in den Regelgerichtsstand des Art. 2 EuGVVO durch die engste wörtliche Auslegung von Art. 5 Nr. 5 EuGVVO und dem klägerischen Interesse an der völligen Unbeachtlichkeit der organisatorischen Ausgestaltung der Gegenseite sieht. Die Entscheidungsfindung des EuGH

bb. Wortlaut

Die Entscheidung des EuGH in der Rechtssache Schotte/Parfums Rothschild dürfte demnach keine abschließende Aussage bezüglich der Auslegung einer rechtlich selbstständigen, abhängigen Tochtergesellschaft als Niederlassung enthalten.

Vielmehr sollte die o. g. Ausdehnung des Begriffs der Niederlassung durchaus mit der bisherigen Auslegung des EuGH der „Zweigniederlassung, Agentur oder sonstigen Niederlassung" in Einklang zu bringen sein.[768] Eine rechtlich selbst-ständige Tochtergesellschaft stellt i. d. R. einen „Mittelpunkt geschäftlicher Tätigkeit" dar, von dem aus ein eigenständiger Geschäftsverkehr ausgeht. Sie tritt regelmäßig auch als „Außenstelle eines Stammhauses" hervor. Denn dem Geschäftsverkehr ist nicht selten erkennbar, dass es sich um eine abhängige Tochtergesellschaft in der Form einer „Außenstelle" handelt, hinter der eine herrschende Muttergesellschaft – „das Stammhaus" – steht. Ist das Mutter-Tochter-Verhältnis ausdrücklich offen gelegt oder auf andere Weise ersichtlich, dürfte der Geschäftspartner die mit ihm kontrahierende Gesellschaft i. d. R. nur als Außenstelle oder Filiale der (dahinter stehenden) Muttergesellschaft betrach-ten. Die Tochtergesellschaft hat auch eine „Geschäftsführung" und ist „sachlich

---

bezüglich der Anwendbarkeit der Rechtsscheinslehre dürfte demnach zu einem nicht unerheb-lichen Maße auf der besonderen Fallkonstellation beruhen.

[768] Gefordert ist ein Mittelpunkt geschäftlicher Tätigkeit, der dauerhaft als Außenstelle eines Stammhauses hervortritt und sachlich für Geschäftsabschlüsse ausgestattet ist. Bereits im Vor-verfahren der Rechtssache Somafer/Saar-Ferngas wurde z. B. von der Regierung des Vereinigten Königreichs bei der Frage des Umfangs der äußeren Einrichtung darauf abgestellt, dass das aus-ländische Unternehmen einen Geschäftsbetrieb von Dauer unterhalten solle, die von einem Ort im Land des Gerichts aus arbeiteten und dass zu diesem Zweck Räumlichkeiten benutzt würden, die fest und auf dauerhafter Grundlage eingerichtet seien, vgl. EuGH, Slg. 1978, 2183 (2188). Die Kommission verlangte eine äußere Einrichtung von einiger Bedeutung mit eigenen Ge-schäftsräumen, einer Bankverbindung und einem Telefonanschluss, vgl. EuGH, Slg. 1978, 2183 (2189). Darüber hinaus muss die Niederlassung über eine Geschäftsführung verfügen sowie der „Aufsicht und Leitung des Stammhauses" unterliegen. Im Vorverfahren der Rechtssache De Bloos/Bouyer wurde bereits von Generalanwalt Reischl die Unterordnung unter das Mutterhaus und die Kontrolle durch dieses gefordert. Es sei denkbar, dass auch vollständig beherrschte Tochtergesellschaften, die wie eine Betriebsabteilung funktionierten, unter den Begriff der „son-stigen Niederlassung" fielen, vgl. EuGH, Slg. 1976, 1497 (1519), vgl. auch Linke, IPRax 82, 42 (48). Generalanwalt Slynn hielt in der Rechtssache Schotte/Parfums Rothschild die Niederlas-sung für eine Außenstelle des Hauptgeschäfts, die dessen Angelegenheiten auf kontinuierlicher Grundlage zu dessen Vorteil betreibe und dabei dessen Kontrolle unterliege, vgl. EuGH, Slg. 1987, 4905 (4912). Vgl. zur Auslegung des Begriffs der „Niederlassung" ferner Car-pi/Taruffo/Colesanti, Art. 19, Anm. 1; Dashwood/Hacon/White, S. 23/98; O'Malley/Layton, Rdnr. 17.61; Tebbens, Civil Jurisdiction and Judgments, S. 94; Weser, Nr. 101 ff.

für Geschäftsabschlüsse ausgestattet", da sie regelmäßig über eigene Räumlichkeiten, Personal, Kommunikationsmittel und sogar Betriebsvermögen verfügt.

Darüber hinaus dürfte der Wortlaut der Vorschrift – „sonstige Niederlassung" – eine weite Anwendung bezüglich rechtlich selbstständiger Gesellschaften zulassen, obwohl die deutsche Fassung der EuGVVO nicht ausdrücklich die Begriffe „Mutter-" oder „Tochtergesellschaft" bzw. „Gesellschaft" enthält, so dass der Kreis der von der Verordnung erfassten Außenstellen um Einrichtungen erweitert werden könnte, die nicht dem Begriff der „Zweigniederlassung" zuzuordnen sind. Denn bei der grammatikalischen Auslegung ist im Rahmen des Gemeinschaftsrechts grundsätzlich auch die Besonderheit der Mehrsprachigkeit der EuGVVO zu beachten,[769] so dass abweichend von den nationalen Vorstellungen eine gemeinschaftsrechtliche Wortbedeutung zwecks Förderung einer einheitlichen Rechtsanwendung zu suchen ist.[770]

In der italienischen Fassung der EuGVVO hat z. B. der verwendete Begriff „qualsiasi altra filiale" eine weitergehende Bedeutung und umfasst sowohl Zweigniederlassungen als auch Tochtergesellschaften mit eigener Rechtspersönlichkeit.[771]

Die englische Fassung enthält zwar ebenfalls nicht die Ausdrücke „parent" oder „subsidiary", kann aber dennoch durch die Verwendung der Bezeichnung „other establishment" für eine weite Auslegung herangezogen werden, da darunter auch rechtlich selbstständige Gesellschaften verstanden werden können.[772]

Vergleichbare Erwägungen gelten auch für die französische und spanische Fassung. Dort finden sich die Formulierungen „de tout autre établissement"[773] bzw. „cualquier otro establecimiento".[774]

---

[769] Kropholler, Einl., Rdnr. 43.

[770] EuGH, Slg. 1964, 379 (396); EuGH, Slg. 1972, 23 (35). Vgl. allgemein zur grammatikalischen Auslegung durch den EuGH: Hess, IPRax 06, 348 (353).

[771] Die italienische Fassung von Art. 5 Nr. 5 EuGVVO lautet: „La persona domiciliata nel territorio di uno Stato membro può essere convenuta in un altro Stato membro: qualora si tratti di controversia concernente l'esercizio di una succursale, di un agenzia o di qualsiasi altra sede d'attivita, davanti al giudice del luogo in cui essa è situata."

[772] Die englische Fassung von Art. 5 Nr. 5 EuGVVO lautet: „A person domiciled in a Member State may, in another Member State, be sued: as regards a dispute arising out of the operations of a branch, agency or other establishment, in the courts for the place in which the branch, agency or other establishment is situated."

[773] Die französische Fassung von Art. 5 Nr. 5 EuGVVO lautet: „Une personne domiciliée sur le territoire d'un État membre peut être attraite, dans un autre État membre: s'il s'agit d'une contes-

Als abhängige Gesellschaft steht die Tochtergesellschaft regelmäßig auch unter der „Aufsicht und Leitung" der Muttergesellschaft, da sie i. d. R. wie eine Betriebsabteilung der Muttergesellschaft betrieben wird.

Schließlich wird die Einstufung der Tochtergesellschaft als Niederlassung auch von den letzten Entwürfen des Haager Übereinkommens gestützt. Dort wurde bei der Formulierung des Niederlassungsgerichtsstandes zumindest diskutiert, ob eine juristische Person allein aufgrund ihrer Eigenschaft als Tochtergesellschaft als Niederlassung anzusehen sei.[775]

cc. Historie
Die Erweiterung des Niederlassungsbegriffs dürfte neben dem Wortlaut (einschließlich der anderen europäischen Fassungen von Art. 5 Nr. 5) – wie aufgezeigt – auch mit der geschichtlichen Entstehung[776] der EuGVVO vereinbar sein, denn im Jenard-Bericht wird davon ausgegangen, dass auch Gesellschaften als Beklagte in den Anwendungsbereich des Niederlassungsgerichtsstandes fallen.[777] Daher müssen die Normgeber auch damit gerechnet haben, dass ausländische Gesellschaften sich möglicherweise über eigenständige Tochtergesellschaften im anderen Mitgliedstaat betätigen würden.[778]

dd. Sinn und Zweck
Darüber hinaus dürfte die Ausdehnung des Begriffs der Niederlassung mit Sinn und Zweck von Art. 5 Nr. 5 EuGVVO im Einklang stehen.[779] Wie dargelegt,

---

tation relative à l'exploitation d'une succursale, d'une agence ou de tout autre établissement, devant le tribunal du lieu de leur situation."

[774] Die spanische Fassung von Art. 5 Nr. 5 EuGVVO lautet: „Las personas domiciliadas en un Estado miembro podrán ser demandadas en otro Estado miembro: si se travare de litigios relativos a la explotación de succursales, agencias o cualquier orto establecimiento, ante le tribunal del lugar en que se hallaren sitos."

[775] Wagner, IPRax 01, 533 (540).

[776] Siehe auch oben § 4 II. 2.

[777] Jenard-Bericht, Viertes Kapitel B. Zweiter Abschnitt Art. 5 Nr. 5 EuGVÜ.

[778] Vgl. allgemein zu den vom EuGH praktizierten Auslegungsmethoden: Buchner, S. 4 ff.; Geimer/Schütze, Einl., Rdnr. 125 ff.; Hager/Bentele, IPRax 04, 73 (74 ff.); Hess, IPRax 06, 348 (353); Thomas/Putzo-Hüßtege, Vorbem. EuGVVO, Rdnr. 14. Aus der – ebenfalls vom EuGH herangezogenen – Systematik, vgl. EuGH, Slg. 1976, 1473 (1485); EuGH, Slg. 1988, 1539 (1554); EuGH, Slg. 1992, 2149 (2180); Hess, IPRax 06, 348 (355), dürften sich für die hier entwickelte Lösung keine weitergehenden Erkenntnisse ergeben.

[779] Zwar stellt die Rechtssicherheit die natürliche Grenze der teleologischen Auslegung dar, vgl. Kropholler, Einl., Rdnr. 45. Der EuGH hat sich jedoch in einigen Entscheidungen vom Wortlaut des EuGVÜ zugunsten einer teleologischen Auslegung entfernt. Die Grenzen der teleologischen Auslegung sind daher nicht zu eng zu ziehen. Ferner ist der sog. „effet utile" als besondere Aus-

bezweckt Art. 5 Nr. 5 EuGVVO als Ausnahmevorschrift zu dem „actor sequitur"-Grundsatz, dem Kläger dort einen zusätzlichen Gerichtsstand zu verschaffen, wo sich der Beklagte wirtschaftlich betätigt. Es erschien den Normgebern unbillig, den Kläger auf den weit entfernteren und mit anderen Schwierigkeiten verbundenen allgemeinen Gerichtsstand am Sitz des Beklagten zu verweisen, wenn der Beklagte im Gegenzug die Vorteile einer ausgedehnten und vom eigenen Sitz entfernten Geschäftstätigkeit ausnutzen kann.[780] Dieser Sinn und Zweck dürfte es rechtfertigen, den Niederlassungsbegriff auf abhängige Tochtergesellschaften auszudehnen, da sich die Muttergesellschaft – wie erörtert – durch die Tochtergesellschaft mittelbar auf dem für sie fremden Markt betätigt hat.[781]

ee. Primäres Gemeinschaftsrecht

Ferner sind die im Gemeinschaftsrecht existierenden sekundärrechtlichen Normen primärrechtskonform, d. h. im Lichte der Ziele der zugrunde liegenden Vertragsbestimmungen, auszulegen. Die Auslegung enthält sowohl Elemente der systematischen als auch der teleologischen Rechtsfindung.[782] Die EuGVVO beruht – wie festgestellt – auf den Artt. 61 lit. c, 65 lit. a 3. Spiegelstrich EG.[783]

---

prägung zu beachten, wonach die Norm nach Möglichkeit ihren Zweck erreichen und eine praktische Wirksamkeit entfalten soll, vgl. EuGH, Slg. 1976, 497 (517). Vgl. allgemein zur Auslegung nach Sinn und Zweck durch den EuGH: Hess, IPRax 06, 348 (356).

[780] Siehe oben § 4 II. 3.

[781] Vgl. EuGH, Slg. 1976, 1497 (1519) (Generalanwalt Reischl); Fawcett, 9 Eur. L. Rev., 326 (337); Fawcett, 37 I. C. L. Q., 645 (665); Geimer, IZPR, Rdnr. 1445; Jaspert, S. 68: Lasse sich der Nachweis führen, dass eine mehrheitlich beherrschte Tochtergesellschaft wie eine Betriebsabteilung fungiere, werde hier eine Zuständigkeit am Gerichtsstand der Niederlassung gegeben sein; Zöller-Geimer, Art. 5 EuGVVO, Rdnr. 47: Es finde ein „Zuständigkeitsdurchgriff" statt. Ähnlich auch Geimer/Schütze, Art. 15 EuGVVO, Rdnr. 7: Rechtssicherheit im Kompetenzrecht sei zwar grundsätzlich wünschenswert. Es könne aber nicht übersehen werden, dass die Rechtsprechung des BGH zum Haftungsdurchgriff im faktischen Konzern die formale Zuordnung zur jeweiligen (selbstständigen) juristischen Person längst hinter sich gelassen habe. Vgl. auch Mankowski, RIW 96, 1001 (1004), der zwar vor einer zu großen Selbstständigkeit des eingeschalteten Rechtssubjekts warnt, um noch als Niederlassung eingestuft zu werden, und in diesem Zusammenhang auf die – erforderliche – Freiheit zu unternehmenspolitischen Grundsatzentscheidungen für die eigene unternehmerische Betätigung und die fehlende Bindung an unternehmenspolitische Vorgaben eines Stammhauses hinweist. Die bisherige Untersuchung hat aber gezeigt, dass auch selbstständige Tochtergesellschaften, die grundsätzlich im eigenen Namen und auf eigene Rechnung handeln, aufgrund ihrer konzernmäßigen Verbundenheit durchaus an die unternehmenspolitischen Vorgaben ihrer Muttergesellschaft – dem Stammhaus – wie eine Niederlassung gebunden sein können. Vgl. ferner O'Malley/Layton, Rdnr. 17.62; Tebbens, Civil Jurisdiction and Judgments, S. 96. Siehe auch oben § 5 I. 1. a. dd.

[782] Hager/Bentele, IPRax 04, 73 (77).

[783] Siehe oben § 3 II. 2.

Aus dem übergeordneten Abschnitt (Titel IV) lassen sich jedoch keine weiteren Hinweise für die hier entwickelte Auslegung fruchtbar machen.

ff. Autonome Auslegung durch den EuGH

Letztlich dürfte die o. g. Ausdehnung des Anwendungsbereichs der „Niederlassung" auch dem Gebot des EuGH seit der Somafer/Saar-Ferngas-Entscheidung nicht entgegenstehen, die Bestimmungen in Art. 5 EuGVVO grundsätzlich eng auszulegen.[784] Danach sehe Art. 5 EuGVÜ mit Rücksicht darauf, dass in ganz bestimmten Fällen zwischen der Klage und dem zur Entscheidung hierüber berufenen Gericht eine besonders enge Verknüpfung bestehe, im Interesse einer sachgerechten Prozessführung besondere Zuständigkeiten vor, unter denen der Kläger die Wahl habe. In Anbetracht der Tatsache, dass eine Anhäufung von Zuständigkeiten für einen und denselben Rechtsstreit nicht dazu angetan sei, die Rechtssicherheit und die Wirksamkeit des Rechtsschutzes im gesamten Bereich der Hoheitsgebiete zu fördern, aus denen die Gemeinschaft bestehe, entspreche es der Zielsetzung des Übereinkommens, wenn eine extensive, viele Möglichkeiten zulassende Auslegung der Ausnahmen (in Art. 5) von der allgemeinen Zuständigkeitsvorschrift des Art. 2 EuGVÜ vermieden werde. Dies gelte um so mehr, als die in den nationalen Rechtsvorschriften oder bilateralen Verträgen enthaltene ähnliche Ausnahme häufig auf der Vorstellung beruhe, dass ein Staat den Interessen seiner Angehörigen diene, wenn er ihnen die Möglichkeit biete, sich der Zuständigkeit eines ausländischen Gerichts zu entziehen; eine solche Überlegung sei indessen im Bereich der Gemeinschaft nicht am Platze, da die Rechtfertigung für die in Art. 5 vorgesehenen Abweichungen von der allgemeinen Zuständigkeitsnorm des Art. 2 ausschließlich im Bemühen um eine ordnungsgemäße Rechtspflege zu suchen sei.[785]

Damit dürfte allerdings das Verhältnis zwischen den besonderen Gerichtsständen der Artt. 5 und 6 und dem allgemeinen Gerichtsstand in Art. 2 verkannt werden. Denn alle Gerichtsstände stehen dem Kläger nach seiner Wahl gleichberechtigt nebeneinander zur Verfügung. Daher müssten die Ausführungen des EuGH dahingehend verstanden werden, dass er nur eine zu extensive Auslegung der besonderen Gerichtsstände vermeiden will, da dies zu einer Vermehrung der

---

[784] In jüngerer Zeit sind Tendenzen des EuGH zu verzeichnen, die besonderen Zuständigkeiten der Artt. 5, 6 EuGVVO zugunsten des „actor sequitur"-Grundsatzes in Art. 2 EuGVVO restriktiv auszulegen. Vgl. dazu EuGH, Slg. 1988, 5565 (5583); EuGH, Slg. 1989, 341 (364); EuGH, Slg. 1990, 49 (79); EuGH, Slg. 1995, 415 (469). Vgl. ferner Droz, n. 82. Vgl. allgemein Buchner, S. 12 ff.

[785] EuGH, Slg. 1978, 2183 (2192).

für ein und denselben Rechtsstreit zuständigen Gerichte führen könnte.[786] Damit verbunden wäre die Gefahr, dass sich der Kläger der Notwendigkeit einer Rechtsverfolgung im Ausland entziehen könnte und dass das „forum shopping" – zu klägerfreundlichen, heimatnahen Gerichtsständen – weiter unterstützt würde. Allerdings beschränkt sich die o. g. Erweiterung des Niederlassungsbegriffs auf Tochtergesellschaften wenn Ansprüche gegen die Muttergesellschaft geltend gemacht werden. Von einer generellen Einordnung der Tochtergesellschaft als Niederlassung kann schon aufgrund des Mangels eines dafür bereitstehenden Haftungsgrundes gegen die Muttergesellschaft (noch)[787] nicht gesprochen werden.[788] Darüber hinaus hat der EuGH auch andere besondere Gerichtsstände, wie Art. 5 Nr. 1, 2, 3 EuGVVO, weit ausgelegt.[789] Daraus dürfte geschlossen werden können, dass das Erfordernis der engen Auslegung nicht „zu eng" verstanden werden darf.[790]

Nachdem die Vereinbarkeit der inhaltlichen Erweiterung der „Niederlassung" in Art. 5 Nr. 5 EuGVVO durch die deutschen Gerichte mit der bisherigen Auslegung des EuGH sowie den weiteren europarechtsspezifischen Auslegungskriterien festgestellt wurde, ist zu erörtern, inwieweit sie mit weiteren Wertungen des Rechts der internationalen Zuständigkeit in Einklang gebracht werden kann.

---

[786] Vgl. auch Buchner, S. 11, der darauf hinweist, dass die besonderen Zuständigkeiten nicht in der Weise eingeschränkt werden sollten, dass dem Beklagten eine Gerichtspflichtigkeit außerhalb seines Heimatgerichtstandes grundsätzlich erspart bleibe. Vielmehr sollten die besonderen Gerichtsstände nur insoweit eng ausgelegt werden, als dies erforderlich sei, eine „Aufsplitterung" des jeweiligen Gerichtsstandes zu vermeiden, die der EuGH v. a. für den Fall befürchte, dass die nationalen Gerichte der einzelnen Vertragsstaaten zur Auslegung einer Zuständigkeitsbestimmung jeweils auf ihre eigene Rechtsordnung zurückgriffen und sich aufgrund der unterschiedlichen Rechtspraxis in den einzelnen Staaten möglicherweise mehrere Gerichte gleichzeitig für denselben Rechtsstreit aufgrund derselben Zuständigkeitsbestimmung für entscheidungsbefugt erklärten. Diese Konsequenz wolle der EuGH durch die konventionsautonome Auslegung – siehe dazu oben § 4 II. 4. a. – vermeiden. Die Auslegung soll nicht restriktiv gehandhabt werden, um den Anwendungsbereich einer besonderen Zuständigkeit als solcher gegenüber dem allgemeinen Beklagtengerichtstand zu beschränken. Vgl. auch Linke, IPRax 82, 46 (47); Pfeiffer, S. 603 Fn. 312.

[787] Für eine Haftung des herrschenden Unternehmens für Verbindlichkeiten der abhängigen Gesellschaft im autonomen deutschen Recht: Langen, S. 32 ff./37 ff./105 ff.

[788] Vgl. dazu im autonomen deutschen Recht: BGHZ 81, 311 (317); BGH NJW 79, 1823 (1829); BAG AG 94, 371 (372); OLG Köln AG 78, 17 (18); Emmerich/Habersack, Konzern, S. 274.

[789] EuGH, Slg. 1983, 987 (1003); EuGH, Slg. 1982, 825 (834); EuGH, Slg. 1980, 731 (741); EuGH, Slg. 1976, 1735 (1747); Nagel/Gottwald, § 3, Rdnr. 39.

[790] Geimer/Schütze, Art. 5 EuGVVO, Rdnr. 1; Kropholler, Vor Art. 5 EuGVVO, Rdnr. 3; Schlosser, Vor Art. 5 EuGVVO, Rdnr. 3.

gg. Zuständigkeitsinteressen

In der Schotte/Parfums Rothschild-Entscheidung rückte der vom EuGH durch die Anwendung des Rechtsscheinsgedankens gefundene Kompromiss für die Interessen der beteiligten Parteien in den Mittelpunkt der Betrachtung.[791] Nach der Ansicht von Generalanwalt Slynn solle die engstmögliche Auslegung des Gerichtsstandes – wonach die Niederlassung rechtlich und tatsächlich im Eigentum des Inhabers des Hauptgeschäfts stehen müsse – dem Beklagten den größtmöglichen Schutz liefern, da das Vorliegen dieser (restriktiven) Tatbestandsmerkmale leicht feststellbar sei und auf diese Weise zum Nachteil des Beklagten am wenigsten in den „actor sequitur"-Grundsatz eingegriffen werde. Dagegen werde eine weitergehende Auslegung, wonach auch eine identische, aber rechtlich selbstständige Gesellschaft, die der Inhaber des Hauptgeschäfts zum Zwecke der wirtschaftlichen Betätigung in einem anderen Staat gegründet habe, als Niederlassung einzuordnen sei, dem Kläger zugute kommen, da es auf die (interne) organisatorische Ausgestaltung des Beklagten nicht ankomme. Diese Auslegung werde vom Zweck des Art. 5 Nr. 5 EuGVÜ erfasst, da jedem Geschäftspartner schließlich auch dann ein Klagerecht zugestanden werde, wenn der Inhaber der Hauptstelle im eigenen Namen eine Geschäftstelle oder sonstige Niederlassung eröffne.[792] Der vom EuGH gefundene Kompromiss wird nun gemeinhin in der Anwendbarkeit von Art. 5 Nr. 5 EuGVVO auf eine in einem Vertragsstaat ansässige juristische Person gesehen, sofern diese zwar selbstständig, aber gleichnamig sei und im Namen des eigentlichen Vertragspartners verhandele, abschließe und deren sich der Vertragspartner wie eine Außenstelle bediene.[793]

Nach der hier gefundenen Ausdehnung des Niederlassungsbegriffs werden allerdings die klägerischen Interessen bedient, ohne allerdings den Schutz des Beklagten gänzlich außer Acht zu lassen.

hh. Zwischenergebnis

Demnach dürfte das gefundene Ergebnis – die Ausdehnung des Niederlassungsbegriffs in Art. 5 Nr. 5 EuGVVO durch die deutschen Gerichte auf Tochtergesellschaften ohne das Erfordernis der Erzeugung eines zurechenbaren Rechtsscheins – im Einklang mit der bisherigen vom EuGH geprägten Auslegung der „Niederlassung" in Art. 5 Nr. 5 EuGVVO stehen und eine begriffliche Neubestimmung nicht erforderlich machen.

---

[791] Vgl. Geimer, RIW 88, 220 (220); Kronke, IPRax 89, 81 (83).

[792] EuGH, Slg. 1987, 4905 (4912).

[793] Kronke, IPRax 89, 81 (83).

2. „Sonstige wirtschaftliche Betätigung"

An dieser Stelle soll darüber hinaus der Frage nachgegangen werden, inwieweit der Begriff der Niederlassung auf eine „sonstige wirtschaftliche Betätigung" ausgedehnt werden kann. In Betracht kommt eine Erweiterung des Niederlassungsbegriffs auf andere Formen dauerhafter wirtschaftlicher Betätigung durch eine begriffliche Neubestimmung.[794]

Insbesondere konnte herausgearbeitet werden, dass die planmäßige dauerhafte Vermittlungstätigkeit von Vertragsangeboten keine Gerichtspflichtigkeit am Ort der Niederlassung nach § 21 ZPO auslöst und dass die wirtschaftliche Betätigung über Handelsvertreter und andere unabhängige Zwischenpersonen nicht ohne weiteres eine Zuständigkeit nach § 21 ZPO bzw. Art. 5 Nr. 5 EuGVVO begründet. Gegenstand der folgenden Erörterung sollen demnach verschiedene, bisher von dem Begriff der Niederlassung nicht erfasste Formen wirtschaftlicher Betätigung sein.[795]

---

[794] Auf die in Teilen der deutschen Literatur offenbar vorhandene Aufgeschlossenheit gegenüber einer Ausdehnung der Norm auf eine „sonstige, regelmäßige wirtschaftliche Betätigung" wurde bereits hingewiesen. Siehe oben § 5 I. 1. Im Übrigen wies bereits Schröder darauf hin, dass für die Begründung des Niederlassungsgerichtsstandes an das rechtsgeschäftliche Verhalten einer Partei angeknüpft werde, um daraus die zuständigkeitsrechtliche Einordnung der Rechtsstreitigkeit vornehmen zu können. Der Bezug zwischen diesem Verhalten und dem Gerichtsstand sei nicht auf Abschluss oder Erfüllung der Klageverbindlichkeit gerichtet, sondern habe nur den großen Rahmen der rechtsgeschäftlichen Betätigung des Schuldners einzuhalten, vgl. Schröder, S. 330. Auch warf er die Frage auf, ob dieser Anknüpfungsbezug gerade in einer ortsfesten Niederlassung bestehen müsse. Nach § 87 JN genüge jede „sonstige Betriebsstätte" „des Geschäfts oder Berufs". Ausreichend könne möglicherweise sogar die Tätigung eines einzigen Rechtsgeschäfts sein, um dem Kläger einen Gerichtsstand im Inland aufzutun. Dabei ließe sich auch auf die mitunter spitzfindige Ermittlung von Abschluss- oder Erfüllungsort verzichten, die ebenfalls einen Gerichtsstand für den Kläger begründen würden, vgl. Schröder, S. 331. Letztlich sei die entscheidende Frage, ob der erforderliche Anknüpfungsbezug in Gestalt der Betriebsbezogenheit der Klage zumindest bei Klagen aus Rechtsgeschäften unbedingt „verhäuslicht" werden müsse. Möglich erscheine auch eine Auslegung, die in den Bereich der bloßen Geschäftstätigkeit (doing business) hineinreiche, vgl. Schröder, S. 332.

[795] In diesem Zusammenhang könnte auch der Entwurf der Haager Konferenz für das weltweite Zuständigkeits- und Anerkennungsübereinkommen fruchtbar gemacht werden, wonach der Kläger vor den Gerichten desjenigen Vertragsstaats eine Klage erheben können sollte, in dem eine Zweigniederlassung, Vertretung oder jede andere Niederlassung des Beklagten belegen war oder in dem der Beklagte mit anderen Mitteln eine regelmäßige Handelstätigkeit ausgeübt hatte. Vgl. Work. Doc. No. 230; die englische Fassung lautet: „A plaintiff may bring an action in the courts of a state in which a branch, agency or any other establishment of the defendant is situated or where the defendant has carried on regular commercial activity by other means, provided that the dispute relates directly to the activity of that branch, agency or establishment or to that regular

a. Website

Fraglich ist, ob die Website eines Unternehmens als dessen Niederlassung fungieren kann. Diese Form wirtschaftlicher Betätigung hat – wie erwähnt – bei der Novellierung der Verbraucherschutzvorschriften Eingang in die Artt. 15 ff. der EuGVVO gefunden.[796] Der Handel über eine Website dürfte in zunehmendem Maße aber auch den Handel zwischen Unternehmern (sog. Business-to-Business, „B2B") betreffen und z. B. im transatlantischen Geschäftsverkehr kaum mehr wegzudenken sein.[797]

Allein das Aufstellen und Betreiben eines Servers im Inland als Niederlassung einstufen zu wollen, dürfte allerdings Bedenken begegnen.[798] Zwar sollte es für die Begründung einer Niederlassung nicht entscheidend auf den Umfang der Räumlichkeiten ankommen, so dass auch ein bloßer Serverraum – z. B. in eigenen Büroräumen oder einer „Serverfarm" – grundsätzlich ausreichend sein kann.[799] Es fehlt aber an dem Hervortreten als Außenstelle eines Stammhauses, da der Standort des Servers dem Geschäftsverkehr i. d. R. nicht bekannt ist und dieser auch nicht – naturgemäß – für ein Stammhaus im Rechtsverkehr auftreten kann.[800] Ferner fehlt es an der Möglichkeit zum Vertragsschluss.

Für die Errichtung einer virtuellen Niederlassung in Form einer Website wäre vielmehr erforderlich, dass der ausländische Unternehmer – wie zu Art. 15 Abs.

---

commercial activity." Die Begriffe „Zweigniederlassung, Vertretung oder sonstige Niederlassung" orientierten sich an Art. 5 Nr. 5 EuGVVO, vgl. Nygh/Pocar, Report of the Special Commission, S. 59. Die in der Diskussion befindliche Formulierung „regelmäßige Handelstätigkeit mit anderen Mitteln" sollte eine Erweiterung des Anwendungsbereiches der Norm bezwecken, um Konstellationen erfassen zu können, in denen der Beklagte seine geschäftlichen Aktivitäten mit anderen entsprechenden Mittel betrieb. Danach sollte eine Partei, die aus ihrer geschäftlichen Tätigkeit in einem bestimmten Staat Vorteile erzielen wollte, auch der Jurisdiktion dieses Staates für Ansprüche unterworfen sein, die aus dieser wirtschaftlichen Betätigung, ungeachtet der für die Betätigung herangezogenen formalen Mittel, resultierten, vgl. Nygh/Pocar, Report of the Special Commission, S. 60. „Regelmäßig" sollte dabei „mehr als ein einzelnes Ereignis" bzw. „mehr als eine Serie von einzelnen Transaktionen" bedeuten. Die Aktivität musste wiederholt bzw. mit einem bestimmten Verhaltensmuster über einen bestimmten Zeitraum geschehen, vgl. Nygh/Pocar, Report of the Special Commission, S. 61. Kritisch: Comments on the Preliminary Draft of the Convention on Civil and Commercial Matters, Prel. Doc. No. 14 (Japan), S. 6; Comments on the Preliminary Draft of the Convention on Civil and Commercial Matters, Republic of Korea, S. 4/5. Kritisch ebenfalls Kovar, DAJV-NL 2/00, 44 (45) (USA).

[796] Siehe oben § 4 II. 1. b. bb.

[797] Mankowski, FS Heldrich, S. 886; Scheuermann, S. 1; Wernicke/Hoppe, MMR 02, 643 (643).

[798] Siehe auch oben § 4 I. 3. a./II. 4. c.

[799] Scheuermann, S. 43.

[800] Ganssauge, S. 37.

1 lit. c EuGVVO aufgezeigt – seine berufliche oder gewerbliche Tätigkeit auf den Wohnsitz- bzw. Sitzstaat des potentiellen Geschäftspartners ausrichtet.[801] Voraussetzung dafür wäre, dass die Website einen Bezug dergestalt auf das Inland hat, dass dort ein Gerichtsstand ermittelt werden könnte. Dazu müsste die Website zunächst in der jeweiligen Landessprache verfasst sein. Die Sprache stellt aber nicht immer ein eindeutiges Zuordnungskriterium dar,[802] so dass die Website darüber hinaus gezielt auf das Land ausgerichtet sein müsste. Dies könnte z. B. durch Bezugnahmen auf Örtlichkeiten, Währungen oder andere landestypische Besonderheiten erfolgen, aus denen erkennbar wird, dass der hinter der Website stehende Gewerbetreibende seine geschäftlichen Aktivitäten gezielt auf das jeweilige Land und den dort lokalisierten Markt ausrichtet. Dabei müsste der Unternehmer die Website mit dem entsprechenden Nationalitätskennzeichen in der Top Level Domain versehen (z. B. „de" für die deutsche Website).[803] Ferner müsste es sich um eine aktive Website handeln, so dass die Möglichkeit der Interaktion und v. a. der Reaktion seitens der angesprochenen Marktteilnehmer im Inland besteht. Allerdings könnte die Lokalisierung eines inländischen (Niederlassungs-) Gerichtsstandes nur erfolgen, wenn der Server sich im Inland befände oder allenfalls, wenn auf der Website auf eine inländische Adresse, z. B. als Korrespondenzadresse, Bezug genommen würde. Das Merkmal der Betriebsbezogenheit dürfte erfüllt sein, wenn die Website – wie regelmäßig – umfassende Informationen über die angebotenen Produkte enthält. Demgemäß wird in der Literatur vereinzelt die Einordnung einer Website als „virtuelle Niederlassung" befürwortet.[804]

Allerdings könnte sich der Gewerbetreibende einer derartigen Zuständigkeit entziehen, indem er den Server im Ausland belässt und die Website mit keiner inländischen Adresse ausstattet. Auch setzt der Begriff der Niederlassung eine – zumindest irgendwie geartete – physische Präsenz einer Betriebsstelle im Inland voraus, um den Beklagten an diesem Ort gerichtspflichtig machen zu können. Daran fehlt es bei einer virtuellen Website, die vom Ausland aus lediglich auf dem Computer der potentiellen Kunden im Inland erscheint. Es fehlt in diesem Zusammenhang demnach am Marktzutritt, da die Website jederzeit bei Eingabe der entsprechenden Adresse von einem Computer in einem anderen Staat aus aufgerufen werden könnte. Es handelt sich dann nicht mehr um eine „inländische Niederlassung".

---

[801] Siehe oben § 4 II. 1. b. bb. Vgl. ausführlicher Wernicke/Hoppe, MMR 02, 643 (646).

[802] Scheuermann, S. 60.

[803] Ganssauge, S. 37. Kritisch gegenüber einer ausreichenden Identifizierung: Wernicke/Hoppe, MMR 02, 643 (647).

[804] Ganssauge, S. 37/38/77.

Folglich sollte die Website eines Unternehmens nicht als dessen Niederlassung angesehen werden.

b. Unabhängige Zwischenpersonen

Fraglich ist, ob Handelsvertreter und Handelsmakler als Niederlassung eingestuft werden könnten. Denn der (beklagte) ausländische Unternehmer wird grundsätzlich über diese unabhängigen Zwischenpersonen (Intermediäre) im Inland, über die er sich durchaus Zugang zu dem inländischen Markt verschafft, wirtschaftlich tätig. Es handelt sich bei ihnen um Betriebsstellen, von denen eine geschäftliche Tätigkeit ausgeht, die über die sachliche Ausstattung zum Abschluss von Verträgen verfügen und die – bei dem konkret vermittelten Geschäft – u. U. wie eine Außenstelle des Unternehmens auftreten. Allerdings sind unabhängige Zwischenpersonen i. d. R. nicht in die Betriebsorganisation des Unternehmens eingegliedert und sind insofern kein weisungsgebundener abhängiger Betriebsteil. Fraglich ist ferner, wie die im Rahmen des regelmäßig zwischen Unternehmen und Intermediär bestehenden Schuldverhältnisses, wie z. B. eines Handelsvertretervertrages oder eines ähnlichen Geschäftsbesorgungsvertrages, existierende Weisungsbefugnis des Unternehmers bezüglich der Ausfüllung bzw. Konkretisierung des Schuldverhältnisses zu bewerten wäre.

Für eine entsprechende begriffliche Neubestimmung könnte sprechen, dass der Handelsvertreter z. B. gem. § 86 HGB an die Weisungen des Unternehmers wie ein Beauftragter nach §§ 662, 665, 675 BGB gebunden ist. Er ist in dessen Vertrieb eingeschaltet, nimmt dessen Interessen wahr und ist ihm laufend berichtspflichtig (§ 86 Abs. 1, 2 HGB). Ferner muss der Handelsvertreter gem. § 84 Abs. 1 Satz 2 HGB lediglich „im Wesentlichen frei" sein, die den Handelsvertreter bindende Vertriebspolitik wird indes von dem Unternehmer vorgegeben. Demnach kann er dem Handelsvertreter Vorschriften bezüglich Bezirks- und Kundenbeschränkungen i. S. v. § 87 Abs. 2 HGB, Mindestumsatz- und Kundenaufbauplänen,[805] Ausweitungen des Kundenkreises,[806] Nichtaufnahme von Verhandlungen mit bestimmten Kunden,[807] Preisgestaltung einschließlich Rabatten und Skonti, Vertragskonditionen, Zahlungsmodi, Darstellung der Produkte und des technischen Einsatzes machen. Ferner kann der Unternehmer dem Handelsvertreter Weisungen bezüglich der Nachrichts- und Rechenschaftspflicht erteilen, wie z. B. zur Verbuchung und Abrechnung von Lieferungen,[808] zum Verfahren mit den eingenommenen Geldern, zur Verwendung besonderer Vordrucke für

---

OLG Düsseldorf NJW 98, 2981 (2983).

BGH DB 81, 1772 (1772).

BGH BB 60, 574 (574).

BGH VersR 64, 331 (332); OLG Düsseldorf NJW 98, 2978 (2980).

die Mitteilung von Geschäftsabschlüssen,[809] zur regelmäßigen Rücksprache,[810] zum regelmäßigen Aufsuchen des Büros des Unternehmers und zur ständigen telefonischen Erreichbarkeit. Schließlich ist der Unternehmer zu Vorgaben bezüglich der Einheitlichkeit der Präsentation, wie z. B. Werbung, Dekoration, Verkaufsaktionen, einheitliche Geschäftsformulare und Visitenkarten befugt.[811]

Auch den Handelsmakler trifft gem. § 93 HGB eine Interessenswahrungs- und Treuepflicht gegenüber dem Unternehmer bzw. Auftraggeber. Dazu zählen insbesondere Aufklärungs- und Beratungspflichten.[812] Selbstständige Zwischenpersonen agieren demnach nicht völlig unabhängig von den Vorgaben des Unternehmens.

Allerdings wäre zu erörtern, wie eine entsprechende Anwendung des Niederlassungsbegriffs auf unabhängige Zwischenpersonen mit der bisherigen Auslegung des EuGH insbesondere in den Rechtssachen De Bloos/Bouyer und Blankkaert & Willems/Trost zu vereinbaren wäre. In der Rechtssache De Bloos/Bouyer stellte der EuGH mit Urteil vom 06.10.1976 fest, dass ein Alleinvertriebshändler nicht als Niederlassung einzustufen sei, wenn er weder der Aufsicht noch der Leitung des Stammhauses unterliege.[813] Mit Urteil vom

---

[809] BAG DB 66, 546 (547).

[810] BGH WM 88, 33 (34); BGH NJW 66, 882 (883).

[811] BAG DB 98, 624 (625).

[812] BGH NJW 82, 1147 (1147); BGH WM 73, 1382 (1383); BGH DB 70, 2214 (2214).

[813] Siehe oben § 4 II. 4. f. aa. Auf die ebenfalls vom vorlegenden Cour d'Appel Mons gestellte Frage, ob der Alleinvertriebshändler, der nicht befugt sei, im Namen des (möglichen) Stammhauses aufzutreten oder es zu verpflichten, als Niederlassung anzusehen sei, ging der EuGH indes nicht ausdrücklich ein, vgl. EuGH, Slg. 1976, 1497 (1510). Während das Vereinigte Königreich und die Kommission zu den Fragen bezüglich Art. 5 Nr. 5 EuGVÜ keine Stellung bezogen, wies Generalanwalt Reischl immerhin auf die der Niederlassung zukommende gewisse Autonomie hin. Zumindest erscheine nicht ausgeschlossen, dass auch Alleinvertriebshändler als Niederlassung angesehen werden könnten, weil für einen Teil der modernen Doktrin dabei die wirtschaftliche Abhängigkeit, die dem Konzedenten zustehende Möglichkeit, die Vermarktungsbedingungen zu bestimmen, im Vordergrund stehe. In der Rechtssache Somafer/Saar-Ferngas forderte die Kommission – wie erwähnt – vom EuGH eine nähere Umschreibung des Merkmals der „Aufsicht und Leitung des Stammhauses" und sprach sich bezüglich der Selbstständigkeit bei der geschäftlichen Betätigung immerhin dafür aus, dass der Leiter der Niederlassung dergestalt zum Abschluss von Geschäften berechtigt sei, dass er das Stammhaus nicht nur für untergeordnete Geschäfte verpflichte, ohne vorher jeweils rückfragen zu müssen und dass die geschäftliche Betätigung nicht nur vorübergehend sei, vgl. EuGH, Slg. 1978, 2183 (2189). Auch Generalanwalt Mayras wies darauf hin, dass die Niederlassung über eine gewisse Entscheidungsautonomie verfügen müsse, vgl. EuGH, Slg. 1978, 2183 (2201). Das Vereinigte Königreich stellte immerhin darauf ab, dass der besondere Gerichtsstand des Art. 5 Nr. 5 EuGVÜ nur dann erlangt werden

18.03.1981 in der Rechtssache Blanckaert & Willems/Trost entschied er, dass ein Handelsvertreter, der im Wesentlichen frei seine Tätigkeit gestalte und die Arbeitszeit bestimme, nicht als Niederlassung angesehen werden könne.[814]

Der Niederlassungsgerichtsstand verfolgt den Zweck,[815] den wirtschaftlich auf einem fremden Markt tätigen Gewerbetreibenden gerichtspflichtig zu machen, unabhängig davon, in welcher Form er seine Geschäftstätigkeit ausgestaltet hat. Bedient er sich unabhängiger Zwischenpersonen, wie Handelsvertreter oder Handelsmakler, die in seinem Namen auf dem inländischen Markt konkrete Geschäfte abschließen bzw. vermitteln, erschließt er sich grundsätzlich auch auf diese Weise einen weiteren Kundenkreis auf dem für ihn ausländischen Markt einschließlich der damit verbundenen wirtschaftlichen Vorteile. Im Gegenzug müsste er sich u. U. der Zuständigkeit der lokalen Gerichte für Rechtsstreitigkeiten unterwerfen, die aus diesen Geschäften resultieren.[816]

Allerdings ist fraglich, ob für eine derartige erweiterte Anwendung des Niederlassungsbegriffs auf unabhängige Zwischenpersonen ein Bedürfnis besteht. Zwar könnte eine entsprechende Auslegung das nach wie vor vom EuGH nicht abschließend geklärte Verhältnis zwischen „Unterordnung unter die Aufsicht und Leitung eines Stammhauses im Innenverhältnis" und „eigenverantwortlicher Geschäftstätigkeit in dessen Namen und für dessen Rechnung"[817] zu Gunsten eines Schwerpunktes bei der Geschäftstätigkeit für das Stammhaus entscheiden. Bisher ist die – nicht selten schwierige – Abgrenzung zwischen dem nicht Art. 5 Nr. 5 EuGVVO unterfallenden einfachen Handelsvertreter und dem als Agenten i. S. v. Art. 5 Nr. 5 EuGVVO geltenden Handelsvertreter anhand verschiedener, aber oftmals streitiger und damit zeit- und kostenintensiver Kriterien vorzunehmen. Insbesondere wären die Weisungsmöglichkeiten des Unternehmers gegenüber dem „Handelsvertreter" bezüglich Arbeitszeit sowie Art und Umfang des Tätigwerdens, die mögliche Vertretung mehrerer mit dem Unternehmer konkur-

---

könne, wenn der Beklagte in dem Mitgliedstaat, in dem er nicht seinen Wohnsitz habe, die Grundlage für eine stabile und dauerhafte Geschäftstätigkeit geschaffen habe, vgl. EuGH, Slg. 1978, 2183 (2187).

[814] Siehe oben § 4 II. 4. f. aa.

[815] Aus der Historie und Systematik der Norm dürften sich keine weiteren Erkenntnisse ergeben.

[816] Diese Erweiterung des Niederlassungsbegriffs dürfte demzufolge auch den in der Rechtssache Somafer/Saar-Ferngas entwickelten Kriterien entsprechen, in der die gelegentliche Anwesenheit eines Vertreters der Beklagten im Forumstaat lediglich unter Angabe einer Adresse mit entsprechender telefonischer Meldung ohne eigene Räumlichkeiten oder Buchführung, vgl. EuGH, Slg. 1978, 2183 (2186), für die Einordnung als Niederlassung als nicht ausreichend erachtet wurde.

[817] Linke, IPRax 82, 46 (48); H. Müller, S. 165.

rierender Unternehmen durch den „Handelsvertreter" und die etwaige weitere Betreuung der Durchführung der Geschäfte zu bewerten.[818]

Es ist jedoch die im Rahmen der EuGVVO erforderliche rechtsvergleichende Auslegung[819] zu beachten. Die Rechtsordnungen der EuGVVO-Mitgliedstaaten sind bezüglich der Bezeichnung und Ausgestaltung von in einer Vertriebsorganisation einzusetzenden unabhängigen Zwischenpersonen sehr unterschiedlich.[820]

Ferner ist auch zu berücksichtigen, dass nach der Rechtsprechung des EuGH dem Merkmal der „Unterordnung unter die Aufsicht und Leitung des Stammhauses" maßgebliche Bedeutung zukommt, das jedoch bei einer entsprechenden erweiternden Auslegung nur noch eine untergeordnete Rolle spielen würde.

In Anbetracht dieser Umstände erscheint eine Ausdehnung der „Niederlassung" i. R. e. begrifflichen Neubestimmung auf unabhängige Zwischenpersonen nicht angezeigt.

c. Vermittlung von Vertragsangeboten
Fraglich ist schließlich, ob die bloße Vermittlung von Vertragsangeboten von der (unselbstständigen) Niederlassung an das (beklagte) Unternehmen (auch) von § 21 ZPO erfasst werden kann, da auch sie grundsätzlich eine Form wirtschaftlicher Betätigung darstellt: Der ausländische Unternehmer erlangt über die (vermittelnde) Niederlassung im Inland Zutritt zum inländischen Markt. Auf diese Weise kann er – durch die Annahme der angeworbenen Angebote – seinen Kundenkreis erweitern und die damit verbundenen wirtschaftlichen Vorteile abschöpfen.

Zu erörtern wäre allerdings, wie diese Erweiterung des Niederlassungsbegriffs auf die Vermittlung von Vertragsangeboten mit der (bisherigen) Rechtsprechung des BGH in Einklang zu bringen wäre. In seinem Urteil vom 13.07.1987 hat sich

---

[818] Siehe oben § 4 II. 4. f. aa./bb.

[819] Siehe unten § 5 II. 4.

[820] Vgl. Fawcett, 9 Eur. L. Rev., 326 (327). Es existieren Begriffe wie „commercial agents", „sales representatives" oder „exclusive distributors". Entsprechend wies das Vereinigte Königreich in der Rechtssache Somafer/Saar-Ferngas darauf hin, dass nationale Rechtsvorschriften (i. d. R.) keine geeigneten Kriterien für die Bestimmung der Zuständigkeitsvorschriften lieferten und stattdessen neue Leitlinien formuliert werden müssten, die vorsehen sollten, dass die ausländische Firma einen Geschäftsbetrieb auf Dauer durch einen oder mehrere Vertreter unterhalten solle, die von einem Ort im Land des Gerichts aus arbeiteten und dass zu diesem Zweck Räumlichkeiten benutzt würden, die fest und auf dauerhafter Grundlage eingerichtet seien, vgl. EuGH, Slg. 1978, 2183 (2187/2188).

der Gerichtshof – wie erwähnt – eindeutig gegen eine entsprechende Erweiterung des Anwendungsbereichs von § 21 ZPO ausgesprochen. Auch die wohl h. M. in der Literatur lehnt diese u. a. mit Hinweis auf den Wortlaut der Norm (Unmittelbarkeit) ab.[821]

Die Norm wurde – wie erörtert[822] – geschaffen, um die Rechtsverfolgung des Klägers gegen Gewerbetreibende zu erleichtern, ohne dass in diesem Zusammenhang maßgeblich auf die selbstständige Vermittlung von Geschäften aus eigener Entscheidungs- und Abschlusszuständigkeit der Niederlassung abgestellt worden wäre.[823] Sinn und Zweck des § 21 ZPO ist es, den Gewerbetreibenden am Ort seiner Gewerbetätigkeit gerichtspflichtig zu machen.[824] Dazu könnte zwar – ähnlich wie beim US-amerikanischen „doing business"[825] – grundsätzlich jede Beteiligung am Wirtschaftsleben zu zählen sein, wie z. B. auch das bloße Einsammeln von Vertragsofferten durch ein inländisches Kontaktbüro, die erst von dem Stammhaus im Ausland angenommen werden. Denn der Unternehmer, der von seinem inländischen Stützpunkt aus Aufträge akquiriert, die er dann im Ausland annimmt, darf sich ebensowenig – rechtsmissbräuchlich – hinter dem „actor sequitur"-Grundsatz verstecken dürfen, wie derjenige, der unmittelbar durch seine Niederlassung Verträge abschließt. Es könnte daher letztlich lediglich eine Formalie sein, wo der Vertrag „perfekt" gemacht wird, zumal die Berechtigung zum unmittelbaren Vertragsschluss lediglich das Innenverhältnis zwischen Stammhaus und Niederlassung betrifft und sich dem außenstehenden Vertragspartner nicht ohne weiteres erschließt.[826] Auch besteht wohl kein allgemein gültiger Rechtssatz, wonach Agenturen grundsätzlich keinen Gerichtsstand nach § 21 ZPO begründen.

Allerdings ist fraglich, ob für eine entsprechende begriffliche Neubestimmung ein Bedürfnis bestehtDer Anwendungsbereich bezüglich der Vermittlung von Vertragsangeboten weicht von dem des Art. 5 Nr. 5 EuGVVO ab. Neben der Rechtsvereinheitlichung der Gerichtsstände unter den Mitgliedstaaten der EuGVVO besteht zwar das Zie, die autonomen nationalen Gerichtsstandsnormen

---

[821] Siehe oben § 4 I. 3. b. bb.

[822] Siehe oben § 4 I. 2.

[823] Aus der Systematik der Norm dürften sich für das hier gefundene Ergebnis keine weiteren Erkenntnisse ergeben.

[824] „Wo man sich am Wirtschaftsleben beteiligt, dort soll man auch Rede und Antwort stehen für die Rechtschaffenheit seines Unterfangens". Siehe oben § 4 I. 2.

[825] Siehe unten § 7 I. 5.

[826] Vgl. Geimer, RIW 88, 221 (223); Geimer, IZPR, Rdnr. 1450; Geimer/Schütze-Geimer, I/1, S. 413; MüKo ZPO-Patzina, § 21, Rdnr. 2; Musielak-Heinrich, § 21, Rdnr. 2; Schack, IZVR, Rdnr. 318.

an die entsprechend in der EuGVVO vorhandenen Vorschriften anzugleichen, um eine Kongruenz zwischen den europäischen und den entsprechenden autonomen nationalen Gerichtsständen herzustellen und darüber hinaus auf diese Weise Abgrenzungsschwierigkeiten zwischen EuGVVO und ZPO zu vermeiden.[827] Auch könnte zwar die Erweiterung dem Gebot der Rechtssicherheit und Rechtswegklarheit entgegen kommen, da auf das von der h. M. anerkannte, aber nicht selten vor Gericht sehr umstrittene und damit zeit- und kostenintensive Kriterium des zurechenbar erzeugten Rechtsscheins[828] der Selbstständigkeit verzichtet werden könnte.

Es ist jedoch zu beachten, dass beide Normen mit dem Merkmal der Selbstständigkeit unterschiedliche Ansätze verfolgen, so dass eine angleichende Auslegung nicht ohne weiteres in Betracht kommt. Während bei Art. 5 Nr. 5 EuGVVO das Maß an Selbstständigkeit der Niederlassung zur Abgrenzung gegenüber dem nicht dem Anwendungsbereich unterfallenden Handelsvertreter dient, da er nicht der Aufsicht und Leitung des Stammhauses unterliegt,[829] dient im Rahmen von § 21 ZPO die Selbstständigkeit als Voraussetzung für die Begründung des Gerichtsstandes in Abgrenzung zu bloßen, nicht der Norm unterfallenden Warenlagern.[830]

Eine Ausdehnung des Niederlassungsbegriffs auf die bloße Vermittlung von Vertragsangeboten i. R. v. § 21 ZPO kommt daher – auch im Hinblick auf die bereits dargelegte Argumentation[831] – nicht in Betracht.

II. Betriebsbezogenheit der Klage
Der Zuständigkeitsdurchgriff am Niederlassungsgerichtsstand allein kann nicht den materiell-rechtlichen Durchgriff auf herrschende Gesellschaften bzw. den umgekehrten Durchgriff auf abhängige Gesellschaften ermöglichen. Dieser ist

---

[827] Geimer, RIW 88, 221 (223); Geimer, IZPR, Rdnr. 1450; Geimer/Schütze-Geimer, I/1, S. 413; Musielak-Heinrich, § 21, Rdnr. 2; Schack, IZVR, Rdnr. 318. Siehe ferner oben § 3 III. 4. b.

[828] Siehe auch unten § 5 II. 3. Vgl. ferner Linke, IPRax 82, 46 (48), der sich grundsätzlich gegen die Begründung der Gerichtspflichtigkeit kraft Rechtsscheins ausspricht und den konkreten Nachweis der Zuständigkeitsvoraussetzungen durch den Kläger verlangt. Damit werde das missliche Ergebnis vermieden, dass unter Umständen das angegangene Gericht nach Rechtsscheinsgrundsätzen seine Zuständigkeit bejahe, die Klage aber in der Sache abweise, weil der Rechtsschein möglicherweise nicht so stark sei, auch die Passivlegitimation des beklagten Stammhauses zu begründen.

[829] Siehe oben § 4 II. 4. f. aa.

[830] Siehe oben § 4 I. 3. b. aa.

[831] Siehe oben § 4 I. 3. b. bb.

nur in Ausnahmefällen bei Vorliegen eines Missbrauchstatbestandes oder einer gesetzlich angeordneten Haftung möglich.[832]

Handelt eine rechtlich selbstständige Tochtergesellschaft, wird sie i. d. R. im eigenen Namen und auf eigene Rechnung tätig, so dass es gemeinhin zu Vertragsabschlüssen zwischen ihr und dem Geschäftspartner kommt. Daraus resultierende Ansprüche können auch nicht ohne weiteres gegen die Muttergesellschaft geltend gemacht werden. Daher kann die Anwendung des Niederlassungsgerichtsstandes – wie in der vorliegenden Konstellation – nur in Betracht kommen, wenn der zwischen dem Kläger und der Tochtergesellschaft etwaig entstandene Anspruch (auch) gegen die Muttergesellschaft eingeklagt werden kann. Erforderlich sind demnach Konstellationen, in denen die Gläubiger (und Kläger) einer abhängigen Tochtergesellschaft ihre Ansprüche (auch) gegen die Muttergesellschaft geltend machen können.

Im Folgenden soll daher untersucht werden, welche Ansprüche am Sitz der Tochtergesellschaft – der Niederlassung – gegen die Muttergesellschaft überhaupt geltend gemacht werden könnten. Die Untersuchung soll für § 21 ZPO und Art. 5 Nr. 5 EuGVVO gesondert erfolgen.

Die o. g. Überleitung der Haftung von der Tochter- auf die Muttergesellschaft findet sich im autonomen deutschen Sachrecht möglicherweise bei der Konzern- und Durchgriffshaftung. Die Öffnung des Niederlassungsgerichtsstandes für die Geltendmachung dieser Ansprüche setzt demnach voraus, dass autonomes deutsches Gesellschaftsrecht im Verhältnis zwischen den Gläubigern und der Muttergesellschaft zur Anwendung gelangt. Ferner wird zu erörtern sein, ob diese

---

[832] Auf die Grundsätze der materiell-rechtlichen Durchgriffshaftung wird sogleich eingegangen. Siehe unten § 5 II. 2. Daher kann auch die von Kulms geäußerte Ansicht – siehe oben § 4 I. 3. e. cc. – , die Anwendbarkeit des Niederlassungsgerichtsstandes sei dann zu bejahen, wenn der Kläger darlegen könne, auf die Haftung der Konzernmutter i. S. e. Konzernvertrauenshaftung vertraut zu haben, nicht überzeugen. Das Institut der Konzernvertrauenshaftung ist in der Literatur äußerst umstritten und wird von der wohl h. M. abgelehnt, vgl. Emmerich/Habersack, Konzern, S. 275; Lutter, GS Knobbe-Keuk, S. 241; Schiessl, RIW 88, 951 (952). Die Ansicht von Kulms ist aber schon mit dem Hinweis darauf abzulehnen, dass es sich wohl um eine Über-Interpretation des EuGH-Urteils in der Rechtssache Schotte/Parfums Rothschild handelt. Denn der EuGH hat sich mit der Entscheidung nicht zu einer Rechtsscheins- oder Vertrauenshaftung äußern wollen. Vertragspartnerin der Klägerin und damit richtige Beklagte war allein die französische Tochtergesellschaft. Diese sollte nur am Ort der deutschen Muttergesellschaft gerichtspflichtig gemacht werden können. Indes sollte sie nicht für eine etwaige Verbindlichkeit der Muttergesellschaft haften.

Ansprüche überhaupt den erforderlichen Bezug zu der geschäftlichen Tätigkeit der Niederlassung bzw. Tochtergesellschaft aufweisen.[833]

Im Folgenden soll daher – exemplarisch – der Frage nachgegangen werden, inwieweit sich die Grundlagen der (materiell-rechtlichen) Modelle der Konzern- und Durchgriffshaftung des autonomen deutschen Rechts auf den Zuständigkeitsdurchgriff am Niederlassungsgerichtsstand übertragen lassen und letztlich zu einer Anwendung der Norm für die Geltendmachung der Ansprüche gegen die Muttergesellschaft führen könnten.[834]

Für die Erörterung dieser Fragen ist ein Überblick über die Konzern- und Durchgriffshaftung im deutschen Recht unerlässlich.

1. Konzernhaftung im Anwendungsbereich von § 21 ZPO
a. Anwendbares Recht
Zunächst stellt sich – wie in allen Sachverhalten mit internationalen Bezügen – die Frage nach der Anwendbarkeit des deutschen Konzernrechts.

Der Aspekt des anwendbaren deutschen Konzernhaftungsrechts ist immer dann zu prüfen, wenn sich der Sitz der Muttergesellschaft außerhalb der Bundesrepublik befindet. Diese erfolgt durch das angerufene – z. B. deutsche – Gericht in Übereinstimmung mit dem deutschen anwendbaren IPR. In der deutschen Rechtsprechung und Literatur herrscht Einigkeit darüber, dass das Recht der jeweils hauptbetroffenen Gesellschaft maßgeblich ist. Dafür muss zwischen den Vertrags- und faktischen Konzernen unterschieden werden. Es herrscht Übereinstimmung, dass bei faktischen Konzernen das Recht derjenigen Gesellschaft das Mutter-Tochter-Verhältnis regelt, bei der sich der Gefahrenschwerpunkt des Konzernrechtsverhältnisses befindet. Dieser liegt regelmäßig bei der abhängigen Gesellschaft, da sich bei ihr die Gefahr nachteiliger Einflussnahmen durch das herrschende Unternehmen bis zur Beeinträchtigung des Eigeninteresses verdichtet.[835] Bei den Vertragskonzernen wird ganz überwiegend davon ausgegangen,

---

[833] Davon abzugrenzen ist die Situation, in der die Gläubiger direkt mit der Muttergesellschaft kontrahieren, ohne die Tochtergesellschaft bzw. Niederlassung mit einzubeziehen. Eine Zuständigkeit am Ort der Tochtergesellschaft würde an der mangelnden Betriebsbezogenheit scheitern.

[834] Insofern soll die bereits oben unter § 4 I. 3. e. cc./dd. / II. 4. g. bb./cc. geführte Diskussion über die mögliche Anwendung des Niederlassungsgerichtsstandes auf Konzern- und Durchgriffshaftungsansprüche gegen die Muttergesellschaft im Rahmen des Zuständigkeitsdurchgriffs aufgenommen werden.

[835] BGH NJW 76, 191 (192); OLG Frankfurt/Main AG 88, 267 (272); Einsele, ZGR 96, 40 (40); Jaspert, S. 168; Lutter/Hommelhoff, Anh. § 13, Rdnr. 79; Maul, AG 98, 404 (405); Maul, NZG

dass sich die Rechtsfolgen internationaler Beherrschungsverträge nach dem Recht der abhängigen Gesellschaft richten, da diese im Hinblick auf das zwischen Mutter und Tochter bestehende Rechtsverhältnis die hauptsächlich betroffene Gesellschaft ist.[836] Demnach richtet sich das anwendbare Recht nach dem auf die abhängige Gesellschaft anwendbaren Recht, was – nach der Sitztheorie[837] – regelmäßig deutsches Recht sein wird, wenn eine abhängige Tochtergesellschaft eines ausländischen Unternehmens mit eigenem Sitz in der Bundesrepublik in Rede steht.[838]

b. Konzerntatbestände

Das deutsche Konzernrecht kennt vertragliche und faktische Konzerne.[839]

99, 741 (741); Michalski-Leible, Syst. Darst. 2, Rdnr. 159; Staudinger-Großfeld, Int. GesR, Rdnr. 354/971; Zimmer, IPRax 98, 187 (188).

[836] Bache, S. 86; Ebenroth/Offenloch, RIW 97, 1 (12); Emmerich/Habersack, Konzern, S. 175; Feddersen, Beherrschungs- und Gewinnabführungsverträge, S. 134; Jaspert, S. 89; Langen, S. 143; Lutter/Hommelhoff, Anh. § 13, Rdnr. 78; Maul, AG 98, 404 (407); Michalski-Leible, Syst. Darst. 2, Rdnr. 159. Auf nähere Einzelheiten und die v. a. in der Literatur diskutierte gesellschaftsrechtliche Qualifikation der Konzernrechtsnormen, vgl. Michalski-Leible, Syst. Darst. 2, Rdnr. 159; Zimmer, IPRax 98, 187 (188), soll hier verzichtet werden.

[837] Die Bestimmung des anwendbaren Rechts auf die Gesellschaft – des Gesellschaftsstatuts – erfolgte in Deutschland lange Zeit nach der Sitztheorie. Danach soll das Recht desjenigen Staates maßgeblich sein, in dem die Gesellschaft ihren tatsächlichen Sitz der Hauptverwaltung hat. Verwaltungssitz ist der Ort der Geschäftsleitung, an dem die grundlegenden Entscheidungen der Unternehmensführung getroffen werden. Dieser brauchte nicht mit in der Satzung genannten Sitz zusammenzufallen, vgl. BGH NJW 03, 1607 (1608); BGH NJW 86, 2194 (2195); Ebke, FS Hay, S. 120; Eidenmüller, ZIP 02, 2233 (2235); Kindler, NJW 03, 1073 (1073); MüKo-Kindler, Int. WirtR, Rdnr. 400; Schnelle, FS Hay, S. 344; Staudinger-Großfeld, Int. GesR, Rdnr. 38. In Abgrenzung dazu bestimmt sich nach der Gründungstheorie das Recht einer Gesellschaft nach dem Recht des Staates, nach dem die Gesellschaft gegründet worden ist. Dabei wird den Gründern der Gesellschaft die Wahl des anzuwendenden Gesellschaftsrechts überlassen. Nicht selten wird sie durch die Bestimmung eines formalen Sitzes getroffen (Satzungssitz), der aber nicht der Ort sein muss, an dem die Gesellschaft tatsächlich geleitet wird, vgl. Ebke, FS Hay, S. 122; Horn, NJW 04, 893 (894); Eidenmüller, ZIP 02, 2233 (2234); Schnelle, FS Hay, S. 344; Staudinger-Großfeld, Int. GesR, Rdnr. 31. Zur neuen Rechtsprechung des EuGH diesbezüglich siehe unten § 5 II. 2. a./b.

[838] Michalski-Leible, Syst. Darst., Rdnr. 160. Weitere Einzelheiten zur Bestimmung des maßgeblichen Gesellschaftsstatuts und zu den dabei vertretenen Theorien sollen an dieser Stelle nicht erfolgen. Die o. g. Konstellation liegt dieser Untersuchung jedenfalls im Wesentlichen zu Grunde: Eine US-amerikanische Muttergesellschaft wird in der Bundesrepublik über eine dort ansässige deutsche abhängige Tochtergesellschaft wirtschaftlich tätig.

[839] Siehe auch oben § 4 I. 3. e. aa. Angesichts des Untersuchungsgegenstandes der vorliegenden Arbeit kann allerdings nur ein kursorischer Überblick über das deutsche Konzernhaftungsrecht erfolgen. Der Verfasser ist sich der Komplexität dieser Rechtsmaterie bewusst. Der Schwerpunkt

aa. Vertragskonzern

Bei einem (AG- bzw. GmbH-) Vertragskonzern unterscheidet man Beherr-
schungs- und Gewinnabführungsverträge.

Grundlage des (AG- bzw. GmbH-) Vertragskonzerns ist der Beherrschungsvertrag, der nach wohl h. M. einen organisationsrechtlichen Vertrag zwischen den
Unternehmen darstellt[840] und der gem. § 293 Abs. 1 AktG der Zustimmung der
Hauptversammlung der abhängigen AG mit einer Mehrheit von ¾ des vertretenen Grundkapitals bedarf.[841] Inhalt des Beherrschungsvertrages ist die Unterstellung der Leitung des abhängigen Unternehmens unter das herrschende Unternehmen, das seinen Sitz auch im Ausland haben kann.[842] In mindestens einem
zentralen Unternehmensbereich muss die zentrale Planung übertragen werden.
Ein Beherrschungsvertrag gewährt dem herrschenden Unternehmen ein nahezu
umfassendes Weisungsrecht gem. § 308 Abs. 1 AktG. Mit diesem Weisungsrecht
korrespondiert die Weisungsbefolgungspflicht des Vorstandes der abhängigen
AG gem. § 308 Abs. 2 AktG. Das Weisungsrecht ist nicht einmal dort beschränkt, wo der abhängigen AG Nachteile entstehen (können), soweit sie den
Belangen des herrschenden Unternehmens dienen (§ 308 Abs. 2 Satz 2 AktG).
Allerdings darf die Weisung nicht zu einer Existenzgefährdung des abhängigen
Unternehmens führen.[843] Darüber hinaus brauchen bei offensichtlich fehlendem
Konzerninteresse Weisungen gem. § 308 Abs. 2 Satz 2 letzter HS AktG nicht
befolgt zu werden.

Verpflichtet sich eine AG in einem Unternehmensvertrag ihren gesamten Gewinn an ein anderes Unternehmen abzuführen, liegt ein Gewinnabführungsvertrag i. S. d. § 291 Abs. 1 2. Fall AktG vor, der in der Praxis nicht selten zusätzlich zu einem Beherrschungsvertrag abgeschlossen wird. Die Motivation für den
Abschluss eines Gewinnabführungsvertrages ist in erster Linie steuerrechtlicher

---

der Darstellung liegt auf der für eine mögliche Übertragung der Grundsätze auf den Begriff der
Niederlassung relevanten Materie, insbesondere der Ausübung von Kontrolle und Aufsicht durch
die Muttergesellschaft bzw. der Weisungsgebundenheit der Tochter- gegenüber der Muttergesellschaft.

[840] BGHZ 105, 324 (331); OLG Hamm WM 88, 1164 (1168); Bache, S. 26; Brauer, S. 37; Emme-
rich/Habersack, § 291, Rdnr. 25; Emmerich/Habersack, Konzern, S. 170; Hüffer, § 291, Rdnr.
17; Jaspert, S. 97; Schneider, Beherrschungs- und Gewinnabführungsverträge, S. 12.

[841] Auf den bestehenden Meinungsstreit über die Rechtsnatur des Beherrschungsvertrages soll an
dieser Stelle nicht weiter eingegangen werden.

[842] Emmerich/Habersack, Konzern. S. 8 ff. Auf die Zulässigkeit von grenzüberschreitenden Beherrschungsverträgen soll noch einmal eingegangen werden. Siehe dazu unten § 5 II. 1. c. aa.

[843] OLG Düsseldorf AG 90, 490 (492); Emmerich/Habersack, § 308, Rdnr. 6; Hüffer, § 308, Rdnr.
19.

Natur[844] und insofern zwischen einer ausländischen herrschenden Mutter- und inländischen abhängigen Tochtergesellschaft nur von untergeordneter Bedeutung.[845]

Handelt es sich bei dem abhängigen Unternehmen um eine GmbH, finden die §§ 291 ff. AktG keine direkte Anwendung. Wie angedeutet, können auch GmbH's als abhängige Unternehmen Unternehmensverträge eingehen. In diesem Fall sind die §§ 291 ff. AktG grundsätzlich analog anzuwenden.[846]

Kennzeichnend für einen Konzern i. S. v. § 18 Abs. 1 AktG ist die Unterordnung eines oder mehrerer abhängiger Unternehmen unter die einheitliche Leitung des herrschenden Unternehmens, das gem. § 17 Abs. 1 AktG unmittelbar oder mittelbar beherrschenden Einfluss ausüben kann. Für die Einordnung der abhängigen Tochtergesellschaft als Niederlassung der Muttergesellschaft in einem Vertragskonzern spricht, dass sie durchaus deren „Aufsicht und Leitung" unterliegt: Die eigenverantwortliche Leitung der Gesellschaft durch den Vorstand gem. § 76 AktG wird durch eine fremdbestimmte Leitung des herrschenden Unternehmens ersetzt. Diese umfasst u. a. die Unternehmensplanung, -koordination, -kontrolle und Besetzung der Führungsstellen[847] sowie die Möglichkeit des herrschenden Vertragspartners, eine auf das Gesamtinteresse der verbundenen Unternehmen ausgerichtete Zielkonzeption zu entwickeln.[848] Darüber hinaus räumt § 308 Abs. 1 AktG dem herrschenden Unternehmen ein Weisungsrecht ein, das mit der Weisungsbefolgungspflicht der Tochtergesellschaft gem. § 308 Abs. 2 AktG korrespondiert. Unter Weisung ist jede Handlung des herrschenden Unternehmens zu verstehen, durch die es dem Vorstand der abhängigen Gesellschaft ausdrücklich oder konkludent, unmittelbar oder mittelbar bestimmte Maßnahmen bei der Leitung seiner Geschäfte vorschreibt oder emp-

---

[844] Jaspert, S. 90.

[845] Emmerich/Habersack, § 291, Rdnr. 49; Emmerich/Habersack, Konzern, S. 178; Feddersen, Beherrschungs- und Gewinnabführungsverträge, S. 129; Hüffer, § 291, Rdnr. 38; Staudinger-Großfeld, Int. GesR, Rdnr. 514. Auf die weiteren steuerrechtlichen Einzelheiten soll nicht eingegangen werden. In die grundsätzliche Diskussion um die Einordnung der Tochtergesellschaft als Niederlassung soll der Gewinnabführungsvertrag aber dennoch einbezogen werden.

[846] BGHZ 95, 330 (345); Baumbach/Hueck-Zöllner, GmbH-KonzernR, Rdnr. 45; Emmerich/Habersack, Vor § 291, Rdnr. 8/§ 291, Rdnr. 41; Emmerich/Habersack, Konzern, S. 436; Hüffer, § 291, Rdnr. 5; Lutter/Hommelhoff, Anh. § 13, Rdnr. 32. Auf die GmbH-rechtlichen Besonderheiten bei der Zustimmung der Gesellschafterversammlung zu den Verträgen soll an dieser Stelle aber nicht weiter eingegangen werden.

[847] Emmerich/Habersack, § 291, Rdnr. 13.

[848] Hüffer, § 291, Rdnr. 10.

fiehlt.[849] Es handelt sich um ein Instrument zur Konkretisierung der Unterstellung der Leitungsmacht unter das herrschende Unternehmen. Weisungen können die Führungsfunktion des Vorstandes und – weitergehend – den Gesamtbereich der Geschäftsführung einschließlich der organschaftlichen Vertretung betreffen. Auch innergesellschaftliche Maßnahmen, die in den Zuständigkeitsbereich des Vorstandes fallen, können Gegenstand von Weisungen sein.[850] Allerdings bleibt der Vorstand der abhängigen Gesellschaft nach § 76 AktG zur eigenverantwortlichen Leitung verpflichtet, solange das herrschende Unternehmen von dieser Weisungsbefugnis keinen Gebrauch macht. Es bleibt also – wie bei der Niederlassung – eine „Rest-Selbstständigkeit" (§ 15 Abs. 1 AktG) gegenüber anderen Vertragspartnern erhalten. Allerdings begründet der Beherrschungsvertrag eine Pflicht zu „konzernfreundlichem Verhalten". Daraus resultiert die Verpflichtung des „abhängigen" Vorstandes, wichtige Angelegenheiten dem herrschenden Unternehmen so rechtzeitig zu unterbreiten, dass dessen Vertretungsorgan entscheiden kann, ob und in welchem Sinn Weisungen erteilt werden sollen.[851] Die Kapitalbindung gem. §§ 57, 58, 60 AktG wird zugunsten des herrschenden Unternehmens gem. § 291 Abs. 3 AktG aufgehoben, so dass Leistungen aufgrund der Verträge nicht mehr gegen die genannten Normen verstoßen. Die Tochtergesellschaft muss nun auch gesellschaftsfremde Interessen wahrnehmen, wofür die §§ 304, 305 AktG einen angemessenen Ausgleich schaffen sollen. Die Kontrollrechte des eigenen Aufsichtsrates nach § 114 Abs. 4 Satz 2 AktG gehen gem. § 308 Abs. 3 AktG verloren. Die gesamten Gewinne (Bilanzgewinn) müssen gem. § 291 Abs. 1 2. Fall AktG an die Muttergesellschaft abgegeben werden. Diese Merkmale rechtfertigen die Einordnung der Tochtergesellschaft als Niederlassung. Nach Abschluss von Beherrschungs- und Gewinnabführungsverträgen erschöpft sich die Funktion der Tochtergesellschaft (nur noch) in die einer Betriebsabteilung.

bb. Faktischer Konzern

Ein faktischer Konzern liegt vor, wenn auf die abhängige Gesellschaft ein beherrschender Einfluss ausgeübt wird, ohne dass ein Unternehmensvertrag geschlossen wurde.[852] Entscheidend ist allein die Möglichkeit, beherrschenden

---

[849] Emmerich/Habersack, Konzern, S. 342.

[850] Hüffer, § 308, Rdnr. 12.

[851] Hüffer, § 308, Rdnr. 20. A. A. Emmerich/Habersack, § 308, Rdnr. 54.

[852] Gem. § 17 Abs. 2 AktG wird die Abhängigkeit eines Unternehmens vermutet, wenn es im Mehrheitsbesitz eines anderen Unternehmens i. S. v. § 16 AktG steht.

Einfluss auszuüben.[853] Faktische Konzernierungen sind bei grenzüberschreiten-den Unternehmensverbindungen weit verbreitet.[854]

(1) Einfach faktischer Konzern
Bei einem einfach faktischen AG-Konzern ist die Muttergesellschaft durch den Besitz der Mehrheit der Aktien mit der Tochtergesellschaft verbunden (§ 16 AktG). Gem. § 311 Abs. 1 AktG darf das herrschende Unternehmen im AG-Konzern seinen Einfluss nicht zum Nachteil der abhängigen AG nutzen. Zweck der Norm ist der Schutz der Gesellschaftsgläubiger und der Minderheitsaktionä-re.[855] Nach umstrittener, aber wohl h. M. ist die einfache faktische Konzernie-rung zulässig.[856] Voraussetzung für deren Vorliegen ist, dass sich ausgleichsfä-hige nachteilige Rechtsgeschäfte oder Maßnahmen als solche isolieren lassen.[857]

Bei einem einfachen faktischen GmbH-Konzern übt das herrschende Unter-nehmen seinen herrschenden Einfluss durch einzelne Maßnahmen aus. Diese nachteiligen Einflussnahmen hat das Unternehmen einzeln auszugleichen. In Betracht kommen die Kapitalerhaltungsregeln gem. §§ 30, 31 GmbHG und ggf. ein Schadensersatzanspruch der Gesellschaft gegenüber dem beherrschenden Gesellschafter aus der Verletzung vertikaler gesellschaftsrechtlicher Treuepflich-ten, zumindest sofern ein Eingriff auf das Stammkapital der Gesellschaft nicht ersichtlich ist.[858] Primär anspruchsberechtigt ist also die GmbH. Auch Gläubi-gern der abhängigen Gesellschaft wird analog §§ 317 Abs. 4, 309 Abs. 4 Satz 3 AktG das Recht eingeräumt, den Ersatzanspruch der GmbH geltend zu machen, sofern sie keine Befriedigung erlangen können.[859]

(2) Qualifiziert faktischer Konzern
Dagegen spricht man bei einem GmbH-Konzern von einer qualifizierten Beherr-schung, wenn nicht nur eine nachteilige Einflussnahme, sondern eine Vielzahl

---

[853] BGHZ 69, 334 (346).

[854] Maul, NZG 99, 741 (741); Staudinger-Großfeld, Int. GesR, Rdnr. 526. Siehe auch oben § 4 I. 3. e. aa.

[855] Jaspert, S. 174.

[856] Emmerich/Habersack, § 311, Rdnr. 8; Emmerich/Habersack, Konzern, S. 368; Hüffer, § 311, Rdnr. 6; Jaspert, S. 169; K. Schmidt, S. 804. Auf die weiteren, zum Teil sehr umstrittenen De-tails des faktischen Konzerns soll an dieser Stelle nicht weiter eingegangen werden.

[857] Hüffer, § 311, Rdnr. 1.

[858] BGHZ 65, 15 (18); BGHZ 80, 69 (74); Baumbach/Hueck-Zöllner, GmbH-KonzernR, Rdnr. 77; Emmerich/Habersack, § 311, Rdnr. 89; Emmerich/Habersack, Konzern, S. 419.

[859] BGHZ 95, 330 (340); Baumbach/Hueck-Zöllner, GmbH-KonzernR, Rdnr. 112; Emme-rich/Habersack, Anh. I § 318, Rdnr. 33; Emmerich/Habersack, Konzern, S. 423; Lut-ter/Hommelhoff, Anh. § 13, Rdnr. 15.

von schädigenden Maßnahmen ausgeführt wurde. Die nachteiligen Eingriffe liegen dann in einer so hohen Beherrschungsdichte, dass sich einzelne Eingriffe nicht mehr isolieren lassen.[860] In diesem Fall entsteht eine mit einem Beherrschungsvertrag vergleichbare Situation.[861]

Allerdings hat der BGH in seinem Urteil vom 17.09.2001 (Bremer Vulkan) den Konzernhaftungstatbestand analog §§ 302, 303 AktG für den qualifiziert faktischen GmbH-Konzern aufgegeben. Der Schutz einer abhängigen GmbH gegen Eingriffe ihres Alleingesellschafters folge nicht mehr dem Haftungssystem des Konzernrechts des Aktienrechts (§§ 291 ff., 311 ff. AktG).[862] Davon betroffen ist vornehmlich die – auch dieser Untersuchung im Wesentlichen zugrunde liegende – Konstellation der Einmann-GmbH bzw. der abhängigen 100 %igen Tochtergesellschaft. Dagegen finden die §§ 291 ff. AktG auf den GmbH-Vertragskonzern weiterhin analoge Anwendung. In Zukunft solle der Schutz der abhängigen GmbH auf die Erhaltung ihres Stammkapitals und die Gewährleistung ihres Bestandsschutzes beschränkt sein, der eine angemessene Rücksichtnahme auf die Eigenbelange der GmbH erfordere. An einer solchen Rücksichtnahme fehle es dann, wenn die GmbH infolge der Eingriffe ihres Alleingesellschafters ihren Verbindlichkeiten nicht mehr nachkommen könne.[863]

---

[860] BGH NJW 93, 1200 (1202); Jaspert, S. 203.

[861] Dies veranlasste den BGH in seinem Urteil vom 05.06.1975 (ITT) zunächst, den Ausgleich über die Treuepflichten der Gesellschafter zu lösen, vgl. BGH NJW 76, 191 (191). Wegen der Schwächen dieses Konzeptes stellte er dann mit Urteil vom 16.09.1985 (Autokran) die Konzernhaftung auf die Konstruktion einer Konzernstrukturhaftung um, bei der der bloße Tatbestand der Konzernierung die Haftung begründen sollte. Es wurde also vermutet, dass alle Verluste mit der Interessenkollision aus der Übernahme der Leitungsmacht zusammenhingen, vgl. BGH NJW 86, 188 (191). Durch Urteil vom 23.09.1991 (Video) wurde auch eine Einzelperson als „Konzernmutter" eingestuft, vgl. BGH NJW 91, 3142 (3143). Schließlich sah sich der BGH durch Urteil vom 29.03.1993 (TBB) veranlasst, die Konzernhaftung auf eine entsprechende Anwendung der §§ 302, 303, 322 Abs. 2 AktG zu stützen, da der Mechanismus des Einzelausgleichs über rein gesellschaftsrechtliche Ansätze nach seiner Ansicht versagte. Ferner wurde die Konzernverhaltenshaftung anstelle der Konzernstrukturhaftung begründet, wonach ein objektiver Missbrauch der Gesellschafterstellung durch fehlende Rücksichtnahme auf Belange der abhängigen Gesellschaft für die Haftung erforderlich wurde, vgl. BGH NJW 93, 1200 (1203). Vgl. Wazlawik, S. 11 f./26 ff. Diese Konstruktion schien einige Vertreter der Literatur zu veranlassen, die qualifiziert faktisch beherrschte Tochtergesellschaft im Konzern als eine Niederlassung der Muttergesellschaft anzusehen, siehe oben § 4 I. 3. e. cc.

[862] BGH NJW 01, 3622 (3623).

[863] BGH NJW 01, 3622 (3623). Das neue Haftungskonzept basiert nunmehr auf dem Kapitalerhaltungs- und Bestandsschutz der §§ 30, 31, 43 Abs. 3 GmbHG. Damit kehrt der BGH zu dem ursprünglichen Treuepflichtkonzept zurück, das er gerade für die Fälle, in denen sich die einzelnen nachteiligen Eingriffe nicht mehr isolieren ließen, aufgegeben und das Haftungskonzept im qua-

Mittlerweile dürfte es als gesichert gelten, dass der BGH die Konstruktion des qualifiziert faktischen GmbH-Konzerns endgültig aufgegeben hat.[864]

Mit Urteil vom 25.02.2002 zog der BGH die allgemeine Durchgriffshaftung gem. § 242 BGB heran und bildete die neue Fallgruppe des gläubigerschädigenden, existenzvernichtenden Eingriffs. Danach treffe die Ausfallhaftung gem. § 31 Abs. 3 GmbHG aus dem Gesichtspunkt des existenzvernichtenden Eingriffs auch diejenigen Mitgesellschafter, die – ohne selber etwas empfangen zu haben – durch ihr Einverständnis mit dem Vermögensabzug an der Existenzvernichtung der Gesellschaft mitgewirkt hätten.[865] Nach der Rechtsprechung des BGH kam eine Ausfallhaftung der Gesellschafter dann in Betracht, wenn sie beim Abzug von Vermögen der Gesellschaft nicht die gebotene angemessene Rücksicht auf die Erhaltung ihrer Fähigkeit zur Bedienung ihrer Verbindlichkeiten genommen und damit die Insolvenz der Gesellschaft herbeigeführt hatten. Das müsse auch für die durch ihr Einverständnis mit dem Vermögensabzug an der Existenzvernichtung der Gesellschaft mitwirkenden Gesellschafter gelten.[866]

Mit Urteil vom 24.06.2002 (KBV) entwickelte der BGH diese neue Form der Durchgriffshaftung weiter. Die Respektierung der Zweckbindung des Gesellschaftsvermögens zur vorrangigen Befriedigung der Gesellschaftsgläubiger während der Lebensdauer der GmbH sei unabdingbare Voraussetzung für die Inanspruchnahme des Haftungsprivilegs des § 13 Abs. 2 GmbHG. Zugriffe der Gesellschafter auf das Gesellschaftsvermögen, welche die aufgrund dieser Zweckbindung gebotene angemessene Rücksichtnahme auf die Erhaltung der Fähigkeit der Gesellschaft zur Bedienung ihrer Verbindlichkeiten in einem ins Gewicht

---

lifiziert faktischen Konzern geschaffen hatte. Ferner billigt der BGH der abhängigen GmbH Bestandsschutz zu. Das herrschende Unternehmen muss angemessen Rücksicht auf die Belange des abhängigen Unternehmens nehmen. Damit wird auch das Eigeninteresse der abhängigen GmbH anerkannt, das nicht zur Disposition der herrschenden Gesellschafter steht. Das Urteil hat in der Literatur große Resonanz gefunden. Vereinzelt hielt man die Frage der endgültigen Aufgabe des qualifiziert faktischen Konzerns noch nicht für entschieden, vgl. K. Schmidt, NJW 01, 3577 (3581), andere befürworteten als Anspruchsgrundlage die Verletzung der Treuepflicht gem. §§ 280 Abs. 1, 241 Abs. 2 BGB, vgl. Ulmer, ZIP 01, 2021 (2027) oder eine analoge Anwendung des § 93 Abs. 5 S. 2, 3 AktG, vgl. Altmeppen, NJW 02, 321 (323).

[864] Altmeppen, NJW 02, 321 (321); Lutter/Hommelhoff, § 13, Rdnr. 15; Ulmer, ZIP 01, 2021 (2024); Weller, IPRax 03, 207 (209). A. A. Wazlawik, S. 265 ff., wonach die Urteile des BGH weder in ihrer Begründung überzeugten, noch richtig im Hinblick auf eine generelle Abkehr von einem konzernrechtlichen Lösungsansatz seien. Eine Untersuchung der neuen Haftungsgrundlage bezüglich der Vereinbarkeit mit der Definition der Niederlassung soll daher erst später – im Rahmen der Darstellung der Durchgriffshaftung – erfolgen. Siehe dazu unten § 5. II. 2. c. ee.

[865] BGH ZIP 02, 848 (848).

[866] BGH ZIP 02, 848 (850).

fallenden Maße vermissen ließen, stellten deshalb einen Missbrauch der Rechtsform der GmbH dar, der zum Verlust des Haftungsprivilegs führe, soweit nicht
der der GmbH durch den Eingriff insgesamt zugefügte Nachteil bereits nach §§
30, 31 GmbHG ausgeglichen werden könne.[867] Daher seien in diesem Fall die
Gesellschaftsgläubiger außerhalb des Insolvenzverfahrens berechtigt, ihre Forderungen unmittelbar gegen die an den Eingriffen in das Gesellschaftsvermögen
mitwirkenden Gesellschafter geltend zu machen, soweit sie von der Gesellschaft
keine Befriedigung erlangen könnten.[868]

Mit einer aufsehenerregenden[869] Entscheidung vom 16.07.2007 (Trihotel) hat
der BGH nunmehr dieses Modell der Durchgriffsaußenhaftung aufgegeben und
stattdessen die Existenzvernichtungshaftung als eine auf § 826 BGB gestützte
Schadensersatzhaftung der Gesellschafter gegenüber der GmbH ausgestaltet.[870]

An dem Erfordernis einer als „Existenzvernichtungshaftung" bezeichneten
Haftung des Gesellschafters für missbräuchliche, zur Insolvenz der GmbH füh-
rende oder diese vertiefende kompensationslose Eingriffe in das der Zweckbindung zur vorrangigen Befriedigung der Gesellschaftsgläubiger dienende Gesellschaftsvermögen werde festgehalten. Das bisherige Konzept einer eigenständigen Haftungsfigur, die an den Missbrauch der Rechtsform anknüpfe und als
Durchgriffsaußenhaftung des Gesellschafters gegenüber den Gesellschaftsgläubigern ausgestaltet, aber mit einer Subsidiaritätsklausel im Verhältnis zu den §§
30, 31 GmbHG versehen sei, werde aber aufgegeben. Stattdessen werde die
Existenzvernichtungshaftung des Gesellschafters an die missbräuchliche Schädigung des im Gläubigerinteresse zweckgebundenen Gesellschaftsvermögens
angeknüpft und – in Gestalt einer schadensersatzrechtlichen Innenhaftung gegenüber der Gesellschaft – allein in § 826 BGB als eine besondere Fallgruppe
der sittenwidrigen vorsätzlichen Schädigung eingeordnet. Schadensersatzansprüche aus Existenzvernichtungshaftung gemäß § 826 BGB seien gegenüber Erstat-
tungsansprüchen aus §§ 31, 30 GmbHG nicht subsidiär; vielmehr bestehe zwischen ihnen – soweit sie sich überschnitten – Anspruchsgrundlagenkonkur-
renz.[871]

---

[867] BGH ZIP 02, 1578 (1580).
[868] BGH ZIP 02, 1578 (1580).
[869] Vgl. aus der umfangreichen Literatur: Altmeppen, NJW 07, 2657 (2657 ff.); Goette, DStR 07, 1593 (1593 ff.); Krolop, NotBZ 07, 265 (265 ff.); Paefgen, DB 07, 1907 (1907 ff.); Schanze, NZG 07, 681 (681 ff.); Weller, IPRax 07, 1681 (1681 ff.); Wilhelm, EWiR 07, 557 (557 ff.).
[870] BGH ZIP 07, 1552 (1552).
[871] BGH ZIP 07, 1552 (1552).

Der qualifiziert faktische AG-Konzern soll nach wohl h. M. in der Literatur allerdings auch nach der Bremer Vulkan-Entscheidung des BGH weiter fortbestehen.[872] Der Schutz der Tochtergesellschaft sowie ihrer Gläubiger erfolge nach den §§ 291 ff. AktG, d. h. nach den Vorschriften über den Abschluss des Beherrschungsvertrages.[873] Die Muttergesellschaft müssten die gleichen Folgen treffen wie in der Situation des Beherrschungsvertrages. Auf einen Nachweis wirtschaftlicher Schädigung der Tochtergesellschaft solle es nicht ankommen, der Befund einer qualifiziert faktischen Konzernierung genüge.[874] Eine Haftung des herrschenden Unternehmens gegenüber der Tochtergesellschaft und deren Gläubigern erfolge nach – im Einzelnen umstrittener, aber – wohl h. M. in analoger Anwendung von §§ 302, 303 AktG.[875]

(3) Zwischenergebnis
Für die Anwendung des Niederlassungsgerichtsstandes im einfach faktischen AG-Konzern lassen sich ebenfalls beachtliche Gründe anführen. Denn aufgrund der Mehrheitsbeteiligung, die die Muttergesellschaft durch den Erwerb von

---

[872] Denn für die Kehrtwende des BGH lassen sich zwei Gründe anführen, die ihren Ursprung in der (bisherigen) Anwendung der aktienrechtlichen Vorschriften auf die GmbH haben. Zum einen steht hinter der Rechtsprechungsänderung der Gedanke, dass sich das Modell des Verlustausgleichs gem. §§ 302, 303 AktG nicht ohne Schwierigkeiten auf die GmbH übertragen ließ. Denn ein pauschaler Globalausgleich war beim qualifiziert faktischen Konzern ohnehin nicht gerechtfertigt. Dabei geht der Kapitalerhaltungsschutz bei der AG in § 57 Abs. 1, 3 AktG erheblich weiter als bei der GmbH, wo gem. §§ 30, 31, 43 Abs. 3 GmbHG nur das Gesellschaftsvermögen bis zur Stammkapitalziffer einer Ausschüttungssperre unterliegt. Dieser Unterschied musste aber auch bei der Haftung im qualifiziert faktischen GmbH-Konzern berücksichtigt werden. Eine pauschale Verlustausgleichspflicht ohne Berücksichtigung des Stammkapitals durfte dort eigentlich nicht stattfinden. Zum anderen fasste das ehemalige Konzept der Konzernverhaltenshaftung zwei verschiedene Konstellationen unter dem Haftungskonzept der §§ 302, 303 AktG zusammen. Dabei handelt es sich zum einen um die Konstellation einer abhängigen GmbH, die von Beginn an so konzipiert ist, dass sie zum Vorteil des herrschenden Unternehmens eigene Nachteile in Kauf nehmen muss. Zum anderen werden einer abhängigen GmbH Ressourcen und Gewinnchancen zugunsten des verbundenen Unternehmens entzogen, wobei die abhängige GmbH völlig aufgesogen wird und in Insolvenz fällt. Der BGH wandte auf beide Fallgruppen unterschiedslos die Grundsätze des qualifiziert faktischen Konzerns an. Daher löste der BGH (nur) den qualifiziert faktischen GmbH-Konzern aus dem aktienrechtlichen Haftungssystem heraus. Gleichzeitig war damit aber noch nicht die (vollständige) Aufgabe des qualifiziert faktischen Konzerns ausgesprochen, so dass dieser als AG-Konzern weiter fortbesteht.

[873] Emmerich/Habersack, Anh. II § 318, Rdnr. 1.

[874] Emmerich/Habersack, Anh. § 317, Rdnr. 5.

[875] Emmerich/Habersack, Anh. § 317, Rdnr. 5; Emmerich/Habersack, Konzern, S. 405/406; Hüffer, § 311, Rdnr. 11. Auf die weiteren Details und Probleme des qualifiziert faktischen AG-Konzerns kann an dieser Stelle nicht eingegangen werden.

Mehrheitsanteilen oder die alleinige Anteilsinhaberschaft i. S. v. § 16 Abs. 1 AktG erwirbt, erhält sie eine tatsächliche Machtstellung über die Tochtergesellschaft (§ 17 Abs. 1 AktG). Zwar besteht kein ausdrückliches Weisungsrecht der Mutter- gegenüber der Tochtergesellschaft wie beim Vertragskonzern. Dennoch übt sie Leitungsmacht über die Besetzung von Vorstand und Aufsichtsrat der Tochtergesellschaft durch Repräsentanten der eigenen Gesellschaft aus.[876] Dadurch entsteht ein Über- und Unterordnungsverhältnis, in dem die Tochtergesellschaft (zumindest mittelbar) durch die Besetzung der Gremien der Aufsicht und Leitung der Muttergesellschaft unterliegt. Auch im einfach faktischen GmbH-Konzern kann die Tochtergesellschaft durchaus als Niederlassung angesehen werden. Denn bei der GmbH können die Gesellschafter über die Gesellschafterversammlung den Geschäftsführern gem. §§ 37, 45 GmbHG bindende Weisungen für die Geschäftsführung erteilen. Ferner haben die Gesellschafter der herrschenden Gesellschaft ein umfassendes Recht auf Information i. S. v. § 51a GmbHG. Auch sind die Geschäftsführer einer herrschenden Gesellschaft befugt, die Leitung abhängiger Unternehmen durch deren Geschäftsführer in gewissem Umfange zu kontrollieren.[877] Demnach besteht eine unmittelbare Mehrheitsherrschaft über die Gesellschafterversammlung und damit über die GmbH, die ihre eigenen Interessen zurückstellen und denen der Muttergesellschaft unterordnen muss.[878] Daraus ergibt sich ein Über- und Unterordnungsverhältnis, in dem die Tochtergesellschaft der Aufsicht und Leitung der Mutter untersteht. Schließlich kann der Gerichtsstand auch im qualifiziert faktischen AG-Konzern angewandt werden. Die Tochtergesellschaft steht unter der Aufsicht und Leitung der Muttergesellschaft und tritt nur noch als Außenstelle auf. Denn die Einflussnahme der Muttergesellschaft kann eine derartige Intensität erreichen, dass die einzelnen Weisungen und seine Wirkungen nicht mehr isoliert werden können. Die abhängige Tochtergesellschaft wird dann von der Muttergesellschaft nur noch wie eine Betriebsabteilung geführt.[879] Ferner wird nicht selten von der Muttergesellschaft regelmäßig in die Geschäftsführung der Tochter eingegriffen und umfassend Leitungsmacht ausgeübt, indem z. B. im finanziellen Bereich oder in einem sonstigen zentralen unternehmerischen Bereich die Leitung vollständig an sich gezogen wird.[880]

---

[876] Jaspert, S. 168.

[877] Baumbach/Hueck-Zöllner, GmbH-KonzernR, Rdnr. 77.

[878] Emmerich/Habersack, Konzern, S. 415.

[879] BGHZ 95, 330 (341); BGH WM 79, 937 (940); Lutter, ZGR 11, 244 (264); K. Schmidt, S. 805.

[880] BGHZ 95, 330 (341); BGHZ 105, 7 (17); Jaspert, S. 203; Lutter, ZGR 11, 244 (264); K. Schmidt, S. 1015.

c. Ansprüche

Es stellt sich nun die Frage nach der Betriebsbezogenheit.

aa. Verlustausgleich gem. § 302 Abs. 1 AktG

Die Zulässigkeit grenzüberschreitender Beherrschungsverträge in Vertragskonzernen wird unterschiedlich beurteilt.[881] Wie festgestellt, entscheidet darüber deutsches Recht, wenn die abhängige Gesellschaft ein inländisches deutsches Unternehmen ist. Das Aktiengesetz selbst enthält keine ausdrückliche Regelung. Nur die §§ 319, 305 Abs. 2 AktG, die Regelungen über „Inlandsgesellschaften" enthalten, indizieren, dass der deutsche Gesetzgeber das Problem erkannt hat, jedoch nicht regeln wollte. Die wohl h. M. in der Literatur hält grenzüberschreitende Beherrschungsverträge für zulässig.[882] Allerdings soll die Aufnahme einer Vertragsklausel erforderlich sein, die die Anwendbarkeit des deutschen Rechts auf die abhängige Gesellschaft, ihre Gläubiger und Aktionäre klarstellt.[883]

Gem. § 302 Abs. 1 AktG ist das herrschende Unternehmen zur Erhaltung der Vermögenssubstanz des abhängigen Unternehmens verpflichtet. Danach hat es jeden während der Vertragsdauer entstehenden Jahresfehlbetrag auszugleichen, soweit dieser nicht bereits durch Auflösung während der Vertragsdauer gebildeter freier Rücklagen ausgeglichen worden ist. Regelungszweck der Norm ist der Schutz der Gesellschaft und ihrer Gläubiger.[884] Die herrschende Gesellschaft muss demnach alle künftigen Bilanzverluste ihrer Untergesellschaft ausgleichen. Dabei handelt es sich um einen Geldleistungsanspruch.[885] Es findet eine globale Kompensation statt.[886] Damit steht einem Gläubiger der beherrschten Gesellschaft mittelbar die im Konzernunternehmen verlagerte Vermögenssubstanz als Haftungsmasse zur Verfügung. Durch diese indirekte Gläubigersicherung wird

---

[881] Jaspert, S. 97.

[882] Brauer, S. 107; Einsele, ZGR 96, 40 (46); Emmerich/Habersack, § 291, Rdnr. 33/35; Emmerich/Habersack, Konzern, S. 175; Geßler/Hefermehl-Geßler, § 291, Rdnr. 58; Hüffer, § 291, Rdnr. 8; Maul, AG 98, 404 (407); Michalski-Leible, Syst. Darst., Rdnr. 163; MüKo AktG-Altmeppen, Einl. §§ 291 ff., Rdnr. 47; Staudinger-Großfeld, Int. GesR, Rdnr. 518. A. A. Ebenroth/Offenloch, RIW 97, 1 (13). Der Meinungsstreit zu dieser Frage soll an dieser Stelle nicht weiter vertieft werden.

[883] Kritisch dazu Emmerich/Habersack, § 291, Rdnr. 17; Hüffer, § 291, Rdnr. 13.

[884] „Wer die Geschicke der Gesellschaft bestimmen kann oder ihren ganzen Gewinn erhält, muss auch für Verluste einstehen." Vgl. Emmerich/Habersack, Konzern, S. 278; Hüffer, § 302, Rdnr. 2.

[885] Emmerich/Habersack, § 302, Rdnr. 40; Hüffer, § 302, Rdnr. 15; MüKo AktG-Altmeppen, § 302, Rdnr. 67.

[886] Jaspert, S. 107; Lutter, ZGR 11, 244 (262).

der Gläubiger einer Tochtergesellschaft zu einem Konzerngläubiger.[887] Anspruchsgegner ist die herrschende Gesellschaft, auch wenn es sich um ein ausländisches Unternehmen handelt.[888] Anspruchsinhaber ist die beherrschte Gesellschaft selbst, die durch den Vorstand tätig wird.[889] Fraglich ist, ob auch Gläubiger oder einzelne Aktionäre zur Geltendmachung des Anspruchs berechtigt sind. Grundsätzlich sieht das Gesetz eine solche Berechtigung nicht vor. Nach der wohl h. M. in der Literatur sollen die Gläubiger kein eigenes Klagerecht haben. Ihnen stünde lediglich ein Anspruch auf Pfändung und Überweisung des Ausgleichsanspruchs zu.[890] Für die Aktionäre wird eine analoge Anwendung der §§ 309 Abs. 4, 317 Abs. 4 AktG diskutiert.[891]

Für Klagen der inländischen abhängigen Tochtergesellschaft gegen ihre ausländische herrschende Muttergesellschaft kommt der Gerichtsstand der Niederlassung – zumindest nach der h. M. – nicht in Frage, da – wie bereits festgestellt – der Niederlassungsgerichtsstand nur für außenstehende Dritte und nicht für Klagen der Niederlassung selbst gegen das Stammhaus gelten soll.[892]

Bejaht man die Klageberechtigung außenstehender Aktionäre, ist der Niederlassungsgerichtsstand ebenfalls nicht eröffnet, da die Aktionäre nur den der Tochtergesellschaft zustehenden Anspruch geltend machen können.[893] Der Verlustausgleichsanspruch aus § 302 Abs. 1 AktG steht originär der abhängigen Gesellschaft am Jahresende zu. Die Aktionäre können ihn nur im Rahmen einer Prozessstandschaft im eigenen Namen geltend machen. Damit sind sie aber keine Dritten i. S. d. Niederlassungsgerichtsstandes, da sie letztlich einen fremden, der Niederlassung – der Tochtergesellschaft – zustehenden Anspruch einklagen würden. Nach der h. M. steht aber – wie gesehen – der Niederlassungsgerichtsstand nicht für Ansprüche im Innenverhältnis zwischen Niederlassung und Stammhaus zur Verfügung.

Ein Gerichtsstand am Ort der Niederlassung kann dagegen in Betracht kommen, wenn zwischen einer inländischen Tochtergesellschaft und der inländischen

---

[887]   Jaspert, S. 107; MüKo AktG-Altmeppen, § 302, Rdnr. 75.

[888]   Geßler/Hefermehl-Geßler, § 302, Rdnr. 44; Hüffer, § 302, Rdnr. 21.

[889]   Emmerich/Habersack, § 302, Rdnr. 43; Geßler/Hefermehl-Geßler, § 302, Rdnr. 45; Hüffer, § 302, Rdnr. 20.

[890]   Emmerich/Habersack, § 302, Rdnr. 44; Emmerich/Habersack, Konzern, S. 283; Geßler/Hefermehl-Geßler, § 302, Rdnr. 46; Hüffer, § 302, Rdnr. 18; MüKo AktG-Altmeppen, § 302, Rdnr. 75.

[891]   Hüffer, § 302, Rdnr. 20; MüKo AktG-Altmeppen, § 302, Rdnr. 76.

[892]   Siehe oben § 4 I. 5./ II. 6. a.

[893]   Jaspert, S. 121.

Zweigniederlassung einer ausländischen Muttergesellschaft ein Beherrschungsvertrag geschlossen wurde, da dort alle Ansprüche eingeklagt werden können, die durch den Geschäftsbetrieb der Zweigniederlassung begründet werden. Dazu kann dann auch der Anspruch aus § 302 Abs. 1 AktG gehören.[894]

bb. Sicherheitsleistung gem. § 303 Abs. 1 AktG

§ 303 Abs. 1 AktG normiert eine Verpflichtung zur Sicherheitsleistung zum Zwecke der Gläubigerabsicherung. Mit Beendigung des Beherrschungsvertrages endet die Pflicht zur Verlustübernahme, dafür ist die herrschende Gesellschaft verpflichtet, Sicherheit zu leisten. Dieser Anspruch steht ausschließlich den Gläubigern der abhängigen Gesellschaft zu, so dass die Norm vornehmlich den Gläubigerschutz bezweckt.[895] Voraussetzung ist das Bestehen eines Anspruchs gegen die Gesellschaft. Dieser muss vor der Eintragung der Vertragsbeendigung im Handelsregister nach § 10 HGB begründet worden sein (§ 303 Abs. 1 Satz 1 AktG). Allerdings muss die Forderung nur dem Grunde nach festliegen. Unter Forderung ist jeder schuldrechtliche Anspruch zu verstehen.[896] Forderungen aus Dauerschuldverhältnissen sind begründet, wenn das Verhältnis selbst entstanden ist.[897] Ferner müssen sich die Gläubiger binnen sechs Monaten nach Bekanntmachung der Eintragung bei dem herrschenden Unternehmen melden (§ 303 Abs. 1 Satz 1 2. HS AktG).[898]

Fraglich ist, ob dieser Anspruch durch die Gläubiger gegen die herrschende ausländische Muttergesellschaft am Niederlassungsgerichtsstand, d. h. am Sitz der inländischen Tochtergesellschaft, geltend gemacht werden kann. Die Gläubiger verfügen über einen eigenen Anspruch, den sie gegen die Muttergesellschaft geltend machen können. Damit sind sie Dritte i. S. d. Niederlassungsgerichtsstandes. Der Anspruch resultiert aus einer zunächst gegen die Tochtergesellschaft begründeten anderweitigen Forderung. Nach Beendigung des Beherrschungs- und Gewinnabführungsvertrages hat die Muttergesellschaft den Gläubigern für diesen Anspruch Sicherheit zu leisten. Dabei handelt es sich um einen eigenen klagbaren Anspruch. Der Umfang der Sicherheitsleistung richtet sich nach der Höhe der Forderung. Fällt die abhängige Gesellschaft als Primärschuldner, z. B. wegen Vermögenslosigkeit, endgültig weg (Ausfallhaftung), können die Gläubiger nach der wohl h. M. vom herrschenden Unternehmen im Wege

---

[894] Jaspert, S. 121.

[895] Hüffer, § 303, Rdnr. 1.

[896] Emmerich/Habersack, § 303, Rdnr. 9.

[897] Emmerich/Habersack, § 303, Rdnr. 11; Hüffer, § 303, Rdnr. 3.

[898] Hüffer, § 303, Rdnr. 5.

einer Konzernaußenhaftung analog § 322 AktG direkt Zahlung verlangen.[899] Die Ausfallhaftung analog §§ 303, 322 AktG erweist sich daher als Erscheinungsform des gesetzlichen Schuldbeitritts.

Diese Ansprüche dürften auch die erforderliche Betriebsbezogenheit aufweisen. Denn es handelt sich um außervertragliche Ansprüche, die aus der Führung der Niederlassung resultieren. Die Tochtergesellschaft hat sich durch Abschluss des Beherrschungs- und Gewinnabführungsvertrages der Muttergesellschaft unterstellt. Die mit der Begründung und v. a. Beendigung dieser Verträge zusammenhängende Entstehung der gesetzlichen Ansprüchen ist daher auch auf die Leitung der Tochtergesellschaft durch die Muttergesellschaft zurückzuführen. Diese ist aber verpflichtet, den Gläubigern der Tochtergesellschaft Sicherheit zu leisten. Somit könnte der Anspruch auf Sicherheitsleistung bzw. auf Zahlung gem. §§ 303, 322 AktG analog am Sitz der Tochtergesellschaft über den Niederlassungsgerichtsstand eingeklagt werden.[900]

cc. Schadensersatz gem. § 309 Abs. 2 AktG

Das Aktiengesetz kennt keine ausdrückliche Haftung des herrschenden Unternehmens im Falle einer sorgfaltswidrigen Ausübung des Weisungsrechts i. S. v. § 308 AktG. § 309 Abs. 2 AktG sieht lediglich eine Haftung der gesetzlichen Vertreter des herrschenden Unternehmens vor. Eine Haftung des herrschenden Unternehmens für Schäden infolge rechtswidriger Weisungen ist trotzdem anerkannt. Dieses soll „nach den allgemeinen Rechtsgrundsätzen aufgrund des Vertrages" haften.[901] Nach der wohl h. M. ergibt sich die Haftung aus § 309 AktG (i. V. m. § 31 BGB).[902] Inhaber des Anspruchs ist regelmäßig das abhängige Unternehmen.[903] § 309 Abs. 4 AktG ermächtigt aber auch die Aktionäre und Gläubiger der Gesellschaft, den Anspruch geltend zu machen. Die Aktionäre können jedoch gem. § 309 Abs. 4 Satz 2 AktG nur Leistung an die Gesellschaft fordern. Es handelt sich demnach um einen Fall der gesetzlichen Prozessstandschaft.[904] Die Gläubiger können – soweit sie von der Gesellschaft keine Befriedigung für ihre Forderungen erlangen – den Ersatzanspruch gem. § 309 Abs. 4 Satz 3 AktG

---

[899] BGHZ 95, 330 (347); BGHZ 105, 168 (183); BGHZ 115, 187 (200); BGHZ 116, 37 (42); OLG Dresden AG 97, 330 (333); Emmerich/Habersack, § 303, Rdnr. 24; Emmerich/Habersack, Konzern, S. 287; MüKo AktG-Altmeppen, § 303, Rdnr. 38; Hüffer, § 303, Rdnr. 7.

[900] Im Ergebnis ebenfalls MüKo-Kindler, Int. WirtR, Rdnr. 823.

[901] Emmerich/Habersack, § 309, Rdnr. 21; Emmerich/Habersack, Konzern, S. 355; Hüffer, § 309, Rdnr. 26; Jaspert, S. 143.

[902] Emmerich/Habersack, Konzern, S. 355; Hüffer, § 309, Rdnr. 27; MüKo AktG-Altmeppen, § 309, Rdnr. 68. Der Meinungsstreit soll an dieser Stelle aber nicht weiter vertieft werden.

[903] Jaspert, S. 142.

[904] Emmerich/Habersack, § 309, Rdnr. 49; Hüffer, § 309, Rdnr. 21.

– allerdings nur bis zur Deckung ihrer Forderungen[905] – direkt geltend machen und Zahlung an sich selbst verlangen.

Die Geltendmachung des Anspruchs am Gerichtsstand der Niederlassung dürfte aber – wie auch bei § 302 AktG – problematisch sein. Denn er steht originär der Tochtergesellschaft zu. Da die Aktionäre diesen Anspruch zwar einklagen können, aber ausschließlich Leistung an die Gesellschaft fordern dürfen, sind sie nicht Dritte i. S. d. Niederlassungsgerichtsstandes. Die Gläubiger können zwar auf Leistung an sich klagen. Dennoch handelt es sich um einen Anspruch, der ihnen nur mittelbar zukommt. Unmittelbar handelt es sich um einen Anspruch aus dem Innenverhältnis zwischen Tochter- und Muttergesellschaft, da es für die Entstehung des Anspruchs auf den bei der Tochtergesellschaft eingetretenen Schaden ankommt. Zwar liegt kein Fall der gesetzlichen Prozessstandschaft vor. Es handelt sich aber – wie auch bei § 93 Abs. 5 AktG – um einen Fall der materiell-rechtlichen Anspruchsvervielfältigung eigener Art.[906] Für einen solchen „fremden" Anspruch dürfte der Niederlassungsgerichtsstand nicht zur Verfügung stehen. Demnach kann er nicht am Ort der Tochtergesellschaft gegen die Mutter eingeklagt werden.

dd. Schadensersatz gem. § 317 Abs. 1 AktG

Bei dem einfach faktischen AG-Konzern stellt das Gesetz keine unmittelbare Haftung des herrschenden Unternehmens gegenüber den Gläubigern und außenstehenden Aktionären zur Verfügung. Diese werden vielmehr durch den Schutz des Vermögens der abhängigen Gesellschaft mittelbar geschützt.[907] Gleicht das herrschende Unternehmen die Nachteile, die durch eine nachteilige Beeinflussung entstanden sind, nicht rechtzeitig aus, ist es gem. § 317 Abs. 1 AktG der abhängigen Gesellschaft zum Ersatz des eingetretenen Schadens verpflichtet. Nach der wohl h. M. in der Literatur liegt der Haftgrund in der Veranlassung zu nachteiligem Verhalten.[908] Primär anspruchsberechtigt ist gem. § 317 Abs. 1 Satz 1 AktG die abhängige Gesellschaft. Daneben sind aber auch die außenstehenden Aktionäre gem. § 317 Abs. 1 Satz 2 AktG zur Geltendmachung eines eigenen Schadens berechtigt sowie gem. § 317 Abs. 4 i. V. m. § 309 Abs. 4 AktG zur Geltendmachung des Anspruchs der Gesellschaft prozessführungsbefugt. Allerdings können sie nur Leistung an die Gesellschaft verlangen.[909] Demnach han-

---

[905] Geßler/Hefermehl-Hefermehl, § 93, Rdnr. 68; Jaspert, S. 142; MüKo AktG-Hefermehl/Spindler, § 93, Rdnr. 138.

[906] Hüffer, § 93, Rdnr. 32.

[907] Hüffer, § 317, Rdnr. 1.

[908] Emmerich/Habersack, § 317, Rdnr. 11; Maul, NZG 99, 741 (743); MüKo AktG-Kropff, § 317, Rdnr. 12. A. A. Hüffer, § 317, Rdnr. 6.

[909] Jaspert, S. 177; MüKo AktG-Kropff, § 317, Rdnr. 50.

delt es sich ebenfalls um einen Fall der gesetzlichen Prozessstandschaft.[910] Nach § 317 Abs. 4 i. V. m. § 309 Abs. 4 AktG kann der Anspruch zudem von den Gläubigern geltend gemacht werden, sofern sie – wie bei § 309 AktG – von der abhängigen Gesellschaft keine Befriedigung erlangen können.

Der Schadensersatzanspruch kann allerdings durch die außenstehenden Aktionäre nicht am Niederlassungsgerichtsstand geltend gemacht werden, da es sich einerseits um einen originären Anspruch der Gesellschaft handelt und andererseits die Aktionäre nur Leistung an die Gesellschaft verlangen können, so dass sie keine Dritten i. S. d. Niederlassungsgerichtstandes darstellen. Dagegen sind sie bei einem weitergehenden Schaden i. S. v. § 317 Abs. 1 Satz 2 AktG selbst aktivlegitimiert. Fraglich ist demnach, ob sie in dieser Konstellation Dritte sein können. Dabei ist zu berücksichtigen, dass der Niederlassungsgerichtsstand geschaffen wurde, um den Gewerbetreibenden am Ort seiner geschäftlichen Betätigung gerichtspflichtig machen zu können, da er im Gegenzug für seine Geschäftstätigkeit „auf fremden Märkten" auch wirtschaftliche Vorteile erlangt. Geschützt werden soll der Kläger bzw. Geschäftspartner, der mit dem Gewerbetreibenden in Kontakt getreten ist.[911] Der Aktionär in der vorliegenden Konstellation ist aber Anteilsinhaber bei der Tochtergesellschaft bzw. Niederlassung. Er dürfte nicht mit einem Geschäftskunden vergleichbar sein, der über die Niederlassung mit dem Stammhaus in Kontakt tritt. Dem Aktionär stehen zu seinem Schutz die besonderen aktienrechtlichen Vorschriften, wie die Aktionärsklage gem. §§ 245, 246 AktG, zur Verfügung. Er ist also nicht in dem Maße schutzbedürftig wie ein außenstehender Gläubiger.[912] Daher sollte der Aktionär nicht vom Anwendungsbereich des Niederlassungsgerichtsstands erfasst sein.

Auch die Gläubiger sollten von der Geltendmachung dieses Anspruchs am Niederlassungsgerichtsstand ausgeschlossen sein, da es sich – wie bei § 309 AktG – um einen originären Anspruch der Gesellschaft handelt und die Gläubiger insofern keine Dritten darstellen.

ee. Treuepflicht

Bei dem einfach faktischen GmbH-Konzern erfolgt der Schutz der abhängigen Gesellschaft – wie gesehen – mit der wohl h. M. durch einen Rückgriff auf den allgemeinen Rechtsgrundsatz der Treuepflicht des herrschenden Gesellschafters gegenüber der abhängigen Gesellschaft und ihren Minderheitsgesellschaftern. Dieser Anspruch steht vornehmlich der Gesellschaft selbst zu und kann im Aus-

---

[910] Hüffer, § 317, Rdnr. 16.
[911] Siehe oben § 4 I. 2. / II. 3.
[912] Vgl. auch Maul, NZG 99, 741 (743).

nahmefall auch von den Gläubigern der Tochtergesellschaft geltend gemacht werden.[913] Damit scheidet eine Klage am Niederlassungsgerichtsstand aus, da die Gläubiger nicht als Dritte anzusehen sind. Es handelt sich um einen originären Anspruch der Gesellschaft bzw. der Niederlassung.

ff. Sicherheitsleistung gem. §§ 322, 303 Abs. 1 AktG analog
Nach der Bremer Vulkan-Entscheidung des BGH haftet nach wohl h. M. in der Literatur zumindest noch das herrschende Unternehmen im qualifiziert faktischen AG-Konzern gegenüber der abhängigen Gesellschaft und ihren Gläubigern u. a. analog §§ 322, 303 AktG.[914]

Der Niederlassungsgerichtsstand kann für diesen Anspruch allerdings nur in Betracht kommen, sofern es sich um Ansprüche der Gläubiger analog § 303 AktG handelt, nicht aber für Ansprüche der abhängigen Gesellschaft gegen das herrschende Unternehmen, da – wie erörtert – der Niederlassungsgerichtsstand nur für Klagen Dritter gegen ein im Ausland ansässiges Stammhaus Anwendung finden kann. Die Betriebsbezogenheit der Streitigkeit dürfte gegeben sein, da Gegenstand des Verfahrens Rechtsstreitigkeiten sind, die sich auf vertragliche oder außervertragliche Pflichten in Bezug auf die eigentliche Führung der Agentur, Zweigniederlassung oder sonstigen Niederlassung beziehen. Das herrschende Unternehmen unterliegt der Pflicht, den Gläubigern bei Beendigung der Konzernbeziehung für ihre Forderungen gegenüber dem abhängigen Unternehmen Sicherheit zu leisten bzw. diese zu begleichen, wenn das abhängige Unternehmen zahlungsunfähig ist. Die Haftung ist demnach eine Konsequenz aus der Führung bzw. Leitung der Tochtergesellschaft durch die Muttergesellschaft.[915]

gg. Zwischenergebnis
Die Gläubiger der Tochtergesellschaft können demnach im (AG- und GmbH-) Vertragskonzern Ansprüche gem. §§ 322, 303 AktG auf Sicherheitsleistung bzw. direkte Zahlung gegen die Muttergesellschaft am Ort der Tochtergesellschaft geltend machen, da die Ansprüche die erforderliche Betriebsbezogenheit aufweisen. Dies dürfte auch für die Gläubiger der Tochtergesellschaft im qualifiziert faktischen AG-Konzern in analoger Anwendung gelten.

---

[913] Siehe oben § 5 II. 1. b. bb. (1).
[914] Emmerich/Habersack, Anh. II § 318, Rdnr. 32; Emmerich/Habersack, Konzern, S. 411.
[915] Im Ergebnis auch MüKo-Kindler, Int. WirtR, Rdnr. 823.

2. Durchgriffshaftung im Anwendungsbereich von § 21 ZPO

a. Anwendbares Recht

Wie bereits festgestellt, leitet sich die Anwendung des autonomen deutschen Konzernhaftungsrechts von dem Gesellschaftsstatut der deutschen abhängigen Tochtergesellschaft ab. Unterliegt die Tochtergesellschaft deutschem Recht, findet demnach auf das Konzernverhältnis deutsches Recht Anwendung.[916] Diese Überlegung soll nach wohl h. M. entsprechend für die materiell-rechtliche Durchgriffshaftung gelten.[917]

b. Exkurs: Gläubigerschutzrecht seit dem „Inspire Art"-Urteil des EuGH

Durch die neueste Rechtsprechung des EuGH und ihm folgend des BGH[918] ist allerdings Bewegung in die Anwendung der Theorien zur Bestimmung des maßgeblichen Gesellschaftsstatuts gekommen. Noch weitergehender steht die Anwendung der nationalen europäischen Gesellschaftsrechte auf ausländische Gesellschaften im Inland auf dem Prüfstand.[919] In diesem Zusammenhang taucht vermehrt für den inländischen Rechtsverkehr das „Schreckgespenst" der „Scheinauslandsgesellschaft" (pseudo foreign corporation) auf, da der Schutz der inländischen Gläubiger nicht mehr gesichert erscheint.[920]

Die Notwendigkeit der Erörterung der neuen EuGH-Rechtsprechung in diesem Zusammenhang dürfte sich aufgrund folgender Fallkonstellation ergeben: Eine US-amerikanische Muttergesellschaft gründet z. B. in Großbritannien eine englische Tochtergesellschaft (private limited company), die englischem Recht unterliegt und dort ihren registrierten Sitz hat. Diese Gesellschaft verlagert nach einiger Zeit ihren tatsächlichen Verwaltungssitz in die Bundesrepublik und wird dort geschäftlich tätig. Die deutschen Vertragspartner und Gläubiger möchten gegen

---

[916] Siehe oben § 5 II. 1. a.

[917] BGHZ 78, 318 (333); BGH WM 57, 1047 (1049); BGH NJW 81, 522 (525); MüKo-Kindler, Int. WirtR, Rdnr. 811; Weller, IPRax 03, 207 (208).

[918] BGH NJW 03, 1461 (1461).

[919] Hintergrund dieser Rechtsprechung ist die allmähliche Angleichung der europäischen Gesellschaftsrechte auf Grundlage der Niederlassungsfreiheit gem. Artt. 43, 48 EG. Danach sollen die einzelnen nationalen Gesellschaftsrechte, die auch zum Schutz der Gesellschafter und Gläubiger zur Geltung kommen, in ihrem Anwendungsbereich stark beschnitten werden. In den Vordergrund rückt die Pflicht des einzelnen Staates, eine ausländische Gesellschaft, die in Übereinstimmung mit den in einem anderen EG-Mitgliedstaat herrschenden Gründungsvorschriften ordnungsgemäß gegründet wurde, auch im eigenen Staat anzuerkennen, ihr ggf. die Rechts- und Parteifähigkeit zuzubilligen und sie nicht den eigenen nationalen, möglicherweise strengeren Gründungsvorschriften zusätzlich zu unterwerfen.

[920] Schulz, NJW 03, 2705 (2708); Stürner, IPRax 05, 305 (306 Fn. 18); Weller, IPRax 03, 207 (207).

die herrschende Muttergesellschaft Durchgriffshaftungsansprüche geltend machen, weil diese z. B. die Tochtergesellschaft in die Insolvenz getrieben hat. Da von dieser Gesellschaft nun keine Befriedigung mehr erwartet werden kann, möchten sich die Gläubiger an die US-amerikanische Muttergesellschaft wenden und diese, wenn möglich, an dem Sitz ihrer Tochter in der Bundesrepublik verklagen. Es fragt sich also, ob in diesem konkreten Fall überhaupt deutsches Gläubigerschutzrecht auf die ursprünglich nach englischem Recht gegründete Tochtergesellschaft Anwendung finden kann. Nach der neuesten Rechtsprechung des EuGH bestehen daran zumindest Zweifel.[921]

Durch Urteil vom 27.09.1988 (Daily Mail) ließ der EuGH noch bestimmte Beschränkungen des Gebrauchs der Niederlassungsfreiheit durch das nationale Gesellschaftsrecht der Mitgliedstaaten weitgehend unbeanstandet.[922] Der EuGH befand, dass die Artt. 43, 48 EG den Gesellschaften des nationalen Rechts kein Recht gewährten, den Sitz ihrer Geschäftsleitung unter Bewahrung ihrer Eigenschaft als Gesellschaft des Mitgliedstaates ihrer Gründung in einen anderen Mitgliedstaat zu verlegen.[923] Im Urteil vom 09.03.1999 (Centros) wurde dann die eigenständige Bedeutung und unmittelbare Geltung der Niederlassungsfreiheit

---

[921] Vgl. dazu Ringe, IPRax 07, 388 (388 ff.). Von dieser Konstellation zu unterscheiden ist allerdings der Fall, dass eine Tochtergesellschaft nach US-amerikanischem Recht gegründet wurde. Der deutsch-amerikanische Freundschafts-, Handels- und Schifffahrtsvertrag von 1954 bestimmt in Art. XXV Abs. 5 Satz 2, dass beide Mitgliedstaaten verpflichtet sind, Gesellschaften, die nach dem Recht des anderen Mitgliedstaates gegründet sind, im jeweiligen Inland anzuerkennen, vgl. BGBl. 1956 II, S. 487. Ferner besteht nach Art. VII eine Niederlassungsfreiheit für Gesellschaften. Nach der wohl h. M. folgt aus diesem Vertrag die volle Anwendung der Gründungstheorie auf US-amerikanische Gesellschaften mit Sitz in der Bundesrepublik. Diese sind unabhängig vom Ort ihres tatsächlichen Verwaltungssitzes in der Rechtsform anzuerkennen, in der sie gegründet wurden, vgl. BGH NJW 03, 1607 (1608); Drouven/Mödl, NZG 07, 7 (7 ff.); Ebke, FS Hay, S. 124 ff.; Fischer/Dolde, DAJV-NL 4/04, 146 (147); Horn, NJW 04, 893 (897); Paefgen, DAJV-NL 3/03, 98 (99); Schurig, FS Hay, S. 372/373; Stürner, IPRax 05, 305 (306). Hat demnach z. B. eine nach dem Recht des US-Bundesstaates Delaware gegründete (Tochter-) Gesellschaft mit dortigem registriertem Sitz ihren tatsächlichen Verwaltungssitz in der Bundesrepublik, ist auf diese Gesellschaft das Recht am Ort deren Gründung, d. h. US-amerikanisches Recht, anwendbar. Anstelle des deutschen Konzern- und Durchgriffshaftungsrecht kommt dann also allenfalls die US-amerikanische Durchgriffshaftung (piercing the corporate veil) in Betracht. Dieses Ergebnis ist jüngst vom BGH in den Urteilen vom 05.07.2004, vgl. BGH IPRax 05, 339 (340) und 13.10.2004, vgl. BGH IPRax 05, 340 (341) bestätigt worden.

[922] EuGH NJW 89, 2186 (2187). In dem zugrunde liegenden Fall wollte eine englische Gesellschaft ihren Verwaltungssitz in die Niederlande verlegen, wurde aber durch eine erforderliche, von den zuständigen englischen Steuerbehörden verweigerte Genehmigung daran gehindert.

[923] EuGH NJW 89, 2186 (2188).

hervorgehoben.[924] Das Gericht führte aus, dass die Niederlassungsfreiheit es den nationalen Registerbehörden untersage, Gesellschaften den Regeln des eigenen Gesellschaftsrechts zu unterwerfen mit der Begründung, dass die Gesellschaft nur scheinbar eine ausländische Gesellschaft sei.[925] Mit Urteil vom 05.11.2002 (Überseering) entschied der EuGH über eine in den Niederlanden gegründete Kapitalgesellschaft (BV).[926] Der EuGH stellte fest, dass eine Kapitalgesellschaft, die nach dem Recht eines Mitgliedstaates wirksam gegründet worden sei, nach Artt. 43, 48 EG auch dann nach Maßgabe ihres Gesellschaftsstatutes rechts- und parteifähig bleibe, wenn sie ihr unternehmerisches Entscheidungszentrum in einen anderen Mitgliedstaat der Gemeinschaft verlagert habe.[927] Im Urteil vom 30.09.2003 (Inspire Art) führte der EuGH diese Rechtsprechung fort. Danach genüge es nicht, wenn der Zuzugsstaat grundsätzlich die Rechts- und Parteifähigkeit der aus einem anderen Mitgliedstaat zuziehenden Gesellschaft anerkenne. Er müsse vielmehr auch darauf verzichten, dieser Gesellschaft irgendwelche rechtlichen Erschwernisse aufzuerlegen, falls diese nicht durch zwingende Gründe des Allgemeininteresses geboten oder im Einzelfall durch einen konkreten, nachgewiesenen Missbrauch gerechtfertigt seien.[928] Der niederländische Gesetzgeber hatte für „formal ausländische Gesellschaften" mit Niederlassung im Inland ein besonderes Gesetz erlassen, das diesen Gesellschaften bestimmte Mindeststandards (Publizitätspflichten, Mindestkapital, persönliche Haftung der Geschäftsführer) auferlegte. Der EuGH befand u. a., dass die Anforderungen an das Mindestkapital und die Haftung der Geschäftsführer gegen Artt. 43, 48 EG verstießen.[929]

---

[924] EuGH NJW 99, 2027 (2028). In dem zugrunde liegenden Fall gründete ein dänisches Ehepaar bei einem Besuch in England eine „private limited company (plc)" nach englischem Recht und verwandte als satzungsmäßigen Sitz die Adresse eines Freundes, um anschließend Geschäfte dieser Gesellschaft ausschließlich in Dänemark zu betreiben.

[925] EuGH NJW 99, 2027 (2029). Teilweise wurde darin die Abkehr von der Sitz- und der Durchbruch zu der Gründungstheorie gesehen, vgl. Nobel, Int. GesR, S. 10.

[926] EuGH NJW 02, 3614 (3614). Deren Geschäftsanteile wurden von zwei in Deutschland ansässigen Personen erworben. Diese führten die Geschäfte nunmehr von Deutschland aus. Als die Gesellschaft vor deutschen Gerichten klagte, wurde ihr der Einwand der mangelnden Rechts- und Parteifähigkeit entgegengehalten, weil der effektive Geschäftssitz der Gesellschaft inzwischen nach Deutschland verlagert worden sei und die darin liegende Sitzverlegung zu einem Statutenwechsel der Gesellschaft geführt habe. Die Gesellschaft unterliege nunmehr deutschem Gesellschaftsrecht, habe aber die dort geltenden Gründungsvorschriften nicht erfüllt und daher keine Rechts- und Parteifähigkeit erlangt.

[927] EuGH NJW 02, 3614 (3616); Eidenmüller, ZIP 02, 2233 (2239 f.).

[928] EuGH NJW 03, 3331 (3335).

[929] EuGH NJW 03, 3331 (3335). Insofern wurde auch das Urteil des BGH vom 01.07.2002 ignoriert, der kurz zuvor zur Aufrechterhaltung der Sitztheorie der zuziehenden ausländischen Ge-

Die letzten beiden Urteile des EuGH haben in der deutschen Literatur ein vielstimmiges Echo ausgelöst.[930] Dabei wird seit den Entscheidungen des EuGH in „Überseering" und „Inspire Art" u. a. auch der Gesichtspunkt der weiteren Anwendbarkeit nationalen Gläubigerschutzrechts im Falle von zwingenden Gründen des Allgemeininteresses und des Missbrauchs im Einzelfall diskutiert.[931] Bereits nach der Centros-Entscheidung wurde in der deutschen Literatur die Fortgeltung nationalen Gesellschaftsrechts in bestimmten umrissenen Ausnahmefällen zur Schließung von Schutzlücken unter dem Stichwort „gesellschaftsrechtliche Sonderanknüpfung" befürwortet. Dabei wurden verschiedene Konzepte entwickelt, die unter den Bezeichnungen „Überlagerungstheorie" oder „Kombinationslehre" ihren Eingang in das deutsche internationale Gesellschaftsrecht gefunden haben.[932] Die wohl h. M. in der deutschen Literatur scheint sich jedoch nach dem Inspire Art-Urteil einig zu sein: Sie will den vom EuGH statuierten Ausnahmefall so verstanden wissen, dass in diesen Fällen auch gesellschaftsrechtliche Normen des Niederlassungsstaates, die gegen ausnahmsweisen Missbrauch gerichtet seien, zur Anwendung kommen könnten. Ein nachweislicher Missbrauch in diesem Sinn dürfe nach deutschem Recht z. B. im Sonderfall der Existenzvernichtungshaftung vorliegen, wenn eine Gesellschaft eine von ihr abhängige Gesellschaft durch entschädigungslosen Abzug von Liquidität, Vermögen und Ertragschancen in den voraussehbaren wirtschaftlichen Zusammenbruch treibe.[933] Allerdings setze der BGH wohl voraus, dass nur der nach der Gründung erfolgende Eingriff in das Gesellschaftsvermögen die besondere Haftung auslöse. Der Einsatz einer von vornherein unterkapitalisierten Auslandsgesellschaft genüge den Anforderungen nicht.[934] Die verantwortlichen Gesellschafter und Geschäftsführer einer Gesellschaft müssten wissen, dass, wer die Vermögensmasse durch Eingriffe ruiniere, eine elementare Grundregel des Gläubigerschutzes verletze, die zur Begründung der persönlichen Haftung führe.[935] Der EuGH werde den verantwortlichen Gesellschaftern und Geschäftsführern gegen ihre Haftung wegen Existenzvernichtung nicht den Einwand erlauben, es gelte nur das Recht des Gründungsstaates auf diese Gesellschaft. Denn die Niederlassungsfreiheit gebe keinen Anspruch auf eine ausschließliche Behandlung nach dem Recht des Gründungsstaates im Zuzugsstaat.[936] Die Existenzvernichtungs-

sellschaft Rechtsfähigkeit nach deutschem Recht – als Personengesellschaft – zuerkennen wollte, vgl. BGH NJW 02, 3539 (3540).

[930] Schurig, FS Hay, S. 370; Ulmer, NJW 04, 1201 (1201).
[931] Schnelle, FS Hay, S. 346; Weller, IPRax 03, 207 (209).
[932] Horn, NJW 04, 893 (898).
[933] Horn, NJW 04, 893 (899).
[934] Zimmer, NJW 03, 3585 (3588).
[935] Altmeppen, NJW 04, 97 (101).
[936] Altmeppen, NJW 04, 97 (102).

haftung sei eine einzelfallbezogene Gläubigerschutzmaßnahme, die an ein miss-
bräuchliches Verhalten der Gesellschafter während des Betriebes der Gesellschaft anknüpfe und damit die Struktur der Gesellschaft bei ihrer Errichtung
nicht tangiere. Denn entscheidend sei vor allem die Errichtung, die im Fokus der
Niederlassungsfreiheit stehe und die nicht durch Eingriffe in die Struktur der
Gesellschaft behindert werden dürfe.[937] Schon vor der Inspire Art-Entscheidung
des EuGH wurde zum Schutz der Gläubiger die Vornahme von Sonderanknüpfungen nach dem jeweils nationalen Recht erwogen. Danach kam im deutschen
Recht v. a. die Existenzvernichtungshaftung in Frage.[938]

Der EuGH dürfte den nationalen Rechtsordnungen in der Tat eine „Hintertür"
für die Anwendung der eigenen Gläubigerschutzvorschriften aufgelassen haben.
Voraussetzung dafür sind zwingende Gründe des Allgemeininteresses oder ein
konkret nachgewiesener Missbrauch im Einzelfall. Diesen Anforderungen dürfte
die deutsche Existenzvernichtungshaftung nach ihrem bisherigen Konzept genügt haben. Denn Voraussetzung für die Haftung war, dass der der Gesellschaft
durch den Eingriff zugefügte Nachteil nicht schon durch Ansprüche auf einen
bestimmten Erstattungsbetrag wegen Einlagenrückgewähr nach §§ 30, 31
GmbHG vollständig ausgeglichen werden konnte. Die Durchgriffshaftung griff
demnach nur subsidiär ein. Ein solcher Fall lag vor, wenn der Ersatzanspruch der
insolventen GmbH nicht beziffert werden konnte, weil Art und Umfang der
Entnahme verschleiert wurden und deshalb Ausmaß und Folgen der Einlagenrückgewähr nicht im Einzelnen feststellbar waren oder wenn der Vermögensentzug den Insolvenzgrund der Zahlungsunfähigkeit auslöste und damit einen Schaden anrichtete, der über den entzogenen Betrag weit hinaus ging. Beide Konstellationen dürften aber einen derartigen Missbrauchsgrad erreichen haben, der die
Anwendung der Haftung auch im Lichte der neuen EuGH-Rechtsprechung gerechtfertigt hätte. Damit dürften die Fälle der deutschen Durchgriffshaftung –
insbesondere die bisherige Existenzvernichtungshaftung – zumindest als Aus-
nahmeregelungen Geltung behalten haben und dürften im Einzelfall bei nachge-
wiesenem Missbrauch zur Anwendung kommen.[939]

---

[937] Weller, IPRax 03, 207 (209).

[938] Eidenmüller, ZIP 02, 2233 (2242); Schulz, NJW 03, 2705 (2707).

[939] Altmeppen, NJW 04, 97 (102); Horn, NJW 04, 893 (899); Schnelle, FS Hay, S. 354; differenzierend Ulmer, NJW 05, 1201 (1208); Weller, IPRax 03, 207 (210); Zimmer, NJW 03, 3585 (3587).
Vgl. auch Kindler, NJW 03, 1073 (1076 ff.), der sich gar trotz der Rechtsprechung des EuGH für
die Fortgeltung der Sitztheorie ausspricht. A. A. AG Segeberg ZIP 05, 812 (813). Ähnlich auch
BGH WM 05, 889 (890/891); Eidenmüller, ZIP 02, 2233 (2236/2241); Stürner, IPRax 05, 305
(307). Eine ausführlichere Auseinandersetzung mit dieser Thematik, insb. mit der Frage der gesellschaftsrechtlichen, deliktsrechtlichen oder insolvenzrechtlichen Qualifikation der Existenzvernichtungshaftung, vgl. Eidenmüller, ZIP 02, 2233 (2242); Horn, NJW 04, 893 (898); Schnel-

Ob nunmehr mit der Eingliederung der Existenzvernichtungshaftung in die Norm des § 826 BGB deren Anwendung auf Scheinauslandsgesellschaften im Lichte der „Inspire Art"-Rechtsprechung des EuGH angezeigt ist, kann derzeit noch nicht abschließend beurteilt werden.[940] Aus kollisionsrechtlicher Sicht könnte – aufgrund der alleinigen Verankerung der Haftung in § 826 BGB – grundsätzlich deliktisch angeknüpft werden, so dass die Norm auf Vorgänge Anwendung findet, die im Inland stattfinden (Art. 40 EGBGB). Andererseits ist es denkbar, die Existenzvernichtungshaftung – weiterhin – als gesellschaftsrechtlich zu qualifizieren, da der BGH die neue Existenzvernichtungshaftung als folgerichtige Verlängerung des Schutzsystems der §§ 30, 31 GmbHG auf der Ebene des Deliktsrechts betrachtet und deren Notwendigkeit mit der Insuffizienz der gesellschaftsrechtlichen Gläubigerschutzvorschriften der §§ 30, 31 GmbHG begründet.[941] Für den ersteren Fall wird teilweise in der Literatur – zutreffenderweise – angeregt, dass die ungeschriebene Anwendungsvoraussetzung des § 826 BGB – das Defizit des gesellschaftsrechtlichen Gläubigerschutzes – kollisionsrechtlich als materiell-rechtliche Vorfrage selbstständig anzuknüpfen und zu prüfen sei, ob auch nach dem Gesellschaftsstatut der Scheinauslandsgesellschaft eine Insuffizienz des Gläubigerschutzes bestehe.[942]

c. Tatbestände

Im Mittelpunkt der folgenden Untersuchung steht nun die mögliche Geltendmachung von Durchgriffshaftungsansprüchen am Gerichtsstand der Niederlas-

---

le, FS Hay, S. 354; Schurig, FS Hay, S. 371/372; Ulmer, NJW 04, 1201 (1207/1208); Weller, IPRax 03, 207 (210), kann an dieser Stelle nicht erfolgen.

[940] Mit der Ausgestaltung in eine reine Innenhaftung der Gesellschafter gegenüber der Gesellschaft scheint eine Abkehr von der Einstufung der Existenzvernichtungshaftung als Gläubigerschutzrecht vollzogen worden zu sein. Ob daher das neue Haftungsmodell dogmatisch überhaupt noch in die Diskussion über verbleibende nationale Gläubigerschutzrechte in Missbrauchsfällen im Lichte der „Inspire Art"-Rechtsprechung Eingang finden kann, ist derzeit offen.

[941] BGH ZIP 07, 1552 (1552). Vgl. Weller, IPRax 07, 1681 (1688), der sich für eine deliktsrechtliche Anknüpfung gem. Art. 40 EGBGB einsetzt, da der BGH mehrfach die deliktische Einordnung des neuen Konzeptes in Abgrenzung zu den gesellschaftsrechtlichen Schutznormen der §§ 30, 31 GmbHG betone. Ähnlich Burg/Müller-Seils, ZInsO 07, 929 (929 ff.). Vgl. ferner Paefgen, DB 07, 1907 (1907 ff.), der zur Klärung der Anwendung auf europäische Auslandsgesellschaften eine Vorlage an den EuGH für unumgänglich hält. Anders dagegen Schanze, NZG 07, 681 (681 ff.), der sich für eine gesellschaftsrechtliche Qualifikation entscheidet und die Innenhaftungslösung des BGH auf Auslandsgesellschaften für unanwendbar befindet. Ähnlich Krolop, NotBZ 07, 265 (265 ff.), der eine uneingeschränkte Übertragung der Haftung auf eine Limited als unzulässige Beschränkung der Niederlassungsfreiheit ansieht.

[942] Weller, IPRax 07, 1681 (1689).

sung.[943] Der Erörterung wird ein kursorischer Überblick über die Tatbestände der Durchgriffshaftung vorangestellt.

aa. Materielle Unterkapitalisierung

In Betracht kommt eine Haftung wegen materieller Unterkapitalisierung. Diese liegt vor, wenn die Gesellschaft unzureichend mit Kapital ausgestattet ist bzw. wenn das Eigenkapital nicht ausreicht, um den nach Art und Umfang der angestrebten oder tatsächlichen Geschäftstätigkeit unter Berücksichtigung der Finanzierungsmethoden bestehenden, nicht durch Kredite Dritter zu deckenden mittel- oder langfristigen Finanzbedarf zu befriedigen.[944] Zum Teil wird in der Literatur die Ansicht vertreten, die Höhe des Eigenkapitals müsse dem wirtschaftlichen Risiko der betreffenden Gesellschaft entsprechen.[945] Sei diese Höhe – gemessen am tatsächlichen oder beabsichtigten Geschäftsumfang – unvertretbar niedrig, sollten die Gesellschafter nach wohl h. M. in der Literatur analog §§ 128, 129 HGB persönlich haften.[946] Dagegen lehnen Teile der Rechtsprechung und Literatur eine Pflicht der Gesellschafter zur angemessenen Kapitalausstattung der GmbH und damit auch die persönliche Haftung ab. Die Frage einer angemessenen Kapitalausstattung sei nur schwer zu beantworten. Der Gesetzgeber habe ein Mindeststammkapital z. B. bei der GmbH von 25.000,- € vorgeschrieben. Auch könne jeder das Handelsregister nach dem Stammkapital einsehen und ggf. von dem Geschäft Abstand nehmen, wenn ihm das Risiko zu groß sei.[947]

bb. Vermögensvermischung

Ein Haftungsfall kann ferner gegeben sein, wenn das Privat- und das Gesellschaftsvermögen nicht getrennt gehalten werden.[948] Werden bestimmte Gegen-

---

[943] Siehe dazu auch oben § 4 I. 3. e. dd. Der Anwendungsbereich sowie die dogmatische Begründung der Durchgriffshaftung sind im Einzelnen sehr umstritten. Auf die zugrunde liegenden Durchgriffstheorien soll daher nicht vertieft eingegangen werden. Es kann zumindest als gesichert gelten, dass kein eigenständiges Rechtsinstitut der Durchgriffshaftung existiert, sondern diese Bezeichnung als Sammelbegriff für eine Vielzahl vergleichbarer Fälle steht. Eine pauschale Beschreibung der einzelnen Durchgriffsfälle kann demnach nicht vorgenommen werden. Allerdings lassen sich Fallkonstellationen benennen, in denen ein Durchgriff in Betracht kommen kann. Diese sollen im Folgenden kursorisch dargestellt werden.

[944] Baumbach/Hueck-Hueck/Fastrich, § 13, Rdnr. 15; Hüffer, § 1, Rdnr. 19; K. Schmidt, S. 248; Wazlawik, S. 39.

[945] Lutter/Hommelhoff, § 13, Rdnr. 7.

[946] Lutter/Hommelhoff, § 13, Rdnr. 10; K. Schmidt, S. 243.

[947] BAG ZIP 99, 24 (26); BGH WM 77, 841 (845); BGH GmbHR 61, 161 (162); K. Schmidt, S. 250.

[948] BGHZ 22, 226 (230); BGHZ 95, 330 (332); BGHZ 125, 366 (368); BGH DB 01, 2540 (2541); Baumbach/Hueck-Hueck/Fastrich, § 13, Rdnr. 15; Hüffer, § 1, Rdnr. 20; Lutter/Hommelhoff, § 13, Rdnr. 13; Wazlawik, S. 39.

stände oder ganze Vermögensmassen nicht deutlich genug dem Privat- oder dem Gesellschaftsvermögen zugeordnet, kann sich der Gesellschafter unter Umständen nicht darauf berufen, dass der Gegenstand jeweils zu dem anderen Vermögen gehört. Dabei handelt sich allerdings weniger um ein Problem der Durchgriffshaftung als eines der Beweislast. Denn der Kläger müsste im Rahmen der Drittwiderspruchsklage darlegen und beweisen, dass ihm ein die Veräußerung hinderndes Recht an dem betreffenden Gegenstand zusteht. Das dürfte bei dieser gegenständlichen Vermögensvermischung regelmäßig nicht gelingen.[949] Die gegenständliche Vermögensvermengung soll daher zunächst nur zu einer gegenständlichen Haftungserweiterung führen.[950] Erreicht die Vermögensvermischung aber solche Ausmaße, dass die Vermögensabgrenzung zwischen Gesellschaft und Gesellschaftern durch falsche bzw. unzureichende Buchführung oder auf andere Weise so stark verschleiert wird, dass insbesondere die Beachtung der Kapitalerhaltungsvorschriften unkontrollierbar wird, kommt eine „echte" Durchgriffshaftung in Betracht. Der Gesellschafter haftet nach dem Urteil des BGH vom 16.09.1985 (Autokran) dann den Gläubigern unmittelbar, d. h. in einer den §§ 128, 129 HGB entsprechenden Weise.[951] Diese Haftung soll aber nur denjenigen Gesellschafter mit maßgebendem Einfluss treffen, der die Vermögensvermischung veranlasst oder in Kenntnis gebilligt hat.[952] Die Haftung setzt also die Zurechnung des Durchgriffstatbestandes gegenüber dem individuellen Gesellschafter voraus.[953]

cc. Sphärenvermischung

Darüber hinaus kann die Vermischung der organisatorischen Sphären eine Haftung begründen. Diese ist gegeben, wenn im organisatorischen Bereich die Trennung zwischen Gesellschaft und Gesellschaftern verschleiert wird,[954] mit der möglichen Folge einer Außenhaftung entsprechend §§ 128, 129 HGB.[955] Dabei handelt es sich ebenfalls weniger um ein Problem der Durchgriffshaftung im streng dogmatischen Sinn. Vielmehr entstammt es dem Vertretungsrecht bzw. der Rechtsscheinshaftung. Denn legt der Gesellschafter sein Handeln für eine bestimmte Gesellschaft nicht hinreichend offen, oder hält er die Bestimmungen

---

[949] BGH ZIP 85, 29 (31); Lutter/Hommelhoff, § 13, Rdnr. 13; K. Schmidt, S. 242.

[950] K. Schmidt, S. 243.

[951] BGH NJW 86, 188 (189).

[952] BGHZ 125, 366 (369); BGH NJW 94, 1801 (1802); Baumbach/Hueck-Hueck/Fastrich, § 13, Rdnr. 15; Lutter/Hommelhoff, § 13, Rdnr. 13.

[953] K. Schmidt, S. 243; Wazlawik, S. 39.

[954] Baumbach/Hueck-Hueck/Fastrich, § 13, Rdnr. 15; Lutter/Hommelhoff, § 13, Rdnr. 14; Wazlawik, S. 38 Fn. 9.

[955] BGHZ 22, 226 (230); Lutter/Hommelhoff, § 13, Rdnr. 14.

des Firmenrechts nicht ein, kann er sich i. d. R. nicht darauf berufen, die GmbH und nicht er sei gebunden worden.[956]

dd. Institutsmissbrauch

Auch kann ein Institutsmissbrauch die Durchgriffshaftung auslösen. Dieser liegt vor, wenn das Trennungsprinzip formal einwandfrei, aber im Widerspruch zu den Ordnungsprinzipien des geltenden Rechts bewusst zum Nachteil der Gläubiger eingesetzt wird.[957] Es handelt sich dabei um Fälle, in denen der objektive Tatbestand des § 826 BGB erfüllt ist, es aber am entsprechenden Vorsatz bzw. seiner Nachweisbarkeit fehlt. Die Gesellschafter haften dann gemeinhin gem. §§ 128, 129 HGB.

ee. Existenzvernichtender Eingriff

Schließlich wurde in diesem Zusammenhang bisher auch die Haftung im qualifiziert faktischen GmbH-Konzern diskutiert. Wie bereits festgestellt, hat der BGH diese Konstruktion nunmehr aufgegeben. Als neue Fallgruppe wurde stattdessen die Haftung wegen existenzvernichtenden Eingriffs entwickelt.[958]

ff. Subsumtion

Diese Fallkonstellationen rechtfertigen die Anwendung des Niederlassungsgerichtsstandes. Denn maßgeblich ist, dass die Tochtergesellschaft durch ein Über- und Unterordnungsverhältnis der Aufsicht und Leitung der Mutter unterliegt, mit der Folge, dass sie als deren Außenstelle anzusehen ist und von ihr wie eine bloße Betriebsabteilung geführt wird. Die Beherrschung und die Leitungsmacht können auf Verträgen oder rein faktischer – einfacher wie qualifizierter – Mehrheitsbeteiligung beruhen. Die Anwendung des Niederlassungsgerichtstandes hängt demnach weniger von der Fallgruppe als vielmehr von der zugrunde liegenden internen gesellschaftsrechtlichen Organisation ab.[959]

---

[956] K. Schmidt, S. 244.

[957] BGH WM 79, 229 (230); Baumbach/Hueck-Hueck/Fastrich, § 13, Rdnr. 15; Lutter/Hommelhoff, § 13, Rdnr. 26.

[958] Siehe oben § 5 II. 1. b. bb. (2). Die weiteren Details und Theorien der materiell-rechtlichen Durchgriffshaftung im deutschen und europäischen Recht sollen an dieser Stelle aber nicht vertieft werden. Die umschriebenen Probleme sind – wie geschildert – vielschichtig und die hierzu entwickelten Theorien vielfältig, vgl. Hübner, JZ 78, 703 (703). Eine ausführlichere Behandlung dieser Thematik würde den Rahmen der vorliegenden Arbeit sprengen. Insofern soll im weiteren Verlauf nur noch auf den prozessualen Aspekt, d. h. den Zuständigkeitsdurchgriff, eingegangen werden.

[959] Demnach könnte auch eine natürliche Person, z. B. ein Alleingesellschafter und Geschäftsführer einer Einmann-GmbH, als „Stammhaus" der „Niederlassung" – der GmbH – angesehen werden.

d. Ansprüche

aa. Materielle Unterkapitalisierung

Die – durchaus umstrittene – Fallgruppe der materiellen Unterkapitalisierung dürfte sich für eine Geltendmachung am Niederlassungsgerichtsstand eignen. Folgt man der wohl h. M. in der Literatur, stehen den Gläubigern der Tochtergesellschaft eigene Ansprüche gegen die Gesellschafter – die Muttergesellschaft – zu, die gem. §§ 128, 129 HGB analog für die Verbindlichkeiten der Tochtergesellschaft haftet. Die Gläubiger können demnach als Dritte i. S. d. Niederlassungsgerichtsstandes angesehen werden. Der erforderliche Bezug zu dem Geschäftsbetrieb der Niederlassung dürfte sich aus der unzureichenden Kapitalausstattung der Tochtergesellschaft durch ihre Führung – die Muttergesellschaft – ergeben. Diese ist als Gesellschafterin aber verpflichtet, ihre Gesellschaft mit ausreichend Kapital auszustatten. Anderenfalls kann ein Verstoß gegen die Kapitalaufbringungs- und Kapitalerhaltungsvorschriften der §§ 7, 57, 58 Abs. 5 AktG bzw. §§ 5 Abs. 1, 19 Abs. 2, 30 Abs. 1 GmbHG vorliegen. Der Rechtsstreit könnte dann aus der Verletzung dieser Vorschriften zum Nachteil der Gläubiger resultieren.

bb. Vermögensvermischung

Ferner könnte die Geltendmachung der Haftung wegen Vermögensvermischung in Betracht kommen. Denn die Muttergesellschaft haftet den Gläubigern der Tochtergesellschaft für deren Verbindlichkeiten gem. §§ 128, 129 HGB analog. Sie muss allerdings den maßgeblichen Einfluss gehabt und die Vermögensvermischung veranlasst oder gebilligt haben. Das dürfte nicht selten der Fall sein, da die Muttergesellschaft die alleinige bzw. maßgebliche Gesellschafterin der Tochtergesellschaft ist. Die Betriebsbezogenheit könnte sich aus dem Verhalten der Muttergesellschaft ergeben, die eine Vermögensabgrenzung durch mangelhafte oder bewusst unterlassene Buchführung nicht vorgenommen oder die Vermögenswerte der Tochtergesellschaft selbst verwendet hat. Dadurch hätte sie dann außervertragliche Ansprüche der Gläubiger der Tochtergesellschaft gegen sich ausgelöst.

cc. Sphärenvermischung / Institutsmissbrauch

Gleiches könnte auch für die Fälle der Sphärenvermischung und des Institutsmissbrauchs gelten. In diesen Fällen haftet die Muttergesellschaft den Gläubigern der Tochtergesellschaft aus §§ 128, 129 HGB analog, so dass diese als Dritte i. S. d. Niederlassungsgerichtsstandes angesehen werden können. Die Betriebsbezogenheit dürfte sich ebenfalls aus dem Eingriff der Muttergesellschaft in die gesellschaftsrechtliche Organisation der Tochtergesellschaft zum Nachteil der Gläubiger ergeben.

dd. Existenzvernichtender Eingriff

Nach der bisherigen Rechtsprechung des BGH hätten auch Ansprüche wegen existenzvernichtenden Eingriffs am Niederlassungsgerichtsstand durch die Gläubiger gegen die Muttergesellschaft geltend gemacht werden können. Denn diese Fallgruppe ermöglichte es den Gläubigern der Tochtergesellschaft, ihre Ansprüche auch gegen die Muttergesellschaft geltend zu machen, wenn die Tochtergesellschaft durch den Eingriff ihren Verbindlichkeiten nicht mehr nachkommen konnte und der Nachteil auch durch die Erstattungsansprüche nach §§ 30, 31 GmbHG nicht mehr vollständig ausgeglichen werden konnte. Damit wären die Gläubiger Dritte i. S. d. Niederlassungsgerichtsstandes gewesen. Auch wäre dieser Anspruch aus dem Betrieb der Niederlassung, d. h. der Tochtergesellschaft resultiert. Denn es handelte sich um einen außervertraglichen Anspruch aus der Führung der Niederlassung durch das Mutterunternehmen. Dieses war aber nicht berechtigt, die Existenz der Tochtergesellschaft durch Vermögensentzug zu vernichten. Dies galt zumindest für einen Vermögensentzug außerhalb des geordneten Liquidations- oder Insolvenzverfahrens. Denn grundsätzlich hatte keine GmbH einen Anspruch gegen ihre Gesellschafter auf Gewährleistung ihres Bestandes. Den Gesellschaftern bzw. der Muttergesellschaft als alleiniger Gesellschafterin war es aber in keinem Fall erlaubt, der abhängigen Tochtergesellschaft das Vermögen zu entziehen und ihr dadurch die Möglichkeit zu nehmen, ihre Verbindlichkeiten zu erfüllen.

Nunmehr handelt es sich bei der Haftung wegen existenzvernichtenden Eingriffs um eine Innenhaftung, wonach allein der GmbH und nicht mehr den Gesellschaftsgläubigern ein Schadensersatzanspruch aus § 826 BGB gegen den oder die – herrschenden – Gesellschafter zusteht. Der BGH spricht dieser Gruppe eine eigene Forderungszuständigkeit ab, die auch für den Fall der masselosen Insolvenz gelte. Dies begründet er mit dem Grundsatz des über die GmbH mediatisierten und kanalisierten Gläubigerschutzes und mit dem Schutz der Gesellschafter vor dem unmittelbaren Zugriff der Gesellschaftsgläubiger.[960] Zwar können nun neben den Gesellschaftern auch Nicht-Gesellschafter als Teilnehmer gemäß § 830 BGB in den Kreis der Haftungsadressaten rücken, wenn sie am existenzvernichtenden Eingriff mitgewirkt haben, mit der Folge, dass Gesellschafter und Teilnehmer als Gesamtschuldner gemäß § 840 BGB haften.[961] Dagegen wurden die außenstehenden Gesellschaftsgläubiger aus dem Kreis der Anspruchsberechtigten ausgeschieden, mit der Folge für die hier zu untersu-

---

[960] BGH ZIP 2007, 1552 (1552). Kritisch dazu Wilhelm, EWiR 07, 557 (558). Vgl. auch Altmeppen, NJW 07, 2657 (2657 ff.), der sich für eine analoge Anwendung der Normen des AktG zu Gunsten der Gläubiger außerhalb des Insolvenzverfahrens einsetzt. Vgl. ferner Schanze, NZG 07, 681 (681 ff.); Weller, IPRax 07, 1681 (1687).

[961] Vgl. Weller, IPRax 07, 1681 (1687).

chende Frage, dass mit dem neuen Haftungskonzept mögliche Ansprüche gegen die herrschenden Gesellschafter nicht am Gerichtsstand der Niederlassung geltend gemacht werden können. Denn die Gesellschaft als allein Anspruchsberechtigte ist keine Dritte i. S. d. Norm. Die Gläubiger werden vom BGH auf den prozessualen Umweg verwiesen, wonach sie zunächst einen Titel gegen die Gesellschaft zu erwirken haben, um dann im Wege der Pfändung und Überweisung der Gesellschaftsansprüche gegen den oder die Gesellschafter vorzugehen.

ee. Zwischenergebnis

Demnach könnten die in Rechtsprechung und Literatur diskutierten Durchgriffsansprüche – mit Ausnahme der Haftung wegen existenzvernichtenden Eingriffs – am Niederlassungsgerichtsstand von den Gläubigern der Tochtergesellschaft gegen die Muttergesellschaft geltend gemacht werden.

3. Bedürfnis für die Anwendung von § 21 ZPO

Schließlich dürfte auch ein Bedürfnis für die Geltendmachung der Konzern- und Durchgriffshaftungsansprüche am Niederlassungsgerichtsstand zu ermitteln sein. Denn mit der Öffnung des Gerichtsstandes würde dem Kläger ein weiterer besonderer Gerichtsstand zur Verfügung gestellt, an dem er seine Ansprüche gegen die Muttergesellschaft verfolgen könnte.

Die Zuständigkeit der Gerichte bei der Konzern- und Durchgriffshaftung wird vornehmlich in Literatur und Rechtsprechung im Zusammenhang mit den Gerichtsständen des Erfüllungsortes (§ 29 ZPO), der unerlaubten Handlung (§ 32 ZPO) und des Vermögens (§ 23 ZPO) diskutiert.[962] Allerdings dürfte die Geltendmachung der erörterten Ansprüche an diesen Gerichtsständen keineswegs gesichert sein.[963] Zweifelhaft ist z. B., ob es sich bei dem Anspruch auf Sicherheitsleistung bzw. direkte Zahlung gem. §§ 303, 322 AktG[964] beim Vertragskonzern um einen vertraglichen Anspruch i. S. v. § 29 ZPO handelt.[965] Denn der Anspruch steht den Gläubigern der Tochtergesellschaft kraft Gesetzes gegen die Muttergesellschaft zu.

---

[962] Siehe oben § 4 I. 3. e. aa. Vgl. auch Maul, AG 98, 404 (406); Maul, NZG 99, 741 (744).

[963] Vgl. zur EuGVVO Schack, GS Sonnenschein, S. 708, wonach der Gläubiger, der eine Haftung der Mutter nach Art. 5 Nr. 1 oder Nr. 3 EuGVVO nicht begründen könne, darauf verwiesen werde, die Mutter an ihrem allgemeinen Gerichtsstand zu verklagen. Diese Erschwernis der Rechtsverfolgung dürfe man ihm aber zumuten.

[964] Siehe oben § 5 II. 1. c. ff.

[965] OLG Frankfurt/Main, IPRax 00, 525 (525). Vgl. auch Goette, DStR 97, 503 (505); Maul, AG 98, 404 (408).

Auch könnte dem Gerichtsstand im Anwendungsbereich des qualifiziert faktischen AG-Konzerns Bedeutung zukommen. Dieser soll nach der wohl h. M. in
der Literatur – trotz der Bremer Vulkan-Entscheidung des BGH und der aufgrund von § 76 AktG wohl nur geringen praktischen Bedeutung – weiter existieren und auf ihn die §§ 302, 303 AktG[966] analoge Anwendung finden. Da es beim
faktischen Konzern an einer vertraglichen Grundlage fehlt, kommt der Gerichtsstand des Erfüllungsortes § 29 ZPO für eine Geltendmachung nicht in Betracht.
Auch mangelt es an einer unerlaubten Handlung, die dem in Rede stehenden
Anspruch zugrunde liegt, da es nicht auf den Nachweis schädigender Einflussnahme, sondern allein auf den Befund einer qualifiziert faktischen Konzernherr-
schaft ankommt.[967]

Schließlich ist zumindest zweifelhaft, ob alle Fallgruppen der Durchgriffshaftung von dem Gerichtsstand der unerlaubten Handlung gem. § 32 ZPO erfasst
werden. Eine vertragliche Grundlage besteht i. d. R. nicht.[968] Stellt man auf die
Haftung gem. §§ 128, 129 HGB[969] ab, dürfte keine unerlaubte Handlung festzustellen sein, zumindest aber ist die Einordnung der Durchgriffshaftung als unerlaubte Handlung umstritten.[970] Die Anwendung des Vermögensgerichtsstandes[971]

---

[966] Siehe oben § 5 II. 1. c. ff.

[967] Siehe oben § 5. II. 1. b. bb. Vgl. auch Goette, DStR 97, 503 (505).

[968] Jaspert, S. 295.

[969] Siehe unten § 5 II. 2. c.

[970] BGHZ 68, 312 (322); Jaspert, S. 297; Ulmer, NJW 04, 1201 (1208); Weller, IPRax 03, 207
(210); Zimmer, NJW 03, 3585 (3588).

[971] Im autonomen deutschen Recht wird der Zuständigkeitsdurchgriff u. a. im Rahmen von § 23
ZPO diskutiert. Stünden der Mutter- gegen die Tochtergesellschaft Forderungen zu, seien diese
gem. § 23 Satz 2 ZPO im Inland belegen und die Muttergesellschaft demnach dort gerichtspflichtig, vgl. Schack, GS Sonnenschein, S. 707. Gesellschaftsbeteiligungen (an GmbH's, KG's
oder OHG's) werden am Sitz der Gesellschaft für belegen gehalten, vgl. OLG Frankfurt/Main
MDR 58, 108 (108); Krätzschmar, FS Hay, S. 247; MüKo-Kindler, Int. WirtR, Rdnr. 825; MüKo
ZPO-Patzina, § 23, Rdnr. 18; Stein/Jonas-Roth, § 23, Rdnr. 29; Wieczorek/Schütze-Hausmann, §
23, Rdnr. 29; Zöller-Vollkommer, § 23, Rdnr. 10. Bei Aktien komme es auf deren Lageort an,
vgl. OLG Frankfurt/Main NJW-RR 96, 186 (187); Baumbach/Lauterbach-Hartmann, § 23, Rdnr.
20; Geimer, IZPR, Rdnr. 1374e; Hdb. Int. ZVerfR I-Kropholler, Kap. III, Rdnr. 325; MüKo
ZPO-Patzina, § 23, Rdnr. 18; Musielak-Heinrich, § 23, Rdnr. 9; Otto, S. 151; Stein/Jonas-Roth,
§ 23, Rdnr. 29; Wieczorek/Schütze-Hausmann, § 23, Rdnr. 28; Zöller-Vollkommer, § 23, Rdnr.
10. Allerdings dürfte die zunehmende Verwahrung der Aktien in digitalisierter Form (Girosam-
melverwahrung durch die Clearstream Banking AG, vgl. dazu ausführlicher Hdb. AG-
Zätzsch/Maul, § 4, Rdnr. 17 f./84 f.) eine Lokalisierung der Belegenheit z. B. von Globalurkun-
den immer schwieriger machen, so dass es letztlich für die Begründung der Zuständigkeit gem. §
23 ZPO nicht mehr – entgegen OLG Frankfurt/Main NJW-RR 93, 186 (187) – auf die (physische) Belegenheit von Aktien ankommen dürfte. Zutreffenderweise sollte auf den Sitz der Akti-

im autonomen deutschen Recht ist im internationalen Rechtsverkehr umstritten. Die Anerkennung eines auf § 23 ZPO gestützten Urteils im Ausland ist ungewiss,[972] so dass den Klägern im Zweifel lediglich eine Vollstreckung im Inland mit möglicherweise unbefriedigendem Ausgang bliebe. Auch ist die Anwendung der Norm unter Einschluss des vom BGH geforderten „hinreichenden Inlandsbezuges" auf die internationale Entscheidungszuständigkeit aufgrund des generalklauselartigen Charakters des Tatbestandsmerkmals höchst umstritten[973] und demnach mit einem nicht unerheblichen Maß an Rechtsunsicherheit belastet. Dagegen würde der Niederlassungsgerichtsstand auch im internationalen Rechtsverkehr als Entscheidungszuständigkeit von den ausländischen Gerichten anerkannt.[974] Ferner besteht bei der Anwendung der Norm ein im Vergleich zu § 23 ZPO erheblich geringeres Maß an Rechtsunsicherheit, da es – wie festgestellt – aufgrund der klaren und leicht feststellbaren Merkmale der dauerhaft errichteten Betriebsstätte i. w. S. und der Betriebsbezogenheit der geltend gemachten Klage keines weiteren – unbestimmten – Merkmals, wie des Inlandsbezuges, bedarf.[975]

---

engesellschaft abgestellt werden. Vgl. Grothe, RabelsZ 58, 686 (723), wonach die Muttergesellschaft anderenfalls einem Zuständigkeitsdurchgriff über § 23 ZPO durch Verlagerung der Aktienurkunden problemlos entgehen könne. Vgl. auch Maul, NZG 99, 741 (743), wonach kennzeichnend für die Beteiligung an einer AG sei, dass sie die Gesamtheit der Rechte und Pflichten des Gesellschafters in sich bündele. Diese bestünden im Wesentlichen aus Teilhabe-, Schutz- und Vermögensrechten sowie den mitgliedschaftsrechtlichen Loyalitäts- und Unterlassungspflichten. Für die Frage der Belegenheit der Beteiligung sei entscheidungserheblich, wer diese Forderungen des einzelnen Gesellschafters zu erfüllen habe und wo der Schuldner seinen Sitz habe. Da dies – soweit es sich um Sozialverbindlichkeiten handele – durch die deutsche Tochtergesellschaft gegenüber der ausländischen Muttergesellschaft zu geschehen habe, seien die Forderungen am Sitz der deutschen Tochtergesellschaft belegen. Vgl. auch MüKo-Kindler, Int. WirtR, Rdnr. 825; Vorpeil, RIW 91, 995 (1001).

[972] Siehe § 4 I. 6. a.

[973] Siehe § 4 I. 6. a. Immerhin wird aber teilweise die Zuständigkeitseröffnung über die ausländische Mutter am Ort der deutschen Tochtergesellschaft gefordert. Vgl. Mansel, FS Jayme, S. 570, der befürwortet, den für den Vermögensgerichtsstand erforderlichen Inlandsbezug für eine Klage gegen ein beherrschendes Unternehmen regelmäßig in der Geschäftstätigkeit der abhängigen Gesellschaft im Inland zu sehen. Vgl. auch Zöller-Geimer, IZPR, Rdnr. 95a, wonach es nicht angehen könne, dass die auf § 23 ZPO basierende internationale Gerichtspflichtigkeit in Deutschland durch Konzernbildung (Ausgliederung des in Deutschland befindlichen Vermögens in Tochtergesellschaften) beliebig unterlaufen werden könne.

[974] Siehe unten § 10 VI. 1. Vgl. auch Pfeiffer, S. 147, der sich dafür ausspricht, das Zuständigkeitsrecht grundsätzlich so zu gestalten, dass die eigenen Anknüpfungen generell und im allgemeinen Aussicht auf internationale Anerkennung hätten.

[975] Siehe § 4 I. 6.

Darüber hinaus scheint diese Anwendung auch einer Tendenz in Teilen der deutschen Literatur entgegen zu kommen, die sich für eine Stärkung der Position des Klägers bei der Geltendmachung und Durchsetzung von konzernrechtlichen Ansprüchen im grenzüberschreitenden Konzern ausspricht. So wird z. B. argumentiert, das Prozessrecht in seiner dienenden Funktion habe die Aufgabe, für „angemessene Rechtsverwirklichungsmöglichkeiten im Inland zu sorgen".[976]

4. Konzern- und Durchgriffshaftung im Anwendungsbereich von Art. 5 Nr. 5 EuGVVO

Im Rahmen von Art. 5 Nr. 5 EuGVVO finden für eine Geltendmachung von autonomen deutschen Konzern- und Durchgriffshaftungsansprüchen die o. g. Grundsätze zur Anwendbarkeit autonomen deutschen Sachrechts ebenfalls Anwendung.[977]

Allerdings ist die besondere gemeinschaftsrechtliche autonome Auslegung[978] des Tatbestandsmerkmals der Betriebsbezogenheit zu beachten.

Als besondere gemeinschaftsrechtliche Rechtsfindungsmethode hat in diesem Zusammenhang die rechtsvergleichende Auslegung Bedeutung.[979] Die Geltendmachung von autonomen deutschen Konzern- und Durchgriffshaftungsansprüchen im System der EuGVVO könnte Schwierigkeiten bereiten. Denn die in den

---

[976] Vgl. Buchner, S. 95 ff., der sich für eine restriktivere Anwendung des allgemeinen Beklagtengerichtsstandes zugunsten der streitgegenstandsbezogenen besonderen Gerichtsstände ausspricht. Vgl. Ebenroth/Offenloch, RIW 97, 1 (12); Maul, NZG 99, 741 (742), die zumindest den häufig fehlenden deutschen Klägergerichtsstand beklagen. Vgl. Feddersen, Beherrschungs- und Gewinnabführungsverträge, S. 139, der sich für eine faktische Möglichkeit einsetzt, „die ausländische Gesellschaft zur Erfüllung ihrer Pflichten anzuhalten". Vgl. Schiessl, RIW 88, 951 (951), wonach die weltweite Verzweigung eines multinationalen Konzerns häufig die Rechtsdurchsetzung erschwere. Die Durchsetzung theoretisch begründeter Ansprüche scheitere nicht selten an praktischen Problemen wie Zustellung, Beweiserhebung oder Vollstreckung im Ausland. Mit Hinblick auf den multinationalen Konzern müsse es deshalb Aufgabe einer Rechtsordnung sein, zu verhindern, dass Ansprüche, die einem nationalen Unternehmen gegenüber durchsetzbar wären, nicht aufgrund der besonderen Situation eines internationalen Unternehmensverbundes verlorengingen. Außerdem müsse versucht werden, ein Unterlaufen der nationalen Rechtsordnung durch die multinationale Unternehmensstruktur zu verhindern. Vgl. Schack, GS Sonnenschein, S. 708, der zumindest eine Preisgabe für den Zuständigkeitsdurchgriff relevanter Gerichtsstände ablehnt, solange man in den USA an der allgemeinen Zuständigkeit kraft „doing business" festhalte. Vgl. schließlich Michalski-Leible, Syst. Darst. 2, Rdnr. 163; MüKo-Kindler, Int. WirtR, Rdnr. 812.

[977] Siehe oben § 5 II. 1. a./2. a.

[978] Siehe oben § 4 II. 4. a./5.

[979] Kropholler, Einl., Rdnr. 48; Theiss/Bronnen, EWS 04, 350 (354).

Mitgliedstaaten herrschenden Konzernrechte weisen zum Teil sehr grundsätzliche Unterschiede nach Zielsetzung, Instrumentarium und Entwicklungsstadium auf.[980]

Neben der Mehrheitsbeteiligung gibt es den Beherrschungsvertrag z. B. nur noch im portugiesischen Recht.[981]

In Frankreich existiert zwar ein Begriff für den Konzern (groupe de société), der auch durch die wirtschaftliche Entscheidungseinheit (unité de décision économique) gekennzeichnet ist. Dennoch fühlen sich die Gerichte und die Literatur für eine Konkretisierung derselben nicht verantwortlich.[982] Eine Kodifizierung des Konzernrechts scheiterte bisher. Es herrscht (zumindest) das Prinzip der getrennten Betrachtung der juristischen Einzeleinheiten. Ein ausnahmsweiser Durchgriff auf andere Konzerneinheiten wird unter dem Aspekt des Missbrauchs (abus) geahndet.[983] Beim Durchgriff zugunsten von Gläubigern von Tochtergesellschaften wurden auch Kriterien wie Vermögensvermischung und Fiktion einer Gesellschaft herangezogen. Erstere kann bereits dann vorliegen, wenn Indizien, wie z. B. gemeinsame Geschäftslokale, Verrechnungskonten, Unterkapitalisierung der Tochter o. ä., vorliegen. Letztere ist gegeben, wenn das Gebilde nicht die notwendigen Elemente einer Gesellschaft aufweist und als Instrument bzw. aus Eigeninteresse der Obergesellschaft betrieben wird.[984] Allerdings sind dies keine konzernspezifischen Kriterien. Es gilt die organisatorische Einbeziehung i. S. d. einheitlichen Leitung nicht als hinreichendes Tatbestandsmerkmal für die Haftung der Mutter.[985]

In Italien existiert der Unternehmensverbund (gruppo), gesetzlich definiert ist dagegen nur die Beherrschung (controllo). Die bloß strategische bzw. koordinierende Tätigkeit der Obergesellschaft (capogruppo) soll die einheitliche Leitung (direzione unitaria) begründen.[986] Es fehlt demnach ebenfalls an einer umfassenden Konzerngesetzgebung.[987] Allerdings existiert auch – vor allem in der Literatur – ein Durchgriffsmodell (superamento della personalità giuridica), wonach

---

[980] Haubold, IPRax 00, 375 (379); Jaspert, S. 6/166. Vgl. auch Schiessl, RIW 88, 951 (951).
[981] Artt. 493 ff. Código das Sociedades Comcerciais, Decreto-Lei Nr. 262/86 vom 02.09.1986.
[982] Druey, ZGR-Sonderheft 11, S. 312.
[983] Druey, ZGR-Sonderheft 11. S. 315.
[984] Druey, ZGR-Sonderheft 11. S. 316.
[985] Druey, ZGR-Sonderheft 11, S. 317.
[986] Druey, ZGR-Sonderheft 11, S. 320.
[987] Druey, ZGR-Sonderheft 11, S. 321.

der 100 %ige Anteilsbesitz die persönliche Haftung des Alleingesellschafters für die Schulden der juristischen Person zur Folge hat.[988]

In England spricht der Companies Act von „parent" und „subsidiary", der gesamte Konzern wird als „group" bezeichnet.[989] Nur zögerlich und in seinem Anwendungsbereich nicht so weit gehend wie in den USA, entwickelte sich die Lehre vom „piercing the corporate veil", die Missbrauch (fraud) voraussetzte. Später erkannten die Gerichte auch die Beherrschung als Grundlage für den Durchgriff an.[990] Die EuGVVO hat aufgrunddessen keine Festlegungen bezüglich der internationalen Durchgriffszuständigkeit erhalten.

Allerdings muss die Existenz einer (kodifizierten) Konzernhaftung nur in der Bundesrepublik und in Portugal der entsprechenden Geltendmachung nicht notwendigerweise entgegenstehen. Denn die Auslegung der EuGVVO erfolgt – wie gesehen – autonom.[991] Demnach hat sie sich nicht ausschließlich an den Rechtsordnungen der beteiligten Mitgliedstaaten in dem jeweils zu entscheidenden Fall zu orientieren, sondern hat eigenständige Ansätze zu finden, die sich an den allgemein in Europa herrschenden Rechtsgrundsätzen anlehnen. Dabei beruft sich der EuGH seit der LTU/Eurocontrol-Entscheidung „auf die allgemeinen Rechtsgrundsätze, die sich aus der Gesamtheit der innerstaatlichen Rechtsordnungen ergeben",[992] und die bei der Auslegung ebenfalls mit heranzuziehen sind. Gemeinhin wird sogar berücksichtigt, dass eine „bestimmte Lösung" in den „meisten" Mitgliedstaaten anerkannt sei.[993]

Dass der EuGH bisweilen die Verortung heranzuziehender Rechtsgrundsätze in nur einigen wenigen Rechtsordnungen von Mitgliedstaaten hat genügen lassen, zeigt letztlich auch die Entscheidung in der Rechtssache Schotte/Parfums-Rothschild, in der er zur Begründung des Rechtsscheins auf Grundsätze zurückgriff, die lediglich in der Bundesrepublik, im Vereinigten Königreich und Frankreich existieren. Die Kommission wies noch im Vorverfahren der Rechtssache Somafer/Saar-Ferngas darauf hin, dass die im deutschen Recht geltenden Grundsätze des Rechtsscheins keineswegs allen Mitgliedstaaten bekannt seien.[994] Dieser Umstand hat den EuGH aber von der Anwendung der Grundsätze nicht abgehalten. Die Existenz der Konzernhaftung lediglich in Deutschland und Portu-

---

[988] Druey, ZGR-Sonderheft 11, S. 323.

[989] Druey, ZGR-Sonderheft 11. S. 327.

[990] Druey, ZGR-Sonderheft 11, S. 331.

[991] Siehe oben § 4 II. 4. a.

[992] EuGH, Slg, 1976, 1541 (1550); EuGH; Slg. 1979, 733 (743); EuGH, Slg. 1980, 3807 (3817).

[993] EuGH, Slg. 1976, 1735 (1747).

[994] EuGH, Slg. 1978, 2183 (2189).

gal dürfte daher ebensowenig der hier erörterten Geltendmachung am Niederlassungsgerichtsstand entgegenstehen.[995]

Im Übrigen hat der EuGH im Rahmen der autonomen Auslegung vertragliche und außervertragliche Rechte und Pflichten als betriebsbezogen definiert. Ferner hat er solche außervertraglichen Verpflichtungen als betriebsbezogen angesehen, die aus Tätigkeiten entstehen, die über die Niederlassung abgewickelt werden,[996] so dass auch autonome deutsche Konzern- und Durchgriffshaftungsansprüche darunter durchaus subsumiert werden können. Denn ausschlaggebend ist nach der autonomen Auslegung durch den EuGH, dass der Streitgegenstand seine Wurzel im Betrieb der Niederlassung hat. Maßgeblich ist, ob in der Niederlassung der anspruchsbegründende Zustand geschaffen, die anspruchsbegründende Gefahr begründet oder das pflichtwidrige sonstige Verhalten veranlasst wurde,[997] und nicht, dass die Klagen aus Streitigkeiten stammen, die unmittelbar dem Geschäftsbetrieb entspringen.[998]

III. Lehre von den doppelrelevanten Tatsachen

Nach der – nicht unumstrittenen, aber von der wohl h. M. vertretenen[999] – Lehre von den doppelrelevanten Tatsachen[1000] sind solche Tatsachen als doppelrelevant einzustufen, die – im besonderen Zusammenhang mit der internationalen Zuständigkeit – Bedeutung sowohl für die internationale Zuständigkeit als auch für Fragen der Begründetheit haben, namentlich die Anknüpfungspunkte im IPR, wie „Vertrag" oder „Delikt".[1001] Die Lehre wurde entwickelt, um zu vermeiden,

---

[995] Auf die – durchaus gerechtfertigte – extensive Auslegung von Art. 5 Nr. 5 EuGVVO durch den EuGH wurde bereits hingewiesen. Siehe oben § 5 I. 1. b. ff. Vgl. auch Linke, IPRax 82, 46 (48).

[996] Siehe oben § 4 II. 5.

[997] Geimer/Schütze, Art. 5 EuGVVO, Rdnr. 313; Kropholler, Art. 5 EuGVVO, Rdnr. 99; Wieczorek/Schütze-Hausmann, Art. 5 EuGVÜ, Rdnr. 83.

[998] Linke, IPRax 82, 46 (48). Vgl. ferner Dashwood/Hacon/White, S. 99; Droz/Gaudemet-Tallon, Rev. crit. 90, 601 (601 ff.); O'Malley/Layton, Rdnr. 17.59; Tebbens, Civil Jurisdiction and Judgments, S. 96.

[999] RGZ 95, 268 (270); BGHZ 98, 268 (274); BGHZ 124, 237 (240); BGHZ 132, 105 (107); BGH RIW 05, 465 (466); KG NJW-RR 01, 1509 (1510); OLG Köln IPRax 98, 472 (473); MüKo ZPO-Patzina, § 12, Rdnr. 56; Wieczorek/Schütze-Hausmann, Vor § 12, Rdnr. 100. An dieser Stelle kann und soll nicht auf den Streit über die Lehre von den doppelrelevanten Tatsachen eingegangen werden. Dies würde den Rahmen der vorliegenden Arbeit sprengen. Stattdessen soll nur auf die Auswirkungen der Anwendung der Lehre auf das hier gefundene Ergebnis eingegangen werden.

[1000] Geimer, IZPR, Rdnr. 1826; Hdb. Int. ZVerfR I-Kropholler, Kap. III, Rdnr. 219/651; Hdb. Int. ZVerfR III/1-Martiny, Rdnr. 784; Schack, IZVR, Rdnr. 387; Stein/Jonas-Roth, § 1, Rdnr. 24 ff./28 ff.

[1001] Gottwald, IPRax 95, 75 (75).

dass die Zuständigkeitsprüfung in ihrem Umfang zu Lasten der Begründetheitsprüfung vergrößert wird.[1002] Nach ihr sind die Tatsachen, die zuständigkeitsbegründend wirken, vom Kläger nur zu behaupten. Bei entsprechendem Bestreiten durch den Beklagten wird erst in der Begründetheitsprüfung darüber Beweis erhoben. Der Kläger soll also für die Zuständigkeitsfrage nicht zum vollen Beweis einer zuständigkeitsbegründenden Tatsache verpflichtet sein, selbst wenn der Beklagte das Vorliegen dieser Tatsache bestreitet. Dies wird damit begründet, dass Gründe des materiellen Rechts nicht in die Zuständigkeit durchschlagen sollen und der Beklagte nicht durch bloße (Gegen-) Behauptungen den vom Kläger bezeichneten Gerichtsstand nehmen können soll.[1003] Man will vermeiden, schon in der Zulässigkeit Beweis über die meisten entscheidungserheblichen Tatsachen zu erheben.[1004]

Fraglich ist, ob vorliegend die Lehre von den doppelrelevanten Tatsachen für das hier gefundene Ergebnis von Bedeutung ist.

Für die Zuständigkeitsbegründung im Rahmen des allgemein anerkannten Anwendungsbereiches des Niederlassungsgerichtsstands ist erforderlich, dass der Kläger – substantiiert – darlegt, dass sich der beklagte Unternehmer über eine Niederlassung wirtschaftlich betätigt hat und die Klage den erforderlichen Bezug zum Betrieb der Niederlassung aufweist. Im Rahmen der Begründetheitsprüfung hat das Gericht festzustellen, ob die klageweise geltend gemachten Ansprüche bestehen. Angesichts der „Allzuständigkeit des Niederlassungsgerichtsstandes"[1005] kann es sich um alle denkbaren Ansprüche des Klägers handeln, sofern sie die erforderliche Betriebsbezogenheit aufweisen. Damit wäre die zuständigkeitsbegründende Tatsache „Niederlassung" nicht als doppelrelevant einzustu-

---

[1002] BGH WRP 05, 735 (736); BGH NJW 87, 592 (594); BGHZ 124, 237 (240); KG NJW-RR 01, 1509 (1510); Kropholler, Art. 25 EuGVVO, Rdnr. 5; MüKo ZPO-Gottwald, Art. 19 EuGVÜ, Rdnr. 3.

[1003] Gottwald, IPRax 95, 75 (75 ff.); MüKo ZPO-Patzina, § 12, Rdnr. 56. Freilich findet die Lehre keine Anwendung, wenn der Beklagte i. S. v. Art. 26 Abs. 1 EuGVVO säumig ist und sich nicht verteidigt. In diesem Fall ist das Geircht von Amts wegen aufgerufen, die eigene internationale Zuständigkeit zu prüfen, siehe oben § 3 III. 7. Vgl. Mankowski, RIW 05, 561 (570); Rauscher-Mankowski, Vor Art. 2 EuGVVO, Rdnr. 9/Art. 26 EuGVVO, Rdnr. 5; Schack, IZVR, Rdnr. 387.

[1004] RGZ 29, 371 (372); MüKo ZPO-Patzina, § 12, Rdnr. 56. Teilweise, vgl. Mankowski, IPRax 06, 454 (454), wird den Gerichten Pragmatismus bei der Anwednung der Lehre unterstellt. Die Lehre erspare den Gerichten, die internationale Zuständigkeit voll durchprüfen zu müssen. Sie erspare auch, sich nähere Gedanken über Beweisregeln für zuständigkeitsbegründende Tatsachen machen zu müssen. Sie erlaube, sich den betreffenden Tatsachen erst auf dem gemeinhin vertrauteren Boden des materiellen Rechts zu nähern.

[1005] Siehe oben § 3 III. 5. b.; § 4 I. 2./6. b.

fen, da sie im Rahmen der Begründetheitsprüfung nicht mehr relevant wird. Denn die Gerichte setzen sich an dieser Stelle (nur noch) mit den zugrunde liegenden Ansprüchen an sich auseinander. Für die Begründetheit der geltend gemachten Ansprüche ist das Bestehen der Niederlassung des beklagten Unternehmers nicht mehr maßgeblich.

Mit der inhaltlichen Neubestimmung und der Ausdehnung des Niederlassungsbegriffs auf abhängige Tochtergesellschaften könnte der Lehre Bedeutung zukommen. Denn nunmehr ist im Rahmen der Prüfung der internationalen Zuständigkeit eine materiell-rechtliche Vorprüfung vorzunehmen. Für die Frage der Zuständigkeit – im Rahmen der Betriebsbezogenheit – als auch für die der Begründetheit ist nun maßgeblich, ob die abhängige Tochtergesellschaft – bei Anwendbarkeit autonomen deutschen Rechts – in ein konzernrechtliches oder ähnliches gesellschaftsrechtliches Haftungssystem eingebunden ist und ob aufgrund deren Stellung den Gläubigern dieser Tochtergesellschaft Ansprüche gegen die beklagte Muttergesellschaft zustehen.

Der Kläger ist im Rahmen dieses neuen Ansatzes zunächst berufen, diese zuständigkeitsrechtlichen Tatsachen, wie u. a. das Bestehen eines faktischen oder vertraglichen Konzerns, die Organisation der abhängigen Tochtergesellschaft wie eine bloße Betriebsabteilung, das Vorhandensein umfassender Weisungs- und Kontrollrechte der Muttergesellschaft über die Tochtergesellschaft, die Unterordnung und die faktische Aufgabe der Selbstständigkeit der Tochtergesellschaft sowie erfolgte Eingriffe der Muttergesellschaft in das Vermögen und die Unternehmensführung der Tochtergesellschaft, für das Vorhandensein der erforderlichen Betriebsbezogenheit darzulegen.

Diese Tatsachen werden nun in der Begründetheitsprüfung zu der Frage, ob die geltend gemachten Konzernhaftungs- und Durchgriffshaftungsansprüche gegen die beklagte Muttergesellschaft tatsächlich bestehen, erneut relevant. Daher könnte es sich um doppelrelevante Tatsachen handeln, mit der Folge, dass nach der Lehre von den doppelrelevanten Tatsachen ein Bestreiten dieser Tatsachen durch die Muttergesellschaft für die Zuständigkeitsprüfung unmaßgeblich wäre. Denn diese wären erst im Rahmen der Begründetheitsprüfung vom Kläger zu beweisen. Bis dahin ist die bloße Behauptung dieser Tatsachen ausreichend.

Trotz der vereinzelt an der Lehre geäußerten Kritik,[1006] soll grundsätzlich an ihr festgehalten werden. Denn die Anwendung der Lehre auf das hier gefundene

---

[1006] Geimer, WM 86, 117 (119); Mankowski, RIW 05, 561 (569); Mankowski, IPRax 06, 454 (455 ff.).

Ergebnis wäre durchaus sachgerecht. Dem Kläger kann nicht ohne weiteres durch eine bloße Gegenbehauptung der beklagten Muttergesellschaft das Forum entzogen werden. Das Ergebnis wirkt sich – wie bereits festgestellt[1007] – grundsätzlich zu Gunsten des Klägerschutzes aus und ist durchaus sachgerecht, da ein entsprechendes Bedürfnis festgestellt werden konnte.[1008] Mit der Anwendung der Lehre auf das hier gefundene Ergebnis würde dieser Klägerschutz vervollständigt. Ferner ist zu berücksichtigen, dass mit der Lehre auch der Beklagtenschutz nicht außer Acht gelassen wird. Denn verneint das erkennende Gericht das Vorliegen einer doppelrelevanten Tatsache, erlässt es nicht lediglich ein Prozessurteil mit der Begründung, der Tatbestand der Zuständigkeitsnorm sei nicht erfüllt, sondern weist die Klage im Rahmen eines Sachurteils als unbegründet ab. Dies hat für den Beklagten den Vorteil, dass das abweisende Sachurteil aufgrund bestehender entgegenstehender (materieller) Rechtskraft eine weitere Klage sperrt.[1009]

Zu beachten ist allerdings, dass ein doppelrelevanter Begriff kein Begriff sein darf, der nur in einem möglicherweise anwendbaren Sachrecht wiederkehrt. Denn ein derartiger Begriff ist nicht doppelrelevant, wenn seine Behandlung in der Begründetheitsprüfung davon abhängt, dass dieses bestimmte Sachrecht überhaupt anwendbar ist. Erforderlich für die Doppelrelevanz ist demnach, dass es sich bei den Begriffen um Anknüpfungspunkte handelt, die sowohl für Zuständigkeitstatbestände als auch für Verweisungsnormen des IPR verwendet werden. Begriffe, die nur in Sachnormen verwendet werden, können keine doppelrelevanten Begriffe sein.[1010] Es handelt sich um eine immanente Abgrenzung.

Das deutsche IPR knüpft – wie gesehen – bei abhängigen Tochtergesellschaften an den Sitz dieser Gesellschaften an und erklärt deren Personalstatut für anwendbar. Ansprüche aus diesen Haftungstatbeständen unterliegen demnach dem autonomen deutschen Recht. Anknüpfungspunkt ist also aus kollisionsrechtlicher Sicht der Sitz.[1011]

[1007] Siehe oben § 5 I. 1.a. ee./b. gg.

[1008] Siehe oben § 5 II. 3.

[1009] BGHZ 36, 365 (367); Gottwald, IPRax 95, 75 (75); Stein/Jonas-Roth, § 1, Rdnr. 30.

[1010] MüKo ZPO-Patzina, § 12, Rdnr. 56. Darüber hinaus können auch Begriffe, die nur in Sachnormen verwendet werden, keine doppelrelevanten Tatsachen sein. Anderenfalls würde man mit der Lehre die Zuständigkeitsprüfung teilweise der Ausgestaltung des nationalen IPR anheim stellen und so zu einer uneinheitlichen Handhabung der Zuständigkeitstatbestände gelangen, die so aber im europäischen Zuständigkeitsregime nicht akzeptiert würde. Vgl. Mankowski, RIW 05, 561 (570); Rauscher-Mankowski, Vor Art. 2 EuGVVO, Rdnr. 9.

[1011] Siehe oben § 5 II. 1. a./2. a. Vgl. ferner Mankowski, FS Heldrich, S. 882.

§ 21 ZPO knüpft für die Zuständigkeit an den Standort der „Niederlassung" an. Wie bereits festgestellt, stellt die Niederlassung eine Art „verkleinerten Wohnsitz" des Inhabers dar. Ist Inhaber der Niederlassung eine Gesellschaft, stellt sie insofern den „verkleinerten Sitz" dieser Gesellschaft dar. Die Qualifikation der „Niederlassung" richtet sich – wie auch bei dem Wohnsitz – nach den lex fori, d. h. das autonome deutsche Recht ist maßgeblich für die Beurteilung der Frage, ob eine Niederlassung vorliegt.[1012] Nach der inhaltlichen Neubestimmung ist die „Niederlassung" nunmehr als Oberbegriff zu verstehen, der auch abhängige Tochtergesellschaften umfasst. Die Norm knüpft damit – wenn sie an den Standort der Niederlassung anknüpft – auch an den Sitz der abhängigen Tochtergesellschaft an.

Folglich handelt es sich bei der „Niederlassung" um einen sowohl für die Zuständigkeitsnorm als auch für die IPR-gesellschaftsrechtlichen Grundsätze maßgeblichen Anknüpfungsbegriff.

Allerdings ist zu beachten, dass das Merkmal der Betriebsbezogenheit – wie festgestellt – nur dann erfüllt ist, wenn Ansprüche geltend gemacht werden, die sich ursprünglich gegen die Tochtergesellschaft richteten, nunmehr aber gegen die Muttergesellschaft übergeleitet werden. Im autonomen deutschen Recht erfüllen dieses Erfordernis die Konzern- und Durchgriffshaftungsansprüche. Damit ist das Vorliegen des Merkmals der Betriebsbezogenheit – nach der hier gefundenen Lösung – von der Anwendbarkeit des jeweiligen berufenen Sachrechts abhängig.

Die Lehre von den doppelrelevanten Tatsachen wird daher allenfalls bei dem Begriff der „Niederlassung" relevant.

IV. Zusammenfassende Würdigung

Der Begriff der Niederlassung sollte im Wege einer erweiterten Anwendung auch selbstständige, abhängige Tochtergesellschaften erfassen, ohne dass es der Begründung eines entsprechenden Rechtsscheins bedarf. Die erforderliche Betriebsbezogenheit dürften – bei Anwendung des autonomen deutschen Rechts – diejenigen – zum Gegenstand der Klage gemachten – Verbindlichkeiten aufweisen, die von der Tochtergesellschaft gegenüber den Gläubigern eingegangen wurden, aber aufgrund von Konzernhaftungs- oder Durchgriffshaftungstatbeständen nunmehr auf die (beklagte) Muttergesellschaft übergeleitet wurden.

[1012] Siehe oben § 3 III. 5. b./§ 4 I. 2./II. 3. Vgl. ferner Hdb. Int. ZVerfR I Kap. III-Kropholler, Rdnr. 80; Linke, Rdnr. 131; Mankowski, FS Heldrich, S. 887; Schröder, S. 135; Wieczorek/Schütze-Hausmann, Vor § 12, Rdnr. 60.

Teil II: Die internationale Entscheidungszuständigkeit US-amerikanischer Gerichte aufgrund von „doing" und „transacting business" und Rechtsvergleich

Dieser Teil der Arbeit widmet sich nun der internationalen Entscheidungszuständigkeit US-amerikanischer Gerichte auf der Grundlage von „doing business" und „transacting business". Nach einer Erörterung der Stellung von „doing" und „transacting business" im US-amerikanischen Recht der internationalen Zuständigkeit (§ 6) werden deren wichtigste Ausprägungen im geltenden US-amerikanischen Recht dargestellt (§ 7) und im Anschluss mit den in Teil I gewonnenen Erkenntnissen aus dem autonomen deutschen und europäischen Recht verglichen (§ 8).[1013]

§ 6: „Doing" und „transacting business" im System der internationalen Zuständigkeit des US-amerikanischen Rechts

I. Begriffe

Im US-amerikanischen Recht begründet – neben anderen Zuständigkeitsanknüpfungen – Geschäftstätigkeit im Forumstaat (doing business) die Zuständigkeit der dort belegenen Gerichte. Das Restatement (Second) Conflict of Laws[1014] bestimmt in Sec. 35.1: „A state has power to exercise judicial jurisdiction over an individual who does business in the state with respect to causes of action arising from the business done in the state." Sec. 35.3 erweitert die Zuständigkeit des Gerichtsstaates auf Klagen, bei denen „the business done in the state is so continuos and substantial as to make it reasonable for the state to exercise such jurisdiction."[1015]

[1013] Zweck der folgenden Darstellung ist es, die verschiedenen gerichtsstandsbegründenden Formen wirtschaftlicher Betätigung vorzustellen und nicht das US-amerikanische Recht der „personal jurisdiction" einer umfassenden Analyse mit abschließender Wertung zu unterziehen. Dazu kann auf die umfassenden (deutschsprachigen) Untersuchungen von Hay, Rdnr. 37 ff./57 ff./97 ff./125 ff.; Hoppe, S. 167 ff./225 ff./320 ff.; Meier, S. 43 ff.; H. Müller, 7 ff./13 ff./19 ff.; Otto, S. 10 ff./35 ff./50 ff.; Pfeiffer, S. 301 ff./551 ff./657 ff.; Schack, Einführung, S. 2 ff./12 ff./18 ff.; Schmidt-Brand, S. 5 ff./24 ff./47 ff.; Welp, S. 24 ff./45 ff./53 ff./86 ff., verwiesen werden.

[1014] Die sog. „Restatements" des American Law Institute sollen zur Rechtsvereinheitlichung beitragen. Einschlägig sind derzeit das Restatement (Second) Conflict of Laws (1971), das Restatement (Second) Judgments (1982) sowie das Restatement (Third) The Foreign Relations Law of the United States (1987). Es handelt sich nicht um Werke mit Gesetzeskraft, sondern um Versuche, ein einheitliches US-amerikanisches Recht darzustellen. Vgl. Schack, Einführung, S. 14.

[1015] Vgl. auch § 421 Restatement (Third) Foreign Relations Law lautet. „(1) Jurisdiction to adjudicate. A state may exercise jurisdiction through its courts to adjudicate with respect to a person or thing if the relationship of the state to the person or thing is such as to make the exercise of jurisdiction reasonable. (2) In general, a state's exercise of jurisdiction to adjudicate with respect to a

„Doing business verhält sich zu „transacting business" wie ein langer Nerz-mantel zu Tennisshorts."[1016]

Damit sind die beiden wesentlichen, im US-amerikanischen Recht aufgrund wirtschaftlicher Betätigung Gerichtspflichtigkeit begründenden Formen angesprochen und durchaus zutreffend beschrieben. „Doing business" um-schreibt die Summe der Geschäftstätigkeiten eines Beklagten, die so dauerhaft und systematisch im Gerichtsstaat ausgeübt werden, dass es angemessen er-scheint, ihn der Zuständigkeit der Gerichte zu unterwerfen.[1017] Unter „transacting business" wird gemeinhin die Geschäftstätigkeit im Forumstaat verstanden, die zwar nicht dauerhaft und systematisch verfolgt wird, aber die Gerichtspflichtig-keit für Klagen eröffnet, die aus der (mitunter kurzzeitigen) wirtschaftlichen Tätigkeit entstanden sind bzw. einen Bezug zu ihr aufweisen.[1018]

Zwecks eines besseren Verständnisses der Einordnung dieser Zuständigkeit-sanknüpfungen in das US-amerikanische Recht der internationalen Zuständigkeit ist ein Blick auf die Grundlagen des US-amerikanischen Gerichts- und Rechtssystems unerlässlich.[1019]

---

person or thing is reasonable if, at a time jurisdiction is asserted: (…) (h) the person, whether na-tural or juridical, regularly carries on business in the state."

[1016] Bulova Watch Co., Inc. v. K. Hattori & Co. Ltd., 508 F. Supp. 1322, 1345 (E. D. N. Y. 1981): „Doing business is to transacting business what a full length mill coat is to tennis shorts."

[1017] Nach einer Entscheidung des Supreme Court von Utah erfordert dieser Standard eine Kontinuität von Handel und Aktivität, die sich nicht zu sehr von der lokaler Geschäftsleute unterscheidet, die ihre eigenen Geschäften nachgehen, vgl. Dykes v. Reliable Furniture & Carpet, 277 P. 2d 969, 972 (1954). Schließlich hat das Bundesberufungsgericht des Second Circuit in Gelfand v. Tanner Motor Tours, Ltd., 385 F. 2d 116, 121 (2nd Cir. 1967) erklärt: „Eine ausländische Gesellschaft betreibt „doing business" in New York im traditionellen Sinn, wenn ihre Vertreter in New York Dienste jenseits der bloßen Vermittlungstätigkeit anbieten und diese Dienste für die Gesellschaft von so gewichtiger Bedeutung sind, dass, wenn sie vor Ort keine entsprechenden Vertreter be-schäftigte, die eigenen Mitglieder der Gesellschaft im Wesentlichen diese oder ähnliche Dienste anbieten würden."

[1018] Snyder v. Hampton Industries, Inc., 521 F. Supp. 130, 137 (D. Minn. 1981); Van Wagenberg v. Van Wagenberg, 215 A. 2d 812, 820 (1966); Lee v. Walworth Valve Co., 482 F. 2d 297, 300 (4th Cir. 1973); Hoppe, S. 250/251; Richman/Reynolds, S. 89; Schack, Jurisdictional Minimum Con-tacts, S. 37.

[1019] Die folgende Darstellung soll nur einen kursorischen Überblick über die wesentlichen Grundla-gen des US-amerikanischen Gerichtssystems liefern. Der Verfasser ist sich der umfangreichen (deutschsprachigen wie US-amerikanischen) Literatur zum US-amerikanischen Zivilprozessrecht bewusst. Daher soll auf eine detaillierte Darstellung verzichtet und zwecks Vertiefung auf die vorhandene Literatur verwiesen werden. Vgl. aus der deutschsprachigen Literatur: Ganssauge, S. 124 ff.; Hay, Rdnr. 3 ff./97 ff.; Hoppe, S. 162 ff.; Meier, S. 43 ff./110 ff./263 ff.; H. Müller, S. 13

II. Grundlagen des US-amerikanischen Gerichtssystems

Das Staatsgebiet der Vereinigten Staaten von Amerika setzt sich aus den 50 Bundesstaaten, der Hauptstadt Washington D. C. (District of Columbia) und weiteren Territorien und Distrikten (zumeist in Übersee oder Lateinamerika) zusammen.[1020] Jeder Bundesstaat verfügt über ein eigenes und v. a. eigenständiges Gerichtssystem.[1021] Hinzu kommt ein eigener Gerichtaufbau des Bundes,[1022] so dass in den USA zwei selbstständige[1023] Gerichts- (und Rechts-) systeme nebeneinander bestehen: die Bundesgerichte und die jeweiligen Staatengerichte. Das Bundesgerichtssystem und die meisten Staatengerichtssysteme sind jeweils dreistufig aufgebaut.[1024]

1. Gerichte

Unter den Bundesgerichten sind die sog. Bundesbezirksgerichte (Federal District Courts) erstinstanzlich zuständig.[1025] Allgemeine Rechtsmittelinstanz sind die Bundesberufungsgerichte (Circuit Courts of Appeals). Die Bundesbezirksgerichte sind ihnen zugeordnet und (i. d. R. über die Grenzen der Bundesstaaten hinweg) in einzelnen sog. „circuits" zusammengefasst.[1026] Oberste Revisionsinstanz

---

ff.; Otto, S. 5 ff.; Pfeiffer, S. 301 ff.; Schack, Einführung, S. 2 ff./12 ff./18 ff.; Schärtl, S. 118 ff.; Scheuermann, S. 139 ff.; Welp, S. 16 ff. Vgl. aus der US-amerikanischen Literatur: Born, S. 7 ff./67 ff.; Casad/Richman, S. 2 ff./64 ff.; Friedenthal/Kane/Miller, S. 8 ff./97 ff.; James/Hazard/Leubsdorf, S. 22 ff./34 ff.; Scoles/Hay, S. 282 ff.

[1020] Hay, Rdnr. 41; Schärtl, S. 118.

[1021] Friedenthal/Kane/Miller, S. 4; Ganssauge, S. 124; Hay, Rdnr. 41; Hoppe, S. 167; James/Hazard/Leubsdorf, S. 34; Pfeifer, S. 304; Schärtl, S. 118.

[1022] Friedenthal/Kane/Miller, S. 4; Ganssauge, S. 124; Hay, Rdnr. 41; Hoppe, S. 167; Pfeiffer, S. 304.

[1023] Auf die Frage der Selbstständigkeit der beiden Gerichtssysteme wird im weiteren Verlauf noch einmal eingegangen. Siehe dazu unten § 10 IV. 3.

[1024] Friedenthal/Kane/Miller, S. 5; Ganssauge, S. 124; Hay, Rdnr. 58; Hoppe, S. 167; James/Hazard/Leubsdorf, S. 50; Schack, Einführung, S. 2; Schärtl, S. 166; Wazlawik, S. 51.

[1025] 28 USC § 133 („United States Code, Title 28, Judiciary and Judicial Procedure"). In jedem Bundesstaat gibt es mindestens eines, in bevölkerungsreichen Staaten auch mehrere Bundesbezirksgerichte. Der jeweilige Bundesstaat unterteilt sich in diesem Fall in verschiedene „districts". Derzeit existieren insgesamt 91 District Courts. Besondere Gerichte stellen der U. S. Claims Court (28 USC § 171/ 28 USC § 1491) für Klagen gegen den Bund, der Court of International Trade (28 USC § 251) und die Tax Courts dar (26 USC § 7441). Bei jedem District Court besteht zudem ein Bancupty Court (28 USC § 151). Vgl. Clermont, S. 125; Friedenthal/Kane/Miller, S. 5; Hay, Rdnr. 106; Hoppe, S. 168; James/Hazard/Leubsdorf, S. 35; Schack, Einführung, S. 2; Schärtl, S. 166; Schulz, RabelsZ 69, 419 (423); Teply/Whitten, S. 61.

[1026] 28 USC § 41. Insgesamt gibt es 12 „circuits". Elf „circuits" umfassen mehrere Bundesstaaten, hinzu kommt der District of Columbia Circuit, der für die Hauptstadt Washington D. C. zuständig ist. Ein zusätzlicher Court of Appeals besteht für den sog. Federal Circuit (28 USC § 1292

248

ist der Oberste Gerichtshof (U. S. Supreme Court) in Washington D. C.[1027] Ihm kommen mehrere Funktionen zu: Er sorgt für die Einheitlichkeit der Rechtsprechung der Bundesberufungsgerichte;[1028] ferner überprüft er Entscheidungen der obersten Staatengerichte (State Supreme Court) daraufhin, ob sie das Bundesrecht richtig angewandt haben;[1029] schließlich hat er nach Art. III Sec. 2 der Bundesverfassung (U. S. Constitution) auch orginäre erstinstanzliche Zuständigkeiten.[1030]

Die Staatengerichte variieren zwar von Staat zu Staat in Aufbau und Bezeichnung sehr stark. Der gewöhnliche Aufbau ist jedoch zwei- oder dreistufig mit einem sog. „Superior" oder „District Court", dem „Court of Appeals" als Berufungsinstanz und/oder dem „Supreme Court" als Revisionsgericht.[1031]

(c), (d), § 1295), der Berufungsinstanz für den U. S. Claims Court, den Court of International Trade sowie für die District Courts in Patent- und Außenhandelssachen ist. Vgl. Clermont, S. 125; Friedenthal/Kane/Miller, S. 6; Hay, Rdnr. 107; Hoppe, S. 168; James/Hazard/Leubsdorf, S. 36; Schack, Einführung, S. 2; Schärtl, S. 167; Schulz, RabelsZ 69, 419 (423).

[1027] Der U. S. Supreme Court besteht aus 9 Richtern, die vom Präsidenten mit Zustimmung des Senats auf Lebenszeit ernannt werden, vgl. Clermont, S. 126; Friedenthal/Kane/Miller, S. 6; Hay, Rdnr. 109; Hoppe, S. 168; James/Hazard/Leubsdorf, S. 36; Schärtl, S. 168. Art. III lautet auszugsweise: „Section 1. The judicial Power of the United States, shall be vested in one supreme Court, and in such inferior courts as the Congress may from time to time ordain and establish. (...) Section 2 [1]. The judicial Power shall extend to all Cases, in Law and Equity, arising under this Constitution, the Laws of the United States, and Treaties made, or which shall be made, under their Authority; - to all Cases affecting Ambassadors, other public Ministers and Consuls; - to all Cases of admiralty and maritime Jurisdiction; - to Controversies to which the United States shall be a party; to controversies between two or more States; - between a State and Citizens of another State; - between Citizens of different States; - between Citizens of the same State claiming Lands under Grants of different states, and between a State, or the Citizens thereof, and foreign States, Citizens or Subjects. [2] In all Cases affecting Ambassadors, other public Ministers and Consuls, and those in which a State shall be a Party, the supreme Court shall have original jurisdiction. In all the other Cases before mentioned, the supreme Court shall have appellate Jurisdiction, both as to Law and Fact, with such Exceptions, and under such Regulations as the Congress shall make. (...)".

[1028] 28 USC § 1254 (2). Vgl. Clermont, S. 126; Friedenthal/Kane/Miller, S. 6; Hoppe, S. 168; Schack, Einführung, S. 3; Schärtl, S. 168.

[1029] 28 USC § 1257. Vgl. Michigan v. Long, 462 US 1032, 1038 (1983). Vgl. auch Friedenthal/Kane/Miller, S. 6; Hay, Rdnr. 109; Hoppe, S. 168; James/Hazard/Leubsdorf, S. 36; Schack, Einführung, S. 3; Schärtl, S. 168. Auf die Frage des von den Gerichten anwendbaren (Prozess-) Rechts wird sogleich eingegangen.

[1030] 28 USC § 1251. Vgl. Clermont, S. 126; Friedenthal/Kane/Miller, S. 6; Hay, Rdnr. 109; James/Hazard/Leubsdorf, S. 36; Schärtl, S. 168.

[1031] Neben diesen sog. „courts of general jurisdiction", bei denen nahezu alle Arten von Streitigkeiten anhängig gemacht werden können, gibt es auch eine – wenn auch kleine – Zahl von sog.

2. Anwendbares Prozessrecht

Aufgrund des zweigeteilten Gerichtssystems muss zwischen den Prozessrechten des Bundes und der jeweiligen Einzelstaaten unterschieden werden.

Grundlage des Bundesprozessrechts ist die Bundesverfassung (U. S. Constitution).[1032] Diese enthält u. a. in Art. III die Grundlagen der Gerichtsverfassung,[1033] in Art. IV Sec. 1 den „full faith and credit clause"[1034] und in den 26 Zusatzartikeln (Amendments) die wichtigen Verfahrensgarantien des „due process".[1035] Sie regelt ausschließlich die originäre Zuständigkeit des U. S. Supreme Court. Noch stärker als in den sog. „civil law countries" Westeuropas[1036] ist das US-amerikanische Verfassungsrecht für das gesamte Rechtssystem von herausragender Bedeutung, weil es das gesamte Rechtsleben kontrollierend und fortbildend beeinflusst.[1037] Von besonderer Wichtigkeit ist dabei die prozessrechtliche Möglichkeit, ein verfassungsrechtliches Begehren in jedem Rechtsstreit vor jedem Gericht vorbringen zu können.[1038]

„courts of limited / specialized oder inferior jurisdiction", die nur für bestimmte Verfahren, bestimmte Streitwerte oder bis zu einer bestimmten Klagesumme zuständig sind, wie z. B. die Small Claims Courts (z. B. in Kalifornien, CCP § 117.10), Probate Courts oder Domestic Relations Courts. Vgl. Casad/Richman, S. 3; Clermont, S. 124; Friedenthal/Kane/Miller, S. 5; Hay, Rdnr. 109/117/118; Hoppe, S. 168; James/Hazard/Leubsdorf, S. 35; Schack, Einführung, S. 4; Schärtl, S. 169/170; Schulz, RabelsZ 69, 419 (423); Welp, S. 20.

[1032] Hay, Rdnr. 38; James/Hazard/Leubsdorf, S. 48; Schack, Einführung, S. 12; Schärtl, S. 119.

[1033] Art. III lautet auszugsweise: „Section 1. The judicial Power of the United States, shall be vested in one supreme Court, and in such inferior courts as the Congress may from time to time ordain and establish. (...) Section 2 [1]. The judicial Power shall extend to all Cases, in Law and Equity, arising under this Constitution, the Laws of the United States, and Treaties made, or which shall be made, under their authority (...) to Controversies to which the United States shall be a party; to controversies between two or more States; - between a State and Citizens of another State; - between Citizens of different States (...)."

[1034] Art. IV Section 1 lautet: „Full Faith and Credit shall be given in each States to the public Acts, Records, and judicial Proceedings of every other State. And the Congress may by general Laws prescribe the Manner in which such Acts, Records and Proceedings shall be proved, and the Effect thereof."

[1035] Zusatzartikel XIV [1868], Section 1 lautet auszugsweise: „(...). No State shall make or enforce any law which shall abridge the privileges or immunities of citizens of the United States; nor shall any State deprive any person of life, liberty, or property, without due process of law; nor deny to any person within its jurisdiction the equal protection of the laws."

[1036] Die sog. „common law countries", allen voran die USA und Großbritannien, verwenden diese Bezeichnung für die Staaten, die ein (ursprünglich) kodifiziertes Rechtssystem haben.

[1037] Schröder, S. 619.

[1038] Grundlegend: Marbury v. Madison, 5 US 137 (1803). Vgl. Hay, Rdnr. 37; Pfeiffer, S. 301/310; Schärtl, S. 147.

Die Zusatzartikel V und XIV enthalten die Garantie des fairen Verfahrens (due process),[1039] die sich an alle staatlichen Gerichtsverfahren richtet. Der V. Zusatzartikel wendet sich an den Bund, der XIV. Zusatzartikel bindet die einzelnen Bundesstaaten.[1040] Ferner hat der U. S. Supreme Court die „due process"-Klausel des XIV. Zusatzartikels dahingehend ausgelegt, dass in ihr die meisten der in den ersten 10 Zusatzartikeln (Bill of Rights) weiteren aufgeführten Grundrechte enthalten seien.[1041] Damit sind die Grundrechte nunmehr gegenüber der bundesstaatlichen wie auch den einzelstaatlichen Gewalten geschützt.[1042]

Der Gleichheitsschutz des XIV. Zusatzartikels (equal protection) ist ebenfalls Quelle umfassenden Fallrechts, das sich mit der Auslegung von Grundrechten beschäftigt.[1043] Er hat allerdings kein Gegenstück in der die Bundesregierung verpflichtenden „Bill of Rights" und wendet sich daher originär an die einzelnen Bundesstaaten.[1044] Da die „Bill of Rights" jedoch durch die Rechtsprechung in

---

[1039] „Due process" kann auch mit Vernunft (reasonableness) oder Fairness (fairness) gleichgesetzt werden. Vgl. Joint Anti-Fascist Refugee Comm. v. McGrath, 341 US 123, 162/163 (1951): „(...) due process, unlike some legal rules, is not a technical conception with a fixed content unrelated to time, place and circumstances. Expressing as it does in its ultimate analysis respect enforced by law for that feeling of just treatment which has been evolved through centuries of Anglo-American constitutional history and civilisation, due process cannot be imprisoned within the treacherous limits of any formula. Representing a profound attitude of fairness between man and man, and more particularly between the individual and government, due process is compound of history, reason, the past course of decisions, and stout confidence in the strength of the democratic faith which we profess. Due process is not a mechanical instrument. It is not a yardstick. It is a process." Vgl. auch Pfeiffer, S. 302, wonach „due process" eine den deutschen Prozessgrundrechten nicht unähnliche Funktion erfülle; Weintraub, S. 121; Welp, S. 28.

[1040] Zusatzartikel V [1791] lautet auszugsweise: „No person (...) nor be deprived of life, liberty, or property, without due process of law (...)". Zusatzartikel XIV [1868], Section 1 lautet auszugsweise: „(...). No State shall make or enforce any law which shall abridge the privileges or immunities of citizens of the United States; nor shall any State deprive any person of life, liberty, or property, without due process of law (...)". Vgl. Horne v. Adolph Coors Co., 684 F. 2d 255, 259 (3rd Cir. 1982). Vgl. auch Casad/Richman, S. 528; Hay, Rdnr. 68; Hoppe, S. 237/241; Meier, S. 49; Otto, S. 10 Fn. 36; Pfeiffer, S. 309; Reimann, S. 362; Schärtl, S. 119; Scoles/Hay, S. 415; Weintraub, S. 119.

[1041] Bigelow v. Commonwealth of Virginia, 421 US 809 (1975); Roe v. Wade, 410 US 113 (1973); Hay, Rdnr. 40/69.

[1042] Die Bestimmungen garantieren allen „Personen" und nicht nur Staatsbürgern (citizens) den „due process"-Schutz. „Personen" schließt nach ständiger Rechtsprechung des U. S. Supreme Court, vgl. Graham v. Richardson, 403 US 365, 371 (1971), auch Ausländer und juristische Personen ein. Dagegen verbietet eine andere Klausel dieses Artikels den Staaten, „to abridge the privileges and immunities of citizens of the United States." Vgl. Hay, Rdnr. 40/69.

[1043] Hay, Rdnr. 73; James/Hazard/Leubsdorf, S. 55; Reimann, S. 362.

[1044] Hay, Rdnr. 73.

vielen ihrer Aspekte in die die einzelnen Bundesstaaten verpflichtende „due process"-Klausel des XIV. Zusatzartikels übernommen wurde, verpflichten umgekehrt auch viele Ge- und Verbote des Gleichheitssatzes den Bundesgesetzgeber durch richterliche Übernahme in die „due process"-Klausel des V. Zusatzartikel.[1045]

Die einzelnen Bundesstaaten haben ihre eigene Prozessordnung.[1046] Die Prozessrechte sind zu einem bestimmten Grade vereinheitlicht, weil die meisten Bundesstaaten die bundesrechtliche Zivilprozessordnung (Federal Rules of Civil Procedure)[1047] in ihr eigenes Recht übernommen oder sich bei der Erarbeitung ihrer Prozessordnung an sie angelehnt haben.[1048]

Trotz des in Bundes- und Staatengerichte unterteilten Gerichtssystems und der jeweils eigenen Prozessordnungen, dürfen die Bundesgerichte nicht stets ausschließlich ihr eigenes Prozessrecht anwenden. Dies hängt mit der im US-amerikanischen Recht nur unscharf bestehenden Trennung zwischen Prozessrecht (procedure law) und Sachrecht (substantive law) zusammen.[1049] Seit der Entscheidung Erie Railroad Co. v. Tompkins von 1938 gilt: „There is no federal general common law".[1050] Danach müssen Bundesgerichte – sofern nicht ausschließliches Bundesrecht einschlägig ist[1051] – das materielle[1052] „common law" desjenigen Staates anwenden, in welchem sie ihren Sitz haben.[1053]

[1045] Zusatzartikel XIV [1868], Section 1 lautet auszugsweise: „(...). No State shall make or enforce any law which shall abridge the privileges or immunities of citizens of the United States; nor shall any State deprive any person of life, liberty, or property, without due process of law; nor deny to any person within its jurisdiction the equal protection of the laws." Vgl. Hay, Rdnr. 73.

[1046] In einigen Staaten ist sie kodifiziert, z. B. in Kalifornien im Code of Civil Procedure oder in New York in den Civil Practice Law and Rules. Vgl. ferner Hay, Rdnr. 105.

[1047] Die vom U. S. Supreme Court erlassenen und 1938 in Kraft getretenen Federal Rules of Civil Procedure gelten in allen nicht-strafrechtlichen Verfahren vor den Bundesbezirksgerichten. Vgl. dazu auch James/Hazard/Leubsdorf, S. 20 ff.; Schack, Einführung, S. 12.

[1048] Hay, Rdnr. 105; James/Hazard/Leubsdorf, S. 48; Junker, ZZP 101, 241 (258); Schack, Einführung, S. 13.

[1049] Schack, Einführung, S. 15. Vgl. auch James/Hazard/Leubsdorf, S. 1/2: „(...) the rules of substantive law define rights, duties and powers of persons and institutions in their out-of-court relationships, while procedural rules govern the decision-making process by which substantive legal interests are maintained or redressed through courts."

[1050] Erie Railroad Co. v. Tompkins, 304 US 64, 78 (1938). Vgl. auch Rosenthal v. New York Life Ins. Co., 304 US 263, 265 (1938). Vgl. ferner die frühere Entscheidung Swift v. Tyson, 41 US 1 (1842), nach der die Bundesgerichte in „diversity of citizenship" noch nach „federal common law" entscheiden durften.

[1051] Born, S. 14; Schack, Einführung, S. 15 Fn. 122.

Dieser Grundsatz betrifft seit der Entscheidung Klaxon Co. v. Stentor Electric Mfg. Co. auch das Kollisionsrecht.[1054] In der Folgezeit wurde für die Abgrenzung zwischen Prozessrecht und materiellem Recht zunächst zwischen „substance" und „procedure" unterschieden.[1055] Da diese Trennung nicht in allen Bundesstaaten einheitlich ist,[1056] ist heute für die Qualifikation entscheidend, ob die anwendbare Regelung „outcome-determinative" ist. Dies bedeutet, dass alle Regeln, die sich unmittelbar auf das Ergebnis des Rechtsstreits auswirken, dem Recht desjenigen Einzelstaates entnommen werden, in dem das Bundesgericht

---

[1052] Auf „prozessuale" Aspekte in „diversity"-Fällen – vor Bundesgerichten – sollen nach der Erie-Doktrin weiterhin die bundesprozessrechtlichen Vorschriften Anwendung finden, vgl. American Dredging Co. v. Miller, 114 S. Ct. 981, 985 (1994); Hanna v. Plumer, 380 US 460, 468 (1965); Hoppe, S. 185; Scoles/Hay, S. 316.

[1053] Vgl. auch Lakeside Bridge & Steel Co. v. Mountain State Constr. Co., Inc., 597 F. 2d 596, 598 (7th Cir. 1979). Vor dieser Entscheidung konnte durchaus ein Urteil (vornehmlich in Fällen von „diversity of citizenship") in einem Verfahren nur deshalb anders ausfallen, weil dieses anstatt vor einem Staatengericht (mit der Anwendung von „state common law") vor einem Bundesgericht ausgetragen wurde, das wiederum eigenes „federal common law" anwandte. Vgl. Guaranty Trust Co. of New York v. York, 326 US 99, 109 (1945): „The nub of the policy that underlies Erie R. v. Tompkins is that for the same transaction the accident of a suit by a non-resident litigant in a federal court instead of in a state court a block away should not lead to a substantially different result."; Erie Railroad Co. v. Tompkins, 304 US 64, 74/75 (1938): „(...) rights vary according to whether enforcement was sought in the state or in the federal court; and the privilege of selecting the court in which the right should be determined was conferred upon the noncitizen. Thus, the doctrine rendered impossible equal protection of the law. In attempting to promote uniformity of law throughout the United States, the doctrine had prevented uniformity in the administration of the law of the state." Durch diese neue Doktrin wollte der U. S. Supreme Court den Parteien den Anreiz zum „forum shopping" nehmen, da nun in jedem Fall das „common law" des einzelstaatlichen Gerichts anwendbar war. Vgl. auch Walker v. Armco Steel Corp., 446 US 740, 747 (1980); Hanna v. Plumer, 380 US 460, 468 (1965): „discouragement of forum-shopping and avoidance of inequitable administration of the laws."; Born, S. 13/14; Gebauer/Schulze, IPRax 99, 478 (479); Hay, Rdnr. 113/236; James/Hazard/Leubsdorf, S. 128; Junker, IPRax 86, 197 (199); Pfeiffer, S. 304 Fn. 72; Reimann, S. 362; Schack, Einführung, S. 15; Schärtl, S. 209 ff.; Scoles/Hay, S. 176.

[1054] Klaxon Co. v. Stentor Electric Mfg. Co., 313 US 487, 494 (1941). Vgl. auch 28 USC § 2072 (b): „(Federal Rules) shall not abridge, enlarge or modify any substantive right."

[1055] Born, S. 14. Zu den „procedural issues" zählen z. B. die von den F. R. Civ. P. geregelten Aspekte. Vgl. Walker v. Armco Steel Corp., 446 US 740, 752 (1980); Hanna v. Plumer, 380 US 460, 468 (1965). Einige von Bundesgerichten angewandte „common law"-Doktrinen werden ebenfalls als „procedural" eingestuft. Vgl. American Dredging Co. v. Miller, 114 S. Ct. 981, 985 (1994); Byrd v. Blue Ridge Rural Electric Corp., Inc., 356 US 525, 540(1958).

[1056] Born, S. 14; James/Hazard/Leubsdorf, S. 129; Schack, Einführung, S. 15.

seinen Sitz hat.[1057] Dazu zählen z. B. Regelungen der Beweislast (burden of proof)[1058] und der Verjährung (statute of limitation).[1059]

Im Rahmen der Zuständigkeit der Gerichte (jurisdiction)[1060] kann – wie im deutschen und europäischen Prozessrecht – zunächst zwischen sachlicher und örtlicher Zuständigkeit unterschieden werden.

[1057] James/Hazard/Leubsdorf, S. 129; Meier, S. 284; Schack, Einführung, S. 16; Scoles/Hay, S. 179.

[1058] Palmer v. Hoffman, 318 US 109, 117 (1943).

[1059] Walker v. Armco Steel Corp., 446 US 740, 752 (1980); Guaranty Trust Co. v. York, 326 US 99, 108 (1945). Vgl. ferner Ragan v. Merchants Transfer & Warehouse Co., Inc., 337 US 530, 533 (1949), wonach sich die Verjährung durch Einreichung einer Klage vor einem Bundesgericht nach einzelstaatlichem Recht richte; Cohen v. Beneficial Industrial Loan Corp., 337 US 541, 556 (1949), wonach eine nach Staatenrecht erforderliche Sicherheitsleistung für Aktionärsklagen als „outcome-determinative" einzustufen sei. Dieser Anwendungsvorrang zugunsten des Einzelstaatenrechts in Verfahren vor den Bundesgerichten wurde vom U. S. Supreme Court später allerdings wieder eingeschränkt und der einheitlichen Anwendung des Bundesprozessrechts wieder größeres Gewicht beigemessen. Vgl. Goodman v. Mead Johnson & Co., 534 F. 2d 566, 573 (3rd Cir. 1976); Hanna v. Plumer, 380 US 460, 468 (1965); Byrd v. Blue Ridge Rural Electric Cooperative, Inc., 356 US 525, 540 (1958). Der „outcome test" dürfe nicht schematisch, sondern nur wertend angewandt werden, da im Grunde jede Regel, die nicht beachtet werde, einen Einfluss auf den Ausgang des Verfahrens habe bzw. haben könne. Vgl. dazu auch Haas/Stangl, IPRax 98, 452 (455); James/Hazard/Leubsdorf, S. 129; Schack, Einführung, S. 16.

[1060] Im US-amerikanischen Recht kann „jurisdiction" je nach Zusammenhang Gerichtsbarkeit bzw. Gerichtshoheit (z. B. immunity from jurisdiction) oder internationale bzw. persönliche Zuständigkeit bedeuten (z. B. territorial jurisdiction oder personal jurisdiction / jurisdiction in personam). Auch wird zwischen „jurisdiction to prescribe" / „prescriptive jurisdiction" (Gesetzgebungszuständigkeit) und „jurisdiction to adjudicate" bzw. „adjudicatory jurisdiction" (Entscheidungszuständigkeit) unterschieden. Vgl. § 401 Restatement (Third) Foreign Relations Law: „(…) make its law applicable to the activities, relations, or status of persons, or the interests of persons in things, whether by legislation, by executive act or order, by administrative rule or regulation, or by determination of a court." Vgl. Disher v. Information Resources, Inc., 873 F. 2d 136, 139 (7th Cir. 1989): „Jurisdiction over a case is power to render a binding judgment." Vgl. ferner Born, S. 1: „Jurisdiction includes both (a) the power of a court to render a judgment against particular persons or things, and (b) the power or competence of a court to adjudicate particular categories of claims."; Casad/Richman, S. 2; Clermont, S. 144; Ehrenzweig/Jayme, S. 5/11; Hay, Rdnr. 125; Hay, Conflict, S. 50; Hay/Krätzschmar, RIW 03, 809 (810); Hoppe, S. 226; Junker, IPRax 86, 197 (199); v. Mehren/Trautman, 79 Harv. L. Rev., 1121 (1121 f.); Meier, S. 14/15; Otto, S. 5; Pfeiffer, S. 302 Fn. 67; Richman/Reynolds, S. 13/14; Rosenberg/Hay/Weintraub, S. 37: „(…) the power of a state to create or affect legal interests that will be recognized as valid in other states."; Schack, Einführung, S. 23; Schlosser, Justizkonflikt, S. 23; Schmidt-Brand, S. 6; Stürner, Justizkonflikt, S. 19; Welp, S. 19. „Jurisdiction" umfasst also diejenigen Aspekte, die die Rechtsprechungsgewalt des Gerichtssystems beschreibt.

3. Sachliche Zuständigkeit (subject matter jurisdiction)

Die sog. „subject matter jurisdiction"[1061] ist mit der deutschen sachlichen Zuständigkeit allerdings nur in Ansätzen vergleichbar.[1062] Sie legt fest, ob die Gerichte des Bundes oder des jeweiligen Einzelstaates für die Entscheidung über die anhängige Rechtssache zuständig sind.[1063] Grundsätzlich liegt die originäre Zuständigkeit bei den einzelnen Bundesstaaten, sofern keine ausschließliche Bundeszuständigkeit besteht.[1064] Art. III Sec. 2 der Bundesverfassung[1065] enthält allerdings eine Öffnungsklausel[1066] für originäre – ausschließliche und konkur-

---

[1061] Insurance Corp. of Ireland v. Compagnie des Bauxites de Guinee, 456 US 694, 701 (1982): „The validity of an order of a federal court depends upon that court's having jurisdiction over both the subject matter and the parties."; Still v. Gottlieb, 305 US 165, 171/172 (1938); Casad/Richman, S. 2.

[1062] Vgl. allgemein Maxeiner, RIW 90, 440 (445), der dem deutschen Juristen dazu rät, deutsches Rechtsdenken nicht auf den US-amerikanischen Zivilprozess zu übertragen.

[1063] Verlinden BV v. Central Bank of Nigeria, 461 US 480, 491 (1983); Insurance Corp. of Ireland v. Compagnie des Bauxites de Guinee, 456 US 694, 701 (1982); Born, S. 2: „Subject matter jurisdiction is a court's power to hear a category of disputes without necessary regard to the substantive rules that are applied."; S. 7: „Subject matter jurisdiction is the power of a court to entertain specified classes of cases, such as any claim in excess of $ 50.000 or any action between parties of differing citizenship."; Casad/Richman, S. 3; Clermont, S. 124; Friedenthal/Kane/Miller, S. 8; Ganssauge, S. 124; Hay, Conflict, S. 50; Hoppe, S. 163; Meier, S. 17; Otto, S. 7; Richman/Reynolds, S. 16; Schärtl, S. 186; Scoles/Hay, S. 320; Schmidt-Brand, S. 7; Teply/Whitten, S. 48; Welp, S. 19.

[1064] Verlinden BV v. Central Bank of Nigeria, 461 US 480, 491 (1983); Hodgson & Thompson v. Bowerbank, 9 US 303 (1809); Born, S. 7/9; Ganssauge, S. 124; Hay, Rdnr. 119; Hoppe, S. 169; Pfeiffer, S. 304; Schulz, RabelsZ 69, 419 (423); Wazlawik, S. 51.

[1065] Art. III Section 2 [1]. „The judicial Power shall extend to all Cases, in Law and Equity, arising under this Constitution, the Laws of the United States, and Treaties made, or which shall be made, under their Authority; - to all Cases affecting Ambassadors, other public Ministers and Consuls; - to all Cases of admiralty and maritime Jurisdiction; - to Controversies to which the United States shall be a party; to controversies between two or more States; - between a State and Citizens of another State; - between Citizens of different States; - between Citizens of the same State claiming Lands under Grants of different states, and between a State, or the Citizens thereof, and foreign States, Citizens or Subjects. [2] In all Cases affecting Ambassadors, other public Ministers and Consuls, and those in which a State shall be a Party, the supreme Court shall have original jurisdiction. In all the other Cases before mentioned, the supreme Court shall have appellate Jurisdiction, both as to Law and Fact, with such Exceptions, and under such Regulations as the Congress shall make. (…)"

[1066] Die sachliche Zuständigkeit der Bundesgerichte muss allerdings sowohl nach Art. III der Bundesverfassung als auch nach den einfach-gesetzlichen bundesrechtlichen Vorschriften gegeben sein, Argentine Republic v. Amerada Hess Shipping Corp., 488 US 428, 433 (1989); Verlinden BV v. Central Bank of Nigeria, 461 US 480, 491 (1983); Insurance Corp. of Ireland v. Compagnie des Bauxites de Guinee, 456 US 694, 701 (1982): „(federal subject matter jurisdiction) is

rierende – Bundeszuständigkeiten.[1067] Die Zuständigkeit der Einzelstaaten erstreckt sich grundsätzlich auf alle Sach- und Rechtsgebiete und Personen ohne Rücksicht auf deren Staatsangehörigkeit.[1068] Damit können grundsätzlich auch bundesrechtliche Rechtssachen vor einem einzelstaatlichen Gericht vorgebracht werden. Die Zuständigkeiten der Bundes- und der einzelstaatlichen Gerichte überschneiden sich daher, sofern es sich nicht um eine ausschließliche Bundeszuständigkeit handelt.[1069]

Ausschließlich zuständig sind die Bundesgerichte z. B. für Streitigkeiten über das Seerecht,[1070] Insolvenzrecht[1071] oder Patent- und Urheberrecht,[1072] sowie für andere bundesgesetzlich geregelte Materien.[1073]

Konkurrierende Zuständigkeiten finden sich v. a. im Kartellrecht,[1074] im Bundessteuerrecht[1075] und in „Civil Rights"-Angelegenheiten.[1076] Die größte Bedeutung haben im Rahmen der konkurrierenden Bundeszuständigkeit allerdings die „federal questions jurisdiction" und die „diversity of citizenship". In diesen Fäl-

---

limited to those subjects encompassed within the statutory grant of jurisdiction."; Hodgson & Thompson v. Bowerbank, 9 US 303 (1809); Friedenthal/Kane/Miller, S.11. Die Grenzen des Anwendungsbereichs bundesrechtlicher Vorschriften werden von Art. III der Bundesverfassung definiert, Verlinden BV v Central Bank of Nigeria, 461 US 480, 491 (1983): „Congress may not expand the jurisdiction of the federal courts beyond the bounds established by the Constitution."; Friedenthal/Kane/Miller, S. 11; James/Hazard/Leubsdorf, S. 50.

[1067] Insurance Corp. of Ireland v. Compagnie des Bauxites de Guinee, 456 US 694, 701 (1982): „Federal courts are courts of limited jurisdiction."; Casad/Richman, S. 3/527; Clermont, S. 127; Friedenthal/Kane/Miller, S. 12; Ganssauge, S. 124; Hoppe, S. 169; James/Hazard/Leubsdorf, S. 51; Richman/Reynolds, S. 17. Die beiden für die internationale Zuständigkeit der Bundesgerichte bedeutendsten bundesrechtlichen Zuständigkeitsregeln sind 28 USC § 1331 („federal questions") und 28 USC § 1332 (a) (1) („diversity of citizenship"). Vgl. James/Hazard/Leubsdorf, S. 50; Scoles/Hay, S. 320.

[1068] Born, S. 7/14; Hay, Rdnr. 119; Hoppe, S. 169; Schack, Einführung, S. 18; Schärtl, S. 189 ff.; Schulz, RabelsZ 69, 419 (423); Wazlawik, RIW 02, 691 (692).

[1069] Hay, Rdnr. 121.

[1070] 28 USC § 1333.

[1071] 28 USC § 1334. Vgl. Hay, Rdnr. 110.

[1072] 28 USC § 1338.

[1073] Vgl. 28 USC § 1251 (a), (b); 28 USC §§ 1345, 1346. Vgl. ferner Mississippi v. Louisiana, 113 S. Ct. 549, 553 (1992); Born, S. 11; Friedenthal/Kane/Miller, S. 13; Ganssauge, S. 124; Hoppe, S. 170; Schärtl, S. 197.

[1074] 28 USC § 1337.

[1075] 28 USC § 1340.

[1076] 28 USC § 1343.

len kann sowohl ein Bundes- als auch ein einzelstaatliches Gericht angerufen werden.[1077]

Bei „federal question jurisdiction" können Klagen, die Bundesgesetze, Bundesstaatsverträge (treaties) oder die Bundesverfassung betreffen, auch vor den Bundesgerichten erhoben werden.[1078] Das Gesetz spricht in diesem Zusammenhang von Rechtsstreitigkeiten, die „arising under federal law".[1079] Dies erfordert, dass das Bundesrecht einen wesentlichen Bestandteil der Klage ausmacht oder dass ein besonderes Bundesinteresse vorliegt.[1080] Ziel dieser Zuständigkeit ist die einheitliche Auslegung des Bundesrechts durch die Bundesgerichte.[1081] In den Fällen der „federal questions jurisdiction" wenden die Bundesgerichte – in Abkehr der „Erie"-Doktrin – also bundesrechtliche Vorschriften zur Lösung des Falles an.[1082]

[1077] Casad/Richman, S. 527; Friedenthal/Kane/Miller, S. 13; Ganssauge, S. 124; Hoppe, S. 170; James/Hazard/Leubsdorf, S. 51; Reimann, S. 363; Richman/Reynolds, S. 17; Schärtl, S. 195; Schulz, RabelsZ 69, 419 (424).

[1078] 28 USC § 1331: „(...) district courts shall have original jurisdiction of all civil actions arising under the Constitution, laws, or treaties of the United States." Vgl. Kerr-McGee Chemical Corp. v. Illinois, 459 US 1049, 1051 (1982); Illinois v. City of Milwaukee, 406 US 91, 100 (1972), wonach auch das in geringem Umfang bestehende „federal common law" dazuzuzählen sei; Louisville & Nashville Railroad Co. v. Mottley, 211 US 149, 152 (1908). Vgl. auch Born, S. 11; Clermont, S. 127; Friedenthal/Kane/Miller, S. 14; Hay, Rdnr. 111; Ganssauge, S. 125; Hay/Krätzschmar, RIW 03, 809 (810); Hoppe, S. 170; James/Hazard/Leubsdorf, S. 51/100; Meier, S. 17; Otto, S. 7; Pfeiffer, S. 304; Reimann, S. 364; Schack, Einführung, S. 19; Schärtl, S. 199 ff.; Schulz, RabelsZ 69, 419 (424); Teply/Whitten, S. 63; Wazlawik, RIW 02, 691 (692); Winkler/v. d. Recke, NZG 05, 241 (241).

[1079] Vgl. dazu Franchise Tax Bd. v. Construction Laborers Vacation Tr., 463 US 1, 5 (1983); Teply/Whitten, S. 64.

[1080] Gully v. First Nat'l Bank, 299 US 109, 112 (1936): „A right or immunity created by the Constitution or laws of the United States must be an element, and an essential one, of the plaintiff's cause of action." Zur Anwendung kommt in diesem Zusammenhang die sog. „well-pleaded complaint rule", mit deren Hilfe ermittelt wird, ob sich die Klage auf bundesrechtliche Ansprüche stützt. Vgl. dazu Born, S. 35; Clermont, S. 128; Friedenthal/Kane/Miller, S. 20; Teply/Whitten, S. 68/71. Vgl. ferner Louisville & Nashville Railroad Co. v. Montley, 211 US 149, 152 (1908), wonach es nicht ausreiche, dass sich der Beklagte mit Bundesrecht verteidige. Vgl. Hoppe, S. 171; James/Hazard/Leubsdorf, S. 106; Schärtl, S. 200; Schulz, RabelsZ 69, 419 (424).

[1081] Friedenthal/Kane/Miller, S. 14; Hoppe, S. 171; James/Hazard/Leubsdorf, S. 100; Schack, Einführung, S. 19; Schärtl, S. 201.

[1082] Hay, Rdnr. 113; Hoppe, S. 320; Reimann, S. 364; Schärtl, S. 202.

„Diversity jurisdiction" ist gegeben, wenn Ausländer (alienage jurisdiction) oder Angehörige anderer Bundesstaaten am Rechtsstreit beteiligt sind.[1083] Sie soll verhindern, dass die Staatengerichte ihre eigenen Staatsangehörigen vor denen anderer Bundesstaaten oder vor Ausländern bevorzugen.[1084] Die Streitwertgrenze beträgt allerdings $ 75.000.[1085] Ferner bestehen die Gerichte auf sog. „complete diversity". Danach dürfen streitgenössische Kläger oder Beklagte (im Zeitpunkt der Klageeinreichung)[1086] nicht demselben Bundesstaat angehören.[1087] „Diversity" ist auch dann nicht erfüllt, wenn auf beiden Seiten ein Ausländer beteiligt ist.[1088] Entscheidendes Kriterium für „diversity" ist (und bleibt)[1089] also

---

[1083] 28 USC § 1331. Die Vorschriften 28 USC § 1332 (a) (2) und (3): „(...) citizens of different States and in which citizens or subjects of a foreign state are additional parties" richten sich speziell an ausländische Parteien. Vgl. ferner Romero v. International Terminal Operating Co., 358 US 354, 360 (1959); De Korwin v. First National Bank, 156 F. 2d 858, 861 (7th Cir. 1946); Maciak v. Olejniczak, 79 F. Supp. 817, 819 (E. D. Mich. 1948). Vgl. Born, S. 11/26; Clermont, S. 129; Friedenthal/Kane/Miller, S. 23; Ganssauge, S. 125; Gebauer/Schulze, IPRax 99, 478 (479); Hay, Rdnr. 111; Hay/Krätzschmar, RIW 03, 809 (810); Hoppe, S. 171/172/189; James/Hazard/Leubsdorf, S. 51/97; Meier, S. 17; Otto, S. 7; Pfeiffer, S. 304; Reimann, S. 364; Schack, Einführung, S. 19; Schulz, RabelsZ 69, 419 (425); Schärtl, S. 207; Teply/Whitten, S. 83/91; Wazlawik, S. 52; Welp, S. 20; Winkler/v. d. Recke, NZG 05, 241 (241).

[1084] Hanna v. Plumer, 380 US 460, 467 (1965); Erie Railroad Co. v. Tompkins, 304 US 64, 74 (1938): „Diversity of citizenship jurisdiction was conferred in order to prevent apprehended discrimination in state courts against those not citizens of the State." Die Bundesgerichte stehen ihr allerdings ablehnend gegenüber, denn mit dieser Zuständigkeit ist für sie eine nicht zu unterschätzende Arbeitsbelastung verbunden. Außerdem müssen sie nach der „Erie"-Doktrin das jeweilige Staatenrecht anwenden, was ebenfalls besondere Rücksichtnahmen erfordert und weitere Probleme aufwerfen kann. Vgl. Lumbermen's Mutual Casualty Co. v. Elbert, 348 US 48, 54 (1954). Vgl. Friedenthal/Kane/Miller, S. 24; Ganssauge, S. 125; Hoppe, S. 173/192; James/Hazard/Leubsdorf, S. 52/98; Schack, Einführung, S. 19; Schärtl, S.208.

[1085] 28 USC § 1332 (a). Vgl. Huffman v. Saul Holdings Ltd. Partnership, 183 F. 3rd 1180, 1181 (10th Cir. 1999): „Parties cannot concede existence of diversity jurisdiction by agreeing that the jurisdictional amount requirement has been satisfied; the court's obligation to determine the presence of the appropriate amount in controversy is independent of the parties' stipulations."

[1086] Mas v. Perry, 489 F. 2d 1396, 1399 (5th Cir. 1974).

[1087] Owen Equipment & Erection Co. v. Kroger, 437 US 365, 373 (1978); Strawbridge v. Curtiss, 7 US 267 (1806); Cabalceta v. Standard Fruit Co., 883 F. 2d 1553, 1557 (11th Cir. 1989); Faysound Ltd. v. United Coconut Chem. Inc., 878 F. 2d 290, 294 (9th Cir. 1989); Cheng v. Boing Co., 708 F. 2d 1406, 1410 (9th Cir. 1983); Born, S. 26; Clermont, S. 129; Friedenthal/Kane/Miller, S. 28; Hay, Rdnr. 122; Hoppe, S. 173/180; James/Hazard/Leubsdorf, S. 98; Schärtl, S. 208; Schulz, RabelsZ 69, 419 (425); Teply/Whitten, S. 84.

[1088] 28 USC § 1332 (a) (2). Verlinden BV v. Central Bank of Nigeria, 461 US 480, 491 (1983); Cabaleta v. Standard Fruit Co., 883 F. 2d 1552, 1557 (11th Cir. 1989); Joseph Mueller Corp., v. Société Anonyme de Gerance et d'Armement, 451 F. 2d 727, 729 (2nd Cir. 1971); Koupetoris v. Konkar Intrepid Corp., 402 F. Supp. 951, 953 (S. D. N. Y. 1975); Bergen Shipping Co. v. Japan

die Zugehörigkeit zu verschiedenen Bundesstaaten und – bei internationalen Fällen – die Staatsangehörigkeit eines anderen Staates.

Bei natürlichen Personen ist die (Bundes-) Staatsangehörigkeit innerhalb der Vereinigten Staaten (citizenship) sowie der Lebensmittelpunkt (domicile)[1090] im Zeitpunkt der Klageerhebung maßgeblich.[1091] (Kapital-) Gesellschaften (corporations) gelten sowohl als Angehörige des Staates, in dem sie gegründet wurden (state of incorporation) als auch in dem sie über ihren Hauptgeschäftssitz (principal place of business)[1092] verfügen.[1093]

Marine Serv., Ltd., 386 F. Supp. 430, 432 (S. D. N. Y. 1974); Born, S. 26; Clermont, S. 129; Friedenthal/Kane/Miller, S. 29; Hoppe, S. 189; James/Hazard/Leubsdorf, S. 99; Schack, Einführung, S. 20; Schärtl, S. 208; Schulz, RabelsZ 69, 419 (425); Winkler/v. d. Recke, NZG 05, 241 (242).

[1089] State Farm Fire & Casualty Co. v. Tashire, 386 US 523, 531 (1967): „Art. III poses no obstacle to the legislative extension of federal jurisdiction, founded on diversity, so long as any two adverse parties are not co-citizens."

[1090] § 11 Restatement (Second) Conflict of Laws: „Domicile is a place, usually a person's home."; § 12 Restatement (Second) Conflict of Laws: „Home is the place where a person dwells and which is the centre of his domestic, social and civil life." Vgl. Mitchell v. United States, 88 US 350, 352 (1874); Williamson v. Osenton, 232 US 619, 623 (1914); Mas v. Perry, 489 F. 2d 1396, 1399 (5th Cir. 1974); Berger, RabelsZ 41, 39 (42); Hoppe, S. 181.

[1091] Napletana v. Hillsdale College, 385 F. 2d 871, 872 (6th Cir. 1967). Vgl. Clermont, S. 131; Hoppe, S. 180; Meier, S. 111; Otto, S. 7 Fn. 13; Schack, Einführung, S. 20; Schulz, RabelsZ 69, 419 (425 Fn. 19); Teply/Whitten, S. 85.

[1092] Zur Bestimmung des „principal place of business" wird zwischen den sog. „muscle center-", „home office-" und „total activity tests" unterschieden. Vgl. dazu ausführlicher Hoppe, S. 182 ff.; Meier, S. 111.

[1093] 28 USC § 1332 (c). Vgl. Canton v. Angelina Casualty Co., 279 F. 2d 553, 554 (5th Cir. 1960); Clermont, S. 131; Meier, S. 111; Teply/Whitten, S. 88/89. Ausländische Gesellschaften verfügen i. d. R. über einen „principal place of business" in einem Bundesstaat und gelten damit als US-Staatsbürger. Bei Klagen eines Ausländers behandelt die US-amerikanische Rechtsprechung sie jedoch ebenfalls wie ein ausländisches Rechtssubjekt, so dass mangels „complete diversity" auf Kläger- und Beklagtenseite keine bundesgerichtliche Zuständigkeit besteht. Vgl. Creaciones Con Idea, S. A. de C. V. v. Mashreqbank PSC, 232 F. 3rd 79, 82 (2000); Franceskin v. Credit Suisse, 214 F. 3rd 253, 258 (2000); Universal Licensing Corp. v. Paola del Lungo S. p. A., 293 F 3rd 579, 581 (1997); Ehrenzweig/Jayme, S. 30; Meier, S. 112 ff. Insgesamt kann nicht übersehen werden, dass „diversity" für Manipulationen empfänglich sein kann, entweder indem bestimmte Personen ohne Aussicht auf Erfolg einfach mitverklagt werden oder indem Personen gerade nicht mitverklagt werden. Lediglich bei nachweislich missbräuchlicher „Zuständigkeitserschleichung" kann die Bundeszuständigkeit entfallen. Vgl. 28 USC § 1359; Kramer v. Carribean Mills, Inc., 394 US 823, 825 (1969); Hoppe, S. 194.

Da bei der konkurrierenden Zuständigkeit der Kläger grundsätzlich zwischen Bundes- und Einzelstaatszuständigkeit wählen kann, ist es dem Beklagten mit dem sog. „removal" möglich, die Rechtssache auf Antrag von einem einzelstaatlichen Gericht an ein Bundesgericht verweisen zu lassen.[1094] Voraussetzung bleibt jedoch, dass bei der „federal questions jurisdiction" die Klage auf Bundesrecht gestützt wird bzw. dass bei „diversity" die Parteien unterschiedlichen Bundesstaaten bzw. Nationen angehören.[1095] „Removal" ist also dann ausgeschlossen, sobald einer der Beklagten dem Gerichtsstaat angehört oder dieselbe Staatszugehörigkeit wie der Kläger besitzt.[1096]

4. Örtliche Zuständigkeit (venue)

Neben der „subject matter jurisdiction" muss auch die örtliche Zuständigkeit (venue) gegeben sein.[1097]

[1094] 28 USC § 1441. Vgl. Born, S. 12; Casad/Richman, S. 596; Clermont, S. 135; Friedenthal/Kane/Miller, S. 56; Ganssauge, S. 124; Gebauer/Schulze, IPRax 99, 478 (479); Hay, Rdnr. 122; Hay, JZ 77, 697 (698); Hay, RabelsZ 35, 429 (437); Hoppe, S. 213; James/Hazard/Leubsdorf, S. 118; Schack, Einführung, S. 22; Schulz, RabelsZ 69, 419 (427); Schwung, AnwBl 93, 436 (440); Teply/Whitten, S. 139/141.

[1095] 28 USC § 1441 (b). Vgl. Carnegie-Mellon University v. Cohill, 484 US 343, 352 (1988); Caterpillar, Inc. v. Williams, 483 US 386, 393 (1987); Merrell Dow Pharmaceuticals, Inc. v. Thompson, 478 US 804, 808 (1986); Kaneshiro v. North American Co. for Life and Health Ins., 496 F. Supp. 452, 455 (D. Hawaii 1980). Vgl. auch Born, S. 12; Friedenthal/Kane/Miller, S. 58; Hay, Rdnr. 122; James/Hazard/Leubsdorf, S. 118; Schulz, RabelsZ 69, 419 (427).

[1096] Kaneshiro v. North American Co. for Life and Health Ins., 496 F. Supp. 452, 455 (D. Hawaii 1980); Clermont, S. 136; Schack, Einführung, S. 22; Schulz, RabelsZ 69, 419 (429). Diese Regelung bietet prozesstaktisch gewieften Kläger-Anwälten die Möglichkeit, bei ursprünglich gegebener „diversity" dennoch einen „removal" der Beklagten an ein Bundesgericht zu verhindern, indem ein weiterer Beklagter mit Sitz bzw. Lebensmittelpunkt im Gerichtsstaat oder in einem bereits beteiligten Bundesstaat mitverklagt wird. Dort setzt auch die kürzlich in Kraft getretene Änderung der Zuständigkeit für Sammelklagen (class actions) durch den „Class Action Fairness Act of 2005" an. Während früher die Kläger die Möglichkeit hatten, die Sammelklagen der Zuständigkeit der Bundesgerichte zu entziehen, wenn ein einziges Mitglied der Kläger-„class" aus dem Bundesstaat stammte, in dem das beklagte Unternehmen seinen Sitz hatte, und damit ein „removal" ausgeschlossen war, kann nach der Neuregelung der Beklagte nunmehr erreichen, dass das Verfahren dennoch an ein Bundesgericht verwiesen wird, sofern nur ein einziges Mitglied der Kläger-„class" aus einem anderen Staat stammt als er selbst. Der Weg zu den Bundesgerichten ist allerdings dann versperrt, wenn sowohl der Beklagte als auch mehr als 2/3 der Kläger ihren Sitz in demselben Bundesstaat haben. Vgl. dazu ausführlich Hoppe, S. 54 ff./61 ff./93 ff./102 ff./118 ff./137 ff. Vgl. auch Krätzschmar, FS Hay, S. 245/246; Peterson, RIW 05, 812 (813 ff.).

[1097] Born, S. 367; Casad/Richman, S. 14; Clermont, S. 144; Friedenthal/Kane/Miller, S. 79; Hay, Rdnr. 140; Hoppe, S. 164; James/Hazard/Leubsdorf, S. 49; Meier, S. 22; Otto, S. 6;

„Venue" ist allerdings nur begrenzt mit der deutschen örtlichen Zuständigkeit vergleichbar.[1098] Nach deutschem Recht indiziert das Vorliegen eines (örtlichen) Gerichtsstandes gleichzeitig die (internationale) Zuständigkeit des Gerichts über die beklagte Partei.[1099] Dagegen bestimmt „venue" nach US-amerikanischem Recht nur die örtliche Zuständigkeit des angerufenen Gerichts und legt damit fest, welches örtlich belegene Gericht den Rechtsstreit entscheiden darf.[1100]

Nach der bundesgesetzlichen „venue"-Regel wird die örtliche Zuständigkeit nur in dem Gerichtsbezirk eröffnet, in welchem der Beklagte wohnt (bei federal questions jurisdiction) bzw. wo eine der Parteien ihren (Wohn-) Sitz hat (bei diversity jurisdiction) oder in dem der Beklagte die Handlung oder Unterlassung begangen hat, die zur Klage führte.[1101] Ausländer können dagegen überall verklagt werden,[1102] so dass ihnen gegenüber überall „venue" besteht.

Leitgedanke der „venue"-Regeln ist – ähnlich wie im deutschen und europäischen Recht –, dass diejenigen Gerichte für die Entscheidung eines bestimmten Rechtsstreits zuständig sein sollen, die z. B. sach- und beweisnah gelegen sind und damit den beteiligten Interessen am besten gerecht werden können.[1103] Dem-

---

Richman/Reynolds, S. 18; Schack, Einführung, S. 33; Schmidt-Brand, S. 15; Scoles/Hay, S. 321; Teply/Whitten, S. 162.

[1098] Hoppe, S. 165; Pfeiffer, S. 302 Fn. 67; Wazlawik, S. 53; Welp, S. 22.

[1099] Theorie der Doppelfunktionalität. Siehe dazu oben § 3 III. 4. a.

[1100] Jones v. United States, 407 F. Supp. 873, 876 (N. D. Tex. 1976): „Venue, however, is a concept oriented around the convenience of the litigants and the court system."; Harley v. Oliver, 400 F. Supp. 105, 108 (W. D. Ark. 1975): „It is a personal privilege of a defendant in a civil suit." Vgl. Casad/Richman, S. 14; Friedenthal/Kane/Miller, S. 10; Hoppe, S. 165; James/Hazard/Leubsdorf, S. 49; Junker, IPRax 86, 197 (199); v. Mehren/Trautman, 79 Harv. L. Rev., 1121 (1128): „These normally favor the defendant by allowing suit at his domicile or residence, but not at the plaintiff's domicile or residence."; Pfeiffer, S. 302 Fn. 67; Richman/Reynolds, S. 18; Schack, Jurisdictional Minimum Contacts, S. 9.

[1101] 28 USC § 1391 (a), (b): „(…) in which a substantial part of the events or omissions giving rise to the claim occured". Vgl. Lindahl v. Office of Personnel Management, 105 S. Ct. 1620, 1634 (1985). Vgl. ferner Born, S. 367; Casad/Richman, S. 16; Friedenthal/Kane/Miller, S. 80; James/Hazard/Leubsdorf, S. 120; Schärtl, S. 184; Scoles/Hay, S. 321; Teply/Whitten, S. 169.

[1102] 28 USC § 1391 (d). Vgl. Born, S. 367; Hoppe, S. 164; Meier, S. 23; Scoles/Hay, S. 322; Wazlawik, S. 53.

[1103] Leroy v. Great Western United Corp., 443 US 173, 175 (1973): „In most instances, the purpose of a statutorily specified venue is to protect the defendant against the risk that a plaintiff will select an unfair or inconvenient place of trial."; Brunette Machine Works v. Kockum Indus., 406 US 706, 709 (1972). Vgl. ferner Born, S. 367; Casad/Richman, S. 14; Clermont, 66 Cornell L. Rev., 411 (431); Friedenthal/Kane/Miller, S. 9/80; James/Hazard/Leubsdorf, S. 49; Otto, S. 6; Schack, Einführung, S. 33; Schärtl, S. 185; Schmidt-Brand, S. 16; Welp, S. 23. Unterschieden

gemäß sehen die „venue"-Regeln der meisten einzelnen Bundesstaaten für die Begründung der Zuständigkeit an einem bestimmten Ort verschiedene Kriterien vor, wie z. B. Kläger- oder Beklagtenaufenthalt, Entstehung des Klagegrundes oder Ort der Klagezustellung.[1104] Grundsätzlich kann der Kläger zwischen mehreren örtlich zuständigen Gerichten wählen.[1105]

III. Internationale Zuständigkeit

1. Begriff

Von der sachlichen und örtlichen kann die internationale Zuständigkeit (territorial jurisdiction / personal jurisdiction)[1106] unterschieden werden.

Die US-amerikanischen Gerichte nehmen allerdings zwischen der Behandlung von auswärtigen, d. h. außerstaatlichen, und ausländischen Beklagten keine echte Differenzierung vor. Die internationale Zuständigkeit der angerufenen US-amerikanischen Gerichte folgt also i. d. R. denselben Bestimmungen wie die Zuständigkeiten in zwischenstaatlichen US-amerikanischen Rechtsstreitigkeiten.[1107]

---

wird seit der Entwicklung des „common law", als es noch keine „venue"-Regel gab, zwischen den sog. „local actions", die nur an dem Gerichtsstand erhoben werden können, wo z. B. der Klagegrund erwachsen ist, und den sog. „transitory actions", die an jedem Gerichtsstand unabhängig von örtlichen Bezügen der Klage erhoben werden können. Vgl. Casad/Richman, S. 16/17; Clermont, S. 162; Friedenthal/Kane/Miller, S. 84; James/Hazard/Leubsdorf, S. 97; Teply/Whitten, S. 162; Twitchell, 101 Harv. L. Rev., 610 (615/616).

[1104] Casad/Richman, S. 16; Clermont, 66 Cornell L. Rev., 411 (431).

[1105] Casad/Richman, S. 16.

[1106] Ch. 2 Restatement (Second) Judgments: „First, the person whose interests are to be adjudicated must be given adequate notice of the proceedings and opportunity to be heard (...) Second, the court must have territorial jurisdiction of the controversy. A court's territorial jurisdiction is limited by the United States Constitution and may further be limited by statute or rule of court (...) Third, the court must have authority to adjudicate the type of controversy presented to it. This authority is generally referred to as subject matter jurisdiction and is sometimes referred to as competence or competency." Vgl. auch Hoppe, S. 162/225.

[1107] Demgemäß lautet § 10 des Restatement (Second) Conflict of Laws: „Interstate and International Conflict of Laws. The rules in the Restatement of this Subject apply to cases with elements in one or more States of the United States and are generally applicable to cases with elements to one or more foreign nations. There may, however, be factors in a particular international case which call for a result different from that which would be reached in an interstate case." Vgl. auch § 421 Restatement (Third) Foreign Relations Law: „(...) the criteria for exercise of judicial jurisdiction are basically the same for claims arising out of international transactions or involving an non-resident alien as a party." Daher wird auch in diesem Zusammenhang selten von internationaler Zuständigkeit (territorial jurisdiction), sondern von persönlicher Zuständigkeit (personal jurisdiction) gesprochen, die gegenüber den Parteien in allen Rechtsstreitigkeiten – zwischen-

Allerdings ist das Zuständigkeitsrecht in den Vereinigten Staaten kaum vereinheitlicht. Die Bundesstaaten regeln – neben dem Großteil des materiellen Privat-
und Sachrechts[1108] – auch die Reichweite ihrer Zuständigkeit gegenüber anderen
Bundesstaaten eigenständig[1109] und legen in diesem Zusammenhang ebenfalls
(implizit) den Umfang ihrer internationalen Zuständigkeit[1110] durch ihr „common
law" oder durch „statute" (Gesetz) fest.[1111]

Das Internationale Privatrecht der USA (conflict of laws) regelt – entgegen
dem deutschen Rechtsverständnis – ebenfalls originär nur die zwischenstaatlichen Kollisionsfälle, d. h. das anwendbare berufene Sachrecht zwischen zwei
(oder mehreren) beteiligten Bundesstaaten innerhalb der USA. Da das US-
amerikanische Privat- bzw. Sachrecht i. d. R. einzelstaatliches Recht ist, ist es
die Hauptaufgabe des „conflict of laws", soweit wie möglich eine Rechtseinheit
innerhalb der USA zu schaffen. Insofern ist auch das US-amerikanische „conflict
of laws" i. d. R. einzelstaatliches Recht.[1112] Gleichzeitig bestimmt dieses Rechts-
gebiet aber auch das Verhältnis des US-amerikanischen Rechts zu ausländischen
Rechtsordnungen mit. Es gibt also kein eigenes IPR, das sich ausschließlich mit
internationalen Kollisionen befasst.[1113] Die Verortung der „jurisdiction" im ei-

---

staatlichen wie internationalen – gegeben sein muss. Vgl. Bettinger, GRUR Int. 98. 660 (660);
Buchner, S. 24; Frisinger, RIW 72, 12 (19); Ganssauge, S. 125; Gottwald, FS Geimer, S. 234;
Hoppe, S. 154/166/228; Lejeune, RIW 98, 8 (8); v. Mehren/Trautman, 79 Harv. L. Rev., 1121
(1122); Meier, S. 50; Otto, S. 9; ausführlicher Pfeiffer, S. 308/309; Rau, RIW 00, 761 (762);
Reimann, S. 350; Schack, Einführung, S. 23; Stürner, Justizkonflikt, S. 42; Wazlawik, RIW 02,
691 (692); Winkler/v. d. Recke, NZG 05, 241 (244). Auf die Sachgerechtigkeit dieses Ansatzes
soll noch ausführlicher eingegangen werden. Siehe dazu unten § 6 III. 3. c. Obwohl in der vorliegenden Arbeit die gerichtliche Zuständigkeit in internationalen Rechtsstreitigkeiten im Mittelpunkt der Untersuchung steht, wird daher im Folgenden das geltende US-amerikanische Zuständigkeitsrecht dargestellt und nur an entsprechend geeigneter Stelle auf mögliche Besonderheiten
durch die Beteiligung ausländischer Parteien hingewiesen.

[1108] Hoppe, S. 159; Meier, S. 372 ff./428 ff.; Reimann, S. 362. Siehe oben § 6 II. 3.

[1109] Ehrenzweig/Jayme, S. 21; Ganssauge, S. 125; Gebauer/Schulze, IPRax 99, 478 (479); Rau, RIW
00, 761 (762); Schack, Einführung, S. 24; Schütze, Prozessführung, S. 55; Schröder, S. 262;
Welp, S. 17.

[1110] § 10 Restatement (Second) Conflict of Laws; § 4 Restatement (Second) Judgments.

[1111] Born, S. 68; Grothe, RabelsZ 58, 686 (693); Hoppe, S. 227; Meier, S. 44; Otte, IPRax 91, 263
(264). Auch die Bundesgerichte müssen in den meisten internationalen Rechtsstreitigkeiten für
die Begründung ihrer Zuständigkeit auf einzelstaatliches Recht zurückgreifen. Siehe dazu unten
§ 6 III. 3. b.

[1112] Hoppe, S. 159; Meier, S. 283; Reimann, S. 362.

[1113] Meier, S. 281; Otto, S. 9; Reimann, S. 350; Rosenberg/Hay/Weintraub, S. 434; Schack, Einführung, S. 23.

gentlichen US-amerikanischen IPR[1114] ergibt sich daraus, dass auf vielen Gebieten im US-amerikanischen Recht – im Gegensatz zum autonomen deutschen IPR – die Rechtswahl (choice of law) der Zuständigkeit folgt. Das erkennende Gericht wendet also aufgrund seiner Zuständigkeit automatisch die lex fori, d. h. das eigene Recht, an.[1115]

Grundsätzlich unterscheidet man seit der Entscheidung Pennoyer v. Neff aus dem Jahre 1877 zwischen Klagen „in rem", „quasi in rem" und „in personam".[1116] Erstere betreffen Klagen über die dingliche Berechtigung an einem Gegenstand. Zuständigkeit ist nur am Ort der Belegenheit des Gegenstandes gegeben.[1117] Bei Klagen „quasi in rem" begründet – ähnlich wie bei dem deut-

---

[1114] Born, S. 17; Reimann, S. 349 ff.; Scoles/Hay, S. 1; Welp, S. 16.

[1115] Phillips Petroleum Co. v. Shutts, 472 US 797, 821 (1985); Buchner, S. 37 Fn. 96; Grothe, RabelsZ 58, 686 (688); Hay, RabelsZ 35, 429 (432); Hoppe, S. 158/159/160; Junker, IPRax 86, 197 (199); Meier, S. 69; Reimann, S. 356/362; Rose, 82 Calif. L. Rev., 1545 (1564); Scoles/Hay, S. 3; Twitchell, 101 Harv. L. Rev., 610 (610 ff.); Ultsch, RIW 97, 26 (27); Weintraub, S. 117; Welp, S. 17. Mehr als im deutschen und europäischen Recht – siehe oben § 3 III. 3. a. – scheint dem Völkerrecht (public international law) im US-amerikanischen Recht der internationalen Zuständigkeit – zumindest von einem Teil der Literatur – eine bedeutende Wirkung dergestalt beigemessen zu werden, dass exorbitante Zuständigkeiten als völkerrechtliche Verstöße gewertet werden und – darüber hinaus – das Völkerrecht der Begründung von Zuständigkeit ein Angemessenheits-Erfordernis (reasonableness requirement) auferlegt. Vgl. dazu § 421 Restatement (Third) Foreign Relations Law: „A state may, through its courts or administrative tribunals, exercise jurisdiction to adjudicate with respect to a person or thing, if the relationship of the person or thing to the state is such as to make the exercise of such jurisdiction reasonable." Vgl. ferner Born, 17 Ga. J. Int'l Comp. L., 1 (19); De Winter, 17 I. C. L. Q., 706 (712/713); Smit, 21 I. C. L. Q., 335 (344); Stevenson, 52 Colum. L. Rev., 561 (579/580). Kritisch gegenüber einem aus dem Völkerrecht hergeleiteten „reasonableness"-Erfordernis: Schack, FS Nakamura, S. 506. Vgl. auch Otto, S. 9; Pfeiffer, S. 315, wonach aus den völkerrechtlichen Prinzipien der Personal- und Gebietshoheit nichts für die gerichtliche Zuständigkeit im Erkenntnisverfahren folgen könne. Dieses führe nicht zu hoheitlichen Handlungen auf fremdem Territorium. Den Inhalt der „due process"-Klausel durch einen Rückgriff auf völkerrechtliche Prinzipien bestimmen zu wollen, sei fragwürdig.

[1116] Pennoyer v. Neff, 95 US 714, 732 (1877). Vgl. auch Clermont, 66 Cornell L. Rev., 411 (414); Friedenthal/Kane/Miller, S. 97; Ganssauge, S. 126; Grothe, RabelsZ 58, 686 (693); James/Hazard/Leubsdorf, S. 22; Otte, IPRax 91, 263 (264); Rosenberg/Hay/Weintraub, S. 5; Schütze, Prozessführung, S. 56; Welp, S. 21.

[1117] Bettinger, GRUR Int. 98. 660 (660); Borchers, 40 Am. J. Comp. L., 121 (124); Born, S. 2 Fn. 9; Casad/Richman, S. 8; Clermont, S. 145/154; Clermont, 66 Cornell L. Rev., 411 (414); Ehrenzweig/Jayme, S. 26; Fuchs, RIW 06, 29 (29); Ganssauge, S. 126; Grothe, RabelsZ 58, 686 (693 Fn. 26); Hay, Rdnr. 129; Hay, Conflict, S. 52/53/82 ff.; Hay, JZ 77, 697 (698); Hoppe, S. 164; James/Hazard/Leubsdorf, S. 22/58; Junker, IPRax 86, 197 (199); Lejeune, RIW 98, 8 (8); Meier, S. 16; Otto, S. 12; Pfeiffer, S. 316; Schack, Einführung, S. 25; Schärtl, S. 225; Schmidt-Brand, S.

schen Vermögensgerichtsstand des § 23 ZPO – der Ort des beschlagnahmten, im Gerichtsstaat belegenen Vermögens des Beklagten einen Gerichtsstand.[1118]

Letztere Klagen haben die praktisch größte Bedeutung und betreffen alle Klagen gegen Personen ohne einen vorgegebenen örtlichen Bezug.[1119] Man spricht in diesem Zusammenhang auch von sog. „personal jurisdiction", die nach US-amerikanischem Recht jedem angerufenen Gericht gegenüber den Parteien zukommen muss, um wirksam ein Urteil erlassen zu können. Es handelt sich dabei um die Kompetenz eines Gerichts, durch Urteil die Rechte und Pflichten der Parteien bestimmen zu können.[1120] Ausgangspunkt dieser Zuständigkeit war ursprünglich ein strenger Territorialitätsbezug.[1121]

10; Schröder, S. 365; Schütze, Prozessführung, S. 61; Scoles/Hay, S. 283/292; Wazlawik, S. 65; Welp, S. 21.

[1118] Seit der Entscheidung Shaffer v. Heitner, 433 US 186, 199 (1977) stellt diese Zuständigkeit allerdings keinen selbstständigen Gerichtsstand mehr dar. Vgl. dazu auch Berger, RabelsZ 41, 39 (46); Borchers, 40 Am. J. Comp. L., 121 (126); Born, S. 2 Fn. 9; Brilmayer, 4 S. Ct. Rev., 77 (78); Casad/Richman, S. 9/91; Clermont, S. 145/155; Clermont, 66 Cornell L. Rev., 411 (414/420); Ehrenzweig/Jayme, S. 24; Ganssauge, S. 126; Grothe, RabelsZ 58, 686 (704); Hay, Rdnr. 129; Hay, Conflict, S. 53/84 ff.; Hay, 35 I. C. L. Q., 32 (33); Hay, JZ 77, 697 (699 ff.); Hoppe, S. 164/304; James/Hazard/Leubsdorf, S. 58; Junker, IPRax 86, 197 (200); Kleinstück, S. 4 ff./77; Meier, S. 16; Otto, S. 12/33 ff.; Peterson, IPRax 91 267 (267); Pfeiffer, S. 315/567; Richman/Reynolds, S. 38; Schack, Einführung, S. 25; Schack, ZZP 97, 46 (53); Schärtl, S. 225; Schmidt-Brand, S. 11; Schröder, S. 393; Schütze, Prozessführung, S. 61; Scoles/Hay, S. 291/294; Wazlawik, RIW 02, 691 (694); Wazlawik, S. 66; Weintraub, S. 148; Welp, S. 21.

[1119] Casad/Richman, S. 6; Clermont, 66 Cornell L. Rev., 411 (414); Ehrenzweig/Jayme, S. 22; Frisinger, RIW 72, 12 (12 Fn. 5); Fuchs, RIW 06, 29 (29); Hoppe, S. 164; James/Hazard/Leubsdorf, S. 22; Junker, IPRax 86, 197 (199); Meier, S. 15; Otto, S. 11; Pfeiffer, S. 315; Schack, Einführung, S. 25; Schärtl, S. 225; Schmidt-Brand, S. 10; Schröder, S. 366; Schwung, AnwBl 93, 436 (439); Scoles/Hay, S. 296; Welp, S. 21.

[1120] Vgl. Kulko v. Superior Court of California, 436 US 84, 91 (1977); Shaffer v. Heitner, 433 US 186, 199 (1977); Bettinger, GRUR Int. 98. 660 (660); Born, S. 2/67: „Personal jurisdiction involves the power of a court to adjudicate a claim against the defendant's person and to render a judgment enforceable against the defendant and any of its assets."; Casad/Richman, S. 6; Clermont, S. 144; Friedenthal/Kane/Miller, S. 96; Ganssauge, S. 126; Goldstein, DAJV-NL 1/05, 16 (16); Hay, Conflict, S. 52; Hoppe, S. 164/226; Kaiser, RIW 88, 589 (590); Lejeune, RIW 98, 8 (8); Meier, S. 15; Otto, S. 5; Pfeiffer, S. 302 Fn. 67; Schack, FS Schlosser, S. 844; Schärtl, S. 218; Schmidt-Brand, S. 10; Scoles/Hay, S. 281; Teply/Whitten, S. 219; Wazlawik, S. 54; Weintraub, S. 119; Welp, S. 21. Der Begriff kann in Ansätzen mit der deutschen „Gerichtsbarkeit" verglichen werden, ist jedoch keineswegs mit ihr identisch. „Gerichtsbarkeit" ist die jedem Staat kraft Völkerrechts grundsätzlich zustehende Befugnis, auf seinem Territorium durch seine Gerichte Recht sprechen zu lassen (facultas iurisdictionis), es sei denn, es liegt ausnahmsweise ein Fall der Exterritorialität (Immunität) vor. Siehe dazu oben § 3 III. 1. „Persönliche Zuständigkeit" in diesem Zusammenhang ist die Befugnis des Gerichts, die Parteien der eigenen Gerichtsgewalt

2. Historischer Überblick[1122]

a. Territorialitätsprinzip – Pennoyer v. Neff

Die Grundlage für die Zuständigkeit der (einzelstaatlichen) Gerichte bildete zunächst nur der XIV. Zusatzartikel mit dem „due process"-Gebot.[1123] Danach

---

in dem durch den Staat zugewiesenen Hoheitsgebiet zu unterwerfen und ein diese bindendes Urteil wirksam zu erlassen (Gerichtshoheit). Sie begründet also eine räumlich abgegrenzte (territoriale) Zuständigkeit und umfasst damit auch Funktionen, die in Deutschland vom Recht der internationalen Zuständigkeit wahrgenommen werden. Dieses begründet die Zuständigkeit der innerstaatlichen Gerichte gegenüber ausländischen Parteien über das Territorialitätsprinzip hinaus auf der Grundlage eines ausreichenden Inlandsbezugs der Parteien zum Forum. Siehe dazu oben § 3 III. 3. b. „Personal jurisdiction" wird von der US-amerikanischen Rechtsprechung als „Angelegenheit der persönlichen Freiheit" vor der Kompetenz der staatlichen Gerichte verstanden. Vgl. Insurance Corp. of Ireland, Ltd. v. Compagnie des Bauxites de Guinee, 456 US 694, 702 (1982): „(…) the personal jurisdiction requirement recognizes and protects an individual liberty interest. It represents a restriction on judicial power not as a matter of sovereignty, but as a matter of individual liberty." Vgl. auch Ruhrgas AG v. Marathon Oil Company, 526 US 574, 580 (1999); Amusement Equipment, Inc. v. Carl Heinz Mordelt, Heinz Mordelt GmbH and Co KG, 779 F. 2d 264, 270 (1985).

[1121] Casad/Richman, S. 6; Dethloff, NJW 88, 2160 (2160); Frisinger, RIW 72, 12 (16); Fuchs, RIW 06, 29 (29); Hay, Rdnr. 130; Hay, JZ 77, 697 (697); Hoppe, S. 242; Schack, Einführung, S. 26. Ausgangspunkt der zuständigkeitsrechtlichen Überlegungen war insofern der – allgemein anerkannte – Grundsatz, dass einem Staat aufgrund seiner territorialen Souveränität das Recht zukommt, die in seinem Gebiet ansässigen Personen seiner Gerichtsbarkeit zu unterwerfen. „Personal jurisdiction" und internationale Zuständigkeit haben daher die Begründung von Zuständigkeit gegenüber Personen außerhalb des Staatsgebietes gemein.

[1122] Angesichts der herausgehobenen Bedeutung einzelstaatlichen Zuständigkeitsrechts auch für internationale Rechtsstreitigkeiten und der damit verbundenen Uneinheitlichkeit der Rechtsanwendung auf dem Gebiet der Vereinigten Staaten soll an dieser Stelle die – auch für die Bundesstaaten maßgebliche – Rechtsprechungsentwicklung des U. S. Supreme Court vorgestellt werden. Wie noch aufzuzeigen sein wird, ist das Recht der „personal jurisdiction" mittlerweile in einem hohen Maße im US-amerikanischen Verfassungsrecht verankert, so dass ein allgemein in den gesamten USA gültiger Zuständigkeitsstandard i. S. v. national geltenden Rahmenbedingungen am ehesten durch eine Erörterung der Rechtsprechung des U. S. Supreme Court dargestellt werden kann.

[1123] Ursprünglich stützte der U. S. Supreme Court die „personal jurisdiction" auf aus dem Völkerrecht hergeleitetes „common law". Die einzige verfassungsrechtliche Grundlage stellte der „full faith and credit clause" in Art. IV Sec. 1 der Bundesverfassung dar, wonach eine Gerichtsentscheidung aus einem Bundesstaat in den übrigen Bundesstaaten anzuerkennen und daher auch dort vollstreckbar war. Die Anerkennung konnte aber versagt werden, wenn der Urteilsstaat zur Entscheidung gar nicht (anerkennungs-) zuständig gewesen war. Vgl. D'Arcy v. Ketchum, 52 US 165, 174 (1850): „That countries foreign to our own disregard a judgment merely against the person, where he has not been served with process nor had a day in court is the familiar rule; national comity is never thus extended. The proceeding is deemed an illegitimate assumption of

benötigten die Gerichte für eine Begründung von Zuständigkeit bei „in personam"-Klagen einen räumlich-territorialen Bezug des Beklagten zu dem Streitgegenstand.[1124]

10 Jahre nach der Verabschiedung des XIV. Zusatzartikels wurde dieser Bezug
durch die Entscheidung Pennoyer v. Neff im Jahre 1877 weiter konkretisiert.[1125]

---

power, and resisted as mere abuse (...) We deem it free from controversy that these adjudica-
tions are in conformity to the well-established rules of international law."; Mills v. Duryee, 11
US 481, 486 (1813): „(...) that jurisdiction cannot be justly exercised by a state over property not
within the reach of its process, or over persons, (...) not subjected to their jurisdiction, by being
found within their limits."; Rose v. Himely, 8 US 241, 276/277 (1808): „(if a foreign court) exercises a jurisdiction which, according to the law of nations, its sovereign could not confer, (its
judgments) are not regarded by foreign courts (...) The law of nations is the law of all tribunals
in the society of nations, and is supposed to be equally understood by all."; Mason v. The Ship
Blaireau, 6 US 240 (1804); Hoppe, S. 168; Teply/Whitten, S. 221. Mit der Ratifikation des XIV.
Zusatzartikels im Jahre 1866 stand der Rechtsprechung bereits im Urteilsverfahren ein Maßstab
zur Verfügung, mit dessen Hilfe ein System zwischenstaatlicher (und internationaler) Entscheidungszuständigkeit entwickelt werden konnte. Vgl. Borchers, 40 Am. J. Comp. L., 121 (123);
Casad/Richman, S. 65/67/104; James/Hazard/Leubsdorf, S. 57; Juenger, 82 Mich. L. Rev., 1195
(1196); Rau, RIW 00, 761 (763); Scoles/Hay, S. 283; Teply/Whitten, S. 224. Auf den „full faith
and credit clause" soll noch ausführlicher eingegangen werden. Siehe dazu unten § 10 V. 1.

[1124] Cooper v. Reynolds, 77 US 308, 316/317 (1870): „(...) Jurisdiction of the person is obtained by
the service of process, or by the voluntary appearance of the party in the progress of the cause.";
Born, S. 70; Casad/Richman, S. 64/65/67: „Where a party has property in a State, and resides
elsewhere, his property is justly subject to all valid claims that may exist against him there; but
beyond this due process of law would require appearance or personal service before the defendant could be personally bound by any judgment rendered."; Friedenthal/Kane/Miller, S. 98;
Hay, JZ 77, 697 (697).

[1125] Seit dieser Entscheidung ist das Zuständigkeitsrecht im Verfassungsrecht verankert und damit
dem U. S. Supreme Court als oberste verfassungsrechtliche Auslegungsinstanz unterworfen. Vgl.
Borchers, 40 Am. J. Comp. L. 121 (122/123); James/Hazard/Leubsdorf, S. 57; Juenger, 82 Mich.
L. Rev., 1195 (1196); Pfeiffer, S. 301/310/552; Richman/Reynolds, S. 25. Das Gericht befasste
sich in Pennoyer originär mit der Anerkennung eines Versäumnisurteils (judgment by default) in
einem anderen Bundesstaat und setzte sich in diesem Zusammenhang mit der Anerkennungszuständigkeit der Gerichte des Urteilsstaates (Oregon) auseinander, die aufgrund von „constructive
service", d. h. durch Veröffentlichung der Zustellung der Klage in einer Zeitung, gegenüber dem
Beklagten im Urteilsverfahren (Neff) begründet sein sollte. Auch zögerte der U. S. Supreme
Court in den ersten Entscheidungen nach Pennoyer noch, die verfassungsrechtliche „due process"-Klausel als direkte Quelle für die Entscheidungszuständigkeit der Gerichte anzusehen und
deren Urteile somit seiner Revisionshoheit zu unterwerfen, vgl. Golding v. Morning News, 156
US 518, 525/526 (1895); Grover & Baker Sewing Mach. Co. v. Radcliffe, 137 US 287, 295
(1890); Hart v. Sansom, 110 US 151, 155 (1884); Insurance Co. v. Bangs, 103 US 435, 439

Der U. S. Supreme Court führte u. a. aus, dass jeder Staat ausschließliche Zuständigkeit und Souveränität über in seinem Hoheitsgebiet ansässige Personen oder sich befindliches Vermögen besitze, dass aber kein Staat direkte Zuständigkeit und Hoheitsgewalt über Personen oder Vermögen außerhalb seines Territoriums ausüben könne und dass kein vom Bundesstaat errichtetes Forum seine Zuständigkeit auf jenseits der Grenzen des Territoriums liegendes Vermögen oder sich befindliche Personen ausdehnen und damit seinen Entscheidungen unterwerfen könne.[1126] Ferner bestimmte er, dass sich die Zuständigkeit des Gerichts nur auf das im Gerichtsstaat vorhandene Vermögen erstrecke und nicht auf den Beklagten persönlich, wenn dieser weder vor Gericht erscheine, noch im Gerichtsstaat seinen gewöhnlichen Aufenthalt habe oder auf sonstige Weise im Gerichtsstaat angetroffen werde.[1127]

Der Entscheidung lag als Leitgedanke das Territorialitätsprinzip zugrunde, wonach die Gerichtsgewalt eines jeden Bundesstaates als Ausdruck seiner Souveränität auf dessen Hoheitsgebiet räumlich beschränkt ist.[1128] Daraus wurde gefol-

---

(1880). Dies geschah endgültig erst in der Entscheidung Riverside & Dan River Cotton Mills v. Menefee, 237 US 189, 195 (1915); Scoles/Hay, S. 284.

[1126] Pennoyer v. Neff, 95 US 714, 722 (1877): „(...) every state possesses exclusive jurisdiction and sovereignty over persons and property within its territory (...) no state can exercise direct jurisdiction and authority over persons or property without its territory (...) no tribunal established by it can extend its process beyond that territory so as to subject other persons or property to its decisions."

[1127] Pennoyer v. Neff, 95 US 714, 720 (1877): „(...) where a defendant does not appear in the court, and is not found within the State, and is not a resident thereof, but has property therein, the jurisdiction of the court extends only over such property".

[1128] Das Gericht griff dabei auf die Thesen Joseph Storys zurück, der das territoriale Denken im US-amerikanischen IPR erstmals prägte: „Considered in an international point of view, jurisdiction, to be rightfully exercised, must be founded either upon the person being within the territory, or upon the thing being within the territory; for, otherwise, there can be no sovereignty exerted, upon the known maxim; Extra territorium jus dicenti impune non paretur (...) no sovereignty can extend its process beyond its own territorial limits, to subject either persons or property to its judicial decisions." Danach sei die Macht des Souveräns und damit auch die Geltung des von ihm gesetzten Rechts stets auf sein Hoheitsgebiet begrenzt. Fremdes Recht gelte nie unmittelbar, sondern nur auf dem Wege der sog. „comity", d. h. der freundlichen Zulassung. Vgl. Borchers, 40 Am. J. Comp. L., 121 (124); Born, 17 Ga. J. Int'l Comp. L., 1 (2/17); Born, S. 70; Clermont, S. 146; Clermont, 66 Cornell L. Rev., 411 (415); Ehrenzweig/Jayme, S. 20; Friedenthal/Kane/Miller, S. 100; Grothe, RabelsZ 58, 686 (693); Hay, Conflict, S. 56; Hay, JZ 77, 697 (697); Hoppe, S. 243; James/Hazard/Leubsdorf, S. 57; Juenger, 82 Mich. L. Rev., 1195 (1196); Junker, IPRax 86, 197 (199); Otto, S. 11; Pfeiffer, S. 313; Rau, RIW 00, 761 (762); Reimann, S. 351; Richman/Reynolds, S. 25; Schack, Jurisdictional Minimum Contacts, S. 5; Schärtl, S. 228;

gert, dass der „persönlichen Zuständigkeit" nur derjenige unterliegen könne, der sich auch in diesem Staatsgebiet aufhalte.[1129] Folglich sollten die Gerichte – um den Anforderungen der „due process"-Klausel der Bundesverfassung zu genügen – ihre Zuständigkeit nur dann ausüben können, wenn sich eine Verbindung (nexus) zwischen dem Gerichtsstaat und dem Beklagten herstellen ließ. In diesem Zusammenhang wurden zum ersten Mal die verfassungsrechtlich zulässigen Zuständigkeitsanknüpfungen des „common law" anerkannt, die eine Gerichtspflichtigkeit begründen konnten: Einwilligung bzw. Unterwerfung (consent), rügelose Einlassung durch das Erscheinen vor Gericht (appearance), Lebensmittelpunkt (domicile), gewöhnlicher Aufenthalt (residence) im Gerichtsstaat und letztlich schlichte Anwesenheit (mere presence) im Gerichtsstaat.[1130] Diese Kriterien erfüllten das verfassungsmäßige Erfordernis des ausreichenden Bezugs zum Gerichtsstaat.[1131]

Schmidt-Brand, S. 25; Scoles/Hay, S. 285; Teply/Whitten, S. 237; Twitchell, 101 Harv. L. Rev., 610 (619); Wazlawik, RIW 02, 691 (693); Wazlawik, S. 56; Welp, S. 25.

[1129] Borchers, 40 Am. J. Comp. L., 121 (124); Born, 17 Ga. J. Int'l Comp. L., 1 (2); Born, S. 72; Casad/Richman, S. 72; Dethloff, NJW 88, 2160 (2160); Friedenthal/Kane/Miller, S. 100; Grothe, RabelsZ 58, 686 (694); Hay, Rdnr. 130; Hay, JZ 77, 697 (697); Hoppe, S. 243; James/Hazard/Leubsdorf, S. 57; Juenger, 82 Mich. L. Rev., 1195 (1196); Junker, IPRax 86, 197 (199); Otto, S. 11; Pfeiffer, S. 314; Rau, RIW 00, 761 (763); Schärtl, S. 228; Weintraub, S. 145; Welp, S. 26.

[1130] Berger, RabelsZ 41, 39 (42); Borchers, 40 Am. J. Comp. L., 121 (125); Buchner, S. 26 Fn. 36; Casad/Richman, S. 6/68; Otto, S. 29; Rau, RIW 00, 761 (763); Richman/Reynolds, S. 25/26; Schmidt-Brand, S. 25; Scoles/Hay, S. 297.

[1131] Im letzteren Fall entstand auf diese Weise die sog. „transient rule", wonach auch eine im Gerichtsstaat nur vorübergehend anwesende (non-resident) Person dort gerichtspflichtig werden konnte, die weder „domicile" noch „residence" im Gerichtsstaat aufwies, noch sich durch „consent" der Zuständigkeit des Gerichtes unterworfen hatte. Die persönliche Zuständigkeit wurde in diesem Fall mit der Zustellung der Klageschrift (service of process) begründet. Vgl. Pennoyer v. Neff, 95 US 714, 727 (1877): „(…) Where the entire object of the action is to determine the personal rights and obligations of the defendants, that is, where the suit is merely in personam, constructive service in this forum upon a non-resident is ineffectual for any purpose. Process from the tribunals of one State cannot run into another State, and summon parties there domiciled to leave its territory and respond to proceedings against them. Publication of process or notice within the State where the tribunal sits cannot create any greater obligation upon the nonresident to appear. Process sent to him out of the State, and process published within it, are equally unavailing in proceedings to establish his personal liability." Der Entscheidung folgend: Grace v. McArthur, 170 F. Supp. 442, 447 (E. D. Ark. 1959); Burnham v. Superior Court of California, County of Marin, 495 US 604, 610 (1990). Vgl. Casad/Richman, S. 68; Ehrenzweig/Jayme, S. 22; Frisinger, RIW 72, 12 (18); Grothe, RabelsZ 58, 686 (699); Hay, Conflict, S. 56; Hoppe, S. 297 f.; Juenger, 82 Mich. L. Rev., 1195 (1197); Kleinstück, S. 6; Meier, S. 66; Nagel/Gottwald, § 3, Rdnr. 360; Otte, IPRax 91, 263 (266); Peterson, IPRax 91, 267 (267); Pfeiffer, S. 314/570;

Zu dieser Zeit waren die wirtschaftlichen Aktivitäten in der Bevölkerung angesichts der noch nicht weit entwickelten Mobilität der Bürger noch schwerpunktmäßig auf das Territorium des einzelnen Bundesstaates beschränkt.[1132] Daher existierte (noch) kein praktisches Bedürfnis, die Gerichtspflichtigkeit gegenüber auswärtigen, d. h außerstaatlichen, Beklagten allein durch die wirtschaftliche Betätigung auf fremden Märkten zu begründen.[1133] Wurde der Beklagte im Bundesstaat persönlich angetroffen, war es fair und gerecht (fair and reasonable), ihn der Zuständigkeit der Gerichte zu unterwerfen.[1134]

In der Fortentwicklung der Entscheidung in Pennoyer galt seit dem (vielzitierten) Ausspruch von Richter Holmes in der Entscheidung McDonald v. Mabee: „The foundation of jurisdiction is physical power" (power theory).[1135] Um die Gerichtspflichtigkeit aufgrund von „presence" begründen zu können, brauchte der Beklagte nicht einmal dauerhaft im Gerichtsstaat anwesend zu sein, eine vorübergehende Anwesenheit reichte aus.[1136] Ebensowenig war eine freiwillige Anwesenheit des Beklagten erforderlich. Das Gericht durfte grundsätzlich seine Zuständigkeit auch bei durch Gewalt oder Täuschung verursachter Anwesenheit annehmen.[1137]

Schmidt-Brand, S. 27; Schütze, Allzuständigkeit, S. 12; Schütze, Prozessführung, S. 57; Schütze, RIW 04, 162 (164); Schütze, RIW 05, 579 (582); Scoles/Hay, S. 331; Teply/Whitten, S. 271.

[1132] Friedenthal/Kane/Miller, S. 102; Hay, Conflict, S. 64; Hoppe, S. 244; Pfeiffer, S. 314; Schack, Jurisdictional Minimum Contacts, S. 5; Scoles/Hay, S. 287; Welp, S. 27.

[1133] Hoppe, S. 244; Otto, S. 9.

[1134] Scoles/Hay, S. 287.

[1135] McDonald v. Mabee, 243 US 90, 91 (1917).

[1136] Berger, RabelsZ 41, 39 (42); Friedenthal/Kane/Miller, S. 102; Grothe, RabelsZ 58, 686 (694); Hay, Rdnr. 130; Hay, JZ 77, 697 (697); Otte, IPRax 91, 263 (265); Otto, S. 12; Stürner, Justizkonflikt, S. 20.

[1137] Berger, RabelsZ 41, 39 (42); Pfeiffer, S. 316. Das Anwesenheitserfordernis im Gerichtsstaat entstammte ursprünglich einer altenglischen Regel, wonach der Sheriff den Beklagten körperlich dem Gericht vorführen musste, Casad/Richman, S. 72; Friedenthal/Kane/Miller, S. 98; Grothe, RabelsZ 58, 686 (694); Hay, Rdnr. 130; Otte, IPRax 91, 263 (265); Otto, S. 11; Schröder, S. 89; Schütze, Allzuständigkeit, S. 18; Welp, S. 26. Auch kam darin der Gedanke zum Ausdruck, dass derjenige, der sich im Herrschaftsbereich einer Obrigkeit aufhielt, dem Herrscher Gehorsam und Unterwerfung als Gegenleistung für Schutz vor räuberischer Behelligung schuldete, Grothe, RabelsZ 58, 686 (694); Welp, S. 27. Vgl. Michigan Trust Co. v. Ferry, 228 US 346, 353 (1913): „Ordinarily jurisdiction over a person is based on the power of the sovereign asserting it to seize the person and imprison him to await the sovereign's pleasure." Später entwickelte sich daraus die sog. capias ad respondendum, eine Regel, wonach der Beklagte bei Beginn eines Zivilrechtsstreits verhaftet werden konnte und nur wieder entlassen wurde, wenn er eine Kaution in der Höhe der möglicherweise in einem späteren Urteil zugesprochenen Summe hinterlegte. Ferner war die tatsächliche Anwesenheit und Teilnahme des Beklagten am Rechtsstreit von wesentlicher

Betroffen von dieser Rechtsprechung waren vornehmlich die sog. „non-residents", die also in dem Gerichtsstaat weder ihren gewöhnlichen Aufenthalt hatten, noch freiwillig vor Gericht erschienen waren. Dagegen unterlagen Beklagte aufgrund von „residence" oder „consent" bereits der Zuständigkeit der Gerichte, ohne dass es einer persönlichen Zustellung der Klage bedurfte, da diese bereits durch ihren Lebensmittelpunkt die erforderliche, aber auch ausreichende Verbindung zu dem Gerichtsstaat aufwiesen und bei auch nur vorübergehender Abwesenheit den Gesetzen des jeweiligen Bundesstaates unterlagen.[1138]

Die Beklagten, die durch „presence" und „service of process" gerichtspflichtig gemacht wurden, brauchten darüber hinaus keine weiteren Bezüge zu dem Gerichtsstaat aufzuweisen, so dass ein bloß durchreisender Beklagter ohne weitere Verbindung zu dem Staat in einen Rechtsstreit vor einem der dort ansässigen Gerichte gezogen werden konnte, der unter Umständen ebenfalls zu diesem Gerichtsstaat keine Verbindung aufwies. Dagegen war es nicht möglich, einen sich außerhalb des Gerichtsstaates aufhaltenden (auswärtigen) Beklagten in diesem Staat gerichtspflichtig zu machen, auch wenn der Streitgegenstand einen engen Bezug zum Forum aufwies.[1139]

b. „Minimum contacts" – International Shoe Co. v. State of Washington

Im Jahre 1945 stellte der U. S. Supreme Court das bisherige zuständigkeitsrechtliche Konzept auf eine neue Grundlage,[1140] indem er in seiner Entscheidung International Shoe Co. v. Washington forderte, dass der abwesende (non-resident-) Beklagte gewisse Mindestkontakte (minimum contacts) zum Forum besitzen müsse, damit die „persönliche Zuständigkeit" dem „due process"-Gebot

---

Bedeutung, da i. d. R. Eidesleistungen (oath) und Feuerproben (ordeal) Bestandteil des Verfahrens waren, Casad/Richman, S. 71; Kleinstück, S. 6; Pfeiffer, S. 311; Richman/Reynolds, S. 25; Scoles/Hay, S. 331. An die Stelle dieser capias-Regel trat nunmehr durch die Rechtsprechung des U. S. Supreme Court seit Pennoyer und McDonald die erforderliche persönliche Zustellung (service of process), die ebenfalls Ausdruck einer Form von Herrschaftsausübung des Gerichts über den Beklagten war. Vgl. Borchers, 40 Am. J. Comp. L., 121 (124); Kleinstück, S. 6; Pfeiffer, S. 311/553; Rau, RIW 00, 761 (763).

[1138] Borchers, 40 Am. J. Comp. L., 121 (125); Casad/Richman, S. 73.

[1139] Borchers, 40 Am. J. Comp. L., 121 (125); Casad/Richman, S. 73; Friedenthal/Kane/Miller, S. 102; Hoppe, S. 243; Pfeiffer, S. 316.

[1140] Vgl. auch die die Wende einleitende vorangehende Entscheidung Milliken v. Meyer, 311 US 457, 462 (1940). Darin tauchten erstmals die Anknüpfungen an Fairness und Gerechtigkeit bei der Ausübung von Zuständigkeit auf. Ferner wurde bereits deutlich, dass Zuständigkeitsregelungen nicht mehr nur als bloße Folgen staatlicher Macht verstanden werden konnten, sondern dass sie einen eigenständigen Gerechtigkeitszweck verfolgten. Vgl. auch Casad/Richman, S. 80; Pfeiffer, S. 320; Schack, Jurisdictional Minimum Contacts, S. 8.

genüge.[1141] Das Gericht führte u. a. aus, die Unterwerfung einer auswärtigen Gesellschaft[1142] unter die Zuständigkeit des Gerichtsstaates widerspreche auch dann dem „due process"-Gebot nicht, wenn diese Gesellschaft nur durch ihre im Gerichtsstaat ansässigen Verkäufer tätig werde, die nur Vermittlungstätigkeiten zugunsten der Gesellschaft durchführten.[1143] Um einen Beklagten der „persönlichen Zuständigkeit" wirksam unterwerfen zu können, erfordere das „due process"-Gebot nur – wenn er in dem Gerichtsstaat nicht anwesend sei –, dass er gewisse Mindestkontakte zu dem Forum habe, die von einem solchen Bestand seien, dass die Durchführung des Verfahrens damit nicht „traditional notions of fair play and substantial justice" widerspreche.[1144] Allerdings erachtete das Gericht damit die „power theory" nicht als obsolet.[1145] Vielmehr akzeptierte es das Nebeneinander dieser Regeln und richtete das Verhältnis untereinander neu aus: Die „Anwesenheit der Gesellschaft" könne nur in einem übertragenen Sinn verstanden werden, nämlich als Symbol für die Aktivitäten, die die juristische Person mit dem Gerichtsstaat verbänden. Diese Kontakte müssten so beschaffen sein, dass es vernünftig sei, den auswärtigen Beklagten der Gerichtsgewalt am Forum zu unterwerfen. Eine auswärtige Partei, die das Privileg in Anspruch nehme, vor Ort geschäftlich tätig zu werden, genieße auch den Schutz der dort geltenden Gesetze. Soweit sich aus dieser Tätigkeit Verpflichtungen ergäben,

---

[1141] International Shoe Co. v. State of Washington, 326 US 310 (1945). Das Gericht hatte sich mit einer Klage des Bundesstaates Washington gegen eine im Bundesstaat Delaware gegründete, aber in Missouri ansässige Gesellschaft zu befassen, mit der er fällige Beiträge zum staatlichen Arbeitslosenunterstützungsfonds geltend machte. Die Gesellschaft, eine Schuhfabrik, beschäftige zwischen elf und dreizehn Vertreter, die mit Musterkollektionen durch den Bundesstaat Washington zogen und in angemieteten Räumen Werbeausstellungen für die Produkte der Gesellschaft veranstalteten. Sie besaßen weder Inkasso- noch Abschlussvollmacht und leiteten die eingehenden Aufträge an die Hauptverwaltung in Missouri weiter, wo die Kaufverträge zustande kamen.

[1142] Auf die Zuständigkeit gegenüber auswärtigen Gesellschaften soll noch ausführlicher eingegangen werden. Siehe dazu unten § 7 I. 1. / 5. j.

[1143] International Shoe Co. v. State of Washington, 326 US 310, 315 (1945).

[1144] International Shoe Co. v. State of Washington, 326 US 310, 316 (1945): „(...) due process requires only that in order to subject a defendant to a judgment in personam, if he be not present within the territory of the forum, he have certain minimum contacts with it [the state] such that the maintenance of the suit does not offend traditional notions of fair play and substantial justice."

[1145] Borchers, 40 Am. J. Comp. L., 121 (126); Born, 17 Ga. J. Int'l Comp. L., 1 (3); Born, S. 74; Casad/Richman, S. 82/86; Grothe, RabelsZ 58, 686 (695); Hoppe, S. 248; James/Hazard/Leubsdorf, S. 62; Junker, IPRax 86, 197 (200); Pfeiffer, S. 553; Schack, Jurisdictional Minimum Contacts, S. 6; Twitchell, 101 Harv. L. Rev., 610 (624); Wazlawik, RIW 02, 691 (693); Wazlawik, S. 60.

könne es nicht unbillig sein, den Beklagten insoweit auch der örtlichen Gerichts-gewalt zu unterwerfen.[1146]

„Minimum contacts" könnten vorliegen, wenn die Gesellschaft fortdauernde und systematische (contineous and systematic) Aktivitäten im Gerichtsstaat ausübe.[1147] Einzelne oder gelegentliche Handlungen eines Vertreters der Gesell-schaft (single or occasional acts of the corporate agent) könnten dann als „mini-mum contacts" ausreichen, wenn sie einen Bezug zu der Klage aufwiesen.[1148] Damit ging der U. S. Supreme Court erstmals auf eine Unterscheidung zwischen allgemeiner Zuständigkeit (general jurisdiction) und spezifischer Zuständigkeit (specific jurisdiction) ein, ohne allerdings diese Begriffe ausdrücklich zu gebrau-chen. Diese wurden erst später von der US-amerikanischen Rechtswissenschaft entwickelt.[1149]

Allerdings wurde nicht abschließend geklärt, was z. B. unter dem Merkmal „substantial" genau zu verstehen war, um die Zuständigkeit der Gerichte für Ansprüche bzw. Klagen zu begründen, die keinen weiteren Bezug zu der im Gerichtsstaat entfalteten Aktivität aufwiesen. Ebenso war nicht klar, welche einzelne geschäftliche Aktivität als ausreichend angesehen werden konnte, um einer auf diese gerichtete Klage ein Forum im Gerichtsstaat zu verschaffen.[1150]

[1146] International Shoe Co. v. State of Washington, 326 US 310, 317 (1945): „(...) To say that the corporation is so far "present" there as to satisfy due process requirements, for purposes of taxa-tion or the maintenance of suits against it in the courts of the state, is to beg the question to be decided. For the terms "present" or "presence" are used merely to symbolize those activities of the corporation`s agent within the state which courts will deem to be sufficient to satisfy the de-mands of due process (...) Those demands may be met by such contacts of the corporation with the forum as make it reasonable, in the context of our federal system of government to require the corporation to defend the particular suit which is brought there. An "estimate of the incon-veniences" which would result to the corporation from a trial away from its "home" or principal place of business is relevant in this connection."

[1147] International Shoe Co. v. State of Washington, 326 US 310, 320 (1945): „(...) there have been instances in which the contineous corporate operations within a state were thought so substantial and of such a nature as to justify suit against it on causes of action arising from dealings entirely distinct from those activities."

[1148] International Shoe Co. v. State of Washington, 326 US 310, 318 (1945): „(...) single or isolated activities might subject a defendant to jurisdiction if those activities were related or gave rise to the cause of action."

[1149] v. Mehren/Trautman, 79 Harv. L. Rev., 1121 (1136).

[1150] Borchers, 40 Am. J. Comp. L., 121 (126); Born, S. 74; Casad/Richman, S. 84; Ganssauge, S. 128; Hay, Conflict, S. 65; Otto, S. 27; Pfeiffer, S. 323; Scoles/Hay, S. 289; Welp, S. 46.

Das Gericht benutzte die Begriffe „minimum" und „substantial" im Zusammenhang mit den Kontakten für eine Interessensabwägung. Erforderlich war zunächst ein Kontakt zwischen dem Beklagten und dem Gerichtsstaat.[1151] Ob dieser Kontakt allerdings ausreichte, um den verfassungsrechtlichen Erfordernissen von „due process" zu genügen und die Zuständigkeitsbegründung als „fair and reasonable" zu gestalten, hing von der eingehenden Untersuchung der gegenüberstehenden Interessen im Einzelfall ab.[1152] Letztlich blieben viele Aspekte der neuen Rechtsprechung unklar. Es handelte sich um neue unbestimmte Rechtsbegriffe, die in der Folgezeit hauptsächlich von den Instanzgerichten – durchaus unterschiedlich – ausgelegt wurden und die durch die (nunmehr) schwierigere Vorhersehbarkeit der Gerichtsstände nicht zu weiterer Rechtssicherheit beitrugen.[1153]

c. Kontakte oder Fairness – McGee v. International Life Insurance Co.
Die Folgeentscheidungen des U. S. Supreme Court trugen nicht dazu bei, die unklare Situation seit International Shoe zu beseitigen. In McGee v. International Life Insurance Co.[1154] hielt das Gericht eine Zuständigkeit der kalifornischen

---

[1151] International Shoe Co. v. State of Washington, 326 US 310, 318 (1945): „(...) That clause does not contemplate that a state may make a binding judgment in personam against an individual or corporate defendants with which that state has no contacts, ties or relations."

[1152] Vgl. auch die später ergangene Entscheidung Kulko v. Superior Court of California, 436 US 84, 92 (1978): „Like any standard that requires a determination of "reasonableness", the "minimum contacts" test of International Shoe is not susceptible of mechanical application; rather, the facts of each case must be weighed." Vgl. Casad/Richman, S. 84; Welp, S. 48.

[1153] Lakeside Bridge & Steel Co. v. Mountain State Constr. Co., 445 US 907, 911 (1980): „That disarray also strongly suggests that prior decisions of this Court offer no clear guidance on the question."; Kulko v. Superior Court, 436 US 84, 92 (1978): „few answers (to due process inquiries) will be written in black and white. The greys are dominant and even among them the shades are innumerable." Vgl. Borchers, 40 Am. J. Comp. L. 121 (122); Born, 17 Ga. J. Int'l Comp. L., 1 (4); Hoppe, S. 248; Juenger, 82 Mich. L. Rev., 1195 (1198); Otto, S. 27, Pfeiffer, S. 322/553: Immerhin habe sich aber der U. S. Supreme Court mit der Entscheidung für ein „verfassungsrechtlich fundiertes Freiheitsmodell internationaler Zuständigkeit" entschieden; Richman/Reynolds, S. 32.

[1154] McGee v. International Life Insurance Co., 355 US 220, 223 (1957). Im Mittelpunkt stand allein das Vorgehen der Beklagten, einen Kunden mit Lebensmittelpunkt im Bundesstaat Kalifornien mit einer per Brief zugesandten Police zu versichern. Die einzigen Kontakte der beklagten Versicherungsgesellschaft zum Gerichtsstaat Kalifornien bestanden in der Übersendung der Versicherungspolice an den Kunden in Kalifornien sowie in der Entgegennahme der Prämienzahlungen während eines Zeitraumes von zwei Jahren. Dagegen unterhielt die Beklagte im Gerichtsstaat kein Büro, beschäftigte dort keine Agenten und vermittelte – mit Ausnahme der streitgegenständlichen Police – keine weiteren Versicherungsverträge. Vgl. auch Borchers, 40 Am. J. Comp. L., 121 (137); Brilmayer/Goldsmith, S. 487; Casad/Richman, S. 88; Clermont, 66 Cornell

Gerichte für eine Klage gegeben, die allein auf einen Versicherungsvertrag gestützt wurde. Dieser weise ausreichende Verbindungen zu dem Gerichtsstaat auf, obwohl die Beklagte im Gerichtsstaat weder einen Vertreter beschäftigte, noch sonst ein Versicherungsgeschäft vermittelte.[1155] Die Belastung des Beklagten mit dem auswärtigen Rechtsstreit hielt das Gericht für zumutbar.[1156] Auch zog es die technologischen Fortschritte bei Verkehr und Kommunikation und die wachsende nationale Wirtschaft als Rechtfertigung heran, die „due process"-Beschränkungen bei der Zuständigkeitsbegründung zu lockern.[1157] Mit dieser Entscheidung schien das Gericht also den Gedanken von „fairness" zu unterstreichen und dafür das Erfordernis eines physischen Kontaktes für die Zuständigkeitsbegründung hintanzustellen.[1158]

d. Zweckrichtung / Vorteile und Schutz – Hanson v. Denckla

Dagegen entschied der U S. Supreme Court in Hanson v. Denckla,[1159] dass für die Begründung von Zuständigkeit noch weitere Erfordernisse außer Fairness erfüllt sein müssten, und griff den Gedanken des physischen Kontaktes zum

---

L. Rev., 411 (418); Friedenthal/Kane/Miller, S. 129; Hoppe, S. 256; Juenger, 82 Mich. L. Rev., 1195 (1199); Lejeune, RIW 98, 8 (10); Maltz, Duke L. J. 87, 669 (671); v. Mehren/Trautman, 79 Harv. L. Rev., 1121 (1149); Richman/Reynolds, S. 33/34; Schack, Jurisdictional Minimum Contacts, S. 6; Schröder, S. 348/349.

[1155] McGee v. International Life Insurance Co., 355 US 220, 223 (1957): „(...) It is sufficient for purposes of due process that the suit was based on a contract which had substantial connection with that State."

[1156] McGee v. International Life Insurance Co., 355 US 220, 223 (1957): „(...) Of course there may be inconvenience to the insurer if it is held amenable to suit in California where it had this contract but certainly nothing which amounts to a denial of due process." Die Entscheidung wurde in der Folgezeit als „Hochwassermarke" (high-water mark) für die Begründung von Zuständigkeit durch die Bundesstaaten bezeichnet, Casad/Richman, S. 88; Hoppe, S. 256; Junker, IPRax 86, 197 (200); Otto, S. 27; Scoles/Hay, S. 304/378/381; Weintraub, S. 146.

[1157] McGee v. International Life Insurance Co., 355 US 220, 222/223 (1957): „(...) Today many commercial transactions touch two or more States and many involve parties separated by the full continent. With this increasing nationalization of commerce has come a great increase in the amount of business conducted by mail across state lines. At the same time modern transportation and communication have made it much less burdensome for a party sued to defend himself in a State where he enagages in economic activity."

[1158] Casad/Richman, S. 88.

[1159] Hanson v. Denckla, 357 US 235 (1958). In dieser Entscheidung hatte der U. S. Supreme Court über die Zuständigkeit gegenüber einer verklagten „Trustee"-Gesellschaft im Gerichtsstaat Florida zu befinden, die ihren Sitz in Delaware hatte und in Pennsylvania gegründet worden war. Streitgegenstand war ein in Florida errichtetes Testament, das sich ausschließlich an die Trust-Gesellschaft richtete.

Gerichtsstaat seit International Shoe wieder auf.[1160] Auch wurde der Souveränitätsgedanke aktiviert und der Schutz des Beklagten in den Vordergrund gerückt.
Mindestkontakte seien nur gegeben, wenn der Beklagte sich zweckgerichtet
(purposefully) die Privilegien der geschäftlichen Aktivität im Gerichtsstaat nutzbar mache und dabei besonders die Vorteile und den Schutz (benefits and protections) durch die Gesetze ausnutze.[1161] Die Vornahme von Handlungen im Gerichtsstaat wurde als Privileg angesehen, das jeder Staat gewähren, aber auch
verweigern könne. Der Preis dafür sei in jedem Fall die Gerichtspflichtigkeit in
diesem Staat. Erforderlich wurden nunmehr wieder – zwecks Begrenzung des
„minimum contacts"-Kriteriums – messbare Kontakte zum Forum.[1162]

e. „Physical contact approach" / „Fairness approach"
Auch bei den Untergerichten kam es aufgrund der unklaren Grenzen der neuen
„persönlichen Zuständigkeit" zu uneinheitlichen Entscheidungen.[1163] Es entwik-
kelten sich im Grundsatz zwei Ansätze. Teilweise wurde unter den umschriebenen „minimum contacts" die tatsächlich bestehenden physischen Verbindungen

---

[1160] Hanson v. Denckla, 357 US 235, 251 (1958): „(...) The requirements of personal jurisdiction
over nonresidents have evolved from the rigid rule of Pennoyer v. Neff (...) to the flexible standard of International Shoe Co. v. Washington. (...) But it is a mistake to assume that this trend
heralds the eventual demise of all restrictions on the personal jurisdiction of state courts. (...)
Those restrictions are more than a guarantee of immunity from inconvenient or distant litigation.
They are a consequence of territorial limitations on the power of the respective States. However
minimal the burden of defending in a foreign tribunal, a defendant may not be called upon to do
so unless he has had the "minimal contacts" with that State that are a prerequisite to its exercise
of power over him."

[1161] Hanson v. Denckla, 357 US 235, 253 (1958): „(...) The unilateral activity of those who claim
some relationship with a nonresident defendant cannot satisfy the requirement of contact with the
forum State (...) It is essential in each case that there be some act by which the defendant purposefully avails itself of the privilege of conducting activities within the forum State, thus invok-
ing the benefits and protections of its laws." Vgl. Buchner, S. 27; Clermont, 66 Cornell L. Rev.,
411 (418/419); Friedenthal/Kane/Miller, S. 130; Hoppe, S. 257; Juenger, 82 Mich. L. Rev., 1195
(1199); Junker, IPRax 86, 197 (200); Maltz, Duke L. J. 87, 669 (671); H. Müller, S. 15; Otto, S.
28; Pfeiffer, S. 554/555: In dem Maße, in dem eine Partei sich zweckgerichtet die Rechtsordnung
eines Staates nutzbar mache, habe sie Anteil an dem durch und innerhalb dieser Rechtsordnung
konstituierten bürgerlichen Zustands des Mein und Dein; Richman/Reynolds, S. 36; Schack, Einführung, S. 29; Schack, Jurisdictional Minimum Contacts, S. 7; Scoles/Hay, S. 290/304; Weintraub, S. 146; Welp, S. 74; Winkler/v. d. Recke, NZG 05, 241 (246).

[1162] Dem folgend: Kulko v. Superior Court, 436 US 84, 96 (1978). Vgl. Casad/Richman, S. 89/97;
Juenger, 82 Mich. L. Rev., 1195 (1199); Maltz, Duke L. J. 87, 669 (672); Otto, S. 29; Pfeiffer, S.
556.

[1163] Casad/Richman, S. 85; Juenger, 82 Mich. L. Rev., 1195 (1199); Grothe, RabelsZ 58, 686 (695).

des Beklagten zu dem Gerichtsstaat verstanden (physical contact approach).[1164] Andere Gerichte sahen in den physischen Kontakten zum Gerichtsstaat nicht das ausschlaggebende Kriterium. Dabei beriefen sie sich auf die Ausführungen des U. S. Supreme Court, der von solchen Kontakten gesprochen hatte, „die es im Sinne des föderalen Systems vernünftig erscheinen lassen, den Beklagten zu zwingen, sich in dem jeweiligen Bundesstaat verteidigen zu müssen." Die Feststellung, ob diese Kontakte ausreichten, sollte durch eine „faire und ordnungsgemäße Anwendung der Gesetze" erfolgen (fairness approach).[1165] Demgemäß

[1164] Aaron Ferer & Sons Co. v. American Compressed Steel, 564 F. 2d 1206, 1209 (8th Cir. 1977); Pennington v. Toyomenka, Inc., 512 F. 2d 1291, 1293 (5th Cir. 1975); Hydraulics Unlimited Mfg. Co. v. B/J Mfg. Co., 449 F. 2d 775, 777 (10th Cir. 1971); Oklahoma Publishing Co. v. National Sportsmen's Club, Inc., 323 F. Supp. 929, 930 (W. D. Okla. 1971); Born, S. 75. Ein Grund dafür lag in dem pragmatisch motivierten Bestreben der Instanz-Gerichte, zu Beginn einer juristischen Auseinandersetzung, die notwendigerweise die Prüfung der Zuständigkeit der Gerichte umfasste, eine einfach anwendbare Prüfung ohne ausufernde Tatsachenermittlungen zu verwenden. Konnte keine Handlung oder kein Ereignis mit einem erkennbar physischen Akt im Gerichtsstaat zu dem Beklagten zurückverfolgt werden, konnte das Gericht den Rechtsstreit ohne weitere Interessenanalyse mit der Begründung abweisen, der Beklagte weise noch nicht einmal Mindestkontakte auf, Casad/Richman, S. 85. Der andere Grund dürfte wohl in der Überzeugungskraft der „physical power theory" zu sehen sein, auf die sich Anwälte und Richter schon lange stützten, und die sich nicht vorstellen konnten, dass ein souveräner Staat seine Gerichtsgewalt auf Personen ausdehnen konnte, ohne dass diese im Gerichtsstaat jemals anwesend gewesen waren. Wenn der Beklagte schon nicht zur Zeit der Klagezustellung anwesend war, so musste er zumindest irgendwann einmal „present" und damit im Hoheitsgebiet des Gerichtes gewesen sein, Casad/Richman, S. 85.

[1165] International Shoe Co. v. State of Washington, 326 US 310, 319 (1945): „(…) such contacts (…) reasonable in the context of our federal system. (…) in relation to the fair and orderly administration of the laws." Der Beklagte sollte demnach einen gewissen Kontakt, eine Verbindung oder sonstigen Bezug zu dem Gerichtsstaat aufweisen, der aber nicht physischer Natur sein musste. Erst recht musste es sich nicht um ein vom Beklagten ausgelöstes Ereignis in dem Gerichtsstaat handeln. Es gab aber auch Konstellationen, in denen die Zuständigkeit befürwortet wurde, obwohl der Beklagte gerade zu diesem Gerichtsstaat eine nur entfernte Verbindung aufwies, solange andere die Zuständigkeit begründende Faktoren ausreichend gewichtig waren. Nach diesem Ansatz mussten die Nachteile für den Beklagten gegenüber denen des Klägers abgewogen werden, die die Abweisung der Klage in der von ihm gewählten Form mit sich gebracht hätten. Die Vertreter dieses Ansatzes machten einige Auszüge aus der Entscheidung für sich fruchtbar, die aber angesichts später ergangener Entscheidungen des U. S. Supreme Court nicht dahingehend verstanden werden konnten, das Gericht habe das Erfordernis der körperlichen Kontakte völlig aufgegeben. Dennoch betonte das Gericht mit dem Abstellen auf Angemessenheit und Vernunft erstmals den Aspekt des Beklagtenschutzes, hatte es doch in Pennoyer nur die Hoheitsrechte der einzelnen Bundesstaaten gegeneinander abgegrenzt. Ferner trat im Prozess an die Stelle des Aufzählens von Fakten, die das fortdauernde und systematische Tätigwerden der Gesellschaft belegen sollten, nunmehr eine Untersuchung der einzelnen Tätigkeiten und ihrer Beziehung zu dem

verlangten einige Gerichte einen umfangreichen Prozess der Gewichtung und Abwägung der unterschiedlichen Interessen, die für die Frage der prozessrechtlichen Fairness von großer Bedeutung sei. Dazu zählten u. a. die Erwartungen beider Parteien, regelmäßige Bedenken der verschiedenen Bundesstaaten, prozessuale Annehmlichkeiten und Vorteile.[1166] Die Zuständigkeitsanknüpfung an „personal presence" schien nur noch eine von vielen anderen möglichen „minimum contacts" zu sein.[1167]

Die Erfordernisse der zweckgerichteten Aktivitäten und der Inanspruchnahme von Vorteilen und Schutz durch die Gesetze in Hanson v. Denckla wurden in der

---

eingeklagten Anspruch. Damit floss neben der Person des Beklagten auch der gegen ihn erhobene Anspruch in die Zuständigkeitsprüfung mit ein, Born, S. 75; Casad/Richman, S. 85; Hay, 35 I. C. L. Q., 32 (35); Junker, IPRax 86, 197 (200); Otto, S. 27.

[1166] In-Flight Devices Corp. v. Van Dusen Air, Inc., 466 F. 2d 220, 226 (6th Cir. 1972); Kourkene v. American BBR, Inc., 313 F. 2d 769, 772 (9th Cir. 1963).

[1167] Zwar ließ es der U. S. Supreme Court in der Entscheidung Grace v. McArthur für die Zuständigkeit ausreichen, dass einem, den Gerichtsstaat überfliegenden Beklagten die Klage seiner Ehefrau im Flugzeug zugestellt wurde, Grace v. McArthur, 170 F. Supp. 442, 443 (E. D. Ark. 1959). Vgl. auch Berger, RabelsZ 41, 39 (42); Clermont, S. 150; Grothe, RabelsZ 58, 686 (699); Hay, JZ 77, 697 (698); Junker, IPRax 86, 197 (199); Otto, S. 12; Pfeiffer, S. 317; Rosenberg/Hay/Weintraub, S. 47; Schütze, Allzuständigkeit, S. 12; Schütze, RIW 05, 579 (582); Scoles/Hay, S. 332; Wazlawik, S. 87/88. Nach Shaffer v. Heitner, 433 US 186, 212 (1977): „(...) that all assertions of state-court jurisdiction must be evaluated according to the standards set forth in International Shoe and its progeny.", schien „presence" jedoch endgültig nur noch eine untergeordnete Rolle zu spielen. Vgl. auch Borchers, 40 Am. J. Comp. L., 121 (126); Brilmayer, 4 S. Ct. Rev., 77 (81); Grothe, RabelsZ 58, 686 (695); Hoppe, S. 247; Junker, IPRax 86, 197 (200); Otte, IPRax 91, 263 (265); Welp, S. 84. Demgemäß bestimmt das Restatement (Second) of Conflict of Laws die zuständigkeitsbegründenden Anknüpfungspunkte wie folgt: „A state has power to exercise jurisdiction over an individual on one or more of the following bases: presence; domicile; residence; nationality; consent; appearance in an action; doing business in the state; an act done in the state; causing an effect in the state by an act done elsewhere; ownership, use or possession or a thing in the state; other relationships to the state which make the exercise of judicial jurisdiction reasonable." In Burnham v. Superior Court of California entschied der U. S. Supreme Court dagegen, dass die Zustellung der Klage im Gerichtsstaat auch dann verfassungsgemäß sei, wenn der Beklagte sich nur geschäftlich und privat zu Besuch dort aufhalte und sonst keinerlei Verbindung zu dem Gerichtsstaat aufweise. Dies gelte auch für Streitigkeiten, die in keiner Verbindung zu dem Besuch in dem Gerichtsstaat stünden, Burnham v. Superior Court of California, 110 S. Ct. 2105, 2109 (1990). Vgl. dazu Borchers, 40 Am. J. Comp. L., 121 (127); Born/Jestaedt, RIW 90, 675 (675); Buchner, S. 31; Clermont, S. 150; Grothe, RabelsZ 58, 686 (700); Kleinstück, S. 9; Lejeune, RIW 98, 8 (10); Otte, IPRax 91, 263 (266 f.); Peterson, IPRax 91, 267 (269); Pfeiffer, S. 323/572; Rau, RIW 00, 761 (763); Richman/Reynolds, S. 64 f.; Schack, FS Nakamura, S. 500 Fn. 44; Scoles/Hay, S. 333; Teply/Whitten, S. 271; Wazlawik, RIW 02, 691 (694).

Folgezeit zu weiteren Voraussetzungen für die Begründung von persönlicher Zuständigkeit entwickelt.[1168] Damit entstand eine weitere „due process"-Beschränkung für die Ausübung von Zuständigkeit. Allerdings wurde auch diese Regel Gegenstand unterschiedlicher Interpretationen durch die Gerichte.[1169] Für die Anhänger des „physical contact approach" sollte der Hanson-Regel genüge getan sein, wenn der Beklagte im Gerichtsstaat freiwillig bestimmte Handlungen vornahm oder sie zumindest in dem Bewusstsein ausübte, dass diese einen physischen Einfluss auf den Gerichtsstaat haben könnten.[1170] Für die Befürworter des „fairness approach" sollte die Verbindung des Beklagten zum Gerichtsstaat das vorhersehbare Ergebnis dessen eigenen Verhaltens und nicht das des Klägers oder einer dritten Partei sein. Danach sollten Freiwilligkeit und Vorhersehbarkeit und nicht der physische Einfluss die elementaren Erwägungen bei der „due process"-Prüfung bilden.[1171]

f. Schutz des Beklagten – World-Wide Volkswagen v. Woodson

1980 stellte der U. S. Supreme Court auf den Schutz des Beklagten vor auswärtiger, ihn belastender Prozessführung und auf gegenseitige Respektierung staatlicher Souveränität ab. In der Entscheidung World-Wide Volkswagen v. Woodson befand das Gericht, dass nicht nur das Fairness-Gebot als Grundlage für die „minimum contacts"-Prüfung diene, sondern auch die in der Bundesverfassung verankerten Prinzipien des zwischenstaatlichen Föderalismus. Danach begründeten – unabhängig von den auf Fairness basierenden Einschränkungen – auch die Beziehungen der einzelnen Bundesstaaten untereinander – als souveräne Staaten

---

[1168] Hoppe, S. 257 Fn. 1304.

[1169] Hanson v. Denkla, 357 US 235, 253 (1958): „(due process limitations on jurisdiction) are more than a guarantee of immunity from inconvenient or distant litigation. They are a consequence of the territorial limitations on the power of respective States." Vgl. Casad/Richman, S. 90.

[1170] Aaron Ferer & Sons Co. v. American Compressed Steel, 564 F. 2d 1206, 1209 (8th Cir. 1977); Pennington v. Toyomenka, Inc., 512 F. 2d 1291, 1292 (5th Cir. 1975); Hydraulics Unlimited Mfg. Co. v. B/J Mfg. Co., 323 F. Supp. 996, 1001 (D. Colo. 1971); Oklahoma Publishing Co. v. National Sportsmen`s Club, Inc., 323 F. Supp. 929, 930 (W. D. Okla. 1971); Latham v. Ryan, 373 So. 2d 242, 245 (La. Ct. App. 1979); White v. Goldthwaite, 460 P. 2d 578, 582 (1969). Vgl. auch Casad/Richman, S. 90.

[1171] Shaffer v. Heitner, 433 US 186, 204 (1977): „(...) simply making the point that the States are defined by their geographical territory." Vgl. ferner In-Flight Devices Corp. v. Van Dusen Air, Inc., 466 F. 2d 220, 226 (6th Cir. 1972); Kourkene v. American BBR, Inc., 313 F. 2d 769, 772 (9th Cir. 1963); Thermal Insulation Sys., Inc. v. Ark-Seal Corp., 508 F. Supp. 434, 443 (D. Kann. 1980); Jack O'Donnell Chevrolet, Inc. v. Shankles, 276 F. Supp. 998, 1002 (N. D. Ill. 1967); Phillips v. Anchor Hocking Glass Corp., 413 P. 2d 732, 738 (1966); Gray v. American Radiator & Standard Sanitary Corp., 176 N. E. 2d 761, 766 (1961). Vgl. auch Casad/Richman, S. 90; Schack, Jurisdictional Minimum Contacts, S. 17 ff.

innerhalb des Bundes – ebenfalls eine Beschränkung ihrer Zuständigkeit.[1172] Das Konzept der „minimum contacts" erfülle zwei unterschiedliche Funktionen: Zum einen schütze es den Beklagten vor nachteiliger Prozessführung durch Verteidigung gegen eine Klage in einem entfernt liegenden Forum, zum anderen stelle es sicher, dass sich die einzelnen Bundesstaaten durch ihre Gerichte nicht über die durch ihren Status als gleichberechtigte Staaten innerhalb des föderalen Systems auferlegten Grenzen hinwegsetzten.[1173] Das Gericht betonte dabei, dass in der Vergangenheit die Grenzen der bundesstaatlichen Zuständigkeit wegen des Schutzes vor nachteiliger Prozessführung im Zuge des zunehmenden innerstaatlichen Wirtschaftsverkehrs und der mit den modernen Transport- und Kommunikationsmitteln verbundenen Erleichterung der auswärtigen Prozessführung immer weiter ausgedehnt worden seien.[1174] Selbst wenn die auswärtige Prozessführung für den Beklagten keine wesentlichen Nachteile mit sich bringe oder der Gerichtsstaat ein starkes eigenes Interesse an der Entscheidung des Rechtsstreits durch die eigenen Gerichten habe, könne das Gebot von „due process" – als Instrument des zwischenstaatlichen Föderalismus[1175] – dennoch gelegentlich die Kompetenz des einzelnen Staates auf Erlass eines wirksamen Urteils beschneiden.[1176] Die Funktion des International Shoe-Ansatzes sei daher in dem Schutz

---

[1172] World-Wide Volkswagen Corp. v. Woodson, 444 US 286, 291 (1980). Die Kläger, ein New Yorker Ehepaar, kauften von einem New Yorker Einzelhändler einen Audi. Während des Umzugs der Familie von New York nach Arizona kam es in Oklahoma zu einem Verkehrsunfall, den die Kläger auf eine angeblich mangelhafte Konstruktion des Tanks zurückführten. Sie verklagten daher vor einem Gericht des Staates Oklahoma den deutschen Hersteller Audi, die Importgesellschaft, den in New York ansässigen Zwischenhändler und den Einzelhändler auf Schadensersatz. Nur Audi und die Importgesellschaft verkauften ihre Fahrzeuge in den gesamten Vereinigten Staaten. Siehe dazu auch unten § 7 II. 2. b. Vgl. auch Brilmayer, 4 S. Ct. Rev., 77 (77 ff.); Casad/Richman, S. 98; Clermont, 66 Cornell L. Rev., 411 (422); Hoppe, S. 259; Otte, IPRax 91, 263 (265); Schack, Jurisdictional Minimum Contacts, S. 7.

[1173] World-Wide Volkswagen Corp. v. Woodson, 444 US 286, 293 (1980): „(...) The concept of minimum contacts (...) can be seen to perform two related, but distinguishable, functions. It protects the defendant against the burdens of litigating in a distant or inconvenient forum. And it acts to insure that the States, through their courts, do not reach out beyond the limits imposed on them by their status as coequal sovereigns in a federal system."

[1174] World-Wide Volkswagen Corp. v. Woodson, 444 US 286, 293 (1980). Vgl. Casad/Richman, S. 99; Hoppe, S. 260; Lejeune, RIW 98, 8 (9).

[1175] World-Wide Volkswagen Corp. v. Woodson, 444 US 286, 293 (1980): „Nevertheless, we have never accepted the proposition that state lines are irrelevant for jurisdictional purposes, nor could we and remain faithful to the principles of interstate federalism embodied in the constitution."

[1176] World-Wide Volkswagen Corp. v. Woodson, 444 US 286, 294 (1980): „(...) the Due Process Clause, acting as an instrument of interstate federalism, may sometimes act to divest the State of its powers to render a valid judgment." Vgl. Pfeiffer, S. 560, wonach es dem U. S. Supreme Court um die Doppelfunktion der „minimum contacts"-Theorie zugunsten materieller Freiheit

des Beklagten vor belastender Prozessführung und in der Selbstkontrolle der Bundesstaaten zu sehen.[1177]

g. „General and specific contacts"

Mittlerweile unterscheidet man – ähnlich wie im autonomen deutschen und europäischen Recht[1178] – ausdrücklich zwischen allgemeiner Zuständigkeit bzw. allgemeinen Kontakten (general jurisdiction / contacts) und spezifischer Zuständigkeit / Kontakten (specific jurisdiction / contacts).[1179] Bei „general contacts"

---

    vor Belastungen durch den Prozess und eines auch formellen status negativus gegenüber der Ausübung (fremd-) staatlicher Hoheitsgewalt gehe.

[1177] Ein Teil der Literatur sieht diese Rechtsprechung äußerst kritisch und fühlt sich durch Entscheidungen des U. S. Supreme Court in Insurance Corp. of Ireland, Ltd. v. Compagnie des Bauxites de Guinee, 456 US 694, 702 (1982): „(...) the personal jurisdiction requirement recognizes and protects an individual liberty interest. It represents a restriction on judicial power not as a matter of sovereignty, but as a matter of individual liberty. (...) the Due Process Clause is the only source of the personal jurisdiction requirement and the clause itself makes no mention of federalism concerns." und in U. S. v. Morton, 467 US 822, 828 (1984), in denen dieser Souveränitätsgedanke wieder fallen gelassen wird, bestätigt. In ersterem Fall erachtete der U. S. Supreme Court die Erhebung der Zuständigkeitsrüge durch die Beklagten als deren (konkludente) Unterwerfung (submission) unter die Zuständigkeit des Gerichts und unterwarf sie den „discovery"-Befehlen des Gerichts. Begründet wurde dies u. a. damit, die sachliche Zuständigkeit werde durch Art. III Sec. 2 der Bundesverfassung beschränkt, die persönliche Zuständigkeit unterliege aber nur dem „due process"-Gebot. Das Erfordernis der persönlichen Zuständigkeit anerkenne und schütze ein individuelles Freiheitsinteresse. Es stelle eine Einschränkung der Gerichtsgewalt aus Gründen der individuellen Freiheit dar. Daher könne ein Beklagter – wie auf andere individuelle Rechte auch – auf die persönliche Zuständigkeit verzichten oder zumindest so behandelt werden, als habe er darauf verzichtet. Dadurch entstehe nun aber – so die kritischen Stimmen – die große Gefahr, dass sich die „minimum contacts" wieder in Fiktionen auflösten. Als Maßstab bleibe dann nur noch das „fair play". Dies sei ein Rückschritt in die „graue Vorzeit" vor International Shoe. Vgl. Hoppe, S. 260; James/Hazard/Leubsdorf, S. 60; Juenger, 82 Mich. L. Rev., 1195 (1201); Lejeune, RIW 98, 8 (8); Maltz, Duke L. J. 87, 669 (688); Otte, IPRax 91, 263 (265); Pfeiffer, S. 559; Richman/Reynolds, S. 40/98; Schack, Einführung, S. 26; Schack, IPRax 84, 168 (170); Schack, Jurisdictional Minimum Contacts, S. 9; Teply/Whitten, S. 308. Zumindest kritisch gegenüber der neueren Rechtsprechung: Casad/Richman, S. 99/104, der aber die Abkehr von dem Föderalismus-Gedanken begrüßt: „There is no need for any additional limitation on jurisdiction to keep states from encroaching on the sovereignty of other states. If the circumstances of the case and the identity of the parties make it fair to adjudicate in the courts of one state, then the interests of interstate federalism, embodied in the full faith and credit clause, will be served by requiring all other states to give effect to the rendering state's judgment."

[1178] Siehe oben § 3 III. 5.

[1179] Der U. S. Supreme Court sprach erstmals in International Shoe von „causes of action arising from dealings entirely distinct from those activities" und „obligations arise out of or are connected with the activities within the state." Die Begriffe von „general" und „specific jurisdiction"

handelt es sich um die einen (allgemeinen) Gerichtsstand begründenden Anknüpfungspunkte, die keines weiteren Bezuges zum Rechtsstreit bedürfen, um die Zuständigkeit zu begründen, dafür aber von größerem Gewicht sein müssen, um diesen fehlenden Bezug auszugleichen.[1180] „Specific contacts" können dagegen für sich betrachtet geringer wiegen, sie erlangen aber wegen ihrer Bedeutung für den Streitgegenstand und dem Erfordernis der Streitbezogenheit (related) ihre Existenzberechtigung.[1181]

---

wurden erstmals durch von Mehren und Trautman eingeführt. Vgl auch Bettinger, GRUR Int. 98. 660 (661); Born, S. 77; Casad/Richman, S. 12/140; Ganssauge, S. 128; Gottwald, FS Geimer, S. 233; Hay, Rdnr. 134; Hoppe, S. 249; v. Mehren/Trautman, 79 Harv. L. Rev., 1121 (1136); Schack, Einführung, S. 26; Schack, FS Schlosser, S. 844; Schack, Jurisdictional Minimum Contacts, S. 31; Scoles/Hay, S. 299; Vorpeil, RIW 91, 995 (997); Winkler/v. d. Recke, NZG 05, 241 (244). Kritisch gegenüber der Praxis der Gerichte: Twitchell, 101 Harv. L. Rev., 610 (633 f./643 f./665 f.), die „general jurisdiction" als „dispute-blind" und „specific jurisdiction" als „dispute-specific" bezeichnet und die sich für die Anwendung des Begriffspaares in deren ursprünglicher Bedeutung durch die Gerichte einsetzt. Der Bereich der „general jurisdiction" müsse verengt, der Bereich der „specific jurisdiction" dagegen erweitert werden. Vgl. auch die Reaktion von Brilmayer, 101 Harv. L. Rev., 1444 (1446 ff./1451 ff.) und die Erwiderung von Twitchell, 101 Harv. L. Rev., 1465 (1465 ff./1467 ff.).

[1180] Bettinger, GRUR Int. 98. 660 (661); Borchers, 40 Am. J. Comp. L., 121 (133); Born, S. 77/95; Brilmayer, 4 S. Ct. Rev., 77 (82); Brilmayer/Goldsmith, S. 487; Brilmayer/Paisley, 74 Calif. L. Rev., 1 (10); Buchner, S. 27; Casad/Richman, S. 12/110/140; Clermont, S. 149; Fuchs, RIW 06, 29 (29); Ganssauge, S. 128; Gebauer/Schulze, IPRax 99, 478 (480); Goldstein, DAJV-NL 1/05, 16 (16); Grothe, RabelsZ 58, 686 (689); Hay, Conflict, S. 52; Hay, 35 I. C. L. Q., 32 (36); Hoppe, S. 250/252; Junker, IPRax 86, 197 (201); Kleinstück, S. 10; Otte, IPRax 91, 263 (265); Maltz, Duke L. J. 87, 669 (676); Pfeiffer, S. 322; Richman/Reynolds, S. 103; Scoles/Hay, S. 300/329; Schack, IPRax 84, 168 (168); Schmidt-Brand, S. 14; Teply/Whitten, S. 283; Weintraub, S. 200. Ähnlich wie im autonomen deutschen und europäischen Recht – siehe oben § 3 III. 5. – besteht zwischen der Begründung von Zuständigkeit und der Intensität der Verbindung zum Forum ein Zusammenhang. Das US-amerikanische Recht verlangt jedoch bei hinreichenden Kontakten i. S. v. „general contacts" keinen Bezug des klageweise geltend gemachten Anspruchs zum Forum, während die besonderen Gerichtsstände neben ihrer engen Verbindung zum Forumstaat die Geltendmachung nur bestimmter streitgegenstandsbezogener Ansprüche zulassen.

[1181] Bettinger, GRUR Int. 98. 660 (661); Borchers, 40 Am. J. Comp. L., 121 (133); Born, S. 78/124; Brilmayer, 4 S. Ct. Rev., 77 (82); Brilmayer/Goldsmith, S. 487; Brilmayer/Paisley, 74 Calif. L. Rev., 1 (10); Buchner, S. 27; Casad/Richman, S. 12/110/140; Clermont, S. 150; Fuchs, RIW 06, 29 (30); Ganssauge, S. 129; Gebauer/Schulze, IPRax 99, 478 (480); Goldstein, DAJV-NL 1/05, 16 (17); Grothe, RabelsZ 58, 686 (689); Hay, Conflict, S. 52; Hay, 35 I. C. L. Q., 32 (36); Hoppe, S. 251/253; Junker, IPRax 86, 197 (201); Kleinstück, S. 10; Otte, IPRax 91, 263 (265); Maltz, Duke L. J. 87, 669 (676); Pfeiffer, S. 323; Richman/Reynolds, S. 103; Schack, Einführung, S. 28; Schmidt-Brand, S. 15; Scoles/Hay, S. 299/329; Teply/Whitten, S. 285; Weintraub, S. 200.

Bei natürlichen Personen zählen zu den „general contacts" die (aus dem common law stammenden) Anknüpfungspunkte Staatsangehörigkeit (nationality),[1182] Lebensmittelpunkt (domicile),[1183] gewöhnlicher Aufenthalt (residence),[1184] Unterwerfung (consent)[1185] und (immer noch) die schlichte Anwesenheit (mere presence) des Beklagten im Gerichtsstaat im Zeitpunkt der Klagezustellung[1186] (tag service).[1187] Nach Maßgabe des Rechts des einzelnen Bundesstaats kann auch an eine ausländische Gesellschaft oder andere juristische Person durch Übergabe an einen im Gerichtsstaat persönlich anwesenden Manager oder Direktor zugestellt werden.[1188] Für juristische Personen gelten als „general contacts"

[1182] § 421 (2) (d) Restatement (Third) Foreign Relations Law: „In general, a state's exercise of jurisdiction to adjudicate with respect to a person (…) is reasonable if, at the time jurisdiction is asserted, (…) the person, if a natural person, is a national of the state." Vgl. Blackmer v. United States, 284 US 421, 436 (1932). Vgl. Schröder, S. 189/190.

[1183] Milliken v. Meyer, 311 US 457, 463 (1940): „one incident of domicile is amenability to suit within the state (…)". Vgl. dazu Schröder, S. 130.

[1184] § 30 Restatement (Second) Conflict of Laws: „A state has power to exercise jurisdiction over an individual who is a resident of the state unless the individual's relationship to the state is so attenuated as to make the exercise of such jurisdiction unreasonable." Vgl. dazu Schröder, S. 169.

[1185] Insurance Company of Ireland v. Compagnie de Bauxites de Guinee, 456 US 694, 703 (1982); D. H. Overmyer Co. v. Frick Co., 405 US 174, 185 (1972); National Equipment Rental v. Szukhent, 375 US, 311, 313 (1964).

[1186] International Shoe Co. v. Washington, 326 US 310, 316: „But now that capias ad respondendum has given way to personal service of summons (…)." Vgl. dazu Schröder, S. 434.

[1187] Born, S. 95; Brilmayer, 4 S. Ct. Rev., 77 (81); Casad/Richman, S. 140; v. Mehren/Trautman, 79 Harv. L. Rev., 1121 (1137); Schack, Einführung, S. 27; Schack, Jurisdictional Minimum Contacts, S. 33/34; Scoles/Hay, S. 300; Weintraub, S. 201/202/203.

[1188] Born, S. 764; Nagel/Gottwald, § 3, Rdnr. 360. Noch nicht abschließend geklärt ist dagegen die Frage, ob die persönliche Zuständigkeit über die Zustellung auch dann begründet werden kann, wenn ausreichende „minimum contacts" der juristischen Person zum Gerichtsstaat fehlen und der Aufenthalt des Vertreters mit den Geschäften der juristischen Person keinen Zusammenhang aufweist (z. B. wenn er auf Urlaubsreise ist oder eigene private Geschäfte tätigt). Vgl. Grothe, RabelsZ 58, 686 (701); Casad/Richman, S. 140; Hay, Rdnr. 133; Peterson, IPRax 91, 267 (269); Rau, RIW 00, 761 (763). Vgl. dazu auch Burnham v. Superior Court of California, 110 S. Ct. 2105, 2110 (1990): „(…) We have said that even when the cause of action does not arise out of or relate to the foreign corporation's activities in the forum State, due process is not offended by a State's subjecting the corporation to its in personam jurisdiction when there are sufficient contacts between the State and the foreign corporation (…) Our only holding supporting that statement, however, involved regular service of summons upon the corporation's president while he was in the forum State acting in that capacity. (…) It may be that whatever special rule exists permitting contineous and systematic contacts (…) to support jurisdiction with respect to matters unrelated to activity in the forum, applies only to corporations, which have never fitted comfortably in a jurisdictional scheme based primarily upon de facto power over the defendant's per-

die Gründung (incorporation) und der Hauptgeschäftssitz (principal place of business) im Gerichtsstaat.[1189] Entscheidendes Merkmal der „general jurisdiction" ist, dass der in Frage stehende Klageanspruch nicht direkt aus der geschäftlichen Aktivität entstanden sein muss, sondern davon unabhängig sein kann.[1190] Zu den „general contacts" gehört ebenfalls „doing buiness."[1191]

„Specific contacts" sind grundsätzlich sehr vielschichtig. Dabei handelt es sich nicht um objektive, neutrale Anknüpfungsmomente. Vielmehr muss es sich immer um „contacts" des Beklagten handeln, die die Zuständigkeit „fair and reasonable" erscheinen lassen.[1192] Voraussetzung ist ferner, dass der Klagegrund aus dem jeweiligen Merkmal auch resultiert. Die Zuständigkeit ist also auf Rechtsbeziehungen beschränkt, die mit den spezifischen Kontakten zusammenhängen.[1193] „Transacting business" wird gemeinhin zur Umschreibung von wirtschaftlich ausgerichteten „specific contacts" verwandt.[1194]

3. Grundlagen der „personal jurisdiction"

a. Staatengerichte

Die Bundesstaaten regeln – wie bereits erwähnt – die Reichweite ihrer Zuständigkeit gegenüber anderen Bundesstaaten grundsätzlich eigenständig und legen dabei den Umfang ihrer internationalen Zuständigkeit durch ihr „common law" oder durch „statute" (Gesetz) fest.[1195] Bei den Gesetzen dominieren die sog. „long-arm statutes". Diese zählen detailliert und katalogartig, aber nicht ab-

---

son. (...) We express no views on these matters and, for simplicity's sake, omit reference to this aspect of contacts based jurisdiction in our discussion."

[1189] Restatement (Second) Conflict of Laws § 41 (1971); Restatement (Third) Foreign Relations Law § 421 (2) (e): „(if the person, if a corporation or comparable juridical person, is organized pursuant to the law of the state"; Applied Biosystems, Inc. v. Cruachem, Ltd., 772 F. Supp. 1458, 1461 (D. Del. 1991); Born, S. 100; Kaiser, RIW 88, 589 (590); Schack, Einführung, S. 27; Schack, Jurisdictional Minimum Contacts, S. 36. Auf die wirtschaftliche Betätigung auswärtiger / ausländischer Gesellschaften im Forumstaat wird sogleich eingegangen. Siehe dazu unten § 7 I.

[1190] Grothe, RabelsZ 58, 686 (689); Lejeune, RIW 98, 8 (10).

[1191] Siehe dazu unten § 7 I.

[1192] Siehe dazu unten § 7 II.

[1193] Grothe, RabelsZ 58, 686 (689); Hoppe, S. 254; Junker, IPRax 86, 197 (201); H. Müller, S. 15; Schack, Einführung, S. 28; Teply/Whitten, S. 286. Insofern unpräzise Otto, S. 12, wonach die „in personam jurisdiction" eine Verurteilung zu jedwedem Handeln, Dulden oder Unterlassen erlaube, unabhängig davon, ob es einen Bezug zum Forum habe oder nicht. Richtigerweise erlaubt dies nur die „general jurisdiction." „Specific jurisdiction", die ebenfalls ein Element der „personal jurisdiction" darstellt, setzt gerade einen Bezug der Klage zum Gerichtsstaat voraus.

[1194] Für Vertragsstreitigkeiten lautet die übliche Umschreibung in den sog. „long-arm statutes": „(...) transaction of any business within this state". Vgl. dazu ausführlicher Schmidt-Brand, S. 62 ff.

[1195] Siehe oben § 6 III. 1.

schließend, die weitausgreifenden Zuständigkeiten ihrer Gerichte, vornehmlich gegenüber „non-resident"-Beklagten jenseits ihrer Staatsgrenzen, auf.[1196] Umfang und Inhalt der „long-arm statutes" sind allerdings von Bundesstaat zu Bundesstaat sehr unterschiedlich. Sie reichen von ausführlichen Kodifizierungen der Zuständigkeit[1197] bis zu kurzen generalklauselartigen Blankettformeln.[1198] Die

---

[1196] Baade, RabelsZ 37, 5 (18); Bettinger, GRUR Int. 98. 660 (660); Born, S. 68; Buchner, S. 25; Casad/Richman, S. 382; Clermont, S. 159; Ehrenzweig/Jayme, S. 21; Friedenthal/Kane/Miller, S. 142; Frisinger, RIW 72, 12 (19); Fuchs, RIW 06, 29 (30); Ganssauge, S. 126; Hay, Rdnr. 136; Hay, Conflict, S. 62; Hay, JZ 77, 697 (698); Hay, RabelsZ 35, 429 (431); Hdb. Int. ZVerfR I-Kropholler, Kap. III, Rdnr. 104; Hoppe, S. 237; James/Hazard/Leubsdorf, S. 63; Junker, IPRax 86, 197 (200); Lejeune, RIW 98, 8 (11); Meier, S. 44/45; Otte, IPRax 91, 263 (264); Pfeiffer, S. 323; Rau, RIW 00, 761 (763); Richman/Reynolds, S. 86; Schack, Einführung, S. 24; Schack, FS Nakamura, S. 500; Schmidt-Brand, S. 48 f.; Schröder, S. 91; Schütze, Prozessführung, S. 56; Schwung, AnwBl 93, 436 (439); Teply/Whitten, S. 276; Ultsch, RIW 97, 26 (27); Vorpeil, RIW 91, 995 (997); Wazlawik, S. 58; Weintraub, S. 197. Es kann daher auch vom „langen Arm des Gesetzgebers" gesprochen werden, Grothe, RabelsZ 58, 686 (707); Scoles/Hay, S. 315.

[1197] Z. B. die Vorschrift von New York (§ 302 (a) N. Y. CPLR) lautet: „§ 302 Personal jurisdiction by acts of non-domiciliaries. (a) Acts wich are the basis of jurisdiction. As to cause of action arising from any of the acts enumerated in this section a court may exercise jurisdiction over a non-domicilary who in person or through an agent: 1. Transacts any business within the state or contracts anywhere to supply goods or services in the state (...)". In Pennsylvania (§ 5322 (a) (2) Pennsylvania CSA) heißt es: „(...) Contracting to supply services or things in this Commonwealth". In Wisconsin lautet Wis. Stat. Ann. § 801.05 (5): „Local services, goods or contracts. In any actions which: (a) Arises out of a promise, made anywhere to the plaintiff or to some 3rd party for the plaintiff's benefit, by the defendant to perform services within this state or to pay for services to be performed in this state by the plaintiff; or (b) Arises out of services actually performed for the plaintiff by the defendant within this state, or services actually performed for the defendant by the plaintiff within this state if such performance within this state was authorized or ratified by the defendant; or (c) Arises out of a promise, made anywhere to the plaintiff or to some 3rd party for the plaintiff's benefit, by the defendant to deliver or receive within this state or to ship from this state goods, documents of title, or things of value; or (d) Relates to goods, documents of title, or other things of value shipped from this state by the plaintiff to the defendant's order or direction; (e) Relates to goods, documents of title, or other things of value actually received by the plaintiff in this state from the defendant without regard to where delivery to carrier occurred." Vgl. Abend, IPRax 89, 325 (325); Born, S. 68; Casad/Richman, S. 382; Clermont, S. 160; Ehrenzweig/Jayme, S. 21; Hay, Rdnr. 136; Hay, RabelsZ 35, 429 (431); Hoppe, S. 240; James/Hazard/Leubsdorf, S. 63; Juenger, 82 Mich. L. Rev., 1195 (1200); Lejeune, RIW 98, 8 (12); Meier, S. 48; Otto, S. 30; Rau, RIW 00, 761 (764); Richman/Reynolds, S. 88; Schack, Jurisdictional Minimum Contacts, S. 2; Schmidt-Brand, S. 51 ff.; Scoles/Hay, S. 315; Weintraub, S. 197; Welp, S. 70.

[1198] Z. B. in Kalifornien, CCP § 410.10: „A court of this state may exercise jurisdiction on any basis not inconsistent with the Constitution of this state or of the United Stares." Ähnlich auch in Iowa, Rules of Ct. 56.2: „(...) to the fullest extent permitted by the due process clause of the

„long-arm statutes" wurden insbesondere nach International Shoe[1199] im Jahre 1945 entwickelt, um den Gerichten die Umsetzung der vom U. S. Supreme Court zu dieser Zeit eröffneten Machtbefugnisse durch Kodifizierung von „minimum contacts"-Tatbeständen zu erleichtern und ihre Zuständigkeiten zu erweitern.[1200] Als erster Bundesstaat erließ Illinois 1955 ein umfassendes „statute", das konzipiert war, um die Reichweite der persönlichen Zuständigkeit seiner Gerichte bis zu den Grenzen des „due process"-Gebotes auszudehnen.[1201] Die äußerste Grenze für die Zuständigkeit sowohl nach „common law" als auch nach „statute" setzt das Gebot von „due process". Danach muss sich die Zuständigkeitsausübung als „fair and reasonable" erweisen.[1202]

Fourteenth Amendment to the United States Constitution." Vgl. auch Illinois (Ch. 110, § 17 Ill. Ann. Stat.). Vgl. Born, S. 68; Buchner, S. 25; Casad/Richman, S. 383; Clermont, S. 160; Ehrenzweig/Jayme, S. 21; Friedenthal/Kane/Miller, S. 143; Fuchs, RIW 06, 29 (30); Ganssauge, S. 127; Gebauer/Schulze, IPRax 99, 478 (479); Hay, Rdnr. 136; Hay, 35 I. C. L. Q., 32 (32); Hay, JZ 77, 697 (698); Hay, RabelsZ 35, 429 (431); Hoppe, S. 240; James/Hazard/Leubsdorf, S. 63; Jayme, IPRax 86, 193 (194); Juenger, 82 Mich. L. Rev., 1195 (1200); Lejeune, RIW 98, 8 (11); Meier, S. 48; Otte, IPRax 87, 384 (385); Otto, S. 32; Rau, RIW 00, 761 (764); Richman/Reynolds, S. 87; Schack, Jurisdictional Minimum Contacts, S. 5; Schmidt-Brand, S. 54 f.; Schütze, RIW 04, 162 (164); Schütze, RIW 05, 579 (583); Scoles/Hay, S. 315; Ultsch, RIW 97, 26 (27); Weintraub, S. 197; Welp, S. 72.

[1199] Siehe oben § 6 III. 2. b.

[1200] Casad/Richman, S. 38/381; Friedenthal/Kane/Miller, S. 141; Grothe, RabelsZ 58, 686 (696); Hay, 35 I. C. L. Q., 32 (32); Hay, JZ 77, 697 (698); Juenger, 82 Mich. L. Rev., 1195 (1198); Junker, IPRax 86, 197 (200); Otto, S. 29; Schack, Jurisdictional Minimum Contacts, S. 1; Schmidt-Brand, S. 46; Scoles/Hay, S. 314; Wazlawik, RIW 02, 691 (693); Welp, S. 69.

[1201] „(...) in personam actions arising out of (1) the transaction of any business in the state, (2) the commission of a tortious act in the state, (3) the ownership, use or possession of real estate in the state, (4) contracting to ensure any person, property, or risk located in the state at the time of contracting." Vgl. Born, S. 68; Casad/Richman, S. 381; Friedenthal/Kane/Miller, S. 142; Frisinger, RIW 72, 12 (19); Ganssauge, S. 127; Lejeune, RIW 98, 8 (12); Scoles/Hay, S. 314; Teply/Whitten, S. 277. Das in den „statutes" häufig genannte Anknüpfungskriterium des „transacting any business within the state" wird im folgenden Kapitel genauer untersucht. Siehe dazu unten § 7 II.

[1202] Rush v. Savchuk, 444 US 320, 328 (1980); Kulko v. Superior Court of California, 436 US 84, 92 (1978); Shaffer v. Heitner, 433 US 186, 212 (1977); Abend, IPRax 89, 325 (326); Frisinger, RIW 72, 12 (16); Fuchs, RIW 06, 29 (29); Ganssauge, S. 128; Grothe, RabelsZ 58, 686 (693); Hoppe, S. 237/241; James/Hazard/Leubsdorf, S. 64; Otte, IPRax 87, 384 (385); Otte, IPRax 91, 263 (264); Pfeiffer, S. 323; Rose, 82 Calif. L. Rev., 1545 (1556); Schack, Einführung, S. 24; Schack, Jurisdictional Minimum Contacts, S. 3; Schack, FS Nakamura, S. 500; Schwung, AnwBl 93, 436 (439); Ultsch, RIW 97, 26 (27); Vorpeil, RIW 91, 995 (997). Maßgeblich bei der Begründung von Zuständigkeit ist damit weniger die Frage, ob ein zuständigkeitsrelevanter Sachverhalt unter eine „long-arm statute"-Bestimmung subsumiert werden kann, sondern ob die

Voraussetzung für die persönliche Zuständigkeit ist demnach zunächst eine in einem „statute" oder im „common law" vorgesehene Grundlage (basis) bzw. Beziehung (nexus) zwischen der (beklagten) Partei und dem Gerichtsstaat, wie z. B. die wirtschaftliche Betätigung des Beklagten. Das zu entscheidende Gericht muss dabei einen vor-gerichtlichen Kontakt zwischen dem Beklagten und dem Gerichtsstaat feststellen.[1203] „Kontakt" beinhaltet jede Verbindung zwischen dem Beklagten und dem Gerichtsstaat. Erfasst werden sowohl physische Handlungen im Gerichtsstaat als auch auswärtige Handlungen, die auf den Gerichtsstaat einen entsprechenden Einfluss haben sowie jede andere Art von Verbindung.[1204] Desweiteren müssen – seit der Hanson-Entscheidung[1205] – die Kontakte zweckgerichtet vom Beklagten unter Inanspruchnahme des Schutzes durch die Gesetze verursacht worden sein.[1206]

Ferner erforderlich ist die Vereinbarkeit der Zuständigkeitsausübung mit „due process."[1207] Im Einzelfall, wenn eine Zuständigkeit nach dem anwendbaren

---

Gerichtspflichtigkeit den Anforderungen des verfassungsrechtlichen „due process"-Gebotes gerecht wird.

[1203] Burger King Corp. v. Rudzewicz, 471 US 462, 474 (1985): „(...) constitutional touchstone remains whether the defendant purposefully established minimum contacts in the forum State.". Vgl. Born, S. 67; Born/Jestaedt, RIW 90, 675 (675); Casad/Richman, S. 6; Frisinger, RIW 72, 12 (16); Ganssauge, S. 126; Hoppe, S. 228/237; Lejeune, RIW 98, 8 (9); Richman/Reynolds, S. 101; Schack, IPRax 84, 168 (168); Schack, Jurisdictional Minimum Contacts, S. 3; Schmidt-Brand, S. 13; Scoles/Hay, S. 315; Vorpeil, RIW 91, 995 (997); Weintraub, S. 141. Kern der gerichtlichen Analyse ist also jeweils die konkrete Beziehung des Beklagten zum Forumstaat. Das Erfordernis der „minimum contacts" ist insofern in Ansätzen mit dem im autonomen deutschen und europäischen Zuständigkeitsrecht geltenden und letztlich den Justizgewährungsanspruch des Klägers auslösenden Erfordernis des „hinreichenden Inlandsbezugs" des Rechtsstreits und der Parteien zum Forum zu vergleichen. Siehe dazu oben § 3 III. 3. b.

[1204] Nicht ausreichend sind dagegen Kontakte des Beklagten zum Forum, die unbeabsichtigt, zufällig oder allein durch Dritte verursacht worden sind. Vgl. Burger King Corp. v. Rudzewicz, 471 US 462, 475 (1985). Auch reicht allein die Möglichkeit einer Auswirkung seiner Aktivitäten auf den Forumstaat nicht aus. Vielmehr muss der Beklagte seine Aktivitäten gezielt auf den Forumstaat gerichtet haben. Vgl. World-Wide Volkswagen Corp. v. Woodson, 444 US 286, 297 (1980).

[1205] Siehe oben § 6 III. 2. d.

[1206] Insofern bestehen Parallelen zum autonomen deutschen und europäischen Recht – siehe oben § 3 III. 3. c. -, da die Partei, die sich zweckgerichtet die Rechtsordnung eines Staates zu Nutze macht, auch Anteil an dem durch die Rechtsordnung geschaffenen bürgerlichen Zustand des „Mein und Dein" hat.

[1207] Omni Capital International v. Rudolf Wolff & Co., 484 US 97, 104 (1987); Bettinger, GRUR Int. 98, 660 (661); Born, S. 67; Born/Jestaedt, RIW 90, 675 (675); Casad/Richman, S. 6; Clermont, S. 146; Frisinger, RIW 72, 12 (16); Ganssauge, S. 126; Hoppe, S. 237/241; Meier, S. 47; Pfeif-

„long-arm statute" nicht gegeben ist, kann das einzelstaatliche Gericht auch allein aufgrund von „due process" i. S. d. XIV. Zusatzartikels seine Zuständigkeit annehmen.[1208] Nach der International Shoe-Entscheidung[1209] wird dem „due process"-Gebot nur genüge getan, wenn es nach einer Interessensabwägung fair und angemessen erscheint, den Beklagten zu einer Verteidigung in dem fremden Gerichtsstaat zu zwingen.[1210] Dabei sind die unterschiedlichen Interessen, wie die Prozessführungslast für den Beklagten oder das Interesse des Gerichtsstaates an der Entscheidung des Rechtsstreits, das zwischenstaatliche Interesse an einer effizienten Lösung des Rechtsstreits und das allen Staaten gemeinsame Interesse an der Verfolgung grundlegender rechtspolitischer Ziele gegeneinander abzuwägen.[1211]

b. Bundesgerichte

Bei Fällen mit Auslandsbezug kommt aufgrund der „diversity jurisdiction" der persönlichen Zuständigkeit der Bundesgerichte eine herausragende Bedeutung zu. Rechtsstreitigkeiten zwischen US-amerikanischen Klägern und deutschen Beklagten dürften – spätestens nach einem Antrag auf „removal" durch die deutschen Beklagten – regelmäßig vor einem US-amerikanischen Bundesgericht ausgetragen werden. Dies gilt zumindest dann, wenn das in der Bundesrepublik ansässige Unternehmen verklagt wird. Wird dagegen eine in einem US-Bundesstaat gegründete Tochtergesellschaft eines deutschen Unternehmens verklagt, ist „diversity jurisdiction" nur anzunehmen, wenn Kläger und beklagtes Unternehmen in unterschiedlichen Bundesstaaten ansässig sind.[1212]

---

fer, S. 323; Richman/Reynolds, S. 101; Schack, IPRax 84, 168 (168); Schack, Jurisdictional Minimum Contacts, S. 3; Scoles/Hay, S. 315; Vorpeil, RIW 91, 995 (997); Weintraub, S. 141.

[1208] Burger King Corp. v. Rudzewicz, 471 US 462, 476 (1985): „Once it has been decided that a defendant purposefully established minimum contacts within the forum State, these contacts may be considered in the light of other factors to determine whether the assertion of personal jurisdiction would comport with fair play and substantial justice."

[1209] Siehe oben § 6 III. 2. b.

[1210] Vgl. auch Ganssauge, S. 131; Hoppe, S. 241; Lejeune, RIW 98, 8 (9). Die Hinwendung zu „fair play and substantial justice" seit International Shoe bedeutet insofern – ähnlich wie im autonomen deutschen und europäischen Recht, siehe oben § 3 III. 3. c. – auch ein Bekenntnis zum Prinzip der Zuständigkeitsgerechtigkeit, da dieser Ansatz staatlicher Zuständigkeitspolitik Grenzen setzt.

[1211] Burger King Corp. v. Rudzewicz, 471 US 462, 476 (1985); World-Wide Volkswagen Corp. v. Woodson, 444 US 286, 292 (1980); Roth v. Garcia Marquez, 942 F. 2d, 617, 623 (9th Cir. 1991); Casad/Richman, S. 138; Meier, S. 63. Auf die abzuwägenden Interessen wird verschiedentlich noch einzugehen sein. Siehe dazu unten § 6 III. 4. / 5. / 6. sowie § 7 II. 2. a. / 4.

[1212] Für den ausländischen Beklagten dürfte eine gewichtige Rolle spielen, ob ein Bundes- oder ein einzelstaatliches Gericht zuständig ist. Den Bundesgerichten wird gemeinhin nachgesagt, dass sie eine größere Distanz zu lokalen politischen, wirtschaftlichen und sozialen Umständen

Die Hauptquelle der bundesgerichtlichen Befugnis, persönliche Zuständigkeit zu begründen, stellt F. R. Civ. P. 4 (k) dar. Dabei definiert diese Regel nicht unmittelbar die Gerichtspflichtigkeit eines auswärtigen bzw. ausländischen Beklagten in einem bundesgerichtlichen Prozess.[1213] Vielmehr ermächtigt sie die Bundesgerichte, sich anderer Quellen von Zuständigkeitsbefugnissen, wie z. B. aus einzelstaatlichen oder bundesrechtlichen „statutes", zu bedienen.[1214] F. R. Civ. P. 4 (k) (1) (A)[1215] unterwirft in „diversity"-Fällen den Beklagten der persönlichen Zuständigkeit, wenn er der allgemeinen Zuständigkeit des Gerichts desjenigen einzelnen Bundesstaates unterworfen werden könnte, in dem sich das Bundesgericht befindet. Daher haben die Bundesgerichte in den meisten Fällen dieselbe zuständigkeitsrechtliche Reichweite wie die Gerichte der Bundesstaaten, in denen sie ansässig sind. Sie prüfen somit ihre Zuständigkeit anhand des „bundesstaatseigenen" „long-arm statute" und an den Grundsätzen von „due process" i. S. d. V. Zusatzartikels.[1216] Die persönliche Zuständigkeit eines Bundesgerichts wird also – sofern nicht eine besondere bundesrechtliche Regelung eingreift –ebenfalls nach dem Recht des Bundesstaates bestimmt, in dem es

---

aufweisen als ihre einzelstaatlichen Pendants. Unterschiedliche Perspektiven auf den vorliegenden Fall zwischen Bundes- und einzelstaatlichen Gerichten ergeben sich auch aus der Tatsache, dass Bundesrichter auf Lebenszeit ernannt werden, während einzelstaatliche Richter häufig für bestimmte Zeiträume gewählt werden. Dabei spielt auch eine Rolle, aus welchen Bewerberkreisen die jeweiligen Bundes- oder einzelstaalichen Richter ausgewählt werden. Gerade bei einem Rechtsstreit zwischen einem ausländischen Beklagten und einem heimischen Kläger dürfte die Nähe bzw. Unabhängigkeit von den örtlichen Gegebenheiten ein nicht zu unterschätzender Faktor für die Entscheidungsfindung der Gerichte sein. Schließlich dürften Bundesrichter häufiger mit der Behandlung komplexer Wirtschaftsstreitigkeiten mit internationalen Bezügen vertraut sein.. Vgl. Born, S. 12/171; Friedenthal/Kane/Miller, S. 4; Schack, Einführung, S. 22; Schütze, Allzuständigkeit, S. 8; Schütze, FS Geimer, S. 1032; Schütze, FS Jayme, S. 853; Schwung, AnwBl 93, 436 (440).

[1213] Im Gegensatz zu den einzelnen Bundesstaaten hat der Kongress auf die Verabschiedung eines bundesrechtlichen „long-arm statute" verzichtet, Omni Capital International v. Rudolf Wolff & Co., 484 US 97, 104 (1987); Born, S. 69/171; Ehrenzweig/Jayme, S. 29; Hoppe, S. 238/322; Scoles/Hay, S. 316.

[1214] Born, S. 69/171; Fuchs, RIW 06, 29 (30).

[1215] F. R. Civ. P. 4 (k) (1): „Territorial limits of Effective Service. Servive of a summons or filing a waiver of service is effective to establish jurisdiction over the person of a defendant (A) who could be subjected to jurisdiction of a court of general jurisdiction in the state in which the district court is located."

[1216] Metropolitan Life Ins. Co. v. Robertson-Ceco Corp., 84 F. 3rd 560, 567 (1996); Born, S. 70; Casad/Richman, S. 552; Ganssauge, S. 127; Hay, Rdnr. 139; Hoppe, S. 238/239/321; Pfeiffer, S. 304; Richman/Reynolds, S. 94/95; Schack, Jurisdictional Minimum Contacts, S. 3; Schmidt-Brand, S. 141; Scoles/Hay, S. 316/415/419; Wazlawik, S. 63, der allerdings auf den XIV. Zusatzartikel abstellen möchte.

seinen Sitz hat.[1217] Nach F. R. Civ. P. 4 (k) (1) (D)[1218] kann ein Bundesgericht persönliche Zuständigkeit ausüben, wenn sie in einem anwendbaren Bundesgesetz, wie z. B. in den Bundes-Kartellgesetzen (federal antitrust laws)[1219] oder den Bundes-Wertpapiergesetzen (federal securities laws),[1220] enthalten ist.[1221]

Gem. F. R. Civ. P. 4 (k) (2)[1222] kann die persönliche Zuständigkeit vor einem Bundesgericht darüber hinaus bis zu dem verfassungsrechtlich zulässigen Maß über das einzelstaatliche Recht hinaus ausgedehnt werden, wenn es sich um „federal question jurisdiction" handelt, d. h. der Anspruch nach Bundesrecht entstanden ist. Ferner darf der Beklagte nicht der allgemeinen Zuständigkeit der Gerichte eines einzelnen Bundesstaates unterworfen sein.

Fraglich ist, welches Territorium – der jeweilige Einzelstaat oder das gesamte Gebiet der USA – relevant ist, um die „minimum contacts"-Anforderungen von „due process" zu erfüllen.[1223] Unterschiedlich bewertet wird dabei, ob ein auswärtiger Beklagter „staatliche" Kontakte zu dem jeweiligen Einzelstaat aufweisen muss, in dem sich das Bundesgericht befindet, oder ob es ausreichend ist, dass der Beklagte „nationale" Kontakte mit den gesamten Vereinigten Staaten unterhält.[1224] Der U. S. Supreme Court hat diese Frage bisher ausdrücklich offen gelassen.[1225] Grundsätzlich müssen nach der wohl h. M. die „minimum contacts"

[1217] ESAB Group, Inc. v. Centricut, Inc., 126 F. 3rd 617, 622 (4th Cir. 1997); Lakeside Bridge & Steel Co. v. Mountain State Constr. Co., Inc., 597 F. 2d 596, 598 (7th Cir. 1979). Vgl. 28 USC § 1652: „State laws as rules of decision. The laws of the several states, except where the Constitution or treaties of the United States or Acts of Congress otherwise require or provide, shall be regarded as rules of decision in civil actions in the courts of the United States, in cases where they apply."

[1218] F. R. Civ. P. 4 (k) (1): „(...) (D) when authorized by a statute of the United States."

[1219] 15 USC § 22.

[1220] 15 USC § 78aa.

[1221] Born, S. 69/174; Hoppe, S. 238/322; Richman/Reynolds, S. 95.

[1222] F. R. Civ. P. 4 (k) (2): „If the exercise of jurisdiction is consistent with the Constitution and the laws of the United States, serving a summons or filing a waiver is also effective, with respect to claims arising under federal law, to establish jurisdiction over the person of any defendant who is not subject to the jurisdiction of the courts of general jurisdiction of any state." Vgl. auch Omni Capital Int'l v. Rudolf Wolff & Co., 484 US 97, 104(1987); Richman/Reynolds, S. 96. Vgl. zur alten Rechtslage Hoppe, S. 323 ff.; Meier, S. 26/27.

[1223] Born, S. 70/173; Casad/Richman, S. 167/528; Hoppe, S. 326; Meier, S. 57; Rosenberg/Hay/Weintraub, S. 89.

[1224] Born, S. 173; Casad/Richman, S. 167/528; Hoppe, S. 327; Meier, S. 57; Pfeiffer, S. 308 Fn. 88; Rosenberg/Hay/Weintraub, S. 89; Scoles/Hay, S. 417.

[1225] Asahi Metal Ind. v. Superior Court, 480 US 102, 113 (1987): „(...) We have no occasion here to determine whether Congress could, consistent with the Due process Clause of the Fifth Amendment, authorize federal court personal jurisdiction over alien defendants based on the aggregate

auf den konkreten Bundesstaat bezogen sein, in dem sich auch das Bundesgericht befindet. Denn F. R. Civ. P. 4 (k) (2) erlaube nur für „claims arising under federal law" nunmehr die Summierung der Kontakte auf nationaler Ebene. Bei „federal question jurisdiction" stellten die Kontakte des Beklagten zu den gesamten USA also die einzige Möglichkeit der Bundesgerichte dar, ihre Zuständigkeit über den Beklagten zu begründen.[1226] Dies müsse im Umkehrschluss bedeuten, dass in „diversity"-Fällen bloße „national contacts" nicht ausreichten, denn die Bundesgerichte würden bei „diversity" insofern nur stellvertretend für den Bundesstaat tätig. In diesem Fall müssten also die „minimum contacts" weiterhin konkret zu dem jeweiligen Gerichtsstaat bestehen.[1227]

Um die persönliche Zuständigkeit zu begründen, kommen noch weitere wesentliche Verfahrensschritte hinzu. Dazu zählt z. B. die Zustellung der Klage (service of process) mit ihren verschiedenen Formen (z. B. substituted / construc-

---

of national contacts, rather than on the contacts between the defendant and the State in which the federal court sits."; Omni Capital Int'l, Ltd. v. Rudolf Wolff & Co., Ltd., 484 US 97, 105 (1987). Vgl. aber die „dissenting opinions" der Richter Stewart und Brennan in Stafford v. Briggs, 444 US 527, 554 (1980): „(…) The short answer to this argument is that due process requires only certain minimum contacts between the defendant and the sovereign that created the court. (…) The issue is not whether it is unfair to require a defendant to assume the burden of litigating in an inconvenient forum, but rather whether the court of a particular sovereign has the power to exercise jurisdiction over a named defendant. The cases before us involve suits against residents of the United States in courts of the United States. No due process problem exists." Vgl. auch Scoles/Hay, S. 416/417.

[1226] Born, S. 174; Casad/Richman, S. 557; Fuchs, RIW 06, 29 (36); Gottwald, FS Geimer, S. 237; Grothe, RabelsZ 58, 686 (695 Fn. 37); Hay, Rdnr. 139; Hay, Conflict, S. 70; Hoppe, S. 327; Lejeune, RIW 98, 8 (14); Meier, S. 29; Schmidt-Brand, S. 140; Scoles/Hay, S. 423.

[1227] United Rope Distributors, Inc. v. Seatriumph Marine Corp., 930 F. 2d 532, 535 (7th Cir. 1991) – freilich noch zur alten Rechtslage. Vgl. ferner Casad/Richman, S. 528; Hoppe, S. 337; Schack, Einführung, S. 27; Scheuermann, S. 142. A. A. United States Securities and Exchange Comm'n v. Carillo, 115 F. 3rd 1540, 1542 f. (11th Cir. 1997); Busch v. Buchman, Buchman & O'Brien, 11 F. 3rd 1255, 1257 (5th Cir. 1994); Go-Video, Inc. v. Akai Elec. Co., 885 F. 2d 1406, 1409 (9th Cir. 1989); Lisak v. Merkantile Bancorp., Inc., 834 F. 2d 668, 671 (7th Cir. 1987); Federal Trade Commission v. Jim Walter Corp., 651 F. 2d 251, 257 (5th Cir. 1981), wonach die „minimum contacts"-Prüfung auf nationaler Ebene erfolgen müsse. Verfüge der Beklagte über Mindestkontakte zu dem gesamten Staat der Vereinigten Staaten, sei die Begründung von Zuständigkeit durch die Bundesgerichte verfassungsgemäß. A. A. auch Republic of Panama v. BCCI Holdings, 119 F. 3rd 935, 945 (11th Cir. 1997); Scoles/Hay, S. 418, wonach Mindestkontakte zu dem Gesamtstaat der USA für die Begründung der Zuständigkeit prima facie ausreichend seien. Allerdings könne der Beklagte die Zuständigkeit mit der Begründung rügen, das Forum sei für eine wirksame Verteidigung gegen die Klage nicht geeignet („sufficiently inconvient").

tive service), um dem Erfordernis des „notice and opportunity to be heard" (rechtliches Gehör) gerecht zu werden.[1228]

c. Internationale Rechtsstreitigkeiten

Angesichts der teilweise erheblichen Unterschiede zwischen internationalen und nationalen Rechtsstreitigkeiten, z. B. bei der Schutzbedürftigkeit des Beklagten im Besonderen und bei der Interessenslage der Beteiligten im Allgemeinen,[1229] stellt sich – ähnlich wie im deutschen Recht beim Prinzip der Doppelfunktionalität[1230] – auch im US-amerikanischen Recht die Frage nach der Sachgerechtigkeit der uneingeschränkten Übertragung des nationalen Zuständigkeitsrechts auf internationale Sachverhalte.[1231]

Die US-amerikanische Literatur hat sich bisher nur vereinzelt mit dieser Thematik auseinandergesetzt. Gemeinhin wird auf die Unterschiede in der Prozessführung gegenüber auswärtigen, d. h. anderen Bundesstaaten angehörenden, Beklagten und ausländischen Beklagten hingewiesen.[1232] Dabei werden v. a. die auf Kläger- und Beklagtenseite unterschiedlich bestehenden Interessenslagen hervorgehoben. Dem US-amerikanischen Kläger kämen gegen einen ausländischen Beklagten geringere Anforderungen an das „minimum contacts"-Erfordernis als bei einem auswärtigen Beklagten entgegen, da der Kläger im

---

[1228] Boddie v. Connecticut, 401 US 371, 377 (1971); Mullane Central Hanover Bank & Trust Co., 339 US 306, 314 (1950); Casad/Richman, S. 7; Clermont, S. 172; Hay, Conflict, S. 51; Hoppe, S. 229; v. Mehren/Trautman, 79 Harv. L. Rev., 1121 (1134); Meier, S. 24 f.; Pfeiffer, S. 665; Richman/Reynolds, S. 20/21; Schack, Jurisdictional Minimum Contacts, S. 4; Schmidt-Brand, S. 13; Scoles/Hay, S. 318; Wazlawik, S. 71. Auf diese Aspekte soll im Folgenden nicht weiter eingegangen werden.

[1229] Die Unterschiede zwischen rein nationalen Rechtsstreitigkeiten und solchen mit ausländischen beteiligten Parteien werden z. T. eindeutig erkannt und benannt. Vgl. Born, 17 Ga. J. Int'l Comp. L., 1 (25): „(...) procedural rules that differ markedly from those in its home jurisdiction (...) a significantly greater distance from the forum (...) time differences, language barriers, mail delays, transportation difficulties, and other logistical obstacles (...) domestic institutions and attitudes often differ markedly (...) local decision-makers may hold prejudices or parochial biases." Vgl. auch Hoppe, S. 274.

[1230] Siehe oben § 3 III. 4. c.

[1231] Born, 17 Ga. J. Int'l Comp. L., 1 (11); Buchner, S. 25; Hoppe, S. 155/228/267/274; Maltz, Duke L. J. 87, 669 (674); Pfeiffer, S. 307, wirft die Frage auf, ob sich die den inneramerikanischen Zuständigkeitskonflikten zugrundeliegenden Wertungen auf die internationale Zuständigkeit übertragen ließen, weil wegen der sozialen, ökonomischen und sprachlichen Einheit des Landes die für den internationalen Kontext typischen Zugangsbarrieren fehlten; Rau, RIW 00, 761 (762); Stürner, Justizkonflikt, S. 42; Welp, S. 54.

[1232] Born, 17 Ga. J. Int'l Comp. L., 1 (28); Casad/Richman, S. 167 Fn. 340; v. Mehren/Trautman, 81 Harv. L. Rev., 1601 (1607); Scoles/Hay, S. 309.

Falle der Abweisung der Klage wegen Unzuständigkeit bei einem rein US-amerikanischen Rechtsstreit die Klage vor einem anderen Forum erheben könne, zu dem der Beklagte mehr Mindestkontakte aufweise. Werde dagegen die Klage gegen einen ausländischen Beklagten aus Mangel an hinreichenden „minimum contacts" abgewiesen, sei der Kläger gezwungen, seinen Anspruch gegen den Beklagten in einer fremden Jurisdiktion mit i. d. R. höheren damit verbundenen Kosten geltend zu machen. Unter Umständen handele es sich dabei auch um ein weniger „klägerfreundliches" Rechtsystem. Aus diesem Grunde werde der Kläger in dieser Konstellation im Ergebnis nicht selten rechtlos gestellt.[1233] Andererseits könne der ausländische Beklagte mit guten Argumenten höhere Anforderungen an die Prüfung der erforderlichen Mindestkontakte verlangen, da ein auswärtiger US-amerikanischer Beklagter im Falle der Klageabweisung „nur" den Unannehmlichkeiten einer Rechtsverteidigung in einem anderen Bundesstaat ausgesetzt sei, der sich von seinem Heimatforum nur marginal unterscheide. Der ausländische Beklagte sei dagegen i. d. R. mit höheren Kosten für die Rechtsverteidigung belastet und einem Rechtssystem ausgesetzt, das sich fundamental von seiner Heimat-Jurisdiktion unterscheide.[1234] Schließlich seien die mögliche Anerkennung und Vollstreckung des Urteils gegen einen ausländischen Beklagten in dessen Heimatland[1235] sowie die Auswirkungen einer ausufernden Zuständigkeit auf die auswärtigen Beziehungen sowie den Handel mit anderen Nationen zu berücksichtigen.[1236]

Namentlich Born fordert für die Begründung von Zuständigkeit in internationalen Rechtsstreitigkeiten ein höheres Maß an verfassungsrechtlicher Überprü-

---

[1233] Casad/Richman, S. 167 Fn. 340; Scoles/Hay, S. 309/360. Junker, IPRax 86, 197 (198), weist darauf hin, dass US-amerikanische Gerichte zunehmend das Prozessrisiko in den USA als einen Preis betrachteten, den ausländische Unternehmen für den leichten Zutritt zum nordamerikanischen Markt zu entrichten hätten. Wer das Privileg genieße, seine Waren in Amerika verkaufen zu dürfen, müsse sich auch wie ein heimisches Unternehmen behandeln lassen.

[1234] Born, 17 Ga. J. Int'l Comp. L., 1 (26); Casad/Richman, S. 167 Fn. 340.

[1235] Vgl. v. Mehren/Trautman, 79 Harv. L. Rev., 1121 (1126//1127). Ähnlich wie – zumindest nach der herrschenden Literatur – im deutschen Recht wird allerdings teilweise auch im US-amerikanischen Recht der möglichen fehlenden Urteilsanerkennung im Ausland die Eignung als Kriterium für die Begrenzung der eigenen Entscheidungszuständigkeit abgesprochen. Der Grad der Notwendigkeit der ausländischen Anerkennung US-amerikanischer Urteile sei unklar. Es sei nicht möglich, präzise vorherzusagen, ob ein Kläger tatsächlich die Anerkennung eines aufgrund eines „long-arm statute" ergangenen Urteils im Ausland benötige. Daher habe jede Regel, die die Entscheidungszuständigkeit in internationalen Rechtsstreitigkeiten aufgrund einer möglichen späteren Nicht-Anerkennung des Urteils im Ausland beschränke, nicht zu rechtfertigende Auswirkungen. Vgl. Born, 17 Ga. J. Int'l Comp. L., 1 (23).

[1236] Casad/Richman, S. 167 Fn. 340.

fung.[1237] Bundesgerichte sollten bei der Entscheidung zuständigkeitsrechtlicher Fragen Zurückhaltung üben und die Gerichtspflichtigkeit gegenüber ausländischen Beklagten nur nach Feststellung einer ausreichend engen Beziehung zu den Vereinigten Staaten zum Schutz des Beklagten bejahen.[1238] Auch solle der Schwerpunkt der verfassungsrechtlichen Analyse in internationalen Rechtsstreitigkeiten – bei der Anwendung von Staatenrecht – sowohl auf den Kontakten des ausländischen Beklagten zum Forumstaat als auch zu den gesamten USA liegen.[1239] Bei der Anwendung von Bundesrecht begrüßt Born den –mittlerweile durch die F. R. Civ. P. 4 (k) (2) im Jahre 1993 kodifizierten – „national contacts"-Standard.[1240] Diese Anpassung des nationalen „due process"-Standards an internationale Rechtsstreitigkeiten diene wichtigen öffentlichen Interessen.[1241] Zum einen könnten durch die „national contacts"-Prüfung die Bundesgerichte ihre Zuständigkeit bis an die völkerrechtlich zulässigen Grenzen ausdehnen und – durch die Beseitigung des Erfordernisses unnötig bedenklicher Kontakte des ausländischen Beklagten zu einem einzelnen Bundesstaat – ihre Zuständigkeit über ausländische Parteien bei wenigen, aber substantiellen Kontakten zu den gesamten USA absichern.[1242] Zum anderen würde durch höhere verfassungsrechtliche Anforderungen das Risiko von exorbitanten Zuständigkeitsbegründungen gegenüber Ausländern reduziert und damit auch die Gefahr von negativen – wirtschaftlichen wie rechtlichen – Reaktionen anderer Staaten.[1243] Schließlich könne durch diese Veränderungen die „due process"-Analyse vorhersehbarer und den beteiligten US-amerikanischen und ausländischen Interessen gerechter werden.[1244]

In der US-amerikanischen Rechtsprechung scheint sich bisher noch keine grundsätzlich andere Behandlung von ausländischen gegenüber auswärtigen Beklagten durch die Gerichte abzuzeichnen.[1245] Bei den über einzelstaatliches

---

[1237] Born, 17 Ga. J. Int'l Comp. L., 1 (29). Ähnlich auch v. Mehren/Trautman, 79 Harv. L. Rev., 1121 (1127).

[1238] Born, 17 Ga. J. Int'l Comp. L., 1 (34/36).

[1239] Born, 17 Ga. J. Int'l Comp. L., 1 (41/42).

[1240] Born, 17 Ga. J. Int'l Comp. L., 1 (37/40). Ähnlich auch Hay, 63 Or. L. Rev., 431 (433), der sich für eine Zusammenfassung der Kontakte des ausländischen Beklagten zu den gesamten Vereinigten Staaten ausspricht.

[1241] Born, 17 Ga. J. Int'l Comp. L., 1 (37).

[1242] Born, 17 Ga. J. Int'l Comp. L., 1 (38).

[1243] Born, 17 Ga. J. Int'l Comp. L., 1 (29/30).

[1244] Born, 17 Ga. J. Int'l Comp. L., 1 (44).

[1245] Vgl. Helicopteros Nacionales de Colombia S. A. v. Hall, 466 US 408, 418 (1984); Perkins v. Benguet Mining Co., 342 US 437, 438 (1952); Stapleton v. Kawasaki Heavy Industries, 69 F. R. D. 489, 490 (1975): „When defendants sell their products in this country, they must realize that

Recht zu befindenden Staaten- und unteren Bundesgerichten bietet sich ein un-
einheitliches Bild. Teilweise wird betont, keine Rechtfertigung für eine unterschiedliche Behandlung von ausländischen gegenüber US-amerikanischen Beklagten zu finden[1246] bzw. wird auf die nationale „due process"-Prüfung abgestellt, ohne überhaupt mögliche Unterschiede in der Behandlung des Beklagten
zu erwägen.[1247] Andererseits wird auf ausländische Beklagte durchaus ein ab-
weichender „due process"-Standard angewandt. Zum Teil werden für die Gerichtspflichtigkeit engere Kontakte des ausländischen Beklagten zum Forumstaat
verlangt als von US-amerikanischen Beklagten.[1248] Vereinzelt wird dagegen die
Begründung von Zuständigkeit durch das Erfordernis geringerer „contacts" zum
Gerichtsstaat erleichtert.[1249]

---

legal actions will be brought both by them and against them. In return for the privilege given defendants to sell their products here, defendants submit themselves to the processes of American
courts (...)". Ausländische Parteien erfahren z. B. auch bei Einbürgerungsverfahren einen im
Vergleich zu Verfahren mit US-amerikanischen Beteiligten abgeschwächten verfassungsrechtlichen Schutz, vgl. Fiallo v. Bell, 430 US 787, 793 (1977); Galvan v. Press, 347 US 522, 530
(1954); Shaughnessy v. United States, 345 US 206, 212 (1953); Bugajewitz v. Adams, 228 US
585, 591 (1913); Fong Yue Ting v. United States, 149 US 698, 706 (1893); Nishimura Ekiu v.
United States, 142 US 651, 652 (1892). Dies wird teilweise mit dem nur begrenzten Anwendungsbereich der Bundesverfassung auf Ausländer begründet, vgl. Wells Fargo & Co. v. Wells
Fargo Express Co., 556 F. 2d 406, 416 (9th Cir. 1977); Velandra v. Regie Nationale Des Usines
Renault, 336 F. 2d 292, 294 (6th Cir. 1964); Russian Volunteer Fleet v. United States, 282 US
481, 489 (1931). Vgl. ferner Hoppe, S. 268/277; Maltz, Duke L. J. 87, 669 (675).

[1246] Velandra v. Regie Nationale des Usines Renault, 336 F. 2d 292, 294 (6th Cir. 1964); Cherun v.
Frishman, 236 F. Supp. 292, 298 (D. D. C. 1964)

[1247] Thos P. Gonzales Corp. v. Consejo Nacional, 614 F. 2d 1247, 1251 (9th Cir. 1980); Davis H.
Elliott Co. v. Carribbean Util. Co., 513 F. 2d 1176, 1180 (6th Cir. 1975); Honeywell, Inc. v.
Metz Apparatewerke, 509 F. 2d 1137, 1140 (7th Cir. 1975); Elefteriou v. Tanker Archontissa,
443 F. 2d 185, 190 (4th Cir. 1971); Sousa v. Ocean Sunflower Shipping Co., 608 F. Supp. 1309,
1311 (N. D. Cal. 1984); Eastman Kodak Co. v. Studiengesellschaft Kohle mbH, 392 F. Supp.
1152, 1155 (D. Del. 1975); Marshall Exports, Inc. v. C. A. Phillips, 385 F. Supp. 1250, 1252 (E.
D. N. C. 1974). Teilweise wurde trotz der Anwendung des nationalen „due process"-Standards
zumindest die die ausländische Souveränitätsinteressen berücksichtigende besondere Behandlung bestimmter Fallkonstellationen erkannt: Ins. Co. of North Am. v. Marina Salina Cruz, 649
F. 2d 1266, 1272 (9th Cir. 1981); Copiers, Typewriters, Calculators Inc. v. Toshiba Corp., 576 F.
Supp. 312, 321 (D. Md. 1983).

[1248] Kramer Motors, Inc. v. British Leyland Ltd., 628 F. 2d 1175, 1178 (9th Cir. 1980); Leasco Data
Processing Equip. Corp. v. Maxwell, 468 F. 2d 1326, 1341 (2nd Cir. 1972); Omstead v. Brader
Heaters, Inc., 487 P. 2d 234, 241 (Wash. 1971): „(...) when we are dealing with a manufacturer
in a foreign country, we should consider additional factors that may require foregoing jurisdiction."

[1249] Duple Motor Bodies, Ltd. v. Hollingsworth, 417 F. 2d 231, 234 (9th Cir. 1969); Engineered
Sports Prod. v. Brunswick Corp., 362 F. Supp. 722, 728 (D. Utah 1973). In einigen Fällen wurde

Bei den in „federal question cases" Bundesrecht anwendenden unteren Bundesgerichten ergab sich bis zur Schaffung der sog. „Rule 4 (k) (2)" eine ähnlich uneinheitliche Situation. Die Mehrheit der Gerichte stellte auf die Kontakte des Beklagten zu dem Bundesstaat ab, in dem das Gericht seinen Sitz hatte.[1250] Andere Gerichte wandten dagegen bereits den sog. „national contacts"-Standard an und prüften – angesichts der bestehenden Unzuträglichkeiten bei der Beschränkung bundesrechtlicher Zuständigkeit durch die Heranziehung einzelstaatlichen Rechts – mögliche bestehende Kontakte des ausländischen Beklagten mit den gesamten Vereinigten Staaten.[1251] Mit dem Inkrafttreten der „Rule 4 (k) (2)" dürfte dieser Diskussion die Grundlage entzogen worden sein, hatte doch die Mehrheit der Bundesgerichte die „national contacts"-Prüfung mit der Begründung verweigert, weder den „Federal Rules" noch der bundesrechtlichen Gesetzgebung durch den Kongress könne eine Ermächtigung der Bundesgerichte für die Anwendung des Standards entnommen werden.[1252]

Es sind allerdings auch Tendenzen erkennbar, auf die besonderen Belange von ausländischen Beklagten einzugehen. Insbesondere dürfte man in der US-amerikanischen Jurisprudenz die zum Teil abweichenden Interessenslagen und Befindlichkeiten von ausländischen Beklagten vor US-amerikanischen Gerichten

---

dieser Standard angewandt, ohne ausdrücklich auf die Unterschiede zwischen ausländischen und US-amerikanischen Beklagten einzugehen: Behagen v. Amateur Basketball Ass'n of USA, 744 F. 2d 731, 733 (10th Cir. 1984); Hedrick v. Daiko Shoji Co., 715 F. 2d 1355, 1358 (9th Cir. 1983); Poyner v. Erma Werke GmbH, 618 F. 2d 1186, 1190 (6th Cir. 1980).

[1250] De James v. Magnificence Carriers, Inc., 491 F. Supp. 1276, 1279 (D. N. J. 1980); Superior Coal Co. v. Ruhrkohle, AG, 83 F. R. D. 414 (W. D. Pa. 1979): „(...) the overwhelming consensus among federal courts is to analyze questions of in personam jurisdiction over alien defendants by examining the relationship of the defendant, the litigation and the forum under traditional International Shoe principles."

[1251] Paulson Inv. Co. v. Norbay Sec., Inc., 603 F. Supp. 614, 618 (D. Ore. 1984); Coats Co. v. Vulcan Equip. Co., 459 F. Supp. 654, 659 (N. D. Ill. 1978); Eng'g Equip. Co. v. S. S. Selene, 446 F. Supp. 706, 709 (S. D. N. Y. 1978); Centronics Data Computer Corp. v. Mannesmann AG, 432 F. Supp. 659, 662 (D. N. H. 1977); Engineered Sports Prod. v. Brunswick Corp., 362 F. Supp. 722, 728 (D. Utah 1973): „(...) where as here, suit is brought against alien defendants, the court properly may consider the aggregate presence of the defendant's apparatus in the United States as a whole. Due process or traditional notions of fair play should not immunize an alien defendant from suit in the United States simply because each state makes up only a fraction of the substantial market for the offending product."; Holt v. Kloserts Rederi A/S, 355 F. Supp. 354, 356 (W. D. Mich. 1973); Alco Standard Corp. v. Benalal, 345 F. Supp. 14, 25 (E. D. Pa. 1972).

[1252] Fitzsimmons v. Barton, 589 F. 2d 330, 333 (7th Cir. 1979); Wells Fargo & Co. v. Wells Fargo Express Co., 556 F. 2d 406, 418 (9th Cir. 1977); AG-Tronic, Inc. v. Frank Pavilour, Ltd., 70 F. R. D. 393, 400 (D. Neb. 1976); Edward J. Moriarity & Co. v. General Tire & Rubber Co., 289 F. Supp. 381, 389 (S. D. Ohio 1967).

zumindest erkannt haben.[1253] Diese Belange werden vornehmlich im Rahmen der Interessensabwägungen bei der Frage der Zuständigkeit erörtert.[1254] Dabei wird insbesondere darauf abgestellt, ob es fair und vernünftig erscheint, einen ausländischen Beklagten zu zwingen, sich vor einem Gericht einer für ihn fremden Rechtsordnung zu verteidigen, wenn andere interessensgerechte Foren zur Verfügung stehen.[1255]

[1253] Shaffer v. Heitner, 433 US 186, 218 (1977): „(judicial jurisdiction of United States courts in the international context may be different from that in the domestic context)." Vgl. auch die Entscheidungen des U. S. Supreme Court, in denen er das Interesse des Bundes an internationalen Handelsbeziehungen hervorhebt, das die Einzelstaaten verpflichte, eine genaue verfassungsrechtliche Prüfung bezüglich der Ausformung von den Außenhandel betreffenden Gesetzen vorzunehmen: Container Corp. v. Franchise Tax Bd., 463 US 159, 185 (1983): „Given that it is international, however, we must subject this case to the additional scrutiny required by the Foreign Commerce Clause."; Japan Line, Ltd. v. v. County of Los Angeles, 441 US 434, 448 (1979): „Foreign commerce is preemptly a matter of national concern." Vgl. ferner die Entscheidungen Mitsubishi Motors Corp. v. Soler Chrysler-Pymouth Inc., 105 S. Ct. 3346 (1985); Scherk v. Alberto-Culver Co., 417 US 506 (1974) zur Schiedsgerichtsbarkeit.

[1254] Vgl. dazu die grundlegende, aber bisher auch einzige Entscheidung Asahi Metal Industry Co., Ltd. v. Superior Court of Solano County, 107 S. Ct. 1026, 1028 (1987): „(…) the unique burdens placed upon one who must defend oneself in a foreign legal system should have significant weight in assessing the reasonableness of stretching the long arm of personal jurisdiction over national borders (…) the procedural and substantive policies of other nations whose interests are affected by the assertion of jurisdiction (…) the Federal government's interest in its foreign relations policies (…) serious burdens on an alien defendant are outweighed by minimal interests (…) of the plaintiff or the forum State." Siehe dazu auch unten § 7 II. 2. d. / 4. f. Vgl. auch OMI Holdings, Inc. v. Royal Ins. Co. of Canada, 149 F. 3rd 1086, 1090 (10th Cir. 1998); Core-Vent Corp. v. Nobel Industries, 11 F. 3rd 1482, 1486/1487 (9th Cir. 1993); Amoco Egypt Oil Co. v. Leonis Navigation Co., 1 F. 3rd 848, 850 (9th Cir. 1993); Teledyne, Inc. v. Kone Corp., 892 F. 2d 1404, 1408 (9th Cir. 1989); Guardian Royal Exch. Assurance v. English China Clays, 815 S. W. 2d 223 (Tex. 1991). Vgl. auch Hoppe, S. 277.

[1255] In der deutschen Literatur wird allerdings kritisiert, dass das US-amerikanische Recht von einem umfassenden Schutz ausländischer Beklagter noch weit entfernt sei. Sobald US-amerikanische Kläger beteiligt seien, befinde sich der ausländische Beklagte regelmäßig in einer „aussichtslosen" Situation, da sich die Abweisung der Klage wegen mangelnder Zuständigkeit des Gerichts i. d. R. als unwahrscheinlich erweise. Anders schienen die Gerichte in Zukunft nur urteilen zu wollen, wenn US-amerikanische Interessen offenkundig nicht berührt würden und das Rechtssystem in ihren Augen nur zum Austragen von rein ausländischen Rechtsstreitigkeiten benutzt werden solle. Das sei insbesondere dann der Fall, wenn die ausländischen Kläger offensichtlich nur vom US-amerikanischen Prozess- und materiellen Recht profitieren wollten, Born, 17 Ga. J. Int'l Comp. L., 1 (5 Fn. 18); Hay, RabelsZ 35, 429 (433); Hoppe, S. 276/285/286, die bezüglich der Vermischung der föderalen und der internationalen Situation im Bereich des Rechts der „personal jurisdiction" von einem grundsätzlichen Systemfehler spricht; Juenger, FS Schütze, S. 318; Schack, FS Schlosser, S. 840 ff.; Ultsch, RIW 97, 26 (27); Winkler/v. d. Recke, NZG 05, 241

4. Kläger- und Beklagtenschutz

Das US-amerikanische Zuständigkeitsrecht ist durch eine ergebnisorientierte Einzelfall-Rechtsprechung geprägt, ein abschließendes und systematisches Regel-Ausnahme-Prinzip wie der in der Bundesrepublik und in Europa bekannte Grundsatz „actor sequitur forum rei"[1256] existiert nicht. In der Rechtspraxis wird dem Schutzbedürfnis des Beklagten – anders als im geltenden autonomen deutschen und europäischen Recht[1257] – insofern nicht mehr Bedeutung beigemessen als dem Interesse des Klägers an effektivem Rechtsschutz.[1258]

Das US-amerikanische Recht erkennt grundsätzlich den Schutz des Beklagten bei der Begründung von Zuständigkeit durch die Gerichte an.[1259] Auch der

---

(241). Selbst wenn die Voraussetzungen für die Begründung von Zuständigkeit erfüllt seien und auch die erforderliche Interessensabwägung zu keinem anderen Ergebnis führe, könnten die Gerichte ihre Zuständigkeit immer noch mit der sog. Lehre vom „forum non conveniens" verweigern. Auf diese Weise dürften einheimischen US-amerikanischen Unternehmen klare Wettbewerbsvorteile verschafft werden: Ausländische beklagte Unternehmen würden ohne zu Zögern der US-amerikanischen Zuständigkeit unterworfen. Einheimische beklagte Unternehmen würden selbst dann noch geschützt, wenn alle Umstände und die Interessensabwägung für einen Gerichtsstand am Ort des angerufenen US-amerikanischen Gerichts sprächen, Buchner, S. 37; Grothe, RabelsZ 58, 686 (707); Juenger, FS Schütze, S. 329/330; H. Müller, S. 257/259; Schack, Einführung, S. 35; Schack, FS Nakamura, S. 501; Schack, FS Schlosser, S. 847; Schütze, Allzuständigkeit, S. 19; Schütze, FS Geimer, S. 1037; Schütze, FS Jayme, S. 851; Schütze, Prozessführung, S. 56; Schütze, RIW 04, 162 (165); Schütze, RIW 05, 579 (583); Schütze, WM 83, 1078 (1080); differenzierend Krätzschmar, FS Hay, S. 245. A. A. zumindest für die Beibehaltung der „minimum contacts"-Prüfung: World-Wide Volkswagen Corp. v. Woodson, 444 US 286, 297 (1980): „(the minimum contacts test gives) a degree of predictability to the legal system that allows potential defendants to structure their primary conduct with some minimum assurance as to where that conduct will and will not render them liable to suit."; zustimmend Born, 17 Ga. J. Int'l Comp. L., 1 (4/5/26).

[1256] Siehe dazu oben § 3 III. 5.

[1257] Siehe oben § 3 III. 5. a.

[1258] State ex. rel. WhiteLumber Sales, Inc. v. Sulmonetti, 448 P. 2d 571, 574 (Or. 1968): „(...) a defendant has no greater claim to preferred treatment than has a plaintiff."

[1259] World-Wide Volkswagen Corp. v. Woodson, 444 US 286, 292 (1980): „(defendant's interests) the primary concern (...) the defendant's jurisdictional preference rest on the advantages that a plaintiff typically enjoys in selecting among several forums and on the proposition that, other things being equal, burdens that must rest on either the challenger or the challenged are to be borne by him who seeks to change the status quo"; Kulko v. Superior Court, 436 US 84, 92 (1978): „(defendant's interests) are the essential criterion."; Ins. Co. of North America v. Marina Salina Cruz, 649 F. 2d 1266, 1272 (9th Cir. 1981): „(...) the law of personal jurisdiction (...) is asymmetrical. The primary concern is for the burden on a defendant."; Schack, FS Nakamura, S. 500; Schack, Jurisdictional Minimum Contacts, S. 10; Schröder, S. 261; Weinschenk, RIW 80, 544 (547).

Grundsatz „actor sequitur forum rei" ist der US-amerikanischen Literatur ein Begriff.[1260] Die verfassungsgemäße Zuständigkeit der Gerichte kann – als Ausfluss der Geltung dieses Grundsatzes – nur begründet werden, wenn sich entsprechende „minimum contacts" zwischen dem Forum und dem Beklagten herleiten lassen.[1261] Daher erklärte der U. S. Supreme Court, dass das Konzept der „minimum contacts" u. a. die Funktion erfülle, den Beklagten vor nachteiliger Prozessführung durch Verteidigung gegen eine Klage in einem entfernt liegenden Forum zu schützen.[1262] Die Rechtsprechung betont darüber hinaus, dass im Rahmen der „due process"-Prüfung auch die Nachteile berücksichtigt werden müssten, die den Beklagten durch die Verteidigungslast (burden on the defendant) in einem auswärtigen Forum träfen.[1263] Mit der „common law"-Anknüpfung an „domicile" bzw. „principal place of business" wird dem Schutz

---

[1260] Born, 17 Ga. J. Int'l Comp. L., 1 (5 Fn. 17); v. Mehren/Trautman, 79 Harv. L. Rev., 1121 (1127). „(…) a general and almost universally accepted maxim favors the attacked over the complainant at least when the parties enjoy a relatively equal economic strength and social standing. The status quo as between the parties is not to be lightly changed, and the burden is thus on the plaintiff."

[1261] Keeton v. Hustler Magazine, Inc., 465 US 770, 780 (1984): „(the plaintiff's residence in or contacts with the forum are important only and in so far as they) enhance the defendant's conduct with the forum."; Rush v. Savchuk, 444 US 320, 328 (1980); Kulko v. Superior Court, 436 US 84, 92 (1978): „(…) an essential criterion in all cases is whether the quality and nature of the defendant's activity is such that it is reasonable and fair to require him to conduct his defense in that state."; Shaffer v. Heitner, 433 US 186, 204 (1977): „The relationship among the defendant, the forum, and the litigation, rather than the mutually exclusive sovereignty of the States on which the rules of Pennoyer rest, became the central concern of the inquiry into personal jurisdiction." Vgl. Born, 17 Ga. J. Int'l Comp. L., 1 (5); Developments, 73 Harv. L. Rev., 911 (924): „Therefore, the process of determining the constitutionality of the forum's assertion of jurisdiction over the defendant involves the balancing of certain interests against the inconvenience to the defendant. The purpose of this balancing process is to determine whether entertaining the action would be unfair to the defendant." Vgl. Schröder, S. 261, der sogar kritisiert, dass übersehen bzw. vernachlässigt werde, dass ein Rechtsstreit hinreichende Binnenbeziehungen zum Gerichtsstaat aufweisen könne, ohne dass diese ausgerechnet auf die Verhältnisse des Beklagten zugeschnitten sein müssten.

[1262] World-Wide Volkswagen Corp. v. Woodson, 444 US 286, 293 (1980): „(…) It protects the defendant against the burdens of litigating in a distant or inconvenient forum."

[1263] Asahi Metal Industry Co. v. Superior Court, 480 US 102, 113 (1987); Burger King Corp. v. Rudzewicz, 471 US 462, 477 (1985); World-Wide Volkswagen Corp. v. Woodson, 444 US 286, 292 (1980). Vgl. auch die Entscheidung Kulko v. Superior Court, 436 US 84, 94 (1978), in der der U. S. Supreme Court für die Begründung der Zuständigkeit auf die zweckgerichteten, forumbezogenen Aktivitäten des Beklagten abstellt und andere Aspekte, wie die Interessen des Gerichtsstaates an der Entscheidung des Rechtsstreits, das Interesse des Klägers an einem Heimatgerichtsstand oder die prozessuale Wirtschaftlichkeit als nicht ausreichend erachtet. Kritisch: Schack, Einführung, S. 29.

des Beklagten ferner dergestalt Rechnung getragen, dass eine Gerichtspflichtig-keit in dem gewohnten rechtlichen, politischen und sozialen Umfeld einer natür-lichen Person bzw. an einem Schwerpunkt der Präsenz und geschäftlichen Akti-vität einer juristischen Person begründet wird. Die Verteidigungslast wird für den Beklagten an diesen Gerichtsständen gemeinhin als geringer und fairer angesehen.[1264]

Allerdings wird – wie teilweise auch im autonomen deutschen und europäi-schen Recht[1265] – nicht übersehen, dass die mit einer Rechtsverfolgung an einem entfernt gelegenen Forum verbundenen Schwierigkeiten neben dem Beklagten auch den Kläger treffen können, wenn er gezwungen ist, sein Recht an einem für ihn unvorteilhaft belegenen Gerichtsstand zu suchen.[1266] Gerade bei internationa-len Rechtsstreitigkeiten soll der Kläger besonders schutzbedürftig sein, da er i. d. R. die größeren Schwierigkeiten bei der Verfolgung seiner Klage zu bewältigen habe.[1267] Der Grundsatz des „actor sequitur forum rei" sei daher in diesen Kon-stellationen nicht sachgerecht.[1268] Folgerichtig wurde der Grundsatz des Beklag-

---

[1264] Borchers, 40 Am. J. Comp. L., 121 (135); v. Mehren/Trautman, 79 Harv. L. Rev. 1121 (1179); Twitchell, 101 Harv. L. Rev. 610 (667). Insofern existieren Parallelen zum autonomen deutschen und europäischen Recht, das – als Ausdruck eines allgemein geltenden „favor defensoris" – den Schutz des Beklagten mit Hilfe des allgemeinen Gerichtsstandes in den Mittelpunkt rückt. Siehe oben § 3 III. 5. a. Allerdings ist das US-amerikanische Zuständigkeitsrecht von einer „beklagten-freundlichen" Ausrichtung weit entfernt, wie sogleich aufzuzeigen sein wird.

[1265] Siehe oben § 3 III. 5. a.

[1266] Developments, 73 Harv. L. Rev., 911 (924): „Like the defendant, the plaintiff has a legitimate interest, for example, in not being put to undue expense in litigating a claim, though this interest without more has not been considered sufficient to require the defendant to appear."

[1267] In diesem Zusammenhang wird darauf hingewiesen, dass die Grenzen der bundesstaatlichen Zuständigkeit wegen des Schutzes vor nachteiliger Prozessführung im Zuge des zunehmenden innerstaatlichen Wirtschaftsverkehrs und der mit den modernen Transport- und Kommunikati-onsmitteln verbundenen Erleichterung der auswärtigen Prozessführung immer weiter ausgedehnt worden seien, vgl. Burnham v. Superior Court of California, 495 US 604, 610 (1990); Burger King Corp. v. Rudzewicz, 471 US 462, 477 (1985); World-Wide Volkswagen Corp. v. Wood-son, 444 US 286, 292 (1980); Hanson v. Denckla, 357 US 235, 251 (1958): „(…) progress in communications and transportation has made the defense of a suit in a foreign tribunal less bur-densome."; McGee v. International Life Ins. Co., 355 US 220, 223 (1957); Calavo Growers of California v. Belgium, 632 F. 2d 963, 969 (2nd Cir. 1980): „(…) A forum is not necessarily in-convient because of its distance from pertinent parties or places if it is readily accessible in a few hours of air travel. It will often be quicker and less expensive to transfer a witness or a document than to transfer a lawsuit. Jet travel and satellite communications have significantly altered the meaning of non-conveniens." Vgl. Schack, Jurisdictional Minimum Contacts, S. 11.

[1268] v. Mehren/Trautman, 79 Harv. L. Rev. 1121 (1167). Vgl. auch Pfeiffer, S. 413, wonach das Prinzip des „actor sequitur forum rei" im US-amerikanischen Recht mehr und mehr zurückge-

tenschutzes von der US-amerikanischen Rechtsprechung an zahlreichen Stellen immer weiter aufgeweicht.[1269] Beispielhaft sei bereits an dieser Stelle die Rechtsprechung zur Deliktshaftung von auswärtigen Herstellern fehlerhafter Produkte genannt, die über den Warenhandel in einen anderen Bundesstaat gelangen und dort Schäden verursachen. Die Gerichte halten die Hersteller in diesem Bundesstaat regelmäßig für gerichtspflichtig. Neben der Anwendbarkeit des jeweiligen „long-arm statute", das gewöhnlich eine Haftung für deliktisches Verhalten vorsieht („the commission of a tortious act within this state"), wird v. a. die Übereinstimmung mit „due process" bejaht. Die erforderlichen „minimum contacts" sollen in diesem Fall nicht mehr nur aufgrund von Geschäftstätigkeit im Gerichtsstaat gegeben, sondern bereits durch die Nutzung des fehlerhaften Produktes im gewöhnlichen Warenhandel erfüllt sein.[1270] Ferner wird der Beklagtenschutz bei der Anwendung der „transient rule" nahezu vollständig aufgegeben, die zwar an die Anwesenheit des Beklagten im Gerichtsstaat anknüpft, aber einen nur vorübergehenden Aufenthalt ausreichen lässt, um den Beklagten einem Rechtsstreit zu unterwerfen, der keine weiteren Bezüge zu dieser Anwesenheit des Beklagten aufweisen muss.[1271] Darüber hinaus wird selbst der Anknüpfung an „domicile" bzw. „principal place of business" gemeinhin weniger der Schutz des Beklagten als vielmehr der des Klägers zugrunde gelegt, dem in jedem Fall ein klarer und eindeutiger Gerichtsstand zur Verfügung stehen soll.[1272]

---

drängt werde. Die wirtschaftliche Stärke der Parteien soll dagegen nicht ausschlaggebend sein, vgl. Chancellor v. Lawrence, 501 F. Supp. 997, 1001 (N. D. Ill. 1980): „Plaintiff's financial status is, however, irrelevant to whether defendants are constitutionally amenable to suit in Illinois."

[1269] Burger King Corp. v. Rudzewicz, 471 US 462, 475 (1985): „Jurisdiction is proper (…) where the contacts proximately result from actions by the defendant himself that create a "substantial connection" with the forum state (…) It is presumptively not unreasonable to require him to submit to the burdens of litigation in that forum as well."

[1270] Gray v. American Radiator & Standard Sanitary Corp., 176 N. E. 2d 761, 766 (1961): „(…) With the increasing specialisation of commercial activity and the growing interdependence of business it is seldom that the manufacturer deals directly with consumers in other States. The fact that the benefit he derives from its laws is an indirect one, however, does not make it any the less essential to the conduct of his business; and it is not unreasonable, where the cause of action arises from alleged defects in his products, to say that the use of such products in the ordinary course of commerce is sufficient contact with this state to justify a requirement that he defend here (…) if a corporation elects to sell its products for ultimate use in another State, it is not unjust to hold it answerable there for any damage caused by defects in those products." Zustimmend Welp, S. 56/57.

[1271] Borchers, 40 Am. J. Comp. L., 121 (134); Grothe, RabelsZ 58, 686 (699).

[1272] Perkins v. Benguet Mining Co., 342 US 437, 446 (1952): „The exercise of that privilege may give rise to obligations."; Milliken v. Meyer, 311 N. E. 457, 463 (1940); Twitchell, 101 Harv. L. Rev. 610 (676): „Dispute-blind general jurisdiction can serve a single purpose – that of certainty."

In gleichem Maße, wie der Schutz des Beklagten zurückgedrängt wurde, erfährt der Klägerschutz u. a. bei Vertragsklagen eine Aufwertung.[1273] Ein Beispiel stellt der – bereits erwähnte – Fall McGee v. International Life Insurance Co.[1274] dar, indem der U. S. Supreme Court auf die Verbindung zwischen Vertrag und Gerichtsstaat und nicht auf die Beziehung zwischen Beklagtem und Forum abstellte. Das Gericht hob ausdrücklich sein Interesse an der Gewährung eines Heimatforums zugunsten des Klägers, insbesondere bei mit der Verfolgung geringer Forderungen in einem auswärtigen Forum verbundener beträchtlicher Kosten, hervor.[1275] Im Übrigen dürfte die Entwicklung der „minimum contacts" zu einer vermehrten Gerichtspflichtigkeit des Beklagten zu Gunsten des Klägers geführt haben. Auch wenn hinter deren Schaffung als Leitidee zunächst die Ersetzung des starren Territorialitätsprinzips durch ein flexibleres Zuständigkeitssystem stand, um grenzüberschreitenden Rechtsstreitigkeiten auf geeignetere Weise begegnen zu können, bot sich für die Kläger nunmehr die Möglichkeit, die „non-resident"-Beklagten in einem Forum gerichtspflichtig zu machen, in denen diese weder „domicile", noch „residence" oder „presence" besaßen.[1276]

It can provide plaintiffs with a forum whose power over a defendant is so undisputed that the parties and the judiciary will not need to expend significant resources in the preliminary jurisdictional inquiry." Vgl. auch v. Mehren/Trautman, 79 Harv. L. Rev. 1121 (1137/1179).

[1273] World-Wide Volkswagen Corp. v. Woodson, 444 US 286, 292 (1980): „(...) the plaintiff's interest in obtaining convenient and effective relief (...) a relevant factor."; Casad/Richman, S. 169; H. Müller, S. 36.

[1274] Siehe oben § 6 III. 2. c.

[1275] McGee v. International Life Ins. Co., 355 US 220, 223 (1957): „It cannot be denied that California has a manifest interest in providing effective means of redress for its residents when their insurers refuse to pay claims. These residents would be at a severe disadvantage if they were forced to follow the insurance company to a distant state in order to hold it legally accountable. When claims were small or moderate individual claimants frequently could not afford the cost of bringing an action in a foreign forum – thus in effect making the company judgment proof. Often the crucial witnesses (...) will be found in the insured's locality. Of course there may be inconvience to the insurer if it is held amenable to suit in California where it had this contract but certainly nothing which amounts to a denial of due process."; Travelers Health Ass'n v. Virginia ex rel. State Corp. Comm'n, 339 US 643, 649 (1950): „(...) Unwisdom, unfairness and injustice".

[1276] Aus diesem Grund dürfte auch nicht – wie allerdings vereinzelt in der deutschen Literatur, vgl. Gebauer/Schulze, IPRax 99, 478 (480); Schack, Einführung, S. 30; Schack, FS Nakamura, S. 500; Schack, Jurisdictional Minimum Contacts, S. 14 – von einer „starren Beklagtenperspektive" des US-amerikanischen Rechts zum Nachteil legitimer Klägerinteressen gesprochen werden können. Vgl. auch die Entscheidung Burger King Corp. v. Rudzewicz, 471 US 462, 476 (1985), in der dem Beklagten die Beweislast für die Unangemessenheit und Unfairness des vom Kläger gewählten Forums auferlegt wird: „(...) On the other hand, where a defendant who purposefully has directed his activities at forum residents seeks to defeat jurisdiction, he must present a compelling case that the presence of some other considerations would render jurisdiction unreason-

Allerdings muss auch den prozessrechtlichen und versicherungstechnischen Besonderheiten des US-amerikanischen Zivilprozessrechts Beachtung geschenkt werden. Zum einen hat der Kläger nach der sog. „American Rule of Costs" grundsätzlich die Kosten der Rechtsverfolgung auch im Falle des Obsiegens selbst zu tragen.[1277] Daher kann gerade bei summenmäßig kleinen Forderungen die Belegenheit des Forums und die damit verbundenen Kosten eine entscheidende Rolle bei der Auswahl des Gerichts spielen und das Interesse an einem Heimatforum insofern besonders groß sein. Zum anderen dürften nicht selten für den Beklagten die Verteidigungskosten nicht elementar ins Gewicht fallen, da nach der Maxime „Das Gerichtsstandsrisiko gehört zum Versicherungsrisiko" diese möglichen Kosten bereits als Bestandteil des regulären Geschäftsbetriebs in die Kalkulation von Versicherungsprämien einfließen.[1278]

5. Zuständigkeitsinteressen

Wie im deutschen und europäischen Recht[1279] lassen sich auch im US-amerikanischen Recht die bestehenden Zuständigkeitsinteressen der Beteiligten grob systematisieren.[1280]

Auf die unterschiedlichen Interessen der Parteien, wie die Reduzierung der Prozessführungslast für den Beklagten einerseits und das Interesse des Klägers an einem nahe gelegenen Forum andererseits, wurde bereits hingewiesen.[1281]

Anerkannt ist, dass auch der Gerichtsstaat Träger von zuständigkeitsrechtlichen Interessen sein kann.[1282] Der U. S. Supreme Court betonte, dass auch die Bezie-

---

able." Vgl. ferner Shaffer v. Heitner, 433 US 186, 211 (1977): „(...) when no other forum is available to plaintiff."

[1277] Alyeska Pipeline Service Co. v. Wilderness Society, 421 US 240, 270 (1975); Maxeiner, RIW 90, 440 (445); Schack, FS Schlosser, S. 841; Schütze, Allzuständigkeit, S. 11; Schütze, Prozessführung, S. 50.

[1278] Developments, 73 Harv. L. Rev., 909 (928); v. Mehren/Trautman, 79 Harv. L. Rev., 1121 (1167); Schröder, S. 349.

[1279] Siehe oben § 3 III. 6.

[1280] Developments, 73 Harv. L. Rev., 909 (924).

[1281] Burger King Corp. v. Rudzewicz, 471 US 461, 476 (1985); World-Wide Volkswagen Corp. v. Woodson, 444 US 286, 297 (1980): „(...) the forum state's interest in adjudicating the dispute; the plaintiff's interest in obtaining convenient and effective relief, at least when that interest is not adequately protected by the plaintiff's power to choose the forum"; Roth v. Garcia Marquez, 942 F. 2d, 617, 623 (9th Cir. 1991); Cornelison v. Chaney, 545 P. 2d 264, 268 (976): „(...) the relative availability of evidence and the burden of defense and prosecution in one place rather than another."; Casad/Richman, S. 138; Clermont, 66 Cornell L. Rev., 411 (424).

[1282] World-Wide Volkswagen Corp. v. Woodson, 444 US 286, 297 (1980): „(...) the interstate judicial system's interest in obtaining the most efficient resolution of controversies."; Cheyenne

hungen der einzelnen Bundesstaaten untereinander – als souveräne Staaten innerhalb des Bundes – eine Beschränkung ihrer Zuständigkeit begründen könnten und sich diese durch ihre Gerichte nicht über die durch ihren Status als gleichberechtigte Staaten innerhalb des föderalen Systems auferlegten Grenzen hinwegsetzen dürften.[1283] Das Interesse an der Entscheidung des Rechtsstreits durch die eigenen Gerichte kann dann relevant werden, wenn der Staat selbst als Kläger auftritt oder wenn er die Durchsetzung bestimmter ordnungspolitischer Grundvorstellungen anstrebt.[1284] Es tritt insbesondere dann in Erscheinung, wenn der Kläger ein Bürger des Gerichtsstaats ist.[1285] Denn der Staat verfügt grundsätzlich über ein Interesse am Schutz seiner Bürger. Insbesondere dürfte der Staat ein Interesse daran haben, in Schadensfällen seinen Bürgern Rechtsschutz und Wiedergutmachung zu ermöglichen.[1286] Dieses ist nicht zuletzt von Eigennutz moti-

---

Oil Corp. v. Oil & Gas Ventures, Inc., 204 A. 2d 743 (Del. 1964); Brilmayer, 4 S. Ct. Rev., 77 (105); Casad/Richman, S. 168; H. Müller, S. 36; Weintraub, S. 142; Welp, S. 48. Es kann als gesichert gelten, dass den Interessen des Forumstaates im Rahmen zuständigkeitsrechtlicher Erwägungen eine größere Bedeutung als im autonomen deutschen und europäischen Recht beigemessen wird. Darauf wird sogleich einzugehen sein. Siehe dazu auch oben § 6 III 2. f. / 3. a. sowie unten § 7 II. 4.

[1283] World-Wide Volkswagen Corp. v. Woodson, 444 US 286, 291 (1980); Hanson v. Denckla, 357 US 235, 251 (1958): „They are a consequence of territorial limitations on the power of the respective States."

[1284] World-Wide Volkswagen Corp. v. Woodson, 444 US 286, 297 (1980): „(…) the shared interest by the several states in furthering fundamental substantive social policies."; Shaffer v. Heitner, 433 US 186, 214/215 (1978): „(…) This line of reasoning establishes only that it is appropriate for Delaware law to govern the obligations of appellants to Greyhound and its stockholders."; Cornelison v. Chaney, 545 P. 2d 264, 268 (976): „(the interest of a state) in regulating the business involved."; Henry R. Jahn & Son, Inc. v. Superior Court, 323 P. 2d 437, 442 (1958); Brilmayer, 101 Harv. L. Rev., 1444 (1457): „Adjudication of a dispute is a means towards the legitimate end of regulating local conduct or prescribing its legal consequences."; Brilmayer, 4 S. Ct. Rev., 77 (86/106); Casad/Richman, S. 94; Developments, 73 Harv. L. Rev., 911 (924): „Further, a state has an interest in providing a forum for the effectuation of its protective or regulatory policies (…)."; Hoppe, S. 305; Schack, Jurisdictional Minimum Contacts, S. 14. Staatliche Interessen an der Reglementierung des eigenen Straßennetzes wurden auch für die Begründung von Zuständigkeit gegenüber sog. „non-resident motorists" angeführt. Siehe dazu unten § 7 I. 1.

[1285] Cornelison v. Chaney, 545 P. 2d 264, 268 (976): „(…) the interest of a state in providing a forum for its residents."; Brilmayer, 4 S. Ct. Rev., 77 (107); Hoppe, S. 279; Welp, S. 48.

[1286] Burger King Corp. v. Rudzewicz, 471 US 462, 483 (1985); Keeton v. Hustler Magazine, Inc., 465 US 770, 776 (1984); allerdings kritisch: Casad/Richman, S. 106; Keeton v. Hustler Magazine, Inc., 465 US 770, 776 (1984): „This interest extends to libel actions brought by nonresidents. False statements of fact harm both the subject of the falsehood and the readers of the statement. New Hampshire may rightly employ its libel laws to discourage the deception of its citizens. There is no constitutional value in false statements of fact."; McGee v. International Life Ins. Co., 355 US 220, 223 (1957): „It cannot be denied that California has a manifest inter-

viert. Ohne eine realistische Möglichkeit, Schadensersatz oder Unterhalt vor einem nahe gelegenen Gericht zu erstreiten, dürfte der Kläger auf Wohlfahrt und Sozialfürsorge der öffentlichen Hand angewiesen sein.[1287] Daher ist es i. d. R. das Interesse des Staates, dem durch einen auswärtigen Deliktstäter[1288] oder Vertragspartner geschädigten Bürger einen Heimatgerichtsstand zur Verfügung zu stellen, was nicht selten auch zur Prävention gegenüber auswärtigen Schädigern beiträgt.[1289] Aber auch das Interesse des Staates an Rechtsfrieden, am Schutz der eigenen Rechtsordnung[1290] und an Rechtssicherheit dürfte eine gewichtige Rolle spielen. Folgerichtig kann das Interesse des Staates an der Entscheidung des Rechtsstreits sinken, wenn der Klagegrund keine Beziehung zum Forum aufweist oder eigene Bürger nicht beteiligt sind.[1291]

Schließlich kann als gesichert gelten, dass eine entsprechende Sach- und Beweisnähe des Falles dem angerufenen Gericht die Arbeit erleichtern kann, so dass es über ein Interesse an der Entscheidung des Rechtsstreits verfügen dürfte.[1292] Denn für eine sachlich richtige sowie schnelle und billige Entscheidung ist unter Umständen eine umfassende Sachverhaltsaufklärung notwendig. Diese kann v. a. dann erfolgen, wenn Beweismittel für das Gericht schnell und kostengünstig beschafft werden können.[1293] Ferner dürfte dem Gericht die Anwendung

---

est in providing effective means of redress for its residents when their insurers refuse to pay claims. These residents would be at a severe disadvantage if they were forced to follow the insurance company to a distant state in order to hold it legally accountable. When claims were small or moderate individual claimants frequently could not afford the cost of bringing an action in a foreign forum – thus in effect making the company judgment proof."; Travelers Health Ass'n v. Virginia, 339 US 643, 647/648 (1950); Rhoades v. Wright, 552 P. 2d 131, 133 (Utah 1976): „(…) Every state has an interest in its citizens and owes them protection."; Travelers Health Ass'n v. Virginia, 339 US 643, 647/648 (1950); Hoppe, S. 279.

[1287] Jonnet v. Dollar Savings Bank, 530 F. 2d 1123, 1142 (3rd Cir. 1976).

[1288] Keeton v. Hustler Magazine, Inc., 465 US 770, 776 (1984): „A state has an especial interest in exercising judicial jurisdiction over those who commit torts within its territory. This is because torts involve wrongful conduct which a state seeks to deter, and against which it attempts to afford protection, by providing that a tort-feasor shall be liable for damages which are the proximate result of his tort."

[1289] Developments, 73 Harv. L. Rev., 909 (926).

[1290] Brilmayer, 4 S. Ct. Rev., 77 (105).

[1291] Brilmayer, 4 S. Ct. Rev., 77 (85); H. Müller, S. 37.

[1292] International Shoe Co. v. Washington, 326 US 310, 316/317 (1945): „(…) fair and orderly administration of the laws which it was the purpose of the due process clause to insure."; Casad/Richman, S. 170; H. Müller, S. 36.

[1293] McGee v. International Life Ins. Co., 355 US 220, 223 (1957): „(…) Often the crucial witnesses (…) will be found in the insured's locality. Of course there may be inconvenience to the insurer if it is held amenable to suit in California where it had this contract but certainly nothing which

des eigenen materiellen Rechts entgegenkommen, da sie dessen Arbeit erleichtern dürfte.[1294]

Anders als im deutschen und europäischen Zuständigkeitsrecht, das den Versuch unternommen hat, die präpositiven Interessen der Beteiligten nach deren Abwägung bei der Kodifizierung der Zuständigkeitsordnungen weitestgehend zu berücksichtigen, müssen die im US-amerikanischen Recht existierenden Interessen nach der Rechtsprechung des U. S. Supreme Court in jedem Einzelfall abgewogen werden, um den Anforderungen von „due process" gerecht zu werden.[1295]

6. „Forum non conveniens"

Zuständigkeitsinteressen werden ferner im Rahmen der Anwendung der Lehre vom „forum non conveniens" diskutiert.[1296] Diese Lehre erlaubt Gerichten, eine an sich gegebene Zuständigkeit nicht auszuüben, wenn sie sich im Einzelfall für ein „forum non conveniens" halten, d. h. wenn die Streitsache vor einem anderen Gericht besser aufgehoben wäre.[1297]

---

amounts to a denial of due process."; Travelers Health Ass'n v. Virginia, 339 US 643, 649 (1950); Casad/Richman, S. 170.

[1294] Hanson v. Denckla, 357 US 235, 254 (1958); Brilmayer, 4 S. Ct. Rev., 77 (105); Casad/Richman, S. 170; Developments, 73 Harv. L. Rev., 909 (965); v. Mehren/Trautman, 79 Harv. L. Rev., 1121 (1130); H. Müller, S. 36; Weintraub, S. 118; Welp, S. 67. A. A. Keeton v. Hustler Magazine, Inc., 465 US 770, 780 (1984): „The issue is personal jurisdiction, not choice of law. (...) we do not think that such choice-of-law concerns should be complicate or distort the jurisdictional inquiry." Kritisch: Casad/Richman, S. 108; Schack, Einführung, S. 30.

[1295] Burger King Corp. v. Rudzewicz, 471 US 461, 476 (1985); World-Wide Volkswagen Corp. v. Woodson, 444 US 286, 292 (1980); Shaffer v. Heitner, 433 US 186, 204 (1977): „The relationship among the defendant, the forum, and the litigation, rather than the mutually exclusive sovereignty of the States on which the rules of Pennoyer rest, became the central concern of the inquiry into personal jurisdiction."; Roth v. Garcia Marquez, 942 F. 2d, 617, 623 (9th Cir. 1991).

[1296] Berger, RabelsZ 41, 39 (51); Buchner, S. 28; Grothe, RabelsZ 58, 686 (706). Vgl. auch Pfeiffer, S. 324/325, der darauf hinweist, dass Versuche, die für „jurisdiction" nach der „minimum contacts"-Lehre maßgeblichen Kontakte zum Forum mit den nach der „forum non conveniens"-Lehre anzuwendenden Kriterien zu einer einheitlichen Theorie des angemessenen Forums (interstate venue of the convenient forum) zu verschmelzen, vgl. Ehrenzweig/Jayme, S. 21/39, gescheitert seien.

[1297] Vgl. auch § 84 Restatement (Second) Conflict of Laws: „A state will not exercise jurisdiction if it is a seriously inconvenient forum for the trial of the action provided that a more appropriate forum is available to the plaintiff." Vgl. ferner Böhmer, NJW 90, 3049 (3050); Born, S. 289; Buchner, S. 28; Casad/Richman, S. 21; Clermont, S. 161; Ehrenzweig/Jayme, S. 37; Friedenthal/Kane/Miller, S. 88; Gebauer/Schulze, IPRax 99, 478 (480); Grothe, RabelsZ 58, 686 (706); Hay, Rdnr. 124/142; Hay, Conflict, S. 79; Hoppe, S. 307; James/Hazard/Leubsdorf, S. 86; Kai-

Sie stammt ursprünglich aus Schottland, hat sich aber auch inzwischen in England durchgesetzt und hat eine große Bedeutung im US-amerikanischen Recht erlangt.[1298] Ihre Bedeutung scheint darin zu liegen, dass bei immer geringeren Anforderungen an die internationale Zuständigkeit in der Praxis der Gerichte ein Instrument für notwendig erachtet wird, das den Zufluss unerwünschter Streitigkeiten begrenzen kann.[1299]

Die Lehre ist nach einer Entscheidung des U. S. Supreme Court[1300] vor den Bundesgerichten und den meisten Bundesstaaten anerkannt.[1301] Die vergleichba-

---

ser, RIW 88, 589 (590); Meier, S. 263; Otto, S. 7; Pfeiffer, S. 381; Schack, Einführung, S. 33; Schmidt-Brand, S. 20; Schütze, Allzuständigkeit, S. 19; Schütze, FS Jayme, S. 849; Schütze, Prozessführung, S. 43/61; Schütze, RIW 04, 162 (165); Schulz, RabelsZ 69, 419 (421); Teply/Whitten, S. 205; Ultsch, RIW 97, 26 (26); Welp, S. 50; Winkler/v. d. Recke, NZG 05, 241 (247). Vgl. allgemein dazu Juenger, FS Schütze, S. 317 ff.

[1298] American Dredging Co. v. Miller, 510 US 443, 465 (1994); Piper Aircraft Co. v. Reyno, 454 US 235, 248 (1981); Gulf Oil Corp. v. Gilbert, 330 US 501, 507 (1947); Berger, RabelsZ 41, 39 (48); Born, S. 290; Ehrenzweig/Jayme, S. 37; Grothe, RabelsZ 58, 686 (706); Juenger, FS Schütze, S. 322; Kaiser, RIW 88, 589 (590); Schack, IZVR, Rdnr. 494; Ultsch, RIW 97, 26 (26).

[1299] Piper Aircraft Co. v. Reyno, 454 US 235, 252 (1981): „(...) reverse forum shopping."; Casad/Richman, S. 25; Juenger, FS Schütze, S. 323; Kaiser, RIW 88, 589 (590); Otto, S. 7; Pfeiffer, S. 383; Schack, Einführung, S. 34; Welp, S. 50; Winkler/v. d. Recke, NZG 05, 241 (247). Demgemäß hat die Lehre insbesondere bei der „transient rule", die die internationale Zuständigkeit an den schlichten Aufenthalt des Beklagten im Gerichtsbezirk in dem Moment der Zustellung knüpft, einen großen Anwendungsbereich. Die die internationale Zuständigkeit der Gerichte begründenden vielfältigen „minimum contacts" scheinen die Anwendung der Lehre geradezu herauszufordern.

[1300] Gulf Oil Corp. v. Gilbert, 330 US 501, 507 (1947): „The principle of forum non conveniens is simply that a court may resist imposition upon its jurisdiction even when jurisdiction is authorized by the letter of a general venue statute. These statutes are drawn with a necessary generality and usually give a plaintiff a choice of courts, so he may be quite sure of some place in which to pursue his remedy. But the open door may admit those who seek not simply justice but perhaps justice blended with some harassment. A plaintiff sometimes is under temptation to resort to a strategy of forcing the trial at a most inconvenient place for an adversary, even at some inconvenience to himself." Vgl. Berger, RabelsZ 41, 39 (48); Hoppe, S. 307; Ultsch, RIW 97, 26 (27).

[1301] Douglas v. New York, N. H. & H. R. R., 279 US 377, 386 (1929); Murnan v. Wabash Ry., 246 N. Y. 244 (1927). Vgl. auch Kalifornien gem. CCP § 410.30: „When a court upon motion of a party or its own motion finds that in the interest of substantial justice an action should be heard in a forum outside this state, the court shall stay or dismiss the action in whole or in part on any conditions that may be just."; New York gem. CPLR § 327 (a) (1984). Andere Bundesstaaten, wie Georgia oder Louisiana, haben dagegen die Übernahme der Lehre abgelehnt. Vgl. Southern Ry. v. Goodman, 380 S. E. 2d 460 (Ga. 1989); Fox v. Board of Supervisors of L. S. U., 576 So. 2d 978 (La. 1991). In Texas wurde sie bis zur Verabschiedung eines neuen „statute" im Jahre 1993 abgelehnt, vgl. Dow Chem. v. Alfaro, S. W. 2d 674 (Tex. 1990); Tex. Civ. Prac. & Rem.

re Regelung auf Bundesebene[1302] sieht einen sog. „federal transfer" vor, d. h. eine Verweisung von einem Bundesgericht an ein anderes. Dabei handelt es sich nur um einen sog. „change of court rooms" im Interesse einer besseren Prozessführung, der sich nicht auf das anwendbare bundesstaatliche Recht auswirken darf. Es gilt also weiterhin das Kollisions- und materielle Recht des verweisenden Gerichts.[1303]

„Forum non conveniens" wird grundsätzlich nur auf Antrag des Beklagten geprüft und angewandt. Voraussetzung für die Abweisung einer Klage ist, dass das vom Kläger gewählte Forum „seriously inconvenient" ist und ein deutlich besser geeignetes Gericht existiert, an dem sämtliche Sachurteilsvoraussetzungen für die beabsichtigte Klage erfüllt sind.[1304] Dieses Gericht muss also ebenfalls „personal jurisdiction" über die Parteien besitzen und auch örtlich zuständig sein. Dabei fließen vielfältige Faktoren in die Bestimmung des geeigneten Forums ein. V. a. werden die verschiedenen Zuständigkeitsinteressen der Parteien (private interests), des angerufenen Gerichts, des Gerichtsstaates und der Öffentlichkeit (public interests) bewertet. Von großer Bedeutung ist die Sach- und Beweisnähe des Gerichts. Dabei wird i. d. R. demjenigen Gericht der Vorzug eingeräumt, das zu einer unmittelbaren Beweisaufnahme in der Lage ist, weil sich z. B. Zeugen und andere Beweismittel leichter und kostengünstiger beschaffen lassen. Weitere Faktoren sind die Anwendbarkeit des materiellen Rechts,[1305] die Arbeitsbela-

---

Code Ann. § 17.031. Vgl. auch Berger, RabelsZ 41, 39 (49); Born, S. 298; Hay, Rdnr. 143; Hoppe, S. 307; Juenger, FS Schütze, S. 327; Pfeiffer, S. 389.

[1302] 28 USC § 1404 (a): „For the convenience of parties and witnesses, in the interest of justice, a district court may transfer any civil action to any other district or division where it might have been brought."

[1303] American Dredging Co. v. Miller, 510 US 443, 465 (1994); Albert J. Ferens v. John Deere Co., 494 US 516, 524 (1990): „Our rule may seem too generous because it allows the Ferensees to have both their choice of law and their choice of forum, or even to reward the Ferensees for conduct that seems manipulative"; Van Dusen v. Barrack, 376 US 612, 642 (1964); Born, S. 296; Casad/Richman, S. 22/602; Clermont, S. 169; Hay, Rdnr. 124/145; Hay, Conflict, S. 80; Hay, JZ 77, 697 (698); Hoppe, S. 216/217; James/Hazard/Leubsdorf, S. 122; Juenger, FS Schütze, S. 328; Pfeiffer, S. 389 Fn. 40; Teply/Whitten, S. 214. Vor allem aber wird damit die sonst übliche Klageabweisung wegen „forum non conveniens" vermieden, Casad/Richman, S. 25; Pfeiffer, S. 388.

[1304] § 84 Restatement (Second) Conflict of Laws; § 4 Restatement (Second) Judgments. Vgl. Berger, RabelsZ 41, 39 (49); Böhmer, NJW 90, 3049 (3051); Casad/Richman, S. 21; Geulen/Sebok, NJW 03, 3244 (3244); Grothe, RabelsZ 58, 686 (706); Hay, Conflict, S. 79; Hoppe, S. 308; Kaiser, RIW 88, 589 (590); Lejeune, RIW 98, 8 (9); Otto, S. 7; Pfeiffer, S. 386; Schack, Einführung, S. 34; Schmidt-Brand, S. 21; Welp, S. 50; Winkler/v. d. Recke, NZ 05, 241 (247).

[1305] Vgl. dazu Buchner, S. 41, wonach zwar die kollisionsrechtlichen Erwägungen der US-amerikanischen Gerichte bei der Zuständigkeitsbestimmung der europäischen Grundkonzeption

stung des Gerichts, die Belastung der Steuerzahler durch „fremde" Prozesse, der Wohnsitz der Parteien, die Belastung des Beklagten, sich vor einem fremden Gericht verteidigen zu müssen, die Vollstreckungsmöglichkeiten in dem jeweiligen Gerichtsstaat, die Schnelligkeit des Verfahrens und „alle anderen praktischen Faktoren, die einen Prozess leicht, schnell und billig machen".[1306]

---

des internationalen Privatrechts widersprächen, sie aber den tatsächlichen Gegebenheiten im internationalen Rechtsverkehr Rechnung trügen.

[1306] Gulf Oil Corp. v. Gilbert, 330 US 501, 508 (1947): „(…) In cases which touch the affairs of many persons, there is reason for holding the trial in their view and reach rather than in remote parts of the country where they can learn of it by report only. There is a local interest in having localized controversies decided at home. There is an appropriateness, too, in having a trial of a diversity case in a forum, that is at home with the state law that must govern the case, rather than having a court in some other forum untangle problems in conflict of laws, and in law foreign to itself. (…) If the combination and weight of factors requisite to given results are difficult to forecast or state, those to be considered are not difficult to name. An interest to be considered, and the one likely to be most pressed, is the private interest of the litigant. Important considerations are the relative ease of access to sources of proof; availability of compulsory process for attendance of unwilling, and the cost of obtaining attendance of witnesses; possibility of view of premises, if view would be appropriate to the action; and all other practical problems that make trial of a case easy, expeditious and inexpensive. There may be also questions as to the enforceability of a judgment if one is obtained. The court will weigh relative advantages and obstacles to fair trial. It is often said that the plaintiff may not, by choice of an inconvenient forum, "vex", "harass", or "oppress" the defendant by inflicting upon him expense or trouble not necessary to his own right to pursue his remedy. But unless the balance is strongly in favor of the defendant, the plaintiff's choice of forum should rarely be disturbed." Vgl. dazu US District Court, Southern District of New York, ZIP 07, 114 (115); Berger, RabelsZ 41, 39 (50); Buchner, S. 28; Casad/Richman, S. 26; Geulen/Sebok, NJW 03, 3244 (3244); Grothe, RabelsZ 58, 686 (706); Hay, Rdnr. 124; Hay, Conflict, S. 80; Hoppe, S. 308/309; James/Hazard/Leubsdorf, S. 87; Juenger, FS Schütze, S. 327; Kaiser, RIW 88, 589 (590); Lejeune, RIW 98, 8 (9); H. Müller, S. 71 ff.; Nagel/Gottwald, § 3, Rdnr. 402; Otto, S. 8; Pfeiffer, S. 386; Schack, IZVR, Rdnr. 497; Schack, Einführung, S. 35; Schmidt-Brand, S. 21; Schröder, S. 108; Winkler/v. d. Recke, NZG 05, 241 (247). Allerdings würden – so kritische Stimmen in der deutschen Literatur – einheimische (US-amerikanische) Kläger nur in seltenen Fällen wegen „forum non conveniens" ins Ausland verwiesen, ausländische Kläger, die vom US-amerikanischen Prozess- und materiellen Recht profitieren wollen, würden dagegen i. d. R. abgewiesen. Dabei nehme die Anwendung der Lehre zum Nachteil ausländischer Kläger geradezu eklatante Ausmaße an, wie der Fall Piper Aircraft v. Reno, 454 US 235 (1981) belege. Vgl. dazu aus der umfangreichen Literatur: Ehrenzweig/Jayme, S. 38; Geimer, IZPR, Rdnr. 1092; Grothe, RabelsZ 58, 686 (707); Juenger, FS Schütze, S. 329/330; Lejeune, RIW 98, 8 (9); H. Müller, S. 83; Pfeiffer, S. 387/419; Schack, Einführung, S. 34; Schack, FS Nakamura, S. 501; Schack, FS Schlosser, S. 847; Schütze, Allzuständigkeit, S. 20; Schütze, FS Jayme, S. 851; Schütze, Prozessführung, S. 62; Schütze, RIW 04, 162 (166); Schütze, RIW 05, 579 (583). Differenzierend dagegen Buchner, S. 39: Die Schaffung von Wettbewerbsvorteilen könne genauso gut als Vermeidung von Wettbewerbsnachteilen bezeich-

Nach diesem Überblick über die Stellung von „doing business" und „transacting business" im US-amerikanischen Recht der internationalen Zuständigkeit sollen im Folgenden die Voraussetzungen und Formen der zuständigkeitsbegründenden wirtschaftlichen Betätigung genauer vorgestellt werden.[1307]

§ 7: „Doing" und „transacting business" im US-amerikanischen Recht
I. „Doing business"
1. Historie

„Doing business" als Zuständigkeitsanknüpfung entstand aufgrund des Bedürfnisses, auch auswärtige, d. h. nicht im Gerichtsstaat gegründete, juristische Personen bzw. Gesellschaften (corporations) im Forumstaat gerichtspflichtig zu machen.[1308]

---

net werden. Bei einer streitauslösenden Geschäftstätigkeit im Inland würden amerikanische Unternehmen ebenso wie ausländische Unternehmen der amerikanischen Zuständigkeit mit all ihren Konsequenzen unterworfen. Eine Abweisung wegen „forum non conveniens" zugunsten amerikanischer Firmen werde nur dort relevant, wo diese im Ausland operierten. Dort aber seien sie zunächst einmal gegenüber Firmen aus anderen Staaten dem Nachteil ausgesetzt, dass sie in ihre Kalkulationen Kosten für mögliche Rechtsstreite in den USA einrechnen müssten, die aufgrund der Belastungen für den Beklagten wesentlich höher ausfielen als dies bei auswärtigen Unternehmen der Fall sei. Vgl. auch Ultsch, RIW 97, 26 (29).

[1307] Aufgrund des Untersuchungsgegenstandes dieser Arbeit – des Gerichtsstandes der Niederlassung im autonomen deutschen und europäischen Recht – soll für die später erfolgende rechtsvergleichende Untersuchung bei der folgenden Darstellung von „doing-" und „transacting business" schwerpunktmäßig auf Formen wirtschaftlicher Betätigung im Gerichtsstaat über Zwischenpersonen (Intermediäre) eingegangen werden.

[1308] Borchers, 40 Am. J. Comp. L., 121 (125); Born, S. 73; Friedenthal/Kane/Miller, S. 102; Gottwald, FS Geimer, S. 233; Hoppe, S. 244/245/344; James/Hazard/Leubsdorf, S. 61; Otte, IPRax 91, 263 (265); Richman/Reynolds, S. 27; Rosenberg/Hay/Weintraub, S. 61; Schack, Jurisdictional Minimum Contacts, S. 5/37; Teply/Whitten, S. 259; Wazlawik, S. 57. Ursprünglich wurde die Gesellschaft von der Rechtsprechung als „künstliches Wesen" definiert, das nur in Übereinstimmung mit geltendem Recht existieren könne, vgl. The Trustees of Dartmouth College v. Woodward, 17 US 518, 636: „(...) A corporation is an artificial being, invisible, intangible, and existing only in contemplation of law. Being the mere creature of law, it possesses only those properties which the charter of its creation confers upon it, either expressly or as incidental to its very existence.", vgl. Friedenthal/Kane/Miller, S. 102; Hoppe, S. 344; James/Hazard/Leubsdorf, S. 61; Meier, S. 50; Otto, S. 14; Pfeiffer, S. 319 Fn. 143; Scoles/Hay, S. 444; Teply/Whitten, S. 259; Welp, S. 35. Auch wurde der Gesellschaft zunächst keine eigene Staatszugehörigkeit zugebilligt. Vielmehr stellte man darauf ab, dass in der juristischen Person einzelne natürliche Personen unter einem gemeinsamen Namen zusammengefasst seien, unter dem sie klagen könnten. Die Gerichte müssten deshalb hinter diesen Namen blicken und auf die Zugehörigkeit der Individuen abstellen, vgl. Bank of the United States v. Deveaux, 9 US 61, 86/88/91 (1809). Erstmals mit der Entscheidung in Louisville, Cincinna & Charleston R. R. Co. v. Letson, 43 US 497, 555 (1844), erkannte der U. S. Supreme Court die eigene Rechtsfähigkeit der Gesellschaft an und

Mit der Konkretisierung des „power principle" in Pennoyer stellte sich die Frage, wie mit Hilfe der Zustellung der Klage die Zuständigkeit gegenüber einer auswärtigen (non-resident-) Gesellschaft begründet werden konnte.[1309] Die inländische Gesellschaft handelte seit jeher durch ihre Vertreter (agents) und Vorstandsmitglieder (officers) im Gerichtsstaat.[1310] Da nach „common law" ein

---

ordnete sie der Rechtsordnung des Bundesstaates zu, in dem sie gegründet worden war. Danach wurden Gesellschaften zum Teil wie natürliche Personen des Bundesstaates behandelt, d. h. sie konnten klagen und verklagt werden und Eigentum besitzen. Seit der Entscheidung Bank of Augusta v. Earle galten Gesellschaften zudem ausschließlich in ihrem Gründungsstaat als existent, so dass ein Umzug einer Gesellschaft in einen anderen Bundesstaat nicht ohne weiteres möglich war. Die Gesellschaft konnte nur Vertreter bestellen, die für sie in anderen Bundesstaaten Geschäfte tätigten und unter Umständen in ihrem Namen klagten oder verklagt wurden – sofern dieser Bundesstaat die Vornahme der Geschäfte gestattete. Vgl. Bank of Augusta v. Earle, 38 US 519, 588 (1839): „(…) It is very true that a corporation can have no legal existence out of the boundaries of the sovereignty by which it is created. It exists only in contemplation of law, and by force of the law; and where that law ceases to operate, and is no longer obligatory, the corporation can have no existence. It must dwell in the place of its creation, and cannot migrate to another sovereignty." Auswärtige Gesellschaften unterlagen aufgrund des Territorialitätsprinzip nicht der Gerichtspflichtigkeit. Ferner besaßen sie keine physische Struktur, an die eine Klage hätte zugestellt werden können, da deren Mitglieder außerhalb des Gründungsstaates ihre Zugehörigkeit zur Gesellschaft verloren. Vgl. Friedenthal/Kane/Miller, S. 102; Hoppe, S. 344; James/Hazard/Leubsdorf, S. 61; Otto, S. 16; Richman/Reynolds, S. 27; Rosenberg/Hay/Weintraub, S. 61; Schmidt-Brand, S. 32; Scoles/Hay, S. 444; Teply/Whitten, S. 259; Welp, S. 35.

[1309] Eine im Gerichtsstaat gegründete Gesellschaft wurde wie eine natürliche Person mit hiesigem Lebensmittelpunkt (domicile oder residence) angesehen, der – zur Begründung der Gerichtspflichtigkeit – die Klage an deren Mitglieder zugestellt (service of process) werden konnte. Vgl. Casad/Richman, S. 77; Friedenthal/Kane/Miller, S. 102; Hoppe, S. 245; Otto, S. 16; Rosenberg/Hay/Weintraub, S. 61; Scoles/Hay, S. 443. Dagegen wurden auswärtige Gesellschaften wie „non-resident"-Beklagte behandelt, deren Gerichtspflichtigkeit nur durch Zustellung bei (physischer) Anwesenheit im Forumstaat (presence) begründet werden konnte, vgl. Riverside & Dan River Cotton Mills v. Menefee, 237 US 189, 193 (1915); Jester v. Baltimore Steam Packet Co., 42 S. E. 447 (1902); Pope v. Terre Haute Car Mfg. Co., 13 N. E. 592 (1887); Born, S. 73; Casad/Richman, S. 77; Friedenthal/Kane/Miller, S. 102; Meier, S. 50; Scoles/Hay, S. 287/442. Dieser Umstand konnte für Käufer von Produkten einer auswärtigen Gesellschaft v. a. dann zu Unzuträglichkeiten führen, wenn sie die Gesellschaft nicht durch Zustellung im heimischen Bundesstaat gerichtspflichtig machen konnten und somit gezwungen waren, „ihr Recht" in einem anderen Staat zu suchen, vgl. Scoles/Hay, S. 287. Hintergrund war, dass die auswärtige Gesellschaft im Gerichtsstaat keine für die Zustellung der Klage erforderliche physische Struktur besaß, vgl. Friedenthal/Kane/Miller, S. 103; James/Hazard/Leubsdorf, S. 61; Richman/Reynolds, S. 26; Schack, Jurisdictional Minimum Contacts, S. 5; Schmidt-Brand, S. 32; Scoles/Hay, S. 287; Welp, S. 36.

[1310] Casad/Richman, S. 76; Friedenthal/Kane/Miller, S. 103; Otto, S. 17. Auf die sog. „domestic corporation" wird noch ausführlicher eingegangen. Siehe dazu unten § 7 I. 5. j. aa.

Vertreter von seinem Geschäftsherrn zur Vornahme nahezu aller rechtlicher Handlungen bevollmächtigt werden konnte, befand der U. S. Supreme Court, dass diese auch die Entgegennahme einer Klageschrift oder die Unterwerfung unter die Zuständigkeit mit einschließe. Die für die Zuständigkeitsausübung des Gerichts erforderliche Zustellung der Klage könne an eines der Mitglieder der Gesellschaft erfolgen. Wenn eine Gesellschaft sich weigere, eine entsprechende Vollmacht zu erteilen, könnten bestimmte Mitglieder auch als generalbevollmächtigt angesehen werden, die Gesellschaft in allen Angelegenheiten zu vertreten.[1311]

Darüber hinaus waren die Bundesstaaten berechtigt, ihre Zustimmung (consent) zum Geschäftsbetrieb auswärtiger Gesellschaften innerhalb ihres Hoheitsgebietes von der Erfüllung bestimmter Kriterien zum Schutze ihrer Bürger abhängig zu machen.[1312] Der U. S. Supreme Court vertrat daher, dass sich auswärtige Gesellschaften der Zuständigkeit des Gerichtsstaates unterwerfen müssten, um in dem Bundesstaat auch Geschäfte betreiben zu dürfen (contineous and systematic activities within the forum bzw. doing business). Dafür sollten sie einen lokalen Vertreter im Gerichtsstaat benennen, an den die (mögliche) Klage zugestellt werden konnte.[1313] Damit gründete sich das Zuständigkeitsmodell in

---

[1311] Pennoyer v. Neff, 95 US 714, 735 (1877): „(...) Nor do we doubt that a State on creating corporations or other institutions for pecuniary or charitable purposes, may provide a mode in which their conduct may be investigated, their obligations enforced, or their charters revoked, which shall require other than personal service upon their officers or members."

[1312] Paul v. Virginia, 75 US 168, 181 (1869); Lafayette Ins. Co. v. French, 59 US 404, 407 (1856); Casad/Richman, S. 77; Friedenthal/Kane/Miller, S. 103; Grothe, RabelsZ 58, 686 (694 Fn. 33); Hoppe, S. 245; James/Hazard/Leubsdorf, S. 61; Meier, S. 51; H. Müller, S. 17; Otte, IPRax 91, 263 (265); Otto, S. 18; Pfeiffer, S. 318/319; Richman/Reynolds, S. 28; Rosenberg/Hay/Weintraub, S. 61; Schack, Jurisdictional Minimum Contacts, S. 5; Schmidt-Brand, S. 33; Scoles/Hay, S. 444; Teply/Whitten, S. 259; Twitchell, 101 Harv. L. Rev., 610 (620); Weintraub, S. 209; Welp, S. 37.

[1313] Pennoyer v. Neff, 95 US 714, 735 (1877): „(...) Neither do we mean to assert that a State may not require a nonresident entering into a partnership or association within its limits, or making contracts enforceable there, to appoint an agent or representative in the State to receive service of process and notice in legal proceedings instituted with respect to such partnership, association, or contracts, or to designate a place where such service may be made and notice given, and provide, upon their failure to make such appointment or to designate such place that service may be madeupon an public officer designated for that purpose, or in some other prescribed way, and that judgments rendered upon such service may not be binding upon the nonresidents both within and without the State." Vgl. Chipman, Ltd. v. Thomas B. Jeffrey Co., 251 US 373, 378 (1920); International Harvester Co. of Am. v. Kentucky, 234 US 579, 587 (1914); Old Wayne Mut. Life Ass'n of Indianapolis v. McDonough, 204 US 8, 11 (1907). Vgl. bereits zuvor: Baltimore &

Pennoyer auf Unterwerfung (consent), verbunden mit der Drohung, die Genehmigung zum Geschäftsbetrieb anderenfalls zu verweigern.[1314] Verweigerte die
Gesellschaft die Unterwerfung, galt die dennoch vorgenommene Geschäftstätigkeit und Anwesenheit durch Vertreter als stillschweigende Unterwerfung (implied consent) und Benennung der zur Entgegennahme der Zustellung bevollmächtigten Person.[1315]

Ohio R. R. Co. v. Harris, 79 US 65, 81 (1871); Lafayette Ins. Co. v. French, 59 US 404, 407 (1856).

[1314] Casad/Richman, S. 77; Hoppe, S. 245/344; Otto, S. 18; Rosenberg/Hay/Weintraub, S. 61; Te-
ply/Whitten, S. 259; Weintraub, S. 209; Welp, S. 37. Gleichzeitig entstand die Leitidee von der
wirtschaftlichen Betätigung eines Unternehmens in einem fremden Staat (doing business). Zwar
handelte es sich (noch) nicht um eine eigenständige Zuständigkeitsanknüpfung gegenüber auswärtigen Unternehmen und natürlichen Personen, die wirtschaftliche Betätigung wurde in der
Folgezeit aber zunehmend für die Begründung von Zuständigkeit dergestalt herangezogen, dass
wirtschaftliche Tätigkeit im Gerichtsstaat das Fehlen des Zustellungsvertreters ersetzen konnte.
Vgl. Hoppe, S. 245/344; Richman/Reynolds, S. 28; Teply/Whitten, S. 260.

[1315] St. Clair v. Cox, 106 US 350, 356 (1882); Casad/Richman, S. 77; Friedenthal/Kane/Miller, S.
103; Grothe, RabelsZ 58, 686 (694 Fn. 33); James/Hazard/Leubsdorf, S. 61; Juenger, 82 Mich.
L. Rev., 1195 (1197); H. Müller, S. 17; Otte, IPRax 91, 263 (265); Pfeiffer, S. 318/554; Rosen-
berg/Hay/Weintraub, S. 61; Schack, Jurisdictional Minimum Contacts, S. 5; Schmidt-Brand, S.
34; Scoles/Hay, S. 444/445; Richman/Reynolds, S. 28; Weintraub, S. 209; Welp, S. 38. Unerheblich war, ob die Gesellschaft ausdrücklich etwas Gegenteiliges erklärt hatte, vgl. Hutchinson
v. Chase & Gilbert, 45 F. 2d 139, 140/141 (2nd Cir. 1930); Smolik v. Philadelphia & Reading
Coal & Iron Co., 222 F. Supp. 148, 151 (S. D. N. Y. 1915): „If a foreign corporation voluntarily
does business within the state, not because it is found there, not because it has consented to those
regulations, but because it is reasonable and just to subject the corporation to those regulations as
though it had consented."; International Harvester Co. v. Commonwealth of Kentucky, 234 US
579, 591 (1914); Casad/Richman, S. 77; Grothe, RabelsZ 58, 686 (694); Scoles/Hay, S. 446. Allerdings wurde in der Entscheidung Flexner v. Farson, 248 US 289, 293 (1919), die Übertragung
der „implied consent"-Rechtsprechung auf natürliche „non-resident" Personen, die in Form von
Personengesellschaften (partnerships) geschäftlich tätig wurden, durch den U. S. Supreme Court
abgelehnt. Die stillschweigende Unterwerfung sei nur eine Fiktion, die auf der Doktrin beruhe,
wonach die Bundesstaaten grundsätzlich befugt seien, auswärtige Gesellschaften vom Geschäftsbetrieb innerhalb ihres Staatsgebietes gänzlich auszuschließen. Die Begründung der „implied consent"-Fiktion habe daher als Bedingung für die Zulassung auswärtiger Gesellschaften
erfolgen können. Dagegen hätten die Bundesstaaten kein Recht, natürlichen Personen den Zuzug
zu verbieten, da der „interstate commerce clause" des Art. IV Sec. 2 der Bundesverfassung jedem Bürger einen freien zwischenstaatlichen Reiseverkehr sichere. Ohne die Befugnis des Aus-
schlusses hätten die Bundesstaaten damit auch keine Berechtigung, „non-resident"-
Personengesellschafter der Zuständigkeit ihrer Gerichte zu unterwerfen. Vgl. auch
Casad/Richman, S. 79; Pfeiffer, S. 318 Fn. 140; Richman/Reynolds, S. 27; Rosen-
berg/Hay/Weintraub, S. 63; Schmidt-Brand, S. 36.

Daraufhin entwickelten einige Bundesstaaten sog. „doing business statutes", die Geschäfte treibende, auswärtige Gesellschaften der Zuständigkeit ihrer Gerichte unterwarfen. In einigen Staaten war die Unterwerfung unter die Zuständigkeit auf Klagen begrenzt, die aus der Geschäftstätigkeit im Gerichtsstaat entstanden waren.[1316]

Mit der Entscheidung International Harvester Co. v. Commonwealth of Kentucky[1317] entstand darüber hinaus die Theorie, eine juristische Person, die als Fiktion nicht greifbar sei, zumindest aus Zuständigkeitszwecken überall dort „antreffen zu können", wo sie geschäftlich tätig werde.[1318] Eine solche Gesellschaft müsse daher dort zuständigkeitsrechtlich als anwesend (present) betrachtet werden, wo sie Geschäfte zu dem Zweck betreibe, zu dem sie gegründet worden sei. Daher könne sie auch vor den Gerichten dieses Staates wie ein „non-resident" verklagt werden.[1319] Allerdings könne nicht jedes Geschäft zur Anwesenheit am Abschlussort führen, vielmehr müsse die Geschäftstätigkeit fortdauernd und nachhaltig durchgeführt werden.[1320] Die neue „presence theory" bot allerdings dann keine Handhabe mehr, wenn sich die Gesellschaften vollständig aus dem Bundesstaat zurückgezogen hatten, so dass selbst bei Klagen, die sich auf eine

---

[1316] Takacs v. Philadelphia & Reading Ry. Co., 228 F. 728, 729 (S. D. N. Y. 1915); Casad/Richman, S. 77; Friedenthal/Kane/Miller, S. 103; James/Hazard/Leubsdorf, S. 61; Scoles/Hay, S. 314; Wazlawik, RIW 02, 691 (693).

[1317] International Harvester v. Kentucky, 234 US 579, 587 (1914).

[1318] Vgl. auch Fitzgerald and Mallory Construction Co v. Fitzgerald, 137 US 98, 106 (1890); New England Mutual Life Ins. Co. v. Woodworth, 111 US 138, 146 (1884).

[1319] International Harvester Co. v. Commonwealth of Kentucky, 234 US 579, 591 (1914): „(...) wherever a corporation is carrying on the purposes for which it was organized, it should be deemed to be present."; Tauza v. Susquehanna Coal Co., 115 N. E. 915, 917 (N. Y. App.): „(...) We are to say, not whether the business is such that the corporation may be prevented from being here, but whether its business is such that it is here."; Casad/Richman, S. 78; Dethloff, NJW 88, 2160 (2160); Friedenthal/Kane/Miller, S. 103; Fuchs, RIW 04, 41 (43); Grothe, RabelsZ 58, 686 (694); James/Hazard/Leubsdorf, S. 61; Juenger, 82 Mich. L. Rev., 1195 (1197); Junker, IPRax 86, 197 (199); Meier, S. 51; H. Müller, S. 18; Nagel/Gottwald, § 3, Rdnr. 358; Otto, S. 19; Pfeiffer, S. 318; Richman/Reynolds, S. 28; Schack, Jurisdictional Minimum Contacts, S. 5/37; Schmidt-Brand, S. 37; Scoles/Hay, S. 445; Teply/Whitten, S. 259; Twitchell, 101 Harv. L. Rev., 610 (622); Wazlawik, RIW 02, 691 (693); Welp, S. 39.

[1320] Bank of America v. Whitney Central National Bank, 261 US 171, 173 (1923): „(...) The jurisdiction taken of foreign corporations, in the absence of statutory requirements or express consent, does not rest upon a fiction of constructive presence (...) It flows from the fact that the corporation itself does business in the state or district in such a manner and to such an extent that its actual presence there is established."; Rosenberg Brothers & Co. v. Curtis Brown Co., 260 US 516, 517 (1923); Philadelphia & Rdg. Ry. v. McKibbin, 243 US 264, 265 (1917); Twitchell, 101 Harv. L. Rev., 610 (622).

314

frühere Aktivität im Gerichtsstaat bezogen, aufgrund mangelnder Anwesenheit kein Forum mehr zur Verfügung stand.[1321] In diesen Fällen wandte der U. S. Supreme Court wieder die „consent theory" an.[1322]

Die verfassungsrechtliche Grenze der Zuständigkeitsbegründung lag allerdings in der bloßen Vermittlungstätigkeit (mere solicitation) einer Gesellschaft, die – wenn es sich dabei um die einzige im Gerichtsstaat entfaltete Aktivität handelte – nicht mehr als „doing business" und damit zuständigkeitsbegründend angesehen wurde.[1323] Ferner war fraglich, ob sich – für die Übereinstimmung mit „due process" – die Zuständigkeit des jeweiligen Gerichtsstaates auf alle Streitgegenstände erstrecken konnte oder nur auf solche, die ihren Ursprung in der Geschäftstätigkeit in dem jeweiligen Bundesstaat hatten.[1324] Erfüllte die Gesellschaft die Erfordernisse der Unterwerfung unter die Zuständigkeit und die Be-

---

[1321] Otto, S. 20; Rosenberg/Hay/Weintraub, S. 61; Scoles/Hay, S. 445.

[1322] Washington ex. rel. Bond & Goodwin & Tucker v. Superior Court, 289 US 361, 364 (1932). Darüber hinaus entwickelte sich auch in anderen Bereichen aufgrund des wachsenden Wirtschaftsverkehrs und der Bevölkerungsmobilität das Bedürfnis, gerichtliche Zuständigkeit durch Fiktionen zu begründen. Z. B. sollte Klägern bei deliktsrechtlichen Klagen aus Verkehrsunfällen ein lokaler Gerichtsstand im eigenen Bundesstaat gegen nicht anwesende und nicht am Ort domizilierte Autofahrer (non-resident motorists) verschafft werden, vgl. Borchers, 40 Am. J. Comp. L., 121 (125); Brilmayer/Paisley, 74 Calif. L. Rev., 1 (26); Buchner, S. 26; Casad/Richman, S. 79; Clermont, S. 151; Grothe, RabelsZ 58, 686 (694); Hay, Rdnr. 135; Hay, Conflict, S. 60; Hay, JZ 77, 697 (697); Hoppe, S. 244; James/Hazard/Leubsdorf, S. 62; Juenger, 82 Mich. L. Rev., 1195 (1198); H. Müller, S. 17; Otto, S. 13; Pfeiffer, S. 318/554; Richman/Reynolds, S. 26/27; Rosenberg/Hay/Weintraub, S. 64; Schack, Jurisdictional Minimum Contacts, S. 6; Schmidt-Brand, S. 31; Schröder, S. 258; Scoles/Hay, S. 287/314; Teply/Whitten, S. 261; Twitchell, 101 Harv. L. Rev., 610 (622 Fn. 61); Welp, S. 33. Dies erfolgte durch eine fiktive Einwilligung i. S. e. stillschweigenden Gerichtsstandsvereinbarung zu Lasten der Autofahrer und zu Gunsten der einzelstaatlichen Gerichte des befahrenen Bundesstaates, vgl. Casad/Richman, S. 79; Grothe, RabelsZ 58, 686 (694); Hay, JZ 77, 697 (697); Hoppe, S. 244; Otto, S. 13; Pfeiffer, S. 318; Schmidt-Brand, S. 32; Schröder, S. 259; Scoles/Hay, S. 314; Welp, S. 33. Einzelstaatliche Gesetze bestimmten in der Folge, dass die Benutzung der öffentlichen Straße die Einwilligung beinhalte, wegen eines Verkehrsunfalles in dem betreffenden Staat verklagt werden zu können, vgl. Kane v. New Jersey, 242 US 160, 167 (1916); Casad/Richman, S. 79; Hay, JZ 77, 697 (697); Hay, Rdnr. 135; Hoppe, S. 245; Otto, S. 13; Pfeiffer, S. 318; Schröder, S. 259; Scoles/Hay, S. 288/314; Welp, S. 33. Diese Gesetze wurde vom U. S. Supreme Court für verfassungsgemäß befunden, da der einzelne Bundesstaat Hoheitsrechte über seine Straßen habe und deren Gebrauch daher auch von Bedingungen abhängig machen dürfe, vgl. Hess v. Pawloski, 274 US 352, 356 (1927).

[1323] Peoples Tobacco Co. v. American Tobacco Co., 246 US 79, 83 (1918); Green v. Chicago, B. & Q. Ry., 205 US 530, 535 (1907); Casad/Richman, S. 78; Schröder, S. 260; Welp, S. 33.

[1324] Casad/Richman, S. 78; H. Müller, S. 18; Rosenberg/Hay/Weintraub, S. 61; Schmidt-Brand, S. 37; Scoles/Hay, S. 445; Teply/Whitten, S. 260; Twitchell, 101 Harv. L. Rev., 610 (621).

nennung der zustellungsbevollmächtigten Vertreter ausdrücklich (express consent), konnte sie der Zuständigkeit der Gerichte bezüglich aller Streitgegenstände unterworfen werden.[1325] Bei unterbliebener, d. h. stillschweigender Unterwerfung (implied consent), blieb dagegen unklar, ob die Gesellschaft nur für Klagen aus der Geschäftstätigkeit im jeweiligen Bundesstaat der Zuständigkeit der dortigen Gerichte unterlag.[1326]

Zu Beginn des 20. Jahrhunderts erfolgte zunehmend eine eigenständige Entwicklung der Zuständigkeitsanknüpfung an „doing business".[1327] In der Entscheidung St. Clair v. Cox hatte das Gericht noch, ausgehend von der „implied consent"-Theorie, eine Zuständigkeitseröffnung durch Zustellung an einen Vertreter der auswärtigen Gesellschaft im Gerichtsstaat abgelehnt, wenn die Gesellschaft in diesem Staat wirtschaftlich tätig und der Vertreter zu einer Aktivität vor

---

[1325] Pennsylvania Fire Ins. Co. v. Gold Issue Mining & Milling Co., 243 US 93, 96 (1917); Smolik v. Philadelphia & Reading Coal & Iron Co., 222 F 148, 151 (S. D. N. Y. 1915); Bagdon v. Philadelphia Coal & Iron Co., 111 N. E. 1075, 1076 (N. Y. App. 1916); Welp, S. 38.

[1326] Die „presence"-Theorie begründete eine allgemeine Zuständigkeit der Gerichte jenes Bundesstaats, in deren Bezirken die Gesellschaft ausreichend geschäftlich aktiv war. Dies konnte zur Folge haben, dass die Gesellschaft an mehreren Stellen gleichzeitig anwesend war, vgl. Otto, S. 21. Der U. S. Supreme Court bejahte in einem Fall die Zuständigkeit des angerufenen Gerichts wegen Anwesenheit der beklagten Gesellschaft am Forum, obwohl der konkrete Anlass der Klage keinen Bezug zum Gerichtsstaat hatte, vgl. Barrow Steamship Co. v. Kane, 170 US 100, 109 (1898). In einer anderen Entscheidung verneinte er die Zuständigkeit der Gerichte gegenüber einer im Gerichtsstaat anwesenden Gesellschaft, da die eingeklagten Ansprüche mit der Forumtätigkeit in keinem Zusammenhang stünden, vgl. Louisville & Nashville R. R. Co. v. Chatters, 279 US 320, 325 (1929). Vgl. ferner für einen Bezug der Klage zur Geschäftstätigkeit im Bundesstaat: Simon v. Southern Ry., 236 US 115, 122 (1915); St. Clair v. Cox, 106 US 355, 356 (1882); Old Wayne Mut. Life Ass'n v. McDonough, 204 US 8, 11 (1907). Vgl. ferner Casad/Richman, S. 77. Mit dieser Lösung erfolgte eine Privilegierung der unterwerfungsunwilligen Gesellschaften, vgl. Otto, S. 18; Rosenberg/Hay/Weintraub, S. 61; Twitchell, 101 Harv. L. Rev., 610 (621); Welp, S. 38. Dennoch hielten die Gerichte diese dogmatische Schwäche zum Teil für gerechtfertigt oder zumindest für unvermeidlich. Vgl. Smolik v. Philadelphia & Reading Coal & Iron Co., 222 F. 148, 151 (S. D. N. Y. 1915); Bagdon v. Philadelphia & Reading Coal & Iron Co., 217 N. Y. 432, 437 (1916): „(...) the distinction is between a true consent and an imputed or implied consent, between a fact and a fiction."

[1327] Als Gründe dafür sind die im Kern unvereinbaren Grundsätze sowie die nicht zu übersehenden dogmatischen Schwachpunkte der „(implied) consent"- und der „presence"-Theorie zu sehen, vgl. Hoppe, S. 245; James/Hazard/Leubsdorf, S. 61; Junker, IPRax 86, 197 (199); Otto, S. 22; Richman/Reynolds, S. 29/30; Rosenberg/Hay/Weintraub, S. 62; Schack, Jurisdictional Minimum Contacts, S. 5; Schmidt-Brand, S. 37; Scoles/Hay, S. 446; Weintraub, S. 210; Welp, S. 40.

Ort ermächtigt sei.[1328] Aus diesem „engaged in business" und anderen Formulierungen entstand „doing business", das in weiteren Entscheidungen zum zentralen Gegenstand der Untersuchungen wurde.[1329] Dabei stellte der U. S. Supreme Court zunächst keine abstrakte Definition auf, sondern entschied anhand des konkreten Einzelfalls.[1330]

Mit International Shoe wurden die Fiktionen der „implied consent" und der „presence theory" endgültig als ungeeignete Kriterien für die verfassungskonforme Begründung von Zuständigkeit über „non-resident"-Gesellschaften erachtet und die Grenzen der Gerichtspflichtigkeit zukünftig in der Bundesverfassung gesucht.[1331] In dieser Entscheidung wandte der U. S. Supreme Court die Zuständigkeitsanknüpfung an „doing business" erstmals eigenständig an, um eine auswärtige Gesellschaft der Zuständigkeit des Gerichtsstaats zu unterwerfen. In der Folgezeit wurde „doing business" als selbstständige Anknüpfung für die Begründung allgemeiner Zuständigkeit (general jurisdiction) weiterentwickelt. Zunehmend bezog sich „doing business" nicht mehr nur auf die wirtschaftliche Betätigung auswärtiger Gesellschaften, sondern auch auf die natürlicher Personen.[1332]

[1328] St. Clair v. Cox, 106 US 350, 357 (1882): „(…) unless the corporation be engaged in business in the State, and the agent be appointed to act there." Vgl. Juenger, 82 Mich. L. Rev., 1195 (1197); Twitchell, 101 Harv. L. Rev., 610 (621).

[1329] H. Müller, S. 18; Schack, Jurisdictional Minimum Contacts, S. 5; Welp, S. 40.

[1330] St. Louis S. W. Ry. Co. v. Alexander, 227 US 218, 227 (1913): „(…) This court has decided each case of this character upon the facts brought before it, and has laid down no all-embracing rule by which it may be determined what constitutes the doing of business by a foreign corporation in such manner as to subject it to a given jurisdiction."

[1331] Bis zu dieser Entscheidung galt die bloße Vermittlungtätigkeit (mere solicitation) noch nicht als „doing business" dergestalt, das die Zuständigkeit über die auswärtige Gesellschaft als Anwesenheit (presence) fingieren konnte. Vgl. International Shoe Co. v. Washington, 326 US 310, 315/316 (1945). Dennoch wurden, wie bereits erwähnt, die „implied consent theory" und die „presence theory" nicht für obsolet erklärt. Vgl. International Shoe Co. v. Washington, 326 US 310, 316/317 (1945). Vgl. auch Brilmayer/Paisley, 74 Calif. L. Rev., 1 (4); Casad/Richman, S. 81; Juenger, 82 Mich. L. Rev., 1195 (1198); Junker, IPRax 86, 197 (200); Maltz, Duke L. J. 87, 669 (670); Otte, IPRax 91, 263 (265); Otto, S. 22; Pfeiffer, S. 552; Schack, Jurisdictional Minimum Contacts, S. 6; Schmidt-Brand, S. 43; Scoles/Hay, S. 289/447; Twitchell, 101 Harv. L. Rev., 610 (624); Wazlawik, S. 59; Weintraub, S. 211; Welp, S. 42.

[1332] H. Müller, S. 18; Schack, Jurisdictional Minimum Contacts, S. 39; Scoles/Hay, S. 449; Welp, S. 42.

2. Dauerhafte und systematische Kontakte – Perkins v. Benguet Mining Co.

Seit der Entscheidung Perkins v. Benguet Mining Co.,[1333] die im Anschluss an International Shoe erging und die als Leitentscheidung für die Entwicklung von „doing business" als Zuständigkeitsanknüpfung gilt,[1334] ist erforderlich, dass sich die Geschäftstätigkeit über einen gewissen Zeitraum erstreckt und eine bestimmte Intensität aufweist.[1335]

Die Beklagte, eine philippinische Baugesellschaft, musste während der japanischen Besatzung im Zweiten Weltkrieg ihre Geschäfte auf den Philippinen einstellen. Ihr Präsident führte sie jedoch von einem Büro im US-Bundesstaat Ohio weiter. Dort verwahrte er alle Akten und hielt Versammlungen der Direktoren ab. Ferner korrespondierte er mit Geschäftspartnern, verteilte auf zwei Banken in Ohio gezogene Gehaltsschecks und arbeitete im Übrigen mit einer Bank in Ohio zusammen, die als Überweisungsvermittler fungierte. Der Klagegrund resultierte nicht aus den Aktivitäten der Beklagten in Ohio. Vielmehr verlangte die Klägerin, eine Aktionärin der Beklagten, die Zahlung von angeblich nicht ausgezahlten Dividenden und erhob Klage vor einem Gericht in Ohio. Der Ohio Supreme Court lehnte die Zuständigkeit der Gerichte von Ohio mit der Begründung ab, eine Zuständigkeit für Klagen gegen eine ausländische Gesellschaft sei nur gegeben, wenn der Klagegrund aus den Geschäftsaktivitäten der Gesellschaft im Gerichtsstaat resultiere.[1336]

[1333] Perkins v. Benguet Mining Co., 342 US 437, 438 (1952).

[1334] Born, S. 104; Brilmayer/Goldsmith, S. 486; Casad/Richman, S. 140/141; Goldstein, DAJV-NL 1/05, 16 (16); Gottwald, FS Geimer, S. 234; Grothe, RabelsZ 58, 686 (696); Hay, Conflict, S. 57; Hoppe, S. 345; Maltz, Duke L. J. 87, 669 (675); Meier, S. 54; Richman/Reynolds, S. 104; Rosenberg/Hay/Weintraub, S. 93; Scoles/Hay, S. 348; Teply/Whitten, S. 283; Twitchell, 101 Harv. L. Rev., 610 (626); Weintraub, S. 214.

[1335] Seit International Shoe stehen sowohl die Art als auch die Intensität der Kontakte des Beklagten zum Forumstaat im Zentrum gerichtlicher Analyse. Ähnlich wie im autonomen deutschen und europäischen Recht beim Niederlassungsgerichtsstand – siehe oben § 4 I. 2. / II. 3. – wird darauf abgestellt, ob einer beklagten Gesellschaft „als Ausgleich" zu den Vorteilen einer nicht unerheblichen wirtschaftlichen Betätigung auch die mit einer Gerichtspflichtigkeit im Staat der wirtschaftlichen Tätigkeit verbundenen Pflichten auferlegt werden können. Vgl. International Shoe Co. v. State of Washington, 326 US 310, 319 (1945): „But to the extent that a corporation exercises the privileges of conducting activities within a state; it enjoys the benefits and the protection of the laws of that state. The exercise of that privilege may give rise to obligations, and, so far those obligations arose out of or are connected with the activities within the state, a procedure which requires a corporation to respond a suit brought to enforce them can, in most instances, hardly be said undue." Ferner bestehen insofern Parallelen zu der dauerhaft planmäßig ausgeübten wirtschaftlichen Betätigung. Siehe oben § 4 I. 3. a./ II. 4. c.

[1336] Perkins v. Benguet Mining Co., 342 US 437, 444 (1952).

318

Der U. S. Supreme Court hob dagegen das Urteil auf und befand u. a. – ohne allerdings schon den Begriff der „general contacts" zu verwenden – , dass dauerhafte und systematische Kontakte (contineous and systematic contacts) des Beklagten zum Gerichtsstaat erforderlich seien, um die allgemeine Zuständigkeit zu begründen. Die (ausländische) Beklagte verfüge über ausreichende Mindestkontakte, da diese dauerhaft und systematisch seien.[1337] Daher sei auch die Annahme genereller Zuständigkeit vernünftig (reasonable) und gerecht (just), ohne dass die Klage einen Bezug zu den Aktivitäten in Ohio aufweisen müsse.[1338]

Diese Rechtsprechung wurde von den Untergerichten in der Folgezeit fortgesetzt.[1339] Aus der Entscheidung wurde ferner vornehmlich geschlossen, dass die

---

[1337] Perkins v. Benguet Mining Co., 342 US 437, 448 (1952): „(…) the foreign corporation, through its president has been carrying on in Ohio a contineous and systematic, but limited part of its general business". Damit stellte der U. S. Supreme Court – wie auch das autonome deutsche und europäische Recht zum Gerichtsstand der Niederlassung, siehe oben § 4 I. 3. a./ II. 4. c. – auf eine dauerhafte Tätigkeit ab, die sich auch in äußerlichen Einrichtungen manifestiert.

[1338] Perkins v. Benguet Mining Co., 342 US 437, 448 (1952). Vereinzelt wird auch das Fehlen eines alternativen Gerichtsstandes für den Kläger als ausschlaggebend für die Entscheidung angesehen, vgl. Scoles/Hay, S. 311/349.

[1339] Morris v. SSE, Inc., 843 F. 2d 489, 491 (11th Cir. 1998): „General personal jurisdiction arises from a party's contacts with the forum state that are unrelated to the litigation."; Jones v. Petty-Ray Geophysical, Geosource, Inc., 954 F. 2d 1061, 1068 (5th Cir. 1992): „Where the defendant's forum activities are continuing and systematic, jurisdiction may be proper without a relationship between a defendant's particular act and cause of action."; Welinsky v. Resort of the World DNV, 839 F. 2d 928, 929 (2nd Cir. 1988): „nonresident defendant is subjected to general jurisdiction in New York (…) if it is engaged in such a contineous and systematic course of doing business in the state as to warrant a finding of (…) presence in this jurisdiction."; Bearry v. Beach Aircraft Corp., 818 F. 2d 370, 373 (5th Cir. 1987); Lake v. Lake, 817 F. 2d 1416, 1420 (9th Cir. 1987): „If a defendant's activities within the forum state are contineous and systematic or substantial, the state has a sufficient relationship with the defendant to assert general jurisdiction."; Fields v. Sedgwick Assoc. Risks, 796 F. 2d 299, 301 (9th Cir. 1986); Borg-Warner Acceptance Corp. v. Lovett & Thorpe, Inc., 786 F. 2d 1055, 1057 (11th Cir. 1986); Braman v. Mary Hitchcock Mem'l Hosp., 631 F. 2d 6, 8 (2nd Cir. 1980): „jurisdiction can be asserted even though the cause of action is unrelated to the defendant's activities in the forum state provided that the activities are sufficiently continuing and substantial to make the assertion of jurisdiction reasonable."; Nova Biomed Corp. v. Moller, 629 F. 2d 190, 193 (1st Cir. 1908); American International Airways, Inc. v. Kitty Hawk Group, Inc., 834 F. Supp. 222, 225 (E. D. Mich. 1993); Boone v. Sulphur Creek Resort, Inc., 749 F. Supp. 195, 199 (S. D. Ind. 1992); Bush v. Stern Bros. & Co., 524 F. Supp. 12, 14 (S. D. N. Y. 1981); Apex Constr., Inc. v. Huron Mfg. Corp., 506 F. Supp. 20, 22 (E. D. Wash. 1980); Gullet v. Quantas Airways, 417 F. Supp. 490, 496 (M. D. Tenn. 1975); United States v. Tug Paris Island, 215 F. Supp. 149, 151 (E. D. N. C. 1963); McGowan v. Smith, 437 N. Y. S. 2d 643, 645 (1981): „(general jurisdiction requires showing that defendant

Gerichte ihre Zuständigkeit über eine Gesellschaft oder eine andere geschäftliche Einheit in dem Bundesstaat ausüben könnten, in dem diese ihr operatives Hauptgeschäft ausführe.[1340]

3. Zweckgerichtete Ausrichtung

Neben dem Erfordernis der „contineous and systematic contacts" verlangt der U. S. Supreme Court, wie gesehen, für die Begründung von „general jurisdiction" – auch aufgrund von „doing business" – die zweckgerichtete Ausrichtung der Aktivitäten des Beklagten auf den Gerichtsstaat.[1341] Diese Voraussetzung dürfte i. d. R. durch die Vornahme dauerhafter und systematischer wirtschaftlicher Betätigung erfüllt sein.[1342]

4. Fairness

Schließlich muss – nach Feststellung der entsprechenden zweckgerichteten Kontakte – die Ausübung von „general jurisdiction" den Grundsätzen von „fair play and substantial justice" entsprechen. Bei der dafür erforderlichen Interessensabwägung sind u. a. die Verteidigungslast des Beklagten, das Interesse des Klägers

---

is) engaged in such a contineous and systematic course of doing business here as to warrant a finding of its presence in this jurisdiction."

[1340] Seymour v. Parke, Davis & Co., 423 F. 2d 584, 587 (1st Cir. 1970); Witt v. Reynolds Metals Co., 397 S. E. 2d 873, 875 (1990); Scoles/Hay, S. 349. Bezüglich der mit der „doing business"-Prüfung verbundenen Schwierigkeiten vgl. Aquascutum of London, Inc. v. S. S. American Chamoin, 426 F. 2d 205, 211 (2nd Cir. 1970): „The problem of what contacts with the forum state will suffice to subject a foreign corporation to suit there on an unrelated cause of action is such that the formulation of useful general standards is almost impossible and even an examination of the multitude of decided cases can give little assistance."

[1341] Siehe dazu oben § 6 III. 2. d. / 3. a. Vgl. auch Amoco Egypt Oil Co. v. Leonis Navigation Co., 1 F. 3rd 848, 851 (9th Cir. 1993).

[1342] Casad/Richman, S. 143. Ähnlich wie das autonome deutsche und europäische Recht zum Gerichtsstand der Niederlassung – siehe oben § 4 I. 2. / II. 3. – geht das US-amerikanische Konzept von „general jurisdiction" (durch „doing business") also davon aus, dass der Beklagte sowohl aufgrund seiner dauerhaften Präsenz im Gerichtsstaat als auch aufgrund der bewussten Inanspruchnahme von Vorteilen und Schutz im (Forum-) Staat der wirtschaftlichen Betätigung im Gegenzug der Gerichtspflichtigkeit dieses Staates unterworfen ist. Noch einen Schritt weitergehender als das autonome deutsche und europäische Recht behandelt das US-amerikanische Recht den Beklagten in dieser Konstellation wie einen staatsangehörigen (resident-) Beklagten. Vgl. auch Freeman v. Second Judicial Dist. Court, 1 P. 3rd 963, 965 (Nev. 2000); Laufer v. Ostrow, 55 N. Y. 2d 305, 309 (N. Y. 1982). Teilweise wird in diesem Zusammenhang auch von einer „quid pro quo"-Rechtfertigung gesprochen, vgl. Juenger, 82 Mich. L. Rev., 1195 (1199); Pfeiffer, S. 554; Twitchell, 101 Harv. L. Rev., 610 (673). Vgl. auch Perkins v. Benguet Mining Co., 342 US 437, 446 (1952): „The exercise of that privilege (of conducting activities within a state) may give rise to obligations."

an einem nahegelegenen Forum, das Interesse des Gerichtsstaates an der Entscheidung des Rechtsstreits oder die Verfügbarkeit von Beweismitteln zu berücksichtigen.[1343]

5. Wirtschaftliche Betätigung – „doing business"[1344]

a. Regelmäßige Käufe – Helicopteros Nacionales de Colombia S. A. v. Hall

Seit der Entscheidung Helicopteros Nacionales de Colombia S. A. v. Hall sind
bloße Käufe der beklagten Partei im Gerichtsstaat – selbst wenn diese Käufe

---

[1343] Siehe dazu oben § 6 III. 4. / 5. / 6. Vgl. ferner Born, S. 103; Casad/Richman, S. 144; Gottwald,
FS Geimer, S. 237/238. Die Begründung allgemeiner Zuständigkeit (general jurisdiction) auf der
Grundlage von „doing business" wird in der deutschen Literatur äußerst kritisch beurteilt. Vgl.
Buchner, S. 33; Geimer, IZPR, Rdnr. 1154; Gottwald, FS Geimer, S. 239; Hoppe, S. 253/348,
wonach die „general jurisdiction" (aufgrund von „doing business") für den ausländischen Beklagten das größte Risiko darstelle; Nagel/Gottwald, § 3, Rdnr. 365; Otto, S. 45; Schack, Einführung, S. 27; Schack, FS Nakamura, S. 500 Fn. 45, wonach „doing business" im Allgemeinen
zum Nachteil ausländischer Beklagter gehandhabt werde; Schack, FS Schlosser, S. 845/848;
Schack, IPRax 84, 168 (168); Schack, IZPR, Rdnr. 403; Schack, Jurisdictional Minimum Contacts, S. 37: „A corporation's doing business as a general contact, i. e. unrelated to the cause of
action, is comparable with mere presence, and just another fossil which is clinging tenaciously to
life. (...) The evil began with Perkins v. Benguet Consolidated Mining Co." / S. 39: „Today, it is
no longer justified to subject a corporation to general jurisdiction in a multitude of states. (...)
Doing business as a general contact has therefore outlived its utility. It is superfluous, extremely
vague, triggers circumventions by the plaintiff, and may, finally, have the effect of creating undue burdens on interstate commerce (...) doing business as a general contacts (...) should today
be regarded as unconstitutional, because the state lacks any regulatory interest."; Schütze, Allzuständigkeit, S. 15; Schütze, Prozessführung, S. 47/60; Schütze, RIW 05, 579 (583); Schütze,
RIW 04, 162 (164); Welp, S. 139. Vgl. auch Borchers, 40 Am. J. Comp. L., 121 (136); Ca-
sad/Richman, S. 111. A. A. Grothe, RabelsZ 58, 686 (697/698), wonach im Vordergrund der
Klägerschutz stehe, dessen rechtspolitische Notwendigkeit nicht in Zweifel gezogen werden solle, solange es an einer weltweit gesicherten Urteilsanerkennung fehle. Die Anknüpfung an den
Ort dauerhafter Geschäftstätigkeit trage den Fairnesserwartungen des Beklagten Rechnung. Es
bedürfe hierzu nicht einmal der Argumentationsfigur, Gerichtspflichtigkeit bilde die Kehrseite
des Marktzutrittsprivilegs. Denn dort, wo der Beklagte sich in nennenswertem Umfang geschäftlich betätige, müsse er generell damit rechnen, seine Geschäftsinteressen auch rechtlich zu vertreten. Der Schritt von „specific" zu „general jurisdiction" sei nicht groß, sofern die Anforderungen an „contineous and systematic business" nicht bagatellisiert würden. Vgl. auch Junker,
IPRax 86, 197 (201/202).

[1344] Im Folgenden sollen nun verschiedene Formen wirtschaftlicher Betätigung vorgestellt werden,
die „personal jurisdiction" aufgrund von „doing business" begründen können. Der Schwerpunkt
liegt dabei – angesichts des Gerichtsstandes des Niederlassung als Untersuchungsgegenstand der
vorliegenden Arbeit – auf der Geschäftstätigkeit des Beklagten über Zwischenpersonen im Gerichtsstaat.

regelmäßig erfolgen – nicht als dauerhafter und systematischer Kontakt anzusehen, um die generelle Zuständigkeit der Gerichte zu begründen.[1345]

Die Beklagte, das kolumbianische Lufttransportunternehmen Helicol, bot u. a.
Hubschrauberflüge für Öl- und Bauunternehmen in Südamerika an. Bei dem
Absturz eines Hubschraubers der Beklagten in Peru kamen vier US-Bürger ums
Leben. Diese waren Angestellte eines peruanischen Konsortiums (Consorcio),
das in einem Joint Venture mit dem Unternehmen Williams-Sedco-Horn (WSH)
mit Sitz in Houston, Texas verbunden war. Concorcio war an einem Pipeline-
Projekt in Peru beteiligt. Die Beklagte hatte geschäftliche Kontakte zum Gerichtsstaat Texas durch Vertragsverhandlungen, die der Vorstandsvorsitzende der
Beklagten mit Vertretern von Consorcio/WHS in Texas zum Transport der Mitarbeiter in Peru führte. Der Beförderungsvertrag wurde in Spanisch abgefasst
und in Peru unterzeichnet. Ferner kaufte die Beklagte Hubschrauber und Ersatz-
teile bei einer texanischen Firma und sandte Manager und Instandsetzungsperso-
nal zur Besichtigung und zur Ausbildung nach Texas. Die Beklagte erhielt
schließlich vom Arbeitgeber der Getöteten Schecks, die auf eine texanische Bank
gezogen waren. Darüber hinaus war die Beklagte nicht in Texas geschäftlich
tätig. Sie war weder zur Geschäftätigkeit registriert, noch verfügte sie über
einen Zustellungsbevollmächtigten. Ferner führte sie weder in Texas Flüge
durch, noch vermittelte oder verkaufte sie dort Produkte, noch besaß sie dort
Eigentum oder beschäftigte dort Angestellte oder unterzeichnete dort Verträge.
Die Hinterbliebenen der Opfer verlangten von der Beklagten Schadensersatz vor
einem Bundesgericht in Texas. Das Gericht sowie der Texas Supreme Court
bejahten die Zuständigkeit der texanischen Gerichte.

Der U. S. Supreme Court hatte zu befinden, ob die Kontakte der (ausländischen) Beklagten nach Texas ausreichten, um sie der (allgemeinen) Zuständigkeit der texanischen Gerichte für eine Klage zu unterwerfen, die weder aus den
Aktivitäten der Beklagten in Texas entstanden war (arising out of), noch einen
Bezug zu ihnen hatte (related to).

Das Gericht verneinte in einer Mehrheitsentscheidung zunächst „specific jurisdiction", da die Klage weder aus dem Hubschrauberkauf noch aus anderen Aktivitäten der Beklagten im Gerichtsstaat Texas resultiere.[1346] Eine allgemeine Zu-

---

[1345] Helicopteros Nacionales de Colombia S. A. v. Hall, 466 US 408, 418 (1984).

[1346] Insbesondere weigerte sich das Gericht die Frage zu entscheiden, ob die Begriffe „arising out of"
und „relating to" unterschiedliche Verbindungen zwischen dem Klagegrund und den Kontakten
des Beklagten zum Gerichtsstaat beschrieben, vgl. Helicopteros Nacionales de Colombia S. A. v.
Hall, 466 US 408, 415 (1984): „(...) we decline to reach the questions (...) whether the terms
„arising out of" and „related to" describe different connections between a cause of action and a

ständigkeit wegen „general contacts" sei darüber hinaus ebenfalls nicht gegeben, da die Aktivitäten der Beklagten keine dauerhafte und systematische Geschäftstätigkeit darstellten.[1347] Neben den bloßen, in regelmäßigen Abständen erfolgenden Käufen im Gerichtsstaat begründe weder der Besuch des Vorstandsvorsitzenden der Beklagten zwecks Verhandlungen über den Beförderungsvertrag, noch die Annahme von auf eine Bank in Texas gezogenen Schecks, noch die Entsendung von Mitarbeitern der auswärtigen Gesellschaft zur Ausbildung in den Gerichtsstaat hinreichende Mindestkontakte für „doing business".[1348]

Mit der Anwendung des „contineous and systematic contacts"-Standards der Perkins-Entscheidung und dessen Bestätigung in Helicopteros stellt der U. S. Supreme Court für die Begründung von Zuständigkeit aufgrund von „general contacts" einen strengeren Prüfungsmaßstab auf als für die Zuständigkeit wegen „specific contacts".[1349] Soweit ersichtlich, hat sich der U. S. Supreme Court

---

defendant`s contacts with a forum (…) and what sort of tie between an cause of action and a defendants`s contacts with a forum is necessary to a determination that either connection exists." Vgl. dazu auch Born, S. 113; Casad/Richman, S. 111/112; Friedenthal/Kane/Miller, S. 126; Scoles/Hay, S. 311/345/349; Twitchell, 101 Harv. L. Rev., 610 (640). Vgl. ferner die „dissenting opinion" von Richter Brennan, Helicopteros Nacionales de Colombia S. A. v. Hall, 466 US 408, 423/424 (1984): Auch wenn die Klage aus den Kontakten der Beklagten im Gerichtsstaat nicht direkt entstanden sei, weise der Klagegrund eine ausreichend enge Beziehung zu den Kontakten der Beklagten auf, um „specific jurisdiction" zu begründen.

[1347] Helicopteros Nacionales de Colombia S. A. v. Hall, 466 US 408, 418 (1984).

[1348] Ähnlich wie beim autonomen deutschen und europäischen Niederlassungsgerichtsstand – siehe oben § 4 I. 3. a./ II. 4. c. – verlangte der U. S. Supreme Court damit ein gewisses Maß an physischer Präsenz im Gerichtsstaat, wie z. B. durch Büros, Angestellte oder Bankkonten. Kritisch Casad/Richman, S. 110/111: Das Gericht habe sich auf eine nicht mehr zeitgemäße Entscheidung zur Zeit der Geltung der „power theory" im Jahre 1923 berufen. Ferner stelle die Entscheidung angesichts der erheblichen verfahrensrechtlichen Unterschiede in Peru oder Kolumbien den US-amerikanischen Klägern keinen geeigneten Rechtsbehelf zur Verfügung. Schließlich sei auch eine Notzuständigkeit (jurisdiction by necessity) zu Unrecht abgelehnt worden. Vgl. dazu auch die „dissenting opinion" von Richter Brennan, Helicopteros Nacionales de Colombia S. A. v. Hall, 466 US 408, 423 (1984): „(…) As a foreign corporation that has actively and purposefully engaged in numerous and frequent commercial transactions in (…) Texas, Helicol clearly falls within the category of nonresident defendants that may be subject to that forum`s general jurisdiction."

[1349] Born, S. 114; Buchner, S. 30; Gebauer/Schulze, IPRax 99, 478 (480); Gottwald, FS Geimer, S. 235; Grothe, RabelsZ 58, 686 (697); Hay, Conflict, S. 53; Hay, 35 I. C. L. Q., 32 (38); Heß, DAJV-NL 2/99, 33 (34); Lejeune, RIW 98, 8 (10); Maltz, Duke L. J. 87, 669 (676); Meier, S. 55; Otte, IPRax 91, 263 (265); Richman/Reynolds, S. 49; Schack, FS Nakamura, S. 500 Fn. 45; Teply/Whitten, S. 284; Winkler/v. d. Recke, NZG 05, 241 (244).

bisher ausschließlich in diesen beiden Entscheidungen ausführlich mit der „contineous and systematic contacts"-Prüfung auseinandergesetzt.[1350]

Trotz der Schwierigkeit, generelle Aussagen über die Begründung von Zuständigkeit wegen „general contacts" zu treffen, lässt sich zumindest feststellen, dass die Untergerichte ihre Zuständigkeit nur zögernd ausschließlich aufgrund von bezugslosen Kontakten zur Klage begründen und stattdessen nicht selten alternative Zuständigkeitsanknüpfungen finden.[1351] Die unter „general contacts jurisdiction" fallenden Konstellationen erfüllen i. d. R. die Merkmale der Perkins-Entscheidung. Dies gilt v. a. für das Erfordernis der dauerhaften Anwesenheit des beklagten Unternehmens im Gerichtsstaat in Form von Büros oder über Angestellte.[1352] Dagegen ist zu beobachten, dass mit zunehmenden nicht-physischen Anknüfungspunkten der Beklagten zum Gerichtsstaat die Gerichte eine Zuständigkeit wegen „general contacts" seltener annehmen.[1353]

[1350] Vgl. die in Fortsetzung der Rechtsprechung ergangenen Entscheidungen der Untergerichte: Omeluk v. Langsten Slip & Batbyggeri A/S, 52 F. 3rd 267, 271 (9th Cir. 1995); Obermeyer v. Gilliland, 873 F. Supp. 153, 158 (C. D. Ill. 1995); Sha v. Nu-Kote Int'l, Inc., 898 F. Supp. 496, 501 (E. D. Mich. 1995); Simpson v. Quality il Co., 723 F. Supp. 382, 390 (S. D. Ind. 1989); Scullin Steel Co. v. National Ry. Utilization Corp., 520 F. Supp. 383, 388 (D. Mo. 1981). Vgl. auch Casad/Richman, S. 142; Hay, Conflict, S. 58; Hoppe, S. 345; Otto, S. 46; Scoles/Hay, S. 348; Twitchell, 101 Harv. L. Rev., 610 (640).

[1351] Wilson v. Belin, 20 F. 3rd 644, 650 (5th Cir. 1994); Jones v. Petty-Ray Geophyisical, Geosource, Inc., 954 F. 2d 1061, 1068 (5th Cir. 1992); In re Union Carbide Corp. Gas Plant Disaster, 809 F. 2d 195, 204 f. (2nd Cir. 1987); Data Disc, Inc. v. Systemy Tech. Assoc., Inc., 557 F. 2d 1280, 1287 (9th Cir. 1977); Obermeyer v. Gilliland, 873 F. Supp. 153, 157/158 (C. D. Ill. 1995). Vgl. auch Born, S. 104; Scoles/Hay, S. 311, sowie die in diesem Zusammenhang von Twitchell, 101 Har. L. Rev., 610 (610 ff.), geäußerte Kritik an der Anwendung der „general contacts"-Erfordernisse durch die Untergerichte. Siehe dazu auch oben § 6 III. 2. g.

[1352] Nicols v. Searle & Co., 991 F. 2d 1195, 1199 (4th Cir. 1993); Behagen v. Amateur Basketball Ass`n of the United States of America, 744 F. 2d 731, 735 (10th Cir. 1984); Romann v. Geissenberger Mfg. Corp., 865 F. Supp. 255, 259 (E. D. Pa. 1994); De Reyes v. Marine Mgmt. & Consulting, Ltd., 586 So. 2d 102, 105 (La. 1991); Laufer v. Ostrow, 55 N. Y. 2d 305, 308 (1982); St. Louis-San Francisco Ry. v. Gitchoff, 369 N. E. 2d 52, 55 (1977); Zivalich v. International Bhd. Of Teamsters, 662 So. 2d 62, 64 (La. App. 1995). Vgl. Grothe, RabelsZ 58, 686 (695); Scoles/Hay, S. 312.

[1353] Wilson v. Blakey, 20 F. 3rd 644, 647 (5th Cir. 1994); Villar v. Crowley Maritime Corp., 990 F. 2d 1489, 1491 (5th Cir. 1993); Amoco Egypt Oil Co. v. Leonis Navigation Co., 1 F. 3rd 848, 852 (9th Cir. 1993); Doe v. National Medical Servs., 974 F. 2d 143, 146 (10th Cir. 1992); Morris v. Barkbuster, Inc., 923 F. 2d 1277, 1280 (8th Cir. 1991); Sandstrom v. ChemLawn Corp., 904 F. 2d 83, 85 (1st Cir. 1990); Dalton v. R & W Marine, Inc., 897 F. 2d 1359, 1362 (5th Cir. 1990); Bearry v. Beach Aircraft Corp., 818 F. 2d 370, 372 (5th Cir. 1987); Travelers Indem. Co. v. Calvert First Ins. Co., 798 F. 2d 826, 830 (5th Cir. 1986); American Overseas Marine Corp. v Patterson, 632 So. 2d 1124, 1126 (Fla. App. 1994). Z. B. ist umstritten, ob die Verkäufe innerhalb eines Bun-

Es kann darüber hinaus als gesichert gelten, dass die Gerichte Käufer angesichts deren scheinbar finanziell schwächerer Ausgangsposition in aller Regel zuständigkeitsrechtlich bevorzugter behandeln als Verkäufer. In den Fällen, in denen die Zuständigkeit dennoch über auswärtige beklagte Käufer angenommen wurde, hatten – von einigen Ausnahmen abgesehen – die Käufer entweder die Beziehung zum Gerichtsstaat selbst aufgebaut oder waren aktiv an den Verhandlungen und Planungen für die Herstellung der zu erwerbenden Produkte beteiligt.[1354]

b. Regelmäßige Verkäufe

Der Verkauf von Produkten im Gerichtsstaat kann Gerichtspflichtigkeit begründen, sofern mehrere Geschäfte getätigt werden.[1355] Der Abschluss eines einzigen Kaufvertrages reicht – auch wenn noch weitere Verkäufe beabsichtigt werden – im Regelfall nicht aus.[1356] Ein einzelner Vertragsschluss kann jedoch allgemeine Zuständigkeit auslösen, wenn zur Durchführung des Vertrages so viele geschäftliche Aktivitäten der auswärtigen Vertragspartei im Gerichtsstaat erforderlich werden, dass die Geschäftskontakte als dauerhaft und systematisch angesehen werden können,[1357] wie z. B. bei Großprojekten, wie der Errichtung großer Wohnbauten,[1358] Industrieanlagen oder Staudämmen. Darüber hinaus können Verkäufe im Gerichtsstaat unter Umständen Gerichtspflichtigkeit begründen,

---

desstaates oder die Registrierung oder Benennung eines Zustellungsbevollmächtigten ausreichen, um die Zuständigkeit zu begründen, vgl. Scoles/Hay, S. 351.

[1354] Tube Turns Div. of Chemetron v. Patterson Co., 562 S. W. 2d 99, 100 (Ky. App. 1978); Vacu-Maid, Inc. v. Covington, 530 P. 2d 137, 141/143 (Oklah. App. 1975); Rosenberg/Hay/Weintraub, S. 92. Vgl. allerdings die Entscheidung Neimann v. Rudolf Wolff & Co. Ltd., 619 F. 2d 1189, 1193 (7th Cir. 1980), in der ein Geschäftsessen im Forumstaat die Gerichtspflichtigkeit wegen „doing business" auslöste.

[1355] Katz Communication, Inc. v. Evening News Ass'n, 705 F. 2d 20, 25 (2nd Cir. 1983); Klinghoffer v. S. N. C. Achille Lauro, 795 F. Supp. 112, 114 (S. D. N. Y. 1992); Darby v. Compagnie Nat'l Air France, 735 F. Supp. 555, 560 (S. D. N. Y. 1990); Chronister v. Sam Tanksley Trucking, Inc., 569 F. Supp. 464, 468 (N. D. Ill. 1983); Ahart v. Young, 551 N. E. 2d 685, 688 (1990); Farber v. Zenith Laboratories, Inc., 777 F. Supp. 244, 246 (S. D. N. Y. 1991); Colletti v. Crudelle, 523 N. E. 2d 1222, 1225 (1988). Vgl. Gottwald, FS Geimer, S. 235; Grothe, RabelsZ 58, 686 (696); Scoles/Hay, S. 350.

[1356] Bolton v. Fair Bluff Motors, Inc., 215 F. Supp. 619, 620 (E. D. S. C. 1963). In Betracht kommt dann allenfalls eine Zuständigkeit wegen „specific contacts".

[1357] Ewing v. Lockheed Aircraft Corp., 202 F. Supp. 216, 220 (D. Minn. 1962).

[1358] Crowell Corp. v. Topkis Constr. Co., 267 A. 2d 613, 616 (Del. Super. Ct. 1970); Prudential Fed. Sav. & Loan Ass'n v. William L. Pereira & Associates, 401 P. 2d 439, 442 (1965).

wenn diese erhebliche Einkünfte zur Folge haben.[1359] Werden mehrere Geschäfte im Forumstaat getätigt, ohne sich in den Gerichtsstaat zu begeben, z. B. durch telefonische Verhandlungen, genügt dies regelmäßig nicht für allgemeine Zuständigkeit.[1360]

c. „Independant agents"

Die Tätigkeit eines unabhängigen Vertreters (independant agent) kann Gerichtspflichtigkeit der auswärtigen Gesellschaft nur begründen, wenn die Streitigkeit aus der innerstaatlichen Aktivität des Vertreters entstanden ist.[1361] Allerdings muss die Geschäftätigkeit über die bloße Vermittlung von Aufträgen (mere solicitation) hinausgehen.[1362]

Beschäftigen ausländische Gesellschaften einen Generalvertreter in den USA, der nicht der Aufsicht und Kontrolle der Muttergesellschaft unterliegt, kann die Gerichtspflichtigkeit der Muttergesellschaft bejaht werden, wenn neben der bloßen Vermittlung des Verkaufs der Waren weitere Kontakte zum Gerichtsstaat bestehen, wie z. B. durch Werbeaktionen des Vertreters oder durch die Übersendung von Entwurfsmustern aus dem Gerichtsstaat an die Gesellschaft.[1363] Ausreichend für die Zuständigkeitsbegründung kann darüber hinaus der Verkauf von

---

[1359] Plumb v. Cattle, 492 F. Supp. 1330, 1335 (D. Del. 1980); Ladd v. KLM Dutch Airlines, 456 F. Supp. 422, 424 (S. D. N. Y. 1978); Labbe v. Nissen Corp., 404 A. 2d 564, 570 (Me. 1979); Schack, Jurisdictional Minimum Contacts, S. 38.

[1360] H. Müller, S. 25.

[1361] Meat Sys. Corp. v. Ben Langel-Mol, Inc., 410 F. Supp. 231, 233 (S. D. N. Y. 1976); Frisinger, RIW 72, 12 (17).

[1362] Behagen v. Amateur Basketball Ass'n of U. S. A., 744 F 2d 731, 733 (10ᵗʰ Cir. 1984); Caballero Spanish Media, Inc. v. Betacom, Inc., 592 F. Supp. 1093, 1095 (S. D. N. Y. 1984); PacAmor Bearings, Inc. v. Molon Motors & Coil, Inc., 477 N. Y. Supp. 2d 856, 860 (1984); Laufer v. Ostrow, 55 N. Y. 2d 305, 308 (1982); H. Müller, S. 31. Es wurde z. B. nicht für ausreichend erachtet, wenn ein unabhängiges Reisebüro mit Sitz im Gerichtsstaat für ein Hotel in einem anderen Bundesstaat Anzeigen schaltet und Reservierungen vermittelt, um das Hotel wegen „doing business" im Gerichtsstaat gerichtspflichtig zu machen, vgl. Pellegrino v. Stratton Corp., 679 F. Supp. 1164, 1169 (N. D. N. Y. 1988); Slocum v. Sandestin Beach Resort Hotel, 679 F. Supp. 899, 901 (E. D. Ark. 1988); Tripmaster, Inc. v. Hyatt International Corp., 696 F. Supp. 925, 931 (S. D. N. Y. 1988); Sanders v. Wiltemp Corp., 465 F. Supp. 71, 73 (S. D. N. Y. 1979); Kopolowitz v. Deepdene Hotel & Tennis Club, 464 F. Supp. 677, 679 (S. D. N. Y. 1979); Radosta v. Devil's Head Ski Lodge, 526 N. E. 2d 561 (1988); Brandi v. National Bulk Carriers, Inc., 436 N. E. 2d 444 (1982).

[1363] Ostrow & Jacobs, Inc. v. Morgan-Jones, Inc., 178 F. Supp. 150, 154 (S. D. N. Y. 1959).

Waren in Vertretung der Gesellschaft sein,[1364] sofern allerdings die Streitigkeit aus der Tätigkeit des Vertreters resultiert.[1365]

Als „independant agents" können auch rechtlich selbstständige Großhändler bzw. Großhandelsgesellschaften im Rechtsverkehr auftreten. Das produzierende Unternehmen kann im Gerichtsstaat als geschäftstätig angesehen werden, wenn es die Waren an den Großhändler verkauft und dieser sie im eigenen Namen an den klagenden Endverbraucher weiterverkauft. Maßgebliches Kriterium für die Gerichtspflichtigkeit ist das Bestehen einer „agency"-Beziehung sowie die Ausübung von Kontrolle gegenüber dem Händler.[1366] Vereinzelt wurde der alleinige Vertrieb von Produkten über ausschließlich unabhängige Zwischenhändler als ausreichend für die Begründung der Zuständigkeit erachtet.[1367]

In der Entscheidung Dunn v. Beach Aircraft Corp. stellte das Gericht Kriterien für die Kontrolle und Überwachung auf. Der Kläger mit Wohnsitz in Pennsylvania verlangte von der Beklagten, einer in Delaware eingetragenen Gesellschaft, Schadensersatz wegen Verletzungen bei einem Flugzeugabsturz. Einziger Bezugspunkt dieser Gesellschaft zum Gerichtsstaat war ein Alleinvertriebsabkommen (distributorship agreement) mit einer im Gerichtsstaat tätigen Gesellschaft.[1368] Das Gericht bejahte eine „agency"-Beziehung und damit seine Zuständigkeit, da der Beklagte hinreichende Kontrolle über den Händler ausgeübt habe. Als Maßstab für die Kontrolle und Überwachung durch den Hersteller zog das Gericht die folgenden Kriterien heran: Personaleinstellungen sowie die Verlegung von Geschäftsräumen des Händlers bedurften der Genehmigung des Herstellers; Art und Umfang der Werbung wurden vom Hersteller bestimmt; der Hersteller durfte jederzeit den Betrieb des Händlers inspizieren; das Rechnungswesen musste dem Hersteller genehm sein.[1369]

[1364] Ostrow & Jacobs, Inc. v. Morgan-Jones, Inc., 178 F. Supp. 150, 154 (S. D. N. Y. 1959).

[1365] Moore-McCormack Lines v. Bunge Corp., 307 F. 2d 910, 915 (4th Cir. 1962); Kate Agency, Inc. v. Heftel Broadcasting Corp., 392 N. Y. Supp. 2d 39, 40 (1977).

[1366] Volkswagenwerk AG v. Schlunk, 486 US 694, 706 (1988). Auf „agency" wird noch ausführlicher einzugehen sein. Siehe dazu unten § 7 I. 5. j. bb. (3) (b).

[1367] Poyner v. Erma Werke GmbH, 618 F. 2d 1186, 1190 (1980); Scripto Inc. v. Tokai-Seiki KK, 618 F. 2d 191, 194 (1980); Honeywell Inc. v. Metz Apparatewerke, 509 F. 2d 1137, 1140 (1975).

[1368] Dunn v. Beech Aircraft Corp., 276 F. Supp. 91, 93 (E. D. Pa. 1967).

[1369] Dunn v. Beech Aircraft Corp., 276 F. Supp. 91, 93 (E. D. Pa. 1967). Damit wird – in Ansätzen vergleichbar mit dem autonomen deutschen und europäischen Recht zum Niederlassungsgerichtsstand, siehe oben § 4 I. 3. d./ II. 4. f.– auf die die Zuständigkeit begründenden Kriterien Kontrolle, Überwachung und Weisungsunterworfenheit abgestellt. In Ermangelung dieser Tatbestandsmerkmale wird z. B. der Handelsvertreter nicht als Niederlassung eingestuft.

Übt der Hersteller die eingeräumten Kontrollbefugnisse tatsächlich im Gerichtsstaat aus, muss er sich wegen eigener Geschäftstätigkeit am Forum der Zuständigkeit unterwerfen, ohne dass der Klagegrund aus der Geschäftstätigkeit des Vertreters resultieren müsste.[1370]

Handelt es sich um einen rechtlich selbstständigen und unabhängigen Großhändler oder Vertragshändler, lässt sich die Zuständigkeit gegen den Hersteller allerdings nicht aus der „agency"-Beziehung herleiten, da es gemeinhin an der Ausübung der Kontrolle fehlt.[1371] Der selbstständige Verkauf von Waren durch einen Vertrags- oder Großhändler im Gerichtsstaat kann nur als eine Geschäftstätigkeit (doing business) des ausländischen Lieferanten angesehen werden, wenn der Händler vom Lieferanten abhängig ist und kontrolliert wird oder wenn der Lieferant die Ware dergestalt in den Verkehr (stream of commerce) gebracht hat, dass er den Verkauf der Waren im Gerichtsstaat vorhersehen konnte.[1372]

In der Entscheidung Fisher Governor Co. v. Superior Court ließ das Gericht den bloßen Verkauf oder die Verkaufswerbung durch unabhängige und nicht-exklusive Handelsvertreter für die Begründung der Zuständigkeit nicht ausreichen. In der Entscheidung wurde die Beklagte, ein Unternehmen mit Hauptsitz und Werk im Bundesstaat Iowa, wegen fahrlässiger Tötung und Körperverletzung in Idaho vor einem kalifornischen Gericht verklagt, weil das Produkt angeblich von der Beklagten mangelhaft ausgerüstet gewesen sei. Die Produkte der Beklagten wurden in Kalifornien durch unabhängige Agenten verkauft, die ähnliche Produkte auch anderer Hersteller vertrieben. Die kalifornischen Agenten hatten keine Verbindung zu dem Verkauf des Produktes in Idaho.[1373]

Das Gericht stellte fest, dass zwar eine auswärtige Gesellschaft grundsätzlich ausreichende Kontakte zu einem Bundesstaat haben könne, um eine dortige Gerichtspflichigkeit anzunehmen, ohne dass die Klage einen Bezug zu den Aktivi-

---

[1370] Dunn v. Beech Aircraft Corp., 276 F. Supp. 91, 93 (E. D. Pa. 1967). In dem Fall Frummer v. Hilton Hotels International, Inc., 227 N. E. 2d 851, 854 (1967), wurde festgestellt, dass die Aktivität eines unabhängigen Vertreters, der für eine ausländische Gesellschaft im Gerichtsstaat tätig werde, der ausländischen Gesellschaft zugerechnet werden könne, wenn der lokale Vertreter zu allen Handlungen bevollmächtigt sei, die auch die Verantwortlichen der Gesellschaft im Zusammenhang mit der Durchführung der Geschäfte vornehmen könnten. Vgl. auch Gottwald, FS Geimer, S. 237.

[1371] Rowell Lab., Inc. v. The Superior Court in and for the County of Pima, 573 P. 2d 91, 93 (1977); H. Müller, S. 32.

[1372] Auf die Besonderheiten des sog. „stream of commerce" wird noch ausführlicher eingegangen. Siehe dazu unten § 7 I. 5. f.

[1373] Fisher Governor Co. v. Superior Court, 347 P. 2d 1, 2 (1959).

täten in dem Bundesstaat haben müsse. Allerdings seien für die Annahme der Zuständigkeit mehr Kontakte erforderlich, als bloße Verkäufe oder die Bewerbung von Verkäufen innerhalb des Bundesstaates durch unabhängige und nichtexklusive Handelsvertreter. Daher müsse jenseits der Verkaufsaktivitäten des Beklagten im Gerichtsstaat geprüft werden, ob eine Zuständigkeit auf verfassungsgemäße Weise angenommen werden könne. Daher seien u. a. die Interessen des Gerichtsstaates an der Schaffung eines Gerichtsstandes für seine Staatsangehörigen oder an der Regulierung der Geschäftstätigkeit zu ermitteln. Ferner sei die Verfügbarkeit von Beweisen und die Verteidigungslast ebenso wie der – leichtere – Zugang zu anderen Foren zu berücksichtigen. Auch komme es auf die Vermeidung einer Häufung von Klagen und auf das Ausmaß der Aktivitäten des Beklagten an, aus denen die Klage entstanden sei.[1374] Die vorliegenden Kriterien genügten dem Gericht, um die Zuständigkeit zu begründen.[1375]

[1374] Fisher Governor Co. v. Superior Court, 347 P. 2d 1, 3 (1959). Damit scheidet eine Zuständigkeitsbegründung – vergleichbar mit dem autonomen deutschen und europäischen Niederlassungsgerichtsstand, siehe oben § 4 I. 3. d./ II. 4. f. – bei Vorliegen entsprechender Selbstständigkeit der Zwischenpersonen aus.

[1375] In der Entscheidung Aanestad v. Beech Aircraft Corp., 521 F. 2d 1298, 1299 (9th Cir. 1974), verweigerte das Gericht die Zuständigkeit, da die Beklagte keine ausreichenden Mindestkontakte zum Gerichtsstaat Kalifornien aufweise. Unbeachtlich sei, dass die Beklagte zwei Enkelgesellschaften in Kalifornien unterhalte, die die Produkte der Beklagten vertrieben und die 100 %ige Tochtergesellschaften einer Holdinggesellschaft seien, die wiederum eine 100 %ige Tochter der Beklagten darstelle. Jeder dieser Gesellschaft handele als selbstständige und getrennte Gesellschaft und sei nicht an der Herstellung oder dem Verkauf des (schadensverursachenden) Produkts beteiligt. In dem Fall B. B. P. Association, Inc. v. Cessna Aircraft Company, 420 P. 2d 134, 135/136 (1966), nahm das Gericht „doing business" der Beklagten an. Die von ihr eingeschalteten Zwischenhändler und Weiterverkäufer seien zwar unabhängige Vertragspartner, sie seien aber – so wie sich die Beklagte ihrer für den Verkauf ihrer Produkte bediene – als Vertreter oder Instrumente der Beklagten anzusehen. Durch sie habe die Beklagte in ihrem Namen und im Rahmen ihrer Vertretungsmacht ausgestellte Garantieerklärungen vermittelt. Ferner habe die Beklagte ein Gebiet im Gerichtsstaat an Zwischenhändler verteilt, wissend und in der Absicht, durch die Zwischenhändler und Weiterverkäufer den Verkauf ihrer Produkte im Gerichtsstaat zu fördern. In der Entscheidung Beck v. Spindler, 99 N. W. 2d 670, 673 (1959), bejahte das Gericht die Zuständigkeit gegenüber der Beklagten. Ob erforderliche Mindestkontakte vorlägen, müsse von der Qualität der in Rede stehenden Transaktion anstelle der Quantität der von der auswärtigen Gesellschaft vorgenommenen Geschäfte sowie von der Wichtigkeit des Geschäfts abhängen, das Anlass zur Klage gegeben habe. Die im vorliegenden Fall gegebenen Kontakte zu dem Gerichtsstaat seien ausreichend, um die Zuständigkeit zu begründen. Eine auswärtige Gesellschaft, die an einem einzigen Vertrag im Gerichtsstaat beteiligt sei, könne der Zuständigkeit der Gerichte dieses Staates für aus diesem Vertrag herrührenden Schadensersatzansprüche unterworfen werden, unabhängig davon, ob die Gesellschaft noch an anderen Verträgen beteiligt sei.

d. „Mere solicitation"

Die Tätigkeit von (auswärtigen) Abschlussvertretern im Gerichtsstaat, die rechtsverbindlich entweder Angebote abgeben oder Annahmen erklären, kann die Zuständigkeit US-amerikanischer Gerichte begründen. Ein bloßes Entgegennehmen von Anträgen (mere solicitation) genügt dagegen i. d. R. nicht, wenn über die Annahme oder Ablehnung dieser Anträge am auswärtigen Firmensitz entschieden wird.[1376]

Andererseits wird vereinzelt die bloße Vermittlung von Aufträgen als ausreichend für „doing business" erachtet, wenn die Vermittlung regelmäßig, fortgesetzt und systematisch erfolge und nennenswerte Umsätze erbringe.[1377] Die Vermittlung von Anträgen stellt im übrigen nur dann „doing business" dar, wenn ein weiterer Kontakt hinzutritt (solicitation plus), wie z. B. das Betreiben eines Büros oder das Unterhalten eines Ausstellungsraumes.[1378]

In der Entscheidung Scanapico v. Richmond, Fredericksburg & Potomac Railroad Company wandte sich die Beschwerdeführerin und Beklagte vor dem Bun-

---

[1376] Ratcliff v. Cooper Laboratories, Inc., 444 F. 2d 745, 748 (4th Cir. 1971); Nichols v. Sterling Drug Company, Inc., 444 F. 2d 745, 748 (1971); Seymour v. Parke, Davis & Company, 423 F. 2d 584, 587 (1st Cir. 1970); Caso v. Lafayette Radio Elec. Corp., 370 F. 2d 707, 710 (1st Cir. 1966); ICC Primex Plastics Corp. v. LA/ES Laminate Estrusi Termoplastici, S. P. A., 775 F. Supp. 650, 654 (S. D. N. Y. 1991); H. Heller & Co. v. Novacor Chemicals Ltd., 726 F. Supp. 49, 52 (S. D. N. Y. 1991); Hutton v. Piepgras, 451 F. Supp. 205, 209 (S. D. N. Y. 1974); Amco Transworld v. M/V Bambi, 257 F. Supp. 215, 219 (S. D. Tex. 1966); Schnur v. Cohan, Inc. v. McDonald, 220 F. Supp. 9, 12 (M. D. N. C. 1963); Laufer v. Ostrow, 449 N. Y. Supp. 2d 456, 459 (N.Y. 1982); Finnegan v. Les Pourvoiries Fortier, Inc., 562 N. E. 2d 989, 998 (1990); Muollo v. Crestwood Village, Inc., 547 N. Y. Supp. 2d 87, 88 (1989); Roberts v. Richards Aircraft Co., 536 P. 2d 353, 355 (1975); Delagi v. Volkswagenwerk AG, 278 N. E. 2d 895, 898 (1972); Schack, Jurisdictional Minimum Contacts, S. 38.

[1377] Katz Comunications, Inc. v. Evening News Ass'n, 705 F. 2d 20, 25 (2nd Cir. 1983); Rogers v. Clipper Cruise Line, Inc., 650 F. Supp. 143, 145 (D. Colo. 1986); Oral-B Laboratories, Inc. v. Mi-Lor Corp., 611 F. Supp. 460, 462 (2nd Cir. 1983); Peters Griffin Woodward, Inc. v. Roadrunner Television Ltd. Partnership, 545 F. Supp. 288, 290 (S. D. N: Y. 1982); Scott v. Mego International, Inc., 519 F. Supp. 1118, 1126 (D. Minn. 1981); Marketing Showcase, Inc. v. Alberto-Culver Co., 445 F. Supp. 755, 759 (S. D. N. Y. 1978); Walsh v. National Seating Co., 411 F. Supp. 564, 570 (D. Mass. 1976); Laufer v. Ostrow, 434 N. E. 2d 692, 695 (1982).

[1378] Beacon Enterprises, Inc. v. Menzies, 715 F. 2d 757, 763 (2nd Cir. 1983); Thompson Medical Co. v. National Center of Nutrition, Inc., 718 F. Supp. 252, 253 (S. D. N. Y. 1989); Bower v. Weisman, 650 F. Supp. 1415, 1426 (S. D. N. Y. 1986); Vincent v. Davis-Grabowski, Inc., 638 F. Supp. 1171, 1173 (S. D. N. Y. 1986); Pennington v. McDonnell Douglas Corp., 576 F. Supp. 868, 873 (E. D. Va. 1983); Stark Carpet Corp. v. M-Genough Robinson, Inc., 481 F. Supp. 499, 505 (S. D. N. Y. 1980); Schack, Jurisdictional Minimum Contacts, S. 39.

desberufungsgericht gegen die Zurückweisung ihres Antrags auf Nicht-Zustellung der Klage durch das Bundesbezirksgericht. In der Sache machte die Klägerin – ansässig im Bundesstaat New York – gegen die Beklagte – eine Eisenbahngesellschaft – Schadensersatzansprüche vor dem Bundesbezirksgericht in New York geltend, die aus einem Unfall während der Fahrt von Florida nach New York resultierten, als ein Koffer aus einem oberen Gepäckfach auf die Klägerin fiel, während sich der Zug zwischen Washington D. C. und Richmond befand. Die Beklagte betrieb in New York Frachtvermittlung durch zwei Angestellte, von denen einer in New York ansässig war. Ferner verkaufte sie dort Coupon-Tickets für Anschlusszüge und erhielt Zahlungen für den Transport von Waren über das eigene Schienennetz. Schließlich wurden die Güterwaggons der Beklagten täglich von durchfahrenden Anschlusszügen durch den Gerichtsstaat gezogen. Dennoch verfügte die Beklagte weder über ein Büro noch über eine Adresse, einen Telefonbucheintrag, ein Bankkonto oder Vermögen in New York.[1379]

Das Gericht befand die Kontakte zum Bundesstaat New York für ausreichend, um dem Staat die Ausübung der Zuständigkeit seiner Gerichte über die Beklagte zu erlauben.[1380] Eine auswärtige Gesellschaft betreibe in New York Geschäfte, wenn ihre Vertreter Dienste anböten, die jenseits von bloßer Vermittlungstätigkeit lägen und diese Dienste so wichtig für die Gesellschaft seien, dass die Vorstandsmitglieder der Gesellschaft diese selbst vornehmen müssten, wenn sie keine Vertreter beschäftigen könnten.[1381]

e. Unselbstständige Niederlassung

Eine Niederlassung eines auswärtigen Unternehmens liegt vor, wenn die Angestellten ihren Arbeitsplatz nicht im Sitzstaat ihres Arbeitgebers haben, sondern von einem Büro im Gerichtsstaat aus tätig werden. Das Betreiben einer Nieder-

---

[1379] Scanapico v. Richmond, Fredericksburg & Potomac Railroad Company, 439 F. 2d 17, 19 (2nd Cir. 1970).

[1380] Scanapico v. Richmond, Fredericksburg & Potomac Railroad Company, 439 F. 2d 17, 19 (2nd Cir. 1970).

[1381] Scanapico v. Richmond, Fredericksburg & Potomac Railroad Company, 439 F. 2d 17, 20 (2nd Cir. 1970). Vgl. aber die „dissenting opinion" von Richter Lumbard: Scanapico v. Richmond, Fredericksburg & Potomac Railroad Company, 439 F. 2d 17, 21 f. (2nd Cir. 1970). Vergleichbar mit dem autonomen deutschen Gerichtsstand der Niederlassung – siehe oben § 4 I. 3. b. bb. – reicht allein die bloße Vermittlung i. S. e. Weiterleitung von Vertragsangeboten für die Begründung von Zuständigkeit nicht aus. Andererseits bestehen auch Parallelen zum europäischen Niederlassungsgerichtsstand – siehe oben § 4 II. 4. d. –, da die bloße Vermittlung dann ausreichen kann, wenn sie von einer dauerhaften Einrichtung aus erfolgt oder sonst planmäßig auf Dauer durchgeführt wird.

lassung im Gerichtsstaat wird i. d. R. als „doing business" angesehen, wenn das Stammhaus ein Büro unterhält, von dem aus Verkäufe im Gerichtsstaat getätigt werden.[1382]

Seit der Entscheidung Bryant v. Finnish National Airline kann die Zuständigkeit aufgrund von „doing business" über eine unselbstständige Niederlassung weit gefasst werden. Die Beklagte, eine finnische Fluggesellschaft mit Hauptverwaltungssitz in Helsinki, unterhielt in New York ein 1,5-Zimmer-Büro mit drei ganztags und vier halbtags beschäftigten Angestellten, von denen keiner eine leitende Funktion im Unternehmen hatte. Sie war nicht im Bundesstaat New York für die Vornahme geschäftlicher Aktivitäten registriert. Auch hatte sie keine US-amerikanischen Anteilseigner oder Vorstands- bzw. Aufsichtsratsmitglieder. Die von ihr durchgeführten Flüge starteten und endeten jeweils außerhalb der Vereinigten Staaten. Auch betrieb sie innerhalb der USA kein Flugzeug. Die Niederlassung verkaufte keine Flugtickets, vermittelte nicht deren Verkauf und plante auch keine Reisen. Sie nahm lediglich Reservierungen für Reisen in Europa entgegen, die sie zur Zentrale nach Europa weiterleitete und unterhielt Kontakte zu anderen Fluggesellschaften und Reisebüros. Zudem warb sie für die Beklagte und unterhielt ein Bankkonto in New York, von dem die Mitarbeiter, die Miete und gewöhnliche Ausgaben bezahlt wurden. Keiner der Angestellten hatte die Befugnis, für die Beklagte bindende Erklärungen abzugeben. Verträge, die im Zusammenhang mit der Tätigkeit des Büros entstanden, mussten der Zentrale in Finnland zur Zustimmung vorgelegt werden. Die Klägerin – ansässig in New York – wurde auf einem französischen Flughafen verletzt, als durch den Windstoß des Strahltriebwerks eines der Flugzeuge der Beklagten ein Gepäckstück hochgeschleudert wurde und die Klägerin traf. Die Klägerin begehrte daher vor einem New Yorker Gericht Schadensersatz.[1383]

Das Gericht bejahte die allgemeine Zuständigkeit, da die (ausländische) Beklagte in New York geschäftstätig geworden sei. Die vorliegenden Umstände erachtete das Gericht für ausreichend. Die „doing business"-Prüfung solle einfach und pragmatisch sein. Immerhin sei die Beklagte in den Bundesstaat gekommen, um dort Geschäfte zu betreiben.[1384] Sie habe diese mit einem beträchtlichen Maß an Kontinuität und von einem festen Standort aus durchgeführt.[1385]

[1382] Buchner, S. 33/34; Ganssauge, S. 129; Gottwald, FS Geimer, S. 235; Grothe, RabelsZ 58, 686 (696); Hay, Conflict, S. 57; Hoppe, S. 356; H. Müller, S. 26; Otto, S. 44; Schack, FS Nakamura, S. 510; Scoles/Hay, S. 350; Twitchell, 101 Harv. L. Rev., 610 (636); Winkler/v. d. Recke, NZG 05, 241 (245).

[1383] Bryant v. Finnish National Airline, 208 N. E. 2d 439, 439 (1965).

[1384] Bryant v. Finnish National Airline, 208 N. E. 2d 439, 441 (1965). Diese Zuständigkeitsanknüpfung ist – mit Ausnahme des fehlenden Bezugs zwischen Klage und Forumstätigkeit – am ehesten mit dem autonomen deutschen und europäischen Niederlassungsgerichtsstand vergleichbar.

[1385] In dem Fall Hoffman v. Air India, 393 F. 2d 507, 508 (5th Cir. 1968), befand das Bundesberufungsgericht das angerufene Bundesbezirksgericht im Gerichtsstaat für zuständig. Das anwendbare „long-arm statute" des Staates erlaube es, die Klage auch einem im Gerichtsstaat ansässigen geschäftlichen Vertreter des Beklagten zuzustellen, wenn dieser anhaltende und fortdauernde Geschäftstätigkeit für seinen Arbeitgeber erledige, auch wenn der Klageanspruch nicht aus der Tätigkeit im Gerichtsstaat resultiere. In der Entscheidung Koninklijke Luchtvaart Maatchappij (KLM) v. Superior Court, 237 P. 2d 297, 298 (1951), hielt das Gericht die Beklagte für gerichtspflichtig. Juristische Personen würden im Rahmen der Zuständigkeitserwägungen zunehmend wie natürliche Personen behandelt. Die einfache Tatsache, dass der Klageanspruch oder die zugrunde liegende Transaktion von einem außerhalb des Gerichtsstaates liegenden Verhalten herrühre, könne eine Zustellung der Klage an den Vertreter einer ausländischen Gesellschaft nicht verhindern. Vielmehr sei die Zustellung an einen Vertreter der ausländischen Gesellschaft, der geschäftliche Aktivitäten im Gerichtsstaat vornehme, ausreichend, um die Gesellschaft der Zuständigkeit zu unterwerfen, ungeachtet dessen, ob die Klage zu der im Gerichtsstaat ausgeübten Tätigkeit in Beziehung stehe. Die wirtschaftliche Aktivität der Beklagten über zwei Büros genügte dem Gericht, die Zuständigkeit der Gerichte des Gerichtsstaates anzunehmen. Es sei unerheblich, dass der Klagegrund zu der Geschäftstätigkeit in keinerlei Zusammenhang stehe. In der Entscheidung Lau v. Chicago & North Western Ry. Co., 111 N. W. 2d 158, 160 (1961), befand das Gericht, dass – neben der ordnungsgemäßen Zustellung der Klage – das Gebot von „due process" nur erfordere, dass, um einen nicht im Gerichtsstaat anwesenden Beklagten der persönlichen Zuständigkeit des Gerichts zu unterwerfen, er gewisse Mindestkontakte zu dem Forum aufweisen müsse, damit die Aufrechterhaltung des Rechtsstreits nicht den traditionellen Ansätzen von Fairplay und Gerechtigkeit widerspreche. Die Aufrechterhaltung der Klage im vorliegenden Fall verstoße nicht gegen diese Grundsätze. Die Vermittlungsaktivitäten von Mitarbeitern der Beklagten seien von so wesentlicher und ausgedehnter Natur, dass sie „doing business" der Beklagten im Gerichtsstaat darstellten. Das Vorhandensein dieser Mindestkontakte sei ausreichend, um den Erfordernissen von „due process" zu genügen. Es sei nicht erforderlich, dass die von der Beklagten vorgenommenen Aktivitäten zu dem Klageanspruch in Zusammenhang stünden. In dem Fall Wainscott v. St. Louis – San Francisco Ry., Co., 351 N. E. 2d 466, 468 (1976), führte das Gericht zunächst aus, dass zwischen dem auswärtigen Beklagten und dem Gerichtsstaat eine Verbindung dergestalt bestehen müsse, die es für den Beklagten als fair und vernünftig erscheinen lasse, vor Gericht zu erscheinen und sich gegen die Klage zu verteidigen. Nach Erörterung der verschiedenen Theorien zur Gerichtpflichtigkeit auswärtiger Gesellschaften (consent theory, presence theory) wandte es sich der neueren Theorie und deren Anforderungen an „doing business" der auswärtigen Gesellschaft im Gerichtsstaat zu. Die Entscheidungen, die im Zusammenhang mit der „doing business"-Prüfung und der Unterwerfung auswärtiger Gesellschaft unter die persönliche Zuständigkeit der Gerichte ergangen seien, seien so vielfältig, dass es erforderlich erscheine, sie nach den verschiedenen Aktivitäten der Gesellschaften, die zur Gerichtpflichtigkeit geführt hätten, sowie nach Zweck der Klagen und Rechtnatur der Gesellschaften zu klassifizieren. Die vorherrschende Ansicht unter diesen Entscheidungen zum „doing business"-Standard sei es gewesen, dass bloße Vermittlungstätigkeit für Geschäfte im Staat durch Vertreter einer auswärtigen Gesellschaft kein „doing business" begründe. In Anwendung

f. „Stream of commerce"

In der Entscheidung Certisimo v. Heidelberg Co. bejahte der Supreme Court of New Jersey die Zuständigkeit über ein auswärtiges beklagtes Unternehmen in einer Produkhaftungsklage, obwohl dieses das endgültige Ziel seines Produktes innerhalb der USA nicht kannte.

Der Kläger, ein Angehöriger des Staates New Jersey, erlitt Verletzungen bei einem Arbeitsunfall mit einer Druckerpresse, den er auf mangelhafte Entwicklung und Herstellung der Presse zurückführte. Daraufhin verklagte er den US-amerikanischen Zwischenhändler des in Deutschland ansässigen Herstellers vor einem Gericht in New Jersey. Der Zwischenhändler betrieb daraufhin ein Streitverkündungsverfahren gegen den deutschen Hersteller ebenfalls vor dem Gericht in New Jersey. Der deutsche Hersteller betätigte sich nicht wirtschaftlich in den USA. Vielmehr verkaufte er die Druckerpressen in Deutschland unter Aufgabe seiner Eigentumsrechte an den Zwischenhändler.[1386] Das Gericht bejahte dennoch seine Zuständigkeit über den (ausländischen) Hersteller. Wenn dieser von den US-amerikanischen Märkten profitieren wolle, sei es nicht unvernünftig oder grundlegend unfair, ihn in dem Staat gerichtspflichtig zu machen, in dem Angehörige dieses Staates durch sein Produkt verletzt würden.[1387]

In der Entscheidung Nelson v. Park Industries, Inc. bejahte ein Bundesberufungsgericht die Zuständigkeit über einen ausländischen Hersteller und dessen ebenfalls ausländischen Exportagenten in einer Produkthaftungsklage, obwohl der Absatz innerhalb der USA nicht von ihnen organisiert wurde.

Der Hersteller mit Sitz in Hong Kong produzierte zwischen 1973 und 1977 Flanellhemden für das Unternehmen Woolworth, die zum Weiterverkauf in den USA bestimmt waren. Woolworth selbst unterhielt keine direkten wirtschaftlichen Kontakte zu dem Hersteller. Vielmehr kaufte es die Hemden von einem anderen Unternehmen aus Hong Kong, das als Kaufsagent und Exporteur aus

---

der Grundsätze aus der International Shoe-Entscheidung kam das Gericht zu dem Ergebnis, dass die einzige Tätigkeit der Beklagten in der bloßen Vermittlung von Geschäften bestehe. Da die Beklagte auch kein Grundvermögen im Gerichtsstaat besitze und ihre Vertreter keine anderen geschäftsbezogenen Aktivitäten ausführten, hielt es ausreichende Mindestkontakte zwischen der Beklagten und dem Gerichtsstaat für nicht gegeben und verneinte die Zuständigkeit der angerufenen Gerichte. Vgl. auch Revlon, Inc. v. United Overseas Ltd., 1994 WL 9657 (S. D. N. Y. 1994): „The maintenance of even a relativley minor office in New York alone justifies an assertion of jurisdiction over a foreign corporation."; Ciprari v. Servicos Aeros Cruzeiro do Sul, S. A., 232 F. Supp. 433, 443 (S. D. N. Y. 1964).

[1386] Certisimo v. Heidelberg Co., 298 A. 2d 298, 305 (1972).

[1387] Certisimo v. Heidelberg Co., 298 A. 2d 298, 305 (1972).

Hong Kong für verschiedene ausländische Abkäufer tätig war. Der Agent kaufte die Hemden „f. o. b. Hong Kong", und ein von Woolworth ausgewählter Reeder organisierte den Transport der Hemden zu verschiedenen Bestimmungsorten in den USA. Ein von der Klägerin im Bundesstaat Wisconsin gekauftes Hemd fing Feuer und verursachte Verletzungen, so dass sie eine Schadensersatzklage gegen den Hersteller und den Exportagenten vor einem Bundesbezirksgericht in Wisconsin einreichte. Das Bundesbezirksgericht wies die Klage wegen mangelnder Zuständigkeit ab.[1388]

Das Bundesberufungsgericht befand jedoch das angerufene Gericht für zuständig. Die Beklagten stünden an der Spitze der Absatzkette. Es handele sich um ein Absatzssystem, welches das Produkt in den sog. „stream of commerce" verbringe. Auch habe das Produkt nicht nur im Gerichtsstaat einen Schaden verursacht, sondern sei auch dort gekauft worden. Obwohl die Beklagten weder das Absatzsystem entwickelt, noch darüber Kontrolle ausgeübt hätten, hätten sie die Hemden in den „stream of commerce" gegeben und mit dessen Hilfe für den Wiederverkauf in den Verkaufsstätten von Woolworth in den gesamten Vereinigten Staaten verbreitet. Da sich die Beklagten des Absatzsystems bewusst gewesen wären, hätten sie von dem von Woolworth etablierten nationalen Verkaufsmarkt wirtschaftliche Vorteile abgeleitet. Daher hätten sie auch vernünftigerweise vorhersehen können, in einem Bundesstaat innerhalb des Marktes für die von ihren Produkten verursachte Verletzungen auch gerichtspflichtig zu werden.[1389]

g. Kreditvermittlung

Nach der Entscheidung Provident National Bank v. California Federal Savings & Loan Association können auch Kreditvermittlung und Scheckclearing eine allgemeine Zuständigkeit wegen „doing business" begründen.

Die Klägerin, eine einheimische Bank in Pennsylvania, verlangte von einer kalifornischen Sparkasse die Begleichung einer Schuld aus einem sog. „certificate of deposits". Die einzigen Kontakte der Beklagten zum Gerichtsstaat bestanden in der Vermittlung eines 10 Mio. Dollar-Kredits an ein Finanzinstitut in Pennsylvania sowie einem täglichen Scheckclearing mit einer Bank in Pennsylvania.[1390]

[1388] Nelson v. Park Industries, Inc., 717 F. 2d 1120, 1122 (7th Cir. 1983).

[1389] Nelson v. Park Industries, Inc., 717 F. 2d 1120, 1126 (7th Cir. 1983).

[1390] Provident National Bank v. California Federal Savings & Loan Association, 819 F. 2d 434, 436 (3rd Cir. 1987)

Nach Ansicht des Bundesberufungsgerichts reichten diese Kontakte aus, um die allgemeine Zuständigkeit für die Klage aus einem, keinerlei Bezug zum Gerichtsstaat aufweisenden Wertpapier zu begründen. Mit der Kreditvermittlung und dem Scheckclearing finde ein zentraler Teil der Geschäftsaktivitäten der Beklagten im Gerichtsstaat statt, da das Kreditgeschäft „Brot und Butter" (bread and butter) des Bankgeschäfts sei.[1391]

h. Zusammenschau mehrerer Faktoren

Seit der Entscheidung Holt Oil & Gas Corp. v. Harvey können auch mehrere Faktoren, die für sich genommen nicht ausreichen, um eine allgemeine Zuständigkeit wegen „doing business" zu begründen, in ihrer Zusammenschau eine Gerichtspflichtigkeit des Beklagten im Gerichtsstaat auslösen.

Die Klägerin aus Texas verlangte von dem in Oklahoma wohnenden Beklagten die Zahlung anteiliger Kosten, die bei einer gemeinsamen Erdölsuche entstanden waren.[1392]

Das Bundesberufungsgericht verneinte ausreichende Kontakte des Beklagten zum Gerichtsstaat, die „specific jurisdiction" begründen könnten, da der Abschluss eines Vertrages mit der texanischen Gesellschaft dazu ebenso wenig genüge, wie die Übersendung eines Entwurfs der Vereinbarung über die gemeinsame Erdölsuche. Auch begründe die Versendung von Schecks in den Gerichtsstaat zur Erfüllung vertraglicher Verpflichtungen keine ausreichenden Kontakte. Ebenso scheide der umfangreiche telefonische und schriftliche Geschäftsverkehr des Beklagten im Gerichtsstaat aus.[1393] Bei der Überprüfung der Kontakte auf eine mögliche allgemeine Zuständigkeit zog das Gericht die geschäftlichen Kontakte des Beklagten zu Texas außerhalb der streitigen Vertragserfüllung heran. Dieser war ehemaliger Direktor einer texanischen Firma, in die er erhebliche Geldbeträge investierte und war z. Zt. des Verfahrens alleiniger Anteilseigner einer weiteren Gesellschaft, die Ölbohrungen in Texas durchführte. Im Zusammenhang mit der Geschäftstätigkeit dieser Firmen hielt sich der Beklagte desöfteren in Texas auf. Allerdings erachtete das Gericht auch diese Kontakte zu den

---

[1391] Provident National Bank v. California Federal Savings & Loan Association, 819 F. 2d 434, 438 (3rd Cir. 1987). Vgl. auch United Rope Distributors, Inc. v. Kim-Sail Ltd., 770 F. Supp. 128, 132 (S. D. N. Y. 1991), wonach die Abwicklung von Zahlungsverkehr über ein Konto im Forumstaat allgemeine Gerichtspflichtigkeit begründen könne. Vgl. auch Gottwald, FS Geimer, S. 235.

[1392] Holt Oil & Gas Corp. v. Harvey, 801 F. 2d 773, 776 (5th Cir. 1986).

[1393] Dieses Ergebnis stand im Einklang mit der Rechtsprechung des U. S. Supreme Court, vgl. Burger King Corp. v. Rudzewicz, 471 US 461, 476 (1984). Vgl. ferner Stuart v. Spademan, 772 F. 2d 1185, 1193 (5th Cir. 1985); Patterson v. Dietze, Inc., 764 F. 2d 1145, 1147 (5th Cir. 1985); Hydrokinetics, Inc. v. Alaska Mechanical, Inc., 700 F. 2d 1026, 1029 (5th Cir. 1985).

anderen Firmen nicht als andauernd und systematisch, um die allgemeine Zuständigkeit der texanischen Gerichte zu begründen.[1394] Denn bloße Anteilshaberschaft an einer Gesellschaft, die ihrerseits im Gerichtsstaat geschäftstätig sei, begründe keine Zuständigkeit.[1395] Ebensowenig sei eine Einzelperson in dem Gerichtsstaat, in dem sie als Direktor einer Gesellschaft tätig sei, gerichtspflichtig.[1396] Vielmehr ergebe sich die allgemeine Zuständigkeit erst aus dem Zusammentreffen weiterer Faktoren. Dabei handele es sich u. a. um den Besuch eines texanischen Colleges, ein früheres Arbeitsverhältnis des Beklagten in Texas, den Besuch des Beklagten bei seinen Kindern in Texas und mehrere Urlaubsaufenthalte im Gerichtsstaat.

i. Internetkontakte

Gemeinhin beschäftigten sich die Gerichte in der Vergangenheit zwar zunehmend mit der juristischen Einordnung von Internetaktivitäten,[1397] die allgemeine Zuständigkeit wurde in der Mehrzahl der Fälle aber letztlich nur deshalb bejaht, weil außerhalb des Internet noch andere konkrete und dauerhafte Verbindungen des Beklagten zu dem Gerichtsstaat vorlagen. Diese Verbindungen bestanden u. a. durch Handelsvertreter[1398] (mit Hinweis auf der Website), durch eine Geschäftsstelle des Unternehmens[1399] oder durch den Vertrieb von Waren in großem Umfang im Gerichtsstaat.[1400] Die allgemeine Zuständigkeit der Gerichte wurde regelmäßig verneint, wenn der Kläger die erforderlichen Kontakte des Beklagten allein auf die im Gerichtsstaat abrufbare Website stützen wollte.[1401]

[1394] Holt Oil & Gas Corp. v. Harvey, 801 F. 2d 773, 779 (5th Cir. 1986).

[1395] Holt Oil & Gas Corp. v. Harvey, 801 F. 2d 773, 779 (5th Cir. 1986). Vgl. auch Shaffer v. Heitner, 433 US 186, 208 (1977).

[1396] Holt Oil & Gas Corp. v. Harvey, 801 F. 2d 773, 779 (5th Cir. 1986). Vgl. Shaffer v. Heitner, 433 US 186, 210 (1977).

[1397] Bettinger, GRUR Int. 98, 660 (661); Fuchs, RIW 04, 41 (44); Ganssauge, S. 129; Goldstein, DAJV-NL 1/05, 16 (18); Gottwald, FS Geimer, S. 239; Hay, Conflict, S. 75; Lejeune, RIW 98, 8 (17); Rau, RIW 00, 761 (762); Rubin, CRi 00, 33 (33); Wellbery/Pichler, CRi 01, 129 (133).

[1398] Accord Kavo America Corp. v. J. F. Jelenko & Co., 2000 U. S. Dist. LEXIS 7729 (N. D. Ill. 2000).

[1399] Wise v. Lindamood, 89 F. Supp. 2d 1187, 1190 (D. Colo. 1999).

[1400] Mieczkowski v. Masco Corp., 997 F. Supp. 782, 788 (E. D. Tex. 1998).

[1401] In dem Fall Edias Software International v. Basis International, 947 F. Supp. 413, 417 (D. Ariz. 1996), stand die Beklagte, mit Sitz in Mexiko, mit der Klägerin aus Arizona über eine ausgedehnte E-Mail-Kommunikation in Kontakt. Über eine gezielt an potentielle Kunden in Arizona gerichtete Internet-Werbung kam es zu Besuchen der Mitarbeiter in Arizona. Der streitgegenständliche Vertrag zwischen beiden Parteien wurde in New Mexico abgeschlossen. Das Gericht nahm zwar an, dass „viel für die Bejahung von allgemeiner Zuständigkeit" spreche. Es führte diesen Aspekt aber nicht weiter aus, sondern begründete seine Zuständigkeit im Ergebnis mit „specific jurisdiction", da alle Kontakte mit der Klage in Verbindung stünden. In der Entscheidung Publications International v. Burke/Triolo, 121 F. Supp. 2d 1178, 1183 (N. D. Ill. 2000), nahm das Bundesdistriktgericht in Illinois die Zuständigkeit gegen die Beklagte mit Sitz in Kalifornien wegen Vertragsverletzung, unrichtiger Herkunftsbezeichnung, unlauteren Wettbewerbs und Markenrechtsverletzung an. Das Gericht sah die Kontakte der Beklagten mit dem Gerichtsstaat durch eine „interaktive Website" und den Versand von Katalogen an Einwohner dieses Staates als ausreichend an. Dagegen reiche allein die vertragliche Beziehung zur Klägerin für die Bejahung der Zuständigkeit nicht aus. Ferner stellte es fest, dass die Beklagte eine interaktive Website unterhalte, deren Inhalt auf die Anwerbung von Kunden u. a. im Gerichtsstaat ausgerichtet sei. Diese setzte das Gericht mit systematischen und dauerhaften Kontakten i. S. d. „minimum contacts"-Rechtsprechung gleich und bejahte auch die allgemeine Zuständigkeit der Gerichte im Gerichtsstaat. Allerdings berücksichtigte das Gericht auch, dass die Beklagte darüber hinaus seit 5 Jahren einen Handelsvertreter beschäftigte und damit auf ihrer Website warb. In der Entscheidung Weber v. Jolly Hotels, 977 F. Supp. 327, 333 (D. N. J. 1997), stützte ein Hotelgast, der sich in einem Hotel in Italien verletzt hatte, seine Schadensersatzklage vor einem Bundesbezirksgericht in New Jersey auf die Tatsache, dass die Website des Jolly Hotels auch dort abrufbar sei. Es handelte sich dabei um eine passive Website, auf der lediglich geworben wurde, ohne dass dem Kunden die Möglichkeit eingeräumt wurde, direkt über die Website mit dem Hotel in Kontakt zu treten und rechtsgeschäftliche Handlungen auszuführen. In dem ähnlich gelagerten Fall Hurley v. Cancun Playa Oasis International Hotels, 1999 WL 718556 (E. D. Pa. 1999) hatte der Kunde die Möglichkeit, direkt über die Website das Hotelzimmer zu reservieren. Das Gericht befand dennoch, dass ohne einen weiteren Inlandsbezug „general jurisdiction" nicht angenommen werden könne. Ähnlich argumentierte das Gericht in dem Fall Atlantech Distribution v. Credit General Insurance, 30 F. Supp. 2d 534, 537 (D. Md. 1998). Eine streitverkündete Bürgin unterhielt eine Website, auf der das Unternehmen sich werbewirksam präsentierte und eine Kontaktadresse mit Telefonnummer angab. Die Abrufbarkeit der Website, auf der Kunden nicht direkt Bestellungen abgeben konnten, hielt das Bundesbezirksgericht in Maryland nicht für ausreichend, um die Beklagte seiner allgemeinen Zuständigkeit zu unterwerfen. Die verfassungsmäßigen Beschränkungen der Zuständigkeit erlaubten es nicht, einen Beklagten der allgemeinen Zuständigkeit zu unterwerfen, weil seine Website im Gerichtsstaat abrufbar sei. Selbst bei einer interaktiven Website käme es für die Bejahung von allgemeiner Zuständigkeit noch entscheidend auf die Intensität, die Quantität und die Dauerhaftigkeit der Kontakte an. In der Entscheidung Dagesse v. Plant Hotel, 113 F. Supp. 2d 211, 216/218 (D. N. H. 2000), ließ das Gericht lediglich zufällige Kontakte nicht ausreichen. Für die allgemeine Zuständigkeit sei vielmehr entscheidend, wie oft die Website tatsächlich von Einwohnern des Gerichtsstaates angeklickt und wie viele Verträge geschlossen würden. Vgl. ferner die die „general jurisdiction" ablehnenden Entscheidungen: Revell v. Lidow, 317 F. 3rd 467, 471 (5th Cir. 2002); Bird v. Parsons, 289 F. 3rd 865, 873 (6th Cir. 2002); Charles Robbins v. Yutopian Enterprises, Inc., 202 F. Supp. 2d 426, 430 (D. Md. 2002); Amazon.com, Inc. v. Kalaydjian, 2001 WL 491752, 2 (W. D. Wash.); ALS Scan, Inc. v. Wilkins, 142 F. Supp. 2d 703, 708 (D. Md. 2001); Esab v. Centricut, 34 F. Supp. 2d 323, 329 (D. S. C.); Millennium Enterprises, Inc. v. Millennium Music, Inc., 33 F. Supp. 2d 907, 910 (D. Ore. 1999); Digital Equipment v. Altavista Technology, 960 F. Supp. 456, 468 (D. Mass. 1997); McDonough v. Fallon McElligott, 1996 WL 753991, 2 (S. D. Cal.). Vgl. Bettinger, GRUR Int. 98, 660 (662); Fuchs, RIW 06, 29 (32); Gottwald, FS Geimer, S. 239; Lejeune, RIW 98, 8 (17).

338

j. Unternehmensverbindungen

aa. Grundlagen

Auswärtige bzw. ausländische Unternehmen können über Tochtergesellschaften geschäftlich tätig werden, so dass sich – wie auch im autonomem deutschen und europäischen Recht[1402] – die Frage nach der (internationalen) Gerichtspflichtigkeit der Konzern-Muttergesellschaft am Sitz der Tochtergesellschaft stellt. Allein die Existenz der Tochter könnte ausreichende Mindestkontakte der Mutter zum Sitzstaat der Tochtergesellschaft begründen.[1403] Die geschäftliche Betätigung von Unternehmen über eigens gegründete Tochtergesellschaften spielt in den Vereinigten Staaten eine herausragende Rolle. Nahezu alle großen Konzerne der Industrienationen (mit Ausnahme von Banken und Versicherungen) agieren mittlerweile über eigens in einem Bundesstaat gegründete Tochtergesellschaften.[1404] Gegenstand der folgenden Darstellung ist die, eine mögliche Gerichtspflichtigkeit begründende geschäftliche Betätigung der Muttergesellschaft über ihre Tochtergesellschaft i. S. v. „doing business."

Gegenüber einer in einem Bundesstaat gegründeten „einheimischen" Gesellschaft (domestic corporation) besteht bereits aufgrund der ausreichenden substanziellen Verbindung zum Gerichtsstaat allgemeine Zuständigkeit der Gerichte,[1405] unabhängig davon, ob die Gesellschaft ihre Geschäfte faktisch außerhalb des Gründungsstaates ausübt. Mittlerweile sind Gesellschaften allerdings auch in dem Staat gerichtspflichtig, in dem ihr Hauptgeschäftssitz belegen ist.[1406] Ferner

---

[1402] Siehe oben § 4 I. 3. e. aa./II. 4. g.

[1403] Baade, RabelsZ 37, 5 (18); Berger, RabelsZ 41, 39 (45); Brilmayer/Paisley, 74 Calif. L. Rev., 1 (2); Gebauer/Schulze, IPRax 99, 478 (480); Goldstein, DAJV-NL 1/05, 16 (17); Grothe, RabelsZ 58, 686 (701); Hay, JZ 77, 697 (698); Hay, RabelsZ 35, 429 (437); Heß, DAJV-NL 3/99, 33 (34); Hoppe, S. 355; Lejeune, RIW 98, 8 (14); Schack, FS Schlosser, S. 845; Schütze, Allzuständigkeit, S. 15; Schütze, Prozessführung, S. 60; Schwung, AnwBl 93, 436 (440); Welp, S. 87; Winkler/v. d. Recke, NZG 05, 241 (245). Vgl. ausführlicher Otto, S. 79 ff.

[1404] Vgl. allgemein zur Motivlage für die Gründung von Tochtergesellschaften: Born, S. 151; Gottwald, FS Geimer, S. 250; Hofstetter, 39 I. C. L. Q., 576 (576); Hoppe, S. 339; Kaiser, RIW 88, 589 (591 ff.), Vorpeil, RIW 91, 995 (995); Welp, S. 18/86. Siehe dazu auch oben § 4 I. 3. e. aa.

[1405] Bank of Augusta v. Earle, 38 US 519, 588 (1839); Bane v. Netlink, Inc., 925 F. 2d 637, 640 (3rd Cir. 1991); Born, S. 100; Brilmayer/Goldsmith, S. 486; Brilmayer/Paisley, 74 Calif. L. Rev., 1 (8); Casad/Richman, S. 332; Developments, 73 Harv. L. Rev., 909 (933/934); Kaiser, RIW 88, 589 (590); Lejeune, RIW 98, 8 (10); H. Müller, S. 20; Richman/Reynolds, S. 83/84; Schack, Jurisdictional Minimum Contacts, S. 36; Winkler/v. d. Recke, NZG 05, 241 (244/245). Die Gesellschaft wurde – wie eine natürliche Person – als Angehöriger des Bundesstaates angesehen, in dem sie gegründet wurde, vgl. Scoles/Hay, S. 442.

[1406] 28 USCA § 1332 (c). Vgl. v. Mehren/Trautman, 79 Harv. L. Rev., 1121 (1141/1142); Schack, Jurisdictional Minimum Contacts, S. 36; Scoles/Hay, S. 443; Winkler/v. d. Recke, NZG 05, 241 (244/245).

bestimmt das Recht vieler Bundesstaaten, dass auch sog. „pseudo foreign corporations" der Zuständigkeit der Gerichte unterfallen, die zwar in einem anderen Bundesstaat gegründet wurden, aber eine so intensive und weitgehende Beziehung zum Gerichtsstaat aufweisen, dass der Staat sie wie eine „einheimische" Gesellschaft der Zuständigkeit seiner Gerichte unterwirft.[1407] Da das Gesellschaftsrecht einzelstaatliches Recht ist, regelt jeder Bundesstaat die Zuständigkeit seiner Gerichte über die „einheimischen" Gesellschaften eigenständig.[1408]

Darüber hinaus schreibt jeder Bundesstaat auswärtigen (foreign) Gesellschaften, die im Staat eine Geschäftstätigkeit aufnehmen möchten, die Erfüllung der heimischen sog. „qualification statutes" vor.[1409] Gemeinhin verlangt jeder Bundesstaat für die Zulassung zum innerstaatlichen „doing business" u. a. die Zustimmung der Gesellschaft zu ihrer Gerichtspflichtigkeit im Staat (consent) sowie die Benennung eines Zustellungsbevollmächtigten.[1410] „Doing business"

[1407] Vgl. z. B. Cal. Corp. Code § 2115. Vgl. Bungert, DB 94, 1457 (1458); Scoles/Hay, S. 443.

[1408] Casad/Richman, S. 333. Gegenstand der einzelstaatlichen Gesetze sind v. a. die Formen der Zustellung der Klage (service of process) an die Vorstands- oder Aufsichtsratsmitglieder (officers, agents und / oder secretaries) der Gesellschaft, die eine wesentliche Voraussetzung für die Zulässigkeit der Klage darstellt, vgl. Scoles/Hay, S. 442. Hat die Gesellschaft im Gerichtsstaat keinen Hauptgeschäftssitz und findet sich keine gesetzlich vorgesehene oder ernannte Person, die als Zustellungsbevollmächtigter eintreten kann, kann die Zustellung der Klage auch außerhalb des Staates, per Post oder per Veröffentlichung (publication), gemäß den jeweils geltenden Bestimmungen erfolgen, vgl. Casad/Richman, S. 333. Die meisten Bundesstaaten verfügen darüber hinaus über besondere Vorschriften für die Zuständigkeit gegenüber liquidierten Gesellschaften. Obwohl eine Gesellschaft mit ihrer Liquidation aufhört zu existieren, kann sie danach noch für einen bestimmten Zeitraum aufgrund gesetzlicher Fiktion fortbestehen, um mögliche Prozesse um Ansprüche zu initiieren, die noch aus der Zeit ihres Betriebes resultieren. Auch die diesbezüglichen Zustellungsvorschriften variieren von Staat zu Staat, vgl. Casad/Richman, S. 333.

[1409] Born, S. 100; Bungert, DB 94, 1457 (1457); Casad/Richman, S. 334; Hay, Conflict, S. 60; Hoppe, S. 340 Fn. 1674; Meier, S. 45; H. Müller, S. 20; Richman/Reynolds, S. 84; Rosenberg/Hay/Weintraub, S. 62; Schmidt-Brand, S. 119.

[1410] Anglo Mexicana de Seguros S.A. v. Elizondo, 405 S. W. 2d 722, 725 (Tex. 1966); White Motor Co. v. Loden, 373 S. W. 2d 863, 866 (Tex. 1963); Bungert, DB 94, 1457 (1457); Hoppe, S. 340/341; Meier, S. 25/45; H. Müller, S. 20; Rosenberg/Hay/Weintraub, S. 62; Schmidt-Brand, S. 119. Siehe dazu auch oben § 7 I. 1. Die Zuständigkeit gegenüber der auswärtigen Gesellschaft gründet sich damit entweder auf die Zulassung zum Geschäftsbetrieb (registration to do business), vgl. LeVine v. Isoserve, Inc., 334 N. Y. S. 2d 796, 799 (1972), oder auf der Benennung eines Zustellungsvertreters, vgl. grundlegend Pennsylvania Fire Insurance Co. of Philadelphia v. Gold Issue Mining and Milling Co., 243 US 93, 96 (1917); Bendix Autolite Corp. v. Midwesco Enterprises, Inc., 486 US 888, 892 (1988); Sternberg v. O'Neil, 550 A. 2d 1105, 1109 (Del. 1988). In beiden Fällen wird eine konkludente Zustimmung (implied consent) der auswärtigen Gesellschaft zu ihrer Gerichtspflichtigkeit im Forumstaat konstruiert.

einer Gesellschaft i. S. d. „qualification statutes" liegt vor, wenn die auswärtige bzw. ausländische Gesellschaft einen wesentlichen Teil ihrer geschäftlichen Transaktionen auf Dauer im Bundesstaat durchführen möchte.[1411] Allein das Betreiben eines Büros oder einer Geschäftsstelle im Gaststaat reicht dagegen nicht aus.[1412] Nach dem Vorbild von § 15.01 (b) des Revised Model Business Corporation Act (R. M. B. C. A.),[1413] der als Modellgesetz von vielen Bundesstaaten mit jeweiligen Modifikationen übernommen wurde, enthalten die meisten einzelstaatlichen Gesetze eine katalogartige Auflistung von „doing business"-ausschließenden Aktivitäten.[1414] Die Gesetze differieren allerdings beträchtlich bezüglich des Maßes an Kontakten, die eine Gesellschaft für das Vorliegen von „doing business" aufweisen muss.[1415] Die Anforderungen an „doing business" i. S. d. „qualification statutes" oder „foreign corporation laws" haben sich mittlerweile stark den vom U. S. Supreme Court aufgestellten Anforderungen an die Zuständigkeitsanknüpfung des „doing business" angenähert.[1416] Hat eine Gesellschaft Aktivitäten in einem (fremden) Bundesstaat qualifiziert (qualifying corporation), besteht spezifische Zuständigkeit der Gerichte dieses Staates für Klagen, deren Klagegrund aus den Aktivitäten der Gesellschaft im Gerichtsstaat resultiert.[1417] Im Übrigen wird unterschiedlich beurteilt, ob angesichts der Erfüllung der „qualification"-Erfordernisse bereits allgemeine Zuständigkeit gegenüber der Gesellschaft gegeben ist. In einigen Bundesstaaten werten die Gerichte die Zustimmung zur Zuständigkeit gemäß der „qualification statutes" (consent) als sich auf jede Klage beziehend.[1418] Teilweise soll sie nur für solche Klagen gelten, die

---

[1411] CF & I Stell Corp. v. State Tax Commission, 462 P. 2d 97, 99 (Ariz. App. 1970); Bungert, DB 94, 1457 (1458); Kaiser, RIW 88, 589 (590).

[1412] James v. United Artists Corp., 305 US 410, 413 (1939); People v. Horn Silver Min. Co., 11 N. E. 155, 158 (N. Y. App. 1887); Bungert, DB 94, 1457 (1458).

[1413] Wazlawik, S. 116.

[1414] Vgl. z. B. Florida (Fla. Stat. § 607.1501 (2)); Delaware (Del. Gen. Corp. L. § 373; Del. Code Ann. § 373).

[1415] Born, S. 100/101; Bungert, DB 94, 1457 (1458).

[1416] Vereinzelt wird deshalb gefordert, die „statutes" vollständig aufzuheben und sich ausschließlich an der Rechtsprechung zu den Mindestkontakten bzw. den „long-arm statutes" zu orientieren. Vgl. Bungert, DB 94, 1457 (1458).

[1417] Dragor Shipping Corp. v. Union Tank Car Co., 378 F. 2d 241, 244 (9th Cir. 1967).

[1418] Doula v. United Technologies Corp., 759 F. Supp. 1377, 1381 (D. Minn. 1991); Hein v. Taco Bell, Inc., 803 P. 2d 329, 333 (1991); Rykoff-Sexton, Inc. v. American Appraisal Assoc., Inc., 469 N. W. 2d 88, 90 (Minn. 1991); White v. Pepsico, Inc. v. 568 So. 2d 886, 888 (Fla. 1990). Diese Fälle werden gemeinhin damit gerechtfertigt, dass die Gesellschaft ihrer Gerichtspflichtigkeit im Staat zugestimmt habe. Diese Begründung wird v. a. herangezogen, um bei der Zuständigkeit zwischen den „qualifying corporations" und den sog. „non-qualifying corporations" zu unterscheiden. Vgl. Sondergard v. Miles, Inc., 985 F. 2d 1389, 1395 (8th Cir. 1993); Maunula v.

mit der Aktivität der Gesellschaft im Gerichtsstaat zusammenhängen.[1419] In anderen Staaten nehmen Gerichte die Zuständigkeit über „qualifying corporations" bei Klagen ohne Bezug zur innerstaatlichen Aktivität an, wenn der Kläger über einen gewöhnlichen Aufenthalt im Gerichtsstaat verfügt.[1420]

Erfüllen Unternehmen nicht die formalen Voraussetzungen (non-qualifying corporations), können sich die erforderlichen „minimum contacts" aus der tatsächlichen – faktischen – Geschäftätigkeit (doing business) im Forumstaat ergeben.[1421] Einige Bundesstaaten haben – noch vor der Entstehungswelle der „long-arm statutes" – durch Verabschiedung der „doing business statutes" ihre Gerichte ermächtigt, die (non-qualifying) Gesellschaften aufgrund von „doing business" ihrer Zuständigkeit zu unterwerfen. Auch diese „statutes" setzen die Zustellung der Klage an einen Vertreter oder Angestellten der Gesellschaft voraus. Ergänzend werden die „presence"- oder die „implied consent theory" angewandt.[1422]

Westran, Inc., 845 F. Supp. 512, 514 (M. D. Tenn. 1994); Allstate Ins. Co. v. Klein, 422 S: E. 2d 863, 865 (1992); Hoppe, S. 340/342.

[1419] Dragor Shipping Corp. v. Union Tank Car Co., 361 F. 2d 43, 48 (9th Cir. 1966); Bellepointe, Inc. v. Kohl`s Dept. Stores, Inc., 975 F. Supp. 562, 564 (S. D. N. Y. 1997); Speck v. Mutual Serv. Life Ins. Co., 585 N. E. 2d 509, 511 (1990); Muollo v. Crestwood Village, Inc., 547 N. Y. Supp. 87, 88 (1989); Andersen Trucking Service, Inc. v. Rayn, 746 S. W. 2d 647, 648 (Mo. App. 1988); Williams v. Williams, 621 S. W. 2d 567, 569 (Tenn. App. 1981); Born, S. 100/101; Hoppe, S. 342.

[1420] Madison v. Revlon, Inc., 789 F. Supp. 758, 759 (S. D. Miss. 1991); Prince v. F. Hoffmann-La Roche & Co., 780 F. Supp. 417, 419 (S. D. Miss. 1991); Carlton Properties v. 328 Properties, Inc., 143 N. Y. Supp. 2d 140, 142 (1955); Born, S. 100/101; H. Müller, S. 21.

[1421] Siehe oben § 7 I. 1. Vgl. auch Hoppe, S. 343/344; H. Müller, S. 21; Schmidt-Brand, S. 120.

[1422] Stauffacher v. Bennett, 969 F. 2d 455, 457 (7th Cir. 1992); Capitol Records, Inc. v. Optical Recording Corp., 810 F. Supp. 1350, 1352 (S. D. N. Y. 1992); Colson Services Corp. v. Bank of Baltimore, 712 F. Supp. 28, 30 (S. D. N. Y. 1989); Broadcasting Rights International Corp. v. Societe du Tour de France, S. A. R. L., 675 F. Supp. 1439, 1443 (S. D. N. Y. 1987); Graco, Inc. v. Kremlin, Inc., 558 F. Supp. 188, 192 (N. D. Ill. 1982); Lancaster v. Colonial Motor Freight Line, Inc., 581 N. Y. Supp. 2d 283, 287 (1992); Cook Assoc., Inc. v. Lexington United Corp., 429 N. E. 2d 847, 850 (1981). Auch nach der Verabschiedung der „long-arm statutes" blieben die „doing business statutes" in Kraft, werden heute aber nur noch herangezogen, wenn die beklagte Gesellschaft über die „long-arm statutes" zuständigkeitsrechtlich nicht erfasst werden kann. Dies gilt in erster Linie in den Bundesstaaten, in denen die „long-arm statutes" eine Zuständigkeit der Gerichte nur dann zulassen, wenn es sich um Klagen handelt, die aus einem bestimmten Kontakt im Gerichtsstaat entstanden sind. In diesen Staaten können die „doing business statutes" genutzt werden, um eine Zuständigkeit für Ansprüche begründen zu können, die aus einer Aktivität außerhalb des Gerichtsstaates entstanden sind. Vgl. Casad/Richman, S. 341; Meier, S. 46; Richman/Reynolds, S. 84/85; Schmidt-Brand, S. 120.

bb. Zuständigkeitsdurchgriff

(1) Begriff

Von der Zuständigkeit US-amerikanischer Gerichte über auswärtige Gesellschaften aufgrund von „qualification" oder „doing business" im Gerichtsstaat ist zu unterscheiden, ob die Gerichte auch gegenüber auswärtigen Muttergesellschaften zuständig sind, die eine Tochtergesellschaft im Gerichtsstaat unterhalten, die ihrerseits vor Ort geschäftlich tätig wird. Man spricht in diesem Zusammenhang vom sog. Zuständigkeitsdurchgriff.[1423]

Das US-amerikanische System des Zuständigkeitsdurchgriffs knüpft an Merkmale an, die unabhängig davon sind, ob die Tochter bei der Entstehung des Klagegrundes überhaupt mitgewirkt hat. Bestehen unmittelbare ausreichende „minimum contacts" der Mutter zum Gerichtsstaat, kommt es auf die Existenz der Tochter nicht an, da die Mutter aufgrund eigener Mindestkontakte wegen „doing business" in dem Bundesstaat gerichtspflichtig ist.[1424] Fehlen dagegen „minimum contacts" zu den Vereinigten Staaten, könnte allein das Tätigwerden der Mutter über und durch die Tochter im Gerichtsstaat die Zuständigkeit US-amerikanischer Gerichte für Klagen gegen die Muttergesellschaft begründen.[1425] Kennzeichnend für eine Mutter-Tochter-Konstellation ist, dass die im Ausland bzw. in einem anderen Bundesstaat ansässige Muttergesellschaft Inhaberin aller oder zumindest der überwiegenden Mehrzahl der Geschäftsanteile der Tochter ist.[1426]

Bei der Entscheidung über den Zuständigkeitsdurchgriff wenden die US-amerikanischen Gerichte gemeinhin die Grundsätze an, die sie für die materiellrechtliche Durchgriffshaftung entwickelt haben.[1427] Im US-amerikanischen Recht

---

[1423] Siehe oben § 4 I. 3. e. aa.

[1424] Welp, S. 87.

[1425] Baade, RabelsZ 37, 5 (18); Berger, RabelsZ 41, 39 (45); Brilmayer/Paisley, 74 Calif. L. Rev., 1 (2); Gebauer/Schulze, IPRax 99, 478 (480); Goldstein, DAJV-NL 1/05, 16 (17); Grothe, RabelsZ 58, 686 (701); Hay, JZ 77, 697 (698); Hay, RabelsZ 35, 429 (437); Heß, DAJV-NL 3/99, 33 (34); Hoppe, S. 355; Lejeune, RIW 98, 8 (14); Schack, FS Schlosser, S. 845; Schütze, Allzuständigkeit, S. 15; Schütze, Prozessführung, S. 60; Schwung, AnwBl 93, 436 (440); Welp, S. 87; Winkler/v. d. Recke, NZG 05, 241 (245). Vgl. ausführlicher Otto, S. 79 ff.

[1426] H. Müller, S. 38.

[1427] Berger, RabelsZ 41, 39 (45); Brilmayer/Paisley, 74 Calif. L. Rev., 1 (12/23); Grothe, RabelsZ 58, 686 (702); Hay, RabelsZ 35, 429 (437); Kronstein/Hawkins, RIW 83, 249 (257); Lejeune, RIW 98, 8 (14); Nagel/Gottwald, § 3, Rdnr. 222; Richman/Reynolds, S. 85; Schack, Jurisdictional Minimum Contacts, S. 36; Schiessl, DB 89, 513 (514); Schütze, Allzuständigkeit, S. 15; Schütze, Prozessführung, S. 60; Schütze, RIW 05, 579 (583); Toepke, FS Stiefel, S. 787; Vorpeil, RIW 91, 995 (998). Kritisch gegenüber dieser Verknüpfung: Otto, S. 68; Welp, S. 131 ff.

existiert keine klare Trennung zwischen beiden Haftungssystemen.[1428] Dennoch ist – soweit ersichtlich – die Tendenz der Gerichte zu erkennen, großzügiger durchzugreifen, wenn lediglich die Zuständigkeit den Streitgegenstand bildet,[1429] und für die materiell-rechtliche Inanspruchnahme der ausländischen Muttergesellschaft höhere Anforderungen zu stellen. Insgesamt kann aber als gesichert gelten, dass der Zuständigkeitsdurchgriff lediglich die Zuständigkeit der Gerichte im Sitzstaat der Tochtergesellschaft für Ansprüche gegen die Muttergesellschaft betrifft,[1430] die materiell-rechtliche Durchgriffshaftung dagegen direkte Ansprüche gegen die Muttergesellschaft begründet.

(2) Anwendbares Recht
Zunächst ist zu entscheiden, welches Recht auf die geschäftliche Betätigung einer US-amerikanischen bzw. ausländischen Gesellschaft in mehreren Bundesstaaten bzw. in den gesamten Vereinigten Staaten anwendbar ist. Bei der Beteiligung eines ausländischen Unternehmens gelten – wie im gesamten US-amerikanischen Recht der internationalen Zuständigkeit[1431] – dieselben Regelungen, die bei dem Zusammentreffen unterschiedlicher Bundesstaatsangehöriger Anwendung finden.[1432]

Da das Gesellschaftsrecht in den Vereinigten Staaten einzelstaatliches Recht ist,[1433] bestimmt das Recht des Gründungsstaates (law of incorporation) die maßgeblichen für das Innenverhältnis der Gesellschaft relevanten Rechtsfragen.[1434] Der Gründungsakt (incorporation) ist nach dem Gebot des „full faith and credit clause" in allen anderen Staaten anzuerkennen. Daher bringt auch z. B. eine Sitzverlegung keinerlei rechtliche Konsequenzen für die juristische Persönlichkeit der Gesellschaft mit sich, da sie in allen Staaten nach dem Recht des Gründungsstaates beurteilt wird. Betätigung in einem Zweit-, d. h. Nicht-Gründungsstaat, berechtigt den Zweitstaat lediglich zur Ausübung von Aufsichtsfunktionen. Die Bestimmungen verlangen i. d. R., dass die auswärtige (foreign) bzw. ausländische (alien) Gesellschaft den einheimischen „qualificati-

---

[1428] Es existieren – soweit ersichtlich – keine Fälle, aus denen sich ableiten ließe, in welchen Fällen die Entscheidungen über die Zuständigkeit im Wege des Durchgriffs von der über die Haftung im Wege des Durchgriffs abweichen würde. Vgl. Born, S. 153; Hoppe, S. 357; Meier, S. 107; Toepke, FS Stiefel, S. 787.

[1429] Kronstein/Hawkins, RIW 83, 249 (257).

[1430] Hoppe, S. 356; Toepke, FS Stiefel, S. 787; Welp, S. 87.

[1431] Siehe oben § 6 III. 1.

[1432] Vgl. dazu ausführlich Meier, S. 304 ff.

[1433] Bungert, DB 94, 1457 (1457); Wazlawik, S. 52/116.

[1434] CTS Corp. v. Dynamics Corp. of America, 481 US 69, 87 (1987); Kronstein/Hawkins, RIW 83, 249 (250); Scoles/Hay, S. 1105.

on statutes" nachkommt.[1435] Im internationalen Rechtsverkehr bestimmt der deutsch-amerikanische Freundschaftsvertrag,[1436] dass der Status von Gesellschaften, die in einem Mitgliedstaat rechtmäßig gegründet wurden, von dem anderen Mitgliedstaat anzuerkennen ist.[1437]

Im Folgenden wird die materiell-rechtliche Durchgriffshaftung im US-amerikanischen Recht vorgestellt, da sie die Grundlage für den hier zu behandelnden Zuständigkeitsdurchgriff darstellt.[1438]

(3) Durchgriffshaftung (piercing the corporate veil)
In kollisionsrechtlicher Hinsicht ist bezüglich der Durchgriffshaftung ebenfalls auf das Recht des einzelnen Bundesstaates abzustellen.[1439] Da das Personalstatut der Tochtergesellschaft als abhängiger Gesellschaft maßgeblich ist,[1440] ist das Recht des Gründungsstaates der Tochtergesellschaft anzuwenden.[1441]

Im US-amerikanischen Gesellschaftsrecht müssen die Aktionäre nicht mit ihrem eigenen Vermögen für Verbindlichkeiten der Gesellschaft haften.[1442] Es gilt der Grundsatz der Haftungsbeschränkung (limited liability),[1443] von dem die

---

[1435] Bungert, DB 94, 1457 (1457); Kronstein/Hawkins, RIW 83, 249 (250). Siehe dazu oben § 7 I. 5. j. aa.

[1436] BGBl. 1956 II, S. 488.

[1437] Bungert, DB 94, 1457 (1461).

[1438] Das Recht der Durchgriffshaftung ist allerdings sehr umfangreich, vgl. Brilmayer/Paisley, 74 Calif. L. Rev., 1 (24), so dass eine detaillierte Behandlung den Rahmen der vorliegenden Arbeit sprengen würde. Aus diesem Grund muss eine kursorische Darstellung genügen. Für eine intensivere Auseinandersetzung mit dem US-amerikanischen Gesellschaftsrecht wird auf die vertiefenden Darstellungen von Meier, S. 72 ff./372 ff.; Reimann, S. 257 ff.; Wazlawik, S. 116 ff. verwiesen.

[1439] Vorpeil, RIW 91, 995 (995).

[1440] § 307 Restatement (Second) Conflicts of Law: „The local law of the state of incorporation will be applied to determine the existence and extent of a shareholder's liability to the corporation for assessments or contributions and to its creditors for corporate debts." Vgl. Vorpeil, RIW 91, 995 (996); Wazlawik, S. 52.

[1441] Born, S. 153. Im Folgenden sollen aber die im Wesentlichen in allen Bundesstaaten geltenden Grundsätze behandelt werden, da eine auf die Rechtslage in jedem einzelnen Bundesstaat abstellende Darstellung den Rahmen dieser Arbeit sprengen würde.

[1442] F. M. C. Finance Corp. v. Murphree, 632 F. 2d 413, 421 (5th Cir. 1980): „A corporation is a legal entity existing separate and distinct form its shareholders, officers, and directors, who as a general rule are not liable for the corporation's debts and obligations."; Born, S. 152; Kaiser, RIW 88, 589 (594); Reimann, S. 257; Veltins, RIW 83, 713 (713).

[1443] Anderson v. Abbott, 321 US 349, 362 (1944): „(…) limited liability is the rule not the exception; and on that assumption large undertakings are rested, vast enterprises are launched, and huge

Durchgriffshaftung eine Ausnahme darstellt.[1444] Das US-amerikanische Recht trennt ferner zwischen den einzelnen Konzerngesellschaften (separate legal entity doctrine).[1445] Daher steht den Gläubigern der Tochtergesellschaften nur deren Gesellschaftsvermögen zur Verfügung.[1446] Nach der Rechtsprechung des U. S. Supreme Court ist für die Beurteilung der Eigenständigkeit der Tochtergesellschaft darauf abzustellen, ob die beherrschte Gesellschaft nach außen hin die formalen Voraussetzungen für eine selbstständige Gesellschaft im Hinblick auf Gründung und Betrieb erfüllt. Dazu sind insbesondere Kriterien, wie ein eigenes Büro, eigenes Kapital, eigene Konten, eigene Angestellte, die Kompetenz zu eigenen Entscheidungen im täglichen Geschäftsbetrieb oder die eigenständige Unterhaltung von Beziehungen zu anderen Unternehmen zu bewerten.[1447]

Die materiell-rechtliche Durchgriffshaftung (piercing the corporate veil) und der Zuständigkeitsdurchgriff finden als Ausnahmeregelung aus Gründen der Billigkeit (equity) statt, wenn die „corporate form" zum Nachteil der Gläubiger missbraucht wird,[1448] es sich bei der „eigenständigen Tochtergesellschaft" also um eine bloße Namenshülse handelt, mit der der Anschein einer Trennung erweckt wird. Die Gerichte verwenden die sog. „two-prong"-Prüfung, die einerseits die Missachtung gesellschaftsrechtlicher Formalitäten und andererseits die Verletzung von Gerechtigkeitsgrundsätzen voraussetzt.[1449] „Piercing the corpora-

---

sums' of capital attracted."; Hofstetter, 39 I. C. L. Q., 576 (576); Kaiser, RIW 88, 589 (594); Toepke, FS Stiefel, S. 785/790; Veltins, RIW 83, 713 (713); Vorpeil, RIW 91, 995 (996); Wazlawik, S. 119; Welp, S. 129.

[1444] Vgl. Hofstetter, 39 I. C. L. Q., 576 (577); Kaiser, RIW 88, 589 (594), der ein Modell einer globalen Unternehmenshaftung zeichnet; Kronstein/Hawkins, RIW 83, 249 (253); Veltins, RIW 83, 713 (713); Vorpeil, RIW 91, 995 (996); Wazlawik, S. 120. Der Grundsatz dient u. a. dem Anlocken von Investoren, ohne dass diese ihr persönliches Vermögen in unbekanntem und unkalkulierbarem Ausmaß einsetzen müssen, vgl. Toepke, FS Stiefel, S. 790; Veltins, RIW 83, 713 (713).

[1445] Cannon Manufacturing Co. v. Cudahy Packing Co., 267 US 333, 337 (1925); Hoppe, S. 356; Kaiser, RIW 88, 589 (594); H. Müller, S. 38; Nagel/Gottwald, § 3, Rdnr. 372; Schiessl, DB 89, 513 (514); Toepke, FS Stiefel, S. 786/790; Veltins, RIW 83, 713 (713); Wazlawik, S. 119; Welp, S. 129.

[1446] Kaiser, RIW 88, 589 (594); Kronstein/Hawkins, RIW 83, 249 (253).

[1447] H. Müller, S. 38.

[1448] United States v. Milwaukee Refrigerator Transit Co., 142 F. 247, 255 (C. C. E. D. Wisc. 1905): „(...) to defeat public convenience, justify wrong, protect fraud, or defend crime."; Hofstetter, 39 I. C. L. Q., 576 (592); Wazlawik, S. 120.

[1449] Automatriz del Golfo de California v. Resnick, 306 P. 2d 1, 3 (1957): „(...) (1) that there be such unity of interest and ownership that the separate personalities of the corperation and the individual shareholders no longer exist; and (2) that, if the acts are treated as those of the corporation alone, an inequitable result will follow."; Kronstein/Hawkins, RIW 83, 249 (253); Toepke, FS

te veil" bedeutet in diesem Zusammenhang, dass sich die Gerichte – alle gesellschaftsrechtlichen Fiktionen durchstoßend – mit dem wahren Inhalt des Falles beschäftigen anstatt der gesellschaftsrechtlichen Form zu folgen.[1450]

Die Durchgriffshaftung findet nicht selten auf beherrschende Muttergesellschaften Anwendung, da sie sich durch die (rechtsmissbräuchliche) Gründung rechtlich selbstständiger Töchter der Gerichtspflichtigkeit am Sitz der Tochtergesellschaft entziehen können.[1451] Daher hat die Rechtsprechung im Wesentlichen drei Durchbrechungen entwickelt, die auf die für die Aufrechterhaltung des Trennungsprinzips nicht hinreichende Selbstständigkeit der Tochtergesellschaft abstellen.

(a) „Alter ego" / „mere department" / „instrumentality"
Ein Durchgriff kann erfolgen, wenn die Tochter nach außen als „alter ego", „mere department" oder „instrumentality"[1452] der Muttergesellschaft erscheint. Die „alter ego"-Doktrin geht davon aus, dass Gesellschaften als wirtschaftliche Einheit behandelt werden, wenn die Mutter eine derartige Kontrolle über die am Forum geschäftstätige Tochter ausübt, dass diese als bloße Abteilung der Mutter erscheint.[1453] Dazu werden in der Rechtsprechung verschiedene Kriterien diskutiert, die jedoch keine klare Linie für die Annahme eines Haftungsdurchgriffs erkennen lassen.[1454] Gemeinhin untersuchen die US-amerikanischen Gerichte die Merkmale nicht isoliert voneinander, sondern gehen stets von einer Zusammenschau verschiedener Faktoren aus, die je nach der besonderen Lage des Einzelfalls gewichtet und zueinander ins Verhältnis gesetzt werden.[1455]

Stiefel, S. 787/791; Veltins, RIW 83, 713 (714); Vorpeil, RIW 91, 995 (996); Wazlawik, S. 144 ff.

[1450] Bangor Punta Operations, Inc. v. Bangor and Arrostook R. R. Co., 417 US 703, 713 (1974): „(…) In such cases, courts of equity, piercing all fictions and disguises, will deal with the substance of the action and not blindly adhere to the corporate form."; Schiessl, RIW 88, 951 (952); Schiessl, DB 89, 513 (514).

[1451] Grothe, RabelsZ 58, 686 (703); Hofstetter, 39 I. C. L. Q., 576 (592); Schack, Jurisdictional Minimum Contacts, S. 36.

[1452] Lowendahl v. Baltimore & Ohio R. Co., 6 N. E. 2d 56, 59 (1936); Born, S. 152; Toepke, FS Stiefel, S. 796; Veltins, RIW 83, 713 (714); Vorpeil, RIW 91, 995 (996); Wazlawik, S. 137.

[1453] Farha v. Signal Companies, Inc. 532 P. 2d, 1330, 1338 (Kan. 1975); Hofstetter, 39 I. C. L. Q., 576 (592); Meier, S. 376 ff./433 ff.; Toepke, FS Stiefel, S. 796; Veltins, RIW 83, 713 (714).

[1454] Born, S. 152; Hofstetter, 39 I. C. L. Q., 576 (592); Hoppe, S. 357.

[1455] Veltins, RIW 83, 713 (713).

(b) „Ageny"

Ferner wird nach der „agency"-Theorie, die von der Bindung des Auftraggebers an Handlungen des Vertreters (agent) ausgeht, das Tochterunternehmen als eine Art Stellvertreter der Muttergesellschaft angesehen. Danach muss sich die Muttergesellschaft trotz formal bestehender Trennung die Handlungen der Tochter zurechnen lassen, wenn de facto eine „agency"-Beziehung besteht.[1456]

(c) „Estoppel"

Nach der „estoppel"-Theorie bildet das Setzen eines Rechtsscheins die Grundlage für den Durchgriff. Besteht eine (scheinbar) umfangreiche Kontrolle der Muttergesellschaft über die Tochtergesellschaft, kann sich die Muttergesellschaft nicht mehr auf die Haftungsbeschränkung bezüglich der Verbindlichkeiten der Tochtergesellschaften berufen.[1457]

(d) „Fairness"

Zu der bestehenden Missachtung gesellschaftsrechtlicher Formalien müssen „fairness"-Erwägungen treten. Stellt das Gericht Unfairness fest, kann ein Durchgriff unabhängig davon erfolgen, ob die Verletzung der Formalien kausal für die Verletzung oder den Schaden des Klägers war.[1458] Allerdings wenden die Gerichte die „two-prong"-Prüfung sehr unterschiedlich an. Der U. S. Supreme Court hielt z. B. in der Entscheidung Anderson v. Abbott trotz der Einhaltung gesellschaftsrechtlicher Formalien die Berufung auf die Haftungsbegrenzung für unfair, weil die Gesellschaft für die von ihr ausgeübte Tätigkeit und den damit verbundenen Geschäftsrisiken unterkapitalisiert sei.[1459] Andere Entscheidungen stellen trotz der Erfüllung des „two-prong"-Erfordernisses maßgeblich darauf ab, dass ein Durchgriff nur im Betrugsfall erfolgen könne. Dieses Merkmal sei erfüllt, wenn Anhaltspunkte für einen Betrug, betrügerische Absichten oder Bös-

---

[1456] Restatement (Second) Conflict of Laws, § 52, comment (b): „Even in the absence of a stock relationship between a local and a foreign corporation, jurisdiction over the foreign corporation has sometimes been exercised on the basis of activities that the local corporation has conducted in the state as the agent of the foreign corporation." Vgl. National Carbide v. Commissioner, 336 US 422, 438; Curtis v. Cassel, 302 F. 2d 132, 137 (10th Cir. 1962); Kronstein/Hawkins, RIW 83, 249 (254); Meier, S. 407 ff./455 ff.; Scoles/Hay, S. 163; Toepke, FS Stiefel, S. 796; Vorpeil, RIW 91, 995 (996); Wazlawik, S. 132.

[1457] Veltins, RIW 83, 713 (717). Teilweise wurde die Haftung in Fällen bejaht, in denen die Muttergesellschaft einem Vertragspartner die Erfüllung dessen Verbindlichkeiten garantierte und die Vertragspartei im Vertrauen darauf einen Schaden erlitt, vgl. Almirall & Co., Inc v. Vic Clement, 207 AD 320 (1923); Quaid v. Ratkowsky, 183 AD 428 (1918); Vorpeil, RIW 91, 995 (996).

[1458] Toepke, FS Stiefel, S. 797; Veltins, RIW 83, 713 (715).

[1459] Anderson v. Abbott, 321 US 349, 362 (1944).

gläubigkeit (bad faith) vorlägen oder zu befürchten sei, dass bei Nicht-Gewährung des Durchgriffs ein „ungerechtes Ergebnis" zu erwarten sei.[1460]

(e) Kriterien

In der Rechtsprechung werden verschiedene Kriterien und Konstellationen diskutiert, die allerdings nur in der Zusammenschau mit weiteren gemeinhin für eine Beherrschung der Tochter durch die Mutter als ausreichend erachtet werden.[1461]

Alleineigentum einer beklagten natürlichen Person an einer Gesellschaft[1462] kann ebenso wie eine 100%ige oder zumindest überwiegende Beteiligung der ausländischen Mutter an den Geschäftsanteilen der US-Tochtergesellschaft[1463] als ein wichtiges Indiz für eine beabsichtigte Kontrolle und als Anzeichen für den Grad der möglichen und beabsichtigten Beherrschung angesehen werden.[1464]

Ist die Leitung von Mutter und Tochter bezüglich Gesellschaftsorganen und leitenden Angestellten (officers, directors) personell weitgehend identisch (interlocking directorates),[1465] spricht dies ebenfalls regelmäßig für eine Beherrschung der Tochter, da damit die Möglichkeit und Wahrscheinlichkeit einer intensiven Konzernleitung verbunden ist.[1466]

[1460] Contractors Heating & Supply v. Scherb, 163 Colo 584, 589 (1967); Associated Meat Vendors, Inc v. Oakland Meat Co., 210 Cal App 2d 825, 838 (1962); Born, S. 153; Veltins, RIW 83, 713 (714).

[1461] Vgl. dazu ausführlich Toepke, FS Stiefel, S. 794/795/797; Wazlawik, S. 142 ff./147 ff.

[1462] Reimann, S. 257; Veltins, RIW 83, 713 (714).

[1463] Calder v. Jones, 104 S. Ct. 1482, 1487 (1984); Keeton v. Hustler Magazine, Inc., 104 S. Ct. 1473, 1482 (1984); Rush v. Savchuk, 444 US 320, 332 (1982). Vgl. dazu auch die bereits zu Pennoyer-Zeiten ergangene Rechtsprechung: Philadelphia & Reading Ry. Co. v. McKibbin, 243 US 264, 268 (1917); Conley v. Mathieson Alkali Works, 190 US 406, 411 (1903); Pullman's Palace Car Co. v. Missouri Pacific Ry. Co., 115 US 587, 597 (1885). Vgl. ferner H. Müller, S. 38; Toepke, FS Stiefel, S. 786; Vorpeil, RIW 91, 995 (996).

[1464] Bulova Watch Co., Inc. v. K. Hattori & Co., Ltd., 508 F. Supp. 1322, 1339 (E. D. N. Y. 1981); Lejeune, RIW 98, 8 (15); Schiessl, DB 89, 513 (514).

[1465] Gentry v. Credit Plan Corp., 528 S. W. 2d 571, 573 (Tex. 1975); Jetty, Inc. v. Hall-McGuff Architects, 595 S. W. 2d 918, 923 (Tex. Civ. App.-Houston 14th Distr.). Vgl. ferner die zu Pennoyer-Zeiten ergangene Rechtsprechung: Peterson v. Chicago, Rock Island & Pacific R. R. Co., 205 US 364, 391 (1907); Atchinsson, Topeka & Santa Fé Ry. Co. v. Weeks, 248 F. 970, 978 (W. D. Tex. 1918).Vgl. auch Schiessl, DB 89, 513 (515); Veltins, RIW 83, 713 (714); Vorpeil, RIW 91, 995 (996).

[1466] American Protein Corp. v. AB Volvo, 844 F. 2d 56, 60 (2nd Cir. 1988); Schiessl, RIW 88, 951 (952).

Auch kann die vollständige Kontrolle einer natürlichen Person über die Gesell-schaft[1467] wie auch die der Mutter- über die Tochtergesellschaft[1468] ein wichtiges Indiz sein. Die Gerichte untersuchen regelmäßig, inwieweit die Konzernspitze in der täglichen Praxis tatsächlich die Aktivitäten der Tochter kontrolliert.[1469] Je mehr Entscheidungen auch des täglichen Managements bei der Zentrale getrof-fen werden und je zentralisierter der Konzern geführt wird, desto wahrscheinli-cher ist ein Durchgriff. Dies kann v. a. bei regelmäßigen Kontrollbesuchen von Angestellten der Konzernspitze in den USA in Betracht kommen, insbesondere wenn sie mit Weisungsbefugnissen gegenüber dem lokalen Management ausge-stattet sind. Schließt die Mutter mit der Tochter einen Beherrschungs- und Ge-winnabführungsvertrag, hängt der Durchgriff auf die Mutter am Ort der Tochter von der tatsächlich ausgeübten Kontrolle ab.[1470]

Zu bewerten ist ferner, ob die beherrschte Gesellschaft nach außen die forma-len Voraussetzungen für eine selbstständige Gesellschaft im Hinblick auf Grün-dung und Betrieb erfüllt und dabei insbesondere über eigene Büros, eigenes Kapital, eigene Konten oder eigene Angestellte verfügt.[1471] Auch wird von den Gerichten geprüft, ob z. B. die Einberufung und Abhaltung von Gesellschafter-versammlungen oder andere Formalien bei Fehlen von Minderheitsgesellschaf-tern ernst genommen werden.[1472] Für einen Durchgriff kann schließlich bei der Ausgabe oder Zeichnung von Gesellschaftskapital das Fehlen der Zustimmung zur Kapitalerhöhung durch den unabhängigen „board of directors" oder das Feh-len von Aufzeichnungen über Gesellschaftsbeschlüsse oder Geschäftsunterlagen sprechen.[1473]

Werden Konten oder Bücher vermischt, so dass sich eine Zuordnung von Akti-va und Passiva zu den einzelnen Konzerngesellschaften nicht mehr erkennen lässt[1474] oder unterhält die Gesellschaft kein eigenes Bankkonto und leitet die

---

[1467] Reimann, S. 257.

[1468] H. Müller, S. 38; Toepke, FS Stiefel, S. 786.

[1469] American Protein Corp. v. AB Volvo, 844 F. 2d 56, 60 (2nd Cir. 1988).

[1470] Craig v. Lake Asbestos of Quebec, Ltd., 843 F. 2d 145, 150 (3rd Cir. 1988).

[1471] Baade, RabelsZ 37, 5 (18); H. Müller, S. 38; Veltins, RIW 83, 713 (714).

[1472] In einem Fall wurde die Abhaltung von Gesellschafterversammlungen der Tochtergesellschaft ohne Ladung während der Geschäftsleitersitzungen der ausländischen Konzernspitze als An-haltspunkt für eine enge Verflechtung angenommen, die zusammen mit anderen Faktoren einen Durchgriff rechtfertigen konnte, vgl. Gentry v. Credit Plan Corp., 528 S. W. 2d 571, 573 (Tex. 1975). Vgl. Veltins, RIW 83, 713 (714).

[1473] Veltins, RIW 83, 713 (714).

[1474] Vorpeil, RIW 91, 995 (996).

Einnahmen aus ihren Geschäften auf das Privatkonto ihres einzigen Gesellschafters weiter, spricht dies regelmäßig für eine Beherrschung der Tochter.[1475]

Von Bedeutung ist auch die finanzielle Abhängigkeit der Tochtergesellschaft. Die Gerichte untersuchen insbesondere, ob sich die Tochter am freien Kapitalmarkt finanzieren muss oder ob Konzerndarlehen gegeben werden, ob die Tochter wirtschaftlich allein existenzfähig ist oder durch Finanzspritzen anderer Konzerngesellschaften am Leben erhalten wird und ob eine enge Kontrolle der Finanzierung durch den Konzern besteht oder die Finanzierung sogar bei der Konzernspitze zentralisiert ist.[1476]

Darüber hinaus kann die Zeichnung des gesamten Stammkapitals oder die Veranlassung der Gründung der Tochter durch die Mutter die Durchgriffshaftung begründen.[1477] Dafür sprechen nicht selten auch die Übernahme der Gehälter, Kosten und Verluste durch die Muttergesellschaft oder die Übertragung von Aktivvermögen von der Mutter auf die Tochter.[1478] Besteht eine unzureichende Finanzierung oder Kapitalausstattung[1479] oder eine Unterkapitalisierung,[1480] sind dies wichtige Kriterien für eine mögliche Durchgriffshaftung.

Ein weiteres Indiz für eine enge Verflechtung der einzelnen Konzerngesellschaften ist der Anteil konzerninterner Leistungen und Lieferungen an der Geschäftstätigkeit der US-amerikanischen Gesellschaft, z. B. bei einer Vertriebstochter, deren Tätigkeit sich darin erschöpft, die Produkte der mit ihr verbundenen ausländischen Produktionsgesellschaften in den USA zu vertreiben. Ein hoher oder sogar ausschließlicher Anteil lediglich konzerninterner Geschäftsbeziehungen spricht daher ebenso für einen Durchgriff wie die Beschreibung der Tochtergesellschaft als „Abteilung der Muttergesellschaft".[1481]

[1475] Gentry v. Credit Plan Corp., 528 S.W. 2d 571, 573 (Tex. 1975); Schiessl, DB 89, 515 (515); Schiessl, RIW 88, 951 (952); Veltins, RIW 83, 713 (714).

[1476] Carpentry Health & Welfare Fund of Philadelphia and Vicinity by Gray v. Kenneth R. Ambrose, Inc., 727 F. 2d 279, 284 (3rd Cir. 1983); Walkovsky v. Carlton, 18 N. Y. 2d 414, 417 (1966).

[1477] Vorpeil, RIW 91, 995 (996).

[1478] Kronstein/Hawkins, RIW 83, 249 (256); Toepke, FS Stiefel, S. 797; Veltins, RIW 83, 713 (716); Vorpeil, RIW 91, 995 (996).

[1479] Bernardin, Inc. v. Midland Oil Corp., 520 F. 2d 771, 775 (7th Cir. 1975); Schiessl, DB 89, 513 (515); Veltins, RIW 83, 713 (714); Vorpeil, RIW 91, 995 (996).

[1480] Walkovsky v. Carlton, 18 N. Y. 2d 414, 417 (1966); Kronstein/Hawkins, RIW 83, 249 (255); Reimann, S. 257; Veltins, RIW 83, 713 (715); Vorpeil, RIW 91, 995 (996).

[1481] Kronstein/Hawkins, RIW 83, 249 (256); Toepke, FS Stiefel, S. 797; Veltins, RIW 83, 713 (716); Vorpeil, RIW 91, 995 (996).

Von Bedeutung ist schließlich das Auftreten der einzelnen Konzernunternehmen in der Öffentlichkeit. Erfolgt eine formale Zurechnung des Geschäfts der Tochter bzw. eine finanzielle Verantwortung zur Muttergesellschaft durch Werbung und Öffentlichkeitsarbeit,[1482] und wird damit der Eindruck vermittelt, dass es sich um eine Einheit handelt oder dass die Muttergesellschaft für die Tochter einsteht, steigt das Risiko der Durchgriffshaftung.[1483] Dabei ist insbesondere auf Prospekte, Liefer- und Rechnungsdokumente, Briefköpfe, aber auch auf Aussagen der Verkaufsmannschaft zu achten. Dies gilt auch, wenn ein Gesellschafter präsentiert wird, der angeblich für die Verbindlichkeiten der Gesellschaft persönlich haften soll.[1484]

(4) Übertragung auf den Zuständigkeitsdurchgriff

Nach dem Restatement (Second) Conflict of Laws begründet allein Zuständigkeit über die Tochter- noch keine Gerichtspflichtigkeit der Muttergesellschaft. Das gelte auch, wenn die Mutter alleinige Kapitalinhaberin der Tochter sei. Daher besitze kein Staat Zuständigkeit über die Muttergesellschaft allein deshalb, weil deren Tochter eine Geschäftstätigkeit innerhalb des Staatsgebietes ausübe. Die Zuständigkeit über die Tochter begründe jedoch dann eine Gerichtspflichtigkeit der Mutter, wenn die Muttergesellschaft die Tochter dergestalt kontrolliere und beherrsche, dass es gerechtfertigt sei, deren gesellschaftsrechtlich selbstständige Existenz zu ignorieren.[1485]

[1482] Vorpeil, RIW 91, 995 (996).

[1483] Kronstein/Hawkins, RIW 83, 249 (256); Toepke, FS Stiefel, S. 797; Veltins, RIW 83, 713 (716); Vorpeil, RIW 91, 995 (996).

[1484] Veltins, RIW 83, 713 (714).

[1485] Restatement (Second) of Conflicts of Laws, § 52, comment b: „Judicial jurisdiction over a subsidiary corporation does not of itself give a state judicial jurisdiction over the parent corporation. This is true even though the parent owns all of the subsidiary's stock. So a state does not have judicial jurisdiction over a parent corporation merely because a subsidiary of the parent does business within its territory. (...) Judicial jurisdiction over a subsidiary corporation will (...) give the state judicial jurisdiction over the parent corporation if the parent so controls and dominates the subsidiary as in effect to disregard the latter's independent corporate existence. (...) Judicial jurisdiction over a parent corporation does not of itself give a state judicial jurisdiction over a subsidiary corporation (...) Judicial jurisdiction over the parent corporation will give the state judicial jurisdiction over the subsidiary corporation if the parent so controls and dominates the subsidiary as in effect to disregard the latter's independent corporate existence." Vgl. auch Cannon Manufacturing, Co. v. Cudahy Packing Co., 267 US 333, 336 (1925); Volkswagenwerk Aktiengesellschaft v. Beech Aircraft Corp., 751 F. 2d 117, 120 (2nd Cir. 1984); Delagi v. Volkswagenwerk AG of Wolfsburg, 29 N. Y. 2d 426, 432 (1972).

(a) „Agency"

Die Gerichte übertragen das materiell-rechtliche „agency"-Modell der Zurechnung von Vertreterhandlungen nicht selten als eine Weiterentwicklung der „doing business"-Prüfung[1486] auch auf die gerichtliche Zuständigkeit gegenüber „corporations".[1487] Danach wird die wirtschaftliche Betätigung des „Vertreters" – der Tochtergesellschaft – in den Vordergrund gestellt[1488] und – in einem weiteren Schritt –dem (dahinterstehenden) „Geschäftsherrn" – der Konzernmutter – zugerechnet.[1489]

Die Rechtsprechung scheint in Übereinstimmung mit dem „piercing the corporate veil"-Grundsatz die Formalitäten des Stellvertretungsrechts zu Gunsten der tatsächlichen gesellschaftsrechtlichen Verhältnisse in den Mittelpunkt der Betrachtung zu rücken.[1490] Betont wird mitunter, dass für die Begründung der Zu-

---

[1486] Sowohl die Tätigkeit einer juristischen Person über die eigenen Mitarbeiter (in einer Niederlassung), vgl. Bryant v. Finnish Airline, 208 N. E. 2d 439, 441 (N. Y. App. 1965) – siehe oben § 7 I. 5. e. – als auch die Zwischenschaltung von „independant agents" zur Vornahme dauerhafter, systematischer Tätigkeit – siehe oben § 7 I. 5. c. – kann nach der geltenden Rechtsprechung der US-amerikanischen Gerichte eine Gerichtspflichtigkeit der juristischen Person wegen „doing business" begründen.

[1487] Vgl. § 52 Restatement (Second) Conflict of Laws: „Even in the absence of a stock relationship between a local and a foreign corporation, jurisdiction over the foreign corporation has sometimes been exercised on the basis of activities that the local corporation has conducted in the state as the agent of the foreign corporation." Kritisch dazu Otto, S. 68: Die Modelle des materiellen Rechts ließen sich nicht ohne weiteres auf das Verfahrensrecht übertragen. Mit den Modellen möge sich im materiellen Recht eine Haftung der Muttergesellschaft für die Verbindlichkeiten ihrer Tochter herleiten lassen. Die Beurteilung gerichtlicher Zuständigkeit sei indes deutlich breiter angelegt, denn es komme auf das gesamte Beziehungsgeflecht zwischen Forum, Beklagtem und Anspruch an. Der eingeklagte Haftungsanspruch gegen die auswärtige Gesellschaft sei daher nur ein Teil dessen, was im Rahmen der Zuständigkeitsprüfung relevant sei. Vgl. Brilmayer/Paisley, 74 Calif. L. Rev., 1 (17); Frisinger, RIW 72, 12 (17); Gebauer/Schulze, IPRax 99, 478 (480); Goldstein, DAJV-NL 1/05, 16 (17); Gottwald, FS Geimer, S. 250; Grothe, RabelsZ 58, 686 (702); Hay, Conflict, S. 64; Hoppe, S. 362; Meier, S. 89; Richman/Reynolds, S. 85; Winkler/v. d. Recke, NZG 05, 241 (245); Welp, S. 97.

[1488] Mayer v. Josiah Wedgwood & Sons, Ltd., 601 F. Supp. 1523, 1530 (S. D. N. Y. 1985); Merkel Associates, Inc. v. Bellofram Corp., 437 F. Supp. 612, 617 (W. D. N. Y. 1977); Kreutter v. McFadden Oil Corp., 522 N. E. 2d 40, 44 (N. Y. App. 1988); Welp, S. 99.

[1489] Honeywell, Inc. v. Metz Apparatewerke, 509 F. 2d 1137, 1140 (7th Cir. 1975):„(…) We look to the economic and commercial realities of this case, and in our view, it is not within the contemplation of the concepts of fairness and due process to allow a wrong doing manufacturer to insulate himself from the long-arm of the courts by using an intermediary (…)". Vgl. auch Brilmayer/Paisley, 74 Calif. L. Rev., 1 (18); Hoppe, S. 363/364.

[1490] CutCo Indus., Inc. v. Naughton, 806 F. 2d 361, 366 (2nd Cir. 1986): „(…) focused on the realities of the relationship in question rather than the formalities of agency law."

ständigkeit ein im Vergleich zur materiell-rechtlichen Haftung abgemilderter Maßstab des Stellvertretungsrechts anwendbar sei.[1491] Nach der wohl überwiegenden Zahl der Untergerichte soll eine „agency"-Beziehung vorliegen, wenn der Vertreter, der grundsätzlich auch eine juristische Person sein kann,[1492] zu Gunsten des Geschäftsherrn tätig geworden ist, der Geschäftsherr davon Kenntnis hatte, er der Tätigkeit des Vertreters in seinem Namen zugestimmt hat und der Geschäftsherr ausreichende Kontrolle über die Handlungen des Vertreters hatte.[1493] Vereinzelt wird nur auf die ausdrückliche oder stillschweigende Bevollmächtigung zur Vornahme von Handlungen durch den Geschäftsherrn abgestellt.[1494] Ferner muss der Vertreter im Rahmen seiner Vollmacht gehandelt haben, damit seine Kontakte dem Geschäftsherrn zugerechnet werden können.[1495]

Seit der Entscheidung Curtis Publishing Co. v. Cassel sind für die Annahme einer „agency"-Beziehung in einem Konzernrechtsverhältnis Risikoübernahme und Kontrolle erforderlich. Der Kläger fühlte sich durch einen Zeitungsartikel in seiner Ehre verletzt und erhob an seinem Wohnsitz in Kansas Verleumdungsklage gegen den Verlag, eine Gesellschaft mit Sitz in Pennsylvania. Der Kläger verwies u. a. auf die engen Forumkontakte einer 100 %igen Tochter der Verlagsgesellschaft, die als Exklusivhändler für die USA die Blätter der Beklagten auch in Kansas vertrieb. Die Tochter operierte selbstständig, verfügte über eigene Angestellte, ein Büro in Kansas und vertrieb auch Erzeugnisse anderer Verlage.[1496] Das Bundesberufungsgericht begründete die Zuständigkeit über den Verlag damit, dass er das wirtschaftliche Risiko des – allein im Gerichtsstaat Produkte des Verlages vertreibenden – Händlers trage und daher eine „agency"-Beziehung zu ihm bestehe, die den Verlag im Staat gerichtspflichtig mache.[1497]

[1491] Reiner v. Durand, 602 F. Supp. 849, 851 (S. D. N. Y. 1985): „more informal (...) more lenient definition of agency"; Otto, S. 57.

[1492] Wells Fargo & Co. v. Wells Fargo Express Co., 556 F. 2d 406, 419 (9th Cir. 1977); Volkswagen Interamericana, S. A. v. Rohlson, 360 F. 2d 437, 440 (1st Cir. 1966); Dunn v. Beech Aircraft Corp., 276 F. Supp. 91, 96 (E. D. Pa. 1967); Otto, S. 56; Welp, S. 98.

[1493] CutCo Indus., Inc. v. Naughton, 806 F. 2d 361, 367 (2nd Cir. 1986); Grove Press, Inc. v. Angleton, 649 F. 2d 121, 122 (2nd Cir. 1981). Vgl. auch Brilmayer/Paisley, 74 Calif. L. Rev., 1 (16/17).

[1494] Boden Products, Inc. v. Novachem, Inc., 663 F. Supp. 226, 229 (N. D. Ill. 1987).

[1495] Marshall Exports, Inc. v. Phillips, 385 F. Supp. 1250, 1252 (E. D. N. C. 1974).

[1496] Curtis Publishing Co. v. Cassel, 302 F.2d 132, 138 (10th Cir. 1962).

[1497] Curtis Publishing Co. v. Cassel, 302 F.2d 132, 138 (10th Cir. 1962). In dem Fall Frummer v. Hilton Hotels International, Inc., 227 N. E. 2d 851, 854 (1967), wurde festgestellt, dass die Aktivität eines unabhängigen Vertreters, der für eine ausländische Gesellschaft im Gerichtsstaat tätig wird, der ausländischen Gesellschaft zugerechnet werden kann, wenn der lokale Vertreter zu allen Handlungen bevollmächtigt ist, die auch die Verantwortlichen der Gesellschaft im Zusammenhang mit der Durchführung der Geschäfte vornehmen können. Der Kläger, Mr. Frummer, logierte im Londoner Hilton Hotel, wo er sich im Badezimmer an der Einrichtung verletzte.

Obwohl für die Begründung von „agency" an sich keinerlei gesellschaftsrecht-liche Verbindung erforderlich ist,[1498] ist nach der Rechtsprechung die Wahr-scheinlichkeit einer Zuständigkeitsbegründung umso höher, je enger eine kon-zernmäßige Verflechtung ist.[1499] Darüber hinaus muss die (Geschäftsherr-) Muttergesellschaft über ein ausreichendes Maß an Kontrolle über die (Vertreter-) Tochtergesellschaft verfügen.[1500] Eine „agency"-Beziehung kann ferner ange-

---

Wieder zurück in New York verklagte er u. a. die englische Gesellschaft Hilton Hotels (U. K.) Ltd., die das Londoner Hotel betrieb, auf Schadensersatz. Die beklagte Gesellschaft gehörte zu 100 % der Hilton Hotels International Inc., einer Delaware-Gesellschaft, die sämtliche direkten und indirekten Beteiligungen an Hotels der Hilton-Gruppe verwaltete. Diese war auch zusam-men mit ihrer Muttergesellschaft, der Hilton Hotels Corporation, an der Hilton Credit Corporati-on beteiligt, die u. a. in New York einen Reservierungsservice für die Hotels der Hilton-Gruppe betrieb. Diesen Service hatte der Kläger aber nicht in Anspruch genommen. Das Gericht stellte fest, dass der Streitgegenstand der Klage nicht aus der Geschäftstätigkeit in New York erwach-sen sei, so dass das New Yorker „long-arm statute" nicht eingreife. Vielmehr stellte sich das Ge-richt die Frage, ob die Tätigkeit des Reservierungsbüros „contineous and substantial doing busi-ness" auch für Hilton (U. K.) Ltd. im Gerichtsstaat New York darstellt. Diese Frage wurde mehrheitlich bejaht. Der Reservierungsservice sei für die englische Schwestergesellschaft tätig und erfülle Funktionen, die diese sonst mit eigenem Personal wahrnehmen würde. Für die Zu-ständigkeit genüge, dass die einzelnen Konzerngesellschaften die ihnen von der Konzernspitze zugedachten und aufeinander abgestimmten Aufgaben wahrnähmen. Vgl. auch Fawcett, 37 I. C. L. Q., 645 (650); Fawcett, J. B. L. 85, 16 (21).

[1498] § 52 Restatement (Second) Conflicts of Laws: „Even in the absence of a stock relationship between a local and a foreign corporation, jurisdiction over the foreign corporation has someti-mes been exercised on the basis of activities that the local corporation has conducted in the state as the agent of the foreign corporation. The existence of an agency relationship may be found when the foreign corporation consigns goods to the local corporation and exercises control over the latter with respect to price, merchandising or advertising."

[1499] Wells Fargo & Co. v. Wells Fargo Express Co., 556 F. 2d 406, 419 (9th Cir. 1977); H. Heller & Co. v. Novacor Chem. Ltd., 726 F. Supp. 49, 52 (S. D. N. Y. 1988).

[1500] Finance Co. of America v. Bankamerica Corp., 493 F. Supp. 895, 907 (D. Md. 1980); ACS Industries, Inc. v. Keller Industries, Inc., 296 F. Supp. 1160, 1164 (D. Conn. 1969); Szantay v. Beech Aircraft Corp., 237 F. Supp. 393, 394 (E. D. S. C. 1965); Focht v. Southwestern Skyways, 220 F. Supp. 441, 443 (D. Colo. 1963); Grothe, RabelsZ 58, 686 (702); Nagel/Gottwald, § 3, Rdnr. 372; Otto, S. 58; Schiessl, DB 89, 513 (515); Scoles/Hay, S. 450; Welp, S. 101; Winkler/v. d. Recke, NZG 05, 241 (245). Die genauen Merkmale der Kontrollausübung sind umstritten, vgl. Roorda v. Volkswagenwerk AG, 481 F. Supp. 868, 874 (D. S. C. 1979); Call Carl, Inc. v. B. P. Oil Corp., 391 F. Supp. 367, 371 (D. Md. 1975). Die Kontrolle müsse zumindest tatsächlich aus-geübt werden, vgl. Quarles v. Fuqua Industries, Inc., 504 F. 2d 1358, 1364 (10th Cir. 1974); Beary v. Norton-Simon, Inc., 479 F. Supp. 812, 815 (W. D. Pa. 1979). Teilweise wird sowohl ei-ne Überwachung des täglichen Geschäftsbetriebes gefordert als auch die Möglichkeit der Aus-wahl und Überwachung des Personals einschließlich der Geschäftsführung genannt, vgl. Roorda v. Volkswagenwerk AG, 481 F. Supp. 868, 874 (D. S. C. 1979); Call Carl, Inc. v. B. P. Oil

nommen werden, wenn die Muttergesellschaft ihre Produkte über die Tochtergesellschaft bewusst in den Handel der USA einbringt oder ihre Dienstleistungen
über sie anbietet.[1501] Sowohl die personelle Verflechtung zwischen Mutter- und
Tochtergesellschaft im Bereich des Managements,[1502] als auch die Unmöglich-
keit der Tochtergesellschaft zu selbstständigem Handeln kann den Zuständigkeitsdurchgriff auslösen, weil z. B. keine Sitzung der Geschäftsleitung stattfindet[1503] oder weil sie konzerneinheitliche Dienste wie Werbung, Buchführung
oder Versicherungen in Anspruch nimmt.[1504] Zu bewerten ist auch, ob die Tochter ihre Produktion auf die Mutter abstimmt[1505] oder ihre Bilanz mit derjenigen
der Mutter konsolidiert.[1506] Darf die Muttergesellschaft aufgrund ihres Heimat-
rechtes nicht im Ausland tätig werden und gründet sie aus diesem Grund die
Tochtergesellschaft, kann unter Umständen daraus ebenfalls eine „agency"-
Beziehung hergeleitet werden.[1507]

(b) „Estoppel"

Erscheinen Mutter- und Tochtergesellschaft im Rechtsverkehr wie eine Einheit[1508] oder bedient sich die Tochtergesellschaft der Warenzeichen der Mutter
und entscheidet über deren Verwendung auf dem Markt,[1509] kann eine Beherrschung der Tochter erwogen werden. Dies gilt auch, wenn die Tochter im
Rechtsverkehr nicht wie eine selbstständige Gesellschaft, sondern wie eine Abteilung der Mutter dargestellt wird. Insbesondere kann es zu einem Durchgriff
kommen, wenn die Tochter – bei vertraglichen Ansprüchen – den streitgegen-

---

Corp., 391 F. Supp. 367, 371 (D. Md. 1975). Zum Teil wird verlangt, dass der Kläger das Ausmaß der Kontrolle darlegen müsse, welches vom Stellvertretungsrecht des „common law" gefordert werde, vgl. Pennie & Edmonds v. Austad Co., 681 F. Supp. 1074, 1077 (S. D. N. Y. 1988).
Andere Gerichte fordern, dass die Muttergesellschaft aktuelle und umfassende Kontrolle über die
Tochter aufweisen müsse, vgl. Akzona Inc. v. E. I. Pont de Nemours & Co., 607 F. Supp. 227,
237 (D. Del. 1984).

[1501] Baade, RabelsZ 37, 5 (19); Kronstein/Hawkins, RIW 83, 249 (254); Veltins, RIW 83, 713 (717);
Vorpeil, RIW 91, 995 (996).

[1502] Personelle Identität der Führungspositionen: Andrulonis v. U. S., 526 F. Supp. 183, 188 (N. D.
N. Y. 1981); Stoehr v. American Honda Co., Inc., 429 F. Supp. 763, 765 (D. Neb. 1977); Ge-
haltszahlung durch die Muttergesellschaft: Finance Co. v. Bankamerica Corp., 493 F. Supp. 895,
907 (D. Md. 1985). A. A. U. S. v. Bliss, 108 F. R. D. 127, 131 (E. D. Mo. 1985); Thunderbird
Motor v. Consolidated Pipe & Supply, 623 F. Supp. 4, 6 (E. D. Mo. 1983).

[1503] Finance Co. v. Bankamerica Corp., 492 F. Supp. 895, 907 (D. Md. 1980).

[1504] Ocean Ranger Sinking of New Foundland, 589 F. Supp. 302, 311 (E. D. La. 1984).

[1505] Andrulonis v. U. S., 526 F. Supp. 183, 189 (N. D. N. Y. 1981); Grothe, RabelsZ 58, 686 (702).

[1506] Stoehr v. American Honda Co., Inc., 429 F. Supp. 763, 765 (D. Neb. 1977).

[1507] New York Marine Managers, Inc. v. M. V. Topor-1, 716 F. Supp. 783, 786 (S. D. N. Y. 1986).

[1508] In re Ocean Ranger Sinking off Newfoundland, 589 F. Supp. 302, 311 (E. D. La. 1984).

[1509] Stoehr v. American Honda Co., Inc., 429 F. Supp. 763, 765 (D. Nebr. 1977).

ständlichen Vertrag abschließt, allerdings bei den Verhandlungen lediglich als „Sprachrohr" der Mutter fungiert[1510] oder wenn die Mutter an der Durchführung oder Überwachung des Vertrages maßgeblich beteiligt wird.[1511]

(c) „Alter ego"

Da das Lösungsmodell der „agency"-Beziehung nur zwei Gesellschaften – Mutter und Tochter – im Verhältnis zueinander darstellen kann, verfolgt der „alter ego"-Ansatz (mere department, instrumentality) eine Gesamtbetrachtung, indem beide Gesellschaften für Zuständigkeitszwecke „fusioniert" werden.[1512] Teilweise wird von einem die Mutter- und Tochtergesellschaft überwölbenden Modell gesprochen, dem beide Gesellschaften in ihren jeweiligen Funktionen dienten.[1513] Dahinter steht der Gedanke, dass bei Bestehen einer faktisch wirtschaftlichen Einheit trotz formal bestehender Trennung in eigenständige Gesellschaften die Zuständigkeit auf die gesamte Einheit ausgedehnt wird.[1514]

[1510] Mayer v. Josiah Wedgwood & Sons, Ltd., 601 F. Supp. 1523, 1530 (S. D. N. Y. 1985).

[1511] Martin Motor Sales, Inc. v. Saab-Scania of America, Inc., 397 F. Supp. 389, 391 (S. D. N. Y. 1974).

[1512] Frisinger, RIW 72, 12 (17); Gebauer/Schulze, IPRax 99, 478 (480); Goldstein, DAJV-NL 1/05, 16 (17); Gottwald, FS Geimer, S. 250; Grothe, RabelsZ 58, 686 (702); Hay, Conflict, S. 64; Hoppe, S. 359; Meier, S. 88; Schütze, Prozessführung, S. 60; Schütze, RIW 05, 579 (583); Welp, S. 104; Winkler/v. d. Recke, NZG 05, 241 (245).

[1513] Brilmayer/Paisley, 74 Cal. L. Rev., 1 (30); Otto, S. 61.

[1514] Kritisch dazu Otto, S. 69/70: Die Gerichte seien sich offenbar nicht im Klaren darüber, wer genau Prozesspartei sein solle. Offenbar solle Zuständigkeit über den Konzern insgesamt bestehen. Dieser könne jedoch nicht Prozesspartei sein, da das US-amerikanische Recht die Parteifähigkeit an die Rechtsfähigkeit knüpfe, die dem nicht-inkorporierten Konzern aber grundsätzlich fehle. Kritisch ebenfalls Schütze, Prozessführung, S. 48, der von einer Quasi-Sippenhaftung spricht und die Frage stellt, warum ein Kläger zuständigkeitsmäßig besser gestellt sein solle, wenn sein Vertragspartner oder Schädiger zufällig eine ausländische Gesellschaft als Tochtergesellschaft habe als eine Gesellschaft, deren Anteile sich im Streubesitz befänden. A. A. Grothe, RabelsZ 58, 686 (702/703): Das „alter ego"-Konzept ebne durch seine ökonomisch ganzheitliche Betrachtungsweise zwar jede gesellschaftsrechtliche Trennung ein, ohne im Sinne zeitgemäßer „due process"-Wertungen Anhaltspunkte dafür zu verlangen, dass tatsächlich auch die Tochter- durch die Muttergesellschaft geschäftstätig werde und nicht nur umgekehrt. Allerdings könne der klassische Zuständigkeitsdurchgriff schwerlich als exorbitant verurteilt werden. Dies verstehe sich für die nach außen hin nicht selbstständigen Gesellschaften von selbst, denn ihrer bediene sich die Muttergesellschaft als Hülse, um im Forumstaat geschäftlich präsent zu sein. Es gehe dem US-amerikanischen Zuständigkeitsrecht um die Manifestierung eigenständiger prozessualer Wertungen. „Agency"- und „alter ego"-Gedanken dienten der Zurechnung von Aktivitäten zu einem Rechtssubjekt im prozessualen Sinne. Dass diese Aktivitäten durch ein anderes Rechtssubjekt vermittelt werden könnten, berühre weder dessen rechtliche Eigenständigkeit noch diejenige der Muttergesellschaft. Zuständigkeitsrechtlich sei es nicht zu beanstanden, dass die Ausübung wirtschaftlicher Kontrolle im Forumstaat hinreichende

Die erste wichtige – und soweit ersichtlich einzige – Entscheidung des U. S. Supreme Court im Rahmen des Zuständigkeitsdurchgriffs stellt der Fall Cannon Manufacturing Co. v. Cudahy Packing Co. dar, in der die „alter ego"-Doktrin und die Grundsätze über die materiell-rechtliche Durchgriffshaftung (piercing the corporate veil)[1515] ausführlich behandelt werden. Die Klägerin, eine Gesellschaft aus North Carolina, begehrte im Rahmen einer Vertragsbruchsklage die Unterwerfung der beklagten Gesellschaft aus Maine unter die Zuständigkeit der Gerichte von North Carolina. Die beklagte Gesellschaft unterhielt selbst nur wenige Geschäftskontakte zu dem Gerichtsstaat, sie betrieb aber in Alabama eine eigene Tochtergesellschaft, die im Gerichtsstaat über ein Büro verfügte. Die Schlüsselpositionen der beiden Gesellschaften wurden in Personalunion wahrgenommen. Die Alabama-Gesellschaft schloss im eigenen Namen Verträge ab, die Auslieferung der Waren erfolgte allerdings direkt von der Muttergesellschaft an die Abnehmer. Die Tochtergesellschaft vereinnahmte die Zahlungen und führte eigene Bücher. Die Klage wurde dem Vertreter der Gesellschaft aus Alabama mit Sitz in North Carolina zugestellt. Die Klägerin vertrat die Ansicht, die Zustellung sei gegenüber der beklagten Gesellschaft über die Tochtergesellschaft aus Alabama wirksam erfolgt, da beide Gesellschaften als eine Rechtsform zu betrachten seien.[1516] Der U. S. Supreme Court verneinte im Ergebnis die Zuständigkeit der angerufenen Gerichte in North Carolina. Zwar beherrsche die Beklagte die Tochtergesellschaft in Alabama auf umfassende Weise.[1517] Dennoch müsse die Tatsache beachtet werden, dass es sich bei der Tochter um eine eigenständige Gesellschaft handele. Im Anschluss diskutierte das Gericht verschiedene Faktoren, die eine Durchgriffshaftung ermöglichen könnten und kam zu dem Schluss, dass die gesellschaftsrechtliche Form der Tochter nicht missbraucht worden sei und dass die geschäftliche Anwesenheit der Tochter der Mutter nicht aus Zu-

---

„minimum contacts" begründen könne. Die beklagte Muttergesellschaft werde nicht übermäßig belastet, ihr kontrollbedingter Bezug zum Forumstaat sei beträchtlich und dauerhaft. Sie genieße zugleich die Vorteile des Marktzutritts und könne sich auf eine als Kehrseite hiermit verbundene allgemeine Gerichtspflichtigkeit ohne weiteres einstellen.

[1515] Wie auch bei dem Zuständigkeitsdurchgriff auf der Grundlage von „agency" wird der „alter ego"-Ansatz losgelöst von dem materiell-rechtlichen Haftungsmodell in einem zuständigkeitsrechtlichen Kontext angewandt, vgl. Otto, S. 61.

[1516] Cannon Manufacturing Co. v. Cudahy Packing Co., 267 US 333 (1925).

[1517] Cannon Manufacturing Co. v. Cudahy Packing Co., 267 US 333, 335 (1925): „(...) through ownership of the entire capital stock and otherwise, the defendant dominates the Alabama corporation, immediately and completely (...) that the parent exerts its control both commercially and financially in substantially the same way, and mainly through the same individuals, as it does over those selling branches or department of its business not separately incorporated which are established to market the Cudahy products in other States."

ständigkeitserwägungen zugerechnet werden könne.[1518] Allein die Beteiligung an einer Gesellschaft verschaffe für sich genommen noch keine Zuständigkeit über den Kapitalgeber.[1519]

Bei der Anwendung der sog. Cannon-Doktrin bezogen sich die Gerichte in der Folgezeit zum einen auf die formale Trennung der Gesellschaften[1520] und zum anderen auf die Form der Kontrollausübung.[1521] Allerdings waren die Grenzen der Entscheidung nicht klar definiert. Das Gericht hatte zudem jeden Bezug zu verfassungsrechtlichen Fragen verleugnet.[1522] Die Untergerichte modifizierten –

[1518] Cannon Manufacturing Co. v. Cudahy Packing Co., 267 US 333, 335 (1925): „(...) The existence of the Alabama company as a distinct corporate entity is, however, in all respects observed. Its books are kept separate. All transactions between the two corporations are represented by appropriate entries in their respective books in the same way as if the two were wholly independent corporations. This corporate separation from the general Cudahy business was doubtless adopted solely to secure to the defendant some advantage under the local laws (...) The corporate separation, though perhaps merely formal, was real."

[1519] Cannon Manufacturing Co. v. Cudahy Packing Co., 267 US 333, 337 (1925): „(...) The corporate separation, though perhaps merely formal, was real. It was not pure fiction." Vgl. Brilmayer/Paisley, 74 Calif. L. Rev., 1 (3); Hay, RabelsZ 35, 429 (437); Hoppe, S. 358; Meier, S. 73/74.

[1520] Hargrave v. Fibreboard Corp., 710 F. 2d 1154, 1162 (5th Cir. 1982); Graco, Inc. v. Kremlin, Inc., 558 F. Supp. 188, 192 (N. D. Ill. 1982); ACS Industries Inc. v. Keller Industries, Inc., 296 F. Supp. 1160, 1162 (D. Conn. 1969); Avery v. American Honda Motor Car Co., 327 N. W. 2d 447, 451 (1982); Born, S. 154.

[1521] Dickson v. Hertz Corp., 559 F. Supp. 1169, 1173 (D. V. I. 1983); Handlos v. Litton Industries, Inc., 304 F. Supp. 347, 351 (E. D. Wis. 1969).

[1522] Cannon Manufacturing Co. v. Cudahy Packing Co., 267 US 333, 336 (1925): „No question of the constitutional powers of the State, or the federal Government, is directly presented." Die Entscheidung scheint die Lösung zu offerieren, wonach Aktivitäten einer Tochtergesellschaft im Gerichtsstaat allein keine allgemeine Zuständigkeit über die Muttergesellschaft begründen können. Allerdings betont sie, dass gerichtsstaatsbezogene Aktivitäten in keinerlei Zusammenhang mit verfassungsrechtlichen Erwägungen stünden. Dagegen wurde in den später ergangenen „stream of commerce"-Entscheidungen ausdrücklich dargelegt, dass die Existenz regelmäßiger Vertriebskanäle, über die ein Produkt in den Gerichtsstaat gelange, in die „minimum contacts"-Prüfung eingehen müsse. Dabei dürfe es keinen Unterschied machen, ob der beklagte Hersteller des Produktes diese Vertriebswege über Zwischenhändler, Franchise-Nehmer oder Tochtergesellschaften errichte. In allen Konstellationen müssten die Verbindungen über die Zwischenstationen zum Gerichtsstaat geprüft und in die Zuständigkeitserwägung mit einbezogen werden, vgl. Born, S. 155; Brilmayer/Paisley, 74 Calif. L. Rev., 1 (3); Scoles/Hay, S. 450. Vgl. auch Otto, S. 67/74 ff.; Welp, S. 127 ff., die die immer noch stattfindende Heranziehung der Entscheidung für die Beurteilung des Zuständigkeitsdurchgriffs durch die US-amerikanischen Gerichte kritisieren und sich für eine endgültige Verabschiedung einsetzen. Vgl. ähnlich auch Brilmayer/Paisley, 74 Calif. L. Rev., 1 (4): „(...) it is commonly argued that Cannon has no constitutio-

ausdrücklich oder stillschweigend – die Anforderungen an die gesellschaftsrechtlichen Formalitäten.[1523] Einige Gerichte stellten auf Ausmaß und Art der Kontrolle der Muttergesellschaft auf dieTochter ab.[1524] Danach existiere eine „alter
ego"-Beziehung, wenn eine Gesellschaft ausreichende Kontrolle über die andere
ausübe („if one entity exercises sufficient control over another").[1525] Andere
wichen von der Cannon-Entscheidung ab und nahmen eine „alter ego"-
Beziehung an, wenn Mutter- und Tochtergesellschaft ausreichend integriert seien
bzw. wenn beide wie ein „integriertes Ganzes" funktionierten.[1526] Auch entwik-
kelten Gerichte einen abgewandelten „agency test", wonach die Tochter als „alter ego" anzusehen sein sollte, wenn sie als Vertreter der Mutter agiere.[1527]
Schließlich wurde zum Teil für die Begründung des „alter ego"-Status trotz der
Missachtung gesellschaftsrechtlicher Formalitäten ein „Mehr" als die einfache
Kontrolle über die Tochter gefordert. Vielmehr müssten Beweise vorgelegt werden, wonach die Gründung der Tochtergesellschaft veranlasst worden sei, um
den Kläger durch Betrug zu schädigen.[1528]

---

nal relevance today, if indeed it ever did." Vgl. auch Meier, S. 80 ff. A. A. Hoppe, S. 367, wonach die Cannon-Rechtsprechung den großen Vorteil habe, durch ihren (relativen) Pragmatismus
Rechtssicherheit zu schaffen und Gesellschaften eine (legitime) Möglichkeit zu eröffnen, durch
strikte Einhaltung der rechtlichen Trennung einem Zuständigkeitsdurchgriff zu entgehen. Hinzu
komme, dass die Entscheidung niemals ausdrücklich vom U. S. Supreme Court modifiziert worden sei.

[1523] Brilmayer/Paisley, 74 Calif. L. Rev., 1 (29); Meier, S. 75 ff.

[1524] Velandra v. Regie Nationale de Usines Renault, 336 F. 2d 292, 296 (6th Cir. 1962); Clark v.
Matsushita Elec. Indus. Co., 811 F. Supp. 1061, 1068 (M. D. Pa. 1993).

[1525] Omega Homes, Inc. v. Citicorp Acceptance Co., 656 F. Supp. 393, 397/398 (W. D. Va. 1987):
„(…) exercises dominion and control over the subsidiary as demonstrated by its continual super-
vision of and intervention in the subsidiary's affairs."; Photo Promotions Assoc. v. Household
Int'l Inc., 584 F. Supp. 227, 237 (D. Del. 1984): „(…) the parent exercises day-to-day control
over its subsidiary so complete as to render it a mere department of the parent."

[1526] Finance Co. of Am. v. Bankamerica Corp., 493 F. Supp. 895, 909 (D. Md. 1980).

[1527] Translation Systems, Inc. v. Applied Tech. Ventures, 559 F. Supp. 566, 567 (D. Md. 1983):
„(…) under the agency theory a subsidiary will be attributed to its parent for personal jurisdiction
purposes where the activities of the subsidiary are largely controlled by the parent."

[1528] Miller v. Honda Motor, Co., 779 F. 2d 769, 772 (1st Cir. 1985); Luckett v. Bethlehem Steel
Corp., 618 F. 2d 1373, 1379 (10th Cir. 1980); Pauley Petroleum Inc. v. Continental Oil Co., 239
A. 2d 629, 633 (Del. 1968): „(…) my be done only in the interest of justice, when such matters
as fraud, contravention of law or contract, or public wrong (…) are involved." In dem Fall Nicolas Delagi v. Volkswagenwerk AG of Wolfsburg, 278 N. E. 2d 895, 896 (1972), wurde eine Zuständigkeit des angerufenen Gerichts über die Muttergesellschaft noch abgelehnt. Das Gericht
grenzte den Fall von der Entscheidung Frummer v. Hilton ab und kam zu dem Ergebnis, dass
keine „agency"-Beziehung vorliege, da die in Rede stehende Gesellschaft unabhängig sei und in
keiner Beziehung zu der Beklagten stehe. Wenn wahrhaft getrennte Rechtspersönlichkeiten be-

Dennoch kann als gesichert gelten, dass die ausgeübte Kontrolle und der Einfluss auf die Entscheidungen der Tochtergesellschaft als Maßstab für die Annahme einer Unternehmenseinheit zwischen Mutter und Tochter dienen.[1529] Die alleinige Beteiligung der Mutter- an der Tochergesellschaft reicht dagegen für

---

stünden, die sich nicht im Anteilsbesitz eines einzigen Unternehmens befänden, könne keine „agency"-Beziehung festgestellt werden. Das Gericht war ferner der Ansicht, dass in den Fällen einer Mutter-Tochter-Beziehung (parent-subsidiary-relationship) ein (zuständigkeitsrechtlicher) Durchgriff auf die Mutter darüber hinaus nur in Betracht kommen könne, wenn der Einfluss und die Kontrollmöglichkeiten der Muttergesellschaft gegenüber der Tochtergesellschaft so stark seien, dass die Tochtergesellschaft als unselbstständiger Teil (department) der Muttergesellschaft angesehen werden müsse. Nach dem Vorbringen des Klägers sei aber von derartigen Kontroll- und Einflussmöglichkeiten nicht auszugehen. Die in Rede stehende Gesellschaft sei keine Tochtergesellschaft der Beklagten. Auch würden durchgeführte Werbetätigkeiten in den Medien zu keinem anderen Ergebnis führen. Selbst wenn diese Tätigkeiten der Beklagten zugerechnet werden könnten, würde es sich nur um bloße Vermittlungstätigkeit (mere solicitation) handeln. In der späteren, ähnlich gelagerten Entscheidung Roorda v. Volkswagenwerk AG, 481 F. Supp. 868, 869 (1979), präzisierte das angerufene, im Bundesstaat South Carolina ansässige Bundesbezirksgericht die Umstände, die vorliegen müssen, um ausreichende Kontroll- und Einflussmöglichkeiten zu begründen. Das Gericht befand die in Rede stehende Gesellschaft aus zuständigkeitsrechtlichen Zwecken für anwesend im Gerichtsstaat. Aus diesem Grund sei auch die Beklagte als gerichtspflichtig anzusehen. Denn sie übe über die Gesellschaft eine derart umfassende Kontrolle aus, dass diese als ihr Vertreter (agent) angesehen werden könne. Das Gericht grenzte den Fall u. a. von der Entscheidung in Cannon Mfg. Company v. Cudahy ab und kam zu dem Ergebnis, dass die Beklagte dauerhafte Kontakte zu dem Gerichtsstaat durch die Aktivitäten der in Rede stehenden Gesellschaft vor Ort unterhalten habe, so dass die Verteidigung der Beklagten im Gerichtsstaat nicht den traditionellen Ansätzen von Fairplay und Gerechtigkeit widerspreche. Das Gericht sei sich bewusst, dass die Verteidigung in einer ausländischen Rechtsordnung mit Belastungen und Unannehmlichkeiten für jedes ausländische Unternehmen verbunden sei. Diese Unannehmlichkeiten seien aber ein Preis, der von jedem Unternehmen berechtigterweise verlangt werden könne, das umfassend am internationalen Handel beteiligt sei. Wenn eine ausländische Muttergesellschaft so nachhaltig die Aktivitäten der Tochtergesellschaft kontrolliere, wie im vorliegenden Fall die Beklagte, und dabei auch die beträchtlichen Gewinne berücksichtigt würden, die durch eine derartige Geschäftspraxis anfielen, könne ein ausländisches Unternehmen wie die Beklagte mit ihrer Beschwerde über die Unannehmlichkeit der Rechtverteidigung im Gerichtsstaat nicht gehört werden.

[1529] Hargrave v. Fibreboard Corp., 710 F. 2d 1154, 1160 (5th Cir. 1983); Lakota Girl Scout Council, Inc. v. Havey Fund Raising Management, Inc., 519 F. 2d 634, 637 (8th Cir. 1975); Ryder Truck Rental v. Acton Foodservice Corp., 554 F. Supp. 277, 278 (C. D. Cal. 1983); Intermountain Ford Tractor Sales Co. v. Massey-Ferguson, Ltd., 210 F. Supp. 930, 938 (D. Utah 1962); Delagi v. Volkswagenwerk AG of Wolfsburg, 278 N. E. 895, 897 (N. Y. App. 1972); Taca International Airlines, S. A. v. Rolls-Royce of England, Ltd., 204 N. E. 2d 329, 331 (N. Y. App. 1965); Brilmayer/Paisley, 74 Calif. L. Rev., 1 (29); Grothe, RabelsZ 58, 686 (702); Hoppe, S. 359/360.

einen Zuständigkeitsdurchgriff nicht aus.[1530] Enge personelle Verflechtungen durch Besetzung von Leitungspositionen in Personalunion in beiden Gesellschaften können zuständigkeitsrechtlich relevant werden, wenn das Führungspersonal der Tochter auf der Gehaltsliste der Mutter steht[1531] oder in die betriebliche Altersversorgung einbezogen ist und die Mutter dafür Pensionsrückstellungen bildet.[1532] Ferner spricht die mangelnde Eigenständigkeit der Tochter in Finanzfragen für einen Zuständigkeitsdurchgriff, z. B. wenn sie unzureichend mit Kapital ausgestattet ist,[1533] auf andere Weise von der Mutter finanziert wird,[1534] die Mutter für Kredite der Tochter bürgt[1535] oder eine Einstandspflicht für einen Vertrag übernimmt.[1536] Ferner sind die Einräumung besonderer Zahlungsbedingungen[1537] oder der Umstand zu beachten, dass die vor Ort tätigen Gesellschaften vornehmlich mit Gesellschaften des eigenen Konzerns in Geschäftsverbindung stehen.[1538] Richtet die Tochter ihre Geschäftspolitik an den Belangen der Mutter aus,[1539] darf sie eigene Ansprüche gegen die Mutter im „höherrangigen" Interesse nicht

---

[1530] Transure, Inc. v. Marsh and McLennan, Inc., 766 F. 2d 1297, 1299 (9th Cir. 1985); Hargrave v. Fibreboard Corp., 710 F. 2d 1154, 1159 (5th Cir. 1983); Lakota Girl Scout Council, Inc. v. Havey Fund Raising Management, Inc., 519 F. 2d 634, 637 (8th Cir. 1975); Idaho v. Bunker Bill Co., 635 F. Supp. 665, 670 (D. Idaho 1986); Graco, Inc. v. Kremlin, Inc., 558 F. Supp. 188, 190 (N. D. Ill. 1982); Gebauer/Schulze, IPRax 99, 478 (480); Grothe, RabelsZ 58, 686 (702); Heß, DAJV-NL 3/99, 33 (34); Winkler/v. d. Recke, NZG 05, 241 (245).

[1531] McCardle v. Arkansas Log Homes, Inc., 633 F. Supp. 897, 899 (S. D. Miss. 1986); Edwards v. Gulf Mississippi Marine Corp., 449 F. Supp. 1363, 1366 (S. D. Tex. 1978); Grothe, RabelsZ 58, 686 (702); Winkler/v. d. Recke, NZG 05, 241 (245).

[1532] Scott v. Mego International, Inc., 519 F. Supp. 1118, 1126 (D. Minn. 1981).

[1533] U. S. v. Arkwright, Inc., 690 F. Supp. 1133, 1139 (D. N. H. 1988); Idaho v. Bunker Hill Co., 635 F. Supp. 665, 670 (D. Idaho 1986); Grothe, RabelsZ 58, 686 (702); Heß, DAJV-NL 3/99, 33 (34); Winkler/v. d. Recke, NZG 05, 241 (245).

[1534] McCardle v. Arkansas Log Homes, Inc., 633 F. Supp. 897, 899 (S. D. Miss. 1986); Wehner v. Syntex Agribusiness, Inc., 616 F. Supp. 27, 30 (E. D. Mo. 1985).

[1535] Scott v. Mego International, Inc., 519 F. Supp. 1118, 1126 (D. Minn. 1981); Jane v. Royal Jordanian Airlines Corp., 502 F. Supp. 848, 859 (S. D. N. Y. 1980); Ionescu v. E. F. Hutton & Co., 434 F. Supp. 80, 82 (S. D. N. Y. 1977).

[1536] Willis v. American Permac, Inc., 541 F. Supp. 118, 122 (D. Mass. 1982).

[1537] Volkswagenwerk Aktiengesellschaft v. Beech Aircraft Corp., 751 F. 2d 117, 121 (2nd Cir. 1984); Midwest Petroleum Co. v. American Petrofina, Inc., 603 F. Supp. 1099, 1112 (E. D. Mo. 1985); People v. Parsons Co., 461 N. E. 2d 658, 664 (Ill. App. 1984); Winkler/v. d. Recke, NZG 05, 241 (245).

[1538] Newport Components v. NEC Home Electronics, 671 F. Supp. 1525, 1536 (C. D. Cal. 1987); U. S. v. Toyota Motor Corp., 561 F. Supp. 897, 899 (S. D. Miss. 1986); Ionescu v. E. F. Hutton & Co., 434 F. Supp. 80, 82 (S. D. N. Y. 1977).

[1539] McCardle v. Arkansas Log Homes, Inc., 633 F. Supp. 897 (S. D. Miss. 1986); Taca International Airlines, S. A. v. Rolls-Royce of England. Ltd., 204 N. E. 2d 329, 330 (N. Y. App. 1965).

geltend machen[1540] oder werden auch Routinegeschäfte von der Mutter kontrolliert und beeinflusst,[1541] kann unter Umständen ein Zuständigkeitsdurchgriff begründet werden. Ein Zuständigkeitsdurchgriff ist ebenfalls – im Wege der Rechtsscheinshaftung – möglich, wenn beide Gesellschaften nach außen hin bei Verwendung gleicher Waren- oder Firmenzeichen als Einheit auftreten[1542] oder die Tochtergesellschaft im Rechtsverkehr als Abteilung der Mutter dargestellt wird.[1543]

Der U. S. Supreme Court hat diese Grundsätze in der Entscheidung Volkswagen Aktiengesellschaft v. Schlunk bestätigt. Der Kläger machte vor einem Gericht des Staates Illinois eine Klage wegen fahrlässiger Tötung anhängig und verlangte von der Beklagten – Volkswagen – Schadensersatz. Seine Eltern hatten ihr Fahrzeug über die 100 %ige Tochtergesellschaft und alleinige Importeurin der Beklagten – Volkswagen of America, Inc. (VWOA) – erworben. Bei einem durch angebliche Defekte am Fahrzeug verursachten Unfall verstarben die Eltern.[1544] Die Zustellung der Klageschrift an VWOA gemäß dem Illinois „longarm statute" erachtete das Gericht auch gegenüber der Beklagten für ausreichend. Es sah VWOA in diesem Zusammenhang als unfreiwilligen Vertreter (involuntary agent) der Beklagten an. Dazu wurden die Tatsache, dass VWOA eine 100 % ige Tochtergesellschaft der Beklagten war, die Identität der Ge-

---

[1540] Chrysler Corp. v. General Motors Corp., 589 F. Supp. 1182, 1201 (D. D. C. 1984).

[1541] Hargrave Fibreboard Corp., 710 F. 2d 1154, 1160 (5th Cir. 1983); Wehner v. Syntex Agribusiness, Inc., 616 F. Supp. 27, 30 (E. D. Mo. 1985); Graco, Inc. v. Kremlin, Inc., 558 F. Supp. 188, 191 (N. D. Ill. 1982).

[1542] Chrysler Corp. v. General Motors Corp., 589 F. Supp. 1182, 1199 (D. D. C. 1984); Jane v. Royal Jordanian Airlines Corp., 502 F. Supp. 848, 859 (S. D. N. Y. 1980); General Finance Corp. v. Skinner, 426 N. E. 2d 77, 85 (Ind. App. 1981); State ex. rel. Grinell Co. v. MacPherson, 309 P. 2d 981, 985 (N. M. S. Ct. 1975).

[1543] Bielecki v. Empire Stevedoring Co., Ltd., F. Supp. 758, 763 (D. Minn. 1990); Ideal Stencil Machines and Tape Co. v. Merchiori, 600 F. Supp. 185, 189 (S. D. Ill. 1985); Tokyo Boecki (U. S. A.), Inc. v. S. S. Navarino, 324 F. Supp. 361, 366 (S. D. N. Y. 1971); Heß, DAJV-NL 3/99, 33 (34); Winkler/v. d. Recke, NZG 05, 241 (245). Es kann nicht übersehen werden, dass diese Kriterien denen des „agency"-Modells ähneln. Teilweise werden sie auch nebeneinander angewandt. Vgl. dazu Top Form Mills, Inc. v. Sociedad Nationale Industria Applicazioni Viscosa, 428 F. Supp. 1232, 1243 (S. D. N. Y. 1977). Vgl. auch Hoppe, S. 357.

[1544] Volkswagen Aktiengesellschaft v. Schlunk, 486 US 694, 695 (1988). Vgl. dazu Böhmer, NJW 90, 3049 (3052); Hay, Conflict, S. 64; Heidenberger, RIW 88, 90 (90); Heidenberger/Barde, RIW 88, 683 (684); Hoppe, S. 230; Lejeune, RIW 98, 8 (15); Meier, S. 39; Schütz, RIW 05, 579 (582); Schütze, RIW 04, 162 (163/164); Wazlawik, S. 78.

schäftsführung beider Gesellschaften und der Alleinimport von Fahrzeugen der Beklagten durch VWOA herangezogen.[1545]

[1545] Volkswagen Aktiengesellschaft v. Schlunk, 486 US 694, 699 (1988): „(…) The Court then reasoned that VWoA and VWAG are so closely related that VWoA is VWAG's agent for service of process as a matter of law, notwithstanding VWAG's failure or refusal to appoint VWoA formally as an agent. The court relied on the facts that VWoA is a wholly-owned subsidiary of VWAG, that a majority of the members of the board of directors of VWAG, and that VWoA is by contract the exclusive importer and distributor of VWAG products sold in the United States." In dem Fall Stoehr v. American Honda Motor Company, Inc. and Honda Motor Co., Ltd, 429 F. Supp. 763, 764 (D. Neb. 1977), verneinte das angerufene Bundesbezirksgericht im Bundesstaat Nebraska eine ordnungsgemäße Zustellung der Klage gegen die Beklagte über die in Rede stehende Gesellschaft. Das Gericht befand, dass ein auswärtiger Hersteller, der seine Produkte mit dem Wissen und der Erwartung in den „stream of commerce" schicke, dass diese auf dem Weg zum Endverbraucher das Land und insbesondere den Gerichtsstaat durchliefen, der Gerichtsgewalt dieses Staates in Übereinstimmung mit „due process" unterworfen werden könne. Die Zustellung an den Bevollmächtigten der Beklagten könne nur dann für wirksam befunden werden, wenn diese Tochtergesellschaft als Vertreterin der in Rede stehenden Gesellschaft i. S. d. anwendbaren „long-arm statutes" gelten könne. Zwar betreibe die Beklagte im Gerichtsstaat wirtschaftliche Aktivitäten, die sich nicht nur auf die Bewerbung und den Verkauf von Produkten über Außenstellen beschränkten. Die Mutter-Tochter-Beziehung sei aber allein nicht ausreichend, um die vorliegende Zustellung wirksam zu machen. Der Kläger habe darüber hinaus nicht darlegen und beweisen können, dass dieser Beziehung eine Einheit dergestalt zu Grunde liege, die es dem Gericht ermöglichten, den gesellschaftsrechtlichen Schleier der Beklagten zu durchstoßen und sie durch die Zustellung gerichtspflichtig zu machen. Die Errichtung einer getrennten Gesellschaft, um die Produkte der Muttergesellschaft innerhalb eines vorgegebenen Marktes zu vertreiben, und die Beschäftigung von sog. „interlocking directorates", die nur eine Minderheit im Aufsichtsrat ausmachten, sei nicht ausreichend. Vielmehr müsse die Muttergesellschaft die Tochtergesellschaft so dominieren, dass diese faktisch nur noch wie eine Abteilung der Mutter behandelt werde. In der Entscheidung Taca International Airline, S. A. v. Rolls-Royce of England, Ltd., 204 N. E. 2d 329, 329/330 (1965), hatte sich das angerufene Gericht des Staates New York ebenfalls mit der Zuständigkeit über die Beklagte auseinander zu setzen. Das Gericht ließ ausdrücklich offen, ob die Beklagte ausreichende Kontakte zum Gerichtsstaat aufwies, um sie der Gerichtspflichtigkeit dieses Staates zu unterwerfen. Entscheidend sei nur, ob die in Rede stehende Gesellschaft eine wirklich unabhängige Rechtspersönlichkeit oder nur eine bloße Abteilung der Beklagten darstelle. Im letzteren Fall betreibe die Beklagte dann ausgiebige geschäftliche Aktivitäten im Gerichtsstaat durch ihre örtliche Abteilung in Form der eigenständig gegründeten Gesellschaft. Für die Entscheidung zog das Gericht noch weitere Faktoren heran: Die Produktion, der Vertrieb und die Verkäufe wickele die Beklagte über 16 Tochtergesellschaften weltweit ab. Diese gehörten alle der Muttergesellschaft, alle seien sie wie die Mutter in verschiedene Abteilungen aufgebaut und würden von ihr kontrolliert. Wichtige Unternehmenspolitik werde auf häufigen Konferenzen erzielt. Transaktionen würden gewöhnlich vom Sitz der Beklagten aus durchgeführt. Das Hauptpersonal der Gesellschaft seien ehemalige Mitarbeiter der Beklagten. Das Schlüsselpersonal werde in beide Richtungen regelmäßig ausgewechselt. Aufgrund dieser Umstände betrachtete das Gericht die Gesellschaft als bloße Abteilung der Beklag-

II. „Transacting business"

1. Kontakte

Auch für die Zuständigkeitsbegründung aufgrund von „transacting business" sind die Kontakte des Beklagten zum Forum maßgeblich. In der Entscheidung Keeton v. Hustler Magazine, Inc.[1546] wies der U. S. Supreme Court ausdrücklich darauf hin, dass „residence" oder sonstige Kontakte des Klägers nur dann von Bedeutung seien, wenn sie zugleich als Mittelpunkt der Aktivitäten des Beklagten im Gerichtsstaat dienten und damit dessen Kontakte intensivierten. Ferner genügte dem Gericht der Verkauf von mehreren tausend Heften, ohne dass weitere Kontakte zu dem Gerichtsstaat bestanden.

Die Klägerin, Frau Keeton aus New York, fühlte sich durch die Veröffentlichungen im Hustler Magazine beleidigt. Der beklagte Zeitschriftenverlag war in Ohio gegründet worden und hatte seinen Sitz in Kalifornien. Die erste Klage der Klägerin in Ohio wurde wegen Verjährung abgewiesen. Daraufhin klagte sie vor einem Bundesbezirksgericht in New Hampshire, dem einzigen Bundesstaat, in dem die Verjährungsfrist noch nicht abgelaufen war. Die dort geltende sog. „single publication rule" ermöglichte es ihr darüber hinaus, mit dieser einzigen Klage ihren gesamten in allen Bundesstaaten erlittenen Schaden geltend zu machen. In dem Gerichtsstaat setzte der Beklagte im Monat ca. 10.000 bis 15.000 Exemplare des Magazins ab. Das Bundesbezirksgericht sowie das Bundesberufungsgericht wiesen die Klage mangels Zuständigkeit ab.

Der U. S. Supreme Court bejahte dagegen die Zuständigkeit der Gerichte von New Hampshire, da die forumbezogenen Aktivitäten des Beklagten ausreichende „minimum contacts" darstellten. Die regelmäßige Verbreitung der Magazine im Gerichtsstaat sei ausreichend, um die Zuständigkeit für eine Klage wegen Beleidigung zu begründen. Regelmäßige Verkäufe dieser Größenordnung könnten nicht mehr als vereinzelt oder zufällig eingestuft werden.[1547] Das Gericht blendete bei der Prüfung der Zuständigkeitsinteressen dagegen die Frage des anwend-

---

te, so dass die Klagezustellung an sie gegenüber der Beklagten wirksam erfolgt sei. Vgl. auch Bulova Watch Co., Inc. v. K. Hattori & Co., Ltd., 508 F. Supp. 1322, 1332 (1981); Japan Petroleum Co. Ltd. v. Ashland Oil, 456 F. Supp. 831, 835 (D. Del. 1978); Top Form Mills, Inc. v. Sociedad Nationale Industria Applicazioni Viscosa, 428 F. Supp. 1232, 1243 (S. D. N. Y. 1977). Vgl. Fawcett, 37 I. C. L. Q., 645 (649).

[1546] Keeton v. Hustler Magazine, Inc., 465 US 770, 773 (1984).

[1547] Keeton v. Hustler Magazine, Inc., 465 US 770, 773 (1984): „(...) regular circulation of magazines in the forum State is sufficient to support an assertion of jurisdiction in a libel action based on the contents of the magazine. (...) random isolated or fortuitous."

baren Rechts und der Verjährungsfrist[1548] aus. Zunächst stellte es fest, dass „minimum contacts" zwischen Kläger und Gerichtsstaat zu keiner Zeit eine Voraussetzung für die Begründung von Zuständigkeit gewesen seien. Insofern seien der gewöhnliche Aufenthalt des Klägers oder seine Kontakte zu dem Gerichtsstaat nur von Bedeutung, als diese Umstände die Kontakte des Beklagten zum Gerichtsstaat beeinflussen könnten. Z. B. könne „residence" des Klägers im Gerichtsstaat der Ausgangspunkt für die Aktivitäten des Beklagten sein, aus denen die Klage resultiere. Da sich aber der Beklagte zielgerichtet New Hampshire als Absatzgebiet nutzbar gemacht habe, müsse er damit rechnen, dort auch wegen des Inhalts seiner Zeitschrift zur Verantwortung gezogen zu werden.[1549]

Die Kontakte einer dritten Partei sind nur dann maßgeblich, wenn diese Partei als Vertreter des Beklagten im Gerichtsstaat tätig wird. Gehen Angestellte des Beklagten im Gerichtsstaat ihrer gewöhnlichen Arbeit[1550] oder der Geschäftspartner des Beklagten entsprechenden gemeinsamen Geschäften nach,[1551] können diese Kontakte dem Beklagten als eigene im Gerichtsstaat zugerechnet werden.[1552]

[1548] Keeton v. Hustler Magazine, Inc., 465 US 770, 778 (1984): „(...) The issue is personal jurisdiction, not choice of law. (...) The question of the applicability of New Hampshire's statute of limitations to claims for out-of-state damages presents itself in the course of litigation only after jurisdiction over respondent is established, and we do not think that such choice-of-law concerns should complicate or distort the jurisdictional inquiry."

[1549] Keeton v. Hustler Magazine, Inc., 465 US 770, 780 (1984): „We have not to date required a plaintiff to have minimum contacts with the forum (...) On the contrary, we have upheld (...) jurisdiction where such contacts were entirely lacking. (...) Here, where respondent has contineously and deliberately exploited the New Hampshire market, it must reasonably anticipate being haled there in a libel action based on the contents of its magazine." Vgl. Casad/Richman, S. 107/145, der die dadurch dem Beklagten eingeräumte Möglichkeit zum „forum shopping" kritisiert. Vgl. ferner Hay, Conflict, S. 67/72; Hay, 35 I. C. L. Q., 32 (39/40); Hoppe, S. 263; Liniger/Wilske, DAJV-NL 3/05, 85 (86); Maltz, Duke L. J. 87, 669 (673); Richman/Reynolds, S. 44/105; Scoles/Hay, S. 361. Ähnlich wie im autonomen deutschen und europäischen Recht zum Gerichtsstand der Niederlassung – siehe oben § 4 I. 2. / II. 3. – wurde also die Gerichtspflichtigkeit des Beklagten u. a. mit der allgemeinen Marktpräsenz im Forumstaat begründet.

[1550] International Shoe Co. v. State of Washington, 326 US 310 (1945).

[1551] Burger King Corp. v. Rudzewicz, 471 US 462, 472 (1985).

[1552] Casad/Richman, S. 145. Insofern lassen sich Parallelen zum autonomen deutschen und europäischen Gerichtsstand der Niederlassung herstellen, wonach für die Zurechnung der wirtschaftlichen Aktivität zum Zwecke der Gerichtspflichtigkeit ein Handeln der Niederlassung im Namen und auf Rechnung des Inhabers (Vertretenen) erforderlich ist. Siehe oben § 4 I. 3. a./ II. 4. c.

Dagegen werden einem Vertreter die Kontakte des Geschäftsherrn nicht angerechnet. Allerdings kann sich dieser auch nicht – wie die Entscheidung Calder v. Jones zeigt – auf seinen Status als Vertreter berufen, um per se der Zuständigkeit der Gerichte zu entgehen. Der U. S. Supreme Court stellte fest, dass auswärtige Angestellte, die für ihren Arbeitgeber und Beklagten tätig würden, ebenfalls der „personal jurisdiction" unterfallen könnten.

Die Klägerin, eine Angehörige des Staates Kalifornien, fühlte sich durch einen Zeitschriftenartikel beleidigt und erhob vor einem kalifornischen Gericht Klage wegen Verleumdung, Verletzung ihrer Privatssphäre und seelischer Grausamkeit. Beklagte, mit Sitz in Florida, waren der Zeitschriftenverlag, der lokale Zwischenhändler und die Autoren des (angeblich) beleidigenden Artikels sowie deren Chefredakteur. Die Klage wurde den Beklagten gemäß dem California „long-arm statute" in Florida zugestellt. Der Artikel wurde in Florida in erster Linie auf telefonische Informationen aus Kalifornien gestützt. In Kalifornien hatte die Zeitschrift die größte Verbreitung. Die beiden letztgenannten Beklagten wandten sich gegen die Zuständigkeit der Gerichte von Kalifornien und beriefen sich auf die Grundsätze von „due process" und den I. Zusatzartikel zur Bundesverfassung. Ferner erklärten sie sich für die Verbreitung des Artikels in Kalifornien nicht verantwortlich und verneinten jegliche eigene Kontrollmöglichkeiten über die Marketing-Aktivitäten ihrer Arbeitgeber. Allein dass sie die Konsequenzen in Kalifornien für ihre Tätigkeit in Florida hätten vorhersehen können, reiche nicht aus. Schließlich seien sie durch ihren Status als Angestellte ohnehin nicht der Zuständigkeit unterworfen.[1553]

Der U. S. Supreme Court wies diese Argumente zurück und befand die Gerichte in Kalifornien für zuständig. Die vorsätzlichen und deliktischen Handlungen der Beklagten seien ausdrücklich auf Kalifornien ausgerichtet gewesen. Daher hätten sie vernünftigerweise vorhersehen können, dort vor Gericht gezogen zu werden.[1554] Ferner führte er aus, dass zwar Angestellte nicht allein aufgrund des Kontaktes ihres Arbeitgebers zu dem Forumstaat gerichtspflichtig seien, dass aber der Status der Beklagten als Angestellte sie grundsätzlich auch nicht vor einer Gerichtspflichtigkeit bewahre. Die Gerichtspflichtigkeit eines jeden Beklagten hänge letztlich von den Verbindungen ab, die er selbst zu dem jeweiligen Gerichtsstaat aufweise.[1555]

[1553] Calder v. Jones, 465 US 783, 786 (1984).

[1554] Calder v. Jones, 465 US 783, 790 (1984): „In this case, petitioners are primary participants in an alleged wrongdoing intentionally directed at a California resident, and jurisdiction over them is proper on that basis."

[1555] Calder v. Jones, 465 US 783, 790 (1984): „(…) Defendants are correct that their contacts with California are not to be judged according to their employer`s activities there. On the other hand,

Im Gegensatz zu „general jurisdiction" erfordert die Begründung von „specific jurisdiction" nicht viele Kontakte zwischen dem Gerichtsstaat und dem Beklagten.[1556] Ein einzelner Kontakt kann ausreichen, solange er nicht zufällig ist.[1557] In der bereits erwähnten Entscheidung McGee v. International Life Insurance reichte dem Gericht ein einzelner Versicherungsvertrag zwischen der Beklagten und einem Kalifornier, um eine spezifische Zuständigkeit der Gerichte anzunehmen.[1558] Seitdem kann eine einzige Transaktion genügen, um das „contacts"-Erfordernis der „specific jurisdiction" zu erfüllen. Ferner muss dieser Kontakt nicht den physischen Eintritt des Beklagten in den Gerichtsstaat umfassen. Der U. S. Supreme Court hat befunden, dass mittlerweile ein gewichtiger Teil des modernen Geschäftsverkehrs über Post und Telekommunikation abgewickelt werde, so dass kein Bedürfnis mehr für ein „physisches Überschreiten" der Staatsgrenzen bestehe.[1559]

2. Zweckgerichtete Ausrichtung

Um den Beklagten der „specific jurisdiction" unterwerfen zu können, muss er sich seit Hanson v. Denckla zweckgerichtet die Privilegien der geschäftlichen Aktivität im Gerichtsstaat nutzbar machen[1560] und dabei Vorteile und Schutz der Gesetze des Gerichtsstaates in Anspruch nehmen.[1561] Erforderlich ist darüber

---

their status as employees does not somehow insulate them from jurisdiction. Each defendant`s contacts with the forum State must be assessed individually." Vgl. auch Casad/Richman, S. 108/146; Hay, Conflict, S. 72; Hay, 35 I. C. L. Q., 32 (41); Hoppe, S. 263; Liniger/Wilske, DAJV-NL 3/05, 85 (86); Richman/Reynolds, S. 47/106; Scoles/Hay, S. 361. Auch in diesem Fall stand also – ähnlich wie der Sinn und Zweck des Niederlassungsgerichtsstandes – die gezielte wirtschaftliche Ausrichtung des Beklagten auf den (fremden) Forumstaat im Mittelpunkt der zuständigkeitsrechtlichen Erwägungen.

[1556] Siehe dazu oben § 6 III. 2. g.

[1557] Casad/Richman, S. 146.

[1558] Siehe oben § 6 III. 2. c.

[1559] Burger King Corp. v. Rudzewicz, 471 US 462, 476 (1985).

[1560] Hanson v. Denckla, 357 US 235, 254 (1958). Vgl. auch Burger King Corp. v. Rudzewicz, 471 US 462, 472 (1985); Casad/Richman, S. 144/148; Richman/Reynolds, S. 108; Teply/Whitten, S. 292.

[1561] Bensmiller v. E. I. DuPont de Nemours & Co., 47 F. 3rd 79, 84/85 (2nd Cir. 1995); Wilson v. Belin, 20 F. 3rd 644, 650 (5th Cir. 1994); Jones v. Petty-Ray Geophysical, Geosource, Inc., 954 F. 2d 1061, 1068 (5th Cir. 1992); Brainerd v. Governors of the University, 873 F. 2d 1257, 1259 (9th Cir. 1989); Lake v. Lake, 817 F. 2d 1416, 1421 (9th Cir. 1987); Prejean v. Sonartrach, Inc., 653 F. 2d 1260, 1269 (5th Cir. 1981); Scoles/Hay, S. 303. Siehe dazu oben § 6 III. 2. d. Auf die Parallelen zum autonomen deutschen und europäischen Niederlassungsgerichtsstand wurde bereits hingewiesen. Siehe oben § 7 I. 3.

hinaus, dass der Beklagte – zu seinem eigenen Schutz[1562] – selbst die Kontakte zum Forum zweckgerichtet hergestellt hat.[1563]

a. Physische Kontakte

Seit der Entscheidung Burger King Corp. v. Rudzewicz schadet das Fehlen jeglicher physischer Kontakte zum Gerichtsstaat solange nicht, wie der Beklagte zweckgerichtet seine Aktivitäten auf die im Gerichtsstaat Anwesenden ausrichtet.[1564]

Die Beklagten – Angehörige des Staates Michigan – wandten sich an die Klägerin – Burger King – ein Unternehmen mit Sitz in Florida, wegen der Erteilung einer Verkaufslizenz für das Gebiet um Detroit, Michigan. Nach entsprechenden Verhandlungen durch ein Burger King-Büro in Michigan und durch das Florida-Hauptquartier, einigten sich die Parteien auf eine 20jährige Lizenz-Vertragsbeziehung, währenddessen die Lizenznehmer sich verpflichteten, eine Million Dollar an Lizenzgebühren, Pacht, Anzeigen- und Werbegebühren zu zahlen sowie sich den Burger King-Regularien bezüglich des Restaurantgeschäftsbetriebs zu unterwerfen. Der Vertrag enthielt ebenfalls eine Rechtswahlklausel zugunsten des Rechts des Bundesstaates Florida. Als das Restaurantgeschäft nachließ, konnten die Beklagten ihren Zahlungsverpflichtungen nicht mehr nachkommen. Nach erfolglosen Verhandlungen kündigte die Klägerin die

---

[1562] Burger King Corp. v. Rudzewicz, 471 US 462, 475 (1985); World-Wide Volkswagen Corp. v. Woodson, 444 US 286, 297 (1980); Bensmiller v. E. I. Dupont de Nemours & Co., 47 F. 3rd 79, 85 (1995); Ruston Gas Turbines, Inc. v. Donaldson Co., 9 F. 3rd 415, 419 (5th Cir. 1993). Vgl. Casad/Richman, S. 149: Es handele sich bei diesem Erfordernis der zweckgerichteten Ausrichtung um einen eigenständigen Prüfungspunkt, der nicht mit der „minimum contacts"-Prüfung vermischt werden dürfe. Eine getrennte Behandlung sei für das Verständnis der „specific jurisdiction" wesentlich. Nicht selten scheitere die Begründung der „specific jurisdiction" nicht an mangelnden Kontakten des Beklagten zum Gerichtsstaat, weil diese z. B. unzureichend gewesen seien, sondern daran, dass diese nicht von dem Beklagten zweckgerichtet begründet worden seien und daher nicht anerkannt werden könnten. Vgl. dazu auch World-Wide Volkswagen v. Woodson, 444 US 286 (1980); Kulko v. Superior Court, 436 US 84 (1978); Hanson v. Denckla, 357 US 235 (1958).

[1563] Burger King Corp. v. Rudzewicz, 471 US 462, 476 (1985): „Once it has been decided that a defendant purposefully established minimum contacts within the form state, these contacts may be considered in light of other factors to determine whether the assertion of personal jurisdiction would comport with fair play and substantial justice."; Buchner, S. 27; Hay, Conflict, S. 67; Hoppe, S. 267; Maltz, Duke L. J. 87, 669 (674).

[1564] Burger King Corp. v. Rudzewicz, 471 US 461, 476 (1984). Vgl. auch Ballard v. Savage, 65 F. 3rd 1495, 1498 (9th Cir. 1995); Retail Software Servs., Inc. v. Lashlee, 854 F. 2d 18, 23 (2nd Cir. 1988); Provident Nat'l Bank v. California Fed. Sav. & Loan Ass`n, 819 F. 2d 434, 436 (3rd Cir. 1987).

Lizenz und verlangte die Räumung des Restaurants. Als die Beklagten sich weigerten und den Restaurantbetrieb als Burger King-Restaurant aufrechterhielten, verklagte die Klägerin die Beklagten vor einem Bundesbezirksgericht in Miami wegen Vertragsbruchs und Markenrechtsverletzung. Das Bundesbezirksgericht hielt sich für zuständig, während das Berufungsgericht die Zuständigkeit verneinte.[1565]

Der U. S. Supreme Court führte zunächst aus, dass das Erfordernis der zweckgerichteten Nutzbarmachung (purposeful availment) seit der Hanson-Entscheidung vorrangig vor den „reasonableness"-Erwägungen der Zuständigkeitausübung zu prüfen sei.[1566]

Das Gericht befand, dass das Kriterium der zweckgerichteten Nutzbarmachung erforderlich sei, um zu gewährleisten, dass der Beklagte vernünftigerweise vorhersehen könne, dass seine Aktivitäten eine Rechtsverteidigung im Gerichtsstaat nach sich ziehen könnten.[1567] Die Tatsache, dass die Beklagten im Gerichtsstaat

---

[1565] Burger King Corp. v. Rudzewicz, 471 US 461, 473 (1984).

[1566] Burger King Corp. v. Rudzewicz, 471 US 461, 473 (1984): „(...) notwithstanding these considerations, the constitutional touchstone remains whether the defendant purposefully established minimum contact in the forum state." Vgl. Hay, Conflict, S. 73; Hay, 35 I. C. L. Q., 32 (44/45); Hoppe, S. 265; Maltz, Duke L. J. 87, 669 (674); Meier, S. 53; Otto, S. 41; Scoles/Hay, S. 307/380; Teply/Whitten, S. 291. Vgl. auch Born, S. 76/143; Casad/Richman, S. 113/147/148; Maltz, Duke L. J. 87, 669 (680), die die zweideutige Nutzung des Begriffs der „minimum contacts" durch den U. S. Supreme Court kritisieren. In der International Shoe-Entscheidung habe man „minimum contacts" als Ergebnis sowohl einer Bestandsaufnahme der erforderlichen Kontakte des Beklagten zum Forum als auch der notwendigen Abwägung der verschiedenen „reasonableness"-Faktoren verstehen können. Vgl. dazu International Shoe Co. v. State of Washington, 326 US 310, 319 (1945): „(...) Whether due process is satisfied must depend rather upon the quality and nature of the activity in relation to the fair and orderly administration of the laws which it was the purpose of the due process clause to insure." Aufgrund der Verwendung des Begriffs in Burger King scheine er lediglich eine bestimmte Zahl von Kontakten, die weder zufällig noch abgeschwächt sein dürften, zu umschreiben, ohne bereits eine Aussage für die Verfassungsgemäßheit zu treffen. Vgl. dazu Burger King Corp. v. Rudzewicz, 471 US 462, 476 (1985): „(...) Once it has been decided that a defendant purposefully established minimum contacts within the forum state, these contacts may be considered in light of other factors to determine whether the assertion pf personal jurisdiction would comport with fair play and substantial justice." Der U. S. Supreme Court hätte für die Beschreibung der Kontakte die Begriffe „significant" oder „adequate contacts" verwenden und „minimum contacts" für das Ergebnis der verfassungsrechtlichen Analyse beibehalten sollen.

[1567] Burger King Corp. v. Rudzewicz, 471 US 461, 476 (1984): „(...) Jurisdiction is proper (...) where the contacts proximately result from actions by the defendant himself that create a "substantial connection" with the forum state (...) Thus where the defendant "deliberately" has en-

zu keiner Zeit physisch anwesend gewesen seien, könne die Zuständigkeit der Gerichte des Staates nicht verhindern.[1568] Im Rahmen der „fairness"-Prüfung führte das Gericht aus, dass für die Ausübung der Zuständigkeit in Übereinstimmung mit „fair play and substantial justice" die Abwägung verschiedener Interessen erforderlich sei. Dazu zählten die Verteidigungslast des Beklagten, das Interesse des Staates an einer Entscheidung über den Rechtsstreit, die Interessen des zwischenstaatlichen Rechtssystems an der Herbeiführung der effizientesten Lösung des Streits sowie das von allen Bundesstaaten geteilte Interesse an grundlegenden materiellen Rechtsgrundsätzen.[1569]

Darüber hinaus stellte das Gericht eine neue, den Kläger begünstigende Beweislastregel auf: Wenn der Klagegrund aus einem, vom Beklagten zweckgerichtet veranlassten einzelnen Kontakt resultiere, trage der Beklagte die Beweislast für die Unzuständigkeit des Gerichts.[1570] Nach Ansicht des Gerichts begründeten die Beklagten zweckgerichtet Mindestkontakte mit Florida, da sie sich über die Grenzen von Michigan hinaus begeben hätten, um eine langfristige Wirtschaftsbeziehung mit einen Unternehmen in Florida einzugehen und dabei die Option auf die Errichtung eines lokalen unabhängigen Restaurants ausgelassen hätten. Die Beklagten hätten in Übereinstimmung mit den neuen Beweislast-Grundsätzen nicht zur Zufriedenheit des Gerichts ausreichende Umstände vorgetragen, die einen Verstoß gegen das „due process"-Gebot begründeten.[1571]

---

gaged in significant activities within a State (...) or has created "continuing obligations" between himself and residents of the forum (...) he manifestly has availed himself of the privilege of conducting business there. (...) It is presumptivley not unreasonable to require him to submit to the burdens of litigation in that forum as well."

[1568] Burger King Corp. v. Rudzewicz, 471 US 461, 476 (1984): „(...) It is an inescapable fact of modern commercial life that a substantial amount of business is transacted solely by mail and wire communications across state lines, thus obviating the need for physical presence within a State in which business is conducted. So long as a commercial actor`s efforts are "purposefully directed" toward residents of another State, we have consistently rejected the notion that an absence of physical contacts can defeat jurisdiction there."

[1569] Burger King Corp. v. Rudzewicz, 471 US 461, 476 (1984).

[1570] Burger King Corp. v. Rudzewicz, 471 US 461, 477 (1984): „(...) where a defendant who purposefully has directed his activities at forum residents seeks to defeat jurisdiction, he must present a compelling case that the presence of some other consideration would render jurisdiction unreasonable."; Richman/Reynolds, S. 54.

[1571] Burger King Corp. v. Rudzewicz, 471 US 461, 477 (1984): „(...) Nor has Rudzewicz pointed to other factors that can be said persuasivley to outweigh the considerations discussed above and to establish the unconstitutionality of Florida`s assertion of jurisdiction." Auch Bedenken in der „dissenting opinion" der Richter Stevens und White, vgl. Burger King Corp. v. Rudzewicz, 471 US 461, 477 (1984), der durchschnittliche Franchise-Nehmer sei aufgrund des ihm räumlich nur beschränkt zur Verfügung stehenden Marktes nicht in der Lage, die Kosten für einen auswärti-

Es kann daher als gesichert gelten, dass anstelle eines physischen Eintritts das Erfordernis der zweckgerichteten Aktivität im Gerichtsstaat mittlerweile auch durch Übersendung eines Vertragsangebots,[1572] durch einen Geschäftspartner vor Ort,[1573] oder sogar einen verleumderischen Zeitschriftenartikel im Gerichtsstaat[1574] erfüllt werden kann. Der Beklagte kann auch dann der Zuständigkeit unterfallen, wenn seine Handlungen außerhalb des Gerichtsstaates vorhersehbare Auswirkungen in dem Staat haben.[1575]

b. Vorhersehbarkeit

Dagegen wird die schlichte Vorhersehbarkeit von Kontakten im Gerichtsstaat als nicht ausreichend erachtet, um das Erfordernis der zweckgerichteten Begründung von Forumverbindungen durch den Beklagten zu erfüllen.

Seit der – bereits erwähnten – Entscheidung World-Wide Volkswagen v. Woodson[1576] können Kontakte zum Gerichtsstaat dann zuständigkeitsbegründend sein, wenn der Beklagte wegen Art und Umfang seiner Kontakte vorhersehen konnte, dass er im Staat seiner Tätigkeit verklagt wird. In dieser Entscheidung wandte der U. S. Supreme Court seit International Shoe erstmals den „minimum contacts"-Standard auf eine Produkthaftungsklage an.[1577]

Die Kläger, ein New Yorker Ehepaar, kauften von dem New Yorker Einzelhändler Seaway einen Audi. Während des Umzugs der Familie von New York

---

gen Prozess aufzubringen, und das wirtschaftliche Ungleichgewicht zwischen Franchise-Geber und Franchise-Nehmer würde zu Vertragsgestaltungen führen, die die Verteidigung in anderen Staaten weiter beeinträchtigten, wurden mit der (lapidaren) Begründung ausgeräumt, die Beklagten seien erfahrene Geschäftsleute gewesen, die sich zudem hätten beraten lassen. Vgl. Burger King Corp. v. Rudzewicz, 471 US 461, 486 (1984): „(...) The quality and nature of an interstate transaction may sometimes be so "random", "fortuitous" or "attenuated" that it cannot fairly be said that the potential defendant "should reasonably anticipate being haled into court" in another jurisdiction. We have also emphasized that jurisdiction may not be grounded on a contract whose terms habe been obtained through "fraud, undue influence, or overweening bargaining power" and whose application would render litigation "so gravely difficult and inconvenient that a party will for all practical purposes be deprived of his day in court."

[1572] McGee v. International Life Insurance Co., 355 US 220 (1957).

[1573] Burger King Corp. v. Rudzewicz, 471 US 462, 472 (1985).

[1574] Keeton v. Hustler Magazine, Inc., 465 US 770 (1984); Calder v. Jones, 465 US 783 (1984).

[1575] Casad/Richman, S. 151.

[1576] Siehe oben § 6 III. 2. f.

[1577] Die Zuständigkeit gegenüber dem ausländischen Hersteller war allerdings nicht von Interesse, obwohl dieser i. d. R. keine direkten geschäftlichen Aktivitäten im Gerichtsstaat ausübt, vgl. Casad/Richman, S. 98. Vielmehr stand die Zuständigkeit der Gerichte über (US-amerikanische) Zwischen- und lokale Autohändler im Mittelpunkt der Entscheidung.

nach Arizona kam es in Oklahoma zu einem Verkehrsunfall, den die Kläger auf eine angeblich mangelhafte Konstruktion des Tanks zurückführten. Sie verklagten daher vor einem Gericht des Staates Oklahoma den deutschen Hersteller Audi, die Importgesellschaft Volkswagen of America, den in New York ansässigen Zwischenhändler World-Wide Volkswagen und den Einzelhändler Seaway auf Schadensersatz.[1578] Nur Audi und Volkswagen of America verkauften ihre Fahrzeuge überall in den Vereinigten Staaten.

Entgegen der Ansicht des Supreme Court of Oklahoma, verneinte der U. S. Supreme Court die Zuständigkeit über die beiden Beklagten World-Wide Volkswagen und Seaway wegen eines Verstoßes gegen „due process". Das Gericht hob die doppelte Funktion der „minimum contacts" hervor,[1579] wandte sich aber dann vollständig dem Schutz des Beklagten vor „inconvenient litigation" sowie den Erfordernissen von „reasonableness" und „fairness" zu. Demnach seien „contacts, ties or relations" des Beklagten zum Gerichtsstaat für „due process" unverzichtbar. Diese könnten noch nicht in dem Umstand gesehen und dem Beklagten zugerechnet werden, dass ein einzelner Audi, der in New York an Bürger des Staates New York verkauft werde, während einer Überführung in Oklahoma an einem Unfall beteiligt sei. Daher genüge auch nicht, dass die Beklagten hätten vorhersehen können, dass die von ihnen verkauften Fahrzeuge in anderen Bundesstaaten in Unfälle verwickelt werden könnten.[1580] Anderenfalls müsse nahezu jeder Verkäufer von Waren automatisch der Zuständigkeit der Gerichte der einzelnen Bundesstaaten unterworfen werfen, da es für ihn i. d. R. vorhersehbar sei, dass Kunden die erworbenen Produkte in die Gerichtsstaaten transportierten. Demnach könne das angerufene Gericht nur dann zuständig sein, wenn es für den Beklagten vorhersehbar sei, dass er aufgrund seiner wirtschaftlichen Betätigung und seiner Beziehung zu dem Staat vor dessen Gerichten verklagt werden könne.[1581]

[1578] World-Wide Volkswagen v. Woodson, 444 US 280, 297/298 (1980).

[1579] Siehe dazu oben § 6 III. 2. f.

[1580] World-Wide Volkswagen v. Woodson, 444 US 280, 295 (1980): „(...) Foreseeability alone has never been a sufficient benchmark for personal jurisdiction under the Due Process Clause."

[1581] World-Wide Volkswagen v. Woodson, 444 US 280, 297 (1980): „(...) This is not to say, of course, that foreseeability is wholly irrelevant. But the foreseeability that is critical to due process analysis is not the mere likelihood that a product will find its way into the forum State. Rather, it is that the defendant's conduct and connection with the forum State are such that he should reasonably anticipate being haled into court there." Vgl. die Rechtsprechung der Untergerichte: Terracom v. Valley Nat'l Bank, 49 F. 3rd 555, 560 (9th Cir. 1995); Wilson v. Belin, 20 F. 3rd 644, 648 (5th Cir. 1994); Ruston Gas Turbines, Inc. v. Donaldson Co., 9 F. 3rd 415, 420 (5th Cir. 1993); Vermeulen v. Renault, USA, Inc., 965 F. 2d 1014, 1023 (11th Cir. 1992); Montalbano v. Easco Hand tools, Inc., 766 F. 2d 737, 741 (2nd Cir. 1985). Vgl. auch Born, S. 125;

Ausreichende Mindestkontakte hätten vorgelegen, wenn das von den Beklagten in den Verkehr gebrachte Produkt im Wege des Handels (stream of commerce) – für sie vorhersehbar – von Kunden im Gerichtsstaat gekauft worden wäre, wenn also die Beklagten ihre Aktivitäten auf den Gerichtsstaat in der Absicht ausgerichtet hätten, dort Gewinne zu erzielen (benefit rule) und damit auch die „benefits and protections" in Anspruch genommen hätten. Da aber die Beklagten die von ihnen vertriebenen Produkte nicht nach Oklahoma verkauft hätten und die Überführung des Wagens dorthin für die Beklagten zufällig und nicht vorhersehbar erfolgt sei, verneinte der U. S. Supreme Court die Zuständigkeit des Gerichts in Oklahoma.[1582]

Damit endete die Zuständigkeit über die Verkaufskette bei den Zwischen- und Einzelhändlern in New York. Das Gericht stellte fest, dass zwar grundsätzlich ein Bundesstaat über alle Beteiligten in der Verkaufskette Zuständigkeit ausüben könne, dass diese aber zumindest dann nicht mehr gegeben sei, wenn das Produkt als Ergebnis einer vorhersehbaren Handlung eines Verbrauchers in einen Bundesstaat gelange, in dem es nicht verkauft werde. Im vorliegenden Fall habe eine unabhängige Handlung der Kläger das Produkt nach Oklahoma gebracht, die den Zwischen- und Einzelhändlern nicht mehr zugerechnet werden könne.[1583] Gleichzeitig wurde damit auch den Herstellern und Großhändlern eine Kontroll-

---

Casad/Richman, S. 100/152; Hay, Conflict, S. 63/65; Hay, 35 I. C. L. Q., 32 (35); Otto, S. 36; Scoles/Hay, S. 306/356. Kritisch Pfeiffer, S. 562: Es sei fragwürdig, auf subjektive Parteierwartungen abzustellen, wenn die Definition eines objektiven verfassungsrechtlichen Standards gefragt sei. Ferner sei, was die Parteien vernünftigerweise erwarten könnten, auch ein Ergebnis dessen, auf welche Weise die Staaten ihr Zuständigkeitsrecht verkündeten. Schließlich – wenn man lediglich auf vernünftige Parteierwartungen abstelle – verwende man nur eine neue, zusätzliche Bekräftigungsformel für einen Standard, dessen objektive Vernünftigkeit sich schon aus anderen Kriterien ergebe.

[1582] World-Wide Volkswagen v. Woodson, 444 US 280, 297/298 (1980): „(...) The forum State does not exceed its powers under the Due Process Clause if it asserts personal jurisdiction over a corporation that delivers its products into the stream of commerce with the expectation that they will be purchased by consumers in the forum State." Vgl. auch Erlanger Mills v. Cohoes Fibre Mills, 239 F. 2d 502, 507 (4th Cir. 1956). Vgl. Buchner, S. 27; Casad/Richman, S. 101/151; Lejeune, RIW 98, 8 (16); Maltz, Duke L. J. 87, 669 (673); Pfeiffer, S. 562; Rosenberg/Hay/Weintraub, S. 90; Schwung, AnwBl 93, 436 (439); Scoles/Hay, S. 307/356.

[1583] World-Wide Volkswagen v. Woodson, 444 US 280, 298 (1980). Vgl. die im Anschluss ergangene Rechtsprechung der Untergerichte: Petroleum Helicopters, Inc. v. Avco Corp., 804 F. 2d 1367, 1371 (5th Cir. 1986); Fidelity and Casualty Co. of New York v. Philadelphia Resins Corp., 766 F. 2d 440, 446 (10th Cir. 1985); Thompson v. Chysler Motors Corp., 755 F. 2d 1162, 1169 (5th Cir. 1985); Bean Dredging Corp. v. Dredge Tech., 744 F. 2d 1081, 1083 (5th Cir. 1984); LaRose v. Sponco Mfg. Inc., 712 F. Supp. 455, 458 (D. N. J. 1989); Price & Sons v. Second Judicial Dist., 831 P. 2d 600 (1992).

möglichkeit über ihre (zukünftige) Gerichtsunterworfenheit eingeräumt, indem sie zukünftig auf die Reichweite und Art und Weise ihrer geschäftlichen Operationen Einfluss ausüben können.[1584] Beliefert also ein Hersteller regelmäßig einen Großhändler in einem Bundesstaat, kann der Hersteller vorhersehen, dass seine Produkte im Gerichtsstaat verkauft werden. Damit unterhält er Mindestkontakte zum Staat und muss sich dort unter Umständen verklagen lassen.[1585]

c. Initiative – „Who went to whom?"

Die Gerichte erachten im Rahmen der Prüfung der zweckgerichteten Nutzbarmachung für maßgeblich, wer die Initiative des Forumkontaktes ergriffen hat. Nach der sog. „Who went to whom?"-Prüfung soll eine Gerichtspflichtigkeit des Beklagten im Gerichtsstaat des Klägers anzunehmen sein, wenn der Beklagte sich dorthin begibt und den Geschäftskontakt auf eigene Initiative sucht. Umgekehrt soll der Kläger der Zuständigkeit der Gerichte im Staat des Beklagten unterliegen, wenn er den Kontakt initiiert.[1586] Allerdings findet die Prüfung keine An-

---

[1584] World-Wide Volkswagen v. Woodson, 444 US 280, 297/298 (1980): „the Due Process Clause (...) gives a degree of predictability to the legal system that allows potential defendants to structure their primary conduct with some minimum assurance as to where that conduct will and will not render them liable to suit." Vgl. auch Buchner, S. 27; Junker, IPRax 86, 197 (201); Kleinstück, S. 11; Pfeiffer, S. 563; Richman/Reynolds, S. 42; Scoles/Hay, S. 306. Kritisch dazu Born, S. 91; Hoppe, S. 262; Casad/Richman, S. 101/153: Ein gut beratener Beklagter werde erwarten, überall dort gerichtspflichtig zu sein, wo ihn das Gericht für gerichtspflichtig befinde. Es sei dann sinnlos, die vom Gericht aufgestellten Erwartungen heranzuziehen, um die Entscheidung des Gerichts zu rechtfertigen. Ferner beruhe diese Prüfung auf der empirischen Hypothese, dass gewöhnliche Menschen Erwartungen angesichts ihrer Gerichtspflichtigkeit anstellten.

[1585] Otto, S. 37; Toepke, FS Stiefel, S. 786.

[1586] Der Standard solle der Erleichterung der Prüfung dienen, ob der Beklagte die Möglichkeit einer Prozessführung im Gerichtsstaat hätte erwarten können, vgl. Casad/Richman, S. 154; Richman/Reynolds, S. 107. Kritisch dagegen Schack, Jurisdictional Minimum Contacts, S. 42: Die Partei, die das größere Bedürfnis nach dem Erwerb von Waren habe, sei regelmäßig gezwungen, die Initiative zu ergreifen und werde durch die Begründung der Zuständigkeit bestraft. Die Prüfung nahm der U. S. Supreme Court in den Entscheidungen in McGee und in Hanson vor, in denen jeweils eine auswärtige beklagte Gesellschaft nur über einen Kunden im Gerichtsstaat verfügte. In der McGee-Entscheidung vermittelte die Beklagte den Versicherten, indem sie ihm ein Angebot in den Gerichtsstaat übersandte, so dass sie freiwillig eine Beziehung zum Gerichtsstaat zu ihrem eigenen Vorteil schuf, vgl. McGee v. International Life Insurance Co., 355 US 220 (1957). In der Hanson-Entscheidung suchte der Beklagte dagegen keinen Geschäftskontakt innerhalb des Gerichtsstaates. Dieser entstand erst mit dem Umzug des Kunden, vgl. Hanson v. Denckla, 357 US 235, 253 (1958). Auch in der Burger King-Entscheidung wandte das Gericht den Standard an und stellte fest, dass es die Beklagten gewesen seien, die auf eine Tätigkeit in ihrem Staat verzichtet hätten und stattdessen jenseits der Grenzen ihres Bundesstaates den Ge-

wendung, wenn eine dritte Partei den Kontakt initiiert hat. In diesem Zusammenhang stellte der U. S. Supreme Court fest, dass die forumbezogenen Aktivitäten einer dritten Partei die zweckgerichtete Nutzbarmachung nicht ersetzen könnten.[1587]

d. „Stream of commerce"

Ein Hersteller oder Zwischenhändler mangelhafter Waren kann nach der Rechtsprechung des U. S. Supreme Court dort gerichtspflichtig sein, wo diese Waren – direkt oder indirekt – durch die Verkaufskette oder den „stream of commerce" vertrieben werden. Der Verkauf einer Ware darf allerdings nicht eine einzelne Transaktion darstellen und muss aus den Bemühungen des Herstellers oder Zwischenhändlers resultieren, sich des Marktes in auswärtigen Staaten für seine Produkte zu bedienen. Ferner muss das in Rede stehende Unternehmen das Produkt in den „stream of commerce" mit der Erwartung geben, dass es von Verbrauchern in dem Gerichtsstaat erworben wird. Dagegen soll das Erfordernis der zweckgerichteten Nutzbarmachung durch den Beklagten nicht erfüllt sein, wenn der Verbraucher das Produkt an einem anderen Ort als dem Gerichtsstaat erwirbt und es dann (vorhersehbar) in den Gerichtsstaat einbringt.[1588]

Seit der Entscheidung Asahi Metal Industry Co., Ltd. v. Superior Court of Solano County genügt die bloße Platzierung des Produkts in eine im Gerichtsstaat endende Verkaufskette nicht für die Begründung von Zuständigkeit. Vielmehr ist ein zusätzliches Verhalten erforderlich, das zweckgerichtet auf den Gerichtsstaat ausgerichtet ist, wie z. B. die Entwicklung des Produktes speziell für den Markt im Gerichtsstaat, die Anzeigenschaltung im Gerichtsstaat, die Errichtung eines Kundenberatungsdienstes im Gerichtsstaat oder die Werbung durch einen Zwischenhändler, der als Verkaufsvertreter vor Ort agieren soll. Ferner rückte der U.

---

schäftskontakt in Florida gesucht hätten, vgl. Burger King Corp. v. Rudzewicz, 471 US 462, 472 (1985). Vgl. auch Casad/Richman, S. 154; Scoles/Hay, S. 305.

[1587] Hanson v. Denckla, 357 US 235, 253 (1958): „(...) the unilateral activity of those who claim some relationship with a non-resident defendant cannot satisfy the requirement of contact with the forum State." Auch im autonomen deutschen und europäischen Recht zum Niederlassungsgerichtsstand wird auf die Initiative des Beklagten insofern abgestellt, als dieser sich bewusst – über seine Niederlassung – auf den fremden Markt begibt und dort wirtschaftlich betätigt. Siehe oben § 4 I. 2. / II. 3.

[1588] World-Wide Volkswagen v. Woodson, 444 US 280, 297/298 (1980) Vgl. auch Haldemann v. Homme Mfg. Co. v. Texacon Indus., 236 F. Supp. 99, 102 (D. Minn. 1964); Buckeye Boiler Co. v. Superior Court, 458 P. 2d 57 (Cal.1969); Gray v. American Radiator & Standard Sanitary Corp., 176 N. E. 2d 761 (Ill. 1961). Vgl. Born, S. 124; Casad/Richman, S. 156; Scoles/Hay, S. 355/356.

S. Supreme Court die Interessensabwägung bei der Begründung der Zuständigkeit in den Vordergrund.[1589]

Der Kläger, ein Motorradfahrer aus Kalifornien, verunglückte bei einem Motorradunfall in Kalifornien schwer, seine Ehefrau kam ums Leben. Er führte den Unfall auf einen defekten Reifen zurück, der zunächst Luft verloren habe und dann explodiert sei. Daher verklagte er vor einem kalifornischen Gericht den taiwanesischen Reifenhersteller Cheng Shin, der seine Produkte nach Kalifornien lieferte. Dieser wiederum nahm – ebenfalls vor dem kalifornischen Gericht – den japanischen Ventillieferanten Asahi auf Regress in Anspruch. Nach vergleichsweiser Beendigung des Verfahrens zwischen dem Kläger und dem taiwanesischen Beklagten verblieb die Regressklage gegen den japanischen Ventilhersteller. Der Regressbeklagte verfügte weder über eine Niederlassung noch über ein Verkaufsbüro in den USA. Er lieferte zwischen 100.000 und 150.000 Ventile jährlich an den Regresskläger. Diese Verkäufe machten allerdings nur einen geringen Teil seines Geschäfts aus. Unstreitig wurden Ventile des Regressbeklagten in Reifen im Bundesstaat Kalifornien verkauft. Der Supreme Court of California bejahte – entgegen der Ansicht des Berufungsgerichts – die internationale Zuständigkeit der kalifornischen Gerichte. Zwar habe der Regressbeklagte weder eine Niederlassung in Kalifornien, noch habe er dort direkt Geschäfte getätigt. Es genüge jedoch die in Kenntnis ihrer Auswirkungen auf den kalifornischen Markt vorgenommene Belieferung des taiwanesischen Reifenherstellers mit Ventilen, gleich wohin diese stattgefunden habe. Außerdem besitze Kalifornien ein staatliches Interesse, seine Sicherheitsstandards bezüglich im Inland vertriebener Produkte allumfassend durchzusetzen. Die Zuständigkeit sei daher „fair and reasonable".[1590]

Der U. S. Supreme Court verneinte im Ergebnis die Zuständigkeit der Gerichte in Kalifornien für die Regressklage, da aufgrund der Erledigung des Hauptprozesses nunmehr die Interessensabwägung bei der Zuständigkeitsprüfung zugunsten des Beklagten ausgehe.[1591] Allerdings fiel die Begründung unterschiedlich aus. Die zentrale Frage war, ob die seit der World-Wide Volkswagen- und der Hanson-Entscheidung für die Zuständigkeitsbegründung geltenden Erfordernisse des Einbringens des Produktes in den Verkehr (stream of commerce) mit der Erwartung, es werde im Gerichtsstaat vom Endabnehmer gekauft werden, und

---

[1589] Asahi Metal Industry Co., Ltd. v. Superior Court of Solano County, 107 S. Ct. 1026, 1029 (1987).

[1590] Asahi Metal Industry Co., Ltd. v. Superior Court of Solano County, 702 P. 2d 543, 551 (1985). Vgl. dazu auch Jayme, IPRax 86, 193 (194).

[1591] Asahi Metal Industry Co., Ltd. v. Superior Court of Solano County, 107 S. Ct. 1026, 1029 (1987).

ferner des Erwachsens finanzieller Vorteile daraus (benefit rule) auch dann heranzuziehen sind, wenn ein US-Bundesstaat das Zielland des von Ausländern im Ausland zusammengesetzten Produkts ist. Es war also zu entscheiden, ob der Warenvertrieb durch den ausländischen (hier japanischen) Zulieferer (und Regressbeklagten) allein in dem Bewusstsein, dass seine außerhalb der USA produzierten, verkauften und an gleichfalls ausländische (hier taiwanesische) Endhersteller (und Regresskläger) gelieferten Produkte über den Vertriebsweg des Endprodukts in den US-amerikanischen Gerichtsstaat gelangen würden, zuständigkeitsbegründende Mindestkontakte schafft.

Zusammenfassend sah das Gericht die Grundsätze von „fair play and substantial justice" wegen fehlender „reasonableness" und „convenience" verletzt. Vier Richter (O`Connor, Powell, Scalia, Rehnquist) verneinten jegliche „minimum contacts" zum Gerichtsstaat Kalifornien. Der Regressbeklagte verfüge weder über Niederlassungen, Büros, Vertretungen oder Eigentum, noch betreibe er dort direkt Geschäfte oder Werbung. Damit habe sich der Beklagte in keiner Weise zielgerichtet des kalifornischen Marktes bedient. Zwar sei es ausreichend, wenn der Vertrieb in den Gerichtsstaat beabsichtigt erfolge und damit finanzielle Vorteile für den Hersteller vorhersehbar seien. Der bloße Gebrauch durch den Konsumenten im Gerichtsstaat sei davon aber nicht erfasst. Erforderlich sei vielmehr eine aktive und zweckgerichtete Einflussnahme auch des Zulieferers auf den Vertrieb im Gerichtsstaat. Das bloße Einbringen des Produktes in die Vertriebskette reiche nicht aus. Selbst das Bewusstsein, über eine Vertriebskette und zwischengeschaltete Hersteller indirekt einen Teil des Marktes zu beliefern, sei ohne zusätzliches zielgerichtetes Verhalten (additional conduct), das eine entsprechende Absicht erkennen lasse, nicht ausreichend.[1592]

[1592] Asahi Metal Industry Co., Ltd. v. Superior Court of Solano County, 107 S. Ct. 1026, 1033 (1987): „(...) The "substantial connection" between the defendant and the forum State necessary for the finding of minimum contacts must come about by an action of the defendant purposefully directed toward the forum state. (...) The placement of a product into the stream of commerce, without more, is not an act of the purposefully directed toward the forum State (...) A defendant`s awareness that the stream of commerce may or will sweep the product into the forum State does not convert the mere act of placing the product into the stream into an act purposefully directed toward the forum State." Vgl. auch die diesem Ansatz folgende Rechtsprechung der Untergerichte: Boit v. Gar-Tec Prods., Inc., 967 F. 2d 671, 675 (1st Cir. 1992); Narco Avionics, Inc. v. Sportsman's Mkt., Inc., 792 F. Supp. 398, 402 (E. D. Pa. 1992); Soupart v. Houei Kogyo Co., 770 F. Supp. 282, 284 (W. D. Pa. 1991); Williamson v. Consolidated Rail Corp., 712 F. Supp. 48, 50 (M. D. Pa. 1989). Vgl. Born, S. 125; Fawcett, 37 I. C. L. Q., 645 (647); Gottwald, FS Geimer, S. 241; Hoppe, S. 269; Lejeune, RIW 98, 8 (16); Maltz, Duke L. J. 87, 669 (678); Meier, S. 62; Richman/Reynolds, S. 60; Schwung, AnwBl 93, 436 (439); Scoles/Hay, S. 358. Kritisch dazu Casad/Richman, S. 157/158: Die Erwägungen von Richterin O`Connor beträfen

Vier andere Richter (Brennan, White, Marshall, Blackmun) erachteten es als ausreichend, dass der japanische Regressbeklagte sich nur bewusst war, dass das seine Produkte enthaltene Endprodukt im Gerichtsstaat vertrieben werde. Zusätzliches zielgerichtetes Verhalten sei für eine Begründung von „minimum contacts" nicht erforderlich.[1593]

Die Richter Stevens, White und Blackmun hielten die Überprüfung von „minimum contacts" darüber hinaus schlechthin für verfehlt, wenn die Ausübung von Zuständigkeit über den Regressbeklagten unvernünftig und unfair sei. Das Erfordernis von „fair play and substantial justice" könne internationale Zuständigkeit selbst dann in Frage stellen, wenn der Beklagte im Gerichtsstaat zielgerichtet gehandelt habe. Auch wenn der „purposeful availment"-Standard anwendbar sei, sei die Abgrenzung zu bloßem Bewusstsein des Inverkehrbringens noch nicht exakt genug. Zwar lasse die massenhafte Auslieferung von Zulieferteilen über mehrere Jahre hinweg ein zielgerichtetes, aktives Verhalten vermuten, das „purpose availment" bedürfe aber genauerer verfassungsmäßiger Bestimmung nach Umfang, Wert und Gefährlichkeit der vertriebenen Produkte.[1594]

Übereinstimmend wurde die Einhaltung der traditionellen Erwägungen von „fair play and substantial justice" für maßgeblich erachtet. Dies gelte umso mehr, als extensiv angenommene internationale Zuständigkeit prozessuale und materiellrechtliche Interessen anderer Nationen und US-außenpolitischer Beziehungen berühre. Träten aber Kläger- und eigene bundesstaatliche Interessen zurück,

---

die Fairness-Prüfung und die Interessensabwägung, hätten aber mit der „zweckgerichteten Nutzbarmachung" nichts zu tun. Das Gericht solle in Zukunft zu den Erwägungen aus World-Wide Volkswagen zurückkehren. Anderenfalls bestünde die Gefahr, dass US-amerikanische Verbraucher, die durch ein defektes Produktteil verletzt würden, häufig nicht in der Lage seien, den ausländischen Hersteller in den USA zu verklagen. Angesichts der aber teuren und beklagtenfreundlichen ausländischen Rechtssysteme, sei die Prozessführung im Gerichtsstaat des Beklagten selten eine praktische Alternative. Kritisch auch Weintraub, S. 193.

[1593] Asahi Metal Industry Co., Ltd. v. Superior Court of Solano County, 107 S. Ct. 1026, 1035 (1987): „(…) I see no need for (…) a showing of additional conduct (…) As long as a participant in this process is aware that the final product is being marketed in the forum State, the possibility of a lawsuit there cannot come as a surprise. Nor will the litigation present a burden for which there is no corresponding benefit." Vgl. auch die diesem Ansatz folgende Rechtsprechung der Untergerichte: Barone v. Rich Bros. Interstate Display Fireworks Co., 25 F. 3rd 610, 614 (8th Cir. 1994); Beverly Hills Fan Co. v. Royal Sovereign Corp., 21 F. 3rd 1558, 1566 (Fed. Cir. 1994); Ruston Gas Turbines v. Donaldson Co., 9 F. 3rd 415, 420 (5th Cir. 1993); Best Form, Inc. v. Richards Products, Inc., 631 So. 2d 1123, 1124 (Fla. Dist. Ct. App. 1994). Vgl. Hoppe, S. 269; Maltz, Duke L. J. 87, 669 (678); Richman/Reynolds, S. 60.

[1594] Asahi Metal Industry Co., Ltd. v. Superior Court of Solano County, 107 S. Ct. 1026, 1038 (1987).

müsse die außergewöhnliche Belastung des Beklagten entsprechende Beachtung finden. Zu berücksichtigen seien daher das Interesse des ausländischen Beklagten, nicht in einen in den USA zu führenden Prozess hineingezogen zu werden, sowie die Interessen des Gerichtsstaates und des Klägers.[1595] Vorliegend träfe beide Parteien die Last, sich einem ausländischen Rechtssystem zu unterwerfen. Ein überwiegendes Interesse des Regressklägers, einen aus einer ausschließlich ausländischen Lieferung herrührenden Rechtsstreit in Kalifornien zu führen, bestehe nicht. Auch besitze Kalifornien kein vorrangiges Staatsinteresse. Die Ausübung der internationalen Zuständigkeit sei daher nicht „reasonable and convenient", zumal die Bedeutung der Durchführung einer isolierten Regressklage für den Verbraucherschutz im Forum begrenzt und der Abschreckungseffekt auch anderenorts erreichbar sei.[1596]

[1595] Asahi Metal Industry Co., Ltd. v. Superior Court of Solano County, 107 S. Ct. 1026, 1028 (1987): „(...) the unique burdens placed upon one who must defend oneself in a foreign legal system should have significant weight in assessing the reasonableness of stretching the long arm of personal jurisdiction over national borders."

[1596] Asahi Metal Industry Co., Ltd. v. Superior Court of Solano County, 107 S. Ct. 1026, 1029 (1987). Vgl. auch Born, S. 125; Maltz, Duke L. J. 87, 669 (679); Richman/Reynolds, S. 57/58; Scoles/Hay, S. 291/308/358. Die Auswirkungen dieser Rechtsprechung werden in der deutschen Literatur unterschiedlich bewertet. Teilweise wird vertreten, dies Ausführungen könnten ein Hinweis sein, dass die US-amerikanischen Gerichte in Zukunft ihre internationale Zuständigkeit restriktiver interpretierten. Denn von vier Richtern seien strengere Kriterien für das Vorliegen zuständigkeitsbegründender Mindestkontakte formuliert worden, obwohl dies für die Entscheidung des Falles nicht erforderlich gewesen sei. So könne die Zuständigkeit US-amerikanischer Gerichte in Zukunft davon abhängen, ob der Beklagte seine Aktivitäten planmäßig auf die USA ausgedehnt habe. Deutsche Unternehmen müssten dann nicht mehr mit einem Prozess in den USA rechnen, wenn sie lediglich ihre Produkte in die USA exportierten oder ein Dritter diese Produkte dort auf den Markt bringe. Habe bisher ein deutscher Hersteller seine Waren in den Handelsverkehr gebracht und könne er vorhersehen, dass seine Waren die USA erreichten, sei dadurch die allgemeine Zuständigkeit begründet worden, da die Rechtsprechung die Vorhersehbarkeit des Erreichens des Gerichtsstaats seit World-Wide Volkswagen für ausreichend erachtet habe. Vgl. Dethloff, NJW 88, 2160 (2161); H. Müller, S. 35. Vgl. allgemein zu den Schwierigkeiten der Untergerichte, nach Asahi ihre internationale Zuständigkeit zu begründen: Abend, IPRax 89, 325 (325). Kritisch dagegen Lejeune, RIW 98, 8 (16); Meier, S. 64; Otte, IPRax 87, 384 (386): Es sei auch zu beachten, dass bei stärkeren Interessen des Regressklägers das Gericht „reasonableness" und „convenience" möglicherweise bejaht hätte. Dies gelte insbesondere, wenn der Erstprozess fortgesetzt worden wäre, denn die vergleichsweise Einigung zwischen Kläger und Regresskläger habe für die Entscheidungsfindung des Gerichts einiges Gewicht. Die Auswirkungen der Entscheidung seien im Übrigen fatal. Eine Ablehnung internationaler Zuständigkeit zu jedem Zeipunkt sei damit mehr denn je in das Belieben des Gerichts gestellt. Vgl. auch Otte, IPRax 91, 263 (266); Otto, S. 38/39. Vgl. ferner Hoppe, S. 270 ff., die sich für einen objektivierten Ansatz bei der Etablierung der „minimum contacts" einsetzt. Ein solcher ließe eine stärkere Subjektivierung im Rahmen der Fairness-Analyse und damit eine stärkere Berücksichti-

3. Bezug

Die Klage muss ferner – ähnlich wie beim autonomen deutschen und europäischen Gerichtsstand der Niederlassung[1597] – aus den gerichtsstaatsbezogenen Aktivitäten des Beklagten entstanden sein (arises out of) bzw. einen Bezug zu ihnen aufweisen (is related to).[1598]

Allerdings sind die Einzelheiten umstritten.[1599] Es besteht nur Einigkeit darüber, dass „specific jurisdiction" gegeben ist, wenn der Anspruch des Klägers direkt aus den Kontakten des Beklagten im Gerichtsstaat entstanden ist bzw. dass die Zuständigkeit entfällt, wenn der Anspruch keinerlei Bezug zu den Verbindungen zum Gerichtsstaat aufweist.[1600] Die Mehrheitsmeinung des U. S. Supreme Court in der Helicopteros Nacionales-Entscheidung entschied sich, zu der von Richter Brennan in dessen „dissenting opinion" aufgeworfenen Frage nach einer dritten Kategorie, in der der Anspruch des Klägers zwar nicht aus den Verbindungen des Beklagten entstanden sein, dennoch aber einen Bezug dazu aufweisen können sollte, keine Stellung zu nehmen.[1601] In der Folgezeit entwickel-

---

gung der Situation des Beklagten im Einzelfall zu. Insbesondere bedeute Objektivierung aber Voraussehbarkeit und damit Rechtssicherheit.

[1597] Siehe oben § 4 I. 4. / II. 5.

[1598] Burger King Corp. v. Rudzewicz, 471 US 462, 472 (1985); Jones v- Petty-Ray Geographical, Geosource, Inc., 954 F. 2d 1061, 1068 (5th Cir. 1992): „(...) when specific jurisdiction is asserted, the cause of action must arise out of or relate to the nonresident defendant`s contacts with the forum state."; Wells Fargo & Co. v. Wells Fargo Express Co., 556 F. 2d 406, 412 (1977): „(...) two principal factors must be considered in determining whether a court may constitutionally exercise personal jurisdiction over a given corporate defendant: the significance of the defendant's contacts with the forum and the relationship of the cause of action to those forum contacts."; Hoechst Celanese Corp. v. Nylon Eng`g Resins, Inc., 896 F. Supp. 1190, 1193 (M. D. Fla. 1995): „(...) court must consider whether defendant has purposefully established certain minimum contacts with the forum state out of which the instant action arises"; Casad/Richman, S. 159; Grothe, RabelsZ 58, 686 (698); Hay, Conflict, S. 66; Hoppe, S. 254; Rose, 82 Calif. L. Rev., 1545 (1545 f.).

[1599] Third Nat'l Bank v. WEDGE Group, Inc., 882 F. 2d 1087, 1091 (6th Cir. 1989); Standard Life & Accident Ins. Co. v. Western Fin., Inc., 436 F. Supp. 843, 846 (W. D. Okla. 1977); Brilmayer, 4 S. Ct. Rev., 77, 80; Casad/Richman, S. 159; Scoles/Hay, S. 301.

[1600] Casad/Richman, S. 159; Scoles/Hay, S. 301.

[1601] Helicopteros Nacionales de Colombia S. A. v. Hall, 466 US 408, 415 (1984): „(...) we decline to reach the questions (...) whether the terms „arising out of" and „related to" describe different connections between a cause of action and a defendant`s contacts with a forum (...) and what sort of tie between an cause of action and a defendants`s contacts with a forum is necessary to a determination that either connection exists." Vgl. auch Scoles/Hay, S. 301/345.

ten die Untergerichte daher eigene Kriterien für die Konkretisierung des „Bezug"-Merkmals.[1602]

a. „But for"-Standard

Vornehmlich unter den Bundesberufungsgerichten[1603] wird der sog. „but for"-Standard angewandt. Danach kann das Gericht „specific jurisdiction" trotz (möglicherweise) fehlenden Bezugs des eingeklagten Anspruchs zu den gerichtsstaatsbezogenen Aktivitäten annehmen, wenn ohne diese Tätigkeiten des Beklagten der der Klage zugrunde liegende Anspruch nicht entstanden wäre.[1604] Erforderlich ist also eine ununterbrochende Kausalkette zwischen Forumstätigkeit und Anspruch.

In der Entscheidung Shute v. Carnival Cruise Lines machte die im US-Bundesstaat Washington ansässige Klägerin vor einem Bundesbezirksgericht in Washington Schadensersatzansprüche aus Fahrlässigkeit wegen eines Unfalls auf einem Kreuzfahrtschiff geltend. Die Beklagte, Carnival Cruise Lines, eine panamaische Gesellschaft mit Hauptgeschäftssitz in Miami, Florida, betrieb eine Kreuzschifffahrtlinie. Im Gerichtsstaat war sie weder zu Geschäftsaktivitäten registriert, noch besaß sie dort Eigentum, ein Bankkonto oder war dort steuerpflichtig. Auch betrieb sie keine Schiffe, die dortige Häfen anliefen und beschäf-

---

[1602] Einige Gerichte waren zurückhaltend, „specific jurisdiction" anzunehmen, wenn der klägerische Anspruch nicht direkt aus den forumbezogenen Aktivitäten des Beklagten entstanden war, vgl. Sybaritic Inc. v. Interport Int'l, Inc., 957 F. 2d 522, 525 (8th Cir. 1992); Pizarro v. Hoteles Concorde Int'l C. A., 907 F. 2d 1256, 1259 (1st Cir. 1990). Andere entwickelten großzügigere Ansätze, um das geforderte Maß an Bezug zu konkretisieren. Teilweise wurde verlangt, dass der Anspruch entweder aus den Forumkontakten des Beklagten entstanden sein oder einen Bezug dazu aufweisen müsse, vgl. Ruston Gas Turbines, Inc. v. Donaldson Co., 9 F. 3rd 415, 418 (5th Cir. 1993). Andere erlaubten „specific jurisdiction", wenn der Anspruch zu den forumbezogenen Aktivitäten des Beklagten eine substantielle Beziehung (substantial relation) aufwies, vgl. Third Nat'l Bank v. Wedge Group, Inc., 882 F. 2d 1087, 1091 (6th Cir. 1989), durch die Akivitäten ermöglicht (made possible by) wurde, vgl. Lanier v. American Board of Endodontics, 843 F. 2d 901, 908/909 (6th Cir. 1988) oder auf deren Spur (in the wake of) lag, vgl. Deluxe Ice Cream Co. v. R. C. H. Tool Corp., 726 F. 2d 1209, 1215/1216 (7th Cir. 1984). Vgl. auch Scoles/Hay, S. 301.

[1603] Ballard v. Savage, 65 F. 3rd 1495, 1500 (9th Cir. 1995); Creech v. Roberts, 908 F. 2d 75, 78 (6th Cir. 1990); Third Nat'l Bank v. WEDGE Group, Inc., 882 F. 2d 1087, 1091 (6th Cir. 1989); Heil v. Morrison Knudson Corp., 863 F. 2d 546, 550 (7th Cir. 1988); Prejean v. Sonatrach, Inc., 652 F. 2d 1260, 1269 (5th Cir. 1981); Deluxe Ice Cream Co. v. RCH Tool Corp., 726 F. 2d 1209, 1215; In-Flight Devices Corp. v. Van Dusen Air, Inc., 466 F. 2d 220, 226 (6th Cir. 1972); Obermeyer v. Gilliland, 873 F. Supp. 153, 157 (C. D. Ill. 1995); Source Assocs., Inc. v. Suncast Group, 709 F. Supp. 1023, 1025 (D. Kan. 1989); Grimandi v. Beech Aircraft Corp., 512 F. Supp. 764, 767 (D. Kan. 1981). Vgl. Scoles/Hay, S. 302.

[1604] Casad/Richman, S. 161; Scoles/Hay, S. 302/345.

tigte vor Ort keine exklusiven Verkaufsagenten. Allerdings schaltete sie für ihre Reisen Anzeigen in den lokalen Zeitungen, verteilte Broschüren an Reisebüros, die an potentielle Kunden weitergegeben wurden, und hielt regelmäßig Informationsseminare für Reisebüros ab, um sie über ihre Kreuzfahrten zu informieren und zu deren Verkauf zu ermutigen. Die Beklagte zahlte den Reisebüros eine Provision von 10 % für verkaufte Tickets. Die Klägerin erwarb eine Kreuzfahrt von Kalifornien nach Mexiko mit einem Kreuzfahrtschiff der Beklagten über ein Reisebüro in Washington, welches die Bezahlung an die Beklagte in Florida weiterleitete. Die Tickets wurden dann in Florida ausgestellt und an die Klägerin gesandt. Während der Kreuzfahrt, als sich das Schiff in internationalen Gewässern vor der Küste Mexikos befand, rutschte die Klägerin auf dem Deck aus und verletzte sich.[1605]

Das Bundesberufungsgericht lehnte zunächst eine allgemeine Zuständigkeit mangels ausreichender dauerhafter und systematischer Kontakte der Beklagten im Gerichtsstaat ab. Die Anforderungen an „general jurisdiction" seien hoch, allein die Anzeigenschaltung, die Verteilung von Broschüren oder die Zahlung von Provisionen seien nicht ausreichend. Für die Begründung von spezifischer Zuständigkeit müsse die Beklagte Handlungen zweckgerichtet auf den Gerichtsstaat ausgerichtet haben, um sich die damit verbundenen Vorteile und den Schutz der Gesetze nutzbar zu machen. Die genannten Umstände sowie die Abhaltung der Werbeseminare genügten dem Gericht, da die Beklagte auf diese Weise geschäftlich tätig werde und versuche, zielgerichtet neue Kundschaft im Gerichtsstaat anzuwerben. Das Gericht setzte sich dann mit dem Erfordernis der Entstehung des Anspruchs aus den gerichtsstaatsbezogenen Aktivitäten der Beklagten auseinander[1606] und bejahte es im vorliegenden Fall. Denn die geschäftli-

---

[1605] Shute v. Carnival Cruise Lines, 863 F. 2d 1437, 1438 (9th Cir. 1988).

[1606] Dabei fühlte es sich an gegenteilige Rechtsprechung anderer Berufungsgerichte nicht gebunden, verwies auf die eigene Rechtsprechung, die bereits den „but for"-Standard indiziert habe und erklärte ausdrücklich die Anwendbarkeit der Prüfung auf den vorliegenden Fall. Der restriktivere Ansatz anderer Berufungsgerichte, der auf eine adäquate Ursache (proximate cause) abstelle, begrenze unnötigerweise die ursprüngliche Bedeutung des Begriffs „Entstehung" (arising out of). Ferner werde die Anwendung des „but for"-Standards den Fällen besser gerecht, in denen auswärtige Hersteller mangelhafte Produkte in den Gerichtsstaat sendeten. Die Prüfung halte die wesentliche Unterscheidung zwischen allgemeiner und spezifischer Zuständigkeit aufrecht. Danach könne ein Beklagter dann nicht gerichtspflichtig gemacht werden, wenn der mangelnde Bezug der Aktivitäten zum Klagegrund auf mangelnder oder fehlerhafter Darlegung von dauerhaften und systematischen Kontakten i. S. d. allgemeinen Zuständigkeit beruhe. Er bewahre das Erfordernis einer Verbindung (nexus) zwischen dem Klagegrund und den Aktivitäten des Beklagten im Gerichtsstaat. Eine restriktive Auslegung des Entstehungs-Erfordernisses sei nicht notwendig, um den möglichen Beklagten vor unfairer Gerichtspflichtigkeit zu schützen. Wenn die

chen Aktivitäten der Beklagten hätten die Klägerin über das Reisebüro auf die Reisen der Beklagten aufmerksam gemacht. Hätte die Beklagte diese Tätigkeiten nicht ausgeübt, hätte die Klägerin die Reise nicht unternommen und hätte sich die Verletzung nicht zugezogen. Am Ende setzte sich das Gericht im Rahmen der „reasonableness"-Erwägungen und Interessensabwägung mit der Belastung der Beklagten, dem gerichtsstaatlichen Interesse an dem Rechtsstreit, dem möglichen Konflikt mit dem Heimatstaat der Beklagten, der effizienten Lösung des Rechtsstreits, den klägerischen Interessen an einer effektiven Rechtsverfolgung und der Existenz anderer möglicher Foren auseinander und bejahte schließlich die Zuständigkeit des angerufenen Gerichts.[1607]

Verbindung nicht ausreiche, widerspreche die Ausübung der Zuständigkeit ohnehin dem „due process"-Gebot.

[1607] Shute v. Carnival Cruise Lines, 863 F. 2d 1437, 1438 (9th Cir. 1988). Kritisch dagegen Casad/Richman, S. 162/163/164: Der Versuch, einen für die „specific jurisdiction" erforderten genauen Grad an Bezogenheit zu ermitteln, sei „verschwendete Energie". Zwischen den beiden Extremen „arising out of" und „totally unrelated to" gebe es zu viele verschiedene Abwandlungen und Variationen, um diese katalogartig aufzählen zu können. Ein Teil des klägerischen Anspruchs könne eng mit den Gerichtsstaatskontakten des Beklagten verbunden sein, dagegen ein anderer Teil überhaupt keine Verbindung aufweisen. Oder der klägerische Anspruch könne aus den Aktivitäten des Beklagten außerhalb des Gerichtsstaates entstanden sein, die eine Vertragsverletzung zur Folge hätten, deren zugrunde liegende vertragliche Beziehung aber wesentlich im Gerichtsstaat begründet worden sei. Schließlich könne ein Anspruch außerhalb des Gerichtsstaates entstanden sein, der aber ohne die innerstaatlichen Aktivitäten des Beklagten nicht zustande gekommen wäre. Erfolgversprechender sei vielmehr eine variable Prüfung i. S. e. sog. „sliding scale" (stufenlose Skala). Je schwächer die Verbindungen des Beklagten zu dem Gerichtsstaat in Quantität und Qualität seien, desto stärker müsse die Beziehung zwischen dem klägerischen Anspruch und den Forumkontakten des Beklagten zum Forum sein. Umgekehrt erlaubten starke Verbindungen zu dem Gerichtsstaat geringere Bezüge zwischen Anspruch und Forumaktivität. An den jeweiligen Enden dieses Spektrums stünden dann die Modelle von „general" bzw. „specific jurisdiction". Es gebe kaum eine Rechtfertigung für eine strenge Teilung zwischen „general" und „specific jurisdiction" bzw. einen Grund darauf zu bestehen, dass eine angemessene Ausübung von Zuständigkeit entweder dem einen oder dem anderen Ende entspreche, ohne dass auch Konstellationen dazwischen fielen. Zwar begründeten v. a. die Untergerichte das Bezugs-Erfordernis mit der Aufrechterhaltung von „general" und „specific jurisdiction". Die Frage sei aber, ob eine derartige Entweder-Oder-Lösung notwendig sei. Habe der Beklagte mit dem Gerichtsstaat erst einmal angemessene Kontakte begründet, seien keine anderen dogmatischen Überlegungen außer denen zu Fairness anzustellen. Aber gerade der variable Ansatz passe genau in die Fairness-Erwägungen hinein. Er stelle lediglich einen weiteren Faktor in den Überlegungen zur gesamten „reasonableness" der Ausübung der Zuständigkeit dar. Der bisherige Ansatz erfordere eine ausgedehnte, konzeptionistische Alles-oder-Nichts-Analyse des Bezugs. Eine Analyse, die dem Spektrum von möglichen Verbindungen zwischen dem klägerischen Anspruch und den Verbindungen des Beklagten zum Gerichtsstaat aber nicht gerecht werde.

b. „Proximate cause"-Standard

Nach dem sog. „proximate cause"- oder „substantive relevance"-Standard sind eine „but for"-Beziehung sowie weitere Kontakte erforderlich, die eine direkte Beziehung zu dem Rechtsstreit aufweisen. Die Kontakte werden nur dann als ausreichend beziehungsreich angesehen, wenn sie auch materiell-rechtliche Relevanz (substantive relevance) haben.[1608]

In der Entscheidung RAR, Inc. v. Turner Diesel, Ltd. machte die Klägerin, eine Gesellschaft ansässig im Bundesstaat Illinois, Schadensersatzansprüche wegen Vertragsbruches gegen die Beklagte – ein Gesellschaft mit Sitz in Schottland – vor einem Bundesdistrikgericht des Staates Illinois geltend.

Die Beklagte besaß im Gerichtsstaat weder Büros, noch beschäftigte sie dort Angestellte oder unterhielt ein Bankkonto. Auch produzierte sie keine Produkte für den generellen Verkauf im Gerichtsstaat. Zwischen 1991 und 1993 erwarb sie von der Klägerin verschiedene Motorenteile. Bei mindestens 100 Gelegenheiten bat sie die Klägerin um günstige Angebote für Motoren oder Motorenteile, die sie zu erwerben beabsichtigte. Dabei faxte sie ihre Anfragen gewöhnlich an die Klägerin oder diese sandte Vertreter für persönliche Gespräche mit Verkaufsvertretern der Klägerin nach Illinois. Die Anfragen führten zu mehr als 20 verschiedenen Verträgen über den Verkauf von Motorenteilen von der Klägerin an die Beklagte. Dabei übersandte die Klägerin die Teile üblicherweise direkt an die von der Beklagten gewünschten Orte. 1992 informierte die Beklagte die Klägerin, dass ein anderes Unternehmen aus Schottland an dem Verkauf von vier Motoren interessiert sei, die die Klägerin ggf. zum Wiederverkauf in den USA erwerben könne. Bei zwei verschiedenen Besuchen in Schottland untersuchte ein Vertreter der Klägerin die Maschinen. Im Anschluss daran wurde ein Vertrag zwischen der Klägerin und dem Unternehmen ausgehandelt. Vertreter der Parteien verhandelten sowohl telefonisch als auch persönlich, ob die Beklagte bestimmte Teile der erworbenen Motoren von der Klägerin erwerben wolle. Schließlich einigte man sich, dass die Beklagte die Motoren von dem dritten Unternehme abholen, die gewünschten Teile abmontieren und die restlichen Motoren in die USA versenden sollte. Alle Teile sollten nach Detroit, Michigan geschickt werden, weil die Klägerin vor Ort keinen Lagerraum besaß. Die Beklagte ließ die Teile über eine andere schottische Gesellschaft verschiffen. Unterwegs wurden zwei Motoren beschädigt.[1609]

[1608] Morris v. Barkbuster, Inc., 923 F. 2d 1277, 1282 (8th Cir. 1991); Pizarro and others v. Hoteles Concorde International, C. A., 907 F. 2d 1256, 1258 (1st Cir. 1990); Gelfand v. Tanner Motor Tours Ltd., 339 F. 2d 317, 322 (2nd Cir. 1964); Brilmayer, 101 Harv. L. Rev., 1444 (1463); Brilmayer, 4 S. Ct. Rev., 77 (82); Scoles/Hay, S. 302; Twitchell, 101 Harv. L. Rev., 610 (652).

[1609] RAR, Inc. v. Turner Diesel, Ltd., 107 F. 3rd 1272, 1275 (7th Cir. 1997).

Für das Gericht war die entscheidende Frage, wie eng die Verbindung zwischen Klagegrund und der wirtschaftlichen Betätigung im Gerichtsstaat sein musste, um eine persönliche Zuständigkeit annehmen zu können. Da das Gericht kein einschlägiges Staatenrecht fand, wandte es sich den bundesrechtlichen Anforderungen an „due process" zu. Mangels dauerhafter und systematischer Kontakte der Beklagten verneinte es eine allgemeine Zuständigkeit und wandte sich der „specific jurisdiction" zu. Dabei ging es auf das Erfordernis der zweckgerichteten Ausrichtung ein und stellte klar, dass die Klage aus den Mindestkontakten entstanden sein oder einen Bezug dazu aufweisen müsse.[1610] Im vorliegenden Fall würden die Kontakte der Beklagten zum Gerichtsstaat dem Gericht keine Auskunft über den Klagegrund der Klägerin geben. Das Ergebnis der Vertragsbruchsklage stehe mit den früheren Gerichtsstaatskontakten in keinem Zusammenhang. Auch vermittelten sie dem Gericht kein besseres Verständnis der wirtschaftlichen Bedeutung des Vertrags. Ausnahmsweise habe die Beklagte die Motoren erworben und für die Verschiffung fertig gemacht. Die Mehrzahl der Aktivitäten, insbesondere die Verhandlungen, sei in Schottland vorgenommen worden. Auch fänden sich keine anderen maßgeblichen Kontakte, so dass die Beklagte der Zuständigkeit der angerufenen Gerichte nicht unterworfen werden könne.[1611]

[1610] Das Gericht befand die bloß lose kausale Verbindung zwischen den Kontakten der Beklagten in den Gerichtsstaat und dem Klagegrund für nicht ausreichend, um eine Zuständigkeit in Übereinstimmung mit Fairplay und Gerechtigkeit begründen zu können. Die Klage müsse direkt aus den spezifischen Kontakten zwischen dem Beklagten und dem Gerichtsstaat entstanden sein. Bei Vertragsbruchklagen seien für die „minimum contacts"-Prüfung regelmäßig nur die Verhandlungen der Parteien bezüglich des in Streit stehenden Vertrags maßgeblich. Für eine zuständigkeitsrechtliche Relevanz müssten die Kontakte zum Gerichtsstaat entweder materiell-rechtliche Auswirkungen für die Parteien haben oder zumindest dem Gericht Informationen über die wirtschaftliche Substanz des Vertrages vermitteln. Die Anwendung eines milderen Standards trenne die „due process"-Analyse von den einzelstaatlichen Interessenerwägungen. Ferner würde ein anderer Standard möglichen Beklagten bezüglich der kausalen Verbindungen zwischen Kontakten und dem Rechtsstreit keine Rechtssicherheit vermitteln. Vgl. RAR, Inc. v. Turner Diesel, Ltd., 107 F. 3rd 1272, 1278 (7th Cir. 1997).

[1611] RAR, Inc. v. Turner Diesel, Ltd., 107 F. 3rd 1272, 1279 (7th Cir. 1997). Teilweise werden in der US-amerikanischen Literatur beiden Standards Defizite nachgesagt. An dem „but for"-Standard könne kritisiert werden, dass er – logisch zu Ende gedacht – in einigen Konstellationen sehr weit gehe und dabei weit entfernte Kontakte als ausreichend erscheinen liesse, um die Zuständigkeit zu begründen. Die Gefahr dabei sei, dass er die Unterscheidung zwischen „general" und „specific jurisdiction" nahezu aufgebe. Der „substantive relevance"-Standard sei dagegen dehnbarer, es bestehe aber die Wahrscheinlichkeit, dass sich der Rechtsstreit in erster Linie auf die Frage der Bezogenheit konzentriere. Dies könne zu einer Anwendung dergestalt führen, dass dem Kläger ein faires und gerechtes Forum entzogen werde. Vgl. Scoles/Hay, S. 303.

4. „Fair play and substantial justice"

Schließlich muss die Ausübung von „specific jurisdiction" den Grundsätzen von „fair play and substantial justice" entsprechen.[1612]

Seit der Entscheidung des U. S. Supreme Court in Burger King Corp. trifft die Beweislast für das Nicht-Vorliegen von Fairness-Gesichtspunkten grundsätzlich den Beklagten.[1613]

Wesentliche Kriterien für die Abwägung im Rahmen der „fairness"-Erwägungen sind – wie bereits erwähnt – die Verteidigungslast des Beklagten im Gerichtsstaat, das Interesse des Gerichtsstaates an der Durchführung des Verfahrens, die Angemessenheit und Effektivität des Rechtsschutzes für den Kläger, das Interesse der einzelstaatlichen Rechtssysteme an der effizientesten Lösung des Rechtsstreits und das Ausmaß der zielgerichteten Erwägungen des Beklagten im Forum[1614] sowie das den Staaten gemeinsame Interesse an der Förderung von grundlegenden materiellen Rechtsgrundsätzen.[1615]

a. Verteidigunglast

Zwar betont der U. S. Supreme Court die vornehmliche Berücksichtigung der Verteidigungslast des Beklagten.[1616] In der Burger King-Entscheidung hatte auch das Bundesberufungsgericht bezüglich der Gerichtspflichtigkeit Bedenken, da der Beklagte durch die große Entfernung zum Gerichtsstaat möglicherweise nicht in der Lage sei, Zeugen zu benennen. Der U. S. Supreme Court wies diese jedoch mit der Begründung fort, sie entbehrten jeder tatsächlichen Grundlage im

---

[1612] Asahi Metal Industry Co., Ltd. v. Superior Court, 107 S. Ct. 1026, 1033 (1987); Burger King Corp. v. Rudzewicz, 471 US 462, 476 (1985); World-Wide Volkswagen Corp. v. Woodson, 444 US 286, 292 (1980); Shute v. Carnival Cruise Lines, 863 F. 2d 1437, 1441 (9th Cir. 1988); Lake v. Lake, 817 F. 2d 1416, 1421 (9th Cir. 1987); Casad/Richman, S. 164; Hay, Conflict, S. 68; Scoles/Hay, S. 307.

[1613] Burger King Corp. v. Rudzewicz, 471 US 461, 477 (1984): „(...) where a defendant who purposefully has directed his activities at forum residents seeks to defeat jurisdiction, he must present a compelling case that the presence of some other consideration would render jurisdiction unreasonable." Vgl. Casad/Richman, S. 165.

[1614] Shute v. Carnival Cruise Lines, 863 F. 2d 1437, 1446 (9th Cir. 1988); Corporate Inv. Business Brokers v. Melcher, 824 F. 2d 786, 790 (9th Cir. 1987).

[1615] Brainerd v. Governors of the University, 873 F. 2d 1257, 1259 (9th Cir. 1989); Sinatra v. National Inquirer, Inc., 854 F. 2d 1191, 1194 (9th Cir. 1988); Shute v. Carnival Cruise Lines, 863 F. 2d 1437, 1446 (9th Cir. 1988); Born, S. 126; Buchner, S. 28; Goldstein, DAJV-NL 1/05, 16 (17); Gottwald, FS Geimer, S. 242; Hay, Conflict, S. 68; Hoppe, S. 278; Meier, S. 63; Richman/Reynolds, S. 110; Teply/Whitten, S. 291.

[1616] World-Wide Volkswagen Corp. v. Woodson, 444 US 286, 292 (1980): „(...) always a primary concern." Siehe dazu auch oben § 6 III. 4.

Sachverhalt.[1617] In Ashai bezog sich das Gericht dagegen auf die außergewöhnliche Last des beklagten japanischen Herstellers, sich in Kalifornien verteidigen zu müssen. Ashai sei gezwungen gewesen, die beträchtliche Entfernung zwischen Japan und Kalifornien zu überwinden und den Rechtsstreit einem ausländischen Rechtssystems zu überlassen.[1618]

b. Interessensabwägung

In einer vorangegangenen Entscheidung – Afram Export Corp. v. Metallurgiki Halyps, S. A. – mit Beteiligung eines ausländischen Beklagten verschaffte das Gericht nach der Interessensabwägung allerdings noch dem einheimischen Kläger einen Gerichtsstand in den USA.

Die Klägerin (Afram Export Corp.) war eine in Wisconsin gegründete und ansässige Gesellschaft, die Schrottmetall exportierte. Die Beklagte (Metallurgiki) war eine griechische Gesellschaft, die Stahl herstellte. Nach einer Serie von transatlantischen Telefon- und Telefax-Verhandlungen einigten sich die Parteien auf einen Vertrag wonach die Beklagte 15.000 Tonnen geschredderten Schrotts „f. o. b. Milwaukee" zu einem Preis von 135 US-Dollar pro Tonne kaufte. Die Klägerin stimmte der Übernahme von Ausgaben für einen Vertreter der Beklagten (Shields) zu, der den Schrott vor der Verschiffung auf Reinheit untersuchen sollte. Dieser untersuchte den Schrott, befand ihn für rein, erklärte der Klägerin aber, dass die Beklagte die Lieferung dennoch nicht annehmen würde, da der Preis für Schrott mittlerweile gefallen sei. Die Klägerin verlangte, nachdem sie den Schrott vergünstigt an eine dritte Partei weiterveräußert hatte, von der Beklagten die Differenz i. H. v. 425.149 US-Dollar. Die Beklagte verfügte weder über ein Büro, noch Angestellte oder Vermögen in Wisconsin. Ferner hatte lediglich in New York, wo die Beklagte ein Büro unterhielt, ein direktes Gespräch zwischen den Parteien stattgefunden. Ansonsten wurden die Verhandlungen über Fax und Telefon abgewickelt. Der Vertreter der Beklagten, ein ehemaliger Angestellter, verbrachte lediglich fünf Stunden in Wisconsin und zwischen 20 und 40 Minuten mit der tatsächlichen Inspektion. Unklar blieb, wer die Verhandlungen zum Vertrag initiiert hatte.[1619]

[1617] Asahi Metal Industry Co., Ltd. v. Superior Court of Solano County, 107 S. Ct. 1026, 1033 (1987).

[1618] Asahi Metal Industry Co., Ltd. v. Superior Court of Solano County, 107 S. Ct. 1026, 1033 (1987): „the unique burdens placed upon one who must defend oneself in a foreign legal system sholud have significant weight in assessing the reasonableness of stretching the long arm of personal jurisdiction over national borders."; Richman/Reynolds, S. 110; Scoles/Hay, S. 308.

[1619] Afram Export Corp. v. Metallurgiki Halyps, S. A., 772 F. 2d 1358, 1362/1363 (7th Cir. 1985).

Das Gericht führte zunächst aus, dass ausländische Gesellschaften in den USA dieselben Rechte bezüglich der Begründung von Zuständigkeit wie US-Bürger genössen.[1620] Im vorliegenden Fall bestehe der Unterschied aber darin, dass der Verkäufer ins Ausland gehen müsse, um den Beklagten wegen Vertragsbruchs zu verklagen. Wenn ferner die Beklagte kein Gelegenheitskäufer sei, sondern ein geschäftsmäßiger Abkäufer von in den USA gefertigtem Rohmaterial, die Erfüllung des Vertrags hauptsächlich in den Vereinigten Staaten vollzogen werde und schließlich der ausländische Beklagtengerichtsstand für den Kläger eine besondere Härte darstelle, sei es schwer einzusehen, warum es vernünftiger erscheine, den Verkäufer zu zwingen, sich an den Gerichtsstand des Käufers zu wenden als den Käufer zu zwingen, sich im Gerichtsstaat des Verkäufers zu verteidigen. Ferner sei zu den Beklagten-Kontakten auch der Besuch des Vertreters für die Inspektion zu zählen. Zwar sei dieser kurz gewesen, aber Shields sei immerhin als Vertreter der beklagten Käuferin in einer für die Durchführung des Vertrages wesentlichen Funktion in den Gerichtsstaat der klagenden Verkäuferin geschickt worden. Auch habe der Staat Wisconsin nicht nur Polizei- und Feuerschutz und andere Dienste für die Einrichtungen gewährt, sondern auch Schutz für den Besuch des Vertreters für die Inspektion der Waren. Schließlich habe als alternatives Forum nur Griechenland zur Verfügung gestanden. Angesichts der Tatsache, dass die Beklagte ein Büro in den Vereinigten Staaten unterhalten habe, dagegen die Klägerin keines in Griechenland, erscheine ein Gerichtsstand in Griechenland für die Klägerin nachteiliger als ein Gerichtsstand in Wisconsin für die Beklagte.[1621]

c. Einzelstaatliches Interesse

In McGee hob der U. S. Supreme Court das Interesse des Staates Kalifornien hervor, den auswärtigen Versicherer den eigenen Gerichten zu unterwerfen,[1622]

[1620] Es gebe – soweit ersichtlich – keine entgegenstehenden Entscheidungen. Ein einziger Vertrag zwischen einer im Gerichtsstaat ansässigen Gesellschaft und deren ausländischen Vertragspartner sei grundsätzlich nicht ausreichend, um Zuständigkeit für eine Vertragsbruchsklage über die ausländische Gesellschaft zu begründen. Der Beklagte müsse sich in Übereinstimmung mit der Hanson-Entscheidung die Vorteile einer Aktivität im Gerichtsstaat zweckgerichtet nutzbar gemacht haben. Zwar fiele es dem Verkäufer grundsätzlich leichter, den Käufer seiner Produkte in dessen Gerichtsstaat zu verklagen, als es dem Käufer fiele, sich im Gerichtsstaat des Verkäufers zu verteidigen. Denn der Verkäufer verkaufe i. d. R. seine Produkte im ganzen Land und sei daher eher in der Lage, im Gerichtsstaat des Käufers für rechtlichen Beistand zu sorgen, während der Käufer nur einmal oder gelegentlich bei dem Verkäufer ein Produkt kaufe und mit einer Verteidigung in dessen Gerichtsstaat eher belastet werde.

[1621] Afram Export Corp. v. Metallurgiki Halyps, S. A., 772 F. 2d 1358, 1362/1363 (7th Cir. 1985). Vgl. auch Gottwald, FS Geimer, S. 242.

[1622] McGee v. International Life Insurance Co., 355 US 220, 223 (1957).

und in Burger King Corp. stellte das Gericht ein gewichtiges Interesse von Florida fest, den eigenen Staatsangehörigen ein Forum zu bieten.[1623] Vereinzelt wurde auch das (angebliche) Interesse des Staates hervorgehoben, der auswärtigen Klägerin einen Gerichtsstand für eine Verleumdungs-Klage gegen das im Gerichtsstaat vertriebenes Magazin zu liefern.[1624]

Andererseits ignorierte der U. S. Supreme Court staatliche Interessen, als er z. B. in Ashai das Interesse des Staates verneinte, den ausländischen Hersteller davon abzuhalten, mangelhafte Produkte für einen möglichen Verkauf im Gerichtsstaat herzustellen.[1625]

d. Klägerinteressen

In McGee berücksichtigte der U. S. Supreme Court ausdrücklich die klägerischen Interessen. Dort wurde die Zuständigkeit über den auswärtigen Versicherer auch mit der Begründung angenommen, die Anspruchsteller würden bei der Verfolgung ihrer zum Teil geringen Ansprüche gegen den Versicherer in dessen Heimatstaat auf Schwierigkeiten stoßen.[1626] Dennoch kann auch ein dringendes Bedürfnis des Klägers fehlende adäquate Kontakte des Beklagten zum Gerichtsstaat nicht ersetzen. In Helicopteros Nacionales wies das Gericht die Zuständigkeit über den Beklagten wegen mangelnder adäquater Kontakte ab, obwohl dem Kläger kein anderes realistisches Forum zur Verfügung stand.[1627]

e. Effizienz

Das Interesse aller einzelstaatlichen Rechtssysteme an der effizientesten Lösung des Rechtsstreits wurde bisher selten diskutiert. Zu beachten sind in diesem Zusammenhang die Möglichkeit der Parteien, Zeugen zu berufen und andere Beweismittel einzuführen.[1628] Ferner ist die Frage des anwendbaren Rechts von Bedeutung. Die Anwendung von, dem Gericht unbekannten Recht dürfte im Rahmen der Abwägung gegen eine Ausübung von Zuständigkeit sprechen.[1629] Schließlich muss auch beachtet werden, ob das Gericht seine Zuständigkeit über

---

[1623] Burger King Corp. v. Rudzewicz, 471 US 461, 483 (1984).

[1624] Keeton v. Hustler Magazine, Inc., 465 US 770, 773 (1984).

[1625] Asahi Metal Industry Co., Ltd. v. Superior Court of Solano County, 107 S. Ct. 1026, 1033 (1987); Shaffer v. Heitner, 433 US 186, 189 (1977). Vgl. Casad/Richman, S. 169; Hay, Conflict, S. 69; Hoppe, S. 305; Richman/Reynolds, S. 111/112.

[1626] McGee v. International Life Insurance Co., 355 US 220, 223 (1957). Vgl. auch Shaffer v. Heitner, 433 US 186, 211 (1977).

[1627] Helicopteros Nacionales de Colombia v. Hall, 466 US 408, 419 (1984). Vgl. Casad/Richman, S. 169; Richman/Reynolds, S. 113.

[1628] Casad/Richman, S. 170; Richman/Reynolds, S. 113.

[1629] Casad/Richman, S. 170.

alle Parteien und Gesichtspunkte des Rechtsstreits ausüben kann, um wiederholende und uneinheitliche Ergebnisse zu vermeiden.[1630]

f. Materielle Rechtsgrundsätze

Schließlich wurde – bisher ausschließlich – in der Asahi-Entscheidung das den verschiedenen Staaten gemeinsame Interesse an der Förderung von grundlegenden materiellen Rechtsgrundsätzen angesprochen. Dieser Faktor erlange dann besondere Bedeutung, wenn der Beklagte ein ausländischer Staatsbürger sei. Die Gerichte sollten in diesem Fall Vorsicht walten lassen und die prozessualen und materiell-rechtlichen Grundentscheidungen anderer Nationen beachten, deren Interessen durch die Zuständigkeitsunterwerfung betroffen würden. Die Gerichte sollten mit der Feststellung zögerlich sein, dass ernsthafte Belastungen des ausländischen Beklagten von minimalen Interessen des Klägers oder des Gerichtsstaates überwogen würden.[1631]

Die Entscheidungen der Untergerichte in der Folgezeit waren allerdings uneinheitlich.[1632] An den Fällen, in denen die Zuständigkeit wegen mangelnder „reasonableness" abgelehnt wurde, waren i. d. R. ausländische Beklagte beteiligt.[1633] Allerdings betrachteten die Gerichte Asahi keineswegs als Leitentscheidung, um ausländische Beklagte vor einer Gerichtspflichtigkeit zu bewahren.[1634] Es kann als gesichert gelten, dass in einigen Fällen die Asahi-Entscheidung des U. S. Supreme Court und der ausländische Status der Beklagten die Abwägung zugunsten einer verfassungswidrigen Zuständigkeitsbegründung entschieden haben. Allerdings dürfte auch in Zukunft eine überwiegend positiv ausfallende „minimum contacts"-Prüfung die Gerichte nicht davon abhalten, ihre Zuständigkeit trotz Beteiligung ausländischer Beklagten anzunehmen.[1635]

[1630] Casad/Richman, S. 171.

[1631] Asahi Metal Industry Co., Ltd. v. Superior Court of Solano County, 107 S. Ct. 1026, 1033 (1987); Maltz, Duke L. J. 87, 669 (675); Richman/Reynolds, S. 114.

[1632] Hoppe, S. 282.

[1633] OMI Holdings, Inc. v. Royal Ins. Co. of Canada, 149 F. 3rd 1086, 1090 (10th Cir. 1998); CoreVent Corp. v. Nobel Industries, 11 F. 3rd 1482, 1484 (9th Cir. 1993); Amoco Egypt Oil Co. v. Leonis Navigation Co., 1 F. 3rd 848, 850 (9th Cir. 1993); Teledyne, Inc. v. Kone Corp. , 892 F. 2d 1404, 1406 (9th Cir. 1989); Guardian Royal Exch. Assurance v. English China Clays, 815 S. W. 2d 223, 227 (Tex. 1991); Parry v. Ernst Home Center Corp., 779 P. 2d 659, 664 (Utah 1989).

[1634] Vermeulen v. Renault, 985 F. 2d 1534, 1545 (11th Cir. 1993); Benitez-Allende v. Alcan Aluminio do Brasil, 857 F. 2d 26, 30 (1st Cir. 1988); Sinatra v. National Inquirer, 854 F. 2d 1191, 1198 (9th Cir. 1988).

[1635] Hoppe, S. 283; Scoles/Hay, S. 309.

5. Wirtschaftliche Betätigung – „transacting business"

a. Ort des Vertragsschlusses

Der Vertragsschluss zwischen einem ausländischen bzw. auswärtigen Beklagten und einem im Gerichtsstaat wohnenden Kläger begründet gemeinhin für sich gesehen nicht spezifische Zuständigkeit der Gerichte am Wohnsitz bzw. Sitz des Klägers,[1636] weil Ort und Zeit des Abschlusses nicht selten streitig sind und überdies von dem anwendbaren materiellen Recht abhängen können.[1637] Daher sind die vorvertraglichen Verhandlungen, die zukünftigen Auswirkungen des Vertrags sowie die Vertragsbedingungen und die Verhandlungsführung der Parteien bei der Bewertung mit zu berücksichtigen.[1638] Der Ort des Vertragsschlusses kann insofern nur im Zusammenhang mit weiteren Faktoren Indizwirkung für die Zuständigkeit der Gerichte aufgrund von „specific jurisdiction" am Abschlussort erlangen.[1639]

Für die Annahme von „specific jurisdiction" ist entscheidend, ob sich der Beklagte die Vorteile und den Schutz des Gerichtsstaates zweckgerichtet zu Nutze gemacht hat. Die Entscheidungen des U. S. Supreme Court in McGee und in Burger King lassen jedoch diesbezüglich wichtige Fragen offen. In McGee scheint das Gericht für die Begründung der Zuständigkeit schwerpunktmäßig auf die Situation des wirtschaftlich schwächeren Klägers zu setzen. In der Burger King-Entscheidung stellte der Kläger dagegen die wirtschaftlich stärkere Partei

---

[1636] Burger King Corp. v. Rudzewicz, 471 US 462, 478 (1985); Health Comm., Inc. v. Mariner Corp., 860 F. 2d 460, 465 (D. C. Cir. 1988); Lakeside Bridge & Steel v. Mountain State Const., 597 F. 2d 596, 601 (7th Cir. 1979): „The formalities of contract execution are not determinative for purposes of jurisdiction."; Grothe, RabelsZ 58, 686 (698); Schack, Jurisdictional Minimum Contacts, S. 41.

[1637] Lakeside Bridge and Steel Co. v. Mountain State Constr. Co., Inc., 587 F. 2d 596, 604 (7th Cir. 1979); Vencedor Mfg. Co., Inc. v. Gougler Ind., Inc., 557 F. 2d 886, 890 (1st Cir. 1977); Galgay v. Bulletin Co., Inc., 504 F. 2d 1062, 1065 (2nd Cir. 1974); Aero-Bokker Knitting Mills, Inc. v. Allied Fabrics Corp., 387 N. Y. Supp. 2d 635, 637 (1976); Electric Regulator Corp. v. Sterling Extruder Corp., 280 F. Supp. 550, 556 (D. Conn. 1968); H. Müller, S. 49; Schack, Jurisdictional Minimum Contacts, S. 41; Weintraub, S. 187.

[1638] Burger King Corp. v. Rudzewicz, 471 US 462, 479 (1985); Health Comm., Inc. v. Mariner Corp., 860 F. 2d 460, 462 (D. C. Cir. 1988); FDIC v. BAIC, Ltd., 828 F. 2d 1439, 1443 (9th Cir. 1987); Hirsch v. Blue Cross, Blue Shield, 800 F. 2d 1274, 1280 (9th Cir. 1986); Perkins v. Bartlett Constr., Co., Inc., 646 P. 2d 672, 677 (Or. 1982).

[1639] Burger King Corp. v. Rudzewicz, 471 US 462, 479 (1985): „(...) an individual`s contract with an out-of-state party alone cannot automatically establish sufficient minimum contacts in the other party`s home forum (...) the measure of whether a defendant can be subject to specific jurisdiction in contract cases is whether the entire course of dealing including prior negotiations and contemplated future consequences, establish that the defendant purposefully established minimum contacts with the forum."

dar. Der Fall scheint darüber hinaus darauf hinzudeuten, dass die Zuständigkeit gegenüber Verbrauchern und anderen wirtschaftlich schwächeren Parteien nur zögerlich begründet wird.[1640]

b. Schriftliche / fernmündliche Vertragsverhandlungen

Unterschiedlich beurteilt wird, ob schriftliche oder fernmündliche Verhandlungen zwischen den Parteien vor dem eigentlichen Vertragsschluss ausreichende Mindestkontakte begründen können.

Ein Teil der älteren Rechtsprechung sieht diese Kontakte nicht als ausreichend an.[1641] Allerdings wurden in einem Fall fernmündliche Kontakte zum Gerichtsstaat für die Zuständigkeitsbegründung als ausreichend angesehen. Schriftliche oder fernmündliche Vertragsverhandlungen sollten ausreichend sein, wenn die Initiative vom Kläger ausgehe.[1642]

In der Burger King-Entscheidung stellte das Gericht unter Hinweis auf die bisherige Rechtsprechung[1643] fest, dass Aktivitäten des Beklagten erforderlich seien, die einen Bezug zum Gerichtsstaat begründeten. Der Beklagte müsse die Vertragsverhandlungen initiiert haben. Denn der moderne Rechtsverkehr ersetze viele physische Kontakte durch Briefe bzw. Telefongespräche über die Bundesstaatsgrenzen. Diese Kontakte seien mit der physischen Präsenz gleichzusetzen, soweit die brieflichen bzw. telefonischen Kontakte darauf ausgerichtet seien, mit Bewohnern des Zielstaates Geschäfte abzuschließen.[1644]

[1640] Scoles/Hay, S. 380.

[1641] Koster v. Automark Ind., Inc. 640 F. 2d 77, 79 (7th Cir. 1981); Aaron Ferer & Sons Co. v. American Compressed Steel, 564 F. 2d 1206, 1210 (10th Cir. 1977); Lakeside Bridge & Steel Co. v. Mountain State Constr. Co., 597 F. 2d 596, 604 (7th Cir. 1979); Benjamin v. Western Boat Building Corp., 472 F. 2d 723, 731 (5th Cir. 1973); Misco United Supply, Inc. v. Richards of Rockford, Inc., 528 P. 2d 1248, 1253 (1974); De Lear v. Rozel Pcking Corp., 231 A. 2d 232, 236 (1967). Vgl. auch Schack, Jurisdictional Minimum Contacts, S. 41/42.

[1642] Electro-Craft Corp. v. Maxwell Electronics Corp., 417 F. 2d 365, 389 (8th Cir. 1969).

[1643] McGee v. International Life Insurance Corp., 355 US 220, 223 (1957); Lakeside Bridge & Steel Co. v. Mountain State Constr. Co., 597 F. 2d 596, 598 (7th Cir. 1979); Alchemie International, Inc. v. Metal World, Inc., 523 F. Supp. 1039, 1049/1050 (D. N. J. 1981); Woodfield Ford, Inc. v. Akins Ford Corp., 395 N. E. 2d 1131, 1136 (1979); N. K. Parrish Inc. v. Schrimsher, 516 S. W. 2d 956, 959 (Tex. Civ. App. 1974).

[1644] Burger King Corp. v. Rudzewicz, 471 US 461, 476 (1984): „(...) purposefully directed toward residents." Kritisch dazu Schack, Jurisdictional Minimum Contacts, S. 42: Abgesehen von der Schwierigkeit zu ermitteln, wer die Initiative übernommen habe, wenn Waren oder Dienstleistungen in Anzeigen angeboten würden, stelle die Nutzung von Telefon oder Post für keine der Parteien einen besonderen Vorteil dar.

Erhält z. B. ein US-amerikanischer Verkäufer von einem deutschen Abkäufer im Vorfeld des Vertragsabschlusses mehrere Telefonanrufe und bestätigt der deutsche Käufer den Vertragsschluss schriftlich durch Übersendung eines Schreibens in die USA, könnte sich ein US-amerikanisches Gericht für die mögliche (Zahlungs-) Klage des US-amerikanischen Verkäufers für zuständig erklären, da der beklagte deutsche Käufer die Vertragsverhandlungen initiiert und den Vertragsschluss durch ein Schreiben in die USA bestätigt hat. Damit dürfte er die erforderlichen „minimum contacts" zu den Vereinigten Staaten begründet haben.

Bietet ein deutscher Verkäufer einem möglichen US-amerikanischen Käufer Waren schriftlich an und bestätigt er z. B. die telefonische Annahme des Angebotes durch den US-amerikanischen Käufer, könnte ein US-amerikanisches Gericht seine „specific jurisdiction" ebenfalls für eine Klage des US-amerikanischen Käufers (wegen „breach of contract" o. ä.) bejahen, denn die Initiative zu den Vertragsverhandlungen ging von dem deutschen Beklagten aus. Werden in dieser Konstellation Waren in die USA geliefert, könnte dieser Umstand als weiterer zuständigkeitsbegründender Faktor gewertet werden.

c. Werbung

Werbung in einem US-Bundesstaat stellt keinen ausreichenden „contact" aus Geschäftstätigkeit dar, der eine Zuständigkeit in diesem Staat begründen könnte.[1645]

In einem Fall wurde jedoch die Aufnahme des Beklagten in die Gelben Seiten des Telefonbuchs zusammen mit im Gerichtsstaat verfassten Briefen als ausreichender Mindestkontakt gewertet.[1646]

Allerdings ist weniger die Zahl der Kontakte maßgeblich als vielmehr die Intensität jedes einzelnen Kontaktes,[1647] so dass allein die Aufnahme in die Gelben Seiten nicht als Mindestkontakt genügen dürfte. Gleiches gilt für sonstige Werbung in Zeitungen[1648] oder in anderen Medien. Diese Werbung kann zu einem „minimum contact" i. S. d. „specific jurisdiction" bzw. des „transacting busi-

---

[1645] Shuttle v. Carnival Cruise Lines, 864 F. 2d 1437, 1440 (9th Cir. 1988); Congoleum Corp. v. DLW AG, 729 F. 2d 1240, 1243 (9th Cir. 1984); Frisinger, RIW 72, 12 (19); Schack, Jurisdictional Minimum Contacts, S. 42.

[1646] Gregory v. Grove, 547 P. 2d 381, 383 (Okla. 1976). Vgl. Grothe, RabelsZ 58, 686 (698).

[1647] Brainerd v. Governors, 873 F. 2d 1257, 1259 (9th Cir. 1989); Lake v. Lake, 817 F. 2d 1416, 14121 (9th Cir. 1987); Meyers v. Hamilton Corp., 693 P. 2d 904, 908 (Ariz. 1985); Frisinger, RIW 72, 12 (19).

[1648] Red River Transport, etc. v. Custom Airmotive, Inc., 497 F. Supp. 425, 428/429 (D. N. D. 1980).

ness" werden, wenn der Werbende sich bewusst ist, dass seine Waren auch auf den Markt im Gerichtsstaat gelangen können.[1649]

d. Vertragsverhandlungen im Gerichtsstaat

Vertragsverhandlungen im Gerichtsstaat durch den Beklagten oder seine Vertreter können als Mindestkontakt ausreichen, auch wenn der Beklagte sonst keinen Bezug zu dem Forum aufweist.[1650]

Ein zielgerichtetes Ausrichten der Aktivitäten auf den Gerichtsstaat kann dann vorliegen, wenn ein Treffen im Gerichtsstaat stattgefunden hat, bei dem bedeutende Verhandlungen über wichtige Vertragsbestandteile geführt wurden.[1651] In einem Fall wurde die Zuständigkeit bejaht, weil die Vertreter des Beklagten mit dem Kläger im Gerichtsstaat über Rohmaterialien, Verzierungen der Waren und allgemeine Marketingkonzepte für eine Produktions- und Vertriebsvereinbarung verhandelten. Der Beklagte habe damit in ausreichendem Maße die Vorteile des „transacting business" in dem Bundesstaat in Anspruch genommen haben, um „specific jurisdiction" des Gerichts zu begründen.[1652]

In der Rechtsprechung der Untergerichte wird die Durchführung von Vertragsverhandlungen regelmäßig für die Begründung gerichtlicher Zuständigkeit genutzt.[1653] Dabei ist nicht zu übersehen, dass nicht der Ort des Vertragsschlusses, sondern die Vertragsverhandlungen allein genügen, um die Zuständigkeit der Gerichte wegen „specific contacts" zu begründen. Dies wird gemeinhin damit gerechtfertigt, dass die Vertragsverhandlungen zusammen mit den beabsichtigten Konsequenzen des Vertrages und nicht der Vertragsschluss als solcher maßge-

---

[1649] World-Wide Volkswagen v. Woodson, 444 US 280, 297 (1980); Winkler/v. d. Recke, NZG 05, 241 (246).

[1650] Complete Concepts Ltd. v. General Handbag Corp., 880 F. 2d 382, 388 (11th Cir. 1989); Wisconsin Electrical Manufacturing Co., Inc. v. Pennant Products, Inc. 619 F. 2d 676, 678 (7th Cir. 1980); Liquid Carriers Corp. v. American Marine Corp., 375 F. 2d 951, 956 (2nd Cir. 1967); National Gas Appliance Corp. v. AB Electrolux, 270 F. 2d 472, 475 (7th Cir. 1959); Grothe, RabelsZ 58, 686 (698); Schack, Jurisdictional Minimum Contacts, S. 42.

[1651] Complete Concepts Ltd. v. General Handbag Corp., 880 F. 2d 382, 388 (11th Cir. 1989): „(...) significant negotiations of important terms"; Williams Elec. Co., Inc. v. Honeywell, Inc., 854 F. 2d 389, 392/393 (11th Cir. 1988); Lift, Inc. v. Refinadora Costarricense Petroleo, S. A., 792 F. 2d 989, 993 (11th Cir. 1986).

[1652] Complete Concepts Ltd. v. General Handbag Corp., 880 F. 2d 382, 389 (11th Cir. 1989).

[1653] United States Railway Equipment Co. v. Port Huron & Detroit Railroad, 495 F. 2d 1127, 1130 (7th Cir. 1974); Thompson v. Ecological Science Corp., 421 F. 2d 467, 469 (8th Cir. 1970); National Gas Appliance Corp. v. AB Electrolux, 270 F. 2d 472, 475 (7th Cir. 1959).

bend für die Zuständigkeitsprüfung seien. Ferner seien zusätzlich die Vertragsbedingungen und die Verhandlungsführung der Parteien zu berücksichtigen.[1654]

e. Vertragserfüllung durch den Verkäufer

Verkauft oder liefert der Verkäufer persönlich oder durch seine Angestellten
seine Waren im Gerichtsstaat, ist er dort geschäftlich tätig und kann wegen der
Streitigkeiten gerichtspflichtig gemacht werden, die aus dem geschlossenen
Vertrag entstehen oder einen Bezug zu ihm aufweisen.[1655]

Lieferungen des Verkäufers mittels eines unabhängigen Transporteurs werden
dagegen für die Zuständigkeitsbegründung unterschiedlich beurteilt. Teilweise
werden sie als ausreichende Geschäftstätigkeit angesehen.[1656] Vereinzelt wird
sogar der Lieferort für unmaßgeblich erachtet und allein darauf abgestellt, dass
nach der Erwartung des Beklagten die Waren zum Ort des Käufers gelangten
und dort benutzt würden.[1657] Andererseits wird auf den Eigentumsübergang und
die Lieferung der Waren durch den Beklagten abgestellt und die Begründung
von Zuständigkeit gegenüber dem Verkäufer verweigert, wenn diese Handlungen
außerhalb des Gerichtsstaates stattfänden.[1658]

Die Anwesenheit des Verkäufers zur Vertragserfüllung im Gerichtsstaat in
Verbindung mit einer Vertragspflichtverletzung kann dessen Gerichtspflichtig-

---

[1654] Burger King Corp. v. Rudzewicz, 471 US 461, 479 (1984). Kritisch Schack, Jurisdictional
Minimum Contacts, S. 43: Die kurze Anwesenheit während der Vertragsverhandlungen sei ein
schwacher, zufälliger Kontakt. Ferner werde die wirtschaftlich stärkere Partei bevorteilt, die den
Ort der Verhandlungen bestimmen könne.

[1655] Bard Bldg. Supply Co. v. United Foam Corp., 400 A. 2d 1023, 1025 (1979); Miller v. Glendale
Equipment & Supply, Inc., 344 So. 2d 736, 739 (Miss. 1977); Terasse v. Wisconsin Feeder Pig
Marketing Coop., 202 So. 2d 330 (La. App. 1967); Grothe, RabelsZ 58, 686 (698); Schack, Ju-
risdictional Minimum Contacts, S. 43.

[1656] David Rice, Inc. v. Intrex, Inc., 257 N. W. 2d 370, 376 (Minn. 1977); Tabor & Co. v. McNall,
333 N. E. 2d 562, 565 (Ill. 1975).

[1657] Furnival Machinery Co. v. Joseph T. Barta Assoc., Inc., 407 F. Supp. 735, 739 (E. D. Pa. 1979);
Jeno`s Inc v. Tupman Thurlow Co., 349 F. Supp, 1185, 1187 (D. Minn. 1972); Davis v. Grace,
610 P. 2d 1140, 1147/1148 (1980).

[1658] Iowa Electric Light & Power Co. v. Atlas Corp., 630 F. 2d 1301, 1306 (8th Cir. 1979); Erlanger
Mills, Inc. v. Cohoes Fibre Mills, Inc., 239 F. 2d 502, 505 (4th Cir. 1956). Zustimmend Schack,
Jurisdictional Minimum Contacts, S. 43: Wenn der Käufer Erfüllung oder Schadensersatz wegen
Vertragsabbruch verlange, stehe der Käufer anderenfalls in seinem Gerichtsstaat mit „leeren
Händen" dar. Wenn aber die Waren erst einmal am Ort des Käufers angekommen seien, sei es
angemessen, dort eine Zuständigkeit für Klagen zu begründen, die aus der Mangelhaftigkeit der
Waren resultieren.

keit für Klagen aus dem Vertrag begründen.[1659] Habe der beklagte Verkäufer seine Leistungspflicht selbst oder durch einen Gehilfen erfüllt, nehme er dadurch die Vorteile und den Schutz der Gesetze des Gerichtsstaates in Anspruch.[1660] Zum Teil sind die Untergerichte jedoch zögerlich, ihre Zuständigkeit anzunehmen, wenn der einzige Kontakt des beklagten Verkäufers zum Gerichtsstaat in der Lieferung der fehlerhaften Ware besteht.[1661]

f. Vertragserfüllung durch den Käufer

Der Käufer kann gem. Art. 57 CISG oder Art. 2-310 UCC verpflichtet sein, den Kaufpreis am Sitz des Verkäufers zu entrichten. Sein Kontakt zu dem (Wohn-) Sitzstaat des Verkäufers besteht dann regelmäßig in der Überweisung des Kaufpreises oder in der Ausstellung und Übersendung eines Schecks. Diese Zahlungsformen werden i. d. R. von den Gerichten nicht als ausreichende Mindestkontakte zum Gerichtsstaat gewertet, da der Käufer allein durch die Überweisung oder Übersendung des Schecks nicht die „benefits and protections" der Gesetze des Verkäufersitzstaates in Anspruch nehme und daher nicht als „transacting business" im Staat des Verkäufers angesehen werden könne.[1662]

Der Zahlung des auswärtigen Käufers am Sitz des Verkäufers wird durch die Untergerichte gemeinhin weniger Gewicht beigemessen als der Lieferung von Waren durch den auswärtigen Verkäufer an den Sitz des Käufers.[1663] Andererseits wurde in einem Fall die Zahlung von Kommissionen als ausreichender Mindestkontakt angesehen, allerdings in der Gesamtschau mit der Betrieb von Werbung in den lokalen Medien und der Versendung von Broschüren an Reisebüros durch den Beklagten.[1664]

[1659] Schack, Jurisdictional Minimum Contacts, S. 43; Weintraub, S. 183.

[1660] Bard Bldg. Supply Corp. v. United Foam Corp., 400 A. 2d 1023, 1025 (1979).

[1661] Hall Specialities, Inc. v. Schupbach, 758 F. 2d 214, 217 (7th Cir. 1985); Loumar, Inc. v. Smith, 698 F. 2d 759, 763 (5th Cir. 1983); Splain v. Modern Electroplaiting, Inc., 460 N. E. 2d 1306, 1310 (Mass. App. 1984).

[1662] FDIC v. BAIC, Ltd., 828 F. 2d 1439, 1443 (9th Cir. 1987); Hydrokinetics, Inc. v. Alaska Mechanical, Inc., 700 F. 2d 1026, 1031 (5th Cir. 1983); Koster v. Automark Ind., Inc., 640 F. 2d 77, 79 (7th Cir. 1981); Telco Leasing, Inc. v. Marshall County Hospital, 586 F. 2d 49, 52 (7th Cir. 1978); U-Anchor Advertising, Inc. v. Burt, 553 S. W. 2d 760, 765 (1978); Grothe, RabelsZ 58, 686 (698); Schack, Jurisdictional Minimum Contacts, S. 45.

[1663] Fairbanks Morse Pump Corp. v. ABBA Parts, Inc., 862 F. 2d 717, 719 (8th Cir. 1988); Electrocraft Corp. v. Maxwell Elec. Corp., 417 F. 2d 365, 368 (8th Cir. 1969).

[1664] Shute v. Carnival Cruise Lines, 863 F. 2d 1437, 1441 (9th Cir. 1988).

g. Internetkontakte

Seit der (Leit-) Entscheidung Zippo Manufacturing v. Zippo Dot Com[1665] werden bezüglich der Begründung von „specific jurisdiction" drei Fallkonstellationen unterschieden: Der Beklagte hat über das Internet mit Einwohnern des Forumstaates Geschäfte betrieben; der Beklagte betreibt lediglich eine, die Kommunikation mit möglichen Nutzern ausschließende, passive Website; und der Beklagte betreibt eine, die Kommunikation mit möglichen Nutzern zulassende, interaktive Website. Im ersten Fall soll der Beklagte der Zuständigkeit der Gerichte im Forumstaat unterliegen,[1666] im zweiten Fall ist die Gerichtspflichtigkeit ausgeschlossen, sofern der Beklagte nicht über andere Kontakte zum Gerichtsstaat verfügt,[1667] und im dritten Fall hängt die Zuständigkeit vom Grad der Interaktivi-

---

[1665] Zippo Manufacturing v. Zippo Dot Com, 952 F. Supp. 1119, 1124 (W. D. Pa. 1997).

[1666] Compuserve v. Patterson, 89 F. 3rd 1257, 1265 (6th Cir. 1996); Barrett v. Catacombs Press, 44 F. Supp. 2d 717, 725 (E. D. Pa. 1999); Thompson v. Handa-Lopez, 998 F. Supp. 738, 743 (W. D. Tex. 1998); American Network, Inc. v. Access America/Connect Atlanta, 975 F. Supp. 494, 499 (S. D. N. Y. 1997); Resuscitation Technologies, Inc. v. Continental Health Care Corp., 1997 U. S. Dist. LEXIS 3523 (S. D. Ind. 1997); Bettinger, GRUR Int. 98, 660 (663); Fuchs, RIW 06, 29 (32); Fuchs, RIW 04, 41 (45); Rau, RIW 00, 761 (766); Rubin, CRi 00, 33 (34); Wellbery/Pichler, CRi 01, 129 (133). Vgl allerdings Amberson Holdings LLC v. Westside Story Newspaper, 110 F. Supp. 2d 332, 337 (D. N. J. 2000).

[1667] Neogen Corp. v. Neogen Screening, Inc., 2002 U. S. App. LEXIS 3478 (6th Cir. 2002); Cybersell, Inc. v. Cybersell, Inc., 130 F. 3rd 414, 420 (9th Cir. 1997); Amazon Tours, Inc. v. Wet-a-Line Tours, LLC, 2002 U. S. Dist. LEXIS 1649 (N. D. Tex. 2002); ALS Scan, Inc. v. Robert Wilkins, 142 F. Supp. 2d 703, 709 (D. Md. 2001); Lofton v. Turbine Design, Inc., 100 F. Supp. 2d 404, 411 (N. D. Miss. 2000); Roche v. Worldwide Media, Inc., 90 F. Supp. 2d 714, 717 (E. D. Va. 2000); Nutrition Physiology Corp. v. Enviros Ltd., 87 F. Supp. 2d 648, 654 (N. D. Tex. 2000); Rannoch, Inc. v. The Rannoch Corp., 52 F. Supp. 2d 681, 684 (E. D. Va. 1999); Patriot Systems, Inc. v. C-Cubed Corp., 21 F. Supp. 2d 1318, 1321 (D. Utah 1998); Hearst Corp. v. Goldberger, 1997 U. S. Dist. LEXIS 2065 (S. D. N. Y. 1997); SF Hotel Co. v. Energy Investments, 985 F. Supp. 1032, 1034 (D. Kan. 1997); Graphic Controls Corp. v. Utah Medical Products, 1997 U. S. Dist. LEXIS 7448 (W. D. N. Y. 1997); Smith v. Hobby Lobby Stores, 968 F. Supp. 1356, 1359 (W. D. Ark. 1997); Bensusan Restaurant Corp. v. King, 937 F. Supp. 295, 299 (S. D. N. Y. 1996). Ähnlich auch Pres-Kap., Inc. v. System One, 636 So. 2d 1351, 1353 (Ct. App. Fla. 1994). Vgl. allerdings die Entscheidung Inset Systems, Inc. v. Instruction Set, Inc., 937 F. Supp. 161, 166 (D. Conn. 1996), die trotz einer passiven Website „specific jurisdiction" mit dem Hinweis auf den (theoretisch) jederzeit möglichen Zugang zu der Website annahm. Vgl. ferner Telco Communications, Inc. v. An Apple a Day, Inc., 977 F. Supp. 404, 406 (E. D. Va. 1997). Kritisch dazu: Barrett v. Catacombs Press, 44 F. Supp. 2d 717, 727 (E. D. Pa. 1999); Millenium Enterprises, Inc. v. Millenium Music, LP, 33 F. Supp. 2d 907, 922 (D. Ore. 1999); Scheuermann, S. 166. Vgl. Bettinger, GRUR Int. 98, 660 (663); Rau, RIW 00, 761 (766/767); Rubin, CRi 00, 33 (35); Wellbery/Pichler, CRi 01, 129 (133).

tät der Website ab.[1668] Angesichts der zunehmenden Komplexität der Streitigkeiten und der nicht zu übersehenden Schwachstellen der geforderten Zuständigkeitsprüfung,[1669] stellen dieGerichte aber mittlerweile wieder verstärkt auf die herkömmlichen zuständigkeitsrechtlichen Kriterien, wie „minimum contacts", „purposeful availment" oder „foreseeability" ab.[1670]

§ 8: Rechtsvergleich
I. Zuständigkeitsdurchgriff

Das autonome deutsche Recht erkennt im Grundsatz eine abhängige Tochtergesellschaft als Niederlassung der Muttergesellschaft i. S. v. § 21 ZPO nicht an.[1671] Allerdings lässt der BGH in ständiger Rechtsprechung den Zuständigkeitsdurchgriff unter Rechtsscheinsgesichtspunkten am Gerichtsstand der Niederlassung zu. Der BGH erachtet im Rahmen seiner Rechtsprechung zu § 21 ZPO den nach außen erzeugten Rechtsschein sogar als allein entscheidend für den Zuständigkeitsdurchgriff und befindet eine mögliche Anteilsinhaberschaft der beklagten juristischen Person an der vermeintlichen Niederlassung für gänzlich unbeachtlich.[1672]

Auch das europäische Recht lässt grundsätzlich die Einordnung einer abhängigen Tochtergesellschaft als Niederlassung i. S. v. Art. 5 Nr. 5 EuGVVO nicht zu,

---

[1668] Zippo Manufacturing v. Zippo Dot Com, 952 F. Supp. 1119, 1124 (W. D. Pa. 1997). Die Zuständigkeit bejahend: GTE New Media Services, Inc. v. Ameritech Corp., 21 F. Supp. 2d 27, 36 (D. D. C. 1998); Hasbro, Inc. v. Clue Computing, 994 F. Supp. 34, 39 (D. Mass. 1997); Superguide Corp. v. Kegan, 987 F. Supp. 481, 485 (W. D. N. C. 1997); Maritz, Inc. v. Cybergold, Inc., 947 F. Supp. 1328, 1329 (E. D. Mo. 1996). Kritisch: Watchworks, Inc. v. Total Time, Inc., 2002 U. S. Dist. LEXIS 4491 (N. D. Ill. 2002); Millenium Enterprises, Inc. v. Millenium Music, LP, 33 F. Supp. 2d 907, 922 (D. Ore. 1999); Edberg v. Neogen, 17 F. Supp. 2d 104, 111 (D. Conn. 1998); Scherr v. Abrahams, 1998 U. S. Dist. LEXIS 8531 (N. D. Ill. 1998); E-Data Corp. v. Micropatent Corp., 989 F. Supp. 173, 177 (D. Conn. 1997); Bettinger, GRUR Int. 98, 660 (665); Fuchs, RIW 04, 41 (45); Goldstein, DAJV-NL 1/05, 16 (18); Rau, RIW 00, 761 (768/769); Rubin, CRi 00, 33 (34); Wellbery/Pichler, CRi 01, 129 (133).

[1669] Kritisiert wird, dass mittlerweile nahezu alle Websites über ein gewisses Maß an Interaktivität verfügten und dass mit diesem Ansatz ein direkter Zusammenhang zwischen dem Grad der Interaktivität und der Zielrichtung der Geschäftätigkeit auf den Gerichtsstaat suggeriert werde, ohne anderen Faktoren außerhalb des Internets Beachtung zu schenken. Vgl. Bettinger, GRUR Int. 98, 660 (664); Fuchs, RIW 06, 29 (32); Fuchs, RIW 04, 41 (45); Ganssauge, S. 135; Gottwald, FS Geimer, S. 249; Hay, Conflict, S. 75; Lejeune, RIW 98, 8 (17); Rubin, CRi 00, 33 (35); Scheuermann, S. 165; Wellbery/Pichler, CRi 01, 129 (133).

[1670] Dagesse v. Plant Hotel, 113 F. Supp. 2d 211, 216/218 (D. N. H. 2000); Rubin, CRi 00, 33 (35); Wellbery/Pichler, CRi 01, 129 (133).

[1671] Siehe oben § 4 I. 3. e. bb.

[1672] Siehe oben § 4 I. 3. e. bb. (1).

der EuGH stellt allerdings im Rahmen der Auslegung der Norm darauf ab, dass – im Rahmen eines nach Rechtsscheinsgesichtspunkten zuständigkeitsrechtlichen Durchgriffs – die in Rede stehende juristische Person ihre Tätigkeiten mit Hilfe einer gleichnamigen, selbstständigen Gesellschaft mit identischer Geschäftsführung entfaltet, die in ihrem Namen verhandelt und Geschäfte abschließt und der sie sich wie eine Außenstelle bedient. Die Hierarchie im Konzern soll demnach unbeachtlich sein. Für maßgeblich wird der Rechtsschein einer Außenstelle erachtet, der durch entsprechende nach außen wirkende Handlungen, wie z. B. die Abwicklung von Lieferungen oder die Bezahlung von Rechnungen, erzeugt wird.[1673]

Die Rechtsprechung der deutschen Untergerichte zu § 21 ZPO bzw. Art. 5 Nr. 5 EuGVVO ist uneinheitlich. Teilweise wird ausdrücklich auf Merkmale, wie Namensgleichheit, identische Geschäftsführung oder konzernmäßige Verbundenheit, verzichtet und ausschließlich auf die rechtlich selbstständige Gesellschaft abgestellt, die mit Dritten Verhandlungen führt und sämtliche Geschäfte für die beklagte juristische Person abschließt. Vereinzelt werden dagegen ausdrücklich gemeinsame Merkmale, wie Firma und Geschäftsführung, sowie ein Über-Unterordnungsverhältnis, in dem die beklagte juristische Person die Aufsicht und Leitung über die vermeintliche Niederlassung inne hat, für maßgeblich erachtet.[1674]

Demgegenüber kommt dem Rechtsscheinsgedanken im US-amerikanischen Recht – zumindest für den Zuständigkeitsdurchgriff – nur eine untergeordnete Bedeutung zu.[1675] Nach der – nur vereinzelt vertretenen – „estoppel"-Theorie kann die (nur) scheinbare Kontrolle der Mutter- über die Tochtergesellschaft den Zuständigkeitsdurchgriff auslösen.[1676] Maßgeblich für den US-amerikanischen

---

[1673] Siehe oben § 4 II. 4. g. aa. (1).

[1674] Siehe oben § 4 I. 3. e. bb. (1)/II. 4. g. aa. (1).

[1675] Anders dagegen im US-amerikanischen Privatrecht: Nach der Doktrin der „apparent authority" als Teil des Rechts der Stellvertretung (agency) kann der vom Geschäftsherrn (principal) durch Handeln oder Dulden bewirkte Rechtsschein dazu führen, dass ihm das Tun des als Stellvertreter (agent) Auftretenden zugerechnet wird. Der Rechtsschein erzeugt dann eine Anscheinsvollmacht (apparent authority) des Vertreters. Der so erzeugte Rechtsschein kann auch dazu führen, dass sich der Geschäftsherr gegenüber gutgläubigen Dritten nach dem Prinzip des „estoppel" so behandeln lassen muss, als habe er Vollmacht erteilt, vgl. Restatement of Agency 2d, §§ 8-8B, 140 ff.; Reimann, S. 18; Reuschlein/Gregory, S. 57; Steffen/Kerr, S. 423. Die Doktrin der „apparent authority" ist demnach im US-amerikanischen Privatrecht angesiedelt und wird nicht ohne weiteres für die Begründung von (internationaler) Zuständigkeit herangezogen. Daher kann und soll an dieser Stelle nicht weiter auf sie eingegangen werden.

[1676] Siehe oben § 7 I. 5. j. bb. (3) (c).

Zuständigkeitsdurchgriff sind dagegen im Wesentlichen drei Ansätze, die sich teilweise allerdings in ihren Voraussetzungen überschneiden. Nach der Cannon-Doktrin, die den wohl strengsten Ansatz verfolgt, muss die gesellschaftsrechtliche Trennung im Grundsatz beachtet werden, so dass auch eine 100 %ige Anteilsinhaberschaft allein den Durchgriff nicht rechtfertigen kann. Der gesellschaftsrechtliche „Schleier" kann nur „durchstoßen" werden, wenn der eindeutige Nachweis einer faktisch nicht bestehenden Selbstständigkeit der Rechtssubjekte gelingt, d. h. wenn lediglich eine fiktive Trennung besteht, weil z. B. die Tochtergesellschaft de facto einen „agent" der Muttergesellschaft darstellt.[1677] Der „alter ego"-Ansatz stellt auf eine faktische Vermischung der Rechtssubjekte unter Missachtung der Form ab. Die Kontakte der Tochtergesellschaft werden der Muttergesellschaft zugerechnet, wenn diese die tatsächliche Kontrolle über die Aktivitäten der Tochtergesellschaft ausübt. Maßgeblich sind demnach die tatsächlichen Machtverhältnisse. Die Tochtergesellschaft muss eine bloße Unterabteilung (mere department) bzw. ein Werkzeug (instrumentality) der Muttergesellschaft darstellen. In diesem Zusammenhang zu bewertende Faktoren sind z. B. die Höhe der Beteiligung an der Tochtergesellschaft, deren finanzielle Abhängigkeit, der Grad der Einmischung in Personalangelegenheiten oder die Kontrolle von Marketing oder Betriebsabläufen.[1678] Der „agency"-Ansatz ist gekennzeichnet durch die Übernahme von Funktionsbereichen durch die Tochtergesellschaft, z. B. von originären Aufgaben der Muttergesellschaft, oder durch die Tätigkeit als deren Vertreterin. Maßgeblich ist in diesem Zusammenhang, ob die Tochter- Funktionen der Muttergesellschaft übernimmt, die diese selbst übernehmen könnte bzw. müsste.[1679]

Die Rechtsordnungen verfolgen demnach im Grundsatz verschiedene Ansätze. Das autonome deutsche und europäische Recht ermöglicht durch die Heranziehung der Rechtsscheinslehre den Zuständigkeitsdurchgriff – unter Ausdehnung des Niederlassungsbegriffs – auf gesellschaftsrechtlich völlig unabhängige juristische Personen und verzichtet dabei auf die Überprüfung einer tatsächlich bestehenden wirtschaftlichen Verflechtung, z. B. durch eine identische Geschäftsführung, durch Firmengleichheit oder eine mehrheitlich bestehende Anteilsinhaberschaft, sofern allein der zurechenbar begründete Rechtsschein die vermeintliche Niederlassung als Außenstelle der beklagten juristischen Person erscheinen lässt. Ferner sieht es keine Heranziehung von materiell-rechtlichen Grundsätzen, wie z. B. die der gesellschaftsrechtlichen Konzern- und Durchgriffshaftung, für

---

[1677] Siehe oben § 7 I. 5. j. bb. (4) (c).

[1678] Siehe oben § 7 I. 5. j. bb. (4) (c).

[1679] Siehe oben § 7 I. 5. j. bb. (4) (a).

die Begründung von Gerichtspflichtigkeit vor.[1680] Dagegen stellen v. a. die Cannon-Doktrin und der „alter ego"-Ansatz auf die gesellschaftsrechtliche Mutter-Tochter-Verbindung ab und erlauben den Zuständigkeitsdurchgriff, wenn nur eine fiktive Trennung der Gesellschaften besteht bzw. wenn die Mutter- die totale Kontrolle über die Tochtergesellschaft ausübt. Es erfolgt demnach eine Überprüfung von zahlreichen verschiedenen Faktoren, die in ihrer Gesamtschau und unter Einbeziehung von Billigkeitserwägungen (equity) den zuständigkeitsrechtlichen Durchgriff gestatten können, die sich aber im Wesentlichen auf die konzernmäßige Mutter-Tochter-Verflechtung beschränkt und – mit Ausnahme des „agency"-Ansatzes – keine Anwendung auf eindeutig gesellschaftsrechtlich unabhängige Gesellschaften findet. Grundlage dieses Zuständigkeitsansatzes ist die materiell-rechtliche Durchgriffshaftung (piercing the corporate veil).

Stärker als das autonome deutsche und europäische Recht verfolgt das US-amerikanische Konzept damit eine – durchaus beachtenswerte – ökonomisch ganzheitliche Betrachtungsweise.[1681] Im Mittelpunkt eines jeden Ansatzes steht das gesamte (beklagte) Unternehmen in Form der die Tochtergesellschaften „überwölbenden Einheit". Zur Begründung der Gerichtspflichtigkeit ist die Bewertung verschiedener konzerninterner Faktoren maßgeblich, die den täglichen Geschäftsablauf zwischen Mutter- und Tochtergesellschaft bestimmen. Die die Zuständigkeit auslösende wirtschaftliche Betätigung (doing business) der Muttergesellschaft erfolgt über eine eng angebundene und der totalen Kontrolle unterworfene Tochtergesellschaft und reduziert sich damit auf die Tätigkeit über eine bloße Unterabteilung eines ganzheitlichen Unternehmens. Demnach betont das US-amerikanische Recht stärker die Gerichtspflichtigkeit aufgrund von tatsächlichem „doing business" des (beklagten) Unternehmens als Ganzes als das autonome deutsche und europäische Recht, das weniger auf die faktische wirtschaftliche Betätigung, sondern mehr auf den erzeugten Rechtsschein einer Verflechtung abstellt.

Es geht dem US-amerikanischen Zuständigkeitsrecht darüber hinaus – bedeutender als dem autonomen deutschen und europäischen Recht – um die Manifestierung eigenständiger prozessualer Wertungen.[1682] „Agency"- und „alter ego"-Gedanken dienen der Zurechnung von Aktivitäten zu einem Rechtssubjekt im prozessualen Sinne aus Gründen des Klägerschutzes. Der Muttergesellschaft soll nicht die Möglichkeit eingeräumt werden, sich einer Gerichtspflichtigkeit auf-

---

[1680] In der Literatur zum autonomen deutschen Recht wird allenfalls die Begründung internationaler Zuständigkeit bei der materiell-rechtlichen Durchgriffshaftung diskutiert. Siehe oben § 4 I. 3. e. dd.

[1681] Grothe, RabelsZ 58, 686 (702).

[1682] Grothe, RabelsZ 58, 686 (703); Otto, S. 79.

grund von „doing business" – missbräuchlich – zu entziehen und sich trotz einer umfassend angelegten internationalen Geschäftstätigkeit abzuschotten. Dagegen setzt der Rechtsscheinsgedanke im autonomen deutschen und europäischen Recht (vordergründig) bei dem Auftreten der beteiligten Gesellschaften im Geschäftsverkehr an und verweigert ihnen die – missbräuchliche – Berufung auf keinerlei bestehende gesellschaftsrechtliche Verbindung im konkreten Einzelfall, ohne auf eine konzernmäßige Verflechtung im Allgemeinen und eine mögliche Gerichtspflichtigkeit aufgrund wirtschaftlicher Betätigung im Konzern im Besonderen abzustellen.

Dem autonomen deutschen und europäischen Recht zum Zuständigkeitsdurchgriff liegt damit ein anderer Ansatz zugrunde als dem US-amerikanischen Recht.[1683] Es existieren (bislang) keine umfassenden Erwägungen zum Zuständigkeitsdurchgriff allein auf der Grundlage von Kontrolle, Aufsicht und Beherrschung, obwohl u. a. diese Merkmale – wie die vorangegangene Untersuchung ergeben hat – auch kennzeichnend für das Verhältnis zwischen Niederlassung und Stammhaus sind.

Im US-amerikanischen Recht dürfte es in diesem Zusammenhang – trotz der in der deutschen Literatur geäußerten Kritik[1684] – aus zuständigkeitsrechtlicher Sicht nicht zu beanstanden sein, dass die Ausübung wirtschaftlicher Kontrolle im Forumstaat hinreichende „minimum contacts" begründen kann. Denn die beklagte Muttergesellschaft wird i. d. R. nicht übermäßig belastet, da ihr kontrollbedingter Bezug zum Forumstaat beträchtlich und dauerhaft ist (und sein muss). Zugleich genießt sie die Vorteile des Marktzutritts und kann sich auf eine als Kehrseite hiermit verbundene allgemeine Gerichtspflichtigkeit ohne weiteres einstellen.[1685] Diese Erwägungen könnten – wie erörtert[1686] – für das autonome deutsche und europäische Recht fruchtbar gemacht werden und zu einer Erweiterung bzw. inhaltlichen Neubestimmung der „Niederlassung" führen.[1687] Es konn-

---

[1683] Es kann allerdings nicht übersehen werden, dass das US-amerikanische Recht den Zuständigkeitsdurchgriff aufgrund von „doing business" der Mutter- über die Tochtergesellschaft zulässt, ohne dass der geltend gemachte Anspruch einen Bezug zu der Geschäftstätigkeit der Tochtergesellschaft aufweisen muss. Dagegen erfordern das autonome deutsche und europäische Recht beim Zuständigkeitsdurchgriff am Niederlassungsgerichtsstand die Betriebsbezogenheit der Klage, die zu einer Begrenzung der Zulässigkeit möglicher Klagen führen dürfte. Vgl. auch Schiessl, RIW 88, 951 (952).

[1684] Siehe oben § 7 I. 5. j. bb. (4) (c).

[1685] Grothe, RabelsZ 58, 686 (703).

[1686] Siehe oben § 5 I. 1.

[1687] Vgl. auch Krätzschmar, FS Hay, S. 241 ff., der sich für eine weniger von Ablehnung geprägte Betrachtung der Risiken und Potenziale im deutsch-amerikanischen Rechtsverkehr einsetzt.

te herausgearbeitet werden, dass das US-amerikanische Recht zum Zuständigkeitsdurchgriff vornehmlich auf Merkmalen, wie Kontrolle, Beherrschung, Aufsicht und Missbrauch beruht, wogegen das autonome deutsche und europäische
Recht die zurechenbare Erzeugung eines entsprechenden Rechtsscheins für maßgeblich erachtet und (bislang) keinen Zuständigkeitsdurchgriff allein auf der
Grundlage dieser Kriterien kennt. Allerdings lassen sich – wie erörtert – vergleichbare Merkmale im deutschen materiellen Recht lokalisieren.[1688]

II. „Sonstige wirtschaftliche Betätigung"

Sinn und Zweck des Niederlassungsgerichtsstandes sowohl im autonomen deutschen als auch im europäischen Recht ist die erleichterte Rechtsverfolgung gegen Gewerbetreibende. Dem Kläger soll – abweichend vom „actor sequitur"-
Grundsatz – ein örtlich günstig gelegenes (sach- und beweisnahes) Gericht zur
Verfügung gestellt werden, das mit den tatsächlichen und rechtlichen Verhältnissen vor Ort vertraut ist. Der (ausländische) Beklagte soll – auch aus Gründen der
Billigkeit und des Gedankens des „venire contra factum proprium" – für die über
die Niederlassung betriebenen Geschäfte im Inland rechtlich „gerade stehen", da
ihm im Gegenzug die mit der Erweiterung seines Geschäftskreises verbundenen
Vorteile verbleiben (Marktzutritt begründet Gerichtspflichtigkeit).[1689] Auch das
US-amerikanische Recht zu „doing-" und „transacting business" kennt die Leitidee der Marktpräsenz. Sie wird jedoch ergänzt durch das Kriterium der für den
Beklagten vorhersehbaren Gerichtspflichtigkeit (foreseeability). Die Begründung
von Zuständigkeit ist letztlich das Ergebnis einer Nutzen-Nachteil-Analyse, in
die Art und Intensität der Kontakte des Beklagten im Forumstaat (minimum
contacts) einfließen. Geprägt wird sie jedoch auch von der „quid pro quo"-
Erwägung, wonach den Vorteilen, die der Beklagte aus der Geschäftstätigkeit im
Gerichtsstaat schöpfen kann, und der Ausnutzung von Schutz und Privilegien
durch die dort geltenden Gesetze (purposeful availment) als „Gegenleistung" die
Gerichtspflichtigkeit im Forumstaat gegenüber steht.[1690]

Die Niederlassung im autonomen deutschen und europäischen Recht ist gekennzeichnet durch eine vom Inhaber an einem anderen Ort als seinem Sitz auf
Dauer räumlich errichtete und ständig betriebene Geschäftsstelle, die zum selbstständigen Handeln berechtigt ist, der Aufsicht und Leitung des Stammhauses
unterliegt und auf Rechnung und im Namen des Inhabers geführt wird (§ 21

[1688] Siehe oben § 5 II. 1./2. Vgl. auch Jaspert, S. 244; Schiessl, RIW 88, 951 (952); Wazlawik, S.
254, wonach das US-amerikanische „piercing the corporate veil" weitestgehend mit der deutschen (materiell-rechtlichen) Durchgriffshaftung zu vergleichen sei.

[1689] Siehe oben § 4 I. 2./II. 3.

[1690] Siehe oben § 6 III. 2. d. / § 6 I. 3.

ZPO)[1691] bzw. – nach der Auslegung des EuGH – durch einen Mittelpunkt geschäftlicher Tätigkeit, der als Außenstelle eines Stammhauses räumlich selbstständig auf Dauer in Erscheinung tritt, über eine Geschäftsführung verfügt, die sachliche Ausstattung zum Abschluss von Verträgen mit Dritten aufweist sowie der Aufsicht und Leitung des Stammhauses unterliegt (Art. 5 Nr. 5 EuGVVO).[1692] Im Gegensatz zu Art. 5 Nr. 5 EuGVVO verlangt § 21 ZPO grundsätzlich die Übertragung eines Teils des Geschäftsbetriebs zur selbstständigen Erledigung, die den unmittelbaren und endgültigen Abschluss von Verträgen mit einschließt,[1693] während Art. 5 Nr. 5 EuGVVO die sachliche Ausstattung zum Betrieb von Geschäften und damit – über die Agentur – die Vermittlung von Vertragsabschlüssen ausreichen lässt.[1694] Dagegen erschöpft sich das US-amerikanische Recht zu „doing business"[1695] nicht in der Anknüpfung an eine fest errichtete – „wohnsitzähnliche" – Betriebsstätte. Zwar begründet das Betreiben einer Niederlassung die Gerichtspflichtigkeit wegen „doing business".[1696] Dessen Bedeutung im US-amerikanischen Recht der (internationalen) Zuständigkeit geht jedoch deutlich darüber hinaus.[1697] Erforderlich sind allerdings ebenso die Dauerhaftigkeit der Betätigung, ein Mindestmaß an physischer Präsenz im Forumstaat[1698] sowie eine gewisse räumliche Ausstattung.[1699]

Im autonomen deutschen und europäischen Recht stellen weder der Handelsvertreter, noch der Handelsmakler oder der weisungsungebundene Alleinvertriebshändler eine Niederlassung dar, da alle grundsätzlich als unabhängige Gewerbetreibende selbstständig tätig werden und demnach nicht den Weisungen des Stammhauses unterliegen.[1700] Allerdings stellt im Gegensatz zu § 21 ZPO der Agent nach Art. 5 Nr. 5 EuGVVO – ebenfalls ein selbstständiger Handels-

---

[1691] Siehe oben § 4 I. 3. a.

[1692] Siehe oben § 4 II. 4.

[1693] Siehe oben § 4 I. 3. b. bb.

[1694] Siehe oben § 4 II. 4. d.

[1695] Da an dieser Stelle die Formen planmäßig dauerhafter Geschäftstätigkeit im Mittelpunkt der Erörterung stehen, soll im Folgenden aufgrund der diesbezüglich größeren Gemeinsamkeiten zunächst nur auf die Zuständigkeit aufgrund von „doing business" abgestellt werden. Da die Zuständigkeit aufgrund von „transacting business" (specific jurisdiction) vornehmlich durch das Merkmal des Bezugs zwischen Forumstätigkeit und Klage (arising out of bzw. related to) gekennzeichnet ist, soll deren Erörterung sogleich erfolgen. Siehe unten § 8 III.

[1696] Siehe oben § 7. I. 5. e.

[1697] Insofern kann auf die – bereits erörterten – verschiedenen Formen wirtschaftlicher Betätigung verwiesen werden. Siehe oben § 7 I. 5.

[1698] Siehe oben § 7 I. 5. a.

[1699] Siehe oben § 7 I. 2.

[1700] Siehe oben § 4 I. 3. d./II. 4. f.

vertreter – eine Niederlassung dar, da die Norm die bloße Vermittlung von Vertragsangeboten genügen lässt. § 21 ZPO setzt dagegen die Selbstständigkeit zum eigenständigen Vertragsschluss voraus.[1701] Nach beiden Rechtsordnungen werden Websites des Gewerbetreibenden nicht als Niederlassung angesehen.[1702] Das US-amerikanische Recht lässt für die Begründung der Gerichtspflichtigkeit die bloße Vermittlungstätigkeit (mere solicitation) nicht ausreichen, sondern setzt – zusätzlich – das Betreiben eines Büros oder eine planmäßig auf Dauer ausgeübte Tätigkeit voraus (solicitation plus).[1703] Die Tätigkeit unabhängiger Vertreter (independant agents) kann die Zuständigkeit der Gerichte auslösen, wenn sie der Kontrolle und Aufsicht des Geschäftsherrn unterworfen sind, wie z. B. bei der Einstellung von Personal oder der Verlagerung von Geschäftsräumen, oder wenn ein zusätzlicher Kontakt des „agent" zum Forumstaat, z. B. durch ein Büro oder Verkaufsräume, besteht. Dagegen wird die Geschäftstätigkeit eines selbstständigen, nicht-exklusiven Handelsvertreters nicht für ausreichend erachtet.[1704] Vereinzelt begründet – unter Berücksichtigung anderer zuständigkeitsauslösender Umstände – die wirtschaftliche Betätigung über eine Website die Gerichtspflichtigkeit des Betreibers.[1705]

Den Rechtsordnungen liegen damit – trotz der herausgearbeiteten Gemeinsamkeiten – unterschiedliche Ansätze zugrunde, die lediglich – wie gesehen – partiell vergleichbar sind. Der Niederlassungsgerichtsstand im autonomen deutschen und europäischen Recht ist letztlich das abstrakt-generelle Resultat einer die Interessen der Beteiligten umfassenden präpositiven Abwägung. Dabei standen sich der Justizanspruch des Klägers auf Zurverfügungstellung eines nahe gelegenen Gerichtsstandes gegen den entfernt von seinem Sitz wirtschaftlich tätigen Beklagten einerseits und das Interesse des Beklagten an einer Begrenzung seiner Gerichtspflichtigkeit außerhalb seines (Heimat-) Sitzes andererseits gegenüber.[1706] Dagegen rückt das US-amerikanische Recht umfassender die dauerhafte wirtschaftliche Betätigung in den Mittelpunkt zuständigkeitsrechtlicher Anknüpfung und lässt verschiedene Formen von Geschäftstätigkeit für die Begründung von Gerichtspflichtigkeit genügen, sofern diese mit den Grundsätzen von „due process" vereinbar und nach Abwägung der zu berücksichtigenden Interessen im Einzelfall geboten ist.[1707]

[1701] Siehe oben § 4 I. 3. b. bb./II. 4. d.

[1702] Siehe oben § 4 I. 3. a./II. 4. c.

[1703] Siehe oben § 7 I. 5. d.

[1704] Siehe oben § 7 I. 5. c.

[1705] Siehe oben § 7 I. 5. i.

[1706] Siehe oben § 4 I. 6. b./II. 7. a.

[1707] Siehe oben § 7 I. 5.

Das US-amerikanische Recht rückt in diesem Zusammenhang den Klägerschutz in den Vordergrund, ohne aber gleichzeitig den Schutz des Beklagten
außer Acht zu lassen. Durch die Anknüpfung an den Ort dauerhafter Geschäftstätigkeit trägt es den Fairness-Erwartungen des Beklagten Rechnung. Denn dort,
wo sich der Beklagte in nennenswertem Umfang geschäftlich betätigt, muss er
damit rechnen, seine Geschäftsinteressen auch rechtlich zu vertreten.[1708]

III. Betriebsbezogenheit

Sowohl der autonome deutsche als auch der europäische Gerichtsstand der Niederlassung erfordern die Betriebsbezogenheit der geltend gemachten Rechtsstreitigkeit. Darunter versteht § 21 ZPO vornehmlich das Bestehen einer wirtschaftlichen Zweckbeziehung, die die am Geschäftsbetrieb der Niederlassung geschlossenen oder dort zu erfüllenden Verträge, aber auch die lediglich mit Rücksicht
auf die Niederlassung abgeschlossenen Verträge aufweisen. Der Klageanspruch
muss nicht aus dem Geschäftsbetrieb der Niederlassung hervorgegangen sein;
ausreichend sind mit der Geschäftstätigkeit zusammenhängende deliktische Ansprüche oder von der Niederlassung ausgehende Vertragsverletzungen.[1709] Art. 5
Nr. 5 EuGVVO misst den vertraglichen und außervertraglichen Rechten und
Pflichten in Bezug auf die Führung der Niederlassung die erforderliche Betriebsbezogenheit bei, wie z. B. Rechte und Pflichten, die im Zusammenhang mit der
Vermietung des Niederlassungsgrundstücks oder im Zusammenhang mit der
Einstellung des dort beschäftigten Personals entstanden sind. Ferner sind sowohl
außervertragliche Verpflichtungen aus Tätigkeiten dazu zu zählen, die am Ort
der Niederlassung für Rechnung des Stammhauses ausgeübt oder über die Niederlassung abgewickelt werden, als auch Verbindlichkeiten, die die Niederlassung im Namen des Stammhauses eingegangen ist.[1710] Dagegen findet sich im
US-amerikanischen Recht lediglich bei dem, die „specific jurisdiction" der Gerichte begründenden „transacting business" das Merkmal des hinreichenden
Bezugs der Klage zum Rechtsstreit bzw. Forum (relatedness bzw. arising out
of).[1711] Nach dem „but for"-Standard kann das Gericht „specific jurisdiction"
trotz (möglicherweise) fehlenden Bezugs des eingeklagten Anspruchs zu den
gerichtsstaatsbezogenen Aktivitäten annehmen, wenn ohne diese Tätigkeiten des
Beklagten der der Klage zugrunde liegende Anspruch nicht entstanden wäre.[1712]
Nach dem „proximate cause"- bzw. „substantive relevance"-Standard sind eine
„but for"-Beziehung sowie weitere Kontakte erforderlich, die eine direkte Bezie-

---

[1708] Grothe, RabelsZ 58, 686 (697/698); Junker, IPRax 86, 197 (201/202).

[1709] Siehe oben § 4 I. 4.

[1710] Siehe oben § 4 II. 5.

[1711] Siehe oben § 6 III. 2. g.

[1712] Siehe oben § 7 II. 3. a.

hung zu dem Rechtsstreit aufweisen. Die Kontakte werden nur dann als ausreichend beziehungsreich angesehen, wenn sie auch materiell-rechtliche Relevanz (substantive relevance) haben.[1713] „Doing business" erfordert demgegenüber keinen Bezug zwischen Geschäftstätigkeit im Forumstaat und Klage.[1714]

Demnach liegen den Rechtsordnungen auch an dieser Stelle unterschiedliche Ansätze zugrunde. Das autonome deutsche und europäische Recht verfolgt i. S. e. „favor defensoris" über den allgemeinen Gerichtsstand den Schutz des Beklagten. Dem Kläger soll es grundsätzlich i. S. d. „actor sequitur forum rei" zuzumuten sein, den Beklagten an dessen (Heimat-) Gerichtsstand aufzusuchen.[1715] Ausnahmsweise stellt ihm das autonome deutsche und europäische Recht einen (oder mehrere) der besonderen – klägerfreundlichen – Gerichtsstände zur Verfügung, die an eine bestimmte Rechtsstreitigkeit und damit an bestimmte sach- und personenbezogene Merkmale anknüpfen. Nicht selten weisen sie auch eine engere Verbindung zum Forumstaat auf. Allerdings können nur solche Ansprüche geltend gemacht werden, die einen gewissen Bezug zu dem besonderen Gerichtsstand aufweisen. Am (besonderen) Gerichtsstand der Niederlassung können demnach nur Ansprüche eingeklagt werden, die über einen Bezug zum Betrieb der Niederlassung verfügen. Das Merkmal dient insofern als einschränkender Ausgleich für die Erweiterung der Rechtsschutzmöglichkeiten des Klägers unter Umgehung des „actor sequitur"-Grundsatzes.[1716] Dagegen kennt das US-amerikanische Recht weder eine generelle Bevorzugung der Interessen des Beklagten, noch existiert ein mit dem autonomen deutschen und europäischen Recht vergleichbares Regel-Ausnahme-Verhältnis.[1717] Allerdings kommt dem Erfordernis des Bezugs ebenfalls eine einschränkende Funktion zu. Im Rahmen der anderenfalls nahezu uferlosen „specific jurisdiction", die nur vereinzelte und untergeordnete geschäftliche Kontakte zum Forumstaat für die Begründung von Gerichtspflichtigkeit genügen lässt, begrenzt es die Zuständigkeit der Gerichte auf Ansprüche, die aus der geschäftlichen Tätigkeit entstanden sind oder einen Bezug zu ihr aufweisen und dient letztlich damit – faktisch – ebenfalls dem Schutz des Beklagten.

In der Literatur wird – wie bereits erörtert[1718] – vereinzelt darauf hingewiesen, dass der eine Niederlassung außerhalb seines Sitzstaates betreibende Beklagte für alle Streitigkeiten gerichtspflichtig sei, die aus dem Betrieb derselben ent-

---

[1713] Siehe oben § 7 II. 3. b.

[1714] Siehe oben § 6 III. 2. g.

[1715] Siehe oben § 3 III. 5. a.

[1716] Siehe oben § 3 III. 5. b.

[1717] Siehe oben § 6 III. 4.

[1718] Siehe oben § 4 I. 6. b.

springen würden. Dort bestehe eine „Allzuständigkeit" für alle Prozesse, die mit dem Betrieb der Niederlassung in Zusammenhang stünden, auch wenn der Streitgegenstand zu anderen Staaten viel engere Verbindungen aufweise. Hier liege eine Parallele zur Allzuständigkeit des Wohnsitzstaates.[1719] Darüber hinaus scheinen Teile der Literatur Vergleichbarkeiten zwischen dem Tatbestand des Niederlassungsgerichtsstandes und dem von „doing business" ausgemacht zu haben.[1720]

Auch der Entwurf des Haager Übereinkommens zum Niederlassungsgerichtsstand in Art. 9 sah die Betriebsbezogenheit der Klage als begründendes Merkmal vor. Danach musste „der Rechtsstreit unmittelbar mit der Tätigkeit der Zweigniederlassung, Vertretung oder Niederlassung (...) verbunden sein."[1721] Ausgeschlossen i. S. d. „schwarzen Liste" war eine Zuständigkeit gem. Art. 18 Abs. 2 lit. e, die auf „die Ausübung von Handels- oder anderen Tätigkeiten des Beklag-

[1719] Geimer, FS Nagel, S. 41 Fn. 16; Geimer, IZPR, Rdnr. 1149; Geimer/Schütze, Art. 5 EuGVVO, Rdnr. 299; Geimer/Schütze-Geimer, I/1, S. 542; Musielak-Heinrich, § 21, Rdnr. 1.

[1720] Vgl. Geimer, IZPR, Rdnr. 250e; Gottwald, FS Geimer, S. 232/233: Es gebe Stimmen, wonach sich eine allgemeine Gerichtszuständigkeit als Folge dauerhafter und planvoller Geschäftstätigkeit durchaus rechtfertigen lasse. Der Unterschied zum allgemein anerkannten Niederlassungsgerichtsstand sei zudem nicht groß; Grothe, RabelsZ 58, 686 (697): Der Gedanke, den Beklagten am Ort seiner Geschäftstätigkeit verklagen zu können, liege auch dem Niederlassungsgerichtsstand des § 21 ZPO zugrunde. Nur handele es sich dort um „specific jurisdiction". Der Schritt zur „general jurisdiction" sei aber mit Blick auf die Bedürfnisse des Klägerschutzes nicht groß, sofern die Anforderungen an „contineous and systematic business" nicht bagatellisiert würden; Kleinstück, S. 208; Mankowski, FS Heldrich, S. 887: Vom Niederlassungsgerichtsstand der Art. 5 Nr. EuGVVO; § 21 ZPO sei auf der Tatbestandsseite der Weg bis zur Zuständigkeit wegen „doing busines" nicht mehr so weit; Mankowski, RIW 96, 1001 (1004); Schack, FS Nakamura, S. 510: Als Klägerkontakt erweise die Niederlassung das inländische Rechtsschutzbedürfnis, als Beklagtenkontakt sei sie der fixierte Kern von „doing business". Doch werde man als zusätzliche Inlandsbeziehung des Beklagten auch dessen ohne inländische Niederlassung entfaltete Geschäftstätigkeit ausreichen lassen müssen, solange deren Umfang nicht ganz unbedeutend sei; Schütze, RIW 05, 579 (583). Vgl. auch Pfeiffer, S. 566, wonach die im US-amerikanischen Recht bestehende Unterscheidung zwischen „general" und „specific jurisdiction" jedenfalls nicht a priori zwingend sei, als auch Zwischenformen zwischen allgemeinen und streitgegenstandsbezogenen Gerichtsständen bestünden. Im deutschen Recht sei der Gerichtsstand der Niederlassung in § 21 ZPO bekannt, wonach es zwar als zuständigkeitsbegründende Aktivität eines Auswärtigen angesehen werde, wenn im Inland eine Niederlassung begründet werde, wonach aber dennoch die Zuständigkeit nicht für alle Klagen gegen dieses Auswärtigen begründet werde, sondern lediglich für solche, die sich auf die Niederlassung bezögen.

[1721] Work. Doc. No. 230; die englische Fassung lautet: „(...) provided that the dispute relates directly to the activity of that branch, agency or establishment (...)."

ten im Hoheitsgebiet dieses Staates" gestützt wurde, „es sei denn, die Streitigkeit war unmittelbar mit diesen Tätigkeiten verbunden."[1722]

[1722] Work. Doc. No. 230; die englische Fassung lautet: „(…) the carrying on of commercial or other activities by the defendant in that State, except where the dispute is directly related to those activities." Die Verbindung zwischen Rechtsstreit und Tätigkeit der Niederlassung sollte demnach als Schnittstelle zwischen erlaubter und verbotener Zuständigkeit fungieren, vgl. Grabau/Hennecka, RIW 01, 569 (571). Es war auf die Umstände des Einzelfalls abzustellen, insbesondere in den Fällen, in denen der Streit sowohl auf Aktivitäten außerhalb der Niederlassung als auch außerhalb des Stammhauses entstanden sein konnte. Das Wort „directly" in der englischsprachigen Fassung war nicht als „solely" zu verstehen. Vielmehr war entscheidend, dass die Verbindung zwischen Streitsache und Tätigkeit nicht zufällig oder nur mittelbar war. Der Streit konnte z. B. aus dem internen Management der Niederlassung entstanden sein, durch ihre externen wirtschaftlichen Beziehungen oder aus der Führung der Niederlassung während operativer Handlungen, die eine außervertragliche Haftung auslösen konnten, vgl. Nygh/Pocar, Report of the Special Commission, S. 61. Das europäische Zuständigkeitsverständnis prägte im Übrigen die Verhandlungen über das Haager Übereinkommen. Mit dem Verbot einer Zuständigkeit, die sich ausschließlich an der Ausübung von Handels- oder anderen dauerhaften Tätigkeiten orientierte, wollten die europäischen Verhandlungspartner insbesondere den Gerichtsstand des „doing business" verhindern, da er aus europäischer Sicht aufgrund der niedrigeren Anforderungen an die geschäftliche Tätigkeit des Beklagten unerwünscht war. Daher wurde sowohl in Art. 18 als auch in Art. 9 die „unmittelbare Verbundenheit" zwischen Streitsache und Handelstätigkeit aufgenommen, um diese weitgehende Zuständigkeitsbestimmung zumindest einzuschränken.

Teil III: Internationale Anerkennungszuständigkeit am Gerichtsstand der Niederlassung und Rechtsvergleich

Im folgenden Teil der Arbeit steht der Gerichtsstand der Niederlassung aus der Perspektive der internationalen Anerkennungszuständigkeit im Mittelpunkt der Untersuchung. Nach einem einführenden Teil, der sich mit der Anerkennung ausländischer Urteile und insbesondere dem im autonomen deutschen Recht geltenden sog. Spiegelbildprinzip befasst (§ 9), wird das Augenmerk auf die Stellung des Niederlassungsgerichtsstandes als Anerkennungszuständigkeit US-amerikanischer Gerichte gelenkt (§ 10),[1723] ehe diese Erkenntnisse mit den Grundlagen des US-amerikanischen Rechts zur Anerkennungszuständigkeit verglichen werden (§ 11).

§ 9: Die Anerkennung ausländischer Urteile im autonomen deutschen Recht

I. Grundlagen

Urteile staatlicher Gerichte sind – als Hoheitsakte – grundsätzlich in ihrer Wirkung auf den Staat beschränkt, in dem sie ergangen sind.[1724] Dies ergibt sich aus der Gerichtshoheit, die nach dem Völkerrecht jedem Staat als Ausfluss seiner Souveränität innerhalb seines Staatsgebietes zukommt.[1725] Kein Staat darf daher auf dem Gebiet eines anderen Staates seine Rechtsprechungsorgane tätig werden lassen.[1726] Somit sind auch die Folgen gerichtlichen Handelns, die Entscheidungen staatlicher Gerichtsbarkeit, nur auf das eigene Staatsgebiet begrenzt. Besitzt der Beklagte in diesem Staat Vermögen, kann der Kläger im Anschluss an das Erkenntnisverfahren, das mit einem für ihn positiven Urteil geendet hat, die Zwangsvollstreckung betreiben. In einem internationalen Rechtsstreit, in dem der ausländische Beklagte im Urteilsstaat über kein vollstreckbares Vermögen verfügt, ist der Kläger dagegen auf die Hilfe des ausländischen Rechtssystems (im Zweitstaat) angewiesen, in dem sich seiner Erkenntnis nach vollstreckbares Vermögen des Beklagten befindet. Nur dann kann er seine in das Urteil gegosse-

---

[1723] Dabei soll neben den zu untersuchenden besonderen US-amerikanischen Urteilswirkungen und der Bestimmung des „Urteilsstaates" i. S. v. § 328 Abs. 1 Nr. 1 ZPO insbesondere die Spiegelung des Niederlassungsgerichtsstandes auf die – in Teil II erörterte – internationale Entscheidungszuständigkeit US-amerikanischer Gerichte aufgrund von „doing-" und „transacting business" erörtert werden.

[1724] Geimer, JuS 65, 475 (475); Geimer, Prüfung, S. 25; v. Hoffmann/Thorn, § 3, Rdnr. 149; Linke, Rdnr. 331; Riezler, S. 509; Schärtl, S. 10; Schindler, S. 24; Schreiner, S. 5; Schütze, Anerkennung ausl. Zivilurteile, S. 1; Schütze, Anerkennung dt. Urteile, S. 11; Schütze, Rechtsverfolgung, Rdnr. 211; Stein/Jonas-Roth, § 328, Rdnr. 1.

[1725] Herrmann, S. 32; Schärtl, S. 10; Schütze, Anerkennung ausl. Zivilurteile, S. 1.

[1726] Geimer/Schütze-Geimer, I/2, S. 1484; Gottwald, FS Habscheid, S. 129; Pfeiffer, S. 25; Schütze, Anerkennung ausl. Zivilurteile, S. 1.

nen Forderungen auch realisieren. Dazu ist erforderlich, dass dem Urteil in diesem Staat eine vollstreckbare Wirkung verliehen wird.[1727] Voraussetzung dafür ist grundsätzlich die Anerkennung des Urteils im Vollstreckungsstaat.[1728]

1. Völker- und verfassungsrechtliche Grundlagen

Der internationale Rechtsverkehr verzeichnet in jüngerer Zeit eine deutliche Zunahme gegenseitiger Urteilsanerkennungen.[1729] Dies liegt durchaus häufig im Interesse des anerkennenden Staates. Denn im Falle der Nicht-Anerkennung stünde er vor der Aufgabe, bei Vorliegen eines entsprechenden inländischen Rechtsschutzbedürfnisses ein eigenes staatliches Erkenntnisverfahren anzubieten und dafür die Ressourcen inländischer Justiz zur Verfügung zu stellen, um dem Justizanspruch seiner Bürger gerecht zu werden.[1730]

Abgesehen von diesen eher pragmatischen Aspekten hat sich die Rechtswissenschaft bisher nur vereinzelt mit den dogmatischen Grundlagen der Anerkennung ausländischer Urteile befasst. So wurde nach einer älteren Lehre zum Teil an die Rechte und Pflichten der Parteien angeknüpft und die Vereinbarung eines Quasi-Vertrages angenommen, wonach die Parteien neben der Prozessführung auch gleichzeitig die Anerkennung des später ergehenden Urteils vereinbart haben sollten.[1731] Diesem Modell wird jedoch vorgeworfen, es scheitere bereits an dem regelmäßig fehlenden Willen der Parteien, einen derartigen Vertrag abschließen zu wollen. Zudem böte es keine geeignete Erklärung für die Anerkennung von Versäumnisurteilen.[1732]

Nach der Theorie von den wohlerworbenen Rechten (vested rights doctrine) soll der im Urteilsstaat erworbene Rechtstitel auch vom Anerkennungsstaat übernommen werden.[1733] Ihr gegenüber wird allerdings eingewandt, sie finde keine Antwort auf die Frage, ob die im Urteilsstaat erworbene Rechtsposition auch für andere Staaten wirksam werden könne und diese zur Anerkennung verpflichtet seien.[1734]

[1727] Schärtl, S. 11; Schütze, Anerkennung dt. Urteile, S. 11.

[1728] Gottwald, ZZP 103, 257 (259); Stein/Jonas-Roth, § 328, Rdnr. 1.

[1729] Schack, IZVR, Rdnr. 786.

[1730] Zöller-Geimer, § 328, Rdnr. 4. Auf die Interessenslage der bei der Anerkennung beteiligten Stellen soll noch ausführlicher eingegangen werden. Siehe dazu unten § 9 I 5. Zum Justizgewährungsanspruch siehe auch oben § 3 III. 3. b.

[1731] v. Bar, IPR II, S. 412.

[1732] Hdb. Int. ZVerfR III/1-Martiny, Rdnr. 254.

[1733] v. Bar, IPR II, S. 413/414.

[1734] Hdb. Int. ZVerfR III/1-Martiny, Rdnr. 255.

Einigkeit besteht ebenfalls, dass das Völkergewohnheitsrecht keine geeignete Grundlage bietet. Denn eine Anerkennungspflicht kraft Völkergewohnheitsrechts besteht nicht.[1735] Es verbietet nur die Anerkennung solcher Entscheidungen, die unter Verletzung der Regelungen über die Immunitäten und Exemtionen ergangen sind.[1736] Dagegen untersagt es nicht, solche Urteile anzuerkennen, die in Gerichtsständen mit geringem Bezug zum Urteilsstaat, d. h. aufgrund von möglicherweise exorbitanten Zuständigkeiten, erlassen wurden.[1737]

Teilweise wird ein Anerkennungsverbot aus der EMRK hergeleitet, wenn der internationale Menschenrechtsschutz i. S. v. Art. 6 EMRK (Garantie des fairen Verfahrens) tangiert wird. Falls durch die Anerkennung eine konventionswidrige Situation herbeigeführt würde oder das Urteil in einem gegen Art. 6 EMRK verstoßenden Verfahren zustande gekommen sei, dürfe der Zweitstaat das Urteil nicht anerkennen.[1738]

Anerkennungsverbote, die sich aus dem Grundgesetz ergeben könnten, finden über den sog. ordre public-Vorbehalt des § 328 Abs. 1 Nr. 4 ZPO Eingang in die anerkennungsrechtliche Prüfung. Denn der Grundrechtsschutz findet grundsätzlich auch bei Sachverhalten mit Auslandsberührung Anwendung.[1739] Allerdings erfolgt eine im Vergleich zu einem deutschen Erkenntnisverfahren abgeschwächte inhaltliche Überprüfung der ausländischen Entscheidung (ordre public atténué),[1740] in der z. B. nicht mehr die von §§ 138, 242 BGB aufgestellten und an ein deutsches Urteil zu richtenden Anforderungen als Maßstab für die Prüfung des ausländischen Urteils herangezogen werden dürfen. Nach der Rechtsprechung des BVerfG und des BGH hat der Betroffene alles ihm Zumutbare im

---

[1735] Brenscheidt, RIW 76, 554 (554); Geimer, IZPR, Rdnr. 2757; Geimer, JuS 65, 475 (476); Geimer, Prüfung, S. 37; Heldrich, S. 82/83; Herrmann, S. 27; v. Hoffmann/Thorn, § 3, Rdnr. 149; v. Hoffmann/Hau, RIW 98, 344 (344); MüKo ZPO-Gottwald, § 328, Rdnr. 1; Nagel/Gottwald, § 11, Rdnr. 102; Schack, IZVR, Rdnr. 775; Schreiner, S. 13; Schröder, S. 766; Schütze, FS Geimer, S. 1025; Stein/Jonas-Roth, § 328, Rdnr. 1; Zöller-Geimer, § 328, Rdnr. 1. A. A. v. Hoffmann/Hau, RIW 98, 344 (345), wonach sich aus dem Völkergewohnheitsrecht die Pflicht zur Anerkennung von Urteilen fremder Staaten ergebe.

[1736] Zöller-Geimer, § 328, Rdnr. 6. Zur Gerichtsbarkeit siehe auch oben § 3 III. 1.

[1737] Geimer, IZPR, Rdnr. 2768; Schreiner, S. 13. Zu den völkerrechtlichen Schranken internationaler Zuständigkeit siehe oben § 3 III. 3. a. Eine andere Frage ist, ob andere Staaten diesen Urteilen Anerkennung verleihen. Darauf und auf die Divergenzen der Staaten bei den gegenseitigen Anforderungen an die Anerkennungszuständigkeit soll noch ausführlicher eingegangen werden. Siehe dazu unten § 9 I. 3.

[1738] Geimer, IZPR, Rdnr. 2772; Matscher, ZZP 103, 294 (319); Matscher, FS Neumayer 1986, S. 477.

[1739] Geimer, IZPR, Rdnr. 2774; Zöller-Geimer, § 328, Rdnr. 13.

[1740] BVerfGE 89, 214 (231); BGH ZIP 99, 483 (484); Geimer, IZPR, Rdnr. 2774.

ausländischen Urteilsstaat zu unternehmen, um die angeblichen Mängel des erststaatlichen Verfahrens bereits dort, ggf. auch im Rechtsmittelwege, zu beseitigen.[1741] Auf der anderen Seite hat der Anerkennungsstaat aber dem aus dem Völkergewohnheitsrecht herrührenden menschenrechtlichen Mindeststandard Geltung zu verschaffen. Nach der Rechtsprechung des BVerfG haben danach deutsche Gerichte und Behörden alles zu unterlassen, was einer unter Verstoß gegen die allgemeinen Regeln des Völkerrechts vorgenommenen Handlung nicht-deutscher Hoheitsträger im Geltungsbereich des Grundgesetzes Wirksamkeit verschafft.[1742] Werden demgemäß die Verfahrensgrundrechte des Beklagten im Anerkennungsstadium grundsätzlich nicht mehr mit gleicher Intensität wie vor deutschen Gerichten durchgesetzt, gilt dies zumindest nicht für das Gebot der Gewährung rechtlichen Gehörs nach Art. 103 GG, dem ohne Abstriche Geltung verschafft wird.[1743]

Ferner werden als Grundlage für die Anerkennung ausländischer Urteile von einem Teil der Literatur gleich mehrere Aspekte bemüht und vertreten, die Anerkennung erfolge letztlich im Hinblick auf die prinzipielle „Gleichwertigkeit der Rechtsordnungen", auf die internationale Zusammenarbeit der Staaten und auf die Interessen der Parteien, die weder den Schutz bereits erlassener Entscheidungen verlieren, noch sich widersprechenden Urteilen verschiedener Länder ausgesetzt werden sollten.[1744]

Als Vertreter der neueren Literatur hat sich Pfeiffer auch mit den dogmatischen Grundlagen der Anerkennung ausländischer Urteile auseinander gesetzt. Seine bisherigen Untersuchungen zum Recht der internationalen Entscheidungszuständigkeit haben gezeigt: Die Funktion des Zivilprozesses besteht grundsätzlich in der rechtsstaatlich geschützten Ausübung subjektiver Rechte. Zweck des Zivilprozesses ist die Verwirklichung des materiellen Rechts, d. h. die Herbeiführung einer sachlichen Entscheidung in einem zweckmäßigen und schnellen Verfahren bzw. die Gewährleistung eines effektiven Rechtsschutzes im Dienste der Verwirklichung des materiellen Rechts. Der Justizanspruch stellt das Oberprinzip des Zuständigkeitsrechts dar.[1745]

[1741] BVerfG NJW 88, 1462 (1462); BGH NJW 97, 2051 (2052).

[1742] BVerfGE 75, 1 (19).

[1743] BGH RIW 90, 493 (494); Geimer, IZPR, Rdnr. 2775.

[1744] Hdb. Int. ZVerfR III/1-Martiny, Rdnr. 261.

[1745] Siehe dazu oben § 3 III. 3. c. Vgl. auch Gottwald, ZZP 103, 257 (259): Wie für den Prozesszweck ganz allgemein angenommen, sollten staatliche Interessen nur innerhalb des subjektiven Rechtsschutzziels zum Tragen kommen und ihm untergeordnet sein.

Von diesem Leitsatz ausgehend, stellt sich für Pfeiffer die Frage nach den konkreten Anforderungen des Justizanspruchs an die Ausgestaltung des Rechts der internationalen Zuständigkeit. Es sei anerkannt, dass effektiven Rechtsschutz nur ein Verfahren gewährleisten könne, das auf beständige Entscheidungen gerichtet sei. Entscheidungsbeständigkeit könne daher als besondere Ausprägung des allgemeinen rechtsstaatlichen Prinzips der Rechtssicherheit bezüglich der Wirkung von Urteilen verstanden werden. Langwieriges Prozessieren führe zu Rechtsunsicherheit. Die Freiheitsfunktion der subjektiven Rechte erfordere es daher, dass über ihre Existenz möglichst wenig Zweifel bestünden. Im internationalen Recht – so Pfeiffer – „lauerten" nun besondere Gefahren für die Beständigkeit von Entscheidungen. Denn die gerichtlichen Entscheidungen entfalteten zunächst nur Wirkung innerhalb des Gebietes des Staates, in dem sie ergangen seien. Ausländische Gerichte seien an sie grundsätzlich nicht gebunden. Damit bestehe die Gefahr sich widersprechender Entscheidungen, wenn derselbe Rechtsstreit vor einem anderen, ausländischen Gericht ausgetragen werden müsse. Um den gewünschten Rechtssicherheitseffekt aber zu erzielen, setze Beständigkeit nun voraus, dass die Entscheidungen auch grenzüberschreitend Bestand hätten, d. h. dass sie im Ausland anerkannt würden.[1746]

Allein Beständigkeit vermag nach seiner Ansicht den Justizanspruch des rechtssuchenden Klägers aber nicht zu befriedigen. Neben dem Anspruch auf Erkenntnis stelle daher die Möglichkeit der Vollstreckung des erzielten Urteils ein wesentliches Element des Justizanspruchs dar, da allein die Gewährung eines Anspruchs im Erkenntnisverfahren durch zusprechendes Urteil die erwünschte Rechtsverwirklichung der Parteien durch rechtsstaatliches Verfahren nicht erfüllen könne.[1747] Daher sei auch das Vollstreckungsverfahren, dessen wichtiger Teil die Anerkennung der ausländischen Entscheidung ist,[1748] rechtsstaatlichen Verfahrensanforderungen unterworfen. Neben der Regelung der internationalen Entscheidungszuständigkeit müsse also auch die Normierung der ausländischen Anerkennungszuständigkeit verfassungsrechtlichen Anforderungen entsprechen.[1749]

In den Fällen, in denen sich die Lebensbezüge der Parteien und die tatsächlichen und rechtlichen Bezüge des Rechtsstreits überwiegend im Ausland konzentrierten, liege für die Parteien die effektivste Form der Verwirklichung ihres Justizanspruchs nicht in dem Erkenntnisverfahren im Heimatstaat, sondern in der

---

[1746] Pfeiffer, S. 366. Vgl. auch Hdb. Int. ZVerfR III/1-Martiny, Rdnr. 77.

[1747] Vgl. auch Gottwald, ZZP 103, 257 (258); Schütze, Anerkennung ausl. Zivilurteile, S. 1.

[1748] Siehe dazu unten § 9 I. 2.

[1749] Pfeiffer, S. 367.

Anerkennung der Entscheidung eines Forums, das über mehr Bezüge zum Rechtsstreit verfüge und sich daher zur Entscheidung über den Rechtsstreit für zuständig befunden habe. Maßgeblich für den Justizanspruch sei also das in der justizförmig-rechtsstaatlichen Rechtsdurchsetzung liegende Ergebnis, nicht aber, dass der zuständigkeitsrechtliche Weg dorthin über die inländischen Gerichte führe, der umso beschwerlicher werde, je weniger Bezüge der Rechtsstreit zum Forumstaat aufweise. Der Justizanspruch werde also befriedigt, wenn sich das inländische Rechtssystem anstelle eigenen Tätigwerdens auf die Anerkennung der rechtsstaatlichen Tätigkeit ausländischer Justiz beschränke.[1750] Dabei gehe man von der Fiktion der Gleichwertigkeit der Gerichte in aller Welt aus.[1751] Der ausländische Rechtsschutz müsse aber einem rechtsstaatlichen Mindeststandard an Verfahrensgerechtigkeit genügen, d. h. umfassend, wirksam und zumutbar[1752] sein.[1753]

Daraus ergibt sich nun, so Pfeiffer, dass Vollstreckung im Inland entweder auf der Grundlage eines im inländischen Erkenntnisverfahren oder eines durch Anerkennung gewonnenen Titels möglich sein müsse, weil sonst der Justizanspruch nicht erfüllt werde. Eine dem Justizanspruch genügende Zuständigkeitsordnung müsse daher eine Zuständigkeit eigener oder – durch Urteilsanerkennung – ausländischer Gerichte vorsehen.[1754] Jeder Inlandsbezug, sei es der der Parteien oder der des Streitgegenstandes, begründe einen Justizanspruch auf Zuständigkeit oder Anerkennung.[1755]

Nach diesen Untersuchungen Pfeiffers kann als gesichert gelten, dass die Anerkennung ausländischer Urteile der Befriedigung des Justizgewährungsanspruchs der Parteien dient. Festzuhalten bleibt aber auch, dass es grundsätzlich die souveräne Entscheidung eines jeden Staates ist, ob und unter welchen Voraussetzungen er ausländische Urteile anerkennt. Er erlässt die die Anerkennung regelnden Vorschriften nach eigenem Ermessen und aufgrund eigener politischer und rechtlicher Erwägungen.[1756]

[1750] Pfeiffer, S. 447.

[1751] Pfeiffer, S. 80. Vgl. auch v. Bar/Mankowski, S. 440; Geimer, IZPR, Rdnr. 2751; Hdb. Int. ZVerfR III/1-Martiny, Rdnr. 106; Zöller-Geimer, § 328, Rdnr. 15.

[1752] Auf die Überprüfung dieser Anforderungen durch das autonome deutsche Anerkennungsrecht wird noch eingegangen. Siehe dazu unten § 9 III. 1.

[1753] Pfeiffer, S. 448.

[1754] Pfeiffer, S. 450.

[1755] Pfeiffer, S. 454.

[1756] Geimer, JuS 65, 475 (476); Geimer, Prüfung, S. 108; Gottwald, ZZP 103, 257 (259); Herrmann, S. 27; MüKo ZPO-Gottwald, § 328, Rdnr. 1; Stein/Jonas-Roth, § 328, Rdnr. 1.

An dieser Stelle soll nicht der Versuch unternommen werden, eine Neubewertung der bisher angeführten Theorien vorzunehmen oder gar eine eigenständige dogmatische Grundlage für die Anerkennung ausländischer Urteile zu entwickeln. Dies wäre vermessen und würde den Rahmen der vorliegenden Arbeit sprengen. Stattdessen soll im Folgenden der Frage nachgegangen werden, inwieweit das der deutschen Anerkennungszuständigkeit zugrunde liegende sog. Spiegelbildprinzip den gestellten Anforderungen an die Befriedigung des Justizanspruchs und an die Vermittlung von Zuständigkeitsgerechtigkeit gerecht wird.

2. Rechtsquellen

Dabei kann sich die Anerkennung ausländischer Urteile – soweit vorhanden – nach den Bestimmungen von bilateralen Staatsverträgen richten. Diese gehen denen des autonomen nationalen Rechts vor, sofern das nationale Recht nicht über die günstigeren Regelungen verfügt. Es gilt allgemein das Günstigkeitsprinzip, wonach – zumindest im Grundsatz – der anerkennungsfreundlichsten Regelung in einem Staatsvertrag oder im autonomen nationalen Recht der Vorrang einzuräumen ist.[1757]

Deutschland hat – wie bereits erwähnt[1758] – mit elf Staaten Anerkennungs- und Vollstreckungsübereinkommen abgeschlossen.[1759] Zwischen der Bundesrepublik und den Vereinigten Staaten von Amerika existiert aber kein derartiger Staatsvertrag, der die gegenseitige Anerkennung der Urteile regelt.[1760] Die Anerkennungsvorschriften der EuGVVO in Artt. 33 ff. finden ebenfalls keine Anwendung, da darüber nur Entscheidungen von Mitgliedstaaten anerkannt werden

---

[1757] Siehe dazu oben § 3 II. 1. Vgl. ferner BGH NJW 78, 1113 (1113); BGH IPRax 89, 104 (106); BayObLG FamRZ 90, 897 (898); Geimer, IZPR, Rdnr. 2766; Geimer, JuS 65, 475 (475); Herrmann, S. 29; v. Hoffmann/Thorn, § 3, Rdnr. 150; Matscher, ZZP 103, 294 (311); MüKo ZPO-Gottwald, § 328, Rdnr. 14; Schindler, S. 13; Schreiner, S. 16; Schütze, Anerkennung dt. Urteile, S. 12; Stein/Jonas-Roth, § 328, Rdnr. 4.

[1758] Siehe oben § 3 II. 1.

[1759] Deutsch-schweizerisches Abkommen vom 2.11.1929 (RGBl. 1930 II, S. 1066); Deutsch-italienisches Abkommen vom 9.3.1936 (RGBl. 1936 II, S. 145); Deutsch-belgisches Abkommen vom 30.6.1958 (BGBl. 1959 II, S. 766); Deutsch-österreichischer Vollstreckungsvertrag vom 6.6.1959 (BGBl. 1960 II, S. 1245); Deutsch-britisches Vollstreckungsabkommen vom 14.7.1961 (BGBl. 1961 II, S. 301); Deutsch-griechischer Vollstreckungsvertrag vom 4.11.1961 (BGBl. 1963 II, S. 110); Deutsch-niederländischer Vollstreckungsvertrag vom 30.8.1962 (BGBl. 1965 II, S. 27); Deutsch-tunesischer Vertrag über Rechtsschutz und Rechtshilfe vom 19.7.1966 (BGBl. 1969 II, S. 890); Deutsch-israelischer Vertrag vom 20.7.1977 (BGBl. 1980 II, S. 925); Deutsch-norwegischer Vertrag vom 17.6.1977 (BGBl. 1981 II, S. 341); Deutsch-spanischer Vertrag vom 14.11.1983 (BGBl. 1987 II, S. 35). Vgl. allgemein zur Anerkennung nach den bilateralen Staatsverträgen Matscher, ZZP 86, 404 (407 ff.); Schreiner, S. 152 ff.

[1760] Siehe dazu oben § 3 II. 1.

können. Daher richtet sich die Anerkennung US-amerikanischer Urteile ausschließlich nach autonomem deutschem Recht.

Die allgemeinen Regeln des autonomen deutschen Anerkennungsrechts sind
heute in §§ 328 ff., 722 ff. ZPO enthalten: Ausländische Entscheidungen erlangen im Inland die Vollstreckbarkeit, wenn diese durch ein Vollstreckungsurteil
ausgesprochen wird (§ 722 Abs. 1 ZPO). Dieses ist nicht zu erlassen, wenn die
Anerkennung des ausländischen Urteils ausgeschlossen ist (§ 723 Abs. 2 Satz 2
ZPO). Damit wird auf die in § 328 ZPO aufgeführten Gründe verwiesen, die der
Anerkennung im Einzelfall entgegenstehen können. Dazu zählen die fehlende
internationale Entscheidungszuständigkeit des ausländischen Gerichts (Nr. 1 –
Anerkennungszuständigkeit), die fehlerhafte Zustellung des verfahrenseinleitenden Schriftstückes (Nr. 2 – Nichtgewährung rechtlichen Gehörs), die entgegenstehende Rechtskraft oder anderweitige Rechtshängigkeit (Nr. 3), der Verstoß
gegen den deutschen ordre public (Nr. 4) und die fehlende Verbürgung der Gegenseitigkeit (Nr. 5).[1761]

Die Vollstreckungsklage ist eine Gestaltungsklage. Sie ist auf die Vollstreckbarerklärung des ausländischen Urteils im Inland gerichtet.[1762] Der Klageantrag
muss Gericht, Datum, Aktenzeichen und vollstreckbaren Inhalt genau bezeichnen. Die Vorlage einer beglaubigten Urteilskopie reicht aus.[1763] Streitgegenstand
ist die Zulässigkeit der inländischen Zwangsvollstreckung aus dem ausländischen Urteil.[1764] Ausschließlich zuständig für die Klage ist gem. § 722 Abs. 2
ZPO i. V. m. § 802 ZPO das Amts- oder Landgericht, bei dem der Schuldner
seinen allgemeinen Gerichtsstand hat oder bei dem gem. § 23 ZPO Klage gegen

---

[1761] § 328 Abs. 1 ZPO lautet: „Die Anerkennung des Urteils eines ausländischen Gerichts ist ausgeschlossen: 1. wenn die Gerichte des Staates, dem das ausländische Gericht angehört, nach den
deutschen Gesetzen nicht zuständig sind; 2. wenn dem Beklagten, der sich auf das Verfahren
nicht eingelassen hat und sich hierauf beruft, das verfahrenseinleitende Schriftstück nicht ordnungsgemäß oder nicht so rechtzeitig zugestellt worden ist, dass er sich verteidigen konnte; 3.
wenn das Urteil mit einem hier erlassenen oder einem anzuerkennenden früheren ausländischen
Urteil oder wenn das ihm zugrunde liegende Verfahren mit einem früher hier rechtshängig gewordenen Verfahren unvereinbar ist; 4. wenn die Anerkennung des Urteils zu einem Ergebnis
führt, das mit wesentlichen Grundsätzen des deutschen Rechts offensichtlich unvereinbar ist,
insbesondere wenn die Anerkennung mit den Grundrechten unvereinbar ist; 5. wenn die Gegenseitigkeit nicht verbürgt ist."

[1762] Geimer, JuS 65, 475 (478); Nagel/Gottwald, § 12, Rdnr. 107; Riezler, S. 564/566; Schack,
IZVR, Rdnr. 941; Schindler, S. 26; Schütze, Anerkennung ausl. Zivilurteile, S. 55; Schütze, An-
erkennung dt. Urteile, S. 19; Stein/Jonas-Roth, § 328, Rdnr. 6; Thomas/Putzo-Hüßtege, § 723,
Rdnr. 7.

[1763] OLG Hamm RIW 97, 960 (960).

[1764] Riezler, S. 564; Schütze, Anerkennung ausl. Zivilurteile, S. 60/61.

den Schuldner erhoben werden kann.[1765] Die sachliche Zuständigkeit richtet sich nach dem Streitwert i. S. v. § 23 Nr. 1 GVG. Hat die ausländische Entscheidung keinen vollstreckbaren Inhalt, fehlt das Rechtsschutzbedürfnis.[1766]

Die Klage ist begründet, wenn gem. § 723 Abs. 2 Satz 1 ZPO die ausländische Entscheidung rechtskräftig ist und gem. § 723 Abs. 2 Satz 2 ZPO kein Anerkennungshindernis des § 328 ZPO entgegensteht. Das Gericht spricht die Anerkennung des ausländischen Urteils i. S. v. § 328 ZPO nicht in einem gesonderten Verfahren aus,[1767] sondern prüft die möglichen Anerkennungshindernisse des § 328 ZPO inzident im Rahmen der Begründetheit der Vollstreckungsklage.

Die Vollstreckung findet dann in der Bundesrepublik aus dem deutschen Vollstreckungsurteil statt, wenn es den vollstreckbaren Inhalt wiedergibt, sonst in Verbindung mit dem ausländischen Urteil. Das Urteil muss für vorläufig vollstreckbar erklärt werden.[1768] Im Übrigen richtet sich die Vollstreckung aus ausländischen Titeln, wenn Vollstreckungsklausel oder Vollstreckbarerklärung erteilt sind, nach den allgemeinen Vorschriften der Zwangsvollstreckung. Die Vollstreckungsklausel wird in einem vereinfachten Verfahren nach dem AVAG erteilt.

Es besteht auch die Möglichkeit, das ausländische Urteil für vollstreckbar erklären zu lassen. Dieses vereinfachte Verfahren ist aber nur möglich, wenn es in entsprechenden Staatsverträgen zugelassen ist.[1769] Mangels eines entsprechenden Vertrages zwischen den USA und der Bundesrepublik kommt für siegreiche US-amerikanische Kläger nur die Erhebung der Vollstreckungsklage in Betracht, wenn sie aus ihrem Urteil gegen die deutschen Beklagten in der Bundesrepublik vollstrecken wollen.

3. Indirekte Zuständigkeit / Anerkennungszuständigkeit

Im Mittelpunkt der vorliegenden Untersuchung stehen die Vorschriften über die Anerkennungszuständigkeit. Diese Bestimmungen werden Regeln über die indirekte Zuständigkeit (compétence indirecte) oder Beurteilungsregeln genannt. Sie bestimmen (indirekt), ob und unter welchen Voraussetzungen aus der Sicht des anerkennenden Gerichts die Gerichte des fremden (Urteils-) Staates zuständig gewesen sind, ein Urteil zu erlassen, das nunmehr im Zweitstaat anerkannt wer-

---

[1765] Riezler, S. 564; Schütze, Anerkennung ausl. Zivilurteile, S. 62/63; Schütze, Anerkennung dt. Urteile, S. 19.

[1766] Thomas/Putzo-Hüßtege, § 723, Rdnr. 12.

[1767] Thomas/Putzo-Hüßtege, § 328, Rdnr. 1.

[1768] Thomas/Putzo-Hüßtege, § 723, Rdnr. 14.

[1769] Schack, IZVR, Rdnr. 948 ff.

den soll.[1770] Die Regeln der indirekten Zuständigkeit sind im autonomen deutschen Recht in § 328 Abs. 1 Nr. 1 ZPO, aber auch in Art. 7 FamRÄndG, in § 738a Abs. 2 HGB, in § 16a FGG und in § 343 InsO geregelt.

Die bisherige Untersuchung zum Recht der internationalen Entscheidungszuständigkeit hat ergeben: Jeder Staat kann für sich in seinen Rechtsordnungen die Entscheidungszuständigkeiten der eigenen Gerichte begründen.[1771] Dabei ist er grundsätzlich in der Normierung der Voraussetzungen, die die Zuständigkeit seiner Gerichte festlegen, frei.

Fraglich ist jedoch, ob er auch mit der Anerkennung „seines" Urteils im Ausland rechnen kann, wenn sich der Schwerpunkt des von seinen Gerichten entschiedenen Rechtsstreits im Ausland befindet und nicht über gewisse hinreichende Beziehungen auch zum eigenen Urteilsstaat verfügt.[1772] Dabei ist in erster Linie an die exorbitanten Zuständigkeiten, wie z. B. „transient jurisdiction", Staatsangehörigkeit oder Vermögensbelegenheit zu denken.[1773] Die Staaten eint grundsätzlich das Interesse, Urteilen, die auf – aus ihrer Sicht – exorbitanten Zuständigkeitsgründen basieren, keine Anerkennung zu gewähren. Dies hängt mit dem Schutzgedanken des Staates zu Gunsten seiner Bürger zusammen, die eigenen Angehörigen „wenigstens" vor der Vollstreckung durch den ausländischen Kläger im Heimatstaat zu schützen.[1774] Aufgrund unterschiedlicher Zuständigkeitsverständnisse zwischen den Staaten und der noch mangelnden Vereinheitlichung der Rechtsordnungen außerhalb Europas, kommt es bei der Urteilsanerkennung zu einem „Aufeinanderprallen" der unterschiedlichen Rechtssysteme mit ihren zugrundeliegenden Wertungen. Die Unterschiede werden besonders deutlich, wenn Staaten am Maßstab ihrer eigenen Zuständigkeitsordnung die entsprechenden Regeln des ausländischen Staates überprüfen, wie es das Spiegelbildprinzip in § 328 Abs. 1 Nr. 1 ZPO vorschreibt. Daraus ergibt sich

---

[1770] v. Bar/Mankowski, S. 439; Basedow, IPRax 94, 183 (183); Hdb. Int. ZVerfR III/1-Martiny, Rdnr. 632; Heldrich, S. 71; Kegel/Schurig, S. 1062; Pfeiffer, S. 450, wonach diese Regelung dem Justizanspruch nicht entgegen steht, da die nationale Zuständigkeitsordnung nur die Entscheidungszuständigkeit der eigenen Gerichte und nicht die der ausländischen Gerichte begründen kann; Schack, IZVR, Rdnr. 187; Schärtl, S. 17; Schindler, S. 21; Schreiner, S. 35.

[1771] Siehe dazu oben § 3 III. 1.

[1772] Hdb. Int. ZVerfR III/1-Martiny, Rdnr. 116; Pfeiffer, S. 84, der auf das Beziehungsgeflecht zwischen internationaler Zuständigkeit, Urteilsanerkennung und internationalem Privatrecht hinweist; Schindler, S. 24.

[1773] Siehe oben § 3 III. 3. a.

[1774] Geimer/Schütze-Geimer, I/2, S. 1501.

(verständlicherweise) Konfliktpotential.[1775] Daher gibt es Anlass, das Spiegelbildprinzip im autonomen deutschen Recht einer genaueren Untersuchung zu unterziehen.[1776]

4. Historischer Überblick

Dazu soll zunächst ein Blick in die Entstehungsgeschichte des Anerkennungsrechts geworfen werden. Auf das römische Recht kann die Anerkennung ausländischer Entscheidungen nicht eindeutig zurückgeführt werden. Die in diesem Zusammenhang erwähnenswerte Fundstelle aus den Digesten bezieht sich auf Gebiete, die zum damaligen staatsrechtlichen Verband des Römischen Reiches gehörten, und befasst sich mit der Erstreckung der Vollstreckung von stadtrömischen Urteilen durch die Statthalter in den Provinzen.[1777] Da aber das römische Bürgerrecht für alle freien Reichsbewohner, auch in den Provinzen, galt und es eine einheitliche Gerichtsorganisation gab, kann letztlich nicht von der Anerkennung ausländischer Urteile gesprochen werden.[1778]

Innerhalb des Heiligen Römischen Reichs Deutscher Nation war die Anerkennung fremder Urteile, d. h. anderer deutscher Fürstentümer bzw. Reichsstädte, noch der Regelfall.[1779] Nach dessen Auflösung 1806 durch Napoleon rückte aber die Frage der Anerkennung zunehmend in den Mittelpunkt. Nunmehr wurde im

---

[1775] Gottwald, ZZP 103, 257 (258); Hdb. Int. ZVerfR III/1-Martiny, Rdnr. 116; Heldrich, S. 153, der die Beachtung der ausländischen Zuständigkeitsnormen des Anerkennungsstaates, dessen Recht in der Sache maßgeblich ist, durch den Urteilsstaat als wesentlich für die Anerkennung des Urteils in diesem Staat ansieht; Schack, IZVR, Rdnr. 829; Schröder, S. 398, wonach sich eine unangemessene Ausdehnung internationaler Entscheidungszuständigkeit rächen könne, wenn internationale Anerkennungszuständigkeit ins Spiel komme. Unter Verweis auf andere: „Domestic assumption of jurisdiction that is exorbitant thus can backfire" bzw. eine Entscheidungszuständigkeit nach § 23 ZPO biete zwar dem inländischen Kläger eine bequeme Handhabe, ausländische Beklagte vor deutsche Gerichte zu ziehen, wegen § 328 Abs. 1 Nr. 1 ZPO müsse aber die Gesamtheit der inländischen Schuldner schwer bluten; ähnlich auch Pfeiffer, S. 213, wonach alle Maßnahmen, die die staatliche Zuständigkeitspolitik mit austeilender, distributiver Zielrichtung ergreife, hätten nicht nur distributive Wirkung, sondern griffen zugleich in erheblichem Maße in die Rechtsbeziehung zwischen den Parteien ein und müssten deshalb auch an den Maßstäben ausgleichender, kommutativer Gerechtigkeit gemessen werden.

[1776] Die bisherigen Untersuchungen zur internationalen Entscheidungszuständigkeit haben die teilweise gravierenden Unterschiede im Zuständigkeitsverständnis zwischen den USA und Deutschland bzw. Europa offen gelegt.

[1777] D. 42, 1, 15, 1. Sie lautet auszugsweise: „(...) Sententiam Romae dictam etiam in provinciis posse praesides, si hoc iussi fuerint, ad finem persequi imperator noster (Caracalla) cum patre (Septimius Severus) rescripsit."

[1778] Ehrenzweig/Jayme, S. 50; Fricke, S. 64; Riezler, S. 58; Schröder, S. 737.

[1779] Feuerbach, S. 77; Fricke, S. 64; Graupner, FS Ferid, S. 185/189; Schröder, S. 738.

Zuge des entstehenden Partikularismus die Nicht-Anerkennung der Urteile anderer deutscher (Klein- und Kleinst-) Staaten als Ausdruck der neu gewonnenen Souveränität zur Regel.[1780]

Die ersten grundlegenden und bis heute gültigen Gedanken zur Anerkennung und insbesondere zur Anerkennungszuständigkeit stammen von Paul Johann Anselm von Feuerbach. Er meinte, dass kein souveräner Staat verpflichtet sei, ausländische Urteile anzuerkennen.[1781] Aus dem gegenseitigen Verkehr in der Völkergemeinschaft ergebe sich jedoch die Pflicht jeden Staates, dem anderen zuzugestehen, was die „allgemeine Handhabung des Rechts sowie die Freiheit eines weltbürgerlichen Verkehrs der Menschen und Völker notwendig fordere".[1782] Es bleibe aber der Regierung jeden Staates überlassen, den Umfang und die Grenzen dieser Verbindlichkeit „nach eigener weiser Beurteilung zu ermessen, denn der völkerrechtliche Verein sei kein Völkerstaat".[1783] Damit brachte er zum Ausdruck, dass jeder Staat selbst bestimmt, unter welchen Umständen er Akte bzw. Urteile anderer Staaten anerkennt. Jeder Staat müsse um der Gerechtigkeit und der Ungestörtheit des bürgerlichen Verkehrs willen besorgt sein, dass Rechtskraft und Vollstreckbarkeit seiner Urteile auch auswärts anerkannt würden. Er müsse daher, „was er von anderen zu erwarten ein Interesse habe, auch diesen zugestehen."[1784] Was von einem zuständigen Gericht rechtskräftig ausgesprochen sei, müsse daher in jedem Staat anerkannt werden. Nur was von einem nicht zuständigen auswärtigen Gericht erkannt worden sei, könne in den Grenzen des Anerkennungsstaates keinen Anspruch auf Anerkennung geltend machen.[1785] Die Beurteilung der Zuständigkeit des Auslandes sollte nach den eigenen inländischen Normen über die Zuständigkeit der Gerichte erfolgen.[1786] Damit kann Feuerbach als der geistige Urheber des Spiegelbildprinzips bezeichnet werden.[1787]

Feuerbach, S. 77; so lautete die Verordnung vom 9.10.1807 in Bayern: „(...) dass kein Staat berechtigt sei, (...) wenn es nicht in besonderen Verträgen zugestanden ist, zu fordern, dass ein von seinen Gerichtsstellen ausgesprochenes Urteil an den in dem Gebiet eines anderen Staates befindlichen Personen oder Gütern vollzogen werde (...)"; Graupner, FS Ferid, S. 192; Schröder, S. 740.

[1781] Feuerbach, S. 82.

[1782] Feuerbach, S. 85.

[1783] Feuerbach, S. 85.

[1784] Feuerbach, S. 94.

[1785] Feuerbach, S. 95.

[1786] Feuerbach, S. 96.

[1787] Graupner, FS Ferid, S. 192; Schröder, S. 746.

Die Rechtswissenschaft übernahm in der Folge die Thesen Feuerbachs. Von Wächter vertrat die Ansicht, dass „der auswärtige Richter nur dann als zuständig angenommen und sein Urteil bei uns vollstreckt würde, wenn das Ausland, sobald man dasselbe wie einen Sprengel des Inlandes behandeln würde, nach den einheimischen Gesetzen als kompetent erscheint."[1788]

Auch in die Prozessordnungen der Partikularstaaten hielt das Spiegelbildprinzip nach und nach Einzug.[1789] Dies geschah, um Gleichheit zwischen In- und Ausland zu schaffen, den Beklagten vor unzumutbaren Gerichtsständen zu schützen und um exorbitante Gerichtsstände des Auslandes zu bekämpfen.[1790]

Als ab 1862 die Hannoversche Kommission begann, im Auftrage des Deutschen Bundes die Rechtszersplitterung in Deutschland auf dem Gebiet des Zivilprozessrechts zu beseitigen, konnte sie sich trotz der bisher erfolgten Entwicklung auf dem Gebiet der Partikularstaaten nur zu einem unpräzisen Bekenntnis zum Spiegelbildprinzip durchringen.[1791] Nach dem Zusammenbruch des Deutschen Bundes 1866 setzte der Norddeutsche Bund die Arbeit fort und formulierte u. a. die Regelung, dass ein Vollstreckungsurteil nicht zu erlassen sei, „wenn nach dem inländischen Rechte die Gerichte desjenigen Staates nicht zuständig waren, welchem das ausländische Gericht angehört."[1792] Dieser Wortlaut fand am 21.12.1876 als § 661 Nr. 3 Eingang in die gesamte ZPO.[1793]

Da bis zu diesem Zeitpunkt die Wirkungserstreckung ausländischer Urteile auf das Inland lediglich unter dem Aspekt der Zwangsvollstreckung diskutiert worden war und in der Folgezeit das Fehlen einer Norm, die die Wirkungserstreckung auf das Inland allgemein und losgelöst von der Vollstreckbarkeit regelte,

---

[1788] v. Wächter, AcP 25, 361 (417/418).

[1789] Vgl. die Bairische Verordnung von 1811, die das Anerkennungsverbot auf „inkompetente" ausländische Gerichte beschränkte. Dabei war die „Kompetenz" nach dem Spiegelbildprinzip zu bestimmen, da Feuerbachs Thesen ausdrücklich zum Bestandteil der Gesetzgebungsmotive gemacht wurden, vgl. Feuerbach, S. 128 ff. Vgl. ferner Württembergisches Exekutionsgesetz von 1825; PO des Königreichs Hannover vom 1850; PO von Preußen von 1864; Badische PO von 1831.

[1790] Fricke, S. 71; Graupner, FS Ferid, S. 194; Schröder, S. 746.

[1791] Fricke, S. 72; Schröder, S. 748.

[1792] Fricke, S. 72.

[1793] § 661 Nr. 3 ZPO lautete: „Das Vollstreckungsurteil ist ohne Prüfung der Gesetzmäßigkeit der Entscheidung zu erlassen. Dasselbe ist nicht zu erlassen: (…) Nr. 3: wenn nach dem Rechte des über die Zulässigkeit der Zwangsvollstreckung urtheilenden deutschen Richters die Gerichte desjenigen Staates nicht zuständig waren, welchem das ausländische Gericht angehört.". Vgl. dazu Graupner, FS Ferid, S. 201/202.

deutlich wurde, wurde in der Novelle von 1898 eine Vorschrift eingefügt, die lautete: „Dem Urteil eines ausländischen Gerichts ist die Anerkennung versagt, wenn (...) die Gerichte des Staates, welchem das ausländische Gericht angehört, nach deutschem Recht nicht zuständig sind." Sie sollte in § 328 Abs. 1 Nr. 1 ZPO Eingang finden.[1794] In dieser Form überstand sie bis heute alle nachfolgenden Reformvorhaben.[1795]

5. Anerkennungsinteressen

Wie auch bei der Entscheidungszuständigkeit stehen sich bei der Anerkennung verschiedene Interessen unterschiedlicher Beteiligter gegenüber.[1796]

Durch die Anerkennung des ausländischen Urteils können sich beide Parteien die Durchführung eines erneuten Verfahrens im Zweitstaat ersparen, z. B. wenn dort eine bereits im Urteil entschiedene Frage erneut streitig werden sollte. Das Urteil gewährt also beiden Parteien Rechtsklarheit und -sicherheit.[1797]

Der (siegreiche) Kläger wäre ohne Anerkennung gezwungen, seinen Rechtsschutz, nachdem er ihn im Urteilsstaat gewährt bekommen hat, nun nach und nach in den verschiedenen potentiellen Vollstreckungsstaaten zu suchen und dabei entweder den gleichen Prozess noch einmal zu führen oder den gesamten Prozessstoff des ausländischen Verfahrens in einem besonderen Anerkennungs- und Vollstreckungsverfahren wieder aufzurollen.[1798] Auch der Beklagte hat kein Interesse daran, sich in anderen Staaten immer wieder neu einlassen und verteidigen zu müssen, wenn er schon ein obsiegendes (klageabweisendes) Urteil erstritten hat.[1799] Der unterlegenen Partei soll ferner nicht die Möglichkeit gegeben werden, neuen Tatsachen- und Beweisstoff in einem neuen Verfahren vor-

---

[1794] Fricke, S. 74; Graupner, FS Ferid, S. 204.

[1795] Als bisher letztes Reformvorhaben ist das Gesetz zur Neuregelung des IPR von 1986, BT-Drucksache 10/504, S. 89/90, zu nennen.

[1796] Heldrich, S. 103 ff., wonach den Befolgungs- und Beurteilungsregeln unterschiedliche Zuständigkeitsinteressen zugrunde liegen könnten. A. A. Schröder, S. 103 Fn. 96/S. 781, wonach ein Anknüpfungspunkt bleibe, was er sei, ob er nun im Inland oder im Ausland verwirklicht werde. Gerade der Spiegelbildgundsatz vermöge eine hervorragende legislativ-pädagogische Rolle zu spielen. Siehe dazu unten § 9 III. 2. c.

[1797] Geimer/Schütze-Geimer, I/2, S. 1377; Pfeiffer, S. 170; Schack, IZVR, Rdnr. 787; Heldrich, S. 104/117, misst zudem den Beziehungen des Falles zum fremden Forumstaat, wie z. B. der Nähe zum Sachverhalt und dem Schutz anderer Verfahrensbeteiligter eine Bedeutung zu; Hdb. Int. ZVerfR III/1-Martiny, Rdnr. 77.

[1798] Hdb. Int. ZVerfR III/1-Martiny, Rdnr. 78; Herrmann, S. 36; Pfeiffer, S. 170; Schreiner, S. 38; Schröder, S. 700.

[1799] Pfeiffer, S. 170; Schröder, S. 700; Spickhoff, ZZP 108, 475 (484).

zubringen und somit das einmal gefundene Ergebnis zu unterlaufen.[1800] Auch verhindert die Anerkennung ausländischer Urteile, dass sich der Schuldner nach Erlass eines für ihn ungünstigen Urteils seinen Verpflichtungen entzieht und sich mit seinem Vermögen ins vermeintlich sichere Ausland absetzt.

Dagegen dürfte die unterlegene Partei ein Interesse an der Begrenzung des Rechtsstreits und dessen Folgen auf den Urteilsstaat haben, um diesen möglicherweise noch einmal als Klägerin mit einem anderen Ergebnis vor den auswärtigen (heimischen) Gerichten – und unter Beachtung der Grundsätze über ein faires Verfahren – führen zu können bzw. als Beklagte durch ein Anerkennungs- und Vollstreckungsverfahren die Erstreckung der Wirkungen des Urteils auf den Heimatstaat verhindern zu können.[1801] Damit korrespondiert das grundsätzliche Interesse des Beklagten an der Beschränkung seiner Gerichtspflichtigkeit und der Gewährung ausreichenden Schutzes vor für ihn unzumutbaren Foren.[1802]

Es ist aber nicht zu verkennen, dass auch der Schuldner ein Interesse an der Anerkennung ausländischer Urteile durch seinen Heimatstaat haben kann. Denn verweigert der Staat diese Anerkennung regelmäßig, um seinen eigenen Bürger vor der Vollstreckung durch ausländische Kläger zu schützen, könnten diese das Interesse an einer wirtschaftlichen Zusammenarbeit verlieren, da sie im Falle eines Rechtsstreits keine Erfolgschancen für eine Vollstreckung im Staat ihrer Schuldner sehen. Dies könnte sie dazu bewegen, von den Schuldnern regelmäßig Vorausleistungen zu verlangen oder die Geschäftsbeziehungen auf andere Weise zu beschränken.[1803]

Als gesichert gilt ebenfalls, dass die Anerkennung ausländischer Urteile den Gerichten entgegen kommt. Denn die Feststellung der Anerkennungsvoraussetzungen ist i. d. R. leichter und weniger aufwändig, als den gesamten Rechtsstreit im eigenen Land neu aufrollen zu müssen. Auch können damit einander widersprechende Entscheidungen i. S. d. Förderung eines internationalen Entscheidungseinklangs vermieden werden.[1804]

[1800] Geimer/Schütze-Geimer, I/2, S. 1372; Hdb. Int. ZVerfR III/1-Martiny, Rdnr. 78.

[1801] Geimer/Schütze-Geimer, I/2, S. 1375; Hdb. Int. ZVerfR III/1-Martiny, Rdnr. 79; Herrmann, S. 36; Schreiner, S. 38.

[1802] Geimer/Schütze-Geimer, I/2, S. 1373; Hdb. Int. ZVerfR III/1-Martiny, Rdnr. 80; Schärtl, S. 21. Siehe dazu auch oben § 3 III. 3. b.

[1803] Schack, IZVR, Rdnr. 787.

[1804] Herrmann, S. 37; Pfeiffer, RabelsZ 55, 734 (740); Schack, IZVR, Rdnr. 788; Spickhoff, ZZP 108, 475 (484).

Schließlich hat der Staat ein Interesse am Schutz seiner Angehörigen vor einer auf exorbitanter Zuständigkeit beruhenden Vollstreckung durch ausländische Kläger. In diese Überlegung spielen auch staatliche Machtinteressen hinein:[1805] Jeder Staat stellt danach eine Reihe von Rechtssätzen auf, die die Grundlagen seines staatlichen und gesellschaftlichen Lebens garantieren. Da sie das Fundament seiner staatlichen Macht bilden, will der Staat sie auch gegenüber ausländischen Urteilen durchsetzen und daher Urteile nicht vorbehaltlos und ohne eigene Prüfung anerkennen und vollstrecken.[1806] Damit korrespondiert das Interesse an der Wahrung grundlegender Gerechtigkeitsvorstellungen.[1807]

Auch hat der Staat das Interesse, einen ungehinderten Handelsverkehr zu gewährleisten.[1808] Gerade Staaten, die hauptsächlich von der Exportwirtschaft abhängig sind, sind bestrebt, ausländischen Urteilen Anerkennung zu verleihen, da eine gegenseitige Urteilsanerkennung ganz wesentlich den internationalen Handel und grenzüberschreitende Investitionen erleichtern kann.[1809]

Ferner hat er ein Interesse an der Förderung des internationalen Rechtsverkehrs.[1810] Durch die Anerkennung und Vollstreckbarerklärung ausländischer Entscheidungen wird der eigene Justizapparat entlastet. Denn der Staat müsste im Falle der Nichtanerkennung ausländischer Urteile im Inland ein Gericht zur Verfügung stellen, das den Rechtsstreit unter Umständen neu aufrollen und entscheiden muss.[1811] Die Pflicht zur Bereitstellung folgt aus der Justizgewährungspflicht.[1812]

Schließlich verfolgt der Staat das Ziel, einen internationalen Entscheidungseinklang herbeizuführen. Denn durch die Anerkennung und Vollstreckung ausländischer Entscheidungen ohne deren inhaltliche Nachprüfung (révision au fond) kann der Gefahr sich widersprechender Entscheidungen in den beteiligten Staa-

---

[1805] Hdb. Int. ZVerfR III/1-Martiny, Rdnr. 86; Pfeiffer, RabelsZ 55, 734 (739); Schärtl, S. 21.

[1806] Geimer, Prüfung, S. 38; Geimer/Schütze-Geimer, I/2, S.1369; Hdb. Int. ZVerfR III/1-Martiny, Rdnr. 86.

[1807] Geimer, JuS 65, 475 (476); Geimer/Schütze-Geimer, I/2, S. 1369.

[1808] Hdb. Int. ZVerfR III/1-Martiny, Rdnr. 87; Pfeiffer, S. 87; Pfeiffer, RabelsZ 55, 734 (739); Schärtl, S. 19.

[1809] Pfeiffer, S. 88.

[1810] Geimer, Prüfung, S. 56; Geimer/Schütze-Geimer, I/2, S. 1367; Hdb. Int. ZVerfR III/1-Martiny, Rdnr. 101; Herrmann, S. 34; Schack, IZVR, Rdnr. 790.

[1811] Hdb. Int. ZVerfR III/1-Martiny, Rdnr. 87; Pfeiffer, S. 174; Schärtl, S. 19.

[1812] Geimer/Schütze-Geimer, I/2, S. 1367.

ten begegnet werden.[1813] Auf diese Weise werden auch die Ordnungsinteressen bedient.[1814]

Es muss schließlich das Augenmerk auf ein mögliches Interesse des Urteilsstaates an der Anerkennung seiner Urteile im Ausland gelenkt werden. Zum einen haben die Gerichte im Erstverfahren die Interessen des Urteilsstaates durchgesetzt, indem sie sich zu Gunsten des heimischen Klägers für zuständig befunden und aufgrund des lex fori-Grundsatzes ihr Verfahrens- und Kollisionsrecht angewandt haben, was regelmäßig auch zu einer Anwendung des eigenen Sachrechts führt.[1815] Zum anderen verfolgt der Urteilsstaat auch aus Prestigegründen die Anerkennung seiner Urteile, da die Nichtanerkennung von Entscheidungen als dem Staatsinteresse nicht förderlich angesehen wird.[1816] Dabei handelt es sich um ein realpolitisches Ziel.[1817] Der Staat hat auf die Ausgestaltung von ausländischen Anerkennungsvorschriften keinen direkten Einfluss. Dennoch kann er auf internationaler Ebene versuchen, auf die Anerkennungsstaaten einzuwirken und sie zu einer Anerkennung seiner Urteile zu bewegen. Dies kann entweder durch die Verabschiedung eines bilateralen Zuständigkeits- und Anerkennungsvertrages oder durch die Schaffung eines weltweiten Übereinkommens geschehen.[1818]

Diese präpositive Interessenslage findet jeder nationale Gesetzgeber bei der Kodifizierung seines Anerkennungsrechts vor. Zum Teil wird in der Literatur daraus geschlossen, dass der Gesetzgeber eine umfassende Interessenabwägung vornehmen müsse.[1819] Den gewichtigeren Interessen müsse jeweils der Vorzug gegeben werden. Dabei zeige sich, dass sich kein Interesse kompromisslos durchsetzen lasse. So könne sich das staatliche Interesse an der Förderung des internationalen Rechtsverkehrs – bei aller Bedeutung – nicht gegen grundlegende Gerechtigkeitsinteressen durchsetzen.[1820] Im weiteren Verlauf soll untersucht

---

[1813] Geimer/Schütze-Geimer, I/2, S. 1368; Hdb. Int. ZVerfR III/1-Martiny, Rdnr. 87/104; Heldrich, S. 124/126/127/154; Schärtl, S. 20.

[1814] Geimer/Schütze-Geimer, I/2, S. 1368, der die Erzielung des Entscheidungseinklangs als Staatsinteresse einordnet; Schack, IZVR, Rdnr. 789; Schack, FS Kegel 02, S. 194.

[1815] Hdb. Int. ZVerfR III/1-Martiny, Rdnr. 88. Siehe dazu auch oben § 3 III. 6. a.

[1816] Hdb. Int. ZVerfR III/1-Martiny, Rdnr. 89; Herrmann, S. 33.

[1817] Hdb. Int. ZVerfR III/1-Martiny, Rdnr. 90.

[1818] Hdb. Int. ZVerfR III/1-Martiny, Rdnr. 91. Dies war das Hauptmotiv der Vereinigten Staaten bei den Verhandlungen auf der Haager Konferenz für ein weltweites Zuständigkeits- und Vollstreckungsübereinkommen. Siehe dazu ausführlicher unten § 10 I.

[1819] Gottwald, ZZP 103, 257 (258); Hdb. Int. ZVerfR III/1-Martiny, Rdnr. 84.

[1820] Geimer/Schütze-Geimer, I/2, S. 1379.

werden, inwieweit der deutsche Gesetzgeber diese Interessen bei der Regelung des § 328 Abs. 1 Nr. 1 ZPO berücksichtigt hat.

6. Begriff der „Anerkennung"

Heute wird unterschiedlich beurteilt, was unter der „Anerkennung" genau zu verstehen ist. Im Wesentlichen stehen sich drei Theorien gegenüber.[1821]

Nach der Gleichstellungs- (oder Nostrifizierungs-) theorie, die insbesondere von der deutschen Rechtsprechung vertreten wird, entfaltet das ausländische Urteil genau die gleichen Wirkungen wie eine entsprechende deutsche Entscheidung, d. h. die prozessrechtlichen Wirkungen einer anzuerkennenden Entscheidung sollen sich im Zweitstaat nach dessen Prozessrecht richten.[1822]

Für sie mag angeführt werden, dass der Gleichbehandlungsgrundsatz in internationalen Beziehungen ein prinzipiell richtiges Rechtsprinzip ist.[1823] Dennoch ist ihr aus deutscher Sicht die Vielfalt und Eigenart der von den verschiedenen ausländischen Rechtsordnungen angeordneten Urteilswirkungen entgegen zu halten. Diese dürften – wie noch aufzuzeigen sein wird[1824] – nicht selten über die engen Rechtskraftwirkungen des deutschen Rechts hinausgehen und damit die Gefahr von wesensfremden Urteilswirkungen im deutschen Recht begründen. So ist eine wahre Gleichstellung nur möglich, wenn ausländische und deutsche Entscheidungen auch den gleichen Inhalt haben können.[1825] Darüber hinaus findet eine wahre Gleichstellung nur bei der Vollstreckbarerklärung ausländischer Titel statt. Denn die verliehene Vollstreckbarkeit ist mit der, den inländischen Titeln automatisch zukommenden Vollstreckbarkeit identisch. Bei der Vollstreckbarerklärung geht es aber gerade nicht um die Anerkennung, sondern um die konstitutive Verleihung der Vollstreckbarkeit ausländischer Urteile nach inländischen Gesetzen.[1826]

Nach der Theorie der Wirkungserstreckung hat die Anerkennung zur Folge, dass den ausländischen Entscheidungen diejenige Wirkung beigemessen wird, die ihnen auch in dem Staat, in dessen Hoheitsgebiet sie ergangen sind, zukommt. Daraus folge, dass der Umfang der Wirkungen eines im Zweitstaat aner-

---

[1821] Vgl. allgemein dazu Decker, S. 1 ff.

[1822] BGH NJW 83, 514 (515); BGH NJW 83, 1976 (1977); BGH IPRax 85, 224 (225); Bungert, IPRax 92, 225 (226); Matscher, ZZP 103, 294 (308/309); Musger, IPRax 92, 108 (111).

[1823] Gottwald, ZZP 103, 257 (260); MüKo ZPO-Gottwald, § 328, Rdnr. 3.

[1824] Siehe unten § 10 II.

[1825] Gottwald, ZZP 103, 257 (260).

[1826] Geimer, IZPR, Rdnr. 2779; Geimer/Schütze-Geimer, I/2, S. 1615; Zöller-Geimer, § 328, Rdnr. 18.

kannten Urteils nach dem Recht des Erststaates zu beurteilen sei.[1827] Einschränkend wird zum Teil vertreten, die ausländische Urteilswirkung müsse ihrer Art nach, „als solche", dem deutschen Recht bekannt sein.[1828]

Diese Theorie muss sich vorhalten lassen, dass sie zumindest in ihrer „strengen" Variante den unterschiedlichen Urteilswirkungen von Urteils- und Anerkennungsstaat nicht gerecht werden dürfte. Denn bleiben diese nach dem Recht des Urteilsstaates hinter denjenigen des Anerkennungsstaates zurück, z. B. wenn das ausländische Prozessrecht die Grenzen der subjektiven und objektiven Rechtskraft enger zieht, weil es keine Rechtskraftwirkung wie in § 325 ZPO[1829] für den Rechtsnachfolger vorsieht oder wenn es keine Rechtskraftwirkung nach erfolgter Aufrechnung nach § 322 Abs. 2 ZPO[1830] kennt, würden die Parteien mit der dann eintretenden Erweiterung der Rechtskraft im Anerkennungsstaat (unzulässigerweise) überrascht. Denn die Prozessrechtsordnungen, insbesondere die Stellung der Parteien im Verfahren, sind regelmäßig auf die Rechtskraft der zu treffenden Entscheidungen ausgerichtet, so dass bei einer Erstreckung der inländischen weiteren Wirkungen auf das Urteil der Rechtsschutz der Parteien unangemessen eingeschränkt würde.[1831] Dies gilt auch dann, wenn sich die ausländischen Parteien auf diese weiterreichenden Urteilswirkungen eingestellt haben. Die Parteien sind im Ausland ein begrenztes Prozessrisiko eingegangen. Der Anerkennungsstaat hat aber weder ein Interesse, noch eine Legitimation zu einer auf diese Art der Urteilsanerkennung erfolgenden Erhöhung des Risikos der Auslandsprozesse für die Parteien.[1832] Gehen dagegen die ausländischen über die

---

[1827] Drobnig, FS von Caemmerer, S. 699; Geimer, IZPR, Rdnr. 2776; Geimer, JuS 65, 475 (475); Geimer, Prüfung, S. 27; Gottwald, ZZP 103, 257 (261); Hdb. Int. ZVerfR III/1-Martiny, Rdnr. 364; v. Hoffmann/Thorn, § 3, Rdnr. 154-155; Kegel/Schurig, S. 1061; Kropholler, IPR, S. 569; Linke, Rdnr. 349; MüKo ZPO-Gottwald, § 328, Rdnr. 5; Nagel/Gottwald, § 11, Rdnr. 20; Schreiner, S. 8/9; Schütze, Anerkennung ausl. Zivilurteile, S. 3; Zöller-Geimer, § 328, Rdnr. 18.

[1828] Drobnig, FS von Caemmerer, S. 701; Geimer, Prüfung, S. 27; Geimer, IZPR, Rdnr. 2780; Gottwald, ZZP 103, 257 (260); Hdb. Int. ZVerfR III/1-Martiny, Rdnr. 370; v. Hoffmann/Thorn, § 3, Rdnr. 156/157; Mansel, Herausforderungen, S. 71; MüKo ZPO-Gottwald, § 328, Rdnr. 5; Zöller-Geimer, § 328, Rdnr. 19. A. A. Schreiner, S. 11, die sich für eine unbegrenzte Wirkungserstreckung einsetzt. Nur auf diese Weise könne eine einheitliche universelle Wirkung von gerichtlichen Entscheidungen erreicht werden.

[1829] § 325 Abs. 1 ZPO lautet: „Das rechtskräftige Urteil wirkt für und gegen die Parteien und die Personen, die nach dem Eintritt der Rechtshängigkeit Rechtsnachfolger der Parteien geworden sind (...)."

[1830] § 322 Abs. 2 ZPO lautet: „Hat der Beklagte die Aufrechnung einer Gegenforderung geltend gemacht, so ist die Entscheidung, dass die Gegenforderung nicht besteht, bis zur Höhe des Betrages, für den die Aufrechnung geltend gemacht worden ist, der Rechtskraft fähig."

[1831] K. Müller, ZZP 79, 199 (205); Stein/Jonas-Roth, § 328, Rdnr. 10.

[1832] K. Müller, ZZP 79, 199 (206); Schack, IZVR, Rdnr. 794; Stein/Jonas-Roth, § 328, Rdnr. 8.

inländischen Urteilswirkungen hinaus, weil z. B. automatisch auch Vorfragen von der Rechtskraftwirkung erfasst werden[1833] oder weil das ausländische Prozessrecht eine Rechtskrafterstreckung bezüglich des Bestehens einer zur Aufrechnung gestellten Gegenforderung über § 322 Abs. 2 ZPO hinaus eintreten lässt, droht ebenfalls eine Verletzung wesentlicher Verfahrensprinzipien des Anerkennungsstaates, wie z. B. des Grundsatzes des rechtlichen Gehörs. Denn die materielle Rechtskraft verwehrt den Parteien nach deutschem Recht, bei identischem Streitgegenstand eine von den getroffenen rechtlichen Feststellungen abweichende Entscheidung eines anderen Gerichts zu erlangen. Daher erhalten die Parteien regelmäßig vor Erlass des Urteils umfassende Gelegenheit zum Vortrag, um eine in ihren Augen richtige Entscheidung zu erhalten. Spräche man nun dem ausländischen Urteil über die Grenzen der deutschen Rechtskraft reichende Wirkungen zu, könnte dies zu einer Beschränkung des rechtlichen Gehörs führen.[1834]

Dieses Problem haben offenbar auch einige Vertreter der Wirkungserstreckungstheorie erkannt, wenn sie fordern, dass eine Entscheidung eines Staates mit enger Rechtskraftpräklusion in einem Staat mit weiter Rechtskraftpräklusion nicht die weiteren Wirkungen entfalten soll.[1835] Damit wird die Urteilswirkung der ausländischen Entscheidung de facto der inländischen angepasst, so dass letztlich eine Begrenzung der Wirkung erfolgt.

Die Kumulationstheorie dürfte daher am ehesten überzeugen, haben sich ihre Vertreter und die der „eingeschränkten" Wirkungserstreckungstheorie doch im Kern einander angenähert. Nach ihr reicht die Wirkungserstreckung nur bis an die Grenze der Wirkungen eines entsprechenden inländischen Urteils heran. Sie kann also nicht über die einer inländischen hinausgehen. Bleibt sie hinter der

---

[1833] Dies erkennt auch Schreiner, S. 12, und will daher in diesem Fall eine Ausnahme vom Grundsatz der unbegrenzten Wirkungserstreckung machen. Das deutsche Prozessrecht stehe aus gutem Grund einer Rechtskrafterstreckung von Vorfragen ablehnend gegenüber. Die damit verfolgte Intention, einer Perpetuierung von möglichen Fehlurteilen vorzubeugen, müsse auch gegenüber ausländischen Urteilen durchgesetzt werden.

[1834] K. Müller, ZZP 79, 199 (206); ähnlich auch Mansel, Herausforderungen, S. 71.

[1835] MüKo ZPO-Gottwald, § 328, Rdnr. 136; Nagel/Gottwald, § 11, Rdnr. 111. Ähnlich auch Geimer, IZPR, Rdnr. 2782; Zöller-Geimer, § 328, Rdnr. 20, wonach die dem deutschen Recht unbekannte Wirkung nicht anerkannt werden soll, wenn die erststaatliche Urteilswirkung umfangreicher ist als die vergleichbare deutsche. Die Anerkennung der Urteilswirkungen soll also teilbar sein. Auch Baumbach/Lauterbach-Hartmann, § 328, Rdnr. 2/4; Drobnig, FS von Caemmerer, S. 698.

inländischen Urteilswirkung zurück, ist nicht diese maßgeblich, sondern es verbleibt bei der Wirkungserstreckung nach dem Recht des Urteilsstaates.[1836]

7. Anerkennungsfähige Urteilswirkungen

Gegenstand der Anerkennung sind ferner nur einzelne prozessrechtliche Urteilswirkungen, nicht dagegen das Urteil als Ganzes.[1837] Dabei richtet sich die Qualifikation dieser Wirkungen nach der lex fori, d. h. dem deutschen Recht.[1838] Unerheblich ist daher, ob das Recht des Urteilsstaates einzelne Urteilswirkungen als prozessual oder materiell-rechtlich qualifiziert.[1839] Zu den anerkennungsfähigen Urteilswirkungen zählen die Feststellungswirkung, die Gestaltungswirkung, die Präklusionswirkung und die Streitverkündungs- und Interventionswirkung.[1840]

Die wichtigste Urteilswirkung stellt die materielle Rechtskraft (Feststellungswirkung, § 322 Abs. 1 ZPO) dar.[1841] Sie legt den Inhalt der Entscheidung dem Rechtsverhältnis als bindend zugrunde. Dadurch wird dem Rechtsstreit ein Ende gesetzt.[1842] Anerkennungsfähig sind daher nur rechtskräftige Sachentscheidungen und nicht Prozessabweisungen oder sonstige Entscheidungen über prozessuale Fragen (Zwischenurteile), auch wenn diese nach dem Recht des Urteilsstaates in materieller Rechtskraft erwachsen sollten.[1843] Der Umfang der Feststellungswirkung, den grundsätzlich der Urteilsstaat festlegt,[1844] ist in den einzelnen Rechts-

---

[1836] OLG Frankfurt/Main IPRax 86, 297 (297); LG Hamburg IPRax 92, 251 (254); v. Bar/Mankowski, S. 431/432; Hdb. Int. ZVerfR III/1-Martiny, Rdnr. 369; Herrmann, S. 44; im Ergebnis auch K. Müller, ZZP 79, 199 (206); Schack, IZVR, Rdnr. 796; Schack, GS Sonnenschein, S. 711 Fn. 40; Schärtl, S. 11 Fn. 10; auch Stein/Jonas-Roth, § 328, Rdnr. 7 für die objektiven Grenzen der Rechtskraft, der zudem die typisierbare Interessenslage für ausschlaggebend hält.

[1837] Vgl. allgemein dazu Decker, S. 29 ff.; Linke, Rdnr. 349; Zöller-Geimer, § 328, Rdnr. 24.

[1838] Geimer, IZPR, Rdnr. 2787; Hdb. Int. ZVerfR III/1-Martiny, Rdnr. 373; Heldrich, S. 19 Fn. 27, wonach es sich dabei um eine Anwendung des Prinzips der Maßgeblichkeit der lex fori handele; MüKo ZPO-Gottwald, § 328, Rdnr. 136; Schreiner, S. 18; Stein/Jonas-Roth, § 328, Rdnr. 11.

[1839] Zöller-Geimer, § 328, Rdnr. 25.

[1840] Geimer, JuS 65, 475 (475); Herrmann, S. 45; Linke, Rdnr. 359; Schreiner, S. 18; Schütze, Anerkennung dt. Urteile, S. 11; Schütze, Rechtsverfolgung, Rdnr. 227.

[1841] § 322 Abs. 1 ZPO lautet: „Urteile sind der Rechtskraft nur insoweit fähig, als über den durch die Klage oder durch die Widerklage erhobenen Anspruch entschieden ist."

[1842] Basedow, Anerkennung, S. 55; Geimer, Prüfung, S. 28; Hdb. Int. ZVerfR III/1-Martiny, Rdnr. 374 ff.; Linke, Rdnr. 360; Schack, IZVR, Rdnr. 777.

[1843] Geimer, IZPR, Rdnr. 2788; Geimer, Prüfung, S. 31; Stein/Jonas-Roth, § 328, Rdnr. 63; Zöller-Geimer, § 328, Rdnr. 33.

[1844] OLG Karlsruhe FamRZ 94, 1477 (1478); Baumbach/Lauterbach-Hartmann, § 328, Rdnr. 14; Geimer, IZPR, Rdnr. 2804; MüKo ZPO-Gottwald, § 328, Rdnr. 139; Zöller-Geimer, § 328, Rdnr. 31.

ordnungen grundsätzlich sehr unterschiedlich. Das deutsche Recht zieht z. B. die objektiven und subjektiven Grenzen der Rechtskraft sehr eng (§§ 322, 256 Abs. 2 ZPO), während andere Rechtsordnungen über § 256 Abs. 2 ZPO[1845] hinaus auch eine Bindungswirkung bezüglich präjudizieller Rechtsverhältnisse vorsehen.[1846]

Nach der Rechtsprechung des BGH wird bei der Anerkennung ausländischer Urteile der Grundsatz der entgegenstehenden Rechtskraft (ne bis in idem) allerdings faktisch außer Kraft gesetzt. Während grundsätzlich das Vorliegen einer rechtskräftigen ausländischen Entscheidung in einem inländischen Rechtsstreit zwischen denselben Parteien über denselben Streitgegenstand zur Klageabweisung wegen Unzulässigkeit führt,[1847] kann nach dieser Rechtsprechung ausnahmsweise im Rahmen der Anerkennung ausländischer Urteile ein zweites, mit dem ausländischen inhaltlich übereinstimmendes Sachurteil erlassen werden.

Eine solche Ausnahme ist nach Ansicht des BGH dann gegeben, wenn im Einzelfall aus besonderen Gründen ein Bedürfnis nach einem nochmaligen (inhaltsgleichen) Urteil bestehe. Ein solches Bedürfnis sei dann, wenn das Urteil im Ausland ergangen sei, i. d. R. zu bejahen, weil das Vorhandensein des ausländischen Urteils nicht, wie das eines inländischen Urteils, ohne weiteres seine Verbindlichkeit auch innerhalb des deutschen Rechtsgebietes ergebe. Aus der Rechtskraft des ausländischen Urteils und seiner Anerkennung im Inland folge jedoch, dass das deutsche Gericht hinsichtlich des Inhaltes seines Sachurteils an den Inhalt des ausländischen Urteils gebunden sei.[1848]

Dem wird zum Teil in der Literatur mit beachtlichen Gründen widersprochen. Auch bei Vorliegen eines ausländischen Urteils müsse gelten, dass für den Erlass eines zweiten, mit dem ausländischen Urteil inhaltlich übereinstimmenden Sachurteils ein besonderes Rechtsschutzbedürfnis dargetan werden müsse. Der Umstand, dass das erste Urteil im Ausland ergangen sei, reiche hierfür nicht aus.[1849]

[1845] § 256 Abs. 2 ZPO lautet: „Bis zum Schluss derjenigen mündlichen Verhandlung, auf die das Urteil ergeht, kann der Kläger durch Erweiterung des Klageantrags, der Beklagte durch Erhebung einer Widerklage beantragen, dass ein im Laufe des Prozesses streitig gewordenes Rechtsverhältnis, von dessen Bestehen oder Nichtbestehen die Entscheidung des Rechtsstreits ganz oder zum Teil abhängt, durch richterliche Entscheidung festgestellt werde."

[1846] Vgl. allgemein zum US-amerikanischen Recht: Hay, FS Geimer, S. 325 ff.

[1847] Zöller-Geimer, § 328, Rdnr. 30.

[1848] BGH NJW 64, 1626 (1626); BGH NJW 86, 2193 (2194); BGH NJW 87, 1146 (1146); auch Schlosser, FS Schwab, S. 443; Stein/Jonas-Roth, § 328, Rdnr. 13.

[1849] Geimer, IZPR, Rdnr. 2802; Linke, Rdnr. 363; MüKo ZPO-Gottwald, § 328, Rdnr. 140; Nagel/Gottwald, § 11, Rdnr. 116; Zöller-Geimer, § 328, Rdnr. 30.

In der Tat ist eine unterschiedliche Behandlung der Parteien nicht zu übersehen, je nachdem ob es sich um ein inländisches Erkenntnis- oder Anerkennungsverfahren handelt. Während in dem Erkenntnisverfahren das Vorliegen einer ausländischen Entscheidung zur Unzulässigkeit der Klage wegen entgegenstehender Rechtskraft führt, können die Parteien in einem Anerkennungsverfahren ein zweites, inhaltsgleiches Urteil erwirken. Die Zweitklage steht ferner im Widerspruch zur automatisch erfolgenden Inzident-Anerkennung,[1850] für die es gerade keines besonderen Verfahrens mehr bedarf.[1851] Desweiteren ist die begrenzte Zahl der zur Verfügung stehenden Verfahren zur Vollstreckbarerklärung ausländischer Titel[1852] zu beachten. Eine Zweitklage auf Anerkennung ist nicht vorgesehen. Auch könnte ein deutscher Zweittitel den Schuldner dann schlechter stellen, wenn dieser, nicht aber der ausländische Ersttitel, in einem Drittstaat anerkannt wird und sich dadurch weitere Vollstreckungsmöglichkeiten für den Gläubiger bieten.[1853] Schließlich wäre es mit der verfassungsrechtlichen Bindung des deutschen Richters an Recht und Gesetz nicht zu vereinbaren, wenn er gezwungen wäre, eine eventuell von ihm als inhaltlich falsch erkannte ausländische Entscheidung wissentlich zu reproduzieren.[1854]

Als gesichert gilt demgegenüber, dass sich der Zeitpunkt der Entfaltung der Rechtskraftwirkung durch die erststaatliche Entscheidung nach dem Recht des Urteilsstaates richtet.[1855] Daraus folgt, dass in dem Zeitpunkt, in dem die Rechtskraftwirkung im Urteilsstaat nach dem dort geltenden Recht eintritt, sie sich auch auch auf den Anerkennungsstaat erstreckt.[1856] Das Recht des Urteilsstaates ist ebenfalls für die zeitlichen Grenzen der Rechtskraft maßgeblich.[1857]

[1850] Siehe dazu unten § 9 II. 5.

[1851] LG Hamburg IPRax 92, 251 (254).

[1852] Siehe dazu oben § 9 I. 2.

[1853] LG Hamburg IPRax 92, 251 (255).

[1854] LG Hamburg IPRax 92, 251 (255).

[1855] MüKo ZPO-Gottwald, § 328, Rdnr. 139.

[1856] Zöller-Geimer, § 328, Rdnr. 39; Linke, IZPR, Rdnr. 366. A. A. Schütze, NJW 66, 1598 (1599), wonach anerkennungsfähige Entscheidungen nicht schon im Zeitpunkt ihres Erlasses Wirksamkeit im Inland entfalteten. Ohne eine irgendwie geartete Inlandsbeziehung könne das ausländische Urteil nicht Ursache für inländische Rechtswirkungen sein. Eine Wirkungserstreckung sei erst möglich, wenn eine Inlandsbeziehung bestehe, die einen Tatbestand begründe, an dem sich die Urteilswirkungen entfalten könnten.

[1857] Zöller-Geimer, § 328, Rdnr. 42.

Ebenso von Bedeutung ist die Gestaltungswirkung, die die Gestaltungsurteile neben der Rechtskraft besitzen.[1858] Diese Urteile gestalten die Rechtslage mit Wirkung erga omnes um.[1859] Die Gestaltungswirkung tritt mit der Anerkennung im Inland im gleichen Zeitpunkt ein wie im Urteilsstaat.[1860]

Anerkennungsfähig ist ferner eine Präklusionswirkung, die das ausländische Urteil in Abgrenzung zu der materiellen Rechtskraft entfaltet.[1861]

Grundsätzlich anerkennungsfähig ist auch die Interventions- bzw. Streitverkündungswirkung (§§ 68, 74 ZPO).[1862] Voraussetzung ist, dass diese Wirkungen den §§ 66 ff. ZPO vergleichbar sind.[1863] Für die Anerkennung müssen grundsätzlich alle Voraussetzungen des § 328 Abs. 1 ZPO vorliegen.[1864]

II. Anerkennung gem. § 328 ZPO
Die Anerkennung ausländischer Entscheidungen ist im autonomen deutschen Recht in § 328 ZPO normiert. Es handelt sich um eine katalogartige Aufzählung verschiedener Gründe, die bei Vorliegen zur Versagung der Anerkennung führen.[1865] Dennoch besteht grundsätzlich keine Vermutung zugunsten der Aner-

---

[1858] Geimer, Prüfung, S. 32; Hdb. Int. ZVerfR III/1-Martiny, Rdnr. 403 ff.; K. Müller, ZZP 79, 199 (223); Linke, Rdnr. 364; MüKo ZPO-Gottwald, § 328, Rdnr. 147; Stein/Jonas-Roth, § 328, Rdnr. 16.

[1859] Nagel/Gottwald, § 11, Rdnr. 126. Die vom Erstgericht ausgesprochene Gestaltung ist grundsätzlich abstrakt und unabhängig von der vom Erstrichter konkret herangezogenen Rechtsordnung anzuerkennen. Die Rechtsordnung ist jedoch dann heranzuziehen, wenn es um die Bestimmung des Urteilsinhalts geht. Das ist insbesondere dann der Fall, wenn zu klären ist, ob es sich um ein Gestaltungs- oder Feststellungsurteil handelt, Zöller-Geimer, § 328, Rdnr. 48. A. A. MüKo ZPO-Gottwald, § 328, Rdnr. 148, wonach sich der Umfang der Gestaltungswirkung nach dem Recht des Urteilsstaates richte.

[1860] Zöller-Geimer, § 328, Rdnr. 49.

[1861] Geimer, IZPR, Rdnr. 2812; Hdb. Int. ZVerfR III/1-Martiny, Rdnr. 393 f.; K. Müller, ZZP 79, 199 (214); Linke, Rdnr. 358; MüKo ZPO-Gottwald, § 328, Rdnr. 146; Stein/Jonas-Roth, § 328, Rdnr. 18; Zöller-Geimer, § 328, Rdnr. 43.

[1862] Linke, Rdnr. 364; Nagel/Gottwald, § 11, Rdnr. 127; Stein/Jonas-Roth, § 328, Rdnr. 22.

[1863] Zöller-Geimer, § 328, Rdnr. 62.

[1864] Milleker, ZZP 80, 288 (300); Hdb. Int. ZVerf III-Martiny, Rdnr. 400; MüKo ZPO-Gottwald, § 328, Rdnr. 151; Schack, IZVR, Rdnr. 923; differenzierend: Wieczorek/Schütze-Mansel, § 68, Rdnr. 32. A. A. Stein/Jonas-Roth, § 328, Rdnr. 23; Zöller-Geimer, § 328, Rdnr. 62; Geimer, IZPR, Rdnr. 2820, der das Vorliegen der internationalen Zuständigkeit gem. § 328 Abs. 1 Nr. 1 ZPO und die Vereinbarkeit mit dem ordre public (§ 328 Abs. 1 Nr. 4 ZPO) ausreichen lassen will.

[1865] Im Mittelpunkt der Untersuchung steht die Anerkennungszuständigkeit gem. § 328 Abs. 1 Nr. 1 ZPO. Daher sollen die weiteren Anerkennungsvoraussetzungen bzw. -hindernisse der § 328 Abs.

kennung, die nur dann zu versagen wäre, wenn eine Voraussetzung dieser Negativliste erfüllt ist.[1866] Vielmehr werden die Voraussetzungen mit Ausnahme von § 328 Abs. 1 Nr. 2 ZPO (Gewährung rechtlichen Gehörs) von Amts wegen geprüft.[1867] Erst bei positivem Vorliegen aller Voraussetzungen kann das ausländische Urteil anerkannt werden. Die Partei, die sich auf die Anerkennung beruft, trägt die objektive Beweislast.[1868]

1. Anerkennungsfähige Entscheidungen

Es werden rechtskraftfähige Urteile eines ausländischen Zivilgerichts anerkannt. Urteile sind alle Entscheidungen, die nach geordnetem Verfahren endgültig über eine aufgestellte Rechtsbehauptung ergehen, wobei Form und Bezeichnung der Entscheidung ohne Bedeutung sind; sie müssen jedoch von einem „Gericht" erlassen worden sein, also von einer mit staatlicher Autorität bekleideten Stelle, die nach den in Frage kommenden ausländischen Gesetzen aufgrund eines förmlichen, beiden Parteien rechtliches Gehör gewährenden Verfahrens zur Entscheidung von privatrechtlichen Streitigkeiten berufen ist.[1869] Unter § 328 ZPO fallen also nicht nur Urteile im technischen Sinn, sondern alle gerichtlichen Entscheidungen, die einen Rechtsstreit zwischen Parteien aufgrund eines rechtlich geordneten Verfahrens in der Sache rechtskraftfähig entscheiden bzw. eine Gestaltung vornehmen.[1870]

---

1 Nr. 2-5 ZPO nicht weiter vertieft, sondern nur an geeigneter Stelle zum besseren Verständnis erläutert werden.

[1866] BGHZ 22, 24 (26); BGHZ 59, 116 (123); Baumbach/Lauterbach-Hartmann, § 328, Rdnr. 1; Geimer, JuS 65, 475 (476); Gottwald, ZZP 103, 257 (269); Hdb. Int. ZVerfR III/1-Martiny, Rdnr. 317; Linke, Rdnr. 370/389; MüKo ZPO-Gottwald, § 328, Rdnr. 55; Riezler, S. 524; Schreiner, S. 25; Schütze, Anerkennung ausl. Zivilurteile, S. 26; Stein/Jonas-Roth, § 328, Rdnr. 28; Zöller-Geimer, § 328, Rdnr. 184.

[1867] Siehe dazu unten § 9 II. 3.

[1868] Baumbach/Lauterbach-Hartmann, § 328, Rdnr. 1; MüKo ZPO-Gottwald, § 328, Rdnr. 55; Schütze, Anerkennung ausl. Zivilurteile, S. 34; Stein/Jonas-Roth, § 328, Rdnr. 30. A. A. (zu § 328 Abs. 1 Nr. 5 ZPO, aber mit Bezug auf die anderen Anerkennungsvoraussetzungen des § 328 Abs. 1 ZPO) Pfeiffer, RabelsZ 55, 734 (751 f.): Weder aus dem Wortlaut, noch aus der Historie lasse sich eine derartige Auslegung herleiten.

[1869] RGZ 16, 427 (428); BGHZ 20, 323 (329); BGHZ 22, 24 (26); OLG Düsseldorf FamRZ 83, 421 (422); Baumbach/Lauterbach-Hartmann, § 328, Rdnr. 11; Geimer, IZPR, Rdnr. 2870; Schreiner, S. 23; Schütze, Prozessführung, S. 111; Stein/Jonas-Roth, § 328, Rdnr. 68; Zöller-Geimer, § 328, Rdnr. 68/78.

[1870] Baumbach/Lauterbach-Hartmann, § 328, Rdnr. 8; Geimer, IZPR, Rdnr. 2853; Geimer, JuS 65, 475 (475); Hdb. Int. ZVerfR III/1-Martiny, Rdnr. 464; Herrmann, S. 31; Linke, Rdnr. 376; Martiny, 35 Am. J. Comp. L., 721 (731); Riezler, S. 529; Schreiner, S. 20; Schütze, Anerkennung ausl. Zivilurteile, S. 18; Stein/Jonas-Roth, § 328, Rdnr. 62; Zöller-Geimer, § 328, Rdnr. 67a.

Voraussetzung ist, dass die Entscheidung unanfechtbar, d. h. nach dem Recht des Urteilsstaates formell rechtskräftig ist.[1871] Dies kann bereits aus § 723 Abs. 2 Satz 1 ZPO hergeleitet werden, wonach ein Vollstreckungsurteil erst dann zuzulassen ist, wenn das Urteil des ausländischen Gerichts nach dem für dieses Gericht geltenden Recht die Rechtskraft erlangt hat. Die Vorschrift betrifft zwar originär nur die Vollstreckungswirkung, wird aber nach h. M. auch für die Urteilswirkungen herangezogen.[1872] Denn nur Urteile, die über eine bestimmte Bestandskraft verfügen, sollen im Zweitstaat auch ihre Wirkungen entfalten dürfen.[1873] Damit ist für die Anerkennung nur das ausländische Urteil in der Fassung der letzten Rechtsmittelentscheidung maßgeblich.[1874]

Entscheidungen aus einstweiligen Verfügungs-, Anordnungs- und Arrestverfahren sind anerkennungsfähig, wenn sie nach dem Recht des Urteilsstaates geeignet sind, die Streitsache endgültig zu erledigen und wenn sie ferner anerkennungsfähige Wirkungen entfalten können.[1875]

Ferner fallen unter § 328 ZPO nur Urteile, die über zivilrechtliche Ansprüche i. w. S. entscheiden. Der Begriff der „Zivilsache" wird von den deutschen lex fori

---

[1871] BGHZ 141, 286 (294); BayObLG FamRZ 90, 897 (898); v. Bar/Mankowski, S. 430; auch noch Geimer, JuS 65, 475 (476); Hdb. Int. ZVerfR III/1-Martiny, Rdnr. 487; Linke, Rdnr. 380; Riezler, S. 531; Schack, IZVR, Rdnr. 821; Schütze, Anerkennung dt. Urteile, S. 17; Schütze, Prozessführung, S. 112. Kritisch Gottwald, ZZP 103, 257 (266), der auch eine Anerkennung von Wirkungen nicht rechtskräftiger Entscheidungen für möglich hält, sofern sie vor Eintritt der Rechtskraft nach dem Recht des Entscheidungsstaates einträten. A. A. Stein/Jonas-Roth, § 328, Rdnr. 73; Thomas/Putzo-Hüßtege, § 328, Rdnr. 1; Zöller-Geimer, § 328, Rdnr. 69, die die Unanfechtbarkeit nicht für erforderlich halten. Es komme lediglich darauf an, wann nach dem Recht des Urteilsstaates die Urteilswirkungen einträten; ebenso noch Schütze, Anerkennung ausl. Zivilurteile, S. 20 ff., wonach das Gesetz die Rechtskraft der ausländischen Entscheidung für die Anerkennung in § 328 ZPO nicht erfordere. Es bestünden keine dogmatischen Einwendungen gegen die Zulassung nicht rechtskräftiger Urteile zur Anerkennung. Der Begriff der Anerkennung lege vielmehr nahe, alle Urteile, die irgendwelche erstreckbaren Wirkungen zeitigten, zur Anerkennung zuzulassen.

[1872] OLG Hamburg MDR 68, 53 (54); Martiny, 35 Am. J. Comp. L., 721 (732); MüKo ZPO-Gottwald, § 328, Rdnr. 49; Riezler, S. 531; Schack, IZVR, Rdnr. 821; Schreiner, S. 21

[1873] Hdb. Int. ZVerfR III/1-Martiny, Rdnr. 487.

[1874] Geimer, IZPR, Rdnr. 2752; Zöller-Geimer, § 328, Rdnr. 23a.

[1875] Baumbach/Lauterbach-Hartmann, § 328, Rdnr. 9; Geimer, IZPR, Rdnr. 2857; Gottwald, ZZP 103, 257 (266); Stein/Jonas-Roth, § 328, Rdnr. 63; Zöller-Geimer, § 328, Rdnr. 70. A. A. Thomas/Putzo-Hüßtege, § 328, Rdnr. 2: Einstweilige Verfügungen seien keine anerkennungsfähigen Entscheidungen.

436

bestimmt.[1876] Darunter fallen alle bürgerlich-rechtlichen Streitigkeiten i. S. v. §
13 GVG.[1877]

Schließlich muss es sich um eine nach dem Recht des Urteilsstaates wirksame
Entscheidung handeln. Urteile, die unwirksam oder nichtig sind und daher nach
der Rechtsordnung des Urteilsstaates auch keine Wirkungen entfalten können,
können nicht anerkannt werden.[1878] Denn anerkannt werden können nur Wirkungen, die auch im Urteilsstaat eintreten können.

2. Anerkennungszuständigkeit i. S. v. § 328 Abs. 1 Nr. 1 ZPO

Gem. § 328 Abs. 1 Nr. 1 ZPO ist die Anerkennung des Urteils eines ausländischen Gerichts ausgeschlossen, „wenn die Gerichte des Staates, dem das ausländische Gericht angehört, nach den deutschen Gesetzen nicht zuständig sind."[1879]

a. Gerichtsbarkeit

Voraussetzung für die Anerkennung ist zunächst, dass dem Urteilsstaat für den
Streitgegenstand Gerichtsbarkeit (facultas iurisdictionis) zukam. Dies ergibt sich
aus einer analogen Anwendung von § 328 Abs. 1 Nr. 1 ZPO.[1880] Darunter versteht man die jedem Staat kraft Völkerrechts zustehende Befugnis, auf seinem

---

[1876] Hdb. Int. ZVerfR III/1-Martiny, Rdnr. 500; Herrmann, S. 31; Kropholler, IPR, S. 556; Linke,
Rdnr. 372; Schindler, S. 14; Schreiner, S. 22; auch noch Schütze, Anerkennung ausl. Zivilurteile,
S. 18; Stein/Jonas-Roth, § 328, Rdnr. 67; Zekoll, 37 Am. J. Comp. L. 301 (304). A. A. Schütze,
Prozessführung, S. 112; Schütze, Rechtsverfolgung, Rdnr. 231; Schütze, Urteilsanerkennung, S.
162, der für eine Doppelqualifikation eintritt. Nur Urteile, die nach erst- und zweitstaatlichem
Recht eine Zivil- und Handelssache zum Gegenstand hätten, seien anerkennungsfähig.

[1877] Geimer, IZPR, Rdnr. 2867; MüKo ZPO-Gottwald, § 328, Rdnr. 41; Zöller-Geimer, § 328, Rdnr.
77.

[1878] Baumbach/Lauterbach/Hartmann, § 328, Rdnr. 12; Geimer, IZPR, Rdnr. 2889; Geimer, JuS 65,
475 (477); Geimer, Prüfung, S. 39; Geimer/Schütze-Geimer, I/2, S. 1463; Hdb. Int. ZVerfR
III/1-Martiny, Rdnr. 483; Kropholler, IPR, S. 557; MüKo ZPO-Gottwald, § 328, Rdnr. 56;
Schärtl, S. 16 Fn. 31; Schreiner, S. 22; Stein/Jonas-Roth § 328, Rdnr. 64; Zöller-Geimer, § 328,
Rdnr. 91. A. A. OLG Düsseldorf RIW 91, 594 (595).

[1879] Vgl. dazu allgemein Decker, S. 257 ff.

[1880] OLG Frankfurt/Main RIW 80, 874 (876); Geimer, Anerkennung, S.113; Geimer, IZPR, Rdnr.
2894; Geimer, Prüfung, S. 78; Hdb. Int. ZVerfR III/1-Martiny, Rdnr. 566; v. Hoffmann/Thorn, §
3, Rdnr. 159; Martiny, 35 Am. J. Comp. L., 721 (733); MüKo ZPO-Gottwald, § 328, Rdnr. 57;
Schindler, S. 247; Schreiner, S. 29; Stein/Jonas-Roth, § 328, Rdnr. 94; Zöller-Geimer, § 328,
Rdnr. 93.

Territorium durch seine Gerichte Recht sprechen zu lassen, es sei denn es liegt ausnahmsweise ein Fall der Exterritorialität vor (Gerichtshoheit).[1881]

Grundsätzlich ist ein Urteil, das die Normen des Völkerrechts über die Befreiung gewisser Personen von der Gerichtsbarkeit des Urteilsstaates verletzt, völkerrechtswidrig. Das Völkerrecht statuiert daher das Verbot an alle Staaten, ein derartiges Urteil anzuerkennen.[1882]

b. Spiegelbildprinzip

Ferner gilt das Spiegelbildprinzip,[1883] wonach der Anerkennungsstaat seine Regeln der Entscheidungszuständigkeit spiegelbildlich auf den Urteilsstaat überträgt: Die deutschen Gerichte erkennen das ausländische Urteil an, wenn unter hypothetischer Geltung des deutschen Zuständigkeitsrechts das ausländische Gericht für die Entscheidung international zuständig gewesen wäre.[1884]

Demnach reicht die Anerkennungszuständigkeit genauso weit, wie die Entscheidungszuständigkeit, die der Anerkennungsstaat für sich selbst beansprucht.[1885] Die gesetzlichen Vorschriften über die Entscheidungszuständigkeit bestimmen daher den Umfang der Anerkennungszuständigkeit mit.[1886] Es herrscht der Grundgedanke vor, dass über das Erfordernis der Anerkennungszuständigkeit die deutschen Vorstellungen über die Gerichtspflichtigkeit des Beklagten durchgesetzt werden sollen. Ist das ausländische Erstgericht aus der Sicht der deutschen Gerichte anerkennungszuständig, sei es nach der Systematik des

---

[1881] Siehe dazu oben § 3 III. 1. Vgl. ferner Basedow, Anerkennung, S. 65; Geimer, Prüfung, S. 67; Geimer/Schütze-Geimer, I/2, S. 1484; Gottwald, FS Habscheid, S. 119; Hdb. Int. ZVerfR III/1-Martiny, Rdnr. 564; Matscher, FS Schlosser, S. 562; Schindler, S. 14.

[1882] Siehe oben § 9 I. 1. Vgl. ferner BGH NJW 03, 3488 (3489); OLG Frankfurt/Main RIW 80, 874 (876); Geimer, IZPR, Rdnr. 2768; Geimer, Prüfung, S. 77; Geimer, RIW 75, 81 (84); Geimer, RIW 76, 139 (146); Geimer/Schütze-Geimer, I/2, S. 1489; Hdb. Int. ZVerfR III/1-Martiny, Rdnr. 567; Kegel/Schurig, S. 1047; MüKo ZPO-Gottwald, § 328, Rdnr. 57; Zöller-Geimer, § 328, Rdnr. 94.

[1883] Vgl. dazu allgemein Fricke, S. 63 ff.; Geimer, Prüfung, S. 95 ff.; Schindler, S. 22 ff./ 233 ff.; Schreiner, S. 43 ff.

[1884] BGH NJW 93, 1073 (1073); Geimer, Anerkennung, S. 115; Geimer, FS Nakamura, S. 175; Geimer, IZPR, Rdnr. 2896; Geimer, Prüfung, S. 114; Hdb. Int. ZVerfR III/1-Martiny, Rdnr. 643; Heldrich, S. 72; v. Hoffmann/Hau, RIW 98, 344 (345); Linke, Rdnr. 393; MüKo ZPO-Gottwald, § 328, Rdnr. 58; Nagel/Gottwald, § 11, Rdnr. 151; Schindler, S. 24; Schreiner, S. 47; Schlosser, IPRax 85, 141 (141); Schütze, Prozessführung, S. 113; Zekoll, 37 Am. J. Comp. L. 301 (306).

[1885] BGHZ 141, 286 (290); Geimer, IZPR, Rdnr. 2896; Geimer/Schütze-Geimer, I/2, S. 1373; Haas, IPRax 01, 195 (196); Hdb. Int. ZVerfR III/1-Martiny, Rdnr. 636/643; Heldrich, S. 105; Stein/Jonas-Roth, § 328, Rdnr. 82.

[1886] Basedow, IPRax 94, 183 (183); Stein/Jonas-Roth, § 328, Rdnr. 85.

Spiegelbildprinzips dem Beklagten auch zuzumuten, sich vor diesem Gericht gegen die Klage zu verteidigen.[1887]

3. Prüfung der Anerkennungszuständigkeit

Die Prüfung der internationalen Entscheidungszuständigkeit des Erstgerichts soll nach einem Teil der Literatur, vornehmlich nach Geimer, nur auf Rüge des Beklagten erfolgen. Sie sei nicht von Amts wegen vorzunehmen. Der Beklagte brauche nicht gegen seinen Willen geschützt zu werden.[1888]

Die wohl h. M. lässt die Anerkennungszuständigkeit von Amts wegen prüfen. Denn es gehe zwar hauptsächlich, aber eben nicht ausschließlich um das Interesse des Beklagten. Auch gehe es nicht darum, nur ausschließliche inländische Zuständigkeiten zu sichern, sondern ganz wesentlich um das staatliche Interesse an einer gerechten internationalen Zuständigkeitsordnung.[1889]

Für diese Ansicht dürften gewichtige Gründe sprechen. Sie wird zudem von der bisherigen Untersuchung gestützt. Zunächst bietet der Wortlaut der Vorschrift[1890] keinen Raum für eine derartige Auslegung. Lediglich § 328 Abs. 1 Nr. 2 ZPO erfordert, dass sich der Beklagte auf die fehlerhafte Zustellung der Klage berufen muss, damit es sich um ein Anerkennungshindernis handelt. Ferner dient das Spiegelbildprinzip auch die Schaffung von Rechtssicherheit und Zuständigkeitsgleichheit,[1891] die beide nicht zur Disposition des Beklagten stehen. Damit

---

[1887] v. Bar/Mankowski, S. 440; Geimer, Anerkennung, S. 114; Geimer, FS Nakamura, S. 173; Geimer, IZPR, Rdnr. 960; Schack, IZVR, Rdnr. 829; Schärtl, S. 22; Zöller-Geimer, § 328, Rdnr. 123.

[1888] Geimer, Anerkennung, S. 115; Geimer, FS Nakamura, S. 180; Geimer, IZPR, Rdnr. 2903; Geimer/Schütze-Geimer, I/2, S. 1373/1551; Hdb. Int. ZVerfR III/1-Martiny, Rdnr. 639; Schindler, S. 257; Zöller-Geimer, § 328, Rdnr. 126; ähnlich auch Pfeiffer, S. 468 Fn. 130.

[1889] BGHZ 59, 116 (121); Baumbach/Lauterbach-Hartmann, § 328, Rdnr. 14; Fricke, S. 102/103; Gottwald, IPRax 95, 75 (76); Hdb. Int. ZVerfR III/1-Martiny, Rdnr. 783; Kropholler, IPR, S. 559; Linke, Rdnr. 393; MüKo ZPO-Gottwald, § 328, Rdnr. 9; Nagel/Gottwald, § 11, Rdnr. 157; Schack, IZVR, Rdnr. 839; Schärtl, S. 16; differenzierend Schütze, Anerkennung ausl. Zivilurteile, S. 32, der zwischen Anerkennungsvoraussetzungen und –versagungsgründen in § 328 ZPO unterscheidet. Die Anerkennungszuständigkeit nach § 328 Abs. 1 Nr. 1 ZPO ordnet er als Anerkennungsvoraussetzung ein, wofür die Untersuchungsmaxime gelte, so dass die tatsächlichen Grundlagen von Amts wegen erforscht werden müssten; ähnlich auch Hdb. Int. ZVerfR III/1-Martiny, Rdnr. 310 ff.; Schreiner, S. 57; Stein/Jonas-Roth, § 328, Rdnr. 95; Thomas/Putzo-Hüßtege, § 328, Rdnr. 7; Wazlawik, RIW 02, 691 (694).

[1890] § 328 Abs. 1 Nr. 1 ZPO lautet: „Die Anerkennung des Urteils eines ausländischen Gerichts ist ausgeschlossen, wenn (...)".

[1891] Siehe dazu unten § 9 III. 2. a. / e.

sind Interessen der Allgemeinheit betroffen, die eine Prüfung der Anerkennungszuständigkeit von Amts wegen erfordern.

Allerdings darf der deutsche Richter die Richtigkeit der ausländischen Sachentscheidung grundsätzlich nicht nachprüfen. Es findet – bis auf die unter § 328 Abs. 1 Nr. 4 ZPO fallenden Ausnahmen – keine révision au fond statt.[1892]

Das deutsche Gericht prüft aber die Zuständigkeit voll nach und ist nicht an die tatsächlichen Feststellungen gebunden, anhand deren das Gericht des Urteilsstaates seine internationale Zuständigkeit angenommen hat.[1893] Der Zweitrichter darf auch neue Beweise erheben.[1894] Eine Präklusion neuer, im Erstverfahren nicht vorgebrachter Tatsachenbehauptungen findet ebenfalls nicht statt.[1895]

Im Falle der Nicht-Einlassung des Beklagten kann der ausländische Kläger regelmäßig den Erlass eines Versäumnisurteils beantragen. Dieses beruht regelmäßig auf einer fingierten Zuständigkeit, wenn sich das Urteil auf die Behauptung des Klägers stützt, die tatsächlichen Voraussetzungen für einen Gerichtsstand lägen vor. Das Versäumnisurteil stellt grundsätzlich eine anerkennungsfähige Entscheidung dar.[1896] Voraussetzung für eine Anerkennung des Urteils ist jedoch das tatsächliche Vorliegen der Anerkennungszuständigkeit, d. h. die bloße Be-

---

[1892] Siehe dazu unten ausführlicher § 9 III. 1.

[1893] BGHZ 124, 237 (245); Geimer, Anerkennung, S. 122; Geimer, IZPR, Rdnr. 2906; Geimer, Prüfung, S. 155 f.; Gottwald, IPRax 95, 75 (76); Hdb. Int. ZVerfR III/1-Martiny, Rdnr. 788; Kegel/Schurig, S. 1062; MüKo ZPO-Gottwald, § 328, Rdnr. 69; Nagel/Gottwald, § 11, Rdnr. 158; wohl auch Schindler, S. 270/271; Schreiner, S. 65; Zöller-Geimer, § 328, Rdnr. 128. A. A. Schröder, S. 782/783/784; wonach das inländische Gericht bei der Prüfung ausländischer Anerkennungszuständigkeit an alle Feststellungen gebunden sei, die das ausländische Gericht in einem einwandfreien Verfahren getroffen habe. Dies gelte insbesondere für die Fälle, in denen das ausländische Gericht die Feststellungen in einem beweisförmigen Verfahren getroffen habe und in denen sich die Entscheidung auf Parteiverhalten gründe; ferner bei Identität von Zuständigkeitsgründen im In- und Ausland; ähnlich aber mit anderer Begründung Spickhoff, ZZP 108, 475 (487/488).

[1894] Geimer, FS Nakamura, S. 182; Stein/Jonas-Roth, § 328, Rdnr. 95; Zöller-Geimer, § 328, Rdnr. 128.

[1895] BGH NJW 94, 1413 (1415); Geimer, Anerkennung, S. 123; Geimer, IZPR, Rdnr. 2906; Geimer, Prüfung, S. 152; Hdb. Int. ZVerfR III/1-Martiny, Rdnr. 790; Nagel/Gottwald, § 11, Rdnr. 158; Schreiner, S. 66; Stein/Jonas-Roth, § 328, Rdnr. 95; Zöller-Geimer, § 328, Rdnr. 129.

[1896] Baumbach/Lauterbach-Hartmann, § 328, Rdnr. 8; Geimer, IZPR, Rdnr. 2855; Schütze, Anerkennung ausl. Zivilurteile, S. 19.

hauptung des Klägers reicht nicht aus.[1897] Dies wird zutreffenderweise damit begründet, dass sich der Beklagte anderenfalls vor jedem beliebigen Gericht dieser Welt verteidigen müsse. Denn mangels Überprüfung der Anerkennungszuständigkeit würde das Urteil im Zweitstaat regelmäßig anerkannt.[1898]

Grundsätzlich ist für das Vorliegen der die internationale Anerkennungszuständigkeit begründenden Tatsachen der Zeitpunkt der Klageerhebung im Urteilsstaat maßgeblich.[1899] Ausreichend ist jedoch, dass die relevanten Tatsachen spätestens am Schluss des Erstverfahrens vorlagen.[1900]

4. Verbürgung der Gegenseitigkeit[1901]
Nach der Rechtsprechung des BGH sind im Rahmen der Prüfung der Anerkennungszuständigkeit nach § 328 Abs. 1 Nr. 1 ZPO zusätzlich Überlegungen zur Gegenseitigkeit nach § 328 Abs. 1 Nr. 5 ZPO anzustellen. Danach ist die Anerkennung des Urteils eines ausländischen Gerichts ausgeschlossen, wenn die Gegenseitigkeit nicht verbürgt ist. Die Gegenseitigkeit ist dann verbürgt, wenn die Anerkennung und Vollstreckung eines entsprechenden deutschen Urteils in dem Urteilsstaat auf keine wesentlich größeren Schwierigkeiten stößt als die Anerkennung und Vollstreckung des anzuerkennenden Urteils in Deutschland. Dabei ist darauf abzustellen, ob das beiderseitige Anerkennungsrecht und die Anerkennungspraxis in einer Gesamtwürdigung im Wesentlichen gleichwertige Bedingungen für die Vollstreckung eines ausländischen Urteils gleicher Art schaffen.[1902]

Nach Ansicht des BGH soll es darauf ankommen, ob – spiegelbildlich zu dem vom erststaatlichen Gericht entschiedenen Fall – nach erststaatlichem Recht und

---

[1897] Geimer, Prüfung, S. 143; Gottwald, IPRax 95, 75 (76); Hdb. Int. ZVerfR III/1-Martiny, Rdnr. 791; Schindler, S. 267; Schreiner, S. 68; Schröder, S. 783/784; Spickhoff, ZZP 108, 475 (488); Stein/Jonas-Roth, § 328, Rdnr. 96; Zöller-Geimer, § 328, Rdnr. 128.

[1898] BGHZ 52, 31 (38); BGHZ 124, 237 (242). A. A. noch RGZ 75, 147 (149).

[1899] BGH RIW 99, 698 (699); Geimer/Schütze-Geimer, I/2, S. 1555; Hdb. Int. ZVerfR III/1-Martiny, Rdnr. 777; Kropholler, IPR, S. 561; MüKo ZPO-Gottwald, § 328, Rdnr. 71; Stein/Jonas-Roth, § 328, Rdnr. 90.

[1900] BGHZ 141, 286 (290); BayObLGZ 90, 217 (219); Geimer/Schütze-Geimer, I/2, S. 1555; Schindler, S. 274; Schreiner, S. 60; Stein/Jonas-Roth, § 328, Rdnr. 32; Zöller-Geimer, § 328, Rdnr. 124; nach a. A. kommt es auf den Zeitpunkt an, in dem die Anerkennung geltend gemacht wird, BGH NJW 80, 529 (531); Baumbach/Lauterbach-Hartmann, § 328, Rdnr. 16/32.

[1901] Vgl. allgemein Schütze, Prozessführung, S. 182 ff.; Pfeiffer, RabelsZ 55, 734 (744 ff.).

[1902] BGHZ 42, 194 (196); BGH NJW 99, 3198 (3201); BGH NJW 01, 524 (525); Geimer, Anerkennung, S. 93; Hdb. IntZVerfR III/1-Martiny, Rdnr. 1217; Thomas/Putzo-Hüßtege, § 328, Rdnr. 20.

dortiger Gerichtspraxis ein deutsches Gericht international zuständig gewesen wäre. Die internationale Zuständigkeit wird dann, trotz Vorliegens der Voraussetzungen von § 328 Abs. 1 Nr. 1 ZPO, ausnahmsweise nicht anerkannt, wenn der Urteilsstaat exorbitante Zuständigkeiten nur für sich selbst beansprucht, sie aber anderen Staaten nicht in vergleichbarem Umfang zugesteht. Im umgekehrten Fall, wenn die Gegenseitigkeit verbürgt sei, komme es auf das Vorliegen der internationalen Zuständigkeit nicht an.[1903]

Dem widerspricht ein Teil der Literatur. Das Gegenseitigkeitserfordernis führe nicht automatisch zu einer Reduzierung der an sich nach § 328 Abs. 1 Nr. 1 ZPO zu bejahenden internationalen Anerkennungszuständigkeit. Der BGH projiziere das Gegenseitigkeitserfordernis der Nr. 5 in die Zuständigkeitsprüfung der Nr. 1 hinein. Dies würde Anerkennung auf dem niedrigsten Level bedeuten, nämlich auf der Ebene des kleinsten gemeinsamen Nenners. Auch wenn im konkreten Fall der Urteilsstaat eine internationale Zuständigkeit Deutschlands nicht anerkennen würde, sollte man dennoch nicht die Anerkennung verweigern, sondern auf einen Gesamtvergleich des erststaatlichen Anerkennungsregimes mit dem deutschen abstellen. Völlige Deckungsgleichheit sei auch auf dem Gebiet der internationalen Zuständigkeit nur theoretisch denkbar und deshalb nicht zu fordern.[1904] Nicht jede Abweichung der Zuständigkeitskataloge des deutschen und des ausländischen Rechts führe zur Verneinung der Gegenseitigkeitsfrage. Anderenfalls würde die Grenze zwischen Erfordernis der verbürgten Gegenseitigkeit und der internationalen Zuständigkeit unzulässigerweise verwischt.[1905] Schließlich müsse der Anerkennungsstaat an einer Koordinierung und Förderung des internationalen Handels- und Rechtsverkehrs interessiert sein, so dass eine verstärkte Freizügigkeit und erleichterte Rechtsverfolgung anzustreben sei. Auf diese Weise müsse daher auch die Anerkennung ausländischer Urteile ausgestaltet werden.[1906]

Diesen Erwägungen kann beigepflichtet werden. Der BGH vermengt die Voraussetzungen der verbürgten Gegenseitigkeit mit der internationalen Anerkennungszuständigkeit. Das deutsche Recht regelt sowohl die internationale Entscheidungs- als auch die Anerkennungszuständigkeit eigenständig. Sind die Voraussetzungen der Anerkennungszuständigkeit nicht erfüllt, scheitert die An-

---

[1903] BGHZ 52, 251 (258); BGH RIW 96, 966 (967); BGHZ 141, 286 (300); BGH NJW 01, 524 (525).

[1904] Geimer, Anerkennung, S. 125; Geimer, IZPR, Rdnr. 2909; Schreiner, S. 73; Zöller-Geimer, § 328, Rdnr. 96d.

[1905] Schindler, S. 343/344; Schütze, FS Geimer, S. 1035; Schütze, WM 79, 1174 (1174).

[1906] Hdb. Int. ZVerfR III/1-Martiny, Rdnr. 87; Schreiner, S. 73.

erkennung an § 328 Abs. 1 Nr. 1 ZPO. Eines Rückgriffs auf das Erfordernis der Gegenseitigkeit bedarf es daher nicht mehr.

5. Anerkennungsverfahren

Ausländische Entscheidungen werden automatisch anerkannt, ohne dass es eines vorgeschalteten gerichtlichen Anerkennungs- bzw. Delibationsverfahrens bedarf.[1907] Die Anerkennung tritt mit dem Erlass bzw. der Rechtskraft der Entscheidung im Urteilsstaat ein.[1908]

Jedes Gericht oder jede Verwaltungsstelle prüft inzidenter, ob die Anerkennungsvoraussetzungen gegeben sind. Über die Anerkennung wird also von Fall zu Fall entschieden. Es gibt keine Bindungswirkung, so dass die Gefahr widersprechender Entscheidungen besteht. Daher kann jede Partei im Anerkennungsstaat auf Feststellung klagen, dass die ausländische Entscheidung anzuerkennen bzw. nicht anzuerkennen ist, um dieser Gefahr zu entgehen.[1909] Streitgegenstand ist das Vorliegen bzw. Nichtvorliegen der Anerkennungsvoraussetzungen bzw. die Erstreckung einzelner Urteilswirkungen auf das Inland. Das rechtliche Interesse ist in diesem Fall durch die Gefahr der sich widersprechenden Entscheidungen in jedem Fall gegeben. Eine abstrakte Gefahr reicht aus.[1910] Beide Parteien können die Feststellungsklage erheben. Die obsiegende Partei wird i. d. R. positive, die unterlegene Partei negative Feststellungsklage erheben. Hinsichtlich beider Klagen liegt ein und derselbe Streitgegenstand vor.[1911]

[1907] Geimer, IZPR, Rdnr. 2797/2992; Geimer, JuS 65, 475 (476); Geimer, Prüfung, S. 33; Herrmann, S. 57; v. Hoffmann/Thorn, § 3, Rdnr. 158; Linke, Rdnr. 426; Martiny, 35 Am. J. Comp. L., 721 (728); MüKo ZPO-Gottwald, § 328, Rdnr. 7; Nagel/Gottwald, § 11, Rdnr. 106; Schack, IZVR, Rdnr. 879; Schärtl, S. 15; Schreiner, S. 19; Stein/Jonas-Roth, § 328, Rdnr. 6; Wazlawik, RIW 02, 691 (694, Fn. 50).

[1908] Geimer, IZPR, Rdnr. 2798; Hdb. Int. ZVerfR III/1-Martiny, Rdnr. 298; Kegel/Schurig, S. 1066; Linke, Rdnr. 366; MüKo ZPO-Gottwald, § 328, Rdnr. 8; Schindler, S. 271. A. A. Schütze, Anerkennung ausl. Zivilurteile, S. 7/8; Schütze, NJW 66, 1598 (1599), wonach anerkennungsfähige Entscheidungen nicht schon im Zeitpunkt ihres Erlasses Wirksamkeit im Inland entfalteten. Ohne eine irgendwie geartete Inlandsbeziehung könne das ausländische Urteil nicht Ursache für inländische Rechtswirkungen sein. Eine Wirkungserstreckung sei erst möglich, wenn eine Inlandsbeziehung bestehe, die einen Tatbestand begründe, an dem sich die Urteilswirkungen entfalten könnten.

[1909] Baum, Herausforderungen, S. 198; Geimer, IZPR, Rdnr. 2995; Geimer, JuS 65, 475 (476); Geimer, Prüfung, S. 34; Herrmann, S. 57; Linke, Rdnr. 427; MüKo ZPO-Gottwald, § 328, Rdnr. 13; Riezler, S. 515; Schlosser, Justizkonflikt, S. 39; Schütze, Anerkennung ausl. Zivilurteile, S. 35; Stein/Jonas-Roth, § 328, Rdnr. 38.

[1910] Geimer, IZPR, Rdnr. 2996; MüKo ZPO-Gottwald, § 328, Rdnr. 13; Schütze, Anerkennung ausl. Zivilurteile, S. 35.

[1911] Geimer, IZPR, Rdnr. 2999.

III. Das Spiegelbildprinzip bei der Anerkennungszuständigkeit

1. Bedeutung

Der deutsche Gesetzgeber ist mit dem Spiegelbildprinzip dem Grundsatz der Kongruenz zwischen eigener internationaler Entscheidungszuständigkeit und Anerkennungszuständigkeit gefolgt.[1912] Das Spiegelbildprinzip findet sich neben § 328 Abs. 1 Nr. 1 ZPO auch in § 16a Nr. 1 FGG und in § 343 Abs. 1 S. 2 Nr. 1 InsO.[1913]

Es hat zum einen zur Folge, dass ein Staat ausländische Urteile in denjenigen Fällen nicht anerkennen kann, in denen er für sich selbst die internationale ausschließliche Entscheidungszuständigkeit in Anspruch nimmt.[1914] Damit enthält das Spiegelbildprinzip eine negative Komponente, wonach die Anerkennung nur in Betracht kommt, wenn der Anerkennungsstaat keine eigene ausschließliche Zuständigkeit für sich geltend macht.[1915]

Zum anderen wird nur die internationale Zuständigkeit des Urteilsstaates an der Zuständigkeitsordnung des Anerkennungsstaates gemessen, nicht dagegen die durch die ausländische Rechtsordnung vorgegebene örtliche oder sachliche Zu-

---

[1912] Geimer, Prüfung, S. 108; Geimer/Schütze-Geimer, I/2, S. 1505; Gottwald, IPRax 95, 75 (75); Hdb. Int. ZVerfR III/1-Martiny, Rdnr. 643; Heldrich, S. 19 Fn. 27/S. 157, der darin eine Durchbrechung des Prinzips der Maßgeblichkeit der lex fori sieht; v. Hoffmann/Thorn, § 3, Rdnr. 160; Schindler, S. 22; Schreiner, S. 47.

[1913] Vgl. auch Schärtl, IPRax 06, 438 (438 ff.).

[1914] Hdb. Int. ZVerfR III/1-Martiny, Rdnr. 637/638, wonach der Anerkennungsstaat mit der ausschließlichen Zuständigkeit auch seine eigene Jurisdiktionssphäre schütze, Zweck der negativen Zuständigkeitsprüfung sei der Schutz unmittelbarer Staatsinteressen; ebenso damals noch Geimer, Prüfung, S. 57/107/118; ferner Linke, Rdnr. 393; MüKo ZPO-Gottwald, § 328, Rdnr. 65; Nagel/Gottwald, § 11, Rdnr. 156; Pfeiffer, S. 89; Riezler, S. 533; Schack, IZVR, Rdnr. 835; Stein/Jonas-Roth, § 328, Rdnr. 83. A. A. BGH NJW 93, 1270 (1272); heute Geimer, IZPR, Rdnr. 878; Geimer, FS Nakamura, S. 172 Fn. 7; Zöller-Geimer, § 328, Rdnr. 119; ähnlich auch Schröder, S. 776: Es bleibe ein unerklärlicher Widerspruch in der Wertung, dass nach inländischer Wertung bestehende Ausschließlichkeit international durchgesetzt werde, sofern sie nur als solche auftrete und demnach von einem Staat allein wahrzunehmen sei, während umständebedingte zufällige Ausschließlichkeit oder Gerichtsstandskonkurrenz zwischen mehreren Staaten, die jedenfalls alle übrigen Staaten ausschließe, unberücksichtigt gelassen werden solle.

[1915] Schreiner, S. 51/52, die zwar den Zweck der negativen Zuständigkeitsprüfung auch im Schutz der nationalen Jurisdiktionssphäre und in der Verfolgung öffentlicher Interessen sieht, aber darauf hinweist, dass die Entscheidung der Gerichte bei Ausschließlichkeit des Forums dann nicht im unmittelbaren Staatsinteresse stehe, wenn die Parteien die ausschließliche Zuständigkeit prorogiert hätten; ebenso Geimer, Prüfung, S. 119. Die alleinige Normierung eines „negativen Systems" für die Prüfung der Anerkennungszuständigkeit stellt eine Alternative zum Spiegelbildprinzip dar. Siehe dazu unten § 9 III. 3. d.

ständigkeit. Dabei handelt es sich um Interna des Urteilsstaates, die den deutschen Zweitrichter nicht tangieren.[1916] Entscheidend ist also, dass irgendein Gericht des Urteilsstaates international zuständig war.[1917] Dies wird damit begründet, dass Fehler, die dem Urteilsstaat in Anwendung seines Zuständigkeitsrechts unterlaufen sein sollten, den Beklagten nicht ernstlich belasten würden.[1918] Solange nur der Urteilsstaat aus der Sicht der deutschen Gerichte international zuständig sei, komme es nicht darauf an, ob der konkrete Zuständigkeitsgrund dem deutschen entspreche oder aus welchen Gründen das ausländische Gericht die internationale Zuständigkeit angenommen habe oder ob es sich darüber überhaupt Gedanken gemacht habe.[1919] Es sei sogar ohne Bedeutung, ob der Erstrichter nach seinem eigenen Recht unzuständig sei oder ob er das Recht richtig angewandt habe, es sei denn ein derartiger Verstoß führe zur Nichtigkeit der Entscheidung.[1920] Damit enthält das Spiegelbildprinzip – neben der negativen – auch eine positive Komponente, wonach der Anerkennungsrichter prüft, ob die ausländische internationale Entscheidungszuständigkeit des Gerichts des Urteilsstaates gegeben ist.[1921]

Folge dieses Grundsatzes ist, dass das Spiegelbildprinzip auf diese Weise unter Umständen auch großzügig zu Lasten von im Ausland verklagten Angehörigen des Anerkennungsstaates wirken kann. Das kann insbesondere bei einer Anerkennungszuständigkeit gem. § 23 ZPO der Fall sein.[1922] Denn existieren im deutschen Zuständigkeitsrecht keine entsprechenden Gerichtsstände zu denen, auf die das ausländische Gericht seine Entscheidungszuständigkeit gestützt hat, kann das

---

[1916] v. Bar/Mankowski, S. 437; Geimer, Anerkennung, S. 116; Geimer, JuS 65, 475 (478); Heldrich, S. 71; Kegel/Schurig, S. 1062; MüKo ZPO-Gottwald, § 328, Rdnr. 63; Schreiner, S. 39; Schütze, Rechtsverfolgung, Rdnr. 234; Stein/Jonas-Roth, § 328, Rdnr. 86; Zöller-Geimer, § 328, Rdnr. 97.

[1917] Baumbach/Lauterbach-Hartmann, § 328, Rdnr. 16; Geimer, IZPR, Rdnr. 2896; Geimer, JuS 65, 475 (478); Geimer, Prüfung, S. 96; Pfeiffer, S. 469 Fn. 132; Riezler, S. 532; Schreiner, S. 48; Schütze, Anerkennung dt. Urteile, S. 17; Zekoll, 37 Am. J. Comp. L. 301 (306).

[1918] Stein/Jonas-Roth, § 328, Rdnr. 85.

[1919] BGHZ 141, 286 (289); Geimer, Anerkennung, S. 116; Geimer, IZPR, Rdnr. 2898; v. Hoffmann/Hau, RIW 98, 344 (346); Nagel/Gottwald, § 11, Rdnr. 151; Schack, IZVR, Rdnr. 836; Schreiner, S. 48; Zöller-Geimer, § 328, Rdnr. 97.

[1920] Geimer, Anerkennung, S. 116; Geimer, FS Nakamura, S. 175 Fn. 22; Geimer, IZPR, Rdnr. 2898; MüKo ZPO-Gottwald, § 328, Rdnr. 59; Schindler, S. 335; Schreiner, S. 49; Stein/Jonas-Roth, § 328, Rdnr. 86; Zöller-Geimer, § 328, Rdnr. 97. A. A. Schröder, S. 774, der diesem Einwand entgegenhält, das Verhandeln und Entscheiden zur Sache durch das unzuständige Gericht begründe dessen internationale Zuständigkeit nach dessen lex fori.

[1921] Schreiner, S. 45.

[1922] Geimer, FS Nakamura, S. 175 Fn. 22; Geimer, IZPR, Rdnr. 2897; Riezler, S. 533/534; Schack, IZVR, Rdnr. 836.

ausländische Gericht immer noch über den weitgehenden Vermögensgerichts-stand des § 23 ZPO anerkennungszuständig sein.[1923] Auf der anderen Seite muss die Anerkennung wegen Fehlens der Anerkennungszuständigkeit auch dann versagt werden, wenn die Entscheidungszuständigkeit des Urteilsstaates gar nicht auf exorbitanten, sondern durchaus sinnvollen Zuständigkeitsgründen basierte, diese aber in der deutschen Zuständigkeitsordnung nicht existieren.[1924] Diese gewisse Starrheit des Spiegelbildprinzips hat ihm nicht unerhebliche Kritik eingebracht, auf die sogleich noch ausführlich eingegangen werden soll.[1925]

Zum Teil wird in der Literatur die Prüfung der Anerkennungszuständigkeit anhand der eigenen nationalen Zuständigkeitsvorschriften als Grundkriterium dafür angesehen, ob im Urteilsstaat auch sonst ein faires Verfahren stattgefunden habe. Sei der Ausgangsstaat nach den vom Anerkennungsstaat akzeptierten Regeln international zuständig, bestehe eine gewisse Vermutung dafür, dass auch der übrige Verfahrensablauf vernünftigen Prozessstandards entsprochen habe.[1926]

Hierbei sind freilich einige Zweifel angebracht. Allein von einer nach nationalem Recht akzeptierten internationalen Entscheidungszuständigkeit des ausländischen Gerichts auf ein im Übrigen faires Verfahren schließen zu wollen, verkennt die Relevanz der internationalen Anerkennungszuständigkeit und dürfte die in den § 328 Abs. 1 Nr. 2 – 5 ZPO geregelten weiteren Schutzmechanismen zugunsten des Beklagten unterschätzen.[1927] Nach § 328 Abs. 1 Nr. 2 ZPO ist die

---

[1923] Geimer, Anerkennung, S. 115; MüKo ZPO-Gottwald, § 328, Rdnr. 55; Nagel/Gottwald, § 11, Rdnr. 153; Schack, IZVR, Rdnr. 837; Schreiner, S. 121 ff. weist auf die „Weitherzigkeit" des Spiegelbildprinzips hin; Zöller-Geimer, § 328, Rdnr. 96b.

[1924] Geimer, Anerkennung, S. 115; Geimer, IZPR, Rdnr. 2897; Gottwald, ZZP 95, 3 (10); Hdb. Int. ZVerfR III/1-Martiny, Rdnr. 644/802; Kropholler, IPR, S. 561; MüKo ZPO-Gottwald, § 328, Rdnr. 60; Schreiner, S. 114 ff., die auf die „Engherzigkeit" des Spiegelbildprinzips hinweist: Die deutschen Vorstellungen würden uneingeschränkt durchgesetzt, mangelnde Flexibilität sei diesem System wesenseigen. Als Beispielsfälle führt sie die Gerichtsstände der Garantieklage, der Streitverkündung, des Vertragsabschlussortes und zur Umwandlung von Schiedssprüchen in staatliche Urteile an; Zöller-Geimer, § 328, Rdnr. 96.

[1925] Siehe dazu unten § 9 III. 3.

[1926] Martiny, 35 Am. J. Comp. L., 721 (734); MüKo ZPO-Gottwald, § 328, Rdnr. 58; wohl auch Herrmann, S. 142/143, der das Erfordernis der Anerkennungszuständigkeit in § 328 Abs. 1 Nr. 1 ZPO als Konkretisierung des allgemeinen ordre public-Vorbehaltes in § 328 Abs. 1 Nr. 4 ZPO ansieht; ähnlich Pfeiffer, S. 147, wonach als die wichtigste im Rechtsstaat gebotene Voraussetzung für die Anerkennung ausländischer Urteile die rechtsstaatliche Angemessenheit des ausländischen Verfahrens zu identifizieren sei. Zu den danach maßgeblichen Angemessenheitsbedingungen gehöre aber, wie auch § 328 Abs. 1 Nr. 1 ZPO zeige, dass das ausländische Urteil nicht auf einer unangemessenen Zuständigkeitsanmaßung beruhe.

[1927] Hdb. Int. ZVerfR III/1-Martiny, Rdnr. 124.

Anerkennung eines ausländischen Urteils bei der Versagung rechtlichen Gehörs ausgeschlossen. Das ist dann der Fall, wenn dem Beklagten das verfahrenseinleitende Schriftstück nicht ordnungsgemäß oder rechtzeitig zugestellt wurde, so dass er sich nicht verteidigen konnte. Ferner kommt eine Anerkennung gem. § 328 Abs. 1 Nr. 4 ZPO nicht in Betracht, wenn sie gegen den deutschen ordre public verstieße. Beide Prüfungserfordernisse sollen den Beklagten ebenfalls vor einem nach deutschem Standard unfairen Prozess bewahren. Gerade der ordre public-Vorbehalt ermöglicht eine Ausnahme von dem Grundsatz des Verbotes der révision au fond, d. h. der Überprüfung der Richtigkeit der ausländischen Entscheidung durch den deutschen Zweitrichter. Dieses Verbot ist ausdrücklich nur in § 723 Abs. 1 ZPO normiert, bezieht sich aber auch bei der der Vollstreckbarerklärung vorgeschalteten Anerkennung sowohl auf das Verfahren[1928] als auch auf die tatsächlichen und rechtlichen Feststellungen.[1929] Die ordre public-Prüfung dient der „Sicherung höherwertiger Interessen".[1930] Gegenstand der Prüfung ist – als verfahrensrechtliche ordre public-Kontrolle – die Überprüfung des ausländischen Verfahrens. Dabei konzentriert sie sich v. a. auf die Einleitung des Verfahrens durch die Zustellung des verfahrenseinleitenden Schriftstückes, die in § 328 Abs. 1 Nr. 2 ZPO einen gesonderten Ausdruck gefunden hat.[1931] Ferner unterliegt ihr auch die Prüfung des übrigen Verfahrensablaufs. Ein Verstoß gegen den verfahrensrechtlichen ordre public und damit eine Verweigerung der Anerkennung kommt dann in Betracht, wenn das erststaatliche Verfahren mit den grundlegenden Verfahrensmaximen bzw. -prinzipien des deutschen Rechts unvereinbar ist.[1932] Dazu gehören v. a. der Grundsatz der Unabhängigkeit und

---

[1928] RGZ 107, 308 (312); BGHZ 48, 327 (331); Geimer, JuS 65, 475 (477); Herrmann, S. 39; v. Hoffmann/Thorn, § 3, Rdnr. 166; Kegel/Schurig, S. 1067; Kropholler, IPR, S. 557; Linke, Rdnr. 420; MüKo ZPO-Gottwald, § 328, Rdnr. 84; Schreiner, S. 26 Fn. 6.

[1929] Geimer, IZPR, Rdnr. 2910; Hdb. Int. ZVerfR III/1-Martiny, Rdnr. 321; Herrmann, S. 39; Matscher, ZZP 103, 294 (315); Nagel/Gottwald, § 11, Rdnr. 115; Schütze, Anerkennung ausl. Zivilurteile, S. 27; Schütze, FS Geimer, S. 1028; Schütze, Rechtsverfolgung, Rdnr. 238; Stein/Jonas-Roth, § 328, Rdnr. 28; Zekoll, 37 Am. J. Comp. L. 301 (304).

[1930] Bruns, JZ 99, 278 (278 ff.); Brockmeier, S. 91 ff.; Geimer, IZPR, Rdnr. 2911; Geimer, JuS 65, 475 (477); Herrmann, S. 65 ff.; Kegel/Schurig, S. 1065; Pfeiffer, BGH-Festgabe III, S. 623; Zekoll, 37 Am. J. Comp. L. 301 (311 f.).

[1931] Vgl. dazu allgemein v. Bar/Mankowski, S. 436; Baumbach/Lauterbach-Hartmann, § 328, Rdnr. 20 ff.; Geimer, IZPR, Rdnr. 2914 ff.; Geimer, Prüfung, S. 42/43; Gottwald, ZZP 103, 257 (278); Hdb. Int. ZVerfR III/1-Martiny, Rdnr. 433 ff.; Martiny, 35 Am. J. Comp. L., 721 (744 ff.); MüKo ZPO-Gottwald, § 328, Rdnr. 72 ff.; Thomas/Putzo-Hüßtege, § 328, Rdnr. 9 ff.; Zöller-Geimer, § 328, Rdnr. 134 ff.

[1932] BGHZ 48, 327 (332); BGH NJW 78, 1114 (1115); Gottwald, ZZP 103, 257 (282); Hdb. Int. ZVerfR III/1-Martiny, Rdnr. 122; Pfeiffer, S. 212, wonach das deutsche Zuständigkeitsrecht im Prinzip dem Modell autonomer Zuständigkeitsgerechtigkeit folge, indem es die dort vorgesehenen Anknüpfungsmomente unabhängig vom Inhalt des anzuwendenden Rechts definiere, ande-

Unparteilichkeit des Gerichts,[1933] der Grundsatz des rechtlichen Gehörs[1934] und der Anspruch jeder Partei auf ein faires Verfahren.[1935] Folglich kann die Vermutung für ein faires Verfahren im Urteilsstaat nicht allein auf die, aus Sicht des deutschen Anerkennungsstaates vorliegende internationale Entscheidungszuständigkeit des ausländischen Gerichts gestützt werden. Sie ist allerdings ein bedeutendes Element im Gesamtgefüge des Beklagtenschutzes.[1936]

2. Zweck

a. Schutz des Beklagten

Die ganz h. M., allen voran Geimer, sieht heute den Zweck des § 328 Abs. 1 Nr. 1 ZPO in erster Linie in dem Schutz des Beklagten.[1937] Über die positive Prüfung der internationalen Zuständigkeit des Urteilsstaates würden die deutschen Vorstellungen über die Gerichtspflichtigkeit des Beklagten durchgesetzt. Der Beklagtenschutz setze auf der Ebene der Anerkennung des ausländischen Urteils an, wenn dieses auf – aus Sicht des deutschen Anerkennungsstaates – einer für den Beklagten unzumutbaren Zuständigkeit basiere. Die Unzumutbarkeit sei in diesem Fall mit der Abweichung vom autonomen deutschen Recht über die eigene internationale Entscheidungszuständigkeit gleichzusetzen.[1938]

---

rerseits aber in einigen Fällen das materielle Recht oder materiell-rechtlich inspirierte Wertungen auf das internationale Zivilprozessrecht „durchschlagen" lasse, z. B. wenn es in § 328 Abs. 1 Nr. 4 ZPO die Nichtanerkennung ausländischer Urteile von der Beachtung des inländischen ordre public abhängig mache, denn dadurch werde das Urteil eines „an sich" zuständigen Forums nicht anerkannt; Stiefel/Bungert, ZIP 94, 1905 (1909); Wazlawik, RIW 02, 691 (695).

[1933] Geimer, IZPR, Rdnr. 2947.

[1934] BGH NJW 78, 1114 (1115); Schütze, Anerkennung dt. Urteile, S. 18; Schütze, Rechtsverfolgung, Rdnr. 238.

[1935] BGH NJW 92, 3096 (3099).

[1936] Gottwald, ZZP 103, 257 (269); Hdb. Int. ZVerfR III/1-Martiny, Rdnr. 630; MüKo ZPO-Gottwald, § 328, Rdnr. 53; Schröder, S. 737/741; Schreiner, S. 2.

[1937] BGH IPRax 94, 204 (206); BGH NJW 94, 1413 (1414); BGHZ 141, 286 (293); Basedow, IPRax 94, 183 (184); Fricke, S. 88/90; Geimer, Anerkennung, S. 113; Geimer, FS Nakamura, S. 173; Geimer, IZPR, Rdnr. 2901; Geimer, Prüfung, S.122/123; Geimer/Schütze-Geimer, I/2, S. 1549, der den Beklagtenschutz als alleinigen Zweck des Spiegelbildprinzips ansieht. Dazu kritisch Schreiner, S. 58/59: Es könne nicht Aufgabe des deutschen Gesetzgebers sein, auch den Staatsbürgern anderer Staaten vorzuschreiben, wann es ihnen zumutbar sei, sich vor einem bestimmten Gericht zu verteidigen. Auch könnten bei bestehender konkurrierender Zuständigkeit durchaus staatliche Interessen berührt sein; Gottwald, ZZP 103, 257 (271); Haas, IPRax 01, 195 (196); Haas/Stangl, IPRax 98, 452 (454); Hdb. Int. ZVerfR III/1-Martiny, Rdnr. 639; Nagel/Gottwald, § 11, Rdnr. 151; Pfeiffer, S. 86, wonach sich der Schutz der Interessen deutscher Staatsangehöriger, der zum anerkannten Aufgabenkreis des Staates gehöre, sich in der Beschränkung der Anerkennungszuständigkeit manifestiere; Schärtl, S. 23; Zöller-Geimer, § 328, Rdnr. 123.

[1938] Siehe dazu oben § 9 II. 2. a.

Der Schutz des Beklagten dürfte aber auch auf der Erkenntnisebene Anwendung finden. Dies gilt in erster Linie dann, wenn der Kläger die Anerkennung und Vollstreckung seines Urteils im Heimatstaat des Beklagten nachsucht. Durch die Zugrundelegung der Zuständigkeitsnormen werden nämlich nicht nur die Staaten festgelegt, vor deren Gerichten es dem Beklagten – aus der Sicht seines Heimatstaates – zuzumuten gewesen sein soll, sich gegen die Klage zu verteidigen,[1939] sondern auch ob es dem Beklagten nach Klageerhebung bzw. nach Zustellung des verfahrenseinleitenden Schriftstückes zuzumuten ist, sich überhaupt gegen die Klage zu verteidigen. Zwar kann der Anerkennungsstaat nicht verhindern, dass der ausländische Staat seine eigene internationale Zuständigkeit gegenüber dem Beklagten bejaht,[1940] er verhilft dem Beklagten aber über das Spiegelbildprinzip dazu, die Möglichkeit einer späteren Anerkennung im Heimatstaat zu beurteilen, indem der Beklagte anhand des eigenen nationalen Zuständigkeitsrechts prüfen kann, ob das Gericht anerkennungszuständig ist. Damit dient das Spiegelbildprinzip auch auf bedeutende Weise der Rechtssicherheit.[1941] Es kann folglich von einem mittelbaren Schutz des Beklagten gesprochen werden, da ihn das Spiegelbildprinzip nicht vor einer ausländischen Gerichtspflichtigkeit zu schützen vermag, ihn aber immerhin vor einer Beteiligung an dem ausländischen Rechtsstreit zu bewahren hilft. Folge ist, dass der Beklagte besser abwägen kann, ob er sich gegen die Klage verteidigen muss. Dies verhilft ihm bei der Entwicklung einer umfassenden Verteidigungsstrategie. Denn der Beklagte ist grundsätzlich nicht verpflichtet, sich in einem internationalen Rechtsstreit vor einem aus der Sicht „seines Heimatsstaates" unzuständigen Gericht zu verteidigen.[1942] Lässt er z. B. ein Versäumnisurteil im Urteilsstaat ergehen, kann er bei der Anerkennung im Zweitstaat die fehlende Anerkennungszuständigkeit des Gerichts geltend machen.[1943]

[1939] BGHZ 44, 46 (50); BayObLG NJW 68, 363 (364); OLG Karlsruhe NJW 74, 1059 (1060); Schindler, S. 241.

[1940] Fricke, S. 87; Geimer, Prüfung, S. 123.

[1941] Fricke, S. 94; ähnlich Hdb. Int. ZVerfR III/1-Martiny, Rdnr. 77, der auf das Interesse der Parteien an einem voraussehbaren Ergebnis hinweist.

[1942] Geimer, Anerkennung, S. 55; Geimer, FS Nakamura, S. 177; Schröder, S. 784.

[1943] Geimer, FS Nakamura, S. 177; ebenso Schreiner, S. 68: Die inländischen Gerichtsstandsvorschriften legten in spiegelbildlicher Anwendung diejenigen Staaten fest, vor deren Gerichten der Beklagte sich zumutbarerweise einlassen müsse. Umgekehrt definierten diese Zuständigkeitsvorschriften aber auch den Umfang der Einlassungspflicht, d. h. vor den Gerichten anderer Staaten brauche sich der Beklagte nicht zu verantworten; zu der Anerkennung von Versäumnisurteilen siehe oben § 9 II. 3.

Dabei soll nicht verkannt werden, dass das Spiegelbildprinzip denkgesetzlich keineswegs zwingend ist[1944] und dem Beklagtenschutz durchaus auch auf andere Weise gedient werden kann.[1945] Trotzdem legt das Spiegelbildprinzip letztlich fest, vor welchen Foren es dem Beklagten zuzumuten ist, sich zu verteidigen, da nur in diesen Fällen auch die dort erstrittenen Urteile im Inland anerkannt werden. Damit setzt der Anerkennungsstaat seine Vorstellungen über die Gerichtspflichtigkeit des (einheimischen) Beklagten durch. Für den Beklagten ergibt sich daraus der Vorteil, dass er anhand der internationalen Entscheidungszuständigkeiten der Gerichte seines „Heimatstaates" beurteilen kann, ob das ausländische Gericht, vor dem er verklagt wurde, aus der Sicht seines Staates anerkennungszuständig ist. Nur dann muss er sich nämlich auf eine Verteidigung vor Ort einlassen, um ein möglicherweise zu Gunsten des ausländischen Klägers ergehendes Urteil noch auf der Erkenntnisebene zu verhindern. Anderenfalls steht auf der Anerkennungsebene (nur) noch der Schutz der § 328 Nr. 2 – 5 ZPO zur Verfügung. Eine Ablehnung der Anerkennung wegen mangelnder Anerkennungszuständigkeit kommt nicht mehr in Betracht. Ist dagegen voraussichtlich keine Anerkennungszuständigkeit gegeben, kann der Beklagte einer Klage entgegen sehen, ohne sich dagegen zu verteidigen, da eine Vollstreckung mangels Anerkennung aus dem Urteil im Inland nicht droht.[1946] Der Beklagte muss also nicht in jedem Fall die Verteidigung gegen die Klage aufnehmen. Damit läuft er dann auch nicht Gefahr, aufgrund besonderer ausländischer Zuständigkeitsregeln, wie z. B. „consent" oder „appearance", gerichtspflichtig zu werden, wenn er sich gegen die Klage verteidigt.[1947]

b. Schutz der eigenen Jurisdiktionssphäre

Das Spiegelbildprinzip dient zumindest nach der heute wohl überwiegenden Meinung in der Literatur nicht mehr dem Schutz der eigenen Jurisdiktionssphäre. Der Staat habe grundsätzlich kein Interesse an der Wahrung seiner eigenen internationalen Zuständigkeit.[1948] Dies gelte erst recht für die Jurisdiktionsinteressen

---

[1944] Geimer, Anerkennung, S. 114; Geimer, IZPR, Rdnr. 854; MüKo ZPO-Gottwald, § 328, Rdnr.60; Pfeiffer, S. 469; Zöller-Geimer, § 328, Rdnr. 96.

[1945] Fricke, S. 88; Schreiner, S. 110. Auf die von der Rechtswissenschaft am Spiegelbildprinzip geübte Kritik soll noch ausführlicher eingegangen werden. Siehe dazu unten § 9 III. 3.

[1946] Hdb. Int. ZVerfR III/1-Martiny, Rdnr. 81.

[1947] Auf die Risiken, dass US-amerikanische Gerichte jede noch so untergeordnete Reaktion des ausländischen Beklagten auf die Klagezustellung für die Begründung ihrer Zuständigkeit wegen „appearance" nutzen könnten, weist Bernstein, FS Ferid, S. 79/80, hin; zu der Anerkennungszuständigkeit kraft rügeloser Einlassung gem. § 328 Abs. 1 Nr. 1 ZPO i. V. m. § 39 ZPO siehe unten § 10 VI. 2. a.

[1948] Fricke, S. 90; Geimer, IZPR, Rdnr. 2901; Geimer, FS Nakamura, S. 172; Geimer, Prüfung, S. 118; Geimer/Schütze-Geimer, I/2, S. 1548; Hdb. Int. ZVerfR III/1-Martiny, Rdnr. 638; Pfeiffer,

450

dritter Staaten.[1949] Auch spielten weder Souveränitäts- noch Gegenseitigkeitserwägungen eine Rolle.[1950]

c. Beeinflussung ausländischer Zuständigkeitsordnungen

Ein Teil der Literatur, namentlich Schröder, sieht in der Prüfung der internationalen Anerkennungszuständigkeit eine „internationalpädagogische Aufgabe". Jeder Staat trage die Verantwortung für die Angemessenheit zwischenstaatlicher Zuständigkeitsverteilung. Diese Verantwortung bewältige er, indem er seine Gesetzgebung danach einrichte, dass „kantisch gesprochen" die Maxime seiner Zuständigkeitsordnung als Prinzip einer völkerrechtlichen Gesetzgebung dienen könne. Es sei kurzsichtig, Zuständigkeitsungerechtigkeit zwischen ausländischen Staaten hinzunehmen, solange keine inländischen Belange berührt seien. Rechtspolitischen Druck auf das Ausland könne man bereits üben, wenn man den gleichheitswidrigen Anfängen von vornehrein wehre, mögen sie zur Stunde auch

---

S. 172/174; Schindler, S. 26. A. A. Heldrich, S. 103/104, wonach jeder Staat innerhalb seines Staatsgebietes die verbindliche richterliche Entscheidung von Rechtssachen den eigenen Gerichten vorbehalte und dieses Rechtsschutzmonopol zugunsten ausländischer Gerichte nur bei Vorliegen gewisser besonderer Voraussetzungen durchbreche. Dazu gehöre auch die internationale Zuständigkeit des ausländischen Entscheidungsstaates, bei ihrer Normierung spiele auch das inländischeh staatliche Interesse an der Ausübung eines Rechtsschutzmonopols eine Rolle; auch Neuner, S. 14. A. A. offenbar auch B VerfG JZ 03, 956 (957), das in seinem Beschluss vom 25.07.2003 die Zustellung der Klage gegen die Bertelsmann AG u. a. mit der Begründung aussetzte, diese sei nicht mit Art. 2 Abs. 1 GG i. V. m. dem Rechtsstaatsprinzip zu vereinbaren, da das mit der Klage angetrebte Ziel offensichtlich gegen unverzichtbare Grundsätze des freiheitlichen Rechtsstaates verstoße. Vgl. dazu aus der umfangreichen Literatur: Hess, JZ 03, 923 (923); Hoppe, S. 231 ff.; Krätzschmar, FS Hay, S. 242 Fn. 5; Prütting, FS Jayme, S. 715; Rasmussen-Bonne, FS Hay, S. 323 ff.; Schütze, Prozessführung, S. 242; Zekoll, NJW 03, 2885 (2885). Bertelsmann hat die Verfassungsbeschwerde gegen Zustellung der US-amerikanischen Sammelklage mittlerweile zurückgenommen. Der Zweite Senat des B VerfG hat daraufhin mit Beschluss vom 09.11.2005 die zugunsten der Bertelsmann AG ergangene einstweilige Anordnung aufgehoben. Die Bertelsmann AG hatte sich mit ihrer Verfassungsbeschwerde gegen die im Wege der Rechtshilfe beantragte Zustellung der Sammelklage gewandt, mit der sie vor einem US-amerikanischen Gericht auf Schadensersatz in Höhe von 17 Mrd. US-Dollar in Anspruch genommen werden soll. Mit einstweiliger Anordnung vom 25.07.2003, die mehrfach – zuletzt durch Beschluss vom 02.06.2005 – verlängert wurde, hatte der Zweite Senat des B VerfG die Zustellung der Sammelklage bis zur Entscheidung über die Verfassungsbeschwerde untersagt. Aufgrund der Rücknahme der Verfassungsbeschwerde war die einstweilige Anordnung aufzuheben.

[1949] Geimer, Prüfung, S. 121; Geimer/Schütze-Geimer, I/2. S. 1549.

[1950] Geimer, Anerkennung, S. 114; Pfeiffer, S. 172. A. A. offenbar Gottwald, ZZP 103, 257 (271), der dem Spiegelbildprinzip unterstellt, in der bestehenden Form dazu ausgestaltet zu sein, die staatliche Souveränität zu wahren.

noch nicht im Inland wirken.[1951] Auch der BGH hat sich scheinbar diesem Ansatz angeschlossen. § 328 Abs. 1 Nr. 1 ZPO solle auch sicherstellen, dass das Verfassungsrecht des Urteilsstaates wenigstens im Ansatz auf international akzeptierte Grundsätze Rücksicht nehme.[1952]

Bei diesem Ansatz sind jedoch Zweifel angebracht. Das deutsche Interesse, bestimmte, den deutschen Grundvorstellungen diametral entgegenstehende ausländische Rechtsnormen nicht per Anerkennung durchsetzen zu müssen, wird über den ordre public-Vorbehalt des § 328 Abs. 1 Nr. 4 ZPO durchgesetzt. Ferner ist es „zu kantisch" gedacht, durch die Nichtanerkennung ausländischer Urteile irgendeinen Einfluss auf die Gesetzgebung ausländischer Staaten nehmen zu können.[1953] Im Übrigen wäre die Ausübung von Druck auf das Ausland allenfalls dann vertretbar, wenn es sich bei dem deutschen Anerkennungsrecht um ein hoch entwickeltes und vorbildhaftes System handeln würde, dem andere Staaten folgen sollten.[1954] Vorbehaltlich des noch folgenden Exkurses zum US-amerikanischen Anerkennungsrecht, kann aber bereits an dieser Stelle – das zeigt schon die u. g. vielfältige Kritik in der deutschen Rechtswissenschaft[1955] – dem deutschen Spiegelbildprinzip keine herausragende Vorbildfunktion für die Anerkennungssysteme dieser Welt attestiert werden.[1956]

d. Verhinderung von „forum shopping"

Zum Teil wird vertreten, das Spiegelbildprinzip vermöge ein uferloses „forum shopping" des Klägers zu verhindern. Da das Zuständigkeitsrecht über das vom Gericht anwendbare Kollisionsrecht letztlich auch Auswirkungen auf das anzuwendende Sachrecht habe, sei der Kläger daran interessiert, denjenigen Gerichtsstand für seine Klage auszuwählen, der letztlich das für die Entscheidung für ihn

---

[1951] Lorenz, FamRZ 66, 465 (465); Neuner, S. 14; Schröder, S. 778; auch Fricke, S. 98/99; v. Hoffmann/Hau, RIW 98, 344 (345); Pfeiffer, S. 227/542, wonach die Vorschrift des § 328 ZPO ausschließlich den Zweck von Kooperation auf rechtsstaatlicher Grundlage habe; ähnlich Pfeiffer, RabelsZ 55, 734 (744 ff.), der für das Gegenseitigkeitserfordernis des § 328 Abs. 1 Nr. 5 ZPO ein Modell kooperativer Reziprozität entwickelt, mit dessen Hilfe die Anerkennungsbereitschaft fremder Staaten zugunsten deutscher Urteile gefördert werden könne; Schärtl, S. 23.

[1952] BGH NJW 99, 3198 (3199).

[1953] Basedow, Anerkennung, S. 141; Geimer, FS Nakamura, S. 172; Geimer, NJW 74, 1026 (1029); Geimer/Schütze-Geimer, I/2, S. 1550, Fn. 169; Hdb. Int. ZVerfR III/1-Martiny, Rdnr. 644; Pfeiffer, S. 180; im Ergebnis auch Schindler, S. 240; Schreiner, S. 54.

[1954] Hdb. Int. ZVerfR III/1-Martiny, Rdnr. 640.

[1955] Siehe unten § 9 III. 3.

[1956] Hdb. Int. ZVerfR III/1-Martiny, Rdnr. 640.

günstigste Sachrecht bereitstelle.[1957] Das Postulat der Chancengleichheit gebiete es aber, diese Wahlmöglichkeit des Klägers einzuschränken.[1958] Dazu verbleibe im deutschen Recht das Mittel der Anerkennungszuständigkeitskontrolle. Nur klare und präzise Anerkennungszuständigkeitsregeln wirkten auf den Kläger verhaltenssteuernd, da dieser mit ihrer Hilfe sicher wissen könne, welche von ihm für die Klage in Betracht gezogenen Gerichtsstände mit Anerkennung rechnen könnten und welche nicht. Der Versuch, über die nicht anerkennungsfähigen Gerichtsstände Einfluss auf das Sachrecht zu nehmen, sei daher zum Scheitern verurteilt. Dadurch beschränke sich der Kläger bei seiner Auswahl von vornherein auf die Gerichtsstände, die bei einer späteren Vollstreckung im Staat des Beklagten auch eine Aussicht auf Anerkennung hätten.[1959]

Dieser Gedanke dürfte aus folgender Überlegung nicht zwingend sein: Die Beschränkung des Klägers vor Klageerhebung auf eine überschaubare Auswahl anerkennungsfähiger Gerichtsstände kann nur erfolgen, wenn die Anerkennungszuständigkeitsregeln eine entsprechende Auswahl vorsehen. Ist das nationale Anerkennungsrecht dagegen anerkennungsfreundlich, weil es dem ausländischen Gericht viele verschiedene internationale Entscheidungszuständigkeiten zubilligt – sei es über eine Positivliste internationaler Anerkennungszuständigkeiten oder über das Spiegelbildprinzip, dem zahlreiche eigene internationale Entscheidungszuständigkeiten des Anerkennungsstaates zugrunde liegen – hat der Kläger weiterhin die Auswahl und kann das Gericht anrufen, das nach seiner Ansicht über das für ihn vorteilhafteste Kollisions- und Sachrecht verfügt. Die Begrenzung des klägerischen „forum shopping" hängt also in erster Linie von dem Umfang der zu gewährenden Anerkennungszuständigkeiten ab und weniger von der Frage, ob sich der Anerkennungsstaat für eine Generalklausel, für ausdrücklich normierte Anerkennungszuständigkeiten oder für das Spiegelbildprinzip entschieden hat. Zumindest kann der Kläger anhand des Spiegelbildprinzips bzw. einer Positiv- oder Negativliste erkennen, welche Anerkennungszuständigkeiten der Anerkennungsstaat noch akzeptiert bzw. welchen er die Anerkennung wegen Exorbitanz verweigert.[1960]

[1957] Pfeiffer, S. 84 Fn. 50, der darauf hinweist, dass die Vorschriften über die internationale Urteilsanerkennung, zu denen auch die Vorschriften über die ausländische Anerkennungszuständigkeit nach § 328 Abs. 1 Nr. 1 ZPO gehörten, zur Nichtanwendung des deutschen IPR führten.

[1958] Fricke, S. 94.

[1959] Fricke, S. 96.

[1960] So auch im Ergebnis Schreiner, S. 111/112.

e. Zuständigkeitsgleichheit

Das Spiegelbildprinzip ist in der Lage, zuständigkeitsrechtliche Gleichheit im In- und Ausland zu schaffen und dient damit auch rechtspolitischen Motiven.[1961] Diese wird dadurch erreicht, dass man sich selber nicht mehr an Zuständigkeit zugesteht als man anderen Staaten einzuräumen bereit ist. Was man für sich selber beansprucht, muss man auch anderen zuständigkeitsrechtlich gewähren.[1962] Damit wird dem internationalen Grundsatz der Gleichheit der Staaten Rechnung getragen. Es ergibt sich daraus die zuständigkeitsrechtliche Konsequenz, dass die Vorschriften über die eigene Entscheidungszuständigkeit auch für die ausländischen Gerichte der Urteilsstaaten gelten müssen, will man nicht zuständigkeitsrechtlich mit zweierlei Maß messen.[1963] Diese Gleichheit vermag weder eine Generalklausel noch eine Positivliste der Anerkennungszuständigkeiten zu erreichen, es sei denn letztere würde inhaltlich mit den gesetzlichen internationalen Entscheidungszuständigkeiten des Anerkennungsstaates übereinstimmen. Dann handelte es sich aber de facto immer noch um das „Spiegelbild" der Entscheidungszuständigkeiten.[1964]

Zum Teil wird sogar jedem inländischen Gerichtsstand die Existenzberechtigung abgesprochen, der nicht in der Lage sei, Anerkennungszuständigkeit zu vermitteln. Was nicht tauge, Anerkennungszuständigkeit zu geben, solle auch als Entscheidungszuständigkeit getilgt werden.[1965] Das Spiegelbildprinzip ist aber nicht auf die Abschaffung von Entscheidungszuständigkeiten gerichtet, die keine Anerkennungszuständigkeit zu vermitteln vermögen. Richtiger Ansatzpunkt dieses Prinzips dürfte es vielmehr sein, dort Anerkennungszuständigkeiten zu gewähren, wo das eigene Recht internationale Entscheidungszuständigkeiten den eigenen Gerichten verschafft. Zur Schaffung von Zuständigkeitsgleichheit ist es nicht zwingend erforderlich, möglicherweise verfehlte eigene Zuständigkeiten abzubauen.[1966] Um die gewünschte Anerkennungszuständigkeit zu erzielen, kann stattdessen auch den eigenen Gerichten ein Mehr an Entscheidungszuständigkeit zugebilligt werden.[1967]

[1961] Fricke, S. 97; Schröder, S. 398, wonach das Spiegelbildprinzip im Interesse zwischenstaatlicher Ordnung unentbehrlich sei und „backfire" kein Anlass sei, davon abzurücken; Schreiner, S. 113; Stein/Jonas-Roth, § 328, Rdnr. 82.

[1962] Siehe dazu oben § 9 II. 2.b.

[1963] Fricke, S. 98.

[1964] Fricke, S. 100 Fn. 90.

[1965] Fricke, S. 98; Schröder, S. 778/779.

[1966] Fricke, S. 99.

[1967] Fricke, S. 102.

3. Kritik

Die bisherige Untersuchung hat ergeben: Bei der Entscheidungszuständigkeit ist das Prinzip, wonach im deutschen Recht die örtliche Zuständigkeit die internationale Zuständigkeit indiziert (Prinzip der Doppelfunktionalität), nicht unumstritten.[1968] Teile der Literatur kritisieren das Prinzip als zu starr und setzen sich für eine einzelfallbezogenere Anwendung ein. Die Rechtsprechung, namentlich der BGH, hält zwar im Grundsatz an diesem Prinzip fest, hat aber mittlerweile auch Ausnahmen in bestimmten Fällen zugelassen. Insbesondere sind in diesem Zusammenhang die Entscheidungen zu § 23 ZPO und § 32 ZPO zu nennen.

Eine ähnliche Situation findet sich nun auch bei dem Spiegelbildprinzip im Rahmen der Anerkennungszuständigkeit wieder. Es mehren sich die Ansichten, die eine Abkehr vom starren Spiegelbildprinzip hin zu einer flexibleren Einzelfallbetrachtung befürworten. Insbesondere wird die Frage aufgeworfen, ob der Beklagtenschutz mit dem Interesse des Klägers an der Anerkennung eines einmal erstrittenen Urteils sowie dem öffentlichen Interesse abzuwägen sei, um eine unnötige erneute Inanspruchnahme der Gerichte im Anerkennungsstaat zu vermeiden.[1969]

a. Generalklausel

Zum Teil wird in der Literatur die Anwendung einer Generalklausel befürwortet. Danach soll die Anerkennungszuständigkeit gegeben sein, wenn der Urteilsstaat über eine „hinreichende Beziehung" zum Rechtsstreit verfüge.[1970] Dem geltenden Prinzip sei anzulasten, dass es nur darauf ankomme, ob im Ergebnis eine Zuständigkeit nach inländischem Recht im Ausland begründet wäre, nicht dagegen darauf, ob das Ausland seine Entscheidung auch auf diese Norm gestützt habe. Jede Abweichung im Ergebnis führe zur Nichtanerkennungsfähigkeit der

---

[1968] Siehe dazu oben § 3 III. 4. Anders als das Prinzip der Doppelfunktionalität ist das Spiegelbildprinzip jedoch Gegenstand zahlreicher Untersuchungen und in einem bedeutenderem Ausmaß umfangreicher Kritik ausgesetzt. Daher erscheint eine Stellungnahme zu diesem Aspekt geboten.

[1969] Coester-Waltjen, FS Buxbaum, S. 105, die zumindest die Schwäche des Spiegelbildprinzips anspricht; Haas, IPRax 01, 195 (196); trotz vorhandener Kritik haben sich auch andere Staaten, wie Österreich (§ 80 Nr. 1 Exekutionsordnung), Italien (Art. 64 (a) IPRG) und Spanien (Art. 954 LEC) für das Spiegelbildprinzip entschieden, vgl. zum österreichischen Recht Matscher, ZZP 103, 294 (298); Schreiner, S. 127; Schröder, S. 750; auch ist es in einigen internationalen Abkommen enthalten, wie in Art. 2 Nr. 1 Haager Übereinkommen über die Anerkennung und Vollstreckung von Entscheidungen auf dem Gebiet der Unterhaltspflicht gegenüber Kindern vom 15.4.1958 (BGBl. 1961 II, S. 2006) oder in Art. 4 Abs. 1 Nr. 1 Haager Übereinkommen über die Anerkennung und Vollstreckung von Unterhaltsentscheidungen vom 2.10.1973 (BGBl. 1986 II, S. 826).

[1970] Gottwald, ZZP 103, 257 (276).

ausländischen Entscheidung, obgleich die ausländische Zuständigkeit durchaus eine vernünftige Grundlage haben könne.[1971] § 328 Abs. 1 Nr. 1 ZPO sehe keine Einzelabwägung vor, sondern bediene sich für den Abwägungsvorgang einer generell-abstrakten Regelung. Die deutschen Vorschriften über die internationale Entscheidungszuständigkeit bildeten das Maß dafür, ob die Folgen des ausländischen Gerichtsstandes dem Beklagten zumutbar seien oder nicht. Diese Gleichsetzung von Entscheidungs- und Anerkennungszuständigkeit dürfe jedoch nicht uneingeschränkt gelten. In Betracht kämen Aufweichungen dort, wo die mit Hilfe der generell-abstrakten Anknüpfung erzielte Lösung den beteiligten Interessen im Einzelfall nicht gerecht werde.[1972] Grundsätzlich seien Spannungslagen nämlich nicht von der Hand zu weisen. Denn die Anerkennungszuständigkeit werde von anderen rechtlichen und tatsächlichen Erwägungen geprägt als die Entscheidungszuständigkeit.[1973] Entscheidungszuständigkeiten des Auslandes seien im Grundsatz ohne weiteres anzuerkennen. Es bestünden nur zwei Vorbehalte: Die exorbitanten Gerichtsstände des Auslandes und die ausschließlichen oder vertraglichen Zuständigkeiten des Inlandes.[1974] Rechtstechnisch könne eine solche Auflockerung des Spiegelbildprinzips über eine allgemeine Generalklausel erreicht werden.[1975]

Dieser Ansatz läuft auf eine Betrachtung des jeweiligen Einzelfalles und eine Berücksichtigung der sich gegenüberstehenden Interessen hinaus. Eine Generalklausel dürfte aber im Widerspruch zu dem aus dem Rechtsstaatprinzip des Art. 20 GG hergeleiteten Bestimmtheitsgrundsatz stehen, an den die staatliche Gerichtsbarkeit gebunden ist.[1976]

Ferner ist zu berücksichtigen, dass weitere Rechtsunsicherheit drohen dürfte, wenn man sich auf eine Vielzahl von möglicherweise unpräzisen „minimum contacts"[1977] einlässt.[1978] Es ist zwar zuzugeben, dass zwischen dem gesetzlich festgeschriebenem Zuständigkeitssystem und dem Einzelfall ein Spannungsver-

---

[1971] Gottwald, ZZP 95, 3 (10); Gottwald, ZZP 103, 257 (272).

[1972] Fricke, S. 91; Gottwald, ZZP 103, 257 (272); Gottwald, IPRax 95, 75 (75); Haas, IPRax 01, 195 (197).

[1973] Hdb. Int. ZVerfR III/1-Martiny, Rdnr. 637.

[1974] Gottwald, IPRax 95, 75 (75).

[1975] Gottwald, ZZP 103, 257 (276); Schreiner, S. 176. Diesem Modell haben sich Frankreich, vgl. dazu Fricke, S. 31 ff., Riezler, S. 516 ff.; Schreiner, S. 134 ff.; Schröder, S. 756 ff. (freilich noch zum früheren Recht, aber unter Bezugnahme auf neuere Tendenzen), und Portugal, vgl. dazu Schindler, S. 31 ff., angeschlossen.

[1976] Geimer, Anerkennung, S. 116; Geimer, FS Nakamura, S. 176; Geimer, IZPR, Rdnr. 2897.

[1977] Siehe oben § 6 III. 2. b.

[1978] Fricke, S. 93; Schack, IZVR, Rdnr. 833; Schindler, S. 243; Schreiner, S. 179.

hältnis entstehen kann, wenn gerade die Gesetzeslage in einem Einzelfall zu Ungerechtigkeiten führt. Mehren sich diese Ungerechtigkeiten in zunehmenden Einzelfällen, so dass sie sich sogar in Fallgruppen zusammen fassen lassen, ist sicherlich über Abhilfe nachzudenken und zu überlegen, wie die durch die Starrheit des festgeschriebenen Systems entstehenden „systemimmanenten" Ungerechtigkeiten beseitigt werden können.[1979] Indes sind in der vorliegenden Erörterung bis zu dieser Stelle, unbeschadet weiterer Überlegungen, die sich aus dem Exkurs zum US-amerikanischen Anerkennungsrecht ergeben könnten, keine durch das Spiegelbildprinzip ausgelösten Ungerechtigkeiten solchen Ausmaßes ersichtlich, die eine Abkehr hin zu einer allein einzelfallbezogenen Behandlung rechtfertigen würden. Darüber hinaus dürften Mindestkontakte für die Anerkennungszuständigkeit wenig geeignet sein, weil sie die Rechtssicherheit, die das Urteil eigentlich bewirken soll, durch möglicherweise auftretende Streitigkeiten über die Anerkennung nur noch weiter beeinträchtigen. Zuzugeben ist allerdings, dass nicht allein das Spiegelbildprinzip Rechtssicherheit schaffen kann.[1980]

Nicht zwingend gegen eine Generalklausel spricht insofern, wie aufgezeigt, dass sie nicht geeignet wäre, das „forum shopping" des Klägers zu unterbinden. Zwar besteht die Gefahr, dass bei Ungewissheit über die Anerkennungsfähigkeit des ausgewählten Gerichtsstandes die Grenzlinie zwischen legaler Auswahl unter mehreren von der Rechtsordnung zur Verfügung gestellten anerkennungsfähigen Gerichtsständen und der Wahl nicht mehr akzeptabler Gerichtsstände verwischt wird.[1981] Der Kläger kann aber, wenn das Anerkennungsrecht viele verschiedene Anerkennungszuständigkeiten gewährt, immer noch eine nach seinen Interessen ausgerichtete Auswahl des anzurufenden Gerichts treffen. Eine faktische Begrenzung des „forum shopping" findet dann nicht statt.

b. Ergebniskorrektur

Zum Teil wird an dem Spiegelbildprinzip im Grundsatz festgehalten, aber eine Ergebniskorrektur befürwortet. Eine gesetzliche Ausnahme vom Spiegelbildprinzip stelle z. B. § 606a Abs. 2 ZPO[1982] dar. Ferner habe die Rechtsprechung teilweise die rein schematische Anwendung des Spiegelbildprinzips mit Hilfe einer am Normzweck des § 328 Abs. 1 Nr. 1 ZPO ausgerichteten Einzelfallab-

---

[1979] Fricke, S. 91.

[1980] Schreiner, S. 112.

[1981] Fricke, S. 96.

[1982] § 606a Abs. 2 ZPO lautet: „Der Anerkennung einer ausländischen Entscheidung steht Absatz 1 Satz 1 Nr. 4 nicht entgegen, wenn ein Ehegatte seinen gewöhnlichen Aufenthalt in dem Staat hatte, dessen Gerichte entschieden haben. Wird eine ausländische Entscheidung von den Staaten anerkannt, denen die Ehegatten angehören, so steht Absatz 1 der Anerkennung der Entscheidung nicht entgegen."

wägung korrigiert. Zweifel an dem Prinzip der Spiegelbildlichkeit seien in doppelter Hinsicht angebracht.

Zum einen entspreche die dogmatische und rechtssystematische Assimilierung von Entscheidungs- und Anerkennungszuständigkeit nicht den wirklichen Gegebenheiten.[1983] Erstere sei eine Sachurteilsvoraussetzung, letztere dagegen im Rahmen der Begründetheit einer auf Vollstreckbarerklärung gerichteten Klage zu prüfen. Bei der Regelung der Entscheidungszuständigkeit spielten auch Gesichtspunkte der Justizökonomie eine Rolle, weil der sich für zuständig erklärende Staat auch immer Gerichte zur Verhandlung der betreffenden Streitsachen bereitstellen müsse. Solche Erwägungen spielten bei der Regelung der Anerkennungszuständigkeit keine Rolle. Auch sei die Entscheidungszuständigkeit ex ante zu prüfen, die Anerkennungszuständigkeit dagegen ex post. Die Anerkennung ausländischer Entscheidungen, und damit auch die Beurteilung der Anerkennungszuständigkeit, stehe daher im Zeichen ganz anderer rechtlicher und tatsächlicher Erwägungen als die Regelung der Entscheidungszuständigkeit deutscher Gerichte.[1984]

Zum anderen gehe der Grundsatz der Spiegelbildlichkeit auf Gegenseitigkeitserwägungen zurück, die von staatlichen Interessen und einer völkerrechtlichen Betrachtung des internationalen Zivilverfahrensrechts geprägt seien. Es sei bei der Entwicklung des Spiegelbildprinzipes primär um das staatliche Interesse an der Abwehr von Urteilen aus ausländischen exorbitanten Gerichtsständen gegangen, weil solche Urteile als Bedrohung der nationalen Souveränität angesehen worden seien. Nach gegenwärtigem Verständnis diene die Prüfung der Anerkennungszuständigkeit aber dem Schutz des Beklagten.[1985]

Der Ansatz, bei der Formulierung der deutschen Rechtsvorschriften über die Anerkennungszuständigkeit die Regeln über die Entscheidungszuständigkeit heranzuziehen, sei ein erster richtiger Schritt. Es müsse aber ein zweiter folgen, in dem das Ergebnis des ersten einer Kontrolle unterzogen werde. Dabei könne die Anerkennungszuständigkeit wie im Falle des § 606a Abs. 2 ZPO über den Umfang der Entscheidungszuständigkeit hinaus ausgedehnt werden oder im Vergleich mit der deutschen Entscheidungszuständigkeit verengt werden.[1986]

[1983] Hdb. Int. ZVerfR III/1-Martiny, Rdnr. 646; Schreiner, S. 124.

[1984] Basedow, IPRax 94, 183 (184); Schreiner, S. 125.

[1985] Basedow, IPRax 94, 183 (184).

[1986] Basedow, IPRax 94, 183 (184); ähnlich auch Schlosser, IPRax 85, 141 (142), der sich für eine Loslösung von der engen Spiegelbildsicht einsetzt und die Anerkennung ausländischer Urteile auch dann befürwortet, wenn ihnen eine Zuständigkeitsnorm zugrunde liege, die international weitgehend anerkannt und aus der Perspektive des deutschen Rechts rechtspolitisch unverdächtig

c. Abschaffung des Zuständigkeitserfordernisses

Zum Teil wird die gänzliche Abschaffung des Zuständigkeitserfordernisses zur Diskussion gestellt. Danach könne die Bestimmung der internationalen Zuständigkeit allein dem Urteilsstaat überlassen und auf eine weitere Überprüfung der Anerkennungszuständigkeit verzichtet werden.[1987]

Diesem Ansatz muss jedoch entgegen gehalten werden, dass sich der Staat in diesem Fall ausschließlich auf die Angemessenheit der ausländischen Rechtsordnung verlassen müsste. Das setzt ein gehöriges Maß an Vertrauen und die Aufgabe eigener staatlicher Interessen seitens des Anerkennungsstaates voraus.[1988] Will und kann der Anerkennungsstaat aber auf eine Kontrolle der Ausübung fremder Staatsgewalt nicht völlig verzichten, ergeben sich Probleme. Denn das deutsche Recht kann einem ausländischen Gericht nicht vorschreiben, wann es sich für entscheidungszuständig halten darf. Ein solches System ist daher nicht überzeugend. Es würde einfach die zum Teil tiefen Diskrepanzen in den einzelnen Zuständigkeitsordnungen ignorieren und zum Missbrauch geradezu einladen. Auf diese Weise begibt sich das Anerkennungsrecht des eigenständig normierten Beklagtenschutzes und übergibt ihn vollständig der Rechtsordnung des Urteilsstaates.[1989] Durchführbar ist es nur dann, wenn gleichzeitig die direkte Zuständigkeit vereinheitlicht und damit die indirekte Zuständigkeit weitgehend bedeutungslos wird, wie dies im Rahmen der EuGVVO geschehen ist.[1990] Ferner muss sich der Beklagte bereits während des Prozesses im Urteilsstaat mit allen ihm zur Verfügung stehenden Rechtsmitteln und Rechtsbehelfen gegen eine Verurteilung zur Wehr setzen, da ihm im Zweitstaat das Anerkennungshin-

---

sei; ähnlich auch Schreiner, S. 184 ff., die für eine Modifizierung des Spiegelbildprinzips durch Einführung einer Generalklausel eintritt, die das Prinzip in Gestalt einer „Subsidiaritätsklausel" erweitere („additive Generalklausel"). Das deutsche Rechtssystem dürfe sich durch einen Rückzug auf die eigene Zuständigkeitsordnung nicht der Tatsache verschließen, dass auch fremde Zuständigkeitsgründe den Erststaat als Forum angemessen rechtfertigen könnten. Die additive Generalklausel sei der geeignete Weg, den starren Automatismus des Spiegelbildprinzips aufzulockern.

[1987] Geimer/Schütze-Geimer, I/2, S. 1507; Hdb. Int. ZVerfR III/1-Martiny, Rdnr. 800; MüKo ZPO-Gottwald, § 328, Rdnr. 60; Schreiner, S. 167. Diesem Modell folgen Artt. 33 ff. EuGVVO bzw. Art. 28 EuGVÜ/Lugano Abkommen und Art. 16 Abs. 3 des Übereinkommens über die gerichtliche Zuständigkeit und die Vollstreckung gerichtlicher Entscheidungen in Ehesachen vom 28.5.1998 (Brüssel II); dazu auch Pfeiffer, S. 469.

[1988] Geimer/Schütze-Geimer, I/2, S. 1507.

[1989] Fricke, S. 89; Geimer, FS Nakamura, S. 183, sieht darin sogar einen Verstoß gegen Art. 6 EMRK und das aus dem Rechtsstaatsprinzip hergeleitete verfassungsmäßige Recht auf ein faires Verfahren; ähnlich auch Pfeiffer, S. 288/470; Schreiner, S. 168; Schröder, S. 771/772.

[1990] Schreiner, S. 171; Schröder, S. 781/782.

dernis der fehlenden internationalen Entscheidungszuständigkeit nicht mehr zur Verfügung stünde.

d. Erweiterte indirekte Zuständigkeit

Auch wird diskutiert, die indirekte Zuständigkeit zu erweitern, indem die anzuerkennenden Zuständigkeitsgründe aufgezählt werden[1991] oder indem ein Kernbereich der eigenen ausschließlichen Zuständigkeit festgelegt wird.[1992] Die Zuständigkeitsliste im ersten Fall müsse danach wenigstens einen Grund enthalten, der die Zuständigkeit des Erstgerichts rechtfertigt. Ein Vorteil sei ihre Übersichtlichkeit. Die Schaffung eines Kernbereichs im zweiten Fall habe zur Folge, dass dem Entscheidungsstaat nur dann die internationale Zuständigkeit zugestanden werde, wenn sie nach dem Recht des Anerkennungsstaates nicht ausdrücklich ausgeschlossen sei. Eine solche Negativliste sei durchführbar, wenn die jeweiligen Zuständigkeitsregeln beider Mitgliedstaaten weitgehend übereinstimmten und ihnen die Gerichtsstandsvorschriften des anderen weitgehend bekannt seien.[1993]

[1991] Geimer/Schütze-Geimer, I/2, S. 1510; Schreiner, S. 179; Schröder, S. 750; dem hat sich zumindest bei der Anerkennung von Ehescheidungen auch England angeschlossen, vgl. dazu Fricke, S. 3 ff.; Riezler, S. 519 ff.; Schreiner, S. 140 ff.; Schröder, S. 751 ff.

[1992] Hdb. Int. ZVerfR III/1-Martiny, Rdnr. 803; Schreiner, S. 173; Schröder, S. 749.

[1993] Geimer/Schütze-Geimer, I/2, S. 1508; Hdb. Int. ZVerfR III/1-Martiny, Rdnr. 804/805. Eine Positivliste hat die Schweiz in ihr Anerkennungsrecht aufgenommen, vgl. dazu Schreiner, S. 129; Walder, ZZP 103, 322 (325 f.); eine Positiv- bzw. Negativliste enthalten auch Art. 2 des Haager Übereinkommens über die Anerkennung von Ehescheidungen und Ehetrennungen vom 1.6.1970, Art. 9 Abs. 1 lit. b, Art. 10 Abs. 1 lit. c des Europäischen Sorgerechtsübereinkommens vom 20.5.1980 (BGBl. 1990 II, S. 220); eine Sonderform nimmt der letzte Entwurf des Haager Übereinkommens ein. Danach wurden die unterschiedlichen (Entscheidungs-) Zuständigkeitsanknüpfungen in drei Gruppen unterteilt. Die „Weiße Liste" enthielt die im Übereinkommen vereinheitlichten Regeln über die internationale Zuständigkeit. Erging die Entscheidung eines Gerichts eines Vertragsstaates auf Grundlage einer solchen Zuständigkeit, sollte diese in den anderen Vertragsstaaten gem. Art. 25 Abs. 1 anerkannt und vollstreckt werden. Der deutschsprachige Entwurf lautete: „Eine Entscheidung, die auf einer der in den Artikeln 3 bis 13 vorgesehenen Zuständigkeiten beruht oder diesen Zuständigkeiten entspricht, wird gemäß diesem Kapitel anerkannt oder vollstreckt." Die „Schwarze Liste" enthielt dagegen die verbotenen Zuständigkeiten. Ein auf dieser Grundlage ergangenes ausländisches Urteil sollte demnach im Inland gem. Art. 26 nicht anerkannt werden („Eine Entscheidung, die auf der Grundlage einer Zuständigkeit, die den Artikeln 4, 5, 7, 8 oder 12 nicht entspricht oder die nach Artikel 18 untersagt ist, darf weder anerkannt noch vollstreckt werden."). Dazwischen lag der „Graue Bereich", innerhalb dessen die Vertragsstaaten die Zuständigkeiten ihrer Gerichte autonom regeln konnten. D. h. sie konnten vorhandene Zuständigkeiten beibehalten oder neue Gerichtsstände schaffen. Erging eine Entscheidung auf einer derartigen zulässigen nationalen Grundlage, sollte sich die Anerkennung und Vollstreckung gem. Art. 24 nach dem autonomen nationalen Recht des Anerkennungsstaates

Bei der Erstellung einer positiven Zuständigkeitsliste müsste jedoch beachtet werden, dass sie recht umfangreich wird, wenn sie nicht unvollständig bleiben soll, und dass sie wohl außer Verhältnis zum Erfolg steht, wenn in der Mehrzahl der Fälle nicht auf das Spiegelbildprinzip verzichtet wird.[1994] Bei der Negativliste ist zu bezweifeln, dass für das autonome Recht eine genügend präzise Liste von Ausschlussgründen aufgestellt werden kann. Sie geht wohl einher mit einem weitgehenden Verzicht auf eine Zuständigkeitsprüfung.[1995]

e. Keine Prüfung von Amts wegen

Es wird auch der Verzicht auf die Prüfung der Anerkennungszuständigkeit von Amts wegen zumindest außerhalb ausschließlicher Zuständigkeiten vorgeschlagen.[1996] Der Zwang, ein Zweitverfahren aus Zuständigkeitsgründen durchzuführen, solle zur Disposition des Beklagten im ersten Prozess gestellt werden.

4. Stellungnahme

Das Spiegelbildprinzip stellt geltendes Recht in § 328 Abs. 1 Nr. 1 ZPO dar. Der Wortlaut der „deutschen Gesetze" suggeriert zwar, dass die internationale Entscheidungszuständigkeit der ausländischen (Erst-) Gerichte nach deutschen Gesetzen zu prüfen ist. Es gibt indes bis auf wenige Ausnahmen wie in § 606a Abs. 2 ZPO keine deutschen Rechtsnormen, die über die internationale Entscheidungszuständigkeit anderer Gerichte befinden. Daher ist der Wortlaut richtigerweise dahin auszulegen, dass mit den „deutschen Gesetzen" die Vorschriften gemeint sind, nach denen die deutschen Gerichte bei hypothetischer Übertragung des Sachverhalts international zuständig wären.[1997] Dies sind also im Grundsatz die Vorschriften über die örtliche Zuständigkeit nach §§ 12 ff. ZPO.

Darüber hinaus weist das Prinzip eine Reihe von Vorteilen auf. Dazu gehört, dass der Gesetzgeber die Zuständigkeit nicht doppelt, sondern nur einmal zu regeln braucht, aber bereits mit einer entsprechenden Anwendung der Vorschrif-

---

richten. Vgl. allgemein zur Anerkennung nach dem Haager Übereinkommen: Coester-Waltjen, FS Buxbaum, S. 103; Coester-Waltjen, RabelsZ 57, 203 ff.; v. Mehren, IPRax 00, 465 (467/468); v. Mehren, 57 Law & Contemp. Probl. 272 (274 ff.); v. Mehren, RabelsZ 57, 449 ff. Vgl. ferner allgemein zum Haager Übereinkommen: Buchner, S. 1 ff./95 ff.; Grabau/Hennecka, RIW 01, 569 (569 ff.); Kovar, DAJV-NL 2/00, 43 (43 ff.); v. Mehren/Michaels, DAJV-NL 4/00, 124 (124 ff.); Otte, DAJV-NL 2/00, 43 (43 ff.); Wagner, IPRax 01, 533 (533 ff.).

[1994] Schreiner, S. 181.

[1995] Schreiner, S. 176.

[1996] Gottwald, ZZP 103, 257 (274).

[1997] RGZ 51, 135 (136); BGHZ 52, 30 (37); Basedow, IPRax 94, 183 (184); Geimer, FS Nakamura, S. 174; Gottwald, IPRax 95, 75 (75); Schindler, S. 23; Schreiner, S. 45; Schröder, S. 751.

ten auf das Ausland rechnen muss.[1998] Für allzu große Begünstigungen des Inlandes bleibt kein Raum; direkte und indirekte Zuständigkeit können sich nicht vollständig auseinanderentwickeln. Das Prinzip ist auch relativ einfach zu handhaben, weil detaillierte Regeln zur Verfügung stehen und der inländische Richter die ihm aus dem inländischen Recht vertrauten Gerichtsstände zum Beurteilungsmaßstab nehmen kann.[1999]

Das Spiegelbildprinzip ist auch geeignet, dem Beklagten bei der Vorhersage der (Nicht-) Anerkennung eines möglichen Urteils gegen ihn behilflich zu sein.[2000] Dies dient der Entwicklung einer effektiveren Verteidigungsstrategie und liefert dem Beklagten ein gewisses Maß an Rechtssicherheit, solange er nur die heimischen Regeln über die internationale Entscheidungszuständigkeit beachtet. Dies ist ein Vorteil, da es dem Beklagten i. d. R. möglich ist, das nationale Zuständigkeitsrecht zu ermitteln. Dies gilt insbesondere für das kodifizierte und damit berechenbare „deutsche" internationale Zuständigkeitsrecht der §§ 12 ff. ZPO. Alle Generalklauseln oder einzelfallorientierten Ergebniskorrekturen können dagegen diese Rechtssicherheit nicht liefern.[2001]

Ferner dürfte das Spiegelbildprinzip den oben gestellten Erwartungen auf Erfüllung des Justizanspruchs durch Anerkennung und auf Vermittlung von Zuständigkeitsgerechtigkeit am ehesten gerecht werden. Dabei ist zu bewerten, ob die Heranziehung der nationalen Vorschriften über die internationale Entscheidungszuständigkeit grundsätzlich geeignet ist, die Entscheidungszuständigkeit der ausländischen Gerichte zu beurteilen. Denn diese wiederum basieren durch das Prinzip der Doppelfunktionalität auf dem Recht der örtlichen Zuständigkeit, sind also Ergebnisse von Interessensabwägungen bei der Normierung des Rechts der örtlichen Zuständigkeit und enthalten Wertungen, die nach der Übertragung auf die internationale Entscheidungszuständigkeit nunmehr auch den Anforderungen der internationalen Anerkennungszuständigkeit standhalten müssen.

Die örtlichen Zuständigkeitsregeln enthalten differenzierte, den Besonderheiten der einzelnen Ansprüche entsprechende Sachregelungen. In sie gehen die im Einzelnen verschiedenen und sich meist je nach Parteirolle als Kläger oder Beklager widersprechenden Interessen der Beteiligten ein. Diese hat der Gesetzgeber bewertet, gegeneinander abgewogen und die prozessualen Lasten danach, an der Gerechtigkeit und an der Natur der Sache orientiert, verteilt. Die örtlichen

---

[1998] Neuhaus, RabelsZ 20, 201 (227).

[1999] Gottwald, ZZP 95, 3 (11); Hdb. Int. ZVerfR III/1-Martiny, Rdnr. 645.

[2000] Dabei ist zuzugeben, dass diese Hilfe auch Positiv- oder Negativlisten über die internationale Anerkennungszuständigkeit zu vermitteln in der Lage sind.

[2001] Fricke, S. 92/94.

Zuständigkeitsregeln stellen sich somit als Ergebnis einer normativen Abwägung von Zuständigkeitsinteressen dar, die ihren Niederschlag in vertypten Regelungen gefunden haben.[2002]

Nach Ansicht eines Teils der Literatur wird insbesondere der im örtlichen Zuständigkeitsrecht herrschende und vom Gedanken prozessualer Gerechtigkeit getragene „actor sequitur"-Grundsatz, der durch das Prinzip der Doppelfunktionalität auf die internationalen Zuständigkeitsregeln übertragen wird, nunmehr durch das Spiegelbildprinzip auch zu einer Regel des Anerkennungszuständigkeitsrechts. Prozessuale Gerechtigkeit werde hier vom eigenen Zuständigkeitsrecht in das Anerkennungsrecht transportiert. Dadurch enthalte auch die Transformationsregel (das Spiegelbildprinzip) selbst Gerechtigkeitswert, weil gerade sie die Herstellung von Gerechtigkeit auch im Bereich der Anerkennungszuständigkeit gewährleiste.[2003]

Noch einen Schritt weiter geht Pfeiffer. Das Recht der internationalen Entscheidungszuständigkeit in der ZPO folge dem Freiheitsmodell durch das Prinzip der Doppelfunktionalität, d. h. es sei die rechtsstaatliche Funktion der Gerichte, die Freiheits- und Rechtssphäre des Bürgers zu sichern. Um Rechtsverwirklichung der Parteien zu ermöglichen, müsse Rechtsschutz bestehen. Dies werde im autonomen deutschen Recht v. a. durch die Anerkennung des Grundsatzes möglichst umfassender Rechtsschutzgewährung zugunsten der rechtsuchenden Partei verdeutlicht.[2004] Auch die Regelung der Anerkennungszuständigkeit in § 328 Abs. 1 Nr. 1 ZPO begründe nunmehr eine Freiheitsordnung, weil sie Rechtsschutz durch Anerkennung des bereits im Ausland ergangenen Urteils, d. h. durch den effektivsten Weg der Rechtsschutzgewährung, gewährleiste.[2005]

Erkenne man an, dass die gesamte neuere Entwicklung des internationalen Zivilprozessrechts auf dem Prinzip der gegenseitigen Anerkennung der Gleichberechtigung und Gleichwertigkeit der nationalen Prozessrechte beruhe (Fiktion der Gleichwertigkeit aller Gerichte), so werde der Grundsatz international-prozessrechtlicher Toleranz ein von der autonomen deutschen Prozessordnung zu beachtendes Prinzip. Damit werde aber auch anerkannt, dass der Justiz anderer Staaten ein legitimer Wirkungsbereich zustehe, auf dessen Ergebnisse, z. B. im Wege der Anerkennung von Urteilen, zurückgegriffen werden könne und

---

[2002] Siehe dazu oben § 3 III. 4. c.

[2003] Fricke, S. 86, freilich nach exemplarischer Untersuchung des Gerechtigkeitswertes des Wohnsitzgerichtsstandes; Geimer, Prüfung, S. 124; Geimer/Schütze-Geimer, I/2, S. 1516; Hdb. Int. ZVerfR III/1-Martiny, Rdnr. 667; Pagenstecher, RabelsZ 11, 337 (362); auch Pfeiffer, S. 670.

[2004] Siehe dazu oben § 3 III. 3. b.

[2005] Pfeiffer, S. 204.

müsse. Das Spiegelbildprinzip sei als einfach-gesetzliche Ausprägung dieser prinzipiellen Gleichwertigkeit in- und ausländischen Rechtsschutzes zu verstehen.[2006]

Den Gesetzlichkeiten der Zuständigkeitsordnung und der Rechtswegklarheit entspreche es, so Pfeiffer, wenn die deutschen gesetzlichen Zuständigkeitsregeln für alle Rechtsstreitigkeiten entweder deutsche Entscheidungszuständigkeit vorsähen oder dem Ausland Anerkennungszuständigkeit einräumten. Allerdings lasse sich auf der Ebene des einfachen Gesetzesrechts keine Lückenlosigkeit der Zuständigkeitsordnung erreichen.[2007] Dies hänge mit der Unterschiedlichkeit zwischen der deutschen Regelung über die ausländische Anerkennungszuständigkeit und der ausländischen Regelung über die eigene Entscheidungszuständigkeit zusammen. Die Sicherstellung lückenloser Justiz durch das Zusammenspiel beider Regelungsbereiche sei daher geboten.[2008]

Das autonome deutsche Zuständigkeitsrecht, so resümiert Pfeiffer, werde nun diesen Anforderungen dadurch gerecht, dass es mit dem „actor sequitur"-Grundsatz in den §§ 12 ff. ZPO und dessen Ergänzung durch die streitgegenstandsbezogenen, besonderen Gerichtsstände zum einen und mit deren spiegelbildlicher Geltung für die Anerkennungszuständigkeit nach § 328 Abs. 1 Nr. 1 ZPO zum anderen ein zunächst lückenloses System schaffe, in dem für alle denkbaren Streitigkeiten entweder eine deutsche Entscheidungszuständigkeit oder eine ausländische Anerkennungszuständigkeit bestehe.[2009]

Für diese Erwägungen sprechen beachtliche Gründe. Durch die spiegelbildliche Anwendung der eigenen Zuständigkeitsvorschriften auf die Anerkennungszuständigkeit der ausländischen Gerichte entsteht – für das Gebiet der Bundesrepublik – im Grundsatz ein in sich geschlossenes System, das entweder den Gerichten eine eigene internationale Entscheidungszuständigkeit einräumt oder zumindest den Parteien Rechtsschutz durch Anerkennung wegen vorliegender Anerkennungszuständigkeit vermittelt. Sie stehen auch nicht im Widerspruch zu den Ansichten derjenigen Vertreter, die den Hauptzweck der Überprüfung der Anerkennungszuständigkeit anhand der eigenen Zuständigkeitsvorschriften des Anerkennungsstaates in dem Schutz des Beklagten vor unzumutbaren ausländischen Gerichtsständen sehen.[2010] Denn Rechtsschutzgewährung durch Anerkennung dient grundsätzlich dem Schutz beider Parteien und damit auch dem Be-

---

[2006] v. Bar/Mankowski, Rdnr. 393; Schröder, S. 200/745/777; Pfeiffer, S. 445.

[2007] Pfeiffer, S. 467.

[2008] Pfeiffer, S. 468.

[2009] Pfeiffer, S. 469.

[2010] Siehe dazu oben § 9 III. 2. a.

klagten. Dies gilt insbesondere für ausländische Verfahren, in denen der Beklagte obsiegt hat, weil die Klage vom zuständigen ausländischen Gericht abgewiesen wurde. Der Beklagte hat in diesem Fall ein Interesse an der Anerkennung dieser Entscheidung im Inland, um für sich Rechtssicherheit und Rechtsbeständigkeit zu schaffen und nicht Gefahr zu laufen, sich vor einem anderem Forum im eigenen Land erneut einlassen und verteidigen zu müssen.[2011] Es ist aber festzuhalten, dass der Beklagtenschutz neben der Schaffung von Zuständigkeitsgleichheit und Rechtssicherheit nur ein Element des Schutzzweckes der Anerkennungszuständigkeit darstellt.

Allerdings soll an dieser Stelle keine abschließende allgemeine Bewertung vorgenommen werden, da sich das Maß an Zuständigkeitsgerechtigkeit erst im Einzelfall bei der Spiegelung der einzelnen Gerichtsstände zeigt. Dies hängt in erster Linie mit den jeweiligen Besonderheiten der Gerichtsstände zusammen, die im internationalen Rechtsverkehr ihre wahre Eignung zur Spiegelung erst noch beweisen müssen. Bekanntlich hat die Rechtsprechung bereits Einfluss genommen und Durchbrechungen des Spiegelbildprinzips bei der Spiegelung zugelassen. Darauf und auf die Frage, ob dies auch bei der Spiegelung des § 21 ZPO erforderlich ist, soll im Folgenden noch eingegangen werden.[2012]

Nach Betrachtung der im autonomen deutschen Recht herrschenden Regelungen über die Anerkennung ausländischer Entscheidungen und insbesondere einer ersten Untersuchung des geltenden Spiegelbildprinzips bei der Anerkennungszuständigkeit, ist es angebracht, nunmehr das Augenmerk konkret auf den Gerichtsstand der Niederlassung als Anerkennungszuständigkeit US-amerikanischer Gerichte zu lenken und weitere Besonderheiten bei der deutsch-amerikanischen Urteilsanerkennung zu erörtern.

§ 10: Die Niederlassung und die Anerkennungszuständigkeit US-amerikanischer Gerichte nach deutschen Recht
I. Anerkennungsinteressen im deutsch-amerikanischen Rechtsverkehr
Es wurden bereits die hinter der Anerkennung ausländischer Urteile stehenden Interessen der Parteien, Gerichte und Staaten erörtert. Die Interessenlage im

---

[2011] Wazlawik, RIW 02, 691 (695).

[2012] Siehe dazu unten § 10 VI. 1. Insoweit besteht eine Parallele zum Prinzip der Doppelfunktionalität im deutschen Recht der internationalen Entscheidungszuständigkeit. Auch wenn im Grundsatz an dem Prinzip festzuhalten ist, stellt sich die Frage, ob nicht im Einzelfall, d. h. bei der Prüfung des § 21 ZPO, doch eine Durchbrechung vorzunehmen ist, um der Interessenlage und den Besonderheiten, die ein internationaler Rechtsstreit mit sich bringt, Rechnung zu tragen.

deutsch-amerikanischen Rechtsverkehr weist demgegenüber nur wenige „deutsch-amerikanische" Besonderheiten auf.

Vornehmlich wird das Interesse der unterlegenen Partei, d. h. des deutschen beklagten Unternehmens, darin bestehen, die Anerkennung eines US-amerikanischen Urteils in Deutschland generell zu verhindern.[2013] Dabei werden deutsche Unternehmen u. a. auch die Anerkennungszuständigkeit der US-amerikanischen Gerichte nach § 328 Abs. 1 Nr. 1 ZPO rügen, wenn diese ihre Entscheidung auf einen – aus deutscher Sicht – fremden internationalen Gerichtsstand gestützt haben.[2014]

[2013] Die Gründe dafür sind so vielschichtig wie der deutsch-amerikanische Justizkonflikt selbst. Dabei werden in der Literatur v. a. die folgenden Aspekte genannt: die Zustellung US-amerikanischer Schriftstücke, die Beteiligung Dritter am Prozess durch Streitverkündung (vouching in) und Drittklage (third-party-complaint); die Beweiserhebung und „pre-trial-discovery", der Erlass von „class actions"-Urteilen, die Urteilsfindung durch eine Jury; die Kostentragungsregel (American Rule of Cost), die Bestellung von Richtern, die Lehre vom „forum non conveniens", die Berechnung von Schadensersatz (actual and compensatory damages) und die Verurteilung zu „punitive" und „treble damages". Vgl. dazu aus der umfangreichen Literatur: Baum, Herausforderungen, S. 187 ff.; Böhmer, NJW 90, 3049 (3049 ff.); Brockmeier, S. 70 ff.; Coester-Waltjen, Herausforderungen, S. 22 ff.; Corrigan/Wilske, RIW 07, 32 (32 ff.); Fritze, FS Vieregge, S. 241 ff.; Golsong, Justizkonflikt, S. 103 ff.; Grothe, Herausforderungen, S. 211 ff.; Grothe, RabelsZ 58, 686 (705); Habscheid, FS Zweigert, S. 109 ff.; Hay, 40 Am. J. Comp. L. 729 (737 ff.); Heldrich, Herausforderungen, S. 1 ff.; Hess, JZ 03, 923 (923 ff.); Herrmann, S. 141 ff.; Hirte, NJW 02, 345 (345 ff.); Junker, Herausforderungen, S. 103 ff.; Junker, IPRax 86, 197 (197 ff.); ausgleichend Krätzschmar, FS Hay, S. 241 ff.; Lange, Justizkonflikt, S. 85 ff.; Liniger/Wilske, DAJV-NL 3/05, 85 (85 ff.); Mansel, Herausforderungen, S. 63 ff.; Piekenbrock, IPRax 06, 4 (4 ff.); Prütting, FS Jayme, S. 712 ff.; Schack, FS Schlosser, S. 840 ff.; Schlosser, Justizkonflikt, S. 13 ff.; Schütze, Allzuständigkeit, S. 7 ff.; Schütze, FS Jayme, S. 849 ff.; Schütze, JR 86, 177 (180); Schütze, Prozessführung, S. 17 ff.; Schütze, RIW 05, 579 (580 ff.); Schütze, RIW 04, 162 (163 ff.); Schütze, Urteilsanerkennung, S. 164 ff.; Schütze, WM 79, 1174 (1174 ff.); Schütze, ZVglRWiss 100, 464 (464 ff.); Schwung, AnwBl 93, 436 (436 ff.); Stiefel/Bungert, ZIP 94, 1905 (1905 ff.); Stiefel/Stürner, VersR 87, 829 (829 ff.); Stürner, FS Stiefel, S. 764 ff.; Stürner, Justizkonflikt, S. 10 ff.; Zekoll, 37 Am. J. Comp. L. 301 (319 ff.); Zekoll, NJW 03, 2885 (2885 ff.).

[2014] Dazu wird v. a. die Gerichtspflichtigkeit des Beklagten aufgrund der „transient jurisdiction" genannt. Vgl. dazu statt vieler: Grothe, Herausforderungen, S. 214 ff.; Grothe, RabelsZ 58, 686 (699); Heldrich, Herausforderungen, S. 7; ausgleichend Krätzschmar, FS Hay, S. 246; Schütze, Allzuständigkeit, S. 12; Schütze, JR 86, 177 (180); Schütze, Prozessführung, S. 29 ff./47 ff./57 ff./104 ff.; Schütze, RIW 05, 579 (582); Schütze, RIW 04, 162 (164); Schütze, Urteilsanerkennung, S. 166; Schütze, WM 79, 1174 (1174); Schwung, AnwBl 93, 436 (439); Stürner, Justizkonflikt, S. 20; zur Anerkennungszuständigkeit des US-amerikanischen Gerichts bei einem RICO-Urteil: Stiefel/Bungert, ZIP 94, 1905 (1908). Die Entscheidungszuständigkeit kraft „doing business" und „transacting business" auf der Grundlage von „long-arm statutes" oder „common

Zum Teil wird in der Literatur die Unbeachtlichkeit des US-amerikanischen Rechts der „personal jurisdiction" für die Frage der Anerkennungszuständigkeit besonders hervorgehoben. Es komme allein darauf an, ob das US-amerikanische Gericht gemäß dem deutschen Prozessrecht örtlich und damit auch international zuständig gewesen sei. Es spiele dagegen keine Rolle, ob das Gericht nach US-amerikanischem Recht zutreffend seine persönliche Zuständigkeit betreffend die deutsche Partei angenommen habe und auf welcher Grundlage dies geschehen sei. Die Anwendung des Rechts der „personal jurisdiction" möge eine Verletzung des prozessualen ordre public darstellen, könne aber keinen Einfluss auf die allein aus deutscher Sicht zu beurteilende Anerkennungszuständigkeit des US-amerikanischen Gerichts haben.[2015]

Darüber hinaus ist das Interesse des Urteilsstaates an der Anerkennung seiner Urteile im Ausland zu beachten. Denn seine Gerichte haben bereits im Erstverfahren die staatlichen Interessen durchgesetzt und dürften aufgrund des lex fori-Grundsatzes ihr Verfahrens- und Kollisionsrecht angewandt haben, was regelmäßig auch zu einer Anwendung des eigenen Sachrechts geführt haben dürfte. Der Urteilsstaat ist nun i. d. R. daran interessiert, dass seine Angehörigen in den Genuss der Anerkennung und Vollstreckung des erstrittenen Urteils kommen. Dabei verfolgt er die Anerkennung nicht selten auch aus Prestigegründen, denn eine Nichtanerkennung seiner Entscheidungen wäre dem Staatsinteresse wenig förderlich.[2016]

Dieser Aspekt war für die USA ausschlaggebend, auf der Haager Konferenz die Verhandlungen über das weltweite Zuständigkeits- und Vollstreckungsübereinkommen wieder aufzugreifen. Nach dem ersten Scheitern im Jahre 1971 waren es die Vereinigten Staaten, die im Jahre 1992 ihr Interesse erneut an einem weltweit konzipierten Anerkennungs- und Vollstreckungsübereinkommen anmeldeten. Vordringlichstes Ziel der USA war es dabei, die Anerkennung und

---

law" sowie der Zuständigkeitsdurchgriff im Rahmen der deutschen Anerkennungszuständigkeitsprüfung stehen im Mittelpunkt dieser Untersuchung. Siehe dazu unten § 10 VI.

[2015] Wazlawik, RIW 02, 691 (695); Zekoll, 37 Am. J. Comp. L., 301 (309/310); zumindest missverständlich in diesem Zusammenhang: Schiessl, DB 89, 513 (516), der scheinbar für die Prüfung der Anerkennungszuständigkeit nach § 328 Abs. 1 Nr. 1 ZPO das US-amerikanische Recht der „personal jurisdiction" für maßgeblich erachtet. Gegen die sehr weitgehende Bejahung der Zuständigkeit durch US-amerikanische Gerichte lasse sich im Anerkennungsverfahren der Einwand der fehlenden ausreichenden Kontakte zum Forumstaat erheben; verkürzend ebenfalls Schütze, WM 79, 1174 (1174), der die Anerkennung von auf „long-arm statutes" ergangenen US-amerikanischen Urteilen pauschal mit dem Hinweis auf das fehlende Erfordernis des § 328 Abs. 1 Nr. 1 ZPO ablehnt.

[2016] Siehe dazu oben § 9 I. 5.

Vollstreckung US-amerikanischer Entscheidungen im Ausland zu fördern und weniger, die internationalen Zuständigkeiten zwischen den potentiellen Vertragsstaaten zu vereinheitlichen. Ein Grund dafür war, dass – anders als die Bundesrepublik – andere Staaten, wie z. B. Österreich, ausländische Entscheidungen bisher nur auf der Grundlage staatsvertraglicher Regelungen anerkennen.[2017]

II. Anerkennungsfähige Urteilswirkungen

Anerkennungsfähig sind in Deutschland nur prozessrechtliche Urteilswirkungen. Dazu gehören die materielle Rechtskraftwirkung, die Präklusionswirkung, die Gestaltungswirkung sowie die Streitverkündungs- und Interventionswirkung.[2018] Im US-amerikanischen Recht existiert zwar kein Institut der Rechtskraft, durch „res judicata" und „collateral estoppel" werden aber vergleichbare bzw. sogar weit über die deutsche Rechtskraft hinausgehende Wirkungen erzielt.[2019]

„Res judicata" bzw. „claim preclusion" besteht nur zwischen den streitenden Parteien und bewirkt, dass eine nochmalige Geltendmachung eines zuvor entschiedenen Anspruchs nicht mehr möglich ist.[2020] Dabei wird zwischen „merger" und „bar" unterschieden. „Merger" kommt dem siegreichen Kläger zu Gute und bedeutet, dass er nach dem zusprechenden Urteil seinen materiell-rechtlichen Anspruch nicht noch einmal geltend machen, sondern nur noch aus seinem Urteil gegen den Beklagten vorgehen bzw. vollstrecken kann. Der Anspruch ist in dem Urteil aufgegangen („merged"). Der Kläger kann weder die Ansprüche und Gründe, die er im Verfahren tatsächlich geltend gemacht hat, noch diejenigen, die er vorzubringen versäumt hat, in einem zweiten Verfahren erheben. Dem Beklagten sind alle materiell-rechtlichen Einwendungen gegen den Anspruch abgeschnitten.[2021] „Bar" wirkt dagegen wie eine Schranke für den obsiegenden

---

[2017] v. Mehren, RabelsZ 57, 449 (454); Wagner, IPRax 01, 533 (534). Vgl. zu den verschiedenen Interessenslagen auch: v. Mehren/Michaels, DAJV-NL 4/00, 124 (125). Vgl. zu weiteren Motiven Buchner, S. 19 ff.

[2018] Siehe oben § 9 I. 7.

[2019] Görtz, S. 28 ff./54 ff.; Hay, JZ 77, 697 (699); Hay, RabelsZ 35, 429 (449); Mansel, Herausforderungen, S. 68; Schack, Einführung, S. 72.

[2020] Kremer v. Chemical Construction Corp., 456 US 461, 467: „(...) Under res judicata, a final judgment on the merits of an action precludes the parties or their privies from relitigating issues that were or could have been raised in an action."; Born, S. 936 Fn. 6; Clermont, S. 248/256; Friedenthal/Kane/Miller, S. 627; Görtz, S. 9/20/28; Hay, Rdnr. 202; Hay, Conflict, S. 91; Hay, FS Geimer, S. 327; James/Hazard/Leubsdorf, S. 582; Mansel, Herausforderungen, S. 68; Seitenberg, DAJV-NL 1/05, 19 (20); Vestal, 66 Mich. L. Rev., 1723 (1723); Voegele, S. 62.

[2021] Cromwell v. County of Sac, 94 US 351, 352/353: „(...) In the former case, the judgment, if rendered upon the merits, constitutes an absolute bar to a subsequent action. It is a finality as to the claim or demand in controversy, concluding parties and those in privity with them, not only

Beklagten und verhindert, dass der Kläger den materiell-rechtlichen Anspruch erneut versucht einzuklagen.[2022] Rechtskraft wird im US-amerikanischen Recht also materiell-rechtlich verstanden.[2023] Um zu bestimmen, ob es sich um dieselbe Sache handelt (same claim bzw. same cause of action), wird v. a. auf das tatsächliche Geschehen und das schadensstiftende Verhalten des Beklagten geschaut (transactional approach).[2024]

„Collateral estoppel" bzw. „issue preclusion" behandelt die Präjudizialität von in vorangegangenen Prozessen entschiedenen Fragen. Das Institut verhindert, dass eine Partei Umstände vorbringen kann, die bereits Gegenstand eines vorherigen Verfahrens waren.[2025] Stattdessen sind diese in allen folgenden Prozessen zu Grunde zu legen. Voraussetzung dafür ist jedoch, dass diese Fragen für das vorangegangene Verfahren entscheidend waren (necessary) und tatsächlich strei-

---

as to every matter which was offered and received to sustain or defeat the claim or demand, but as to any admissible matter which might have been offered for that purpose (...) Such demand or claim, having passed into judgment, cannot again be brought into litigation between the parties in proceedings at law upon any ground whatever."; Clermont, S. 248; Ehrenzweig/Jayme, S. 61; Friedenthal/Kane/Miller, S. 627; Görtz, S. 11; Hay, Rdnr. 202; Hay, Conflict, S. 91; Hay, FS Geimer, S. 327; Hay, FS Siehr, S. 237; James/Hazard/Leubsdorf, S. 582; Krätzschmar, FS Hay, S. 251; Seitenberg, DAJV-NL 1/05, 19 (20); Smit, 9 UCLA L. Rev., 44 (57); Voegele, S. 63.

[2022] Clermont, S. 248; Ehrenzweig/Jayme, S. 61; Friedenthal/Kane/Miller, S. 627; Görtz, S. 11; Hay, Rdnr. 202; Hay, Conflict, S. 91; Hay, FS Geimer, S. 327; James/Hazard/Leubsdorf, S. 582; Seitenberg, DAJV-NL 1/05, 19 (20); Smit, 9 UCLA L. Rev., 44 (57); Voegele, S. 64.

[2023] Geimer, IZPR, Rdnr. 2808; Görtz, S. 10; Mansel, Herausforderungen, S. 70; Schack, Einführung, S. 73; Voegele, S. 64.

[2024] § 24 (1) Restatement (Second) Judgments (1982): „When a (...) judgment rendered in an action extinguishes the plaintiff's claim pursuant to the rules of merger and bar, the claim extinguished includes all rights of the plaintiff to remedies against the defendant with respect to all or any part of the transaction, or series of connected transactions, out of which the transaction arose."; Phillips USA, Inc. v. Allflex USA, Inc. et al., 77 F. 3rd 354, 360/361 (10th Cir. 1996); Russo v. Baxter Healthcare Corp., 919 F. Supp. 565, 568 (D. R. I. 1996); Friedenthal/Kane/Miller, S. 658; Görtz, S. 36 ff.; Hay, FS Geimer, S. 328; James/Hazard/Leubsdorf, S. 589 ff.

[2025] Kremer v. Chemical Construction Corp., 456 US 461, 467: „(...) Under collateral estoppel, once a court decides an issue of fact or law necessary to its judgment, that decision precludes relitigation of the same issue on a different cause of action between the same parties."; Cromwell v. County of Sac, 94 US 351, 352/353: „(...) But where the second action between the same parties is upon a different claim or demand, the judgment in the prior action operates as an estoppel only as to those matters in issue or points controverted, upon the determination of which the finding or verdict was rendered."; Born, S. 936 Fn. 6; Clermont, S. 249/262; Ehrenzweig/Jayme, S. 62; Friedenthal/Kane/Miller, S. 627; Görtz, S. 10/20/54; Hay, Rdnr. 207; Hay, Conflict, S. 91; Hay, FS Geimer, S. 328; James/Hazard/Leubsdorf, S. 582; Mansel, Herausforderungen, S. 68; v. Mehren/Trautman, 81 Harv. L. Rev., 1601 (1674); Seitenberg, DAJV-NL 1/05, 19 (21); Smit, 9 UCLA L. Rev., 44 (57); Voegele, S. 64.

tig verhandelt wurden (actually litigated).[2026] „Collateral estoppel" kann unter Umständen auch gegenüber Dritten wirken, die an dem vorangegangenen Prozess nicht beteiligt waren.[2027] So kann sich der Dritte entweder mit der Einrede der „issue preclusion" gegen eine frühere Partei verteidigen (defensive use)[2028] oder sich sogar als Angreifer gegen den Beklagten aus dem vorangegangenen Verfahren in einem weiteren Prozess gegen ihn darauf stützen (offensive use).[2029] Voraussetzung ist, dass der Beklagte im ersten Verfahren die „full and fair opportunity" zur Verteidigung besaß.[2030] Allerdings sind die Wirkungen zwischen den einzelnen Bundesstaaten sehr verschieden.[2031]

Bei der Anerkennung eines US-amerikanischen Urteils in Deutschland unter Anwendung der Kumulationstheorie[2032] wird die „res judicata" als prozessrechtliche Urteilswirkung eingestuft, obwohl sie im US-amerikanischen Recht materiell-rechtlich verstanden wird. Denn die Qualifikation der Urteilswirkungen richtet sich nach der lex fori, d. h. nach autonomem deutschen Recht,[2033] das – so zumindest die ganz h. M. – das Institut der Rechtskraft als prozessrechtlich einordnet.[2034] Grundsätzlich sind „res judicata" bzw. „claim preclusion" also anerkennungsfähig.[2035]

[2026] Clermont, S. 262; Ehrenzweig/Jayme, S. 63; Görtz, S. 21/65/70/72; Hay, Conflict, S. 92; Hay, FS Geimer, S. 329; James/Hazard/Leubsdorf, S. 608; Seitenberg, DAJV-NL 1/05, 19 (21); Smit, 9 UCLA L. Rev., 44 (57); Voegele, S. 64.

[2027] Anders noch die „mutuality rule", wonach ein Urteil nur dann zugunsten einer Person wirken könne, wenn es bei umgekehrtem Ausgang auch gegen sie gewirkt hätte. Vgl. dazu Bigelow v. Old Dominion Copper Co., 225 US 111, 127 (1917): „(…) It is a principle of general elementary law that estoppel must be mutual."; Hay, Conflict, S. 92.

[2028] Fisher v. Jones, 844 S. W. 2d 954, 958 (Ark. 1993); Sanderson v. Balfour, 247 A. 2d 185, 186 (1968); Crutsinger v. Hess, 408 F. Supp. 548, 551 (D. Kans. 1976); Görtz, S. 222 f.

[2029] Parklane Hosiery Co. v. Shore, 439 US 322, 326 (1979); Oldham v. Pritchett, 599 F. 2d 274, 279 (8th Cir. 1979); Friedenthal/Kane/Miller, S. 704; Görtz, S. 225 f.; Hay, Rdnr. 208; Hay, Conflict, S. 92; Hay, FS Geimer, S. 329; James/Hazard/Leubsdorf, S. 619 f.; MüKo ZPO-Gottwald, § 328, Rdnr. 142; Voegele, S. 66.

[2030] Montana v. United States, 440 US 147, 153 (1979): „(…) To preclude parties from contesting matters that they have had a full and fair opportunity to litigate protects their adversaries from expense and vexation attending multiple lawsuits (…) and fosters reliance by minimizing the possibility of inconsistent decisions."; Görtz, S. 227 ff.

[2031] Parklane Hosiery Co. v. Shore, 439 US 322, 332 (1979); United States v. United Air Lines, Inc., 216 F. Supp. 709, 712 (1962); Hart v. American Airlines, Inc., 304 N. Y. S. 2d 810, 812 (1969); Voegele, S. 66.

[2032] Siehe oben § 9 I. 6.

[2033] Siehe oben § 9 I. 7.

[2034] BGHZ 36, 365 (367); BGHZ 157, 47 (50); BGH NJW 85, 2825 (2826); BGH NJW 03, 3058 (3059); Baumbach/Lauterbach-Hartmann, Einf. §§ 322 – 327, Rdnr. 9; Stein/Jonas-Leipold, §

Die Anerkennung des „collateral estoppel" in Bezug auf vorgreifliche tatsächliche und rechtliche Feststellungen kann dagegen mit der Kumulationstheorie nicht erfolgen, da dieses Institut dem deutschen Prozessrecht mit seinem weiten Anwendungsbereich nicht bekannt ist. Denn die Bindungswirkungen des ausländischen Urteils können nur in den Grenzen der deutschen Rechtskraftwirkung eingreifen. Dafür spricht die bereits erwähnte Gefahr der Verletzung wesentlicher Verfahrensprinzipien im Anerkennungsstaat.[2036] Ließe man eine Bindung des deutschen Anerkennungsrichters an die im US-amerikanischen Prozess getroffenen präjudiziellen Feststellungen zu, womöglich auch gegenüber nicht am früheren Verfahren beteiligter Dritter, müsste man dem deutschen unterlegenen Beklagten ein entgegenstehendes tatsächliches Vorbringen im Inland verweigern. Der Richter müsste ein mögliches, von ihm als falsch erachtetes Urteil perpetuieren, ohne Rücksicht darauf, ob die unterlegene Partei in den USA mit der einer derart weitreichenden Anerkennung rechnen konnte. Der deutsche Gesetzgeber wollte aber mit der engen Rechskraftwirkung die Perpetuierung von möglichen Fehlentscheidungen vermeiden. Je umfassender man die Rechtskraftwirkung ausgestaltet, desto risikoreicher wird der Prozess für die Parteien. Diesen könnte dann nicht nur der Verlust des anhängigen Prozesses, sondern auch der von Folgeprozessen drohen.[2037] Folge der Nicht-Anerkennung der „collateral estoppel" wäre zudem, dass auch ein Dritter das in Deutschland anerkannte Urteil nicht in einem weiteren Prozess gegen die bereits im Erstverfahren verklagte Partei für einen „offensive use" nutzen könnte.

322, Rdnr. 19; Thomas/Putzo-Reichold, § 322, Rdnr. 6; Zöller-Vollkommer, Vor § 322, Rdnr. 17/19.

[2035] Görtz, S. 278; Mansel, Herausforderungen, S. 72.

[2036] Siehe dazu oben § 9 I. 6.

[2037] So auch Geimer, IZPR, Rdnr. 2781; Schack, IZPR, Rdnr. 795; Stein/Jonas-Roth, § 328, Rdnr. 8; Zöller-Geimer, § 328, Rdnr. 19. Im Ergebnis auch Görtz, S. 279, der zumindest die Anerkennung der einseitigen Urteilswirkung zugunsten Dritter bedenklich findet. A. A. Hdb. Int. ZVerfR III/1-Martiny, Rdnr. 382; MüKo ZPO-Gottwald, § 328, Rdnr. 142; Gottwald, ZZP 103, 257 (262), die die Anerkennungsfähigkeit einer Bindung an präjudizielle rechtliche Feststellungen des ausländischen Urteils bejahen. A. A. auch Mansel, Herausforderungen, S. 73, der die „issue preclusion" sowohl bezogen auf Tatsachen- als auch Rechtsfeststellungen grundsätzlich für anerkennungsfähig hält. Dem deutschen Recht sei durch die Interventionswirkung die Bindung an präjudizielle tatsächliche und rechtliche Urteilsfeststellungen nicht grundsätzlich fremd. Einschränkungen der Anerkennungsfähigkeit kämen allenfalls mit Hilfe des ordre public-Vorbehaltes in § 328 Abs. 1 Nr. 4 ZPO in Betracht.

III. Anerkennungsfähige Zivilsache

§ 328 Abs. 1 Nr. 1 ZPO betrifft nur Urteile, die über zivilrechtliche Ansprüche i. w. S. entscheiden. Der Begriff der „Zivilsache" wird nach den deutschen lex fori bestimmt.[2038]

Fraglich ist, ob US-amerikanische Urteile, die den (deutschen) Beklagten zu dreifachem Schadensersatz (treble damages) oder Strafschadenersatz (punitive damages) verurteilen, eine Zivilsache darstellen. Dies wird von der Rechtsprechung und der Literatur einhellig bejaht. Diese Entscheidungen seien nicht nur nach US-amerikanischem Recht, sondern auch nach der Qualifikation des deutschen Rechts Zivilurteile. Denn sie erfüllten keinen staatlichen Strafanspruch, sondern verpflichteten zu privatem Schadensersatz, soweit dieser nicht – wie in einigen US-Bundesstaaten – an die Staatskasse abzuführen sei.[2039]

IV. Urteilsstaat i. S. v. § 328 Abs. 1 Nr. 1 ZPO

Von Bedeutung ist ebenfalls die Frage, wer im deutsch-amerikanischen Rechtsverkehr Urteilsstaat i. S. v. § 328 Abs. 1 Nr. 1 ZPO ist, denn bei den Vereinigten Staaten handelt es sich um einen Mehrgerichtsstaat mit zwei getrennten Gerichtssystemen. Als Urteilsstaat kommen daher der einzelne Bundesstaat, in dem das Erstgericht seinen Sitz hat, als auch die Vereinigten Staaten als Gesamtstaat in Betracht. Diese Frage wird in Rechtsprechung und Literatur unterschiedlich beurteilt.

[2038] Siehe oben § 9 II. 1.

[2039] BVerfG NJW 95, 649 (650); BGHZ 118, 321 (337); BGH NJW 92, 3096 (3102), der bei einer Klage auf Veurteilung zu „punitive damages" auf die Gleichstellung von Gläubiger und Schuldner als private Parteien abstellt; OLG München RIW 81, 554 (556); KG OLGZ 94, 587 (588); Brockmeier, S. 77; Coester-Waltjen, Herausforderungen, S. 22; Geimer, IZPR, Rdnr. 2868; Hdb. Int. ZVerfR III/1-Martiny, Rdnr. 504; MüKo ZPO-Gottwald, § 328, Rdnr. 27; P. Müller, S. 17; Schack, IZVR, Rdnr. 818; zur Qualifikation eines RICO-Urteils: Stiefel/Bungert, ZIP 94, 1905 (1907); Stiefel/Stürner, VersR 87, 829 (837); Stürner, FS Schlosser, S. 968; Zöller-Geimer, § 328, Rdnr. 77. A. A. Schütze, Prozessführung, S. 103/S. 243; Schütze, Urteilsanerkennung, S. 165, der den präventiven Zweck und pönalen Charakter der punitive damages betont und sie daher nicht als Zivilsache qualifzieren möchte. Ferner wird die Problematik der Anerkennung und Vollstreckung von Urteilen, die „punitive damages" aussprechen, unter dem Aspekt des anerkennungsrechtlichen ordre public in § 328 Abs. 1 Nr. 4 ZPO diskutiert. Vgl. dazu aus der umfangreichen Literatur: Bachmann, FS Schlosser, S. 1 ff.; Brockmeier, S. 88 ff.; Coester-Waltjen, Herausforderungen, S. 25 ff.; Hay, 40 Am. J. Comp. L. 729 (743 ff.); Herrmann, S. 141 ff./229 ff.; P. Müller, S. 19 ff.; Schütze, FS Geimer, S. 1038; Schütze, Prozessführung, S. 105/S. 134; Schütze, Urteilsanerkennung, S. 171; Schwung, AnwBl 93, 436 (445); zu RICO-Schadensersatzurteilen: Stiefel/Bungfert, ZIP 94, 1905 (1910); Stiefel/Stürner, VersR 87, 829 ff.; Stürner, FS Schlosser, S. 969 ff; Zekoll, 37 Am. J. Comp. L. 301 (323 ff.).

1. Rechtsprechung

Der BGH hatte erstmals im Jahre 1999 die Gelegenheit, sich mit dieser Problematik auseinanderzusetzen. Mit Urteil vom 29.09.1999 stellte er auf den Gesamtstaat der USA ab, sofern die Zuständigkeit eines US-amerikanischen Bundesgerichts in Rede stehe. Danach sei Kriterium für die Zuordnung einer Gerichtsentscheidung zu einem „Heimatstaat" die Regelungshoheit über das betreffende Gerichtssystem, dem das Erstgericht angehöre. Maßgebend sei mithin, wer den Verfahrensgang und die Organisation der Gerichte bestimme, die das Urteil ausgesprochen hätten. Diese Gerichtshoheit liege im Fall von Bundesgerichten beim Gesamtstaat der USA.[2040]

Die Klägerin, eine im Bundesstaat Wisconsin ansässige Gesellschaft, begehrte in der Bundesrepublik die Vollstreckbarerklärung eines Urteils auf Schadensersatzzahlung aus der Lieferung einer mangelhaften Maschine, das sie gegen die deutschen Beklagten als Gesamtschuldner vor einem Bundesbezirksgericht in Wisconsin durch Versäumnisurteil erlangt hatte. Bei den Beklagten handelte es sich um den Betriebsleiter, die frühere und um die aktuelle Inhaberin einer Werkzeugmaschinenfabrik mit Sitz in der Bundesrepublik, die die mangelhafte Maschine über eine, mittlerweile in Konkurs gegangene US-amerikanische Gesellschaft mit Sitz im Bundesstaat Illinois an die Klägerin veräußert hatte. Im Zeitpunkt der Klageerhebung inWisconsin besaßen die Beklagten ein Grundstück in Illinois.[2041] Andere, aus deutscher Sicht zuständigkeitsbegründende Umstände waren nicht vorhanden.

Der BGH entschied, § 328 Abs. 1 Nr. 1 ZPO stelle nur darauf ab, ob „die Gerichte" des Erststaates nach den deutschen Gesetzen international zuständig seien. Ob gerade das einzelne Gericht auch örtlich zuständig sei, sei unerheblich.[2042] US-amerikanische Bundesgerichte seien spiegelbildlich im Hinblick auf das Grundstück der Beklagten im Bundesstaat Illinois gem. § 328 Abs. 1 Nr. 1 ZPO i. V. m. § 23 ZPO zuständig.[2043] Der Bundesstaat USA sei ein eigenständiger Staat i. S. d. § 328 Abs. 1 Nr. 1 ZPO mit autonomer Gesetzgebung. Seine Gerichte seien von denen der Teilstaaten getrennt und folgten im Ansatz eigenen Verfahrensregeln. Dass sie auch das an ihrem jeweiligen Sitz geltende regionale materielle Recht sowie ergebnisbezogenes Verfahrensrecht anzuwenden hätten, berühre die Unabhängigkeit des Gerichtssystems nicht.[2044] Der Zweck des § 328 Abs. 1 Nr. 1 ZPO rechtfertige eine Aufspaltung der einheitlichen Zuständigkeit

---

[2040] BGHZ 141, 286 (289/292).

[2041] BGHZ 141, 286 (287).

[2042] BGHZ 141, 286 (289).

[2043] BGHZ 141, 286 (290).

[2044] BGHZ 141, 286 (292).

eines Bundesstaates in mehrere regionale Teilzuständigkeiten ebenfalls nicht. Die Vorschrift solle u. a. den Beklagten davor schützen, sich vor ausländischen Gerichten verteidigen zu müssen, die nach inländischen Vorstellungen keinen genügenden Bezug zum Streitgegenstand hätten. Dies beschränke sich auf die Gerichtsbarkeit des Erststaates insgesamt, beziehe sich aber nicht auf die örtliche Zuständigkeit innerhalb dieses Staates. Das gelte auch dann, wenn mit dieser Zuständigkeit zugleich gewisse, voneinander abweichende prozessuale und materielle Rechtsregeln verbunden seien.[2045]

Damit hob der BGH das Urteil des OLG Hamm auf, das der Ansicht war, bei Mehrrechtsstaaten sei der jeweilige Einzelstaat mit autonomer Gesetzgebung und Gerichtsorganisation für die Zwecke des § 328 Abs. 1 Nr. 1 ZPO als Urteilsstaat anzusehen. Diese Sichtweise entspreche der Eigenständigkeit des Rechts- und Gerichtssystems der jeweiligen US-Bundesstaaten und stehe im Einklang mit der Praxis, die für die Frage, ob die Gegenseitigkeit i. S. d. § 328 Abs. 1 Nr. 5 ZPO verbürgt sei, auch auf den jeweiligen US-Bundesstaat abstelle.[2046] Ferner werde dem Schutz und dem Interesse des Beklagten in besonderer Weise Rechnung getragen, wenn im Rahmen der internationalen Zuständigkeit auf die Gerichte des jeweiligen US-Bundesstaates abgestellt werde, zu dem er nach den deutschen zivilprozessualen Vorschriften eine entsprechende Beziehung habe.[2047]

Auch die zu dieser Problematik ergangene Instanz-Rechtsprechung hatte teilweise bisher bei Mehrrechtsstaaten auf den jeweiligen Einzelstaat mit autonomer Gesetzgebung und Gerichtsorganisation als Urteilsstaat abgestellt.[2048] Dagegen hatte bisher nur das LG Heilbronn es für ausreichend erachtet, dass irgendein US-Gericht die indirekte Zuständigkeit nach der ZPO besitze. Es sei nicht erforderlich, dass es gerade das Gericht sei, was die anzuerkennende Entscheidung erlassen habe.[2049]

2. Literatur
Die Meinungen in der Literatur zu dieser Frage sind ebenfalls vielfältig. Insgesamt lassen sich drei Strömungen ausmachen.

[2045] BGHZ 141, 286 (293).

[2046] OLG Hamm IPRax 98, 474 (476).

[2047] OLG Hamm IPRax 98, 474 (477).

[2048] LG München I RIW 88, 738 (738); ähnlich auch BayObLG NJW 90, 3099 (3099).

[2049] LG Heilbronn RIW 91, 343 (343). Unklar in diesem Zusammenhang OLG Frankfurt/Main RIW 80, 874 (876/877) in einer Entscheidung, in der nur der Bundesstaat New York als Urteilsstaat neben dem Gesamtstaat USA in Betracht kommt. Es bezeichnet als „Urteilsstaat" i. S. v. § 328 Abs. 1 Nr. 1 ZPO „die USA". Unter „Inland" i. S. v. § 23 ZPO sei der Staat zu verstehen, dem das ausländische Gericht angehöre, „also die USA".

474

a. USA als Gesamtstaat

Zunächst gibt es einen Teil der Literatur, der grundsätzlich auf die Gesamtheit der USA als Urteilsstaat abstellen will, dafür aber im Einzelnen unterschiedliche Begründungen liefert.[2050]

Die Anerkennungszuständigkeit erfasse einen Staat als Gesamtstaat. Dabei sei die interne Gerichtsorganisation eine interne Angelegenheit eines jeden Staates. Die US-amerikanischen Bundesgerichte seien einheitlich organisiert. Es handele sich daher nicht um selbstständige Gerichte eines jeden Bundesstaates.[2051]

Es sei nicht erforderlich, so andere Vertreter, dass die Gerichte des Teilstaates bei hypothetischer Anwendung deutschen Kompetenzrechts zuständig gewesen wären. Dies gelte gleichermaßen für die Anerkennungszuständigkeit von bundes- und von einzelstaatlichen US-amerikanischen Gerichten.[2052]

Vereinzelt wird auch differenziert: Es müsse zwischen der Anerkennungszuständigkeit der Bundesgerichte und der der einzelstaatlichen Gerichte unterschieden werden. Der Wortlaut des § 328 Abs. 1 Nr.1 ZPO biete keinen Anhaltspunkt dafür, bei einem Urteil eines US-amerikanischen Bundesgerichts einen besonderen Bezug zwischen dem kompetenzbegründenden Umstand und dem Territorium des jeweiligen Einzelstaates zu fordern. Für die Zuordnung der Bundesgerichte sei zum einen die Organisationsgewalt zu berücksichtigen. Diese liege hinsichtlich der Bundesgerichte bei den USA in ihrer Gesamtheit. Zum anderen nähmen die Bundesgerichte selbst in solchen Fällen Rechtspflegeangelegenheiten des Bundes wahr, in denen sie in der Sache einzelstaatliches Recht

---

[2050] Vgl. Schärtl, S. 105 ff./114 ff./161/245/268/269, der eine „historisch-verfassungsstruktur-orientierte Auslegung" für die Bestimmung des Begriffs „Staat" i. S. v. § 328 Abs. 1 Nr. 1 ZPO entwickelt, wonach sich die Bestimmung des Begriffs „Staat" grundsätzlich danach richte, ob die Rechtsprechungsaufgaben von einem gemeinsamen Souverän abgeleitet würden, was regelmäßig den verfassungsrechtlichen Strukturentscheidungen zu entnehmen sei. Da die US-amerikanischen Einzelstaaten und die Bundeszentralgewalt zwei voneinander zu trennende Ebenen eines gemeinsamen, vom US-amerikanischen Volk in seiner Gesamtheit abgeleiteten, vertikalen Gerichtssystems bildeten, die Vereinigten Staaten von Amerika staatsorganisatorisch also nicht bloß als Staatenverbund, sondern als föderal organisierter Bundesstaat zu betrachten seien, bildeten die USA aus anerkennungsrechtlicher Sicht grundsätzlich eine einheitliche Jurisdiktionssphäre, die sowohl die US-amerikanischen Einzelstaatengerichte wie auch die US-amerikanischen Bundesgerichte umfasse. Demnach sei allein der Gesamtstaat der USA als „Staat" i. S. d. § 328 Abs. 1 Nr. 1 ZPO anzusehen.

[2051] MüKo ZPO-Gottwald, § 328, Rdnr. 64; Nagel/Gottwald, § 11, Rdnr. 154; Spellenberg, JA 78, 1 (5).

[2052] Geimer, Anerkennung, S. 117; Geimer, IZPR, Rdnr. 2900; Zöller-Geimer, § 328, Rdnr. 97a.

anwendeten. Daher gehöre ein Bundesgericht in der Terminologie des § 328 Abs. 1 Nr. 1 ZPO den Gerichten der Vereinigten Staaten an, so dass es auf der Anerkennungsebene auch nur auf die internationale Zuständigkeit dieser Gerichte ankomme. Diese sei gegeben, wenn der Rechtsstreit zuständigkeitsbegründende Bezüge zum Territorium der USA in ihrer Gesamtheit aufweise.[2053] Bezüglich der Anerkennungszuständigkeit der einzelstaatlichen Gerichte sei keine Prüfung der Ausgestaltung des Gerichtssystems im Urteilsstaat vorzunehmen. Man habe es – anerkennungsfreundlich – genügen zu lassen, wenn aus deutscher Sicht ein hinreichender Bezug zum Territorium der USA vorhanden sei.[2054]

Es bestehe, so wird auch vertreten, keine Rechtfertigung für eine Anknüpfung an den Gliedstaat. Ob dem Gesamt- oder aber dem Gliedstaat die entsprechende Regelungskompetenz in Bezug auf die Jurisdiktionshoheit zukomme, sei für den nach deutschem Recht zu beurteilenden Beklagtenschutz zweitrangig. Die Zumutbarkeit des ausländischen Gerichtsstandes werde nämlich primär durch die räumliche Beziehung der entscheidenden Stelle zu dem zu entscheidenden Rechtsverhältnis bestimmt. § 328 Abs. 1 Nr. 1 ZPO sei also im Hinblick auf den Normzweck teleologisch zu reduzieren, wenn das Erstgericht einem US-Gliedstaat zuzuordnen sei. In diesem Fall solle auf den Gesamtstaat der USA abgestellt werden.[2055]

b. Einzelner Bundesstaat

Ein anderer Teil der Literatur möchte – ebenfalls mit unterschiedlicher Begründung – auf den jeweiligen einzelnen Bundesstaat abstellen, in dem das Gericht, dessen Urteil anerkannt werden soll, seinen Sitz hat.

Dies gelte zumindest für die einzelstaatlichen Gerichte. „Staat" i. S. v. § 328 Abs. 1 Nr. 1 ZPO müsse nicht notwendigerweise das Völkerrechtssubjekt „USA" sein, sondern könne auch eine Untergliederung des Gesamtstaates, also ein Bundesstaat, sein.[2056]

Zumindest sofern einzelstaatliche Gerichte betroffen seien, so ein anderer Teil, sei hinsichtlich der Anerkennungszuständigkeit auf das Territorium des jeweiligen Sitzstaates abstellen.[2057]

[2053] v. Hoffmann/Hau, RIW 98, 344 (351).

[2054] v. Hoffmann/Hau, RIW 98, 344 (352).

[2055] Haas, IPRax 01, 195 (198).

[2056] Baumbach/Lauterbach-Hartmann, § 328, Rdnr. 16; Sieg, IPRax 96, 77 (80); Stein/Jonas-Roth, § 328, Rdnr. 88.

[2057] Jayme, IPRax 91, 262 (262), der dies zumindest für das Territorium von Puerto Rico annimmt; Schack, IZVR, Rdnr. 906.

Schließlich wird vertreten, bei der Prüfung der Anerkennungszuständigkeit sei sowohl bei Entscheidungen der Staatengerichte als auch bei Urteilen der Bundesgerichte, die nicht auf ausschließlicher sachlicher Bundeszuständigkeit, sondern auf „diversity"-Zuständigkeit beruhten, auf den Bundesstaat abstellen, in dem sich das Bundesgericht bzw. einzelstaatliche Gericht befinde.[2058]

c. Differenzierende Ansichten

Schließlich wird von einem weiteren Teil der Literatur grundsätzlich differenziert.

Handele es sich um eine „federal question"-Entscheidung, spreche einiges dafür, auf den Gesamtstaat der USA abzustellen. Denn die Bundesgerichte wendeten hier sowohl in prozessrechtlicher als auch in materiellrechtlicher Hinsicht Bundesrecht an. Die Präjudizienbindung werde, weil und soweit es um die Anwendung von Bundesrecht gehe, für die USA einheitlich beurteilt. Und zur Begründung der „personal jurisdiction" lasse das Bundesprozessrecht bei „federal question jurisdiction" „minimum contacts" zum Gesamtstaat genügen.[2059] Bei „diversity"-Entscheidungen erscheine es dagegen eher sachgerecht, auf den jeweiligen Einzelstaat abzustellen. Die Bundesgerichte wendeten hier das Kollisions- und Sachrecht des Einzelstaates an, in dem sie sich befänden. Sie seien dabei an Präjudizien der höheren einzelstaatlichen Gerichte gebunden. Und zur Begründung der „personal jurisdiction" würden, anders als in den „federal question"-Fällen, „minimum contacts" zum jeweiligen Einzelstaat vorausgesetzt. Funktional betrachtet, übten die Bundesgerichte in den „diversity"-Fällen deshalb wohl die Gerichtsgewalt des jeweiligen Einzelstaates aus.[2060]

Gehe es um die Anerkennung des Urteils eines Staatengerichts, sei Urteilsstaat i. S. d. Vorschrift der jeweilige Gliedstaat, in dem das Staatengericht ansässig sei; denn der Gliedstaat verfüge aufgrund seiner eigenständigen Gerichtsorganisation und Rechtsetzungskompetenz über eine eigene und selbstständige Gerichtsbarkeit.[2061] Habe hingegen ein Bundesgericht entschieden, sei Urteilsstaat notwendigerweise die staatliche Gewalt, die das Gericht errichtet habe und die Jurisdiktion ausübe. Trotz der Einbindung der Bundesgerichte in die einzelstaatliche Gerichtsbarkeit im Rahmen der „diversity"-Zuständigkeit, sei die Bundesgerichtsbarkeit als eigenständige Gerichtsbarkeit anzusehen, so dass auf den

---

[2058] Roth, ZZP 112, 483 (484); Wazlawik, IPRax 02, 273 (275).

[2059] Stürner/Bormann, JZ 00, 81 (83).

[2060] Stürner/Bormann, JZ 00, 81 (85).

[2061] Haas/Stangl, IPRax 98, 452 (455).

Gesamtstaat abzustellen sei, wenn das anzuerkennende Urteil ein solches eines Bundesgerichts sei.[2062]

3. Stellungnahme

Für die Anknüpfung an den Gesamtstaat der USA sprechen sicherlich zwei formale Argumente: Zum einen handelt es sich bei den Bundesstaaten der USA nicht um selbstständige und souveräne Völkerrechtssubjekte. Die Bezugnahme auf „Staaten" in § 328 Abs. 1 Nr. 1 ZPO legt den Schluss nahe, dass gerade Völkerrechtssubjekte angesprochen sind und es auf die internationale Entscheidungszuständigkeit der einzelnen Bundesstaaten als Untereinheiten des Gesamtstaates der USA gerade nicht ankommt.[2063] Zum anderen ist die Aufspaltung des Gerichtssystems in Bundes- und Staatengerichte zunächst eine rein interne Angelegenheit[2064] der USA, die bei der Prüfung der Anerkennungszuständigkeit eines ausländischen Gerichts unberücksichtigt bleiben soll.

Es sollen keine Zweifel an der Souveränität und Eigenstaatlichkeit der USA gehegt werden. Dies vorausgeschickt ist jedoch zu beachten, dass die Prüfung der Anerkennungszuständigkeit nicht aus einer innerstaatlichen US-amerikanischen Perspektive, sondern ausschließlich von der deutschen Seite her vorgenommen werden muss. Gerade aus dieser Sicht stellt sich die hier zu entscheidende Frage, ob der Bezug zu den gesamten USA allein ausreichen kann.[2065] Auch ist zu berücksichtigen, dass im IPR bei der Ermittlung der anwendbaren Rechtsordnung von „ausländischen Staaten" die Rede ist. Bei Staaten mit mehreren selbstständigen Teilrechtsordnungen ist anerkannt, dass die maßgebliche Teilrechtsordnung (des Gliedstaates) zu ermitteln ist. Dies ergibt sich aus Art. 4 Abs. 3 EGBGB.[2066] Damit dürfte der Begriff „Staat" i. S. v. § 328

[2062] Haas/Stangl, IPRax 98, 452 (455).

[2063] A. A. allerdings Schärtl, S. 72, der herausarbeitet, dass das Vorliegen von Völkerrechtssubjektivität als Abgrenzungskriterium für die Bestimmung des Begriffs „Staat" i. S. v. § 328 Abs. 1 Nr. 1 ZPO ungeeignet sei.

[2064] A. A. Schärtl, S. 85, wonach die maßgeblichen Zurechnungskriterien zur Bestimmung des Begriffs „Staat" i. S. d. § 328 Abs. 1 Nr. 1 ZPO zwangsläufig in der internen Struktur und Organisation der Staatenverbindung zu finden sei.

[2065] So auch Coester-Waltjen, FS Buxbaum, S. 106.

[2066] Art. 4 Abs. 3 EGBGB lautet: „Wird auf das Recht eines Staates mit mehreren Teilrechtsordnungen verwiesen, ohne die maßgebende zu bezeichnen, so bestimmt das Recht dieses Staates, welche Teilrechtsordnung anzuwenden ist. Fehlt eine solche Regelung, so ist die Teilrechtsordnung anzuwenden, mit welcher der Sachverhalt am engsten verbunden ist."

Abs. 1 Nr. 1 ZPO der Berücksichtigung eines einzelnen Bundesstaates zumindest nicht entgegenstehen.[2067]

Es wird vertreten, man könne nicht auf den Einzelstaat als maßgeblichen Staat mit der Begründung abstellen, dass schließlich das dortige Bundesgericht das Sach- und Kollisionsrecht des jeweiligen Bundesstaates anzuwenden habe. Denn – so die Kritik – den deutschen Gerichten sei eine derartige Prüfung unterhalb des ordre public-Vorbehaltes in § 328 Abs. 1 Nr. 4 ZPO versagt.[2068] Diesem Ansatz dürfte aber entgegen zu halten sein, dass in „diversity"-Fällen die Bundesgerichte nicht nur das Sachrecht des Sitzstaates anwenden, sondern sich auch die Zuständigkeit der Bundesgerichte insgesamt nach dem Recht des Sitzstaates richtet, d. h. nach dem einschlägigen „common law" oder den anwendbaren „long-arm statutes".[2069] Daher dürfte es auf eine mögliche unzulässige ordre public-Kontrolle des Sachrechts durch die deutschen Gerichte gar nicht ankommen. Gerade durch das hauptsächlich bestehende einzelstaatliche Zuständigkeitsrecht und das nur in Ansätzen existierende eigenständige Bundesrecht wird die Relevanz der Einzelstaaten verdeutlicht.

Daher dürfte auch die vereinzelt vertretene These, die Bundesgerichte seien ausschließlich der eigenständig ausgestalteten Bundesgerichtsbarkeit zuzuordnen und in die davon zu trennende Gerichtsbarkeit des jeweiligen Sitzstaates weder organisatorisch noch rechtlich eingegliedert,[2070] nicht differenziert genug sein.[2071]

[2067] So auch Coester-Waltjen, FS Buxbaum, S. 106; Sieg, IPRax 96, 77 (79). A. A. Schärtl, S. 73, wonach eine direkte Anwendung des Art. 4 Abs. 3 Satz 1 EGBGB auf die internationale Anerkennungszuständigkeit ausscheide, weil § 328 Abs. 1 Nr. 1 ZPO nicht auf die fremde Zuständigkeitsordnung verweise. Das Spiegelbildprinzip fordere vielmehr die Prüfung der internationalen Anerkennungszuständigkeit des ausländischen Gerichts anhand der deutschen Vorschriften über die internationale Entscheidungszuständigkeit.

[2068] BGHZ 141, 286 (293); v. Hoffmann/Hau, RIW 98, 344 (350).

[2069] Siehe dazu oben § 6 III. 3. b. Ähnlich Schärtl, S. 104, der auf die Ungeeignetheit der Anwendbarkeit einheitlichen Sach-, Verfahrens- oder Kollisionsrechts als maßgebliches Kriterium für die Bestimmung des Begriffs „Staat" im anerkennungsrechtlichen Sinn hinweist.

[2070] v. Hoffmann/Hau, RIW 98, 344 (350).

[2071] So auch Coester-Waltjen, FS Buxbaum, S. 107. Ähnlich auch Schärtl, S. 93, wonach allein die Organisationshoheit über das Gerichtssystem kein geeignetes Kriterium für die Bestimmung einer eigenen Jurisdiktionssphäre „Staat" i. S. d. § 328 Abs. 1 Nr. 1 ZPO bilde. Denn die Verteilung der Organisationshoheit über das Gerichtssystem innerhalb des jeweiligen Urteilsstaates bewirke nicht, dass nach den im deutschen Recht der internationalen Entscheidungszuständigkeit verkörperten Wertungen eine eigenständige Jurisdiktionssphäre entstehe.

Auch wird zum Teil vorgebracht, es sei für den nach deutschem Recht zu beurteilenden Beklagtenschutz zweitrangig, ob dem Gesamt- oder dem Gliedstaat die entsprechendeRegelungskompetenz in Bezug auf die Jurisdiktionshoheit zukomme,[2072] m. a. W. es mache für den ausländischen Beklagten keinen Unterschied, in welchem Bundesstaat er verklagt werde, solange er sich ohnehin auf dem Territorium der Vereinigten Staaten verteidigen müsse. Gegen diesen Ansatz dürften ebenfalls Bedenken bestehen. Auf räumliche Unterschiede sollte es nicht ankommen. Entscheidend und von Interesse für den Beklagten dürfte vielmehr sein, in welcher fremden Zuständigkeitsordnung er sich auf die Klage einlassen muss. Dabei spielt es nur eine zweitrangige Rolle, ob sich diese in Wisconsin oder Texas befindet. Erwägungen zu räumlichen Entfernungen zwischen Kläger- und Beklagtensitz haben auch bei der zunehmenden Kodifizierung eines „europäischen Zivilprozessrechts"[2073] zunehmend an Bedeutung verloren. Würde nur die räumliche Entfernung für den Beklagtenschutz maßgeblich sein, könnte man einem Beklagten mit Sitz in München eine Verteidigung vor einem Gericht in Salzburg eher zumuten als in Hamburg. Entscheidend dürfte vielmehr sein, dass sich der Beklagte im zweifellos näher gelegenen Salzburg einer ihm fremden Zuständigkeitsordnung mit allen entsprechenden Konsequenzen unterwerfen muss.[2074]

Bei der Bestimmung des Urteilsstaates i. S. v. § 328 Abs. 1 Nr. 1 ZPO sollte in erster Linie auf die „subject matter jurisdiction" abgestellt und differenziert werden, auf welche Zuständigkeit das (Bundes- oder einzelstaatliche) Gericht seine Zuständigkeit gestützt hat. Davon abhängig sollte entweder auf den einzelnen Bundesstaat oder auf den Gesamtstaat der USA als Urteilsstaat abgestellt werden:

In den USA wird zwischen der örtlichen und der internationalen bzw. persönlichen Zuständigkeit unterschieden. Insbesondere erfolgt keine Anknüpfung der internationalen Zuständigkeit an die örtliche Zuständigkeit wie in der Bundesrepublik.[2075] Die internationale bzw. persönliche Zuständigkeit spielt in den USA eine wichtige Rolle. Es ist in der US-amerikanischen Rechtspraxis aufgrund der zum Teil divergierenden einzelstaatlichen Rechtsordnungen von entscheidender Bedeutung, in welchem Bundesstaat man verklagt wird, da davon auch die Anwendbarkeit des maßgeblichen Sachrechts abhängt.[2076] Das US-amerikanische

---

[2072] Haas, IPRax 01, 195 (198).

[2073] Siehe dazu oben § 3 II. 2.

[2074] Bei dieser Betrachtung sollen die Geltung der EuGVVO und die dadurch angenäherten Zuständigkeiten außer Acht gelassen werden.

[2075] Siehe dazu oben § 3 III. 4. a.

[2076] So auch Coester-Waltjen, FS Buxbaum, S. 109.

Zivil- und Handelsrechts besteht nahezu ausschließlich aus einzelstaatlichem Recht. Aus diesem Grund haben die Bundesstaaten ihre Zuständigkeit v. a. durch die „long-arm statutes" umfassend und eigenständig geregelt.[2077] Gerade die Existenz eines speziell ausgeformten Rechts zur Zuständigkeit US-amerikanischer Gerichte sowie die umfangreiche Rechtsprechung zur Zuständigkeit belegen die Bedeutung der Bundesstaaten gegenüber dem Gesamtstaat der USA.

Darüber hinaus ist die Unterscheidung zwischen Bundes- und einzelstaatlichen Gerichten von Bedeutung (subject matter jurisdiction). Dabei ist zu beachten, dass die Bundesgerichte nur in wenigen ausgewählten Fällen sachlich ausschließlich zuständig sind. Im Rahmen der konkurrierenden Zuständigkeit wenden sie bei der „federal question jurisdiction" Bundesrecht an. In den Fällen der „diversity jurisdiction" müssen sie dagegen in Fortführung der Erie-Doktrin ihre Zuständigkeit immer auf der Grundlage des Rechts des Bundesstaates stützen, in dem sie sich befinden. Auch haben sie das materielle Recht des Bundesstaates anzuwenden. Die einzelstaatlichen Gerichte sind dagegen vom Grundsatz her sachlich zuständig.[2078] Es existieren also nicht zwei voneinander völlig unabhängige parallele Gerichtszweige, sondern zumindest im Rahmen der „diversity jurisdiction" Überschneidungen bei der Anwendbarkeit des Rechts.[2079]

In den Fällen, in denen die Zuständigkeit der Bundesgerichte auf „diversity" beruht, sollte auf die Zuständigkeit des Bundesstaates abgestellt werden, in dem sich das Bundesgericht befindet.[2080] Denn in diesem Fall verfügt es nicht über eigenes Prozessrecht, sondern muss ausschließlich das Prozessrecht desjenigen Bundesstaates „stellvertretend"[2081] anwenden, in dem es sich befindet. Der Schwerpunkt der Ausübung von Zuständigkeit liegt also bei dem jeweiligen Bundesstaat. Gestützt wird diese Annahme auch durch die konkurrierende Zuständigkeit bei „diversity", d. h. dass grundsätzlich sowohl das einzelstaatliche

---

[2077] Siehe dazu oben § 6 III. 3. a.

[2078] Siehe dazu oben § 6 II. 3.

[2079] Dies erkennt auch Haas, IPRax 01, 195 (196).

[2080] So auch Coester-Waltjen, FS Buxbaum, S. 112; Roth, ZZP 112, 483 (484); Stürner/Bormann, JZ 00, 81 (84); Wazlawik, RIW 02, 691 (692); Wazlawik, IPRax 02, 273 (274).

[2081] United Rope Distributors, Inc. v. Seatriumph Marine Corp., 930 F. 2d 532, 535 (7th Cir. 1991):„(...) a federal court acts as the state's agent in applying state law. The authority for the demands made in the defendant is state rather than national power. Federal courts accordingly absorb the "whole law" of the states, including limitations on personal jurisdiction, except to the extend a national rule requires otherwise. State-federal jurisdictional allocations would be thrown out of kilter if a federal court could give judgment in a diversity case that the state itself would have to dismiss."

als auch das Bundesgericht zuständig sind.[2082] Der Kläger hat also die Wahl:[2083] Wird der Rechtsstreit von ihm vor dem einzelstaatlichen Gericht anhängig gemacht, kann das Gericht ohne weiteres seine Entscheidung treffen. Urteilsstaat ist dann der Bundesstaat, dem das Gericht angehört. Wenn der Beklagte allerdings den „removal" an das Bundesgericht beantragt, übernimmt dieses die Entscheidung, ohne freilich von dem Recht des Bundesstaates abweichen zu können. Urteilsstaat ist dann der Bundesstaat, in dem das Bundesgericht seinen Sitz hat. Das gilt auch für den Fall, dass der Kläger direkt das Bundesgericht anruft.

Hat ein einzelstaatliches Gericht das Urteil kraft eigenen anwendbaren Staatenrechts erlassen, weil es originär zuständig war, ist Urteilsstaat erst recht der jeweilige Bundesstaat. Nur in Fällen ausschließlicher Bundeszuständigkeit bzw. konkurrierender Zuständigkeit kraft „federal question jurisdiction" ist als Urteilsstaat auf den Gesamtstaat der USA abzustellen.

Für den Beklagten dürfte maßgeblich sein, ob er sich vor einem fremden Gericht verteidigen muss. Gerade das Abstellen auf die unterschiedlichen Zuständigkeitsordnungen der verschiedenen Bundesstaaten, die alle über eigene „long-arm statutes" und entsprechendes „common law" verfügen, dürfte den Interessen des Beklagten am ehesten entgegen kommen. Denn über eine einschränkende Anwendung des § 328 Abs. 1 Nr. 1 ZPO kann das Interesse des Beklagten befriedigt werden, ob er sich vor diesem fremden Forum überhaupt verteidigen muss.[2084]

Dieses Ergebnis dürfte auch nicht in Widerspruch zu dem Grundsatz stehen, dass die deutschen Gerichte bei der Anerkennungszuständigkeit ausschließlich auf die internationale Zuständigkeit des Erstgerichts abstellen und die sachliche und örtliche Zuständigkeit des Gerichts nicht überprüfen sollen. Denn die deutsche örtliche Zuständigkeit ist nur mit „venue" des US-amerikanischen Rechts und nicht mit der „personal" bzw. „territorial jurisdiction" zu vergleichen. „Venue" greift erst dann ein, wenn die persönliche Zuständigkeit des Beklagten in einem Bundesstaat feststeht. Sie legt fest, welches örtliche Gericht innerhalb des Gerichtsstaates für die Entscheidung über den Rechtsstreit zuständig ist.[2085] Diese Frage wird aber bei der hier vorgeschlagenen Prüfung des Urteilsstaates i. S. v. § 328 Abs. 1 Nr. 1 ZPO von den deutschen Gerichten nicht mehr behan-

---

[2082] Siehe dazu oben § 6 II. 3.

[2083] Dies räumt auch der BGH ein, vgl. BGHZ 141, 286 (293).

[2084] So auch Schütze, RIW 05, 579 (586); Schütze, RIW 04, 162 (166).

[2085] Siehe dazu oben § 6 II. 4.

delt.[2086] Auch die deutsche sachliche Zuständigkeit ist mit der „subject matter jurisdiction" nur eingeschränkt vergleichbar. Zutreffend ist, dass der deutsche Zweitrichter nicht nachprüfen soll, ob nun das ausländische „Land-" oder „Amtsgericht" zur Entscheidung über den Rechtsstreit sachlich zuständig war.[2087] Die Unterscheidung zwischen Bundes- und einzelstaatlichen Gerichten und die Bestimmung des Urteilsstaates kann mit einer derartigen Prüfung jedoch nicht verglichen werden. Es geht hier um die Entscheidung zwischen zwei Gerichts- und Rechtssystemen und nicht darum, welches Gericht aufgrund des Streitwertes erstinstanzlich zuständig ist. Die deutsche sachliche Zuständigkeit kann in diesem Zusammenhang also eher mit der Unterscheidung zwischen „Superior courts" und „Small Claims courts" innerhalb des einzelstaatlichen Gerichtssystems verglichen werden. Letztere sind für die Entscheidung über geringe Streitwerte zuständig.[2088] Dennoch ist einzuräumen, dass nach dieser Lösung dem deutschen Richter eine Prüfungspflicht und ein Einstieg in das US-amerikanische Zivilverfahrensrecht nicht erspart bleiben. Hat das anzuerkennende Urteil ein einzelstaatliches Gericht erlassen, kommt es auf die internationale (Entscheidungs-) Zuständigkeit des Gerichts dieses Bundes- (Urteils-) Staates an. Stammt das Urteil von einem Bundesgericht, hat der Zweitrichter zu prüfen, ob es sich aufgrund von „federal question" bzw. „exclusive subject matter jurisdiction" oder „diversity jurisdiction" für zuständig erklärt hat. Nur im letzteren Fall kommt es wieder auf die internationale Zuständigkeit des Bundesstaates als Urteilsstaat an. Im ersten Fall ist ausreichend, dass irgendein Gericht der USA international zuständig war.

Schließlich dürfte diese einschränkende Auslegung von § 328 Abs. 1 Nr. 1 ZPO auch dem Schutz des Beklagten und damit dem Gesetzeszweck dienen.[2089] Denn mit der Prüfung der Anerkennungszuständigkeit nach § 328 Abs. 1 Nr. 1 ZPO legt der Anerkennungsstaat seine Vorstellungen über die Gerichtspflichtigkeit des Beklagten fest. Nur wenn der Urteilsstaat aus der Sicht des Anerkennungsstaates die internationale Entscheidungszuständigkeit besitzt, ist es dem Beklagten zuzumuten, sich vor dem ausländischen Forum zu verteidigen.

[2086] So auch Coester-Waltjen, FS Buxbaum, S. 108; Schärtl, S. 50; Sieg, IPRax 96, 77 (80). Unzutreffend daher auch BGHZ 141, 286 (289/293), der bezüglich der Unterscheidung zwischen Bundes- und einzelstaatlichen Gerichten auf die deutsche örtliche Zuständigkeit abzustellen scheint.

[2087] So auch Schack, IZVR, Rdnr. 836; Schärtl, S. 50.

[2088] Siehe dazu oben § 6 II. 1.

[2089] So auch Sieg, IPRax 96, 77 (80). Dies erkennen auch BGHZ 141, 286 (293); v. Hoffmann/Hau, RIW 98, 344 (346).

Damit will man also verhindern, dass sich der (einheimische) Beklagte im Vorfeld vor jedem beliebigen ausländischen Forum bereits auf der Ebene der Entscheidungszuständigkeit verteidigen muss, um nicht Gefahr zu laufen, dass ein gegen ihn gerichtetes, vom Kläger erstrittenes Urteil im Staat des Beklagten ohne weiteres anerkannt wird. Eine einschränkende Auslegung des Urteilsstaates i. S. v. § 328 Abs. 1 Nr. 1 ZPO kommt also dem einheimischen Beklagten zu Gute.

V. Exkurs: Die Anerkennung ausländischer Urteile in den USA

Obwohl die bisherige Untersuchung ergeben hat, dass das autonome deutsche Spiegelbildprinzip den Anforderungen an Zuständigkeitsgerechtigkeit genügt, soll nun der Blick auf die Anerkennung ausländischer Urteile in den USA gerichtet und inbesondere erörtert werden, welche entsprechenden Regelungen das US-amerikanische Recht vorsieht.[2090] Denn „Rechtsvergleichung soll Horizont und Wissen erweitern. Sie dient immer auch der Verbesserung des eigenen Rechtssystems und kann zu Reformvorschlägen anregen."[2091]

In den USA müssen auswärtige Urteile in dem Bundesstaat, in welchem die Vollstreckung stattfinden soll, anerkannt werden, bevor die Vollstreckung aus ihnen erfolgen kann. Es wurde bereits vor einem Jahrhundert erkannt, dass ein Urteil nur dann Rechtswirkungen in einem anderen Staat entfalten kann, wenn zwischen den Staaten Vereinbarungen über die Anerkennung der Urteile bestehen oder jedes einzelne Urteil durch ein Gericht anerkannt und für vollstreckbar erklärt wird.[2092]

Ein Urteil ist auf das Gebiet des Staates beschränkt, in dem es erlassen wurde. Der „full faith and credit clause" der Bundesverfassung dehnt die Rechtskraftwirkung dieses Urteils nun auf alle Staaten der USA aus. Dieser Verfassungsgrundsatz gilt jedoch nur für auswärtige, d. h. zwischenstaatliche Urteile. Auf

---

[2090] Da die Anerkennung US-amerikanischer Urteile in Deutschland im Mittelpunkt dieser Untersuchung steht, soll an dieser Stelle nur eine kursorische Betrachtung der Anerkennung ausländischer Urteile in den USA erfolgen.

[2091] Gottwald, FS Schlosser, S. 229.

[2092] Hilton v. Guyot, 159 US 113, 163 (1895): „(...) As an act of government a judgment`s effects are limited to the territory of the sovereign whose court rendered the judgment, unless some other state is bound by treaty to give the judgment effect in its territory, or unless some other state is willing, for reasons of its own, to give the judgment effect."; Born, S. 936; Buxbaum, FS Jayme, S. 72/82; Fuchs, RIW 06, 29 (31); Rassmann, RIW 96, 817 (818); Späth, IPRax 06, 184 (185).

ausländische Urteile findet er keine Anwendung.[2093] Da auf Bundesebene keine einheitliche Regelung getroffen wurde, obliegt es jedem Bundesstaat, die maßgeblichen Kriterien für die Anerkennung ausländischer Entscheidungen aufzustellen.[2094]

1. „Comity"

Die einzelnen Bundesstaaten erkennen ausländische Urteile nach „comity"(comitas gentium) an, wenn die Entscheidung bestimmten prozessualen und materiellen Standards entspricht.[2095] Die Voraussetzungen unterscheiden sich von Bundesstaat zu Bundesstaat. Bundesgerichte wenden – wie zumeist – die

---

[2093] Milwaukee County v. M. E. White Co., 296 US 268, 276/277 (1935): „(...) The very purpose of the full faith and credit clause was to alter the status of the several states as independent foreign sovereignties, each free to ignore obligations created under the laws or by the judicial proceedings of the others, and to make them integral parts of a single nation throughout which a remedy upon a just obligation might be demanded as of right irrespective of the state of its origin."; Born, 17 Ga. J. Int'l Comp. L., 1 (22); Born, S. 938; Görtz, S. 22; Fuchs, RIW 06, 29 (31); Grothe, RabelsZ 58, 686 (716); Harder, RIW 63, 36 (37); Hay, Conflict, S. 93/113; Hay, FS Geimer, S. 327; Hay, FS Siehr, S. 237/241; Hay, RabelsZ 35, 429 (448); Heidenberger, NJW 58, 1117 (1117); Deutsch, ZZP 71, 321 (324); v. Mehren/Trautman, 79 Harv. L. Rev., 1121 (1126); v. Mehren/Trautman, 81 Harv. L. Rev., 1601 (1607); Pfeiffer, S. 309; Smit, 9 UCLA L. Rev., 44 (45); Thümmel, IPRax 86, 256 (256); Voegele, S. 32; Reese, 50 Colum. L. Rev., 783 (783).

[2094] Born, S. 939; Brenscheidt, RIW 76, 554 (554); Ehrenzweig/Jayme, S. 57; Heidenberger, NJW 58, 1117 (1117); Rühl, RIW 06, 192 (192); Schütze, Urteilsanerkennung, S. 7; Smit, 9 UCLA L. Rev., 44 (48); Thümmel, IPRax 86, 256 (256); Reese, 50 Colum. L. Rev., 783 (787).

[2095] In Re Estate of Steffke, 222 N. W. 2d 628 (Wisc. 1978): „(...) By virtue of the doctrine of comity, rights acquired under statute enacted or judgment rendered in one state will be given force and effect in another, unless, as said, against policy or laws of the state, prejudicial to interests of its citizens or against good morals and natural justice; comity being a rule of practice, however, and not a rule of law (...) The doctrine of comity results in recognition of a decree of a different state not entitled to full faith and credit. It is neither a matter of absolute obligation nor a mere courtesy and good will, but is recognition which one state allows within its territory to legislative, executive, or judicial acts of another, having due regard to duty and convenience and to rights of its own citizens."; Somportex Limited v. Philadelphia Chewing Gum Corp., 453 F. 2d 435, 440 (3rd Cir. 1971); OLG Hamm IPRax 98, 474 (475); Born, S. 939; Deutsch, ZZP 71, 321 (324); Fritze, FS Vieregge, S. 245/246; Grothe, RabelsZ 58, 686 (717); Harder, RIW 63, 36 (37); Hay, Conflict, S. 93/113; Hay, FS Siehr, S. 239; Hdb. Int. ZVerfR III/1-Martiny, Rdnr. 257; Martiny, 35 Am. J. Comp. L., 721 (727); Nagel/Gottwald, § 14, Rdnr. 34; Peterson, 72 Colum. L. Rev., 220 (239); Schack, Einführung, S. 77; Schütze, Anerkennung dt. Urteile, S. 153; Schütze, Prozessführung, S. 69; Schütze, Urteilsanerkennung, S. 9; Smit, 9 UCLA L. Rev., 44 (53); Thümmel, IPRax 86, 256 (256/257); Voegele, S. 22; Weinschenk, RIW 80, 544 (545); Reese, 50 Colum. L. Rev., 783 (784). Vgl. zu „comity" ausführlicher Späth, IPRax 06, 184 (184 ff.).

Regeln des jeweiligen Bundesstaates an.[2096] Die „comity"-Doktrin geht davon aus, dass kein Staat verpflichtet ist, ausländische Entscheidungen anzuerkennen. Auf der anderen Seite steht eine Anerkennung aber auch nicht in seinem Belieben. Vielmehr sind internationale Verpflichtungen und die Rechte der Bürger zu achten.[2097]

Die Anerkennung nach „comity" setzt u. a. voraus, dass der Urteilsstaat „jurisdiction" über die Parteien und den geltend gemachten Anspruch hatte.[2098] In Betracht kommen alle Gerichtsstände des „common law", wie z. B. „physical power", „citizenship", „domicile", „consent" oder „appearance".[2099] Auch die

---

[2096] Republic of Iraq v. First National Bank of Chicago, 350 F. 2d 645, 648 (7th Cir. 1965); Svenska Handelsbanken v. Carlson, 258 F. Supp. 488, 492 (D. Mass. 1966); Born, S. 938; Nagel/Gottwald, § 14, Rdnr. 34; Peterson, RabelsZ 33, 543 (545); Schütze, Anerkennung dt. Urteile, S. 153; Schütze, Prozessführung, S. 69; Schütze, Urteilsanerkennung, S. 8.

[2097] Hilton v. Guyot, 159 US 113, 163 (1895): „(...) „Comity" in the legal sense, is neither a matter of absolute obligation, on the one hand, nor of mere courtesy and good will, upon the matter. But it is the recognition which one nation allows within its territory to the legislative, executive or judicial acts of another nation, having due regard both to international duty and convenience, and to the rights of its own citizens or of other persons who are under the protection of its laws."; Most, Foss & Co. v. Stover, 177 US 485, 490 (1899): „(...) Comity is not a rule of law, but is a rule of practice, convenience, and expediency. It is something more than mere courtesy which implies only deference to the opinion of the others, since it has a substantial value in securing uniformity of decision and discouraging repeated litigation of the same question." Vgl. zu „comity" auch Republic of Austria et al. v. Altmann, 541 US (2004) = Rs. No. 02-572 v. 21.06.2004 sowie die Vorentscheidungen 327 F. 3rd 1246 (9th Cir. 2003); 317 F. 3rd 954 (9th Cir. 2003); 142 F. Supp. 2d 1187 (C. D. Cal. 2001). Vgl. dazu Mansel, FS Jayme, S. 572; Späth, IPRax 06, 184 (190 f.).

[2098] Dunstan v. Higgins, 33 N. E. 729 (1893); Hilton v. Guyot, 159 US 113, 202/203 (1895): „(...) there has been an opportunity for a full and fair trial abroad before a court of competent jurisdiction (...)"; Ingenohl v. Ohlson Co., 273 US 356, 359 (1927); Spann v. Compania Mex., 131 F. 2d 609, 613 (2nd Cir. 1942); auch das Restatement (Second) Conflict of Laws setzt die Zuständigkeit voraus. § 92 lautet auszugsweise: „A judgment is valid if (...) c) the judgment is rendered by a competent court."; ebenso das Restatement (Third) Foreign Relations. § 482 lautet auszugsweise: „(1) A court in the United States may not recognize a judgment of the court of a foreign state if: (b) the court that rendered the judgment did not have jurisdiction over the defendant in accordance with the law of the rendering state and with the rules set forth in § 421."; Born, S. 940/968; Brenscheidt, RIW 76, 554 (554); Ehrenzweig/Jayme, S. 85; Fuchs, RIW 06, 29 (31/32); Grothe, RabelsZ 58, 686 (717); Harder, RIW 63, 36 (37/39); Hay, Conflict, S. 99/114; Hay, FS Siehr, S. 243; Hay, RabelsZ 35, 429 (449/450); Heidenberger, NJW 58, 1117 (1117); v. Mehren/Trautman, 81 Harv. L. Rev., 1601 (1610); Otto, S. 10; Peterson, 72 Colum. L. Rev., 220 (249); Peterson, RabelsZ 33, 543 (557/558); Schütze, Anerkennung dt. Urteile, S. 154; Schütze, Prozessführung, S. 70; Smit, 9 UCLA L. Rev., 44 (50); Voegele, S. 78.

[2099] Deutsch, ZZP 71, 321 (326).

Vornahme von Geschäftstätigkeit (carrying on of a business) vermag Anerkennungszuständigkeit zu begründen.[2100] Dazu ist die umfangreiche Rechtsprechung seit International Shoe Co. v. State of Washington[2101] heranzuziehen.[2102]

2. Uniform Foreign Money-Judgment Recognition Act

Die Anerkennungsvoraussetzungen sind ferner im Uniform Foreign Money-Judgment Recognition Act von 1962 (UFMJRA) im Einzelnen festgelegt. Dieser wurde von der National Conference of Commissioners on Uniform State Laws und der American Bar Association verabschiedet, um die Anerkennung und Vollstreckung auswärtiger Urteile zu vereinheitlichen.[2103] Er sieht eine erleichterte Anerkennung für alle Urteile vor, die „full faith and credit" beanspruchen können, also Urteile aus anderen Bundesstaaten. Nicht erfasst sind dagegen – entgegen der missverständlichen Formulierung – ausländische Urteile. Eine Reihe von Bundesstaaten hat jedoch den UFMJRA übernommen[2104] und ausländische Urteile solchen aus anderen Bundesstaaten gleichgestellt.[2105] Ziel des Verfahrens ist es, ein ausländisches Urteil (Ersturteil) in ein innerstaatliches US-amerikanisches Urteil (Zweiturteil) zu transformieren. Das umgewandelte Urteil kann dann in der gleichen Weise wie jeder andere einzelstaatliche Richterspruch vollstreckt werden.[2106]

Die Anerkennung wird aber u. a. versagt, wenn gem. § 4 a (2) UFMJRA das Gericht des Entscheidungsstaates international nicht zuständig war (did not have

---

[2100] Brenscheidt, RIW 76, 554 (555, Fn. 15).

[2101] Siehe oben § 6 III. 2. b.

[2102] Brenscheidt, RIW 554 (555); Deutsch, ZZP 71, 321 (328).

[2103] Brenscheidt, RIW 76, 554 (555); Hay, FS Siehr, S. 238; Rassmann, RIW 96, 817 (818).

[2104] Der UFMJRA wurde in den Staaten Alaska, California, Colorado, Connecticut, Delaware, District of Columbia, Florida, Georgia, Hawaii, Idaho, Illinois, Iowa, Maryland, Massachusetts, Michigan, Minnesota, Missouri, Montana, New Mexico, New York, North Carolina, Ohio, Oklahoma, Oregon, Pennsylvania; Texas, Virgin Islands, Virginia und Washington übernommen.

[2105] § 1 (1): „(...) „foreign state" means any governmental unit other that the United States, or any state, dstrict, commonwealth, territory, insular possession thereof, of the Panama Canal Zone, the Trust Territory of the Pacific Islands, or the Rykkyu Islands." Vgl. dazu Born, S. 941; Brenscheidt, RIW 76, 554 (556); Bruns, JZ 99, 278 (284); Grothe, RabelsZ 58, 686 (716); Hay, FS Geimer, S. 327; Heidenberger, NJW 58, 1117 (1119); Homburger, 18 Am. J. Comp. L. 367 (371); Peterson, RabelsZ 33, 543 (545); Rühl, RIW 06, 192 (192); Schack, Einführung, S. 76; Schütze, JR 86, 177 (177); Schütze, Prozessführung, S. 70/180; Schütze, Urteilsanerkennung, S. 10.

[2106] § 3: Recognition and Enforcement. „(...) a foreign judgment (...) is conclusive between the parties to the extent that it grants or denies recovery of a sum of money. The foreign judgment is enforceable in the same manner as the judgment of a sister state which is entitled to full faith and credit."

personal jurisdiction over the defendant). Das Fehlen der internationalen Anerkennungszuständigkeit ist der häufigste Grund, die Anerkennung bzw. Vollstreckung zu versagen. Ähnlich wie die deutschen Gerichte prüfen die US-
amerikanischen Gerichte, ob nach eigenem Recht der lex fori eine Grundlage für
die Ausübung von Zuständigkeit im Urteilsstaat bestand.[2107] Die internationale
Zuständigkeit wird nicht beanstandet, wenn die Klage dem Beklagten im Urteilsstaat persönlich zugestellt wurde (§ 5 (a) (1)), sich der Beklagte auf das Verfahren rügelos eingelassen hat (§ 5 (a) (2)), eine entsprechende Gerichtsstandsvereinbarung vorliegt (§ 5 (a) (3)), der Beklagte seinen Wohnsitz bei Klagerhebung
im Gerichtsstaat hatte bzw. eine juristische Person ihre Hauptniederlassung oder
ihren Gründungssitz dort hatte oder auf andere Weise den Status einer juristischen Person im Gerichtsstaat erlangt hat (§ 5 (a) (4)) oder wenn gem. § 5 (a)
(5) der Beklagte eine Geschäftsstelle (business office) im Gerichtsstaat hatte und
die Klage mit dieser Tätigkeit im Zusammenhang steht.[2108] Da die lex fori anzuwenden sind, sind die Anforderungen, die an Umfang und Intensität der Ge-
schäftsentfaltung zu stellen sind, anhand US-amerikanischer Maßstäbe zu messen.

Der Wortlaut von § 5 (a) (5)[2109] erfordert, dass Anspruch und Streitgegenstand
aus dem Betrieb des „business office" des Beklagten entstehen müssen. Da jedoch Unternehmen mit Geschäftssitz im Urteilsstaat bereits von § 5 (a) (4)[2110]
erfasst werden, folgt daraus, dass an den Begriff des „business office" geringere
Anforderungen zu stellen sind. In diesem Zusammenhang sind die Grundsätze
über „doing business" und die „minimum contacts" heranzuziehen.[2111]

[2107] Homburger, 18 Am. J. Comp. L. 367 (371); Peterson, RabelsZ 33, 543 (557); Schütze, Urteilsanerkennung, S. 14.

[2108] Kohl/Reus, RIW 00, 773 (774); Nagel/Gottwald, § 14, Rdnr. 39; Rassmann, RIW 96, 817 (823);
Weinschenk, RIW 80, 544 (546).

[2109] § 5. Personal Jurisdiction. „(a) The foreign judgment shall not be refused recognition for lack of
personal jurisdiction if (...) (5) the defendant had a business office in the foreign state and the
proceedings in the foreign court involved a [cause of action] [claim for relief] arising out of
business done by the defendant through that office in the foreign state."

[2110] „(...) (4) the defendant was domiciled in the foreign state when the proceedings were instituted,
or, being a body corporate had its prinicipal place of business, was incorporated or had otherwise
acquired corporate status, in the foreign state."

[2111] Kohl/Reus, RIW 00, 773 (774); Hdb. Int. ZVerfR III/1-Martiny, Rdnr. 617; Rassmann, RIW 96,
817 (823); Weinschenk, RIW 80, 544 (547).

Andere, nicht ausdrücklich aufgeführte Zuständigkeiten können darüber hinaus im Rahmen einer ergänzenden Generalklausel[2112] anerkannt werden, wenn die Anforderungen von „minimum contacts" und „adequate notice" bzw. „due process" erfüllt sind.[2113]

3. ALI – International Jurisdiction and Judgments Project

Kürzlich hat das American Law Institute den Entwurf eines neuen Uniform Law zur Anerkennung und Vollstreckung ausländischer Urteile (Recognition and Enforcement of Foreign Judgments) vorgelegt.[2114] Inspiriert durch die Verhandlungen auf der Haager Konferenz zu dem weltweiten Übereinkommen zur Zuständigkeit und Anerkennung ausländischer Urteile in Zivil- und Handelssachen, wollte man ursprünglich einen Entwurf für die US-amerikanische Bundesgesetzgebung vorlegen, mit dem das angestrebte Übereinkommen in nationales Recht umgesetzt werden sollte.[2115] Nach dem Scheitern der Verhandlungen auf der Haager Konferenz entschied man sich, das Projekt fortzusetzen und einen überarbeiteten Entwurf für ein neues einheitliches Anerkennungs- und Vollstreckungsrecht in den gesamten USA zu liefern.[2116] Dabei basiert der Entwurf im Wesentlichen auf dem UFMJRA von 1962, enthält aber auch einige Neuerungen und Ergänzungen.[2117] Nach dem Entwurf regelt der Foreign Judgments Recognition and Enforcement Act (FJREA) ausschließlich die Anerkennung von Urteilen ausländischer Staaten, d. h. nicht von Urteilen der Einzelstaaten. Wie der „full faith and credit clause" der Bundesverfassung die einzelnen Bundesstaaten zur Anerkennung einzelstaatlicher Urteile verpflichtet, soll der FJREA die Gerichte der USA zur Anerkennung ausländischer Urteile verpflichten.[2118]

Der FJREA findet Anwendung auf ausländische Urteile, die § 1 (b) als endgültige Urteile oder endgültige Verfügungen der Gerichte eines ausländischen Staates definiert, die eine Geldsumme zusprechen oder verweigern oder das Vorlie-

---

[2112] 5. Personal Jurisdiction. „(...) (b) The courts of this state may recognize other bases of jurisdiction."

[2113] Bank of Montreal v. Kough, 612 F. 2d 467, 470 (9ᵗʰ Cir. 1980); Gottwald, ZZP 103, 257 (273); Schütze, Urteilsanerkennung, S. 16.

[2114] Vgl. Recognition and Enforcement of Foreign Judgments: Analysis and Proposed Federal Statute, Proposed Final Draft 2005.

[2115] Vgl. dazu Memorandum von Lowenfeld/Silberman vom 30.11.98 unter www.ali.org; ferner Krätzschmar, FS Hay, S. 246; Rühl, RIW 06, 192 (192 Fn. 4).

[2116] Rühl, RIW 06, 192 (192).

[2117] Vgl. ALI Tentative Draft No. 2, S. xi.

[2118] Vgl. ALI Tentative Draft No. 2, S. 30.

gen eines Rechtsverhältnisses feststellen.[2119] Das Urteil muss endgültig sein, was der Fall ist, wenn es nach dem Recht des Urteilsstaates vollstreckbar ist. Das gilt auch, wenn bereits ein Rechtsmittel anhängig ist oder das Urteil grundsätzlich Gegenstand eines Rechtsmittelverfahrens sein kann.[2120] Als ausländische Staaten kommen alle Territorien außerhalb des Gebietes der Vereinigten Staaten oder außerhalb eines unter der Kontrolle der USA stehenden Gebietes in Betracht.[2121]

§§ 2 und 3 statuieren den Grundsatz der Anerkennung und Vollstreckung ausländischer Urteile durch die (einzelstaatlichen oder Bundes-) Gerichte der Vereinigten Staaten und dehnen die Anerkennung auf Urteile aus, die keine Geldleistungspflicht zum Gegenstand haben.[2122] Damit ist der Anwendungsbereich weiter als der des UFMJRA.[2123]

Urteile, die auf einer für den Beklagten unzumutbaren Zuständigkeit des Gerichts beruhen, werden nach § 5 (a) (iii), der auf § 6 verweist, nicht anerkannt.[2124] § 6 (a) (i) – (v) enthält die Umstände, unter denen die Anerkennung des ausländischen Urteils ausgeschlossen ist. U. a. ist das dann der Fall, wenn das Gericht seine Zuständigkeit auf die Nationalität des Klägers, auf den Wohnsitz, auf den ständigen Aufenthalt oder Gründungsort des Klägers oder auf die Zustellung der Klage gegenüber dem nur vorübergehend anwesenden Beklagten im Gerichtsstaat gestützt hat.[2125] Es handelt sich in erster Linie also um als exorbitant einge-

---

[2119] § 1 (b): „Foreign Judgment" means any final judgment or final order of the court of a foreign state granting or denying a sum of money, or determining a legal controversy (…)."

[2120] § 1 (b): „(…) A judgment or order is final for the purposes of the Act, if it is enforceable in the state of origin, even though an appeal therefrom is pending or the judgment or order is subject to appeal."

[2121] § 1 (c): „Foreign state" or „foreign country" means any governmental unit outside the United States or outside any territory under control of the United States."

[2122] § 2 (a): „Except as provided in subsection (b), the foreign judgment shall be recognized and enforced by courts in the United States in accordance with this Act."; § 3 (a): „A foreign judgment that meets the standards set out in this act is entitled to recognition and enforcement by the courts in the United States with respect to the liability or nonliability of the defendant, and with respect to the damages or other relief, whether monetary or non-monetary, as well as interest and costs, if any, awarded to the prevailing party (…)."; § 3 (b) behandelt zudem ausländische Versäumnisurteile und § 3 (c) ausländische klageabweisende Urteile.

[2123] Vgl. ALI Tentative Draft No. 2, S. 24.

[2124] § 5 (a) (iii): „A foreign judgment shall not be recognized or enforced in a court in the United States if the person resisting recognition or enforcement establishes that (…) the judgment was rendered on a basis of jurisdiction over the defendant unacceptable under § 6."

[2125] § 6 (a): „A foreign judgment rendered on any of the following bases of jurisdiction shall be not recognized or enforced in the United States: (…) (ii) the nationality of the plaintiff; (iii) the

stufte Zuständigkeiten.[2126] Ferner ist die Anerkennung und Vollstreckung ausgeschlossen, wenn die Zuständigkeit des Gerichts angesichts der Natur des Anspruchs und der Identität der Parteien unangemessen oder unfair ist. Eine Zuständigkeit gilt aber allein deshalb noch nicht als unangemessen oder unfair, wenn es sich um eine für US-amerikanische Gerichte nicht akzeptable Zuständigkeit handelt.[2127] Der Entwurf soll eine grundsätzliche Vermutung für die Anerkennung und Vollstreckung ausländischer Urteile statuieren, die nach dem Recht des Urteilsstaates auf einer ordnungsgemäßen Zuständigkeit basieren und nicht unter die Ausschlussgründe des § 6 (a) (i) – (iv) fallen. § 6 (a) (v) soll einen Auffangtatbestand darstellen, nach dem jede vom Erstgericht angenommene Zuständigkeit wegen Unangemessenheit oder Unfairness abgelehnt werden kann.[2128] Auch soll einem ausländischen Urteil, das auf einer unangemessenen Zuständigkeit des Gerichts basiert, dann nicht die Anerkennung und Vollstreckung verweigert werden, wenn die tatsächlichen Umstände eindeutig die Zuständigkeit tragen würden, auch wenn das Erstgericht seine Zuständigkeit auf andere Umstände gestützt hat.[2129] Das ist dann der Fall, wenn das Urteil den Anforderungen an due process genügt.[2130] § 5 (c) räumt dem Gericht unter bestimmten Umständen ein Ermessen bezüglich der Anerkennung und Vollstreckung eines ausländischen Urteils ein. Danach braucht ein Urteil nicht anerkannt und vollstreckt zu werden, wenn dem Urteilsstaat, dessen Gericht das Urteil erlassen hat, keine sachliche Zuständigkeit (subject matter jurisdiction) zukam.[2131] Dazu zählt jedoch nicht die Frage der Zuständigkeit z. B. einer Zivil-, Handels- oder Wettbewerbskammer an einem Landgericht. Etwaige Rügen diese Zuständigkeit betreffend sind am Gericht des Urteilsstaates zu erheben.[2132]

---

domicile, habitual residence or place of incorporation of the plaintiff; (iv) service of process based solely on the transitory presense of the defendant in the forum state (…)".

[2126] Vgl. ALI Tentative Draft No. 2, S. 74.

[2127] § 6 (a): „(…) (v) any other basis that is unreasonable or unfair given the nature of the claim and the identity of the parties. A basis of jurisdiction is not unreasonable or unfair solely because it is not an acceptable basis of jurisdiction for courts in the United States."

[2128] Vgl. ALI Tentative Draft No. 2, S. 76.

[2129] § 6 (b): „A foreign judgment based on an assertion of an unacceptable basis of jurisdiction as defined in subsection (a) shall not be denied recognition and enforcement if the factual circumstances would clearly support jurisdiction not inconsistent with subsection (a)."; vgl. ALI Tentative Draft No. 2, S. 80.

[2130] Vgl. ALI Tentative Draft No. 2, S. 51.

[2131] § 5 (c): „A foreign judgment need not be recognized or enforced in a court of the United States if the person resisting the recognition or enforcement establishes that: (i) the state of origin of the court that issued the foreign judgment did not have jurisdiction to prescribe or jurisdiction to adjudicate with respect to the subject matter of the controversy (…)."

[2132] Vgl. ALI Tentative Draft No. 2, S. 55.

Damit bleibt festzuhalten, dass die Regelung der Anerkennungszuständigkeit abweichend von dem UFMJRA nur eine Negativ-Kontrolle vorsehen soll, wonach die Anerkennung wegen fehlender Anerkennungszuständigkeit nur unter bestimmten Voraussetzungen verweigert wird, im Übrigen aber ausreichend ist, dass das Erstgericht nach seinen Vorschriften zur Entscheidung über den Rechtsstreit zuständig war.[2133]

VI. Die Anerkennung US-amerikanischer Urteile

Ob nun Urteile US-amerikanischer Gerichte, die ihre Zuständigkeit auf „doing business" bzw. „transacting business" gestützt haben, die Voraussetzungen der Anerkennungszuständigkeit gem. § 328 Abs. 1 Nr. 1 ZPO i. V. m. § 21 ZPO erfüllen, muss im Einzelfall geprüft werden. Grundsätzlich ist immer dann, wenn sich deutsche Beklagte in den Vereinigten Staaten wirtschaftlich über eine Niederlassung oder ähnliche Einrichtung betätigen, wie z. B. über ein Büro, über einen oder mehrere Repräsentanten, über unabhängige Vertreter, über eine Tochtergesellschaft oder gar über eine Internet-Website, an die Niederlassung i. S. v. § 21 ZPO zu denken, die die Anerkennungszuständigkeit des angerufenen US-amerikanischen Gerichts begründen könnte.

1. Die Spiegelung des Gerichtsstands der Niederlassung

Aufgrund des Spiegelbildprinzips wenden die Gerichte bei der Prüfung der Anerkennungszuständigkeit die eigenen Vorschriften über die internationale Entscheidungszuständigkeit an. Damit ist grundsätzlich auch § 21 ZPO der Spiegelung auf die Anerkennungszuständigkeit zugänglich.

Die bisherige Untersuchung des Gerichtsstandes der Niederlassung als internationale Entscheidungszuständigkeit hat ergeben: Sinn und Zweck des Gerichtsstandes ist es, dem Kläger ein Forum gegen den Beklagten zu eröffnen, der sich auf einem „fremden Markt" wirtschaftlich betätigt hat und sich nunmehr für die von ihm (zumindest mittelbar) verursachten rechtlichen Folgen an diesem Ort der Betätigung verantworten soll. Marktzutritt begründet also die Gerichtspflichtigkeit des wirtschaftlich tätigen Beklagten.[2134] Der Beklagtenschutz ist trotz dieser Abweichung vom „actor sequitur"-Grundsatz aber nicht gänzlich außer Acht gelassen worden. Immerhin braucht sich der Beklagte nicht gegen jedwede Klage am Ort seiner Niederlassung zu verteidigen, sondern nur gegen ein solche, die einen Bezug zu der Geschäftstätigkeit der Niederlassung aufweist.[2135]

[2133] Vgl. ALI Tentative Draft No. 2, S. 74. Vgl. ausführlicher Rühl, RIW 06, 192 (193 ff.).

[2134] Siehe oben § 4 I. 2./II. 3.

[2135] Siehe oben § 4 I. 4./II. 5.

Ferner konnte ermittelt werden, dass der Niederlassungsgerichtsstand die namentlich von Pfeiffer aufgestellten Anforderungen an eine Zuständigkeitsgerechtigkeit erfüllt. Der Anspruch des Klägers auf Justizgewährung kann befriedigt werden, weil ihm ein Forum zur Verfügung gestellt wird, das ihm die Verfolgung seiner Ansprüche gegen den Beklagten erleichtern sollte. Aufgrund der wirtschaftlichen Betätigung über die Niederlassung besteht eine hinreichende Verbindung des Rechtsstreits und des Beklagten zum Forum. Auf der anderen Seite wird auch der Beklagte durch diese Abweichung vom „actor sequitur"-Grundsatz nicht gänzlich schutzlos gestellt. Er muss zwar die durch ihn hergestellte Verbindung zum Forum gegen sich gelten lassen, braucht sich dort aber nur gegen Klagen zu verteidigen, die eine Beziehung zu seiner wirtschaftlichen Betätigung aufweisen. Die Kritik an einem starren Festhalten am Prinzip der Doppelfunktionalität, das nicht auf die besonderen Interessenslagen der beteiligten Parteien bei einem internationalen Rechtsstreit eingeht, greift für den Gerichtsstand der Niederlassung daher nicht ein. Die bisherige Untersuchung führt daher nicht zu dem Ergebnis, dass von den Voraussetzungen für die Begründung der Gerichtspflichtigkeit des Beklagten am Gerichtsstand der Niederlassung im Inland im Vergleich zu einem internationalen Rechtsstreit abgewichen werden müsste.[2136]

Mit der Spiegelung des § 21 ZPO auf die Anerkennungszuständigkeit sollen nun die der örtlichen und internationalen Entscheidungszuständigkeit zugrunde liegenden Gerechtigkeitsvorstellungen und Interessensabwägungen auch auf die Anerkennung ausländischer Urteile übertragen werden.[2137] Standen sich noch bei der Regelung der Entscheidungszuständigkeit verschiedene Interessen gegenüber, denen durch die Kodifizierung des § 21 ZPO in der erörterten Weise entsprochen wurde, dürfte die spiegelbildliche Übertragung auf die Anerkennung ebenfalls den beteiligten Interessen dienen.

Dem vom Kläger im Erststaat angerufenen Gericht wird gem. § 328 Abs. 1 Nr. 1 ZPO i. V. m. § 21 ZPO in der Bundesrepublik die Anerkennungszuständigkeit zugestanden, wenn die Voraussetzungen von § 21 ZPO im Erststaat erfüllt sind, unabhängig davon, ob das Erstgericht seine Zuständigkeit richtigerweise nach seinem Recht auf den Gerichtsstand der Niederlassung gestützt hat bzw. unbeachtlich dessen, ob der Urteilsstaat überhaupt eine Zuständigkeit am Ort der Niederlassung des Beklagten kennt. Solange die Voraussetzungen von § 21 ZPO gegeben sind, erachtet es das autonome deutsche Anerkennungsrecht für den Beklagten als zumutbar, der Gerichtspflichtigkeit des Erstgerichts unterworfen

---

[2136] Siehe oben § 4 I. 6. b./II. 7. a.
[2137] Fricke, S. 82/83.

zu sein. Damit überträgt das autonome deutsche Recht die der internationalen Entscheidungszuständigkeit am Gerichtsstand der Niederlassung zugrunde liegenden Wertungen – die Abweichung vom „actor sequitur"-Grundsatz zu Gunsten des Klägers – auf den Erststaat, ungeachtet dessen, ob die ausländische Rechtsordnung des Urteilsstaates diesen Grundsatz kennt. Das ist die Konsequenz des bereits eingehend erörterten Spiegelbildprinzips.[2138]

Dem Kläger wird indirekt durch das autonome deutsche Anerkennungsrecht ein Forum im Urteilsstaat zur Verfügung gestellt, an dem er den wirtschaftlich tätigen Beklagten gerichtspflichtig werden lassen kann und das für ihn unter Umständen vorteilhafter gelegen ist als dessen Heimatsitz. Dabei ist ohne Bedeutung, ob sich der Kläger diesen Gerichtsstand bewusst zu Nutze gemacht oder ob er sich überhaupt Gedanken über die für ihn erleichterte Klageerhebung am Ort der Niederlassung des Beklagten Gedanken gemacht hat.

Doch der Beklagte wird im Gegenzug vom autonomen deutschen Anerkennungsrecht nicht schutzlos gelassen, denn das ausländische Urteil wird in der Bundesrepublik nur anerkannt, wenn auch alle Voraussetzungen von § 21 ZPO im Urteilsstaat erfüllt sind. Dazu gehört insbesondere das Erfordernis der Betriebsbezogenheit der Klage. Das ausländische Urteil wird also zum Schutze des Beklagten nicht anerkannt, wenn die Klage nicht den notwendigen Bezug zu dem Betrieb der Niederlassung aufwies.

Gegen die spiegelbildliche Übertragung der autonomen deutschen Wertungen auf den Urteilsstaat dürften gerade bei § 21 ZPO auch deshalb keine ernsthaften Bedenken bestehen, weil der Gerichtsstand der Niederlassung im internationalen Rechtsverkehr durchaus weit verbreitet ist und damit auch die Abweichung vom international anerkannten „actor sequitur"-Grundsatz gemeinhin bekannt ist.[2139]

[2138] Siehe oben § 9 III.

[2139] So enthalten auch die meisten von Deutschland abgeschlossenen bilateralen Anerkennungs- und Vollstreckungsverträge die Zuständigkeitsanknüpfung an den Gerichtsstand der Niederlassung. Vgl. dazu Art. 2 Nr. 4 des deutsch-schweizerischen Abkommens; Art. 2 Nr. 3 des deutsch-italienischen Abkommens; Art. 3 Abs. 1 Nr. 4 des deutsch-belgischen Abkommens; Art. IV Abs. 1 lit. a Nr. 5 des deutsch-britischen Abkommens; Art. 4 Abs. 1 lit. d des deutsch-niederländischen Vertrages; Art. 7 Abs. 1 Nr. 2 des deutsch-israelischen Vertrages; Art. 8 Abs. 1 Nr. 6 des deutsch-norwegischen Vertrages; Art. 7 Abs. 1 Nr. 2 des deutsch-spanischen Vertrages; Art. 31 Abs. 1 Nr. 2 des deutsch-tunesischen Vertrages. Vgl. z. B. zum deutsch-schweizerischen Abkommen die Deutsche Denkschrift, RT-Drs. IV Nr. 2236: „(…) Dabei ist zu den unter [Art. 2] Nr. 2 bis 5 aufgeführten Zuständigkeitsgründen zu bemerken, dass die sich aus Art. 59 ergebende Einrede der Unzuständigkeit verzichtbar ist. (…) Als Verzicht werden aber auch (…) der unter Nr. 4 (…) näher bezeichnete Anspruch die Errichtung einer gewerblichen

Um die Anerkennungszuständigkeit nach § 328 Abs. 1 Nr. 1 ZPO i. V. m. § 21 ZPO zu begründen, reicht es aus, dass die Niederlassung im Zeitpunkt der Klageerhebung im Urteilsstaat bestanden hat. Denn wer sich einmal auf einem fremden Markt wirtschaftlich betätigt hat, muss dort für einen daraus resultierenden Rechtsstreit gerichtspflichtig bleiben und darf sich nicht auf den „actor sequitur"-Grundsatz berufen dürfen.[2140] Gegen die Spiegelung des § 21 ZPO bestehen also grundsätzlich keine Bedenken.[2141]

Niederlassung (...) angesehen."; zum deutsch-britischen Abkommen die Deutsche Denkschrift, BT-Drs. III Nr. 2360: „(...) Zu Artikel IV (...) Der Gerichtsstand des gewöhnlichen Aufenthaltsortes oder der Hauptniederlassung einer Gesellschaft oder Körperschaft ist international allgemein anerkannt (Abs. 1 lit. a Nr. 4). Der Gerichtsstand der Zweigniederlassung für Rechtsstreitigkeiten aus Geschäften, die im Zusammenhang mit der Tätigkeit der Niederlassung stehen (Abs. 1 lit. a Nr. 5) knüpft an Nummer 4 an."; zum deutsch-niederländischen Vertrag den Gemeinsamen Bericht der Unterhändler, BT-Drs. IV Nr. 2351 S. 27: „Der in Buchstabe d geregelte Gerichtsstand der geschäftlichen Niederlassung (vgl. § 21 ZPO) ist dem niederländischen innerstaatlichen Recht nicht bekannt. Die niederländische Delegation hat sich mit seiner Aufnahme in den Vertrag einverstanden erklärt, wie das auch bei dem niederländisch-belgischen Vertrag (Art. 5 Nr. 3), dem niederländisch-italienischen Vertrag (Art. 2 Abs. 1 Nr. 3) und dem Benelux-Vertrag (Art. 5 Nr. 4) geschehen ist."; zum deutsch-norwegischen Vertrag den Gemeinsamen Bericht der Unterhändler, BT-Drs. 9/66, S. 26: „Der in Nr. 6 geregelte Gerichtsstand der geschäftlichen Niederlassung ist beiden Rechtsordnungen bekannt (vgl. § 21 ZPO, §§ 27, 28 Rl.) und international üblich. Er ist deshalb in den Vertrag aufgenommen worden (...)."; zum deutsch-spanischen Vertrag die Deutsche Denkschrift, BT-Drs. 10/5415: „(...) Zu Artikel 7 (...) In Nr. 2 ist der Gerichtsstand der geschäftlichen Niederlassung geregelt. Die mit der Klage geltend gemachten Ansprüche müssen sich gerade aus dem Betrieb der geschäftlichen Niederlassung ergeben, z. B. wegen unlauterer Werbung der Niederlassung."; zum deutsch-tunesischen Vertrag die Deutsche Denkschrift, BT-Drs. V Nr. 3167: „(...) Zu Artikel 31 (...) Der in Nr. 2 geregelte Gerichtsstand der geschäftlichen Niederlassung ist beiden Rechtsordnungen bekannt (vgl. § 21 ZPO; Artikel 33 C. p. c.). In der internationalen Vertragspraxis ist es auch üblich, dass die geschäftliche Niederlassung als Anknüpfung für eine besondere internationale Zuständigkeit gewählt wird. Der Gerichtsstand ist deshalb in den Vertrag aufgenommen worden. Zu beachten ist, dass die mit der Klage geltend gemachten Ansprüche sich gerade aus dem Betrieb der geschäftlichen Niederlassung oder Zweigniederlassung ergeben müssen. Die Delegationen waren sich ferner darüber einig, dass selbstständige Agenten (Handelsvertreter) nicht als Niederlassung oder Zweigniederlassung i. S. d. Vorschrift anzusehen sind." Dagegen enthalten die Art. 2 Nr. 3, 4, 5 des deutsch-österreichischen Vertrages und Art. 3 Nr. 3, 4 des deutsch-griechischen Vertrages Negativlisten, wonach bei Vorliegen einer der aufgezählten Gründe die Anerkennung versagt wird.

[2140] Geimer/Schütze-Geimer, I/2, S. 1555 Fn. 186; Geimer/Schütze-Müller, Rechtsverkehr, Bd. 2, Schweiz, S. 660.19; Geimer/Schütze-Karl, Rechtsverkehr, Bd. 2, Spanien, S. 663.132. Vgl. allerdings den unpräzisen Wortlaut in Art. 2 Nr. 4 des deutsch-schweizerischen Vertrages; Art. 2 Nr. 3 des deutsch-italienischen Vertrages; Art. 3 Abs. 1 Nr. 4 des deutsch-belgischen Vertrages; Art. IV Abs. 1 Nr. 5 des deutsch-britischen Vertrages; Art. 4 Abs. 1 lit. d des deutsch-

2. Durchbrechung des Spiegelbildprinzips

Fraglich ist, ob sich aus der neueren Rechtsprechungsentwicklung auch Folgerungen für die Spiegelung des Gerichtsstandes der Niederlassung herleiten lassen.[2142]

Eine Inkongruenz des maßgeblichen Zuständigkeitsrechts bei Entscheidungs- und Anerkennungszuständigkeit ist dem deutschen Recht nicht unbekannt. Denn trotz einer grundsätzlichen Beibehaltung des Spiegelbildprinzips als geltendes Recht, befürworten der BGH und die Literatur in Einzelfällen Durchbrechungen dieses Grundsatzes und begründen diese im Wesentlichen mit Erwägungen zur Einzelfallgerechtigkeit.[2143] Diese Ausnahmen zum Spiegelbildprinzip sollen im Folgenden kurz erörtert werden, um im Anschluss der Frage nachzugehen, ob sich vergleichbare Überlegungen auch bei der Anerkennungszuständigkeit nach § 21 ZPO anstellen lassen.

a. Rügelose Einlassung (§ 39 ZPO)

Rügeloses Verhandeln des Beklagten zur Hauptsache i. S. v. § 39 ZPO vor einem deutschen Gericht kann nicht nur die örtliche, sondern auch die internatio-

---

niederländischen Vertrages; Art. 7 Abs. 1 Nr. 2 des deutsch-israelischen Vertrages, Art. 8 Abs. 1 Nr. 6 des deutsch-norwegischen Vertrages und Art. 31 Abs. 1 Nr. 2 des deutsch-tunesischen Vertrages: „(...) wenn der Beklagte im Entscheidungsstaat eine geschäftliche Niederlassung oder eine Zweigniederlassung hatte und für Ansprüche aus deren Betrieb belangt worden ist." Anders dagegen Art. 7 Abs. 1 Nr. 2 des deutsch-spanischen Vertrages: „(...) wenn der Beklagte zur Zeit der Einleitung des Verfahrens im Ursprungsstaat eine geschäftliche Niederlassung oder Zweigniederlassung hatte und in diesem Staat aus einer Tätigkeit der Niederlassung oder Zweigniederlassung belangt worden ist."

[2141] So auch im Ergebnis LG München I, RIW 88, 738 (738); Geimer, IZPR, Rdnr. 1464; Geimer/Schütze-Geimer, I/2, S. 1524; Hdb. Int. ZVerfR III/1-Martiny, Rdnr. 672; Schreiner, S. 84.

[2142] An dieser Stelle kann und soll nicht entschieden werden, ob sich aus der die Anerkennungszuständigkeit ausländischer Gerichte regelnden Positivliste mit Generalklausel in § 5 (a), (b) UFMJRA allgemeine Konsequenzen für das deutsche Spiegelbildprinzip, insbesondere – wie auch vereinzelt in der deutschen Literatur gefordert – dessen Ersetzung durch eine Generalklausel, ergeben könnten. Gegen die Schaffung einer (additiven) Generalklausel dürften – wie bereits erörtert, siehe oben § 9 III. 4. – insbesondere die Gefahren zunehmender Rechtsunsicherheit und abnehmender Rechtsklarheit und -bestimmtheit sprechen. Darüber hinaus kann auf das – kontroverse Diskussionen auslösende – Erfordernis des „hinreichenden Inlandsbezugs" des BGH zu § 23 ZPO verwiesen werden. Siehe dazu oben § 4 I. 6. a. Angesichts des vorliegenden Untersuchungsgegenstandes soll sich die Erörterung auf die Spiegelung des Niederlassungsgerichtsstandes beschränken.

[2143] Mansel, FS Jayme, S. 571.

nale Entscheidungszuständigkeit begründen,[2144] so dass unter Anwendung des Spiegelbildprinzips die rügelose Verhandlung des Beklagten vor einem ausländischen Gericht die Anerkennungszuständigkeit der Gerichte dieses Landes begründen würde.[2145]

Seit der Entscheidung des BGH vom 03.12.1992 kommt § 39 ZPO im Rahmen des § 328 Abs. 1 Nr. 1 ZPO allerdings nur zur Anwendung, wenn das ausländische Gericht, dessen internationale Anerkennungszuständigkeit durch die spiegelbildliche Anwendung des § 39 ZPO begründet werden soll, auf die Zuständigkeitsrüge hin unzuständig gewesen wäre. Ein rügeloses Verhandeln vor dem ausländischen Gericht könne nicht selbstständig zur internationalen Anerkennungszuständigkeit führen, wenn der fremde Staat nach seinem eigenen Recht unabhängig davon international zuständig sei.[2146] Nur wenn demnach die Rüge nach ausländischem Recht beachtlich gewesen wäre, könne sie zu Lasten des Beklagten eine zumutbare Anerkennungszuständigkeit begründen.[2147] Bisher wurde dagegen teilweise die strikte Anwendung des Spiegelbildprinzips ohne Rücksicht darauf befürwortet, ob die Zuständigkeitsrüge im Ausland hätte Erfolg haben können oder ob das ausländische Gericht nach seinem Prozessrecht auch ohne eine derartige Unterwerfung des Beklagten die Entscheidungszuständigkeit besaß.[2148] Daher müsse sich der Beklagte im Hinblick auf ein späteres Vollstreckungsverfahren die Zuständigkeitsrüge im Ausland zumindest vorbehalten haben.[2149]

Die Entscheidung durchbricht das Spiegelbildprinzip. Zwar ist § 39 ZPO grundsätzlich nur anwendbar, wenn das angerufene Gericht nicht schon aufgrund anderer Vorschriften zuständig ist.[2150] Die fehlende anderweitige Zuständigkeit wird jedoch als Vorfrage von der spiegelbildlichen Prüfung in diesem Fall nicht erfasst. Vielmehr kommt es darauf an, ob die Gerichte nach ihren lex fori entscheidungszuständig waren. Die Prüfung im Rahmen des § 328 Abs. 1 Nr. 1 ZPO wird demnach auf Teilaspekte des § 39 ZPO beschränkt. Die Vorfrage der

---

[2144] RGZ 37, 371 (373); BGH WM 79, 445 (446); BGHZ 101, 296 (301); BGH IPRax 94, 204 (205); OLG Hamm IPRax 88, 166 (168); Baumbach/Lauterbach-Hartmann, § 328, Rdnr. 16; Geimer, WM 86, 117 (117); Haas, IPRax 01, 195 (197); Matscher, ZZP 86, 404 (416); MüKo ZPO-Gottwald, § 328, Rdnr. 66; Nagel/Gottwald, § 11, Rdnr. 152; Schindler, S. 300; Schreiner, S. 97; Stein/Jonas-Roth, § 328, Rdnr. 100; Zöller-Geimer, § 328, Rdnr. 101.

[2145] BGH NJW 76, 1583 (1583).

[2146] BGH IPRax 94, 204 (206); BGH NJW 93, 1073 (1074).

[2147] Grothe, RabelsZ 58, 686 (720).

[2148] OLG Frankfurt/Main RIW 79, 276 (276); OLG Köln OLGZ 86, 210 (212).

[2149] Hdb. Int. ZVerfR III-Martiny, Rdnr. 726.

[2150] Schreiner, S. 97.

fehlenden anderweitigen Zuständigkeitsbegründung wird den lex fori des Erst-staates zur Beantwortung überwiesen.[2151]

Die Entscheidung des BGH ist in Teilen der Literatur auf Widerspruch gesto-ßen. Es könne nicht darauf ankommen, ob die rügelose Einlassung für den Ent-scheidungsstaat die Zuständigkeit begründet habe. Anderenfalls sei ihr Wert als Anerkennungszuständigkeit nur sehr begrenzt. Auf keinen Fall komme es darauf an, ob der Beklagte eine Anerkennungszuständigkeit begründen wolle, da diese nicht der Parteidisposition unterliege.[2152] Die Wirkung des § 39 ZPO hänge nicht vom Willen des Beklagten ab, insbesondere nicht davon, ob er durch seine Ein-lassung zugleich die Anerkennungszuständigkeit begründen wolle. Man könne von dem Beklagten durchaus erwarten, dass er den objektiven Erklärungswert seines Prozessverhaltens dadurch klarstelle, dass er auch eine aussichtslose Zu-ständigkeitsrüge zu Protokoll gebe.[2153] Die Einschränkung zwinge dazu, die ausländische Zuständigkeitsordnung zu überprüfen, statt den Streit darüber auf-grund der rügelosen Einlassung abzuschneiden.[2154] Es sei zumindest ratsam, die Zuständigkeit zu rügen, weil im zweitstaatlichen Verfahren durchaus Zweifel auftreten könnten, ob der Erstrichter nach seinem Recht tatsächlich auch ohne die rügelose Einlassung zuständig gewesen wäre. Auch diese Zweifel gingen zu Lasten des Anerkennungsgegners.[2155]

Für die Entscheidung des BGH zu § 39 ZPO dürften überzeugende Argumente sprechen. Der ausländische Beklagte braucht nicht schon während des laufenden Rechtsstreits die Zuständigkeitsrüge rein vorsorglich zu erheben. Vielmehr erhält er die Möglichkeit, diese in einem späteren, möglicherweise in der Bundesrepu-blik stattfindenden, Anerkennungsverfahren geltend zu machen. Damit sollte den Interessen des Beklagten Rechnung getragen werden können. Denn anderenfalls würde er dem – nicht zu unterschätzenden – Risiko ausgesetzt, durch die auslän-

---

[2151] Basedow, IPRax 94, 183 (185); Schreiner, S. 97.

[2152] MüKo ZPO-Gottwald, § 328, Rdnr. 67.

[2153] Schack, IZVR, Rdnr. 837. Vgl. auch Grothe, RabelsZ 58, 686 (720): Problematisch sei, dass der BGH die Regeln des ausländischen Erstgerichts über die Entscheidungszuständigkeit mit zur Beurteilung der deutschen Anerkennungszuständigkeit heranziehe. Es liege aber gerade im We-sen des Spiegelbildprinzips, nicht an das ausländische Recht und seine Wirkungen anzuknüpfen, sondern die Regeln über die Entscheidungszuständigkeit der eigenen Gerichte zu bilateralisieren. Ferner rechtfertige der BGH die Durchbrechung des Spiegelbildprinzips mit der für § 39 ZPO ansonsten irrelevanten Motivlage des Beklagten. Die Betrachtungsweise des BGH reduziere die Bedeutung des Beklagtenverfahrens auf die Situation des Erstverfahrens und blende ein künfti-ges Anerkennungsverfahren völlig aus.

[2154] Nagel/Gottwald, § 11, Rdnr. 152.

[2155] Linke, Rdnr. 393; Stein/Jonas-Roth, § 328, Rdnr. 101.

dischen Verfahrensordnungen bei Erhebung der Rüge Sanktionen unterworfen zu werden. Diese könnten z. B. die Auferlegung von Kosten für Zwischenurteile über die Entscheidung über die Zuständigkeitsrüge vorsehen oder den Teil des späteren Vortrags des Beklagten präkludieren, der mit der Zuständigkeitsrüge nicht in Einklang steht. Die Eingehung eines derartigen Risikos dürfte für den Beklagten aber nicht sachgerecht sein. Denn zur Zeit des Erstprozesses ist nicht selten noch unklar, ob überhaupt in der Bundesrepublik ein Anerkennungsverfahren durchgeführt werden muss, da die Wahl des Anerkennungsstaates dem Kläger zusteht. Insbesondere, wenn der Beklagte in verschiedenen Staaten über vollstreckbares Vermögen verfügt, kann ein Verfahren in der Bundesrepublik noch ungewiss sein. Die vorbeugende Erhebung der Zuständigkeitsrüge wäre daher eine für den Beklagten kaum zumutbare Belastung. Der Zweck des Spiegelbildprinzips besteht zudem darin, den Beklagten noch auf der Erkenntnisebene vor voreiligen Verteidigungshandlungen vor dem ausländischen Gericht zu bewahren: Nur wenn der Beklagte anhand seiner eigenen Zuständigkeitsnormen die mögliche Anerkennungszuständigkeit des ausländischen Gerichts beurteilen kann, soll eine Verteidigung – im Falle des Vorliegens der Anerkennungszuständigkeit – für den Beklagten zumutbar sein.[2156] Um diesen Zweck zu erfüllen, dürfte es sachgerecht sein, das Spiegelbildprinzip (ausnahmsweise) aufzulockern. Ferner dürfte es nicht selten für den Beklagten zu einer erschwerten Prozessführung kommen, müsste er nicht nur die Belastungen des ausländischen Rechtsstreits ertragen, sondern sich zusätzlich auch Gedanken über die verschiedenen potentiellen Zuständigkeiten der Anerkennungsstaaten Gedanken machen.[2157]

b. Vermögensgerichtsstand (§ 23 ZPO)
Die spiegelbildliche Anwendung von § 23 ZPO wird ebenfalls unterschiedlich bewertet. Die Vorschrift eröffnet in allen vermögensrechtlichen Streitigkeiten eine internationale Zuständigkeit, wenn der Beklagte im Inland Vermögen besitzt. Eine spiegelbildliche Anwendung der Vorschrift würde dazu führen, dass

---

[2156] Siehe oben § 9 III. 2. a.

[2157] Basedow, IPRax 94, 183 (185); Baumbach/Lauterbach-Hartmann, § 328, Rdnr. 16; Geimer, Anerkennung, S. 120; Geimer, FS Nakamura, S. 179; Haas, IPRax 01, 195 (197); Schreiner, S. 98; Stein/Jonas-Roth, § 328, Rdnr. 101; Zöller-Geimer, § 328, Rdnr. 101. Differenzierend Schindler, S. 311/312, wonach dem BGH insoweit zu folgen sei, als die Möglichkeit der Begründung der Anerkennungszuständigkeit nach § 39 ZPO grundsätzlich dann nicht möglich sei, wenn die ausländischen Gerichte nach deren lex fori international zuständig seien und der Beklagte keine andere Wahl habe, als sich dem ausländischen Verfahren zu unterwerfen. Kritisch zu bewerten sei allerdings, dass die Anerkennung einer ausländischen Entscheidung nach § 39 ZPO nur in den äußerst seltenen Fällen möglich sei, dass das ausländische Urteil seine eigenen Zuständigkeitsvorschriften missachte.

die Anerkennungszuständigkeit bereits dann gegeben ist, wenn der Beklagte im Erststaat Vermögen hatte.

Nach der – bereits erwähnten – neueren Rechtsprechung des BGH besteht eine inländische Gerichtspflichtigkeit aber nur dann, wenn zu der Inlandsbezogenheit des Vermögens ein hinreichender Inlandsbezug der Streitsache hinzutritt.[2158] Als Leitidee dieser Einschränkung der internationalen Entscheidungszuständigkeit stand der Abbau des exorbitanten deutschen Vermögensgerichtsstandes, weil darauf gestützte deutsche Gerichtsurteile im Ausland wenig Aussicht auf Anerkennung und Vollstreckung hätten.[2159] Im US-amerikanischen Recht gilt z. B. seit Shaffer v. Heitner, dass allein die Vermögensbelegenheit aufgrund des „due process"-Gebotes keine Annahme von Zuständigkeit mehr rechtfertigt. Vielmehr müssen „minimum contacts" zum Gerichtsstaat vorhanden sein.[2160] Mit der Entscheidung wollte der BGH den zwischenstaatlichen Rechtsverkehr daher fördern[2161] und hat demnach den Umfang der Entscheidungszuständigkeit deutscher Gerichte gem. § 23 ZPO reduziert.[2162]

Diskutiert wird nun, ob diese einschränkende Auslegung durch das Merkmal des hinreichenden Inlandsbezuges auch „spiegelbildlich" auf die Anerkennungszuständigkeit übertragen werden kann (und soll).[2163] Demnach wäre die Anerkennungszuständigkeit ausländischer Gerichte nur gegeben, wenn eine ausreichende Beziehung zum Gerichtsstaat bestünde. Der BGH hat diese Frage bisher noch ausdrücklich offen gelassen.[2164] Vereinzelt wird eine entsprechende Spiegelung mit dem schlichten Hinweis abgelehnt, sie ergebe keinen Sinn.[2165] Zum Teil werden zumindest Bedenken dagegen vorgebracht. Es sei zu beachten, dass die spiegelbildliche Anwendung zu einer Verengung des Umfangs der Anerkennungszuständigkeit ausländischer Staaten führen könne, soweit sich diese allein auf eine spiegelbildliche Anwendung von § 23 ZPO stütze. Damit wäre genau das Gegenteil von dem erreicht, was man zu erreichen beabsichtige.[2166]

[2158] BGH JZ 92, 50 (53). Siehe oben § 4 I. 6. a.

[2159] Siehe oben § 4 I. 6. a. Vgl. auch Haas, IPRax 01, 195 (197); v. Hoffmann, IPRax 82, 217 (219).

[2160] Shaffer v. Heitner, 433 US 186, 224 (1977). Vgl. auch Hay, JZ 77, 697 (700); v. Hoffmann, IPRax 82, 217 (220). Siehe dazu oben § 6 III. 1.

[2161] Basedow, IPRax 94, 183 (185).

[2162] Basedow, IPRax 94, 183 (185).

[2163] Basedow, IPRax 94, 183 (186); Fricke, NJW 92, 3066 (3068); Gebauer/Schulze, IPRax 99, 478 (483); Geimer, Anerkennung, S. 117; Haas, IPRax 01, 195 (197); Mansel, FS Jayme, S. 570; Schindler, S. 281; Wollenschläger, IPRax 02, 96 (99); Zöller-Geimer, § 328, Rdnr. 96b.

[2164] BGH JZ 92, 50 (53); BGHZ 141, 286 (290).

[2165] Zöller-Geimer, § 328, Rdnr. 96b.

[2166] Basedow, IPRax 94, 183 (186); Haas, IPRax 01, 195 (197).

Bei der Spiegelung von § 23 ZPO sollte der für die Entscheidungszuständigkeit erforderliche Inlandsbezug auch für die Anerkennungszuständigkeit der ausländischen Gerichte gelten. Dafür dürften sich überzeugende Argumente finden lassen. Über das Spiegelbildprinzip sollen die Wertungen und Grundsätze des deutschen internationalen Zuständigkeitsrechts auch Anwendung auf ausländische Rechtsstreitigkeiten finden, bei denen eine Partei mit vollstreckbarem Vermögen in der Bundesrepublik beteiligt ist. Dabei greifen die deutschen Vorschriften nicht direkt in den Rechtsstreit ein und schreiben dem ausländischen Gericht vor, wann es sich für international entscheidungszuständig halten soll. Vielmehr drückt die deutsche Regelung der Anerkennungszuständigkeit indirekt aus, unter welchen Voraussetzungen es dem (deutschen) Beklagten zumutbar sein soll, sich vor einem ausländischen Forum zu verteidigen. Das ist dann nicht der Fall, wenn das ausländische Gericht seine Zuständigkeit auf, aus deutscher Sicht exorbitante Zuständigkeiten stützt.[2167] Der Beklagte wird demnach auf der Anerkennungs- und Vollstreckungsebene vor unzumutbaren Foren durch seinen „Heimatstaat" geschützt.[2168] Mit der Beschränkung der Entscheidungszuständigkeit des § 23 ZPO durch den hinreichenden Inlandsbezug wollte der BGH zwar die Anerkennung deutscher Urteile im internationalen Rechtsverkehr fördern. Es kann jedoch als gesichert gelten, dass die Reichweite internationaler Entscheidungszuständigkeit nicht von der Anerkennung der entsprechenden Urteile in anderen Staaten abhängig gemacht werden darf.[2169] Die spiegelbildliche Übertragung der einschränkenden Auslegung dürfte vielmehr deshalb erforderlich und geboten sein, weil dadurch die „einheimischen", vor ein ausländisches Gericht gezogenen Beklagten vor einer Vollstreckung aus dem Urteil im Inland geschützt werden können. Denn zwar kann der Staat seine „Angehörigen" im Ausland nicht vor exorbitanter Gerichtspflichtigkeit bewahren. Er kann aber verhindern, dass der ausländische Kläger im „Heimatland" des Beklagten unter Zuhilfenahme des staatlichen Vollstreckungsapparates das auf unerwünschter Zuständigkeit ergangene Urteil vollstreckt. Wenn demnach – wie der BGH es getan hat – der Vermögensgerichtsstand in seiner ursprünglichen Form als exorbitant eingestuft und zwecks besserer Anerkennungsmöglichkeiten im Ausland einschränkend ausgelegt wird, muss er – quasi den Gedanken des Schutzes vor Exorbitanz „zu Ende denkend" – auch zum Schutze und zu Gunsten der eigenen „Angehörigen" ausgelegt werden. Dies dürfte nur über eine spiegelbildliche Anwendung zu erzielen sein.[2170]

[2167] Siehe oben § 9 III. 1.

[2168] Siehe oben § 9 III. 2. a.

[2169] Siehe oben § 3 III. 6. d.

[2170] Fricke, NJW 92, 3066 (3069), wonach man konsequenterweise verlangen müsse, dass ein Rechtsstreit, der dem anzuerkennenden Rechtsstreit zugrunde liege, eine über die bloße Vermögensbelegenheit hinausgehende Beziehung zu dem Entscheidungsstaat aufweise; Gebau-

c. Niederlassungsgerichtsstand (§ 21 ZPO)

Im Gegensatz dazu dürfte jedoch kein Anlass bestehen, eine modifizierte Auslegung unter Durchbrechung des Spiegelbildprinzips für die Anerkennungszuständigkeit gem. § 328 Abs. 1 Nr. 1 ZPO i. V. m. § 21 ZPO vorzunehmen. Eine etwaige Einschränkung im Rahmen der Anerkennungszuständigkeit würde eine einseitige Beschneidung des Niederlassungsgerichtsstandes ausschließlich i. R. v. § 328 Abs. 1 Nr. 1 ZPO bedeuten. Für die Durchbrechung des Spiegelbildprinzips müssten demnach gewichtige, mit denen in der Entscheidung des BGH zu § 39 ZPO vergleichbare Gründe und überwiegende Interessen gegeben sein, die indes bei der Anwendung von § 21 ZPO nicht vorliegen dürften. Entscheidungen deutscher Gerichte, die ihre Zuständigkeit auf § 21 ZPO gestützt haben, dürften ohne weiteres z. B. in den USA anerkannt werden, da sie aufgrund von „doing" oder „transacting business" bzw. der Regelung in § 5 (a) (5) UFMJRA aufgrund der erforderlichen Betriebsbezogenheit für anerkennungszuständig befunden würden.[2171] Weltweit ist der Gerichtsstand der Niederlassung zudem anerkannt und nicht dem Ruf der Exorbitanz ausgesetzt.[2172]

Darüber hinaus dürfte kein Bedürfnis für eine Durchbrechung bestehen. Die Anerkennungszuständigkeit stellt ein Kontrollrecht zur Verfügung, mit dessen Hilfe der Gerechtigkeitsgedanke verwirklicht werden soll. Der Staat gesteht sich selbst so viel an Entscheidungszuständigkeit zu, wie er auch bereit ist, anderen (ausländischen) Staaten an Entscheidungszuständigkeiten einzuräumen.[2173] Diesem Zweck steht die Urteilsfreizügigkeit gegenüber, die durch eine erleichterte Anerkennung, d. h. geringere Anforderungen an die Anerkennungszuständigkeit unter Durchbrechung des Spiegelbildgrundsatzes, erreicht werden kann. Eine

---

er/Schulze, IPRax 99, 478 (483 Fn. 67); Grothe, RabelsZ 58, 686 (721 Fn. 186); Kropholler, IPR, S. 561; Mansel, FS Jayme, S. 572: Entscheidend sei, dass der Grundsatz der erhöhten Urteilsfreizügigkeit, der durch eine uneingeschränkte Anwendung des § 23 ZPO gefördert werde, abzuwägen sei gegen den regulativen Zweck der Anerkennungszuständigkeit. Er ziele darauf ab, die Gleichmäßigkeit der beanspruchten Jurisdiktionsgewalt sicher zu stellen. Im Bereich des autonomen Anerkennungsrechts, das ein Kontrollrecht sei, könne kein Übergewicht der Urteilsfreizügigkeit festgestellt werden; Roth, ZZP 112, 483 (486); Schindler, S. 286, wonach durch die vernünftige Einschränkung des § 23 ZPO Zuständigkeitsanmaßungen fremder Staaten abgewehrt werden könnten und so ein sinnvoller Ausgleich zwischen den Beklagteninteressen und den Bedürfnissen des internationalen Rechtsverkehrs entstehe; Stein/Jonas-Roth, § 23, Rdnr. 12; Wollenschläger, IPRax 02, 96 (99), wonach die Systematik für eine Anwendung des Vermögensgerichtsstandes mit einschränkender Auslegung spreche, weil das Merkmal des hinreichenden Inlandsbezuges im Erkenntnisverfahren gerechtfertigt sei und § 328 ZPO insofern auf die internationale Zuständigkeit im Erkenntnisverfahren verweise.

[2171] Siehe oben § 10 V. 1./2.

[2172] Siehe oben § 10 VI. 1.

[2173] Siehe oben § 9 III. 2. e.

Abwägung beider Grundsätze ergibt, dass die Urteilsfreizügigkeit das Prinzip der Zuständigkeitsgleichheit zumindest nicht überwiegt.[2174] Als gemeinsamer Zweck sowohl der Entscheidung des BGH zu § 39 ZPO als auch der Untersuchung der Spiegelung von § 23 ZPO konnte der Schutz des Beklagten herausgearbeitet werden. Dieser kann entweder durch Bewahrung des Beklagten vor unnötiger Einlassung vor ausländischen Gerichten oder durch Schutz vor exorbitanten Gerichtsständen ausländischer Gerichte vermittelt werden. Der deutsche Beklagte im Ausland dürfte durch die spiegelbildliche Übertragung der Merkmale der wirtschaftlichen Betätigung über die Niederlassung und der Betriebsbezogenheit im Rahmen der Anerkennung in ausreichendem Maße geschützt werden. US-amerikanische Urteile, die ihre Zuständigkeit auf „doing business" stützen, sind zumindest dann nicht ohne weiteres in der Bundesrepublik anerkennungsfähig, wenn das Merkmal der Betriebsbezogenheit nicht erfüllt ist.[2175] Eine Aufgabe des Erfordernisses der Betriebsbezogenheit bei der Spiegelung des § 21 ZPO würde dem Zweck zuwiderlaufen, der auch bei § 23 ZPO für eine uneingeschränkte Spiegelung des hinreichenden Inlandsbezugs spricht – dem Schutz des Beklagten durch die Einschränkung exorbitanter Gerichtsstände wie z. B. des „doing business". § 21 ZPO stellt als Entscheidungszuständigkeit – wie gesehen – keinen exorbitanten Gerichtsstand dar, da er durch das Merkmal der Niederlassung einen hinreichenden Inlandsbezug und das Erfordernis der Betriebsbezogenheit einen ausreichenden Schutz des Beklagten statuiert.[2176]

Schließlich kann als systematisches Argument auf § 328 Abs. 1 Nr. 1 ZPO verwiesen werden, der auf die internationale Entscheidungszuständigkeit im (inländischen wie ausländischen) Erkenntnisverfahren abstellt und daher i. S. d. Einheit der Rechtsordnung eine einheitliche Auslegung nahe legt. Insofern erscheint eine einschränkende Anwendung des § 328 Abs. 1 Nr. 1 ZPO bei § 21 ZPO nicht geboten. Es sollte am Spiegelbildprinzip ohne Durchbrechungen festgehalten werden.

d. Auswirkungen einer begrifflichen und inhaltlichen Neubestimmung

Dies sollte auch bei einer möglichen, im Rahmen der Entscheidungszuständigkeit erfolgenden inhaltlichen Neubestimmung des Niederlassungsbegriffs durch Ausdehnung auf abhängige selbstständige Tochtergesellschaften in Konzern- und Durchgriffshaftungstatbeständen ohne Heranziehung von Rechtsscheinsgesichtspunkten[2177] bzw. bei einer begrifflichen Neubestimmung der „Niederlas-

---

[2174] Mansel, FS Jayme, S. 572.

[2175] Siehe oben § 10 VI. 2. b.

[2176] Siehe oben § 4 I. 6. b.

[2177] Siehe oben § 5 I. 1.

sung" durch Erweiterung auf sonstige Formen wirtschaftlicher Betätigung, wie auf unabhängige Zwischenpersonen und auf die bloße Vermittlung von Vertragsangeboten,[2178] gelten. Denn mit der spiegelbildlichen Übertragung dieser Grundsätze auf die Anerkennungszuständigkeit ausländischer, z. B. US-amerikanischer, Erstgerichte würde zwar das Spektrum der in der Bundesrepublik anerkennungsfähigen Urteile durch eine erweiterte Anerkennungszuständigkeit der Erstgerichte vergrößert (und insofern die Grundsätze der Zuständigkeitsgleichheit[2179] beachtet), durch das Festhalten am Erfordernis der Betriebsbezogenheit der klageweise geltend gemachten Ansprüche[2180] bliebe aber der – vom Spiegelbildprinzip für maßgeblich erachtete – Beklagtenschutz vor exorbitanter Zuständigkeit in ausreichendem Maße gewahrt.

3. Die Anerkennungszuständigkeit US-amerikanischer Gerichte
a. Stand der Rechtsprechung
Soweit ersichtlich hat sich die deutsche Rechtsprechung neben den bereits erörterten Fällen[2181] nur vereinzelt mit der Anerkennungszuständigkeit US-amerikanischer Gerichte in Zivil- und Handelssachen beschäftigt.

Das OLG Frankfurt/Main hatte 1980 über eine Beschwerde in einem Arrestverfahren zu befinden und sich bei der Frage der Anhängigkeit der Hauptsache vor einem Bundesdistriktgericht im Bundesstaat New York mit dessen Anerkennungszuständigkeit im Falle der Anerkennung seines Urteils zu befassen. Die Klägerin hatte sowohl dort, als auch in der Bundesrepublik Arrestbefehle für unbefriedigte Forderungen erlangt. Bei der Beklagten handelte es sich um eine im Iran ansässige Gesellschaft, die über ein Büro in New York verfügte. Das Gericht stellte fest, dass die internationale Zuständigkeit der USA sich aus § 23 ZPO ergebe. Der Sitz, d. h. der Ort der Verwaltung i. S. v. § 17 ZPO, befinde sich im Iran und nicht in den USA. Das Büro der Beklagten in New York sei nicht als Sitz i. S. v. § 17 Abs. 1 Satz 2 ZPO zu qualifizieren.[2182]

Das LG Heilbronn befasste sich im Jahre 1991 mit der Vollstreckbarerklärung eines Urteils des Supreme Court of Puerto Rico auf Schadensersatzzahlung wegen unerlaubter Veräußerung von Aktien. Die Kläger waren Minderheits-, der Beklagte Mehrheitsaktionär einer im Gerichtsstaat ansässigen Gesellschaft. Das Gericht konnte keinen Sitz des Beklagten i. S. v. §§ 12, 13 ZPO feststellen, be-

---

[2178] Siehe oben § 5 I. 2.
[2179] Siehe oben § 9 III. 2. e.
[2180] Siehe oben § 5 II.
[2181] Siehe oben § 10 IV. 1.
[2182] OLG Frankfurt/Main RIW 80, 874 (876).

jahte aber die Anerkennungszuständigkeit gem. § 328 Abs. 1 Nr. 1 ZPO i. V. m. § 32 ZPO.[2183]

Es fehlen dagegen ausführliche Auseinandersetzungen mit dem US-amerikanischen „doing" oder „transacting business" als Grundlage für eine Anerkennungszuständigkeit nach § 328 Abs. 1 Nr. 1 ZPO i. V. m. § 21 ZPO.

Das LG München I verneinte in einer Entscheidung aus dem Jahre 1988 die Anerkennungszuständigkeit des US-amerikanischen Erstgerichts. In dem Fall verlangten die Kläger, mit Sitz in Kalifornien, die Vollstreckbarerklärung eines Urteils des Superior Court of the State of Arizona auf Schadensersatz aus nicht erfüllter Darlehensverpflichtungsvereinbarung gegen die in München ansässige Beklagte. Das Gericht konnte keine Niederlassung der Beklagten i. S. v. § 21 ZPO im Gerichtsstaat, d. h. Arizona, feststellen. Auch verneinte es mögliche Anerkennungszuständigkeiten nach §§ 17, 23, 29, 32, 39 ZPO.[2184]

b. US-Urteile auf der Grundlage von „doing business"
US-amerikanische Gerichte können ihre internationale Entscheidungszuständigkeit auf „doing business" stützen. Gerade das Betreiben einer Niederlassung in den USA begründet – wie die erörterten Fälle zeigen – eine Zuständigkeit aufgrund von „doing business", da diese wirtschaftliche Betätigung als ausreichende dauerhafte und systematische Kontakte zum Urteilsstaat angesehen werden.[2185] Der Begriff der US-amerikanischen Niederlassung erfüllt i. d. R. auch die Voraussetzungen der deutschen Niederlassung. Das ist allerdings dann nicht der Fall, wenn die US-amerikanische Niederlassung – im Gegensatz zu § 21 ZPO – nicht zum selbstständigen Vertragsschluss berechtigt ist. Zu beachten ist ferner, ob die Klage einen Bezug zu der Niederlassung aufweist. Ist das nicht der Fall – wie i. d. R. bei „general contacts" – , kommt eine Anerkennungszuständigkeit nach § 328 Abs. 1 Nr. 1 ZPO i. V. m. § 21 ZPO nicht in Betracht.

Ähnliches gilt auch für die Zuständigkeit wegen „doing business", wenn sich deutsche Beklagte über unabhängige Handelsvertreter, sonstige Vertreter oder Repräsentanten im Urteilsstaat betätigen. Zwar begründet diese Tätigkeit „doing business" der Beklagten, sofern die Vertreter mehr als nur bloße Angebotsvermittlung betreiben und über einen zusätzlichen Kontakt zum Gerichtsstaat, wie z. B. ein eigenes Büro, verfügen.[2186] Fraglich ist aber schon, ob diese Personen eine

---

[2183] LG Heilbronn RIW 91, 343 (344). Vgl. ebenfalls zu § 32 ZPO: BGH NJW 94, 1413 (1414); OLG München RIW 95, 1026 (1026).

[2184] LG München I RIW 88, 738 (738). Vgl. dazu Schwung, AnwBl 93, 436 (445).

[2185] Siehe oben § 7 I. 5. e.

[2186] Siehe oben § 7 I. 5. c.

Niederlassung nach § 21 ZPO darstellen. Das ist nur dann der Fall, wenn der Anschein einer Niederlassung erweckt wird.[2187] Ebenfalls kommt eine Anerkennung dann nicht in Frage, wenn die erforderliche Betriebsbezogenheit nicht gegeben ist. Die Geschäftätigkeit eines Vertragshändlers kann zwar „doing business" der Beklagten darstellen, wenn diese ausreichende Kontrolle über ihn ausüben.[2188] Der Vertragshändler stellt aber keine Niederlassung i. S. v. § 21 ZPO dar.[2189]

Die Betätigung über eine Website könnte zwar nach der Rechtsprechung einiger US-amerikanischer Gerichte eine Zuständigkeit kraft „doing business" begründen.[2190] Eine Anerkennungszuständigkeit ist aber schon mangels Vorliegen einer Niederlassung nicht gegeben.[2191]

Liegen die Voraussetzungen von Kontrolle und Beherrschung sowie eines Verstoßes gegen die Gerechtigkeitserwägungen vor, kann nach US-amerikanischem Recht auch eine Muttergesellschaft am Sitz ihrer Tochter im Urteilsstaat für gerichtspflichtig gehalten werden.[2192] Nach § 21 ZPO kann die Tochter dagegen nur unter Rechtsscheinsgesichtspunkten als Niederlassung angesehen werden.[2193] Desweiteren muss die Klage die erforderliche Betriebsbezogenheit zu der Tätigkeit der Tochtergesellschaft aufweisen, so dass in Ermangelung eines entsprechenden Bezuges das US-amerikanische Gericht nicht anerkennungszuständig sein kann.

Damit wird deutlich, dass bei einer Zuständigkeit US-amerikanischer Gerichte aufgrund von „doing business" eine Anerkennungszuständigkeit nach § 328 Abs. 1 Nr. 1 ZPO i. V. m. § 21 ZPO v. a. dann nicht gegeben ist, wenn die Klage – wie bei den „general contacts" wegen „doing business" allgemein üblich – nicht die erforderliche Betriebsbezogenheit aufweist. In anderen Fällen wirtschaftlicher Betätigung liegt schon keine Niederlassung i. S. v. § 21 ZPO vor. Wie bereits erörtert, ist für die Beurteilung der Anerkennungszuständigkeit des US-amerikanischen Gerichts aber als Maßstab ausschließlich das autonome deutsche Recht der internationalen Entscheidungszuständigkeit heranzuziehen.[2194] Dieses

---

[2187] Siehe oben § 4 I. 3. c.
[2188] Siehe oben § 7 I. 5. c.
[2189] Siehe oben § 4 I. 3. d. aa.
[2190] Siehe oben § 7 I. 5. i.
[2191] Siehe oben § 4 I. 3. a.
[2192] Siehe oben § 7 I. 5. j.
[2193] Siehe oben § 4 I. 3. c.
[2194] Siehe oben § 10 I.

kennt (bisher) keinen Gerichtsstand der „sonstigen wirtschaftlichen Betätigung".[2195]

Es wurde aber bereits erörtert, dass in der Rechtsprechung der US-
amerikanischen Gerichte eine Tendenz erkennbar ist, ihre Zuständigkeit nicht
ausschließlich auf „general contacts" wegen „doing business" zu stützen. Vielmehr wird zusätzlich auch eine Zuständigkeit aufgrund des anwendbaren einzelstaatlichen „long-arm statutes" und dem darin geregelten „transacting business"
geprüft.[2196] Diese setzt im Gegensatz zu „doing business" einen Bezug zwischen
Klage und wirtschaftlicher Betätigung im Urteilsstaat voraus.

Hat das Gericht das Vorliegen des Bezugs zwischen Klage und wirtschaftlicher
Tätigkeit offen gelassen, könnte das deutsche Zweitgericht eigenständig über
diese Frage Beweis erheben, da es – wie bereits erörtert – nicht an die tatsächlichen Feststellungen des Erstgerichts gebunden ist.[2197]

c. US-Urteile auf der Grundlage von „transacting business"

Stützt das US-amerikanische Gericht seine Zuständigkeit auf das in dem anwendbaren „long-arm statute" enthaltene „transacting business", verlagert sich
die Problematik bei der Prüfung der Anerkennungszuständigkeit weg von dem
Erfordernis der Betriebsbezogenheit des § 21 ZPO. Denn „transacting business"
setzt als Ausgleich für schwächere Mindestkontakte zum Urteilsstaat einen entsprechenden Bezug zwischen Klage und Geschäftstätigkeit im Staat voraus, so
dass dieses Merkmal nach § 328 Abs. 1 Nr. 1 ZPO i. V. m. § 21 ZPO i. d. R.
erfüllt sein dürfte. Es müssen nun aber eingehend die Anforderungen an den
Begriff der Niederlassung geprüft werden, da allein Formen wirtschaftlicher
Betätigung, wie Vertragsverhandlungen, Vertragsschluss, Werbung im Urteilsstaat oder Erfüllung durch den Verkäufer oder Käufer, die bei „transacting business" in Betracht kommen, keine Niederlassung nach § 21 ZPO darstellen.

Unabhängige Handelsvertreter begründen dann „transacting business" „zu Lasten" der Beklagten, wenn sie mehr als nur bloße Vermittlung von Angeboten
betreiben, d. h. einen weiteren Kontakt zum Gerichtsstaat wie z. B. ein Büro
aufweisen, und die Klage den entsprechenden Bezug aufweist.[2198] Eine Anerkennung in der Bundesrepublik kann über § 328 Abs. 1 Nr. 1 ZPO i. V. m. § 21 ZPO

[2195] Auf die mögliche inhaltliche wie begriffliche Neubestimmung der „Niederlassung" wurde
bereits eingegangen. Siehe oben § 5 I.

[2196] Siehe oben § 7 II.

[2197] Siehe oben § 9 II. 3.

[2198] Siehe oben § 7 II. 3.

in Betracht kommen, wenn der Handelsvertreter zudem den Anschein einer Niederlassung erweckt hat.

Auch bei Vorliegen einer Betriebsbezogenheit zwischen der Klage und einer geschäftlichen Betätigung der Beklagten über eine Internet-Website, fehlt es an dem Vorliegen der Anerkennungszuständigkeit, da die Website nach § 21 ZPO keine Niederlassung darstellt.

Stützt das US-amerikanische Gericht seine Zuständigkeit auf ein Büro oder eine Zweigniederlassung und stellt es einen entsprechenden Bezug zwischen Klage und wirtschaftlicher Betätigung fest, kommt eine Anerkennungszuständigkeit in Frage. Gleiches gilt dann für eine Tochtergesellschaft, wenn diese zusätzlich den Anschein einer Niederlassung erzeugt hat.

§ 11: Rechtsvergleich
I. Anerkennungszuständigkeit
Beide dem Vergleich zugrunde liegenden Rechtsordnungen sehen für die Anerkennung ausländischer Urteile u. a. das Erfordernis der Anerkennungszuständigkeit der Gerichte des Erststaates vor und bestimmen diese nicht nach den für das Erstgericht maßgeblichen Vorschriften, sondern nehmen die Prüfung nach den eigenen Regelungen (des Zweitstaates) über die internationale Entscheidungszuständigkeit vor.[2199]

Dabei verweist das deutsche Recht über das Spiegelbildprinzip des § 328 Abs. 1 Nr. 1 ZPO auf die eigene Zuständigkeitsordnung der §§ 12 ff. ZPO, die hypothetisch dem ausländischen Urteilsverfahren zugrunde zu legen ist, um festzustellen, ob das inländische (Zweit-) Gericht nach den eigenen Vorschriften für die Entscheidung des Rechtsstreits international zuständig gewesen wäre. Ist das der Fall, wird auch das ausländische (Erst-) Gericht für anerkennungszuständig befunden.[2200] Nur in Ausnahmefällen lässt die Rechtsprechung eine Durchbrechung des Spiegelbildprinzips zu und modifiziert die zu spiegelnde Zuständigkeitsnorm unter Beachtung der in einem internationalen Rechtsstreit gemeinhin existierenden besonderen Interessenslage.[2201]

Dagegen kennt das US-amerikanische Anerkennungsrecht nur bei den Grundsätzen der „comity" die (mehr oder minder identische) Übertragung des „com-

---

[2199] Zum deutschen Recht siehe oben § 9 I. 3. / II. 2. / III.; zum US-amerikanischen Recht siehe oben § 10 V.

[2200] Siehe oben § 9 I. 3. / II. 2. a. / III.

[2201] Siehe oben § 10 VI. 2.

mon law" der „personal jurisdiction" auf die Anerkennungszuständigkeit des ausländischen (Erst-) Gerichts.[2202] Der in zahlreichen Bundesstaaten geltende UFMJRA sieht indes in § 5 (a) vor, dass die Anerkennungszuständigkeit nicht beanstandet wird, wenn das ausländische Gericht seine Entscheidungszuständigkeit auf einen der dort genannten Anknüpfungspunkte gestützt hat. Diese stellen – im Vergleich zum national geltenden Recht der „personal jurisdiction" – nur einen Ausschnitt aller denkbaren (Entscheidungs-) Zuständigkeiten US-amerikanischer Gerichte dar. Ferner besteht über eine Generalklausel in § 5 (b) die Möglichkeit der Anerkennung, wenn die Erfordernisse der „minimum contacts", „adequate notice" und „due process" im Erstverfahren erfüllt sind. Das US-amerikanische Anerkennungsrecht im UFMJRA sieht demnach eine Positivliste erlaubter Anerkennungszuständigkeiten vor, die durch eine Generalklausel ergänzt wird.[2203]

II. Wirtschaftliche Betätigung

Im deutschen Recht begegnet die spiegelbildliche Anwendung des Niederlassungsgerichtsstandes auf die Anerkennungszuständigkeit ausländischer, insbesondere US-amerikanischer, Gerichte – wie erörtert – keinen Bedenken.[2204] Auch das US-amerikanische Recht sieht als Anerkennungszuständigkeit u. a. die wirtschaftliche Betätigung des Beklagten im Urteilsstaat vor. Nach den Grundsätzen der „comity" ist in diesem Zusammenhang die Rechtsprechung seit International Shoe zu „doing-" und „transacting business" heranzuziehen.[2205] § 5 (a) (5) des UFMJRA regelt die Anerkennungszuständigkeit aufgrund wirtschaftlicher Betätigung über ein „business office" und erfordert insofern ebenfalls die Übertragung der Rechtsprechung seit International Shoe zu „doing-" und „transacting business". Allerdings wird das ausländische (Erst-) Gericht nur dann für anerkennungszuständig befunden, wenn zudem der von ihm entschiedene Rechtsstreit aus der wirtschaftlichen Betätigung des „business office" resultiert.[2206]

Im US-amerikanischen Recht kann demnach ein Auseinanderfallen von den die Entscheidungszuständigkeit und den die Anerkennungszuständigkeit begründenden Bestimmungen festgestellt werden – vergleichbar mit Durchbrechungen, die

---

[2202] Nach den Grundsätzen der „comity" kommen für die erforderliche Anerkennungszuständigkeit des ausländischen Gerichts alle Gerichtsstände des „common law" in Betracht. Siehe dazu oben § 10 V. 1.

[2203] Siehe oben § 10 V. 2. Auf den sich noch im Entwurfsstadium befindenden Foreign Judgments Recognition and Enforcement Act des ALI soll an dieser Stelle nicht weiter eingegangen werden.

[2204] Siehe oben § 10 VI. 1.

[2205] Siehe oben § 10 V. 1.

[2206] Siehe oben § 10 V. 2.

im deutschen Recht bei der Anwendung des Spiegelbildprinzips auf § 23 ZPO oder § 39 ZPO diskutiert werden.[2207] Denn abweichend von dem Recht der „personal jurisdiction", das bereits die allgemeine Zuständigkeit (general jurisdiction) US-amerikanischer Gerichte aufgrund wirtschaftlicher Betätigung (doing business) über eine Niederlassung, Büro oder ähnliche Einrichtung begründet,[2208] sieht § 5 (a) (5) des UFMJRA für die Anerkennungszuständigkeit am Sitz eines „business office" zusätzlich den Bezug der Klage zu der wirtschaftlichen Betätigung über dieses „office" vor. Den ausländischen Gerichten wird die Anerkennungszuständigkeit demnach nur in den mit „transacting business" vergleichbaren Fällen zugestanden.

[2207] Siehe oben § 10 VI. 2.
[2208] Siehe oben § 7 I. 5. e.

Schlussbetrachtung

§ 12: Zusammenfassende Würdigung

1. Der Gerichtsstand der Niederlassung kann als international weit verbreitet bezeichnet werden. Er hat sowohl in den von der Bundesrepublik Deutschland abgeschlossenen bilateralen Anerkennungs- und Vollstreckungsübereinkommen als auch in mehreren multilateralen Staatsverträgen seinen Niederschlag gefunden. Den Niederlassungsgerichtsständen in § 21 ZPO und Art. 5 Nr. 5 EuGVVO bzw. Artt. 9 Abs. 2, 15 Abs. 2, 18 Abs. 2 EuGVVO dürfte die größte praktische Relevanz im deutsch-amerikanischen Rechtsverkehr zukommen.

2. Als besonderer – klägerfreundlicher – Gerichtsstand normiert er in der autonomen deutschen und europäischen Zivilverfahrensordnung eine Ausnahme vom Grundsatz „actor sequitur forum rei" und von dem, seinen Ausdruck im allgemeinen (Wohn-) Sitzgerichtsstand findenen „favor defensoris" und ist für alle Ansprüche eröffnet, die aus Streitigkeiten aus dem Betrieb der Niederlassung resultieren, so dass von einem „verkleinerten Wohnsitzgerichtsstand" bzw. der „Allzuständigkeit" des Niederlassungsgerichtsstandes gesprochen wird.

3. Er wurde eingeführt, um die Rechtsverfolgung gegen Gewerbetreibende zu erleichtern. Demnach soll der Kläger ein örtlich günstiger gelegenes Gericht anrufen können, das mit den tatsächlichen Verhältnissen am Ort der Niederlassung vertraut ist. Derjenige, der von einer inländischen Niederlassung aus Geschäfte betreibt und auf diese Weise seinen Geschäftskreis erweitert, soll – aus Billigkeitsgründen – für die aus diesen Geschäften resultierenden Rechtsstreitigkeiten „gerade stehen" („Marktzutritt begründet Gerichtspflichtigkeit").

4. Der Begriff der Niederlassung ist gekennzeichnet durch die wirtschaftliche Betätigung des (beklagten) Unternehmers über eine von ihm auf Dauer errichtete und auf seinen Namen betriebene abhängige Geschäftsstelle, die zum selbstständigen Abschluss von Verträgen befugt ist (§ 21 ZPO) bzw. über die sachliche Ausstattung zum Abschluss von Verträgen mit Dritten verfügt (Art. 5 Nr. 5 EuGVVO), und die seiner Aufsicht und Leitung unterliegt. Während das Merkmal der Selbstständigkeit bei § 21 ZPO vornehmlich der Abgrenzung von bloßen – unselbstständigen – Warenlagern oder Speicherräumen dient, stellt es im Rahmen von Art. 5 Nr. 5 EuGVVO – als negatives Merkmal – die Erfordernisse von Aufsicht und Leitung durch das Stammhaus sicher.

5. Demnach unterfallen grundsätzlich unabhängige Zwischenpersonen, wie Handelsvertreter oder Handelsmakler, ebensowenig wie abhängige, aber rechtlich selbstständige Tochtergesellschaften dem Niederlassungsbegriff, da sie

aufgrund ihrer Selbstständigkeit nicht den Weisungen des Stammhauses unterliegen bzw. i. d. R. im eigenen Namen und auf eigene Rechnung tätig werden.

6. Ausnahmsweise ist der Begriff der Niederlassung auf diese – natürlichen wie juristischen – (Zwischen-) Personen anwendbar, wenn der Inhaber der vermeintlichen Niederlassung zurechenbar den Rechtsschein erweckt, es handele sich bei der im Rahmen der wirtschaftlichen Betätigung zwischengeschalteten Einheit um seine Niederlassung.

7. Der Gerichtsstand der Niederlassung ist ferner geprägt von dem Erfordernis der Betriebsbezogenheit der geltend gemachten Ansprüche. Das Merkmal ist gekennzeichnet von der wirtschaftlichen Zweckbeziehung zwischen Klage und Betrieb der Niederlassung (§ 21 ZPO) bzw. ist bei vertraglichen und außervertraglichen Rechten und Pflichten in Bezug auf die Führung der Niederlassung, bei außervertraglichen Verpflichtungen aus den am Ort der Niederlassung ausgeübten Tätigkeiten oder bei den im Namen des Stammhauses durch die Niederlassung eingegangenen Verbindlichkeiten (Art. 5 Nr. 5 EuGVVO) erfüllt.

8. Der Gerichtsstand der Niederlassung erfüllt sowohl die verfassungsrechtlichen Erfordernisse für die Ausgestaltung internationaler Entscheidungszuständigkeit als auch die Anforderungen, die die Zuständigkeitsgerechtigkeit an jede Norm im Recht der internationalen Zuständigkeit stellt, insbesondere aufgrund der dauerhaft betriebenen Geschäftstätigkeit im Inland und des Erfordernisses der Betriebsbezogenheit der Klage, da er einen „gerechten" Ausgleich zwischen dem klägerischen Justizgewährungsanspruch auf Zurverfügungstellung eines nahe gelegenen Forums und dem Interesse des Beklagten am Schutz vor exorbitanter Zuständigkeit schafft.

9. Der Begriff der Niederlassung sollte im Wege einer erweiterten Anwendung auch selbstständige, abhängige Tochtergesellschaften erfassen, ohne dass es der Begründung eines entsprechenden Rechtsscheins bedarf. Die erforderliche Betriebsbezogenheit dürften im autonomen deutschen Recht diejenigen – zum Gegenstand der Klage gemachten – Verbindlichkeiten aufweisen, die von der Tochtergesellschaft gegenüber den Gläubigern eingegangen wurden, aber aufgrund von Konzernhaftungs- oder Durchgriffshaftungstatbeständen nunmehr auf die (beklagte) Muttergesellschaft übergeleitet wurden.

10. Der Rechtsvergleich mit dem US-amerikanischen „doing business", das im Wesentlichen von einer dauerhaften, regelmäßigen Geschäftstätigkeit im Forumstaat gekennzeichnet ist, ohne dass die geltend gemachte Klage einen Bezug zu der Forumstätigkeit aufweisen müsste, ergibt, dass der Niederlassungsgerichts-

stand aufgrund der Anknüpfung an die dauerhaft und fest vom Inhaber errichtete Betriebsstelle sowie der Erfordernisse der Aufsicht und Kontrolle über die abhängige, rechtlich unselbstständige Niederlassung anderer möglicher Formen wirtschaftlicher Betätigung im Forumstaat über einen begrenzten Anwendungsbereich verfügt.

11. Das autonome deutsche und europäische Recht ermöglicht durch die Heranziehung der Rechtsscheinslehre den Zuständigkeitsdurchgriff auf gesellschaftsrechtlich völlig unabhängige juristische Personen und verzichtet dabei auf die Überprüfung einer tatsächlich bestehenden wirtschaftlichen Verflechtung, sofern allein der zurechenbar begründete Rechtsschein die vermeintliche Niederlassung als Außenstelle der beklagten juristischen Person erscheinen lässt. Dagegen stellt das US-amerikanische Recht auf die gesellschaftsrechtliche Mutter-Tochter-Verbindung ab und erlaubt den Zuständigkeitsdurchgriff, wenn nur eine fiktive Trennung der Gesellschaften besteht bzw. wenn die Mutter- die totale Kontrolle über die Tochtergesellschaft ausübt. Stärker als das autonome deutsche und europäische Recht verfolgt das US-amerikanische Konzept damit eine ökonomisch ganzheitliche Betrachtungsweise. Im Mittelpunkt eines jeden Ansatzes steht das gesamte (beklagte) Unternehmen in Form der die Tochtergesellschaften „überwölbenden Einheit". Ferner geht es dem US-amerikanischen Zuständigkeitsrecht um die Manifestierung eigenständiger prozessualer Wertungen durch Zurechnung von Aktivitäten zu einem Rechtssubjekt im prozessualen Sinne aus Gründen des Klägerschutzes.

12. Der Niederlassungsgerichtsstand im autonomen deutschen und europäischen Recht ist das abstrakt-generelle Resultat einer die Interessen der Beteiligten umfassenden präpositiven Abwägung. Dagegen rückt das US-amerikanische Recht umfassender die dauerhafte wirtschaftliche Betätigung in den Mittelpunkt zuständigkeitsrechtlicher Anknüpfung und lässt verschiedene Formen von Geschäftstätigkeit für die Begründung von Gerichtspflichtigkeit genügen, sofern diese mit den Grundsätzen von „due process" vereinbar und nach Abwägung der zu berücksichtigenden Interessen im Einzelfall geboten ist.

13. Am (besonderen) Gerichtsstand der Niederlassung können nur Ansprüche eingeklagt werden, die über einen Bezug zum Betrieb der Niederlassung verfügen. Das Merkmal dient insofern als einschränkender Ausgleich für die Erweiterung der Rechtsschutzmöglichkeiten des Klägers unter Umgehung des „actor sequitur"-Grundsatzes. Dagegen kennt das US-amerikanische Recht weder eine generelle Bevorzugung der Interessen des Beklagten, noch existiert ein mit dem autonomen deutschen und europäischen Recht vergleichbares Regel-Ausnahme-Verhältnis.

14. Gegen die im Rahmen der Anerkennung ausländischer Urteile erfolgende spiegelbildliche Anwendung von § 21 ZPO auf die Anerkennungszuständigkeit ausländischer, insbesondere US-amerikanischer, Gerichte gem. § 328 Abs. 1 Nr. 1 ZPO, die die Übertragung der dem Niederlassungsgerichtsstand zugrunde liegenden Wertungen auf die Entscheidungszuständigkeit des Erstgerichts zum Gegenstand hat, bestehen keine Bedenken. Dies gilt auch bei einer möglichen inhaltlichen Neubestimmung der „Niederlassung" auf abhängige Tochtergesellschaften ohne die Heranziehung von Rechtsscheinsgesichtspunkten, da durch das Festhalten am Erfordernis der Betriebsbezogenheit der Schutz des Beklagten vor exorbitanter Zuständigkeit gewahrt bleibt.

15. Aus der rechtsvergleichenden Gegenüberstellung mit den US-amerikanischen Regelungen zur Anerkennungszuständigkeit ausländischer (Erst) Gerichte aufgrund von „doing-" und „transacting business" lassen sich – trotz der dort bestehenden Inkongruenz zwischen Entscheidungs- und Anerkennungszuständigkeit – dementsprechend keine Erwägungen für eine Durchbrechung des Spiegelbildprinzips bei dem Gerichtsstand der Niederlassung herleiten.

16. Beide Rechtsordnungen sehen für die Anerkennung ausländischer Urteile u. a. das Erfordernis der Anerkennungszuständigkeit der Gerichte des Erststaates vor und bestimmen diese nicht nach den für das Erstgericht maßgeblichen Vorschriften, sondern nehmen die Prüfung nach den eigenen Regelungen (des Zweitstaates) über die internationale Entscheidungszuständigkeit vor.

17. Im US-amerikanischen Recht kann allerdings ein Auseinanderfallen von den die Entscheidungszuständigkeit und den die Anerkennungszuständigkeit begründenden Bestimmungen festgestellt werden – vergleichbar mit Durchbrechungen, die im deutschen Recht bei der Anwendung des Spiegelbildprinzips auf § 23 ZPO oder § 39 ZPO diskutiert werden.

§ 13: Praktische Hinweise und Ausblick

US-amerikanische Unternehmen, die sich auf dem deutschen Markt wirtschaftlich betätigen, können derzeit der Zuständigkeit deutscher Gerichte am Gerichtsstand der Niederlassung (lediglich) unterliegen, wenn sie eine unselbstständige Niederlassung in Form einer bloßen Betriebsstelle unterhalten[2209] und der Rechtsstreit einen Bezug zum Betrieb der Niederlassung aufweist.[2210] Selbstständige Zwischenpersonen, wie Handelsvertreter oder Handelsmakler,[2211] sowie

---

[2209] Siehe oben § 4 I. 3. a.

[2210] Siehe oben § 4 I. 4.

[2211] Siehe oben § 4 I. 3. d.

rechtlich selbstständige, aber abhängige Tochtergesellschaften[2212] unterfallen grundsätzlich nicht dem Begriff der „Niederlassung". Ausnahmsweise reicht zur Begründung der Gerichtspflichtigkeit der vom beklagten US-amerikanischen Unternehmen zurechenbar gesetzte Rechtsschein einer Niederlassung aus,[2213] so dass auch deutsche Tochtergesellschaften US-amerikanischer Konzernmütter als deren Niederlassung angesehen werden können.[2214] Deutsche Kläger müssen in diesem Fall alle den Rechtsschein begründenden Tatsachen darlegen und beweisen. Die Anerkennung eines am Gerichtsstand der Niederlassung ergangenen Urteils zu Vollstreckungszwecken in den USA dürfte demgegenüber in den seltensten Fällen – u. a. aufgrund der gemeinhin zu bejahenden Anerkennungszuständigkeit deutscher Gerichte[2215] – auf Schwierigkeiten stoßen.

Ein deutsches Unternehmen mit einer Geschäftstätigkeit in den Vereinigten Staaten muss dagegen weiterhin damit rechnen, aufgrund von „doing business" vor einem US-amerikanischen Gericht verklagt zu werden, ohne dass die Klage bzw. Streitigkeit einen Bezug zu der Geschäftstätigkeit im Forumstaat aufweist.[2216] Ein ähnlich weites Zuständigkeitsverständnis ergibt sich nach wie vor bei dem Durchgriff auf eine deutsche Muttergesellschaft für eine geschäftliche Tätigkeit ihrer US-amerikanischen Tochtergesellschaft, sofern eine ausreichende Kontrolle über die Tochter besteht.[2217] Von Interesse dürfte daher sein, inwieweit deutsche Unternehmen sich gegen eine Vollstreckung aus am Gerichtsstand ihrer US-amerikanischen Tochterunternehmen erlangten Titeln wehren können.[2218]

Die sehr weitgehende Bejahung der Zuständigkeit der US-amerikanischen Gerichte könnte in Ausnahmefällen zu einem Verbot der Anerkennung nach § 328 Abs. 1 Nr. 1 ZPO führen. Denn bei nur geringen Kontakten zum Forumstaat ließe sich möglicherweise argumentieren, dass eine Zuständigkeit für die Durchgriffsfrage – mangels entsprechender Anerkennungszuständigkeit – nicht gegeben ist.[2219] Diese Verteidigung könnte im Falle eines Prozesses i. S. v. §§ 722,

---

[2212] Siehe oben § 4 I. 3. e. bb. (1).

[2213] Siehe oben § 4 I. 3. c.

[2214] Siehe oben § 4 I. 3. e. bb. (1).

[2215] Siehe oben § 10 V.

[2216] Zu den verschiedenen, „doing business" begründenden Formen wirtschaftlicher Betätigung siehe oben § 7 I. 5.

[2217] Siehe oben § 7 I. 5. j.

[2218] Vgl. Schütze, RIW 05, 579 (580).

[2219] Zu den verschiedenen, im Rahmen der Anerkennung US-amerikanischer Urteile diskutierten Problemen siehe oben § 10 I./III. Auf die weiteren möglichen Anerkennungshindernisse der § 328 Abs. 1 Nr. 2-5 ZPO, insbesondere des entgegenstehenden ordre public oder der mangelnden

723, 328 ZPO[2220] versucht werden. Die Erfolgschancen dürften allerdings wohl eher gering sein.[2221]

Das Durchgriffsrisiko dürfte auch durch entsprechende vertragliche Gestaltungen oder eine Veränderung in der Konzernstruktur nicht völlig beseitigt werden können. Es dürften aber Maßnahmen existieren, die geeignet sind, dieses Risiko zu verringern.[2222] In Betracht kommen z. B. eine genügende eigene Kapitalausstattung der US-amerikanischen Tochtergesellschaft, die ein zum Zeitpunkt der Gründung für geplante Aktivitäten ausreichendes Stammkapital umfasst und eine eigenständige Koordinierung von Fremdmittelaufnahmen beinhaltet; eine klare Trennung der Gesellschaftssphären und des Managements, die Bücher, Konten und andere Wirtschaftsgüter erfasst und identische Geschäftsführungen bei US-amerikanischer und deutscher Gesellschaft vermeidet; die Einhaltung aller gesellschaftsrechtlichen Verfahrensregeln, die die Beachtung von Ladungsfristen sowie die Abhaltung von Gesellschafterversammlungen am Sitz der US-amerikanischen Tochtergesellschaft mit einschließt; die Vermeidung des Anscheins einer Einheit der Unternehmen in der Öffentlichkeit, z. B. bei der Namensgebung, der Produktbezeichnung oder bei entsprechenden Zusätzen auf Prospekten, Auftrags-, Versand- und Rechnungsformularen und Briefbögen; sowie eine unabhängige Führung der Tochtergesellschaft, die Eingriffen durch die Konzernspitze so selten wie nötig ausgesetzt ist.[2223]

Verbürgung der Gegenseitigkeit, soll im Hinblick auf den Untersuchungsgegenstand der Arbeit an dieser Stelle nicht weiter eingegangen werden.

[2220] Siehe oben § 9 I. 2.

[2221] Schiessl, DB 89, 513 (516); Schütze, RIW 05, 579 (586); Stiefel/Stürner, VersR 87, 829 (829). Zur Anerkennungszuständigkeit US-amerikanischer Gerichte aufgrund von „doing" und „transacting business" am Gerichtsstand der Niederlassung siehe oben § 10 VI. 3.

[2222] Vgl. Kraayvanger, DAJV-NL 4/06, 171 (176); Kronstein/Hawkins, RIW 83, 249 (255/257); Lejeune, RIW 98, 8 (15); Schiessl, DB 89, 513 (517).

[2223] Vgl. Kronstein/Hawkins, RIW 83, 249 (255/257); Lejeune, RIW 98, 8 (15); Schiessl, DB 89, 513 (517). Vgl. ferner die von Schütze, RIW 05, 579 (583/584), vorgeschlagenen Strategien zur Abwehr der Gerichtspflichtigkeit in den USA, wie z. B. permanente Erhebung der Unzuständigkeitsrüge, der Einwand des „forum non conveniens", der Abschluss von Gerichtsstands- oder Schiedsvereinbarungen sowie die Erhebung negativer Feststellungsklagen oder von „anti-suit-injunctions". Vgl. auch die von Paulus, RIW 06, 258 (259/260), zur Diskussion gestellte Erhebung einer positiven Feststellungsklage sowie – zur Abwehr von Vollstreckungsversuchen aus US-amerikanischen Urteilen im Inland – der möglicherweise an Art. 6 EMRK zu orientierende Einwand des ordre public gem. § 328 Abs. 1 Nr. 4 ZPO bzw. die Anrufung des Europäischen Gerichtshofes für Menschenrechte. Vgl. schließlich die von Hollmann, Litigation of Business Matters, S. 85, zusammengestellte Checkliste: „(...) Review jurisdictional issues; Admonish lack of the court's jurisdiction; Don't permit forum shopping; Consider diversity."

Nach dem (wohl endgültigen) Scheitern eines weltweiten Zuständigkeits- und Anerkennungsübereinkommens scheinen die Aussichten auf eine baldige Verständigung über international anerkannte Entscheidungzuständigkeiten in weite Ferne gerückt. Immerhin konnten sich die Verhandlungspartner auf der Haager Konferenz im Jahre 2005 auf die Verabschiedung eines Übereinkommens über die Anerkennung von Gerichtsstandsvereinbarungen in Zivil- und Handelssachen einigen.[2224] Dabei handelt es sich wohl um den derzeit kleinsten möglichen gemeinsamen Nenner. Dennoch sollten die – immer noch vorhandenen – Bemühungen für die Schaffung weltweit anerkannter Zivilverfahrensregeln nicht aus dem Blickfeld geraten. Das American Law Institute (ALI) hat in Zusammenarbeit mit UNIDROIT erst kürzlich[2225] die Endfassung des Entwurfs der „Principles of Transnational Civil Procedure" (sog. Hazard-Taruffo-Project) vorgelegt.[2226] Allerdings melden sich bereits erste Stimmen, die einer Annäherung im transatlantischen Justizkonflikt ohnehin kritisch gegenüber stehen, und messen einer Realisierung des (durchaus ambitionierten) Vorhabens in den nationalen Rechtsordnungen nur geringe Erfolgsaussichten bei.[2227] Freilich bleibt abzuwarten, ob sich die Vertreter der beiden großen Rechtssysteme auf beiden Seiten des Atlantiks in nicht allzu ferner Zukunft wieder aufeinander zu bewegen und z. B. der Annäherung ihrer Entscheidungszuständigkeiten eine neue Chance einräumen. Dass aber gemeinsame Ansätze und Interessen im Recht der internationalen Entscheidungszuständigkeit bestehen, die es wert sein sollten, reaktiviert und intensiviert zu werden,[2228] sollte diese Arbeit – als Beitrag für eine Entspannung im transatlantischen Justizkonflikt am Beispiel der Gerichtspflichtigkeit aufgrund wirtschaftlicher Betätigung – aufzeigen.

[2224] Vgl. Convention on Choice of Court Agreements vom 30.06.2005. Vgl. dazu auch Stürner, RabelsZ 69, 201 (216).

[2225] 83. Sitzung des Rates von UNIDROIT vom 19., 20. und 21. April 2004 in Rom bzw. 81. Sitzung des ALI vom 17., 18. und 19. Mai 2004 in Washington D. C.

[2226] Unidroit 2004 Study LXXVI – Doc. 11, 12; ALI/Unidroit Principles and Rules of Transnational Civil Procedure, Proposed Final Draft. Vgl. dazu auch Kraayvanger, DAJV-NL 4/06, 171 (175); Stürner, RabelsZ 69, 201 (203 ff./ 216 ff.).

[2227] Vgl. Schack, FS Schlosser, S. 848; Schütze, RIW 04, 162 (167), wonach die Regeln wenig Chancen hätten, umgesetzt zu werden. Sie seien kaum geeignet, den Justizkonflikt zu lösen. Vgl. auch Schütze, RIW 05, 579 (579). Dazu kritisch Krätzschmar, FS Hay, S. 241, wonach allein die problematischsten Auswirkungen der bestehenden Systemunterschiede regelmäßig Beachtung fänden. Der weitaus größte Teil der deutschen Literatur befasse sich mit der Fremdartigkeit US-amerikanischer Rechtsregeln und Fallresultate und begnüge sich damit, diese als inakzeptabel zu verwerfen.

[2228] Vgl. Kraayvanger, DAJV-NL 4/06, 171 (176); Krätzschmar, FS Hay, S. 241 ff./ 246 ff., der sich grundsätzlich gegen eine isolierte Betrachtung von Einzelaspekten ausspricht; Stürner, RabelsZ 69, 201 (220).

Literaturverzeichnis

Abend, Martin
Produkthaftpflicht ausländischer Hersteller und internationale Zuständigkeit der Gerichte in Massachusetts, in: Praxis des Internationalen Privat- und Verfahrensrechts 1989, S. 325 ff. (zit.: Abend, IPRax 89, 325)

Aden, Menno
Rechtswahl und Schiedsklausel im Verbraucherschutz, in: Recht der Internationalen Wirtschaft 1997, S. 723 ff. (zit.: Aden, RIW 97, 723)

Alio, Tarec
Grenzenlose US-Jurisdiction: Prozessuale Risiken für deutsche Unternehmen, in: DAJV-Newsletter 3/2007, S. 128 ff. (zit.: Alio, DAJV-NL 3/07, 128)

Altmeppen, Holger
Abschied vom Durchgriff im Kapitalgesellschaftsrecht, in: Neue Juristische Wochenschrift 2007, S. 2657 ff. (zit.: Altmeppen, NJW 07, 2657)

ders.
Gesellschafterhaftung und „Konzernhaftung" bei der GmbH, in: Neue Juristische Wochenschrift 2002, S. 321 ff. (zit.: Altmeppen, NJW 02, 321)

ders.
Schutz vor „europäischen" Kapitalgesellschaften, in: Neue Juristische Wochenschrift 2004, S. 97 ff. (zit.: Altmeppen, NJW 04, 97)

Baade, Hans W.
Multinationale Gesellschaften im amerikanischen Kollisionsrecht, in: Rabels Zeitschrift für ausländisches und internationales Privatrecht 37 (1973), S. 5 ff. (zit.: Baade, RabelsZ 37, 5)

Bache, Wolfgang
Der internationale Unternehmensvertrag nach deutschem Kollisionsrecht, Bad Homburg Berlin Zürich 1969 (zit.: Bache, S.)

Bachmann, Birgit
Neue Rechtsentwicklungen bei punitive damages? Erkenntnisverfahren, Zustellung und Vollstreckung, in: Bachmann, Birgit / Breidenbach, Stephan / Coester-Waltjen, Dagmar / Heß, Burkhard / Nelle, Andreas / Wolf, Christian (Hrsg.): Grenzüberschreitungen – Beiträge zum Internationalen Verfahrensrecht und zur Schiedsgerichtsbarkeit – Festschrift für Peter Schlosser, Tübingen 2005, S. 1 ff. (zit.: Bachmann, FS Schlosser, S.)

Bar, Ludwig von
Lehrbuch des internationalen Privat- und Strafrechts, Stuttgart 1892 (zit.: v. Bar, Lehrbuch, S.)

ders.
Theorie und Praxis des internationalen Privatrechts, Zweiter Band, 2. Auflage, Hannover 1889 (zit.: v. Bar, IPR II, S.)

Bar, Christian von / Mankowski, Peter	Internationales Privatrecht, Erster Band Allgemeine Lehren, 2. Auflage, München 2003 (zit.: v. Bar/Mankowski, S.)
Basedow, Jürgen	Die Anerkennung von Auslandsscheidungen, Rechtsgeschichte, Rechtsvergleichung, Rechtspolitik, Frankfurt am Main 1980 (zit.: Basedow, Anerkennung, S.)
ders.	Internationales Verbrauchervertragsrecht – Erfahrungen, Prinzipien und europäische Reform, in: Mansel, Heinz-Peter / Pfeiffer, Thomas / Kronke, Herbert / Kohler, Christian / Hausmann, Rainer (Hrsg.): Festschrift für Erik Jayme, Band I, München 2004, S. 3 ff. (zit.: Basedow, FS Jayme, S.)
ders.	Variationen über die spiegelbildliche Anwendung deutschen Zuständigkeitsrechts, in: Praxis des Internationalen Privat- und Verfahrensrechts 1994, S. 183 ff. (zit.: Basedow, IPRax 94, 183)
Baum, Harald	Inländische Abwehrklagen gegen US-amerikanische Produkthaftungsklagen?, in: Heldrich, Andreas / Kono, Toshiyuki (Hrsg.): Herausforderungen des Internationalen Zivilverfahrensrechts, Tübingen 1994, S. 185 ff. (zit.: Baum, Herausforderungen, S.)
Baumbach, Adolf (Begr.) / Hueck, Alfred (fort.)	GmbH-Gesetz, 18. Auflage, München 2006 (zit.: Baumbach/Hueck-Bearbeiter, §, Rdnr.)
Baumbach, Adolf (Begr.) / Lauterbach, Wolfgang (fort.) / Albers, Jan (fort.) / Hartmann, Peter (fort.)	Zivilprozessordnung, 65. Auflage, München 2007 (zit.: Baumbach/Lauterbach- Bearbeiter, §, Rdnr.)
Behrens, Peter	Der Durchgriff über die Grenze, in: Rabels Zeitschrift für ausländisches und internationales Privatrecht 46 (1982), S. 308 ff. (zit.: Behrens, RabelsZ 46, 308)
Benicke, Christoph	Internationale Zuständigkeit deutscher Gerichte nach Art. 13, 14 EuGVÜ für Schadensersatzklagen geschädigter Anleger, in: Wertpapier-Mitteilungen 1997, S. 945 ff. (zit.: Benicke, WM 97, 945)
Berger, Don	Zuständigkeit und Forum Non Conveniens im amerikanischen Zivilprozess, in: Rabels Zeitschrift für ausländisches und internationales Privatrecht 41 (1977), S. 39 ff. (zit.: Berger, RabelsZ 41, 39)
Bernstein, Herbert	Prozessuale Risiken im Handel mit den USA (Ausgewählte Fragen zu § 328 ZPO), in: Heldrich, Andreas / Henrich, Dieter / Sonnenberger, Hans Jürgen (Hrsg.): Konflikt und Ordnung – Festschrift für Murad Ferid, München 1978, S. 75 ff. (zit.: Bernstein, FS Ferid, S.)

Bettinger, Torsten	Der lange Arm amerikanischer Gerichte: Personal Jurisdiction im Cyperspace, in: Gewerblicher Rechtsschutz und Urheberrecht – Internationaler Teil 1998, S. 660 ff. (zit.: Bettinger, GRUR Int. 98, 660)
Birk, Rolf	Die internationale Zuständigkeit in arbeitsrechtlichen Streitigkeiten nach dem Europäischen Gerichtsstands- und Vollstreckungsübereinkommen, in: Recht der Arbeit 1983, S. 143 ff. (zit.: Birk, RdA 83, 143)
Böhmer, Christof	Spannungen im deutsch-amerikanischen Rechtsverkehr in Zivilsachen, in: Neue Juristische Wochenschrift 1990, S. 3049 ff. (zit.: Böhmer, NJW 90, 3049)
Borchers, Patrick J.	Comparing Personal Jurisdiction in the United States and the European Community: Lessons for American Reform, in: 40 The American Journal of Comparative Law (1992), S. 121 ff. (zit.: Borchers, 40 Am. J. Comp. L., 121)
Born, Gary B.	International Civil Litigation in United States Courts – Commentary & Materials, 4th Edition, The Hague Boston London 2007 (zit.: Born, S.)
ders.	Reflections on Judicial Jurisdiction in International Cases, in: 17 The Georgia Journal of International and Comparative Law (1987), S. 1 ff. (zit.: Born, 17 Ga. J. Int'l Comp. L., 1)
Born, Gary B. / Jestaedt, Thomas	Zustellung an durchreisende Angehörige fremder Staaten in den USA, in: Recht der Internationalen Wirtschaft 1990, S. 675 ff. (zit.: Born/Jestaedt, RIW 90, 675)
Brauer, Joachim	Kollisionsrechtliche Probleme der Konzerne und Unternehmensverträge, Göttingen 1969 (zit.: Brauer, S.)
Brenscheidt, Michael	Anerkennung und Vollstreckung ausländischer Geldurteile in den USA, in: Recht der Internationalen Wirtschaft 1976, S. 554 ff. (zit.: Brenscheidt, RIW 76, 554)
Brilmayer, Lea	How Contacts count: Due Process Limitations on State Court Jurisdiction, in: 4 The Supreme Court Review (1980), S. 77 ff. (zit.: Brilmayer, 4 S. Ct. Rev., 77)
dies.	Related Contacts and Personal Jurisdiction, in: 101 Harvard Law Review (1987 – 1988), S. 1444 ff. (zit.: Brilmayer, 101 Harv. L. Rev., 1444)
Brilmayer, Lea / Goldsmith, Jack	Conflict of Laws Cases and Materials, 5th Edition, New York, NY 2002 (zit.: Brilmayer/Goldsmith, S.)

522

Brilmayer, Lea /
Paisley, Kathleen

Personal Jurisdiction and Substantive Legal Relations: Corporations, Conspiracies, and Agency, in: 74 California Law Review (1986), S. 1 ff. (zit.: Brilmayer/Paisley, 74 Calif. L. Rev., 1)

Brockmeier, Dirk

Punitive Damages, Multiple Damages und deutscher ordre public – Unter besonderer Berücksichtigung des RICO – Act, Tübingen 1999 (zit.: Brockmeier, S.)

Bruns, Alexander

Der anerkennungsrechtliche ordre public in Europa und den USA, in: Juristenzeitung 1999, S. 278 ff. (zit.: Bruns, JZ 99, 278)

Buchner, Benedikt

Kläger- und Beklagtenschutz im Recht der internationalen Zuständigkeit, Tübingen 1998 (zit.: Buchner, S.)

Budzikiewicz, Christine /
Stürner, Michael

Transatlantische Justizkonflikte, in: Praxis des Internationalen Privat- und Verfahrensrechts 2007, S. 69 ff. (zit.: Budzikiewicz/Stürner, IPRax 07, 69)

Bungert, Hartwin

Recht der Niederlassung ausländischer, insbesondere deutscher Kapitalgesellschaften in den USA, in: Der Betrieb 1994, S. 1457 ff. (zit.: Bungert, DB 94, 1457)

ders.

Rechtskrafterstreckung eines österreichischen Einantwortungsbeschlusses, in: Praxis des Internationalen Privat- und Verfahrensrechts 1992, S. 225 ff. (zit.: Bungert, IPRax 92, 225)

Burg, Michael /
Müller-Seils, Carsten

Neue dogmatische Verankerung des existenzvernichtenden Eingriffs, in: Zeitschrift für das gesamte Insolvenzrecht 2007, S. 929 ff. (zit.: Burg/Müller-Seils, ZInsO 07, 929)

Buxbaum, Hannah L.

Regulatory Policy in Transnational Litigation: the Influence of Judicial Globalization, in: Mansel, Heinz-Peter / Pfeiffer, Thomas / Kronke, Herbert / Kohler, Christian / Hausmann, Rainer (Hrsg.): Festschrift für Erik Jayme, Band I, München 2004, S. 73 ff. (zit.: Buxbaum, FS Jayme, S.)

Carpi, Federico /
Taruffo, Michele /
Colesanti, Vittorio

Commentario breve al codice di procedura civile, 4. Auflage, Padova 2002 (zit.: Carpi/Taruffo/Colesanti, Art., Anm.)

Casad, Robert C. /
Richman, William B.

Jurisdiction in Civil Actions - Territorial Basis and Process Limitations on Jurisdiction of State and Federal Courts, Volume 1, 3rd Edition, Charlottesville, VA 1998 (zit.: Casad/Richman, S.)

Clermont, Kevin M.

Civil Procedure, 3rd Edition, St. Paul, MN 1993 (zit.: Clermont, S.)

ders.   Restating Territorial Jurisdiction and Venue for State and Federal
                              Courts, in: 66 Cornell Law Review (1981), S. 411 ff. (zit.: Cler-
                              mont, 66 Cornell L. Rev., 411)

Coester-Waltjen, Dagmar   Das Spiegelbildprinzip bei der Anerkennungszuständigkeit, in:
                              Baums, Theodor / Hopt, Klaus J. / Horn, Norbert (Hrsg.): Corpo-
                              rations, Capital Markets and Business in the Law – Liber Ami-
                              corum Richard M. Buxbaum, London The Hague Boston 2000, S.
                              101 ff. (zit.: Coester-Waltjen, FS Buxbaum, S.)

dies.   Deutsches internationales Zivilverfahrensrecht und die punitive
                              damages nach US-amerikanischem Recht, in: Heldrich, Andreas /
                              Kono, Toshiyuki (Hrsg.): Herausforderungen des Internationalen
                              Zivilverfahrensrechts – Japanisch - deutsch - schweizerisches
                              Symposium über aktuelle Fragen des Internationalen Zivilverfah-
                              rensrechts im Verhältnis zu den USA, Tübingen 1994, S. 15 ff.
                              (zit.: Coester-Waltjen, Herausforderungen, S.)

dies.   Die Anerkennung gerichtlicher Entscheidungen in den Haager
                              Übereinkommen, in: Rabels Zeitschrift für ausländisches und in-
                              ternationales Privatrecht 57 (1993), S. 203 ff. (zit.: Coester-
                              Waltjen, RabelsZ 57, 203)

dies.   Parteiautonomie in der internationalen Zuständigkeit, in: Lorenz,
                              Stephan / Trunk, Alexander / Eidenmüller, Horst / Wendehorst,
                              Christiane / Adolff, Johannes (Hrsg.): Festschrift für Andreas
                              Heldrich, München 2005, S. 549 ff. (zit.: Coester-Waltjen, FS
                              Heldrich, S.)

Corrigan, Michael V. /   Punitive Damages wieder vor dem U. S. Supreme Court, in:
Wilske, Stephan   Recht der Internationalen Wirtschaft 2007, S. 32 ff. (zit.: Corri-
                              gan/Wilske, RIW 07, 32)

Damrau, Jürgen   Fortdauer der internationalen Zuständigkeit trotz Wegfalls ihrer
                              Voraussetzungen?, in: Habscheid, Walter J. (Hrsg.): Festschrift
                              für Friedrich Wilhelm Bosch, Bielefeld 1978, S. 101 ff. (zit.:
                              Damrau, FS Bosch, S.)

Dashwood, Alan /   A Guide to the Civil Jurisdiction and Judgments Convention,
White, Robin C. A.   London Frankfurt Boston New York 1987 (zit.: Dashwood/
Hacon, Richard J. /   Hacon/White, S.)

Decker, Peter   Die Anerkennung ausländischer Entscheidungen im Zivilprozess,
                              Regensburg 1984 (zit.: Decker, S.)

Dethloff, Nina   Die Zuständigkeit US-amerikanischer Gerichte für Klagen gegen
                              ausländische Unternehmen, in: Neue Juristische Wochenschrift
                              1988, S. 2160 ff. (zit.: Dethloff, NJW 88, 2160)

524

Deutsch, Erwin

Die Anerkennung ausländischer Urteile in den Staaten der USA, in: Zeitschrift für Zivilprozess 71 (1958), S. 321 ff. (zit.: Deutsch, ZZP 71, 321)

Developments in the Law

State-Court Jurisdiction, in: 73 Harvard Law Review (1960), S. 909 ff. (zit.: Developments, 73 Harv. L. Rev., 909)

De Winter, L. I.

Excessive Jurisdiction in Private International Law, in: 17 International and Comparative Law Quaterly (1968), S. 706 ff. (zit.: De Winter, 17 I. C. L. Q., 706)

Drobnig, Ulrich

Skizzen zur internationalprivatrechtlichen Anerkennung, in: Ficker, Hans Claudius / König, Detlef / Kreuzer, Karl F. / Leser, Hans G. / Frhr. Marschall von Bieberstein, Wolfgang / Schlechtriem, Peter (Hrsg.): Festschrift für Ernst von Caemmerer, Tübingen 1978, S. 687 ff. (zit.: Drobnig, FS von Caemmerer, S.)

Drouven, Ralph /
Mödl, Robert

US-Gesellschaften mit Hauptverwaltungssitz in Deutschland im deutschen Recht, in: Neue Zeitschrift für Gesellschaftsrecht 2007, S. 7 ff. (zit.: Drouven/Mödl, NZG 07, 7)

Droz, Georges A. L.

Compétence judiciaire et effets des jugements dans le marché commun, Paris 1972 (zit.: Droz, n.)

Droz, Georges A. L. /
Gaudemet-Tallon, Hélène

La tranformation de la Convention de Bruxelles du 27 septembre 1968 en Règlement du Conseil concernant la compétence judiciaire, la reconnaissance et l'exécution des décisions en matière civile et commerciale, in: Revue critique de droit international privé 90 (2001), S. 601 ff. (zit.: Droz/Gaudemet-Tallon, Rev. crit. 90, 601)

Druey, Jean Nicolas

Das deutsche Konzernrecht aus der Sicht des übrigen Europa, in: Lutter, Marcus (Hrsg.): Konzernrecht im Ausland, Zeitschrift für Unternehmens- und Gesellschaftsrecht – Sonderheft 11, Berlin New York 1994, S. 310 ff. (zit.: Druey, ZGR-Sonderheft 11, S.)

Ebbing, Frank

Zur Schiedsfähigkeit von Börsengeschäften und Börsentermingeschäften, in: Wertpapier-Mitteilungen 1999, S. 1264 ff. (zit.: Ebbing, WM 99, 1264)

Ebenroth, Carsten Thomas /
Offenloch, Thomas

Kollisionsrechtliche Untersuchung grenzüberschreitender Ausgliederungen, in: Recht der Internationalen Wirtschaft 1997, S. 1 ff. (zit.: Ebenroth/Offenloch, RIW 97, 1)

Ebenroth, Carsten Thomas /
Wilken, Oliver

Entwicklungstendenzen im deutschen internationalen Gesellschaftsrecht – Teil 3, in: Juristenzeitung 1991, S. 1116 ff. (zit.: Ebenroth/Wilken, JZ 91, 1116)

Ebke, Werner F.

Conflicts of Corporate Laws and the Treaty of Friendship, Commerce and Navigation between the United States of America and the Federal Republic of Germany, in: Rasmussen-Bonne, Hans-Eric / Freer, Richard / Lüke, Wolfgang / Weitnauer, Wolfgang (Hrsg.): Balancing of Interests – Liber Amicorum Peter Hay, Frankfurt/Main 2005, S. 119 ff. (zit.: Ebke, FS Hay, S.)

Ehrenzweig, Albert A. /
Jayme, Erik

Private International Law, A Comparative Treatise on American International Conflicts Law, Including the Law of Admiralty, Volume Two Special Part Jurisdiction, Judgments, Persons (Family), Leiden 1973 (zit.: Ehrenzweig/Jayme, S.)

Eidenmüller, Horst

Wettbewerb der Gesellschaftsrechte in Europa, in: Zeitschrift für Wirtschaftsrecht 2002, S. 2233 ff. (zit.: Eidenmüller, ZIP 02, 2233)

Einsele, Dorothee

Kollisionsrechtliche Behandlung des Rechts verbundener Unternehmen, in: Zeitschrift für Unternehmens- und Gesellschaftsrecht 1996, S. 40 ff. (zit.: Einsele, ZGR 96, 40)

Eltzschig, Jan

Art. 5 Nr. 1 b EuGVVO: Ende oder Fortführung von forum actoris und Erfüllungsortbestimmung lege causae?, in: Praxis des Internationalen Privat- und Verfahrensrechts 2002, S. 491 ff. (zit.: Eltzschig, IPRax 02, 491)

Emmerich, Volker /
Habersack, Mathias

Aktien- und GmbH-Konzernrecht, 4. Auflage, München 2005 (zit.: Emmerich/Habersack, §, Rdnr.)

Emmerich, Volker /
Habersack, Mathias

Konzernrecht, 8. Auflage, München 2005 (zit.: Emmerich/Habersack, Konzern, S.)

Fawcett, James J.

A new Approach to Jurisdiction over Companies in Private International Law, in: 37 International and Comparative Law Quarterly (1988), S. 645 ff. (zit.: Fawcett, 37 I. C. L. Q., 645)

ders.

Jurisdiction and Subsidiaries, in: The Journal of Business Law 1985, S. 16 ff. (zit.: Fawcett, J. B. L. 85, 16)

ders.

Methods of Carrying on Business and Article 5 (5) of the Brussels Convention, in: 9 European Law Review (1984), S. 326 ff. (zit.: Fawcett, 9 Eur. L. Rev., 326)

Feddersen, Dieter

Beherrschungs- und Gewinnabführungsverträge über die Grenze, in: Schneider, Uwe H. (Hrsg.): Beherrschungs- und Gewinnabführungsverträge in der Praxis der GmbH, Frankfurt/Main 1989, S. 127 ff. (zit.: Feddersen, Beherrschungs- und Gewinnabführungsverträge, S.)

526

Feuerbach, Paul Johann Anselm   Themis oder Beiträge zur Gesetzgebung, Landshut 1812 (zit.: Feuerbach, S.)

Fischer, Peter C. /
Dolde, Tobias   BGH erkennt Rechts- und Parteifähigkeit von amerikanischen corporations mit Verwaltungssitz in Deutschland an, in: DAJV Newsletter 4/2004, S. 146 ff. (zit.: Fischer/Dolde, DAJV-NL 4/04, 146)

Fleischer, Holger   Konzernrechtliche Vertrauenshaftung, in: Zeitschrift für das gesamte Handels- und Unternehmensrecht 163 (1999), S. 461 ff. (zit.: Fleischer, ZHR 163, 461)

Fricke, Martin   Anerkennungszuständigkeit zwischen Spiegelbildgrundsatz und Generalklausel, Bonn Münster 1990 (zit.: Fricke, S.)

ders.   Internationale Zuständigkeit und Anerkennungszuständigkeit in Versicherungssachen nach europäischem und deutschem Recht, in: Versicherungsrecht 1997, S. 399 ff. (zit.: Fricke, VersR 97, 399)

ders.   Neues vom Vermögensgerichtsstand?, in: Neue Juristische Wochenschrift 1992, S. 3066 ff. (zit.: Fricke, NJW 92, 3066)

Friedenthal, Jack H. /
Kane, Mary K /
Miller, Arthur R.   Civil Procedure Cases and Materials, 4th Edition, St. Paul, MN 2005 (zit.: Friedenthal/Kane/Miller/, S.)

Frisinger, Jürgen   Extraterritoriale Anwendung des US-Antitrustrechtes und „Personal Jurisdiction" über ausländische Gesellschaften, in: Recht der Internationalen Wirtschaft 1972, S. 12 ff. (zit.: Frisinger, RIW 72, 12)

Fritze, Ulrich   Doppelte Rechtshängigkeit in USA und Deutschland, in: Baur, Jürgen F. / Jacobs, Rainer / Lieb, Manfred / Müller-Graff, Peter-Christian (Hrsg.): Festschrift für Ralf Vieregge, Berlin New York 1995, S. 241 ff. (zit.: Fritze, FS Vieregge, S.)

Fuchs, Dominik   Die Zuständigkeit US-amerikanischer und europäischer Gerichte zur Feststellung der Anerkennung und Vollstreckbarkeit ausländischer (Internet-) Entscheidungen, in: Recht der Internationalen Wirtschaft 2006, S. 29 ff. (zit.: Fuchs, RIW 06, 29)

ders.   Weltweite internationale Zuständigkeit von US-Gerichten bei Domain-Streitigkeiten?, in: Recht der Internationalen Wirtschaft 2004, S. 41 ff. (zit.: Fuchs, RIW 04, 41)

Ganssauge, Niklas   Internationale Zuständigkeit und anwendbares Recht bei Verbraucherverträgen im Internet, Tübingen 2004 (zit.: Ganssauge, S.)

Gaudemet-Tallon, Hélène	Les Conventions de Bruxelles et de Lugano – Compétence internationale, reconnaissance et exécution des jugements en Europe, 2e édition, Paris 1996 (zit.: Gaudemet-Tallon, Rdnr.)
Gebauer, Martin / Schulze, Götz	Kalifornische Holocaust-Gesetze zugunsten von NS–Zwangsarbeitern und geschädigten Versicherungsnehmern und die Urteilsanerkennung in Deutschland, in: Praxis des Internationalen Privat- und Verfahrensrechts 1999, S. 478 ff. (zit.: Gebauer/Schulze, IPRax 99, 478)
Geimer, Reinhold	Anerkennung ausländischer Entscheidungen in Deutschland, München 1995 (zit.: Geimer, Anerkennung, S.)
ders.	Anerkennung drittstaatlicher Ehescheidungen, in: Neue Juristische Wochenschrift 1974, S. 1026 ff. (zit.: Geimer, NJW 74, 1026)
ders.	Anerkennung gerichtlicher Entscheidungen nach dem EWG-Übereinkommen vom 27.9.1968, in: Recht der Internationalen Wirtschaft 1976, S. 139 ff. (zit.: Geimer, RIW 76, 139)
ders.	Das Nebeneinander und Miteinander von europäischem und nationalem Zivilprozessrecht, in: Neue Juristische Wochenschrift 1986, S. 2991 ff. (zit.: Geimer, NJW 86, 2991)
ders.	Die Gerichtspflichtigkeit des Beklagten außerhalb seines Wohnsitzstaates aus der Sicht des EWG-Übereinkommens vom 27. September 1968/9. Oktober 1978, in: Wertpapier-Mitteilungen 1980, S. 1106 ff. (zit.: Geimer, WM 80, 1106)
ders.	Die inländische Niederlassung als Anknüpfungspunkt für die internationale Zuständigkeit, in: Wertpapier-Mitteilungen 1976, S. 146 ff. (zit.: Geimer, WM 76, 146)
ders.	Die Prüfung der internationalen Zuständigkeit, in: Wertpapier-Mitteilungen 1986, S. 117 ff. (zit.: Geimer, WM 86, 117)
ders.	„Doing Business in Germany" als Basis deutscher internationaler Zuständigkeit, in: Recht der Internationalen Wirtschaft 1988, S. 221 ff. (zit.: Geimer, RIW 88, 221)
ders.	Eine neue internationale Zuständigkeitsordnung in Europa, in: Neue Juristische Wochenschrift 1976, S. 441 ff. (zit.: Geimer, NJW 76, 441)
ders.	Einige Zweifelsfragen zur Abgrenzung nach dem EWG-Übereinkommen vom 27.9.1968, in: Recht der Internationalen Wirtschaft 1975, S. 81 (zit.: Geimer, RIW 75, 81)

528

ders.   Grundfragen der Anerkennung und Vollstreckung ausländischer Urteile im Inland, in: Juristische Schulung 1965, S. 475 ff. (zit.: Geimer, JuS 65, 475)

ders.   Internationales Zivilprozessrecht, 5. Auflage, Köln 2005 (zit.: Geimer, IZPR, Rdnr.)

ders.   „Internationalpädagogik" oder wirksamer Beklagtenschutz? Einige Bemerkungen zur internationalen Anerkennungszuständigkeit, in: Heldrich, Andreas / Uchida, Takeyoshi (Hrsg.): Festschrift für Hideo Nakamura, Tokyo 1996, S. 169 ff. (zit.: Geimer, FS Nakamura, S.)

ders.   Internationalrechtliches zum Justizgewährungsanspruch – Eine Skizze, in: Habscheid, Walther J. / Schwab, Karl Heinz (Hrsg.): Beiträge zum Internationalen Verfahrensrecht und zur Schiedsgerichtsbarkeit – Festschrift für Heinrich Nagel, Münster 1987, S. 36 ff. (zit.: Geimer, FS Nagel, S.)

ders.   Kompetenzrechtlicher Verbraucherschutz, in: Zeitschrift für Europäisches Wirtschaftsrecht 1993, S. 564 ff. (zit.: Geimer, EuZW 93, 564)

ders.   Salut für die Verordnung (EG) Nr. 44/2001 (Brüssel I – VO) – Einige Betrachtungen zur „Vergemeinschaftung"des EuGVÜ, in: Praxis des Internationalen Privat- und Verfahrensrechts 2002, S. 69 ff. (zit.: Geimer, IPRax 02, 69)

ders.   Ungeschriebene Anwendungsgrenzen des EuGVÜ: Müssen Berührungspunkte zu mehreren Vertragsstaaten bestehen?, in: Praxis des Internationalen Privat- und Verfahrensrechts 1991, S. 31 ff. (zit.: Geimer, IPRax 91, 31)

ders.   Verfassungsrechtliche Vorgaben bei der Normierung der internationalen Zuständigkeit, in: Matscher, Franz / Seidl-Hohenveldern, Ignaz (Hrsg.): Europa im Aufbruch – Festschrift für Fritz Schwind, Wien 1993, S. 17 ff. (zit.: Geimer, FS Schwind, S.)

ders.   Zur Prüfung der Gerichtsbarkeit und der internationalen Zuständigkeit bei der Anerkennung ausländischer Urteile, Bielefeld 1966 (zit.: Geimer, Prüfung, S.)

ders.   EuGH, Urteil vom 06.10.1976 – Anmerkung, in: Neue Juristische Wochenschrift 1977, S. 490 ff. (zit.: Geimer, NJW 77, 490)

ders.   BVerfG, Beschluss vom 03.12.1985 – Anmerkung, in: Neue Juristische Wochenschrift 1986, S. 658 ff. (zit.: Geimer, NJW 86, 658)

ders.   EuGH, Urteil vom 09.12.1987: Begriff der Zweigniederlassung
                               nach dem EuGÜbk – Anmerkung, in: Recht der Internationalen
                               Wirtschaft 1988, S. 220 ff. (zit.: Geimer, RIW 88, 220)

ders.   OLG München, Urteil vom 21.01.1992: Internationale Zuständig-
                               keit und Gerichtsstand in Verbrauchersachen – Anmerkung, in:
                               Recht der Internationalen Wirtschaft 1994, S. 59 ff. (zit.: Geimer,
                               RIW 94, 59)

ders.   OLG Düsseldorf, Urteil vom 26.05.1995 – Kurzkommentar, in:
                               Entscheidungen zum Wirtschaftsrecht 1996, S. 939 ff. (zit.: Gei-
                               mer, EWiR 96, 939)

ders.   LG Darmstadt, Urteil vom 18.05.2004 – Kurzkommentar, in:
                               Entscheidungen zum Wirtschaftsrecht 2004, S. 971 ff. (zit.: Gei-
                               mer, EWiR 04, 971)

Geimer, Reinhold /   Der internationale Rechtsverkehr in Zivil- und Handelssachen,
   Schütze, Rolf A   Band 1, 31. Lieferung, München 2007 (zit.: Geimer/Schütze-
                               Bearbeiter, Rechtsverkehr, Bd. 1, Art., Rdnr.)

dies.   Der internationale Rechtsverkehr in Zivil- und Handelssachen,
                               Band 2, 31. Lieferung, München 2007 (zit.: Geimer/Schütze-
                               Bearbeiter, Rechtsverkehr, Bd. 2, Art., Rdnr./S.)

dies.   Europäisches Zivilverfahrensrecht – Kommentar, 2. Auflage,
                               München 2004 (zit.: Geimer/Schütze, Art., Rdnr.)

dies.   Internationale Urteilsanerkennung, Band I 1. Halbband, Das
                               EWG-Übereinkommen über die gerichtliche Zuständigkeit und
                               die Vollstreckung gerichtlicher Entscheidungen in Zivil- und
                               Handelssachen, München 1983 (zit.: Geimer/Schütze-Bearbeiter,
                               I/1, S.)

dies.   Internationale Urteilsanerkennung, Band I 2. Halbband, Allge-
                               meine Grundsätze und autonomes deutsches Recht, München
                               1984 (zit.: Geimer/Schütze-Bearbeiter, I/2, S.)

Geßler, Ernst /   Aktiengesetz, Band II §§ 76 – 147, München 1974 (zit.: Geßler/
   Hefermehl, Wolfgang /   Hefermehl-Bearbeiter, §, Rdnr.)
   Eckardt, Ulrich /
   Kropff, Bruno

dies.   Aktiengesetz, Band VI §§ 291 – 410, München 1976 (zit.: Geß-
                               ler/Hefermehl-Bearbeiter, §, Rdnr.)

Geulen, Reiner /   Deutsche Firmen vor US-Gerichten, in: Neue Juristische Wochen-
   Sebok, Anthony J.   schrift 2003, S. 3244 ff. (zit.: Geulen/Sebok, NJW 03, 3244)

530

Görtz, Jürgen — Die subjektiven Grenzen der Rechtskraft US-amerikanischer Urteile, Frankfurt am Main 2005 (zit.: Görtz, S.)

Goette, Wulf — BGH, Beschluss vom 13.1.1997: Haftung im qualifiziert faktischen Konzern und internationale Zuständigkeit – Anmerkung, in: Deutsches Steuerrecht 1997, S. 503 ff. (zit.: Goette, DStR 97, 503)

ders. — Das Kapitalschutzsystem auf der neuen Grundlage der Existenzvernichtungshaftung, in: Deutsches Steuerrecht 2007, S. 1593 ff. (zit.: Goette, DStR 07, 1593)

Goldstein, Ryan S. — A Practical Understanding of Personal Jurisdiction in United States Courts: Anticipating and Avoiding Litigation Abroad, in: DAJV Newsletter 1/2005, S. 16 ff. (zit.: Goldstein, DAJV-NL 1/05, 16)

Golsong, Heribert — Justizkonflikt USA-Europa – Wie soll es weitergehen?, in: Habscheid, Walther J. (Hrsg.): Der Justizkonflikt mit den Vereinigten Staaten von Amerika, Bielefeld 1986, S. 103 ff. (zit.: Golsong, Justizkonflikt, S.)

Gottwald, Peter — Anerkennungszuständigkeit und doppelrelevante Tatsachen, in: Praxis des Internationalen Privat- und Verfahrensrechts 1995, S. 75 ff. (zit.: Gottwald, IPRax 95, 75)

ders. — Auf dem Weg zur Neuordnung des internationalen Verfahrensrechts, in: Zeitschrift für Zivilprozess 95 (1982), S. 3 ff. (zit.: Gottwald, ZZP 95, 3)

ders. — Grenzen zivilgerichtlicher Maßnahmen mit Auslandswirkung, in: Lindacher, Walter F. / Pfaff, Dieter / Roth, Günter H. / Schlosser, Peter / Wieser, Eberhard (Hrsg.): Festschrift für Walther J. Habscheid, Bielefeld 1989, S. 119 ff. zit.: Gottwald, FS Habscheid, S.)

ders. — Grundfragen der Anerkennung und Vollstreckung ausländischer Entscheidungen in Zivilsachen, in: Zeitschrift für Zivilprozess 103 (1990), S. 257 ff. (zit.: Gottwald, ZZP 103, 257)

ders. — Internationale Zuständigkeit kraft „business activities" im geplanten Haager Übereinkommen über Zuständigkeit und ausländische Urteile in Zivil- und Handelssachen, in: Schütze, Rolf A. (Hrsg.): Einheit und Vielfalt des Rechts – Festschrift für Reinhold Geimer, München 2002, S. 231 ff. (zit.: Gottwald, FS Geimer, S.)

ders. Zum Stand der Zivilprozessrechtsvergleichung, in: Bachmann, Birgit / Breidenbach, Stephan / Coester-Waltjen, Dagmar / Heß, Burkhard / Nelle, Andreas / Wolf, Christian (Hrsg.): Grenzüberschreitungen – Beiträge zum Internationalen Verfahrensrecht und zur Schiedsgerichtsbarkeit – Festschrift für Peter Schlosser, Tübingen 2005, S. 227 ff. (zit.: Gottwald, FS Schlosser, S.)

Grabau, Fritz-René / Hennecka, Jürgen — Entwicklung des weltweiten Zuständigkeits- und Anerkennungsübereinkommens – Aktueller Überblick, in: Recht der Internationalen Wirtschaft 2001, S. 569 ff. (zit.: Grabau/Hennecka, RIW 01, 569)

Graupner, Rudolf — Zur Entstehungsgeschichte des § 328 ZPO, in: Heldrich, Andreas / Henrich, Dieter / Sonnenberger, Hans Jürgen (Hrsg.): Konflikt und Ordnung – Festschrift für Murad Ferid, München 1978, S. 183 ff. (zit.: Graupner, FS Ferid, S.)

Grothe, Helmut — „Exorbitante" Gerichtszuständigkeiten im Rechtsverkehr zwischen Deutschland und den USA, in: Rabels Zeitschrift für ausländisches und internationales Privatrecht 58 (1994), S. 686 ff. (zit.: Grothe, RabelsZ 58, 686)

ders. Exorbitante Gerichtszuständigkeiten – Konflikte im deutschamerikanischen Rechts- und Wirtschaftsverkehr, in: Heldrich, Andreas / Kono, Toshiyuki (Hrsg.): Herausforderungen des Internationalen Zivilverfahrensrechts – Japanisch - deutsch - schweizerisches Symposium über aktuelle Fragen des Internationalen Zivilverfahrensrechts im Verhältnis zu den USA, Tübingen 1994, S. 209 ff. (zit.: Grothe, Herausforderungen, S.)

Grunsky, Wolfgang — Lex fori und Verfahrensrecht, in: Zeitschrift für Zivilprozess 89 (1976), S. 241 ff. (zit.: Grunsky, ZZP 89, 241)

Gsell, Beate — Autonom bestimmter Gerichtsstand am Erfüllungsort nach der Brüssel I – Verordnung, in: Praxis des Internationalen Privat- und Verfahrensrechts 2002, S. 484 ff. (zit.: Gsell, IPRax 02, 484)

Haas, Ulrich — Zur Anerkennung US-amerikanischer Urteile in der Bundesrepublik Deutschland, in: Praxis des Internationalen Privat- und Verfahrensrechts 2001, S. 195 ff. (zit.: Haas, IPRax 01, 195)

Haas, Ulrich / Stangl, Burkhard — Prozesskostensicherheit (§ 110 ZPO) und internationale Anerkennungszuständigkeit (§ 328 Abs. 1 Nr. 1 ZPO) im deutschamerikanischen Verhältnis, in: Praxis des Internationalen Privat- und Verfahrensrechts 1998, S. 452 ff. (zit.: Haas/Stangl, IPRax 98, 452)

532

Habscheid, Walter J.

Bemerkungen zur Rechtshängigkeitsproblematik im Verhältnis der Bundesrepublik Deutschland und der Schweiz einerseits und den USA andererseits, in: Bernstein, Herbert / Drobnig, Ulrich / Kötz, Hein (Hrsg.): Festschrift für Konrad Zweigert, S. 109 ff. (zit.: Habscheid, FS Zweigert, S.)

Hager, Günter /
Bentele, Florian

Der Lieferort als Gerichtsstand – zur Auslegung des Art. 5 Nr. 1 lit. b EuGVO, in: Praxis des Internationalen Privat- und Verfahrensrechts 2004, S. 73 ff. (zit.: Hager/Bentele, IPRax 04, 73)

Hahn, Carl

Die gesammten Materialien zu den Reichsjustizgesetzen – auf Veranlassung des kaiserlichen Reichsjustizamtes, Zweiter Band, Die gesammten Materialien zur Civilprozeßordnung und dem Einführungsgesetz zu derselben vom 30. Januar 1877, Teilband 1, Berlin 1880 (zit.: Hahn, Materialien, Band 2/1, S.)

Harder, Eric

Vollstreckung deutscher Urteile in USA, insbesondere in New York, in: Recht der Internationalen Wirtschaft 1963, S. 36 ff. (zit.: Harder, RIW 63, 36)

Haubold, Jens

Internationale Zuständigkeit für gesellschaftsrechtliche und konzerngesellschaftsrechtliche Haftungsansprüche nach EuGVÜ und LugÜ, in: Praxis des Internationalen Privat- und Verfahrensrechts 2000, S. 375 ff. (zit.: Haubold, IPRax 00, 375)

Hay, Peter

Conflict of Laws, 4th Edition, St. Paul, MN 2003 (zit.: Hay, Conflict, S.)

ders.

Die internationale Zuständigkeit amerikanischer Gerichte in Zivil- und Handelssachen, in: Juristenzeitung 1977, S. 697 ff. (zit.: Hay, JZ 77, 697)

ders.

International versus Interstate Conflicts Law in the United States – A Summary of the Case Law, in: Rabels Zeitschrift für ausländisches und internationales Privatrecht 35 (1971), S. 429 ff. (zit.: Hay, RabelsZ 35, 429)

ders.

Judicial Jurisdiction over Foreign-Country Corporate Defendants – Comments on Recent Case Law, in: 63 Oregon Law Review (1984), S. 431 ff. (zit.: Hay, 63 Or. L. Rev., 431)

ders.

On Comity, Reciprocity, and Public Policy in U. S. and German Judgments Recognition Practice, in: Basedow, Jürgen / Meier, Isaak / Schnyder, Anton K. / Einhorn, Talia / Girsberger, Daniel (Hrsg.): Privatrecht in der Internationalen Arena – Liber Amicorum Kurt Siehr, The Hague 2000, S. 237 ff. (zit.: Hay, FS Siehr, S.)

ders.   On Merger and Preclusion (Res Judicata) in U. S. Foreign Judgments Recognition – Unresolved Doctrinal Problems –, in: Schütze, Rolf A. (Hrsg.): Einheit und Vielfalt des Rechts – Festschrift für Reinhold Geimer, München 2002, S. 325 ff. (zit.: Hay, FS Geimer, S.)

ders.   Refining Personal Jurisdiction in the United States, in: 35 International and Comparative Law Quarterly (1986), S. 32 ff. (zit.: Hay, 35 I. C. L. Q., 32)

ders.   The Recognition and Enforcement of American Money-Judgments in Germany – The 1992 Decision of the German Supreme Court, in: 40 The American Journal of Comparative Law (1992), S. 729 ff. (zit.: Hay, 40 Am. J. Comp. L., 729)

ders.   US-amerikanisches Recht, 3. Auflage, München Basel Wien 2005 (zit.: Hay, Rdnr.)

Hay, Peter / Krätzschmar, Tobias   Neue Unsicherheiten um die extraterritoriale Anwendung US-amerikanischen Antitrust-Rechts, in: Recht der Internationalen Wirtschaft 2003, S. 809 ff. (zit.: Hay/Krätzschmar, RIW 03, 809)

Heidenberger, Peter   Vollstreckung deutscher Urteile in den Vereinigten Staaten, in: Neue Juristische Wochenschrift 1958, S. 1117 ff. (zit.: Heidenberger, NJW 58, 1117)

Heiderhoff, Bettina   Zum Verbraucherbegriff der EuGVVO und des LugÜ, in: Praxis des Internationalen Privat- und Verfahrensrechts 2005, S. 230 ff. (zit.: Heiderhoff, IPRax 05, 230)

Heinze, Christian A. / Dutta, Anatol   Ungeschriebene Grenzen für europäische Zuständigkeiten bei Streitigkeiten mit Drittstaatenbezug, in: Praxis des Internationalen Privat- und Verfahrensrechts 2005, S. 224 ff. (zit.: Heinze/Dutta, IPRax 05, 224)

Heldrich, Andreas   Aktuelle Probleme des internationalen Zivilprozessrechts unter besonderer Berücksichtigung des Verhältnisses zu den USA, in: Heldrich, Andreas / Kono, Toshiyuki (Hrsg.): Herausforderungen des Internationalen Zivilverfahrensrechts – Japanisch - deutsch - schweizerisches Symposium über aktuelle Fragen des Internationalen Zivilverfahrensrechts im Verhältnis zu den USA, Tübingen 1994, S. 1 ff. (zit.: Heldrich, Herausforderungen, S.)

ders.   Die Interessen bei der Regelung der internationalen Zuständigkeit, in: Ferid, Murad (Hrsg.): Festschrift für Hans G. Ficker, Frankfurt Berlin 1967, S. 205 ff. (zit.: Heldrich, FS Ficker, S.)

ders.   Internationale Zuständigkeit und anwendbares Recht, Berlin Tübingen 1969 (zit.: Heldrich, S.)

534

Hellwig, Konrad

Lehrbuch des deutschen Zivilprozessrechts, Band 1, Leipzig 1903 (zit.: Hellwig, Lehrbuch, S.)

ders.

System des Deutschen Zivilprozessrechts, Erster Band Ordentliches Verfahren ausschließlich besonderer Prozessarten und Zwangsvollstreckung, Leipzig 1912 (zit.: Hellwig, System, S.)

Herrmann, David

Die Anerkennung US-amerikanischer Urteile in Deutschland unter Berücksichtigung des ordre public, Frankfurt am Main 2000 (zit.: Herrmann, S.)

Herrmann, Hans Joachim / Basedow, Jürgen / Kropholler, Jan

Handbuch des Internationalen Zivilverfahrensrechts, Band I, Supranationale und internationale Gerichte, Europäisches Zivilprozessrecht – Generalia, Internationale Zuständigkeit, Tübingen 1982 (zit.: Hdb. Int. ZVerfR I-Bearbeiter, Kap., Rdnr.)

Hess, Burkhard

Aktuelle Brennpunkte des transatlantischen Justizkonflikts, in: Die Aktiengesellschaft 2005, S. 897 ff. (zit.: Hess, AG 05, 897)

ders.

Die intertemporale Anwendung des europäischen Zivilprozessrechts in den EU-Beitrittsstaaten, in: Praxis des Internationalen Privat- und Verfahrensrechts 2004, S. 374 ff. (zit.: Hess, IPRax 04, 374)

ders.

Methoden der Rechtsfindung im Europäischen Zivilprozessrecht, in: Praxis des Internationalen Privat- und Verfahrensrechts 2006, S. 348 ff. (zit.: Hess, IPRax 06, 348)

ders.

Steht das geplante weltweite Zuständigkeits- und Vollstreckungsübereinkommen vor dem Aus?, in: Praxis des Internationalen Privat- und Verfahrensrechts 2000, S. 342 ff. (zit.: Hess, IPRax 00, 342)

ders.

Transatlantische Justizkonflikte, in: Die Aktiengesellschaft 2006, S. 809 ff. (zit.: Hess, AG 06, 809)

ders.

Transatlantischer Rechtsverkehr heute: Von der Kooperation zum Konflikt?, in: Juristenzeitung 2003, S. 923 ff. (zit.: Hess, JZ 03, 923)

Hirte, Heribert

Spielt das amerikanische Rechtssystem verrückt?, in: Neue Juristische Wochenschrift 2002, S. 345 ff. (zit.: Hirte, NJW 02, 345)

Hoffmann, Bernd von

Gegenwartsprobleme internationaler Zuständigkeit, in: Praxis des Internationalen Privat- und Verfahrensrechts 1982, S. 217 ff. (zit.: v. Hoffmann, IPRax 82, 217) ders.   Internationales Privatrecht: US-Pflanzenschutzmittel in inländischen Obstgärten, in: Juristische Schulung 1986, S. 385 ff. (zit.: v. Hoffmann, JuS 86, 385)

Hoffmann, Bernd von / Hau, Wolfgang   Zur internationalen Anerkennungszuständigkeit US-amerikanischer Zivilgerichte, in: Recht der Internationalen Wirtschaft 1998, S. 344 ff. (zit.: v. Hoffmann/Hau, RIW 98, 344)

Hoffmann, Bernd von / Thorn, Karsten   Internationales Privatrecht einschließlich der Grundzüge des Internationalen Zivilverfahrensrechts, 9. Auflage, München 2007 (zit.: v. Hoffmann/Thorn, §, Rdnr.)

Hofstetter, Karl   Parent Responsibility for Subsidiary Corporations: Evaluating European Trends, in: 39 International and Comparative Law Quarterly (1990), S. 576 ff. (zit.: Hofstetter, 39 I. C. L. Q., 576)

Hollmann, Hermann H.   A German Lawyer's Experience with United States and International Procedural Law relating to Products Liability Defense Strategies and Problems, in: Zäch, Roger (Hrsg.): Litigation of Business Matters in the United States and International Legal Assistance, Bern Stuttgart 1984, S. 79 ff. (zit.: Hollmann, Litigation of Business Matters, S.)

Homburger, Adolf   Recognition and Enforcement of Foreign Judgments – A New Yorker Reflects on Uniform Acts, in: 18 The American Journal of Comparative Law (1970), S. 367 ff. (zit.: Homburger, 18 Am. J. Comp. L., 367)

Hoppe, Vera   Die Einbeziehung ausländischer Beteiligter in US-amerikanische class actions – Unter Berücksichtigung des Class Action Fairness Act 2005, Frankfurt/Main 2005 (zit.: Hoppe, S.)

Horn, Norbert   Deutsches und europäisches Gesellschaftsrecht und die EuGH-Rechtsprechung zur Niederlassungsfreiheit – Inspire Art, in: Neue Juristische Wochenschrift 2004, S. 893 ff. (zit.: Horn, NJW 04, 893)

Hübner, Ulrich   Der Durchgriff bei juristischen Personen im europäischen Gesellschafts- und Unternehmensrecht, in: Juristenzeitung 1978, S. 703 ff. (zit.: Hübner, JZ 78, 703)

Hüffer, Uwe   Aktiengesetz, 7. Auflage, München 2006 (zit.: Hüffer, §, Rdnr.)

Hunnings, Neville March   Agency and Jurisdiction in the EEC – Conflict of Laws, in: The Journal of Business Law 1982, S. 244 ff. (zit.: Hunnings, J. B. L. 82, 244)

536

James JR., Fleming / Hazard JR., Geoffrey C. / Leubsdorf, John	Civil Procedure, 5th Edition, Boston Toronto London 2001 (zit.: James/Hazard/Leubsdorf, S.)

Jasper, Dieter — Forum shopping in England und Deutschland, Berlin 1990 (zit.: Jasper, S.)

Jaspert, Antje — EuGVÜ-Gerichtsstände und Anspruchsdurchsetzung gegen ausländische herrschende Unternehmen, Bielefeld 1995 (zit.: Jaspert, S.)

Jayme, Erik — Ein Klägergerichtsstand für den Verkäufer – Der EuGH verfehlt den Sinn des EuGVÜ, in: Praxis des Internationalen Privat- und Verfahrensrechts 1995, S. 13 ff. (zit.: Jayme, IPRax 95, 13)

ders. — Gesamteuropa: Möglichkeiten und Modelle einer Vereinheitlichung des Internationalen Zivilverfahrensrechts, in: Jayme, Erik (Hrsg.): Ein internationales Zivilverfahrensrecht für Gesamteuropa, EuGVÜ, Lugano-Übereinkommen und die Rechtsentwicklungen in Mittel- und Osteuropa, Heidelberg 1992, S. 3 ff. (zit.: Jayme, Ein internationales Zivilverfahrensrecht, S.)

ders. — Produktenhaftpflicht ausländischer Hersteller und internationale Zuständigkeit der Gerichte in Kalifornien, in: Praxis des Internationalen Privat- und Verfahrensrechts 1986, S. 193 ff. (zit.: Jayme, IPRax 86, 193)

ders. — LG Heilbronn, Urteil vom 06.02.1991 – Anmerkung, in: Praxis des Internationalen Privat- und Verfahrensrechts 1991, S. 262 ff. (zit.: Jayme, IPRax 91, 262)

Jayme, Erik /
Kohler, Christian — Zur Revision des Europäischen Gerichtsstands- und Vollstrekkungsübereinkommens, in: Praxis des Internationalen Privat- und Verfahrensrechts 1987, S. 201 ff. (zit.: Jayme/Kohler, IPRax 87, 201)

dies. — Europäisches Kollisionsrecht 1995: Der Dialog der Quellen, in: Praxis des Internationalen Privat- und Verfahrensrechts 1995, S. 345 ff. (zit.: Jayme/Kohler, IPRax 95, 345)

dies. — Europäisches Kollisionsrecht 2000: Interlokales Privatrecht oder universelles Gemeinschaftsrecht?, in: Praxis des Internationalen Privat- und Verfahrensrechts 2000, S. 454 ff. (zit.: Jayme/Kohler, IPRax 00, 454)

dies. — Europäisches Kollisionsrecht 2001: Anerkennungsprinzip statt IPR?, in: Praxis des Internationalen Privat- und Verfahrensrechts 2001, S. 501 ff. (zit.: Jayme/Kohler, IPRax 01, 501) dies.   Europäisches Kollisionsrecht 2004: Territoriale Erweiterung und methodische Rückgriffe, in: Praxis des Internationalen Privat- und Verfahrensrechts 2004, S. 481 ff. (zit.: Jayme/Kohler, IPRax 04, 481)

dies.   Europäisches Kollisionsrecht 2005: Hegemonialgesten auf dem Weg zu einer Gesamtvereinheitlichung, in: Praxis des Internationalen Privat- und Verfahrensrechts 2005, S. 481 ff. (zit.: Jayme/Kohler, IPRax 05, 481)

Juenger, Friedrich K.   Judicial Jurisdiction in the United States and in the European Communities: A Comparison, in: 82 Michigan Law Review (1984), S. 1195 ff. (zit.: Juenger, 82 Mich. L. Rev., 1195)

ders.   Forum Non Conveniens – Who needs it?, in: Geimer, Reinhold (Hrsg.): Wege zur Globalisierung des Rechts – Festschrift für Rolf A. Schütze, München 1999, S. 317 ff. (zit.: Juenger, FS Schütze, S.)

Junker, Abbo   Der lange Arm amerikanischer Gerichte: Gerichtsgewalt, Zustellung und Jurisdictional Discovery, in: Praxis des Internationalen Privat- und Verfahrensrechts 1986, S. 197 ff. (zit.: Junker, IPRax 86, 197)

ders.   Einheit und Vielfalt: Die Zivilprozessrechte der Vereinigten Staaten von Amerika, in: Zeitschrift für Zivilprozess 101 (1988), S. 241 ff. (zit.: Junker, ZZP 101, 241)

ders.   US-amerikanische „Discovery" als Herausforderung des Internationalen Zivilprozessrechts, in: Heldrich, Andreas / Kono, Toshiyuki (Hrsg.): Herausforderungen des Internationalen Zivilverfahrensrechts – Japanisch - deutsch - schweizerisches Symposium über aktuelle Fragen des Internationalen Zivilverfahrensrechts im Verhältnis zu den USA, Tübingen 1994, S. 103 ff. (zit.: Junker, Herausforderungen, S.)

ders.   Vom Brüsseler Übereinkommen zur Brüsseler Verordnung – Wandlungen des Internationalen Zivilprozessrechts, in: Recht der Internationalen Wirtschaft 2002, S. 569 ff. (zit.: Junker, RIW 02, 569)

Kaiser, Thomas   Weltweite Haftung transnationaler Unternehmen für Verbindlichkeiten ihrer Tochtergesellschaften, in: Recht der Internationalen Wirtschaft 1988, S. 589 ff. (zit.: Kaiser, RIW 88, 589)

Kegel, Gerhard /   Internationales Privatrecht, 9. Auflage, München 2004
Schurig, Klaus   (zit.: Kegel/Schurig, S.)

538

Kindler, Peter	Auf dem Weg zur Europäischen Briefkastengesellschaft?, in: Neue Juristische Wochenschrift 2003, S. 1073 ff. (zit.: Kindler, NJW 03, 1073)
Kleinstück, Till	Due Process-Beschränkungen des Vermögensgerichtsstandes durch hinreichenden Inlandsbezug und Minimum Contacts, München 1994 (zit.: Kleinstück, S.)
Koch, Christian / Maurer, Peter	Rechtsfragen des Online-Vertriebs von Bankprodukten – behindern gesetzliche Regelungen den elektronischen Geschäftsverkehr?, in: Wertpapier-Mitteilungen 2002, S. 2443 ff. (zit.: Koch/Maurer, WM 02, 2443)
Kohl, Andreas / Reus, Alexander	Anerkennung und Durchsetzung deutscher Zahlungstitel in Florida, in: Recht der Internationalen Wirtschaft 2000, S. 773 ff. (zit.: Kohl/Reus, RIW 00, 773)
Kohler, Christian	Vom EuGVÜ zur EuGVVO: Grenzen und Konsequenzen der Vergemeinschaftung, in: Schütze, Rolf A. (Hrsg.): Einheit und Vielfalt des Rechts – Festschrift für Reinhold Geimer, München 2002, S. 461 ff. (zit.: Kohler, FS Geimer, S.)
Kovar, Jeffrey D.	A Letter to the Hague Conference on Private International Law, in: DAJV Newsletter 2/2000, S. 43 ff. (zit.: Kovar, DAJV-NL 2/00, 43)
Krätzschmar, Tobias	Der deutsch-amerikanische Rechtsverkehr – mehr als ein „Justizkonflikt", in: Rasmussen-Bonne, Hans-Eric / Freer, Richard / Lüke, Wolfgang / Weitnauer, Wolfgang (Hrsg.): Balancing of Interests – Liber Amicorum Peter Hay, Frankfurt/Main 2005, S. 241 ff. (zit.: Krätzschmar, FS Hay, S.)
Kralik, Winfried	Die internationale Zuständigkeit, in: Zeitschrift für Zivilprozess 74 (1961), S. 2 ff. (zit.: Kralik, ZZP 74, 2)
Kraayvanger, Jan	Die Zuständigkeit US-amerikanischer Gerichte für internationale Rechtsstreitigkeiten, in: DAJV Newsletter 4/2006, S. 171 ff. (zit.: Kraayvanger, DAJV-NL 4/06, 171)
Kröll, Stefan	OLG Köln, Urteil vom 05.11.2003 – Kurzkommentar, in: Entscheidungen zum Wirtschaftsrecht 2004, S. 657 ff. (zit.: Kröll, EWiR 04, 657)
Krolop, Kaspar	Die deliktische Haftung der Gesellschafter wegen Gläubigerschädigung bei der GmbH und der in Deutschland aktiven Limited im Lichte des MoMiG und der Aufgabe des bisherigen Konzeptes der Existenzvernichtungshaftung, in: Zeitschrift für die notarielle Beratungs- und Beurkundungspraxis 2007, S. 265 ff. (zit.: Krolop, NotBZ 07, 265)

Kronke, Herbert

Der Gerichtsstand nach Art. 5 Nr. 5 EuGVÜ – Ansätze einer Zuständigkeitsordnung für grenzüberschreitende Unternehmensverbindungen, in: Praxis des Internationalen Privat- und Verfahrensrechts 1989, S. 81 ff. (zit.: Kronke, IPRax, 89, 81)

ders.

Grenzüberschreitende Personengesellschaftskonzerne – Sachnormen und Internationales Privatrecht, in: Zeitschrift für Unternehmens- und Gesellschaftsrecht 1989, S. 473 ff. (zit.: Kronke, ZGR 89, 473)

Kronstein, Werner /
Hawkins, Gerard L.

Die Haftung der Organwalter und Gesellschafter von Tochtergesellschaften in den USA, in: Recht der Internationalen Wirtschaft 1983, S. 249 ff. (zit.: Kronstein/Hawkins, RIW 83, 249)

Kropholler, Jan

Europäisches Zivilprozessrecht, 8. Auflage, Heidelberg 2005 (zit.: Kropholler, Art., Rdnr.)

ders.

Internationales Privatrecht, 6. Auflage, Tübingen 2006 (zit.: Kropholler, IPR, S.)

Kulms, Rainer

Qualifizierte faktische GmbH-Konzerne und Außenhaftung: (k)ein Fall für Art. 5 Nr. 1 EuGVÜ?, in: Praxis des Internationalen Privat- und Verfahrensrechts 2000, S. 488 ff. (zit.: Kulms, IPRax 00, 488)

Langen, Albrecht

Die Haftung des herrschenden Unternehmens für Verbindlichkeiten der abhängigen Gesellschaft bei einem Multinationalen Unternehmen – Ein Lösungsvorschlag auf der Grundlage des deutschen Konzernrechts –, Bonn 1976 (zit.: Langen, S.)

Lejeune, Mathias

„Personal Jurisdiction" über ausländische Firmen nach amerikanischem Zivilprozessrecht, in: Recht der Internationalen Wirtschaft 1998, S. 8 ff. (zit.: Lejeune, RIW 98, 8)

Liniger, Stefan /
Wilske, Stephan

Borer v. Burda und Bertelsmann – Grenzen der Allzuständigkeit US-amerikanischer Gerichte?, in: DAJV Newsletter 3/2005, S. 85 ff. (zit.: Liniger/Wilske, DAJV-NL 3/05, 85)

Linke, Hartmut

Der „kleineuropäische" Niederlassungsgerichtsstand (Art. 5 Nr. 5 GVÜ), in: Praxis des Internationalen Privat- und Verfahrensrechts 1982, S. 46 ff. (zit.: Linke, IPRax 82, 46)

ders.

Internationales Zivilprozessrecht, 4. Auflage, Köln 2006 (zit.: Linke, Rdnr.)

ders.

EuGH, Urteil vom 06.10.1976 – Anmerkung, in: Recht der Internationalen Wirtschaft 1977, S. 42 ff. (zit.: Linke, RIW 77, 42)

540

Lorenz, Egon

Die internationale Zuständigkeit als Voraussetzung für die Anerkennung ausländischer Eheurteile in Deutschland, in: Zeitschrift für das gesamte Familienrecht 1966, S. 465 ff. (zit.: Lorenz, FamRZ 66, 465)

Lorenz, Stephan

Internationale Zuständigkeit deutscher Gerichte und Anwendbarkeit von § 661a BGB bei Gewinnmitteilungen aus dem Ausland: Erweiterungen des Verbrauchergerichtsstands durch die „Brüssel I-Verordnung", in: Praxis des Internationalen Privat- und Verfahrensrechts 2002, S. 192 ff. (zit.: Lorenz, IPRax 02, 192)

Lüke, Wolfgang

BGH, Urteil vom 02.07.1991 – Anmerkung, in: Zeitschrift für Zivilprozess 105 (1992), S. 314 ff. (zit.: Lüke, ZZP 105, 314)

Lutter, Marcus

Die zivilrechtliche Haftung in der Unternehmensgruppe, in: Zeitschrift für Unternehmens- und Gesellschaftsrecht 11 (1982), S. 244 ff. (zit.: Lutter, ZGR 11, 244)

ders.

Haftung aus Konzernvertrauen?, in: Schön, Wolfgang (Hrsg.): Gedächtnisschrift für Brigitte Knobbe-Keuk, Köln 1997, S. 229 ff. (zit.: Lutter, GS Knobbe-Keuk, S.)

Lutter, Marcus /
Hommelhoff, Peter

GmbH-Gesetz Kommentar, 16. Auflage, Köln 2004 (zit.: Lutter/Hommelhoff, §, Rdnr.)

Maltz, Earl M.

Unraveling the Conundrum of the Law of Personal Jurisdiction: A Comment on Asahi Metal Industry Co. v. Superior Court of California, in: Duke Law Journal 1987, S. 669 ff. (zit.: Maltz, Duke L. J. 87, 669)

Mankowski, Peter

Die Lehre von den doppelrelevanten Tatsachen auf dem Prüfstand der internationalen Zuständigkeit, in: Praxis des Internationalen Privat- und Verfahrensrechts 2006, S. 454 ff. (zit.: Mankowski, IPRax 06, 454)

ders.

Entwicklungen im Internationalen Privat- und Prozessrecht 2003/2004, in: Recht der Internationalen Wirtschaft 2004, S. 481 ff. und 587 ff. (zit.: Mankowski, RIW 04, 481/587)

ders.

Entwicklungen im Internationalen Privat- und Prozessrecht 2004/2005, in: Recht der Internationalen Wirtschaft 2005, S. 481 ff. und 561 ff. (zit.: Mankowski, RIW 05, 481/561)

ders.

„Gemischte" Verträge und der persönliche Anwendungsbereich des Internationalen Verbraucherschutzrechts, in: Praxis des Internationalen Privat- und Verfahrensrechts 2005, S. 503 ff. (zit.: Mankowski, IPRax 05, 503)

ders.   Internationale Zuständigkeit und anwendbares Recht – Parallelen
                           und Divergenzen, in: Lorenz, Stephan / Trunk, Alexander / Ei-
                           denmüller, Horst / Wendehorst, Christiane / Adolff, Johannes
                           (Hrsg.): Festschrift für Andreas Heldrich, München 2005, S. 867
                           ff. (zit.: Mankowski, FS Heldrich, S.)

ders.   Zu einigen internationalprivat- und internationalprozessrechtli-
                           chen Aspekten bei Börsentermingeschäften, in: Recht der Inter-
                           nationalen Wirtschaft 1996, S. 1001 ff. (zit.: Mankowski, RIW
                           96, 1001)

ders.   Zur Auslegung des Art. 13 EuGVÜ, in: Recht der Internationalen
                           Wirtschaft 1997, S. 990 ff. (zit.: Mankowski, RIW 97, 990)

ders.   LG Darmstadt, Urteil vom 18.05.2004 – Kurzkommentar, in:
                           Entscheidungen zum Wirtschaftsrecht 2004, S. 1221 ff. (zit.:
                           Mankowski, EWiR 04, 1221)

Mansel, Heinz-Peter   Direktansprüche gegen den Haftpflichtversicherer: Anwendbares
                           Recht und internationale Zuständigkeit, Heidelberg 1986 (zit.:
                           Mansel, S.)

ders.   Streitverkündung (vouching in) und Drittklage (third party com-
                           plaint) im US-Zivilprozessrecht und die Urteilsanerkennung in
                           Deutschland, in: Heldrich, Andreas / Kono, Toshiyuki (Hrsg.):
                           Herausforderungen des Internationalen Zivilverfahrensrechts –
                           Japanisch - deutsch - schweizerisches Symposium über aktuelle
                           Fragen des Internationalen Zivilverfahrensrechts im Verhältnis zu
                           den USA, Tübingen 1994, S. 63 ff. (zit.: Mansel, Herausforde-
                           rungen, S.)

ders.   Vermögensgerichtsstand und Inlandsbezug bei der Entschei-
                           dungs- und Anerkennungszuständigkeit am Beispiel der Aner-
                           kennung US-amerikanischer Urteile in Deutschland, in: Mansel,
                           Heinz-Peter / Pfeiffer, Thomas / Kronke, Herbert / Kohler, Chri-
                           stian / Hausmann, Rainer (Hrsg.): Festschrift für Erik Jayme,
                           Band I, München 2004, S. 561 ff. (zit.: Mansel, FS Jayme, S.)

Mark, Jürgen /   Der Gerichtsstand des Vermögens im Spannungsfeld zwischen
   Ziegenhain, Jörg   Völkerrecht und deutschem internationalen Prozessrecht, in: Neue
                           Juristische Wochenschrift 1992, S. 3062 ff. (zit.: Mark/ Ziegen-
                           hain, NJW 92, 3062)

Martiny, Dieter   Handbuch des Internationalen Zivilverfahrensrechts, Band III/1,
                           Anerkennung ausländischer Entscheidungen nach autonomem
                           Recht, Tübingen 1984 (zit.: Hdb. Int. ZVerfR III/1-Martiny,
                           Rdnr.)

542

ders.   Recognition and Enforcement of Foreign Money Judgments in the
                         Federal Republic of Germany, in: 35 The American Journal of
                         Comparative Law (1987), S. 721 ff. (zit.: Martiny, 35 Am. J.
                         Comp. L., 721)

Matscher, Franz   Einige Probleme der internationalen Urteilsanerkennung und –
                         vollstreckung, in: Zeitschrift für Zivilprozess 86 (1973), S. 404 ff.
                         (zit.: Matscher, ZZP 86, 404)

ders.   Grundfragen der Anerkennung und Vollstreckung ausländischer
                         Entscheidungen in Zivilsachen, in: Zeitschrift für Zivilprozess
                         103 (1990), S. 294 ff. (zit.: Matscher, ZZP 103, 294)

ders.   IPR und IZVR vor den Organen der EMRK – Eine Skizze, in:
                         Barfuß, Werner / Dutoit, Bernard / Forkel, Hans / Immenga, Ul-
                         rich / Majoros, Ferenc (Hrsg.): Festschrift für Karl H. Neumayer,
                         Baden-Baden 1985, S. 459 ff. (zit.: Matscher, FS Neumayer, S.)

ders.   Zur prozessualen Behandlung der inländischen Gerichtsbarkeit
                         (der internationalen Zuständigkeit) – eine Skizze, in: Bachmann,
                         Birgit / Breidenbach, Stephan / Coester-Waltjen, Dagmar / Heß,
                         Burkhard / Nelle, Andreas / Wolf, Christian (Hrsg.): Grenzüber-
                         schreitungen – Beiträge zum Internationalen Verfahrensrecht und
                         zur Schiedsgerichtsbarkeit – Festschrift für Peter Schlosser, Tü-
                         bingen 2005, S. 561 ff. (zit.: Matscher, FS Schlosser, S.)

Matthies, Heinrich   Die deutsche internationale Zuständigkeit, Frankfurt am Main
                         1955 (zit.: Matthies, S.)

Maul, Silja   Gerichtsstände und Vollstreckungsfragen bei konzernrechtlichen
                         Ansprüchen gegenüber einem herrschenden Unternehmen im EG-
                         Ausland, in: Aktiengesellschaft 1998, S. 404 ff. (zit.: Maul, AG
                         98, 404)

dies.   Probleme im Rahmen von grenzüberschreitenden Unternehmens-
                         verbindungen, in: Neue Zeitschrift für Gesellschaftsrecht 1999, S.
                         741 ff. (zit.: Maul, NZG 99, 741)

Maxeiner, James   Die Gefahr der Übertragung deutschen Rechtsdenkens auf den
                         US-amerikanischen Zivilprozess, in: Recht der Internationalen
                         Wirtschaft 1990, S. 440 ff. (zit.: Maxeiner, RIW 90, 440)

Mehler, Felix /   Das Haager Abkommen über die Anerkennung ausländischer Ent-
Ruopp, Angelika   scheidungen in Zivil- und Handelssachen, in: DAJV Newsletter
                         3/1999, S. 86 ff. (zit.: Mehler/Ruopp, DAJV-NL 3/99, 86)

Mehren, Arthur T. von	The Hague Jurisdiction and Enforcement Convention Project Faces an Impasse – A Diagnosis and Guidelines for a Cure, in: Praxis des Internationalen Privat- und Verfahrensrechts 2000, S. 465 ff. (zit.: v. Mehren, IPRax 00, 465)
ders.	Recognition and Enforcement of Foreign Judgments: A New Approach for the Hague Conference?, in: 57 Law and Contemporary Problems (1994), S. 272 ff. (zit.: v. Mehren, 57 Law & Contemp. Probl., 272)
ders.	Recognition of United States Judgments Abroad and Foreign Judgments in the United States: Would an International Convention be Useful?, in: Rabels Zeitschrift für ausländisches und internationales Privatrecht 57 (1993), S. 449 ff. (zit.: v. Mehren, RabelsZ 57, 449)
Mehren, Arthur T. von / Michaels, Ralf	Pragmatismus und Realismus für die Haager Verhandlungen zu einem weltweiten Gerichtsstands- und Vollstreckungsübereinkommen, in: DAJV Newsletter 4/2000, S. 124 ff. (zit.: v. Mehren/Michaels, DAJV-NL 4/00, 124)
Mehren, Arthur T von / Trautman, Donald T.	Jurisdiction to Adjudicate: A Suggested Analysis, in: 79 Harvard Law Review (1966), S. 1121 ff. (zit.: v. Mehren/Trautman, 79 Harv. L. Rev., 1121)
dies.	Recognition of Foreign Adjudications: A Survey and a Suggested Approach, in: 81 Harvard Law Review (1968), S. 1601 ff. (zit.: v. Mehren/Trautman, 81 Harv. L. Rev., 1601)
Meier, Werner	Grenzüberschreitender Durchgriff in der Unternehmensgruppe nach US-amerikanischem Recht, Jurisdiktions- und Prozessrecht, Kollisionsrecht, materielles Recht, Frankfurt/Main 2000 (zit. Meier, S.)
Meili, Friedrich	Das internationale Civilprozessrecht auf Grund der Theorie, Gesetzgebung und Praxis, Zürich 1904 (zit.: Meili, S.)
Michalski, Lutz	Kommentar zum Gesetz betreffend die Gesellschaften mit beschränkter Haftung (GmbH-Gesetz), Band I, Systematische Darstellungen 1 – 7 §§ 1 – 34 GmbH, München 2002 (zit.: Michalski-Bearbeiter, Syst. Darst./§, Rdnr.)
Micklitz, Hans-W. / Rott, Peter	Vergemeinschaftung des EuGVÜ in der Verordnung (EG) Nr. 44/2001, in: Europäische Zeitschrift für Wirtschaftsrecht 2001, S. 325 ff. (zit.: Micklitz/Rott, EuZW 01, 325)
Milleker, Erich	Der negative internationale Kompetenzkonflikt, Bielefeld 1975 (zit.: Milleker, S.)

ders.

Inlandswirkungen der Streitverkündung im ausländischen Verfahren, in: Zeitschrift für Zivilprozess 80 (1967), S. 288 ff. (zit.: Milleker, ZZP 80, 288)

Möllers, Christoph

Internationale Zuständigkeit bei der Durchgriffshaftung, Bonn Münster 1987 (zit.: Möllers, S.)

Müller, Harald

Die Gerichtspflichtigkeit wegen „doing business", Köln Berlin Bonn München 1992 (zit.: H. Müller, S.)

Müller, Klaus

Zum Begriff der „Anerkennung" von Urteilen in § 328 ZPO, in: Zeitschrift für Zivilprozess 79 (1966), S. 199 ff. (zit.: K. Müller, ZZP 79, 199)

Müller, Peter

Punitive Damages und deutsches Schadensersatzrecht, Berlin New York 2000 (zit.: P. Müller, S.)

Müller, Robert

Kollisionsrechtliche Probleme der Durchgriffslehre bei Kapitalgesellschaften, Frankfurt/Main 1974 (zit.: R. Müller, S.)

Müller-Graff, Peter-Christian

Die ziviljustizielle Zusammenarbeit im „Raum der Freiheit, der Sicherheit und des Rechts" im System des Europäischen Verfassungsvertrages, in: Mansel, Heinz-Peter / Pfeiffer, Thomas / Kronke, Herbert / Kohler, Christian / Hausmann, Rainer (Hrsg.): Festschrift für Erik Jayme, Band II, München 2004, S. 1323 ff. (zit.: Müller-Graff, FS Jayme, S.)

Müller, Welf /
Rödder, Thomas

Beck'sches Handbuch der AG – mit KGaA, München 2004 (zit.: Hdb. AG-Bearbeiter, §, Rdnr.)

Münchener Kommentar

zum Aktiengesetz, Band 3 §§ 76 – 117 AktG MitbestG § 76 BetrVG 1952, 2. Auflage, München 2004 (zit.: MüKo AktG-Bearbeiter, §, Rdnr.)

ders.

zum Aktiengesetz, Band 8 §§ 278 – 328, 2. Auflage, München 2000 (zit.: MüKo AktG-Bearbeiter, §, Rdnr.)

Münchener Kommentar

zum Bürgerlichen Gesetzbuch, Band 10 Einführungsgesetz zum Bürgerlichen Gesetzbuch (Art. 1 – 46), Internationales Privatrecht, 4. Auflage, München 2006 (zit.: MüKo-Bearbeiter, Art., Rdnr.)

ders.

zum Bürgerlichen Gesetzbuch, Band 11 Internationales Wirtschaftsrecht, Einführungsgesetz zum Bürgerlichen Gesetzbuch (Art. 50 – 245), 4. Auflage, München 2006 (zit.: MüKo-Bearbeiter, Int. WirtR, Rdnr.)

Münchener Kommentar

zur Zivilprozessordnung, Band 1 §§ 1 – 354, 3. Auflage, München 2007 (zit.: MüKo ZPO-Bearbeiter, §, Rdnr.)

ders.	zur Zivilprozessordnung, Band 3 §§ 803 – 1066, EGZPO GVG EGGVG Internationales Zivilprozessrecht, 2. Auflage, München 2001 (zit.: MüKo ZPO-Bearbeiter, Art., Rdnr.)
ders.	zur Zivilprozessordnung, Aktualisierungsband, ZPO-Reform 2002 und weitere Reformgesetze, 2. Auflage, München 2002 (zit.: MüKo ZPO Akt.-Bearbeiter, Art., Rdnr.)
Musielak, Hans-Joachim	Kommentar zur Zivilprozessordnung, 5. Auflage, München 2007 (zit.: Musielak-Bearbeiter, §, Rdnr.)
Musger, Gottfried	Zur „Abänderung" von Unterhaltstiteln in Sachverhalten mit Auslandsberührung, in: Praxis des Internationalen Privat- und Verfahrensrechts 1992, S. 108 ff. (zit.: Musger, IPRax 92, 108)
Nagel, Heinrich	Die Begrenzung des internationalen Zivilprozessrechts durch das Völkerrecht, in: Zeitschrift für Zivilprozess 75 (1962), S. 408 ff. (zit.: Nagel, ZZP 75, 408)
ders.	Internationale Zuständigkeit bei Beteiligung ausländischer Fluggesellschaften, in: Praxis des Internationalen Privat- und Verfahrensrechts 1984, S. 13 ff. (zit.: Nagel, IPRax 84, 13)
Nagel, Heinrich (Begr.) / Gottwald, Peter (fort.)	Internationales Zivilprozessrecht, 6. Auflage, Münster Köln 2007 (zit.: Nagel/Gottwald, §, Rdnr.)
Nassall, Wendt	Verbraucherschutz durch europäisches Verfahrensrecht – Anmerkungen zum Vorlagebeschluss des BGH WM 1993, 1215, in: Wertpapier-Mitteilungen 1993, S. 1950 ff. (zit.: Nassall, WM 93, 1950)
Neuhaus, Paul Heinrich	Die Grundbegriffe des Internationalen Privatrechts, 2. Auflage, Tübingen 1976 (zit.: Neuhaus, Grundbegriffe, S.)
ders.	Internationales Zivilprozessrecht und Internationales Privatrecht, in: Rabels Zeitschrift für ausländisches und internationales Privatrecht 20 (1955), S. 201 ff. (zit.: Neuhaus, RabelsZ 20, 201)
Neuner, Robert	Internationale Zuständigkeit, Mannheim Berlin Leipzig 1929 (zit.: Neuner, S.)
Nobel, Peter	Entwicklungen im internationalen Gesellschaftsrecht, in: Nobel, Peter (Hrsg.): Internationales Gesellschaftsrecht, Bern 2001, S. 9 ff. (zit.: Nobel, Int. GesR, S.)
O'Malley, Stephen / Layton, Alexander	European Civil Practice, London 1989 (zit.: O'Malley/Layton, Rdnr.)

546

Otte, Karsten

Jurisdiction – Internationale Zuständigkeit bei Produkthaftpflicht-Regreßklagen, in: Praxis des Internationalen Privat- und Verfahrensrechts 1987, S. 384 ff. (zit.: Otte, IPRax 87, 384)

ders.

Scheitert das Haager Zuständigkeits- und Vollstreckungsabkommen?, in: DAJV Newsletter 2/2000, S. 43 ff. (zit.: Otte, DAJV-NL 2/00, 43)

ders.

Territorial Jurisdiction – persönliche Anwesenheit als ausreichender Minimalkontakt für internationale Zuständigkeit, in: Praxis des Internationalen Privat- und Verfahrensrechts 1991, S. 263 ff. (zit.: Otte, IPRax 91, 263)

Otto, Mathias

Der prozessuale Durchgriff – Die Nutzung forumansässiger Tochtergesellschaften in Verfahren ihrer auswärtigen Muttergesellschaften im Recht der USA, der Europäischen Gemeinschaften und der Bundesrepublik Deutschland, München 1992 (zit.: Otto, S.)

Paefgen, Walter G.

„Deutsche" Corporations im System des Gesellschaftskollisonsrecht, in: DAJV Newsletter 3/2003, S. 98 ff. (zit.: Paefgen, DAJV-NL 3/03, 98)

ders.

Existenzvernichtungshaftung nach Gesellschaftsdeliktsrecht, in: Der Betrieb 2007, S. 1907 ff. (zit.: Paefgen, DB 07, 1907)

Pagenstecher, Max

Gerichtsbarkeit und internationale Zuständigkeit als selbständige Prozessvoraussetzungen, in: Rabels Zeitschrift für ausländisches und internationales Privatrecht 11 (1937), S. 337 ff. (zit.: Pagenstecher, RabelsZ 11, 337)

Paulus, Christoph G.

Abwehrstrategien gegen unberechtigte Klagen in den USA, in: Recht der Internationalen Wirtschaft 2006, S. 258 ff. (zit.: Paulus, RIW 06, 258)

Petersen, Jan-Hendrik

Die Änderungen im Recht der US-Sammelklagen durch den Class Action Fairness Act of 2005, in: Recht der Internationalen Wirtschaft 2005, S. 812 ff. (zit.: Petersen, RIW 05, 812)

Peterson, Courtland H.

Die Anerkennung und Vollstreckung ausländischer Urteile in den Vereinigten Staaten von Amerika, in: Rabels Zeitschrift für ausländisches und internationales Privatrecht 33 (1969), S. 543 ff. (zit.: Peterson, RabelsZ 33, 543)

ders.

Foreign Country Judgments and the Second Restatement of Conflict of Laws, in: 72 Columbia Law Review (1972), S. 220 ff. (zit.: Peterson, 72 Colum. L. Rev., 220) ders.   US Supreme Court upholds Use of Transient Jurisdiction, in: Praxis des Internationalen Privat- und Verfahrensrechts 1991, S. 267 ff. (zit.: Peterson, IPRax 91, 267)

Pfeiffer, Thomas   Der Umweltgerichtsstand als zuständigkeitsrechtlicher Störfall – Bemerkungen zu § 32 a ZPO, in: Zeitschrift für Zivilprozess 106 (1993), S. 159 ff. (zit.: Pfeiffer, ZZP 106, 159)

ders.   Falscher vorauseilender Gehorsam in die richtige Richtung – Zur „Lugano-freundlichen" Auslegung des autonomen österreichischen Zuständigkeitsrechts, in: Praxis des Internationalen Privat- und Verfahrensrechts 1996, S. 205 ff. (zit.: Pfeiffer, IPRax 96, 205)

ders.   Internationale Zuständigkeit und prozessuale Gerechtigkeit – Die internationale Zuständigkeit im Zivilprozess zwischen effektivem Rechtsschutz und nationaler Zuständigkeitspolitik, Frankfurt/Main 1995 (zit.: Pfeiffer, S.)

ders.   Kooperative Reziprozität – § 328 I Nr. 5 ZPO neu besichtigt, in: Rabels Zeitschrift für ausländisches und internationales Privatrecht 55 (1991), S. 734 ff. (zit.: Pfeiffer, RabelsZ 55, 734)

ders.   Materialisierung und Internationalisierung im Recht der Internationalen Zuständigkeit, in: Canaris, Claus-Wilhelm / Heldrich, Andreas / Hopt, Klaus J. / Roxin, Claus / Schmidt, Karsten / Widmaier, Gunter (Hrsg.): 50 Jahre Bundesgerichtshof – Festgabe aus der Wissenschaft, Band III Zivilprozess, Insolvenz, Öffentliches Recht, München 2000, S. 617 ff. (zit.: Pfeiffer, BGH-Festgabe III, S.)

Piekenbrock, Andreas   Zur Zustellung kartellrechtlicher treble damages-Klagen in Deutschland, in: Praxis des Internationalen Privat- und Verfahrensrechts 2006, S. 4 ff. (zit.: Piekenbrock, IPRax 06, 4)

Piltz, Burghard   Die Zuständigkeitsordnung nach dem EWG-Gerichtsstands- und Vollstreckungsübereinkommen, in: Neue Juristische Wochenschrift 1979, S. 1071 ff. (zit.: Piltz, NJW 79, 1071)

ders.   Vom EuGVÜ zur Brüssel –I – Verordnung, in: Neue Juristische Wochenschrift 2002, S. 789 ff. (zit.: Piltz, NJW 02, 789)

Prütting, Hanns   Ein neues Kapitel im Justizkonflikt USA – Deutschland, in: Mansel, Heinz-Peter / Pfeiffer, Thomas / Kronke, Herbert / Kohler, Christian / Hausmann, Rainer (Hrsg.): Festschrift für Erik Jayme, Band I, München 2004, S. 709 ff. (zit.: Prütting, FS Jayme, S.)

Rassmussen-Bonne, Hans-Eric | Zum Stand der Rechtshilfepraxis bei Zustellungsersuchen von US-Schadensersatzklagen nach dem Beschluss des Bundesverfassungsgerichts vom 25. Juli 2003, in: Rasmussen-Bonne, Hans-Eric / Freer, Richard / Lüke, Wolfgang / Weitnauer, Wolfgang (Hrsg.): Balancing of Interests – Liber Amicorum Peter Hay, Frankfurt/Main 2005, S. 323 ff. (zit.: Rasmussen-Bonne, FS Hay, S.)

Rassmann, Christian | Anerkennung und Vollstreckung ausländischer Titel in den USA, in: Recht der Internationalen Wirtschaft 1996, S. 817 ff. (zit.: Rassmann, RIW 96, 817)

Rau, Markus | „Minimum Contacts" und „Personal Jurisdiction" über auswärtige Gesellschaften im Cyberspace, in: Recht der Internationalen Wirtschaft 2000, S. 761 ff. (zit.: Rau, RIW 00, 761)

Rauscher, Thomas | Arbeitnehmerschutz – ein Ziel des Brüsseler Übereinkommens, in: Geimer, Reinhold (Hrsg.): Wege zur Globalisierung des Rechts – Festschrift für Rolf A. Schütze, München 1999, S. 695 ff. (zit.: Rauscher, FS Schütze, S.)

ders. | Europäisches Zivilprozessrecht – Kommentar, Band I Brüssel I-VO Brüssel IIa-VO, 2. Auflage, München 2006 (zit.: Rauscher-Bearbeiter, Art., Rdnr.)

Reese, Willis M. | The Status in this Country of Judgments rendered abroad, in: 50 Columbia Law Review (1950), S. 783 ff. (zit.: Reese, 50 Colum. L. Rev., 783)

Reimann, Mathias | Einführung in das US-amerikanische Privatrecht, 2. Auflage, München 2004 (zit.: Reimann, S.)

Reuschlein, Harold Gill / Gregory, William A. | Agency and Partnership, 2nd Edition, St. Paul, MIN 1990 (zit.: Reuschlein/Gregory, S.)

Richman, William M. / Reynolds, William L. | Understanding Conflict of Laws, 3rd Edition, Newark, NJ San Francisco, CA Charlottesville, VA 2003 (zit.: Richman/Reynolds, S.)

Richter, Achim | Das EWG-Übereinkommen über die gerichtliche Zuständigkeit und die Vollstreckung in Zivil- und Handelssachen aus versicherungsrechtlicher Sicht, in: Versicherungsrecht 1978, S. 801 ff. (zit.: Richter, VersR 78, 801)

Riezler, Erwin | Internationales Zivilprozessrecht und prozessuales Fremdenrecht, Berlin Tübingen 1949 (zit.: Riezler, S.)

Ringe, Wolf-Georg

„Überseering im Verfahrensrecht" – Zu den Auswirkungen der EuGH-Rechtsprechung zur Niederlassungsfreiheit von Gesellschaften auf das Internationale Zivilprozessrecht, in: Praxis des Internationalen Privat- und Verfahrensrechts 2007, S. 388 ff. (zit.: Ringe, IPRax 07, 388)

Rinne, Burkhard

Zweigniederlassungen ausländischer Unternehmen im deutschen Kollisions- und Sachrecht, Berlin 1998 (zit.: Rinne, S.)

Rose, Flavio

Related Contacts and Personal Jurisdiction: The "But For" Test, in: 82 California Law Review (1994), S. 1545 ff. (zit.: Rose, 82 Calif. L. Rev., 1545)

Rosenberg, Maurice /
Hay, Peter /
Weintraub, Russel J.

Conflict of Laws Cases and Materials, 10th Edition, Westburg, NY 1996 (zit.: Rosenberg/Hay/Weintraub, S.)

Roth, Herbert

BGH, Urteil vom 29.04.1999 – Anmerkung, in: Zeitschrift für Zivilprozess 112 (1999), S. 483 ff. (zit.: Roth, ZZP 112, 483)

Rubin, Harry

Jurisdictional Risk Management in Cyberspace, in: Computer und Recht International 2000, S. 33 ff. (zit.: Rubin, CRi 00, 33)

Rühl, Giesela

Die Anerkennung und Vollstreckung ausländischer Urteile in den USA: Zum Foreign Judgments Recognition and Enforcement Act des American Law Institute, in: Recht der Internationalen Wirtschaft 2006, S. 192 ff. (zit.: Rühl, RIW 06, 192)

Rüßmann, Helmut

Die Verweisung nach § 281 ZPO und das EuGVÜ, in: Praxis des Internationalen Privat- und Verfahrensrechts 1996, S. 402 ff. (zit.: Rüßmann, IPRax 96, 402)

Rundshagen, Helmut /
Strunk, Günther

Zivilrechtliche und steuerrechtliche Konsequenzen grenzüberschreitender Beherrschungsverträge, in: Recht der Internationalen Wirtschaft 1995, S. 664 ff. (zit.: Rundshagen/Strunk, RIW 95, 664)

Saame, Philipp

Die Zweigniederlassung eines ausländischen Unternehmens in Deutschland, Mainz 1994 (zit.: Saame, S.)

Saenger, Ingo

Zivilprozessordnung – Handkommentar, Baden-Baden 2006 (zit.: Saenger, §, Rdnr.)

Samtleben, Jürgen

Internationale Gerichtsstandsvereinbarungen nach dem EWG-Übereinkommen und nach der Gerichtsstandsnovelle, in: Neue Juristische Wochenschrift 1974, S. 1590 ff. (zit.: Samtleben, NJW 74, 1590)

550

Schack, Haimo   Das IPR – ein Buch mit sieben Siegeln, reif für das moderne Antiquariat?, in: Krüger, Hilmar / Mansel, Heinz-Peter (Hrsg.): Liber Amicorum Gerhard Kegel, München 2002, S. 179 ff. (zit.: Schack, FS Kegel 02, S.)

ders.   Der prozessuale Durchgriff im internationalen Konzern, in: Jickeli, Joachim / Kreutz, Peter / Reuter, Dieter (Hrsg.): Gedächtnisschrift für Jürgen Sonnenschein, Berlin 2003, S. 705 ff. (zit.: Schack, GS Sonnenschein, S.)

ders.   Einführung in das US-amerikanische Zivilprozessrecht, 3. Auflage, München 2003 (zit.: Schack, Einführung, S.)

ders.   Ein unnötiger transatlantischer Justizkonflikt: die internationale Zustellung und das Bundesverfassungsgericht, in: Die Aktiengesellschaft 2006, S. 823 ff. (zit.: Schack, AG 06, 823)

ders.   Internationales Zivilverfahrensrecht, 4. Auflage, München 2006 (zit.: Schack, IZVR, Rdnr.)

ders.   Internationale Zuständigkeit als Strafe für die Nichtbefolgung von discovery-Befehlen, in: Praxis des Internationalen Privat- und Verfahrensrechts 1984, S. 168 ff. (zit.: Schack, IPRax 84, 168)

ders.   Internationale Zuständigkeit und Inlandsbeziehung, in: Heldrich, Andreas / Uchida, Takeyoshi (Hrsg.): Festschrift für Hideo Nakamura, Tokyo 1996, S. 491 ff. (zit.: Schack, FS Nakamura, S.)

ders.   Jurisdictional Minimum Contacts Scrutinized – Interstaatliche und Internationale Zuständigkeit US-amerikanischer Gerichte, Heidelberg 1983 (zit.: Schack, Jurisdictional Minimum Contacts, S.)

ders.   Unglücke in Europa – Klagen in den USA, in: Bachmann, Birgit / Breidenbach, Stephan / Coester-Waltjen, Dagmar / Heß, Burkhard / Nelle, Andreas / Wolf, Christian (Hrsg.): Grenzüberschreitungen – Beiträge zum Internationalen Verfahrensrecht und zur Schiedsgerichtsbarkeit – Festschrift für Peter Schlosser, Tübingen 2005, S. 839 ff. (zit.: Schack, FS Schlosser, S.)

ders.   Vermögensbelegenheit als Zuständigkeitsgrund – Exorbitant oder sinnvoll?, in: Zeitschrift für Zivilprozess 97 (1984), S. 46 ff. (zit.: Schack, ZZP 97, 46)

ders.   BGH, Urteil vom 02.07.1991 – Anmerkung, in: Juristenzeitung 1992, S. 51 ff. (zit.: Schack, JZ 92, 51)

Schärtl, Christoph

Bezieht sich das „Spiegelbildprinzip" des § 328 I Nr. 1 ZPO auch auf die Zuständigkeitsvorschriften der EuGVO? in: Praxis des Internationalen Privat- und Verfahrensrechts 2006, S. 438 ff. (zit.: Schärtl, IPRax 06, 438)

ders.

Das Spiegelbildprinzip im Rechtsverkehr mit ausländischen Staatenverbindungen unter besonderer Berücksichtigung des deutsch-amerikanischen Rechtsverkehrs, Tübingen 2005 (zit.: Schärtl, S.)

Schanze, Erich

Gesellschafterhaftung für unlautere Einflussnahme nach § 826 BGB – Die Trihotel-Doktrin des BGH, in: Neue Zeitschrift für Gesellschaftsrecht 2007, S. 681 ff. (zit.: Schanze, NZG 07, 681)

Scheuermann, Isabel

Internationales Zivilverfahrensrecht bei Verträgen im Internet – Eine rechtsvergleichende Untersuchung des deutschen, europäischen und US-amerikanischen Zuständigkeitsrechts sowie der Anerkennung und Vollstreckung von Gerichtsentscheidungen im deutsch-amerikanischen Rechtsverkehr, Tübingen 2004 (zit.: Scheuermann, S.)

Schiessl, Maximilian

Haftung im grenzüberschreitenden Konzern, in: Recht der Internationalen Wirtschaft 1988, S. 951 ff. (zit.: Schiessl, RIW 88, 951)

ders.

Umstrukturierung amerikanischer Tochtergesellschaften zur Vermeidung einer Durchgriffshaftung der deutschen Mutter?, in. Der Betrieb 1989, S. 513 ff. (zit.: Schiessl, DB 89, 513)

Schindler, Christian

Durchbrechungen des Spiegelbildprinzips bei der Anerkennung ausländischer Entscheidungen unter vergleichender Berücksichtigung des portugiesischen und brasilianischen Rechts, Heidelberg 2004 (zit.: Schindler, S.)

Schlosser, Peter F.

Das völkerrechtswidrige Urteil nach deutschem Prozessrecht, in: Zeitschrift für Zivilprozess 79 (1966), S. 164 ff. (zit.: Schlosser, ZZP 79, 164)

ders.

Der Justizkonflikt zwischen den USA und Europa, Berlin New York 1985 (zit.: Schlosser, Justizkonflikt, S.)

ders.

Die Durchsetzung von Schiedssprüchen und ausländischen Urteilen im Urkundenprozess und mittels eines inländischen Arrests, in: Gottwald, Peter / Prütting, Hanns (Hrsg.): Festschrift für Karl-Heinz Schwab, München 1990, S. 435 ff. (zit.: Schlosser, FS Schwab, S.)

552

ders.   Doppelexequatur zu Schiedssprüchen und ausländischen Ge-
                         richtsentscheidungen?, in: Praxis des Internationalen Privat- und
                         Verfahrensrechts 1985, S. 141 ff. (zit.: Schlosser, IPRax 85, 141)

ders.   Europäisch-autonome Interpretation des Begriffs „Vertrag oder
                         Ansprüche aus einem Vertrag" i. S. v. Art. 5 Nr. 1 EuGVÜ?, in:
                         Praxis des Internationalen Privat- und Verfahrensrechts 1984, S.
                         65 ff. (zit.: Schlosser, IPRax 84, 65)

ders.   EU-Zivilprozessrecht – Kommentar EuGVVO, EuEheVO,
                         AVAG, HZÜ, EuZVO, HBÜ, EuBVO, 2. Auflage, München
                         2003 (zit.: Schlosser, Art., Rdnr.)

ders.   Einschränkung des Vermögensgerichtsstandes, in: Praxis des
                         Internationalen Privat- und Verfahrensrechts 1992, S. 140 ff. (zit.:
                         Schlosser, IPRax 92, 140)

ders.   Sonderanknüpfungen von zwingendem Verbraucherschutzrecht
                         und europäisches Prozessrecht, in: Baur, Jürgen F. / Hopt, Klaus
                         J. / Mailänder, K. Peter (Hrsg.): Festschrift für Ernst Steindorff,
                         Berlin New York 1990, S. 1379 ff. (zit.: Schlosser, FS Steindorff,
                         S.)

ders.   BGH, Beschluss vom 28.10.1996 – Anmerkung, in: Juristenzei-
                         tung 1997, S. 364 ff. (zit.: Schlosser, JZ 97, 364)

Schmidt, Karsten   Gesellschafterhaftung und „Konzernhaftung" bei der GmbH, in:
                         Neue Juristische Wochenschrift 2001, S. 3577 ff. (zit.: K.
                         Schmidt, NJW 01, 3577)

ders.   Gesellschaftsrecht, 4. Auflage, Köln Berlin Bonn München 2002
                         (zit.: K. Schmidt, S.)

Schmidt, Uwe   Europäisches Zivilprozessrecht, Das 11. Buch der ZPO, München
                         2004 (zit.: Schmidt, Rdnr.)

Schmidt-Brand, Jan-Peter Zu den long-arm statutes im „Jurisdiktions-Recht" der Vereinig-
                         ten Staaten von Amerika und zu ihrer Bedeutung für wirtschafts-
                         rechtliche Streitigkeiten, Frankfurt/Main 1991 (zit.: Schmidt-
                         Brand, S.)

Schneider, Uwe H.   Beherrschungs- und Gewinnabführungsverträge mit einer GmbH,
                         in: Schneider, Uwe H. (Hrsg.): Beherrschungs- und Gewinnab-
                         führungsverträge in der Praxis der GmbH, Frankfurt/Main 1989,
                         S. 7 ff. (zit.: Schneider, Beherrschungs- und Gewinnabführungs-
                         verträge, S.)

Schnelle, Ulrich	Die Regeln des deutschen Internationalen Gesellschaftsrechts in der Zusammenschau der Inspire-Art-Rechtsprechung des EuGH und der europäischen und deutschen Gesetzgebung, in: Rasmussen-Bonne, Hans-Eric / Freer, Richard / Lüke, Wolfgang / Weitnauer, Wolfgang (Hrsg.): Balancing of Interests – Liber Amicorum Peter Hay, Frankfurt/Main 2005, S. 343 ff. (zit.: Schnelle, FS Hay, S.)
Schnyder, Anton K.	Der Sitz von Gesellschaften im Internationalen Zivilverfahrensrecht, in: Geimer, Reinhold (Hrsg.): Wege zur Globalisierung des Rechts – Festschrift für Rolf A. Schütze, München 1999, S. 767 ff. (zit.: Schnyder, FS Schütze, S.)
Scholz, Ingo	Das Problem der autonomen Auslegung des EuGVÜ, Tübingen 1998 (zit.: Scholz, S.)
Schreiner, Birgit	Die internationale Zuständigkeit als Anerkennungsvoraussetzung nach § 328 Abs. 1 Nr. 1 ZPO unter besonderer Berücksichtigung des Spiegelbildprinzips, Regensburg 2000 (zit.: Schreiner, S.)
Schröder, Jochen	Internationale Zuständigkeit – Entwurf eines Systems von Zuständigkeitsinteressen im zwischenstaatlichen Privatverfahrensrecht aufgrund rechtshistorischer, rechtsvergleichender und rechtspolitischer Betrachtungen, Opladen 1971 (zit.: Schröder, S.)
ders.	The Right not to be Sued Abroad, in: Musielak, Hans-Joachim / Schurig, Klaus (Hrsg.): Festschrift für Gerhard Kegel, Stuttgart Berlin Köln Mainz 1987, S. 523 ff. (zit.: Schröder, FS Kegel 87, S.)
Schütze, Rolf A.	Anerkennung und Vollstreckung deutscher Urteile im Ausland, Herne Berlin 1973 (zit.: Schütze, Anerkennung dt. Urteile, S.)
ders.	Ausgewählte Probleme des Internationalen Zivilprozessrechts, Berlin 2006 (zit.: Schütze, Probleme, S.)
ders.	Der Zeitpunkt der Anerkennung ausländischer Zivilurteile, in: Neue Juristische Wochenschrift 1966, S. 1598 ff. (zit.: Schütze, NJW 66, 1598)
ders.	Deutsch-amerikanische Urteilsanerkennung, Berlin New York 1992 (zit.: Schütze, Urteilsanerkennung, S.)
ders.	Deutsches Internationales Zivilprozessrecht unter Einschluss des Europäischen Zivilprozessrechts, 2. Auflage, Berlin New York 2005 (zit.: Schütze, Dt. IZPR, S.)
ders.	Die Allzuständigkeit amerikanischer Gerichte, Berlin 2003 (zit.: Schütze, Allzuständigkeit, S.)

554

ders. Die Anerkennung und Vollstreckung ausländischer Zivilurteile in der Bundesrepublik Deutschland als verfahrensrechtliches Problem, Bonn 1960 (zit.: Schütze, Anerkennung ausl. Zivilurteile, S.)

ders. Die Anerkennung und Vollstreckbarerklärung ausländischer, insbesondere deutscher, Zivilurteile in den USA, in: Juristische Rundschau 1986, S. 177 ff. (zit.: Schütze, JR 86, 177)

ders. Die Wirkungen ausländischer Rechtshängigkeit in inländischen Verfahren, in: Zeitschrift für Zivilprozess 104 (1991), S. 136 ff. (zit.: Schütze, ZZP 104, 136)

ders. Forum Non Conveniens und Rechtschauvinismus, in: Mansel, Heinz-Peter / Pfeiffer, Thomas / Kronke, Herbert / Kohler, Christian / Hausmann, Rainer (Hrsg.): Festschrift für Erik Jayme, Band I, München 2004, S. 849 ff. (zit.: Schütze, FS Jayme, S.)

ders. Klagen vor US-amerikanischen Gerichten – Probleme und Abwehrstrategien, in: Recht der Internationalen Wirtschaft 2005, S. 579 ff. (zit.: Schütze, RIW 05, 579)

ders. Konzeptionelle Unterschiede der Prozessführung vor US-amerikanischen und deutschen Gerichten, in: Wertpapier-Mitteilungen 1983, S. 1078 ff. (zit.: Schütze, WM 83, 1078)

ders. Probleme der Anerkennung US-amerikanischer Zivilurteile in der Bundesrepublik Deutschland, in: Wertpapier-Mitteilungen 1979, S. 1174 ff. (zit.: Schütze, WM 79, 1174)

ders. Prozessführung und –risiken im deutsch-amerikanischen Rechtsverkehr, Heidelberg 2004 (zit.: Schütze, Prozessführung, S.)

ders. Rechtsverfolgung im Ausland – Probleme des ausländischen und internationalen Zivilprozessrechts, 3. Auflage, Heidelberg 2002 (zit.: Schütze, Rechtsverfolgung, Rdnr.)

Richterwahlsponsoring: Überlegungen zur ordre public-Widrigkeit von Urteilen US-amerikanischer Staatsgerichte, in: Zeitschrift für vergleichende Rechtswissenschaft 100 (2001), S. 464 ff. (zit.: Schütze, ZvglRWiss 100, 464)

ders. Überlegungen zur Anerkennung und Vollstreckbarerklärung US-amerikanischer Zivilurteile in Deutschland – Zur Kumulierung von Ordre-public-Verstößen, in: Schütze, Rolf A. (Hrsg.): Einheit und Vielfalt des Rechts – Festschrift für Reinhold Geimer, München 2002, S. 1025 ff. (zit.: Schütze, FS Geimer, S.)

ders.

Zum Stand des deutsch-amerikanischen Justizkonfliktes, in: Recht der Internationalen Wirtschaft 2004, S. 162 ff. (zit.: Schütze, RIW 04, 162)

Schulz, Andrea

Zuständigkeit und gerichtliches Ermessen in Mehrrechtssystemen – Zur Verfahrenssabgabe über Jurisdiktionsgrenzen am Beispiel der USA, Kanada und Australiens, in: Rabels Zeitschrift für ausländisches und internationales Privatrecht 69 (2005), S. 419 ff. (zit.: Schulz, RabelsZ 69, 419)

Schulz, Martin

(Schein-) Auslandsgesellschaften in Europa – Ein Schein-Problem?, in: Neue Juristische Wochenschrift 2003, S. 2705 ff. (zit.: Schulz, NJW 03, 2705)

Schumann, Ekkehard

Aktuelle Fragen und Probleme des Gerichtsstands des Vermögens (§ 23 ZPO) – zugleich ein Beitrag über Gerichtsverfahren gegen ausländische Staaten, in: Zeitschrift für Zivilprozess 93 (1980), S. 408 ff. (zit.: Schumann, ZZP 93, 408)

Schurig, Klaus

Das deutsch-amerikanische internationale Gesellschaftsrecht im Fahrwasser der europäischen?, in: Rasmussen-Bonne, Hans-Eric / Freer, Richard / Lüke, Wolfgang / Weitnauer, Wolfgang (Hrsg.): Balancing of Interests – Liber Amicorum Peter Hay, Frankfurt/Main 2005, S. 369 ff. (zit.: Schurig, FS Hay, S.)

Schwenzer, Ingeborg

Internationaler Gerichtsstand für die Kaufpreisklage, in: Praxis des Internationalen Privat- und Verfahrensrechts 1989, S. 274 ff. (zit.: Schwenzer, IPRax 89, 274)

Schwung, Siegfried

Der US-Prozess in der Beratung des deutschen Rechtsanwalts, in: Anwaltsblatt 1993, S. 436 ff. (zit.: Schwung, AnwBl 93, 436)

ders.

Transatlantische Justizkonflikte aus Unternehmenssicht, in: Die Aktiengesellschaft 2006, S. 818 ff. (zit.: Schwung, AG 06, 818)

Scoles, Eugen F. /
Hay, Peter /
Borchers, Patrick J. /
Symeonides, Symeon C.

Conflict of Laws, 4th Edition, St. Paul, MN 2004 (zit.: Scoles/ Hay, S.)

Seitenberg, Markus S.

The Legal Effects of In-Personam Judgments under the German Code of Civil Procedure and the American Doctrines of Res Judicata and Collateral Estoppel: A Brief Comparison, in: DAJV Newsletter 1/2005, S. 19 ff. (zit.: Seitenberg, DAJV-NL 1/05, 19)

Sieg, Oliver

Internationale Anerkennungszuständigkeit bei US-amerikanischen Urteilen, in: Praxis des Internationalen Privat- und Verfahrensrechts 1996, S. 77 ff. (zit.: Sieg, IPRax 96, 77)

556

Smit, Hans
Common and Civil Law Rules of In Personam Adjudicatory Authority: An Analysis of Underlying Policies, in: 21 International and Comparative Law Quaterly (1972), S. 335 ff. (zit.: Smit, 21 I. C. L. Q., 335)

ders.
International Res Judicata and Collateral Estoppel in the United States, in: 9 U. C. L. A. Law Review (1961-62), S. 44 ff. (zit.: Smit, 9 UCLA L. Rev., 44)

Solomon, Dennis
Internationale Zuständigkeit zur Vollstreckbarerklärung ausländischer Entscheidungen, in: Die Aktiengesellschaft 2006, S. 832 ff. (zit.: Solomon, AG 06, 832)

Späth, Patrick
Zum gegenwärtigen Stand der Doctrine of Comity im Recht der Vereinigten Staaten von Amerika, in: Praxis des Internationalen Privat- und Verfahrensrechts 2006, S. 184 ff. (zit.: Späth, IPRax 06, 184)

Spellenberg, Ulrich
Internationale Zuständigkeit, in: Juristische Arbeitsblätter 1978, S. 1 ff. und 57 ff. (zit.: Spellenberg, JA 78, 1/57)

Spickhoff, Andreas
Möglichkeiten und Grenzen neuer Tatsachenfeststellungen bei der Anerkennung ausländischer Entscheidungen, in: Zeitschrift für Zivilprozess 108 (1995), S. 475 ff. (zit.: Spickhoff, ZZP 108, 475)

Spindler, Gerald
Internationales Verbraucherschutzrecht im Internet, in: Multimedia und Recht 2000, S. 18 ff. (zit.: Spindler, MMR 00, 18)

Stadler, Astrid
Die Europäisierung des Zivilprozessrechts, in: Canaris, Claus-Wilhelm / Heldrich, Andreas / Hopt, Klaus J. / Roxin, Claus / Schmidt, Karsten / Widmaier, Gunter (Hrsg.): 50 Jahre Bundesgerichtshof – Festgabe aus der Wissenschaft, Band III Zivilprozess, Insolvenz, Öffentliches Recht, München 2000, S. 645 ff. (zit.: Stadler, BGH-Festgabe III, S.)

Staudinger, Ansgar
Vertragsstaatenbezug und Rückversicherungsverträge im EuGVÜ, in: Praxis des Internationalen Privat- und Verfahrensrechts 2000, S. 483 ff. (zit.: Staudinger, IPRax 00, 483)

ders.
Wider den Federstrich des ZPO-Reformgesetzgebers: Die Nachprüfung der internationalen Zuständigkeit darf nicht ausgeschlossen werden!, in: Praxis des Internationalen Privat- und Verfahrensrechts 2001, S. 298 ff. (zit.: Staudinger, IPRax 01, 298)

Staudinger, J. von
Kommentar zum Bürgerlichen Gesetzbuch mit Einführungsgesetz und Nebengesetzen, Einführungsgesetz zum Bürgerlichen Gesetzbuche / IPR, Internationales Gesellschaftsrecht, Neubearbeitung, Berlin 1998 (zit.: Staudinger-Bearbeiter, Int. GesR, Rdnr.)

ders.	Kommentar zum Bürgerlichen Gesetzbuch mit Einführungsgesetz und Nebengesetzen, Einführungsgesetz zum Bürgerlichen Gesetzbuche / IPR, Einleitung zu Art. 27 ff. EGBGB; Art. 27 – 33 EGBGB; Anhang zu Art. 33 EGBGB: Internationales Factoring; Art. 34 EGBGB; Anhang zu Art. 34 EGBGB: Internationales Währungs- und Devisenrecht; Art. 35 – 37 EGBGB; Anhang I zu Art. 37 EGBGB: IPR der Versicherungsverträge; Anhang II zu Art. 27 – 37 EGBGB: Internationale Zuständigkeit; Gerichtsstands- und Schiedsvereinbarungen, 13. Bearbeitung, Berlin 2002 (zit.: Staudinger-Bearbeiter, Art., Rdnr.)
Stein, Friedrich (Begr.) / Jonas, Martin (Begr.) / Berger, Christian (fort.) / Brehm, Wolfgang (fort.) / Grunsky, Wolfgang (fort.) / Leipold, Dieter (fort.) / Münzberg, Wolfgang (fort.) / Oberhammer, Paul (fort.) / Roth, Herbert (fort.) / Schlosser, Peter (fort.) / Wagner, Gerhard (fort.)	Zivilprozessordnung, Band 1 Einleitung §§ 1 – 40, 22. Auflage, Tübingen 2003 (zit.: Stein/Jonas-Bearbeiter, §, Rdnr.)
dies.	Zivilprozessordnung, Band 4 Teilband 1 §§ 300 – 347, 21. Auflage, Tübingen 1998 (zit.: Stein/Jonas-Bearbeiter, §, Rdnr.)
Stein, Friedrich (Begr.) / Juncker, Josef (fort.)	Grundriß des Zivilprozessrechts und des Konkursrechts, 2. Auflage, Tübingen 1924 (zit.: Stein/Juncker, S.)
Steffen, Roscoe T. / Kerr, Thomas R.	Agency-Partnership Cases and Materials, 4th Edition, St. Paul, MIN 1980 (zit.: Steffen/Kerr, S.)
Stevenson, John R.	The Relationship of Private International Law to Public International Law, in: 52 Columbia Law Review (1952), S. 561 ff. (zit.: Stevenson, 52 Colum. L. Rev., 561)
Stiefel, Ernst C. / Bungert, Hartwin	Anerkennungsfähigkeit und Vollstreckbarkeit US – amerikanischer RICO – Urteile in der Bundesrepublik Deutschland, in: Zeitschrift für Wirtschaftsrecht 1994, S. 1905 ff. (zit.: Stiefel/Bungert, ZIP 94, 1905)
Stiefel, Ernst C. / Stürner, Rolf	Die Vollstreckbarkeit US-amerikanischer Schadensersatzurteile in exzessiver Höhe, in: Versicherungsrecht 1987, S. 829 ff. (zit.: Stiefel/Stürner, VersR 87, 829)
Stoll, Hans	Gerichtsstand des Erfüllungsortes nach Art. 5 Nr. 1 EuGVÜ bei strittigem Vertragsschluss, in: Praxis des Internationalen Privat- und Verfahrensrechts 1983, S. 52 ff. (zit.: Stoll, IPRax 83, 52)

558

Stürner, Michael	Zur Anerkennung US-amerikanischer Gesellschaften in Deutschland, in: Praxis des Internationalen Privat- und Verfahrensrechts 2005, S. 305 ff. (zit.: Stürner, IPRax 05, 305)
Stürner, Rolf	Der Justizkonflikt zwischen U. S. A. und Europa, in: Habscheid, Walther J. (Hrsg.): Der Justizkonflikt mit den Vereinigten Staaten von Amerika, Bielefeld 1986, S. 3 ff. (zit.: Stürner, Justizkonflikt, S.)
ders.	Die Vereinbarkeit von „treble damages" mit dem deutschen ordre public, in: Bachmann, Birgit / Breidenbach, Stephan / Coester-Waltjen, Dagmar / Heß, Burkhard / Nelle, Andreas / Wolf, Christian (Hrsg.): Grenzüberschreitungen – Beiträge zum Internationalen Verfahrensrecht und zur Schiedsgerichtsbarkeit – Festschrift für Peter Schlosser, Tübingen 2005, S. 967 ff. (zit.: Stürner, FS Schlosser, S.)
ders.	Die verweigerte Zustellungshilfe für U. S.-Klagen oder der „Schuss übers Grab", in: Juristenzeitung 2006, S. 60 ff. (zit.: Stürner, JZ 06, 60)
ders.	The Principles of Transnational Civil Procedure – An Introduction to Their Basic Conceptions, in: Rabels Zeitschrift für ausländisches und internationales Privatrecht 69 (2005), S. 201 ff. (zit.: Stürner, RabelsZ 69, 201)
ders.	U. S.-amerikanisches und europäisches Verfahrensverständnis, in: Lutter, Marcus / Oppenhoff, Walter / Sandrock, Otto / Winkhaus, Hanns (Hrsg.): Festschrift für Ernst C. Stiefel, München 1987, S. 763 ff. (zit.: Stürner, FS Stiefel, S.)
Stürner, Rolf / Bormann, Jens	Internationale Anerkennungszuständigkeit US-amerikanischer Bundesgerichte und Zustellungsfragen im deutsch-amerikanischen Verhältnis, in: Juristenzeitung 2000, S. 81 ff. (zit.: Stürner/Bormann, JZ 00, 81)
Sydow, Reinhold (Begr.) / Busch, Louis (fort.) / Krantz, Walter (fort.)	Zivilprozessordnung und Gerichtsverfassungsgesetz nebst Anhang, enthaltend Entlastungsgesetze, 18. Auflage, Berlin Leipzig 1925 (zit.: Sydow/Busch/Krantz, §, Anm.)
Tebbens, Harry Duintjer	Jurisdiction in Matters relating to Tort or Delict and to Operations of a Branch, Agency or other Establishment, in: Tebbens, Harry Duintjer / Kennedy, Tom / Kohler, Christian (Hrsg.): Court of Justice of the European Communities – Civil Jurisdiction and Judgments in Europe, London Dublin Edinburgh Brussels 1992, S. 87 ff. (zit.: Tebbens, Civil Jurisdiction and Judgments, S.)
Teply, Larry L. / Whitten, Ralph M.	Civil Procedure, Westbury, NY 1994 (zit.: Teply/Whitten, S.)

Theiss, Wolfram / Bronnen, Florian	Der Gerichtsstand des Erfüllungsortes im europäischen Zivilprozessrecht unter besonderer Berücksichtigung des Werklieferungsvertrages, in: Europäisches Wirtschafts- und Steuerrecht 2004, S. 350 ff. (zit.: Theiss/Bronnen, EWS 04, 350)
Thiele, Christian	Forum Non Conveniens im Lichte europäischen Gemeinschaftsrechts, in: Recht der Internationalen Wirtschaft 2002, S. 696 ff. (zit.: Thiele, RIW 02, 696)
Thomas, Heinz (Begr.) / Putzo, Hans (fort.)	Zivilprozessordnung, 28. Auflage, München 2007 (zit.: Thomas/Putzo-Bearbeiter, §/Art., Rdnr.)
Thorn, Karsten	Termingeschäfte an Auslandsbörsen und internationale Schiedsgerichtsbarkeit, in: Praxis des Internationalen Privat- und Verfahrensrechts 1997, S. 98 ff. (zit.: Thorn, IPRax 97, 98)
Thümmel, Roderich C.	Zur Anerkennung und Vollstreckung deuscher Urteile in North Carolina, in: Praxis des Internationalen Privat- und Verfahrensrechts 1986, S. 256 ff. (zit.: Thümmel, IPRax 86, 256)
Toepke, Ulrich	Jurisdiction Over Foreign (non-U.S.) Corporations in the United States on Parent-Subsidiary Relationships (Durchgriffshaftung), in: Lutter, Marcus (Hrsg.): Festschrift für Ernst C. Stiefel, München 1987, S. 785 ff. (zit.: Toepke, FS Stiefel, S.)
Twitchell, Mary	A Rejoinder to Professor Brilmayer, in: 101 Harvard Law Review (1987 – 1988), S. 1465 ff. (zit.: Twitchell, 101 Harv. L. Rev., 1465)
dies.	The Myth of General Jurisdiction, in: 101 Harvard Law Review (1987 – 1988), S. 610 ff. (zit.: Twitchell, 101 Harv. L. Rev., 610)
Ulmer, Peter	Gläubigerschutz bei Scheinauslandsgesellschaften, in: Neue Juristische Wochenschrift 2005, S. 1201 ff. (zit.: Ulmer, NJW 05, 1201)
Ulmer, Peter	Von „TBB" zu „Bremer Vulkan" – Revolution oder Evolution?, in: Zeitschrift für Wirtschaftsrecht 2001, S. 2021 ff. (zit.: Ulmer, ZIP 01, 2021)
Ultsch, Michael L.	Die Forum-Non-Conveniens-Lehre im Recht der USA (insbesondere Floridas), in: Recht der Internationalen Wirtschaft 1997, S. 26 ff. (zit.: Ultsch, RIW 97, 26)
Veltins, Michael A.	Durchgriffshaftung im amerikanischen Recht, in: Recht der Internationalen Wirtschaft 1983, S. 713 ff. (zit.: Veltins, RIW 83, 713)

560

Vervessos, Nicolaos

Die Begründung der gerichtlichen Zuständigkeit durch den Parteiwillen (§§ 38 bis 40 ZPO), Thessaloniki 1961 (zit.: Vervessos, S.)

Vestal, Allan D.

Res Judicata / Preclusion by Judgment: The Law applied in Federal Courts, in: 66 Michigan Law Review (1968), S. 1723 ff. (zit.: Vestal, 66 Mich. L. Rev., 1723)

Vischer, Frank

Bemerkungen zum Verhältnis von internationaler Zuständigkeit und Kollisionsrecht, in: Stoffel, Walter A. / Volken, Paul (Hrsg.): Kollision und Vereinheitlichung – Festschrift für Alfred E. von Overbeck, Fribourg/Suisse 1990, S. 349 ff. (zit.: Vischer, FS von Overbeck, S.)

Voegele, Katja

Full Faith and Credit – Die Anerkennung zivilgerichtlicher Entscheidungen zwischen den US-amerikanischen Bundesstaaten, Berlin 2003 (zit.: Voegele, S.)

Vollkommer, Gregor

§ 893 Abs. 2 ZPO im internationalen Rechtsstreit, in: Praxis des Internationalen Privat- und Verfahrensrechts 1997, S. 323 ff. (zit.: Vollkommer, IPRax 97, 323)

Vorpeil, Klaus

Haftungsdurchgriff auf deutsche Muttergesellschaften für Verbindlichkeiten ihrer US-amerikanischen Tochtergesellschaften, insbesondere nach New Yorker Recht, in: Recht der Internationalen Wirtschaft 1991, S. 995 ff. (zit.: Vorpeil, RIW 91, 995)

Wach, Adolf

Handbuch des Deutschen Civilprozeßrechts, Erster Band, Leipzig 1885 (zit.: Wach, S.)

Wach, Karl J. T. /
Weberpals, Thomas

Inländischer Gerichtsstand für Bereicherungsklagen gegen ausländische Brokerfirmen aus unverbindlichen Termin- und Differenzgeschäften, in: Die Aktiengesellschaft 1989, S. 193 ff. (zit.: Wach/Weberpals, AG 89, 193)

Wächter, Carl Georg von

Über die Kollision der Privatrechtsgesetze verschiedener Staaten, in: Archiv für die civilistische Praxis 25 (1842), S. 361 ff. (zit.: v. Wächter, AcP 25, 361)

Wagner, Rolf

Die Bemühungen der Haager Konferenz für Internationales Privatrecht um ein Übereinkommen über die gerichtliche Zuständigkeit und ausländische Entscheidungen in Zivil- und Handelssachen, in: Praxis des Internationalen Privat- und Verfahrensrechts 2001, S. 533 ff. (zit.: Wagner, IPRax 01, 533)

ders.

Die zivil(-verfahrens-)rechtlichen Komponenten des Aktionsplans zum Haager Programm, in: Praxis des Internationalen Privat- und Verfahrensrechts 2005, S. 494 ff. (zit.: Wagner, IPRax 05, 494) ders.   Internationale und örtliche Zuständigkeit in Verbrauchersachen im Rahmen des Brüsseler Übereinkommens und der Brüssel I – Verordnung, in: Wertpapier-Mitteilungen 2003, S. 116 ff. (zit.: Wagner, WM 03, 116)

Walchshöfer, Alfred   Die deutsche internationale Zuständigkeit in der streitigen Gerichtsbarkeit, in: Zeitschrift für Zivilprozess 80 (1967), S. 165 ff. (zit.: Walchshöfer, ZZP 80, 165)

Walder, Hans Ulrich   Grundfragen der Anerkennung und Vollstreckung ausländischer Urteile, in: Zeitschrift für Zivilprozess 103 (1990), S. 322 ff. (zit.: Walder, ZZP 103, 322)

Wazlawik, Thomas   Anerkennung von US-amerikanischen Urteilen: Bundes- oder Gesamtstaat – wer ist Urteilsstaat im Rahmen von § 328 I Nr. 1 ZPO?, in: Praxis des Internationalen Privat- und Verfahrensrechts 2002, S. 273 ff. (zit.: Wazlawik, IPRax 02, 273)

ders.   Die Konzernhaftung der deutschen Muttergesellschaft für die Schulden ihrer US-amerikanischen Tochtergesellschaft, Tübingen 2004 (zit.: Wazlawik, S.)

ders.   Persönliche Zuständigkeit im US – amerikanischen Prozessrecht und ihre Bedeutung im deutschen Exequaturverfahren, in: Recht der Internationalen Wirtschaft 2002, S. 691 ff. (zit.: Wazlawik, RIW 02, 691)

Weinschenk, Fritz   Amerikaner vor deutschen Gerichten: Praktische Erwägungen über Gerichtsstand und Zustellung, in: Recht der Internationalen Wirtschaft 1980, S. 544 ff. (zit.: Weinschenk, RIW 80, 544)

Weintraub, Russel J.   Commentary on the Conflict of Laws, 5th Edition, New York, NY 2006 (zit.: Weintraub, S.)

Weiß, Josef   Die Konkretisierung der Gerichtsstandsregeln des EuGVÜ durch den EuGH: Effektivität des Rechtsschutzes für den Kläger oder effektiver Beklagtenschutz?, Frankfurt/Main Berlin Bern New York Paris Wien 1997 (zit.: Weiß, S.)

Wellbery, Barbara S. /   Electronic Commerce and the Proposed Hague Convention on
Pichler, Rufus J.   Jurisdiction and Foreign Judgments in Civil and Commercial Matters – Putting the Cart Before the Horse?, in: Computer und Recht International 2001, S. 129 ff. (zit.: Wellbery/Pichler, CRi 01, 129)

Weller, Marc-Philippe   Die Neuausrichtung der Existenzvernichtungshaftung durch den BGH und ihre Implikationen für die Praxis, in: Praxis des Internationalen Privat- und Verfahrensrechts 2007, S. 1681 ff. (zit.: Weller, IPRax 07, 1681)

562

ders.	Scheinauslandsgesellschaften nach Centros, Überseering und Inspire Art: Ein neues Anwendungsfeld für die Existenzvernichtungshaftung, in: Praxis des Internationalen Privat- und Verfahrensrechts 2003, S. 207 ff. (zit.: Weller, IPRax 03, 207)
Welp, Dietrich	Internationale Zuständigkeit über auswärtige Gesellschaften mit Inlandstöchtern im US-amerikanischen Zivilprozeß, Berlin 1982 (zit.: Welp, S.)
Wernicke, Nina / Hoppe, Vera	Die neue EuGVVO – Auswirkungen auf die internationale Zuständigkeit bei Internetverträgen, in: Multimedia und Recht 2002, S. 643 ff. (zit.: Wernicke/Hoppe, MMR 02, 643)
Weser, Martha	Convention communautaire sur la compétence judiciaire et l'exécution des décisions, Bruxelles 1975 (zit.: Weser, Nr.)
Wieczorek, Bernhard (Begr.) / Schütze, Rolf A. (fort.)	Zivilprozessordnung und Nebengesetze, Erster Band Einleitung §§ 1 – 127a, 1. Teilband Einleitung § 1 – 49, 3. Auflage, Berlin New York 1994 (zit.: Wieczorek/Schütze-Bearbeiter, §/Art., Rdnr.)
dies.	Zivilprozessordnung und Nebengesetze, Erster Band Einleitung §§ 1 – 127a, 2. Teilband §§ 50 – 127a, 3. Auflage, Berlin New York 1994 (zit.: Wieczorek/Schütze-Bearbeiter, §, Rdnr.)
Wilhelm, Jan	Existenzvernichtungshaftung, Innenhaftung/"Trihotel", in: Entscheidungen zum Wirtschaftsrecht 2007, S. 557 ff. (zit.: Wilhelm, EWiR 07, 557)
Winkler, Rolf / von der Recke, Kai Graf	US-amerikanischer Gerichtsstand für Klagen gegen ausländische Unternehmen, in: Neue Zeitschrift für Gesellschaftsrecht 2005, S. 241 ff. (zit.: Winkler/v. d. Recke, NZG 05, 241)
Wollenschläger, Peter	Zum Merkmal des hinreichenden Inlandsbezuges in § 23 ZPO – Auslegungsdifferenzen in den verschiedenen Verfahrensarten der Zivilprozessordnung?, in: Praxis des Internationalen Privat- und Verfahrensrechts 2002, S. 96 ff. (zit.: Wollenschläger, IPRax 02, 96)
Zekoll, Joachim	Neue Maßstäbe für Zustellungen nach dem Haager Zustellungsübereinkommen?, in: Neue Juristische Wochenschrift 2003, S. 2885 ff. (zit.: Zekoll, NJW 03, 2885)
ders.	Recognition and Enforcement of American Product Liability Awards in the Federal Republic of Germany, in: 37 The American Journal of Comparative Law (1989), S. 301 ff. (zit.: Zekoll, 37 Am. J. Comp. L., 301)

Zimmer, Daniel   Ende der Konzernhaftung in „internationalen" Fällen?, in: Praxis des Internationalen Privat- und Verfahrensrechts 1998, S. 187 ff. (zit.: Zimmer, IPRax 98, 187)

ders.   Nach „Inspire Art": Grenzenlose Gestaltungsfreiheit für deutsche Unternehmen?, in: Neue Juristische Wochenschrift 2003, S. 3585 ff. (zit.: Zimmer, NJW 03, 3585)

Zöller, Richard   Zivilprozessordnung, 26. Auflage, Köln 2007 (zit.: Zöller-Bearbeiter, §/Art., Rdnr.)

STUDIEN ZUM VERGLEICHENDEN UND INTERNATIONALEN RECHT

Herausgeber: Bernd von Hoffmann, Erik Jayme und Heinz-Peter Mansel

Band 141 Bastian Rotmann: Der Schutz des Dritten in der europäischen Mobiliarzwangsvollstreckung. Eine rechtsvergleichende Untersuchung vor dem Hintergrund der Verordnung (EG) Nr. 805/2004 zur Einführung eines Europäischen Vollstreckungstitels für unbestrittene Forderungen. 2007.

Band 142 Oliver Ratzel: Die Präklusion isolierter Unterhaltsverfahren durch den ausländischen Scheidungsverbund. Zugleich ein Beitrag zur internationalen Verbundszuständigkeit im Lichte der Quellenveränderung. 2007.

Band 143 Bettina Maria Stade: Die Konstitutionalisierung des Zivilprozessrechts in Spanien und Deutschland vor dem Hintergrund der Europäisierung des Zivilprozessrechts. 2007.

Band 144 Julia El-Bitar: Der deutsche und der französische Kulturgüterschutz nach der Umsetzung der Kulturgüterrückgaberichtlinie. Eine materiellrechtliche und kollisionsrechtliche Untersuchung. 2007.

Band 145 Aris Kaschefi: Sachmängelhaftung im französischen Kaufrecht vor und nach Umsetzung der Verbrauchsgüterkaufrichtlinie. Mit rechtsvergleichenden Hinweisen zum deutschen Recht unter besonderer Berücksichtigung von Weiterfressersachverhalten. 2007.

Band 146 Isabel Roth: Die internationale Zuständigkeit deutscher Gerichte bei Persönlichkeitsrechtsverletzungen im Internet. 2007.

Band 147 Theresa Wilhelmi: Das Weltrechtsprinzip im internationalen Privat- und Strafrecht. Zugleich eine Untersuchung zu Parallelitäten, Divergenzen und Interdependenzen von internationalem Privatrecht und internationalem Strafrecht. 2007.

Band 148 Alice Halsdorfer: Privat- und kollisionsrechtliche Folgen der Verletzung von Kulturgüterschutznormen auf der Grundlage des UNESCO-Kulturgutübereinkommens 1970. 2008.

Band 149 Thomas Müller-Froelich: Der Gerichtsstand der Niederlassung im deutsch-amerikanischen Rechtsverkehr. Eine Untersuchung zu Fragen der Entscheidungs- und Anerkennungszuständigkeit. 2008

www.peterlang.de

Axel Job

Besteuerung und Rechnungslegung der ausländischen Kapitalgesellschaft mit inländischem Verwaltungssitz

Dargestellt am Beispiel einer englischen private limited company

Frankfurt am Main, Berlin, Bern, Bruxelles, New York, Oxford, Wien, 2007.
280 S.
Europäische Hochschulschriften: Reihe 2, Rechtswissenschaft. Bd. 4600
ISBN 978-3-631-56720-3 · br. € 51.50*

Mit den Urteilen in Sachen *Überseering* und *Inspire Art* hat der EuGH den Markt für ausländische Kapitalgesellschaften mit inländischem Verwaltungssitz geöffnet. Die englische Limited stellt hierbei die wichtigste ausländische Rechtsform dar. Der Autor untersucht die Auswirkungen dieser Rechtsprechung auf den Bereich der Rechnungslegung und Besteuerung der ausländischen Gesellschaft. Zunächst werden die inländischen und ausländischen Rechnungslegungspflichten dargestellt. Im steuerrechtlichen Teil folgt die Betrachtung der Steuerpflicht und der Einkunftsermittlung sowie die des Zuzugs und Wegzugs einer Limited. Zuletzt stellt der Autor die steuerlichen Folgen einer Verschmelzung unter Beteiligung einer Limited dar.

Aus dem Inhalt: Vorgaben des Internationalen Gesellschaftsrechts · Inländische und ausländische Rechnungslegungspflichten einer Limited · Grundfragen der laufenden Besteuerung · Steuerliche Konsequenzen des Zuzugs und Wegzugs · Besteuerung von Verschmelzungen unter Beteiligung einer Limited

Frankfurt am Main · Berlin · Bern · Bruxelles · New York · Oxford · Wien
Auslieferung: Verlag Peter Lang AG
Moosstr. 1, CH-2542 Pieterlen
Telefax 0041 (0)32/376 17 27

*inklusive der in Deutschland gültigen Mehrwertsteuer
Preisänderungen vorbehalten

Homepage http://www.peterlang.de

Peter Lang · Internationaler Verlag der Wissenschaften